Jung · Die Herrschaft der Minderwertigen

Edgar J. Jung

Die Herrschaft der Minderwertigen

ihr Zerfall und ihre
Ablösung durch ein

Neues Reich

Archiv-Edition

Dieses Buch ist eine Faksimile-Ausgabe, seine Neuveröffentlichung
dient wissenschaftlichen Zwecken,
sein Inhalt findet nicht die ungeteilte Zustimmung
des Herausgebers und Verlags.

Reihe *Politische Theorie*
Band 2

Herausgeber der Reihe:
Roland Bohlinger

3. Auflage
1991

Archiv-Edition, Verlag für ganzheitliche Forschung und Kultur
D-2257 Struckum
Faksimile-Ausgabe der 2. Auflage von 1930
Druck: Bäuerliche Druckerei, 2251 Hattstedt

ISBN 3-927933-03-1

Zum Geleite

Wer nicht stirbet
Eh er stirbet,
Der verdirbet
Wenn er stirbet.
Jakob Böhme.

„Dieser Mann steht auf verlorenem Posten!" Solchen Urteilsspruch fällte bald nach dem Erscheinen der Erstausgabe dieses Buches eine Pressestimme der politischen Mitte über den Verfasser. Kein Wunder, daß der „Fortschritt" kein Fortschreiten mehr kennen will. Seine Sendung ist erfüllt, und er sonnt sich im Glanze erreichter Herrlichkeit. Wer das gegenwärtige Leben in Schönheit und Würde nicht vollkommen findet, fällt der Verfemung anheim. Wer gegen den Strom schwimmt, gilt als Narr.

Und doch erreicht er das neue Ufer, zu dem „ein neuer Tag lockt". Der verlorene Posten wird zum Brückenkopf, der das Überschreiten dem siegreichen Heere eines neuen Geistes ermöglicht. Mag die ersehnte Brücke heute noch nicht geschlagen sein, der Brückenkopf ist gebildet und so befestigt, daß auf dem „verlorenen Posten" eine unüberwindliche Truppe auszuharren vermag, gewillt, ihn zu halten und zur Position des Sieges auszugestalten. Nichts Ehrenderes konnte uns Jungen deshalb widerfahren als die Anerkennung, daß wir dem Zeitgeiste widerstrebten und eine eigene, neue Stellung bezogen hätten.

In den zwei Jahren seit dem Erscheinen der ersten Auflage hat sich die geistige Zuständlichkeit des deutschen Volkes wesentlich verändert. Die Einsamkeit derer, die mit dem Verfasser gleichen Zielen zustreben, ist durchbrochen. Die Mangelhaftigkeit unseres sozialen Seins, seine Reformbedürftigkeit ist in das allgemeine Bewußtsein des deutschen Volkes eingedrungen. Hilfeflehende Politiker und reformpredigende Staatsmänner gehören ebenso zum politischen Tagesbilde wie die Unfähigkeit zur Neugestaltung irgendwelcher Art. Die „Jugend" fängt an, bei den Machthabern modern zu werden. Man redet viel von ihr, man ruft sie zu Hilfe, aber man möchte sie geistig ausbeuten, ohne selbst von der Bühne abzutreten. Dunkel fühlt man geistige Kräfte, die neues Leben verheißen.

Dieses Buch soll der Stärkung des neuen Geistes dienen. Gleichzeitig aber warnt es vor dessen Mißbrauch. Die Weltanschauung, die hier entwickelt wird, läßt sich nicht erlernen, sondern nur erleben.

Aus den Schrecken des Krieges,° aus der Bestürzung deutschen Zusammenbruches, aus der Qual deutscher Nachkriegsdemut erwuchs in dem Verfasser der Drang, Ursachen dieser Übel und Mittel zu ihrer Abhilfe zu entdecken. Wer kann ermessen, wieweit zu diesen äußeren Anlässen innere Nötigung hinzustieß, das seelische Erleben eines seiner Zeit Verhafteten beeinflussend! Vielleicht ist es gerade dieses Gefangensein in dem Wirrsal und der Unfruchtbarkeit der Gegenwart, das nach Erlösung schreit. So mußten Bilder eines neuen Seins, die Vorstellung eines neuen deutschen Menschen, der Glaube an ein neues Werden entstehen, sollte das Menschentum nicht seinen Sinn verlieren.

Die politischen Menschen, die seit Jahren gleiches Empfinden mit dem Verfasser verbindet, werden vielleicht erstaunt sein, daß sein Weg scheinbar immer mehr von den politischen Geschehnissen in die Welt grüblerischen Ringens um den Sinn des Lebens führt. Sie werden — wie sehr stehen sie dabei im Banne entarteten politischen Denkens — ein Abirren, ja, ein Sichverlieren feststellen. Es wird ihnen schwer fallen, einzusehen, wie zwangsläufig dieser innere Kampf um ein neues Weltbild ist. Sie glauben eben noch, „nationale Erneuerung" mit den alten Mitteln, auf ausgefahrenen Wegen erreichen zu können. Sie sehen nicht, daß sie an der Oberfläche haften bleiben; es fehlt ihnen die Einsicht in die Hoffnungslosigkeit der eigenen Lage. Der Aussaat muß die Pflugschar vorangehen. Wo dies nicht geschieht, wartet statt der Ernte Unkraut.

Die Revolution des Geistes hat eingesetzt; geistiger Aufschwung, seelische Neubelebung drängen empor. Ein frischer, Gott und der Natur verbundener Odem weht durch die Wüste deutschen Lebens. Ein geheimnisvoller Kraftstrom fließt durch den europäischen Raum und erfüllt alle, die deutschen Blutes sind, mit einem neuen Gefühle der Zusammengehörigkeit. Im Vergleiche zur Jahrhundertwende hat ein unerhörtes geistiges Leben begonnen. Die Philosophie fängt an, aus Schulweisheit wieder gestaltende Schau zu werden. Ragende Bauten verkünden den Beginn des neuen Stiles, einer echten Kultur. An Stelle des falschen Pathos tritt die Schlichtheit echter Überzeugung. Wahres Gottsuchertum bricht ein in die religiöse Öde.

Die Gefahr besteht aber, daß es sich um Keimbildungen im luftleeren Raume handelt, die kein organisches Leben und Wachstum erzeugen. Wie häufig sind in der deutschen Geschichte jene tragischen Fälle, in denen neues

°1914 – 1918

Leben von deutschem Geiste gefördert wurde, von fremdem aber Formung erfuhr. Hat nicht die deutsche Romantik den europäischen Osten durch Erweckung der "slavischen" Völker neu gestalten helfen, zum Leidwesen und zur Gefahr des deutschen Volkes? Ist nicht die Reformation der Nährboden gewesen, aus welchem das Angelsachsentum seine weltgestaltende Kraft zog? Hat nicht die Auswirkung Nietzsches im italienischen Fascismus Ausdruck gefunden? Und wieviel endlich ist im Bolschewismus, wenn auch vielfach abgewandelt und verändert, — deutsch?

Wir stehen an der Schwelle einer neuen Welt. Eine Zeitwende, die, vielleicht nicht nur äußerlich, ein neues Jahrtausend einleitet, hat angehoben. Soweit des Verfassers Blick reichte, konnte er feststellen, daß gerade das deutsche Volk das leise Wehen eines neuen „Heiligen Geistes" am lebhaftesten spürt. Soll es wiederum nur geistiger Nährboden und nicht Gestalter werden? War wirklich mit dem Dahinschwinden des mittelalterlichen Reiches seine geschichtliche Großaufgabe erfüllt? Das sind bange Fragen, die stellen muß, wer unter Deutschsein mehr begreift als patriotisches Gefühl für Feierstunden oder Gelegenheit zu politischen Erfolgen.

So ist der Weg von der ersten Ausgabe dieses Buches zur zweiten, welche dieses Vorwort geleiten soll, die Bahn eigner Entwicklung des Verfassers. Selbstbesinnung und Zweifel, die Eltern aller Erkenntnis, sind dieser Neubearbeitung noch mehr zur Seite gestanden denn früher. Aber auch Hoffnungsfreude! War das Gefühl, einsamer Rufer zu sein, damals, als die erste Auflage gewagt wurde, noch übermächtig, so hat der Widerhall, den sie in der Öffentlichkeit fand, den letzten Zweifel an der Sieghaftigkeit der hier vertretenen Gedankenwelt verscheucht. Ungehoben noch sind die Schätze sozialen Gestaltungswillens, die im deutschen Volke ruhen; zahllos sind die wertvollen Kräfte, die heute neben dem politischen Leben stehen und der Stunde harren, da es wieder anfängt, Würde zu haben und dem Geiste des deutschen Volkes Ehre zu machen. Felsenhart wird so die Überzeugung, daß mit echter Politik auch wieder echte Politiker kommen werden, die heute, notgedrungen zuschauend, außerhalb des politischen Reigens stehen.

Aus diesen Erfahrungen heraus mußte die Zweitauflage des Buches neu gestaltet werden. Seine Aufgabe wurde klarer begrenzt. Es konnte keinen neuen Mythos künden; es sollte auch keinen neuen Mythos voraussagen. Es sollte nur Eines: die sozialen Formen einer kommenden mythosbeherrschten Zeit in ihren Umrissen andeuten. Auf diese Weise soll die Brücke zwischen dem neuen deutschen Menschen und dem, im allgemeinen

Seit etwa Anfang des 19. Jahrhunderts nennen sich die Völker Ost- und Sudost-Europas "Slawen"(siehe Seite 1).

Sinne des Wortes, sozialen Leben geschlagen werden. Die geistigen Ansätze einer neuen Zeit wachsen in der Seele der Einzelnen, der Führer. Ein Volk in seiner Gesamtheit wird von ihnen neu gestaltet durch die Formen, die sie dem Leben des Volkes geben. Diese Wechselbeziehung zwischen Inhalt und Form herzustellen, ist Bedürfnis des Verfassers. Hier sieht er seine eigentliche — und wie er weiß — unvollkommen gelöste Aufgabe.

So beschäftigt sich der erste Teil dieses Buches mit der seelischen Verfassung des alten und des neuen deutschen Menschen. Beide werden einander gegenübergestellt, ihre Wesenseigentümlichkeiten untersucht und geklärt. Dieser rein philosophische Teil wurde neu geschrieben, wesentlich vertieft und verbreitert. Damit ist das Schwergewicht des Werkes auf das Philosophische verlegt, die Bedeutung des Praktischen nicht beeinträchtigend, aber in die richtigen Grenzen dämmend. So wurde das Buch für breite Volksteile schwerer verständlich, ein Mangel, der durch einfache Stilisierung des philosophischen Teiles ausgeglichen werden soll. Trotzdem stellt dieser an den ungeschulten Leser keine geringen Anforderungen. Findet er sich nicht zurecht, so wird ihm geraten, den ersten Teil zu überblättern. In den praktischen Teilen, die das Gemeinschaftsleben und damit den eigentlichen Gegenstand dieses Buches behandeln, werden die im philosophischen Teile gewonnenen Grundsätze in einer Weise verwertet, die, auch ohne Aneignung der rein philosophischen Gedanken, die streng einheitliche Grundlinie des Buches dem ungeschulten Leser verständlich macht. Die keineswegs eng zu begrenzende Schicht der Suchenden muß instand gesetzt werden, zu Fragen der praktischen Politik auf Grund einheitlicher Schau feste Stellung zu nehmen.

Angesichts des gesteckten Zieles war es schwierig, zu unterscheiden, wie weit der Verfasser mit Vorschlägen zur praktischen Ausgestaltung des Gemeinschaftslebens vorstoßen sollte. Unter den vielen Kritikern der Erstausgabe fanden manche, es sei in dieser Hinsicht zu viel, wieder andere, es sei zu wenig getan. Der Verfasser hat sich den Beweisgründen der ersten Richtung bei der Neubearbeitung gebeugt. Nicht deshalb, weil die Beurteiler mit Vorliebe Einzelheiten bemängeln, nur den Teilvorschlag, nicht den Geist des Ganzen sehen wollen; sondern aus Gründen, die allertiefst der Weltanschauung, die hier verfochten wird, entsprechen. Denn wenn das Abendland wirklich im Begriffe ist, die Schwelle zu einem organischen Zeitalter zu überschreiten, so bedingt solche Anschauung den Glauben an Wachstum. Keineswegs ist damit ein Rückfall in den Geist des **laisser faire, laisser aller** verbunden. Denn auch Wachstum bedarf der Pflege, sorgsamster Förderung und der Schaffung von Bedingungen, unter denen es gedeihen kann. Diese Bedingungen heißen aber, auf das Gemeinschaftsleben übertragen: soziale Formen, die dem organischen Weltbilde entsprechen. Was dieses Buch unternimmt, ist das Aufspüren organischer Keimkräfte und der Hinweis, wie sie zu entwickeln seien. Ein anderes Bild macht die Zielsetzung vielleicht noch deutlicher: Es genügt, zu zeigen, in welcher allgemeinen Richtung, auf welches letzte Ziel eine neue Verkehrsstraße zustreben soll. Wie sie im einzelnen geführt wird, wie ihr technischer Bau aussehen soll, bleibt Aufgabe derjenigen, die, von der Notwendigkeit des Werkes überzeugt, zu seiner Verwirklichung sich der Mittel ihrer Zeit bedienen. Da aber jene Grundrichtung zwar deutlich sichtbar, aber noch nicht Allgemeingut des deutschen Volkes geworden ist, so ist die zweite Auflage bewußt dazu übergegangen, den Grundgedanken des Werkes zu vertiefen, Einzelheiten aber der schöpferischen Phantasie und der zeitbedingten Möglichkeit zu überlassen. Ein dem wahren Leben verbundener Mensch wird aus sich selbst Kräfte schöpfen, Gestalter blutsmäßiger Sehnsüchte zu werden.

Das bittere Wort harter Kritik wird auch die Neubearbeitung nicht verschmähen. Die hier vertretene Weltanschauung gestattet keine Weichheit, die Schwäche wäre. Es gilt, die Dinge und die Menschen zu sehen wie sie wirklich sind. Nur ein Geschlecht, das aus innerer Werthaftigkeit heraus zu hassen und zu verachten vermag, kann auch lieben und gestalten. Starke Gefühle allein führen zur Steigerung des menschlichen Lebens und damit zu Höhepunkten der Gesittung. Es wäre verfehlt, ein schweres Schicksal beschönigen zu wollen. Man muß dem deutschen Volke zutrauen, daß es seine Kräfte umso mehr anspannt, je tiefer ihm der Abgrund dargestellt wird, aus dem es sich emporzuarbeiten hat. Verheimlichung schwerer Wunden führt zu nachlässiger Behandlung. Vor dieser „Tugend" des demokratischen Zeitalters kann nicht scharf genug gewarnt werden. Es ist am Ende die Angst der Führer vor den Geführten, welche die Aufdeckung der Wahrheit verhindert. Solche Handlungsweise hält beide in den Niederungen fest. Denn der echte Führer steigert die Kräfte seines Volkes durch mitleidlose Darstellung der Lage und reißt es dadurch mit in ungekannte Höhen.

Als der römische Kaiser Julian der Abtrünnige seinen Stern sinken sah, sprach er zu seinem ärztlichen Freunde Oribasius: „Weißt du, mein Freund, nichts beleidigt die Menschen so sehr wie die Wahrheit." Und sicher ist nichts so gefährlich, als Wahrheit suchen und Wahrheit sagen: das Suchen für die Seele, das Sagen für die gesellschaftliche Geltung. Besonders aber, wenn es in einer Zeit geschieht, die von dem Worte des Zweiflers Pontius Pilatus beherrscht ist: „Was ist Wahrheit!?"

Wer in einem Buche ein mühsam errungenes Bekenntnis ablegt, glaubt an die von ihm gefundene Wahrheit. Weicht sie aber vom Geiste der Zeit und vom Ungeiste der Umwelt erheblich ab, ja, ist sie ein leidenschaftlicher Widerspruch gegen die Gegenwart, so werden die Wahrheitssuche und der Wahrheitsausspruch zum Wagnis. Der Verfasser glaubt aber nicht nur an die wenigen, die um die Wahrheit ringen, sondern an die vielen, die sie ersehnen. Wohl kann der Kreis derer, die nicht zur Masse gehören, kaum eng genug gezogen werden. Trotzdem aber sei der Ruf an die Selbständigen und Freien im Geiste gewagt, zumal er erleichtert wird durch den Widerhall, welchen die Erstausgabe fand. Oswald Spengler fällt über das 20. Jahrhundert das tödliche Urteil: „Was ist Wahrheit? Für die Menge das, was man ständig liest und hört. Mag ein armer Tropf irgendwo sitzen und Gründe sammeln, um die „Wahrheit" festzustellen — es bleibt seine Wahrheit. Die andere, die öffentliche des Augenblicks, auf die es in der Tatsachenwelt der Wirkungen und Erfolge allein ankommt, ist heute ein Produkt der Presse. Was sie will, ist wahr. Ihre Befehlshaber erzeugen, verwandeln, vertauschen Wahrheiten."

Spengler hat aber gewagt, selber so ein „armer Tropf" zu sein. In seine Spuren sind manche getreten, und auch der Verfasser scheut nicht den Fluch der Mitwelt. Ja, er wagt sogar, dem Pessimismus Spenglers zu trotzen. Er hegt die Hoffnung, daß die echte Wahrheit nicht in der Vereinsamung verkomme, sondern im Begriffe sei, ihren Siegeszug anzutreten. Dabei liegt ihm der Glaube an Überredungskünste und ihre Massenwirkung fern. Nie wird der Masse das Licht des Wahren leuchten. Ewig wird sie der Erleuchter bedürfen, oder, wie das soziale Leben sie nennt, der wahren Führer. Wer aber an Führung nicht mehr glaubt, verzweifelt am Sinn des Lebens.

Trotz der Beschränkung, welche die Neubearbeitung sich hinsichtlich praktischer Einzelvorschläge auferlegt, ist sie von der Kritik zur Bejahung fortgeschritten. An bitteren Worten der Verneinung fehlt es allerdings auch dieses Mal nicht, und der Einwand, es sei genug des Tadels und nun wäre die Zeit des Aufbaues gekommen, ist in seiner gemachten Sicherheit allzuleicht durchschaubar, als daß er den Geist dieses Buches umstimmen könnte. Diese Frische und diese werkfreudige Geste sind dort am beliebtesten, wo vom neuem Geiste noch kein Hauch verspürt wurde. Sie soll über die Angst vor der Wahrheitschau hinwegtäuschen. Sie will vermeiden, liebgewordene Denkfaulheit als solche zu kennzeichnen. Schon seit 1919 redet man ununterbrochen vom Aufbau, übertüncht aber nur Ruinen. Soll anstelle eines auszurodenden Dickichts ein Meer goldener Ähren sprießen, so kann der Samen nicht in das wuchernde Wirrsal gesät werden; erst muß der Boden gerodet und gewendet werden. In welchem Volke aber stecken mehr Vorurteile, wohnen mehr Selbsttäuschungen und halten sich hartnäckiger die sogenannten Weltanschauungen als im deutschen? Nicht die Ehre des Einzelnen noch eines Standes soll durch harte Worte berührt werden. Es wird versucht, unbeirrt den mühseligen Weg der Überzeugung zu wandern. Jeder echte Tadel ist deshalb im Grunde aufbauend. Denn hinter ihm steht die heiße Liebe; und wer seinen Sohn lieb hat, der züchtigt ihn. Was aber hätten wir lieber als unser Volk?

Die Darstellungsmethoden der zweiten Auflage sind, beim Festhalten am Grundplane, nicht immer dieselben geblieben. Der kritische Teil verharrt meist nicht in der verneinenden Schilderung, sondern versucht das bejahte Gegenstück jeweils aufzuzeigen. Das Aufbauende ist deshalb grundsätzlich schon mit dem kritischen Teile verwoben und erfährt in der Darstellung des Zukünftigen nur eine knappe, ausgestaltende und einheitliche Ausmalung. Dieser Übergang des Gesamtwerkes zum Geiste der Bejahung erlaubte deshalb die Verknappung der dem ausgesprochenen Neubaue gewidmeten Kapitel.

Der Kreis, in dem die neue Weltanschauung schon Gestalt gewonnen hat, ist naturgemäß ein kleiner geblieben, zusammengeschweißt durch das Erlebnis deutscher Not. Wenn dieser Männer hier gedacht wird, so geschieht dies in innerer Verbundenheit und tiefem Dankgefühl. Auch diese Neubearbeitung ist im letzten Sinne Gemeinschaftsarbeit. Wo der eine Freund zu denken aufhört, fährt der andere weiter. So danke ich viele Anregung und Mitarbeit, soweit sie die philosophischen Teile betrifft, meinem Siebenbürger Freunde Konrad Nußbächer. Die Überarbeitung der bevölkerungspolitischen Kapitel übernahm Otto Leibrecht, mit dem ich seit frühester Jugend verbunden bin. Die Ausführungen über Außenpolitik entsprechen weitgehend dem Gedankengute des Schutzbundkreises, dessen Führer, Karl C. von Loesch, den außenpolitischen Teil einer umformenden Durchsicht unterzog. Diesen meinen Freunden an dieser Stelle zu danken, ist mir umsomehr Bedürfnis, als nur das Gefühl der Freundschaft die verhältnismäßige menschliche und politische Vereinsamung des nur für die Zukunft Lebenden erträglich macht.

Erster Teil

Die geistigen Grundlagen der Politik

Nicht das macht frei, daß wir nichts über uns anerkennen wollen, sondern eben, daß wir etwas verehren, das über uns ist. Goethe.

Die Generation des Opfers

„So gewiß das Leben größer ist als sein Schatten, so gewiß ist es größer, der Poesie Stoff zu geben, als Poesie zu machen." In diesem Satze Hebbels schwingen Töne, welche anklingen an die Grundstimmung des heute zur Verantwortung drängenden jungen deutschen Geschlechtes. Denn die Kriegsgeneration liebt das Wort keineswegs. Nicht zu schreiben, zu wirken ist ihr Begehr. Was uns Jungen heute die Feder in die Hand drückt, ist zweierlei: die tatsächliche Unmöglichkeit, im Leben der Gemeinschaft zu wirken, wie inneres Gesetz uns heißt; aber auch das notgedrungene Zugeständnis an eine Zeit, in der das leere Wort an Stelle der Tat getreten ist. Wir können heute nur durch Worte handeln. Aber das Wort gilt, das Tat in sich trägt. Nie kann das Wort die Tat ersetzen, wohl aber vorbereiten und so der Tatbereitschaft Inhalt geben.

Der Verfasser gehört zu den Freiwilligen des Jahres 1914. Zu viel schon ist über dieses große Jahr geschrieben, allzu verbraucht der Überschwang der Sprache. Wie in der Erstbearbeitung dieses Werkes vorausgesagt, wurde das Kriegsbuch große Mode. Nur kurz soll das Besondere jener Jugend gekennzeichnet werden, deren großer Teil heute auf den Schlachtfeldern mitteleuropäischen Raumes ruht. Sie war Gegenstand und doch auch Träger des Weltkrieges. Gegenstand insofern, als die gewaltigen geschichtlichen Ströme, die zum Zusammenprall des Weltkrieges führten, von ihr, der deutschen Jugend, nicht beeinflußt, geschweige denn gelenkt waren. Menschen anderer Art, geistige und wirtschaftliche Gesetze vergangener Zeit waren hier bestimmend.

Der Geist des Menschen hatte im Laufe einer jahrhundertelangen Entwicklung seine innere Einheit eingebüßt. Der Mensch der Zivilisation leugnete die göttliche Vernunft und löste sich von seinen seelischen Wurzeln, um im Stofflichen zu versinken. So zog das Zeitalter des Materialismus herauf, gipfelnd im Weltkriege. Wehrhaftigkeit des Volkes, im Ursprung ein sittlicher Opfergedanke, entartete zur Massenvernichtung; Technik führte aus Beherrschung zur Vernichtung des Stoffes. Es scheint im Kosmos das Gesetz zu walten, daß Stoff sich selbst vernichtet, wo er statt Diener Herrscher ist. Zur Errettung wahren Lebens vor der Verstofflichung mußte dieses seinen höheren Wert erweisen: durch Selbstopfer. Dem Kriegsgeschlechte erwuchs so die Sendung, Geistverleugnung zu sühnen.

Des Todes Versöhnungskräfte wurden schon im Kriege selbst lebendig. Wo er gebot, waltete Achtung vor des Menschen Würde, gleicherweise Freund und Feind umschließend. Vergiftet aber war der politische Kampf der Völker. Die Giftgase der Kampfzonen vernichteten nur feindliche Leiber; die Giftschwaden der Verleumdungspolitik zerfraßen die Seelen.

Diese Gegensätzlichkeit gebar die Eigenbedeutung des Kampfgeschlechtes, die Eigengesetzlichkeit des Krieges. Unter den Trümmern der Vernichtung glomm die Sehnsucht nach Auferstehung des Geistes. So wurde das Frontgeschlecht aus Kampfkörper zum Kampfwillen. Es wurde Ja-Sager zu einem Schicksal, dessen Bitternis es bis zur Neige kostete, weil das Stirb und Werde ihm Offenbarung wurde.

Damit war der Weltkrieg *seine* Sache geworden. Die äußeren Geschehnisse von Krieg und Politik verliefen nach wie vor ohne sein Zutun. Schon aber dämmerte die ahnungsvolle Einsicht herauf, daß der wahre Träger dieses Krieges der „unbekannte Soldat" war. Wohl hatten die Deutschen große Feldherren, denen Verehrung gebührt. Doch das geschichtlich Einmalige und ewig Fortdauernde bleibt die seelische Kraft der deutschen Kampfjugend. Deren innere Stärke wurzelte nicht im politischen Zielwillen, wurde nicht durch Disziplin erzwungen. Ihre Quellen lagen jenseits gedanklicher Vorstellungsreihen, strömten aus verborgenen Tiefen.

Schon vor dem Weltkriege hatten seherische Geister den Zerfallvorgang gespürt und gekündet. Bange Mahnrufe verbanden sich mit vorausfühlender Schau einer neuen Zeit. Die Mitwelt aber spottete ihrer und richtete Stein auf Stein zum babylonischen Turm. Als den gigantischen Bau der Weltkrieg sprengte, geschah nur, in gewissermaßen verdichtetem Ablaufe, was sonst in allmählicher Zerbröckelung sein Schicksal genommen hätte. Wer aber unter die Trümmer des Baues geriet, den mußten Sinn und Irrtum tiefer erfassen als den, der nur von ferne dem Einsturz zuschaute. Darum ist „Kriegserlebnis" nicht nur Verdienst, sondern auch Schicksalslast und -gnade. So wenig aber dieses Erlebnis an den Zufall des Dabeigewesen-Seins geknüpft ist, so irrtümlich wäre die Anmaßung des Kampfgeschlechtes, Urheber des neuen Werdens zu sein.

Der Krieg beschleunigte nicht nur den Zerfall einer morsch gewordenen, sondern auch die Geburt einer neuen Welt. Übernimmt es das Kampfgeschlecht als Kerntruppe, um das Werden dieser neuen Welt zu ringen, dann erst hat es das von den gefallenen Brüdern begonnene Entsühnungswerk vollendet. Nicht Anmaßung, sondern Demut vor schicksalsverliehener Aufgabe wird somit hier gefordert. Mit solcher Haltung ist unvereinbar jedes Sich-besser-Fühlen und jedes Heischen.

Das geistige Leben der Kriegszeit entbehrte des Widerhalls gewaltiger Geschehnisse. Gesellschaftsleben und Künste brüsteten sich nach wie vor in ihrer Hohlheit und gaben keine Kunde von den echten Lebenswerten, die unter Blut und Tränen um ihre Wiedergeburt rangen. An der deutschen Kultur ging das furchtbare Erlebnis vorüber ohne Gewinn, ohne Vertiefung. Schwächliche Schönfärberei und flache Begeisterung schulmeisterten die aufgewühlte Volksseele. Die Literatur der Kriegsjahre — von Ausnahmen abgesehen — treibt uns noch heute Röte der Scham ins Antlitz. Schon damals geriet der Frontsoldat in verlegenen Schrecken, kam er aus der Schlacht, die tiefstes Menschentum aufgewühlt hatte, in die Heimat, wo im seichten Schlammwasser bequem weitergetrottet wurde. Unvergessen seien die Kameraden, die unter des Schicksals tragischer Hand zum ahnenden Ausdruck eines neuen Gefühls kamen. Aber sowohl Löns wie Flex, wie die vielen namenlosen Schreiber ergreifender Feldbriefe sanken dahin, und eitel Kriegsbegeisterung erschien einer aus den Fugen geratenen Nachkriegswelt ihr Glaube.

Mit wachsender Entfernung vom Kriege steigt das Verlangen, ihn in seiner Wesenheit zu erfassen. Mehr als der Forscherdrang, der den Ursprung bewiesener Seelenstärke erkunden möchte, treibt das Gefühl, daß ein Volk jene Kräftequellen nicht versiegen lassen darf, die es befähigen sollen, die Tugenden jener Epoche wiederum zu mobilisieren, wenn es vor dem Weltgerichte steht. Was heute anhebt, ist die große Deutung des Weltkrieges, des Zusammenbruches und der daraus erwachsenen deutschen und europäischen Not. Die zeitliche Entfernung scheint einer leidenschaftslosen, von persönlichen Gefühlen unbeschwerten Rückschau günstiger als das frühere Gefangensein in den verwirrenden und bedrohenden Ereignissen. Daneben aber erwacht eine neue Jugend zum

Denken, für die der große Krieg nicht mehr Erleben, nur noch Geschichte ist. Sie will wissen, „wie es war", und heischt vom Älteren Antwort auf diese Frage. Und schon beginnen die Buchmanuskripte zu rascheln und zu verkünden, wie unheilige Seelen ihr Kriegserlebnis ausmünzen. Das ungeheure Ereignis können sie nicht erschöpfen. Weit geht es hinaus über die flachen Auslegungen, die es in den Dienst irgendeiner zweckbestimmten Richtung stellen wollen. Größer oder geringer mag die an solches Unterfangen gewendete Begabung sein. Ohnmächtig aber versagt sie vor dem heiligen Gesetz, das jenen auf dem Schlachtfelde befahl, sich so und nicht anders zu vollenden.

Fruchtbar aber ist der echte Trieb zur Deutung des Krieges; jene drängende Kraft, die uns nie zur Ruhe kommen läßt, solange wir atmen. Es ist nicht die zwar schöne, aber verstandesbestimmte Erwägung, daß wir den dahingesunkenen Brüdern schuldig seien, ihrem Sterben nachträglichen Sinn zu verleihen. Kein noch so vermessener Blick vermag göttliches Walten zu durchforschen. Die Kraft, die heute uns zur Selbstbesinnung mahnt, ringt sich los aus unseren eigenen Tiefen. Die Sonne scheint nicht mehr hell für uns, das Meer erfüllt uns nicht mehr mit Unendlichkeit, die Liebe erweckt in uns nicht mehr ewige Sehnsucht, wenn das Rätsel namenlosen Leides, wenn die Qual millionenfachen Todes nicht in neue Harmonie mit unserem Dasein gebracht wird. So treibt uns das Kriegserlebnis, das eine Welt sprengte, zur Suche nach einer neuen Ganzheit. Das deutsche Volk, der deutsche Mensch, lebt heute in innerer Zerrissenheit; es fehlt die Einheit, bei der erst die Menschenseele sich zu beruhigen vermag.

Wieder quält sich die bange Frage nach dem Sinn allen Seins aus schmerzverzerrtem deutschen Munde. Ist deutsches Schicksal, sie immer wieder zu stellen? In Einsamkeit ist mancher Große daran zerbrochen. Zuletzt Friedrich Nietzsche. Ein Rufer war er in der Wüste.

Ein ganzes Geschlecht mußte den Opfergang gehen, der blutigen Saat geweiht. Wir Überlebenden pflegen ihr Wachstum und bangen um ihr Gedeihen. Den Kindern aber wünschen wir die Ernte.

Weltanschauungschaos

Daß die Menschheit alle dreißig Jahre ihre Haut wechselt, und daß dieser Wechsel seine Folgen hat, bemerkte nicht nur jener berühmte Franzose, von dem dieser Ausspruch stammt; der Generationenkampf ist eine selbstverständliche Erscheinung. Der Verfasser würde sich ins Literarische verlieren, wollte auch er die quälende Zwiespältigkeit der Gegenwart deuten als tragischen Gegensatz zwischen Vätern und Söhnen. Dessen Bestehen wird damit nicht geleugnet. Er ist aber nicht allgemeiner Art, wie überhaupt diese Abhandlung nichts allgemein Menschliches zur Frage stellt, sondern nur das Besondere der Zeit und des deutschen Schicksals. Wenn also die Kriegsjugend dieser Tage das Recht fordert, dem öffentlichen Leben ihren Stempel aufzudrücken, so geht es um mehr als um Wirkungsdrang lebendiger Jugendkraft, dem das Alter unwillkommene Grenzen zieht. Die Gegensätzlichkeit der Geschlechter ist vielmehr durch die größere oder geringere Entfernung bestimmt, die sie vom Wendepunkt der Zeit trennt; von dem schwächeren oder stärkeren Erfaßtsein des Ringens um neue Werte.

Es ist also mehr als Kampf sich ablösender Geschlechter, was die Gegenwart mit Unruhe erfüllt. Die menschliche Verstörung — als Kennzeichen dieser Zeit — geht weit über die Vorstellungen von Zwiespältigkeit hinaus, wie sie der oberflächliche Betrachter des öffentlichen Lebens hegt. Falsche Trennungsstriche werden gezogen, wo keine echte Gegensätzlichkeit vorhanden; Feindschaften toben gegeneinander, die, bei der Verwurzelung der Gegner in gemeinsamem Nährboden, leicht als künstlich und überflüssig zu entlarven sind. Kindliche Auffassungen von Politik verlegen den Zwiespalt dieser Tage in äußere Erscheinungsformen statt ins Wesen der Dinge. Hierher gehört der Gegensatz zwischen einem kaiserlichen und einem republikanischen Deutschland. Zwischen beiden klafft nicht etwa der trennende Abgrund zweier Welten. Nur ein Gradunterschied, zeitlich bestimmt durch die Jahreszahl 1918, wirkt sich aus. Wenn also dieses Buch gesellschaftliche, kulturelle und politische Zustände des kaiserlichen Deutschlands verurteilt, so geschieht dies nicht in der Meinung, die nachfolgende Zeit hätte in der Verfolgung neuer und höherer Grundsätze bessere Zustände heraufgeführt. Vielmehr geht die Richtung dieses Buches (übereinstimmend mit all denen, die gleicher Schmerz und gleiche Hoffnung verbinden) dahin, daß der Niedergang des Deutschtums — und damit des Abendlandes — als ungebrochene, fallende Kurve betrachtet wird. Ihr zeitlicher Ursprung trifft mit der Wende des 14. zum 15. Jahrhundert zusammen, sie fällt aber seit der Revolution in geometrischer Steigerung, da sämtliche Hemmungen weggeräumt sind. Diese Blätter sind also nicht monarchistisch und nicht republikanisch im Sinne der Parteiengeschichte; sie üben Kritik an deutscher Unzulänglichkeit und arbeiten an einer neuen deutschen Entwicklung.

Wer den Zwiespalt der Zeit als Auseinandersetzung des vierten mit dem dritten Stande erklären wollte, würde ebensowenig den Kern der Sache treffen. Auch der Kampf des Christentums gegen die sogenannte atheistische Welle erschöpft den Sinn der zeitgenössischen Wirrsäligkeit nicht. Es mag sein, daß Erwägungen dieser Art weitere Ausblicke gewähren als ein Ausgehen vom politischen Tageskampf. Aber alle Teilbetrachtung verhindert letzte Aufschlüsse und raubt heilsame Klarheit. So wäre es falsch, die Politik als besonderen Zweig des Gesellschaftslebens, der Wissenschaft oder gar als Liebhaberei zu betrachten. Das mag für Leute gelten, denen Politik die abendlichen Mußestunden füllt. Aus ihrem Vorstellungskreise stammt auch jene dunstige Forderung nach „Politisierung" des Menschen. Auf dieser geistigen Ebene wurde auch der „Staatsbürger" geboren, zu dem angeblich jeder Mensch mit einem gewissen Lebensalter heranreift. Dort wurde auch jene willkürliche und sinnlose Einteilung in politische und private Menschen getroffen; als ob der Mensch nach Belieben aus der Gemeinschaft herausspringen könne. Politik ist aber das auf Gestaltung des Gemeinschaftslebens gerichtete Streben des Menschen, eines Volkes. Und dieses Streben gehört zur Gesittung. Diesel*) versteht unter Gesittung eine nach innen im Menschen und nach außen in der Gemeinschaft ordnende Gewalt, welche die Barbarei vernichtet, ohne die Lebendigkeit oder — wenn man so will — die Natürlichkeit des menschlichen Zustandes zu gefährden. Diese ordnende Gewalt strömt aus der Wesenheit eines Volkes, das somit in allen Lebensäußerungen seiner Glieder „politisch" ist. Ein Volk ist die Individuation (die besondere in ihrer Eigenart einmalige Erscheinungsform) göttlichen Geistes und damit ein organisches Ganzes, das entsteht und vergeht.

Damit wird kein unbedingtes Bekenntnis zu einer biologischen Betrachtungsweise in dem Sinne abgelegt, als ob ein Volk den gleichen biologischen Gesetzen wie der menschliche Körper unterworfen sei; die völkische Individuation ist vielmehr etwas Einmaliges, das niemals durch Gesetze in naturwissenschaftlichem Sinne bestimmt und dessen Anfang und Ende morphologisch nicht mit Sicherheit feststellbar ist. Deshalb sind es keinerlei „Nachkriegsgedanken", die den Verfasser bewegen, obwohl er nicht leugnet, daß der in die Tiefe unserer Zeit schauende Beobachter alle seelischen Kräfte aufbieten muß, um nicht in Untergangsschwermut zu verfallen. Ein solches Gefühl setzt keineswegs Anerkennung der Kulturkreislehre (Aufblühen, Höhepunkt und Niedergang der Kultur) voraus. Denn die Kultur des Abendlandes liegt nur in Teilergebnissen vor. Letzte

*) Eugen Diesel, „Der Weg durch das Wirrsal", Stuttgart 1926, J. G. Cotta.

Reife und Erfüllung blieb versagt. Fraglich ist nur, unter welchen Volkes Führung und welcher Völker Beteiligung der große Vollendungsvorgang anhebt. Des deutschen Volkes Schicksalsfrage ist also, ob es, Schöpfer des ersten abendländischen Reiches, auch das kommende mitgestalten wird. Oder ob lebenskräftigere Völker ein müdewerdendes ablösen. Dieses Buch steht aber in bewußter Abkehr vom „Pessimismus" Oswald Spenglers. Was es dankbar bejaht, ist dessen universalistische Betrachtungsweise, die allein zum Aufbau befähigt. Zu ihr bekennt sich der Verfasser, weil er das Leben als ein Ganzes, das Volk als geschlossene Persönlichkeit sieht, deren gesamte Lebensäußerungen einheitlich bestimmt sind. Hierin liegt die Ablehnung der oben gekennzeichneten falschen Auffassung von Politik, welche mit schuld ist an dem chaotischen Bilde, das dem sich bietet, der, getragen von einheitlichem Lebensgefühl und Lebenswillen, die Gesamterscheinung des heutigen Lebens der Deutschen betrachtet.

Einen Blick nur auf das deutsche Leben der Gegenwart, ohne späteren grundsätzlichen Untersuchungen vorzugreifen! Er ist notwendig, um dem Leser zu zeigen, zu welcher inneren Unwahrhaftigkeit und welcher Summe von Widersprüchen jene heute noch gültige politische Begriffsbildung geführt hat, die nicht mehr durchblutet ist vom geistigen Lebensstrome des deutschen Volkes. So beruht angeblich die neue staatliche Ordnung auf der Gleichheit aller Deutschen; sie soll die Pforte zum gesellschaftlichen Paradiese aufstoßen. Ist in Wahrheit jemals die Ungleichheit, die, wie der Verfasser schon jetzt bekennen will, für ihn in der Erfahrung gründet, krasser und fühlbarer gewesen als heute? Eine Ungleichheit, die sich nicht auf Tradition, Adel der Gesinnung oder Leistung, sondern nur noch auf Besitz aufbaut. Oder ist nicht die Gegenwart, in der jeder das Wort „Volksgemeinschaft" im Munde führt, weiter denn je von jeder Art menschlicher Bindung entfernt? Ist der Kampf um das Dasein nicht ein Kampf aller gegen alle geworden? Zwar tobt er nicht so sehr an der Oberfläche als vielmehr unter ihr: der gesellschaftliche Zusammenhalt des deutschen Volkes ist stärker polizeilich beeinflußt denn je, da, würde mit einem Schlage staatlicher Zwang aufgehoben, diese Gesellschaft noch am nämlichen Tage der Auflösung verfiele. Kein Einwand, daß Macht immer zum Staate gehöre, kann hier fruchten. Das Staatswesen, das annähernd dem Höchstmaße natürlicher gesellschaftlicher Gliederung nahekommt, wird ohne ernstliche Erschütterung auch vorübergehend einen Wegfall der Polizeimacht ertragen können. Im Gegensatze hierzu ist aber ein Mindestmaß organischer gesellschaftlicher Bindung kennzeichnend für die Jetztzeit. Ein anderes Beispiel! „Die Familie ist die Zelle des

Staates." Lautet so nicht mit wenigen Ausnahmen das soziologische Glaubensbekenntnis fast aller politischen Richtungen der Gegenwart? Wie ganz anders aber sieht die Wirklichkeit aus. Die Gesetzgebung kennt die Familie als Rechtssubjekt weder privat- noch öffentlich-rechtlich. Das Kind, die Grundlage der Familie, ist völlig in Verruf geraten. Kreise, die mit dem Stimmzettel sich eindeutig „national" betätigen, verkünden durch den Mund ihrer jungen Frauen die Lästigkeit der Kinder. Oder: Die christliche Kultur sei die Grundlage von Staat und Politik, sagt ein Teil, und zwar der überwiegende, des deutschen Volkes. Von entgegengesetzter Seite wird aber behauptet, die christlichen Kirchen hemmten die Höherentwicklung der Menschheit. Die Zeitungen melden, daß sozialistische Massen in Wien die Kirchgänger tätlich angegriffen hätten. Wie kann die christliche Kultur Grundlage des Staates sein, wenn Christen bei der Ausübung religiöser Pflichten angepöbelt werden, und das von genau so „gleichberechtigten" Staatsbürgern? Oder: Eine sehr angesehene Zeitung bringt auf der ersten Seite eine philosophische Abhandlung über den verstorbenen Philosophen Eucken; die Rückseite des nämlichen Blattes preist anläßlich der Besprechung eines „künstlerischen" Unternehmens die sogenannte „Girl-Kultur". Oder: Freie Bahn dem Tüchtigen — angeblich eine Haupterrungenschaft der Demokratie. Gleichzeitig duldet die deutsche Öffentlichkeit seit Jahrzehnten keine irgendwie hervorragende Persönlichkeit an führender Stelle. Mit Bismarcks Entlassung zeigt sich dieser echt demokratische Zug der neueren Geschichte in Deutschland an und steigert sich bis in die Gegenwart.

Der Sozialismus Deutschlands begleitet jede Gewinnverteilung deutscher Wirtschaftsunternehmungen mit revolutionären Gesten. Tributforderungen ausländischer Geldmächte dagegen stoßen nur auf eine sehr gedämpfte Entrüstung. — Fortschrittsbeflissene verneinen das Recht auf Tötung minderwertigen Lebens (Todesstrafe), bejahen dagegen tausendfachen Mord an wertvollem Leben (Abtreibung). — Die Volksherrschaft wird bejubelt, tatsächlich aber von den Parteiführern abgedrosselt. — Man redet von der Menschheit und meint die eigene Piratenfreiheit. — Den Lebensgenuß bauen die heute „geistig" Herrschenden zum Kult aus; sie vernichten darüber die echte Lebensfreude. — Als höchste Tugend preisen sie die Duldsamkeit und ertränken den Andersgesinnten in einer Flut von Haß.

Die unbewußte noch mehr als die bewußte Heuchelei kennzeichnet auch die Beziehungen der Völker untereinander. Was leistet nicht auf dem Gebiete der Meisterlüge allein der Völkerbund! Im Namen der

Zivilisation, der Gerechtigkeit, der Menschenliebe stürmt eine Welle der Habgier über die entgötterte Welt. Die Tributforderungen dem Deutschen Reiche gegenüber sind allein schon dazu geeignet, einen Schluß auf das bevorstehende Ende menschlicher Gesittung zu erlauben. Und doch herrscht noch — so ähnlich drückt sich auch Hans Prinzhorn einmal aus — jener dunstige Glaube an schöne Worte, der „Verbalidealismus" (Kurt Singer), nur zu erklären aus der Loslösung der Ideen aus der gesamtmenschlichen Wirklichkeit. Denn die Deutung, der Zeitgeist fordere immer das, was ihm selbst abgehe, genügt nicht. Der Schaden sitzt tiefer: der abendländische Mensch von heute zeigt eine Wirkseite und eine Schauseite; beide wissen voneinander nichts.

Für jeden der hier gerügten Fehler gibt es natürlich „Gründe"; aber von höherer Warte aus betrachtend, muß doch der Einsichtige zugeben, daß zwischen den Schlagworten, die heute das gesamte Leben beherrschen, und den Zuständen, die jeder scharfe Beobachter selbständig ergründen kann, unüberbrückbare Abgründe klaffen. Das ist nicht mehr der natürliche Gegensatz zwischen Ideal und Wirklichkeit. Das Ideal ist unerreichbar und kann nur dauernd angestrebt werden. Die hier gezeichneten Mängel haften aber an Dingen, die der Wirklichkeit angehören und deshalb verbesserungsfähig sind. Wenn ihnen nicht zu Leibe gegangen wird, so ist das darauf zurückzuführen, daß der heute bestehende Hang zur Selbsttäuschung die Wahrheitsschau erschwert, daß der Wille zur Wahrhaftigkeit immer mehr abhanden gekommen ist. Man kann sich auch so ausdrücken: Da wir weder in einem Zeitalter des Bizeps — wie ein führender Staatsmann meinte — noch des Geistes leben, vielmehr in einem solchen der Überredungskunst, so pflegen mit dem Munde als herrschende Grundsätze Gedanken aufgestellt zu werden, die in der Wirklichkeit ihre Geltung längst verloren haben und vom genau gegenteiligen Prinzip abgelöst wurden. Eine großangelegte Herrschaft des Betruges! Die Ideen der Hochwertigen werden als herrschend verkündet, der Ichtrieb der Minderwertigen herrscht in der Tat.

Auch ein Fall üblicher Gesellschaftsheuchelei, die der Deutsche allzugerne am Angelsachsen bemängelt (cant), liegt nicht vor und kann deshalb zur Erklärung der allgemeinen Zwiespältigkeit nicht herangezogen werden. Denn letztes Ziel solcher Heuchelei ist Bewahrung der Idee; nur die Unzulänglichkeit ihrer allgemeinen Befolgung soll des schlechten Beispiels halber verdeckt werden. Was aber dieses Kapitel als Krankheitserscheinung aufzeigt, ist nicht Unzulänglichkeit der Durchführung, sondern Lüge im Grund.

So wurde als Zeichen der Zeit zweierlei festgestellt: positiv die Verlogenheit ihrer Ethik und negativ der Mangel eines einheitlichen Lebensbildes. — Aber gibt es nicht eine Weltanschauung, jenes große Wort, das immer sich zur rechten Zeit einstellt, wo die Begriffe fehlen? Und wo bleibt die Lebensanschauung, der zauberhafte Wanderstab, der die irdische Reise erleichtern soll? Denn eigentlich sind Weltanschauung und Lebensanschauung Begriffe, die gleiches decken. Die Lebensanschauung ist nur etwas Verengtes, von der Weltanschauung Abgeleitetes. Oft sogar allzu verengt: eine ganze „Philosophie des Lebens" ist entstanden, vollbepackt mit Glückseligkeitsrezepten für *dieses* Leben. Und doch wird jede echte Lebensanschauung am Tode gebildet, da von der Art und Weise, wie das Aufhören des Lebens in das Weltbild eingeordnet wird, auch die Anschauung des Lebens selber abhängt. Daher ja auch das neue Lebensgefühl des Kriegsgeschlechtes — geprägt vom täglichen Todeserlebnis.

Selbstverständlich hat jede deutsche Partei ihre „Weltanschauung". Die Parteien anderer Völker verzichten darauf. Entweder, weil der Kampf der Parteien von gemeinsamen Grundvoraussetzungen getragen wird (ursprünglicher Zustand des Parlamentarismus), oder weil sie rein praktische Ziele verfolgen. Dabei besitzt jeder Angehörige gewisser anderer Völker ein völkisch-politisches Lebensgefühl, das von der sogenannten Weltanschauung überhaupt nicht berührt wird. Ein Amerikaner, gefragt nach seiner „politischen Weltanschauung" im deutschen Sinne, würde verständnislos lächeln. Der Deutsche dagegen hat dieses völkische Lebensgefühl nicht, dafür als Einzelwesen eine Weltanschauung. Was man bei ihm so nennt, deckt sich nun wiederum nicht mit der sogenannten, von der Partei bezogenen politischen Weltanschauung. Wenn man die heutigen Parteiprogramme auf weltanschaulichen Gehalt untersuchte, insbesondere die praktische Politik der Parteien in Beziehung setzte zu diesem Parteiprogramm, man würde erschrecken oder — lachen. Was ist so eine Partei nicht alles! Welche Fülle von Weltanschauungen vereinigt sie nicht in sich, um möglichst viele Wähler an sich zu locken? Sie ist im Programm monarchistisch, in der Wirksamkeit republikanisch, in der Theorie sozial, in der Praxis liberal; und national sind sie natürlich alle. Sie sind für kirchliche Schulen, wollen aber dem „Freidenker" nicht wehetun, sie treten ein für die Zusammenfassung aller Gewalt beim Reiche, die Eigenart der Länder soll aber erhalten bleiben. Sie glauben nur an Machtpolitik, für Wehrhaftigkeit tun sie aber nichts. Sie schwärmen für den Rechtsstaat, aber die Unabhängigkeit der Richter steht bald nur noch auf dem Papier der Verfassung. Die Jugend soll körperlich ertüchtigt werden, aber eine tägliche Turnstunde wird nicht eingeführt. Nur eine „Weltanschauung" eignet allen Parteien gleichmäßig: daß man selbst ans Ruder komme und die andere Partei davon wegdränge. Zu Unrecht wirft man katholischen Parteien politische Unbeständigkeit vor. Gerade der Hintergrund einer geschlossenen Weltanschauung erlaubt jene scheinbare politische Programmlosigkeit, die viele Außenstehende als Mangel empfinden. Also nicht hier ist die Fehlerquelle zu suchen, sondern in der Tatsache der Parteibildung auf religiöser Grundlage überhaupt. Sie allein würde schon genügen, parlamentarisches Staatsleben auf die Dauer unmöglich zu machen. Denn jedes System ist nur auf dem Boden lebensfähig, in dem es wurzelt. Der Nährboden des Parlamentarismus ist aber die Gesellschaftsschichtung seiner Entstehungszeit und niemals das Bindemittel bekenntnismäßiger Gemeinsamkeit. Diese bleibt im parlamentarisch-politischen Betrieb ein Fremdkörper.

Späteren Ausführungen über das Parteiwesen soll nicht vorgegriffen werden. Hier genügt die Andeutung, daß die Parteiprogrammatik völlig erschüttert ist; schon deshalb, weil die parteilichen Leitworte, aus einem früheren Jahrhundert übernommen, nicht mehr die Kraft irgendwelcher Gegenständlichkeit in sich tragen. Nur gefühlsmäßige Nachwirkungen gemeinsamer früherer Erlebnisse halten die großen Parteien noch leidlich zusammen. Spricht man in sozialistischen Kreisen vom Klassenkampf, dann lassen die alten Recken aus der Zeit des Sozialistengesetzes — schon längst friedliche Kleinbürger geworden — die Augen blitzen. Lebendig ist allein noch die Vergangenheit, der Atem einer neuen Zeit beunruhigt lediglich das verständnislose Gemüt. Spürt das Zentrum das Bedürfnis, sich politisch zu rechtfertigen, dann zeigt es — obwohl von viel größerer geistiger Beweglichkeit, welche die Tiefe katholischen Geisteslebens seinen Anhängern gestattet — den Wählern die Vision verbannter katholischer Geistlicher aus der unseligen Zeit des Kulturkampfes. Sodann das geheimnisvollste Parteiwort: es heißt „liberal". Wer verbindet heute noch mit diesem Begriff eine lebendige Vorstellung, es sei denn der rein wirtschaftlich Denkende oder der Staatsrechtler oder der mit grundsätzlicher Abneigung gegen den sogenannten Feudalismus Erfüllte? Um die Klärung des Begriffes „konservativ" bemühen sich heute viele Geister. Seine wahre Bedeutung scheint verlorengegangen, auch denen, die schmähenderweise konservativ genannt werden.

Der Geschichtsforscher mag untersuchen, wieviel berechtigter Stolz einst hinter den eben erwähnten Schlagworten stand; so viel ist sicher, daß von dem Kämpfertum jener Tage fast nichts mehr geblieben ist. Es seien denn die Ressentiments, die selbstverständlich entrüstet abgeleugnet werden, weil sie nie von ihrem Träger erkannt werden können, weil sie in Wirklichkeit — um mit Ludwig Klages zu sprechen — Lebensneid sind, also Minderwertigkeitsgefühlen entspringen. Dieses Gebäude der Weltanschauung wankt, muß stürzen, auch wenn die Parteien krampfhafter denn je an ihren alten Grundsätzen festhalten, die sie bereit waren, im Jahre 1919 zu überprüfen, die aber heute mit einem bewunderungswürdigen Maße von Armut im Geiste „auf neu" gearbeitet werden; und es ist einer der tiefen Widersprüche dieses deutschen Lebens, daß Menschen, als Einzelwesen klug, gebildet und mit feinem Instinkte begabt, niemals sich durch Plattheiten täuschen lassend, zu Kindern werden, wenn der betäubende Dunst parteiamtlicher Weltanschauung seine Schwaden aussendet.

Dennoch geht durch das deutsche Volk ein unverkennbarer Zwiespalt, der es in zwei Lager teilt und eindeutig erkennen läßt, daß hier scheinbar unverrückbare seelische Kräfte entgegengesetzte Lebensbilder haben entstehen lassen, die eine verschiedenartige Stellungnahme zu allen Erscheinungen des Gemeinschaftslebens auslösen. Aber nicht nur deutsch ist diese Zwiespältigkeit, sie fängt an europäisch zu werden. Das deutsche Volk, als Herz Europas, zuckt unter ihren Wirkungen am schmerzlichsten. Es wird bei kommenden Auseinandersetzungen riesenhafte Arbeit zu leisten haben; die geistigen Kämpfe des nächsten Menschenalters werden auf ihm lasten. Es bilden sich im deutschen Volke zwei große Lager, die zwecks Austragung ihrer inneren Gegensätze zum Entscheidungskampfe antreten; hier scheinen Kräfte gegeneinander zu stehen, die von dem heutigen veralteten Parteisystem, ja vom Parteiwesen überhaupt, nur dürftig verkleidet werden; die einen Riß quer durch alle Parteien ziehen, ja vielleicht durch die Kulturvölker. Der Ausgang dieses Streites um die höchsten Werte wird nicht nur das Schicksal des deutschen Volkes, sondern wahrscheinlich der weißen Rasse überhaupt bestimmen. Die treibenden Kräfte zu untersuchen, die von ihnen hervorgerufenen Lebensbilder mit wenigen Strichen aufzuzeichnen, muß deshalb die Aufgabe eines Jeden sein, der über deutsche Politik schreibt. Nur wenn alles, was scheinbar jenseits der Politik liegt, sie aber wesentlich bestimmt, erkannt und durchforscht wird, kann über deutsche Politik Fruchtbares gesagt werden. Deshalb glaubte der Verfasser, den rein politischen Kapiteln einen metapolitischen (die grundlegenden Voraussetzungen jenseits der Politik behandelnden) Teil vorausschicken zu müssen.

Die metaphysische Wurzel der Weltanschauung

Die zahllosen Gegensätze der chaotischen Gegenwart wurden als künstlich und scheinbar erkannt; ihre Erforschung gibt darum keinen Schlüssel zur Deutung des zeitgenössischen Wirrsals. Wer die tatsächlichen Stellungen der beiden großen Weltanschauungsheere, deren Schlachtgeschrei erst anfängt, eindeutig zu werden, in ihren Umrissen erkennen will, muß in jene Tiefen steigen, die Nährgrund echter Weltanschauungen sind.

Das Wesen dieser Zeitwende ist Ringen um eine grundsätzliche Neuordnung. Die ewige Polarität zwischen dem Einzelmenschen und der Gemeinschaft ist es, die wieder einmal die Menschheit erschüttert. Noch immer, wenn die Spannung zwischen beiden Polen ihr Gleichmaß verlor, ging die Lebensordnung aus den Fugen. Sie neu zu begründen, gab es stets nur einen Weg: das Gleichgewicht zwischen dem Ganzen und seinen Teilen wiederum zu sichern. So auch jetzt. Denn heute bedroht die Eigenmacht der Teile das geheiligte Gleichmaß des Ganzen — und damit das Leben überhaupt. Ohne Untersuchung des Grundsätzlichen, ohne Vorstoß in weltanschauliche Tiefe bleibt das Ringen um Neuordnung ein Kampf gegen Windmühlen.

Die Geschichte des Abendlandes ist erfüllt von solchen Auseinandersetzungen geistiger Art, deren Vorkämpfer das deutsche Volk war. Die innere Bindungslosigkeit — nicht immer ein erfreuliches Geschenk des Schicksals — gibt dem deutschen Geiste eine Weite des Blickes, die wohl keinem Volke in ähnlichem Ausmaße eignet. Es war ein Franzose, der aussprach, es sei die Freiheit in den Wäldern Germaniens geboren. Und sicher schlummert in keinem Volke der Erde so unbegrenzt die Möglichkeit, dem Geiste sämtliche Schranken zu öffnen, wie in dem deutschen. Nicht die „Freiheit" des politischen Alltags ist damit gemeint. Dem deutschen Philister demokratischer Prägung fehlt die Einsicht, daß das Maß an geistiger Freiheit, das den verschiedenen Völkern zuteil wurde, keineswegs gleich ist. Er vermag sich nicht vorzustellen, daß der Geist, durch Rasse und Volkstum bedingt, sich selber Grenzen ziehen könne. Er hat es niemals unternommen, den Bedingungen beispielsweise amerikanischer Geistesart nachzuspüren. Fällt das Wort „geistige Freiheit", so sieht er sofort den kindlichen Meinungsstreit über Zensur, Polizei und Staatsbefugnisse vor seinen Augen aufsteigen. Daß aber kraft Blut und kraft Geschichte Freiheiten dem Menschen in der Wiege liegen können, die unabhängig von allen Verfassungssystemen, tausendmal kostbarer sind als sämtliche rechtlichen Freiheiten, ist eine Erkenntnis, die jenseits aller blutlosen Gehirngespinste um das Wesen der Freiheit liegt.

Dieser nach innen gerichtete Freiheitsdrang des deutschen Volkes hat ihm wahrscheinlich den Vorwurf des Unpolitischseins eingetragen. Es mag dieser schwerwiegend gewesen sein, solange man Politischsein in jenem schon früher gegeißelten Teilsinne als Tugend betrachtete. Mit dieser Auffassung aber will dieses Buch grundsätzlich brechen. Ihm hat die „Politik" des Versammlungslokals, der Presse und des Wahlkampfes nichts mehr zu sagen; ihm geht es um des Lebens Ganzheit, deren Ausfluß in die Welt des Handelns und der Gesellschaft eben Politik heißt. „Denn nur das Ganze ist das Wahre" (Hegel). Das Streben nach dieser neuen, höheren Form von Politik hat also gerade den Tiefendrang des deutschen Volkes zur Voraussetzung. So wird Not zur Tugend.

Auseinandersetzungen mit philosophischen Schulmeinungen oder das Aufstellen von Weisheitssystemen als Selbstzweck können den Verfasser nicht locken. Ihm geht es um die Erkenntnis, welche Kräfte die Beziehungen zwischen dem Einzelnen und der Gemeinschaft gestalten. Nur das Wissen um sie ist imstande, die grundlegenden Voraussetzungen der Politik zu geben. Aus welcher Quelle also fließen die Ströme, welche die Haltung des deutschen Menschen zu seiner Umwelt bestimmen? Denn diese Grundhaltung des Menschen ist für alle Kulturerscheinungen bestimmend. Da aber Geschichte von Menschen gemacht wird, so sind die sie leitenden Antriebe die eigentlich geschichtsbildenden Kräfte. Wer deshalb eine Zeit deuten will, muß den Menschen seiner Zeit seelenkundlich ergründen. Das setzt voraus den Einblick in Wesen und Beschaffenheit menschlichen Geistes überhaupt.

Dessen Streben geht immer nach Einheit. Das Icherlebnis ist Einheit des Bewußtseins. Der menschliche Geist strebt deshalb umgekehrt nach Bewußtsein der Einheit. Die menschliche Vernunft vermag jedoch die Ganzheit selbst nie zu erfassen, sondern nur die *Idee des Ganzen*. Sie lebt im Bewußtsein als etwas Geistig-Übersinnliches. Wie diese Idee des Ganzen nur aus dem Übersinnlichen fließt, so empfängt auch der Menschengeist seine letzten Antriebe aus Bezirken, die jenseits des Verstandes liegen. Auf dieser Grundeinsicht wird der geistige Oberbau dieses Buches errichtet. Bezogen auf den Menschen, lautet dieser Grundsatz: ein unveränderlicher Zug im menschlichen Geiste ist der *metaphysische Trieb* (der Drang ins Reich des Übersinnlichen). Er ist der Wesenspunkt allen Menschentums. Auf ihm beruht die tiefe Weisheit, daß der Mensch Gottes Ebenbild sei. Der Drang ins Übersinnliche ist zeitlos und allgemein menschlich; seine Stärke und Weite aber sind verschieden nach Einzelmenschen und Völkern.

Das menschliche Dasein ist seinem Wesen nach ein ununterbrochener Widerstreit zwischen Verlangen nach Vollendung, Ordnung und Ewigkeit einerseits — Unvollkommenheit, Wirrsal und Vernichtung anderseits. Eine scheinbar ungeordnete Wirklichkeit umfängt uns, der wir hilflos gegenüberstehen. Denn wir sind gefangen von Raum und Zeit, unser Wahrnehmungsvermögen hat enge Grenzen. So erwachen im Menschen Drang und Hoffnung jenen Widerstreit siegreich zu überwinden. Das aber erscheint nur möglich, wenn der Mensch über die Enge seines begrenzten Selbst, über das sinnlich Wahrnehmbare und zeitlich Gebundene hinausgreift und eine übersinnliche Welt nicht nur annimmt, sondern als erlebte Gewißheit empfindet. Brunstäd*) nennt dies das Transzendenz-Erlebnis. Wahre Freiheit wird dem Menschen nur in der Aufhebung von Einmaligkeit und Begrenztheit des Einzelwesens. Da jeder Mensch — und nur das Einzelwesen vermag jedes für sich das große Lebensrätsel an sich zu erleben und folgerichtig durchzudenken — den Gegensatz zwischen Ewigkeitsdrang und leiblichem Tode geistig zu überbrücken versucht, so bietet allein der metaphysische Trieb die Möglichkeit einer Lösung. Unberücksichtigt bleibe vorläufig, ob diese jenseits der Erkenntnis liegende Lösung religiösen oder philosophischen Inhalts ist. In beiden Fällen stammt sie aus übersinnlichen Quellen. Sie heißt Religion, wenn sie inhaltlich erfülltes Glaubenserlebnis ist; sie heißt Metaphysik, wenn sie erkennende Schau des Reiches des Übersinnlichen verkündet oder zumindest fordert. Erkenntnis verhält sich zu Religion wie Wissen zum Glauben. Wissen gründet immer auf Glauben, niemals Glauben auf Wissen. Umgekehrt verlangt Glauben, soll er nicht der letzten Erfüllung entbehren, des Wissens um den Grund der Dinge, der religiösen Schau. Glauben und unmittelbares Wissen bilden also den Bereich des menschlichen Geistes, der übersinnlich bestimmt ist. Religiöse Erlebniskraft und Vernunft sind sonach eine Ganzheit übersinnlichen Ursprungs. Die stärkere Betonung des einen oder anderen dieser Teile bestimmt das religiöse Bild eines Menschen oder einer Zeit. Denn Vernunft führt nur zur Idee des Göttlichen; dessen Erfüllung geschieht durch die Offenbarung. Wohl ergreift die Vernunft im Denken die Ganzheit; diese geforderte Ganzheit muß aber für die Vernunft immer Summe von Einzelheiten bleiben. Das Gefühl dagegen kündet die Ganzheit im Erlebnis. Ihre Erfüllung bietet also nur die Religion. Darüber mehr in einem eigenen späteren Kapitel über „Religion und Gemeinschaft“.

*) Die Idee der Religion. Halle 1922.

Entstammt die Vernunft — das „Vernehmen“ der metaphysischen Stimme — dem Reiche des Übersinnlichen, so ist der Verstand von dieser Welt. Gegenstand seiner Erkenntnis ist nur, was die sinnliche Wahrnehmung ihm bietet. Dieses wird durch äußere Umstellung in ihn hineinverlegt. Der „Stand“ wird „ver“ändert (M. Schwann). Während also der Verstand gewissermaßen nur Bausteine liefert, schafft die Vernunft die Ganzheit des ordnungsbeherrschten Baues. Der Verstand gehört zur Welt des Stofflichen, ist diesseitig gerichtet. Vernunft ist Denken, Verstand nur Erkennen. Denken ist aber mehr als Erkennen. Der Erkennende erforscht den Stoff, der Denkende wertet, ordnet und formt. Eine unfruchtbare Auffassung sah in dem Philosophen den nur nach Erkenntnis Strebenden. So wurde die Philosophie in die Wissenschaften eingereiht. Philosophie ist aber mehr als forschende Wissenschaft, sie ist wertende Stellungnahme zur Welt. Der Verstand des wissenschaftlich Forschenden, als der bloß erkennende Teil, sieht immer nur Teile. Daher die auflösende und zerstückelnde Wirkung der Wissenschaft. Echte Philosophie dagegen, geleitet von der Ganzheit der Vernunft, sucht auch die Welt als Ganzheit zu umfassen.

Mit diesen Begriffsbestimmungen wird bewußt ein eigener Weg beschritten. Er mußte begangen werden, weil allzu umfangreiche erkenntnistheoretische Erörterungen Rahmen und Ziel dieses Buches gefährdet hätten. Immerhin bleibt die Begriffswelt der klassischen deutschen Philosophie mit der Auffassung des Verfassers vereinbar. Eindeutige Begriffe mußten aber eingeführt werden, um den Wust philosophischer Gegenwartschlagworte zu vermeiden. So gebraucht diese Betrachtung fernerhin das Wort Verstand an Stelle des Schwammbegriffes Intellekt. Gleiches gilt für das Schlagwort Rationalismus. In der kämpferischen Bedeutung der Gegenwart wird es im Sinne einer einseitigen Verstandesherrschaft gebraucht, der auch die Kampfansage dieses Buches gilt. Dabei vermeidet es aber nach Möglichkeit den Ausdruck Rationalismus, denn seine heutige Anwendung steht im Widerspruch zu seiner Entstehungsbedeutung. Ratio kann nämlich mit Ordnung und Vernunft übersetzt werden, also dem, wohin dieses Buch strebt. Der Gegensatz von Vernunft und Verstand, wie er oben dargelegt wurde, erlaubt deshalb die heute beliebte Sinnabwandlung nicht.

Dies alles mußte gesagt werden, um die Notwendigkeit des metaphysischen Triebes zu erweisen. Wird er in seiner Unentrinnbarkeit erkannt, steht also diesem Erkennen eine Selbstbeschränkung des Erkenntnisbereiches gegenüber, wie sie klassisch Kant in seiner Vernunftkritik gegeben hat, dann können wir von einer metaphysischen Verankerung des Menschen (von

Verwurzelung im Übersinnlichen) sprechen. Wird aber der metaphysische Trieb geleugnet und dem menschlichen Geiste der Zutritt ins Übersinnliche gewaltsam versperrt, dann empfängt der Mensch die Richtung seines Lebens nur noch vom Verstande. Freilich eine Richtung im eigentlichen Wortsinne vermag der Verstand nicht zu geben; die nur auf ihm bauenden Menschen sind in Wahrheit richtungslos.

Da der metaphysische Trieb aber nicht vom menschlichen Geiste zu trennen ist, läßt er sich nicht unterdrücken und rächt sich für jede Mißhandlung. So entstehen zwei geistige Grundrichtungen: Menschen, die dem metaphysischen Triebe sein natürliches Recht einräumen und im Bereiche des Übersinnlichen g l a u b e n. Ob dies geschieht auf Grund sokratischer Vernunfterkenntnis (Wissen vom Nichtwissen) oder aber durch unmittelbare Gewißheit, ändert nichts an der Grundhaltung. Es gibt aber auch Menschen, die den metaphysischen Trieb verneinen, weil sie, von der Allmacht des Wissens überzeugt, jeglichen Glauben ablehnen. Dadurch schiebt der mißachtete Glaubensbereich seine Grenze hinüber in den Bereich des Wissens und verwandelt dieses in Illusion (Selbsttäuschung). Der eigentliche „Fortschritt“ des sogenannten intellektuellen Menschen besteht also darin, daß er das, was der im Übersinnlichen Ruhende als Reich des Glaubens anerkennt, in den Bezirk eines vermeintlichen Wissens, also der Illusion, übernimmt. Der „Fortschritt“ ist demnach in Wahrheit ein Rückschritt, weil der Mensch sich so zu einer Art von Barbarei zurückentwickelt und den Funken, den nur die Sehnsucht nach Vollkommenheit und Unvergänglichkeit entfachen kann, erstickt. Denn der Drang nach Ewigkeit, begleitet von dem Bewußtsein der Begrenztheit irdischen Lebens, ist das hauptsächliche Unterscheidungsmerkmal von Mensch und Tier. Verzichtet der Mensch freiwillig auf das ihm innewohnende Ewigkeitsbegehren, so fällt jede Unterschiedlichkeit in höherem Sinne weg; er wird zum Tiere, ohne aber die Stärke des tierischen Lebenstriebes dafür einzutauschen. Die Unschuld des Tieres ist dem Menschen ein für allemal verschlossen. Wenn der Mensch in abgespaltener Bewußtheit nicht mehr den ewigen Strom der Lebendigkeit verspürt und bei der Erhaltung seines Einzeldaseins stehen bleibt, so wird er ein Wesen, das mit den Nachteilen des Tierischen die Nachteile des Menschlichen verbindet und auf die jeweiligen Vorzüge verzichtet. Denn die Stärke des Tieres, seine Lebendigkeit, wird beim Menschen durch das Gehirn vernichtet, das eigentlich Menschliche, der Ewigkeitsdrang, verdiesseitlicht und verstofflicht. Übrig bleiben unlebendige Zwitterwesen, die, ohne Eigengesetzlichkeit, in ihrem Handeln von mechanischen äußeren Reizen bestimmt werden.

Mit Verdrängung von Glauben und Vernunft durch den losgelösten Verstand setzt die Rache des metaphysischen Triebes ein. Der Drang nach Transzendenz — welch ein Widerspruch! — überflutet die diesseitige Welt. Die rein vegetative Betrachtungsweise seines Seins vermag den Menschen nicht zu befriedigen. Er beginnt deshalb die Welt der Erfahrungstatsachen mit Aberglauben und Selbsttäuschung auszufüllen. Der Raum im menschlichen Geiste, der vorher metaphysischen Inhalts war, ist nun illusionsgeschwängert. Keine Kritik trennt mehr die Welt der Erfahrung und des Glaubens. Der Verstand „versteht" nicht mehr die Umwelt.

Die Illusion erstreckt sich infolge des herrschsüchtigen Ausdehnungsdranges des menschlichen Intellekts auf das gesamte geistige Leben. Der Mensch ist nicht mehr wirklichkeitssicher und gleichzeitig religiös oder ideal (was neben einander möglich ist). Er neigt vielmehr zu Selbsttäuschungen, ist wirklichkeitsfremd, ohne zu merken, daß er die Realitäten nicht mehr erkennt. Und alles das, obwohl, oder gerade weil er gleichzeitig Materialist ist. Er ist richtungslos geworden, empfängt von der Natur keinerlei wegweisende Fingerzeige mehr. Seine Lebensinstinkte sind verschüttet und verbildet, er wird von einem tollgewordenen Verstande irregeleitet. Gott wird gestürzt. An seine Stelle treten Götzen. Blinder Glaube an die Naturwissenschaft führt zur Anbetung der Urzelle. Der Fortschritt der Technik fragt nicht mehr nach dem Wozu; er wird Selbstzweck. Das Paradies, Sinnbild menschlicher Sehnsucht nach Vollkommenheit, wird auf diese Erde verlegt: der Kommunist, neuzeitlicher Nachfahre der Verkünder eines tausendjährigen Reiches, will es errichten. Fordert das Christentum Nächstenliebe als höchste Tugend, so belehren uns jetzt Schwärmer, daß der Mensch schon von Natur gut sei. Jenen Frieden, der dem Christen im Reiche Gottes verheißen ist, will der Pazifismus schon morgen beginnen lassen. Zwar ist Europa noch nicht so weit wie das „Land Gottes" (Amerika), wo es verboten ist, unglücklich zu sein. Die alte Welt begnügt sich vorerst noch mit Glücksverlangen. Immerhin bemüht auch sie sich krampfhaft um schlackenlose Glückseligkeit auf dieser Welt. Rührend wäre dieser Glaube an das Diesseits, wäre er nicht gefährlich. Er trübt aber den Blick, ohne welchen reales Sein nicht erkannt, geschweige denn gemeistert werden kann.

Endlos ist die Zahl der Glückseligkeitsmittel, täglich werden neue entdeckt. Scharfsinnige Seelenforscher lösen alle seelischen Verwicklungen, indem sie deren Ursache, unterdrückte Sexualität, erspähen. Der verkrampfte Diesseitsschrei des Sozialismus wendet sich gegen die Herrschaft der Kirche, um sich willig der des Stoffes zu beugen (Materialistische Geschichtsauffassung). Jacobsen läßt in „Niels Lyhne", dem klassischen Atheistenroman, seinen Helden den Idealzustand schildern, der eintritt, wenn erst die Menschheit frei jubeln kann: „Es gibt keinen Gott". Die Erde wird dann zum Paradies. Denn „der ungeheure Liebesstrom, der jetzt zu dem Gott emporsteigt, an den man glaubt, wird sich, wenn der Himmel leer ist, über die Erde herablassen, mit liebendem Gang hin zu all den schönen menschlichen Eigenschaften und Gaben, die wir verdichtet und mit denen wir dann die Gottheit geschmückt haben, um sie unserer Liebe würdig zu machen. Güte, Gerechtigkeit, Weisheit, wer vermag sie alle zu nennen? Begreifen Sie nicht, welch einen Adel es über die Menschheit ausbreiten wird, wenn sie frei ihr Leben leben und ihren Tod sterben kann, ohne Furcht vor der Hölle oder Hoffnung auf den Himmel, nur sich selber fürchtend, auf sich selber Hoffnung setzend? Wie wird das Gewissen nicht wachsen, und welche Festigkeit wird es nicht geben, wenn tatenlose Reue und Demut nichts mehr zu sühnen vermögen und keine andere Verzeihung möglich ist, als das Böse, das man mit Bösem verbrach, mit Gutem wieder gutzumachen". Darauf sagt Hjerrild: „Sie müssen einen wunderbaren Glauben an die Menschheit haben; der Atheismus wird ja größere Forderungen an sie stellen, als das Christentum es tut". Als Niels Lyhne diesen Glauben als selbstverständlich voraussetzt, meint Hjerrild, ob man dies nicht den pietistischen Atheismus nennen könne! Dieses dichterische Beispiel belegt die Behauptung, daß Atheisten im Grunde Gläubige sind. Ihr Glaube ist aber nicht die Annahme eines Seins, sondern eines Nichtseins Gottes. Diese stellt an die Glaubensfähigkeit die gleichen Anforderungen. Die Gefahr für das reale Leben liegt dabei in dem Umstande, daß hinsichtlich der Erfahrungstatsachen keine verschiedenen Annahmen erlaubt sein können. Hier befähigt nur wirklichkeitsnahe Schau zur Beherrschung des Lebens. Noch schärfer drückt dies Konstantin Leontjew aus: „Es ist eine Dummheit, so blind, wie es die meisten europäischen Menschen tun, an etwas Unmögliches zu glauben, an das Endreich der Wahrheit und Güte auf Erden .... Dumm und schmachvoll ist es, daß Menschen, die sich Realisten nennen, an so etwas Unreales wie das Menschenglück glauben! Es ist lächerlich, einem Ideal zu dienen, das weder mit der menschlichen Erfahrung noch mit den Gesetzen und Erscheinungen der Natur vereinbar ist!" Sind die lebendigen Quellen des Lebens verschüttet, wird die Gefühlswelt der einzelnen Menschen nur noch von äußeren mechanischen Reizen bestimmt, so kann von einer weltanschaulichen Richtung nicht mehr die Rede sein. Alle Gemeinsamkeit geht verloren; nur noch ein einheitlicher Zug bleibt erkennbar: das gleiche Chaos bestimmt alle. Alle marschieren mit sämtlichen Lebensäußerungen gegen alle und finden sich nur dort in vereinter Abwehr zusammen, wo das Dogma von der Unfehlbarkeit und der Alleinherrschaft des Verstandes angegriffen wird. Die sogenannte geistige Freiheit wird mit Leidenschaft verteidigt; ist sie doch der Deckmantel innerer Unordnung und Zuchtlosigkeit. Dies ist die eine weltanschauliche Front nicht nur des deutschen Volkes, sondern der gesamten abendländischen Menschheit; sie umfaßt die weitüberwiegende Mehrheit und drückt der heutigen Zeit ihren Stempel auf.

Im Gegensatz hierzu sind die Menschen, die seelisch im Übersinnlichen ruhen, nicht nur mit gleichen weltanschaulichen Vorstellungen, sondern auch von unbestechlichem Wirklichkeitssinn bei der Betrachtung der Umwelt erfüllt. Kein irregeleiteter metaphysischer Trieb verlockt sie dazu, die Dinge des menschlichen Lebens anders zu sehen als sie sind; denn keine unerfüllten Sehnsüchte und keine uneingestandenen Minderwertigkeitsgefühle verdunkeln ihren Blick. Daher kommt es, daß glaubensstarke Zeiten, wie das Mittelalter, Menschen haben, die nicht nur mit klarer Einsicht in politische Realitäten und mit einer sehr unsentimentalen Art, diese durchzusetzen, begabt sind, sondern auch eine Kulturleistung von seltener Einheit und ragender Höhe hinterlassen. Das leichtfertige Gerede vom finsteren Mittelalter entspringt dem Drange nach Rechtfertigung der geistigen Aufspaltung, in welcher die Kinder der Aufklärung leben. Gern wird dabei der Übergang vom Mittelalter zur Neuzeit, in seiner Uneinheitlichkeit und Gärungsfülle, für das Mittelalter selbst genommen. Die Inquisition ist ein beliebtes Beispiel für die Unmenschlichkeit und Finsternis jener Zeit. Dabei ist sie ihrem Wesen nach keineswegs mittelalterlich, sondern schon neuzeitlich. Vielleicht weist die Gegenwart Grausameres auf, nur mit dem Unterschiede einer gewissen Mittelbarkeit, welche die Unmenschlichkeit verdeckt. Spätere Beispiele werden diese Behauptung beweisen. Jedenfalls sind die Menschen der heutigen Zeit genau so grausam; nur ihre Nerven sind schwächer und deshalb die Methoden der Unmenschlichkeit schonender und verfeinerter. Aber selbst wenn die Sucht nach Glückseligkeit und der Aberglaube, die Harmonie des Himmelreiches auf Erden erreichen zu können, keine Selbsttäuschung wären, müßte dann nicht der die Lebenstragik Bejahende mit Leontjew ausrufen: „Nur wo es Mannigfaltigkeit gibt, kann es auch Moral geben. — Würde die allgemeine, gleichberechtigte und gleichmäßige Wohlfahrt sich je tatsächlich verwirklichen lassen, so würde damit alle Moral vernichtet sein. Barmherzigkeit, Güte, Gerechtigkeit, Selbstaufopferung, das alles kann nur da zur Geltung kommen, wo es Unglück, Ungleichheit, Ungerechtigkeit, Grausamkeit gibt."

Auch die Zeit des klassischen Idealismus ähnelt in ihrer Einheit dem Mittelalter. Die Idee — an und für sich dem Bereiche des Denkens zugehörig — kann in den Gefilden des Glaubens Gestalt gewinnen; aber nur dann, wenn das Lebensgefühl derjenigen, welche von Gedanken „beseelt" sind, noch von religiöser Glaubensstärke durchsetzt ist. Aber in dem Maße, in welchem die religiöse Kraft ins Schwinden gerät, verfällt auch die Idee als solche dem Schicksal aller rein gedanklichen Gebilde: sie wird unbestimmt und fällt der Umdeutung anheim, wie dies das Schicksal Hegelscher Philosophie durch Karl Marx gewesen ist. Denn alles Wissen gründet auf Glauben und wird ohne ihn Spielball des Verstandes und der niederen Triebe. So schenkte das 19. Jahrhundert dem deutschen Volke noch eine überragende Erscheinung, voll religiösen Lebensgefühls und idealer Gestaltungskraft: Bismarck wird zum letzten Ausläufer des deutschen Idealismus, der sich dann in Relativismus auflöste und einer entgotteten Zeit den Platz räumte.

Der Verbalidealismus blieb und kennzeichnet den Gegenwartsdeutschen. Sein Lebensgefühl, seine Daseinsstärke ist gebrochen. Soweit er noch religiös ist, bekennt er sich zu Gott, er erlebt ihn aber nicht mehr. Keine innere Stimme leitet sein Handeln und läßt es nach einer höheren Einheit streben. Immer unlebendiger wird das Geistige in ihm, den der Stoff, das Diesseits niederer Ordnung, beherrscht. Die aus ferner Glaubenswelt stammenden Werte werden noch gepredigt, sind aber unlebendig geworden.

An dieser Stelle mußte die große Bewegung einsetzen, die sich an Friedrich Nietzsche knüpft und in der Formel der Umwertung aller Werte Ausdruck gefunden hat. Aus tiefstem metaphysischen Trieb heraus stellte Nietzsche an die überkommenen, hohlgewordenen Werte die Lebensfrage; er machte Ernst mit ihnen. Aus dem Auseinanderfall von ungültigen Werten und tatsächlichem Lebenstriebe zog er die rücksichtslose Folgerung, die gesamte „höhere Welt" der überkommenen Werte preiszugeben, um sich ganz dem diesseitigen Leben zu verschwören. Aus ihm allein wollte er die neuen Werte schöpfen, die an Stelle wankender Götzenbilder zu treten hätten, und glaubte zeitweise, damit die Metaphysik selbst vernichtet zu haben. Aber die Ergebnisse seiner geistigen Entwicklung wandelten sich unter seiner Hand. Indem er unbeirrt den Weg des Lebens schritt, unterwegs unechte Ideale, Selbsttäuschungen und moralistische Stützen beiseite werfend, gelangte er zu einem Punkte, wo das Leben selbst ihm Halt gebot; wo er erkennen mußte, daß mit den Mitteln der Entleerung und der Zerfaserung das, was er Schein und Täuschung nannte, wohl in seinen einzelnen

Erscheinungen, nicht aber in der Wurzel angetastet werden konnte. Denn das alles lag dem Leben selbst zugrunde, das in neuer Unergründlichkeit sich vor ihm auftat. Mit anderen Worten: die Begriffe Schein und Wirklichkeit, falsch und wahr im rationalen Sinne, erwiesen sich dem Leben gegenüber als unzulänglich. Damit aber war eine neue Metaphysik über allen verstandesmäßigen Begriffen aufgerichtet, und Nietzsche konnte nicht umhin, ihre Grundlagen selbst zu legen. War der alte Gott tot, so mußte er im Menschen wieder auferstehen, dem nun das Ziel des „Übermenschen" aufgegeben war. Das Leben selbst — so sah es Nietzsche — war von dem Drange erfüllt, über sich hinauszugehen, das physische Selbst strebte zum metaphysischen. So brachte Nietzsche den wahren metaphysischen Trieb zum Durchbruch, gerade als er seine verknöcherten Gehäuse preisgab. Er schmolz gleichsam die Form ein, um neue lebendige Form zu schaffen. Aber die neue Form ist Stückwerk geblieben — der Schöpfer zerbrach an seiner Schöpfung. Hätte er sie vollenden können, so wäre ihm die enge Verwandtschaft seiner neuen Werte mit denen des Christentums vielleicht noch deutlicher geworden, als es ahnungsvoll geschah. Aber sie waren aus lebendigen Tiefen geschöpft. Die Verbindung zwischen Glauben und Sein war vom Leben her aufs neue seherisch verkündet. Das 19. Jahrhundert hatte sie verloren — verloren bis auf unsere Tage.

Geschlossen aber steht vor uns die unheimliche Leistung von Nietzsches Kritik. Sie bleibt bestehen als furchtbares Gericht über eine bis ins Mark verlogene Zeit. Ein bis zur Selbstvernichtung wahrhaftiger Geist hat dieses Gericht gehalten. Den Hammerschlägen Nietzsches gegen eine Welt von Scheingötzen hat der Weltkrieg furchtbarste Bestätigung gegeben. Was aber der erschütternden Tragödie Nietzsches ihre überpersönliche Weihe verleiht, ist dieses: er schlug auf das Götzenbild los in dem gläubigen Bewußtsein, daß er damit auf den Kern des wirklichen Gottes stoße; und dabei zerbrach nicht das wahre Gottesbild, sondern der Hammer.

Seele und Wertung

Es gibt eine Welt des Seins und eine Welt des Wertes. Beide sind untrennbar miteinander verbunden. Wert ist nicht die Eigenschaft eines Dinges, die als solche vom Menschen erkannt und festgestellt werden könnte; Wert ist vielmehr die Beziehung eines wertenden Ich-Bewußtseins zu dem Bewußtseins-Inhalte. Die Werthaftigkeit wird entweder im Fühlen durch die Einwirkungen der Umwelt erlebt oder im Wollen als dem tätigen Ausdrucke des Bewußtseins. Gefühl und Wille sind sonach Voraussetzung jeder Wertung, ihre Eigentümlichkeit bestimmt die Richtung des Wertens. Erlebt das Gefühl die Welt als Einheit, so strebt es nach einem letzten unbedingten Werte, da es sich bei der Bedingtheit einzelmenschlicher Werte nicht beruhigen kann. Die Begrenztheit des mikrokosmischen Ich wird so aufgehoben durch das Eingehen in die höhere Ordnung des Weltganzen (Makrokosmos). Dieses makrokosmische Erleben vermittelt allein der metaphysische Trieb. Die übersinnliche Einstellung ermöglicht es dem Menschen, sein eigenes Leben einzustufen in ein großes Gesamtleben, welches im Gegensatze zu seinem eigenen Leben nicht Begrenztheit ist, sondern Ewigkeitszug hat. So gelingt es dem Einzelmenschen, durch einen schöpferischen Akt in seiner eigenen Seele den Drang nach Ewigkeit — in religiöser oder in einer anderen metaphysischen Form — zu befriedigen und dadurch über die Qual des Bewußtseins vergänglicher Einmaligkeit hinauszuwachsen.

Diese schöpferische Kraft — ohne sie ist der Mensch ein stumpfes Wesen — nennt Platon den Eros, Nietzsche das Dionysische. Sie meint Christus, wenn er uns zuruft: „Das Reich Gottes ist inwendig in Euch." Und dieser tiefste Gedanke des Christentums findet seine echt deutsche Prägung bei Angelus Silesius: „Ich weiß, daß ohne mich Gott nicht ein Nu mag leben, bin ich zunicht, er muß vor Not den Geist aufgeben." Aber nur dann kann der Mensch diese Annäherung ans Göttliche vollziehen, wenn er gleichzeitig dem Verstande die oft erwähnten Schranken setzt und sein irdisches Menschentum begrenzt, um sich darüber hinaus zu entwickeln. Dieser Wahrheit hat Goethe Ausdruck verliehen, wenn er ausspricht, daß äußerlich begrenzt, innerlich grenzenlos sich lebendig bewegliche Individualität bewußt werde. Dieser Satz bedeutet ein Entweder-Oder, nicht nur für den Einzelnen, sondern auch für das Volk. Der Hinweis auf innerliche Vertiefung, die nur gewonnen werden kann um den Preis äußerer Begrenztheit, rührt an die tiefste Quelle deutscher Art. Darum ist die Faustsage das Gegenstück zum Ahasver-Mythos, der den entgegengesetzten Grundgedanken der äußeren Grenzenlosigkeit enthält. So wird auch aus übersinnlicher Verwurzelung wirkende Verstandesbegrenzung seelische Vertiefung schaffen. Aus ihr erwachsen Kulturen, während in Zeitaltern der Herrschaft des Intellekts Entseelung eintritt und damit Kulturlosigkeit. Immer wird dann in der äußeren Grenzenlosigkeit Ersatz gesucht (die schon oben erwähnte Rache des mißhandelten metaphysischen Triebes), der im Gesellschaftsleben als äußerlicher Ausbreitungsdrang auftritt. Dieser Zug ist ein Hauptkennzeichen der Zivilisation und insbesondere des sogenannten

Kapitalismus als derjenigen Wirtschaftsform, welche dem zivilisatorischen Zeitalter angemessen ist. Damit wird auch der rätselvolle Zauber verständlich, den hohe Erfolgsziffern jeder Art auf die entseelte abendländische Menschheit ausüben. Denn Größe und Zahl besitzen an sich keinerlei Wert. Der mißhandelte Drang der Menschenseele ins Unendliche sucht so seine Befriedigung im Stofflichen.

Das Entweder-Oder der erwähnten Begrenzung entscheidet über die Bildung der Wertmaßstäbe, mit denen der Mensch seiner Umwelt gegenübertritt. Die freiwillige Selbstbescheidung des Verstandes führt zur Einstufung des Einzelnen in ein übergeordnetes Leben. Diesem mißt er höheren Wert zu als dem Einzelmenschlichen, durch Tod und Einmaligkeit Begrenzten. Der ewige Wertwiderstreit zwischen Mikrokosmos und Makrokosmos, zwischen Mensch und All, wird somit zugunsten des letzteren entschieden. Die Entscheidung ist aber meist nur zeitbedingt, das Gleichgewicht ein schwebendes. Niemals wird der Kampf zwischen dem Ganzen, das als solches vom Teil erlebt werden kann, und dem Teil, der sich selbst als Ganzes fühlt, zur Ruhe kommen. Alle geistige Bewegung lebt von dieser Zwiespältigkeit; ein Ganzes erlebt eine größere Ganzheit und wird so zum Teil. Dieser Widerstreit zwischen Ich-Erlebnis und All-Erlebnis wird sinnfällig an dem Verhältnisse zwischen Einzelnem und Gemeinschaft. Auch auf der Erde ist der Mensch gleichzeitig Ganzes und Teil: Individuum (Einzelwesen) und zoon politikon (Gesellschaftswesen). Hier liegt aber keine tatsächliche Doppeleigenschaft vor, die aufgespalten werden könnte, sondern eine Einheit. Der Mensch in der Vereinzelung (eine unmögliche Annahme, da schon Zeugung, Aufzucht und Vererbung ihr widersprechen) wäre kein Mensch, sondern ein Tier. „Der Mensch ist nur Mensch durch die Sprache", sagt Steinthal;* wo wäre aber die Sprache ohne die Tatsache der Gesellschaft! Es liegt deshalb makrokosmische Gesetzmäßigkeit in der Zweiheit des christlichen Gebotes, Gott und den Nächsten zu lieben. Der schöpferische Liebesdrang (Eros) des Menschen besteht also gerade in dem Gefühl, den höheren Wert der makrokosmischen Welt zuzumessen. Insofern hat Dürkheim recht, wenn er die Formel prägt: „Das Heilige ist das Soziale." Er bestätigt damit das Wort Iherings: „Die Gesellschaft ist die tatsächliche Organisation des Lebens für und durch andere und — da der Einzelne, was er ist, nur durch andere ist — die Form des menschlichen Lebens überhaupt." Ein geformtes Leben gibt es sonach nur, wenn sich das Einzeldasein eingebettet fühlt in höheres Leben. Das makrokosmische Grundgefühl ist sonach das Lebendige, Organische. Die Betonung des Mikrokosmischen führt

*) Sprachphilosophische Werke

zum Auseinanderfall oder, weil ein Leben in der Vereinzelung unmöglich ist, zum mechanischen Nebeneinander. Solches aber ist unlebendig und deshalb Sünde wider das Menschentum. Die Einstellung des Ich zur Gemeinschaft wird so zur Grundfrage der Menschheit überhaupt. Niemals ist die Lösung eine unbedingte; sie bleibt immer zeitbedingt, je nach der stärkeren Betonung des Ich- oder des Gemeinschaftsgefühls. Im ersteren Fall überwiegt das Geltungsstreben (Zivilisation), im zweiten das Formverlangen (Kultur).

Kein großer Philosoph konnte deshalb an der Frage der Gemeinschaftsgestaltung vorübergehen. Am wenigsten Platon, den nur ein mechanistisches Zeitalter unter die Staatsutopisten einzureihen vermochte. In Wahrheit war sein Genius zeitlos, seine Gemeinschaftslehre ein gewaltiger Versuch, das Ich und die Gemeinschaft in ein Ordnungsverhältnis von unbedingter Geltung zu bringen.

Wie also kann der Mensch der Frage „Einzelner oder Gemeinschaft" gegenübertreten? Nur zwei weltanschauliche Lösungen erscheinen möglich, wobei Weltanschauung gleichzusetzen ist mit Wertgefühl. Entweder wird die Gemeinschaft als höchster Wert diesseitigen Lebens erfaßt oder das Einzelwesen. Im ersteren Falle ist alles menschliche Handeln auf die Wirkung hinsichtlich der Mit- und Nachwelt eingestellt. Es gibt also für diese Anschauung ein höheres Leben, das gewissermaßen vertikal von der Vergangenheit in die Zukunft und horizontal durch die Gemeinschaft geht. Der Überindividualist (der über das Individuum herausragende Werte Anerkennende) fühlt sich zeitlich als Glied einer Kette und räumlich als Teil eines umfassenden Gegenwartslebens. Diese Selbstbeschränkung führt zur Minderbewertung des Einzelnen im Vergleiche zur menschlichen Gemeinschaft, aber auch ebenso zwangsläufig zur Vertiefung der Persönlichkeit, die gerade durch ihre Wurzelhaftigkeit um so stärker wirken muß. Dagegen bedeutet der Individualismus Verneinung übergeordneten Lebens und Einstufung des Einzelnen in die höchste Wertgattung. Denn es ist selbstverständlich, daß geistiges Leben, das sich nur begreift, soweit es einmalig und zeitlich begrenzt ins Dasein getreten ist, in diesem gerade sich den höchsten Wert beimißt. Folgerichtig muß es dann seine Unterschätzung höheren Lebens büßen mit einem allmählichen Zurückgleiten unter die vegetative Ebene. Diese rein theoretischen Erwägungen entspringende Behauptung begegnet sich, ohne von dort beeinflußt zu sein, mit der geistvollen Kritik Edgar Dacqués am Darwinismus von der naturwissenschaftlichen Seite aus. Sieht der Verfasser im Vorhandensein des metaphysischen Triebes das Wesenseigentümliche des Menschen, in dessen Verleugnung die Gefahr des Herabsinkens unter die tierische Ebene, so hält Dacqué das Mindestmaß von Anpassung für das Kennzeichen des Menschen, die allzu einseitige Anpassung für die Ursache der Rückentwicklung menschlicher Keimformen zu Tierformen.

Individualismus in dieser Auffassung ist also die weltanschauliche Lehre, welche den Wertwiderstreit zwischen dem Einzelnen und der Gemeinschaft zugunsten des Individuums entscheidet. Die Gemeinschaft hat hier nur den Sinn, die freie Entfaltung des Einzelnen zu schützen. Wilhelm von Humboldt erhofft von seinen freiheitlich geschulten Männern, daß sie den Zweck des Staates freiwillig fördern, „da sie alle Triebfedern dazu in der Idee des Nutzens finden, welchen ihnen die Staatseinrichtung zur Erreichung ihrer individuellen Absichten gewährt". An anderer Stelle meint er: „Das höchste Ideal des Zusammenexistierens menschlicher Wesen wäre mir dasjenige, in dem jeder nur aus sich selbst und um seiner selbst willen sich entwickelte." Die Begriffsbestimmung des Individualismus, wie sie dieser klassische Individualist gibt, stimmt also mit der Auffassung dieses Buches über das Wesen des Individualismus überein. Hans Prinzhorn versteht unter Individualismus die Irrlehre, daß der Einzelne nur aus persönlicher Kraft und willkürlichen Entschlüssen das Leben meistern könne. Er sieht also mit Jhering, daß die Form des menschlichen Lebens eine schlechthin gesellschaftliche und nicht individuelle ist. So gelangt er zu derselben Bewertung des Einzelmenschen wie der Verfasser. Der Erstausgabe dieses Buches wurde wiederholt zum Vorwurfe gemacht, sie habe einfach Individualismus mit Selbstsucht gleichgesetzt. Wenn Individualismus Höchstbewertung des Einzelmenschen sei, so leite der Verfasser daraus auch die Überschätzung des einzelnen Menschenlebens ab und erkläre so mangelnden Opferwillen und Selbstsucht. Dieser Einwand schlägt nicht durch. Er verwechselt Weltanschauung mit Charakter. Der weltanschauliche Grundgedanke einer Zeit entspricht dem Wertgefühle, welches die Zeitgenossen in ihrer Grundhaltung zu allen Lebenswerten bestimmt. Im Rahmen dieser Grundhaltung spielen jedoch die Charaktereigenschaften der Menschen stets ihre eigene Rolle. Eine Epoche überindividualistischer Weltanschauung wird daher ebenso vom Schatten der Selbstsucht Einzelner verdunkelt werden können, wie der Glanz selbstlosen Opfers Zeiträume individualistischer Prägung verklären kann. Weltanschauung ist eben ein unbewußt wirkendes Gefühl, Opferwille eine errungene Tugend. Das Weltbild aber wird nicht durch die Charakterveranlagung der Menschen, sondern durch den unbewußten Zwang bestimmt, der über ihren Wertvorstellungen waltet.

Damit wird keineswegs die Unabhängigkeit der Sittlichkeit — zum Unterschiede vom Charakter — von der weltanschaulichen Richtung einer Zeit behauptet. Im Gegenteil, die Sittlichkeit ist immer ein Ausfluß der Weltanschauung. Ethik ist die Lehre von dem Streben, das den menschlichen Willen beseelen soll. Schon Aristoteles nennt sie die Lehre davon, was der Mensch aus sich und seiner Welt machen kann und soll. Richtet sich im Erkenntnisstreben die von der Vernunft geforderte Ganzheit auf die Wahrheit, so im vernunftgemäßen Wollen auf das Gute (im Sinne Platons auf die Tüchtigkeit). Wahre Ethik erscheint sonach nur möglich als willensmäßiger Ausdruck jener erfühlten Ganzheit, die nur überindividualistischer Grundeinstellung eignet. Der Individualist dagegen ist in diesem Sinne ohne Ethos. Dies ist nicht gleichbedeutend mit Unmoral. Er kann persönlich ein auch nach dem Guten strebender Mensch sein; er mag auch die bestehenden Sitten (mores) achten und wahren. Aber er hat nicht mehr den lebendigen Zusammenhang mit dem Sinn dieser Sitten. Denn diese sind Ausdruck der Ethik einer Zeit und müssen ohne diesen Rückhalt verfallen. Wenn auch Kant diese Unterscheidung zwischen Ethik und Moral, wie sie hier durchklingt, nicht macht, so ist doch der Sprachgebrauch (Moralprediger) dazu übergegangen, unter Ethik das unbedingt Sittliche, unter Moral das begrenzt in Geltung befindliche Sittliche zu bezeichnen. Was aber dem Individualisten fehlt, ist der letzte Richtpunkt.

Selbstverständlich verwahrt sich der Individualist dagegen, nur noch ein um sein nacktes Dasein ringendes Wesen zu sein. Aber dieser Zustand tritt folgerichtig und zwangsläufig ein, und sämtliche gegen diese Behauptung vorgebrachten Einwände entspringen mehr oder weniger dem Schuldbewußtsein seelischer Unfruchtbarkeit. Dabei mag zu ihrer Begründung noch so viel Scharfsinn aufgewendet werden. Es ist begreiflich, daß Menschen, mit den geistigen Gütern antiker und christlicher Kultur ausgestattet, dem Verstande entliehene Waffen zu handhaben verstehen, um ihre zunehmende Materialisierung zu rechtfertigen. Sicher können die Spitzen der Zivilisation eine hohe Stufe ästhetischer und intellektueller Geistigkeit erreichen. Aber die Höhe einer Kultur beruht nicht auf dem Grade der Verstandesentwicklung, sondern des gestalteten Seins. Gesittung hat sich in den Handlungen der Menschen zu bewähren.

Von diesem allein richtigen Gesichtspunkt aus betrachtet, hat der Individualismus sich geschichtlich selbst gerichtet. Nicht in dem Sinne, als sei die nun überwundene Entwicklung „falsch“ gewesen. Die Geschichte kennt keine errechenbare Logik, sondern nur das Gesetz innerer Notwendigkeit. Jahrhundertelang empfing der abendländische Mensch seine Wertmaßstäbe aus der Betonung des Ich. Der Gesellschaft, als der Voraussetzung des Einzelnen, droht deshalb Auflösung. Die geschichtliche Notwendigkeit fordert daher für die Gegenwart den Ausschlag des Pendels nach der überindividualistischen Seite und rechtfertigt so den Grundgedanken dieses Buches. In seinem Sinne hat sich der Individualismus totgelaufen. Ist diese Entwicklung verwunderlich? Wenn der menschliche Verstand der Wertmaßstab ist, wenn keinerlei seelische Richtpunkte mehr vorhanden sind, muß der Mensch in unbedingte Abhängigkeit von seinen Trieben, entartet durch mechanische Reize der Außenwelt, gelangen. Es dürfte seit Nietzsche und Ludwig Klages offenbar sein, daß der Verstand in der Lage ist, sämtliche Triebe zu maskieren oder, vom sittlichen Standpunkte aus gesehen, das Gewissen mit denkmäßigen Beweisen zu betäuben. Dieser Zustand ist noch erträglich, solange bestimmte, aus Überlieferungen gewonnene sittliche Wertmaßstäbe feststehen. Solange noch starke Reste christlicher Ethik und idealistischer Moral im deutschen Menschen leben, werden immer wieder seelische Hemmungen die allzu verstandesmäßigen Erwägungen eindämmen. Wenn aber die Entwicklung in dem bisherigen Maße fortschreitet, wo bleibt da noch in der brandenden Flut der Meinungen die feste Grundlage, auf welcher Gesetze der Sittlichkeit sich gründen lassen? Wird nicht sogar der Zeitpunkt herandämmern, oder stehen wir nicht schon mitten in der Zeit darin, da gesellschaftliche Sitten und Strafgesetzbuch die einzigen Grenzen darstellen, welche der Willkür entseelter Triebe gesetzt sind? Oder wird nicht bald sogar der notwendige Rückhalt mangeln, um zwingende gesellschaftliche Sitten oder ein auf Gerechtigkeitsgefühl aufgebautes Strafrecht neu zu schaffen? Die „Geistigkeit" gerade im Lager derjenigen, welche das Einzelwesen in den Mittelpunkt des Seins stellen, konnte über die sogenannte Barbarisierung des Menschen hinwegtäuschen. Aber diese Geistigkeit ist eine Angelegenheit des Verstandes, und es hat zu allen Zeiten und auf allen Stufen menschlicher Geschichte selbstverständlich intellektuell hochstehende Schichten gegeben. Ein hochgezüchtetes Gehirn rettet jedoch nicht vor unsittlichen Handlungen. Es bewahrt nur vor unklugen Handlungen und die fallen sehr oft mit unsittlichen zusammen. Aber ein Blick auf die breiten Massen Europas und Amerikas dürfte beweisen, daß dort, wo keine Geistigkeit den seelischen Zusammenbruch bemäntelt, er um so unverhüllter zu Tage tritt.

Auch im Erwerbsleben schafft die im Einzelnen den letzten Wert sehende Denkweise einen Menschen besonderer Prägung. Die Ablehnung der Ganzheit muß dazu führen, daß der in der Wirtschaft Tätige nicht mehr die Arbeit und das Werk als das Ausschlaggebende ansieht, sondern die

Wirtschaft nur noch als Mittel zur Befriedigung seiner höchsteigenen Lebensbedürfnisse betrachtet. Es ist nicht richtig, daß die stark entwickelte Wirtschaft des gegenwärtigen Zeitalters zwangsläufig den Materialismus bedinge. Auch in früheren Jahrhunderten war der Erwerbssinn ausgeprägt. Jener Erwerbstrieb war aber nicht zum alleinigen Inhalte des menschlichen Lebens geworden, wie das heute der Fall ist. Genau wie es Zeitalter gab, in denen vielleicht die Genußsucht ausgeprägter wirkte als heute, aber verklärt war durch seelische Beziehungen, welche dem heutigen Geschlechte fehlen. Nicht mehr die Erzeugung liegt ihm am Herzen, nur der aus ihr entspringende Gewinn; es vollzieht sich so die Abwandlung des wirtschaftlich schaffenden zum händlerischen Menschen. Der Händler wird zum Inbegriffe der Wirtschaft. Nicht mehr der um die Ernte betende Landwirt, auch nicht der im Laboratorium grübelnde Erfinder, auch nicht der mit den arbeitenden Menschen verbundene Werkunternehmer bestimmen die Wirtschaft; sondern der mit keinem Boden verwachsene, von keiner wissenschaftlichen Leidenschaft besessene, den Menschen nicht mehr achtende, nur aus Zahl und Gewinnstreben bestehende Händler. Er verdrängt auch den bodenständigen und notwendigen Kaufmann, der die verschiedenen Wirtschaftsgebiete verknüpfen und ihre Erzeugnisse verteilen soll. Die wenigen, gewissermaßen noch durch Berührung mit Boden, Menschen und Naturkräften jenseitig gewendeten Sinne der im Erwerbsleben Tätigen werden ganz verdiesseitlicht. Denn der Händler ist nur Verstand; Ware, Verlust, Gewinn sind nur begrifflich, nur intellektuell zu erfassen. Lebendige Vorgänge wie Gütererzeugung und Bedürfnisbefriedigung lösen sich auf in die Abstraktion des Geldes. Man arbeitet nicht mehr, um zu leben, sondern man lebt, um Geld zu verdienen. Und so greift die geistige Umstellung, der Intellektualismus und die Losgelöstheit des Händlers von der Erzeugung, auch auf die anderen Wirtschaftszweige über, bis auch in ihnen das Händlerische vorherrscht. Das Scheinleben des Geldes hat das echte Leben verschlungen.

Das entscheidende Kennzeichen des noch herrschenden Individualismus ist jedoch seine Auswirkung im Gemeinschaftsleben. Da das Einzelwesen den höchsten Wert für die den Einzelnen in den Mittelpunkt stellende Betrachtung bedeutet, ist für die so Denkenden die Gemeinschaft nur für deren persönliche Zwecke da. Sie verlangen von ihr nur Rechte und erkennen ihr nur insofern Rechte gegen sich selbst zu, als sie dafür Vorteile eintauschen. Reine Nützlichkeitsgrundsätze kommen zum Durchbruch. Bei Betrachtung von Gesellschaft und Staat wird sich später ergeben, daß um die Gemeinschaftsbildungen eine Ideologie (Vertragstheorie) sich rankt, welche den blanken Nützlichkeitsstandpunkt schamhaft verbergen soll. Am stärksten aber hat sich der moderne Individualismus selbst bloßgestellt durch seinen Ruf nach Frieden um jeden Preis, den er ganz folgerichtig auf Grund seiner Lehre erhebt: es ist selbstverständlich, daß der höhere Wert dem untergeordneten in einer widerspruchslosen Weltanschauung nicht geopfert werden darf. Da aber für den Individualismus das Einzelwesen höchster Wert ist und dieser Wert mit dem Einzeldasein steht und fällt, ist die Forderung zwangsläufig, daß dieses Leben nicht für die Gemeinschaft geopfert werden dürfe. Kriegsdienst und Opfertod werden also folgerichtig abgelehnt. Etwas anderes ist selbstverständlich der Einsatz fremden Lebens für Nützlichkeitszwecke. Hier schweigt sich der individualistische Humanitätsgedanke gründlich aus. Daher kommt es, daß für „nützliche" Wirtschaftsmaßnahmen Menschenleben erbarmungslos eingesetzt werden. Gegen den Tod auf dem Schlachtfelde, das eindeutige Opfer für die Idee, läuft der Individualismus Sturm. Dagegen werden alljährlich Tausende wertvoller Menschen durch rücksichtslosen Gebrauch der Verkehrsmittel ums Leben gebracht, ohne daß viel Aufhebens davon gemacht würde. Die verschiedene Haltung zu diesen beiden Erscheinungen ist nur so zu erklären, daß es sich dort gewissermaßen um ein Opfer handelt, welches der übergeordneten sozialen Gemeinschaft gebracht werden soll, während im anderen Falle keine übergeordnete Macht die Opfer erheischt, sondern der allgemeine Erwerbstrieb des von Eigensucht getriebenen Wirtschaftslebens (Zivilisation). Bezeichnenderweise sind die lebenschützenden Gegner der Todesstrafe gleichzeitig Befürworter der völkermordenden Abtreibung. Ihre heiße Liebe zum Leben bleibt stehen am Einzeldasein. Sie unterscheidet nicht zwischen wertlosem und wertvollem Leben.

Die Verneinung des Opfertodes führt in gerader Linie zur Bejahung des möglichst langen Lebens, zum Ideal des Strohtodes, um in der Sprache eines heldischen Zeitalters zu reden. Mit glühender Begeisterung verfolgt die Öffentlichkeit deshalb alle medizinischen Versuche, die eine Verlängerung des Menschenlebens bezwecken. Der übersinnliche Drang nach Ewigkeit wird hier in krassen Materialismus übergeleitet, wobei der schon oft erwähnte illusionäre Zug sein Spiel treibt. Wohl kein Umstand bezeichnet den Mangel an jeder seelischen Verwurzelung deutlicher als der Massenwunsch, das Menschenleben allgemein zu verlängern; ein Gedanke, der als Drang des Einzelwesens im Selbsterhaltungstriebe seine natürliche Erklärung findet, aber als Inhalt und Kennzeichen zeitgenössischen Denkens nur ein Herabsinken unter die tierische Ebene bedeutet. Eine Zeit, die vom „Unfug des Sterbens" schlechtwitzelnd spricht, beweist nur ihre Losgelöstheit vom Leben, das erst vom Tode her seine Würde erhält. Sie findet das Leben unterschiedslos gleichwertig und fragt nicht nach seinem Sinn. Medizinische Wissenschaft und Gesundheitspflege unterscheiden nicht zwischen wertvollem und wertarmem Leben; sie schützen das Leben schlechthin, verschlechtern dadurch die Lebenskraft der Gemeinschaft oder lassen sie ganz zugrunde gehen. Die Kunst der Lebensverlängerung hat denn auch schon eine eigenartige Blüte erreicht: immer höher wird das durchschnittliche Lebensalter des abendländischen Menschen. Je älter er aber wird, desto jünger will er scheinen. Großmütter haben den Ehrgeiz, mit ihren Enkelinnen verwechselt zu werden. So wird Jugendlichkeit zur Lächerlichkeit.

Das Individuum, als höchster Wert gesehen, kann männlich oder weiblich sein. Betrachtet der im Übersinnlichen ruhende Mensch sich nur als Teilverkörperung eines lebendigen Ganzen und lebt infolgedessen allein durch Beziehungen zu den menschlichen Gemeinschaften, so baut der Individualist die zum irdischen Leben notwendige Gemeinsamkeit erst künstlich auf. Für ihn ist die Ehe ein Vertrag zwischen zwei Menschen verschiedenen Geschlechtes, während der im Individuum nicht den höchsten Wert Sehende (Überindividualist) die natürliche Verschiedenheit und die gegebenen Beziehungen der Geschlechter als Grundlage einer organischen Gemeinschaft, der Familie empfindet. Sie ist die Kulturform, in welcher Spannung und Entladung männlicher und weiblicher Kraft zur schöpferischen Zeugung gelangen. Die ewige Polarität der beiden Geschlechter findet in Neuschöpfung ihren Ausgleich (Eros). Wo die Zeugungsfreude verlorengeht und nur die Geschlechtlichkeit zweier Individuen Bedeutung hat, bleibt der Geschlechtstrieb ein Spieltrieb (Sexus). Prinzhorn drückt dies so aus: „Erst dem Menschen und den Tieren, die mit ihm leben, ist es vorbehalten, aus diesem seltenen und gewaltigen Naturereignis ein alltägliches Unterhaltungsspiel zu machen, das aus dem ursprünglichen Zusammenhange mit der Zeugung herausgelöst ist." Je restloser diese Herauslösung geschieht, um so stärker beherrscht der niedere Geschlechtstrieb (Sexus) die Menschen. Die Leugnung der Lebensganzheit, niemals unmittelbarer als im gewollt unschöpferischen Geschlechtstrieb, führt in Hörigkeit von diesem. Nirgends wird die Rache des metaphysischen Triebes so offenkundig wie gerade hier. Je unfruchtbarer eine Zeit, umso verschwenderischer mit dem Saatgute. Es ist also nicht die Verherrlichung echten Lebens, die von der üppig blühenden Sexualliteratur betrieben wird, sondern gerade dessen Leugnung. Die vorgetäuschte Kraft ist in Wahrheit Schwäche.

Für den Individualisten ist die Frau zuerst „Mensch", dann Weib. Sie ist also grundsätzlich mit der gleichen Veranlagung ausgestattet wie der Mann, kann also auch dieselben Ansprüche an das Leben stellen wie dieser. Die Folge ist, daß, genau wie beim zeitgenössischen Manne, das eigene Leben Selbstzweck ihres Daseins wird. Der Kriegsdienstverweigerung des Mannes mußte der Gebärstreik der Frau folgen. Gewiß ist das Gebären nicht von derselben Gefahr begleitet wie der Krieg. Aber eine gewisse Vergleichsmöglichkeit ist gegeben: aus der Forderung eines möglichst langen Lebens folgt nämlich ohne weiteres die eines möglichst angenehmen Lebens, da die Aufopferung des Lebens nur den höchsten Grad seiner Minderbewertung darstellt. In erster Linie ergibt sich aus der Überbewertung des Lebens die Ablehnung jeglicher Form von Opfer, weil es das Leben in seinem natürlichen Triebe, der Selbsterhaltung, bedroht. Nun gehört aber für den Menschen der Zivilisation zum Dasein mehr als für den auf einfacher Stufe Stehenden. Infolgedessen empfindet jener auch kleinere Opfer schon als Daseinsbedrohung. Es steigert sich also seine Selbstsucht. Von der modernen Frau wird schon der Zwang der Kinderernährung und -aufzucht als Beschränkung eigenen Daseinsrechtes empfunden. Man erkennt das Wesen der heutigen Geburtenfrage schärfer, wenn man weniger die Angst vor dem Gebären selbst als die Unbequemlichkeit der Schwangerschaft und die Furcht vor der Sorge um das Kind als Hauptursachen bezeichnet, welche heute die Frauen zu dem stark einsetzenden Gebärstreik treiben. Wie also der Mann die Wehrhaftigkeit verliert, so die Frau ihre Fruchtbarkeit. Diese beiden Mängel, deren gemeinsames Kennzeichen der fehlende Opfermut ist, müssen aber zum Untergang von Rasse und Volk führen.

Die Betrachtung des Verhältnisses von Mann und Weib zueinander ließ schon die verhängnisvolle Rolle des Gleichheitsideals ahnen. Seine Begründung, seine Entstehung bedürfen einer eigenen knappen Darstellung, weil das Schlagwort Gleichheit bis zur gegenwärtigen Stunde seine gesellschaftszerstörende Wirkung ausübt. Der Begriff der Gleichheit entstammt individualistischem Denken. Immer wieder wird dieser Behauptung mit dem Hinweise begegnet, daß gerade der Individualismus den Persönlichkeitswert fördern und zur Geltung bringen wolle. Besonders der politische Liberalismus bedient sich dieser Beweisführung. Der beliebteste politische Denkfehler der Gegenwart wurde so in Kurs gesetzt. Persönlichkeitswert ist nämlich nichts Unbedingtes, sondern eine nur am Ziele feststellbare Größe; nur gemessen an der Gesellschaft ist Persönlichkeitswert sichtbar, weil er nur im Gemeinschaftsleben Leistung entwickelt. Eine Weltanschauung, welche die Gemeinschaft als Oberwert ansieht, an dem der Wert des Einzelnen erst gemessen wird, vermag deshalb der Persönlichkeit gerecht zu werden. Anders jene Betrachtungsweise, welche das Ganze (soweit ihr Blickfeld ein solches überhaupt umgreift) auf dem Teile, dem Einzelnen, aufbaut. Wo ist für sie der Maßstab, an welchem der Wert des Einzelwesens gemessen wird? Sie muß dazu gelangen, jedem Menschen gleichen Wert und damit gleiches Recht zuzubilligen. Die „Menschenrechte" werden deshalb als Naturrecht erklärt. Constantin Frantz meint, es wäre richtiger, von einem naturwidrigen Recht zu sprechen, da es von allen Naturbedingungen des menschlichen Lebens abstrahiert, indem es den Menschen zu einem bloßen Rechtssubjekt machen will. „Als bloße Rechtssubjekte bilden dann wirklich alle eine gleichartige Masse. Keine Rede von Stand und Beruf, noch von Besitz und Bildung; der Eine ist wie der Andere."

Der Lebensvorgang beruht aber auf der Spannung zwischen menschlichem Geiste und Umwelt. Gerade die Unterschiedlichkeit der Lebewesen ist es, welche diese Spannung erzeugt und die Fruchtbarkeit des immer wieder erstrebten und vorübergehend auch erreichten Ausgleichs ermöglicht. Es ist also der Sinn des Lebens selbst, der durch die Gleichheitsforderung bedroht ist. Wird das Ziel, Ausgleich von Verschiedenem, vorweggenommen — oder gar zum Mittel gemacht —, so fällt die Spannung und damit die Lebendigkeit weg. Alle echte Kultur beruht auf diesem Lebensgesetze; seine Verleugnung führt zur Erstarrung und zum Tode der Lebendigkeit selbst. Wer deshalb das Streben nach der Ganzheit des flutenden Lebens in sich fühlt, wehrt sich leidenschaftlich gegen den Gleichheitsgedanken, der alles Lebendige zerstört. So wird der verzweifelte Aufschrei eines Leontjew verständlich: „Wenn ich keine Macht habe, so will ich leidenschaftlich nach der Schändung solch eines Ideals der allgemeinen Gleichheit und des allgemeinen tollen Vorwärtsschreitens trachten; habe ich aber Macht, so will ich diese ganze Ordnung zerstören. Ich liebe zu sehr die Menschheit, um ihr eine so ruhige, gemeine und erniedrigende Zukunft zu wünschen. O verhaßte Gleichheit! O gemeine Gleichmäßigkeit! O verfluchter Fortschritt!"

Daß die Gleichheit eine Forderung des Individualismus ist und der Liberalismus auf diese Weise seine eigene Lehre vom Wert der Persönlichkeit ins Gegenteil verkehrt, hat die Geschichte bewiesen. Am Ende des liberalen Zeitalters stehen Massengeist und Massenwahn. Die Persönlichkeit wurde von diesem Riesentier erbarmungslos zertrampelt. Alle Versuche, jene innere Logik des Individualismus, die zur Zerstörung des Persönlichkeitswertes führen mußte, zu leugnen, erzeugen lebensgefährliche Täuschungen. Wenn Menschen, die noch in individualistischen Gedankengängen befangen sind, weil sie, in dunkler Vorahnung, vermeintliche Rückschläge für die errungene „Freiheit" fürchten, den heutigen Individualismus als Entartung bezeichnen und seine Zurückführung in die ursprüngliche Bahn fordern, so verbündet sich Ressentiment mit Oberflächendenken. Es gibt keinen höheren Individualismus zum Unterschiede von einem materialistischen, oder wie man ihn nennen will. Wo er überhaupt zur herrschenden Weltanschauung wird, vernichtet er alles Werthafte.

Nur ein Blinder würde wagen, die Verschiedenheit menschlicher Veranlagung bei den einzelnen Menschen zu leugnen. Das alltägliche Leben lehrt nicht nur diese Unterschiedlichkeit, sondern beruht in seinem Treiben geradezu auf ihr. Trotzdem bleibt der Gleichheitsgedanke wirksam und zeigt eine prägende Kraft, die ohne Übertreibung als die stärkste Formerin des zeitgenössischen Lebens angesprochen werden kann. Wie ist dieser Widerspruch zu erklären? Nur durch die oben gewonnene Einsicht von der Rache des metaphysischen Triebes. Denn für den im Übersinnlichen ruhenden Menschen steht die Gleichheit dessen, was „Menschenantlitz trägt", fest, da er in jedem Menschen die in Erscheinung getretene selbständige Teilform eines allumfassenden übergeordneten Lebens sieht, also etwas Gleiches. Diese Gleichheit vor Gott ist das lebenspendende, unerreichbare Entwicklungsziel, besteht also nur für die metaphysische Betrachtungsweise. Wirksam kann deshalb der Gleichheitsgedanke nur im Seelischen und Gefühlsmäßigen werden. Das Gebot der Nächstenliebe verdankt diesem metaphysischen Empfinden seine Entstehung. Es erleichtert das Leben der menschlichen Gesellschaft und macht die natürliche, tatsächliche Unterschiedlichkeit erträglich. Das Gefühlsleben mildert die Härte der Tatsachenwelt. Der Individualist dagegen kennt keinen dem Übersinnlichen geweihten Bezirk, in dem Gleichheit herrschen könnte. Die schon bekannte Übertragung metaphysischer Vorstellungen in die diesseitige Welt findet statt. Aber ungerächt läßt sich der metaphysische Trieb nicht mißhandeln: die Gleichheit aller Menschen vor Gott, die tröstliche Vorstellung der Religion, wird ersetzt durch die Gleichheit in der Gesellschaft, im Staate. Plump wird die Natur geleugnet, die Wirklichkeit verfälscht. Das Trugbild, der Götze, der Fetisch ist geboren. Das künstliche Gebilde, in welchem die Philosophie das vernünftige Menschenwesen in gedachter Reinheit darstellen wollte, der „homo noumenos" Kants, lebte nie in der Wirklichkeit, sondern nur in der Welt des Sollens. Hier konnte von Gleichheit die Rede sein. Aber aus dem gedacht vernünftigen Menschen wurde der wirklich vernünftige und gute Mensch der Aufklärung und des Liberalismus. Ein Bündnis zwischen Sokrates und Rousseau wurde nachträglich hergestellt, um die Weltfremdheit des 19. Jahrhunderts philosophisch zu rechtfertigen.

Tatsächlich bleibt eine Art von formaler Gleichheit auch beim Menschen der Erfahrungswelt noch übrig; aber nur auf der Ebene der allereinfachsten Lebensbedingungen: alle Menschen sind mit dem Selbsterhaltungstriebe ausgestattet. Dieser hat aber in einer individualistisch bestimmten Zeit so an Bedeutung gewonnen — weil ja das Leben für den Individualisten höchster Wert ist—, daß der übrigbleibende Gleichheitsbegriff jeden höheren Sinn eingebüßt hat. Er ist nichts mehr als ein Anspruch auf gleichen Lebensgenuß.

Damit handelt es sich beim Gleichheitsgedanken nicht mehr um die immerhin hochstehende Forderung gleichen Seins, sondern um die, das Gleiche besitzen zu wollen. Aber, abgesehen von der tatsächlichen Ungleichheit der Menschen, ist diese Forderung auf gleichen Lebensgenuß schon falsch gedacht. Denn wo ist der Maßstab für berechtigten Lebensgenuß, wenn nicht die Gesellschaft ihn zumißt? Menschenrechte sind uferlos. Die Ausstattung aller Teile des Ganzen mit gleichen und unbedingten Rechten führt immer zum Kampfe aller gegen alle, zum Zerfall des Ganzen. Andererseits wurde die trugbildnerische Forderung der Gleichheit zweifelsohne aufgestellt, um jenen anarchischen Kampf wenigstens nicht offen ausbrechen zu lassen, um ihn unter einer Ideologie zu verstecken. Denn die tatsächliche Ungleichheit der Menschen müßte zur rohen Unterdrückung der mangelhaft Ausgestatteten führen, wenn nicht ein Ausgleich geschaffen würde. Eine Gemeinschaftsethik, welche dabei gerecht wirken könnte, kennt die individualistische Weltanschauung nicht. Um also die schrankenlose Entfaltung reich veranlagter Menschen zu verhindern, mußte ihrem Streben ein Bremsklotz angelegt werden: die Freiheit wurde durch die Gleichheit gewissermaßen unschädlich gemacht.

Das seelenkundliche Verständnis des Gleichheitsstrebens kann keine Schwierigkeiten bereiten. Es waren immer die Unterdrückten oder sich unterdrückt Fühlenden (Ressentimentmenschen), die Gleichheit predigten. In den seltensten Fällen, um sich selbst zu der Höhe hinaufzuarbeiten, auf der jene standen, deren überragende Stellung als ungerecht empfunden wurde. Meist aber wollten die Gleichheitverlangenden jene anderen von ihrer Höhe stürzen: man liebte die Ebene so, daß man keine Berge dulden wollte, und nichts ist für die französische Revolution bezeichnender, als daß sie sogar ernstlich die Abtragung der Türme des Straßburger Münsters forderte, weil deren ragende Höhe das Gesetz der Gleichheit verletze. So ist die Gleichheit der Trost und die Waffe der vom Leben stiefmütterlich Behandelten, oder auch der Schwachen, denen die Kraft zum Aufstiege mangelt. Und wo einmal die Bahn, die unaufhaltsam abwärts führt, betreten ist, gibt es kein Halten mehr; immer wieder erhebt eine noch tiefer stehende Schicht den Ruf nach Gleichheit, gewillt, die Oberen herabzuziehen. Am Ende der Entwicklung herrscht die „Unterwelt", die Hefe. Nichts hat auf das Abendland und seine Kultur vernichtender gewirkt als die Égalité. Sie feiert erst heute ihren furchtbaren Triumph; und bisher schien es nichts zu nützen, wenn Geister wie Nietzsche mit der Kraft der Verzweiflung ihren Kampfruf gegen diesen Irrwahn erhoben. Leontjew hat wahrhaft recht, wenn er gegen das 19. Jahrhundert den Vorwurf schleudert: „Der europäische Geist betet den Menschen an, nur weil er Mensch ist; als Helden oder Propheten, als König oder Genie will er ihn gar nicht verehren. Nein, er verehrt nicht eine hervorragende und hohe Entwicklung der Persönlichkeit, sondern die Individualität jedes Menschen; jede Persönlichkeit will er hier auf Erden glücklich, gleichberechtigt, hochmütig-ehrlich und — innerhalb einer bestimmten Moral — frei machen. Dieses Suchen nach Gleichberechtigung aller Menschen, nach einem allmenschlichen Recht, das nicht durch eine konfessionell-religiöse Weltanschauung, sondern nur durch die von Philosophen so genannte autonome Sittlichkeit bestimmt sein soll — das ist eben das Gift; die feigste und mächtigste epidemische Ansteckung, die durch ihre allmähliche Wirkung alle europäischen Staaten zersetzt."

Das Gleichheitsideal wurde als Regler des Freiheitsideals erkannt. Kein Wunder, daß beide in der Geschichte gepaart auftreten, obwohl sie andererseits Widersprüche sind. Denn die Verwirklichung der Freiheit des Einzelnen in der Gemeinschaft würde, dank der ungleichen Kräfteverteilung, die Gleichheit vernichten. Trotzdem brachte die französische Revolution die Forderung der Gleichheit und als deren Voraussetzung die Anerkennung der Freiheit. Wie sie Gott ins Diesseits übertrug, so mißachtete sie auch das Wesen echter Freiheit durch deren Politisierung. Der sittliche Freiheitsbegriff wurde dem politischen gleichgesetzt und mit ihm vermischt. Die Freiheit wurde so aus der Hohepriesterin der Sittlichkeit zur Dirne des politischen Liberalismus.

Sie ist aber mehr: die fruchtbare Mutter allen geistigen Lebens. Zwischen Schicksal und menschlicher Selbstbestimmung besteht eine Spannung, die den Sinn des Lebens ausmacht. Freiheit ist nicht etwas Erreichbares, sondern ewiges Ziel. Der Zustand erreichter Freiheit wäre kein naturgebundenes Leben mehr, sondern göttliches Sein. Dieses aber begreift wiederum das Stoffliche in sich. Deshalb ist Streben nach Ungebundenheit vom Stoffe selbst göttlich und im irdischen Leben nicht der Erlösung fähig. Freiheit ist also Selbsterlebnis des Mikrokosmos, des Einzelmenschen. Aber auch der Makrokosmos, das Ganze, verlangt nach Einheit, nach Zusammenhang. Dieser ist notwendig. Jede Einheit, die mikrokosmische wie die makrokosmische, will also Freiheit; nur mit einem Unterschiede: daß der Mikrokosmos Teil eines Ganzen ist und deshalb dem Gesetze der Notwendigkeit unterliegt. Freiheit und Notwendigkeit ergänzen sich sonach begrifflich, keine ist ohne die andere möglich.

Die Freiheit als erreichbares Ziel in die Welt des Stoffes und der menschlichen Gesellschaft zu verlegen, heißt sie entmenschlichen. Denn damit wird die Notwendigkeit geleugnet, der Freiheitsbegriff seiner kennzeichnenden Begrenzung beraubt und an die Stelle der Ordnung das Chaos gesetzt. An Stelle wahrer Freiheit tritt die Phrase der Freiheit, mühsam das Knechtsdasein des Menschen verschleiernd. Denn nur die Einfügung in die gegebene Notwendigkeit vermag diese zu überwinden, so wahre Freiheit spendend. Verneinung des Schicksals führt zur Willkür, die als ewige Empörung ewige Unfreiheit stiftet.

Die Forderung nach ungehemmter persönlicher Freiheit (nicht geistiger, sondern politischer Freiheit) ist der krönende Schlußstein des individualistischen Weltanschauungsgebäudes. Die Freiheit thront als oberster Götze über zahllosen Fetischen einer Zeit, die Gott leugnet, um den Irrtum anzubeten. Naturgemäß fordert die Einreihung des Einzelmenschen in die höchste Wertklasse die Beseitigung aller Schranken, die ihm zugunsten anderer Werte auferlegt werden könnten. Nur aus Angst vor gänzlicher Auflösung der Gesellschaft gestattet der Individualist ein Mindestmaß von einzelpersönlicher Beschränkung. Denn unentrinnbar würde die Verwirklichung des individualistischen Gedankens zur Anarchie führen; sie allein ist der Zustand, in welchem der Mensch den ihm von Natur verliehenen höchsten Wert seiner Persönlichkeit zur letzten Vollendung zu bringen vermag: dies gilt aber nur in der Theorie, die im Einzelnen den Mikrokosmos, nicht aber das makrokosmisch gebundene Gesellschaftswesen sieht. Da aber der Mensch nur in der Gesellschaft lebt, so wird es zu keinem Zeitpunkte der Geschichte eine restlos verwirklichte Anarchie geben. Ihrer Verhinderung dient der Kollektivismus, die Lehre von der künstlich organisierten Masse. Sie ist heute wirksam im deutschen Gesellschaftsleben, in der Parteienbildung und im politischen Aufbau des Staates. Kollektivistischer Zwang, getragen vom Mehrheitswillen zusammengezählter Stimmen, tritt in einer solchen Gesellschaft an Stelle des Rechts. So führt das falsch verstandene Freiheitsideal zum Zwange. Die Rache des metaphysischen Triebes ist wiederum vollendet.

Der Zwang wird in der mechanisierten Gesellschaft durch die Gewalt ausgeübt. Es ist nicht jene Gewalt, welche die „heilige Ordnung" aufrichten muß, um sich selbst zu bejahen; sondern die Gewalt, die einen schonenden Deckmantel über die tatsächlich bestehende Anarchie ausbreitet. Denn der Individualist verschmäht die Gewaltanwendung keineswegs, wenn es gilt, Nützlichkeitszwecke der zu Mehrheiten zusammengeschlossenen Einzelmenschen zu verfolgen. Rechte der Minderheit, umfriedete menschliche Bezirke, in die jedes gewaltsame Eindringen unmöglich, gibt es in der individualistisch bestimmten Gesellschaft nicht. Recht ist, was die Summe der Einzelinteressen zu ihrem Schutze verlangt; Gewalt das Mittel der Durchführung jenes vermeintlichen Rechtes.

Macht aber ist der Wille und die Kraft, Vollstrecker einer höheren Ordnung zu sein. Sie fragt nicht nach dem Nutzen der Einzelnen oder der Gruppen. Sie sieht als Gesetz allen Lebens die Ordnung, der sich alle unterzuordnen haben und von der jeder Einzelne erst sein Daseinsrecht ableitet.

Macht beruht auf dem Bluteinsatze von Menschen. Nur die Anerkennung höherer Werte, nur das gefühlsmäßige Ruhen in einem übergeordneten Leben vermag zum Opfer des Einzellebens anzuspornen. Aus makrokosmischer Verbundenheit fließt allein der Opferwille mikrokosmischer Hingebung. So wird die Macht zum Regler menschlichen Zusammenseins schlechthin. Wenn Platon, dessen „Staat" nichts anderes ist als der Versuch, eine unbedingte Ordnung zu begründen, zunächst den Stand der Krieger behandelt, so nur, weil ohne ihn jene Gemeinschaftsregelung undenkbar ist.

Es gibt eine Machtbetonung, welche die Macht gewissermaßen ihrer geistigen Wurzel beraubt: das Wort Spinozas, wonach jeder nur so viel Recht habe, wie er Macht besitze, wirkt stärker nach, als die menschheitsbeglückende Gegenwart wahrhaben will. Hier wird die Macht zur Gewalt, zum Stoffe. Wo Gewalt gegen Gewalt steht, entscheidet das stoffliche Übergewicht. Wenn aber geistgebundene Macht der rohen Gewalt gegenübertritt, so versagt das Gesetz der stärkeren Materie. Immer wird die Aufopferung, weil geistbestimmt, siegen. Der Einsatz des aus innerer Verpflichtung Handelnden wird wirkungsvoller sein als der des Interessenverteidigers. Es bewahrheitet sich das Wort des russischen Philosophen Berdjajew: „Macht ist Pflicht und besteht erst dann zu Recht, wenn sie im Namen Gottes und der Wahrheit geübt wird."

Wie aber steht der verstandversklavte Mensch zu rein geistigen Werten? Da er jenseits der menschlichen Erkenntnis nichts gelten läßt, diese Erkenntnis aber für letzte Weisheit hält, versteht er unter Kultur ein Höchstmaß von Verstandestätigkeit. Philosophie ist ihm nicht die unmittelbare Schau des Weltganzen, sondern müßiges Spiel mit Lehrmeinungen. Unter Wissenschaft versteht er jene mehr sammelnde als ordnende Tätigkeit, die den Sinn menschlichen Seins nicht mehr klärt, sondern mit Gehirngespinsten umgibt. Geheimnisvoll ist die Anziehungskraft, die dieses „Wissen" immer noch auf aufstiegsbegierige Kleinbürger ausübt, fast unerklärlich die Achtung, welche eine heuchelnde Gesellschaft der vor Überarbeitung dampfenden Gehirnmasse entgegenbringt. Alle Zusammenhänge sind zerrissen; wer sie wiederherstellen möchte, wird als verächtlicher Dilettant totgeschwiegen. „Wissenschaftler" ist nur, wer mit der Inbrunst des Geisteskranken ein winziges Sondergebiet immer wieder durchackert, um bestenfalls ein neues Unkraut zu ernten.

„Kulturträger" des verstandesbestimmten Zeitalters ist der intellektuelle Mensch. Unter kulturellem Hochstand versteht er die Alleinherrschaft des Verstandes. In den wenigsten Fällen der Unzulänglichkeit des Verstandes sich bewußt, wird er manchmal Relativist (nach Bedarf den Ausgangspunkt wechselnd und niemals einen letzten Sinn findend), meist aber Doktrinär (von Schulweisheit beschränkt). Was der Dogmatiker, aus Glaubenssätzen ein Lehrgebäude aufbauend, unter den im Übersinnlichen ruhenden Menschen, das ist der Doktrinär unter den auf den Verstand Eingeschworenen. Etwas unterscheidet sie allerdings: jener glaubt an unbeweisbare Glaubenssätze und erkennt diesen Glauben als solchen; dieser glaubt ebenfalls, nämlich an die Doktrin, hält sie aber für bewiesene Wahrheit. Ein Musterbeispiel für die Rache des mißhandelten metaphysischen Triebes! Nun kann aber die rein verstandesmäßige Erkenntnis, abgesehen von ihrer Vieldeutigkeit, immer nur von Menschen gefaßt werden, die auf annähernd gleicher Verstandes- und Bildungsstufe stehen. Die Verschiedenheit verstandesmäßiger Begabung und die Seltenheit ihres Vorkommens in letzter Vollendung sind aber unumstößliche Tatsachen. Deshalb sind die „Einsichten" des Verstandes immer nur einem ganz kleinen Kreise zugänglich. Nur in einem solchen würde also ein übereinstimmender Kulturinhalt in individualistischem Sinne entstehen, auch wenn der Wahrheitsgehalt jener Verstandeserkenntnisse nicht bedingt wäre. Die Riesenmassen der nicht mit den Vorzügen des Verstandes Gewappneten nehmen an der sogenannten Kultur der Intellektuellen überhaupt nicht teil. Darum läßt das Zeitalter des Verstandes die abendländischen Völker überhaupt ohne Kultur. Die intellektuelle Spitzenschicht aber hat höchstens eine formale Kultur, gekennzeichnet durch verstandesmäßige Glanzleistungen. Kulturinhalt lassen aber auch diese vermissen, da wahre Kultur die Durchdringung aller Menschen eines bestimmten Kreises mit dem gleichen Geiste ohne Rücksicht auf Verstandesbegabung und -schulung des Einzelnen bedingt. Gleichheit besteht aber nicht auf intellektuellem, sondern nur auf seelisch-metaphysischem Gebiete. Es kann sonach eine Kultur nur bei Verwurzelung der Menschen im Übersinnlichen entstehen, während in einer individualistischen Zeit, wie sie jetzt das Abendland mitsamt seinen kolonialen Ablegern erlebt hat, die gesamte Bevölkerung in ihrer Masse „verlarvt" (Eugen Diesel). Diesem Herabgleiten unter die tierische Ebene verfällt die abendländische Menschheit als Ganzes; darüber kann auch die Tatsache nicht hinwegtäuschen, daß der großen Masse von ausschließlich ihren niederen Trieben folgenden Menschen eine kleine Minderheit von Gehirntieren gegenübersteht. Was sie erzeugen, wird heutzutage Geistigkeit genannt. Mit Gesittung hat diese nichts mehr zu tun. Denn die Seelenlosigkeit, die Unlebendigkeit des individualistischen Menschen bedingt seine innere Formlosigkeit. Der ethische Grundzug, ohne den eine Kultur nicht gedacht werden kann, ist verlorengegangen. Der seelenlose, den Verstand anbetende Einzelmensch, dem Höchstmaß von Intelligenz gleichbedeutend ist mit dem Spitzenbegriffe der Kultur, hält den im Übersinnlichen Ruhenden und deshalb, vom bloßen Verstande aus gesehen, Beschränkten mit seinen Wertmaßstäben für dumm und minderwertig. Der ungesittete Verstandesmensch drückt einer Zeit, die nur ihn gelten läßt, seinen Stempel auf. Der sittlich bestimmte Mensch gerät als Vorbild und Maßstab ins Hintertreffen. Die sittliche Minderwertigkeit, die bei rücksichtslosem Durchdenken auch als intellektuelle Minderwertigkeit sich entpuppt (denn sie erkennt nicht einmal die Beschränktheit des Verstandes) beherrscht die Zeit: in Gesellschaft und Staat steht der Minderwertige obenan.

Wiederum muß betont werden, daß der charakterlich Minderwertige in den hier umrissenen Begriff der Minderwertigkeit nicht ohne weiteres eingereiht werden kann. Es gibt Individualisten, deren persönliche sittliche Haltung nicht nur unbestreitbar ist, sondern vielleicht gerade aus dem sittlichen Freiheitsbegriffe des deutschen Geistes fließt. Dieses Werk beschäftigt sich aber nicht mit Charakterkunde, sondern vorwiegend mit Gesellschaftslehre. Im Sinne dieser ist hochwertig, wer die Gemeinschaft als höheren Wert gefühlsmäßig erlebt und seine Wertmaßstäbe aus dieser inneren Gebundenheit herleitet. Er allein erscheint zur Führung in Gesellschaft und Staat befugt. Es ist also die Führungsbefugnis, welche dem Individualisten abgesprochen wird, weil er gesellschaftlich minderwertig ist.

Dem Kulturideal entspricht die Einstellung des verstandvergottenden Zeitalters zur „Bildung". Der junge Mensch wird nicht in die Verknüpfungen aller Erscheinungen, die ihn umgeben, eingeführt, um so menschliche Handlungen und werdende Dinge begreifen zu lernen. Lehrsätze und hohle Begriffe stürmen auf ihn ein; alles wird ihm so gebrauchsfertig geboten, daß er schließlich bei der Anwendung ratlos daneben greift. Er wird mit Formeln, Lehrgebäuden und tausend Einzelheiten gefüttert; es gibt nichts, was ein Lehrer niederer oder höherer Ordnung nicht wüßte, nicht erklären und nicht darzulegen vermöchte. Die Hilfsvorstellungen und die Werkzeuge des Denkens werden zum Selbstzwecke. Der Sinn des Lebens, der durch Bildung erschlossen werden sollte, wird dunkler denn je. Bücher, Schulen, Vorträge und Lehrgänge zaubern vor das tollgewordene Gehirn eine Prachtkulisse. Sie wissen unendlich vieles, diese mit Erkenntnissen vollgestopften jungen Menschen, aber sie können nichts. Die einfachste Aufgabe des menschlichen Lebens bleibt ihnen unlösbar: seine Bewältigung und seine Beherrschung.

„Wissen ist Macht." Mit diesem Zauberworte kleinbürgerlichen Geltungstriebes ist das ganze Bildungsideal des Individualismus umschrieben. Die innere Ganzheit des antiken Menschen bot einst das Vorbild humanistischen Bildungsstrebens. Die Aufspaltung in einen unlebendigen Menschen einerseits und einen um die Dinge der Antike wissenden blieb übrig. Wissen ist heute ein Mittel zur Durchsetzung des einzelpersönlichen Machttriebes geworden. Bildungs„ideale" werden eingeteilt nach dem Grade ihrer Zweckmäßigkeit für verschiedene Berufe, fürs Geldverdienen. Zugegeben, daß es nicht nur materielle, sondern auch geistige Zweckmäßigkeit gibt. Daß aber unter Bildung die Erziehung zur Gesittung zu verstehen sei und nur echtes Menschentum Selbstzweck jeder Erziehung sein darf, bestreitet der Gegenwartsbeflissene. Wissen ist Werkzeug, höherer Bestimmung untergeordnet. Gesittung ist eine unbedingte Größe, Wissen eine bedingte.

Religion und Gemeinschaft

Religion ist das Werterlebnis einer lebendigen Ganzheit. Liebe zu Gott und dem Nächsten sind die beiden Pole dieses kosmischen Gefühls. Wenn Brunstäd sagt, mit dem Problem der Heiligkeit beginne die Religion, mit dem Gottesglauben vollende sie sich, so ist damit der Weg vom Nächsten zur unbedingten Persönlichkeit, zu Gott, vorgezeichnet. Das Heilige entsteht im Gemeinschaftsleben, wo Religion, Sittlichkeit, Sitte und Recht ihren Nährboden besitzen. Die naturgegebene Bindung an die Gesellschaft findet ihre Ergänzung durch die innerliche Bindung an Gott. Das Christentum ist die Brücke von der Überwelt zur Innenwelt. Die deutsche Mystik war am stärksten von jener christlichen Innerlichkeit erfaßt. „Daß Gott ist, dessen bin ich ein Ursach," sagt Meister Ekkehard. Die Zeitlosigkeit des Christentums, die Unmöglichkeit seiner „Überwindung" beruht auf jener den Menschen kennzeichnenden Spannung zwischen Überwelt und Innenwelt, die der Ganzheit der menschlichen Vernunft entspricht.

Zwischen ethisch-gesetzesreligiösen Bestrebungen — notwendig durch die gesellschaftliche Form allen Lebens — und innerlichem Tiefendrang schwankt deshalb die Auffassung vom Christentum. Bald neigt das Pendel dem einen, bald dem anderen Pole zu. Das stärkere Vorwiegen des Gesetzesreligiösen bringt die Gefahr der Unlebendigkeit oder gar der Erstarrung mit sich. Es entsteht dann als Gegenströmung eine Krise der Lebendigkeit, die zur Verinnerlichung führt, aber auch von vorübergehender Unsicherheit im Glauben begleitet ist. Der Widerstreit der beiden Richtungen geht so weit, daß sie sich gegenseitig die Rechtgläubigkeit absprechen.

Der Verfasser dieses Buches hat sich andere Aufgaben gesetzt als die Einmischung in Glaubenskämpfe. Vielleicht gelingt es ihm aber, seine Untersuchung bis zu dem Punkte zu treiben, der einen Überblick über den geistigen Inhalt des Christentums erlaubt. Vielleicht wird die Entdeckung möglich, daß das Gesetzesreligiöse und das Verinnerlichungsstreben notwendige Formen gesamtchristlichen Lebens sind, die sich ergänzen. Von Unamuno*) stammt das klassische Wort, das Christentum sei radikaler Individualismus. Jede Form der Staatsreligion nennt er, weil politisch, heidnisch und setzt sie in Gegensatz zum apolitischen Christentume. Jede Verkirchlichung des Christentums ist ihm Verrat an Gott. Auch die protestantische Kirche schließt er von dieser Verurteilung nicht aus: „Die Protestanten, die das Sakrament des Wortes — ein Sakrament, das die Eucharistie tötete — einsetzten, ketteten das Wort an den Buchstaben. Sie waren bestrebt, den Völkern — nicht so sehr das Verstehen — als vor allem das Lesen beizubringen. Die Reformation wollte durch den Buchstaben den Weg zum Leben zurückfinden, und endete damit, daß sie den Buchstaben zersetzte, denn die freie Forschung ist der Tod des Buchstabens." Noch unchristlicher in jenem individualistischen Sinne des Wortes erscheinen ihm die Jesuiten. Ihre strenggefügte Organisation, diesseitig bis ins Letzte, ist für ihn heidnisch. Wenn Platon die Gerechtigkeit als Gemeinschaftstugend bezeichnet, so führt laut Unamuno die wahre christliche Ablehnung allen

*) Die Agonie des Christentums. München, Meyer u. Jessen.

Gemeinschaftslebens folgerichtig zum Schlusse, die Gerechtigkeit bedeute allerdings etwas in der Moral, in der Religion nichts. „Recht und Pflicht sind keine religiösen Gefühle eines Christen, das sind juristische Gefühle."

Christentum ist Innerlichkeit, höchst persönliches Werterlebnis, und erst das Gefühl des Mikrokosmos schlägt die Brücke zum Makrokosmos, zu Gott. Das Verhältnis zwischen Mensch und Gott ist deshalb ein rein persönliches. Zweifellos besteht die Auffassung Unamunos, wonach das Christentum höchster Individualismus sei, insofern zu Recht. „Das Christentum ist etwas Individualistisches und Unmittelbares, und daher ist das Christentum in jedem von uns: Kampf, Agonie, Kampf auf Leben und Tod." Im Kampfe um das höchste Ziel, sich eine unsterbliche Seele zu schaffen, sieht Unamuno das Wesen des Christentums. Seine Auffassung begegnet sich mit den Ansichten der neueren Schule des Protestantismus, die vor allem auf Kierkegaard fußt. Sie betont ebenfalls die Unmittelbarkeit der Bindung des Einzelnen zu Gott und lehnt jeden Mittler außer Christus ab. Daß der Mensch nur in der Gemeinschaft lebt, ist ihr wie Unamuno wohl bewußt. Aber jeder Mensch stirbt allein, und der Tod ist höchste Einsamkeit. Aus dieser Begrenztheit des Einzelwesens wird mit Recht — der Verfasser hat sich weiter oben zu derselben Ansicht bekannt — das Wesen der Religion abgeleitet.

Das Christentum enthält die verschiedenartigsten Bestandteile: hauptsächlich jüdische, hellenische und germanische. Die Auferstehung des Fleisches im jüdischen Sinne wird ergänzt durch die Auferstehung des Geistes im hellenischen. Jene ist höchst persönlich, diese irgendwie sozial. So spiegelt sich schon im christlichen Dogma der Widerstreit des Individuellen und des Sozialen wider. Aber dieser Gegensatz ist nicht ein solcher der Auffassung und des persönlichen Bekenntnisses, sondern naturgegeben. Gott selbst hat die Natur, zu welcher die menschliche Gesellschaft gehört, mit seinem Geiste erfüllt. Das Gemeinschaftsleben ist deshalb göttlich wie die unmittelbare Bindung des Einzelnen an Gott. Es muß also immer zwei Formen geben, in denen religiöses Leben sich vollzieht: die individuelle und die soziale. Es sei zugegeben, daß das religiöse Leben in sozialen Formen erstarren kann, daß es im Sinne Unamunos politisch wird. Auf die Versteinerung des Christentums und die Kämpfe zwischen Papsttum und Kaiserreich führt er den Zerfall des Abendlandes zurück: „Die Vereinigten Staaten des Okzidents" wurden ersetzt durch „die Göttin Frankreich, die Göttin Deutschland, die Göttin England, die Göttin Rom und die arme Halbgöttin Italien."

Fordert aber das Beispiel des mittelalterlichen Universalreiches nicht den Einwand heraus, die christliche Kirche habe gerade während der Dauer jenes Reiches ihre Blütezeit erlebt, das Christentum sei durch jenes Reich gewissermaßen irdisch verkörpert worden? Die Christenheit war nicht nur ein geistliches (Kirche), sondern auch ein weltliches „Heiliges" Reich. Haben nicht alle großen Religionslehren den Anspruch auf geistige Universalität ins Irdische abgewandelt durch die Schaffung umfassender Reiche? Dem Katholizismus entsprach das Heilige römische Reich deutscher Nation, dem Mohammedanismus das osmanische Reich. Nordamerika, heute zum Weltreiche aufrückend, kann als die Spätfrucht der Reformation in calvinistischer Abwandlung betrachtet werden, wenn der Vorzug nicht dem englischen Imperium gegeben wird.

Eine Fülle schwierigster Fragen ergibt sich so, nur lösbar durch erneute Rückbesinnung auf das Wesen des Menschen, wie es schon weiter oben grundsätzlich zu deuten versucht wurde. Der Mensch ist eben ein Ganzes und gleichzeitig ein Teil. Er lebt nur durch die Gemeinschaft; die Gesellschaft ist die Form des Lebens schlechthin. Der Einzelmensch ist zu stark sozial bedingt, als daß er den Weg zu Gott unter Verneinung dieser Bedingungen finden könnte. „Die Geschichte ist der Gedanke Gottes auf der Erde der Menschen." Die Erde der Menschen ist aber in Wahrheit die Erde der menschlichen Gesellschaft, also eines Gemeinschaftsbegriffes. Die Gemeinschaft wird geprägt vom Geiste. Immer aber ist der Geist, auf eine höchste Form zusammengedrängt, im schöpferischen Einzelmenschen verkörpert. Seine Veranlagung, seine innere Kraft schafft geistige Bewegung, die dann in bestimmten Kulturformen ihren Niederschlag findet. Das, was Unamuno Agonie des Christentums nennt, was er an Pascal bewundert, ist keine geprägte Religion, kein klares Bekenntnis, kein gefestigter Glaube, sondern ewiger Kampf um den Glauben; Ringen um geistige Freiheit, die Ziel, aber niemals Mittel sein darf. Die menschliche Gemeinschaft aber braucht Mittel, um leben zu können. Der Grad stofflichen Verhaftetseins ist bei den Menschen und Völkern je nach ihrer Veranlagung verschieden. Nur ein Höchstmaß geistiger Freiheit und innerer Unabhängigkeit vom Stoffe befähigt zu jenem Kampfe mit Gott und jener Bindung an Gott, die zum Menschsein gehören. Die pyramidenartige Form der menschlichen Gemeinschaft verlangt, daß der Kampf auf Leben und Tod von jenen wenigen ausgefochten wird, die, auf der Spitze stehend, die Unendlichkeit der Welt zu schauen vermögen. Ein ganzes Volk gleichmäßig religiös bewegter Menschen ist eine Vorstellung, die im Widerspruche mit der Erfahrungswelt steht.

Immer wieder wird vergessen, daß Religion, die reinster Individualismus bliebe, keine Ethik und keine Kultur entwickeln könnte. Sie braucht die Formgießung, um auf Erden wirksam zu werden. Der Verzicht auf diese irdische Wirksamkeit würde einen Grad des Aufgehens in Gott zeitigen, der die Ganzheit kosmischen Lebens, seine Naturgebundenheit bedrohen würde. Denn Weltverneinung kann nicht Sinn der Religion sein, weil damit das natürliche Leben geleugnet würde. Und das tut der christliche Individualist Unamuno, wenn er sagt: „Das Christentum innerhalb der Familie ist schon kein reines Christentum mehr, es ist ein Kompromiß mit der Welt." Zugegeben, daß der Stifter, der Prophet, alle Bindungen der Erde abstreifen darf, um die Fessel an Gott unlösbar zu machen. Aber er ist die seltene Ausnahme, der Vorkämpfer der stoffverhafteten Menschheit, die ihr natürliches Leben leben soll, dankbar die Mittel zu dessen Beherrschung aus den Händen der religiös Überlebendigen empfangend. Diese Mittel sind aber gesetzesreligiöser Art. Es gibt kein Gemeinschaftsleben ohne Regeln; auch die Religion kann ihrer nicht entraten. Zwei Grundtatsachen sind es, welche die Regelung als notwendige Begleiterscheinung allen Gemeinschaftslebens erscheinen lassen: die verschiedenartige Veranlagung der Menschen und die Aufgabenverteilung innerhalb der Gesellschaft. Immer ist der Mensch gleichzeitig Individuum und Gesellschaftswesen, und immer wird das Christentum eine individualistische und eine gesetzesreligiöse Seite haben müssen.

Gesetz verlangt aber Autorität und diese einen Träger. So erklären sich zwanglos Notwendigkeit und Wesen der Kirche. Sie ist die Hüterin des religiösen Mysteriums kraft geistiger Autorität. Es mag zum Wesen lebendiger Religion gehören, daß die Kirche ihre Ketzer hat. Auflehnung gegen das Gesetz der Kirche beschleunigt den Puls ihres Lebens und verhindert ihre Erstarrung in Gesetzesformeln. Zu jeder Gesetzesreligion gehört deshalb — um das Wesen der Religion in Vollendung zu erfüllen — der Protestantismus. Protestantismus ist sonach eine religiöse Haltung, kein Bekenntnis. Er muß sich selbst in seiner kritischen Bedeutung verstehen, um seine religiöse Aufgabe erfüllen zu können. In dem Bibelworte „Herr, hilf meinem Unglauben" ist der Inhalt des echten Protestantismus umrissen.

Unsere Zeit lauscht auf das Wort der Offenbarung; um die Kraft und die Wahrheit des Glaubens wird gerungen. Nie hatte das Christentum echten „Protestantismus" notwendiger denn heute. Eine selbstkritische religiöse Haltung vermag allein zur Kritik der Gesellschaft und der sozialen Ethik beizutragen.

Hat diese Aufgabe unmittelbar mit dem Bekenntnisse zur protestantischen Kirche zu tun? Wohl kaum; denn die Gesetzesreligion des Katholiken wird an Unbeweglichkeit weit übertroffen von der Selbstsicherheit des Protestanten. Dies sagen, heißt die Krankheit der Zeit anrühren. „Während der reformatorische Glaube die Rechte Gottes in der Welt gegen das vorhandene Menschliche geltend macht, ist sein moderner Ersatz auf Verteidigung des frommen Menschen und also auch der Kirche gegen die Welt draußen gerichtet. Eine solche Religion hat aber heute weniger als je Überzeugungskraft."*) Folgerichtig lehnen die Neuerer des Protestantismus den Kulturprotestantismus ab, weil er Humanismus sei. Die ganze Wucht ihrer Angriffe wendet sich gegen Schleiermacher, der Protestantismus mit Aufklärung vermischt habe, indem er den religiösen Subjektivismus endgültig begründete.

Soll also die Lebendigkeit des Glaubens in einer neuen protestantischen Haltung wieder erwachen, wird der Kulturprotestantismus neuerdings abgelehnt und damit die gesetzesreligiöse Seite geradezu verneint, so bleibt eine letzte und schwere Frage: ist in dieser Auffassung von einem gereinigten und geläuterten Protestantismus noch Raum für den Gedanken einer protestantischen Kirche? Soweit die Reformation calvinisiert wurde, gilt diese Fragestellung nicht.

Denn gerade der Calvinismus brachte jene äußerst wirksame Abwandlung lutherischer Lehren nach der gesetzesreligiösen Seite, welche auf die Entwicklung der westlichen Länder eine gewaltige Wirkung ausübte. Die „Erwählung", deren der Mensch nur dadurch gewiß werden kann, daß er einen entsprechenden Lebenswandel führt, verwies den Einzelnen nicht mehr auf die Gnadenmittel der Kirche, sondern auf seine eigene Tüchtigkeit. Die Früchte dieser Tüchtigkeit sind der Besitz, der dadurch sittlich gerechtfertigt wurde und geradezu gottgewollt erschien. Ein Lebensstil wurde so begründet. Max Weber hat die Bedeutung der calvinistischen Glaubenslehre für die Entwicklung des angelsächsischen Kapitalismus überzeugend nachgewiesen. Auch die preußische „Prägung", die ihre entscheidenden Züge während der calvinistischen Zeit Preußens erfuhr, zeigt deutliche Verwandtschaft mit der angelsächsischen Formung. Späterhin überschwemmte allerdings die humanistische Welle den deutschen Norden und verwischte die scharfen Umrisse des preußischen Bildes.

Was zurückblieb, war deutscher Protestantismus, der jetzt seine große Krise erlebt. Da aber das Wesen des Protestantismus Krise ist, so würde richtiger nach der Krankheit der protestantischen Kirche gefragt. Wie schlecht sich protestantische Haltung zur Kirchengründung eignete, erhellt

*) Emil Brunner, Die Krisis im Protestantismus. München, Süddeutsche Monatshefte.

aus dem Aufbau der protestantischen Kirche nach dem Territorialprinzip mit der landesherrlichen Spitze. Ihr Wegfall im Jahre 1918 mußte die protestantische Kirche in Schwankungen bringen, die bis zur Stunde andauern. Die Frage nach Sinn und Berechtigung protestantischer Kirchenbildungen überhaupt wagt aber der Verfasser nicht zu beantworten, weil der Rahmen dieses Buches nur einen Seitenblick auf Religion und Kirche erlaubt. Die Kürze eines solchen Ausfluges auf das religiöse Gebiet gestattet höchstens die Aufrollung der entscheidenden Fragen; jede Beantwortung würde Mißverständnissen die Türe öffnen.

Aber auch der Katholizismus hat seine Krise. Wohl führt sie ihr Dasein nicht im Wesentlichen der katholischen Kirche: dem Lehrsystem, den sittlichen Forderungen, dem Aufbau. Uralte Weisheit hat ein Gebäude errichtet, das allen Stürmen zu trotzen scheint, das in zeitlosem Stile allen Entwicklungsepochen angemessen ist. Denn der Katholizismus ist ausgesprochene Kulturreligion, d. h. irdisch wirksam und formgebend. Seine Krise ist aber möglich im katholischen Menschen, in der Seele des vom Geiste des 19. Jahrhunderts Bedingten. Kein Zweifel, daß die Zahl der Namenchristen bedenklich zugenommen hat; die Eucharistie büßte immer mehr an Macht ein. Das kirchliche Leben hielt den Einzelnen noch sicher in der Klammer seiner Gesetze. Gibt es aber noch ein christliches Lebensgefühl, das Anschauungen und Handlungen des Einzelnen bis ins Letzte durchflutet und lenkt? Wird der metaphysische Trieb des Einzelnen restlos von jenem Glauben gestillt, den die Kirche verkündet? Diese schwere Frage muß gestellt werden, und nur freiwillige Blindheit berechtigt zu ihrer Übergehung.

Denn der Christ des 19. Jahrhunderts ist ein anderer als der des Mittelalters. Er erfüllt seine kirchlichen Pflichten — soweit er nicht nur Namenchrist ist —, aber seine sittlich-religiösen Gebote empfängt er von einer anderen Weltanschauung. Die Aufklärung, jene gottverneinende Diesseits„religion" und die christliche Heilsbotschaft haben miteinander gerungen und stehen sich heute erschöpft gegenüber. Keine von beiden hat entscheidend gesiegt, so die weltanschauliche Einheit wieder herstellend. Aber im modernen Christen steckt überall der Keim der Aufklärung; dessen Aufgehen droht die Lebensführung des Einzelnen fast stärker zu beeinflussen als das christliche Sittengesetz. Auch der Katholizismus ist in den Seelen vieler Bekenner liberal geworden. Mit leidenschaftlichem Hasse spricht deshalb Leontjew vom humanitären Pseudochristentum. „Dieses humanitäre Pseudochristentum mit seiner sinnlosen Vergebung aller Sünden, mit seinem Kosmopolitismus ohne klares

Dogma, mit seiner Predigt der Liebe ohne Predigt des Glaubens und der Gottesfurcht, ohne Ritual, das uns das Wesen selbst der wahren Liebe versinnbildet — — —, dieses Christentum ist nichts weiter als die Revolution, wieviel Honig es auch ausströmen ließe; bei solch einem Christentum kann man weder Krieg führen noch einen Staat regieren; und sogar zu Gott zu beten ist ganz unnötig. Solch ein Christentum kann nur den allgemeinen Umsturz beschleunigen. Es ist verbrecherisch in seiner Milde selber."*) So hat auch Kierkegaard sich leidenschaftlich gegen das verwässerte Christentum der zeitgenössischen Kirche gewendet und die christliche Forderung in ihrer Strenge und Unbedingtheit für jeden Einzelnen zur Entscheidung gestellt.

Die Krise der Religion ist offenbar. Das Christentum würde wahrscheinlich allen Angriffen stoßkräftiger begegnen, wäre es nicht gespalten in ein ethisch-gesetzesreligiöses und ein protestantisches Bekenntnis. Auch der Katholik kann protestantische Haltung, insbesondere im Lande der Gewissensfreiheit (Deutschland), nicht entbehren. Leben, wenn es lebendig sein soll, verlangt Antrieb und Entwicklung, ja Empörung. Die protestantische Haltung aber, die zur Kirchenbildung geführt hat, krankt gerade an der Kirche. So würde die Einheit beider Bekenntnisse das religiöse Leben nur vervollständigen, das Christentum in der Ganzheit seiner geistig möglichen Formen wiederherstellen. Die Hindernisse, die den Weg zu einem einheitlichen christlichen Bekenntnisse versperren, sind zweifelsohne nicht mehr so unübersteigbar wie in früheren Zeiten. Die Schwächung der Dogmen, das Fegefeuer der klassischen Philosophie, durch welches die christlich-abendländische Welt gewandert ist, erleichtern Verschmelzungsbestrebungen.

Die Aufklärung wirkt sich — in zunehmender Verflachung — bei den breiten Massen erst heute aus. Die Überwindung des „Märchens von Gott" hält der führerlose Pöbel für ein Heldenstück. Was große Denker, dem Gesetze ihrer Zeit gehorchend, in qualvollem Ringen als Ergebnis eines lebenslangen Grübelns feststellten, wird heute von Gläubigen der kommenden „proletarischen Kultur" als mutige Entdeckung gefeiert. Als ob Bilderstürmerei ein geschichtlich neuer Vorgang wäre! Wenn der Bolschewismus an die Stelle von Christusbildern Büsten von Karl Marx setzt, so ist dieser Einfall nicht ursprünglich, es sei denn, daß man die „Göttin Vernunft" der französischen Revolution vergessen hätte.

*) Zitiert nach Simon Frank: Constantin Leontjew — ein russischer Nietzsche. „Hochland".

Verschiedene Lager sind es, die heute das Christentum bekämpfen: zunächst zahlreiche innerlich bewegte Menschen, denen das Christentum als eine Verengung und Verfälschung der ursprünglichen naturfrommen Religion erscheint, wie sie in dem antiken oder germanischen Heidentum lebendig war. Die Anhänger dieses „neuen Heidentums" kommen aus verschiedenen Richtungen: von dem neuen Tiefenblick in die metaphysischen Hintergründe des Lebens, von der neu erwachten Freude am Leiblichen, wie sie vor allem seit Nietzsche, dann aber auch durch die Entwicklung des Sportes und der Leibeskultur jeder Art bedeutende Steigerung erfuhr. Soweit hier nicht bloß ein Sklavenaufstand des unterjochten Leibes ausbricht, der durch schöngeistige Reden bemäntelt wird, besteht aller Grund, diese Gegner des Christentums ernst zu nehmen. In ihnen regt sich etwas von der urtümlichen älteren Religion lebendiger Allverbundenheit, die in dem Christentum zu Recht oder Unrecht bereits eine intellektualistische Abirrung von der mütterlich-kosmischen „Gottgetriebenheit" erblickt. Ihr bedeutendster Vertreter ist Ludwig Klages. Aber so scharf die Frontstellung gegen das Christentum (das hier einseitig als Sprößling des Judaismus betrachtet wird) sein mag, so erhellt doch deutlich, daß diese Auflehnung gegen die christliche Religion aus Religion erfolgt. Womöglich noch schärfer als gegen die Vertreter des Christentums wendet sich diese Richtung gegen die mechanistische Entseelung des Lebens, noch tiefer dringt sie auf die Anerkennung göttlich-metaphysischer Notwendigkeit gegenüber der Willkür des Verstandes. Inwieweit die Auffassung des Christentums, wie sie Klages vertritt, begründet ist, muß hier ununtersucht bleiben. Vielleicht gelangt auch er zu der letzten ahnungsvollen Erkenntnis Nietzsches, daß Dionysos und Christus, ein Leben lang von ihm gegenübergestellt, im Grunde ein und dieselbe Gottheit sind. Die Verbindung dieser Richtung mit verschiedenen Erscheinungen christlicher Entwicklung — mit den Mystikern und den Romantikern — ist andererseits unverkennbar. Es ist nicht abzusehen, ob die lebendige Kraft dieser Bewegung zu einer neuen religiösen Bindung führen, ob sie sich mit Strömungen innerhalb des Christentums verschwistern und dann den alten Bau des Dogmas erweitern wird, oder ob sie kurzlebig erlischt. Zu einer Leben prägenden Form und Wirkung ist sie jedenfalls noch nicht gelangt. Der Betrachter muß sie vorläufig in die Gruppe derer einreihen, die den Gegensatz zwischen Leben und Lehrsatz, Religion und Kirche lebendig fühlen und auf Erneuerung der Religion drängen. Sie sind somit ihrer geistigen Haltung nach „Protestanten", wenn sie sich auch völlig anderer Mittel bedienen und auf anderem Grunde fußen wie Luther.

Den Hauptwiderstand erfährt aber das Christentum aus den breiten, von einer verspäteten Aufklärung ergriffenen Massen. Zum Teil ist es die Verdiesseitlichung des Religiösen (Kommunismus), zum Teil der kleinbürgerliche Stolz auf stückhaftes Wissen und „Volksbildung", die zur Ablehnung des Gottesglaubens führen. Die Starrheit mancher kirchlicher Dogmen erleichtert diese Haltung. Was dem einen Zeitalter als Wunder erscheint, erklärt das andere naturwissenschaftlich. Die verstandesmäßige Erkenntnis hat ihre grundsätzlichen Grenzen, ebenso, wie der metaphysische Trieb unveränderlich ist. Aber innerhalb dieser grundsätzlichen Grenzen des Verstandes ist die wissenschaftliche Forschung, insbesondere die Kenntnis der Naturkräfte, fortgeschritten. Jeder Glaube neigt dazu, zu seiner Begründung auf nächstliegende Unerklärlichkeiten hinzuweisen, um ein höheres göttliches Walten begreiflich zu machen. Wenn aber diese scheinbar unerklärbaren Tatsachen von den fortschreitenden Naturwissenschaften als natürlich erklärt werden, so fällt das Sinnfällige des Glaubens weg. Der einfache Mensch beobachtet, wie die kleinen Rätsel mühelos gelöst werden. Er hält dann alle Rätsel für lösbar, weil er das große Rätsel nicht sieht.

Dieses Beispiel veranschaulicht die Zweifel, von denen viele religiöse Menschen, angesichts der Fortschritte der Naturwissenschaften, erfaßt wurden. Das geht so weit, daß um die Jahrhundertwende die Mehrzahl der naturwissenschaftlich vorgebildeten Akademiker rein atheistisch war. Wie aber verhält sich die kirchliche Lehre zur Naturwissenschaft? „Katholisch ist die Überzeugung, daß der persönliche Gott die Welt, Natur und Mensch geschaffen hat und persönlich durch die von ihm gegebenen Naturgesetze in Freiheit leitet. Weil Gott da ist, durchfluten und beherrschen die Naturkräfte die Natur."*) Nach dieser Auffassung ist das Göttliche Ursache und gleichzeitig Zweck, wie ja auch Kant auf die Verwandtschaft von Ursache und Zweck hinweist (Kausalität und Teleologie). Die Krise des Christentums scheint nun darin zu liegen, daß seine Dogmen weniger auf dem Zwecke, der als das zukünftige Wirkliche selbst die seiner Verwirklichung vorhergehenden und dazu erforderlichen Mittel bestimmt (Windelband), aufgebaut sind als auf der Ursache. Das Denken in Ursachen ist sinnfällig und wirkungsvoll. Die Vorstellung des Zwecks erfordert größere Spannweite und Freiheit des Geistes. Das Denken in Ursachen ist zeitbedingt und kann von der wissenschaftlichen Erkenntnis — wenigstens in seinen Einzelheiten — überholt werden, weil das wirklich Vorhergehende fälschlicherweise dem gedanklich Vorhergehenden gleichgesetzt wird. Anders

*) P. Erhard Schlund in den „Süddeutschen Monatsheften".

das Denken in Zwecken, das zeitlos und deshalb durch den jeweiligen wissenschaftlichen Stand einer Epoche unbeeinflußbar ist. Das Christentum hat die Gefahr nicht ganz vermieden, durch allzu starke Betonung des Kausalen im Zeitbedingten stecken zu bleiben. Es ist deshalb — selbstverständlich zu Unrecht und nur im Sinne einer platten Denkweise — in den Verdacht der Rückständigkeit geraten. Nur die Betonung des Teleologischen kann den Weg zu seinem Aufstiege wieder freimachen.

Dafür spricht auch der Umstand, daß gerade die geistig Freien die zeitlose Wahrheit christlichen Gedankengutes erkennen und zu ihr zurückkehren. Es gibt deshalb heute eine christliche Religiosität, sowohl innerhalb als insbesondere außerhalb der Kirche, die, mühsam erkämpft, vorerst lehrsatzfrei, um geistige Form ringt. Das Christentum ist also keineswegs überwunden, sondern steht an der Schwelle eines neuen Werdens.

Es kann nicht Aufgabe des Verfassers sein, zum Inhalt der Glaubenslehren, weder wie sie heute beschaffen sind, noch wie sie sich entwickeln werden, Stellung zu nehmen. Prophetie ist göttliche Sendung und nicht wissenschaftliche Erforschung. Schon die Herausarbeitung der Allgemeinumrisse kommenden Glaubensinhaltes würde die selbstgewollte Beschränkung dieses Buches durchbrechen. Allerdings behält sich der Verfasser vor, späterhin gewichtige Zeugen neuer religionsphilosophischer Gedanken anzuführen. Den Weg von der Religionsphilosophie zur Theologie muß dieses Buch aber ablehnen, weil es nur die Bedeutung der Religion für die Gemeinschaft behandelt und nicht die Religion selbst. Dieser selbstgeformte Rahmen erlaubt aber noch einen geschichtlichen Ausblick:

Wenn die abendländische Menschheit wirklich an der Wende einer neuen Zeit steht, wenn neue Wertmaßstäbe und neues Lebensgefühl im Wachsen sind, so wird wahrhafte Neugestaltung des Gemeinschaftslebens nur auf einer religiösen Grundlage möglich sein, die heute ehrfürchtig erahnt, aber nicht im einzelnen bestimmt werden kann. Das dritte Reich der Deutschen wird deshalb nicht nur ein vergrößerter Staat sein, der etwa mit dem Schlagworte „großdeutsch" zu kennzeichnen ist. Denn neue Vorstellungen vom Reiche Gottes auf Erden erzeugen auch irdische Reiche. Die Welt der Angelsachsen ist das diesseitige Werk der Reformation. Die Wiedergeburt des Christentums kann ein neues Reich mit sich bringen, dessen Umrisse zu erahnen die schwere Aufgabe dieses Buches ist. Die Zukunft der Deutschen hängt von der Inbrunst ab, mit welcher sie religiös-geistiges Leben in den Mittelpunkt ihres Seins stellen. Die gesellschaftliche und politische Gestaltung läuft daneben her oder wird gar zur selbstverständlichen Folge. Heute wird das kulturelle und politische Gesicht Europas immer noch von jener Stunde bestimmt, in welcher zu Paris die „Göttin Vernunft" ihre Herrschaft antrat. Es wird nur dann neue Züge gewinnen, wenn das deutsche Volk die schöpferische Kraft in sich fühlt, den wahren und lebendigen Gott wieder einzusetzen.

Der Sieg der Minderwertigkeit im Weltkriege

Der Mangel an Einordnung in die Ganzheit verschuldete die Herrscherrolle, welche der Minderwertigkeit in Gesellschaft und Staat heute zukommt. So bestimmt diese nicht nur das Schicksal der Einzelmenschen, sondern auch das ganzer Völker. Denn der Individualismus durchtränkt mit seinem Geiste nicht nur das Einzelwesen im engeren Sinne, den Menschen, sondern auch die höhere Erscheinungsform, das Volk. An Stelle der Überbewertung des Einzelnen tritt die des Volkes. Das Freiheitsideal, ursprünglich auf die Einzelpersönlichkeit gemünzt, wird auf das Volk übertragen. Ebenso der Gleichheitsgedanke. Ohne späteren Ausführungen, welche die Nationalstaatsidee auf ihre Herkunft aus individualistischer Denkweise näher überprüfen werden, vorzugreifen, sei hier schon gesagt, daß das Selbstbestimmungsrecht der Völker einen aus Freiheits- und Gleichheitsgedanken zusammengesetzten Begriff darstellt. Sein Bestandteil an Freiheitsgedanken ist offenkundig, der an der Gleichheitsidee findet in der Forderung Ausdruck, das Selbstbestimmungsrecht nicht nur großen oder kulturell hochstehenden Völkern, sondern auch Völkersplittern und halb- oder gar nicht kultivierten Stämmen zu gewähren. Wie man den Wertunterschied der Einzelmenschen verleugnet, so auch den der Völker und Rassen. Verleiht das Naturrecht unterschiedslos Menschenrechte, so wird deren Abwandlung zum Selbstbestimmungsrechte aller Völker die Folge. Nun bedarf es kaum eines Beweises, daß das Selbstbestimmungsrecht der Völker ein Wunschbild ist; denn in der Kriegs- und Nachkriegszeit haben die Deutschen zu ihrem eigenen Leidwesen feststellen können, wie es mit Freiheit und Gleichheit in der rauhen Wirklichkeit bestellt ist. Auch hier im Leben der Völker vollzieht sich das nämliche wie im Leben der Einzelmenschen: das höherer Ordnung sich verpflichtet fühlende, hochwertige Volk, das zur Gewaltanwendung nur bereit ist, wenn hinter dieser Gewalt sittliche Kräfte stehen, wodurch diese zur Macht geadelt wird, unterliegt der Bekämpfung und Unterdrückung durch Völker, die nur ihr eigenes Lebensrecht sehen und sich zu dessen Befriedigung zur Gewaltanwendung entschließen.

Da die Zahl der dem Individualismus verfallenen abendländischen Völker, auf Grund eigener Veranlagung und geschichtlicher Entwicklung, größer ist als die der zu organischer Ordnung strebenden Völker, so schlossen sich jene zu einem Vernichtungskampfe gegen diese zusammen (hierbei kam Rußland dank unfähiger Führung auf die falsche Seite). Das ist der Sinn des Weltkrieges, in welchem die Begriffswelt der französischen Revolution das Deutschtum überwand. Geschichtliche Auffassungen, welche die Ursache dieses Krieges auf rein wirtschaftliches Gebiet verlegen wollen, gehen fehl. Bei aller Ungeschicklichkeit deutscher politischer Führung und bei Anerkennung sämtlicher geopolitischer Bedingungen wäre ein so ungeheurer geistiger Aufmarsch der Welt gegen das Deutschtum nicht möglich gewesen, wenn nicht allermenschlichste Saiten dabei mitgeklungen hätten. Von jenen Mitläufern der Westmächte, welche die Unfreiheit der Meere oder winkender Nutzen zu verzweifelten Entschlüssen trieben, kann abgesehen werden. Der Einwand, die gegnerische Propaganda habe an Durchschlagskraft die deutsche weit übertroffen, löst die berechtigte Frage aus, welche Kraft bei den romanischen und angelsächsischen Völkern den Boden zur Aufnahme der Propagandasaat gelockert habe. Es muß eine geistige Klammer gewesen sein, welche die Westmächte in schweren Stunden zusammenhielt und ihre Opferbereitschaft erzwang: daß die Deutschen in mittelalterlicher Barbarei die neuerdings errungene Menschenwürde bedrohten, war die wirksamste Anklage der feindlichen Staatsmänner. Wenn ihr die Völker willig Gehör schenkten, so nur, weil das Grundgefühl der Menschen des 19. Jahrhunderts ausgeprägt individualistisch war. Der Erlösungsgedanke von 1789 wirkte noch nach und vermochte Kreuzzugsstimmung zu erzeugen. Der menschheitsbindende Gedanke der organischen Ordnung, räumlich das belagerte Gebiet der Mittelmächte umfassend, war in einem Maße verloren gegangen, daß kaum ein Widerhall bei den mitteleuropäischen Völkern, geschweige denn auf dem weiten Erdenrunde zu erwarten war. Und doch verteidigten die Deutschen das „Reich", jenen Abglanz einer göttlich geordneten Welt, der, aus religiöser Tiefe stammend, einst einen Höchstgrad irdischer Ordnung verkörpert hatte. Wäre dem deutschen Volke der Besitz des heiligen Erbes, welches es zu bewahren und zu vermehren hatte, bewußt gewesen, der Krieg hätte einen anderen Ausgang nehmen müssen. Denn er war der Kampf des Verstandes gegen die Seele. Die zwingende Gewalt, welche, von dem ehrwürdigen Führer des deutschen Heeres ausgehend, nicht nur auf sein Volk, sondern sogar auf die Gegner ihre Strahlen warf, ist nur so erklärlich. Die Gefolgschaft, die das deutsche Volk in gläubigem Vertrauen ihm jahrelang leistete, zog ihre Kraft nicht aus verstandesmäßiger Zielstrebigkeit, sondern aus blutsmäßiger Ahnung um das Wesen dieses Krieges. Unsere westlichen Feinde aber glaubten die deutsche Seele fesseln zu können und ihre Kräfte durch intellektuelle Phraseologie zu binden. In diesem Glauben behielten sie recht. Denn so mächtig war noch die sterbende Gedankenwelt der französischen Revolution, daß sie dem deutschen Volke die Gesetze seines innenpolitischen Handelns im Jahre 1918 aufzwang.

Die Deutschen hatten den Anschauungsunterricht, welchen der Krieg ihnen bot, nicht begriffen; sie hätten sonst eingesehen, warum deutsche Schützengräben flandrischen Boden umzirkten; warum deutsche Soldaten die Donau bis zum Schwarzen Meere, die Adria bis zur griechischen Halbinsel, die Steppen Rußlands bis zum Peipussee erkämpfen mußten; warum die Ostsee bis zum hohen Norden ein deutsches Meer werden mußte. Es waren vertraute Räume, deren Beherrschung einst Sinn der deutschen Geschichte, im Weltkriege nur militärische Notwendigkeit war. Die Schicksale der Völker haben eben ihre Zwangsläufigkeit. Ihr muß Folge geleistet werden, auch wenn die Folgeleistenden nicht mehr wissen, warum. Wenn es richtig ist, daß große geschichtliche Ereignisse den Ablauf früherer Jahrhunderte gewissermaßen verdichtet widerspiegeln, so gilt dies bestimmt für den Weltkrieg. Aber eine entgeistete Zeit, ein richtungslos gewordenes Volk hatten das Verständnis für die Vergangenheit verloren. Das Schwert, einst Vollstrecker höheren Ordnungswillens, war zum Selbstzwecke geworden. Die Verstofflichung erstreckte sich auch auf die Kriegsführung. Kein zündender strategischer Gedanke, geboren aus geschichtlicher Einsicht und wagemutigem Willen, vermochte die starren Fronten zu sprengen. Materie prallte auf Stoff, sich gegenseitig aufzehrend und Vernichtung zum Sinne der Kriegsführung machend. Als ob diese nicht die Geschichte gestalten müsse!

Nur wer den Krieg als Kampf um höchste geistige Werte begreift, versteht die Tragweite der deutschen Niederlage. Gewiß mag als mildernder Umstand gelten, daß die „Verteidiger der Menschenrechte" in der Lage waren, die Waffe einer anerkannten Ideologie mit in die Wagschale zu werfen, während das Deutschtum, seinen unbewußten Lebensgesetzen folgend, nicht vermochte, die Geistigkeit seines Kampfes sich selbst oder gar der Welt begreiflich zu machen. Die Deutschen waren kein Volk, das in einem Gottesstreite erlag und, mit der Waffe in der Hand, bezwungen in die Knie sank. Sie waren ein Volk von Kämpfern, welche im Höhepunkt der Schlacht das Schwert wegwarfen, weil sie selbst an ihrem Gottesstreitertume verzweifelten. Diese Selbstaufgabe blieb das Kennzeichen der ganzen Nachkriegszeit. Sie beherrscht auch heute noch unser gesellschaftliches, staatliches und geistiges Leben. Kriege können gewonnen oder verloren werden; je nach den besseren Waffen der Streiter. Sie entscheiden aber nicht endgültig die Schicksale der Völker, solange deren Seele unberührt ist, ihr Herzschlag rein klingt. Aber das gesellschaftliche Leben, die sittlichen Wertmaßstäbe, änderten sich in Deutschland nach dem Kriegsausgange mit verblüffender Raschheit. Ja, Äußerlichkeiten, die Form der Kleidung, des alltäglichen Umgangs wechselten schlagartig ihr Aussehen. Nicht, daß wesenhaft Neues gekommen wäre. Es war vielmehr so, daß Dinge, die vor dem Kriege schon um Geltung gerungen, aber doch verabscheut wurden oder zum mindesten Ablehnung erfuhren, plötzlich herrschend wurden. Hierher gehört auch die Änderung der Staatsform, der Übergang zur Republik. Er wäre nichts Besonderes, wenn die deutsche Republik Schöpfung deutschen Geistes und deutschen Rechtes wäre. Aber niemand hatte es gewagt, Staats- und Regierungsformen zu ersinnen, die, den Deutschen innerlich angemessen, äußerlich dem Stande entsprochen hätten, welchen die Regierungstechnik der abendländischen Völker erheischt. Durch keinen Umstand wird die seelische Selbstaufgabe des deutschen Volkes klarer gezeichnet als durch die Übernahme fremder Staatsformen im Jahre 1919. Würde eine Rundfrage erlassen, nicht, wer auf dem Boden der heutigen Republik stehe, sondern wer sie liebe, das Ergebnis wäre erschütternd.

Nach dem Zusammenbruche der Front ergossen sich nicht nur feindliche Heere zur Besetzung deutschen Landes, sondern auch geistige Ströme des Westens zur Durchdringung deutscher Art nach Mitteleuropa herein. Das deutsche Volk glich einem Spieler, der seine eigene Karte erfolglos sieht und nun mit trauriger Beflissenheit auf die erfolgreiche des Gegners setzt. Westlicher als der Westen zu werden, war von nun an brennender Wunsch all derer, welche eine deutsche Sonderaufgabe nie begriffen hatten und deshalb das deutsche Volk, gegenüber dem Westen, als rückständig empfanden. Die Deutschen wurden individualistischer als das klassische Land des Individualismus, Frankreich. Sie wollten amerikanischer werden als die Amerikaner. Nur das Englischwerden bot Schwierigkeiten, weil hier mitten im Westen eine Insel der Beharrlichkeit bestand, welche dem Fortschrittler stets unfaßbar bleibt. Der um ein Jahrhundert zu spät gekommene Freiheitsrausch der Deutschen — seine üblen Nachwirkungen haben eingesetzt — entsprang nicht nur jener dem Deutschen zum Vorwurfe gemachten Nachahmungssucht; die Durchsetzung deutschen Geistes mit dem Freiheitsgedanken Kants erleichterte seine Verwechselung mit politischem Liberalismus. Was wußten die verspäteten deutschen Jakobiner von dem politischen Wirklichkeitssinne des Westens, der es einem John Stuart Mill ermöglichte, auch die sittliche Freiheit aus Erwägungen barer Nützlichkeit zu bejahen.

Alles, was vor dem Kriege verhüllt ein Dasein ohne Ansehen lebte und von ernsten Männern als Verfallszeichen bewertet wurde, gelangte nun zu gesellschaftlicher und staatlicher Anerkennung. Schon vor dem Kriege machten sich Geburtenrückgang, Materialismus, Mangel an Opferfreudigkeit, außenpolitische Richtungslosigkeit, Pazifismus, Staatsfeindlichkeit, kulturelle Zerfahrenheit und Hohlheit bemerkbar. Aber es waren Warner vorhanden, welche auf diese Zeichen hinwiesen; es gab verheißungsvolle Strömungen der Erneuerung, und die zersetzenden Kräfte konnten sich nicht hervorwagen, da sie unter dem Gesetze der Macht standen. Denn noch war Deutschland der Staat der Autorität, und noch war in den Autorität ausübenden Kreisen eine Sittlichkeit lebendig, welche die Macht davor bewahrte, nur noch Gewalt zu sein, wenn auch schon mancher Hohlraum im sittlichen Fundamente dieser Macht entstanden war. Aber die Zerstörer scheuten noch das Licht des Tages und trieben ihr verhängnisvolles Handwerk verstohlen. Zersetzungssucht galt noch nicht als verfassungsmäßig geschützte Weltanschauung.

Da kam der Krieg. Alle Quellen übersinnlicher Kräfte sprudelten. Vorbei war es mit der Herrschaft des alleswissenden Menschen; den Materialisten erschütterte die Fragwürdigkeit seiner Schätze angesichts des Todes; die Reihe der Kameradschaft nahm auch jene Trotzigen auf, die bisher ihre Sache nur auf sich gestellt hatten. Die Seele des deutschen Volkes erwachte; es war sich nicht bewußt, daß um *sie* gestritten werde. Es gehorchte aber den mächtigen Triebwellen, die von ihr ausgingen. Es ist später geschrieben worden von einem Strohfeuer der Augusttage 1914; das ist nicht richtig. Die Begeisterung jener Tage erlahmte vielmehr deshalb, weil der seelische Untergrund des deutschen Volkes zwar noch tragfähig, seine Fruchtbarkeit aber verschieden war. Wo die Wurzeln nicht in den fruchtbaren Seelenboden hinabreichten, sondern nur lockeren Sand erfaßten, da mußte ein Rückschlag erfolgen; denn Begeisterung ist kein Zustand der Dauer. An ihre Stelle muß zähe Aufopferung treten, wenn der Nährboden gesund ist. Ein kurzer Krieg hätte wahrscheinlich den gleichmäßigen seelischen Auftrieb des Gesamtvolkes erzeugt. Ein langer Krieg aber wirkte entgegengesetzt; er mußte die große Scheidung der Geister einleiten: nicht die oberflächliche in die Partei derer, die durchhalten wollten, und derer, welche die Beendung des Krieges wünschten, obwohl oftmals diese beiden Lager die wahren weltanschaulichen Gegensätze umfaßten; denn sittliche Untergründe spielten sehr häufig bei der jeweiligen Stellungnahme mit. Die nachhaltige Trennung der Geister war eben schon viel früher erfolgt und durch die anfängliche Kriegsbegeisterung nur oberflächlich verhüllt. Die Kriegsnöte und die Belastungsproben, welche der Opferwille des Einzelnen auszuhalten hatte, öffneten erst die Kluft in ihrer ganzen Weite: hier stehen die, welche trotz und gerade wegen des Kriegserlebnisses den Krieg als die Geburtsstunde einer neuen geistigen Einheit betrachten; dort jene, die ihn grundsätzlich oder wegen seines unglücklichen Ausganges verneinen.

Die Umkehr

Damit ist die entscheidende Wendung im grundsätzlichen Teile dieses Buches erreicht. Ziel der Darstellung war bisher, die geschichtsbildenden Antriebe des zeitgenössischen Menschen zu erkunden. Dazu war ein grundsätzlicher Einblick in das Wesen des Geistes notwendig. Es mußte geklärt werden, auf welche Weise richtige, und wie falsche und trugschlüssige Wertungen entstehen. Das Zeitalter des Individualismus wurde so erkannt: als die Zeit, die infolge falscher Wertungen die menschliche Gesellschaft zerstört.

Das hier gezeichnete Bild des Zerfalls wird häufig als Beweis für die innere Greisenhaftigkeit von Kulturen oder von Völkern hingestellt. Oswald Spengler hat alle äußeren Kennzeichen zeitgenössischer Krankhaftigkeit zu einem düsteren Gemälde von gewaltiger Wucht zusammengefügt. Aus vergleichender Geschichtsbetrachtung zieht er den Schluß, daß die abendländische Kultur alt geworden sei und ihrem Untergang entgegengehe; Ursachen des Zerfalls sucht er nicht. Ja, er lehnt die Frage nach der Ursache bewußt ab. Die Rassenbiologie begnügt sich dagegen nicht mit der Betrachtung der Kulturen. Sie erforscht das menschliche Leben, den Träger jeder Kultur. Das Altwerden der Kulturvölker — gleichbedeutend mit dem Aussterben der besten Erbstämme — ist für den Biologen die Ursache der Untergangserscheinungen. Geschichtsphilosophisch gesehen, gehören sowohl die reinen Biologen als auch Oswald Spengler zur geschichtsbiologischen Schule. Jene übertragen die Gesetze des Werdens und Vergehens menschlicher Körper auf Völker, dieser bezieht sie auf Kulturen. Beide begehen einen Hauptfehler: sie verzichten auf den Nachweis, ob die Gesetze des menschlichen Körpers ohne weiteres auf Völker und Kulturen anwendbar sind. Ein gewisses Nachlassen an Lebenskraft kann bei einem Achtzigjährigen als Alterserscheinung gedacht werden: die Erfahrung hat uns eben gelehrt, daß ein achtzigjähriger Mensch alt ist und bald sterben dürfte. Welche Erfahrung beweist aber, ob ein Volk oder eine Kultur alt ist oder nur krank? Ist doch die Auffrischung von Volkskörpern denkbar; die des menschlichen Körpers nicht. Es gibt Völker, deren Lebensdauer nur einige Geschlechterfolgen, und andere, bei denen sie Jahrtausende betrug. Die Unterscheidung, ob Zerfallserscheinungen Krankheit oder Tod ankündigen, ist unmöglich.

Allgemein nimmt die geschichtsbiologische Schule an, daß jugendkräftige Völker glaubensstark, alternde Völker verstandesbeherrscht seien. Der metaphysische Trieb sei sonach bei den abendländischen Völkern verschüttet; ihre Unschuld sei verlorengegangen. Wie es aber auch eine Reinheit der Läuterung und nicht nur der Unschuld gibt, so ist auch eine Wirksamkeit des metaphysischen Triebes denkbar, der, neu erweckt, die Wanderung durch die Öde verstandesmäßiger Unlebendigkeit beendet. Neue Lebendigkeit folgt auf seelische Erstarrung. Der metaphysische Trieb kann eben nicht schwinden, er vermag nur in die Irre zu gehen. Er ist ewig und unerschöpflich, wechselt nur seinen Inhalt und seine Verkörperungsgestalt, je nach dem geistigen Entwicklungsstande eines Volkes. Wenn aber die Kraft der Lebendigkeit bis zur Gegenwart verschüttet war, wie soll sie plötzlich wieder wach werden? Wie soll dem metaphysischen Triebe der gebührende Raum im menschlichen Geiste bereitet werden? Warum soll der Verstand zu der notwendigen Selbstbeschränkung schreiten, wenn er diese Forderung bisher abgelehnt hat? Woher strömt echtes neues Lebensgefühl? Was vermag die menschliche Seele wieder für göttliche Offenbarung empfänglich zu machen?

Die Beantwortung dieser entscheidenden Fragen, die alle zusammen nur eine einzige sind, vermag nur ein unbeweisbarer Glaubenssatz zu übernehmen; er ist der zweite dieser Abhandlung. Aus Gründen, die das Menschenhirn kaum zu ermitteln vermag, hat ein Bewußtwerden des metaphysischen Triebes bereits stattgefunden. Er ist im Begriff, den ihm gebührenden Platz wieder einzunehmen. Der abendländische Mensch steht zögernd an der Schwelle eines neuen religiösen Zeitalters, kämpfend bereitet er der Siegeslaufbahn des Verstandes ein Ende. Die Ursachen solcher Umkehr zu erkennen, dürfte schwer fallen. Bescheidene Versuche der Deutung seien indessen erlaubt.

Die Zeit der Ichbetonung, die mit stürmischem Schritte alle weißen Völker des Erdballs eroberte, geht zur Neige. Es wird immer Zeitalter geben, welche die eigentliche Wirklichkeit kosmischer Gebundenheit, die sich gesellschaftlich im Gemeinschaftsgeiste ausprägt, dem Machttriebe des losgelösten, vereinzelten Individuums unterordnen, und dieses zum Gott erheben; und es wird Zeitabschnitte geben, die den Einzelnen hinter die überpersönlichen Ganzheiten: Weltall, Leben, Gattung und Gemeinschaft, zurücktreten lassen. Beide haben ihre Bedeutung für die Entwicklung der Menschheit. Es scheint, als ob zeitweise der Mikrokosmos von allen Fesseln befreit werden müsse, um Bewegung bei der in sich ruhenden Gemeinschaft auszulösen. Die Tiefenantriebe, die gemeinschaftsgestaltend und damit gemeinschaftsbildend wirken, liegen eben im Mikrokosmischen, in der Einzelseele. Aber die geweckten Kräfte dürfen das Leben, das sich in der und durch die Gesellschaft vollzieht, nicht bedrohen. Dann schwingt das Pendel der Entwicklung nach der Gemeinschaftsseite menschlichen Lebens. Diese wechselnde Bewegung bedeutet demnach das Zeitmaß, in welchem die Geschichte abläuft. Zwischen drohender Auflösung und zwangsmäßig erstarrter Gesellschaftsform, als den äußersten denkbaren Grenzen, bewegt sich die Geschichte der Menschen. Selten ist der Zustand der ausgeglichenen Schwebe. Er fällt zusammen mit den jeweiligen Höhenpunkten der Kultur.

Ist ein Volk noch lebendig und naturverbunden, so entwickelt es immer wieder die Kraft, rechtzeitig auf der allzuweit vorgetriebenen Bahn umzukehren. Droht Auflösung, so besinnt sich das Leben auf die Gebundenheit als seine Retterin; droht Erstarrung, so rettet es sich in die Freiheit hinein, um die aufrüttelnde Kraft des Einzelnen auszulösen. Die Umkehr ist also nichts Rückläufiges, sondern nur eine zeitbedingte Bewegung. Ein ständiges Hin und Her zwischen zwei Punkten findet statt. Das Bild der geistigen Umkehr trifft deshalb den Vorgang der Zeitenwende in seinem letzten Wesen nicht. Die Gefahr liegt nahe, an eine Vorwärts- und eine Rückwärtsbewegung in der Geschichte zu glauben. Dies tun die „Fortschrittler." Aber der Fortschritt der Menschheit ist einer jener Lehrsätze, die richtiger in die Welt des Aberglaubens verwiesen würden. Der Mensch ist dem Stoffe verhaftet und kann immer nur die Abstreifung dieser Fessel erstreben. Und dieses Streben selbst ist göttlich und deshalb erlösend. Einen irdischen Fortschritt als Gesetz der Geschichte annehmen, heißt den Kampf des Menschen um seine unsterbliche Seele, sein Ringen um wahre Freiheit, in die Welt des Stoffes übertragen. Fortschritt ist deshalb Verlegung vom Metaphysischen in das Physische. Denn Ziel allen Fortschrittes könnte nur das Paradies auf Erden sein, ein wirklichkeitverleugnendes und lebenbedrohendes Trugbild.

Ausbreitungsdrang bezeichnet die individualistischen Epochen, Vertiefungssehnsucht die Zeiten einzelmenschlicher Gebundenheit. Dort ist der Stoff, hier die Seele Mittelpunkt des Lebens. Mit der Beherrschung des

Stoffes wächst die innere Abhängigkeit von ihm (Materialismus); der Verzicht auf willentliche Unterjochung des Stoffes ist gleichbedeutend mit seiner seelischen Überwindung. Das Leben aber ist Einheit aus Seele und seelenlosem Stoffe. So werden die beiden sich regelmäßig ablösenden Zeitalter als die Formen erkannt, in denen die Geschichte sich notwendig vollziehen muß.

In den wechselnden Abschnitten des Kampfes zwischen Seele und Stoff spielt sich die lebendige Entwicklung ab. Ist der Lebenstrieb noch gesund und kräftig, so wird in Zeiten einer drohenden Vernichtung des einen der beiden Pole eine Krise der Lebendigkeit ausbrechen, um das Leben zu retten. Das „Stirb und Werde" tritt dann als das Grundgesetz allen Lebens hervor; ein Ringen um neue Wertmaßstäbe wird einsetzen. Neu aber nur für den Menschen des Übergangs, dem die entgegengesetzten Maße vertraut sind. Geschichtlich gesehen, nur insofern neu, als die äußeren Formen des Lebens und die Technik des Denkens sich geändert haben. Die Grundgesetze des Lebens aber sind zeitlos und unveränderlich, wie das Leben selbst.

In den Zeitaltern der Bindung entstehen bei bestimmten Völkern und Rassen die großen Kulturen. Sie geben Zeugnis vom Tiefendrang des Menschen, von seiner Sehnsucht nach innerer und äußerer Gestaltung, nach Ordnung kraft Geistes. Sie sind getragen von einer Gesellschaft, die in Mannigfaltigkeit und strenger Gliederung die Welt- und Gottesfülle verkörpern will. Die Zeiten des Individualismus dagegen geben alle einzelpersönlichen Kräfte frei. Sie lockern zeitgebundene Formen, deren Sinn nicht mehr lebendig ist. Die äußeren Errungenschaften jener ordnenden Tätigkeit werden verbreitert. Die Kräfte wenden sich der Vergrößerung und Festigung des Herrschaftsbereiches der Kulturen zu. Die Ganzheit des vom menschlichen Geiste gewonnenen Weltbildes wird als Streben nach irdischer Ausdehnung abgewandelt. Geistige Form wird diesseitige Konstruktion. Zivilisation wird so zur notwendigen Ergänzung der Kultur. Die Gegensätzlichkeit zwischen beiden dringt erst dann in das Bewußtsein des Zivilisationsmenschen ein, wenn die Wurzel der Zivilisation, die Kultur, abgestorben ist und deshalb keine lebenspendenden Säfte mehr dem weitschattenden Baume zugeführt werden. Dann sterben erst einzelne Blätter, später ganze Zweige und Äste ab, und der erschreckte Blick des Zivilisationsverherrlichers forscht nach den Ursachen der todkündenden Zeichen. Der Mangel an Lebendigkeit wird dann offenkundig.

Wie der Händler die Erzeugnisse fremden Schaffens in persönlichen Vorteil umsetzt, so der Zivilisationsmensch die Errungenschaften vergangener Kulturen. Was dort echtes Kulturstreben war, das heißt Formverlangen um seiner selbst willen, wird hier ins Nutzbringende abgewandelt. Die römische Zivilisation ist über die hellenische Kultur im wesentlichen nicht hinausgekommen. Der reine Rechtsgedanke des römischen Reiches zielte auf Nutzen, nicht auf höhere Gerechtigkeit. Die moderne Zivilisation beschränkt sich auf die Verbreiterung der christlichen Kultur, und, soweit sie antike Grundstoffe in sich aufgenommen hat, auch noch dieser. Zivilisation ist weltumfassender Durchdringungstrieb; alle Verbreiterung wird aber von Verflachung begleitet. Ist diese so weit gediehen, daß von dem kulturellen Inhalte der Zivilisation nur noch die hohle Form übrig bleibt, dann droht greisenhaften Völkern der Zerfall, junge retten sich durch Neuerwachen schöpferischer Triebe. Ist der glühende Stahlblock so dünn gewalzt, daß er in Metallstäubchen zu zerfallen droht, so hilft nur ein neuer Einschmelzungsvorgang: der Versuch, einen Stahlblock von festen Umrissen zu gießen.

Zwischen Barbarei und Gesittung, zwischen ursprünglicher Ordnungslosigkeit triebhaften Seins und lebensdurchbluteter Ordnung, vollzieht sich die geschichtliche Entwicklung. Die Auflösung der Ordnung im Individualismus der Zivilisation bringt jene Herrschaft des Stoffes zurück, die Kennzeichen der Barbarei ist. Aber die Lebendigkeit des ursprünglichen Zustandes ist verlorengegangen. Der fortgeschrittene Zivilisationsmensch steht unter dem Barbaren. Kein Leben und kein Blut erfüllen mehr das Hohlgewordene. Blutleere Gedanken (die abstrakte Vorstellung), angebeteter Stoff, künstlich organisierte Gemeinschaft, unbewußtes Sklaventum gegenüber der äußeren mechanischen Reizwelt, sind die Kennzeichen jenes Zustandes, den Eugen Diesel „Verlarvung" nennt. Barbarei, Gesittung und Verlarvung sind ihm die drei großen Stufen menschlicher Entwicklung; und Verlarvung, schlimmer als der Tod — weil weder Leben noch Tod — das Kennzeichen der Gegenwart.

Ob ein Volk alt oder jung ist, kann nicht ohne weiteres festgestellt werden. Hier fehlen allgemeingültige Erfahrungen und Maßstäbe. Die ungeheure Kraftentfaltung der Deutschen im Weltkriege, ihre Überlegenheit gegenüber allen anderen Völkern kündend, könnte als Zeichen verhältnismäßiger Jugendkraft aufgefaßt werden. Dieser erfreulichen Feststellung stehen andere bedenkliche gegenüber; vor allem der jähe Absturz der deutschen Geburtenkurve. Daneben gibt es noch zahlreiche andere Merkmale, die bald in bejahendem, bald in verneinendem Sinne gedeutet werden können. An die Jugend eines Volkes muß man eben — mangels zuverlässiger Erkenntnisse — glauben. Ein solcher Glaube ist niemals wirklichkeitsfremd oder trugbildnerisch. Er erzeugt nämlich die Kräfte, die zur Auffrischung des Volkskörpers auch dann führen könnten, wenn er wirklich unter Alterserscheinungen litte. Denn das Leben der Gemeinschaft ist nicht nur geheimnisvolle, unbeeinflußbare Größe, sondern auch Ergebnis bewußter Gestaltung. Die Anbetung des Zeitgeistes ist die feige Entschuldigung derer, denen geistige Gestaltungskraft abgeht.

Schon das 19. Jahrhundert kündet mit leisem Schimmer die Morgenröte einer kommenden Zeit. Aber noch sind es einzelne seherische Geister, die sich dem Strome ihrer Zeit entgegenstemmen, obwohl er gerade jetzt seine größte Breite und reißende Unwiderstehlichkeit erreicht hat. Nicht jene sind gemeint, die einfach eine rückläufige Bewegung gegen die französische Revolution forderten oder einleiten wollten. Die „Reaktionäre" standen auf verlorenem Posten. Denn nicht um Rückkehr zu alten Bindungen, sondern um den Durchstoß zu neuen handelte es sich: also um eine Vorwärtsbewegung, die unter Bejahung geschichtlich gewordener Bedingungen zu den Urgesetzen des menschlichen Lebens zurückstrebte. Genau hundert Jahre sind es, daß Balzac seinen Roman „Der Landarzt" schrieb. Seherisch wird darin der Zusammenbruch des politischen Freiheitsgedankens angekündigt und seine Versumpfung vorausgesagt. Ja, sogar seine Ausmündung in den Bolschewismus wird geahnt. Die Romantik Novalis' war ebenfalls eine Krise der Lebendigkeit, aber allzu rückwärts gewandt, um der Verinnerlichung das Formstreben folgen zu lassen; sie verwechselte wiederbelebbare geschichtliche Strebungen mit endgültig toten Formen. Richard Wagner verkündete seine Regenerationslehre der Lebensheilung durch die Kunst, und der junge Nietzsche folgte ihm feurig. Die Entfremdung zwischen den beiden genialen Menschen wurde notwendig in dem Augenblicke, als Nietzsche bis zu Tiefen der Rückbesinnung vorstieß, in die nachzufolgen dem großen Musikdramatiker versagt war. Bachofen, Lagarde, Langbehn, Chamberlain und Scheler als Kulturphilosophen, Constantin Frantz als einer der wenigen Politiker, denen der große Reichsgedanke noch lebendig war, gehören zu jenen vereinzelten Rufern im Streite, die sich dem Irrwahne ihrer Zeit entgegenwarfen.

Aber es fehlte der Widerhall. Zunehmender Wohlstand, Fortschrittstaumel, inbrünstiger Glaube an die technische Entwicklung, seelenlose Diesseitsbejahung, unterstützt vom populärwissenschaftlichen Darwinismus, gaben dem „Geiste" der Jahrhundertwende eine Selbstsicherheit, welche die lästigen Mahner lächelnd zur Seite schob. Es mußte ein gewaltiges Gewitter losbrechen, um die Menschheit zu belehren, daß die Bläue des

Himmels eine trügerische gewesen war. Langsamer Zerfall der aufgerichteten Götzenbilder hätte das Volk in seiner Breite wohl kaum aufgeschreckt. Der aus heiterem Himmel zuckende Blitzstrahl, die Tempel des Materialismus mit einem Schlage zerstörend, mußte aber auch halbblinden Augen den Schimmer eines neuen Lichtes vermitteln. Zweifach war die Bedeutung des Krieges für die Zeitenwende: was vorher nur die seherische Kraft des Genies durchleuchtete, mußte weiten Schichten des Volkes offenbar werden. Sodann aber erfuhr der Ablauf eines müde gewordenen Zeitalters hundertfache Beschleunigung. An Stelle allmählicher Auflösung trat der schlagartige Zerfall. Der Krieg war also Zusammenbruch des Alten und Geburt des Neuen. Das Kriegserlebnis mußte die Abkehr von der Zivilisation und das bejahende Streben nach schöpferischer Kultur beschleunigen. Damit wird nicht die Ansicht vertreten, die bisherige zivilisatorische Entwicklung sei als solche falsch gewesen. Falsch wäre es nur, sie weiter zu verfolgen und als letztes Ziel zu betrachten. Die Geschichte ist weder falsch noch richtig; nur die Zielsetzung, die der Mensch aus der Geschichte herausliest. Das Zeitalter der Zivilisation entsprang wohl geschichtlicher Notwendigkeit, ist aber vollendet und muß beschlossen werden, soll nicht Auflösung sein Abschluß werden.

Das Wort Kriegserlebnis ist gefallen. Die Schreckenszeit des Zusammenbruches mit all seinen Folgen ist vom Kriege kaum zu trennen. Krieg und Nachkriegszeit erhalten ihre gemeinsame Prägung durch eine aufs höchste gesteigerte menschliche Not. Sie innerlich erfaßt zu haben, ist der eigentliche Sinn des Kriegserlebnisses. Der Zeitgeist neigt einer verstandesmäßigen Deutung des Kriegserlebnisses ebenso zu, wie seinem geheimnistuerischen Mißbrauche, der meist auf mangelnder Klarheit fußt. Es muß also darauf eingegangen werden.

Wer war Träger des Kriegserlebnisses? Sicherlich nicht jeder Kriegsteilnehmer. Von vorneherein scheiden jene aus, die während des Krieges bereits — aus Gründen des Verstandes und der Nützlichkeit — gegen ihn Stellung nahmen. Ebenso jene, für die Krieg Handwerk war und Gelegenheit zum beruflichen Vorwärtskommen. Viele hinderte ihr vorgeschrittenes Alter, den Krieg als seelischen und geschichtlichen Einschnitt zu empfinden. Für sie war er nicht mehr das seelisch bestimmende Ereignis ihres Lebens, da ihre geistige Entwicklung schon in fest eingefahrenen Bahnen lief. Damit soll nicht gesagt sein, daß Einzelne aus diesen Gruppen nicht mehr frisch genug waren, ihre Prägung durch das Kriegserlebnis zu empfangen. Auch willkürliche Altersgrenzen dürfen nicht gezogen werden. Der eine Mensch wird früher „fertig", der andere später; die allerbesten wahrscheinlich niemals. Vorbestimmt für das Kriegserlebnis aber waren jene Jünglinge, deren Seelen weichem Wachse glichen. Lebenshungrig waren sie gerade im Begriff gewesen, durch das offene Tor in die Weite des Lebens zu schreiten, begierig nach Erfüllung, tatbereit und vom Vollendungsdrang getrieben; da kam der Krieg. Eine Begeisterung leitete ihn ein, die oft als patriotisches Strohfeuer gekennzeichnet wurde. Und doch wäre es falsch, jene besinnungslose Freude, die ein ganzes Volk bis zur Rührung erfaßt hatte, als Ausfluß jener platten vaterländischen Erziehung zu betrachten, die der Schreck von Lehrern und Schülern des Wilhelminischen Zeitalters gewesen war, soweit nicht Gewöhnung solche Empfindungen unmöglich gemacht hatte. Ein nachdenklicher Versuch, in das Wesen des gesellschaftlichen und politischen Lebens um die Jahrhundertwende und jener Augustbegeisterung des Jahres 1914 einzudringen, führt zu überraschenden, aber einleuchtenden Ergebnissen: es war das in den Adern rauschende Blut, die gesunde Sehnsucht nach dem Abenteuer in höherem Sinne, der Haß gegen den geregelten Alltag und das stumpfe Gleichmaß des Erwerbslebens, welche den Kriegsausbruch als Erlösung begrüßten. Ein dumpfer Druck, der lähmend auf der Lebensfreude gelastet hatte, war gewichen. Jubelnd überbrückte man die Kluft, welche Gewöhnung und starre Höflichkeitsformeln zwischen die Einzelmenschen gelegt hatten. Etwas von jenem Schillerschen „Seid umschlungen, Millionen" klang aus den gemeinsamen Liedern, aus jenem Drange zur Bruderschaft, der befreiend aus jedem Einzelnen hervorbrach. Das Leben war unwert geworden; es sollte wieder lebenswert werden durch Todesbereitschaft. Jeder fühlte die krankhafte Müdigkeit einer Zeit, die als Ideal den Tod der Verkalkung im dumpfig gewordenen Bette des Großstadtzimmers gepflegt hatte.

Die Begeisterung verrauchte bald. Auch der Krieg bekam seinen Alltag. Alltag verlangt aber stärkeres Pflichtbewußtsein als die besondere Stunde. So wurden verträumte Schwärmer zu kühlen Männern, die unter schwerster Verantwortung handeln mußten. Gesetz und Befehl trieben den jungen Frontkämpfer über die Schlachtfelder Europas. Er sah die weiten Räume, in denen zu leben seinem Volke nicht vergönnt war, obwohl er überall auf die Sprache seiner Väter stieß.

Er fühlte, daß er nicht ein Soldat war wie der anderer Heere; vielmehr etwas Besonderes: er war ein Deutscher, und dort stand die Welt. Die Rassen und Völker des halben Erdballs stellten sich ihm entgegen, er besiegte sie. Das Gefühl der Überlegenheit wurde ihm so geläufig wie das der Einsamkeit. Die Welt war feindlich, das eigene Leben bestand nur noch aus Kampf, Hunger, Krankheit und täglichem Tod. Er sah vielleicht keinen Sieg mehr und kämpfte doch einsam und erbittert weiter. Die Besonderheit dieses Schicksals nötigte ihn zu grübelndem Nachdenken, um ihr Wesen zu erkennen. So wuchs die Erkenntnis um die Sonderstellung des Deutschtums, hergeleitet aus der Besonderheit seines einzigartigen Kampfes.

Es gab für ihn nur noch ein verlierbares Gut, sein Leben. Was sonst im bürgerlichen Dasein umsorgt und betreut wird, war für ihn ohne Wert geworden. Er wußte, daß, solange er lebte, für Nahrung und Kleidung gesorgt sei; daß irdisches Gut und geistige Werte, die in der Heimat aufgestapelt sein mochten, ihm hier nichts nützten. Dagegen wurde er täglich vor jene große Frage gestellt, die dem Menschen des friedlichen Alltags nur einmal in seinem Leben unerbittlich entgegentritt: welcher wirkliche Wert wohnt meinem Leben inne, und was nützen alle irdischen Güter? So fragt sich der Mensch auf dem Totenbette. In Kriegen einer früheren Technik, wo der Tod nur während mehrstündiger Schlachten drohte, vielleicht oft nur in den wenigen Stunden des Einsatzes, erschien diese letzte Frage, ähnlich wie beim Strohtode, nur ganz kurze Zeit vor dem geistigen Auge des Betroffenen. Anders bei dem Feldgrauen des Schützengrabens! Er glich jenem Philosophen, der allabendlich sich in seinen Sarg legte, um den Tod nicht zu vergessen. Wochen-, ja monate- und jahrelang sah er den Tod vor Augen, hörte das gespenstische Klirren der schneidenden Sense, die von seiner Seite blühendes Leben hinwegraffte. Kein Kampfrausch, keine nur minutenlange Qual konnten ihm die letzte Stunde vereinfachen. Unendlich langsam und bis zur Neige mußte der Kelch geleert werden. Die unerbittliche Auseinandersetzung mit dem Tode blieb niemand erspart. Sie mußte so weit getrieben werden, daß der Tod Alltagsbegriff wurde. Man erzählt, daß manche Feldgraue auf ihrem kurzen Heimaturlaube sich wie Betrunkene betragen hätten. Ja, sie waren betrunken, nämlich vom Leben. Das Leben war für sie keine Selbstverständlichkeit mehr, sondern köstliches Geschenk: so begannen sie es neu zu entdecken. In die letzten Tiefen ihrer eigenen Seele mußten sie dringen, alle Selbstverständlichkeit abwerfen; denn nur dann war die ständige Todesdrohung erträglich, wenn man Tod und Leben in ein Verhältnis brachte, an das man denken konnte, ohne von Wahnsinn geschlagen zu werden. So entstand die Vorstellung, daß das Leben nicht der Normalzustand und der Tod eine furchtbare Ausnahme sei; sondern der Tod wurde zur Selbstverständlichkeit und das Leben zum Geschenk. Damit war es etwas anderes geworden. Es wurde köstlicher, stärker und tiefer; der Soldat begann die

Erde, die er vorher gleichgültig beschritten hatte, zu lieben; der Nachbar, neben dem man mißtrauisch gewohnt hatte, wurde zum Kameraden, in dessen Schoß vielleicht das Haupt im Sterben gebettet war; das Weib, von dem man sich Freuden erwartet hatte, wurde wieder zur Mutter der Kinder, in denen ein Fortleben zu erhoffen war. Der Tod konnte nicht mehr das Ende des Geistes bedeuten, sondern nur den Einschnitt, nach dem das Leben wieder in ein Höheres einmündete. Man gab sein Leben auf, um in ein anderes einzugehen. Der Tod wurde leicht, wenn das Leben in Gott ruhte. Und da man so im Tode die wahren Köstlichkeiten des Lebens wiederum entdeckte, so gewann man ihn zwar nicht lieb, aber man empfand ihn als Notwendigkeit, der Dank gebühre. In der Erkenntnis dieser Notwendigkeit erfüllte sich die sittliche Freiheit. Im Tode wurde frei, wer als Lebender vergeblich gegen die Fessel des Stoffes gerungen. So führte die seelische Steigerung des Lebens nicht zu unbegrenztem Lebensanspruche, sondern zu der Erkenntnis der Fragwürdigkeit des Lebens; so wie ein Geschenk niemals als Rechtsanspruch, sondern als Güte und Gnade empfunden wird. Das Nichteintreffen des Geschenkes, also der Tod, löst nicht Verbitterung und Verzweiflung, sondern nur das Gefühl schicksalhafter Notwendigkeit aus. Das ist das Kriegserlebnis des deutschen Soldaten.

Aus den weichen, jugendlichen Zügen lebensfremder, begeisterter Jünglinge waren, unter des Stahlhelms ehernem Schatten, harte, eckige Linien geworden, in welchen kühle Augen standen. Hier war ein Geschlecht geformt, das keinen Trugbildern erlag. Wirklichkeitsnah, wortkarg und immer tatbereit, durchschaute es bald das Großsprechertum, die Schönfärberei, die Willensschwäche und Blutlosigkeit deutschen politischen Lebens. Während des Krieges rein soldatisch eingestellt, war es jetzt gezwungen, mit entsetzten Augen das Getümmel und Gehabe zu durchdringen, das wichtigtuende Männer Politik nannten. Furchtbarer als eine verlorene Schlacht wirkte die Erkenntnis, daß politische Unfähigkeit das Opfer von zwei Millionen Toten Lügen zu strafen drohte. Schwerer noch als die Einsamkeit des modernen Schlachtfeldes wirkte das Bewußtsein, auch im innerdeutschen Leben zur Einsamkeit bestimmt zu sein. Der Frontkämpfer verstand die Heimat nicht mehr. Nicht weil er, wie absichterfüllte Kriegsbücher glauben machen wollen, aufbauunfähig für friedliches Leben geworden wäre. Sondern weil dieses bürgerliche Leben so faul geworden war, daß es den Maßstäben, die das Kriegsgeschlecht mitbrachte, nicht gerecht wurde. Erhöhter Wille zum Aufbau, gesteigerter Drang nach wahrer Lebensgestaltung öffneten daher die Kluft zwischen Kriegsgeschlecht und der im Reiche herrschenden Schicht.

Dabei war es zahlenmäßig zusammengeschmolzen. Die Gegenauslese der Geburtenbeschränkung in den wertvolleren Schichten war grausam vollendet worden durch die Gegenauslese des Weltkrieges. Um so bewundernswerter ist die Stärke, welche das heimkehrende Kriegsteilnehmergeschlecht bewies. Auch in den furchtbaren Jahren von 1918 bis 1923, als der Glaube an deutsches Gottesstreitertum zum Kindergespötte geworden war, wirkte in den jungen Frontkriegern die im Kriege wachgewordene seelische Triebkraft weiter: so wurde das deutsche Volk vor dem Bolschewismus gerade durch die bewahrt, die keinerlei Ursache hatten, die Herrschaft der Novemberkräfte zu unterstützen und zu festigen. Von irregeleiteten Volksmassen gehaßt, von den politischen Herrschern mißbraucht und verleugnet, türmten die jungen Leiber des Kriegsgeschlechts einen lebendigen Wall an den damals noch nicht geordneten Grenzen. Die einmal erworbene Tugend wirkte eben weiter, und keine Bitternis vermochte sie zu vernichten. In dem Maße, in welchem sich Gesellschaft und Staat von Weimar festigten, je mehr das republikanische Deutschland den Geist und die Einsatzfreude jener Jugend ablehnte, desto mehr hatte sie Gelegenheit, in sich selbst zu dringen und die großen letzten Fragen nach dem Sinne des gewaltigen Erlebnisses, welches sie geprägt hatte, sich vorzulegen. War im Kriege alles auf der einen Seite Eindruck, auf der anderen Seite Tat, so mußte die Selbstbesinnlichkeit jetzt, Jahre nach dem Kriege, einsetzen.

Die Seelenkunde mag erforschen, inwiefern ein tiefer Trieb zur geistigen Rechtfertigung jenes Kriegserlebnisses hinter dieser Selbstbestimmung und Vertiefung steht. Hier mag die entsetzliche Vorstellung mitgeschwungen haben, daß das Blut der Gefallenen umsonst geflossen sei. Selbstverständlich ist sie falsch. Auf zweierlei Weise erfährt sie ihre Widerlegung: dem nur das Stoffliche Sehenden mag zum Troste dienen, daß seine Frage nach dem handgreiflichen Erfolge des Krieges verfrüht ist. Denn der Enderfolg ist unabsehbar, weil niemand die Kräfte, die, im Kriege erwacht, weiter wirken, heute schon richtig einschätzen kann. Darüber hinaus aber ist es dem unter dem Kriegserlebnis Stehenden doch Selbstverständlichkeit geworden, daß durch Selbsteinsatz vergossenes Blut niemals umsonst fließt. Hier wirken geistige und sittliche Gesetze, die ihren Sinn und Wert in sich selbst tragen. Das Streben nach sittlicher Freiheit verlangt die Unterwerfung unter das Gesetz der Notwendigkeit. Was aber notwendig ist, kann niemals berechnet, sondern nur durch Gehorsam erfüllt werden. Es ist aber denkbar, daß zur geistigen Rechtfertigung des Todes von fast zwei Millionen Brüdern die deutsche Jugend heute daran arbeitet, jenes sittliche Gesetz, welches über dem Tode dieser Gefallenen waltete, für die Lebenden gültig und bewußt zu machen. Es sollen damit Kräfte geweckt werden, die auch zu politischer Gestaltung befähigen. So wird das Kriegserlebnis zum Anlaß, die zögernd einsetzende Umkehr zu beschleunigen und die Zeitwende mit der nötigen Wucht herbeizuführen.

Die Sonderstellung des deutschen Volkes bestimmte während des Krieges die Gefühlswelt des jungen Geschlechtes. Seine Selbstbesinnung während der Nachkriegszeit mußte deshalb das Wissen um die geistige Einzigartigkeit des Deutschtums vertiefen. Die Besonderheit des Deutschtums ist aber seine seelische Kraft, die bisher schon der zivilisatorischen Entwicklung widerstrebte, nun aber, zur vollen Entfaltung gelangend, ihr ein willensmäßiges Halt entgegenruft. So wird das deutsche Volk des 20. Jahrhunderts zum Verkünder eines neuen Menschheitsideals. Indem es der Erstarrung und Verlarvung durch die Zivilisation entgegentritt, in neuer Lebendigkeit auf seelische Vertiefung dringt, erfüllt es eine Aufgabe, die für die abendländische Welt und die gesamte Menschheit von höchster Bedeutung ist. Auf das Gebiet der Gesellschaft und des Staates übertragen, heißt dies: die heutige gesellschaftliche und staatliche Verfassung, das Erbe der französische Revolution, muß durch eine neue Ordnung ersetzt werden, die, aus deutschem Geiste geboren, das Abendland vor endgültiger Auflösung bewahrt. An Stelle toter Fesseln, welche die zersetzte Gesellschaft künstlich zusammenhalten, müssen lebendige Bindungen treten. Die Vereinzelung des Menschen, die jede echte Gesittung zerstörte, muß unterbunden werden durch die Wiederherstellung naturgegebenen Gesellschaftslebens, auf dessen Boden allein wahre Kultur gedeiht. Die Gestaltung und Führung dieser neuen Gesellschaft fällt jener geschichtsbildenden Minderheit zu, die ihr eigenes Dasein mit dem der Gemeinschaft auf Leben und Tod verschmilzt. Nur diese Art von Hochwertigkeit vermag die Herrschaft der Minderwertigen zu brechen. Die Niederlage dieses Krieges ist in einen geistigen Sieg zu verwandeln. Die gewaltigen seelischen Kräfte des deutschen Volkes, auf denen seine tatsächliche Überlegenheit während des Weltkrieges beruhte, müssen kulturelle, soziale und politische Gestalt gewinnen. Im zivilisatorischen Wettbewerbe ist das deutsche Volk eines unter vielen; den Amerikanern sicher unterlegen. Anders im geistigen. Die Erde stöhnt unter der Last seelischer Unfruchtbarkeit. Sie will erlöst werden. Wehe dem deutschen Volke, wenn seine Schöpferkraft an dieser Aufgabe zerbricht, oder — wenn es sie gar nicht sehen will.

Von der Wiedergeburt deutscher Seele

Ein geschichtlicher Zeitabschnitt, der sich fast über ein halbes Jahrtausend erstreckte, neigt seinem Ende zu. Jener um die Wende vom 14. zum 15. Jahrhundert aufkommende Denkstil, der dem Einzelwesen den bedingungslosen Vorrang einräumte, es so von der Wirklichkeit und der gottverbundenen Natur entfernend, hat seine Möglichkeiten erschöpft. Er schuf den Menschen, der seine Richtlinien immer mehr von der Wissenschaft empfing und so, scheinbar wertfrei, in Wahrheit dem Wirrsale entfesselter Triebe anheimgegeben war; den Menschen, der, mit den Ergebnissen wissenschaftlichen Stückwerkes ausgestattet, rat- und richtungslos den ewigen Aufgaben des Lebens gegenübersteht. Seine Wissenschaft vermag ihm nicht Stütze noch Halt zu geben in der plötzlich schrankenlos gewordenen Welt, welche die Hierarchie des Mittelalters ablöste. Die Wissenschaft ging immer eigenwilliger ihre selbständigen Wege — sie mußte es ihrem Wesen nach tun —, bis sie endlich die Beziehung zum Leben und seinen Fragen verlor. Sie wurde selbstherrlich. Wenn sie gleichwohl praktisch wirksam war, indem sie durch die Technik das Antlitz der Erde vollkommen veränderte, so diente sie damit nicht dem Leben, sondern unterjochte es der Eigengesetzlichkeit jener künstlich geschaffenen, technischen Welt. Weniger handgreiflich, aber nicht minder wirksam vollzog sich dieser Einfluß losgelöst-wissenschaftlichen Denkens auf den übrigen Gebieten menschlicher Kultur, die, von der Wirklichkeit organischen Geschehens abgetrennt, mit einem künstlichen Netzwerke wirklichkeitsfremder Begriffsgespinste überzogen wurden.

Die große Auseinandersetzung mit dem Tode, die der Weltkrieg bedeutet, führte zur eigentlichen Wirklichkeit — der organischen Natur — zurück. Eine neue Denkweise greift Platz. Jene Einheit von Glauben und Vernunft, welche die kosmische Ganzheit ausmacht, ist im Werden. Sie war auch das Wesenseigentümliche abendländischer Kultur, des Mittelalters. Offenbarung und Vernunft hatten sich damals vermählt. Das Wiederbewußtwerden des metaphysischen Triebes leitet heute ihre zweite Ehe und damit ein neues Kulturzeitalter ein. Der Drang ins Übersinnliche, wieder auf die überirdische Bahn gebracht, wird die reißende Fahrt zu zivilisatorischer Verdiesseitlichung abbremsen und die Pforte zum metaphysischen Bezirk wieder aufstoßen.

Das Gefühl des Heiligen, die Kraft des Schöpferischen ist religiös im weitesten Sinne des Wortes. Die innere Wandlung des neuen abendländischen Menschen ist sonach gleichbedeutend mit seiner Hinwendung zur

Religiosität. Er rettet sich so vor Erstarrung und Tod, die unabwendbar wären, bliebe er von seinen übersinnlichen Kraftquellen weiterhin abgesperrt wie heute.

Es mag dahingestellt bleiben, ob dem religiösen Gefühle die Selbstbeschränkung des Verstandes vorausgeht, oder ob die Verneinung der Verstandesherrschaft schon ihrerseits Ausfluß religiösen Neuerwachens ist. Jedenfalls fließen Verneinung restloser Verdiesseitigung und Bejahung des Heiligen in einen einzigen Vorgang zusammen. Eine andere Frage ist, ob Religiosität ohne bestimmten Inhalt denkbar; ob nicht Gottesglaube den Hohlraum des allgemeinen Gefühles für das Heilige ausfüllen muß, um wahres religiöses Leben zu zeugen. Der abendländische Mensch ist zum Unterschiede vom asiatischen niemals ohne bestimmte Gottesvorstellung ausgekommen. Und gerade das Christentum, das in der Gestalt des Heilands Gott zum Menschen sich neigen und den Menschen zu Gott führen läßt, ist deshalb die abendländische Religion schlechthin.

Die Aufgabe dieses Buches ist erschöpft, wenn es die Bedeutung des übersinnlichen Reiches und des Glaubens für den menschlichen Geist, für die Bildung der Wertmaßstäbe und damit für das Zusammenleben der Menschen aufgewiesen hat. Es will keinen Mythos verkünden, sondern das Kommen einer mythosbeherrschten Welt. Glaubensinhalte geben zu wollen, wäre Vermessenheit. Aber angesichts der Krise der Religion und des Christentums möchte der Verfasser den kleinen Ausflug auf das Gebiet des Religiösen nicht scheuen, um auch hier das Bild deutscher Zukunft, welches er dem Suchenden entwerfen möchte, zu vervollständigen. Ob Mystik oder Pantheismus Vorstufen neuer Glaubensinhalte werden, wird die Zeit lehren. Ob überhaupt verdichtete Glaubenssätze neuscholastischer Art entstehen, ist ebenfalls eine Zweifelsfrage. Die Gewißheit besteht aber, daß Gott sich zu jedem Zeitpunkt offenbaren kann; daß der große Wiedererwecker, der Glaubensinhalte in bestimmte Formen allgemeiner Gültigkeit zu gießen vermag, jede Stunde aufstehen und sein Schöpfertum erweisen kann. Muß aber das kommende religiöse Zeitalter ein christliches sein? Ist nicht die Abwendung vom Christentume, Hinwendung zu neuen, etwa noch entstehenden Glaubensformen möglich? Die Antwort auf diese Frage wäre eine Voraussage und deshalb wissenschaftlich unbeweisbar. Aber ein Christentum, „das in uns inwendig ist", dessen tiefer Sinn darin besteht, daß Gott auf die Erde gekommen und an ihr gestorben ist, bedeutet eine Sinngebung des Menschentums, die zeitlos und unüberwindlich sein dürfte.

Ist dieser Vorgang eines Neuaufbrechens des Religiösen, auch wenn er eine Wiederverchristlichung einleitete, gleichbedeutend mit Wiederverkirchlichung? In dem Kapitel über Religion und Gemeinschaft wurde ausgeführt, daß die gesetzesreligiöse und die protestantische Seite des Christentums seelengesetzliche Formen sind, die sich notwendig ergänzen. Die Wiedergewinnung der gesamten Christenheit für den Katholizismus, ihre freiwillige Unterwerfung unter die Autorität Roms, käme nur in Frage, wenn fortschreitende Auflösung einen solchen Zustand verzweifelter Ratlosigkeit herbeiführen würde, daß bedingungslose Uuterwerfung unter eine kirchliche Autorität als allerletzte Rettung erschiene. Hätte der Protestantismus sich selbst als Haltung begriffen, so hätte er sich vielleicht zum Verzicht auf Buchstabenautorität durchgerungen und einen Zustand der Selbstverantwortlichkeit geschaffen, der das Chaos sogenannter protestantischer Freiheit überwunden hätte. Aber diesen Vorwurf erheben, heißt die bange Frage stellen, ob jener allgemeine Grad der Selbstverantwortung nicht ein trügerisches Wunschbild ist, weil die Gemeinschaft eben einmal nur in Autorität bestehen kann. Die überwiegende Mehrheit der Menschen verzichtet freiwillig auf Selbstverantwortlichkeit und ruft nach dem Mittler zwischen sich und Gott. Die strenge praktische Moral des Calvinismus und die puritanischen Sekten liefern dafür einen eindeutigen Anschauungsunterricht, wenn auch die Mittel der Autoritätsausübung andere sind wie beim Katholizismus.

Eine Versöhnung der gesetzesreligiösen und protestantischen Seite des Christentums erscheint nur möglich, wenn auf neuer Ebene eine gleichzeitige Anerkennung der Dogmen mit der Selbstverantwortung des freien Gewissens sich verschmilzt. Wenn die Notwendigkeit des Gesetzesreligiösen als Grundlage einer jeden geistigen Gemeinschaft, die zu der gesellschaftlichen Gliederung in Beziehung tritt, anerkannt wird, aber die Heiligkeit der allerletzten persönlichen Entscheidung geachtet bleibt. Der Katholizismus eines Max Scheler nähert sich ebenso dieser neuen Ebene christlicher Auffassung wie manche Strömungen innerhalb der protestantischen Kirche.

Die formale Einigung zwischen katholischer und protestantischer Kirche spielt neben diesem seelengesetzlichen Sachverhalte keine bedeutende Rolle. Überlegungen, daß der Zustand der Reformation kein dauernder sein kann, ebensowenig wie jener der Revolution, mögen mit solchen sich begegnen, welche die Wiederherstellung der christlichen Einheit, nicht unablässiges Reinigungsstreben, für ein Gebot der Zeit halten. Ungeachtet dieser Einigungshoffnungen bleibt immer noch die Frage offen, ob die

Wiederverchristlichung des Abendlandes gleichbedeutend ist mit seiner Wiederverkirchlichung. Leopold Ziegler*) lehnt die Wiederverkirchlichung ebenso schroff ab wie Berdjajew. Seine Ansicht, daß sich unser Erdteil nie wieder einer Adelsherrschaft oder einer Priesterherrschaft beugen werde, weil darin die protestantischste aller Umwertungen bestehe, atmet den Geist mißverstandener Demokratie. Seine Vorstellung von der geistigen Aristokratie Einzelner widerspricht doch allzusehr den notwendigen Gesellschaftsbedingungen, unter denen der Mensch lebt. Wahre Herrschaft ist immer nur einer Schicht möglich, die das Geheimnis des Herrentums und der Verantwortlichkeit hütet. Besteht eine solche Schicht nicht, dann fällt die Herrschaft nicht an die Verantwortlichen, sondern zwangsläufig an den reinen Besitz. Aus diesen Gründen ist eine Wiederverkirchlichung, wenn auch auf höherer Ebene, nicht ganz unwahrscheinlich.

Dieser Annahme widerspricht das gewaltige „Wolle frei" Kants keineswegs. Der notwendige Ausgleich zwischen Gemeinschaft und Individuum, die Neuordnung ihres Verhältnisses zueinander, läßt eine Verschmelzung von Autorität und Gewissensfreiheit in neuen Formen als denkbar erscheinen. Denn auch über dem frei Wollenden waltet das Gesetz, ohne das die Gesellschaft, und damit die Form menschlichen Lebens schlechthin, zerfiele. Und nur an der granitnen Mauer des Dogmas entzündet sich die lebendige Kraft religiöser „Agonie" und „Ketzertums", das zu seiner lebenschaffenden Empörung des Widerstandes eines festen Lehrgebäudes geradezu bedarf. Wie die Kirche die Ketzer auf die Dauer nicht entbehren kann, so sind die Ketzer nicht möglich ohne sie; ist Bewegung nicht erzielbar ohne ein Festes, an dem sie sich erprobt. Die Wahrheit aber liegt in der Verschmelzung dieser beiden ewig-menschlichen Gegebenheiten und vollzieht sich im Ausgleiche der Geschichte.

Ein neues Mittelalter**) öffnet seine Pforten. Der von der Klassik und der Romantik ohne nachhaltigen praktischen Erfolg gemachte Versuch, zu den Quellen des Lebens zurückzukehren, wird wiederholt werden. „Es wird auf allen Gebieten der Wille zur religiösen Entscheidung, zur Wiedergeburt erwachen. Philosophie, Moral und Künste, Staat und Wirtschaft müssen frei von innen heraus religiös werden. Das Ziel ist nicht Unabhängigkeit von der Religion, sondern Freiheit in der Religion, ohne kirchliche Hierarchie und Klerikalismus. — Gott muß wieder der Mittel-

*) Bei der Durchsicht dieses schon entworfenen Kapitels stieß der Verfasser auf die großartige Abhandlung Leopold Zieglers „Der europäische Geist", Darmstadt 1929 bei Otto Reichl. Der überraschende Gleichklang der Gedanken erleidet einen kleinen Bruch an der Frage der Wiederverkirchlichung des Abendlandes.

**) „Das neue Mittelalter" von Berdjajew. Otto Reichl Verlag, Darmstadt 1927.

punkt des ganzen Lebens, Denkens und Empfindens werden, unsere Hoffnung und Zuversicht. — Das Christentum muß einen neuen Stil erhalten, indem es eine freie geistige Macht wird, die das Leben in Wahrheit läutert. — Das ist das Mysterium des Christentums, das vom Menschen und Gott aus eine Geburt des Menschen in Gott ist. — Das letzte Mysterium des Menschen erschließt sich nicht in der Knechtsgestalt Christi von Golgatha, sondern in der Kraft und Herrlichkeit des kommenden Christus. Diese aber wird denen erscheinen, die in sich durch freie Kraftanstrengung eine neue schöpferische Gestalt gewinnen. Diese neue dritte Offenbarung im Geist wird keine Heilige Schrift haben, sondern sich im Menschen vollziehen, der dann ganz frei im Schöpfertum sein wird. Sie bereitet einen neuen Himmel und eine neue Erde. Die zweite Wiederkunft Christi verlangt aktive Männlichkeit, nicht nur passive Weiblichkeit, sowie schöpferische Freiheit, die durch die Erlösung den Menschen wiedergegeben wird. Dieses Bewußtsein des Schaffens im religiös-kosmischen Sinne ist heute erst keimhaft im Entstehen begriffen; aber manches hat seine Geburt vorbereitet. — Es beginnt nun im Menschen ein bewußtes Teilhaben an der göttlichen Natur. Gott ist in uns, und wir sind in ihm. Das ist die Offenbarung Christi, die gewaltigste religiöse Offenbarung überhaupt. Das Weltregiment wird damit gottmenschlich; der Mensch wird Mitschöpfer. In Gott, dem Sohn und dem Geist, wird offenbar, daß Gott die Schöpfung mit der freien Macht des Menschen zusammen fortsetzt." *)

Die Entwicklung des Christentums könnte — dieser Voraussage folgend — auf die Formel gebracht werden: im Mittelalter sucht Gott den Menschen; in der Reformation der Mensch Gott; im kommenden Christentum streben beide zueinander.

„Der Zusammenbruch der Wissenschaft" (Hugo Dingler) erfolgte deshalb, weil sie dem Denken in Ursachen völlig verfallen war. Wenn das in Wirklichkeit Frühere auch gedanklich als das Frühere angesehen wird, so gerät die zwecksetzende und zielstrebige Vernunft als solche notwendig in Fortfall (Leopold Ziegler). Je wissenschaftlicher der Mensch wurde, desto mehr verlor er den innigen Zusammenhang mit dem vorwissenschaftlichen Lebensquell. Die Mißhandlung des metaphysischen Triebes gebiert wiederum einen jener erstaunlichen Widersprüche, nämlich den, daß die Verwissenschaftlichung, welche doch dazu dienen sollte, die Wirklichkeit bis ins Kleinste zu erkennen und damit dem menschlichen Geiste näher zu bringen,

*) Frei zitiert nach E. Dennert „Die Krisis der Gegenwart und die kommende Kultur", eine Einführung in die Geschichtsphilosophie Berdjajews. Verlag der Buchhandlung Klein, Leipzig, 1928.

in Wahrheit den Menschen der Wirklichkeit entfremdet. Die Geschichte ist aber das Gebiet der freien Tat und nicht nur ein aus bestimmten Ursachen entwickeltes Geschehen. Die freie Tat ist zweckhaft; sie geht auf Ziele. Erst der Übergang vom kausalen zum teleologischen Denken wird wieder den Weg zu schöpferischer Gestaltung, zu echter Tat freimachen. Vielleicht entsteht dann auch wiederum eine Wissenschaft von der umfassenden Einheit der Scholastik. Eine Wissenschaft, die wieder Fingerzeige zum Handeln zu geben vermag und nicht Selbstzweck des Gehirns ist. Leise Zeichen deuten darauf hin, daß Gesellschafts- und Staatswissenschaften sich auf ihren eigentlichen Sinn und ihre gegebene Aufgabe besonnen haben. Die offiziellen Wissenschaftler lassen allerdings Othmar Spann in seiner Außenseiterstellung. Er hat noch nicht, wie sein Vorbild Adam Müller, die Mitstreiterschaft eines modernen Burke, Joseph de Maistre, Franz von Baader gefunden. Lebendige Wissenschaft, geistige Fruchtbarkeit kann es eben nur geben, wenn die Ströme aus dem Reiche des Übersinnlichen wieder die jetzige Wüste des verstandesblinden Denkens bewässern. Die Zahl derer, die nach neuem Glauben ringen, wächst stündlich. An ihnen erfüllt sich das Schillerwort: „Wer es glaubt, dem ist das Heil'ge nah."

Mag festgeformter Glaube an der Schwelle des „gläubigen Zeitalters", des „neuen Mittelalters", ein Wunschbild sein. Wille zum Glauben ist vorhanden, wenn auch eine breite Welle verwässerter Aufklärung die geistige Versumpfung des deutschen Volkes in seinen unteren Schichten vollenden mag. Aber ist Wille zum Glauben nicht schon Glauben selbst? Zwingt uns nicht der Selbsterhaltungstrieb zu einem neuen Versuche, den Sinn für heilige Schöpfung wiederzuerwecken? Die Antwort hierauf wissen wir nicht zu geben. Das Aufbrechen neuen Glaubens ist ein unerklärliches Wunder, das wohl kaum vom Menschen, sondern von göttlicher Gnade abhängig ist. Aber bereit machen können wir uns, durch Wegräumen aller jener trügerischen Götzenbilder, die zwischen uns und dem Göttlichen stehen; oder wie Luther sagt: „Wir müssen selber die Hand ausstrecken, daß Gott sie ergreifen kann." Wenn somit auch die Erfüllung des großen Gottesreiches eines „neuen Mittelalters" ungewiß in der Zukunft liegt, so heben sich vor dem Auge der Sehnr sucht doch deutlich seine Umrisse ab. Wahre Sehnsucht im Geistigen abee ist der Mutterschoß der Erfüllung; lebensträchtiger Traum gebiert dis Tat. Der allerletzte Zweifel wird nur in der Seele des begnadeten Genie, gestillt. „Genialität ist leidenschaftlicher Wille zu einem anderen Seinpositive Erschließung des Ebenbildes Gottes und der schöpferischen Natur des Menschen“ (Berdjajew). Die inneren Kämpfe der ganz großen Führer der Menschheit gestalten das Weltbild. Nur öde Aufklärungsgleichmacherei konnte glauben, Auseinandersetzungen vor breiter Öffentlichkeit könnten letzte Zweifel lösen. Ist doch Wesen des Führers, den Schwächeren ihre Bürde abzunehmen; den Mut zu haben, vielleicht selber verzweifelt zu sterben, damit jene gläubig dem Tode entgegensehen können. Die Menschen, denen der Krieg zum Erlebnis des Todes wurde, die den Sinn des Lebens neu erfühlten, die zur Quelle einer neuen Lebendigkeit streben, die echter Religiosität und wahrer Gesittung sich hoffend zuwenden, bilden die neue Front. Das neue Lebensgefühl ist bei ihnen schon vorhanden; die neuen Wertmaßstäbe sind im Werden. Sind sie fertig, dann wird auch der Stil des neuen Geschlechtes geprägt sein.

Erneut sei betont, wie falsch es wäre, den neuen deutschen Menschen als etwas in der Weltgeschichte grundsätzlich Neues anzusehen. Sein Stil wird, weil zeitbedingt, tatsächlich neu sein; seine Kulturwerke werden in eigenen Formen erstehen. Der seelische Nährgrund aber, aus dem sie hervorwachsen, ist durch die nämlichen Kennzeichen bestimmt, welche allen Kulturen der Menschheit Vorbedingung waren: die eindeutige und klare Wirkungsmöglichkeit der übersinnlichen Kräfte. Die Verschiedenheit zwischen früherer und kommender Kultur ist mitbedingt durch den Gradunterschied in der Beherrschung der Naturkräfte. Stolz wird dieser wirkliche Fortschritt sich mit neuer Gläubigkeit verschmelzen. Aber die erbärmliche Besserwisserei des „aufgeklärten“ Menschen, der überall naturwissenschaftliche Ursachen wittert, sich deshalb überlegen dünkend, wird aufhören. Denn was bedeutet es für den Sinn der Geschichte, was für den Kampf jeder einzelnen Menschenseele um das Erleben Gottes, ob der Mensch vom Affen „abstammt“ oder nicht? Wie bescheiden ist doch der Unfug, aus den zweifelhaften Ergebnissen solcher Forschungen Weltanschauung machen zu wollen.

Vor dem Aberglauben des neuen Mittelalters braucht also niemand Angst zu haben. Andererseits aber gilt unser Kampf jenem wirklichkeitsfeindlichen Gegenstück des Aberglaubens: der Illusion. Glückseligkeit, Freiheit, Gleichheit, Menschenrechte, Fortschritt, das sind die chaosgeschwängerten Trugbilder. Wenn der verlogene Gedanke der Menschenrechte ausgetilgt ist, wird vielleicht wieder Platz für Menschenliebe. Wenn der metaphysische Trieb wieder untrügliche Wertmaßstäbe vermittelt hat, dann wird die verhängnisvolle Wirkung seiner Rächertätigkeit aufhören: das echte Christentum tritt an die Stelle des Humanitarismus. Christentum ist Opferbereitschaft, und Opferbereitschaft verlangt Kraft. Diese aber schließt Schwäche aus und damit die Überbewertung der Schwäche, die heute zum Kult erhoben ist. Der neue deutsche Mensch opfert sich selbst, aber nicht den Wert. Gegen den Unwert ist er mitleidlos. Zum Christentum gehören nicht nur Enthaltsamkeit und Demut, sondern auch lebensbejahende Tapferkeit und Gefühl für Ehre. Das neue Mittelalter verlangt Kampf um des wahren Friedens willen, nicht Frieden aus Lebensschwäche. So weisen die gemeißelten Züge jener in deutscher Not hartgewordenen Gesichter in eine neue Zukunft: sie lassen einen Menschen erahnen, der Wert von Unwert scheidet, der Herr werden will, um Gotteskindschaft zu erwerben.

Kommende, im Übersinnlichen verwurzelte Geschlechter werden wieder Richtung haben. Keine Richtung, die aus Hirngespinsten und Wortgefechten stammt und deshalb aus unterbewußten, verleugneten Trieben oder aus offen eingestandenen Interessen erwächst. Unsere gemeinsame Richtung kommt aus der gemeinsamen Erkenntnis der begrenzten Einmaligkeit des Einzelmenschen und somit aus dem gemeinsamen Gefühle, in eine höhere Welt eingeordnet zu sein. Die scharfe Abgrenzung der Bereiche des Glaubens und des Wissens bewahrt davor, Wünsche und Triebe in die Betrachtung der tatsächlichen Umwelt hineinzuschmuggeln. Der neue deutsche Mensch wird also die gesellschaftlichen und politischen Dinge wirklichkeitsnah sehen. Infolgedessen wird er weniger Rückschlägen und Mißerfolgen ausgesetzt sein als die heutigen politischen Doktrinäre. Er wird ein hochpolitischer Mensch sein, da die Welt der Politik außerordentlich real ist und jede illusionäre Schau sich in der Politik schwer rächt. Seelische Vertiefung und Wirklichkeitssinn sind die sich ergänzenden Eigenschaften, die Goethe in seinem oben erwähnten Worte fordert. Mit der äußeren Begrenztheit gewinnen wir also unsere innere Grenzenlosigkeit zurück. Wir wollen in die Tiefe unserer deutschen Seele dringen und aus ihr die Kraft schöpfen, eine neue Zeit heraufzuführen, in der Religiosität und wahre Philosophie wieder der Orgelton werden, auf dem die ganze menschliche Fuge sich aufbaut.

Ist deutsche Wiedergeburt nur ein Teil der abendländischen, oder ist sie mehr? Welche Bedeutung hat das Deutschtum für die abendländische Geschichte überhaupt? Es ist kein Zufall, daß die Auseinandersetzung zwischen der gesetzesreligiösen und der protestantischen Seite des Christentums auf deutschem Boden stattgefunden hat, daß das deutsche Volk also zum Träger der Ganzheit christlichen Lebens geworden ist. Denn vielgestaltig wie die deutsche Landschaft ist auch die deutsche Seele. Die sich verströmende nordische Seele mischt sich in ihr mit der stillruhenden ostischen. Zahlreiche Hinzumischungen anderen Rassegutes, bedingt durch die europäische Mittellage, vollendeten die Mannigfaltigkeit deutscher Seelenart. Das Land, das die Deutschen bewohnten, hatte ebensowenig feste Grenzen wie die deutsche Innenwelt. Grenzenlosigkeit und Neigung zu innerer Verschwendung mußte eine solche Landschaft fördern. Im Herzen des Abendlandes pulsierte das gesamte Leben der Christenheit, jede Regung und jede Störung verstärkt empfindend. Der Ausgleich zwischen seelischen Urkräften und vernunftgemäßem Gestaltungswillen vollzog sich in der deutschen Seele, wurde ausgekämpft auf dem Boden Deutschlands. Es wurde zum geistigen und militärischen Kampfplatze, auf welchem die Kräfte des Abendlandes um höhere Einheit rangen. Deutsche Ritter, Bauern und Bürger kolonisierten den Osten Europas. Sie türmten den lebendigen Wall gegen Mongolen und Türken. Deutsche Heere zerfleischten sich für die Reinheit der christlichen Lehre, wie sie die Heiligen Stätten mit ihrem Blute getränkt hatten. Auch der blutsmäßige Anteil an der Überseekolonisation ist bedeutend. Aber jeder Einsatz geschah verschwenderisch: die Blüte der Ritterschaft sank im Morgenlande dahin, die deutschen Städte des Ostens wurden verslawt, die kulturformenden Kräfte der Reformation kamen den Angelsachsen zugute, die überseeischen Kolonien erhielten ihre politische Prägung von nichtdeutschen Staaten. Deutschland selbst war das Schlachtfeld Europas, seine blühenden Städte, sein bestes Blut, die Denkmäler seines Geistes wurden durch Kriege vernichtet, die fremde Völker auf deutschem Boden austrugen. Kein Land, kein Volk ist im wahren Sinne des Wortes so europäisch wie das deutsche.

Diese geistige Mittellage des deutschen Volkes berechtigt zu der Anschauung, daß die Deutschen unter den Völkern des abendländischen Kulturkreises das seelisch umfassendste und reichste sind. Wohl nur noch ein geographisch europäisches Volkstum, die im zentralrussischen Reiche zusammengefaßten, Osteuropa besiedelnden Völkerstämme, übertreffen die Deutschen an seelischen Urkräften. Dagegen zeichnet die Deutschen, im Vergleich zu den Russen, eine kräftigere Entwicklung des Denkvermögens und des Willens aus. Ihr Streben nach der Ganzheit der Vernunft, ihr geistiger Ordnungssinn, macht das ausgesprochen Abendländische aus, das sie vom Osten unterscheidet. Aus diesem Sachverhalt folgt die Berechtigung, die Deutschen nicht nur geographisch, sondern auch geistig das Volk der Mitte zu nennen. Aus dieser Vielseitigkeit ihres Wesens schöpfen sie die die Außenwelt immer wieder vor Rätsel stellende Fähigkeit, auf verschiedenartigsten Gebieten Höchstleistungen zu vollbringen; andererseits umschließt diese umfassende Veranlagung die Gefahr der einseitigen Kräfteentwicklung nach der einen oder anderen Richtung: bald nur geistig, bald nur militärisch, bald nur wirtschaftlich; selten aber politisch, was alles zusammen wäre.

Dieser Mittelstellung ist das deutsche Volk untreu geworden: es wurde westlich. Unvermittelt stehen sich heute die entfesselten Urkräfte des Ostens und die unlebendige mechanistische Zivilisation des Westens gegenüber. Der Sinn des Abendlandes, das Christentum in seiner ureigenen zeitlosen Reinheit, ist deshalb bedroht. Europa ist ein absterbender Körper geworden, weil sein Herz nur noch schwach und unregelmäßig schlägt. Bleiben die Deutschen westlich, d. h. verstandesbeherrscht, so gibt es keinen abendländischen Geist, kein Europa mehr. Die Rückbesinnung der Deutschen auf ihr eigenstes Wesen entscheidet sonach das Schicksal der „Alten Welt". Heute geht es um die Rückkehr aus der Einseitigkeit in die innere Ausgeglichenheit der deutschen Seele. Nur Zeiten, welche eine solche Harmonie deutschen Wesens kannten, waren Blütezeiten: Geistige und politische Entfaltung liefen gleich. So war Europas Höhepunkt das Mittelalter. Europas Rettung wird ein neues Mittelalter sein.

Heute treibt die Entwicklung einseitig dahin, weder das politische noch das geistige Leben in höhere Bahnen zu lenken. Sämtliche Spitzenleistungen liegen auf dem Gebiete der Technik und ihrer wirtschaftlichen Ausnützung. Hier tobt sich der irregeleitete Drang ins Grenzenlose aus. Hier erwuchs die furchtbare Täuschung, ein Volk könne sich mangels politischer und geistiger Kräfte mit Mitteln der Wirtschaft behaupten. Dieses Prachtbeispiel eines Trugbildes wird späterhin noch gewürdigt werden. Hier soll nur die Notwendigkeit neuer Wertmaßstäbe und realer Schau der Wirklichkeit gezeigt werden.

Wird der Deutsche wieder zum abendländischen Gottsucher, so wird er auch Vorkämpfer des wahren europäischen Geistes. Der heute übliche Kosmopolitismus ist Wurzellosigkeit; er schwebt in der Luft, weil er ja nicht durch das Deutschtum für den Kosmos wirken will, sondern einem blutleeren, unwirklichen und verstandesmäßig erdachten Kosmos huldigt, der erst durch Verleugnung des Deutschtums geboren werden soll. Echtes Weltbürgertum dagegen erkennt die kosmische Gebundenheit des Volkes und sucht durch dieses auf das Ganze einzuwirken. Die große Aufgabe für das Menschtum festigt die Grundlage für wahre Liebe zu Land und Volk. Echtes Weltbürgertum verlangt also tatkräftige Politik des eigenen Volkes. Jedes große Volk muß Weltpolitik im letzten Sinne des Wortes treiben, soll es Daseinsberechtigung haben. Gibt es einen stärkeren Antrieb zur Liebe zum eigenen Volke als die Überzeugung, daß es berufen sei, eine allgemeine Umkehr zu neuen Werten, eine neue Zeit heraufzuführen? In diesem höheren Sinne ist kein Volk Selbstzweck. Aber gerade deshalb ist die Verleugnung des Volkes gleichbedeutend mit Verneinung jedes geschichtlichen Sinnes und jedes höheren Zweckes. Wer sein Volk verrät, geht der Teilhaftigkeit am Sinne der Geschichte und der Welt verlustig. Der neue deutsche Mensch wird deshalb aus der Erkenntnis der geistigen Sendung seines Volkes die unauflösliche Verbundenheit mit ihm herleiten. Nur deutsche Art vermag seine kämpferische Sehnsucht nach Vollendung zu stillen. Das Volk ist der fruchtbare Boden für die eigene seelische Vertiefung. Dazu kommt noch eine zweite Bindung, die schon Fichte immer wieder betonte: im Volke allein vermag der Einzelne schon auf dieser Welt geistig fortzuleben und so die durch den Tod bedingte Begrenztheit seines Einzeldaseins zu überwinden. Fichte begegnet hier — allerdings mit der naturgegebenen engeren Begrenzung auf das Volk — jenem grundlegenden Gedanken Dantes, daß ein Einzelner die sämtlichen Möglichkeiten der menschlichen Erkenntnisweise nicht auszuschöpfen vermöge. Der Endlichkeit des Einzelnen steht die verhältnismäßige Unendlichkeit des Volkes gegenüber. Diese beiden Fesseln ketten den neuen deutschen Menschen mit einer Innigkeit an sein Volk, welche das jetzt zu Ende gehende Zeitalter des selbstsüchtigen und platten Nationalismus weit hinter sich läßt.

Die religiöse Bindung und die Verwurzelung im Volke ergänzen sich. Man kann Gott nur erkennen, wie es die Seele des eigenen Volkes befiehlt, wie es der ererbte Geist ermöglicht. Man liebt sein Volk nur mit der richtigen Liebe, wenn man es als Werkzeug zu dem immer wieder begonnenen Versuche betrachtet, einen Schritt näher zum Reiche Gottes zu tun.

Der Wertmaßstab des Ganzheitserlebnisses

Ist die Verbundenheit des Menschen mit dem kosmischen All wirkliches Gefühlserlebnis, so fließt daraus von selbst ein neues Wertverhältnis zu seiner Umwelt. Denn dieser Zug kosmischer Gebundenheit geht ja nicht auf ein einzelnes abgelöstes Wesen, sondern umfaßt die Gesamtheit alles dessen, was mit ihm atmet. So spricht der Heiland in dem gleichen Satze, der die Liebe zu Gott als das oberste Gesetz hinstellt, auch von der Liebe zum Nächsten und zu sich selbst als den notwendigen Auswirkungen solcher Gottesliebe. Falsch ist es aber, die „Gebote" Christi im Sinne von Befehlen zu mißdeuten. Es sind Wahrsprüche, welche das Wesen der Gotteskindschaft, das „Geheimnis des Reiches" offenbarend, durch Bild und

Gleichnis umschreiben und denen verkünden, die Ohren haben. Nicht durch Befehl, durch willensmäßige Beeinflussung kann der Zustand der Gotteskindschaft und der Allverbundenheit herbeigeführt werden; nur durch Erleben ist er zu gewinnen. Aber wie das Leben das Saatkorn braucht, das in fruchtbarer Erde emporwächst, so braucht das Erleben die Heilsbotschaft, die in bereiter Seele Wurzel schlägt. Der zum Gemeinplatz gewordenen Erkenntnis, daß Erleben alles sei, muß hinzugefügt werden, daß zum Erleben ein Inhalt gehört, der im höchsten Sinne in der christlichen Offenbarung gegeben ist.

Die Liebe zu Gott und dem Nächsten ist strömendes Gefühl, ein ins Kosmische gehender Drang, der vor jeder Unterscheidung wertender Art liegt: sie ist die göttliche Triebkraft der Seele selbst. Im Zusammenstoß mit der Umwelt, mit den bestimmten besonderen Menschen und Umständen unserer Umgebung, erfährt nun diese Liebe die ganze Problematik zwischen unbegrenzter, unbedingter Unendlichkeit und der qualvoll begrenzten, unvollkommenen Endlichkeit. Die Liebe zu allem, was Menschenantlitz trägt, wird enttäuscht und ernüchtert durch die Erfahrungen ausgemachter Bosheit und Niedrigkeit, durch die furchtbare Erkenntnis, daß keine Menschenseele, auch die eigene nicht, frei davon ist. Aus dieser Lage gibt es verschiedene Auswege: der eine ist bezeichnet durch den sogenannten Humanitarismus, wie er, künstlerisch höchstgeformt, etwa in den Romanen Dostojewskis uns entgegentritt. Hier ist aus der Erkenntnis von der Schuldhaftigkeit und Bedürftigkeit jeder Menschenseele vor Gott eine Solidarität des Schuldgefühls gefolgert, die alle Unterschiede zwischen Edel und Gemein, Heiligem und Mörder auslöscht in einem großartig brüderlich-russischem Erbarmen. Wenn in dieser Haltung auch Größe liegt, so ist es die Größe der Verneinung (Nihilismus). In der russischen Seele ist sie gepaart einem blutvollen Drange, einer unerschöpflichen seelischen Fülle; für den Deutschen, für den Europäer ist sie Gift. Denn dessen ganzer Wert beruht auf dem Gleichgewicht zwischen den strömenden, aber auch chaotischen Kräften der Seele und der ordnenden und erhaltenden Kraft der Vernunft. Die Vernunft muß in die Fülle der Gefühle Werte setzen, Rangordnungen nach dem Maßstabe der ihr eingeborenen Weltgesetzlichkeit. Ein solches Gesetz aber ist, daß für den Bestand der Welt das Werthafte wichtiger ist als das Minderwertige, daß im Sinne der Erhaltung jenem und nicht diesem helfende Liebe allererst zukommt. Verleugnet das Abendland dieses Grundgesetz seines Daseins zugunsten eines Humanitarismus russischer Prägung, so hat es zu bestehen aufgehört. Denn abgesehen davon, daß nur bei wenigen großen Geistern dieser Humanitarismus wirklich echt ist, bei den meisten aber nur Deckmantel und Entschuldigung für eigene Minderwertigkeit, so würde die Hinwendung zu dieser Geistesart einen Verrat an allen Geistesgütern bedeuten, durch welche das Abendland, durch welche die Antike groß geworden ist; einen Verrat an Tugend, Tapferkeit, Pflichtgefühl, Dienst. Während für die Russen diese Werte keinen Wert bedeuten und deshalb der Nihilismus die ihnen gemäße Weltanschauung ist.

Wir aber, die gegen den Nihilismus für Europa kämpfen, haben unserem Gefühl strömender Liebe, das auch das Minderwertige umfassen kann, das Bewußtsein des Wertes zugesellt, und erst aus dem Zusammenklang beider ergibt sich jene Form höherer Liebe, die Achtung, Anerkennung, geistige Bejahung in sich trägt. Wenn uns jenes Dostojewskische Gefühl der Bedürftigkeit aller Menschen vor Gott auch nicht fremd ist und vor blindem Hochmut und Überheblichkeit bewahrt, wenn wir in jedem Menschen, und sei es der Mörder, immer noch den Bruder sehen, wenn wir mit Pascal die Größe eines Menschen daran bemessen, wie sehr er seine Unvollkommenheit begreift, — so kann uns das nicht hindern, mit allen Kräften dem als höher erkannten Wert nachzustreben und ihn gegen den Minderwert mit allen Mitteln zu verteidigen. Jenes Nietzschesche „Mitleid mit dem höheren Menschen", das er dem humanitären Allerweltsmitleid entgegensetzt, ist uns auch heute die höhere und würdigere Form, entspricht zudem besser der unbezweifelbaren Tatsache, daß es der höhere Mensch auf Erden schwieriger hat als der gemeine. Wird er nicht geschützt, so sinkt unweigerlich mit ihm die Gemeinschaft, der er angehört. Der höhere Mensch stellt gleichzeitig immer einen Gemeinschaftswert dar. Jeder Schaffende, jeder Wirkende ist seinem Wesen nach sozial. Das wirklich Asoziale kann nicht schöpferisch, nicht wirksam sein, wogegen die asozialen Äußerungen mancher „Künstler" natürlich gar nichts besagen.

Ganz scharf aber müssen wir den humanitären Grundsatz bekämpfen auf dem Gebiete der Politik. Es wurde eben ausgeführt, daß er folgerichtig durchgeführt zu Nihilismus wird. Der Nihilismus aber übertrifft an Grausamkeit alles, was je ein mitleidslos-hartes Regiment im Interesse der Ordnung für nötig befand. Im Bolschewismus zeigt sich der zum Grundsatz erhobene Nihilismus aller Werte in seiner wahren Gestalt einer rücksichtslosen Blutherrschaft ohne inneren Sinn. Mag somit der humanitäre Gedanke uns in unserer Seele erfüllen und in dem wahrhaft menschlichen Verkehr mit unseren Nächsten zum Ausdrucke kommen, so wäre es verbrecherisch gegen die höheren Menschen, gegen den Bestand der Gesellschaft, ihm in der Politik bestimmenden Einfluß zu gewähren. Auch hier zeigt sich wiederum die Notwendigkeit, religiöse Ideen nicht durch Verdiesseitlichung zu verfälschen. Die wahre Menschenliebe, treibende Grundkraft jedes sozialen Wirkens und tragender Grundstrom im Verkehr von Mensch zu Mensch, wird zur Fratze, ja in ihr Gegenteil verzerrt, wenn sie zur Aufhebung jedes Wertunterschiedes im diesseitigen Leben führt. Das religiöse Bewußtsein von der allgemeinen Schuld alles Menschlichen muß zwar die letzte Entscheidung über Wert und Unwert Gott überlassen; es wird uns so auch behüten, die notwendigen Wertunterschiede im Sinne menschlicher Entwürdigung zu deuten. Aber niemals darf die Unerreichbarkeit des höchsten Wertes uns entnerven im Kampfe zwischen Wert und Unwert. Neben dem Worte Christi von der Nächstenliebe und dem „Frieden auf Erden" steht jenes andere als notwendige Ergänzung: „Ich bin nicht gekommen, den Frieden zu bringen, sondern das Schwert." Der höchste Wert, der „Friede Gottes", verlangt als notwendige Voraussetzung den Kampf um den Wert: die Ethik.

Wahre Ethik würdigt den Wert und vernichtet den Unwert, um den Hochwert zu schützen. Hochwertig sind alle Handlungen, die Zwecke der Ganzheit, und nicht den reinen Teilzweck, verfolgen. Die sogenannte soziale Einstellung der Gegenwart, die häufig als der Beginn einer neuen Gesellschaftsethik gepriesen wird, kann nur dann Ausgangspunkt eines neuen Werdens sein, wenn sie ihren individualistischen Ursprung verleugnet und sich zu einer wahrhaften Ethik entwickelt. Jede Sittlichkeit ist sozial, und die Bezeichnung einer sittlichen oder politischen Denkweise als einer sozialen beweist nur, daß echte Sittlichkeit verlorengegangen ist: Eine Richtung muß ersetzen, was der Gesamtordnung abgeht. Politik ist überhaupt nur Sozialpolitik oder sie ist keine Politik. Was heute an Stelle der Politik getreten ist, kann als das Durcheinander, günstigsten Falles als die mittlere Linie einzelner Interessenbestrebungen bezeichnet werden.

Auf der neuen Ethik beruht die neue Gesellschaft und der neue Staat. Gesellschaft und Staat bilden erst zusammen die naturgegebene und auf seelischen Beziehungen fußende sogenannte organische Gemeinschaft. Dabei wird Gesellschaft an dieser Stelle nicht einfach als die Summe aller einzelnen Teilhaber an einer bestimmten Kultur verstanden, sondern als die gegliederte Ordnung, über welcher der Staat als höchste ausgleichende und richtende Gewalt steht. Das Verhältnis zwischen Gesellschaft und Staat, wie überhaupt der Auseinanderfall des gesamten Gemeinschaftsbegriffes in verschiedene organisch gebundene Kreise, wird im nächsten Teile dieses Werkes eingehend dargestellt werden. Hier geht es nur um die neue Einstellung des Einzelnen zur Gemeinschaft als solcher; und Gemeinschaft in diesem Sinne ist die Gesamtheit aller Bindungen, denen sich im irdischen Leben der Einzelne unterwirft. Diese Unterwerfung ist aber kein freiwilliger Willensakt, sondern sie ist vorgefunden als Ergebnis des Hineingeborenwerdens in die Gesellschaft. Betonter oder allzu bewußter Gemeinschaftswille ist schon nicht mehr gemeinschaftsbildend. Er kann nur künstliche Organisationen aus dem Bewußtsein ihrer Notwendigkeit heraus schaffen. Wenn aber nur das wertende Ich entscheidet, ist immer das Ganze für den Teil da und nicht umgekehrt, mag auch in seltenen Fällen eine wirkliche Hingabe an das Ganze stattfinden. Diese ist dann nicht selbstverständlich, sondern gewollt. Da aber das Wollen ebenso gut in ein Nichtwollen umschlagen kann, so wird niemals wahres Gemeinschaftsleben auf der Grundlage des bewußten Willens möglich sein. Es ist vorübergehend denkbar, solange unbewußte Triebkräfte das bewußte Wollen stärken; es muß aber zerfallen, wenn mächtigere Triebwellen das Individuum zur Betonung seines Ichs zwingen. Nur im gefühlsmäßigen, nur im still wirkenden, seelischen Verwurzeltsein mit der Ganzheit liegt die Sicherheit für echtes und gesundes Gemeinschaftsleben. Verstandesmäßig zu entscheidende Zweifelsfragen, ob das Ich oder die Gemeinschaft in den Vordergrund zu treten hätten, dürfen überhaupt nicht auftauchen. Entstehen sie trotzdem, so wird das Ich, weil seine Bewußtheit dies verlangt, immer die Partei des Individuums ergreifen. Nur in der makrokosmischen Gebundenheit ruht die Gewähr dafür, daß das Gemeinschaftsleben dem tatsächlichen Zustande, der kein Leben in der Vereinzelung kennt, entspricht.

Kollektivismus ist die Lehre vom Massendasein des Menschen. Der Einzelne erkennt die Unmöglichkeit des Sonderdaseins und erstrebt Zusammenschlüsse. Er bildet Organisationen, getragen von der Einheit gemeinsamer Zwecke, zerklüftet von der Vielheit der Einzelzwecke. Das organische Weltbild aber entsteht nicht durch Zusammenzählung einzelner zu einem Ganzen. Zusammenzählung führt immer zu einer Summe, nicht zu einer Ganzheit, einem All. Die Bindung kollektiver Organisationen ist deshalb nie selbstverständlich, sondern immer nützlich gewollt. Auch das organische Gemeinschaftsleben kann zwar zweckmäßig aufgefaßt werden: zur Erzielung des größten Gemeinschaftsnutzens. Aber die Nützlichkeit liegt dann nicht im Bewußtsein des Einzelnen, sondern in der Weisheit der Natur. Sie erscheint dem Einzelnen nicht in der Gestalt des Nutzens, sondern innerer Gesetzmäßigkeit, die, als gegeben, bejaht wird. Die Bindung an die organische Gemeinschaft ist also keine verstandesmäßige, sondern eine seelische. Sie wird als solche empfunden; der aus ihr entfließenden Notwendigkeit wird gehorcht; das Gefühl des Zwanges, auch des freiwillig gewollten, ist vermieden. Organische Gemeinschaft ist eben bluterfülltes Leben, kollektivistische Organisiertheit bestreitbare Zweckmäßigkeit.

Wird makrokosmisches Leben wieder erfühlt und erkannt, dann ist Neubewertung des mikrokosmischen die Folge. Zwar wird das Leben das höchste materielle Gut immer bleiben, und darin wird sich der Mensch vom Tiere, das ja auch Stoff ist, nicht wesentlich unterscheiden. Aber das Vorhandensein übergeordneter Werte drückt das bloße Dasein selbst in der Bewertung herab. Dadurch befreit sich der Einzelmensch von stofflichem Gefangensein. Sein Geist erhebt sich über alle irdische Gebundenheit. Sittlich-tragische Begriffe, wie die Schuld, wachsen riesengroß und überschatten die Kleinheit menschlichen Lebens. Die Ehre wird höheres Gut als das Leben; denn sie verdankt ihr Dasein dem höchst menschlichen Gefühle für eine Würde, die kostbarer ist als das rein stoffliche Sein. Zeugte Christus mit dem Blutopfer für Gott und wurde dadurch selber zum Gotte, so muß der Mensch gegebenenfalls mit dem Blutopfer für die menschliche Gesellschaft eintreten, um sein Menschtum zu erweisen. Wahrer Friede, wahre Gerechtigkeit bleiben zwar das letzte Ziel eines Staates. Völlig erreicht wäre es nur, wenn das Reich Gottes auf Erden anbräche. Im Zustande der Ungerechtigkeit und Entwürdigung jeden Kampf und Kampfwillen zu verneinen, bedeutet aber einen Verrat an jenen Zielen, die dem Menschen und der Gemeinschaft, in der er steht, aufgegeben sind. Damit fällt der Pazifismus, weil unsittlich. Gewiß ist es falsch, Pazifismus schlechthin mit Feigheit gleichzusetzen oder ihn aus ihr zu erklären; denn Feigheit ist eine Charaktereigenschaft, und feig sind nicht nur Pazifisten, abgesehen davon, daß es auch mutvolle Pazifisten gibt. Aber unsittlich bleibt der Pazifismus, weil er das Opfer für die menschliche Gesellschaft, das dem Inhalte und der Form nach allermenschlichst ist, grundsätzlich ablehnt. Kampf und Opfer gehören zu jenem Ringen um innere Freiheit, das den Sinn des Lebens ausmacht. Die schwere Entscheidung über Krieg oder Frieden kann aber nur aus jener religiösen Verantwortlichkeit erfolgen, wie sie einen Wilhelm I. und einen Bismarck beseelte.

Humanität, Menschenrechtsgedanke und Pazifismus sind keine Regler der Geschichte. Sie mißachten den Wert. Ebenso wenig wie das Lebens- und Daseinsrecht für alle Einzelmenschen gleich ist, ebensowenig für die Völker und Stämme. Die Geschichte hat immer gegen andere Auffassungen entschieden. Die kräftigeren Völker haben sich behauptet, die schwächeren sind zugrunde gegangen. Auch dann, wenn die schwächeren auf höherer Kulturstufe standen. Ob nachträglich eine den Einzelmenschen umkreisende Sittenlehre Gerechtigkeiten oder Ungerechtigkeiten feststellt, ist belanglos. Zur Gesittung gehört eben die Pflicht, machtmäßig, unter Selbstopfer, für sie einzutreten. Die Geschichte ist weder gerecht noch ungerecht; sie ist das Gebiet der freien Tat und der Pflicht zu dieser Tat. Die geschichtliche Entscheidung hat ihr eigenes Sittengesetz, unfaßbar einzelmenschlicher Vorstellung. Wer dagegen einwendet, daß die Bedingungen, unter denen die einzelnen Völker zu ihrem Daseinskampfe antreten, verschieden seien, muß sich sagen lassen, daß es Aufgabe jedes Volkes ist, sich diese Bedingungen möglichst günstig zu gestalten und daß auch der Sieg den höchsten sittlichen Lohn in sich trägt, der unter den schwersten Bedingungen erfochten wurde. Wie falsch wäre es, über das Unrecht der Geschichte, welche die Deutschen den Weltkrieg verlieren ließ, zu jammern. Wieviel richtiger ist es, darauf stolz zu sein, daß das deutsche Volk die gewaltige Bürde des Weltkrieges mit Würde getragen hat. Wieviel zukunftsträchtiger ist die Gewißheit, daß der tiefe Sturz des deutschen Volkes zu einer Läuterung führen wird, aus der erst die Kraft zu neuem geschichtlichen Aufstiege erwächst.

Billige Blumen der Glückseligkeit wachsen allerdings am Rande dieses steilen Pfades nicht. Hier gilt es, die Tragik der Geschichte mit der Tragik des menschlichen Einzellebens in inniger Verflochtenheit zu bejahen. Es ist heute üblich, die Kunst, das Leben zu meistern, der Fähigkeit, das Leben zu opfern, gegenüberzustellen, um der Lebensbejahung den Preis zuzuerkennen. Aber dieser Mut zum Leben ist nur sinnvoll, wenn es sich um höhere Formen des Lebens handelt. Zum Vegetieren gehört wahrhaftig keine Tugend. Und jene Bejahung kampffrohen Lebens fängt erst dann an, eine heldenhafte Nebenbedeutung zu erlangen, wenn der Verlockung, durch ehrenhaften Tod der Tragik des Lebens auszuweichen, siegreich widerstanden wurde. Nur wer mit dem Tode eng befreundet ist, bejaht das Leben aus Tugend. Wer ihn fürchtet, soll das Geschwätz von der höheren Form des Heldentums, welche die Lebensbejahung darstelle, lieber unterlassen.

Wer aber den steilen Pfad des wahren Lebens in eine spiegelglatte Asphaltstraße verwandeln möchte, verneint die Seele genau so, wie die asphaltdampfende Großstadt es tut. Ihm gilt unser Kampf, er gehört in das Lager derer, die der neue deutsche Mensch bis aufs Messer befehdet. Wir wollen nicht in einer Wolke süßlichen Rosenwasserduftes durch das Leben schreiten. Wir bejahen den Tumult der Leidenschaft, wir bekennen uns zu seiner Bezwingung. Not, Unglück und Tod sind uns selbstverständlich; wir empfinden tätiges Mitleid, wo es am Platze, lassen uns aber nicht von den Jammertönen der Sensationspresse in wollüstige Schreckgefühle versetzen, um eine Stunde später bei Jazzmusik das Schlagzeilenunglück wieder zu vergessen. Wir verabscheuen die literarische Schwarzkunstküche, in der täglich neue Glückseligkeitsrezepte zusammengestellt werden: angefangen von der ewigen Jugend bis zur vollkommenen Ehe. Am schimpflichsten aber empfinden wir die Plattheit jener politischen Demagogen, die ohne Unterschied der Partei von Wählerversammlung zu Wählerversammlung reisen, ihren Musterkoffer mit Mittelchen zur Abhilfe der Nöte aller Stände und Berufe immer wieder auspackend.

Der Einsatz des Mannes besteht in der Opferung des Leibes für den Geist. Sein Schlachtfeld ist die Gemeinschaft, in der sich alles Geistige bewegt und verkörpert. Der Einsatz der Frau liegt im Geschlechte. Die Frau, die auf dem Schlachtfelde fiele, wäre eines widernatürlichen Todes gestorben. Er wäre Selbstmord, da mit ihrem Tode die Grundlage ihres Seins, der Gebärtrieb, vernichtet würde. Der Einsatz der Frau erfolgt nicht im Gesellschaftlichen, sondern im Erotischen. Liebeserfüllung, Liebesunglück, Empfängnis und Geburt sind die heroischen Höhepunkte weiblichen Lebens. Die Befreiung der Frau vom Manne wäre die Selbstaufgabe des eigenen Wesens. Die Frau ist mütterliche Erde, Nährboden allen Geistes und kann deshalb zur Retterin der Lebendigkeit werden, die heute an Blutleere krankt. Mehr als eine Entartungswelle des Individualismus wird deshalb der heutige Gebärstreik nicht sein. Sie wird abebben, wenn jene unselige Vorstellung, wonach Schwangerschaft und Aufzucht der Kinder als Bedrohung eigner Lebenswerte angesehen werden, vom neuen deutschen Menschen überwunden ist. Die „Rückbesinnung" auf den echten weiblichen Lebenswert wird Opferwilligkeit gegenüber dem kommenden Geschlechte entfachen. Dem männlichen Opferwillen wird der weibliche sich wieder wetteifernd zugesellen, wenn die Frau nicht mehr als gleiches Einzelwesen unter Gleichen gewertet wird. Sie wird zu ihrer notwendigen Begrenztheit zurückkehren, dafür aber wieder ihre geschlechtliche Besonderheit eintauschen und so zur mütterlichen Erhalterin werden. Der Weg des Individualismus ging — nicht ohne mißverstandenes Christentum — zur Ertötung des Geschlechtes. Die Zukunft strebt zu seiner Verklärung. „Der religiöse Sinn der Erotik ist der, daß sie die Quelle des schöpferischen Aufstieges der Persönlichkeit wird. — Die erotische Liebe ist von allgemeiner Menschenliebe, Bruderliebe und christlicher Liebe tief verschieden; denn sie wurzelt in der Polarität der auseinandergefallenen Elemente. — Liebe ist ein aristokratisches schöpferisches Etwas und geht über das Bewußtsein des Menschengeschlechtes hinaus. Sie läßt sich nicht theologisch, moralisch, soziologisch und biologisch bestimmen; sie ist nicht von dieser Welt" (Berdjajew). An Stelle dieser echten Erotik tobt heute entfesselte Sexualität. Wenn auch die Ehe eine biologische und soziologische Einrichtung ist, aus Notwendigkeit und nicht aus Freiheit entstanden, so kann sie doch des Grundzuges echter Erotik nicht entbehren. Die Brücke von jener Welt der freien Erotik zu dieser Welt der gebundenen menschlichen Gesellschaft, die fortgepflanzt werden muß, ist neu zu schlagen. Heute drohen reine Zweckmäßigkeit der Familie einerseits und niedere Geschlechtsliebe andererseits die wahre Erotik zu verschlingen. Wir werden zu ihr hinstreben müssen, soll nicht die Familie unrettbar zerfallen und eine unfruchtbare Sexualität die Verlarvung der Menschheit besiegeln.

Der Gleichheitsgedanke, jene politische Pest des Abendlandes, wird verschwinden. Kein Trugbild verdient so rasch ins Reich der Schatten versenkt zu werden, als diese widersinnige Lehre, die das Leben in seinem Sinne bedrohte und die grauenhafte Verpöbelung des Abendlandes verschuldete. Der nüchterne Blick des wirklichkeitsnahen, neuen Menschen läßt sich durch solche Gaukeleien nicht blenden. Die Diesseitsreligion der Minderwertigen — etwas anderes ist das Gleichheitsideal nicht — kann nicht grausam genug bekämpft werden. Sie verhindert jeden echten Gemeinschaftsgeist. Wie soll eine Gemeinschaft anders bestehen als durch Einstufung des Einzelmenschen nach seinem Werte? Wie soll eine Erziehung des Menschengeschlechtes möglich sein, wenn zwischen Wert und Unwert nicht mehr unterschieden wird? Lebendigkeit ist Bewegung, und Bewegung bedingt Abstand und Ungleichheit. Wenn aber jede Distanz geleugnet wird, woher soll dann Bewegung kommen?

Nur eine Gerechtigkeit vermag das Gemeinschaftsleben zu regeln: diejenige, welche die Zuteilung von Rechten der tatsächlichen Leistung entsprechen läßt. Göttliche Barmherzigkeit möge dem Piraten der Gesellschaft, dem ichsüchtigen Tiere, das nur den niederen Trieben lebt und keinen Nächsten, keine Gesetzmäßigkeit, keine kosmische Ganzheit kennt, verzeihen. Eine Gesellschaftsordnung aber, die aus Grundsatz die verzweifelte Anstrengung des Hochwertigen, dem Ganzen zu dienen, von der bequemen Verleugnung aller Verantwortung durch den Minderwertigen nicht unterscheidet, ist Wahnwitz, ja Verbrechen. Hat das Leben, das einmal in der Gesellschaft sich vollzieht, noch Sinn, wenn diese Gesellschaft die Lose blind verteilt? Wenn der Sozialismus mehr als ein Sklavenaufstand sein will, wenn er die Würde des Menschengeschlechtes mit neuem Glanze umkleiden möchte, dann muß er begreifen, daß es um die gesellschaftliche Einstufung des arbeitenden Menschen geht und nicht um die politische Anerkennung oder gar die Gewaltherrschaft einer weitüberschätzten „Klasse". Er würde dann nicht Wahngebilden, wie der allgemeinen Glückseligkeit, seine Sehnsucht schenken; er hätte auf das — ach wie urbürgerliche Possenspiel des allgemeinen gleichen Wahlrechtes verzichtet, weil es dem Arbeiter Steine statt Brot gibt. Die tatsächliche Gleichheit, welche die Gesellschaft kennen darf, ist nicht das gleiche Maß zuerkannter Rechte; die Gleichheit besteht vielmehr darin, daß der Maßstab, nach welchem die Rechte zugebilligt werden, mit gleicher Unerbittlichkeit an jeden Einzelnen, ohne Rücksicht auf Geburt, Besitz, Bildung, angelegt wird. Nicht der Zustand der Gleichheit ist erstrebenswert, sondern die gleiche Maßeinheit bei der Einstufung des Einzelnen in die Gesellschaft.

Die Gleichheitsphrase verleugnete die Wirklichkeit. Um so härter hat sich eine tatsächliche Ungleichheit durchgesetzt: die nur noch auf dem Besitze fußende Unterschiedlichkeit. Soziale Stufungen, die Tugend und Leistung entsprechen, sind erträglich; Spannungen, die allein durch Besitzfülle und Besitzlosigkeit bedingt sind, werden unausgleichbar. Aber wie die mißverstandene Gleichheit zur härtesten Form der Ungleichheit führte, so die politisierte Freiheit zur Verknechtung. Der Individualismus war Loslösung aus dem Kosmos; er war eine Freiheit „von" und keine Freiheit „für". Wirkliche Freiheit ist die unbedingte Persönlichkeit, ist göttliches Sein. Streben nach dieser Freiheit ist der göttliche Funke im stoffverhafteten Menschen.

Wahre Freiheit ist nicht Willkür, sondern schöpferische Kraft zum göttlichen Leben. Sie kommt aus dem Allgefühle der inneren Verbundenheit aller Teile. Ein Teil aber, der diese Verbundenheit lösen will, verknechtet. Nie war die Sklaverei so verfeinert, so bis ins Letzte durchgeführt, wie im 20. Jahrhundert. Der Mensch machte sich von Gott frei, um sich knechtisch der Maschine zu beugen. Die künstlich geschaffene Welt der Mechanik, aus diesseitigem Freiheitsdrange entstanden, unterjochte ihren Schöpfer. Jeder Zug alltäglichen Daseins zeugt von erschütternder Unfreiheit. Das allgemeine gleiche und freiheitliche Wahlrecht erlaubt dem Staate die ungeheuerlichsten Eingriffe in das Leben des Einzelnen. Dieser darf nichts mehr selbst gestalten. Alles ist behördlich geregelt, der Vormund steht in Gestalt des Paragraphen hinter allem Denken und Handeln. Die Arbeitszeit, das Einkommen, die Arbeitsräume, die Minute, in welcher das Verkehrsmittel bestiegen wird, alles ist vorgeschrieben. Froh verzeichnen die Fortschrittler den Wegfall „militaristischen" Zwanges. Willig beugen sie sich aber dem Moloch des Verkehrs und seiner Regelung; die Überquerung eines Großstadtplatzes ähnelt dem Durchlaufen einer artilleristischen Sperrzone. Grauenerweckende Schilderungen suchen die Kriegsschrecken als tiefste Erniedrigung des Menschengeschlechtes darzustellen; die von der rasenden Wut eines unfruchtbaren und sinnlosen Verkehrstaumels zerfetzten Leichen werden gleichgültig zur Seite geschleppt. Zu Tausenden lassen wir uns in öffentliche Lokale pferchen, kein Schritt ist uns erlaubt, ohne daß die Hörner der Kraftwagen, das Geräusch knatternder Motore, krächzende Sprechmaschinen, näselnde Saxophone, ununterbrochen plappernde Radiolautsprecher unsere Aufmerksamkeit beanspruchen, jede seelische Sammlung verhindernd und an unseren Nerven zerrend. Geduldig beugen wir uns dem Gebote des Geldes, lassen uns von Scholle und Heimat wegreißen, wenn es seine befehlende Stimme ertönen läßt. Wir verschenken unsere Seele und wissen nicht wofür. Unser Geist ist versklavt und der Sinn, diesen Zustand wahrzunehmen, ist verkümmert.

Der neue deutsche Mensch wird das Joch des Stoffes abwerfen. Er strebt zur äußeren Begrenzung, um die innere Grenzenlosigkeit wieder zu erringen. Aus innerer Grenzenlosigkeit begrenzt er sich umgekehrt äußerlich. Erst mit der Schranke, selbstgesetzt und als notwendig erkannt, beginnt das Gebiet wahrer Freiheit. Sie ist für den im Übersinnlichen verwurzelten Menschen der Spielraum, den er benötigt, um sein eigenes einmaliges Dasein, in dem Gesamtleben seines Volkstums einerseits und seiner Gotteskindschaft andererseits, schöpferisch erfüllen zu können. Er verlangt nicht Freiheit, weil er das Einzelwesen als höchsten Wert betrachtet und deshalb alle Einschränkungen zugunsten niederer Wertgattungen ablehnen muß, sondern darum, weil er dieses Ich in den Dienst höherer Wertklassen stellt und seine Persönlichkeit entfalten können muß, um diesen Dienst zu erfüllen. Der künftige deutsche Mensch verlangt Freiheit, nicht weil er, sondern weil die Gemeinschaft ein Recht darauf hat. Sie besitzt den Anspruch auf Entfaltung der besten Kräfte ihrer Glieder, wie auch Gott vom Menschen höchste schöpferische Freiheit als religiöse Pflicht erwartet. Die freie Bahn des Tüchtigen ist ein sinnloser Spruch, wenn kein höheres Ziel als „der Tüchtige" selbst an ihrem Ende steht.

Damit ist die Frage der Führung angeschnitten. Führung ist nicht nur eine gesellschaftliche Notwendigkeit; etwa weil eine Mehrheit von Menschen immer zu einheitlicher Willensbildung gelangen müßte. Sie ist mehr, muß mehr sein, soll nicht das Leben, das sich einmal in und durch die Gesellschaft vollzieht, seinen Sinn einbüßen: sein Streben zum Göttlichen. Nur der Führer, der gleichzeitig Erzieher ist, hat Führerberechtigung. Mißverstandener Machiavellismus konnte das Führertum ethoslos auffassen. Das aber ist falsch. Die gefühlsmäßige Stärke, mit welcher der Führer sein eigenes Dasein dem der von ihm geleiteten Gemeinschaft gleichsetzt, gibt ihm allein Führungsberechtigung. Die Fähigkeit, mit welcher er die besten und edelsten Kräfte der Geführten herausfühlt und sie an sich selbst so vorbildlich entwickelt, daß er beispielhaft auf die Masse wirkt, bestimmt den Grad seiner Führereignung. Endlich aber muß er in das Wesen sozialer Formung und Gestaltung so eindringen, daß er die gangbaren Wege erkennt, auf denen, durch psychischen Zwang, die guten Anlagen der zu Führenden ohne ernsthafte Gegenwehr entwickelt werden können. Es hat keinen großen Denker gegeben, der nicht die ethisch-erzieherische Aufgabe wahren Führertums sah. Führer, die sich nur als Vollstrecker des Massenwillens betrachten, verleugnen den Sinn des Lebens, sind Verräter an der Gottebenbildlichkeit des Menschen. Das Zeitalter der Zivilisation kannte nur eine verlarvte Masse und eine kleine Anzahl von Gehirntieren, zwischen denen es keine geistige Verbindung mehr gab. Wo blieb die Herrschaft? In diesem Zusammenhange soll dieses Wort nur im geistigen Sinne verstanden werden, da erst der nächste Teil dieses Werkes die Gliederung der Gesellschaft und damit den Begriff der rechtlichen Herrschaft behandelt. Das Zeitalter des Verstandes verneinte echte Herrschaft. Von einer Führung durch die an Gesittung hervorragenden Menschen kann heute nicht mehr die Rede sein. Im Gegenteil! Auch der ethische Mensch geht in den Massen zugrunde, da er dem intellektuellen, sittlich hemmungslosen Gegner im Kampfe nicht gewachsen ist. Der Schlaue herrscht; er herrscht ohne jede sittliche Verpflichtung. Die Gesamtprägung, sowohl der Herrschenden als auch der Beherrschten, mußte deshalb die der Minderwertigkeit werden.

Die berufsmäßigen Lobredner deutscher Geschichte beweisen noch heute durch Beschwörung deutscher Geisteshelden die Größe deutschen Volkes und deutscher Kultur. Wer aber an diese Schönschwätzer die Forderung stellte, auch nur eine einzige öffentliche Handlung oder ein einziges Gesetz im Geiste jener — ach, bald zu Tode gelobten — Größen zu vollziehen, der würde zum Narren erklärt. Mitleidig würde er ein weltfremder Träumer genannt, weil er das reizende Ballspiel, das heute die Intellektuellen betreiben, wenn sie einander geheimnisvolle Stichwörter zuwerfen, als sinnlos ablehnt.

Die kommende Neubewertung der Gemeinschaft wird die im religiösen und sozialen Sinne sittlichen Führer in ihre Rechte einsetzen. Gesellschaft und Staat werden mit neuer Gerechtigkeit gegliedert und geordnet werden; alle Einrichtungen sind organisch und dienen der Erziehung der Einzelnen zu stillwirkendem Gemeinschaftsdienste. Natürlich sind die Hochwertigen immer auch die wenigen. Hochwertigkeit ist im Grunde das Prinzip der ewigen herrschaftsbewußten Minderheit. Sie braucht aber deshalb ganz und gar nicht in Widerspruch zum Volksganzen zu geraten. Rein intellektuelle Führerschaft tut dies zwangsläufig. Anders ethisches Führertum, das ohne Rücksicht auf verstandesmäßige Begabung — in der Seele auch des Einfachsten Widerhall findet. Ist es doch die im Volke vorhandene Anlage, die der Hochwertige in sich selbst zur Steigerung und Verkörperung gebracht hat.

Die übersinnliche Verwurzelung gibt dem Gesamtvolke wieder Richtung und erfüllt es mit einheitlichem Lebensgefühle. So wird die Möglichkeit geboten, ein allgemein gültiges Sittengesetz wieder zu gewinnen. Die Vereinheitlichung des Volksgeistes, geistige Einigung ist die Folge. Dies ist ein Vorgang seelischer Art. Verstandesmäßig gibt es keine Einigung, sondern nur ein Auseinanderreden. Die Einigkeitsprediger der Versammlungslokale gleichen dem unermüdlichen Narren, der Wasser in ein bodenloses Faß gießt, um es zu füllen. Nur die seelische Grundlage bietet Einheit. Gemeinschaftsgeist ohne gefühlsmäßiges Verbundensein mit der Gemeinschaft, ohne überindividualistischen Wertmaßstab, ist ein Wunschbild. Nur die seelische Übereinstimmung vermag das zu erzeugen, was alle ersehnen: einen neuen Lebensstil.

Ist es gar so schwer, auf seelischer Grundlage die Einheit des Volkes herzustellen? Nur für den, der durch Zusammenzählen verstandesmäßiger Willenskundgebungen den Gesamtwillen künstlich herstellen möchte. Wer aber das Wesen deutschen Volksgeistes erkennt, wer die allgemein menschliche Sehnsucht nach echter Führung und wahrer Gesittung zu erahnen und auszulösen vermag, sieht freudiger in die Zukunft als jene hoffnungslosen Einheitsprediger, die an Interessen und Triebe appellieren, statt an echtes Menschentum. Allerdings verlangt solche Erziehungsaufgabe Schöpferkraft und unbeirrbares Selbstvertrauen. Die sinnlosen, krummen Umwege eines kompromißfreudigen Zeitalters belächelt der wahre Führer.

Recht ist Gemeinschaftsregelung. Gerechtigkeit ist die Tugend, mit unbestechlichem Wirklichkeitssinne den Einzelnen nach Verdienst in das Ganze einzustufen. Dieses regelnde Gesetz aller Gemeinsamkeit ist zeitlos. Alle Gesellschafts- und Rechtsordnungen können seine Erfüllung erstreben, erreichen wohl nie. Die größere oder geringere Annäherung an das Ideal kennzeichnet aber die höhere oder niedere Stufe der Rechtsentwicklung. Denn es ist etwas anderes, das Wesen der Gerechtigkeit zu erkennen, als einen sie verkörpernden Rechtsatz zu schaffen. Rechtsinhalte werden immer zeitbedingt und entsprechend den menschlichen Mängeln unvollkommen sein. So viel aber steht fest: Wenn das Recht nicht mehr auf das All, die Ganzheit zielt, so wird es Willkür der jeweils herrschenden Schicht. Alle Rechtssatzungen, welche diese aufstellt, sind Niederschlag des Bestrebens, die eigenen Interessen zu schützen. In einem höheren Sinne ist natürlich jede Satzung „Willkür" der Herrschenden; gerecht ist sie aber nur dann, wenn diese Herrschenden sich als die Vollstrecker dss Willens des Ganzen, wenn sie sich kraft seelischer Verbundenheit als Verteidiger des absoluten Gesellschaftszweckes fühlen. Wo aber Gesetzgeber dieser geistigen und seelischen Verwurzelung nicht vorhanden sind, bleibt das Recht rohe Willkür, von der Gerechtigkeit unendlich entfernt.

Das heutige Recht ist Willkür der ihre Interessen verfolgenden Mehrheit. Man stelle sich vor, daß eine Parlamentsmehrheit bestochen würde, ein gewisses Gesetz zu beschließen. Nach heutiger Auffassung wäre auch das Recht, weil der Staat als die letzte und einzige Rechtsquelle gilt. Hierin liegt die Ursache der Rechtskrise, die vielmehr eine Weltanschauungskrise ist. Nicht der Richter steht, wie heute behauptet wird, in der Vertrauenskrise, sondern das Recht. Und das Recht ist nur Teilerscheinung der gesamten Kultur. Wie die Wissenschaft unlebendig neben dem Leben dahin geistert, so die unheimlich anschwellende Zahl rechtlicher Einzelregelungen. Die Forderung der Volkstümlichkeit des Rechtes ist eine wüste Entartung demokratischen Denkens. Erst muß doch das Volk wieder ein einheitliches Grundgefühl besitzen, ehe das Recht diesem angepaßt werden könnte. Das Volk hat aber keine geistige Einheit mehr, ist ein wirrer Haufen gegeneinander tobender Einzelner, denen jede Gemeinsamkeit abgeht.

Das heutige Recht haftet an Dingen und an Menschen, statt an Lebensvorgängen, die von ihm geregelt werden sollen. Leben ist Bewegung und nicht nur Sein. Deshalb soll das Recht die Bewegung leiten und nicht das Sein in Schablonen pressen wollen. Nur wenn das Recht aus dem sittlichen Urgrunde einer übersinnlich verwurzelten Zeit quillt, also lebendig wird, ist die Rechtskrise überwunden. Ohne den großen Umschwung, dessen Wesen hier klargelegt wurde, ist jede Rechtsreform stümperhaftes Verkleben vergifteter Wunden. Wozu auf lange Dauer berechnete Gesetzeswerke schaffen, wenn der „Rechtszweck" nicht eindeutig feststeht? Neuerwachende Schöpferkraft wird auch die Schaffung neuen Rechtes begünstigen. Denn alle soziale Gestaltung wird schöpferisch im Rechte. „Im Individualismus ist das Kollektive die Gemeinschaft, das Herdenmäßige, Triebhafte, Gestaltungsunfähige, Kulturfeindliche, im Funktionalismus ist die Allheit die Vollendung der empirischen Persönlichkeit*)." Darüber mehr im praktischen Teil dieses Werkes.

Die Überbewertung des Einzelmenschen führte zur Glückseligkeitslehre und diese zu jener gewaltigen Steigerung der Bedürfnisse, die das heutige Wirtschaftsleben kennzeichnet. Die künstliche Bedürfnissteigerung ist der Leitsatz der händlerischen Wirtschaft geworden; ihr Zwillingsbruder, der Sozialismus, wettert gegen „die verfluchte Bedürfnislosigkeit". Reichtum und Wohlfahrt für alle ist das Ideal der klassenlosen Gesellschaft des Sozialismus. Er will damit nur die bürgerliche Entwicklung zum Abschlusse bringen. Marx ist genau so Individualist wie Stirner, nur daß jener in Kollektivismus, dieser in Anarchie ausmündet. Beide haben sich vom Makrokosmos losgelöst. Das Gegenstück zum Individualismus ist niemals Sozialismus, sondern der Universalismus des organischen Weltbildes (Kosmismus Berdjajews).

Die Sorge um das tägliche Brot wird dem Menschen niemals abgenommen werden. Aber Arbeit braucht nicht nur biblischer Fluch zu sein, sie kann auch Freude am Werke werden. Die Bedürfnissteigerung des zivilisatorischen Zeitalters hat jedoch die Arbeit erst zum Fluche gemacht. Die überwiegende Mehrzahl der in den Arbeitsteilungsvorgang eingeschalteten Menschen seufzt unter der Last freudloser Arbeit und verzehrt sich in der Unbefriedigtheit ihrer Bedürfnisse. Aus gesundem Erwerbstriebe wird infolgedessen Wirtschaftsmaterialismus, ein seelischer Zustand, bei welchem die Stillung äußerer Bedürfnisse als die oberste aller Tätigkeiten, ja als Sinn des Lebens erscheint. Die Neubewertung des Lebens wird die Befriedigung seiner stofflichen Bedürfnisse wieder auf den gebührenden Platz zurückweisen; die Wirtschaft fällt in ihre dienende Stellung zurück. Je weniger von der Wirtschaft geredet wird, um so besser ist sie. Das Dasein des Tieres mag sich darin erschöpfen, nur seiner Selbsterhaltung im stofflichen Sinne des Wortes zu leben. Dafür ist es triebbestimmt und nicht mit dem Bewußtsein seiner selbst ausgestattet. Ist aber „Gottes Ebenbild", der Mensch, heute in einem anderen Zustande? Er ist nicht nur auf dieselbe Stufe herabgesunken, er möchte sogar das Seelenleben und seine rein geistigen Bedürfnisse mit wirtschaftlichen Gründen rechtfertigen. Das ist die Grundlage der verschiedenen Materialismen, deren einer die marxistische Lehre ist. Denn der große Irrtum unserer Zeit besteht in der Verdächtigung des Sozialismus, nur er baue geistig auf dem Materialismus auf. In Wahrheit ist das deutsche Denken, zum mindesten aber das

---

*) Formatives und funktionales Recht in der gegenwärtigen Kulturkrisis. Von Dr. Manfred Bott-Bodenhausen. Berlin-Grunewald, Dr. Walter Rothschild. 1926.

politische Leben, mit historischem Materialismus durchseucht. Es gibt naturwissenschaftliche Formen des Materialismus ebenso wie geschichtswissenschaftliche. Alle sind dem Denken in Ursachen verfallen und deshalb dem Endzwecke allen Lebens entfremdet. Zum Schlusse herrscht der nackte Trieb. Zweifelsohne ist deshalb die zergliedernde und auflösende Seelenkunde (Psychoanalyse), welche die Menschenseele aus dem reinen Lusttriebe erklären möchte, die zeitgemäßeste aller „Wissenschaften". Sexus und Erwerbstrieb werden zur Zündung, welche die künstliche Maschine des mechanisch gewordenen Lebens in Bewegung setzt.

Der Mensch ist aber mehr als das Atzung suchende Tier. Besinnt er sich deshalb auf die übersinnlichen Quellen seines Seins, so wird die Herrscherrolle des wirtschaftlichen Denkens ausgespielt sein. Die Wirtschaft hat dem Gesamtleben des Volkes zu dienen: dieses selbst ist geistiger Art, oder auch die Wirtschaft wird Schiffbruch erleiden, da ein auf dem rein Stofflichen sich erhebender sozialer Überbau (Marx) zusammenbrechen muß. Das Blut revoltiert gegen den toten Stoff.

In der materialistischen Wirtschaft wird der Händler zum Vorbilde und Beherrscher des Erwerbslebens. Er mißt alle Werte am Gelde. Für ihn hat das Geld, das nur Maßstab und Tauschmittel sein soll, Eigenwert. Die umgekehrte Denkweise sieht den Wert nur im Erzeugnisse des Bodens oder der Arbeit und betrachtet das Geld als Mittel, nicht unmittelbar zur Verfügung stehende, zum Leben aber notwendige Werte einzutauschen. Der Händler, dessen moderne Steigerungsform der Finanzmann ist, fängt beim Gelde zu denken an und hört mit dem Gelde zu denken auf. Anders der schaffende Wirtschaftsmensch, dessen Denken mit dem Erzeugnisse anfängt und aufhört. Im Grunde stehen sich echter Lebenswert und gedachter Wert gegenüber: Blut und Begriff. Das neue Wirtschaftsdenken wird deshalb nicht vom Gelde, sondern von der Werterzeugung ausgehen. Es ist echter Individualismus, die Wirtschaft als vom Eigennutz des Einzelnen bewegt anzusehen. Die wirtschaftliche Tätigkeit des Einzelmenschen wird selbstverständlich immer seiner Eigennützlichkeit dienen müssen. Denn der Mikrokosmos hat ebenfalls sein Lebensrecht und seine Antriebe. Die Privatwirtschaft erklärt sich so mühelos aus dem Persönlichkeitsstreben. Deshalb braucht aber nicht das Wirtschaftsleben als solches dem Eigennutze verknechtet zu sein. Erzeugung selbst ist schöpferischer Lebensdrang und deshalb auf das Ganze und nicht auf den Teil gerichtet. Hinter der Erzeugung steht der Gemeinschaftskreis, für den Werte geschaffen werden. Denn das notwendige Gegenstück der Erzeugung ist der Verbrauch. Deshalb ist Unternehmertum nicht Eigenmacht, geschweige denn Geldmacht. Wird das Unternehmertum vom Gelde abhängig, wird die Erzeugung in den Dienst des reinen Gewinnes oder gar der Spekulation gestellt, so ist die Wirtschaft nicht mehr organisch, sondern individualistisch: krank. Wenn nach dem Kriege die Zahl der reinen Handelsfirmen und der nicht erzeugenden Zwischenglieder wuchs, so ist dies bezeichnend für die rasche Umstellung, für die Zunahme individualistischen Denkens. Das Schlagwort „Kriegs- und Inflationserscheinung" vermag dieses Streben nach Gewinn ohne fruchtbare Tätigkeit nicht zu erklären. Mit dem neuen deutschen Menschen wird deshalb eine neue Auffassung von Wirtschaft entstehen, die zunächst die Frage nach dem inneren Werte aller wirtschaftlichen Tätigkeit stellt und den Maßstab an die tatsächliche Erzeugerkraft anlegt. Würde eine solche Einstellung Platz greifen, man käme hinsichtlich vieler Erwerbszweige, die heute als nützlich angesehen werden, zu eigentümlichen Ergebnissen: Bis zur Stunde fehlt z. B. eine Untersuchung darüber, an welcher Grenze die ungeheure Steigerung des Verkehrs und die Vermehrung der Verkehrsmittel ihren Sinn verliert. Stillschweigend wird der Wert der vielen Millionen stampfender motorischer Pferdekräfte als erwiesen hingenommen. Dabei ist er höchst zweifelhaft.

Zu der großen Überprüfung der Wirtschaft auf ihre wahrhaft werterzeugende Fähigkeit wird das Bestreben stoßen, die Bedürfnissteigerung nicht ohne weiteres zuzulassen. Bedürfnislosigkeit ist die sicherste Gewähr für die Rückbesinnung des Menschen auf sein Menschentum; ungehemmte Steigerung der Bedürfnisse der kürzeste Weg, den Menschen zum Sklaven des Stoffes zu machen. Auch wirtschaftlich ist es eine Fehlrechnung, durch Bedürfnissteigerung die Erzeugung und damit den Wohlstand zu heben. Die Bedürfniserhöhung führt vielmehr zum Wachsen der Löhne und verteuert so die Erzeugung und die Preise. Nur dort, wo im Produktionsvorgange selbst Einsparungen und Verbesserungen vorgenommen werden, ist gesteigerte Bedürfnisbefriedigung bei gleicher Einkommenshöhe möglich. In der Regel hat aber der künstliche Anreiz zur Bedürfnissteigerung nicht Wohlfahrt, sondern ewige Unzufriedenheit und damit die Zerklüftung der Gesellschaft zur Folge. Die neue Wirtschaftsethik wird deshalb scharf zwischen Werte schaffenden Wirtschaftskräften und nur auf Gewinn gerichteten unterscheiden. Eingriffe in die Wirtschaft selbst soll zwar der Staat nicht vornehmen. Die Wirtschaftspolizei wird aber unerbittlich sein müssen, wo die Selbstsucht des Einzelnen echtes Schaffen beeinträchtigt oder gar ausbeutet.

Eine doppelte Illusion beherrscht unsere Zeit, die sich doch so nüchtern und wirklichkeitssicher gebärdet, gerade auf wirtschaftlichem Gebiete: die

Sozialisten meinen, durch Vergesellschaftung den — an und für sich gesunden — Erwerbstrieb des Einzelnen beseitigen zu sollen; die Unternehmer, soweit sie wohlmeinend sind, glauben durch Wohlfahrtspflege, höhere Löhne, Erwerbslosenfürsorge und ähnliche materielle Anstrengungen den Arbeiter aus seiner inneren Kampfstellung herauslösen zu können. Beide Trugbilder stammen aus individualistischem Denken, das überall das Grobstoffliche wahrnehmen muß, wo es in Wahrheit um die menschliche Seele geht.

Wer aber von der Seele spricht, gilt heute als Phantast; redet er vom Stoffe, dann gilt er als Wirklichkeitsmensch. Die Wahrheit aber ist: das stoffliche Leben ist abhängig von jener Urwirklichkeit, welche Seele heißt. Wer ihre Realität nicht sieht, ist ein Phantast. Und Phantasten sind alle Materialisten, weil vom echten Leben verlassen.

„Der Humanismus hat schließlich dazu geführt, daß der Kommunismus den Menschen zum Atom eines qualitätslosen Weltorganismus machte, während er doch als Persönlichkeit das lebendige Glied einer organisch wirklichen Gemeinschaft sein sollte, einer wahren ontologischen Hierarchie. Dies ist das Ziel der neuen Kultur." So umreißt Berdjajew die Kultur des neuen Mittelalters, das die Zeit der Zivilisation und der Verlarvung ablöst. Auch er bekennt sich zum Hochwerte, auch er sieht das Trugbild der Demokratie ins Nichts zerfließen. Dabei ist er der Ansicht, daß die neue Zeit im höchsten Maße volksbestimmt, und zwar insbesondere durch die arbeitenden „Klassen" sein werde. Volksbestimmt oder demokratisch, aus organischem Volksleben fließend oder aus mechanistischer Zusammenzählung entstehend, — das sind die Gegensätze, die um die künftige Herrschaft ringen. Eine volksbestimmte Zeit kennt Spannung, schafft Gliederung, weiß von Abstand. All dies beruht auf dem Hochwerte. Unterschiedlichkeit, Ungleichheit, sind die Voraussetzungen allen Wertes. Kultur aber ist Wertverwirklichung und, wo die Egalité herrscht, unmöglich. Was die Romantik an Sehnsucht und gesundem Lebenswillen offenbarte, ohne zum schöpferischen Akte fähig zu sein, wird die kommende Kulturepoche verwirklichen.

Auf diesem Wege fällt der Kunst eine entscheidende Aufgabe zu. Soweit wir die abendländische Geschichte zurückverfolgen können, ist sie jene Mittlerin zwischen Himmel und Erde gewesen, die den großen Abgrund zwischen Unendlichem und Endlichem, Ewigem und Vergänglichem durch ihre Gesichte, Bilder und Ahnungen ausfüllte und damit erst die Einheit und Ganzheit des Menschen herstellte. Sie war die Luft, in der die Seele atmete, sie war der Kern all dessen, was wir Kultur nennen. Ohne Kunst ist Deutschland, ist Europa nicht möglich, da sie und nur sie Gott und Welt, Geist und Natur leibhaft zusammenhält. Es gehört zum Auseinanderfallen des Abendlandes notwendig, daß die große Kunst als Mitte aller Wirklichkeit zusammenbricht und seit der Renaissance sich immer mehr verselbständigt. Noch bleibt ihre göttliche Abkunft lebendig auch in der Absonderung; ja, mit heldischer Kraft unternimmt sie es, auf ihrem eigensten Gebiet noch einmal jene Welt gottmenschlicher Verbundenheit zu beschwören, die in der Wirklichkeit längst nicht mehr bestand. Die große Kunst der Neuzeit — die Malerei mit dem Gipfel Rembrandt, die große deutsche Musik von Bach bis Beethoven, die große deutsche Dichtung der Klassik und Romantik — ist der letzte, gewaltig gesteigerte Ausläufer des heiligen Reiches des Mittelalters, „der ungeheure Versuch einer Restitution des homo magus sive divinans" (Leopold Ziegler). Mit diesem Versuche war sie im höchsten Sinn unzeitgemäß. Sie lief der allgemeinen Zeitrichtung einer fortschreitenden Verdiesseitlichung und Loslösung des Menschen aus dem Kosmos stracks entgegen, weshalb denn ihre größten Geister den Grundzug eines einsamen Heroismus tragen. In dieser Reihe großer Einzelner setzt sich der Strom göttlicher Allverbundenheit fort, ihre Kunst war der letzte Hort abendländischen Menschentums, aus dem wir unsere seelischen Schätze schöpften. Inzwischen aber glich sich die Kunst, zuerst allmählich, dann in rasender Schnelligkeit dem allgemeinen Zustand der Zeit an, bis sie endlich in dem „Ideal" einer bloßen Zeitkunst ihren tiefsten Niedergang erlebte. Doch auch hier hat sich der Wandel vorbereitet. In der großen Gestalt Stefan Georges erstand mitten in trostlosester Zeit plötzlich die alte große Kunst zu neuem Leben, und auf ihm baut — bewußt oder unbewußt — ein neues Geschlecht an dem Tempel einer Kunst, die „ihren Dienst willfährig wieder treibt: Den Leib vergottet und den Gott verleibt".

Damit aber steht sie wieder im Mittelpunkt der Kultur, als Mittlerin zwischen Gott und der Welt, und die Gestaltung einer neuen „divina commedia" hebt mit Georges Versen an, vor der die sogenannte „Kunst der Zeit" in ihr jämmerliches Nichts zusammensinkt. Wie aber die Erscheinung eines großen Mannes niemals Zufall und Einzelfall ist, sondern weltveränderndes Schicksal, so ist mit und um George neues Wachstum emporgesprossen, das auch auf fernste Gebiete übergreift. Eine neue Luft weht heute, und die Kunst beginnt ihre hohe Aufgabe wieder zu begreifen: Gott zu künden und den Menschen zu gestalten.

Volk, Rasse, Reich

Der gewaltige Darsteller des mittelalterlichen Universums war Dante. Sein Geist umspannte nochmals das gesamte göttliche und menschliche Walten mit ordnendem Blicke. Von Platon führt über Augustin ein gerader Weg zu dem Dichter der göttlichen Komödie. Der große Künder christlicher Menschheitsordnung war aber gleichzeitig Begründer der italienischen Schriftsprache, welche schließlich — o Ironie der Weltgeschichte — Träger eines selbstbewußten italienischen Volkstums und endlich des italienischen Nationalstaatsgedankens werden sollte. Mit dem Zerfall des Heiligen Römischen Reiches Deutscher Nation kamen der Christenheit auch irdischer Ordnungswille und politische Gestaltungsfähigkeit abhanden, als im Spätmittelalter die Schöpfungskraft der Deutschen erlahmte. Kirchenbildungen vermögen niemals an die Stelle jener geschichtlichen Kräfte zu treten, welche die Menschen in rechtlichen und politischen Formen zusammenzwingen, damit erst ein Leben der Gesittung ermöglichend.

Je stärker die Christenheit von Humanismus und Kosmopolitismus durchsetzt wurde, desto schwächer wurde des Christentums ordnende Gewalt. Verschwommene Glückseligkeitsbegriffe umgaukelten die Phantasie des individualistischen Menschen. Sein unterdrückter Drang zur Ganzheit schuf sich in Wunschträumen jene überpersönliche Welt, zu welcher er in der Wirklichkeit mangels echten Wertgefühles niemals vorzudringen vermochte. Je häufiger das Heuchelwort von der zivilisierten Menschheit im Munde geführt wurde, desto weiter entfernte sich die Wirklichkeit von jeder wahren menschlichen Gemeinschaft.

An die Stelle des Begriffes Christenheit trat ein verschwommener Sammelbegriff Menschheit, der hier einer Untersuchung unterzogen werden soll. Zunächst verstand man unter ihm im Grunde doch nur die abendländische Christenheit, da die Ausweitung der Vorstellungen mit der Ausdehnung der geographischen Kenntnisse nicht Schritt hielt. Jene Männer aber, die ferne Gegenden aufsuchten, standen auf dem Boden der Tatsachen und unterschieden mit großer Härte zwischen Christen und Heiden, zwischen Europäern und Unterworfenen. Die individualistischen Denker des 18. Jahrhunderts jedoch, welche die Grundlage des heute herrschenden Individualismus schufen, konstruierten einen Menschheitsbegriff, der am Tatsächlichen vorüberging. Er trug dem tiefgreifenden Unterschiede zwischen der abendländischen Welt und den übrigen (den morgenländischen, den halbzivilisierten und den barbarischen) Völkern nicht Rechnung. Dazu kam später, um vollends Verwirrung anzustiften, ein allzu billiges Mitleid mit farbigen Rassen. Negerkinder wurden mit europäischen Bedürfnissen, die sie gar nicht hatten, beglückt, in nicht sinngemäßer Übertragung heimatlicher Verhältnisse auf andere Klimate und Kulturen. War dies der oft bespottete Fehler des 19. Jahrhunderts, so verfiel das 20. in einen noch größeren, den Negerkult, und sog aus ihm Reize für die verfallende individualistische Gesellschaft. Die Verkennung der wahren Kulturwerte mußte zu schwächlichen Mitleidsvorstellungen oder zu kulturgefährdenden Entleihungen führen: echtes Menschentum sieht andere Menschen, echtes Volkstum andere Völker nur als Träger ihres Kulturwertes. Daß schwächere Kulturen an stärkeren zugrunde gehen, ist eine Erfahrungstatsache.

Vor allem ist den individualistischen und sozialpolitischen Theorien vom Malthusianismus über alle Spielarten des Liberalismus und des Sozialismus hinweg der Vorwurf zu machen, daß ihre menschheitsbeglückenden Vorschläge auf Beobachtungen aus irgendwelchen Winkeln der abendländischen Welt fußen und von Entwicklungszuständen ausgehen, die in rascher Umwandlung begriffen waren. Woher kam dieses Übersehen so wesentlicher Dinge? Aus Trugbildern irregehenden Denkens, welches die Menschheit aus einer Summe von losgelösten Einzelpersonen konstruierte ohne die Wirklichkeit: die Völker in ihrer recht verschiedenen Einstufung nach Geschichte, Fähigkeiten, sozialen und wirtschaftlichen Zuständen, nach ihrer Klimabedingtheit und Raumverhaftung, mit in Rechnung zu ziehen. Handelte sich es doch fast stets, vom Gedanken der Sklavenbefreiung abgesehen, um Ziele innerhalb der abendländischen Völker, meist um europäische.

Eine bewußte Beschränkung auf die abendländische Welt unseres geschichtsschwangeren Erdteiles wird deshalb vom Verfasser vollzogen, wenn er vom völkerordnenden Reiche spricht. Die überseeischen Ableger Europas werden schon ihre eigenen Verhältnisse, die nicht annähernd so verworren sind, ordnen. Darum wird auch die Frage der farbigen Rassen übergangen. Sie bildet die Hauptsorge der Kolonialstaaten. An Südafrika, an Australien sei nur erinnert, in Kürze auch auf den neuen Rassentyp Südamerikas, auf die behauptete Annäherung des nordamerikanischen Rassentypus an den indianischen hingewiesen. Die menschengestaltende Kraft der Landschaften und Kontinente ist die große Unbekannte in jeder geschichtlichen Rechnung.

So bleibt für die Zielsetzung dieses Buches das Wichtigste eine Neuordnung des europäischen Festlandes, jener Länder, die rund um das Land der Mitte im deutschen Gesichtskreis liegen. Diese Aufgabe ist groß genug, ja schier überwältigend, wenn man sich vorstellt, wie arm das deutsche Volk noch vor kurzem an ordnenden Gedanken war. Mag auch die Welt der Geldleute die Grenzen der Erdteile ungestraft überspringen zu können glauben, mögen industrielle Zusammenballungen überstaatlicher Art auch heute schon erfolgreich sein: sie ändern nichts an der zunehmenden Zersplitterung Europas in immer neue Staaten, sie hindern nicht den fortschreitenden Zerfall der Völker in immer neue Einheiten, wie wir ihn bei Nordgermanen, Niederländern und Angelsachsen beobachten. Sie ändern nichts an völkischen Leidenschaften: an den eigensüchtigen Wünschen, völlig auf sich allein gestellt ein in jeder Beziehung unabhängiges Staatsleben zu führen. Die herrschende individualistische Staatsauffassung ist schuld am Versagen des gerade in dieser Zeit als ordnende und zusammenfassende Einrichtung gegründeten Völkerbundes, der ins Leben trat, als der letzte Rest des abendländischen Universalreiches, die österreichisch-ungarische Vielvölkermonarchie, von den gleichen Völkern zerschlagen wurde. Noch scheint der individualistische Nationalstaatsgedanke mit seiner Vergottung des Volksstaates unaufhaltsam vorzudringen, die Gegensätze verschärfend und jeden wirklich ordnenden Grundsatz ausschließend.

Ein Ende dieser verhängnisvollen Entwicklung ist so lange nicht abzusehen, als der individualistische Gleichheitsgedanke einfach vom Einzelnen auf Völker übertragen wird. Menschenrechte sind uferlos, da sie jeder beansprucht. Mechanisch aber werden diese Menschenrechte auf Gruppen angewendet, und bald erklärt sich jeder Menschenhaufen als „Volk". Der Anarchie der Gesellschaft entspricht als gleichlaufende Erscheinung die Anarchie der Völker. Ihre Selbstsucht führt zu Kämpfen verschiedenster Art. Trotz des Völkerbundes, trotz vieler Pakte wird der Kampf Aller gegen Alle auch im Leben der Völker zum Dauerzustand. Am Ende schafft nur die rohe Gewalt so etwas wie eine Regelung des Zusammenlebens der Völker, gerade wie die Polizeimacht im Inneren individualistisch zersetzter Staaten schließlich noch eine leidliche Ordnung verbürgt.

Nation im westlichen Sinne ist staatsgeformte Masse, nicht schicksalhafter und blutgemäßer Organismus eines Volkes: Nicht in dieses, sondern in den Staat hinein wird der Einzelne geboren. Dieser westliche Nationsbegriff, aus dem das westliche Staatsdenken entspringt, stammt aus der romanischen Welt. So wie ihn die Franzosen prägten, erscheint er uns unorganisch. Sein Inhalt ist ein doppelter: der Staat (mit seinen Grenzen, also der beherrschte Raum) und die in der Schriftsprache verkörperte Kultur der herrschenden Schicht; ihm fehlt etwas gegenüber dem Volksbegriff aller Völker mit ungebrochener Entwicklung: Germanen, „Slawen," Ugrofinnen, ja auch Kelten. In diesen lebt — das hat schon Fichte ausgeführt — die ungebrochene Sprache weiter und damit volkhaftes Fühlen. Des stammlich überlieferten Volksbegriffes entbehren aber die Romanen als Nachkommen der von den Römern unterjochten und aufgelösten Völker: als Reste der individualistischer Auflösung verfallenen Antike. Die Mundarten der aus dem Vulgärlatein hervorgegangenen Sprachen sind daher ganz etwas anderes als die stammlich bedingten der mittel- und osteuropäischen Völker. Nicht, daß die romanischen Völker stärker gemischt sind, unterscheidet sie von den schon genannten — denn diese sind auch untereinander gemischt —, sondern das Fehlen der Stammlichkeit, die andersartige Zusammensetzung: das farbige Blut, das die Römer aus Asien und Afrika über ihr ganzes Reich verstreuten, ist wohl auch Ursache dafür, daß die Romanen Farbige ohne Bedenken in Staat und Gesellschaft aufnehmen. Die mitteleuropäischen Völker dagegen und die Angelsachsen verweigern den Farbigen, auch wenn sie die gleichen politischen Rechte erlangt haben, gesellschaftlich das Konnubium und damit die volle Gleichberechtigung.

Der romanische Begriff Nation, der innerlich also ärmer ist als der Volksbegriff von Völkern mit ungebrochener Überlieferung, in Frankreich geboren, ist daher deutschem Denken von Haus aus fremd; so fremd wie der französische Nationalstaatsgedanke. Daß die Deutschen damit nichts anfangen können, ist daraus zu ersehen, daß sich jeder deutsche Gelehrte und Schriftsteller einen eigenen Nationsbegriff zurechtzimmert. Bald wird auf die Abstammung, bald auf die Kulturgemeinschaft, bald auf das Staatliche der entscheidende Wert gelegt. So nennt Spengler*) Nation das in seiner Gesamtheit wachgewordene Volk. Nach ihm beginnt das Volk Nation zu sein, wenn sein Fühlen und Denken anfängt, historisch zu werden. Diese reine Gradunterscheidung trifft aber nicht den Kern der Frage, wie er hier herausgeschält wurde. Die Literatur über den Begriff Nation ist unabsehbar, die Auseinandersetzung mit ihr müßig. Im Deutschen ist das Wort Nation ohne weiteres zu entbehren, dank des Reichtums unserer Sprache und ihrer Fähigkeit, zusammenzusetzen. Staatsvolk, staatsführendes Volk, Staatsbevölkerung, Gesamtheit der Staatsbürger, Kulturnation, Sprachnation und viele andere Worte gestatten den jeweils gemeinten Begriff eindeutig zu umreißen. Wenn von Nation gesprochen wird, so sollte nur der französische Begriff der „nation" gemeint sein.

*) Der Untergang des Abendlandes, Bd. II.

Slawen im heutigen Sinn des Wortes gab es früher nicht (siehe Seite 1).

Ihm entstammt die verhängnisvollste Vorstellung, die der Individualismus erzeugte: die Lehre vom Nationalstaate als Ideal- und Regelgebilde. Ersonnen von einer Nation ohne organischen Volksbegriff braucht der Nationalstaat natürlich vor den Grenzen fremder Völker nicht halt zumachen. Sein imperialistisches Streben überschreitet sie und ist dann gezwungen, um der inneren Gleichheit und Einheit willen, fremde Volkstümer gewaltsam der eigenen Nation anzugleichen. Ein solcher Nationalstaat, der Volksgenossen außerhalb der Staatsgrenze hat, kann gleichzeitig nach außen irredentistisch und nach innen assimilierend wirken. Der vertraglichen Staatsauffassung der von Hause aus individualistischen Romanen hat schon Fichte die organische Staatsauffassung der Deutschen entgegengesetzt, die in der Folgezeit auch von Slawen übernommen, dann aber unter dem Einfluß französischen Staatsdenkens schief entwickelt wurde.

Die politische Triebkraft, das Gefühlsbewegende des westlichen Staates heißt Nationalismus. Nationalismus ist nicht etwa — wie eine falsche Sprachvorstellung immer wieder zum Ausdrucke bringt — die Steigerung eines gemäßigten Nationalgefühls. Er ist vielmehr das der Staatsvergottung entspringende und mit rein staatlichem Denken zusammenhängende Gefühl. Nationalismus ist ein vom Staate bewußt Geprägtes, also etwas künstlich Neugeschaffenes, kein urwüchsig und unbewußt Gewordenes. Anders die Liebe zum Vaterlande und zum Volkstume. Sie wurzelt im Heimaterlebnis, wächst organisch aus der Verbundenheit mit Boden, Blut und Geist. Sie haftet nicht am Rechtsgedanken des abstrakten Staates. So wird Nationalismus zur aufsplitternden Kraft, zur ordnungzerstörenden Leidenschaft.

Diese scharfen Begriffsunterscheidungen sind erst im Werden; die Erneuerungsbewegung des Kriegsgeschlechtes hat diesen Gedankengang im allgemeinen noch nicht zu Ende gedacht, wenn sie auch gefühlsmäßig den richtigen Weg einschlug: so wurde neuerdings der Begriff des „Neuen" Nationalismus geprägt, an welchem die Erstausgabe dieses Buches ebenfalls festgehalten hatte. Der Verfasser hat mittlerweile versucht, die Gedankengänge des Nationalismus bis zu ihrem bitteren Ende zu verfolgen; er wendet sich deshalb heute von dem irreführenden Begriffe des Nationalismus ab.

Nur plattes Denken kann zu dem Schlusse gelangen, damit würde die Liebe zum Volke, dessen Recht und Behauptungswillen geleugnet. Im Gegenteil! Die bewußte Abwendung vom westlichen Nationalstaatsgedanken ist nur eine notwendige Schlußfolgerung aus unserer Geschichte, da jene Geisteswelt westlichen Aufstieg und deutschen Niedergang verursachte. Deutscher Wiederaufstieg verlangt tiefere und dem deutschen Volke angemessenere Ideen, ruft nach kühner geistiger Neuschöpfung zur Überwindung deutscher Gedankenarmut und deutscher Ohnmacht. Der Kampf gegen den Individualismus kann nicht einfach beim Denken in Staaten und Völkern abgebrochen werden. Auch hier muß die höhere Einheit gesucht und von ihr auf die Aufgabe des Teiles rückgeschlossen werden. Es geht nicht an, den organischen Staat zu predigen und beim mechanistischen Weltbilde stehenzubleiben. Stürzt der Götze des Einzelwesens, so auch der des Einzelvolkes und damit der Nationalstaatsgedanke. Der individualistische Gedanke von der Gleichberechtigung aller Nationen muß weichen dem der Sendung, zu welcher hochwertige Völker innerhalb der Völkergesellschaft berufen sind. Eine Weltanschauung, die das Einzelwesen wertmäßig tiefer einstuft, muß folgerichtig auch auf dem Gebiete der politischen Neuordnung und des Völkerrechtes zu einer größeren und höheren Einheit streben. Darum setzen wir dem selbstsüchtigen Nationalstaate das raumumfassende Reich, einen staatenzusammenfassenden Bund entgegen, in welchem sich wirklich freie Völker der Führung des geeignetsten Volkes anvertrauen. „Schreiben wir nun Deutschland infolge seines Reichscharakters den Beruf zu, nicht bloß den passiven Mittelpunkt der Kontinentalpolitik zu bilden, sondern aktiv ordnend in die internationalen Verhältnisse einzugreifen, gewissermaßen als Wächter des Völkerrechtes, so ist das gewiß ein sehr hoher Beruf" (Constantin Frantz). Erleichtert wird uns die Umstellung vom Nationstaatsideal zum Reiche als Großlebensform der Völker dadurch, daß wir uns von Minderwertigkeitsgefühlen lösen, die den heutigen Nationalisten alter Prägung beherrschen. Sie verursachte Befangenheit, aus ihr erklärt sich die nationalistische Abkapselung deutscher nationaler Kreise. Weder der einzelne hochwertige Mensch noch das einzelne hochwertige Volk fürchten den freien Wettbewerb mit anderen. Beide sind sich ihres Wertes bewußt und entwickeln echtes Herrentum. So erwacht in ihnen der Mut, sich zum Übernationalen zu bekennen, der nichts zu tun hat mit schmählicher Verleugnung eigenen Volkstums oder kosmopolitischer Farblosigkeit. So wächst aus unserer antiindividualistischen Einstellung, über die innerdeutschen Aufgaben hinaus, das weltpolitische Sendungsgefühl, den abendländischen Kulturkreis vor Zersetzung zu retten: Träger der Wiederverchristlichung zu werden und an Stelle der Anarchie geistige, gesellschaftliche und politische Einheit zu setzen. Das Reich der Gerechtigkeit, aufgebaut auf dem Gedanken, die Völker nach ihrem Werte und ihrer Kulturleistung abzustufen und einzubauen, tritt an den Platz der hohlen Scheinbilder Freiheit, Gleichheit, Brüderlichkeit und Menschheit. Nicht erlösen wollen wir, sondern binden. Binden durch Ordnung, die dadurch zur Erlöserin vom Chaos wird.

Verkrampfte Betonung des Nationalstaatlichen (Chauvinismus) verrät einen Mangel an tiefer völkischer Verwurzelung. Nicht die äußere Zugehörigkeit zu einem Staate verleiht Lebenssicherheit, sondern die Teilhaberschaft am innersten Wesen eines Volkstums. Nur sie eröffnet die Wirkungsmöglichkeiten, sich selbst als Mensch zu erfüllen und am Vollendungsstreben der gesitteten Menschheit teilzunehmen. Es wäre deshalb der „Neue Nationalismus" durch den Begriff des völkischen Gedankens zu ersetzen, wenn dieser nicht den Beiklang des nur Verneinenden und der Rassenschnüffelei hätte. Völkisch ist das Streben, die Wesenheit des eigenen Volkes bis ins Letzte zu erfassen und an seiner Verwirklichung mitzuarbeiten, dadurch der Sendung des Volkes dienend. Diese Auffassung, die nur Bejahung und keinerlei Verneinung in sich begreift, hätte gewahrt werden müssen, um die an und für sich zutreffende Wortbildung „völkisch" mit sieghafter Durchschlagskraft auszustatten. Was statt dessen geschah, ist Raubbau an einem wertvollen Gedanken gewesen, ihn fast der Umfälschung preisgebend.

Volk ist stärkste metaphysische Gebundenheit des Einzelmenschen. Sein innerstes Wesen ist bestimmt durch die Gemeinsamkeit der politischen, sozialen und kulturellen Geschichte. Boden, Blut und Schicksal sind der Schmelztiegel, aus welchem das geformte Volk heraussteigt. Fichte nennt ein Volk „das Ganze der in der Gesellschaft miteinander fortlebenden und sich aus sich selbst immerfort natürlich und geistig erzeugenden Menschen, das insgesamt unter einem gewissen besonderen Gesetze der Entwicklung des Göttlichen aus ihm steht". Gott individuiert sich also in einem Volke, wie auch der Mensch ohne seinen Willen in das Volk hineingeboren wird. Wilhelm Stapel*) sagt deshalb folgerichtig: „Wir Menschen können diese unsere naturhafte Wirklichkeit nur anerkennen. Unselig wird, und wenn auch nur im Verborgensten seiner Seele, wer sich dagegen auflehnt, denn er lehnt sich gegen Gottes Willen auf. Wohl dem, der freudig ist, was er ist, denn er erfüllt Gottes Willen. Das Verleugnen des eigenen Volkstums ist in seinem Grunde innere Gottlosigkeit, ja Gottesfeindschaft. — Wer sich aber frei und freudig zu dem Volke bekennt, dem er entsprossen ist, der wird es natürlich finden, daß auch der andere sich seines Volkstums freut. — Also wird aus Achtung und Pflege des Volkstums niemals Völkerhaß geboren, sondern ein freies, offenes Nebeneinanderleben, auch wohl Herüber- und Hinüberleben der Völker."

*) Antisemitismus und Antigermanismus, Hanseatische Verlagsanstalt, Hamburg.

Die sittlich zu rechtfertigende Aufgabe des naturhaft gegebenen Volkstums ist nur in jenen ganz vereinzelten Ausnahmefällen denkbar, wenn die Einschmelzung eines Einzelnen in ein anderes Volkstum aus religiösem Glauben in persönlich qualvoller Entscheidung erfolgt. Es kennzeichnet diese „Edelrenegaten" — wie einen H. St. Chamberlain oder manche zu leidenschaftlichen Deutschen gewordene Juden — daß sie bewußt ihr Volkstum einem als höher erlebten opferten mit dem religiösen Eifer, den Christus verlangt, wenn er die Nachfolge auch gegen elterliche Bindungen fordert. Doch ist dieses Opfer selbstverständlich von bloßer Aufgabe völlig verschieden.

Die Rückkehr zur Lebendigkeit verlangt stärkere Betonung der lebendigen Organismen und die Zurückdrängung rechtlicher Organisationen. Volkstum ist seelisch gebunden, Staat eine Rechtsform. Gewiß ist Recht ordnender Ausdruck metaphysischer Kraft. Es ist aber stärker der Welt des Nützlichen als der des Gefühles zugewandt. Der Individualismus hat den Staat vergottet, um ihm dadurch den Vorrang über das Volk zu verschaffen. Tötung des Lebendigen durch das Mechanische war die Folge. Heute erwachen die Völker und springen gegen die Fesseln eines Staates an, der ihr Daseinsrecht bedroht. An Stelle des bedingungslosen Vorranges des Staates muß also die Doppelung von Staat und Volk beziehungsweise Reich und Völkern treten, die durch die Verfassungen ihren lebendigen Ausdruck erhält.

Die hier vertretene Auffassung vom Wesen der Völker begegnet häufig, weil angeblich romantisch, schroffer Ablehnung; und dies, obwohl der Romantiker Herder auf die Slawen Ostmitteleuropas einen Einfluß ausübte, der in sehr realer Weise die moderne Geschichte gestalten half. Insbesondere Spengler will eine Trennung von Naturhaftem und Geistigem vornehmen, von Rasse und Volk. „Man wird aber auch die Geschichte des höheren Menschentums nie verstehen, wenn man übersieht, daß der Mensch als Element einer Rasse und als Besitzer einer Sprache oder der Mensch, soweit er einer Einheit des Blutes entstammt und soweit er einer Einheit der Verständigung eingereiht ist, daß also Dasein und Wachsein des Menschen ihre besonderen Schicksale haben. — Es gibt also Daseinsströme und Wachseinsverbindungen. — Alle Daseinsströme haben historische, alle Wachseinsverbindungen religiöse Prägung." Diese Geschichtsauffassung braucht für diesen Zusammenhang nicht auf Richtigkeit oder Irrtum untersucht zu werden. Dasein und Wachsein fließen in den Volkstümern zusammen. Unmittelbares Gefühl und Bewußtheit machen die geistige Ganzheit aus. Geschichtliche und religiöse Prägung lassen sich deshalb nicht trennen. Die Richtung dieses Werkes geht vielmehr auf Wiedergewinnung der Einheit aus metaphysischer Kraft: ihr Bürge ist das Volkstum.

Die moderne Geschichte wird von Großvölkern bestimmt. Reinrassige Großvölker gibt es aber nicht. Sie sind alle irgendwie rassenmäßig gemischt. Die Mischung selbst ist wenig erforscht und geheimnisumgeben. Gerade die gesteigerte Beachtung, welche in letzter Zeit Rassenfragen gefunden haben, weist darauf hin, wie sehr übersinnliche Dinge in der allgemeinen Beachtung gestiegen sind. Denn hier handelt es sich um Zusammenhänge, die vorläufig der menschlichen Erkenntnis verschlossen sind. Mit biologischen Gesetzen allein ist ihnen deshalb nicht beizukommen. So wenig nun die verhältnismäßig junge Rassenforschung zu abschließenden Ergebnissen geführt hat, so wenig kann geleugnet werden, daß die rassische Zusammensetzung der Völker auf deren geschichtliche Entwicklung und kulturelle Leistung nicht ohne Einfluß geblieben ist. Der Niedergang der antiken Kulturen wurde sicherlich durch rassische Zersetzung mitverschuldet. Die Negerfrage beschäftigt die amerikanische Öffentlichkeit in einem Maße, welches durch die Einwanderungsgesetze der Vereinigten Staaten rasseschützenden Ausdruck gefunden hat. Wenn deshalb heute nicht nur im deutschen Volke, sondern fast überall der Ruf nach rassischer Reinhaltung und Hochzüchtung erschallt, so ist das ebenfalls ein Teil der Auseinandersetzung zwischen Minderwertigkeit und Hochwertigkeit. Ist es wahr, daß gewisse Rassen eine besondere Veranlagung dazu zeigen, seelenhafte Kräfte zu entwickeln, so muß das deutsche Volk bestrebt sein, diese Rassenbestandteile zu stärken. Als solche gelten heute die nordischen. Über den Wert der übrigen Rassen, aus deren Mischung mit der nordischen das deutsche Volk hervorgegangen ist, kann noch wenig gesagt werden. Daß weniger wertvolle Rassenbestandteile geschwächt werden müssen oder zum mindesten keine Stärkung erfahren dürfen, ist wohl einleuchtend. Angesichts des heutigen Standes der Rassenlehre und der Möglichkeit von Trugschlüssen ist aber jedenfalls Vorsicht geboten. Wo sind sichere Merkmale für Reinheit der Rasse? Führende Rassenforscher sprechen von dem dunklen Menschen mit nordischer Seele. Umgekehrt werden heute ernste Bedenken geltend gemacht, ob die Überbleibsel der nordischen Rasse wirklich ein so wertvolles Erbgut darstellen. Die Kinderarmut und die politische Selbstgenügsamkeit vorwiegend nordischer Völker (Schweden) lösen berechtigte Zweifel aus. Ferner wissen wir sehr wenig über den Zusammenhang zwischen Rassen und Konstitutionstypen, über Änderungen der Erbmasse (Mutationen). Auch ist es gefährlich, in ein Volk den Zwiespalt einer Einteilung nach rassisch Hochwertigen und rassisch Minderwertigen zu tragen. Wo ist ein zuverlässiger Beweis dafür, daß die besondere Bevorzugung beispielsweise der nordischen Rasse das Gesamterbgut des deutschen Volkes in seiner rassenmäßigen Güte erhöhen würde? Wer maßt sich an, die besten „Zuchttiere" als solche zu kennzeichnen und auszuwählen? Wer kann nachweisen, daß die nordische Seele wirklich an die Merkmale des nordischen Körpers gebunden ist? Und wer endlich wagt die Durchführung einer zielhaften Zucht in den Bereich des Möglichen einzubeziehen? Der Mensch ist kein Haustier, das gezüchtet werden kann, am wenigsten der seelenhafte Mensch. Denn Zucht ist etwas durch und durch Verstandesmäßiges. Wenn der „Eros" nicht mehr triebmäßig zu einer unbewußten Zuchtwahl führt, dann kann der kühl rechnende Verstand das fehlende Gefühl für Hochwertigkeit sicher nicht ersetzen. Eine Menschenrasse wächst; ein Stand dagegen kann sich selbst züchten (Adel).

Was aber keineswegs angeht, ist jenes verhängnisvolle Streben der Biologie, die gesamte Geschichte nur aus dem Gesichtswinkel der Rassenfrage beurteilen zu wollen. Es ist dies ein Materialismus des Blutes, eine Verleugnung des Geistes, welche es unmöglich macht, die Geschichte als das Gebiet der freien Tat anzusehen. Wenn alle Menschen nur Gefangene ihres Blutes und ihres Erbgutes sind, dann hört jedes sinnvolle Streben nach echter Freiheit auf, dann brauchen nur die Rassen verbessert zu werden, und alles andere kommt von selbst. Diese Geschichtsauffassung wird allerdings durch sich selbst widerlegt, weil sie ja mit berechnender Zucht jene Freiheit der Tat hervorzubringen sucht, die Sinn allen Menschentums ist. Man kann aber nicht in einem Atem freie Entschließung mit blutsmäßiger Gebundenheit alles Geistigen predigen. Das ist ein Selbstwiderspruch. „Das Deutschtum liegt im Gemüte, nicht im Geblüte" (Lagarde).

Trotzdem bleibt die Tatsache wertvoller und minderwertiger Rassen bestehen, und es folgt daraus die Forderung, das Wertvolle zu schützen. Rassenschutz aus dem Bewußtsein des eigenen Wertes heraus ist deshalb eine für das politische Leben wohl annehmbare Erwägung. Sie soll aber die großen Rassenunterschiede ins Auge fassen und nicht die kleinen innerhalb des deutschen Volkstums.

Keineswegs darf aber die Rassenfrage zum Zankapfel der Politik werden: die Rechte der einzelnen Staatsbürger lassen sich nicht abstufen nach rassenmäßigen Gesichtspunkten. Darauf zielt jene Richtung, die den Kampf um die innere Erneuerung des Deutschtums nur als solchen „reinblütiger“ Deutschen gegen die Juden auffaßt. Die Rassenfrage hat aber hier nur eine Hintergrundbedeutung: in Wahrheit steht Volk wider Volk, Geist gegen Geist. Was an dem völkischen Gegensatze rassisch bedingt ist, hat mit dem angeblichen Zwiespalte zwischen Ariern und Semiten nichts zu tun. Die arische und die semitische Rasse beginnen langsam aus dem Gebiete der Sprachwissenschaft, dem sie entstammen, in den Bereich der Fabel überzugehen. Spengler weist mit Recht darauf hin, daß die jüdische Rasse sich erst in den Ghettos des Abendlandes, und zwar durch seelische Zucht unter sehr harten äußeren Bedingungen, ausgebildet hat. Die sogenannte jüdische Rasse ist also nicht Urrasse, sondern Zucht, wie der abendländische Adel Zucht ist. Vielleicht beruht gerade auf diesem Umstande die tiefe Abneigung des Juden gegen den Feudalismus. Hier stand wahrhaft Rasse gegen Rasse, die eine in Herrscherstellung, die andere in besondere Viertel der Städte gepfercht. Trotzdem kann von einer einheitlichen Geisteshaltung der Judenschaft kaum gesprochen werden, da auch sie — weiter unten wird darauf eingegangen — in verschiedene Lager zerfällt. Richtig ist, daß die Juden überwiegend das Lager des Individualismus bevölkern. Vom Standpunkte dieses Buches aus gesehen sind sie Reaktionäre, die im großen und ganzen an einer Weltanschauung festhalten, die überwunden werden muß. Die Juden sind individualistisch und damit das geborene Volk des Kollektivismus. Sie haben wenig Verständnis für den faustischen Kampf um innere Freiheit. Das Heldische wie die Tragik liegt ihnen — ungeachtet der heldenhaften Haltung mancher einzelner — nicht. Der Unsterblichkeitsgedanke, bei Kant eine Forderung der praktischen Vernunft, ist bei dem Juden vom Metaphysischen ins Diesseits übertragen. Er verzichtet auf die Unsterblichkeit der Seele im abendländischen Sinne, um dafür die Unsterblichkeit des Ichs und des Volkes einzutauschen. Berdjajew bemerkt, daß der jüdische Mythos bezeichnenderweise nicht der Vergangenheit angehöre, sondern der Zukunft; es sei der eschatologische Mythos. Er betrifft die leidenschaftliche Forderung des tausendjährigen Reiches Gottes auf Erden, des Gerichtstages, an dem das Gute endgültig über das Böse siegt und die Gerechtigkeit hergestellt wird. Darauf laufe auch der Sozialismus hinaus, der auf jüdische Quellen zurückzuführen sei. Bei Karl Marx, einem typischen Juden, komme dies alles wieder zum Ausdrucke; auch sein Sozialismus erwarte irdische Gerechtigkeit und Seligkeit, und die messianische Idee übertrage er auf die Klasse des Proletariats, welche die Welt von der Ungerechtigkeit befreien solle. „Die jüdische Geschichte ist die Offenbarung Gottes im Geschicke des Menschen, während die heidnisch-arischen Religionen Offenbarungen Gottes in der Natur waren."

Er weist auch auf die Leidenschaftlichkeit und Unduldsamkeit des jüdischen Volkes hin, die aus dieser religiösen Lage erklärbar sei. Es kann wohl kein Zweifel bestehen, daß die Juden, welche nur auf Grund der liberalen Toleranzforderung eine so weitgehende Machtstellung im Abendlande erreichen konnten, tatsächlich zur Unduldsamkeit neigen. Kein Volk verträgt so wenig wahre und berechtigte Kritik. Stapel hat deshalb dem Antisemitismus mit Recht einmal den Antigermanismus der Juden gegenübergestellt. In der Tat! Die Behauptung jüdischer Sonderart ist das gute Recht dieses langlebigen und zähen Volkes, das eben durch seinen diesseitigen Messianismus eine geradezu erstaunliche Kraft kollektivistischer Selbstbehauptung aufgebracht hat. Es ist nur die Frage, ob auf die Dauer ein Minderheitenvolk seine geistige Zuständlichkeit dem zahlenmäßig viel stärkeren Wirtsvolke aufzwingen darf und kann. Heute haben die Juden diese geistige Machtstellung inne und verteidigen sie mit einer Kraft, die Gegenwirkung erzeugen muß. Denn es widerspricht keineswegs der Anerkennung jüdischer Gleichberechtigung, wenn ein Volk nur von seinesgleichen geführt werden will, so seine völkische Souveränität wahrend. „Es ist das natürliche Recht eines jeden Volkes, daß es sein Schicksal nach seinen eigenen Instinkten geleitet wissen will" (Stapel).

Die Stellung der Juden unter den Deutschen ist nur zu begreifen, wenn nicht nur ihre blutsmäßige und geistige Bestimmtheit, sondern auch ihre gesellschaftliche Lage in den Kreis der Erwägungen einbezogen wird. Die Juden konnten die Rüstung, mit welcher die ständisch gegliederte abendländische Gesellschaft des Mittelalters sich gepanzert hatte, nur in zwei Formen überwinden: entweder, indem sie in das Wesen des gesellschaftlichen Aufbaues des Abendlandes bis ins Letzte eindrangen, sich seinen Aufstiegsbedingungen unterwarfen oder die bestehende Gesellschaft vernichteten. Der Jude mußte deutsch, englisch oder französisch usw. werden. Angelsächsisch wurde er; wahrscheinlich deshalb, weil der zahlenmäßige Zustrom nach England schon eingedämmt und deshalb gesiebt war. Vielleicht auch aus dem Grunde, weil die gesellschaftliche Rüstung des konservativen englischen Volkes eine so starke war, daß nur Anpassung an sie und nicht ihre Durchdringung zum Erfolge führen konnte. Anders beim deutschen Volke, dessen Mittellage dem Hauptstoße jüdischer Einwanderung für das Abendland ausgesetzt war. Hier erfolgte der Ansturm so ungestüm, hier war die gesellschaftliche Rüstung schon so durchlöchert, daß das Judentum auf revolutionäre Art und Weise zum Ziele gelangen konnte. Der

Jude brauchte nur die Partei der Aufklärung und des Individualismus zu ergreifen, um von innen heraus das Gebäude deutschen gesellschaftlichen Aufbaues auszuhöhlen. Er brauchte sich so nicht zur Spitze der Gesellschaft emporzudienen, sondern er zwang den Deutschen eine gesellschaftliche Auffassung auf, welche die Judenschaft zur ragenden Höhe führen mußte. Die Schlagworte Gleichwertigkeit und Gleichheit wurden zum Zauberschlüssel, der alle verschlossenen Tore sprengte. „Wenn für die europäisch-amerikanische Demokratie die Verfassungskämpfe und Revolutionen eine Entwicklung zum zivilisierten Ideal bedeuten, so sind sie für den Juden der Abbau alles dessen, was anders ist als er" (Spengler). Die Haltung der Juden ist so bei den Deutschen eine revolutionäre geworden und ihr Bündnis mit dem Proletariat natürlich. Die heutige jüdische Einstellung ist nur verständlich aus der Angst, wieder gesellschaftlich „enteignet" zu werden. Das Ressentiment des Ghettos bestimmt so auch die Zukunftshaltung des Judentums.

Die Schlacht ist für das jüdische Volk gewonnen. Es hat gesiegt, und niemand scheint fähig, diesen Sieg streitig zu machen. Allerdings nur so lange, als die Deutschen selber an einer individualistischen Gesellschafts- und Staatsauffassung haften bleiben, so die Voraussetzungen bestätigend, unter denen allein die jüdische Machtstellung haltbar ist. Wenn deshalb das 20. Jahrhundert die große Auseinandersetzung zwischen Individualismus und organischer Weltauffassung bringen wird, wenn wir die Schwelle einer neuen Zeit schon überschritten haben, so wird die jüdische Frage erneut aufgerollt werden. Es ist zu erwarten, daß die Juden in überwiegender Mehrzahl am Individualismus festhalten, ja sogar die Hauptstützen dieser Front bleiben. Nun ist sicher, daß die deutsche Seele, ist sie noch unbeschädigt, in diesem Kampfe sich durchsetzen wird, auch dann, wenn die deutsche Judenschaft in ihrer westlichen Einstellung beharren sollte. Die Frage ist, ob sie das tut. Diese Frage stellen, heißt, sie auf eine noch schwierigere zurückführen: ob die Juden kraft Blutes und Religion Individualisten sind oder kraft Geschichte; ob innere Geistesverfassung oder geschichtliches Ressentiment ihre heutige Einstellung bestimmen. Trifft jenes zu, dann dürfte eine Anpassung an deutsches Volkstum — im ganzen gesehen — unmöglich sein. Es bleibt dann nur für eine Entwicklung Raum, welche dem Judentum die Stellung einer völkischen Minderheit zuweist. Hat aber sein Individualismus nur geschichtliche Ursachen, so ist, heute nach der vollzogenen jüdischen Selbstbefreiung, eine Anpassung an den Geist des Wirtsvolkes denkbar. So viel steht fest: die Rolle des allein durch sein religiöses Bekenntnis von den anderen Staatsbürgern sich Unterscheidenden ist nur so lange aufrechtzuerhalten, als das im Übersinnlichen verwurzelte Volkstum nicht mehr als Staatsgrundlage gilt, sondern eine Summe von Einzelmenschen, die zufällig innerhalb der Staatsgrenze ihren Wohnsitz haben. In dem Augenblick aber, da die Völker des Abendlandes sich auf ihr innerstes Wesen zu besinnen beginnen, geht die Frage nicht mehr um die Verschiedenheit des Bekenntnisses, sondern des Volkstums. Eine doppelte Volkszugehörigkeit ist nur in ganz vereinzelten Fällen, nur bei Grenzvölkern mit besonderem Schicksale, in den Bereich des Möglichen zu ziehen. Aber auch diese Möglichkeit wird von der neueren Wissenschaft entschlossen verneint. Das Judentum selbst weist ja eine Richtung auf, welche einerseits auf die Tiefen der religiösen Quellen zurückgeht, andererseits von dem völkischen Erwachen der abendländischen Völker angesteckt ist: Der Zionismus, die völkische Bewegung des Judentums, ist nichts anderes als eine Blüte dieses geistigen Völkerfrühlings. Es gibt in ihm Ungläubige, die nur am Volkstum haften, und Strenggläubige, denen es um religiöse Wiedergeburt zu tun ist. Es scheint also, als ob nicht unbeträchtliche Teile des Judentums die folgerichtigste Abwendung vom Individualismus vollziehen: die zum eigenen jüdischen Volkstume. Diese Entwicklung muß — wenn man von der Abwanderung nach Palästina absieht — zur Einreihung in die völkischen Minderheiten führen. Das Hauptlager der deutschen Judenschaft lehnt aber den Zionismus ab, ohne gleichzeitig mit dem Herzen in der Hand in das deutsche Volkstum hineinzuspringen. Ob es dies überhaupt kann, wird wohl niemand zu beantworten vermögen. Spengler meint hierzu: „Aber selbst, wenn sich der Jude als Angehöriger seines Wirtsvolkes betrachtet und an dessen Geschick teilnimmt, wie es 1914 in vielen Ländern der Fall war, so erlebt er es in Wirklichkeit doch nicht als sein Geschick, sondern er nimmt dafür Partei, er beurteilt es als interessierter Zuschauer, und gerade der letzte Sinn dessen, worum gekämpft wird, muß ihm stets verschlossen bleiben." Auch dieser größere Teil der Juden ist in sich nicht geschlossen: er besteht aus Orthodoxen, Liberalen und Atheisten, die sich wohl eng an das deutsche Volk anschließen, aber ihrem Bewußtsein nach Juden bleiben. Was morgen geschehen wird, ist unbekannt. Heute beharrt der nicht zionistische Teil des deutschen Judentums in einer internationalistischen Einstellung: „Das*) geschichtliche Schicksal hat die Juden in die verschiedensten Staatsverbände hineingeführt. Daraus erwächst ihnen die Aufgabe, in diesen Staaten auf eine friedliche Gesamtorganisation der Welt hinzuwirken. Denn für die Juden ist jeder Völkerkrieg Bruderkrieg im eigentlichen

*) Eduard Bernstein, zitiert nach Stapel a. a. O.

Sinne. Der Jude ist also der geborene Pazifist, das Schicksal hat ihm den Pazifismus als eine Weltsendung zugewiesen." Das deutsche Volk will auch den Frieden; aber nicht zur Wahrung jüdischer Interessen, sondern seiner eigenen. Niemals aber kann es grundsätzlich pazifistisch werden, weil seine Entfaltung, seine Freiheit dadurch gehemmt werden könnte. Ohne Freiheit stirbt ein Volk; für die Freiheit stirbt der Deutsche. Für ihn ist also der Krieg nicht, wie für den Juden, immer ein Verbrechen. Endlich bleiben noch die auf völlige Verschmelzung strebenden Juden, von denen ungewiß ist, ob sie je können werden, was sie wollen, nämlich deutsch werden. Wenn man endlich von einzelnen Juden absieht, die keine Juden mehr sind — solche Fälle gibt es bei allen Volksstämmen —, so bleibt die Judenfrage eine schwarze Wolke am Horizonte der Zukunft. Solange aber der Kampf der im Übersinnlichen verwurzelten Weltanschauung gegen den Individualismus noch nicht durchgeführt und insbesondere die Stellung anderer Völker zu dem Befreiungswerke des neuen deutschen Geschlechtes noch nicht geklärt ist, bleibt jeder Vorschlag zur staatlichen Regelung der „Rassenfrage" verfrüht. Maßnahmen zur Hebung rassisch wertvoller Bestandteile des deutschen Volkes und zur Verhinderung minderwertigen Zustromes müssen aber eher heute als morgen getroffen werden.

Die Abkehr vom Individualismus brachte die Wiederentdeckung des Volkes. Ebenso entspringt der Gedanke des Rasseschutzes überindividualistischem Denken. Der gegenwärtige Antisemitismus dagegen kann seine Abstammung aus individualistischer Weltanschauung nicht verleugnen. Alle Kennzeichen weisen darauf hin. Äußere Rassenmerkmale mußten ihm als Grundlage für die Beurteilung geistiger Fragen dienen. Damit bekannte er sich zum biologischen Materialismus. Wissenschaftlich überwundene Lehren eines Lombroso wurden in das Gebiet der Rassenforschung übernommen. Wohl erhebt auch der marktgängige Antisemitismus die Forderung nach der Erneuerung deutschen Volksgeistes; praktisch weiß er aber, eben wegen seines individualistischen Ursprunges, eine solche Erneuerung nicht zu gestalten. Für ihn erschöpft sie sich noch immer in der reinen Bekämpfung des Judentums. Als ob nicht das deutsche Volk individualistischem Denken und damit dem jüdischen Einflusse selbst Tür und Tor geöffnet hätte. Wer selbst bis in die Seele liberalistisch bleibt, kann allerdings nur zu zwei Möglichkeiten gelangen: entweder in dem Juden nur den anderskonfessionellen Deutschen zu sehen, oder ihn mit roher Gewalt zu unterdrücken. Zwischen diesen beiden Polen pendelt der Liberalismus immer. Es bedarf jedoch keines besonderen Hinweises mehr, daß beide Wege gleich unmöglich sind. Dem ersten steht der völkische Selbstbehauptungswillen des Judentums gegenüber, dem zweiten das Sittengesetz. Individualistisch sind aber auch die Kampfmittel des Antisemitismus; sie verraten sein Befangensein in der grundsätzlich von diesem Buche befehdeten Geisteswelt. Dies beweist die gehässige Kampfesweise vom Einzelnen zum Einzelnen, wo es sich doch um schicksalhafte Gegensätze von Volksgeist zu Volksgeist handelt; sodann aber auch die Aufwühlung grobstofflicher Leidenschaften, die ähnlich wie der Marximus den Neid zum Leitsatze aller Politik machen will.

Die hier gekennzeichnete Neueinstellung zu Volks- und Rassefragen bedeutet ein Bekenntnis zur Bevölkerungspolitik (wahrer Volkspolitik), über die ein eigener Teil dieses Buches sich verbreiten wird. An Stelle der alleinigen Fürsorge für den einzelnen Staatsbürger — Begriff der heutigen Sozialpolitik — tritt die Pflege des Volkskörpers, das Streben nach seiner Erhaltung und Reinhaltung. Denn, sieht das neue Geschlecht wiederum das Göttliche im Menschen, so muß es das deutsche Volkstum als das irdische Gefäß empfinden, in dem der göttliche und sittliche Inhalt gefaßt wird. Dieses Volkstum wollen wir deshalb gesichert und ohne Ende wissen; wir wollen es wachsen und sich entwickeln sehen. Wir sind bereit, uns selbst ihm zu opfern. Damit es sich behaupten kann, wünschen wir ihm Macht, begreifen aber diese Macht nur als Pflicht im Dienste der ewigen Aufgaben des Menschen.

Damit wurden die letzten Werte gezeigt, die, über das Einzelwesen hinausragend, geschützt und erhalten werden müssen, wenn der Sinn des Lebens nicht zerstört werden soll. Diese Werte sind unverrückbar und nicht umwertbar, ihr Wesen beruht auf der Ganzheit der menschlichen Vernunft, der Auswirkung der makrokosmischen Welt. Unter stürzenden Götzenbildern hebt der neue Mensch wieder sein sehnsüchtiges Auge zu Gott. Er gewinnt wieder ewige Werte, ein unverändert thronendes Gesetz, dem er sich selber unterordnet. Der Trieb, solche Werte um jeden Preis zu erhalten, ist, soweit er auf das Leben der Kultur, der Gesellschaft und des Staates ausstrahlt, konservativ im höchsten Sinne des Wortes. Es ist damit das Mindestmaß konservativer Haltung umschrieben, die jedes Volk aufbringen muß, um der Selbstvernichtung zu entgehen. In einem Augenblicke, da das Leben in Erstarrung geraten ist, die Quellen metaphysischer Kräfte verschüttet scheinen, die Verlarvung immer noch fortschreitet, der Zerfall der menschlichen Gesellschaft in sichtbarem Zerbröckelungsvorgange angehoben hat, gibt es zur Rettung der Lebendigkeit, der Gesittung, der wahren Persönlichkeit nur eine rettungversprechende Haltung: die konservative. Einst mag die fortschrittliche Richtung ihren Sinn gehabt haben: als erstarrte Formen im Namen des Lebens gesprengt werden mußten. Seit aber alle Fesseln gefallen sind, ist fortschrittliche Haltung ein Stoß ins Leere oder Selbstmord. In diesem letzten Sinne hat das große Zeitalter der Erhaltung, des Konservativismus, angefangen.

Fern liegt uns aber jeder Konservativismus, der Äußerliches und überlebte Formen erhalten möchte. Die heutigen Formen von Gesellschaft und Staat sind im eigentlichen Sinne des Wortes gar keine Formen mehr; sie sind leergebrannte Schlacken, Zeugen der Gestaltlosigkeit und des Auflösungsvorganges. An ihnen festhalten, hieße jenem übel beleumundeten Konservativismus huldigen, der an Zuständen kleben bleibt, statt sich im Geistigen zu erfüllen. Diese Zustände aber sind reif zum Untergange.

Wir haben etwas gewonnen, das als unerschütterliches Gesetz über uns waltet: was über die Erkenntniskraft des Einzelmenschen hinausgeht, kann von menschlicher Willkür nicht angetastet werden. Aber weil wir den Bezirk des Heiligen wieder herstellten und neu umgrenzten, befreiten wir uns vom Ungeiste, falsche vergängliche Werte in ihrer Nichtigkeit erkennend. Wir sind Evolutionäre im reinsten Sinne des Wortes: seelisch und geistig überwinden wir eine morsch gewordene Welt und werten ihre Werte um, weil der höchste Wert für uns unumstößlich feststeht. Führt diese Umwertung aller Werte auch zur Umwälzung der Dinge, so mag man uns auch revolutionär nennen. Die revolutionäre Haltung gilt jedoch nur für die äußeren Umstände dieses zerbrechlichen Gesellschaftsbaues. In Wahrheit wollen wir die 400jährige individualistische Revolution des Abendlandes beenden und eine schöpferische Zeit der Erhaltung einleiten. Der Weg zu diesem Ziele heißt Kampf. Unsere Rechtfertigung ist: daß man aus tiefstem Willen zur Erhaltung — zerstören muß. Wahrer Wert verlangt Vernichtung des Unwertes.

So steigt aus der Asche des ein Zeitalter begrabenden Krieges verjüngt der deutsche Mensch, neues Leben, neue Ordnung, aber den ewigen Gott kündend.

Zweiter Teil

Volk, Gesellschaft, Staat, Recht

Dies aber ist das dritte, was ich hörte: daß Befehlen schwerer ist als Gehorchen. Und daß der Befehlende die Last aller Gehorchenden trägt.

Nietzsche.

Die Möglichkeiten der Gemeinschaftsbildung

Gegenstand des ersten Teiles waren der Mensch und seine Wertmaßstäbe. Es mußte ein neues weltanschauliches Gebäude auf der Trümmerstätte des Gegenwartschaos errichtet werden. Der Götzenzerstörung folgte die Aufrichtung neuer Symbole. Der Verfasser ist sich bewußt, daß seine Kritik der Zeit, wie auch seine Darstellung der neuen Zukunft, nicht mehr sind als skizzenhafte Wiedergabe eines Gesamtbildes. Er versuchte auf knappem Raume in möglichst faßlicher Weise zusammenzudrängen, was sonst durch das Studium zahlreicher schwieriger Werke mühsam erarbeitet werden müßte. Darüber hinaus war sein Ziel, Krieg und Nachkriegszeit in Beziehung zur Zeitwende zu setzen, die besondere Lage des deutschen Volkes und die Sendung des Kriegsgeschlechtes herauszustellen. Im ganzen und großen bietet also der erste Teil dieses Buches für die — allerdings wenigen — Kenner der geistigen Zeitströmungen kaum Neues.

Die Gefahr besteht aber, daß die zweifellos schon erfolgte geistige Wiedergeburt des deutschen Volkes sich gewissermaßen abgekapselt vollzieht; daß sie Herzenssache weniger Denker bleibt und nicht zur Gestaltung des Gemeinschaftslebens führt. Ja, daß andere, politischere Völker die Früchte deutscher Geistesarbeit ernten; daß sie gestalten, was wir erschauen. Die Kluft zwischen der Welt des Geistes und der schöpferischer Formung droht unüberbrückt zu bleiben. Wissen allein hat keinen Sinn; es soll zum Wirken anleiten. Hier setzt die eigentliche Aufgabe dieses Buches ein.

Es will die Brücke schlagen von der philosophischen Schau zur politischen Wirklichkeit. Es erstrebt die Auswirkung geleisteter Denkarbeit auf das Gebiet der gedankenarmen deutschen Politik. Die Unfruchtbarkeit deutschen politischen Lebens schreit gen Himmel. Nur Versenkung in den Geist der Geschichte, in den Sinn des Lebens, kann hier helfen. Wehe dem Volke, das seine Denker als Narren behandelt, die nach Belieben beschworen oder lächerlich gemacht werden! Ist Politik nicht mehr Ausdruck tiefster menschlicher Gestaltungssehnsucht, so wird sie das verächtliche Handwerk aufstiegbegieriger Kleinbürger.

Ankündigung einer mythosbeherrschten Zeit war der Inhalt des ersten Teiles. Der zweite will die sozialen Formen zeigen, die als Niederschlag eines individualistischen Zeitalters noch heute ihr ruinenhaftes Dasein führen; er will ihren Zerfall beschleunigen und den Weg zu neuer lebendiger Form aufweisen. Der Verfasser begibt sich also auf das Gebiet der Voraussage und der Forderung. Er weiß, daß alles, was über neue gesellschaftliche, staatliche und rechtliche Formen gesagt wird, über die Grenze des Entwurfes nicht hinausragen kann. Denn solche Forderungen tragen einen einigermaßen sicheren und einen unsicheren Bestandteil in sich: mit ziemlicher Sicherheit können durch Vergleich mit übersinnlich verwurzelten Geschichtsabschnitten die überzeitlichen Wesenseigentümlichkeiten wahrhaft organischen Gesellschaftslebens herausgearbeitet werden. Die Schwierigkeit dabei ist, das Zeitlose vom Zeitbedingten zu trennen. Immerhin kann diese Aufgabe noch als lösbar betrachtet werden. Anders verhält es sich aber mit der Zukunftsschau. Hier gilt es, die gewonnenen überzeitlichen Wesensgrundzüge organischer Gestaltung auf die heutigen realen Verhältnisse anzuwenden. Das Gesellschaftsleben der Gegenwart muß auf Ansatzpunkte organischen Lebens, die ausbaufähig wären, untersucht werden. Eine wissenschaftlich sichere Methode für dieses Verfahren fehlt. Beobachtungsgabe und Ahnungsvermögen müssen ersetzen, was an klarer Erweisbarkeit fehlt. Hier beginnt die schöpferische Aufgabe dieses Buches. Geht es in seinen einzelnen Vorschlägen zu weit, so kann es von der Zukunft Lügen gestraft werden. Bleibt es in der Andeutung stecken, so bietet es dem Suchenden zu wenig Anhalt, nach dem er doch verzweifelt ruft. In der Einhaltung der richtigen Grenze liegt also die Schwierigkeit dieser Abhandlung.

Die geistige Grundlage wurde im weltanschaulichen Teile gelegt. Weltanschauung ist der Wertmaßstab, den der Mensch an das All anlegt. Es könnte nun der Vorwurf erhoben werden, daß der Verfasser insofern selbst Individualist sei, als er das Einzelwesen zur Grundlage dieses Werkes gemacht habe. Aber abgesehen davon, daß er selber die Gewißheit in sich fühlt, Teil eines höheren Willens als des eigenen zu sein, sei jenem Einwande mit folgendem Vorhalte begegnet: Das gegenwärtig ausklingende, individualistische Zeitalter erlaubt nicht, mit der Bekehrung anders als beim Einzelwesen einzusetzen. Solange dieses sich selbst als die Grundlage aller Gemeinsamkeit betrachtet, so lange bleibt es auch der längste Hebel für die Umgestaltung des Gemeinschaftslebens. Zudem ist jede Wertlehre an die geistige Grundeinstellung des Einzelnen gebunden. Wertung bleibt immer dem Einzelmenschen vorbehalten und die sogenannte Gewissensfreiheit ist nur die Freiheit des Wertens. Deshalb bleibt der Wertmaßstab des Einzelmenschen grundlegend für alle Gesellschaftsbetrachtung, auch wenn er, als Überindividualist, dieses wertende Individuum als gesellschaftliche Grundlage ablehnt.

Hier liegt der Berührungspunkt mit der organischen Staatsauffassung und der Ansicht ihrer Gegner, welche sie als „romantisch" ablehnen. Dabei wird in der Regel dem Begriffe Romantik ein Beigeschmack von Wirklichkeitsfremdheit deshalb gegeben, weil die organische Gesellschaftslehre vom Organismus als Realität ausgeht. Nun ist der Begriff der Realität äußerst problematisch; für den wertenden Menschen läßt sich die Wirklichkeit der Dinge, unabhängig von seiner Wertungsweise, gar nicht feststellen. Für ihn sind die Dinge so wie er wertet. Es kommt deshalb weniger darauf an, festzustellen, ob die Gemeinschaft tatsächlich Ausgangspunkt menschlichen Lebens ist — obwohl der Beweis dafür zu geben wäre — sondern darauf, was höher bewertet wird. Die Einstellung zum Einzelnen und zur Gemeinschaft entscheidet. Sie allein gestaltet das Leben. Auf dieser streng kantischen Grundlage läßt sich um so leichter aufbauen, als festgestellt wurde, daß gerade die Selbstverantwortung des wertenden Einzelmenschen zur Selbstbeschränkung seines eigenen Ichs führen muß.

Je nach der Art der Wertung entstehen nun folgende zwei, einander bekämpfende Lehrmeinungen über das Gemeinschaftsleben: eine, welche die Gemeinschaft als Hilfsstellung für die Wohlfahrt und die Entfaltung des Einzelnen auffaßt, und die andere, welche das Einzelwesen als Teilverkörperung höherer Ganzheiten betrachtet.

Der Individualismus ist gezwungen, die naturgegebene menschliche Gesellschaft gewissermaßen künstlich nochmals nachzukonstruieren. Auf irgend eine Weise muß er sich mit der Tatsache abfinden und ihr Rechnung tragen, daß die ungehemmte Entfaltung des Einzelmenschen nicht möglich ist, weil sich eben das Leben in gesellschaftlicher Form vollzieht. Während die organische Gesellschaftsauffassung einfach von der Gegebenheit des gesellschaftlichen Wesens ausgeht, muß der Individualist die einzelmenschlichen Beschränkungen nachträglich rechtfertigen und deshalb die Gesellschaft erst theoretisch aufbauen. Dort besteht eine Ganzheit, in die der Teil hineingeboren wird; hier zahlreiche einzelne Ganzheiten, die zu einer Summe zusammengezählt werden. Der so entstehende Summenbegriff wird dann Gemeinschaft genannt. Er ist aber keine echte Gemeinschaft, da er der Ganzheit entbehrt, kein Eigenleben besitzt. Vielmehr liegt eine mechanisch organisierte Vielheit vor.

Eine solche Gemeinschaftsauffassung hat zweierlei Wirkung: wo sie auf echte Gemeinschaften, d. h. lebendige Ganzheiten angewandt wird, vermag sie deren Wesen nicht gerecht zu werden und wirkt zerstörend. Wo sie dagegen künstliche Gemeinschaften neu schafft, läßt sie dieselben ohne echtes Leben und überdeckt mühsam tatsächliche Anarchie. Der erste Fall liegt vor bei der Betrachtung des Volksbegriffes. Nach unserer Auffassung ist Volk eine eigene Individuation, ein selbständiges, geisterfülltes Wesen, das sich im Einzelmenschen immer nur teilhaft widerspiegelt. Volk ist ein Organismus, dessen Ganzheit der Einzelne nur erfühlen, niemals aber erkennen kann, weil er selbst nur Teil davon ist. Erkennbar bleibt allein die Wesenheit des Einzelmenschen, hinter welchem ein größeres, umfassenderes Leben ruht.

Die individualistische Auffassung läßt nur den Einzelmenschen als tatsächliche Individuation göttlichen Geistes gelten. Volk entsteht nach ihr durch Ähnlichkeit einzelner Individuationsformen. Eine bestimmte Zahl von Menschen, die unter gleichen äußeren Bedingungen leben und deshalb sich ähneln, bilden jene Gemeinschaft, die Volk genannt wird. Diese Anschauung vermag niemals dem Wesen des Volkes als einer seelisch bestimmten Gesamtpersönlichkeit gerecht zu werden. Sie verewigt den Widerstreit zwischen Individuum und Gemeinschaft. Aus Volk wird so ein Interessenverband ähnlich Empfindender und Gleichdenkender. Die unbeschränkte Freiheit des Einzelnen wird nur aufgegeben, um den Interessenschutz von Gemeinschaften einzutauschen, die auf der Grundlage gleichlaufender Einzelinteressen sich bilden. Im Vordergrund steht also der Einzelne und sein Nutzen, in zweiter Linie der Zusammenschluß, der zum mindesten als planmäßig gedacht ist. Das Leben des Volkes bleibt aber stets bedroht, weil der Drang nach Verselbständigung der Glieder, weil schon das Bewußtsein des Teiles, höheres Eigenleben zu sein, genügt, die Lebendigkeit des Gesamtorganismus abzutöten.

Dasselbe gilt für den individualistischen Staat, der nach der Vertragstheorie als durch Vertrag entstanden gedacht wird. In Wahrheit ist der

Staat die höchste Rechtsform, die der Geist eines Volkes schafft, um regelnd über den Ausgleich der Interessen, die im Leben des Volkes allseitig geltend gemacht werden, zu wachen. Es kann dahingestellt bleiben, ob der Staat selber Organismus ist, oder gar ein Organismus vom Range des Volkes. Sicher aber ist er Ausfluß organischen Lebens und organischen Geistes. Mechanistischer Aufbau des Staates sündigt deshalb wider seine Lebendigkeit und macht ihn zur starren Zwangsform.

Der Vertragsgedanke ist römisch-rechtlicher Denkweise entnommen, die als Rechtsträger in erster Linie den Einzelmenschen ansieht, wenigstens im spätrömischen Rechte. Der Staat wird also ebenfalls zur Interessengemeinschaft, deren Ziele allerdings nicht so rein stoffliche sind wie die privater Interessenverbände. Die Erklärung dafür liegt darin, daß noch nie ein Staat in Wirklichkeit durch Vertrag entstanden ist, daß vielmehr dem Übersinnlichen entspringende Kräfte und unwägbare Werte hereinspielen, die einen Vertrag im rechtlichen Sinne niemals als Form ihrer Verwirklichung wählen können. Die Vertragstheorie wird deshalb den schon bestehenden oder aus Gefühlswerten neu werdenden Staaten erst dann nachträglich unterlegt, wenn die im Übersinnlichen verwurzelte Betrachtungsweise im Schwinden und eine rein verstandesmäßige im Wachsen ist. Der schon längst aus anderen Kräften geborene Staat wird von dem später entstandenen Geschichtsmaterialismus selbst materialisiert, so zu einem Unternehmen zur Wahrung gemeinsamer Interessen herabsinkend. Wenn auch diese Wahrung gemeinsamer Interessen anfänglich mehr außenpolitisch in Erscheinung tritt, so wird doch eine innenpolitische Betrachtungsweise immer lebendiger, welche diese Gemeinsamkeit nicht mehr nach außen verteidigen, sondern die Interessen im Innern verfolgen möchte. Diese Entwicklung ist folgerichtig. Wenn einmal der Nutzen zum Hebel der Geschichte gemacht wird, so nimmt er nicht nur den kleinen Finger, sondern die ganze Hand.

Am Anfange individualistischen Staatslebens überwiegen noch echte Gefühlswerte, die schon notwendig durch die einheitlich prägende Macht der gemeinsamen Sprache gegeben sind. Die Angehörigen eines Volkes gebrauchen ähnliche oder gar gleiche Wertmaßstäbe und fühlen sich deshalb in einem gemeinsamen Gegensatze zu fremden Völkern. Je ausgeprägter die Art eines Volkes, je einheitlicher seine Denkweise, um so gleicher laufen die Interessen der einzelnen Volksangehörigen. Das Angelsachsentum hat es in dieser Beziehung am weitesten gebracht. Diese Gleichheit der Interessen, kraft gleichen Volkscharakters, macht ein Volk zur natürlichen Interessengemeinschaft. Auch vom rein materialistischen Standpunkte aus ist also eine Bejahung des nationalen Gedankens möglich. Bei der Betrachtung der Geschichte der Nationalstaaten kann man vielleicht so weit gehen, die politische Reife der Völker nach ihrer Fähigkeit zu beurteilen, die Gemeinsamkeit der Interessen wahrzunehmen. Der englische Arbeiter war bisher klug genug zu erkennen, daß seine bevorzugte Stellung auf der Weltherrschaft seines Volkes fußt; daß der Arbeiter in erster Linie unter den Nöten seines Volkes zu leiden hat, während Kosmopolitismus die Liebhaberei des Besitzenden ist.

Der Verfasser sprach oben von der Uferlosigkeit der Menschenrechte. Ähnliches gilt für das Wucherungsbedürfnis der Interessen. Ist das einzelmenschliche Gefühl dafür, daß das Gesetz des Nutzens das Leben beherrsche, einmal geweckt, so überflutet es die Grenzen der Vernunft und verleugnet alle Wirklichkeit. „Der Interessenherrschaft fehlt dann schlechthin jede staatliche Note; der Staat existiert sozusagen nicht für sie, existiert zunächst überhaupt nicht für den Einzelnen*)." In die Sprache dieses Buches übertragen heißt dies: Einmal zur Herrschaft gelangte Minderwertigkeit wird immer minderwertiger; Interessenherrschaft endigt im Interessensumpf.

Aber nicht nur Zerstörung wirklicher Organismen ist die Folge individualistischer Anschauung, sondern auch Schaffung von mechanischen Zusammenschlüssen kollektiver Art, die überhaupt nicht lebendig und ordnend wirksam werden können. Sie sind nichts als notdürftiger Ersatz, als erzwungene Anerkennung der Tatsache, daß ein Leben in der Vereinzelung unmöglich, daß es immer gesellschaftlich gebunden ist. Solche Zusammenschlüsse sind nicht nachträgliche Rechtfertigung organischen Lebens, sondern bewußtes Ersetzen wahren Lebens durch tote Mechanik. Das Interesse ist es, das hier Gemeinschaften künstlich schafft.

Nackt sitzt des Nutzens häßliche Gestalt auf dem Menschheitsthrone. Die private Interessenvereinigung tritt die Herrschaft an, kein übergeordnetes Ziel mehr vorschützend, sogar das dürftige Mäntelchen des Verbalidealismus verschmähend. Private Zusammenschlüsse zur Wahrung gemeinsamen Nutzens häufen sich. Sie wollen den Staat in die Hand bekommen, um mit seiner Hilfe ihre Zwecke zu erreichen. Da ihre Bestrebungen auf den Staat zielen, so schaffen sie sich eine den Staat umrankende Ideologie. Bejahung des Staates und des nationalen Gedankens ergeben sich so notwendigerweise. Diese Vereine nennen sich Parteien: sie sind Interessenverbände zur Eroberung eines bestimmten Staates und deshalb auf ein einziges Staatsgebilde beschränkt. Ihr Aufbau,

*) Die Demokratin Gertrud Bäumer in der „Hilfe", 1923, Nr. 13.

ihre Wirksamkeit und ihre unheilvolle Rolle beleuchtet ein späteres eigenes Kapitel.

Ist eine Interessengemeinschaft nicht mehr auf ein bestimmtes Staatsgebiet beschränkt oder schweben ihr größere Ziele vor als nur die Eroberung der Macht in einem ganz bestimmten Staate, so wird die Partei zur Klasse. Bei der Partei stehen die eigentlichen Interessen, wenn auch herrschend, im Hintergrunde. Das Bindemittel des Zusammenschlusses ist die Gemeinsamkeit der auf das Staatliche bezogenen Ziele. Dieser Vordergrund fällt bei der Klasse weg. Sie ist die Zusammenfassung derer, die unter ähnlichen Bedingungen leben und deshalb ähnliche Interessen zu verteidigen haben. Sie stehen im Gegensatze zu denen, die unter entgegengesetzten Bedingungen leben und deshalb entgegengesetzte Interessen wahren wollen. Die Gegensätzlichkeit tritt also nackter, unverhüllter zutage, weil nicht ein drittes Gemeinsames, der Staat, als das von allen erstrebte Ziel und deshalb zu wahrende Gut dazwischensteht. Roh und unvermittelt treten vielmehr entgegengesetzte Willensrichtungen einander gegenüber, gegeneinander gestimmt durch die Unvereinbarkeit des jeweiligen Nutzens: der Nutzen des einen ist der Schaden des anderen und umgekehrt.

Die Klassenlage ist durch wirtschaftliche Verhältnisse, durch soziale Umschichtungen, durch Verstädterung und Vermassung, durch Gefühlsvorgänge entstanden und gekennzeichnet. Sie ruht jenseits des Staatlichen und erhält von ihm nur die besondere Note, je nach der Haltung, welche die einzelnen Staaten zur Stärkung oder Unterbindung des Klassengeistes eingenommen haben. Dazu kommt selbstverständlich noch die Wirkung des Volkscharakters. Diese Umstände geben der Klasse eine jeweilige nationale Sonderprägung, ohne ihr Grundwesen beseitigen zu können. So wird die Internationalität des Klassenkampfgedankens verständlich; aber auch die Zwiespältigkeit derjenigen Parteien, die sich zum Klassenkampfe bekennen. Soweit sie Niederschlag der sozialen Klassenstellung sind, können sie auf das Volkhafte und Staatliche verzichten. Wollen sie aber praktische politische Erfolge, so bedürfen sie des staatlichen Machthebels. Diesen ergreifen, heißt aber den Staat bejahen, ob gewollt oder ungewollt. So wird der Sozialismus, solange er den Klassenkampf bejaht, immer zwei Gesichter tragen: ein internationales als Kampftruppe der Arbeiterklasse, ein nationales als Arbeiterpartei. Dort ist er gesellschaftsrevolutionär, hier auf die Eroberung des Staates gerichtet.

Die Klasse ist nur durch Gemeinsamkeit der Interessen, durch Hoffnung auf Nutzen zusammengekettet. Ihr Dasein spielt sich auf der Ebene des Materiellen ab. Trotzdem ist denkbar, daß bei der Verteidigung dieser Interessen sittliche Tugenden in Erscheinung treten, wie Kameradschaft und Opferwille. Es ist dies der bemerkenswerte Fall, wo trotz des materiellen Kampfzieles, bei der Durchführung des Kampfes das Seelentum des Menschen zum Durchbruche gelangt. Geschichtliches Werden von Grenzen und Völkern muß der Klassenkämpfer folgerichtig leugnen. Die Geschichte ist ihm durch wirtschaftliche Entwicklung bestimmt. Er sieht nur eine gewisse Zahl von Einzelmenschen in der gleichen sozialen Lage und sucht diese klassenmäßig zusammenzufassen. Dabei übersieht er sogar den Umstand, daß gar keine sozialen Merkmale für das Vorhandensein einer Klassenlage richtunggebend sein können, sondern nur das jeweilige höchst persönliche Gefühl der davon Betroffenen. Dieser krasse Individualismus wird dadurch widerlegt, daß die Gefühlslage des Einzelnen auch für seine soziale Stellung durch den Volkscharakter, dem niemals entronnen werden kann, bedingt ist.

Die Partei ist ein Bestandteil der bürgerlichen Demokratie. Sie wollte den mündigen Staatsbürger, der, den Staat bejahend, ihn so zu gestalten wünscht, daß er die einzelmenschliche Freiheit und Selbstverantwortung gewährleistet. Darin bestand das mittelbare Interesse des Bürgers am Staate. Aus ihm ist mittlerweile ein unmittelbares geworden: die Benutzung des Staates für den eigenen Nutzen. Die bürgerlichen Parteien sind deshalb im Begriffe, Klassen zu werden, ohne ihren eigenen Klassencharakter zu erkennen und zu bejahen. Die Interessen führen bei ihnen noch nicht das offene und unverhüllte Dasein wie in den reinen Klassenparteien. Auch überwiegen noch wahrhaft staatspolitische Vorstellungen. Die breiten Volksmassen sind jedoch materialisiert und vom Gedanken des größten Nutzens beherrscht. So kommt es, daß bei zunehmendem Zerfall der Parteiideologien die Interessenverbände an Macht und innerer Stärke gewinnen. Bei den bürgerlichen Parteien treten sie als Nebenregierungen in die Erscheinung; bei den sozialistischen ist die Verschmelzung von Partei und Interessengruppe ursprünglich. Heinz Marr*) meint deshalb, der Staatsbürger (als Klassengenosse) sei aktiv und wach nur in Wirtschaftsbelangen, in Staatsdingen hingegen (als Parteifüllsel) passiv oder störrisch. Diese Aktivität des Klassengenossen ist es, welche den Sozialismus trotz seines Versagens und seiner Zwiespältigkeit in eine vorteilhafte Lage gegenüber dem sogenannten Bürgertume gebracht hat. Auch in diesem setzen sich deshalb interessenmäßig

*) Großstadt und politische Lebensform. Hanseatische Verlagsanstalt Hamburg 1927.

eingestellte Strömungen durch: Wirtschafts- und Bauernparteien. Die sogenannten Weltanschauungsparteien dagegen haben keine kämpferische Kraft mehr. Es fehlt ihnen die Lebendigkeit des Klassengenossen.

Mit der Verdrängung des Parteifreundes durch den Klassengenossen ist der Zerfall des demokratischen Nationalstaates besiegelt. Sind die Zusammenschlüsse einmal unter das Gesetz des größten Nutzens gezwungen, so muß die nationalstaatliche Bindung in dem Augenblicke zerreißen, in welchem internationale Vereinigungen größeren Nutzen in Aussicht stellen. Bilden sich größere oder breiter gelagerte Interessengemeinschaften heraus, so überschreiten sie bedenkenlos die Grenzen von Nation und Staat. Was dem materialistischen Kapitalismus recht, ist dem materialistischen Sozialismus billig. Es nützt dann nichts, die nationalistische Gefühlswelt galvanisieren zu wollen. Nur die Verneinung des Nutzens als kollektives Bindungsmittel vermag diese Gefahren zu beschwören. An Stelle kollektivistischer Organisiertheit muß seelenhafte, organische Gebundenheit treten. Beharren auf individualistischen Bahnen wird unrettbar den auf der Nation aufgebauten Staat sprengen und in der Folge das Wertvolle, das Metaphysische, das Volkstum vernichten. Anfänge einer solchen verhängnisvollen Entwicklung sind schon heute sichtbar. Den großen Wirtschaftskörpern sind die nationalen Grenzen zum mindesten unbehaglich. Sie sehen am Horizonte weitere Interessengebiete sich abzeichnen, als der eigene Staat ihnen bieten kann. Ja, sie müssen, um die Ernährungsgrundlage des Volkes sicher zu stellen, wirtschaftlich den Ernährungsraum erweitern. Deshalb erscheint ihnen die Interessengemeinschaft des heutigen Nationalstaates als zu eng. Individualistische Denkweise kennt nur zwei Wege zur Schaffung größerer Interessengebiete: entweder den imperialistischen, der die Kräfte des eigenen Volkes einsetzt, um dessen bisherigen Geltungsbereich zu vergrößern; oder den kosmopolitischen Weg, der durch Bildung internationaler Zusammenschlüsse die störenden Grenzen verwischen möchte. Es tritt also überraschend hervor, daß Imperialismus und Kosmopolitismus von einem gemeinsamen Vater abstammen: vom Individualismus. Welchen beider Wege das individualistische Interesse einschlägt, hängt von der Gunst des Augenblickes ab, bleibt also Taktik. Je kräftiger der Nationalstaatsgedanke, je günstiger die geographischen, militärischen und politischen Bedingungen, um so stärker der imperialistische Zug. Je schwächer der Nationalismus, je schlechter die staatliche Machtlage, um so lebendiger das kosmopolitische Streben. Grundlage beider Richtungen ist aber der moderne Staat. Er, der sich selbst als von Interessen begründet begreift, konnte zunächst keine passendere Interessengemeinschaft als Ausgangspunkt finden als die der — wenn man so sagen darf — interessenbewußten Nation.

Die Hauptformen individualistischen Gemeinschaftslebens sind demnach die Klasse und die Partei. Jene gesellschaftlich gebunden, diese staatlich. Jene im Angriffe, diese in der Verteidigung. Mit der Partei aber steht und fällt der demokratische Nationalstaat, innerlich bedroht durch Klassenpolitik, äußerlich durch imperialistische Gegnerschaften und den Kosmopolitismus überstaatlicher Verbände.

Die echten Gemeinschaften sind vom Leben geboren, sind da und bedürfen nicht erst der Rechtfertigung oder des künstlichen Aufbaues. Lebenswirksam ist das beseelte Gefühl und nicht der verstanderrechnete Nutzen. Nicht der Interessenverband, sondern die seelenhaft gebundene Gemeinschaft steht im Mittelpunkte des organischen Weltbildes. Die Gesellschaft ist nicht eine beliebige Summe von Einzelwesen, sondern die gegliederte Mannigfaltigkeit natürlicher Verbände, denen das Gesellschaftsleben ihre Aufgaben und Zwecke zuweist. Die Gliederung selbst ist stufenförmig, mittelalterlich gesehen: hierarchisch. Den Graden der Gottseligkeit entsprechen Grade der Wirklichkeit: die übernommene Verantwortung des Einzelnen ist der Gradmesser für seine Einstufung.

Organische Verbände verfolgen nicht den organisierten Nutzen der Einzelnen, sondern den gesellschaftlich notwendigen Zweck der übergeordneten Ganzheit. Ihm ordnet sich der Einzelne freiwillig unter, von ihm empfängt er seine Verpflichtung. Erst die Leistung, dann das Recht; und nicht die umgekehrte Reihenfolge des Individualismus kennzeichnet das Wesen organischer Gesellschaftsordnung. Der Aufstieg des Einzelnen vollzieht sich stufenweise innerhalb der gegebenen Gemeinschaft. Wahre Demokratie ist nur auf dem Boden der Gesellschaft, niemals im Staate möglich.

Denn der Staat ist höchste Gesamtordnung, selber ohne Inhalt, über den inhalterfüllten gesellschaftlichen Gruppen thronend. Er gewährleistet die Rechte aller Gruppen und Verbände, so als oberster Richter die Gesellschaft befriedend. Die im Gesellschaftsleben Aufgestiegenen, die Besten, bilden jene Oberschicht, die den Staat gestaltet und seine Führung übernimmt. Das staatsentscheidende Element muß immer aristokratisch sein, weil der Staat sonst in die Niederungen des Lebens herabgerissen, seiner Aufgabe, Schutz zu gewähren, nicht gerecht zu werden vermag. Denn Staat ist die rechtliche Form, die ein Volk sich oder dem von ihm vorwiegend beherrschten Raume gibt, um seine Lebenswerte nach außen zu schützen. Mit dieser Aufgabe steht und fällt der Staat, mit dem Verluste der Unabhängigkeit nach außen ist sein Schicksal besiegelt. Der wahre Staat wird in Freiheit geboren und stirbt mit der Freiheit.

Das Wesen der organischen Gemeinschaft wurde hier nur, zum Zwecke der Gegenüberstellung, skizzenhaft umrissen. Wenn der staatspolitische Teil dieses Buches von der Kritik zum Aufbau übergeht, so wird der Versuch gewagt werden, aus den wenigen noch vorhandenen Ansatzpunkten lebendigen Gemeinschaftslebens ein organisches Zukunftsbild zu gestalten.

Die Aufspaltung der Gemeinschaft

In großen geschichtlichen Zeitabschnitten erscheinen begnadete Seher, die den Versuch machen, ihren Mitmenschen die Vorstellung eines einheitlichen Weltbildes zu vermitteln; die sich dem Chaos entgegenwerfen, um es durch Ordnung zu überwinden. Es sind dies die zeitlos geistigen Gestalter der Menschheit. Platon, Augustinus und Dante sind im Grunde eines Geistes. Ihr kosmisches Gefühl ist dasselbe, wenn auch ihre Darstellungen der Wirklichkeit zeitbedingt sein mögen. Die Neuzeit entbehrt bis zur Stunde des Ordnung weisenden Genies. Ordnung Heischende waren viele vorhanden: ihr stärkster war Nietzsche.

Die am Stückwerk haftende Wissenschaftlichkeit des 19. Jahrhunderts vermochte dem Streben eines Platon nicht gerecht zu werden. Wie irrtümlich ist allein die Übersetzung des Wortes Politeia mit „Staat". Für Platon handelt es sich um die Ganzheit des menschlichen Gemeinschaftslebens. Der verengte Blick des staatsvergottenden 19. Jahrhunderts vermochte neben dem Staate keine andersgeartete Gemeinschaftsbeziehung mehr festzustellen, obwohl doch offenkundig war, daß neben dem Staate zahlreiche Bindungen herliefen. Die Folge dieser Blickverengung mußte sein, daß zahlreiche Platonforscher alle Gemeinschaftsideen Platons, die nicht mehr moderner Staatsvorstellung entsprachen, als utopisch ablehnten.

In Wahrheit will Platon nicht mehr und nicht weniger darstellen als die menschliche Lebensordnung schlechthin. Der Mensch ist von Natur ein Gesellschaftswesen; diese oberste Erkenntnis waltet über allem platonischen Denken. Nichts ist deshalb natürlicher als sein Versuch, die mikrokosmische und die makrokosmische Seite menschlichen Lebens in untrennbare Beziehung zueinander zu setzen. Den „Tugenden" des Einzelmenschen entsprechen bei dem großen griechischen Denker die Tugenden der Gemeinschaft. Die seelische Beschaffenheit beider ist die gleiche. Nur so wird verständlich, daß alle Äußerungen menschlichen Lebens, seien sie mehr geistiger, seien sie mehr stofflicher Art, dem Gemeinschaftsleben entspringend, auch unter ein inneres Gesetz gebracht werden sollen: religiöses Sein, kulturelles Schaffen, verwaltende und wirtschaftliche Tätigkeit, biologisches und kriegerisches Leben, alles wird geordnet in einem Geiste und unter einem großen Gesichtspunkte.

Es sind Versuche gemacht worden, modernes Staatsleben platonischer Zielsetzung anzupassen. So wurde die allordnende Staatsgewalt als Ideal von dem allgewaltigen Gegenwartsstaate erstrebt. Die neuere Geschichte kennt die Einrichtung der Staatskirche, sie weiß von Bestrebungen, welche dem Staate die Gesamterziehung des Volkes übertragen wollen. Der Sozialismus schwelgt nicht nur in den Vorstellungen eines solchen Erziehungsstaates, er will auch die Produktionsmittel verstaatlichen und die Verteilung der Verbrauchsgüter regeln. Ganz folgerichtige Kommunisten zielen auf die Abschaffung der Familie, wollen die „Vergesellschaftung" der Frau. Gegenströmungen sind entstanden: Die Trennung von Staat und Kirche als Forderung der Aufklärung und der Demokratie; umgekehrt verlangen die Religionsgesellschaften den Übergang der Erziehungsaufgaben vom Staate auf die religiösen Gemeinschaften. Die Wirtschaft bäumt sich gegen staatlichen Zwang auf und ruft nach dem Rechte der Selbstverwaltung. Es scheint schwer, diese Bestrebungen von einem Gesichtspunkte aus zu verstehen und hinter ihnen bestimmte Weltanschauungen zu erkennen. Und doch muß es möglich sein, über die Vordergrundserscheinungen hinaus den Wesenskern dieser Fragen herauszuschälen.

Platon legt seinem allordnenden Gemeinschaftsideale einen Stadtstaat zugrunde, den er auf etwa 5000 Familien größenmäßig beschränkt. In diesem Rahmen will er den Gedanken der Einheit, vom Religiösen bis zum geschlossenen Handelsstaat, verwirklichen. Es liegt auf der Hand, daß moderne Großstaaten mit vielen Millionen Einwohnern niemals diese innere Geschlossenheit erreichen können. Der entscheidende Grund, warum die geschlossene Einheit platonischen Gemeinschaftslebens heute nicht zu verwirklichen ist, liegt aber nicht in den verschiedenen Größenverhältnissen der Staaten, sondern in der geschichtlichen Entwicklung.

Die Gesamtheit aller Gemeinschaftsbeziehungen wurde nämlich durch die Geschichte aufgespalten in ganz verschiedenartige und verschieden große Kreise. Der größte ist religiöser Art und kann umrissen werden mit dem Worte „Christentum". Die Einheit der Christenheit, früher nicht nur ein religiöser, sondern auch ein kultureller und politischer Begriff, beschränkt sich heute nur noch auf das rein religiöse Bekenntnis. Schon der Begriff christliche Kultur ist verschwommen. Von den farbigen Christen abgesehen, fehlt jede kulturelle Vergleichsmöglichkeit zwischen einem russischen und einem spanischen Christen. Die Kulturgegensätze sind fast unüberbrückbar. Auch die weißen Überseevölker entfernen sich zunehmend von der abendländischen Kulturgrundlage. Je stärker eben moderne Volkstümer ihr eigenes Wesen entwickelten, um so mehr wurde die Kultur volksverhaftet, anstatt religionsgebunden. Immerhin besteht noch eine Reihe von Völkern mit stärkster Kulturähnlichkeit. Man denke nur an die Kulturgemeinschaft Mitteleuropas, in welche hier auch der Norden Frankreichs und Burgund einzubeziehen wären. Gemeinsamkeit des Bekenntnisses fällt also schon nicht mehr mit Kulturgemeinschaft zusammen. Der nächst kleinere Kreis ist die Volksgemeinschaft, deren Wesen weiter oben eingehend erläutert wurde. Sie kann wohl als die stärkste gemeinschaftsbildende Kraft der Neuzeit angesprochen werden. Aber auch ihre Grenzen decken sich nicht mit denen der Rechtsgemeinschaften, der Staaten. Deren Abgeschlossenheit wird wiederum durchbrochen durch engere und weitere wirtschaftliche Verflechtungen, die manches Mal nur bestimmte Räume, in anderen Fällen den Erdball umspannen. Mit letzteren fällt die Welt der abendländischen Zivilisation ungefähr zusammen; wohl der größte, aber auch äußerlichste Gemeinschaftskreis, den es gibt. Die Betrachtung würde zu weit führen, wollte sie noch kleinere Einheiten einer näheren Untersuchung unterziehen.

Folgende Reihenfolge wurde gewonnen: Gemeinschaft des religiösen Bekenntnisses, Kulturkreis, Volksgemeinschaft, Staatsverband, Wirtschaftsverbindung und Zivilisation. Der Größenordnung nach muß mit der Religion begonnen, mit dem Staatswesen aufgehört werden. Die wirtschaftlichen und zivilisatorischen Zusammenhänge sollen einmal ausgeschaltet und späterhin noch knapp untersucht werden.

Ist diese Größenordnung zufällig oder irgendwie sinnvoll? Eine Antwort auf diese Frage ist nur erhältlich, wenn nach platonischer Methode die jeweils gemeinschaftsbildende Kraft auf ihre Bedeutung und ihre Wesenhaftigkeit innerhalb des menschlichen Geistes untersucht wird. Es wird sich dann ergeben, daß der Größenordnung eine geistige Rangordnung entspricht. Das Unstofflichste aller geistigen Leben ist das religiöse. Es vermag irdische Grenzen am leichtesten zu überwinden; daher der Siegeszug religiöser Bekenntnisse über Rassen, Kulturen, Völker und Staaten hinweg. Das kulturelle Leben ist schon bodenverhafteter und blutsgebundener als das religiöse. Hier findet die erste Verengung des Kreises statt; hier legt sich ein engerer Kreis konzentrisch in den der religiösen Gemeinschaft. Vielleicht spielt dabei die Rasse ihre geschichtliche

Rolle. Mögen auch verwandte Völker gemeinsame Kulturen schaffen, so bleibt immerhin die Besonderheit des einzelnen Volkstums. Wenn auch noch rein metaphysisch gebunden, so ist es in noch höherem Maße dem Boden und dem Schicksal verschrieben als der Kulturgedanke. Ein noch engerer Kreis legt sich so in die beiden schon gezogenen. Dem Volkstum verpflichtet, trotzdem aber zweckbestimmter und mehr auf gemeinsamen Nutzen gestellt, ist der reine Rechtsverband des Staates. Noch kleiner muß deshalb die von ihm eingenommene Kreisfläche ausfallen. Wir gelangen so zu dem Gesetze: Mit abnehmender religiöser Gebundenheit, mit zunehmender Stofflichkeit werden die Gemeinschaftskreise immer kleiner. Die Universalität der Gemeinschaft entspricht der Ganzheit des Geistes. Der Aufsplitterung des geistigen Lebens folgt aber die Aufspaltung des Gemeinschaftslebens auf dem Fuße. Großgemeinschaften sind nur auf religiöser Grundlage denkbar, Kleingemeinschaften sind Ausdruck stoffverpflichteten Seins. Diese Feststellung widerspricht dem platonischen Stadtstaate nur scheinbar; er beruht auf der Annahme, daß keine größere Gemeinschaftsgrundlage als die Polis vorhanden. Für die Zeit der Großvölker entfällt natürlich jene Voraussetzung Platons. Zudem ist hier auf jene glaubwürdig überlieferte griechische Vorstellung zu verweisen, daß durch die Bindung der eleusinischen Mysterien „die Welt zusammengehalten" werde und bei ihrem Schwinden auseinanderbräche.

Der im letzten Kapitel behandelten, immer stärker werdenden Betonung des Nutzens muß ein weiterer Zerfall heute noch wirksamer Gemeinschaftsbildungen folgen. Die Interessenverbände drohen Volk und Staat zu zersetzen. Dieser Zustand beweist die Richtigkeit des hier aufgestellten Gesetzes. Aber auch die Geschichte: mit abnehmender Religiosität mißglücken alle irdischen Versuche, Abbilder der Reichsgottesidee auf Erden zu schaffen. Christenheit, abendländische Kultur, politisches Reich und europäische Wirtschaft waren dereinst eine zwar vielfältige, reichgegliederte, aber dennoch spürbare Einheit. Die Aufspaltung ist vollzogen, das Chaos droht.

Die Tatsache der weltwirtschaftlichen Verflechtung und der zunehmenden Zivilisierung der Erde scheint diesem Gesetze zu widersprechen. Und doch wäre eine solche Schlußfolgerung irrig. Denn die zivilisierte Menschheit ist ebensowenig eine lebendige Gemeinschaft, als die weltwirtschaftliche Verflochtenheit menschheitsordnend wirkt. Und umgekehrt könnte der Siegeszug der Zivilisation, im Vergleiche mit der Weiträumigkeit religiöser Gemeinschaften, höchstens die schon gemachte Feststellung bestätigen, daß die Zivilisation zur Diesseitsreligion geworden ist.

Diese ist aber Lebensverleugnung, Götzendienst und im Grunde anarchisch. Die Zivilisation kann also niemals im platonischen Sinne gemeinschaftsbindende Kraft ausüben.

Nach dem Verluste der inneren Einheit und Ganzheit des menschlichen Geistes mußte demnach die Aufspaltung der allumfassenden Gemeinschaft erfolgen. Der unzerstörbare universalistische Drang des Menschen hat aber keineswegs mit Versuchen, die ersehnte Ganzheit wieder herzustellen, gespart. Nur wurde das große Werk seit dem Ausgange des Mittelalters niemals mehr von innen heraus versucht — also durch Wiedergewinnung geistiger Einheit — sondern von außen her, durch die Übergewichtigkeit eines jener obenerwähnten Teilkreise. Die im Mittelalter lebendige Christenheit sollte ersetzt werden durch die Stärke und allumfassende Macht kirchlicher Organisation. So entsteht der diesseitige Herrschaftsanspruch der Kirche. Daneben finden sich Zivilisation und wirtschaftliches Denken zusammen, um mit Hilfe des Humanitarismus einen Menschheitskulturbegriff zur Geltung zu bringen. Endlich aber hat auch die rein staatliche Denkweise nicht versäumt, imperialistisch auf das Ziel des Weltimperiums zuzusteuern. England und Napoleon I. sind die Zeugen solchen Strebens; ob Amerika in ihre Spuren tritt, wird die Zukunft ebenso lehren, wie sie die Frage beantworten dürfte, ob der Panslawismus in der neuen Form der Weltdiktatur des Proletariats seine Auferstehung feiern wird. Sagt doch Dostojewski*): „Alle Menschen müssen russisch werden, als Erstes und vor allen Dingen russisch werden. Ist die Allmenschheit die russische Nationalidee, so muß vor allem erst jeder Russe werden." So stehen sich Kirche, Wirtschaftsmacht und Staatenimperialismus im Kampfe um die Führung gegenüber, die Völker zwischen sich zerreibend.

Und doch konnte schon oben festgestellt werden, wie eng Religiosität und Volkstum miteinander verwandt sind, wie gerade sie, als die am stärksten metaphysisch gebundenen Kräfte, aufeinander angewiesen sind. Ein geschichtlicher Rückblick erweist die Richtigkeit dieser Behauptung. Christenheit, Abendland und der Universalismus des Heiligen Römischen Reiches Deutscher Nation fielen einst zusammen. Ein bestimmtes Volkstum, das deutsche, war Kern und Träger mittelalterlichen Gottesstreitertums, abendländischer Kultur und europäischer Politik. Die Kirche konnte ohne den völkisch-deutschen Kulturboden an die Errichtung ihres Reiches Gottes auf Erden gar nicht denken. Es wäre falsch, den modernen Widerstreit zwischen Kirche und Staat dem Kampfe zwischen Papsttum und

*) Politische Schriften.

Kaisertum gleichzusetzen. Hier geht es um den diesseitigen Machtbereich, dort ging es um den Vorrang in dem Streben nach Verwirklichung des Reiches Gottes auf Erden. Die Civitas Dei des Augustin wird in der Doppelgestalt von Kirche und Reich gleichermaßen ersehnt. Friedrich II. von Hohenstaufen umschrieb diese Entwicklung am schärfsten*): „Zur Ehre und Erhöhung der christlichen Fides wie auch für die kirchliche Ehre und Freiheit sind Imperium und Ekklesia eines und dasselbe."

Das Reich des Mittelalters ist nun keineswegs dem modernen Staate vergleichbar. Es war eine Völkergesellschaft, die unter deutscher Führung sich den höchsten Schlichter und Richter zur Wahrung ihrer Universalität selbst gesetzt hatte. Wenn auch gerade Friedrich II. von Hohenstaufen in Sizilien den ersten zentralistischen Beamtenstaat schuf, so kennzeichnet dieser Umstand keineswegs den Geist des Mittelalters. Friedrich II. erweist sich auch darin als Gipfelgestalt, daß er gleichsam die Wasserscheide darstellt zwischen dem mittelalterlichen Reiche und dem modernen Nationalstaat, nach beiden Seiten sehend, ähnlich Dante, der als letzte Türmung der mittelalterlichen Welt gleichzeitig der erste Schöpfer der Nationalliteratur war. Im Gegensatze zum Mittelalter ist der moderne Staat individualistisch und atheistisch. Er will nur Macht und Recht schaffen, ist also römisch und keineswegs christlich gedacht. Je individualistischer er wurde, um so stärker mußte die Kirche ihren universalen Charakter betonen. — Daran änderte auch die Reformation wenig. Sie setzte wohl an Stelle der universalen Hierarchie die demokratische Synodalverfassung. Sie verzichtete auf unmittelbare Bevormundung und führte dafür eine mittelbare ein, die im Lebensstile des Calvinismus wirksam wurde. Die Frucht dieser Entwicklung ist die sogenannte christliche Zivilisation, gleichermaßen Völker und Religion zerfressend. — Der hierarchische Universalismus der katholischen Kirche blieb aber in ungebrochener Lebenskraft bestehen.

Für die Kirche ist heute das deutsche Volkstum eines unter vielen; die moderne Christenheit ist nicht wie die mittelalterliche deutsch bestimmt. Und trotzdem ist das Volkstum mit dem universalistischen Weltbilde vereinbar. In dem Kampfe um Alleingeltung tritt es nämlich nicht wie Staat, Wirtschaft und Zivilisation mit Ansprüchen hervor. Die Volkstümer sind naturgegeben und naturverbunden, ihr Wachstum und ihr Schwinden ist organisch. Auch kann ein Volkstum niemals für sich Alleingeltung beanspruchen. Es bedarf hierzu einer Macht, so wie Kirche, Wirtschaft und Staat Macht besitzen. Die metaphysische Gebundenheit des Volkstums weist ihm aber unter den verschiedenen Gemeinschaftskreisen eine leben-

*) Zitiert nach Leopold Ziegler a. a. O.

spendende Stellung zu. Aus ihr können religiöse Kräfte der Wiedergeburt erwachen, welche jene Einheit des Geistes wieder herzustellen verheißen, die verloren gegangen. Um die geistig-biologische Fähigkeit kräftiger Völker rankt sich also heute jede Hoffnungsfreude auf gemeinschaftsbildende Kraft, die allein zur Einheit befähigt. Neuerwachen der Religiosität oder gar Wiederverchristlichung scheinen nur möglich auf dem Boden gesunden Volkstums. So wird das Band zwischen Volk und Religion natürlich. Nur ein schöpferisches Volk wird Mittelpunkt religiösen Erwachens. Nur religiöses Erwachen vermag andere Völker mitzureißen und wieder jenen universalistischen Reichsgedanken zu zeitigen, der dem platonischen Ideal wenigstens nahekommt. Die natürlichen Gegner von Volk und Religion sind der allgewaltige imperialistische Staat und die von wirtschaftlichem Denken geschwängerte humanitaristische Menschheitsvorstellung. Blut und Geist bekämpfen so Gewalt und Geld, welche die Einheit zersetzt haben. Der allgewaltige Staat und die erbarmungslose Geldmacht müssen entthront werden, Volkstum und Religiosität streben nach neuem Lebensrechte. Damit aber wird der trügerische Gegensatz zwischen Volkstum und Religion als gefährlich und gemeinschaftszerstörend entlarvt. Ihr Bündnis ist vielmehr die Forderung des 20. Jahrhunderts. Ungeklärt bleiben allerdings die Machtansprüche, welche die Kirche heute stellt. Soweit sie die Allmacht des Staates zur Sicherung religiösen Lebens brechen möchte, ist sie im Rechte. Soweit sie Geist des Volkstums mit Geist echter Religiosität verschmelzen will, ebenfalls. Wenn sie jedoch, genau wie heute der Staat, Volkstum formen und seinen organischen Voraussetzungen entfremden wollte, so wäre sie rein irdische Machtorganisation und nicht Hüterin wahrer Religiosität, die ohne Volkstum nicht sein kann. So dämmert am Horizonte das Licht einer neuen Einheit herauf: die Verschmelzung des christlichen (Kirche) mit dem altheidnischen (Volk) Mythos; vollzogen durch eine neue religiöse Überlagerung.

Der Kampf um den Staatsinhalt

Deutschland steht mitten in einer Krise des Staatslebens. Der wirkliche Sitz des Leidens ist von den Politikern, die sich als Ärzte fühlen, nicht erkannt worden. Sie pflastern am kranken Staate herum, ohne die entscheidende Vorfrage zu stellen, was das Wesen des wahren Staates sei und ob es heute nicht in einer Weise mißachtet werde, die schlechterdings den Staat in seinem Dasein bedroht. Dieser großen Frage gegenüber erscheinen die üblichen Meinungsverschiedenheiten über Staatsform und Staatsaufbau — mögen sie auch aus innenpolitischen Gründen noch so sorgsam gepflegt werden — als nebensächlich und kleinlich.

Es geht um viel mehr. Das Zeitalter des Individualismus hat nämlich das Wesen des Staates verfälscht. Diese Verfälschung ist zu einem Grade gediehen, welcher für das staatliche Leben bedrohlich zu werden beginnt: Die geschlossene Einheit des Geistes soll im Gemeinschaftsleben sich widerspiegeln. Die Gemeinschaft wurde aber seit dem Ausgange des Mittelalters zusammen mit dem menschlichen Geiste aufgespalten. Der moderne Staat machte, von der rein rechtlichen Seite aus, den Versuch, die Einheit des Gemeinschaftslebens künstlich zu organisieren. Die Lebendigkeit ging darüber verloren. Und nun beginnt das Leben sich gegen das gewaltsame Einpressen in eine alles erdrückende Form zu wehren. So entsteht die Staatskrise.

Der Staat soll Form sein, den kostbaren Inhalt gesellschaftlicher Lebendigkeit zusammenhaltend und wahrend. Der moderne Nationalstaat aber zerstörte den Inhalt und damit das Leben. Er wollte mehr sein als Form, konnte aber seinem Wesen nach nicht mehr werden als Zwangsjacke. Wie aber jede Form mit dem Inhalte ihren Sinn verliert, so auch der Staat mit der Zerstörung seiner gesellschaftlichen Grundlagen. Und deshalb ist die Krise des Staates Teil der Gesellschafts- und Kulturkrise. Wo es keine Gesellschaft und keine Kultur mehr gibt, schwebt der Staat in der Luft, wird labil, mögen seine Anstrengungen, sich ein gefestigtes Ansehen zu verleihen, noch so krampfhaft sein. Gelingt es nicht, den Staat gesellschaftlich neu zu unterbauen, so geht er seiner Würde endgültig verlustig. Mit roher Gewalt, von allen mißbraucht und gehaßt, versucht er sich zu halten, bleibt aber Spielball der Interessen. Die gesellschaftliche Unterbauung ist aber Frage echten Gemeinschaftsgeistes, ist Ausfluß menschlichen Strebens nach geordneter Ganzheit in der Welt des Stoffes. Der individualistische Mensch kann deshalb niemals Baumeister, sondern nur Zerstörer echten Gemeinschaftslebens sein.

Natürlich gibt es auch heute noch eine Gesellschaft. Der Begriff der sogenannten guten Gesellschaft ist ein rein soziologischer, sittengeschichtlicher und scheidet aus dieser Betrachtung vorläufig aus. Was heute unter menschlicher Gesellschaft verstanden wird, ist eine reine Summenvorstellung. Gesellschaft im Sinne einer gruppenmäßigen, lebendigen Einheit mit ganz bestimmten Aufgabenkreisen gibt es nicht mehr. Die Aufnahme antiker Kultur in den west- und mitteleuropäischen Kulturkreis brachte an Stelle der Gemeinschaftsbetonung die Ichbetonung. Renaissance und römisches

Recht bereiteten geistig die Aufspaltung der Gemeinschaft vor, indem sie den Einzelnen, als Wertmittelpunkt, zur Grundlage gesellschaftlichen Lebens machten. Römisches Rechtsdenken eroberte allmählich die gesamte abendländische Welt, dem Einzelmenschen als ausschließlichem Träger alle Rechte verleihend. Erschwerend wirkte dabei der Umstand, daß das vom Abendland übernommene römische Recht einer zerfallenden Kultur entstammte. Das Recht des klassischen Roms war sich der Doppelnatur des Gemeinschaftslebens (Gesellschaft und Staat) noch bewußt. Es wußte die Trennungslinie zwischen sozialem und staatlichem Zwange einzuhalten. Zensor und Ädil waren Hüter der Gesellschaftsordnung; Staatsdiener waren sie erst in mittelbarem Sinne. So war das frühe Recht jener Römer, welche die römische Weltherrschaft begründeten, weniger individualistisch als das von der Neuzeit übernommene Justinianische Recht. Für dieses individualistische Rechtsdenken fand dann die Aufklärung neue Prägungen, wie die Begriffe des Naturrechts oder der Menschenrechte. Nach den philosophischen Darlegungen des ersten Teiles steht fest, daß dem Menschen von Natur überhaupt keine Rechte anhaften. Selbstverständlich hat der Einzelne, für sich allein betrachtet, keine Rechtssphäre: Es wäre ein Widersinn, von den Rechten eines Robinson Crusoe zu sprechen. Nur menschliche Beziehungen können rechtlich geregelt werden, und die Vorbedingung für die Entstehung von Rechtsbegriffen ist das Vorhandensein einer Gemeinschaft. Wohl erkannten Klassik und Romantik die Fehlerhaftigkeit und Gefährlichkeit der individualistischen Naturrechtslehre. Es kam deshalb jener starke Rückschlag in der Rechtsphilosophie (beginnend mit der historischen Schule), welche den Begriff der Genossenschaft wieder in den Mittelpunkt rechtlicher Betrachtungsweise rückte und auch auf den Rechtszweck zurückgriff. Dadurch wurde der Rechtsbegriff wieder mehr entpersönlicht.

Gewiß haben die von der französischen Revolution geforderten Menschenrechte auch befreiende Wirkungen ausgelöst. Aber mehr als die Beseitigung erstarrter Reste des Feudalismus, insbesondere die Bauernbefreiung, blieb als entscheidende soziale Tat nicht übrig. Dabei muß ehrlich bekannt werden: Für die Betrachtungsweise dieses Buches ist die Bauernbefreiung eine soziale Großtat nicht deshalb, weil etwa der Bauer damit von einer schweren Last befreit wurde (denn es bleibt dahingestellt, ob die damals betroffenen Bauern ihre Befreiung wirklich als Glück empfanden), sondern deshalb, weil auf diese Weise gewaltige Volkskräfte entfesselt und für die wirtschaftliche und kulturelle Höherentwicklung der Gemeinschaft eingesetzt wurden. Siechtum und Gesundheit des sozialen

Körpers ist die Streitfrage, nicht die Wohlfahrt seiner einzelnen Glieder. Dasselbe gilt natürlich auch für die gegenwärtige Arbeiterfrage, die fehlerhafterweise menschenrechtlich betrachtet wird, statt vom Standpunkte der sozialen Gesundheit aus.

Im Gegensatz zu England, welches seine Selbstregierung auf der vorhandenen gesellschaftlichen Grundlage, also aristokratisch und freiheitlich ausbaute, überwog bei der französischen Revolution der Gleichheitsgedanke. Ihm wurden sämtliche gesellschaftlichen Organismen und alle vorhandenen Bindungen geopfert. Überlebte Formen des Feudalismus, welche die freie Entfaltung gesunder Volkskräfte verhindern mochten, wurden mit Recht vernichtet. Das Verlangen, reinen Tisch zu machen, wurde aber so übermächtig, daß am Ende keine Gesellschaft mehr vorhanden war, sondern nur noch eine Summe von Einzelmenschen. Der Einzelne blieb als alleiniger Rechtsträger übrig. So schuf die französische Revolution eine gleichgerichtete, in sich anarchische Masse, nur noch zusammengehalten durch den Gedanken der nationalen Sendung. Dazu kam ein angeborener Militarismus, der in der Anbetung des militärischen Ruhmes Ausdruck fand (l'idée et l'épée). Der Gedanke der nationalen Sendung, d. h. Freiheitsbringer für die ganze Menschheit zu sein, und der militärischen Gloire ist für den Franzosen auf Grund dieser geschichtlichen Entwicklung lebendig und zwingend. Er allein schon vermag ihn zu bewegen, sich jeder Führung willenlos unterzuordnen, sofern sie nur diesen französischen Wesenszug genügend beschwört.

Im übrigen verabscheut er jede weitere gesellschaftliche Bindung. Er überläßt die Bildung seiner Regierung und die Repräsentation des Staates einer kleinen Gruppe von Nutznießern. Deren selbstsüchtige Geschäftigkeit ist jedoch für ihn nicht etwa Anstoß zu moralischer Entrüstung, sondern Gegenstand verständnisinniger Bewitzelung. In Frankreich ist nicht der Staat der große Zusammenfasser, er ist auch kein Heiligtum, um das sich ethische Betrachtungen ranken. Er ist eine Einrichtung der Zweckmäßigkeit, die den Willen der Nation verkörpern soll. Die große Idee, der sich der Franzose unterordnet, heißt Nation; wie diese staatlich verkörpert wird, ist für ihn eine Frage zweiten Ranges, wenn nur der nationale Gedanke entsprechend zum Ausdruck gelangt. Allerdings verdankt diese Nation als solche wiederum dem Staate ihren Ursprung. Sie ist nichts organisch Gewachsenes wie das Volk. Sie ist das Werk des zentralistischen Staates der französischen Könige, das die französische Revolution vollendete.

Wohl brach diese den Regierungsabsolutismus; und darin besteht das geschichtliche Verdienst des politischen Liberalismus. „Wirkliche Volksfreiheit war damit noch lange nicht begründet. Im Gegenteil, der Absolutismus nahm damit nur eine andere Gestalt an: Er wurde zum Staatsabsolutismus, der in vieler Hinsicht unter dem liberalen Regime erst recht emporgekommen ist" (Constantin Frantz). Diese Entwicklung wurde beschleunigt durch die gleichmachende Tätigkeit des bürgerlichen Beamtenkörpers, der anfangs für den König, später für das Volk arbeitete. Die Verwaltungsbürokratie nahm allmählich den ganzen Staat in Besitz. „Sie war Gegnerin sämtlicher irgendwie das klare Verwaltungsbild störenden Rechte individueller, provinzieller, ständischer Natur*)." Es stehen sich schließlich uniformierender Staat und gleichgerichtete Masse unmittelbar gegenüber. Das Eigenleben der Gesellschaft ist vernichtet.

Dieser Vorgang führte notgedrungen zur Aufnahme einer Reihe gesellschaftlicher Aufgaben durch den Staat. Eigentlich müßten wirtschaftliche Fragen im wirtschaftlichen Kampfe ausgefochten werden; das kulturelle Leben sollte sich auf der Ebene der Gesellschaft, deren Bindungen seelisch bestimmt sind, und nicht im Bereiche des Staatlichen, der rechtlich geregelt ist, abspielen. Beide Gebiete haben sich aber mit dem reinstaatlichen Leben vermischt. Der Mangel an natürlichen Gemeinschaftsgebilden läßt keinen anderen Weg zu als die Wahrnehmung ihrer Aufgaben durch den noch allein vorhandenen Staat. Er übernimmt sie und wird dadurch in seinem Wesen verfälscht, ohne sie erfüllen zu können. Sie bleiben gewissermaßen unerledigt oder werden gar nicht mehr als vorhanden empfunden. Die lebendige Eigengesetzlichkeit wirtschaftlichen und geistigen Lebens geht gänzlich verloren.

Auf das deutsche Volk mußte die Zerreißung gesellschaftlicher Bindungen verhängnisvoll wirken. Es war noch nicht zur Nation entwickelt, das heißt: es fehlte dem einzelnen Deutschen die allbestimmende Macht der nationalen Idee und dem gesamten Deutschtum jene Art von nationaler Uniform, die jeder Franzose unsichtbar trägt. Nun wird behauptet, die Entwicklung dränge dahin, die Deutschen zur Nation im westlichen Sinne werden zu lassen; jene nationale Gleichartigkeit sei also im Entstehen begriffen. Diese Auffassung bedroht das Wesen des Deutschen in seinem tiefsten Kerne. Denn zu ihm gehört die unbeschränkte geistige Freiheit, der Drang nach Vertiefung. Die übersinnliche Verwurzelung des Deutschen hat einen nie versiegenden faustischen Trieb zur Folge, der das Beste am deutschen Geiste ist. Seine Vernichtung bedeutete Selbstaufgabe deutschen Wesens.

*) „Tocqueville und die Demokratie" von Helmut Göring, Verlag von R. Oldenbourg, München, 1928.

Die Deutschen stehen deshalb heute am Wendepunkte ihrer Entwicklung. Der Scheideweg eröffnet zwei Möglichkeiten: entweder zur uniformen Nation im westlichen Sinne zu werden unter Preisgabe der deutschen Kultursendung; oder aber die geistige Freiheit zu retten, im Eintausche gegen die Auferlegung innerer Selbstdisziplin auf politischem Gebiete. Ihr gilt es sich zu unterwerfen, um nicht an der Vielgestaltigkeit des deutschen Kulturmenschen zugrunde zu gehen. Diese Behauptung wird aufgestellt im vollen Bewußtsein ihrer auf den ersten Blick vielleicht verwirrenden Wirkung. Denn bisher schienen die Begriffe: Kulturvolk oder politisches Volk einander auszuschließen. Wesen und Sinn dieser Abhandlung ist aber, eine Versöhnung zu finden, die scheinbare Gegensätzlichkeit zu beseitigen. Der westliche Weg ist nicht mehr gangbar: Mit dem Zeitalter des Individualismus ist die Gelegenheit, geprägte Nation zu werden, verpaßt. Die deutsche Geschichte ging andere Wege. Trauer ob dieses Schicksales erscheint um so weniger am Platze, als deutsches Wesen unter dem Gesichtspunkte der westlich-individualistischen Entwicklung nicht begreifbar ist. Es hat seine Eigengesetzlichkeit und muß dieser folgen.

Auf deutschem Boden fielen die gesellschaftlichen Bindungen langsamer als im Westen. Der Geist des Individualismus setzte sich erst allmählich durch. Die föderative Natur des Heiligen Römischen Reiches Deutscher Nation, sein Zerfall in eine Reihe erstarkender Territorialstaaten verhinderten die nationale Prägung des Deutschtums im westlichen Sinne. Im Unterbewußtsein des Deutschen schlummerte immer noch der Traum vom Reiche; der Nationalstaat war keine gesamt-deutsche, sondern eine territoriale Vorstellung. Das Gegenstück zur französischen Staatsentwicklung wurde die preußische. Preußens Könige holten den Vorsprung nach, den die französischen errungen hatten. Folgerichtig sucht die deutsche Revolution von 1918 das Werk der französischen auf deutschem Boden zu vollenden. Aber die deutsche Entwicklung hinkt um 150 Jahre nach. Sie strebt zum individualistischen Nationalstaat in einem Augenblicke, wo er sich totgelaufen hat. Dahin zielende Versuche mit Hilfe eines zentralistischen und uniformen Reiches, das jetzt erst zum Staate der Deutschen umgestaltet werden soll, sind verspätet. So bleibt der Tatbestand übrig, daß es keine deutsche Nation gibt, allenfalls bis 1870 eine preußische Nation gab.

Mit dem Zerfalle der mittelalterlichen Körperschaften aber wurde die Sammlung der Deutschen um ein anderes Gemeinschaftsideal notwendig. Das Bindemittel der Korporationen, die sich zum Reiche hinaufgliederten, war unbrauchbar geworden, das der Nation im modernen

Sinne nicht vorhanden. So blieb nur ein verzweifeltes Sichanklammern an den Staat übrig. Nicht an den Staat, den das Volk sich selbst gegeben hatte, sondern der von Fürsten geschaffen war. Es wäre ungeschichtlich gedacht, aus dieser Gegensätzlichkeit eine schuldhafte Handlungsweise der deutschen Fürsten herzuleiten. Der Gegensatz zwischen völkischer und monarchischer Zielstrebigkeit war in der Vergangenheit niemals vorhanden; ausnahmsweise vielleicht um die Mitte des 19. Jahrhunderts. In Wahrheit war, nach dem Zusammenbruche der mittelalterlichen Gesellschafts- und Staatsordnung, die Quelle staatsbildender Kraft in der Tiefe des deutschen Volkstums versiegt. Im Gegensatze zu Frankreich fehlte andererseits die eiserne Hand unumschränkt waltender Herrscher, welche die das Reichsgebiet besiedelnden Stämme zu einer einheitlichen, ihrer selbst bewußten Nation geformt hätten. Daher war für staatsbildende Strebungen ein leerer Raum vorhanden, der zwangsläufig durch den monarchischen Territorialstaat ausgefüllt werden mußte. Wahrscheinlich hätte ein Versagen der Fürsten auf staatschöpferischem Gebiete den Zusammenbruch deutscher Eigenstaatlichkeit überhaupt bedeutet. Wenn also die Territorialfürsten nur an ihren Staat dachten, so kann sie nur schuldig sprechen, wer den nachträglich gewonnenen gesamt-deutschen Standpunkt ihrer geschichtlichen Handlungsweise unterlegt. Sie selbst konnten ihn gar nicht haben. Ihre Sendung war vielmehr, staatliche Kristallisationspunkte deutscher Machtbildung aus dem Zerfalle zu retten.

Dem so gewissermaßen von der Spitze aus gebildeten Staate stand in Deutschland keine gegliederte Gesellschaft gegenüber, aber auch kein in seinen Massen zur Nation gereiftes Volk, das, wie in Frankreich, den Mangel an gesellschaftlichem Zusammenhalt durch die Gemeinsamkeit der Idee hätte ausgleichen können. So erfolgte notwendig die gesellschaftliche Neuordnung um die Spitze des Staates, den Monarchen. Der ihm in persönlicher Treue verbundene Adel und das mit gleichem Geiste erfüllte Heer wurden Rückgrat des Staates. Dazu kam noch der „Königliche" Beamte. Die Gesellschaft wurde also von oben her künstlich neu gebaut. Sie war nicht von den Tiefenkräften des Volkes getragen. Sie ergänzte sich nicht demokratisch durch Aufstieg von unten, sondern durch Nobilitierung von oben. Adel war kein stillwirkendes Auslesegesetz mehr, sondern behördliche Auszeichnung. So erwuchs ein Staatswesen, das in dem Augenblicke keinen gesellschaftlichen Rückhalt mehr hatte, da die monarchische Spitze wegfiel.

Der Mangel an gesellschaftlicher Gliederung und das Treueverhältnis zwischen Fürst und der ihm dienenden Schicht wurden Kennzeichen des modernen Staates. Er wurde zum Inbegriff aller Sehnsucht nach Gemeinschaft, die in der deutschen Seele begründet ist. Er war nicht, wie in Frankreich, die nebensächliche Form geworden, welche die heilige Nation repräsentierte, er war auch nicht, wie in England, das Mittel, mit welchem die herrschaftsgewohnte, gesellschaftliche Herrenschicht ihre Weltmachtpläne durchführte, sondern er war das Einzige, was der Deutsche hatte, um den ihm innewohnenden Drang nach persönlicher Eingliederung zu befriedigen. Wie in Frankreich die Nation heilig wurde, so in Deutschland der Staat. Alle Sehnsucht nach Ganzheit und Vollendung übertrug der Deutsche auf den Staat. Die Staatsvergötterung Hegels war reinster Ausdruck der geschichtlichen Lage der Deutschen und ihrer seelischen Veranlagung. Die Staatsvergottung des preußischen Konservativismus führte zu jener besonderen Abwandlung des konservativen Gedankens, der richtiger als ein beharrender Liberalismus gekennzeichnet würde. Denn er klammert sich an den zeitbedingten Staat statt an die ewigen Werte der Gemeinschaft.

Es ist bis in den Grund liberal, vom Staate Pflicht und Ethik zu verlangen. Es gibt nur eine Pflicht zum Staate, und keine Pflicht des Staates, wenigstens gegenüber dem Einzelnen. Der ethische Wille fußt in der gewachsenen organischen Gemeinschaft; niemals aber ist die Rechtsordnung als solche Quelle der Sittlichkeit, sondern höchstens ihr Ausfluß. Wer also sittliche Ordnung vom Staate erwartet, muß bitterste Enttäuschung erleben. Hieraus erklärt sich wenigstens teilweise jene hoffnungslose Abkehr vom Staate, welche weite ethosuchende Kreise des deutschen Volkes vollzogen haben. Keineswegs ist damit gesagt, daß der Staat keine Erziehungsaufgabe hätte, nur eignet diese nicht der Rechtsform, also dem abstrakten Staate, sondern den sittlich verpflichteten Führern, welche die Staatsgewalt in erzieherischem Sinne handhaben sollen.

Die jetzige Staatskrise kann auch als Meinungsstreit über den ethischen Inhalt des Staates begriffen werden. Dann müssen natürlich erbitterte Kämpfe um den Staat sich entspinnen. Sie werden mit weltanschaulichen Waffen geführt. Träger dieses Kampfes sind Weltanschauungsparteien, die es in diesem Sinne in keinem anderen Staate der Welt gibt. Weltanschauungen bedürfen keines feindlichen Gegensatzes; Parteiwesen ist ihnen also fremd. Die echten Parteien dagegen leben nur von den Gegenparteien. Von Natur grundsatzlos, kämpfen sie nur zum Zwecke nützlichen Handelns. Weltanschauungsparteien sind sonach ein Widerspruch in sich selbst; es sei denn, sie wollen die Partei als solche überwinden und zur Universalität vorstoßen. Dann sind sie aber keine Parteien mehr, sondern eher Orden. Der Kommunismus in Rußland und der Fascismus in Italien können als solche angesprochen werden. Für Deutschland dagegen bleibt nur die Entwicklung zum reinen Parteistaate — was ein geschichtlicher Widersinn wäre — übrig oder zum Ordensstaate.

Der geschichtliche Rückblick ergibt sonach folgendes Gesamtbild: Die im Mittelalter annähernd verwirklichte Ganzheit der Gemeinschaft wurde aufgespalten in verschiedene Gemeinschaftskreise. Der zu Nützlichkeitszwecken rechtlich bestimmte Gemeinschaftskreis, der Staat, suchte die Teilung des Gemeinschaftslebens wieder aufzuheben und bei sich sämtliche gemeinschaftsbildenden Aufgaben zu sammeln. Auf rein geistigem Gebiete waren vorher die Religionsgemeinschaften Träger gemeinsamen Kulturwillens. Im Laufe eines sich bis in die Gegenwart fortsetzenden Kampfes nahm man ihnen ihr wichtigstes Tätigkeitsfeld: das des Unterrichts und der Erziehung. Es wurde aber nicht etwa auf die Gemeinschaften übertragen, die an Stelle der abgelösten Kirche neue Kulturziele anzustreben geneigt oder geeignet waren, sondern dem Staate, dessen ursprünglichster Zweck sicherlich nicht der eines unmittelbaren Kulturträgers ist. Was er fördern kann, sind praktische kulturelle Interessen bestimmter staatsbeherrschender Parteien. Es liegt auf der Hand, daß diese Förderung auf eine verhindernde Tätigkeit hinausläuft: nämlich die Unterdrückung der geistigen Strömungen, welche den herrschenden Parteien zuwider sind. Schon Kant brachte zum Ausdruck, daß die Demokratie der geistigen Freiheit nicht günstig sei. Damit fällt die geistige Unabhängigkeit überhaupt.— Die aus dem Mittelalter noch geretteten wirtschaftlichen Körperschaften fielen der Gewerbefreiheit und der Freizügigkeit zum Opfer. Zunächst wurde so die Wirtschaft frei. Wirtschaftspolitik als solche wurde, nachdem die merkantilistische Welle abgeebbt war, in dem klassischen Zeitalter des „laisser faire, laisser aller" überhaupt nicht als politischer Zweig betrachtet. Bald aber merkte man, daß auch die Wirtschaft einen Teil des Gemeinschaftslebens ausmacht, also nicht der reinen Piraterie des Einzelnen überlassen werden durfte. Als deshalb mit dem gewaltigen industriellen Aufschwunge der sogenannte vierte Stand erwuchs und sich vom Kapital ausgebeutet fühlte, an keinem Wirtschaftsorganismus aber einen Rückhalt finden konnte, da blieb ihm nichts anderes übrig, als bei dem einzigen noch vorhandenen großen Gemeinschaftsordner Rettung zu suchen, beim Staate. Und so wird der moderne Staat, ob er will oder nicht, zum Sozialstaate, der die durch zügellose Wirtschaft entstandenen Schäden bessern und die Gegensätze ausgleichen soll. Er übernimmt damit eine Aufgabe, welche die Gesellschaft wahrnehmen sollte, aber mangels eigener

Gliederung nicht wahrnehmen konnte. So wird er Spielball der Interessen, mit ihnen verquickt und unter ihnen leidend. Umgekehrt soll der Staat allen helfen. Er soll die Hungrigen satt machen, die Kranken heilen und den Arbeitslosen Arbeit geben. Während die mittelalterliche Gesellschaft, in eigener Wohltätigkeit, die Heilung sozialer Schäden selbständig regelte, hat die Zerstörung der gesellschaftlichen Zwischenstufen das Einspringen des Staates für alle diese Aufgaben notwendig gemacht. Schon Tocqueville klagt darüber, daß nun der Staat auch die minderwertigsten Bürger in ihren minderwertigsten Angelegenheiten leite.

Auch auf dem Gebiete des Rechtslebens änderte das Zeitalter des Individualismus alles von Grund auf. Recht war früher entstanden aus dem Gemeinschaftsleben selbst. Die organische Gesetzmäßigkeit des Lebens schuf die Regeln, die dann mit sozialem oder staatlichem Zwange ausgestattet wurden. Gerechtigkeit war der Ausdruck des religiösen Gefühls, das die Gliederung und Stufung der Gesellschaft natürlich und gottgewollt empfand. Aus Religiosität wuchsen Sittlichkeit und Sitte. Die Sittlichkeit neigte zur Seite der religiösen Selbstverantwortung, die Sitte mehr zum Gebiete gesellschaftlicher Zweckmäßigkeit. Das Individuelle und das Gesellschaftliche befanden sich so in dem Zustande jener Schwebe, welche die Ganzheit des Lebens ausmacht. Der frühgermanische und der mittelalterliche Deutsche regelten das Gemeinschaftsleben in erster Linie durch Sitten, also sozialen Zwang. Ihre Rechtsbegriffe waren weniger ausgebildet als der fein entwickelte Sittenschutz. Leider wurde die deutsche Rechtsentwicklung dadurch jählings unterbrochen, daß durch die Aufnahme des römischen Rechtes die Herausbildung eines dem deutschen Sittenschutze gemäßen Rechtes verhindert wurde. Geschriebenes, abstraktes Recht eines fremden Kulturkreises wurde als künstliche Spitze dem organischen Sittenschatze aufgesetzt. Zusammen mit der gesellschaftlichen Gliederung und dem im Gesellschaftsleben noch lebendigen Rechtsgute zerbrach die Grundlage deutschen Rechtsempfindens. Als einziger Gemeinschaftsordner blieb der Staat. An Stelle lebendigen Rechtes trat organisierter Zwang. Der Staat sollte alles regeln: sowohl das Recht der Einzelnen zu einander als auch des Einzelnen zur Gemeinschaft. Die Stunde war gekommen, wo alles zum Privatrechte wurde. Die Gerichtsverfassung, welche früher selbständig zwischen dem Staate und seinen Angehörigen entschied, dient nur noch dem Privatrechte. Für sich selbst wahrt der Staat den Schein des Rechtes in besonderen Gerichtshöfen, die man heute Verwaltungsgerichtshöfe nennt. Mit Sitte und Gerechtigkeitsgefühl hat das absolutistische Recht des modernen Staates nichts mehr zu tun. Die fortdauernde Entseelung des Gemeinschaftslebens mußte die einzige Rechtsquelle, die noch vorhanden ist, immer formaler werden lassen: heute werden unter Recht einfach die Gesetze verstanden, die der Staat ordnungsgemäß beschlossen und verkündet hat. Er kann Ehe und Eigentum abschaffen; es fehlt nur noch, daß er wie Robespierre auch einen neuen Gott anordnet.

Mit der Übernahme des Kulturellen, des Sozialen und des gesamten Rechtes in den Staat ist der Vorgang staatlicher Anmaßung bis zu einem Grade gediehen, der kaum mehr überbietbar ist. Es liegt ein in seiner Weise großartiger Versuch vor, rechtlich-mechanistisch jene Ganzheit der Gemeinschaft herzustellen, die geistig-organisch verlorengegangen. Das Bild des allgewaltigen Staates entsteht so vor dem Auge des Betrachters, in seinen Umrissen fast vollendet, aber immer noch nach Vervollständigung verlangend. Ganz abgeschlossen ist die Entwicklung noch nicht, die Staatsanmaßung nimmt täglich zu und zeitigt immer neue Übergriffe. Wohl hat man auch in Kreisen westlich eingestellter Staatsdenker gefühlt, daß es noch sorgsam umhegte Rechtsbezirke geben müsse, die auch von dem allmächtigen Staate nicht betreten werden dürften. Denn der Ausgangspunkt des modernen Staates ist die Lehre von den Menschenrechten. Als aber die Demokratie den Liberalismus auffraß — bei Brüdern ein häßlicher, aber der tiefen Ironie nicht entbehrender Vorgang —, besann man sich auf das bedrohte Einzelleben. Aber schon war es zu spät, Rechtssphären außerhalb des Staatlichen als solche bestehen zu lassen. Der omnipotente Staat selbst mußte auf dem Wege der Rechtsdelegation die sogenannten Menschenrechte wieder künstlich herstellen: sie wurden als Grundrechte in die Verfassung aufgenommen. Aber auch diese Grundrechte sind nicht mehr als vom Staate mit einer besonderen Sicherheit ausgestattete, von ihm verliehene Rechte. Auch sie bestehen nicht aus eigener Kraft; sie verdanken ihr Dasein der Gnade des Staates. Auf die Demokratie übertragen bedeutet dies: den verantwortungslosen Beschlüssen der Zufallsmehrheit. Die Weimarer Verfassung hat den Grundsatz der Allgewalt des Staates so folgerichtig durchgeführt, daß eine Zweidrittelmehrheit des Reichstages durch Gesetzesbeschluß das restliche Drittel einfach rechtlos machen und zu einem Sklavendasein verdammen kann. Neuerdings geht der Reichstag sogar dazu über, mit einfacher Mehrheit zu beschließen, daß kein verfassungsänderndes Gesetz vorliege. Es gibt kein Grundrecht, das nicht auf diese Weise von heute auf morgen abgeschafft werden könnte. Die Einbringung von Enteignungsgesetzen spricht eine bezeichnende Sprache.

England dürfte wohl der einzige moderne Kulturstaat sein, der eine ungeschriebene Verfassung hat. Es ist kein Zufall, daß gerade dort der Staat vor Eingriffen in Rechte, welche ihr gesellschaftliches Eigenleben führen, zurückschreckt. Ja, England ist so weit gegangen, die ordentlichen Gerichte mit der Überwachung der staatlichen Gesetzgebung zu betrauen, damit diese sich keinen Übergriff erlaube. Hier steht echte Freiheit gegen doktrinäre Freiheit.

So recht bezeichnend für die Oberflächlichkeit und die hohle Begrifflichkeit zeitgenössischen Denkens ist die Betonung der äußeren Staatsform. Da werden ressentimenterfüllte Gegensätze, wie Absolutismus und Demokratie, künstlich herausgestellt. Republikaner toben gegen Monarchisten. Die Geschichte kennt in Wahrheit nur zwei große Gegensätze in der Staatsauffassung: Freiheit und Absolutismus. Fälschlicherweise wird unter Absolutismus nur die offene Gewaltherrschaft verstanden, während deren verdeckte Form meist übersehen wird. Diese wahre Gegensätzlichkeit wurde von bedeutenden Staatsdenkern erkannt, ihre mahnende Stimme verhallte aber ungehört. So hat schon Tocqueville darauf hingewiesen, daß jede Regierung der Gefahr des Despotismus ausgesetzt sei; besonders die Demokratie verfalle leicht ihrem Gegner, den sie in Worten so gern vermeiden möchte. „Die Gleichheit wird für wichtiger angesehen als die Freiheit. Mehrere Menschen sollen gescheiter sein als einer, und die Zahl der Gesetzgeber besser als ihre Auswahl. — Man fühlt die Notwendigkeit, geführt zu werden und die Lust, frei zu sein. Da man diese beiden Instinkte nicht zerstören kann, bemüht man sich, beide zugleich zufriedenzustellen in der einzigen, allmächtigen, beschützenden Gewalt, die aber von der Bevölkerung gewählt wird. Daraus ergibt sich eine Verbindung von Zentralisation und Volkssouveränität. Man tröstet sich, beschützt zu werden von Behütern, die man gewählt hat."*) Tocqueville vergleicht auch den modernen Absolutismus mit dem des römischen Reiches und hält diesen für erträglicher. „Denn die römischen Provinzen wurden verschieden, entsprechend ihren andersartigen Gewohnheiten und Sitten, verwaltet. Die Einzelheiten des sozialen und individuellen Lebens entgingen gewöhnlich der monarchischen Kontrolle. — Der Despotismus der modernen Demokratie hat einen anderen Charakter, er ist viel weitgehender und sanfter und er erniedrigt die Menschen, ohne sie zu quälen."**)

Je dichter die Siedlung, je verästelter das Wirtschaftsleben, desto größer die Reibung der Menschen untereinander. Umso schwieriger wird

*) Alexis de Tocqueville: La démocratie en Amérique, Paris 1836.
**) Zitiert nach Helmut Göring a. a. O.

natürlich die Regelung ihrer gegenseitigen Beziehungen. Heute obliegt sie fast restlos dem Staate. Seine Aufgaben vermehren sich deshalb in erschreckender Weise. Mangels anderer Gemeinschaften, welche Selbsthilfe vermitteln könnten, erwartet gerade der nach Gemeinsamkeit begierige Deutsche alles Heil vom Staate. Bald wird er verklärt bis zur Heiligkeit, bald gehaßt wie die Pest. Und doch ist dieser Widerspruch keineswegs verwunderlich. Mit der Vermehrung der Staatsaufgaben wächst der Beamtenkörper, der alle Wünsche befriedigen soll, ins Ungemessene. Da er aber ein künstliches Zwischenglied der Gemeinschaft darstellt, so wirkt er gerade entgegengesetzt wie er soll: hemmend statt erleichternd, störend statt ausgleichend. Dieses mechanistische Wesen des Beamtenkörpers wurde von niemand klarer erkannt als vom Reichsfreiherrn von Stein. Auch er sah ein, daß die Stärkung der Bürokratie keineswegs eine Erleichterung des Zusammenlebens bedeute; daß der Staat an Autorität verlieren müsse, was er an Umfang des Behördenaufwandes zunehme. Am Ende scheint der Staat nur noch den Zweck zu haben, die zahllosen, an ihn gerichteten Wünsche seiner Staatsbürger zu befriedigen. Alle verletzten Interessen verlangen ihre Wiedergutmachung durch den Staat; alle Schwachen und Minderwertigen schreien nach seiner Hilfe. Er wird zum Almosenstaat. Sein Leben fristet er nur noch mit dem spärlichen Lobe, das ihm die befriedigten Gruppen spenden. Im übrigen ist er von der Furcht beherrscht, welche ihm die Ansprüche der Unzufriedenen einjagen. Zu seinen eigentlichen Aufgaben, der großzügigen Überwachung der Gesundheit des Volks- und Wirtschaftskörpers, zu dessen Schutz nach außen, kommt er überhaupt nicht mehr.

Die einzige Politik, welche diesen Namen wahrhaft verdient, nämlich die Behauptung des Staates nach außen, gelangt ins Hintertreffen. Diesem Zustande entspricht auch die Einstellung der sogenannten Staatsbürger. Über außenpolitische Fragen gleiten sie rasch hinweg, weil zu langweilig. Und was sollte auch der biedere Gevatter X. zur Außenpolitik sagen? Die außenpolitische Aussprache des Reichstages ist regelmäßig beherrscht von innenpolitischen Gegensätzen; der Abgeordnete stimmt in einem gewissen Sinne, weil er dieser oder jener Partei angehört, nicht aber aus Überzeugung oder aus Sorge um das deutsche Volk. Wie aber brandet die Woge in der Versammlung empor, wenn innere Politik zur Sprache kommt. Dabei ist diese sogenannte Innenpolitik ein knapp hundert Jahre alter Begriff. Er konnte erst entstehen, als der moderne Staat die Aufgaben an sich riß, welche die Gesellschaft in sich regeln sollte und nicht der Staat. Denn eigentlich müßte die innere Tätigkeit des Staates Verwalrung genannt werden. Dies ist der sachliche Begriff für jene ausgleichende und befriedende Tätigkeit, die der Staat nach innen auszuüben hat. Das Wort „Politik" dagegen setzt schon das Vorhandensein mehrerer, um die Macht streitender Gruppen voraus. Im außenpolitischen Kampfe konnte deshalb zu allen Zeiten von Politik gesprochen werden. Im Staatsinnern bezeichnet die Geltung des Begriffes Politik den Anbruch einer Zeit, welche die staatliche Tätigkeit nicht mehr als eine das Volksganze betreuende, sondern als Gegenstand von Machtkämpfen einzelner Interessengruppen empfindet: geschichtlich gekennzeichnet durch die Entartung des Parlaments und die Herrschaft der Parteien. Man stelle sich die friedliche Ruhe einer deutschen Reichstagssitzung vor, deren Beratungsgegenstand nicht mehr Sozialgesetzgebung, Schulgesetzgebung, Wirtschaftsgesetzgebung und Steuergesetzgebung wären. Wie sachlich würden dann die außenpolitischen Aussprachen verlaufen, wenn die durch innenpolitische Spannungen verursachten Meinungsverschiedenheiten nicht mehr als Gründe zur gegenseitigen Bekämpfung mißbraucht werden könnten. Der außenpolitische Sachverständige käme zur Geltung, das Volksganze stünde im Mittelpunkte der Beratung. Wie würde die Stellung der Beamtenschaft gehoben, wenn sie unparteiisch die Gewalt des Staates verkörperte: sei es bei der Erfüllung unmittelbarer Hoheitsaufgaben, sei es bei der bloßen Überwachung der großen Selbstverwaltungskörper. Welch verständnisvolle Anerkennung würde ein echter Staatsmann finden, wenn er ohne Rücksicht auf „innenpolitische Dinge", die gar nicht mehr Gegenstand der Politik wären, die Lebensfragen seines Volkes zum einzigen Gegenstande sorgenvoller Ausführungen machen könnte. Die Hauptfrage des modernen Staatsrechtes, die nach dem Verhältnisse zwischen Einzelnem und Gemeinschaft, wäre eben nicht mehr staatsrechtlicher Art, sondern eine solche der Gesellschaftsordnung. Und wie würden umgekehrt die gesellschaftlichen Gegensätze vereinfacht, wenn nicht der Staat durch seine Bürokratie sich als Dritter in diese Auseinandersetzungen hineindrängte. Zugegeben, daß die gesellschaftlichen Fehden dann fortdauern, daß die heute offenen Gesellschaftsfragen nicht ohne weiteres gelöst würden. Was aber auf alle Fälle erreicht würde, das wäre die Herausnahme dieser ganzen Streitigkeiten aus dem Staatlichen. Der Staat und seine Lenker bekämen ihre Kräfte für die Behauptung nach außen frei.

Es sollte Rechtsbezirke geben, die mit solchen Schutzwällen umgeben sind, daß auch staatliche Willkür ihre Übersteigung nicht wagen darf. Im Gegenteil! Der Staat hat die hohe Aufgabe, dafür zu sorgen, daß diese Rechte nicht von überlegenen Kräften angetastet oder vernichtet werden.

Er gewährleistet die Rechte der gesellschaftlichen Gruppen und wird so zum Gegner jedes Absolutismus, der von irgendeiner Seite droht. Allerdings können solche geheiligten Rechtsbezirke nicht durch papierene Verfassungsparagraphen, sondern nur durch Sitte und Herkommen sowie durch eine hochstehende Rechtspflege behütet werden. Dies wäre echte und lebendige Demokratie. Die berechtigte Freiheitssphäre, auf die zu verzichten keinem Europäer zugemutet werden kann, liegt auf der Ebene der Gesellschaft. Auseinandersetzungen hierüber sollten sich in der Form gesellschaftlicher Kämpfe abspielen, die ein starker und gutgeleiteter Staat im äußersten Notfalle schlichtet. Er hat für den „allgemeinen Landfrieden" zu sorgen, aber bei eingetretenen Reibungen nicht selbst Partei zu ergreifen. Wie sehr diese Überlieferung trotz individualistischer Ansteckung heute noch in England lebendig ist, beweist das Verhalten der englischen Regierung in dem großen Kohlenstreik. Sie war ernstlich bemüht, zum mindesten den Schein der Unparteilichkeit zu wahren.

Andererseits hat eine solche Enthaltsamkeit des Staates eine notwendige Vorbedingung: daß die Gesellschaft gegliedert ist und kein Einzelner außerhalb der mit Eigenrechten ausgestatteten Körperschaften stehen darf. Damit wird nicht dem Wunsche Ausdruck verliehen, daß, wie im Mittelalter oder wohl auch wie in Indien, der Einzelne wieder in seinen Stand hineingeboren werden soll. Die tatsächliche Errungenschaft des französisch-deutschen Liberalismus liegt darin, daß kein Hineingeborenwerden in bestimmte Rechtsverhältnisse mehr stattfindet. Daß vielmehr dem Einzelnen nach Maßgabe seiner Kräfte und seines Strebens die Freiheit verliehen ist, in dem gesellschaftlichen Ganzen seinen Platz zu erdienen. Nur die Eingliederung selbst sei ein Muß, das Wo der Eingliederung dem freien Spiele der Kräfte überlassen.

Zeitlos ist das gesellschaftliche Prinzip körperschaftlicher, gestufter Gliederung. Zeitbedingt waren die Formen, in welche dieser Gedanke vom Mittelalter gekleidet wurde. Die gesellschaftliche Rüstung des Feudalismus war dem „dritten Stande" im Wege. Er bemächtigte sich deshalb des Staates, um mit seiner Hilfe erstarrte Gesellschaftsformen zu brechen. Er schuf aber keine neue Gesellschaft; dadurch wurde der Staat zum Träger des gesamten Gemeinschaftslebens, zur Allgewalt. Das 20. Jahrhundert strebt zur natürlichen Doppelung von Gesellschaft und Staat. Es will wieder zum wahren Staate zurück, indem es ihm eine gesellschaftliche Grundlage gibt. Wiederum führt der Weg der Neuerer über den Staat. Denn er muß sich erst selber seiner Allgewalt begeben, Aufgabenkreise abspalten, um gesellschaftliches Eigenleben zu ermöglichen. Dieser Selbstentäußerung des Staates muß von unten her der Wille organischen Gesellschaftslebens entgegenkommen. Alle Staatsreform beginnt deshalb mit der Untersuchung der Frage: was des Staates und was der Gesellschaft sei. Sie lösen, heißt die Staatskrise der Gegenwart beseitigen.

Die moderne „Gesellschaft"

Dem allgewaltigen Staate steht heute eine ungeordnete, im Kampfe aller gegen alle liegende Masse gegenüber. Ihre einzigen Gesetze empfängt sie von ihm, meist mit dem Vorsatze, sie zu umgehen. Diese Summe gleichberechtigter Einzelmenschen bildet die moderne Gesellschaft. Ohne den Geist wahrer Gemeinschaft, ohne innere Verbundenheit leben sie in stummer Gehässigkeit nebeneinander her. Formale Höflichkeit und schlecht aufgewärmte Humanität verbergen mühsam Neid, Abneigung und Freudlosigkeit, die unter der Oberfläche das gesellschaftliche Getriebe beherrschen. Alle Menschen sind herrlich frei geworden. Kein Patriarchat, kein Gutsherr, kein tyrannischer Handwerksmeister, kein prügelnder Korporal bedrohen mehr die geheiligte Freiheit. Immer wieder brechen die mit Ressentiment gegen jedes Herrentum erfüllten Minderwertigen in Freudengeschrei ob der gelungenen Flucht aus der Knechtschaft aus. Ein großer Teil deutscher Literaten mimt verspätetes Jakobinertum. Eifrig ist es bestrebt, die geringsten Spuren von Autorität, Ehrfurcht und Ehrgefühl, ohne die der Gemeinschaftsgeist nicht leben kann, zu bekämpfen und auszutilgen.

Der moderne Mensch ist „frei". Er darf ein Nomadenleben führen, heute hier, morgen dort. Alle Berufe sind ihm offen, vom Straßenkehrer bis zum Oberbürgermeister, vom Kurpfuscher bis zum Geheimen Kommerzienrat. Glück muß er haben und bedenkenlos sein, dann kann nichts fehlen. Eine kleine Unterschlagung, eine leichte Erpressung, oder auch die Vernichtung einiger Mitmenschen beeinträchtigen seine Laufbahn nicht. Nur offenkundig dürfen irgendwelche Gegensätze zum Strafgesetzbuche nicht werden. Im Gegenteil: der kluge Hochstapler ist der beliebte Held von Romanen, die in Millionen-Auflagen das Wochenende versüßen. Der Mann, der „über Leichen geht", wird mit einer Mischung von Gruseln und Hochachtung genannt. Wer aber — und das sind die vielen — das Unglück hat, im Heute nur die Sorge um das Morgen zu erleben, der mag sich mit seiner Freiheit trösten. Zahllos sind die Arbeitsstätten, die warten, ihn zu verschlingen. Er hat die Freiheit, heute zu mörteln, morgen Schnee zu schaufeln, am nächsten Tage Zeitungen zu verkaufen und am übernächsten eine Generalvertretung zu übernehmen. Er kann wählen zwischen dicht bevölkerten Fabriksälen und stickigen Kanzleiräumen. Ist der Vater sparsam gewesen, so darf der Sohn jahrelang auf Prüfungen pauken, um dann weitere Jahre auf die Einreihung in eine jener magischen Gehaltsklassen zu warten, von denen jeder Deutsche bald nach der Geburt zu träumen beginnt. Wem aber dieses Glück versagt bleibt, darf genußvolle Spaziergänge zu Arbeitsämtern machen, dort seine Arbeitslosenunterstützung abheben, um, auf ermäßigte Eintrittskarte, Wärme und flimmernde Leinwand zu erstehen. Wie aber, wenn solch ein Unglücklicher die Vermessenheit besäße, dieses Leben als Weg zu wahrem Menschsein aufzufassen? Dann bliebe ihm nur noch eine Freiheit, die, Selbstmord zu begehen; auch dieser wurde deshalb mit dem Worte Freitod verklärt.

Wer jubelt eigentlich noch über die Freiheit: die Piraten der Gesellschaft. Räuber sind die Nutznießer einer Freiheit geworden, die sittlich gedacht war, aber politisch entartete. Sie können keine Schranken brauchen, sie müssen den Widerstand von Menschen bekämpfen, die in freiwilliger Bindung sich innerlich freimachen wollen. Der Einzelne soll deshalb losgelöst werden, so losgelöst, daß er leichte Beute des Gewissenlosen wird. Der Vorgang der Vereinzelung ist immer noch nicht zum Stillstande gekommen. Auf Schritt und Tritt ist eine zunehmende Zersetzung und Auflösung im öffentlichen Leben zu beobachten, die überall die letzten Schranken niederreißt. Die seelische Zerrüttung der Volksmassen, die ohne inneren Halt und erzieherische Führung verkommen müssen, schreitet fort.

Träger dieser Entwicklung ist die Großstadt. Solange die Städte naturgegebene Mittelpunkte der Landschaften sind, soweit sie mit ihrem Hinterlande in einer inneren Beziehung stehen, ist städtisches Leben die gesunde Ergänzung des ländlichen. Blut der Landschaft und Geist der Stadt bilden zusammen die Ganzheit menschlichen Gemeinschaftslebens. „Die Landstadt bestätigt das Land, sie ist eine Steigerung seines Bildes" (Spengler). Die Industrialisierung leitete einen Zeitabschnitt neuer Städtegründung ein. Die Siedelung verdichtete sich auf die industriellen Erzeugungsstätten. An dieser Stelle bleibe zunächst ununtersucht, ob die Gründung der Industriestädte durch ihre Planlosigkeit und ihre Verleugnung aller Bodenständigkeit nicht schwere Schäden für die seelische Gesundheit des Volkes verursacht hat. Soziologisch bedeutsamer und die Gegenwart kennzeichnender ist ein Verstädterungsvorgang anderer Art: der Zug zur Großstadt, der mit der Erschließung neuer Erwerbsmöglichkeiten zunächst nichts zu tun hat. Nicht mehr rein wirtschaftliche Ursachen vermögen ihn zu erklären. Geistige Vorgänge sind entscheidend. Die Großstädte vermehren ihre Einwohnerschaft nicht durch natürlichen Bevölkerungszuwachs, kraft Geburtenüberschuß, sondern durch Zuzug vom Lande. Wenn nun auch die schlechten Wohnungsverhältnisse der Landarbeiter, ihre verhältnismäßig niedrige Entlohnung bedauernswerte Tatsachen sind, so kann demgegenüber niemals die grundsätzliche Unfähigkeit des flachen Landes, seine Bewohner zu ernähren, behauptet werden. Geht es doch immer mehr dazu über, ausländische Hilfsarbeiter zur Bewältigung gewisser landwirtschaftlicher Arbeiten heranzuziehen. Auch ist allgemein bekannt, wie viele der vom Lande Zuziehenden städtischer Erwerbslosenfürsorge anheimfallen. Die zunehmende Verstädterung des Volkes muß also vorwiegend psychologische Ursachen haben. „Ursprüngliche Völker können sich vom Boden lösen und in die Ferne wandern. Der geistige Nomade kann es nicht mehr. Das Heimweh nach der großen Stadt ist stärker vielleicht als jedes andere. Heimat ist für ihn jede dieser Städte, Fremde ist schon das nächste Dorf. Man stirbt lieber auf dem Straßenpflaster, als daß man auf das Land zurückkehrt" (Spengler).

Das gesunde Streben nach einem weiteren Wirkungsfelde, nach größeren Möglichkeiten, mag zum Zuzuge in die Großstadt verleiten. Dagegen wäre nichts einzuwenden. Aber der Hauptanreiz zur Landflucht geht nicht von der Licht-, sondern von der Schattenseite menschlicher Veranlagung aus: die zwangsläufige Gebundenheit des Landlebens soll durch die Hemmungslosigkeit der Großstadt ersetzt werden. Das Untertauchen und Verschwindenkönnen im Meere der Großstadt wird sogar von der modernen Schriftstellerei „dichterisch" verbrämt. Der Literat begrüßt jede Erscheinung und Bewegung, die — sei sie auch noch so vernunftwidrig — an das geheiligte Götzenbild der Freiheit erinnert. Meist ist es nicht der Drang nach Freiheit, sondern nach bequemer Zügellosigkeit, der das Großstadtleben verlockender erscheinen läßt als die gleichmäßige Gebundenheit an die durch Boden und Natur bedingte Landarbeit. Wer aber nicht mehr im Übersinnlichen ruht, wurzelt auch nicht mehr in der Natur, und Landarbeit ist ohne Liebe zur Scholle und ohne Ehrfurcht vor Gott nicht denkbar. Sodann bringt das Leben im engen Kreise eine gewisse Überwachung des Einzelmenschen seitens der Nachbarschaft mit sich. In der Großstadt aber hört diese unsichtbare Kontrolle mit der Beendigung des Tageswerkes auf. Damit fällt der Mensch in die Vereinzelung zurück, das Gesellschaftsleben ist gewissermaßen außerhalb der Arbeitsstätte zu Ende. So wird die Übereinstimmung von beruflicher Führung und Lebensführung verloren und die Möglichkeit eines Doppellebens eröffnet. Folgerichtig verherrlicht man die Feierstunde des arbeitenden Menschen, der das Arbeitsgewand mit der „bürgerlichen Uniform" vertauscht und dann als eine Null unter Nullen das Tanzlokal oder das Konzertkaffee schmückt. Beruf ist für den Großstadtmenschen Geldverdienst, und wenn er Geld hat, so tut er den Beruf, mit dem er nicht mehr verwurzelt ist, innerlich beiseite.

Das bauliche Bild der Großstädte entspricht dem Zustande des geistigen Tumultes, während dessen sie entstanden. Sinnlose Häufung von Steinen und Prunk, seelentötendes Zusammenpferchen der Menschen auf engem Raume kennzeichnen jene Städtebilder, welche dem naturwachen Menschen als Sünde wider den Geist erscheinen. Niemand dachte daran, die wirklich notwendige Siedelung auf weite Räume zu verteilen, niemand kam auf den Gedanken, diese Räume zu gestalten. Wurden sie gestaltet, dann mechanisch und nicht organisch. Krasser Nutzen, niedrigste Zweckmäßigkeit schufen die Steinwüste, welche das Volk entmenschlicht. Grauen befällt den Menschen wachen Blutes, der, durch die grauen, staubigen Steinschluchten der Straßen wandernd, an die Tausende von Schlafstellen denkt, welche heimersetzend das müdgehetzte Großstadtwesen aufnehmen. Mit sinnlosem Triumphgeschrei verkünden weise Stadtväter die Geburt des hunderttausendsten oder millionsten Einwohners. Als ob es ein Verdienst wäre, Millionen Menschen auf einem Platze zu sammeln. Je länger eine Straße, umso stolzer ihre Bewohner, je höher das Haus, um so eifriger der Lichtbildberichterstatter der Illustrierten. Die hohe Zahl wird zur Tugend, warum, weiß kein Mensch.

Betrieb und Tempo werden die heiligen Güter, an denen die „Kultur" einer Weltstadt, der „Königin" der Großstädte, gemessen wird. Verächtlich spricht der Weltstadtbewohner von dem geringen Verkehr der Provinz. Er ist stolz auf die Zehntausende, die sinnlos über den Asphalt hasten. Er freut sich, in einer Stadt zu wohnen, in der täglich Dutzende von Menschen totgefahren werden. Die Zahl der Zigarrenläden und Likörstuben erfüllt ihn mit Begeisterung, die Lichtverschwendung mit Entzücken. Sein Ohr möchte immer Geräusch, sein Auge lechzt nach Reklamebildern, die in seinen Träumen wiederkehren. Gierig gafft die Masse in spiegelnde Schaufenster, nicht fühlend, daß Auslage und Reklame sie zu Sklaven ihrer Stofftriebe machen. Eugen Diesel schildert die Weltstadt erschütternd: „Zwischen Staub, Toben, Straßenbahnen, Draht steht eine graugrüne Kirche mit goldenen Lettern über dem Tor: „Himmel und Erde werden vergehen, aber meine Worte werden nicht vergehen". Die Erinnerung fliegt blitzschnell, eine fünfundzwanzigstel Sekunde lang, zur Konfirmation zurück."

„Die Oper schenkt uns für zehn Mark fünf Stunden lang Erlösung durch Parsival. Dunkle Dichtung, Gelalle, herrliche Chöre, erzdumpfe Glocken. Dem Heimkehrenden begegnet der streichholzverkaufende Krüppel, grandios unerlöst zwischen Asphalt, Autos und Wärmestube."

„Die Filme zeigen Afrika, Brasilien, den Südpol und den Mount Everest. Man schimpft, weil man schon ein dutzendmal die Elefanten im Urwald sah. Übersee und Großwild ziehen nicht mehr, aber das Ewig-weibliche und der lächelnde Amerikaner mehr und mehr. Man hat von der Berufstragik der Diva raunen hören: sie darf keine ernsten Bücher lesen, um den Ausdruck des Filmgesichtes nicht zu zerstören." — „Larven sind es, in denen der Quell des Lebens nicht mehr sprudelt. Über ihrem Haupte geht nicht die ewige Sonne, sondern die künstliche Höhensonne mit ultravioletten Strahlen auf. Sie kennen keine Belohnung für volle Arbeit, sondern Entlohnung (um den Lohn gebracht werden!) pro Arbeitsstunde. Ihre Freude ist Amüsement, ihr Fest Betrieb, ihre Sittlichkeit Perversität, ihre Philosophie sexuell betonte Psychoanalyse. Sie lieben und hassen nicht, sie interessieren sich oder schimpfen. An Stelle von Leid spüren sie schlechte Laune. Die demokratische Verfassung ersetzt ihnen die Freiheit. Religion kennen sie nicht, aber okkulte Fragen und Hysterie. Statt Heim und Herd haben sie eine Etage mit Feuer- und Einbruchsversicherung, darüber die Radioantenne. Statt Hab und Gut einen Vermögensstatus und Aktienwerte. Statt Männlichkeit erschlichenen Einfluß, Positionen und Titel. Sie sind platt, nicht naiv. Armut wird in Misere umgeformt, Reichtum in Kapitalismus, Heiligkeit in Intellektualismus, Nächstenliebe in Bazars und Sammellisten."

Das siebente Buch von Platons Staat beginnt mit einem Gleichnis: Denke dir Menschen etwa in unterirdischer, höhlenähnlicher Behausung, die nach dem Lichte hin nur einen Zugang hat, doch einen weiten, längs der ganzen Höhle. Drinnen sollen wohnen Menschen, die von Kindheit an gefesselt sind an Fuß und Nacken, so daß sie unbeweglich bleiben müssen und nur vor sich zu sehen vermögen; den Kopf zu drehen macht ihnen ihre Fesselung unmöglich, Licht erhalten sie nur durch ein Feuer, das von oben her, aus weiter Ferne leuchtend, hinter ihren Rücken fällt; doch zwischen diesem Feuer und den Gefesselten soll ein Weg zur Höhe führen; und wieder neben diesem denke dir ein Mäuerchen errichtet, den Schranken ähnlich, wie sie sich der Gaukler vor der Menge baut, um darauf seine Wunder vorzuführen. — An dieser kleinen Mauer ziehen Menschen hin und schleppen allerhand, was den Rand der Mauer überragt; so Statuen und Tiere, aus Holz und Stein und mannigfachen Stoffen gebildet. Und wie natürlich nur: teils reden die Gestalten, teils sind sie stumm. Der Menschen Ebenbilder! Denn haben Leute wohl in solcher Lage schon von sich und von einander etwas anderes gesehen als nur die Schatten, die vom Feuerschein an die Höhlenwand vor ihrem Auge hingeworfen werden? Wie aber, wenn ihr Gefängnis außerdem ein Echo von der Rückwand hallen ließe, so oft der wandelnden Gestalten eine redete, glaubst du, sie schreiben die Töne einem anderen als den Schatten, die vorüber huschen, zu? Wie denn solchen Wesen überhaupt nichts anderes Wahrheit heißen könnte, als das Schattenbild der Dinge.*)

Die Larven Diesels und die in die Höhle Gebannten Platons sind die nämlichen Menschen. Ob wohl Platon, der schon das griechische Leben seinerzeit als schattenhaft empfand, die moderne Großstadt und ihr „Leben" nicht noch unter das Schattendasein stellen würde!?

Die Nomadisierung des Zivilisationsmenschen findet in der Aufgabe von Grund und Boden, mit dem Zuzuge zur Großstadt, keineswegs ihr Ende. Der innerlich ruhelos gewordene Einzelmensch gibt auch heute die Heimat im engsten Sinne des Wortes, das Heim, preis. Soweit in der Freude an der eigenen Wohnung ein Stück Heimatliebe durchbricht, ist Wohnen ein Ausdruck von Kulturwillen; nicht in jenem intellektuellen Sinne des ästhetischen oder gar des technischen Wohnens. Kultur beginnt mit der Weite des Raumes und mit der Freiheit der Bewegung. Enge Räume, mögen sie technisch noch so vollendet, ästhetisch noch so verfeinert sein, nehmen der Seele die Spannweite. Ein einfaches Tiroler Bauernhaus kann mehr Kultursinn verraten als die von Kunstgelehrten sorgsam zusammengestellte Prunkvilla, ganz zu schweigen von der technisch ausgeklügelten Wohnung. Von Wohnkultur eines Volkes kann nur gesprochen werden, wenn in seinen breiten Schichten der Drang wohnt, innerer Seelenhaftigkeit bei der Gestaltung der Umgebung, auch der des Alltages, Ausdruck zu verleihen. Wie fern der Mensch von heute dieser Kulturauffassung steht, geht aus dem Mißverhältnis hervor, in welchem seine Ausgaben für Wohnzwecke zu dem Aufwande außerhalb seiner vier Wände stehen. Kein Zweifel, daß das Volk in seiner Gesamtheit sich höchste Wohnkultur leisten könnte, wenn die in öffentlichen Lokalen aufgewendeten Mittel dem Ausbaue des Heimes zugute kämen. Je nach der geldlichen Leistungsfähigkeit spielen aber Hotelhalle, Kaffee oder Spelunke den kläglichen Heimersatz. Hier wird für einige Stunden, besonders den ärmeren Schichten, das Teilhaben an einem Luxus vorgetäuscht, der sonst

*) Das Gleichnis wird der Einfachheit halber unter Beseitigung der Dialogform erzählt.

aus Geldmangel eine verschlossene Welt wäre. Die Beliebtheit des Kinos (man denke an die „Kinopaläste") entspricht der Geneigtheit der breiten Masse, sich in jenes verlorene Paradies wenigstens auf Stunden versetzen zu lassen. Immer neue, immer tiefere Schichten drängen in die Marmorhallen der Hotels, zwei Teestunden lang sich die Teilhaftigkeit an einer Welt, in der das Übernachten zwanzig Mark kostet, vorzaubernd. In den jungen Riesenstädten der Vereinigten Staaten werden die Wohnungen mehr und mehr zu „Schlafstellen". Auch sehr wohlhabende Leute begnügen sich mit kleinsten Räumen, da sie das eigene Raumbedürfnis in den großen Palasthotels stillen, weil auch die Mahlzeiten in irgendeiner Form fertig bezogen und außerhalb der Wohnung eingenommen werden. Gewiß gab es zu allen Zeiten Treffpunkte des öffentlichen Lebens, und je nach dem Klima spielte es sich mehr oder minder im Freien oder in besonderen Gebäuden ab. Aber in Zeiten wahrer Kultur war doch immer das Heim führender Menschen gesellschaftlicher Mittelpunkt. Mag es die Burg, das Schloß oder ein städtisches Patrizierhaus gewesen sein; das hing von der geschichtlichen Entwicklung ab. Heute ist dies anders. Weder die Schlösser des flachen Landes, noch die großen Bürgerhäuser der Städte führen kulturell. An ihre Stelle ist die Hotelhalle getreten, die für das gesellschaftliche Leben ungefähr die Rolle spielt wie die Bäder im untergehenden Rom. Der moderne Tanz ersetzt dabei die Gymnastik, der Flirt das öffentliche Haus.

Wenn die Mietswohnung das eigene Haus zu verdrängen beginnt, schwindet die Heiligkeit des Herdes. Vom Hause nimmt alle Kultur ihren Ausgang. Dies gilt auch für den, der mit Spengler annimmt, daß das Wohnhaus mit Baukunst nichts zu tun habe, sondern unbewußter Seelenausdruck, also Ausfluß der Rasse sei. Mit der Knebelung des „ewigen Bauern" verliert aber auch die zeitlose Kultur des Wohnhauses ihre Bedeutung. So wird die „Etage" zum Symbol des Kulturzerfalles.

Kein Wunder, daß unter diesen Umständen der Gegensatz zwischen Bauerntum und Städtertum wächst. Der Krieg mit seiner Zwangswirtschaft, die einen schlemmenden und wuchernden Bauern vortäuschte, vollendete nur einen geschichtlichen Vorgang. Der Bauer gilt als kulturlos und habgierig. Zu dieser Anschauung berechtigt aber nur der oberflächliche Schein, nicht die tieferliegende Wirklichkeit. Denn der Bauer hält seine Groschen zusammen, um sich auf seiner Scholle zu behaupten. Dieser letzte Zweck seiner „Habgier" ist ebensowenig materialistisch wie der Opferwille, mit welchem er spart. Mehrleistung und Entsagung sind seine Mittel zu materiellem Erfolge; beim Städter jedoch Gewissenlosigkeit und Gerissenheit. Der Urwert des Bauern ist das Land; der des Städters das Geld. Für den Bauern ist Geld Mittel, für den Städter Zweck.

Fast alle Gesellschaftsbetrachter und Biologen halten die Stadt für einen Sammelpunkt von Intelligenz; sie glauben an ein Auslesegesetz, welches über dem Zuzuge der Landbevölkerung zur Stadt walte. Formale Schulergebnisse und am Äußeren haftende Leistungszeugnisse tragen zur Stärkung dieser Meinung bei. Sie ist irrig: mag auch der Städter eine raschere Auffassungsgabe besitzen, mögen auch seine Nerven auf äußere Reize schneller antworten und deshalb seine Entschlußkräfte höhere sein. All diese „Tugenden" beweisen nichts für den biologischen Wert des Städters. Sie können erworben sein und ihr Dasein nur der neuen Umgebung verdanken. Auch liegt die Annahme nahe, daß ihr Erwerb auf Kosten der Lebenskraft geschieht. Die Großstadt frißt die Menschen. Wie wäre sonst erklärlich, daß großbürgerliche Geschlechter in wenigen Generationen aussterben und entarten, während Bauerntum und Landadel viele Geschlechterfolgen hervorbringen, die immer wieder leistungsfähig sind. Dazu kommen Zähigkeit und stillwirkender Lebenswille des Bauern, die ganz andere Anstürme ertragen als der wurzellose Städter. Was will es demgegenüber heißen, daß das Auffassungsvermögen des Bauern geringer ist? Sein Mangel ist wahrscheinlich auf die Weisheit der Natur zurückzuführen, die mit Lebensgut sparen möchte. Auch der Bauer hat übrigens seine eigene Intelligenzform: die Schlauheit. Aber zwischen ihr und der weltstädtischen Intelligenz ist keine Verständigung möglich. „Die wirkliche Ethik des Bauern, seine wirkliche Metaphysik, die kein Stadtgelehrter je der Entdeckung für würdig gehalten hat, liegen außerhalb aller Religions- und Geistesgeschichte" (Spengler).

In einer Zeit jedoch, in der Intelligenz zur Tugend wurde, Masse zum Herrschaftsträger, Geld zur Wirtschaftsmacht, Tempo zum Selbstzwecke, mußte die Großstadt das Land besiegen. Ihr künstlicher Glanz verdunkelte die sonnenbestrahlte Landschaft. Das Überlegenheitsgefühl des Weltstädters wuchs mit dem Minderwertigkeitsgefühle der Landbevölkerung. Dem von der Stadt abhängigen Bauern wurde seine „Dummheit" so lange vorgehalten, bis er selbst an sie glaubte. Im Zeitalter des Verstandes mußte die Stadt zur bedingungslosen Herrschaft über das Land gelangen. Die großstädtischen Intelligenzkreise beherrschen den Bauern völlig, sein Stolz ist gebrochen. Immer kleiner wird die Zahl derer, die einen in die Stadt Gewanderten als verlorenen Sohn ansehen; in den meisten Fällen ist der Bauer auf den „noblen" Städter stolz. Auch er beugt sich dem Trugbilde des Geldes.

Der allgewaltige Staat sitzt in den Großstädten. Er ist nicht nur abstrakter Gedanke, sondern Fleisch und Blut, das heißt Beamtenschaft. Die Beamten aber sind meist Städter und, wenn sie es nicht waren, wollen sie es möglichst rasch werden. So wird das seelisch verwurzelte, dem organischen Leben verhaftete Bauerntum von Menschen beeinflußt und geleitet, die seinem Wesen innerlich entgegengesetzt sind. Art und Willen des Landes kommen in Gesellschaft und Staat nirgends mehr zum Durchbruche. Die Großstadt, eigentlicher Boden des Individualismus, gibt ihr Gepräge dem ganzen Volke, rücksichtslos über das entmannte Bauerntum hinweggehend, das mit seiner Arbeit das Volk ernähren, mit seinem Blute erhalten, mit seiner Seele aber nicht mehr durchdringen darf. Die moderne Demokratie wird so zum Totengräber des Bauern.

Ähnliches gilt für das Verhältnis der Großstadt zur Kleinstadt. Ehrfürchtige Städtenamen der Geschichte, einst der ganzen abendländischen Welt bekannt, führen ein bescheidenes Dasein am Rande der modernen Entwicklung. Wie der Wüstensand einst ragende Kulturen des Altertums verschlang, so fallen sie dem Verkehr und der Zivilisation zum Opfer. Außerhalb dieses modernen Bewässerungssystems liegend, versanden sie in einem Dasein ohne Geltung oder werden „eingemeindet". Dabei ist ihre stiefmütterliche Behandlung keineswegs berechtigt. Denn in der Kleinstadt lebt mehr echter Kulturwille als in den Großstädten.

Die demnach für das gesamte Leben des deutschen Volkes maßgebend gewordene großstädtische Gesellschaft ist schlechthin Gegenstand jeder gesellschaftskritischen Untersuchung. Wie sieht sie nun aus, wer beherrscht sie, und welcher Art sind die Einflüsse, die ihr Aussehen bestimmen? Denn auch eine in Auflösung befindliche Gesellschaft empfängt irgendwoher die ihr Gesicht kennzeichnenden Züge. Solange die Menschen verschieden sind, so lange gibt es Oberschicht und Gefolgschaft. Die Oligarchie ist praktisch immer die Form, in welcher Staats- und Gesellschaftsleben sich abspielen. Dem widerspricht der Gedanke der gegenwärtigen Massenherrschaft keineswegs. Die wenigen, welche herrschen, können dies nämlich ebenso aus eigener sittlicher Verantwortung tun, als im Gefühle, Beauftragte und Vollzieher des Massenwillens zu sein. Sie sind es, die dem Leben der Gesellschaft ihren Stempel aufdrücken.

Denn wie das weiche Wachs nur auf die Prägung wartet, so der Nachahmungstrieb der Massen auf Vorbild und Beeinflussung. Die Erscheinung des Führertums ist deshalb ewig und unabänderlich. Einmal ist es bedingt durch die geistige Veranlagung besonders zum Führertum Berufener (Selbstbewußtsein, Machttrieb, Verantwortlichkeitsgefühl, Intelligenz, Rednergabe). Sodann durch die geistige Zuständlichkeit der Massen, die vor Verantwortung zurückscheuen und ein natürliches Bedürfnis nach Anlehnung haben. Dazu kommt die rein technische Notwendigkeit der Zusammenfassung und Gruppierung. Alle können nicht von allen beherrscht werden. Eine solche Art der Selbstregierung hat es nie gegeben. Auch auf kleinstem Raume und im kleinsten Kreise ist Führung notwendig.

Von außen gesehen liegt dort Führung vor, wo eine Minderheit die Mehrheit beeinflußt und sie in einer gewissen Form der Abhängigkeit hält. Dieses Erscheinungsbild erlaubt aber keinen Blick auf die inneren Zusammenhänge zwischen Führern und Geführten, ohne den der wahre Sinn des Führertums verborgen bleiben muß. Man stelle sich eine marschierende Truppe vor, deren Bewegungen vom Führer geleitet werden. Das Merkmal dieses Führertums ist, daß der Führer nicht nur Entschlüsse für seine eigene Handlungsweise faßt, sondern auch für Handlungen der Geführten. Er ist verantwortlich für das Ganze. Führung kann aber auch der tatsächliche Zustand des An-der-Spitze-stehens sein. Hier richtet sich die gesamte Gruppe von Menschen nach dem Verhalten desjenigen, der aus irgendeinem Grunde leitend wirkt. Nur die Stellung des so Führenden ist für die Gefolgschaft maßgebend, nicht sein Wille. Er lebt für sich, alle seine Nachläufer sind ihm gleichgültig. Er ist also Führer, nicht kraft inneren Berufes, sondern weil irgendein Umstand ihn über die anderen hinaushebt. Er kümmert sich um sie um ihrer selbst willen nicht. Sie fangen erst an, für ihn da zu sein, wenn sie seiner Ichsucht hindernd in den Weg treten. Dann nützt er seine Machtstellung, die ursprünglich gar nicht führend gedacht ist, aus.

Das erste Beispiel zeigt den echten Führer. Er fühlt sich für die Gemeinschaft verantwortlich. Deren Sorgen sind seine eigenen. Er wird zum Sammelträger, zum Brennpunkte der seelischen Empfindungen der Gesamtheit. Er ist kraft geheimnisvoller Veranlagung das, was Rousseau die volonté générale nennt. Dieser allgemeine Wille kann dem Mehrheitswillen entgegengesetzt sein und trotzdem dem inneren Wesen der Gemeinschaft mehr entsprechen, als dem Einzelnen bewußt ist. Es gibt ganz wenige Menschen, welche die Sorgen der Allgemeinheit so in sich aufnehmen, daß sie aufhören, als Sonderwesen zu leben. Sie können sich nur noch mit ihrem Volke freuen und mit ihm zugrunde gehen. Stehen solche Menschen an der Spitze, so ist die Führerfrage gelöst und ein Zeitalter der Blüte beginnt. Das eigentliche Wesen des Führertums liegt also auf dem Gebiete des inneren Wertes und nicht der verstandesmäßigen

Begabung. Allerdings soll diese nicht unter den guten Durchschnitt sinken. Das Genie an der Spitze des Volkes ist eine Seltenheit, der Mangel an ebenbürtiger Nachfolge eine Gefahr. Es ist deshalb erstrebenswert, daß eine Schicht vorhanden sei, die eine abtretende Führerpersönlichkeit jederzeit durch eine gleichwertige und ähnlich gerichtete ersetzen kann. Die englische Weltmachtstellung beruht in erster Linie auf dieser sich gleichbleibenden, stets von unten her ergänzten Schicht von Menschen, in der das Verantwortlichkeitsgefühl als höchste Tugend gepflegt und vererbt wird.

Empfängt nun die heutige individualistische Gesellschaft ihre Prägung von einem so gearteten Führertum und besteht überhaupt eine solche Führerschicht? Beide Fragen sind zu verneinen. Die Gesellschaft in Deutschland ist ohne feste Schichtung. Es besteht auch kein Maßstab für die Zugehörigkeit zum Kreise der Führenden. Gewiß hat das außerstaatliche Leben eine Form des Führertums entwickelt: den Wirtschaftsführer, welchen heute der Glanz des ehemaligen Fürstentums umgibt. An und für sich hat die Wirtschaft bei anderen Völkern und Kulturen nirgends Ansehen und Macht verliehen. Wenigstens galt dies für frühere Zeiten, als die dienende Stellung der Wirtschaft noch im Bewußtsein der Menschen verwurzelt war. Das kapitalistische Zeitalter kann nun als Verdiesseitlichung menschlichen Ganzheitsstrebens aufgefaßt werden. Es wäre dann der Ausfluß faustischen Gestaltungsdranges, eines neuen Willens zur Macht, nicht nur über Menschen, sondern über die Gewalten und Kräfte der Natur. Vierkandt*) meint, der Wirtschaftsführer sei deshalb bewunderungswürdig geworden und ihm so eine gewisse Summe tatsächlicher Macht zugeflossen. Nach dieser Auffassung wäre das kapitalistische Zeitalter eine Art neuen Kulturstiles. Für den Verfasser dieses Buches ist die Übertragung des faustischen Gestaltungsdranges auf das Wirtschaftsleben eine Rache des mißhandelten metaphysischen Triebes: also Zerfallserscheinung und Kulturzusammenbruch. Denkt man sich die Beherrschung der Naturkräfte bis zu einem Grade weiter geführt, der menschliche Arbeitskräfte im Wirtschaftsleben überflüssig machte, so ergäbe gerade diese Annahme, daß ein kapitalistischer Wirtschaftsführer tatsächlich ein Führer ohne Geführte sein könnte. Führertum ist aber nur auf der Ebene des sozialen Lebens, also nicht ohne Geführte vorstellbar. Tatsächlich hat ja auch der Wirtschaftsführer einen Teil seiner Führerstellung eingebüßt: die Leitung seiner Arbeiterschaft hat er an die Gewerkschaftsführer abgegeben. So bleibt nur noch der Einfluß des Wirtschafts-

*) 5. Nummer, 17. Jahrgang des „Arbeitgeber".

führers auf den Verbrauchermarkt übrig. Hier führt aber nicht die Macht der Persönlichkeit, sondern das zusammengeballte Kapital. Hier steht nicht die Wohlfahrt von Menschen im Vordergrunde, sondern die kaufmännische Rente. Der Wirtschaftler kann die Wohlfahrt des Volkes im Auge behalten. Er soll, muß aber nicht von Verantwortungsgefühl gegenüber dem Ganzen geleitet sein. Die Erhöhung der Gemeinschaft ist nicht Zweck dieser Machtzusammenballung.

Der echte Führer erstrebt in erster Linie Menschenbeherrschung zum Zwecke der Menschenvervollkommnung. Dazu mag er sich verschiedenartiger Mittel bedienen. Niemals aber verleiht die Beherrschung eines Machtmittels von vornherein Führerwillen und Führereigenschaft. Wenn die Wirtschaft, infolge des Übergangs von der Bedarfs- zur Vorratswirtschaft, gewaltige Arbeitermassen von dem Willen eines Einzelnen abhängig machte, so geschah dies zu Zwecken nützlicher Erzeugung, nicht aus echtem Führertum heraus. Damit wird das Vorhandensein wahrer Führer im Wirtschaftsleben nicht geleugnet. Denn wer über die eigenen Unternehmungen hinaus sich für die ganze Volkswirtschaft verantwortlich fühlt, wird vom Wirtschaftsführer zum Wirtschaftspolitiker. Damit ist der Übergang zum echten Führertum vollzogen. Die treibende Kraft einer solchen Umstellung liegt aber auf geistig-seelischem Gebiete und nicht auf wirtschaftlichem. Ein Wirtschaftler wird zum Führer, weil eine höhere Stimme ihn treibt, nicht weil die Geldmacht ihn befähigt.

Damit ist die Frage des Besitzes und seiner führenden Rolle in der Gegenwart angeschnitten. Der Besitz und die mit ihm verbundene persönliche Unabhängigkeit waren zu allen Zeiten eine geeignete Grundlage des Führertums. An und für sich ist der Besitz apolitisch. Ja, es wird ursprünglich wohl so gewesen sein, daß Führermacht Besitz erzeugte. Erst das Zeitalter der Zivilisation, erst die Herrschaft des dritten Standes bringt jenen Zustand mit sich, bei dem der Besitz in Machtstreben ausläuft. Die Geschichte ist nicht die Geschichte von Klassenkämpfen, wie das kommunistische Manifest behauptet, sondern wird es erst dann, wenn Macht und Führerschaft zu reinen Besitzdienern werden. Die Tatsache des Reichseins besagt für soziale Hochwertigkeit oder Minderwertigkeit, für Führereignung gar nichts. Reichtum widerspricht auch keineswegs der Möglichkeit innerer Führerverpflichtung. Die Unabhängigkeit des Reichen mag sogar von der Sorge für die eigene Person auf die für die Gemeinschaft ablenken. Der Grundbesitz hat in nicht geringem Maße aus seiner Besitzstellung heraus ein solches echtes Herrengefühl entwickelt. Der Besitz wurde selbstverständlich und verpflichtete zur Führung. Mit seiner zunehmenden Beweglichkeit schwindet jedoch das Verantwortungsgefühl gegenüber dem Ganzen. Wenn der Besitz zu Vermögen wird, das sich nur in Geldwerten ausdrücken läßt, in Bodenwerten höchstens „angelegt" ist, dann ist der Weg vom Besitze zur Geldmacht vollendet. Mit der Mobilisierung durch das Geld ist die Loslösung des Besitzes von Blut und Boden vollzogen. Damit fällt aber die Verpflichtung gegenüber organischem Leben weg. Der Händler, der nur für Geld arbeitet, ist Herr des Wirtschaftslebens und somit der reiche Mann schlechthin. Zunächst asozial, sinkt er als Spekulant auf die Ebene des Unsozialen. Die großen Vermögen sind heute in Händen des Handels. Hier ist noch Piraterie möglich, hier gibt es noch Überraschungen. Die gesellschaftliche Stellung Handel treibender Kreise ist seit dem Kriegsende eine ungleich gehobenere denn früher. Die Verdienstspanne des Handels ist verhältnismäßig größer geworden, die Preisverhältnisse sind festere; man unterbietet sich nicht gegenseitig zu Tode und läßt die Verbände dafür sorgen, daß jeder zu leben hat. So kommt es, daß der Handel, wozu auch der mit Geld gehört, immer größere Teile des mobilisierten Besitzes bei zunehmender Bodenentwertung bei sich aufhäuft.

Die Einstellung dieser Finanzkreise ist eine asoziale. Sie leben für sich und „opfern" höchstens für ihre Ruhe und ihre gesellschaftliche Geltung. Alle Gemeinschaftsstrebungen lassen sie kalt. Was nicht in die Bilanz als Aktivsaldo gebucht werden kann, halten sie für sinnlos. Keine Verpflichtung lebt in ihnen, kein Ganzheitsgefühl. Es sind im allgemeinen brave, biedere Leute, dem Strafgesetzbuche untertan und auf ihre Unbescholtenheit bedacht. Aber jeder Heroismus ist ihnen peinlich, Geistigkeit nur willkommen, soweit sie dem Reichtume Rahmen gibt. Ein nach Vollendung und Ganzheit strebender Mensch ist ihnen ein Narr, höchstens als Schaustück für den Salon geeignet.

Dieser reiche Mann wurde kraft der Zwangsläufigkeit, mit welcher der Individualismus zum Materialismus führt, das gesellschaftlich bestimmende Vorbild. Er ist wahrhaftig nicht Führer, will es gar nicht sein. Er möchte nur, daß sich die anderen nach ihm richten. Das tun sie auch. Mächtig ist der Zwang dieser kapitalistischen Gesellschafts„ordnung". Fälschlicherweise wird nämlich als Kapitalismus die wirtschaftliche Erzeugungsform und nicht die geistige Zuständlichkeit der Gesellschaft empfunden. Es ist die Tragik des Sozialismus, daß er gegen die Privatwirtschaft anstürmt, den kapitalistischen Menschen aber, der sich nur als Privat- und nicht als Gesellschaftswesen fühlt, ungeschoren läßt. Und doch entbehrt diese sozialistische Haltung keineswegs der Folgerichtigkeit.

Denn der gehaßte Reiche ist nicht nur das Ideal des Bürgers, sondern auch des Arbeiters. Sozialismus ist — gesellschaftlich gesehen — negativer Kapitalismus. Er gehört zum liberalen Bürger wie der Neid zum Glück. Begierig verschlingt das hungrige Auge des „Proletariers" den auf der Filmleinwand vorgetäuschten Reichtum. Zufrieden sitzt er in öffentlichen Lokalen, die ihm wenigstens für Stunden die Teilhaberschaft unerreichbaren Wohlstandes vorzaubern. Er verschlingt Zeitungsromane, die das Leben besitzender Kreise schildern. Befassen sie sich mit dem des Proletariats, so beschreiben sie nur Enge, Dumpfheit und Unglück; selten eigene Würde. Der jugendliche Proletarier aber berauscht sich an Hochstaplerromanen und freut sich, wenn sein „Held" die bürgerliche Gesellschaft gründlich hereinlegt. Diese bürgerliche Gesellschaft selbst aber zeigt in ihren Salons mit neidvoller Hochachtung den Mann des Erfolges. Hat er das Pech gehabt, seine zwanzig Millionen mit etwas Einzelhaft zu bezahlen, so schadet dies seiner gesellschaftlichen Geltung wenig. Im Gegenteil, die Romantik des Zuchthauses umwittert ihn wie den Kreuzritter die Gefangenschaft bei einem morgenländischen Pascha.

Krieg und Geldentwertung bewirkten eine Neuverteilung der Vermögen. Die abendländische Welt hatte zwar noch Anstand und gesunden Blick genug, das Lächerliche an der Erscheinung des Neureichen festzustellen; aber trotzdem öffnete ihm sein Geld im Laufe der Zeit alle Türen. Nur die allernotwendigste Anpassung an gewisse äußere Formen wurde verlangt, damit wenigstens das plumpe Protzentum verborgen blieb. Zwar ist das moderne Bürgertum stolz auf sein Geld und trägt diesen Stolz offen zur Schau. Reichtum ist aber noch nicht zur Tugend schlechthin geworden, wie in dem puritanisch beeinflußten Amerika. Man murmelt sich die hohen Vermögensziffern nur achtungsvoll ins Ohr; die Fremdenführer schreien bei der Vorbeifahrt an der Villa eines Reichen noch nicht dem Reisenden die Baukosten ins Gesicht, wie dies ohne die geringste Scham in den großen Sommerorten an der Küste Floridas geschieht. Dieser, den abendländischen Reichtum mildernde Umstand, ist darauf zurückzuführen, daß der Gesellschaftsstil nicht ursprünglich auf dem Gelde beruht, sondern aus einer nicht vom Gelde beherrschten Zeit übernommen wurde. Der Feudalismus bestimmt noch heute den Lebensstil des Abendlandes, insbesondere des deutschen Volkes. Bürgertum und Arbeiterstand erschöpfen deshalb ihr gesellschaftliches Formgefühl in der Nachahmung.

Mit der mittelalterlichen Stadt begann der erste Aufschwung des Bürgertums. Eine eigene Kultur, ein besonderer Lebensstil entstand. Die herrschende Adelsschicht war durch Kreuzzüge, Kolonisation und schwarzen

Tod entscheidend geschwächt. Im Minnedienst hatte sich der beginnende Sittenverfall angekündigt. Das langsam erstarkende Bürgertum löste zwar die Adelsherrschaft nicht ab, aber es ergänzte und zersetzte sie. Der bürgerliche Patrizier stand fast gleichberechtigt neben dem Fürsten. Die Lebensform des bürgerlichen Patriziats unterschied sich deutlich von der des Rittertums. Trotzdem konnte von einer Verstädterung im neuzeitlichen Sinne nicht die Rede sein. Im 15. Jahrhundert setzte sogar ein Stillstand, wenn nicht ein Rückgang der Städteentwicklung ein. Eine bestimmte Einwohnerzahl wurde zur festen Norm der mittelalterlichen Stadt, über welche nicht hinausgegangen wurde. Land und Stadt, Blut und Geist standen mit einander in natürlichem Einklange, der allein Kultur verbürgt. Aus der Mischung von Adel und Patriziat entstand so ein gemeinsamer Lebensstil. Um so eher war dies möglich, als die christlich-abendländische Weltanschauung beider Grundlage war. Der adelig-patrizische Stil mußte aber schon den Keim der Zersetzung in sich tragen. Denn jede Vermischung von Ständen und Kasten führt in der Folge zum Zerfalle der Kultur. Trotzdem besaß das mittelalterliche Bürgertum, im Vergleiche zu dem modernen, einen Formsinn, der jedem vergleichenden Betrachter mittelalterlicher und moderner Städte sofort offenbar wird.

Die moderne Städteentwicklung gesellte dem Großbürger den Kleinbürger bei und darüber hinaus noch das Proletariat. Die Vermischung wurde stärker und unterband das Werden jedes neuen Lebensstiles, der nur in geschlossener Schicht, die bewußte Auslese und Zucht treibt, geboren und gewahrt werden kann. Zunehmende Vermischung und Verbreiterungen der Grundlage, auf welche eine Lebensform sich stützt, bedingen ihre Verdünnung und Entartung. So lebt das ganze moderne Bürgertum und darüber hinaus das gehobene Arbeitertum von den Formen, die der adelig-bürgerliche Lebensstil hinterlassen hat. Die nächsthöhere wird von der nächsttieferen Schicht in der äußeren Lebensführung und Lebenshaltung nachgeahmt. Nicht der innere Wert der höheren „Kaste" wird erstrebt, nur der Schein der Zugehörigkeit. Es entsteht so ein erbärmliches Bild mangelnden Selbstbewußtseins, fehlenden inneren Wertes und affenhaften Nachahmungstriebes. Der arme Bauer wurde von der Stadt so sehr unterdrückt und seines minderen Wertes versichert, daß er sich auf erheiternde Weise bemüht, sein Äußeres dem städtischen Straßenbilde anzupassen, statt stolz seine Heimattracht zu zeigen. Der Dienstbote, der heimlich die Kleider seiner „Herrschaft" trägt, der mittlere Beamte, der die Gewohnheiten seines Vorgesetzten annimmt, der Ministerialrat, dessen Frau es der Gattin des Ministers gleichtun will, der Arbeiter, in seinem Drange sich kleinbürgerlich zu gebärden, das alles sind Beispiele, die beliebig zu vermehren wären. Der kleine Beamte träumt von bombastischen Titeln; sein einziger Ehrgeiz ist, seinem Sohne eines Ausbildung zu gewähren, die ihm das Einrücken in die Stellung des Vorgesetzten ermöglicht, unter welchem der Vater litt. Im Berufserfolge des Sohnes soll das väterliche Minderwertigkeitsgefühl ertötet werden. Viel echte Vaterliebe, ungeheure elterliche Entsagung begleiten den „Aufstieg" des Sohnes. Aber fast stärker noch ist die elterliche Eitelkeit, die mit dem Leibeserben Triumphe feiern möchte, die den Eltern versagt blieben. Gegen die Wende zum 20. Jahrhundert gab es zahlreiche Kleinstbürger und gehobene Arbeiter, die ihre Kinderzahl einschränkten, sich jahrzehntelang keinen Bissen gönnten, nur um „dem Sohne" Hochschulbesuch zu ermöglichen. Dieser erquälte Aufstieg hat viele Familien biologisch vernichtet. Dem Opfermute der Eltern entsprang — als Folge dieser verkehrten Erziehung — die feige Schwäche der „angekommenen" Kinder, die, selbst kinderlos, ein befriedigtes Dasein zwischen Kino, Tanzpalast, Kleinauto und Wochenende führen. Was die Eltern zu opferwillig waren, sind die Kinder zu feig und zu selbstsüchtig. Die armen abgemühten Eltern, die sich im Grunde verzweifelt nach Enkelkindern sehnen, begnügen sich nun mit gegenseitigem Vorprahlen der Vorzüge, welche die Kraftwagen ihrer Kinder angeblich besitzen. In der Zeit der Nobilitierungen konnte ein Industrieller den Aufstieg seines Sohnes an dessen neuem Baronstitel feststellen; der Kaufmann war in der Lage, auf die Achselstücke des Reserveoffiziersohnes hinzuweisen; der Nichtakademiker blähte sich im Stolze auf seinen doktorierten Sprößling. Aber diese Werte, denen wenigstens noch ideelle Gesellschaftshintergründe dürftig aneigneten, sind geschwunden. Jetzt entscheiden nur noch Einkommen oder Aufwand, der ein solches vortäuscht. Unser gesellschaftliches Bild wird fast ausnahmslos bestimmt durch das Gefühl finanzieller Minderwertigkeit, das jede Schicht anreizt, durch Über-die-Verhältnisse-leben nach außen hin die wirtschaftliche Unterlegenheit zu verstecken. Wer arm ist, fühlt sich minderwertig. Nur die, welche von den Armen in das Parlament gewählt werden wollen, reden noch von der Würde des Menschen und der Arbeit. Sie selbst haben längst darauf verzichtet und sonnen sich im Glanze ihrer finanziellen Erfolge.

Nachahmung erstreckt sich immer auf das Gehabe, nicht auf das Wesen. Wesen ist Blut und Erlebnis. So kommt es, daß das Bürgertum die kulturelle Überlieferung und die seelische Verwurzelung des Adels nicht übernahm, ja, nicht übernehmen konnte. Andererseits beweist der Nachahmungstrieb und die ehrfurchtsvolle Bewunderung, welche kleinbürgerliche Schichten heute noch adeliger Lebensführung entgegenbringen, daß Reichsein allein, vorwiegend in Deutschland, noch nicht als höchster Wert empfunden wird. Gefühlsmäßig ist der Satz „Adel verpflichtet" auch im Unterbewußtsein breiter Volksmassen lebendig. Jede echte Herrenkaste lebt eben nicht von Machtanmaßung, sondern vom Bedürfnis des Volkes nach Führung. Überall dort, wo eine Adelsschicht sich führungsverpflichtet fühlte und dieser Aufgabe gerecht wurde, erhielt sie sich und ihr Herrentum. Wo sie aber in Lebensführung und Weltanschauung verbürgerlichte, oder sich der Führeraufgabe versagte, verlor sie Wirkung und Macht.

So ist also die Lebensform des modernen Bürgertums ein Stil der Stillosigkeit. Die äußeren Formen des echten Feudalismus erfüllen immer noch traumbildhaft die Vorstellung des Zivilisationsmenschen. Der Prinz of Wales macht Herrenmode, eine verkrachte Herzogin oder eine Fürstinnen spielende Filmschauspielerin zwingt der weiblichen Welt ihren Geschmack auf. Politisch tobt man gegen Feudalismus und Junkertum, ohne von Wesen und Art dieser Menschen einen Begriff zu haben. Mag das Witzblatt den vertrottelten Grafen — wieviel vertrottelter ist das Großbürgertum schon in der dritten Generation — noch so häufig der überlegenen Verachtung der breiten Massen preisgeben. Trotzdem steht noch heute der europäische Adel in Amerika hoch im Heiratskurse; noch ist der Adelige der einzige Arme, der in großen und reichen Häusern geduldet wird. Noch spielen im Romanteile liberaler Blätter mehr Grafen und Barone die Heldenrolle, als es nach dem Gotha überhaupt gibt. Auch das sozialistische Dienstmädchen beugt sich noch in unausrottbarer Hochachtung vor der Romangräfin. Eine hochadelige Maske erleichtert auch jetzt noch die dunkle Tätigkeit des Hochstaplers. Ach, sie sind alle Grafen und Barone, diese herrlichen Talmigestalten der Hotelhallen! Genau so, wie er es in der „Eleganten Welt" gelesen hat, verbeugt sich der Portokassenjüngling vor seiner „Dame", um sie mit gelangweilt stumpfsinnigem Gesichte zum Tanze zu führen. Sie bluffen sich gegenseitig und trennen sich im Bewußtsein, daß der andere ihn sicher für mehr hält, als er ist. Eine ungeheure Welle von Minderwertigkeitsgefühlen geht durch diese ganze Scheinwelt, ihr jeden eigenen Wert nehmend.

Das moderne Bürgertum ist also, trotz seiner Abhängigkeit hinsichtlich der Lebensform, grundsätzlich vom mittelalterlichen Bürgertume unterschieden. Holländer, Schweizer und einige alte Handelsstädte mögen Reste des Bürgerpatriziates bewahrt haben. Was aber in der modernen Großstadt durcheinander wimmelt, hat mit dem einstigen selbstbewußten, formgebundenen Bürgerstile Nürnbergs nichts mehr zu tun. Es fühlt nur noch den ihm innewohnenden Drang zur Weltstadt. Sein Dasein schwankt zwischen unauslöschlicher Sehnsucht nach Asphalt und Ekel davor. Wenn die Großstädter zum Wochenende an das Meer, in das Gebirge, aufs Land fahren, so bringen sie bei ihrer Rückkehr nicht den Geist der Landschaft in die Stadt, sondern sie verseuchen umgekehrt das gesunde Blut des Landes mit ihren verdorbenen Säften. Der moderne Bürger ist nicht Persönlichkeit, sondern Masse. Im Grunde ist er deshalb gar kein Bürger mehr, auch wenn er sich durch Geld, als einziges Unterscheidungsmerkmal, aus der Masse heraushebt. Der ersten Aufnahme des römischen Rechts, die alles in Privatrecht verwandelte und den Individualismus weckte, folgte die zweite auf staatsrechtlichem Gebiete, welche die Zersplitternng der Gemeinschaft vollendete. Die moderne Massendemokratie ist das letzte Danaergeschenk der Antike. Auf diesem Boden der Zersetzung und der Versumpfung konnte kein eigenes Wachstum mehr gedeihen, keine eigene Lebensform entstehen. Wie vorahnend hat doch Molière schon vor der französischen Revolution die Zukunft des befreiten Bürgertums, des „Geldadels", erfaßt, als er seinen „Bürger als Edelmann" schrieb. Und trotzdem hat Frankreich das bürgerliche Zeitalter überstanden. Seine Industrialisierung blieb in bescheidenen Grenzen, und die Kraft seines Landvolkes verhinderte in erhaltender Beharrlichkeit den Zerfall. Auch England rettete in das 20. Jahrhundert seine „Gesellschaft", uralte Überlieferung mit neuem Blute lebendig erhaltend. Hier wandelte sich der Feudalismus mit der Zeit, ohne seine erhaltende Kraft, seine vorbildliche Wirkung einzubüßen.

In Deutschland vollzogen sich diese Vorgänge viel revolutionärer, obwohl der Adel nicht auf der Guillotine hingeschlachtet wurde. Die schlagartige Entwicklung des Handels, das pilzartige Wachstum moderner Großstädte wirkten hier revolutionierender als jeder äußerliche Gewaltakt. Die abstempelnde Prägung der Nation versagte die Geschichte den Deutschen. Geistige Einflüsse strömten von allen Seiten über die offenen Grenzen deutschen Landes. Die Einwanderung von Osten unterstützte die gesellschaftliche Zerklüftung. So kam es, daß kein bürgerlicher Lebensstil entstehen konnte, sondern nur eine Geldkaste, die sich in formaler Nachahmung des Feudalismus erschöpfte oder, wenn sie dies nicht tat, in weltbeglückenden Kosmopolitismus verfiel.

Damit ist gegen die wirtschaftliche und wissenschaftliche Leistung des Bürgertums nichts gesagt. Ungeheure Teilarbeit wurde auf diesen Gebieten geleistet, die Ganzheit aber ging verloren und damit der Zusammenhalt der Gesellschaft. Alle Einzelfortschritte, mögen sie auch zu einer überraschenden Durchdringung und Beherrschung der Naturkräfte führen, bleiben zwecklos, wenn sie nicht dem Sinne des Lebens dienstbar gemacht werden. Lebensstil fließt nur aus dem Ganzheitsgefühl, aus der Verbundenheit mit dem All. Die fehlt aber dem modernen Bürger: als reiner Individualist hat er keine Bindung, keine — Religion. Mag er noch so oft in die Kirche gehen; er bleibt immer ohne den wahren Gott. Sein Gott ist das Geld.

Die moderne Gesellschaft ist also geldbeherrscht. Dieser Behauptung könnte entgegengehalten werden, Wissenschaft und Kunst bestimmten das gesellschaftliche Leben in täglich sichtbar werdender Weise. Hier trügt der Schein. Denn wissenschaftliche und künstlerische Leistungen werden in erster Linie danach beurteilt, ob sie in Technik, Gütererzeugung und Geld umzusetzen sind. Der Erfinder steht hoch im Kurse, der Philosoph ist ein bespöttelter Außenseiter. Wenn er anfängt berühmt zu werden, die Gedmagnaten und Staatsmänner bestrebt sind, mit ihm zusammen die „Illustrierte" zu schmücken, dann fängt die Sache an, ein anderes Gesicht zu gewinnen. Dann hat der berühmte Mann gesellschaftliche Geltung; warum er berühmt ist, kümmert niemanden, versteht auch niemand. Die Kulturfassade, aus der Zeit des deutschen Idealismus stammend, heute noch vor der bürgerlichen Welt aufgebaut, verhindert dann ein abschätziges Urteil, dem anderenfalls auch der größte Geistesheld rettungslos unterworfen würde. Ganz anders ist das Schicksal jener, die bei gewaltigen geistigen Leistungen keine Anerkennung zu gewinnen vermögen, weil sie zu keinerlei Zugeständnissen an den Geist der Zeit, an die Macht der Presse, an den Moloch der öffentlichen Meinung bereit sind. Sie werden erbarmungslos totgeschwiegen, bei lebendigem Leibe begraben. Andererseits ist die Macht der Propaganda und damit des Geldes eine so große, daß sie jederzeit den Hohlkopf zum Genie befördern kann. Der König eines Zeitungskonzerns vermag mit einem einzigen Worte aus einem Spießbürger ohne inneren Wert einen Mann zu machen, dessen Namen im Munde von Millionen Menschen liegt. So entstehen zwei Klassen von Geistigen: diejenigen, welche sich dazu hergeben, den Salon einer „Dame", die prunkvolle Tafel eines Reichen zu schmücken; oder die, welche in der Verborgenheit ein kümmerliches Dasein führen und in der „Hoffnung" sterben, daß ein geschickter Verleger nach hundert Jahren aus ihrem Lebenswerke ein Geschäft macht. Gruppierungen um den Geist gibt es nicht mehr, sondern nur um das Geld.

In reinster Form aber wird dessen Herrscherrolle bei der Betrachtung der modernen Presse offenbar. Ihre Namenlosigkeit entspricht der

Anonymität der Masse. Presse und Masse gehören zusammen wie Persönlichkeit und Buch (wobei zu bedenken ist, daß viele Bücher nichts anderes sind als in Buchform erschienene Presse). Die Presse ist die reinste Zivilisationserscheinung, die es gibt. Wer die Geschichte der Zivilisation schreiben will, braucht nur die der Presse zu verfolgen. Das Anwachsen des Individualismus fällt mit dem Aufschwunge der Presse zusammen. Die individualistische Orgie um die letzte Jahrhundertwende ist gleichbedeutend mit der „Blütezeit" der Presse. Wer sie für die siebente Großmacht hält, ist ein kindlicher Witzbold; sie ist nämlich die einzige. Wie zahm dünken dem geschichtlichen Betrachter jene Zeiten, da aufrechte Männer ein Programm irgendwelcher Art in kleineren Zeitungen, die im Anfange die Form von Mitteilungen hatten, vertraten; da bescheidene Versuche gemacht wurden, umständlich und gründlich Nachrichtendienst zu leisten. Heute beherrscht die Presse alles: nicht nur, wie harmlose Gemüter meinen, die Politik, sondern vielmehr die Seelen. Schwungvolle Reden über die gewaltige Erziehungsaufgabe, über die kulturelle Bedeutung, über die Verantwortung gegenüber der Gesamtheit, über die endlich errungene Pressefreiheit täuschen eine Geistigkeit und eine Sittlichkeit vor, die immer wieder geglaubt wird. Selbstverständlich ist die Überzahl der Verleger und Tagesschriftsteller von ihrer idealen Sendung überzeugt; zweifellos sind sie auch im Rahmen der einmal gegebenen Bedingungen bemüht, ihr Bestes zu leisten. Aber die meisten sind sich über das innere Wesen der Presse im unklaren. Erschütternd hat es Oswald Spengler geschildert:

„Man spricht nicht von Mann zu Mann; die Presse und in Verbindung mit ihr der elektrische Nachrichtendienst halten das Wachsein ganzer Völker und Kontinente unter dem betäubenden Trommelfeuer von Sätzen, Schlagworten, Standpunkten, Szenen, Gefühlen, Tag für Tag, Jahr für Jahr, so daß jedes Ich zur bloßen Funktion eines ungeheuren geistigen Etwas wird. — Der Wille zur Macht in rein demokratischer Verkleidung hat sein Meisterstück damit vollendet, daß dem Freiheitsgefühle der Objekte mit der vollkommensten Knechtung, die es je gegeben hat, sogar geschmeichelt wird. Der liberale Bürgersinn ist stolz auf die Abschaffung der Zensur, der letzten Schranke, während der Diktator der Presse — Northcliffe! — die Sklavenschar seiner Leser unter der Peitsche seiner Leitartikel, Telegramme und Illustrationen hält. — Dem Idealisten der frühen Demokratie erschien das (Bestreben, die Masse dem Machtmittel der Zeitung zuzuführen) als Aufklärung ohne Hintergedanken, und heute noch gibt es hier und da Schwachköpfe, die sich am Gedanken der

Pressefreiheit begeistern. Aber gerade damit haben die kommenden Cäsaren der Weltpresse freie Bahn. Wer lesen gelernt hat, verfällt ihrer Macht, und aus der erträumten Selbstbestimmung wird die späte Demokratie zu einem radikalen Bestimmtwerden durch die Gewalten, denen das gedruckte Wort gehorcht. — Der Leser weiß nichts von dem, was man mit ihm vor hat, und soll es auch nicht, und er soll auch nicht wissen, welch eine Rolle er damit spielt. Eine furchtbarere Satire auf die Gedankenfreiheit gibt es nicht. Einst durfte man nicht wagen, frei zu denken; jetzt darf man es, aber man kann es nicht mehr. Man will nur noch denken, was man wollen soll, und eben das empfindet man als seine Freiheit."

Die Pressefreiheit ist so in Wahrheit die Freiheit der Besitzer dieses Machtmittels, das Volk zu verknechten, wie es ihnen gut dünkt. Das Gegenteil aller Demokratie wird grausame Wirklichkeit. Wer aber macht von dieser Pressefreiheit Gebrauch? Gewiß nimmt der weitaus größere Teil der Presse seine Verpflichtung zur Volkserziehung ernst. Was aber vermag eine im Geiste solcher Männer geleitete Zeitung auszurichten, wenn die mit ihr im wirtschaftlichen Wettbewerbe liegenden Blätter die niedrigen Instinkte der Leser wachrufen? Welche Gewalt vermag den Siegeszug des Nervenkitzels und der Schlüpfrigkeit, der auch in eleganter Weise angetreten werden kann, zu hemmen? Die Massen der Großstadt sind nach entnervender Arbeit müde. Sie wollen ihre freie Zeit bewußt vertrödeln oder die Anspannung der Nerven durch einen neuen Kitzel auslösen. Hier hilft die kitschige Sensation, das blöde Geschwätz der Boulevardpresse über müde Stunden hinweg. Kein Zweifel, daß die Zahl der sogenannten Asphaltblätter zunimmt, daß auch politische Richtungen, welche Tag und Nacht „Kultur" predigen, dem Fetisch des Zeitgeistes ihren Zoll zahlen. Der anständigste Schriftleiter, soll sein Blatt nicht zugrunde gehen, muß in ihren Spuren wandeln. Nun wird sicher die Presse in ihrer Gesamtheit behaupten, sie ginge einfach diesen Weg nicht mit. Sie ist aber ein kapitalistisches Unternehmen, sie bedarf der Rente, soll zum mindesten ohne Verlust arbeiten. Diese Gesetze walten auch über jenen, welche mit heiligem Ernst an die Tagesschriftstellerei herangehen.

Dazu kommt die zunehmende Vermassung der Leserschaft. Die Zeitung soll das Buch ersetzen. Platteste Wissenschaftlichkeit macht sich in ihren Spalten breit. Kurz und dem Dümmsten begreiflich soll alles erklärt werden, von der Relativitätstheorie bis zur inneren Sekretion, von Kant bis zur Erzeugung der Kunstseide. Außerdem soll niemandem wehe getan werden; denn es sind ja lauter mündige Staatsbürger, fortgeschrittene Menschen, selbstbewußte Wähler, gleichstehende und vollberechtigte Glieder der menschlichen Gesellschaft, von denen die Zeitung lebt. Also Vorsicht, Vorsicht und nochmals Vorsicht! Nur keine Wahrheit sagen, sie könnte bitter wirken und der Konkurrenz zugute kommen.

So kämpft ein Verleger, ein Schriftleiter nach dem anderen mit sich einen verzweifelten Kampf um die Hoheit seiner Aufgabe, die dem „Zuge der Zeit", die der Freiheit der Kanaille zuwiderläuft. Und immer dort, wo in freiem Wettbewerbe Edel und Gemein sich begegnen, siegt das Niedrige.

Das Bild der modernen Gesellschaft wäre unvollständig, würde nicht einer Erscheinung gedacht, die in einem raschen Siegeszuge der ganzen zivilisierten Welt ihren Stempel aufgedrückt hat: der Sportbewegung. Ihr Vorläufer und doch wieder grundverschieden war die Turnerei: der Romantik innerlich verbunden, war sie wohl ein Erwachen verkümmerter Körperlichkeit. Sie war aber nicht Selbstzweck, sondern Dienst an der Volksgesundheit und am nationalen Gedanken. Die Turnbewegung war nicht Sklavenaufstand des mißhandelten Körpers, sondern seine Indienststellung für das Geistige. Deshalb entbehrte die Turnerei des spielerischen Charakters, sie hatte etwas Trockenes und Zweckhaftes an sich. Anders der moderne Sport: er ist Rückkehr zum Spiele, zur Lebensfreude, zum Rausche von Kampf und Sieg. Der Körper und seine Ertüchtigung treten bei ihr nicht in den Dienst der Idee, sondern gleichberechtigt als Selbstzweck neben das Geistige. Insofern ist die Sportbewegung gesund und befreit von Fesseln, welche die Einheit von Geist und Körper verhindert hatten.

Wo aber der Sport nichts ist als Ablösung geistiger Anspannung durch körperliche (Spengler), dient er der Entspannung und verewigt so die Trennung von Körper und Geist. Gewiß ist seine erholende Wirkung begrüßenswert: er ertüchtigt, diszipliniert, befreit die Seele von Alltagsdruck und Minderwertigkeitsgefühl. Er „zerstreut", aber er sammelt nicht. Die wahre Bewußtheit des Körperlichen ist aber sammelnd, weil aus einem kosmischen Grundgefühl geboren.

Die hier aufgezeigten Elemente der Sportbewegung, mögen sie entspannender Art sein oder eine neue Einheit von Körper und Geist erstreben, sind immerhin positiv zu bewerten. Anders jedoch dort, wo der Sport der Aufregung dient, wo er Spiel und Wette ersetzt. Hier wird er zur Zerfallserscheinung. Die gründliche sozialphilosophische Betrachtung kann sich nicht mit der Beschönigung beruhigen, das seien nur Auswüchse, die mit der

Wiedergewinnung der goldenen Mittellinie wegfielen. Hier bricht vielmehr ein Materialismus des Körperlichen durch, der geisttötend ist und dem Nervenkitzel dient. Während Anhänger der Turnbewegung der begeisterte, ausübende Turner ist, wurde Förderer des modernen Sportes in erster Linie der Zuschauer. Ein gutes Zwanzigstel der deutschen Bevölkerung treibt Sport. Zu diesem geringen Bruchteile steht der gewaltige Umfang, den die Sportpresse und das Rekordwesen angenommen haben, in keinem gesunden Verhältnisse. Der weitaus größere Teil aller Sportbegeisterten treibt selbst keinerlei Leibesübung. Ein Blick auf die Zuschauermassen, etwa bei einem großen Fußballspiele, einem Sechstagerennen oder auch einem Boxkampfe, beweist die Richtigkeit dieser Behauptung. Der Zuschauer beim Wettstreite ist durchweg der fette Genießer; Nervenkitzel verlangt er für sein Geld. Zwölfjährige Knaben reißen sich um den Sportteil der Zeitungen. Sie kennen die jeweiligen Inhaber der Weltmeisterschaften, sie wissen die Zahlen der Weltrekorde auswendig. Ihre Heldenverehrung klammert sich an den Weltmeister, der die geschichtliche Heldengestalt ersetzt. Dieselbe Presse, welche den nationalen „Helden" lächerlich macht, überschlägt sich in Begeisterung für den Überschwimmer des Kanals. Die Spitzenleistungen des Sportes, meist mit der Gesundheit bezahlt, dienen der Aufpeitschung stumpf gewordener Gemüter, der Vereinnahmung hoher Eintrittsgelder und der Verteilung gewaltiger Geldpreise. Der Boxer der angelsächsischen Zivilisation ist der Gladiator des entarteten Roms; er lebt von dem Schrei der Massen nach Circenses. Die griechische Ringschule strebte nach körperlicher und sittlicher Vervollkommnung, das zerfallende Rom wollte Nervenkitzel. Bis zum Stumpfsinne geht dieses Nachgeben gegenüber niederen Massentrieben: das Treffen „berühmter" Faustkämpfer und die Fußballwettspiele der Ländermannschaften werden drahtlos übertragen. Millionen lauern auf die Geräusche, die irgendwo in der Welt entstehen, wenn Herr X einen linken Schwinger landet oder Herr Y den Ball ins Tor schießt.

Aber auch die immerhin beträchtliche Anzahl derer, die selbst Sport ausüben, wird nicht immer von Gründen sittlicher Natur geleitet. Daß in einem gesunden Körper ein gesunder Geist eher wohnen könne als in einem kranken, erkennen gerade jene an, denen der Geist das Wesensmenschliche ist. Aber nicht dieser hehre Gedanke erfüllt in erster Linie die Sportswelt. Es ist meist die höchst persönliche Sorge um eigenes körperliches Wohlbefinden, um Gesundheit und langes Leben, die den Sportseifer weckt. Darum wurde mit einem gewissen Rechte der Sportsmann „das gesunde Tier" genannt. Gewiß ist eine Gemeinschaft gesünder, wenn ihr Führer nicht einem Haufen wurzellos gewordener Intellektueller gegenüber steht, sondern einfachen, schlichten, ihrer Körperlichkeit und der Natur verbundenen Menschen. Aber das Gepräge der Gesamtgesellschaft darf nicht das des gesunden Tieres werden. Die gesellschaftliche Führung darf nicht an die stärksten Muskelstränge fallen, sondern muß beim Geiste bleiben. Sonst tritt einfach zu dem Materialismus des Geistes der des Bizeps; die Materie Geld feiert ihre Vermählung mit der Materie Körper. Dem Ideal des Multimillionärs (oder seines Gegenspielers, des Hochstaplers) reiht sich würdig zur Seite das des Weltboxmeisters. Und in der Tat gehen sie ja auch beide Arm in Arm. Fünf Jahre Boxerlaufbahn runden das siebenstellige Bankkonto ab. Und umgekehrt berichtet die Presse, daß beim letzten großen Boxwettkampfe in New York das Vermögen der Platzinhaber der beiden vorderen Zuschauerreihen genügt hätte, die gesamte Verschuldung Europas an Amerika zu beseitigen.

Ganz kindliche Gemüter sprechen von der völkerverbindenden Aufgabe des Sports. Sie ahnen nicht, daß die politischen Wirkungen des Sports diesem selbst gar nicht eigentümlich sind. Sie beruhen lediglich auf der Macht der Presse, für welche die Sportbegeisterung der Massen eine der vielen Saiten ist, auf welchen das Instrument der öffentlichen Meinung gespielt werden kann. Wenn sie wollte, könnte sie aus einem unglücklich verlaufenen Fußballspiele ebensogut Kriegsstimmung erzeugen, als sie tränengerührte Völkerversöhnungsstimmung herleitet. Denn immer handelt es sich um ein Spiel mit den Trieben der Masse. Wäre sie nicht entwurzelt, besäße sie noch eigenes Seelentum, so könnte sie Schein vom Sein unterscheiden. So aber ist sie für wahre Werte blind und Spielball aller Materialismen, die sich irgendwo regen und um Geltung ringen. Nur das Gefühl für echte Werte vermag deshalb einer entwurzelten Gesellschaft wieder Halt zu verleihen. Nur aus ihm kann eine Gesellschaftsordnung wachsen, welche den modernen Barbarismus, die Verlarvung der Neudeutschen, überwindet.

Familiendämmerung

Ein soziologischer Witzbold prägte einst den Satz, die Menschen seien immer mit drei Dingen unzufrieden: mit der Obrigkeit, der Nahrung und dem geschlechtlichen Leben. Eine wirrsälige Zeit wie die gegenwärtige muß also auch ihre Krise des Geschlechtslebens, der Ehe und der Familie haben. Selbstverständlich wird sie im Zeitalter der Druckerschwärze künstlich verstärkt und aufgebauscht. Jeder offenbart — für den Individualisten ganz natürlich — der Welt seine Privatschmerzen und hält sie für Ausfluß gesellschaftlicher Ungerechtigkeit. Grenz- und Sonderfälle werden verallgemeinert, Ibsenheldinnen zu Frauen schlechthin befördert. Unter der Wirkung dieses Trommelfeuers entdeckt jeder Schwachkopf und Dutzendmensch in sich die „problematische Natur". Allheilmittel und Patentlösungen werden in Hülle und Fülle angeboten. Jeder kleine Literat — leider auch der große — verdichtet seine schlechten Erfahrungen zu einem Ehebuche oder einer Reformforderung.

Von diesen Auswüchsen individualistischer Betrachtungsweise wird hier abgerückt. Es geht um die Gattung Mensch, um die Sondergattung europäischer und deutscher Mensch. Nur das Allgemeine verdient die Beachtung des Zeitkritikers. Alle Regeln des Gesellschaftslebens haben zu allen Zeiten nur bedingt gegolten. Die menschliche Unvollkommenheit tritt wohl nirgend so zutage, wie im Geschlechtsleben; ebenso auch die Ungleichheit der persönlichen Veranlagung. Kein anderes Gebiet bedarf in solchem Maße der Fähigkeit des Betrachters, eigene Gefühle und eigenes Erleben, eigene Veranlagung und eigene Wünsche unter die Idee einer allgemeinen Norm zu stellen. Doppelt schwer in einer Zeit, welche die Kunst, das menschlich Gültige vom persönlich Wünschbaren zu trennen, verlernt hat.

Rückkehr zum ewigen Quell des Lebens, Drang nach Ganzheit, Sehnsucht nach innerer Ordnung sind das geistige Gesetz, welches über dieser Abhandlung waltet. Der schöpferische Liebesdrang, von Nietzsche dionysisch, von Klages erotisch genannt, ist die ordnende Kraft kosmischen und damit auch menschlichen Seins. Ganz zu Unrecht wird der Begriff der Liebe in den der sinnlichen Geschlechtsliebe, Erotik in Sexualität umgefälscht. Wie Platon die Gesamtheit des Gemeinschaftslebens zeitlos gültig in seiner Politeia entwickelte, so den umfassenden Sinn der Liebe im Symposion. Er steht als der große Gestalter und Künder fordernd vor der mechanisierten und zerspaltenen Menschheit des 20. Jahrhunderts. Kaplan Fahsel*) unterscheidet zwei Arten des Eros: den bedürftigen als Liebe zu etwas, woran er Mangel leidet, als Streben nach Vollkommenheit. Der Drang, von seiner erlangten Vollkommenheit wieder anderen mitzuteilen, führt sodann zum zeugenden Eros. „So waltet im Kosmos ein ewiges Suchen und Finden, Geben und Empfangen, Entstehen und Vergehen."

Diese Zweiteilung des Eros erfährt wiederum eine gleichlaufende Dreiteilung in den erkenntnislosen Eros, der in der unbelebten Natur, einschließ-

---

*) Ehe, Liebe und Sexualproblem. 1928, Herder & Co., Freiburg. Eine meisterhafte Entwicklung des Eheproblems aus der platonischen Ideenwelt, an welche der Verfasser sich dankbar anlehnt.

lich der Pflanzenwelt, waltet, den sinnlichen Eros, der schon im Tiere lebt, und den geistigen Eros, der das Kennzeichen des Menschen ist. Der Eros umfaßt demnach drei Gestalten, die wieder jede dem bedürftigen und dem zeugenden Eros angehören können. Der sinnliche Eros ist seinem Wesen nach treulos; denn die Kraft des Begehrens schwindet mit der Erfüllung. Auf der anderen Seite wird durch den Genuß der Gegenstand der Liebe verändert oder zerstört, woraus die Hinneigung zu anderen Körpern folgt. Diesen Drang nach Veränderung empfindet nur der Mensch als peinlich und beschämend, weil er die Forderung des geistigen Eros in sich fühlt. Dessen Charakter ist Treue und Beständigkeit. Er wird nicht in der reinen Geschlechtsliebe erfüllt, sondern im geistigen Bande der Freundschaft.

In der Ehe ist das harmonische Verhältnis zwischen den verschiedenen Gestalten des Eros hergestellt. „Der erkenntnislos bedürftige Eros in der verschiedenen Geschlechtsanlage veranlaßt das leichte Entstehen des sinnlich bedürftigen Eros zwischen Mann und Weib."

„Der sinnlich bedürftige Eros bewirkt in der männlichen und weiblichen Psyche durch Einfluß der körperlichen Einigungskraft eine gewisse Gleichheit des Geistes, welche zum Entstehen des geistig bedürftigen Eros disponiert. Aus diesem Grunde veranlaßt der sinnlich bedürftige Eros das leichte Entstehen der Freundschaft zwischen Mann und Weib. So regt also im Menschen der niedere Eros den höheren an."

„Umgekehrt wieder versucht der geistige Eros seine Eigenheit des Einen und Dauernden dem sinnlichen Eros aufzuprägen. Dies führt zum Eingehen der monogamen Ehe, verbunden mit dem Treuversprechen des dauernden Zusammenlebens. Der sinnliche Eros vollzieht dann in seiner innigsten Vereinigung die eigentliche Ehe, indem er den zeugenden Eros zwischen den Geschlechtern ins Leben ruft. So beeinflußt im Menschen der höhere Eros den niederen und der bedürftige Eros in seinem Abschlusse den zeugenden."

Der sinnlich zeugende Eros führt zur Empfängnis. Der geistig zeugende bringt das Streben mit sich, die Kinder durch Erziehung geistig zu vervollkommnen und durch das Band der Liebe auf Lebenszeit mit den Eltern geistig zu vereinen. So ist die Familie die Krönung erotischer Ganzheit.

Wie im Gemeinschaftsleben überhaupt, so ist auch im Geschlechtsleben die kosmische Ganzheit abhanden gekommen. Der losgelöste, Vernunft und metaphysische Gebundenheit leugnende Verstand hat auch hier die geistige Einheit des Menschen vernichtet. Waltet über dem Denken nicht mehr der Drang nach naturgewollter Ordnung, sondern die willkürliche Lust, geistig zu zerlegen und die so gewonnenen Teile mit einem ganz besonderen Wert auszustatten, so muß der Sinn des Lebens verlorengehen. Die Rache des mißhandelten metaphysischen Triebes bewirkt die Durchdringung der gesamten menschlichen Welt mit jener Wertvorstellung, die der abstrahierende Verstand als die vornehmste „erkannt" hat. Das Wesen der Gegenwart besteht nun darin, daß die zweite, die sinnliche Stufe des Eros aus dem gesamten erotischen Lebensvorgange herausgelöst wird. Die Geschlechtslust wird vom Zeugungsvorgange getrennt und entsprechend hervorgehoben. Sie wird idealisiert und führt zur Schwächung des Geistigen. Der metaphysische Trieb rächt sich und findet die vergeblich erstrebte Ganzheit des menschlichen Geistes darin, daß alle Lebensäußerungen auf bewußte oder unbewußte (verdrängte) Geschlechtlichkeit zurückzuführen seien. Dies ist der Weg, den die Psychoanalyse gegangen. Sie ist deshalb nicht — wie Thomas Mann meint — „Rückschlagsbewegung gegen mechanistisch-materialistische Neigungen des vorigen Jahrhunderts", sondern ihr getreuester Ausdruck. Sie ist noch viel weniger „der Mystik entkleidete, Naturwissenschaft gewordene Romantik"; denn ihr „Pansexualismus" ist nur das Spiegelbild des keine erotischen Ganzheiten mehr sehenden, den Geschlechtstrieb aus dem Gesamt der menschlichen Kräfte herauslösenden Verstandes, im nicht verstandesmäßigen Bereiche. Daß sie damit aber dem Grundzuge der Romantik, welche die bildende Seele und nicht den nackten Trieb in die Mitte ihrer Welt stellte, gerade entgegengesetzt ist, läßt sich im einzelnen nachweisen.

Die Sexualisierung der Liebe hat eine Reihe von Begleiterscheinungen: das Mittel — die erhöhte Lust zwecks Zeugung — wird zum Zwecke. Da die rein sinnliche Liebe von Natur treulos ist, so werden die geschlechtlichen Bindungen flüchtig. Das Schamgefühl, als Regler des geistigen Willens zur Beherrschung niederer Sinnlichkeit, erlischt. Die erotische Spannung zwischen den Geschlechtern läßt nach und macht der Entspannung, der Abgestumpftheit Platz. Das Bedürfnis, durch Betonung der Geschlechtsmerkmale das andere Geschlecht anzulocken — natürlich und verständlich im Verlaufe des gesamten Zeugungsvorganges — wird zum alltäglichen Regelzustande. Die moderne Kleidermode, deren körperbefreiende und deshalb lebensbejahende Seite nicht verkannt werden soll, neigt genau wie die Sportbewegung zur Stärkung des Auflösenden. Das gesamte öffentliche Bild wird, den Trägern der Kleidermode oft unbewußt, durch den Drang, den Partner geschlechtlich zu reizen, bestimmt. Die Literatur verliert sich, teils in wissenschaftlichem Gewande, teils mit kaum verhüllter Absicht, in taktlos übertreibende und verherrlichende Ausmalung der reinen Sinnenliebe. So konnte kaum eine geschmacksverlassenere Auffassung der Ehe zum Durchbruch gelangen, als jene, welche die „Vollkommenheit" der Ehe abhängig machen will von der gründlichen Kenntnis und der durch medizinisches Studium erworbenen Fähigkeit, die sexuelle Lust zu „verfeinern". Begierig verschlingt der aufklärungsfreudige Schwächling jene Schreiberzeugnisse, von denen geschäftstüchtige und von aller Anständigkeit verlassene Menschen behaupten, sie verbürgten neues Lebensglück. Endlich aber bedingt die Herausziehung und Verherrlichung der niederen Sinnenliebe aus dem erotischen Gesamtvorgange die Trennung des sinnlich zeugenden Eros vom erkenntnislos zeugenden. Die machtvollste Bindung zur Natur geht somit verloren. Der Geschlechtsakt wird gewollt unfruchtbar durch Verhütung der Empfängnis oder Abtreibung der Frucht.

Mit nichts wird mehr Mißbrauch getrieben als mit dem Worte Geschlechtsmoral und dem Bestreben nach einer neuen Sexualethik. Genau wie die Gesetze des Kosmos zeitlos sind, so auch die des Eros. Denkform und soziale Gestaltung mögen veränderlich sein. Hier gilt es, Überlebtes rücksichtslos fallen zu lassen. Aber die Grenzen jeder Neuerung sind gegeben durch das innere Wesen dessen, was neu geformt werden soll. Über jene Gesetzmäßigkeit des Erotischen, wie sie aus universalistischer Einstellung heraus, oben in knappen Strichen entwickelt wurde, kann keine Zeit hinausstreben, ohne sich selbst und das Leben zu verneinen. Wer allerdings auf dem Standpunkte steht, daß diese Verneinung selbst Geist der Zeit und deshalb niemals in Bejahung umzuwandeln sei, der mag sich dem Zeitgeiste beugen. So wird wohl Spengler empfunden haben, als er schrieb: „Der letzte Mensch der Weltstädte will nicht mehr leben, wohl als Einzelner, aber nicht als Typus, als Menge; in diesem Gesamtwesen erlischt die Furcht vor dem Tode." Spengler hat in seiner unerbittlichen Denkfolge recht, weil er die Katastrophe als unvermeidbar ansieht, sie aber als solche erkennt. Etwas anderes ist es, wenn Schwabach*) sagt, der alles beseelende Zeitgeist sei eine jeweils mystische unaufhaltsame Macht, der zu widerstreben zu Katastrophen führe. Denn wenn am Ende dieses Zeitgeistes unaufhaltsam die Katastrophe wartet, was für einen Sinn hat es dann, vor Katastrophen Angst zu haben? Wäre es nicht richtiger, dem Zeitgeiste zu widerstreben, so wahres Menschentum erweisend? Ganz abgesehen davon, daß die Geisteswelt dieses Buches keinen Zeitgeist als letzte Macht anerkennt, sondern nur die freie Tat des Menschen.

Es gibt also auch im Geschlechtlichen wie im ganzen Gemeinschaftsleben unveränderliche Gesetze, die vom Leben selbst aufgestellt sind. Soll

*) Revolutionierung der Frau, 1928. Der Neue Geistverlag, Leipzig.

dieses nicht bedroht sein, so muß jener Gesetzmäßigkeit Rechnung getragen werden. Alle kritischen Gedanken über den heutigen Zustand der Geschlechterbeziehungen, der Ehe und der Familie müssen ebenso an dem Maßstabe wahren kosmischen Lebens gemessen werden wie Verbesserungsvorschläge und Erneuerungspläne irgendwelcher Art. Es gibt nur eine geschlechtliche Unmoral: geschlechtliche Handlungen, die der Naturgewolltheit des Zeugungsvorganges widersprechen, die einen Teil des Gesamtvorganges herauslösen und mit eigener Wertbetonung versehen. Die enge Anlehnung an die mit göttlichem Geiste durchflutete Natur scheint nun insofern der Forderung kultureller Entwicklung zu widersprechen, als sie dem Menschen scheinbar das Recht bestreitet, die Vergeistung (Rationalisierung) des Geschlechtslebens zu betreiben. Eine solche Denkweise wäre jedoch falsch. Die Gestaltung der Geschlechtsliebe kraft geistiger Willensfreiheit liegt sicher im Plane der Natur, die den Menschen mit der Fähigkeit des Denkens ausgestattet hat. Wenn aber der menschliche Verstand sich selbständig macht, so liegt nicht eine Beherrschung des Sexuallebens durch den menschlichen Geist vor, sondern seine Unterjochung durch jenes. Hier ist die Grenze, welche das Kulturstreben nicht zu überschreiten vermag, ohne in lebenvernichtende Zivilisation zu verfallen.

Das Zeitalter des Individualismus und der Zivilisation steht im Zeichen der Herrschaft des Sexus. Wo der Sinn des Lebens, das Gefühl für Ganzheit verlorengegangen war, konnte auch kein Verständnis für die Polarität der beiden Eroten, Mann und Weib, aufkommen. Es stehen sich nur noch verschiedengeschlechtliche Individuen gegenüber, die miteinander um den Anteil an der sinnlichen Lust ringen. Wer den Kampf der Geschlechter, Freiheitsstreben der Frau, und „Antifeminismus" des Mannes auf einen gemeinsamen Nenner bringen möchte, könnte sagen: es handelt sich darum, den Fluch der Erbsünde möglichst vom eigenen Geschlechte auf das andere abzuwälzen. Schon nach der Urweisheit des biblischen Mythos ist die Erbsünde die verstandesmäßige Bewußtheit um den Sinn des Zeugungsvorgangs. Erst mit ihr fängt die Unterscheidung zwischen Mensch und Tier an. Wohl eröffnet sie die Möglichkeit der Veredelung des sinnlichen Eros durch den geistigen. Andererseits aber nimmt sie dem Menschen die Unschuld des Tieres und macht den Geschlechtstrieb zum schamvollen Fluche, dem zu entrinnen ewige Sehnsucht des Menschen ist. Die Gegenwart versucht diese Flucht durch bedingungslose Bejahung der Sinnlichkeit, durch ihre Idealisierung, durch ihre „Vergeistung". Es bleibt aber die Naturgebundenheit des Menschen, sein Stoffverhaftetsein, bestehen, die versuchte Flucht aus der Erbsünde als üble Selbsttäuschung entlarvend. Wie die Diesseitsreligion der Gleichheit die Gleichheit vor Gott vergeblich zu ersetzen versucht, so will die Sexualisierung die moderne Gesellschaft vergessen machen, daß der Mensch die Bejahung des Sinnlichen erst durch das Streben nach dem Geistigen vollenden kann.

Die Leugnung der grundsätzlichen Verschiedenheit von Mann und Frau ist das schwerste Verbrechen an der Natur, Sünde wider die Ganzheit des Lebens. Jene plumpen Behauptungen, mit denen die Frauenbewegung des 19. Jahrhunderts arbeitete, wagt man allerdings nicht mehr zu wiederholen. Die lächerlichen Statistiken, welche die berufliche Gleichwertigkeit der Frau beweisen sollten, werden heute als abgeschmackt empfunden; vielleicht sind auch manche Blütenträume, die mit dem Eintritte der Frau in das Berufsleben verbunden waren, von rauhem Reife zerstört worden. Jedenfalls stimmen heute die meisten Gleichheits- und Freiheitskämpfer für Frauenrechte darin überein, daß sie die Frau nicht mehr auffordern, es dem Manne gleich zu tun, sondern ihr Frauentum zu erfüllen und zu vervollkommnen. Trotzdem fällt die gesamte Freiheitsliteratur in dem Augenblicke um, wo aus der Ungleichheit der Geschlechter gesellschaftliche und rechtliche Schlußfolgerungen gezogen werden sollen. Hier setzen dann — unter dem Deckmantel einer verbalidealisierenden Ethik — alle jene verhängnisvollen Forderungen ein, die geeignet sind, die Grundlage der menschlichen Gesellschaft zu unterhöhlen; nicht etwa, weil sie wirklich überlebte Formen sprengen wollten, sondern weil sie ewig gültige Gesetze verleugnen.

Welcher Art sind nun die Gründe, welche wahllos gegen morsch gewordene Formen heutigen Gesellschaftslebens, aber auch gegen naturgewollte Schutzwälle anstürmen? Einer der begeistertsten Verfechter der Frauenrevolutionierung, Erik Ernst Schwabach, beginnt ein Kapitel seines Buches mit dem Satze: „Die Weltgeschichte ist zugleich die Hörigkeitsgeschichte der Frau; die Formen dieser Hörigkeit nur wechseln bei den Völkern in den Zeiten, Kulturkreisen; bald sind die Ketten leichter, bald schwerer, bald scheinen sie nachzuschleifen, bald bis zur Unerträglichkeit gespannt zu sein. Aber sie fallen nie." Über den Begriff der Hörigkeit läßt sich streiten. Er wird nicht im Sinne unmittelbarer Sklaverei gebraucht. Wer aber diese Zeilen Schwabachs liest, muß sich doch, angesichts seiner auf viele kluge Gründe und sorgfältige Beobachtung des Lebens gestützten späteren Feststellung, daß nun die Hörigkeit zu Ende sei, und damit das Zeitalter einer neuen Kultur beginne, fragen: War dann die Weltgeschichte ein ununterbrochener Irrtum? Sind glänzende Kulturen mit der Schmach der Hörigkeit eines ganzen Geschlechtes belastet? Warum soll die Weltgeschichte urplötzlich die Gesetze, unter denen alle jene Kulturen entstanden, verleugnen? Liegt hier nicht viel mehr vor, als Willkür des Mannes, die durch Willkür der Frau gebrochen werden kann? Welch ein kindlicher Fortschrittsglaube muß in Kreisen herrschen, die solche Sätze ernsthaft aufzustellen wagen!

Die Frau stand in einem höheren Sinne niemals in Hörigkeit, wie auch die Sklaverei ein erhabener Geist vom Range Platons als selbstverständliche Erscheinung betrachtet. Es wechselten eben nur die Formen jener Abhängigkeit, ohne welche die menschliche Gesellschaft nie ausgekommen ist. Der moderne Individualist hat andere Denkweisen, die Abhängigkeit zu bewerten. Vielleicht war der Leibeigene nicht so erbärmlich unfrei, wie der presseversklavte Großstadtbürger. Ähnliches gilt für die Stellung der Frau. Ihre vermeintliche Hörigkeit ist nichts als Gehorsam gegenüber der naturgesetzlichen Notwendigkeit.

Worin besteht diese? Aus dem Worte von Paracelsus, wonach die Frau der Welt näher denn der Mann sei, schlußfolgert Schwabach, der Mann ringe mit den Dingen, die Frau gebe sich ihnen hin; der Mann sei aktiv, phantastisch, expressionell, die Frau passiv, wirklichkeitsgebunden, impressionell. Es dürfe nicht vergessen werden, daß die Frau gebiert und nicht der Mann. Schwabach erwähnt auch Thomas von Aquino: „Die Frau ist schnellwachsendes Unkraut, sie ist ein unvollkommener Mensch, dessen Körper nur schneller zur vollständigen Entwicklung kommt, weil er von geringerem Wert ist, und weil die Natur sich weniger mit ihm beschäftigt. Die Frauen werden geboren, um ewig unter dem Joche ihres Herrn und Meisters gehalten zu werden, den die Natur zur Herrschaft bestimmt hat.“ Diese Anführung des großen Scholastikers geschieht mit dem Zeichen überlegenen Entsetzens. Zweifellos ist dieses insofern berechtigt, als eine Schlußfolgerung auf den ethischen Wert der Frau dem modernen Empfinden mit Recht widerspricht. Aber die biologische Tatsache, die Thomas von Aquino anführt, bleibt bestehen und harrt ihrer soziologischen Auswertung. Hier schweigen sich die Frauenbefreier gründlich aus. Noch auffälliger wird diese Verneinung naturgegebener Tatsachen in einem anderen Punkte: die neue Frau — so meint Schwabach — wage es, eine seit Anbeginn bestehende sittliche Institution einzureißen, indem sie es ablehne, die moralische Wertschätzung eines Mädchens von anatomischen Zufälligkeiten (Jungfräulichkeit) abhängig zu machen. Es sind also nur die sinnengierigen Männer, welche an der „anatomischen Zufälligkeit“ anknüpften und ihr Wert beilegten. Wie aber, wenn diese „Zufälligkeit“ einen tiefen Sinn der Natur offenbarte, den wir nur schwach ahnen, den wir ehrfürchtig bejahen, aber niemals restlos zu deuten vermögen!? Sogar ein Freiheitsbesessener wie Th. Lessing spricht von der im Grunde rätselhaften Wichtigkeit, welche seit je der Unberührtheit der Frau beigelegt wird. Die tiefe Mystik aber des jungfräulichen Standes in der katholischen Kirche, die häufige Wiederkehr des Symbols der unbefleckten Empfängnis deuten auf ein letztes unlösbares Naturgeheimnis, gegenüber welchem die Stellung der Freiheitskämpfer zur Frage der Unberührtheit nur als platt empfunden werden kann. Die Tatsachen der Virginität, der Menstruation und der Empfängnis unterscheiden die Frau ewig und urgründlich vom Manne. Der Verstand, der darüber hinweg klügeln möchte, ist jeglichen göttlichen Ursprungs bar.

Alle Behauptungen von der Gleichheit der Geschlechter sind nur als Beweisgründe für die Forderung ihrer Gleichberechtigung entstanden. Wo der Sinn für das Ganze verloren gegangen war, mußte die Frau auch das Gefühl für ihren eigenen Wert verlieren. Hier ruht der letzte Grund für jenes „Haussklaven-Dasein", das die Frau des 19. Jahrhunderts noch führte, und das heute allgemein peinlich empfunden wird. Es war nicht der Mann, der die Frau unterbewertete, sondern die Frau hatte, wie der Geist des 19. Jahrhunderts überhaupt, die Beziehung zum All und damit die Hochschätzung ihrer eigenen Aufgabe verloren, die nur aus der Verbundenheit mit der mütterlichen Erde fließen kann. So wird auch die Überschätzung der rechtlichen Seite der Frauenfrage verständlich. Bei allen gesellschaftlich gesunden Völkern, in den Höhepunkten der Kulturen, war die rechtliche Stellung der Frau unbedeutend, sie stand unter der Hand (sub manu) des Mannes. Ihre ungeschriebene, tatsächliche Macht innerhalb des Hauswesens und der Familie war um so größer. Wahre Freiheit bedarf eben der Begrenzung. Die Begrenzung aber ist gegeben durch das innere Wesen der Frau. „Außerdem ist es die Natur der weiblichen Psyche, sich auf dem geistigen Gebiete dort am besten zu betätigen, wo der Geist das Körperliche und Naheliegende berührt, also in der Sphäre der Empfindungen, des Gemüts und der praktischen Vernunft, insofern sie sich auf das Naheliegende erstreckt. — Keine Organisation und Kunst vermag auf der anderen Seite die natürliche Tätigkeit des Vaters zu ersetzen, der beinahe instinktiv das heranreifende Kind für den weiteren geistigen Kampf des Lebens in der menschlichen Gesellschaft vorbereitet." (Fahsel.)

Wäre das Ganzheitsgefühl im Zeitalter des Individualismus nicht abhanden gekommen, so hätte die vergleichende Fragestellung nach dem Werte des Mannes und dem der Frau überhaupt nicht aufkommen können. Das Gefühl der beiderseitigen Grenzen wäre ebenso lebendig gewesen, wie die stillwirkende Einsicht, daß im Zusammenwirken beider erst die Ganzheit der Kultur möglich sei. Die moderne Frauenbewegung ist so zum größten Teile nicht — wie immer behauptet wird — Ausfluß eines neuen Wertbewußtseins der Frau, sondern im Gegenteil eines Minderwertigkeitsgefühls. Der Humanismus mit seiner Überbewertung des Verstandes, seiner unbegrenzten Hochachtung vor Bildung, die Entstehung eigener Bildungsberufe, trugen dazu bei, die Kluft zwischen Mann und Frau zu erweitern. Der Bildungsphilister fing an, auf die „ungebildete" (häusliche) Frau herabzusehen. Diese erstarb in Hochachtung vor dem Schreibtische ihres akademisch begradeten Mannes und züchtete so in sich selbst die schon keimenden Minderwertigkeitsgefühle hoch. Aus diesem Geiste heraus entstand die moderne Frauenbewegung als Sklavenaufstand. Wer waren ihre hauptsächlichen Trägerinnen? Gewiß ist es übertrieben, wenn gesagt wird, daß die Emanzipation aus irregeleiteter oder unbefriedigter Geschlechtlichkeit der Frau entstanden sei. Eine solche Denkweise verriete einen Rückfall in psychoanalytische Gedankengänge, die dem Verfasser fernliegen. Es gab sehr viele mütterliche Frauen und glückliche Gattinnen unter den Trägern der modernen Frauenbewegung. Immerhin waren es aber in der Mehrzahl bildungsbeflissene oder von restlosem Familienglück ausgeschlossene Frauen, die sich an die Spitze einer Bewegung stellten, von der die übergroße Zahl der Mütter keineswegs erfaßt war. Die hochwertige Frau, dem Bilde vollendeter Mütterlichkeit am nächsten kommend, blieb ohne ernsthaften Einfluß auf die Bewegung. Die Generation junger Frauen, die heute als neuer Typ das gesellschaftliche Bild beherrschen, weiß schon fast nichts mehr von Frauenrechtsbestrebungen. Mittlerweile hat sich die Frauenbewegung auch gewandelt. Sie fordert mit Leidenschaft, daß die Mutter zu Ehren käme und die Möglichkeit zur Mutterschaft erweitert würde. Der frühere Abweg, männergleich zu werden, kann wohl als überwunden gelten, wenn auch noch einzelne Stimmen dieser Richtung laut werden. Man hat in jenen Kreisen eingesehen, daß der stürmische Drang der Frau zum Berufe nicht immer den Weg zur Mutterschaft öffnet. Statt dem Manne die Familiengründung zu erleichtern, unterbot ihn die Frau praktisch auf dem Arbeitsmarkte und erschwerte damit ihm und sich den Weg zur Ehe. Wenn also die moderne Frauenbewegung zweifelsohne stärker mit der Tatsache der Geschlechterverschiedenheit rechnet als früher, so ist sie doch auf rechtlichem Gebiete bei ihrem formalen Gleichheitsstreben stehengeblieben. Immer dort, wo das organische Leben zerstört ist, wird durch rechtliche Organisation versucht, verlorengehende Stellungen zu halten. Auch bis in ihren letzten Kern mütterliche Frauen wagen nicht, soweit sie in der Frauenbewegung stehen, aus richtigen Erkenntnissen die unerbittlichen Schlußfolgerungen zu ziehen. So meint Luise Scheffen-Döring*), die Frauenbewegung sei der Weg gewesen, die Frau über die Abhängigkeit vom Sexus hinauszuführen zum Teilhaben am schöpferischen Eros der Welt. Aus dieser Anschauung spricht die gänzliche Verkennung des Begriffes Eros im platonischen Sinne. Es wird gewissermaßen zwischen einer minderen Form der Erotik (Familienleben) und einer höheren (der Kulturgestaltung) unterschieden. Hier verrät sich neben der Ahnung um das wahre Wesen der Ganzheit doch noch erschütternd jenes Gefangensein in der Abgespaltenheit. Als ob nicht die vollendetste Form des Eros Empfängnis, Schwangerschaft, Geburt, leibliche und geistige Aufzucht eines neuen Menschen wäre. Hier wird bewußt oder unbewußt die reine Mütterlichkeit noch als etwas Minderwertiges empfunden. Als ob die Frau nicht des „Weltgestaltens" als Mutter noch teilhaftiger würde wie der Mann im Geistgestalten. Jene dumpfe Achtung vor der Intellektualität spielt hier ihre verhängnisvolle Rolle. „Das Bild des Ehepaares, im Restaurant oder auf Reisen, das sich nichts mehr zu sagen hat, ist bereits typisch geworden." Wenn Luise Scheffen-Döring in diesem Satze unbewußt ihrem Eheideal Ausdruck verleiht, so verrät sie damit ihr Befangensein in jener bürgerlichen Welt der gebildeten Schicht, die doch nur Teilausschnitt aus einem zusammenbrechenden Zeitalter ist, nur ein äußeres Erscheinungsbild und niemals das innere Wesen der Ehe darstellt. So wenig aber die Begrenzung der Frau auf das Naturgegebene anerkannt wird, so richtig ist andererseits die Einsicht in die Grenzen des Mannes. Luise Scheffen-Döring steigert ihre Ausführungen zu einem edlen Pathos, wenn sie über die Mutterschaft sagt: „In erster Linie ist es unmittelbarste Verbindung mit dem Lebensstrome selbst, die schlechthin einzigartige Begnadigung, Träger des Lebens zu sein. Es ist der große naturgegebene Vorzug der Mutter vor dem Manne und vor der unfruchtbaren Frau, daß in ihrem Schoß das Leben selber Wohnung nimmt. — Jede Mutter müßte bis in die letzten Fasern ihres Wesens spüren, daß dies alles nicht ihr Werk ist, sondern Geschenk, das unmittelbare Teilhabendürfen am Eros der Welt." Hier wird der Frau ein natürlicher Vorsprung vor dem Manne eingeräumt. Wenn aber der

*) Frauen von heute. Verlag Quelle und Meyer, Leipzig. Ein umfassendes und mit wahrhaft sittlichem Ernste geschriebenes Frauenbuch, das den Stand der modernen Problematik erschöpfend wiedergibt.

Mann kraft seiner Veranlagung für sich den „Vorzug" beansprucht, im gesellschaftlichen Bereiche, als seinem eigenen Reservate, schöpferisch zu wirken, so ist dies „antifeministisch". Liegt nicht höchste Weisheit darin, daß ein „Vorzug" den anderen ausschließt? Wird hier nicht zutiefst der Unterschied zwischen männlicher und weiblicher Erotik offenbar?

Eine geschlechtliche Emanzipation der Frau vom Manne — auch diese ausgefallene Forderung ist schon erhoben worden — kann mit demselben Rechte und Erfolge vertreten werden wie der Versuch, die Fische zur Abwechslung einmal auf dem Lande herumgehen zu lassen. Wo solches auch nur erwogen wird, ist jeder Zusammenhang mit der Natur, jedes Lebensgefühl schlechthin erloschen. Gefordert wird in der Regel nur die geistige und rechtliche Emanzipation, wozu auch die wirtschaftliche gehört. Geistige Befreiung der Frau kann niemand leidenschaftlicher wünschen als gerade die der naturgegebenen Geschlechtsunterschiedlichkeit sich bewußten Männer. Denn diese Befreiung der Frau bedeutet Selbstbesinnung auf ihr eigenes Wesen und damit das Verlassen aller Irrwege, die von der gesunden Frauenbewegung abzweigen. Die wirtschaftliche Befreiung ist zum großen Teil durch den Einzug der Frauen in das Berufsleben vollzogen. Eine wirtschaftliche Hörigkeit bestand in den Ehen, die den Charakter der Wirtschaftseinheit bewahrt hatten, niemals. Viel häufiger sind die Fälle, wo der Mann seinen ganzen Lohn der Frau abliefert und ihr die Bewirtschaftung der Familie überläßt, als die umgekehrten, in denen die Frau „unbezahlter Dienstbote" ist. Forderungen, welche der Frau einen Anteil am Verdienste des Mannes gesetzlich sichern wollen, stammen meist aus der ungesunden Luft des mittleren und höheren Bürgertums, in welcher die Hauswirtschaft (als Verbrauchswirtschaft) immer mehr zerfällt. Zudem führt das unselige Einkindersystem und das Überwiegen weiblicher Geburten immer mehr den unglücklichen Zustand herauf, daß in begüterten Familien Frauen Alleinerbinnen werden. Ein sehr hoher Hundertsatz amerikanischer Vermögen befindet sich heute schon in Händen von Frauen. Es kann aber keineswegs behauptet werden, daß der Typ der jungen reichen Erbin großbürgerlicher Herkunft besonders kulturfördernd und familienerhaltend sei. Er ist meist unerfreulich und ernährt lediglich das Luxusgewerbe. Dazu kommt noch folgende Erwägung: Auch im Abendlande, besonders in Deutschland, findet eine Annäherung an jene amerikanische Sitte statt, bei welcher der Mann nur noch Arbeitstier ist. Seine Frau, die manchmal schon weniger als das Dasein einer schönen Blume führt, lebt dank des ehemännlichen Fleißes in einem Stile, der das Leben des Mannes (Geldmachen) daneben als bedauernswert erscheinen läßt. Auch in Deutschland ist es bis in mittlere Bürgerkreise hinein üblich geworden, der Frau jede Haushaltssorge und Kinderpflege abzunehmen, sie dem Theater, der Geselligkeit, dem Sport, der Erholungsreise zu überlassen, wozu der Mann die Mittel aufzubringen hat.

Über den Wert der rechtlichen „Befreiung" ist weiter nichts dem oben Gesagten hinzuzufügen. Spätere Darlegungen über Reformen des Eherechts und Ehegüterrechts werden sich mit dieser Frage noch befassen.

Bleibt als entscheidende Erscheinung der Gegenwart die sogenannte sexuelle Befreiung. Sie äußert sich in den verschiedensten Formen: einmal in dem Verlangen, der Mann möge seine Natur der weiblichen anpassen. Dies gilt insbesondere für den Kampf gegen die sogenannte doppelte Moral, welche außerehelichen Geschlechtsverkehr des Mannes anders behandelt wie den der Frau. Da diese Forderung praktisch insofern unwirksam geblieben ist, als bei Anerkennung ihrer sittlichen Berechtigung, die Menschheitsgeschichte von jeher von der Durchbrechung dieses Postulates zu berichten weiß, so blieb nur die entgegengesetzte Schlußfolgerung übrig: Anpassung des weiblichen an das männliche Geschlechtsleben. Wohl behauptet man nicht mehr ernsthaft auf feministischer Seite die tatsächliche Gleichheit der Geschlechter. Man mißachtet aber die bestehende Ungleichheit, und hierin liegt der Schlüssel zum Verständnisse der Gegenwart, darüber hinaus die Erklärung für den Zusammenbruch von Ehe und Familie.

Überall dort, wo naturgegebene Gemeinschaften durch schrankenlosen Individualismus zerschlagen werden, wo organische Verschiedenheit von mechanistischer Gleichsetzung zerstört wird, leidet der Einzelne in seiner Persönlichkeit Schaden. So auch die Frau. Sie ist sexuell „befreit" worden; aber ihre gesellschaftliche und kulturelle Stellung ist im Begriff, an diesem Triumphe einer nach Zahl und sozialem Werte geringen Frauenschicht zugrunde zu gehen. Der schöpferische Wert der Frau liegt in ihrer Mütterlichkeit; eine unbestreitbare Überlegenheit gegenüber dem Manne, ihre Einzigartigkeit verdankt sie der Fähigkeit der Mutterschaft. Ihre Stärke ist, „in höchster Freiheit Gefäß sein dürfen" (Prinzhorn). Schöpferisch und erhaltend ist die mütterliche Frau. Auch eine Frau, die aus irgendwelchen Gründen nicht Mutter werden kann, trägt diesen mütterlichen Schatz in sich. Deshalb ist es für ein Volk, das Frauenüberschuß hat, zwar ein Übel, aber immerhin das kleinere Übel, wenn die Frau Berufe ergreift, auf welche sie ihre Muttergefühle ausstrahlen kann. Der Mann ist von Natur sozial gerichtet, er ist Träger der Gemeinschaft. Sein

Geist umfaßt das Fernliegende, sein innerer Beruf ist, für diese Gemeinschaft und in ihr sich zu erfüllen. Die natürliche Aufgabe der Frau hingegen besteht darin, durch Fortpflanzung der Art und Erziehung der Nachkommenschaft im Geiste der bestehenden Kultur dem schöpferischen Trieb des Mannes die erhaltende Grundlage zu geben. Die Frau formt den Menschen bis in die letzte Gemütsfalte hinein. Auf ihrem Ernste, auf der Tiefe ihrer Liebe beruhen die Kulturen.

Die sexuelle Angleichung an das Wesen des Mannes vernichtet den Lebensnerv der Frau, den Erneuerungsquell allen Lebens, die Mütterlichkeit. Der so wirklichkeitsnah sich gebärdende moderne Individualismus begeht hier seine schwerste Sünde. Die Rache des metaphysischen Triebes wird zum vernichtenden Schlag. Die Lehre der Gleichheit mußte dort tödlich wirken, wo sie wider die Natur war: im Geschlechtlichen und damit im innersten Kerne des sozialen Lebens. Die Gesellschaft ging aus den Fugen. Wie sich dieser Vorgang vollzieht, soll im Nachstehenden mit bewußter Einseitigkeit — ohne Berücksichtigung der seelischen Regungen der Einzelmenschen — immer ausschließlich im Ausblick auf das echte und lebendige Leben dargelegt werden.

Die „Kultur" des Individualismus sucht die natürlichen geschlechtlichen Gegebenheiten zu verbessern. Sind die Geschlechter nicht gleich, so handelt man wenigstens, als ob sie gleich wären. Hat die Natur für die Ungleichheit Merkmale gesetzt, so sucht der Verstand nach Mitteln, diese Hindernisse für den Siegeszug der Gleichheit zu umgehen. Entartungserscheinungen sind die Folge. Deren schwerwiegendste sieht der Verfasser in dem Umstande, daß die moderne Frau in zunehmendem Maße zur geschlechtlichen Abwechslung (Polyandrie) neigt. Auf die Untersuchungen der Sexualforscher, ob der Mann wirklich, wie auch Schopenhauer behauptet, von Natur polygyn, die Frau dagegen zur Monoandrie bestimmt sei, will diese Abhandlung nicht eingehen. Ansicht steht gegen Ansicht, schon deshalb, weil die meisten Beobachter von bestimmten Frauentypen ausgehen. So gibt es eine Einteilung in mütterliche und dirnenhafte Frauen. Lombroso hält die Prostitution für eine Form des weiblichen Verbrechertums. Klare Scheidungen dieser Art sind indessen wohl kaum möglich. Fritz Giese*) unterscheidet den „Sublimierungstyp" der berufstätigen Frau, den Familientyp, den Sexualtyp und den Freundschaftstyp. Den Familientyp unterteilt er wieder in Kindtyp, dem das Erleben des Kindes wichtiger ist als das des Mannes, und in ausgesprochenen Hausfrauen- und Muttertyp, der auch auf Erwachsene mütterlich wirkt.

*) Die Frau als Atmosphärenwert. München 1926, Delphinenverlag.

Eine etwas rohere Einteilung sieht die Frau bald als Penelope (annähernd der Familientyp Gieses), bald als Kalypso (Sexualtrieb mit Einschlag zum Freundschaftlichen). Kein Zweifel, daß sowohl die männliche als auch die weibliche Geschlechtlichkeit in Abstufungen verkörpert ist, daß der „Vollmann" und das „Vollweib" in Reinheit weniger häufig vorkommen als angenommen wird. Eine Abhandlung wie diese muß jedoch Beschränkung auf das Grundsätzliche üben. Sie kann nicht auf die einfache Unterscheidung zwischen Mann und Weib verzichten und sich mit Zwischenstufen abgeben. Sie kann auch nicht Behauptungen widerlegen und befehden wie die Keyserlings*), wonach als erotisches Wesen jeder von Hause aus polygam sei, und zwar die Frau noch ausgesprochener als der Mann. Nur so viel sei gesagt, daß bei Keyserling die Unterscheidung, die Fahsel macht, leider fehlt: daß der sinnliche Eros von Natur untreu, der geistige beständig ist. Erst das Hinzutreten des Geistigen steigert den Eros von der tierischen zur menschlichen Ebene hinauf. Da der Mensch bewußt zeugt und Ebenbildliches schaffen möchte, dieses Schaffen aber das Liebesband zwischen Eltern und Kindern verlangt, so ist die Einehe menschlich-erotische Notwendigkeit. Aber dieser ganze Streit wird müßig in dem Augenblicke, da nicht die Frage der doppelten Moral zur Besprechung steht, sondern die natürliche Unterschiedlichkeit zwischen Mann und Frau. Die Tatsache, daß der Geschlechtsakt bei der Frau ungeheure Veränderungen bewirkt, beim Manne aber nicht, ist entscheidend. Diese Gegebenheit verleugnen heißt die schwerste Sünde auf sexual-ethischem Gebiete begehen.

Der vollkommene Eros zwingt in der großen Liebe Mann und Frau in gleicher Weise zum Verlangen nach dauerndem und ausschließlichem gegenseitigen Besitze. Eine doppelte Moral, die einfach auf das Herrenrecht des Mannes gegründet wird, wäre nicht zu rechtfertigen. Die sittlichen Forderungen des vollkommenen Eros bleiben deshalb in vollem Umfange bestehen. Es ist also falsch, wenn feministische Kreise behaupten, ihre Gegner machten nach wie vor das Herrenrecht des Mannes geltend. Der Mann hat grundsätzlich kein „Recht", seiner polygamen Veranlagung zu frönen und gleichzeitig von der Frau Monogamie zu verlangen. Die Verschiedenheit der sittlichen Beurteilung setzt erst in dem Augenblicke ein, in welchem Verstöße gegen den vollkommenen Eros schon vorliegen. Hier öffnet sich überhaupt die entscheidende Kluft zwischen den Anschauungen: die Menschheitsbeglücker wollen Regelungen des sozialen und damit auch des Geschlechtslebens, welche der tatsächlichen menschlichen Unvollkommen-

*) Das richtig gestellte Eheproblem, Ehebuch.

heit entsprechen. Schwärmerisch berufen sie sich auf ihre Wahrheitsliebe und werfen denjenigen, die eine strenge Gesellschaftsordnung verlangen, Verlogenheit vor. Die Dinge liegen jedoch genau umgekehrt: wird die schrankenlose Freiheit zum Gesetz erhoben, so sind natürlich keinerlei Verstöße dagegen möglich. Jede Gebundenheit bringt dagegen die Gefahr der Durchbrechung mit sich. Deshalb kann doch die gebundene Regelung ein ewig gültiges Ideal anstreben, also im letzten Sinne wahr sein. Die gesellschaftliche Heuchelei wird in solchen Fällen zur Tugend. Wer jedoch die verhältnismäßig seltene Ausnahme, den Verstoß gegen die Gesellschaftsordnung, in den Mittelpunkt der Betrachtung rückt, sieht nur deren Verlogenheit. Um die Ausnahme zu beseitigen, wird dann eine freiheitliche Regelung gefordert, die als solche eine ungleich größere Lüge bedeutet, nämlich den Widerspruch gegen die kosmische Ordnung. So fängt denn auch die Frage der doppelten Moral erst dann an schwierig zu werden, wenn Verstöße gegen den vollkommenen Eros, die ausschließliche und beständige Liebesverbundenheit der Geschlechter, vorliegen. Und hier scheut der Verfasser ebensowenig wie in anderen Fragen des Gesellschaftslebens die Vorwürfe wirklichkeitsblinder Doktrinäre, wenn er offen ausspricht: die Vergehen des Mannes gegen die geschlechtliche Treue sind anders zu bewerten wie die der Frau. Die Natur hat den Mann mit geschlechtlicher Aktivität ausgerüstet und setzt ihn deshalb größeren Versuchungen aus als die Frau. Wie widerspruchsvoll ist es doch, wenn die Verfechter der Frauenrevolution begeistert die neue Kleidung der Frau preisen, gleichzeitig aber den Mann verurteilen, auf welchen die gezeigten Reize ihre natürliche Wirkung ausüben. Ein Sittlichkeitsverbrecher hat sich einmal vor Gericht ernsthaft mit dem Einwande verteidigt, die neue Mode verursache ihm die größten Qualen. Es ist eine unerhörte Zumutung an die Geschlechtsnerven des Mannes, eigentlich nur zur zeitweiligen Reizung bestimmt, wenn sie von morgens bis abends, allerorts und bei jeder Tätigkeit die Betonung der sekundären weiblichen Geschlechtsmerkmale auf sich wirken lassen müssen. Dieser Zustand muß entweder den Sinnenrausch zum Hebel des gesamten menschlichen Lebens machen oder zur geschlechtlichen Abstumpfung führen. Beide Möglichkeiten sind aber tödlich für die wahre Erotik. Entscheidend bleibt aber die Tatsache, daß die Natur den Geschlechtsakt beim Manne hinsichtlich seines körperlichen Zustandes ohne Folgen läßt. Er trägt die Untreue nach außen, während die Frau ihre Untreue in das eigentliche Geschlechtsverhältnis hineinträgt. „Die Lüge wird lebendig."

Dabei wäre es noch nicht die schlimmste Form, die der Trieb nach geschlechtlicher Abwechselung bei der Frau annehmen könnte, wenn die weibliche Treue sich wenigstens auf die Zeit der Empfängnis, der Reife der Frucht und der Geburt erstreckte. Es gibt sogar eine Auffassung des Geschlechtslebens, welche die Liebesgemeinschaft auf diese Zeit beschränken möchte. Selbstverständlich wäre auch dies Versündigung am höheren Eros, weil das geistige Band mit dem Kinde, die Erziehung, gefährdet würde. Aber die sexuelle Befreiung der Frau bleibt bei dieser Art der Polygamie ja keineswegs stehen. Sie geht viel weiter. Sie versündigt sich nicht nur am geistigen Eros, sondern am naturgewollten Zeugungsvorgange überhaupt, indem sie seine Vollendung hintanhält. Die Verhütung von Empfängnis und Schwangerschaft ist die natürliche Vorbedingung zur geschlechtlichen Abwechselung. Durch Verhinderung der Folgen des Geschlechtsaktes wird erst die Anpassung der Frau an die Natur des Mannes vollendet. In diesem Umstande ist auch der gewaltige Unterschied der Frauenbefreiung vom Mutterrechte beschlossen, dessen Wiederkehr in manchen Gehirnen spukt. Das Wesen des Mutterrechtes, ganz und gar abhängig von den soziologischen und wirtschaftlichen Formen der Urvölker, bestand darin, daß der Stammbaum in mütterlicher Linie geführt wurde. Die Mutter besaß Haus und Herd und wählte die Männer. Von einer Frauenherrschaft konnte aber nicht gesprochen werden. Oft wird sogar der Mann ohne rechtliche Ansprüche die tatsächliche Herrschaft an sich gerissen haben. Aber Mutterrecht beruhte eben auf Mutterschaft. Die modernen Nachbeter des Matriarchates verwechseln sehr leicht die Herrschaft der gewollt unfruchtbaren Frau mit Mutterrecht. Hier liegt überhaupt der gewaltige Denkfehler der Zeit: Mag die Frau „Rechte" erringen, in welchem Umfange sie nur kann. Ihre tatsächliche Stellung steht und fällt mit der Mutterschaft. Eine Frau, die nicht mehr Mutter sein will, sinkt immer zur Sinnensklavin des Mannes herab; noch so schwülstige Redensarten von Kameradschaft und geistiger Gemeinsamkeit hemmen nicht die Naturgesetzlichkeit dieses Vorganges. Weder moralische Entrüstung noch sittliche Forderungen ändern diese Ethik, die im Weltgesetzlichen liegt. Das gesamte Schrifttum — mit wenigen lebenverleugnenden Ausnahmen — bejaht deshalb den Gebärwillen der Frau. „Die Frau in ihrer vollen Kostbarkeit, Unersetzlichkeit und Einmaligkeit ist Mutter. Behauptet Rosa Mayreder, der, welcher die Mutterschaft als Äquivalent der geistigen Produktivität betrachte, verkenne, daß ein Werk Ausdruck und Leistung einer Persönlichkeit sei, nicht aber das Kind — weist solche Behauptung einer Frau schon Entartung auf, indem sie aus männlichem Denken resultiert. — Eine Frau, die freiwillig auf Mutterschaft verzichtet, ist darum keine Heilige, sondern eine Fahnenflüchtige." So sehr diesen Sätzen Schwabachs beizupflichten ist, so blind scheint er gegen den tatsächlichen Kern des Revolutionierungsstrebens der Frau, das er selbst verherrlicht. Sein scharfer Verstand läßt in dem Augenblicke nach, wo er gegenwärtige Zustände nüchtern untersuchen sollte. Was nutzt es, wenn er in edler Begeisterung ausruft: „Die Frauen wollen gebären. An dem Tage, wo für jedes Kind Raum, Luft, Nahrung und Lebensmöglichkeit vorhanden sein werden, werden Präventivtechnik und Aborte aus dem Kreis der Sittlichkeit in das konkrete Gebiet der Medizin verwiesen werden. Die freiwillige und unnotwendige Unfruchtbarkeit wird nicht nur wie bisher wenigen, sondern schlechthin als Unsittlichkeit gelten"?! Der Verfasser antwortet darauf: An dem Tage, wo für jedes Kind Raum, Luft, Nahrung und Lebensmöglichkeit vorhanden sein werden, wird es — bei fortschreitender Revolutionierung der Frau im heutigen Geiste — keine Kinder mehr geben. Denn die soziale Begründung der Furcht vor dem Kinde ist verfehlt und schon längst widerlegt. Die „unfruchtbare" Frau kommt aus den Kreisen, wo wahrhaftig genug Raum, Luft, Nahrung und Lebensmöglichkeit gegeben sind. Jeder Bevölkerungspolitiker kennt diese Binsenweisheit.

Mit dieser verstandesmäßigen Betrachtung des Geburtenrückganges wird der Kern der Sexualfrage nicht einmal gestreift. Geburteneinschränkung ist regelmäßig eine Begleiterscheinung steigenden Wohlstandes. Vor dem Kriege schon setzte der Geburtenrückgang bei den wohlhabenden Schichten Deutschlands ein. Der Absturz der Geburtenkurve nach dem Kriege, insbesondere nach der Geldentwertung, ist nur eine Fortsetzung jener Linie. Deutschland ist gewissermaßen auch bevölkerungspolitisch mit einem Ruck westlich, individualistisch geworden. Gewiß spielen die verschlechterten Lebensbedingungen dabei ihre verhängnisvolle Rolle. Der bevölkerungspolitische Teil wird sich mit diesen Fragen auseinandersetzen. Aber der Verstand ist der Feind des Eros. Die Deutschen zählten noch zu den reichsten Völkern der Erde, als schon der biologische Zerfall einsetzte. Unsere Großeltern zeugten bei aller wirtschaftlichen Enge dreimal soviel Kinder wie das moderne Ehepaar. Man betrachtete das Kind als Gottesgeschenk und hatte den Mut, sich um der Kinder willen einzuschränken. Dieser Mut zum Opfer fehlt dem heutigen Geschlechte. Längst widerlegt ist das Gerede von dem stärkeren Verantwortungsgefühl für die wenigen, dafür aber wertvolleren Nachkömmlinge. Nach uns die Sintflut, ist uneingestandener Wahlspruch des Individualisten. Gewiß hat auch dieses trostlose Bild seine versöhnenden Züge: menschliches Leid erscheint dem Individualisten, dem der Sinn fürs Tragische abgeht, als das Schrecklichste. Er übertreibt deshalb das Verantwortungsgefühl so sehr, daß er davor zurückschreckt, ein neues Leben in die irdische Not zu stellen. Unsere Vorfahren waren hier härter. Aber man wird ihnen zubilligen müssen, daß das von ihnen gezeugte Leben kaum wertloser war als das heute allzu umhegte; ja vielleicht seinen eigentlichen Wert erst gewann im Lebenskampf. Was ist überhaupt noch Leben, welches das Leben fürchtet?

Gewiß ist der Mann nicht weniger berechnend als die Frau. Aber die heilige Flamme der Mütterlichkeit muß von der Frau gehütet werden. Wie die Verantwortung für den Zerfall von Gesellschaft und Staat in erster Linie den Mann trifft, so die Frau für den Zerfall der Familie. Stärke des Willens zur Mutterschaft bestimmt das Schicksal der Völker. Zunehmende Anpassung der Frau an die Geschlechtsnatur des Mannes führt aber von der behaupteten Gleichberechtigung zur geschlechtlichen Gleichheit. Shaw meint, die Frau könne sich nicht emanzipieren, wenn sie nicht ihre Weiblichkeit, ihre Pflichten gegen ihren Mann, gegen ihre Kinder, gegen die Gesellschaft, gegen das Gesetz und gegen jeden, außer gegen sich selbst, von sich wirft. Dazu Spengler: „Das Urweib, das Bauernweib ist Mutter. Seine ganze von Kindheit an ersehnte Bestimmung liegt in diesem Worte beschlossen. Jetzt aber taucht das Ibsenweib auf, die Kameradin, die Heldin einer ganzen weltstädtischen Literatur vom nordischen Drama bis zum Pariser Roman. Statt der Kinder haben sie seelische Konflikte, die Ehe ist eine kunstgewerbliche Aufgabe, und es kommt darauf an, sich gegenseitig zu verstehen. Es ist ganz gleichgültig, ob eine amerikanische Dame für ihre Kinder keinen zureichenden Grund findet, weil sie keine Season versäumen will, eine Pariserin, weil sie fürchtet, daß ihr Liebhaber davongeht, oder eine Ibsenheldin, weil sie sich selbst gehört. Sie gehören alle sich selbst, und sie sind alle unfruchtbar." Das „Sich-selbst-gehören", wiederkehrend in der gesamten feministischen Literatur, ist der Individualismus der Frau. Hier fängt der Liberalismus an, eine verspätete Doktrinblüte zu treiben. Der Gipfelpunkt ist erreicht, wenn Schwabach — in unbekümmerter Verkennung des Wesens des modernen Parlamentarismus — sogar von einer zukünftigen Frauenpartei schwärmt. Es fehlt nur noch die bittere Frage, wer den linken und wer den rechten Frauenflügel darstellt: die Prostituierten oder die Hausfrauen.

Die von Natur eindeutig bestimmte biologische und soziologische Stellung der Frau ist heute sinnlos verkehrt. Ist Erotik schöpferischer Trieb, der Selbstaufgabe zur Schaffung eines neuen Wesens dienend, so tritt an deren Stelle platte Sexualität, Genußsucht, welche die Sinne abstumpft und den Geist verdummt. So wird die Frau zur Junggesellin und zur Ehedirne. Der Geist des Mittelalters ließ den breiten Massen nur die Wahl zwischen Sakrament und Unzucht. Heute findet eine allmähliche Verwischung aller Grenzen und damit die fortschreitende Entheiligung der Ehe statt. Ehe wird zur Unzucht, und die Unzucht wird mit geistigen Floskeln verbrämt. Die Ehe, der Bund, schlechthin geschlossen zum Schöpferischen, beginnt mit dem Einkauf schwangerschaftsverhütender Mittel. Galt früher das uneheliche Kind als Beweis weiblicher Entartung (eine sehr ungerechte Denkweise, die nur weiblicher Unduldsamkeit ihre Entstehung verdankt), so heute als Zeichen weiblicher Dummheit. Die Ausschweifung wird erlaubt, nur die Folge, weil Ungeschicklichkeit verratend, ist verpönt.

Nur eine verderbte Phantasie sah in der Prostitution den Ausfluß besonders starker Erotik. Denn wir wissen, daß die Dirne häufig geschlechtlich kalt ist, daß sie ihre entgeltliche Hingabe als Beruf empfindet, daß Frauen dieser Art wohl in den meisten Kulturen vorhanden waren, den Hang des Mannes nach geschlechtlicher Abwechslung befriedigend, ohne die Ehe in ihrem inneren Wesen zu gefährden. Die Weisheit des Mittelalters ordnete deshalb die Prostituiertenwelt zunftmäßig der Gesellschaft ein. Gewiß ist die Ausnutzung der Dirnen durch Bordellwirte schmachvoll. Es mag auch die polizeiliche Listenführung das Gefühl der Abstempelung in der Dirne gestärkt und ihr damit die Rückkehr in die Gesellschaft erschwert haben. Aber gänzlich unangebracht ist das Jubelgeschrei des feministischen Lagers ob der „Abschaffung" der Prostitution. Derselbe Schwabach, der die Vermischung der Kasten als untergangdrohend für das Abendland empfindet, hält die Beseitigung der Schranke zwischen Müttern und Prostituierten für erstrebenswert. „Ein gegen die Prostitution gerichteter Kampf mußte sich also in erster Linie gegen staatliche Verordnungen richten, die unter fadenscheinigen sittlichen Vorwänden eine große Anzahl von Individuen zum Zwecke der Lustbefriedigung anderer Individuen versklaven." Also hat der „patriarchalische" Staat die Prostituierten versklavt? Nicht ihre eigene Natur? Haben sich die Dirnen nicht immer selbst versklavt? Auch Luise Scheffen-Döring ist begeistert, daß „die einschneidendste Hemmung für die fruchtbare Zusammenarbeit der Geschlechter beseitigt worden sei: die offizielle Anerkennung der doppelten Moral durch die amtliche Listenführung der Prostitution". Eine merkwürdige Überschätzung rechtlicher Regelungen spricht aus dieser Bemerkung. Hat sich doch am sozialen Zustande durch die Beseitigung der Listenführung garnichts geändert. Der Mann, der früher den peinlichen Weg ins Bordell wagen mußte, wird heute bei der Heimkehr zur ehelichen Wohnung von der Dirne abgefangen. Ihre Zahl hat sich ungeheuer vermehrt. Ganze Stadtbilder haben eine neue Prägung dadurch erhalten. Eine noch sehr junge Berliner Straßendirne aus guter Familie äußerte einst, sie hätte sich diesem Berufe erst zugewendet, seitdem er ein ehrliches Gewerbe wie jedes andere geworden sei. So sieht die Abschaffung der Prostitution in der Wirklichkeit aus. Was kümmert sich aber die blinde Doktrin um die rauhe Tatsache des Lebens?

Jede bedenkenlose Gleichstellung und Vermischung führt zur Bedrohung des Wertvollen durch das Minderwertige. Es ist gewiß nicht nötig, die Berufsdirne in Acht und Bann zu tun. Aus welchem Grunde aber muß sie alle Plätze zieren und in öffentlichen Lokalen Seite an Seite mit jungen Müttern und Mädchen sitzen? Wenn die Dame und die Dirne zusammenkommen, so wird eher die Dame zur Dirne, als umgekehrt. Solche Ansichten gelten natürlich als spießig. Sie mögen es auch im einzelnen Fall sein. Hier geht es aber darum, das soziologische Gesetz aufzuzeigen. Und dieses lautet dahin, daß hemmungslose Freiheit nicht zum Siege des Guten, sondern des Schlechten führt. Der moderne Individualist lächelt über eine Moral, die im Herkömmlichen wurzelt. Er sieht nur noch die eingerosteten Formen und ahnt nicht mehr den Geist, der einst glanzvoll sie schuf. Wer die hohle Form anbetet, mag mit Recht der Lächerlichkeit anheimfallen; die Pflicht aber bleibt bestehen, der Weisheit alter Gesetze nachzuspüren und sie in neue Formen zu gießen. Das ist die zeitgemäße Aufgabe.

Gewiß liegt ein Zeitalter der Prüderie und der geschlechtlichen Heuchelei hinter uns. Die Kleidermode der Wende vom 19. zum 20. Jahrhundert war ebenso abscheulich wie die Denkweise im Geschlechtlichen. Man tat, als ob jedes geschlechtliche Gefühl von vornherein unkeusch und sittlich verwerflich wäre. Wer nach neuer Lebendigkeit trachtet, kann über jenes sexuelle Muckertum nicht scharf genug urteilen. Der Rückschlag in Form eines unbegrenzten Freiheitsstrebens wird verständlich. Muß dieses aber so weit gehen, daß in den Schulen geschmacklose und seelenmörderische Aufklärung getrieben wird, die geeignet ist, das gesunde Schamgefühl des Kindes zu verletzen und „dem sinnlichen Eros die Schwungkraft zur Erregung des Geistigen zu nehmen" (Fahsel)? Obwohl das von der Jugend, die unter der erhöhten Erregung der geschlechtlichen Reife steht, nicht zu erwarten wäre, ist sie oft vernünftiger als das von Sexualproblemen geplagte Alter. Wird doch von einem Falle erzählt, in welchem die Schüler einer Mittelschule sich gegen die gemeinsame Erziehung der Geschlechter gewendet hätten: nicht aus Prüderie; sondern weil sie es leidig waren, ihre Schularbeit dauernd von sexuellen Begierden behindert zu sehen. Den entsetzten Eltern wurden von den vernünftigen Schülern die Augen geöffnet, durch die Erzählung, es sei kein junges Mädchen in der Klasse, das nicht schon mit männlichen Klassenkameraden geschlechtlichen Verkehr gehabt habe. Gewiß klingt es freiheitlich und ideal, die gemeinsame Erziehung der Geschlechter zu fordern. Unbefangenheit und Freiheit von den Trieben sollen auf diese Weise erzeugt werden. Die Natur läßt sich aber nicht überlisten. Sie hat die Geschlechter mit sinnlichen Reizmitteln ausgestattet, die ihre Wirkung tun. Daß dies insbesondere für die heranwachsende Jugend gilt, liegt auf der Hand. Oder will man ein Geschlecht von Asketen dadurch züchten, daß man es dauernd unter geschlechtlichen Reiz setzt? So würde höchstens eine Generation der Abgestumpften erzogen, und der oben erwähnte Fall beweist die Richtigkeit dieses Schlusses. Sinnlos betriebene Aufklärung, ungehemmter Jugendverkehr der Geschlechter, Nacktkultur und Überbetonung des Sexuellen durch die Mode sind nicht wegen jenes Moralgefühls zu bekämpfen, das im Geschlechtlichen etwas Verbrecherisches sieht, sondern einzig und allein aus der Naturgesetzlichkeit heraus, wonach die geschlechtliche Reizung auf ein Mindestmaß beschränkt werden muß, soll nicht das geistige Leben durch Sinnlichkeit, soll nicht der Eros durch dauernde Entspannung vernichtet werden.

Der Mann kann, muß aber nicht an seiner Seele Schaden nehmen, wenn er durch das Fegfeuer geschlechtlicher Zügellosigkeit geht. Er bleibt in den meisten Fällen schöpferisch, vermag alle sexuelle Widerwärtigkeit zu vergessen und zu überwinden, kann sich leicht zur großen Liebe zurückfinden. Ein altes chinesisches Sprichwort besagt, daß ein schlechter Ehegatte noch ein guter Vater sein kann, niemals aber eine schlechte Ehegattin eine gute Mutter. Ja, ein Mann, der nichts als sinnlicher Lüstling auf geschlechtlichem Gebiete ist, kann noch in höherem Sinne Erotiker, geistig fruchtbar sein. Zugegeben, daß dies in wenigen Ausnahmefällen auch für die Frau gilt. Im allgemeinen aber ist ihre Mütterlichkeit vernichtet, wenn das Ausleben einer geschlechtlichen Sturm- und Drangperiode bei ihr zur Regel wird. Wenn nun behauptet wird, die liberal-bürgerliche Frauenbewegung sei der Weg, die Frau über die Abhängigkeit vom Sexus hinauszuführen, so sei die Gegenfrage erlaubt, warum denn auf die Frauenbewegung die Herrschaft des Sexus gefolgt ist? Weil die Frauenbewegung denselben Individualismus zum Vater hatte, der die unfruchtbare Frau zeugte. Die zahlreichen berufstätigen jungen Mädchen, das Girl, der Flapper, die fast ausnahmslos der freien Liebe huldigen, wissen von der bürgerlichen Frauenbewegung und dem Eros der Welt nichts. Sie wollen auch nichts davon wissen, sie sind Weib und nichts als Weib. Mit Ausnahme der wenigen, denen der Beruf wirklich letzte Erfüllung ist, ist ihr Arbeitstag ein Warten auf die Stunde, wo Lippenstift und Puderquaste die Kriegsbemalung zur Schlacht der Liebe vervollständigen. Während Vater und Mutter sich den

Groschen, den sie zur Aussteuer für die Tochter zurücklegen, vom Munde absparen, wird der bescheidene Lohn des berufstätigen jungen Mädchens in seidene Strümpfe umgesetzt. Weil aber eine gewisse Literatengesellschaft es als Tugend betrachtet, ihr Wohlgefallen an glänzend bestrumpften Beinen immer wieder mit Kulturgerede zu maskieren, so wird die biologische, soziologische und wirtschaftliche Sinnlosigkeit dieses ganzen Gehabes verschwiegen und der neue Mädchentyp als menschheitserlösend gepriesen. Wer den Mut hat, das bittere Ende vorauszusagen, verfällt dem Fluche der Rückständigkeit. Man kann seine Freude haben an schlanken, hübschen, leicht bekleideten Körpern. Es ist eher zu viel Freude darüber vorhanden als zu wenig. Die Propheten einer neuen sexuellen Herrlichkeit können hierüber unbesorgt sein. Aber sie raten der Frau schlecht, wenn sie begeistert ihrer geschlechtlichen Freiheit zujubeln. „Die Mode der vergangenen Epoche war die Mode der lüsternen Verschleierung, des Geheimnisses, die heutige ist die Mode der freien Hingabe" (Schwabach). Diese Mode der freien Hingabe ist so lästig geworden, daß männlich empfindende Männer in manchem Salon der guten Gesellschaft nicht mehr wissen, wo sie hinblicken sollen. Sie erregt oft einen so entspannenden Ekel, daß nicht Anlockung des Mannes, sondern Abstoßung die Folge ist. Die Frau sinkt herab zu einem geschlechtlichen Gebrauchsgegenstand, der möglichst rasch wieder weggeworfen wird. Es ist rätselhaft, warum kluge Menschen diesen Umstand, der allerdings nur erfühlt werden kann, nicht sehen. Immer zurückhaltender muß auf die Dauer der Mann hinsichtlich der Eheschließung werden. Die Junggesellen mögen die Befreiung der Frau verherrlichen; wenn sie anfangen, sich in Ehemänner zu verwandeln, so suchen sie sorgfältig nach unberührten Frauen. Dagegen wird eingewendet, das sei eben ein Rückfall in patriarchalisches Denken, welches der Mann überwinden müsse. Aber der Verstand spielt hier gar keine Rolle. Es ist das gesunde Mannesempfinden, das zur reinen und mütterlichen Frau drängt.

Dieses moderne junge Mädchen soll nicht mehr Weibchen, sondern Kameradin sein? Als ob je ein so ausgesprochener Weibchentyp sich breit gemacht hätte, als der, welcher in Tanzdielen, am Badestrande, ja hinter Ladentisch und in Kanzleien den Kampf um den Mann aufnimmt. Allerdings nicht, um Mutter zu werden. Die Reizung der Geschlechtsnerven des Mannes erfolgt nur, um den Ernährer und Beschützer zu finden. Wenn das reine Dirnentum darin besteht, daß aus der Hingabe ein Gewerbe gemacht wird, so hat sich ein großer Teil des kleineren und gehobeneren weiblichen Bürgertums diesem Wesen der Dirnenhaftigkeit genähert. Die ungeheure Schar wohlgekleideter und eleganter junger Frauen, die ohne Haushalt und Kinder, mit den Mitteln ihrer arbeitenden Männer der Vergnügungssucht frönen, ist lebendiger Beweis für die Richtigkeit dieser Anschauung. Die Ehe beruflicher, wirtschaftlicher und geistiger Kameradschaft ist bei den jungen Leuten des neuen Typs eine Seltenheit geworden. Man räume doch endlich mit dieser Lüge auf. Die Frau geht auf Reisen, der Mann sitzt in der Kanzleistube. Der Mann übt irgendeinen Beruf aus und die Frau fragt nur, ob er so viel einbringt, daß sie sich einen neuen Pelzmantel kaufen kann. Der Mann ist Direktor eines Bergwerkes, die Frau fährt zu Tenniswettspielen. Der Mann übt irgendeine Praxis aus, die Frau erprobt den neuen Kraftwagen. Regelmäßig sitzt sie beim Fünf-Uhr-Tee, bei der Modevorführung, bei der Première. Einen Mann hat sie allerdings meist bei sich, nur nicht den eigenen. Die meisten Frauen dieser neuen Richtung sind nichts als die gesetzlich anerkannten Verhältnisse ihrer Männer. Eine Ehe, in der Absicht dauernder Kinderverhütung geschlossen, bedeutet nichts anderes als ein Vertrag auf gegenseitiges Vergnügen, dessen Kosten der Mann bezahlen darf. Es kann eingewendet werden, der Verfasser sehe zu schwarz. Selbstverständlich schildert er mit bewußter Einseitigkeit den Weg, den eine angebahnte Entwicklung mit Sicherheit gehen muß, wenn nicht eine Umkehr erfolgt. Aber jeder Leser frage sich einmal offen, ob er nicht eine Reihe von Ehen dieser Art kennt. Ob er nicht, gerade in der guten Gesellschaft, solche Frauen schon gesehen hat, die, sich ihrer Kinderlosigkeit brüstend, ohne Berufstätigkeit, ohne geistige Interessen, ein Dasein führen, über welchem das große Fragezeichen steht, wozu sie überhaupt auf der Welt sind. Dabei ist zweifellos der Zug zur Ungeistigkeit größer geworden. Die klavierspielende höhere Tochter und der Kunstgeschichte treibende Backfisch sind ja Gott sei Dank im Aussterben begriffen. Sie heuchelten wenigstens Interessen. Aber mit der Befreiung der Haussklavin geht es genau so wie mit der Erlösung des Arbeitssklaven. Eine in humanistischen Bildungsvorstellungen befangene Zeit glaubte an einen Zustand, bei welchem jeder Deutsche für sich Zeit haben müsse, Goethes Faust auswendig zu lernen. Welch kindlicher Irrtum. Sie haben heute alle Zeit, die Arbeiter und die Frauen, besonders aber diese. Aber sie versitzen sie in öffentlichen Lokalen und bei Sportfesten. Die Weltfremdheit der „Reaktionäre" ist weit überboten durch die Heuchelei der Fortschrittler, die immer noch von einem geistigen Dorado schwärmen, während gleichzeitig die „Verdummung" des Volkes, der Ungeist, verheerende Ausbreitung gewinnt.

Eine Zeitlang wurde von der Vermännlichung der Frau gesprochen. Ihre neue Selbständigkeit, das freie Äußere, die Betonung der „schlanken

Linie", die Versportlichung, mögen den Anlaß zu diesem Schlagworte geboten haben. Dazu kam, daß die ausgesprochenen Frauenrechtlerinnen sich ein männliches Gehabe beilegten, um gegen ihre Weibchenstellung auf diese Weise Einspruch zu erheben. Es entstand eine jünglinghafte Gestalt, die in der Verleugnung weiblicher Geschlechtsmerkmale oft sehr weit ging. Mittlerweile hat sich das Bild wieder gewandelt. Zauberhaft erblühen wieder Rundungen, die früher peinlich vermieden wurden. Die sinnliche Atmosphäre wurde geladener. Im Äußeren sowohl als auch im Geistigen sind die bescheidenen Anläufe zu einer Vermännlichung der Frau zweifelsohne versandet. Etwas anderes ist es mit der geschlechtlichen Anpassung an das Wesen des Mannes. Unterbewertung der Jungfräulichkeit, Hang zur geschlechtlichen Abwechslung, Scheu vor Empfängnis und Geburt: das sind die tatsächlichen Merkmale einer Vermännlichung im übertragenen Sinne des Wortes. Die Frau ist nicht zum Mann geworden und kann es niemals werden. Aber sie leugnet die naturgegebenen Bedingungen ihrer Geschlechtlichkeit. Es wird gesagt, sie vermännliche nicht, sondern sie verselbständige sich nur. Ja sie verselbständigt sich, sie emanzipiert sich nämlich von der Natur, von ihrem eigenen Wesen. Man hat die Frauen oft mit Pflanzen verglichen. Die Beibehaltung dieses Bildes ermöglicht ein neues zur Kennzeichnung der sexuell befreiten Frau: sie ist eine Pflanze, die immer blühen und niemals Frucht tragen möchte. Sie ist eine taube Blüte. Unerbittlich, aber folgerichtig nennt deshalb — immer mit dem Maßstab des vollkommenen Eros gemessen — Fahsel die Ehe der Geburtenkontrolle schlechthin Onanie.

Die Ehe als soziale Versorgungseinrichtung wollen auch die Frauenbefreier nicht aufgeben. Auf der einen Seite stehen deshalb die Bestrebungen der Frauenbewegung nach Verbesserung der eherechtlichen und güterrechtlichen Stellung der Frau, auf der anderen die Anpassung der Frau an das männliche Geschlechtswesen: die Entwicklung zur Polyandrie. Die Ehe fängt, wie in Nordamerika, an, aus einer Vereinigung auf Lebenszeit zu einem Vertrage zwecks flüchtiger Vergnügungsspiele zu werden; die Ehe und die gesellschaftliche Ehrbarkeit wird verlangt, aber schon Scheidung und eine neue Ehe ins Auge gefaßt. Ein kurzfristiger Vertrag auf gegenseitiges Vergnügen, leicht eingehbar und leicht löslich, und womöglich gar keine Kinder; wenn aber solche, dann deren Unterbringung in großen Erziehungsanstalten, unter Umständen Staatserziehung: das ist der Schlußstein dieser Entwicklung. Verwirklicht ist sie schon in Sowjetrußland. Merkwürdigerweise kommt das russische Gesetz fast in allen Punkten den von der deutschen Frauenbewegung gestellten Reformforderungen nach. Es zeigt sich hier überraschend der westlich liberale Charakter des Bolschewismus, entgegengesetzt den asiatischen Formen seiner Regierung. So meldet denn auch die „Kommunistische Akademie" in Moskau: „Die Zahl der Scheidungen ist groß und noch im Steigen begriffen. Die Scheidungen werden in der Mehrzahl der Fälle von den Frauen herbeigeführt. Den Rekord in dieser Beziehung hält eine Frau in Leningrad, die innerhalb dreier Jahre 16 Ehemänner gehabt hat. Fälle von 3 bis 4 Ehescheidungen in drei Jahren sind häufig." Wenn darauf hingewiesen wird, daß trotz dieses liberalen russischen Eherechtes die Geburtenzahl in Rußland nicht zurückgegangen sei, so ist dies eine gänzliche Verkennung einmal des sozialen Aufbaues in Rußland (Überwiegen hochkonservativen Bauerntums), zum andern aber der Triebkräfte, die in Wahrheit das soziale Leben gestalten. Die Ehe hat eben in Rußland trotz der Gesetzgebung ihren sakralen Charakter behalten. Der russische Bauer kümmert sich nicht darum, was wurzelloses Proletariat durch noch wurzellosere Intellektuelle in Gesetzesform anordnet. „Mütterchen" Rußland ist eben noch das Land erdgebundener Mütterlichkeit. Anders der liberale Westen, den auch in Deutschland die Frauenbewegung zum Siege führen will. Die kurzfristige Ehe, auf welche die liberalistische Entwicklung hindrängt, beruht nicht auf der Mütterlichkeit der Frau. Die moderne befreite Frau, die natürlich den Muttertrieb nicht von heute auf morgen austilgen kann, befriedigt ihn ersatzmäßig: der verzärtelte Hund, das abgöttisch geliebte einzige Kind, ziehen die gesamten Mutterkräfte auf sich. Der Aufwand, der für solche Kinder getrieben wird, ist geradezu verbrecherisch. Sie ersticken in Liebkosungen, in Umsorgung, in Geschenken, in Luxus. Diese Frauen haben keine Kinder mehr, die zu tüchtigen Menschen erzogen werden sollen, sondern nur noch affenhaft abgerichtete „Prinzen und Prinzessinen".

War vor hundert Jahren der Inbegriff und das Vorbild der Frau die Königin Luise, strahlend in ihrer Mütterlichkeit, so ist es heute die abenteuerliche, bettenwechselnde, kinderlose Filmdiva mit dem seelenlosen Puppengesicht. Ein Blick in die illustrierten Zeitschriften zeigt die Gesellschaftsideale des individualistischen Zeitalters: den Multimillionär, den Verbrecher, den Boxer und die Filmdiva.

„Der Hauptzweck der Ehe ist die menschenwürdige Erhaltung und Fortpflanzung des Menschengeschlechtes" (Fahsel)*. In zweiter Linie steht, aber schon durch den Hauptzweck bedingt, die freundschaftliche gegen-

*) Die nämliche Ansicht vertrat der Verfasser im Bundesblatt der Kinderreichen, Berlin, Nr. 1, Januar 1929.

seitige Hilfe der Ehegatten im Lebenskampf. Hier ist insbesondere die wirtschaftliche Bedeutung der Ehe, meist verkannt, zu betonen. Gewiß ist die Zeit vorüber, da Ehe und Familie Hauswirtschaft im unmittelbare Werte erzeugenden Sinne bedeuteten. Dies gilt nur noch für den Bauern oder auch manche handwerktreibende und kleingewerbliche Familie. Aber trotz der Arbeitsteilung, welche das wirtschaftliche Schwergewicht außerhalb der Familie verlegte, kann die Familie als Verbrauchergemeinschaft nicht überschätzt werden. Es ist ausgerechnet worden, daß fast drei Viertel des deutschen Volkseinkommens von Frauen ausgegeben werden. Ohne die Sparsamkeit, die wirtschaftliche Erfindungsgabe, den praktischen Nützlichkeitssinn der Frau, würde das vorhandene Volkseinkommen niemals ausreichen, die notwendigen Lebensbedürfnisse zu befriedigen. Diese opfervolle und freudige Leistung der deutschen Frau kann nicht hoch genug eingeschätzt werden. Wenn Frauen, die halbe Männer sind, in ihren Büchern gegen das „dumme Haustier" wettern, so setzen sie ihr eigenes Geschlecht in einer seiner stärksten Leistungen herab. Die Frau verbürgt ein geordnetes Hauswesen, ist die Hüterin des Herdes. Das Heim aber ist die Sehnsucht jeden Mannes, desto größer, je mehr ihn die Welt in Anspruch nimmt. Hinter einem scheinbar wirtschaftlichen Zuge des Mannes schimmert der Drang nach Bodenständigkeit und seelischer Heimat durch. Aber jetzt hat die Auflösung des Haushaltes als Wirtschaftseinheit in den Großstädten begonnen. Besonders in Amerika nimmt das Wohnen ganzer Familien in gasthausähnlichen Unterkünften immer größeren Umfang an. Eine schwächere Form dieses Zerfalls des Haushaltes bedeutet das regelmäßige Essen in Gasthäusern. Die moderne Frau vermag eben in Familie und Heim kein ihr genügendes Reich mehr zu sehen. Sie drängt in die Öffentlichkeit wie die Dirne, die dieser bedarf. Zwar wird in Deutschland der Haushalt als Form und Fassade gewahrt, aber erfolgreich nur dort, wo der Dienstbote ihn zusammenhält. Würde, wie in Amerika, der „Hausangestellte" unerschwinglich teuer oder infolge einer sozialen Umwälzung verschwinden, so würde sich der Haushalt des gutgestellten Bürgertums auch in Deutschland auflösen. Sogar beim Kleinbürgertum gibt es, trotz der Notwendigkeit hausfraulicher Betätigung, Zersetzungserscheinungen. Haben in der Großstadt die Töchter das 17. Lebensjahr überschritten, so benutzen sie die elterliche Wohnung nur noch als Schlafstelle und Kostplatz. Die Abende werden in Lokalen verbracht. Ein beträchtlicher Teil des bescheidenen Einkommens wird dort verbraucht — und zwar unwirtschaftlich verbraucht.

An Stelle der hausfraulichen Mutter erstrebt der Feminismus in seiner bürgerlichen Intellektualität die Kameradin. Als befreiende Erfindung wird dieses Schlagwort gepriesen. Man tut, als hätte es so etwas wie Ehekameradschaft noch nie gegeben. In Wahrheit verdankt die überwiegende Mehrzahl der heute so freiheitsdurstigen Generation ihr Leben der Kameradschaft ihrer Eltern. Denn in der Regel wird aus einer gesunden Ehe erst dann eine Kameradschaft, wenn die gemeinsame Sorge um die Kinder die Ehegatten zum Kampf Schulter an Schulter zusammengeführt hat. Auch das ist eine geistige Kameradschaft, allerdings nicht in jenem lächerlichen intellektuellen Sinne, der die Ehe zu einem Debattierklub oder einem literarischen Kränzchen machen möchte. Das „ungebildete Haustier", die sogenannte hörige Frau, trug in sich die Wahrheit uralter Lebensweisheit und ließ sie in ihrem Wirken Gestalt werden, auch wenn sie keine Kollegheften mit professoraler Weisheit angefüllt hatte. Aber die Stiefkinder der Gesellschaft, die unverstandenen Frauen, bemächtigten sich der Führung der weiblichen Welt. Hätten sie fünf Kinder gehabt, so wären sie garnicht zu Unglücksgefühlen gelangt.

Die Erhaltung und Fortpflanzung des Menschengeschlechtes ist der auf die Zukunft gerichtete Zweck der Ehe. Das Familienhafte und Wirtschaftliche an der Ehe ist wie alles Schöpferische zukunftsträchtig. Ein weiterer Nebenzweck der Ehe ist die Befriedigung des Geschlechtstriebes auf geordnete Weise. Gewiß mag gegen diese Behauptung eingewendet werden, daß die Regelmäßigkeit des Geschlechtslebens zu Stumpfheit, ja zu Ekel führen könne, und daß deshalb ein unerotischer und menschenunwürdiger Zug durch das Wesen der Ehe gehe. Dieser Einwand ist nicht nur sehr ernsthaft zu bewerten, sondern auch Ausgangspunkt mancher Neuerungsbewegung, die an sich einer edlen Erotik entspringt. Hier offenbart sich der ewige Widerspruch zwischen Natur und Kultur. Die Kultur ist Schnittpunkt des Naturhaften und des rein Geistigen. In der Seele vollzieht sich die Vermählung beider. Immer wieder werden Sehnsüchte nach dem Naturzustande wach werden, wird umgekehrt der Drang nach Vergeistigung das Natürliche verleugnen wollen. Die Abstumpfung der Sinnlichkeit in der Ehe kann wertvolle Lebenskraft schwächen. Hier ist auch der Punkt, wo die oben schon vollzogene Auseinandersetzung über die Frage der männlichen Polygynie erneut anknüpfen könnte. Aber andererseits hat eben dieser Zwang der Kultur den Sinn, dem Triebleben des Mannes zuwider, seinen Hang zur geschlechtlichen Abwechslung einzudämmen. Die Ehe setzt so dem Geschlechtstriebe bestimmte Grenzen, hält ihn in den Schranken der Vernunft, ja bringt ihn unter Umständen zur Ruhe, um die „gemeinsame

Hinordnung der Ehegatten" (Fahsel) auf den geistigen Eros zu ermöglichen. Der Zustand sinnlich-erotischer Besessenheit darf eben nur ein solcher der Ausnahme und nicht der Regel sein, weil gerade in seiner Ausnahmeeigenschaft die steigernde Wirkung, und umgekehrt in der sinnlichen Ruhe die Gewähr geistiger Schöpferkraft und Arbeitsfähigkeit liegt.

Die Gegenwart ist dadurch gekennzeichnet, daß — trotz aller beschönigenden Redensarten — Wesen und Gestaltung der Ehe nur noch von der sinnlichen Seite aus betrachtet werden. Die Abstraktion des sinnlichen Eros hat stattgefunden. Ist der rein sinnliche Eros in seiner Abgespaltenheit keine zukunftsträchtige Kraft, sondern nur eine gegenwartverschönende Beigabe, so tritt in seinem Vorherrschen der Zeitgeist des Unschöpferischen und des reinsten Individualismus in Erscheinung. Der geschlechtliche Ekel in der Ehe findet so eine tiefere Erklärung, die in dem Satze Luise Scheffen-Dörings enthalten ist, das reife Menschentum (der Gegenwart) gehe gebückt unter der Last unschöpferischen Geschlechtsverkehrs einher. Die Ehe wird heute nur noch von dem Gesichtspunkte aus betrachtet, wie sie das gegenwärtig lebende weibliche Individuum A. und das männliche Individuum B. sinnlich-geschlechtlich befriedigen könne. Die Antwort auf diese Frage fällt nunmehr leicht: niemals wird dies der Fall sein. Der Mensch müßte, zum Tiere herabsinkend, den geistigen Eros verleugnen können, um zu einem sinnlich vollkommenen Zustande zu gelangen. Alle Erörterungen über Zeitehe, Kameradschaftsehe, und wie die viel gelesenen Bücher gegenwartsanbeterischer Schriftsteller alle betitelt sind, sündigen deshalb wider echten Menschengeist, sind Ausgeburten des wildgewordenen Verstandes. Ihre Vorschläge zur Neureglung der Ehe laufen alle darauf hinaus, dem fessellos gewordenen Geschlechtstrieb ideale Befriedigung zu verschaffen; ein lächerliches Trugbild. Sie sehen nicht ein, daß die Familie nicht mit dem Eheschlusse beginnt, sondern mit der Geburt von Kindern.

Weil aber die Ehe eine Kultureinrichtung ist, so bewegen nur sittliche Gründe den Mann, sich ihrem Zwange zu beugen. Er erkennt die Einehe als endgültige Lösung an, weil sie das Verbundensein der Nachkommen mit den Eltern verbürgt, weil sie seine Sehnsucht nach seelischer Heimat stillt. Während also die Einehe der natürlichen Veranlagung der Frau auf geschlechtlichem Gebiete in hohem Maße gerecht wird, ist sie für den Mann von vorwiegend sittlicher und wirtschaftlicher Bedeutung. Ihr Wert liegt für ihn auf kulturellem Gebiete. Fallen aber diese kulturellen Zwecke der Ehe, der wirtschaftliche und der fortpflanzende, weg, so besteht für den Mann — immer allgemein gesehen — nicht mehr der genügende Anreiz zur Ehe. Mit anderen Worten: will die Frau nicht mehr Leiterin des Haushaltes sein und keine Kinder mehr gebären, dann fragt sich der Mann, warum er heiraten soll. Ein Mann, der einerseits mit keiner behüteten Jungfräulichkeit mehr zu rechnen hat, und andererseits weiß, daß die heiratwünschende Frau keine Kinder will, hat keine Veranlassung mehr, eine Ehe mit ihren schweren eherechtlichen und güterrechtlichen Folgen einzugehen. Im Gasthaus, in der „Familienpension" kann er auch ohne Gattin leben. Es ist für ihn nur eine unnötige Belastung, wenn er durch Eheschluß sich rechtlich verpflichtet, eine weitere Person unter den nämlichen Lebensbedingungen zu erhalten, in denen er vorher selbst gelebt hat. Die sogenannte „Freundin" ist wirtschaftlich viel bequemer, da sie keinerlei güterrechtliche Ansprüche stellen kann. Sie ist aber auch geschlechtlich angenehmer (immer unter der Voraussetzung der Kinderlosigkeit); denn sie bleibt ewig jung, da der Mann in der Lage ist, die jeweilige Freundin durch eine jüngere zu ersetzen, die zudem den Reiz geschlechtlicher Neuheit bietet, also die sogenannte Geschlechtsneugierde befriedigt. Würde der „Frauenerweckung" eine propagandistische Bearbeitung der Männer folgen, so würden sie in Bälde erkennen, daß die kurzfristige, kinderlose Ehe nur eine eheheuchelnde Form darstellt. Diese Erkenntnis wäre von der praktischen Zerstörung der Einehe gefolgt.

Daraus entsteht der Schluß, daß die „Befreiung" der Frau mit all ihren Begleiterscheinungen notwendig die Zahl der Hausfrauen und Mütter vermindern muß. Ein großer Teil der Frauen, die in der Ehe nicht mehr versorgt werden können, wird in das Erwerbsleben oder in das Konkubinat getrieben. Der Reichstag mag dann die Abschaffung der Prostitution wöchentlich einmal durch ein neues Reichsgesetz beschließen. Die ungeschriebenen Gesetze des Lebens kümmern sich nicht um die Hirngespinste lebensfremder Rechtsgelehrter und freiheitsbesessener Doktrinäre. Dazu kommt, daß die Wirtschaft in ihrer Aufnahmefähigkeit begrenzt ist, das Dirnentum also Aussicht hat, Zuwachs zu erhalten.

Die Erfahrungen, die man im Wirtschaftsleben mit der Frau gemacht hat, erlauben heute ein einigermaßen abschließendes Urteil. Geboren und geeignet ist die Frau zu Berufen, die ihren mütterlichen Gefühlen angemessen sind (Sozialtätigkeit im engeren Sinne). Darüber hinaus sind die Frauen den Männern in vielen rein mechanischen Arbeiten überlegen. Die überwiegende Zahl der Frauen betrachtet aber noch heute das Wirtschaftsleben als Übergang zur Heirat. Geistig schöpferische Berufe, in welchen die Frauen in ernsthaften Wettbewerb mit dem Manne treten können, gibt es nur wenige. Meist bleibt, bei allem Fleiße, die Leistung hinter der des Mannes zurück. Man braucht beispielsweise nur das Pensionsalter männlicher und weiblicher Beamten miteinander zu vergleichen. Die großen Erwartungen, die auf seiten der Frauenrechtlerinnen an die Zulassung zum Studium geknüpft wurden, haben sich nicht erfüllt. Einzelne Ärztinnen und noch viel vereinzeltere Rechtsanwältinnen führen ein weniger als durchschnittliches Dasein; von einer großzügigen Eingliederung der Frau in das allgemeine Berufsleben kann kaum gesprochen werden. Die Ehe bleibt also immer noch eine der sichersten Versorgungsmöglichkeiten der Frau. Die allmähliche Ersetzung der Ehe durch das Konkubinat führt aber zu der verhängnisvollen Folge, daß die Frau über 45 Jahre für die Gesellschaft überflüssig wird. Die ältere und alte Frau nahm ihre gesellschaftlich geachtete Stellung auf Grund ihrer wirtschaftlichen Leistung als Hausfrau ein und nicht zuletzt kraft ihres Muttertums. Fallen beide weg, so wird die alternde Frau gesellschaftlich zwecklos. Zu spät erkennen dies viele Frauen, meist tun sie, als ob sie ewig jung blieben. Erst wollen sie keine Kinder, dann können sie keine mehr bekommen. Die gepriesene Befreiung der Frau führt also in der Endentwicklung zum Gegenteile der Befreiung. Wohl kann sie tun und lassen was sie will; ihr Wert wird aber zuletzt nur noch von Angebot und Nachfrage bestimmt. Wenn Schwabach meint, das einzige Machtmittel der Hörigen des alten Typs wäre die jugendliche Schönheit gewesen, so kann dem entgegengehalten werden, daß die „Hörige" des neuen Typs noch viel mehr von diesem Machtmittel abhängig wird. So wie die Freiheit des Denkens durch die kapitalistische Presse von innen heraus unmöglich gemacht wurde, so wird die Befreiung der Frau die neue Form ihrer Versklavung selbst besiegeln. Baute sich in der mohammedanischen Welt die Unfreiheit der Frau auf roher Gewalt des Mannes auf, so strebt die Entwicklung des abendländischen Individualismus dahin, die „befreite" Frau in einen neuen Harem eingehen zu lassen: dieses Mal aber kapitalistischer Art, nicht durch äußere Gewalt gekennzeichnet, sondern durch Kauf der scheinbar freien Frau.

Dem abendländischen Zerfall der Einehe kann nur von innen heraus entgegengewirkt werden. So wenig das gesellschaftliche und staatliche Leben durch Flickarbeit aus dem Wirrsal befreit werden kann, so wenig helfen auf dem Gebiete des Geschlechtslebens Rechtsmaßnahmen. Auch Ehereformer, die liberalisierenden, um nicht zu sagen freigeistigen Neigungen huldigen, streben nach einer neuen Heiligung der Ehe. „Eine wahre Ehe kann wohl geschieden, nicht aber gelöst werden. Wer eine wahre Ehe führt, hat den Fahneneid geschworen: er ist ein Sakrament eingegangen. — Darum die Ehe als eine für die Dauer bestimmte Verbindung zweier freier Menschen zur Gemeinschaft durch die diesen Menschen innewohnenden ethischen Gesetze ihre neue Bedeutung als Sakrament erhalten wird, ganz unabhängig davon, ob sie äußerlich in den Formen der kirchlichen, staatlichen oder freien Ehe eingegangen wird, unabhängig aber auch davon, ob die Eheschließenden im dogmatischen Sinne religiös empfinden oder nicht" (Schwabach). Eine hohe Sittlichkeit spricht aus dieser neuen sakramentalen Auffassung der Ehe. Ist sie aber nicht allzu protestantisch gedacht? Gibt es überhaupt im Diesseits jene Freiheit, welche jede Ehe zur freien Gemeinschaft zweier Seelen, auf Ewigkeit zielend, werden läßt? Noch weiter in der erotischen Zielsetzung geht Berdjajew, wenn er sagt: „Die Familie ist ein Wohlfahrtsinstitut, eine biologische und soziologische Organisation, daher aber auch aus Notwendigkeit und nicht aus Freiheit entstanden. Sie rechtfertigt das sündhaft gefallene Geschlechtsleben, aus dem sie entstanden ist. Jeder Aufstieg im Geschlecht überwindet sie und macht sie überflüssig."

Dieser Auffassung ist entgegenzuhalten, daß jede Religiosität ihre gesetzesreligiöse und ihre protestantische Seite hat: erstere bedingt durch die gesellschaftliche Form des Lebens, durch die Notwendigkeit der Führung, der fast alle Menschen unterliegen. „Das sündhaft gefallene Geschlechtsleben" ist eine in der menschlichen Unvollkommenheit wurzelnde ewige Tatsache, überwindbar nur durch die sakrale Weihe der Eheeinrichtung, nicht durch letzte Freiheit im Geschlechtlichen. Hier wird wieder einmal der Weg dem Ziele gleichgesetzt. Bei völliger innerer Übereinstimmung im ewigen Ziel müssen deshalb die Ansichten dieses Buches grundsätzlich abweichen von denen liberalistischer Ehereformer, sobald die reale Welt der Gesellschaft betreten, die Frage nach der Rechtsreform angeschnitten wird. Gewiß gibt es im deutschen Strafrechte einige das Geschlechtsleben und das Eherecht regelnde Bestimmungen, die unvollkommen sind. Wenn sie den tatsächlichen Zuständen, wie sie in der Gesellschaft herrschen, nicht gerecht werden oder ihnen ohnmächtig gegenüber stehen, so muß das Bestreben obwalten, mögliche Übereinstimmung zu erzielen. Denn Gesetze, welche der Gültigkeit entbehren, verfallen dem Fluche der Lächerlichkeit. So ist es richtig, daß das Verbot der Homosexualität zu Härten führen kann, daß der Abtreibungsparagraph die sozial schwächeren Kreise schärfer ergreift als die gehobenen Schichten. Aber deshalb wird der Sinn jener Verbote doch nicht schlechthin unvernünftig, wie die sexuelle Befreiungsliteratur es wahr haben will. Wenn das Leben der Gesellschaft Gesetze mißachtet, so folgt daraus nicht immer ihre Untauglichkeit. Vielleicht fehlt es vielmehr neben verbietenden Gesetzen an solchen, welche positiv erzieherisch die sakramentale Würde der Ehe schützen. Erfreulicherweise besteht zwischen den Revolutionären des Geschlechtslebens und uns darüber Übereinstimmung, daß der Wille zur Mutterschaft, der Schutz der Mütterlichkeit und „das Recht auf das Heim" Mittelpunkt aller gesetzgeberischen Maßnahmen werden müssen. Wo verlogene und falsche Gesetze diesem Streben entgegenstehen, mögen sie rücksichtslos beseitigt werden. Es gibt jedoch eine Grenze: jenes oben gewonnene zeitlose sexual-ethische Gesetz, das von der Natur und der makrokosmischen Welt gewollt ist. Alle Befreiungsbestrebungen, die hiergegen anlaufen, führen nicht zu einer neuen Heiligung der Ehe, sondern zu ihrer endgültigen Entheiligung: zum Zerfall der Familie.

Nach diesen grundsätzlichen Darlegungen erübrigt es sich, auf Vorschläge wie Zeitehe und Kameradschaftsehe einzugehen. Möge das Geschrei ob der sexuellen Not der Jugend noch so laut tönen. Soweit nicht der vernünftige Ausweg der Wiederermöglichung der Jugendehe beschritten werden kann, werden alle Versuche, dem jugendlichen Menschen ein gesetzlich bewilligtes „Ausleben" zu ermöglichen, an der höheren Sittlichkeit des Menschen, der nach vollkommener Erotik und nicht nur nach sinnlicher verlangt, scheitern. Die Ehe darf eben nicht der Willkür des Einzelnen ausgeliefert, nicht zum reinen Privatvertrage werden, weil höhere Einheiten nicht vom Einzelnen zerstört werden dürfen. Es liegt sonst nichts vor als „Kapitulation". „Man tritt im Grunde nur für die Rechte des halben und zwar unteren Einzelmenschen ein, Platon würde sagen, für die Sinnes- und Mutseele, die im Unterleib und in der Brust wohnen" (Fahsel). Alle befreienden Gesetzesreformen, wie sie bedauerlicherweise von feministischer Seite am lebhaftesten vertreten werden, führen zur pflichtlosen, zur onanistischen Ehe.

Man kann nicht die Frau befreien, sie zur Polyandrie hinführen, und gleichzeitig die sakramentale Erneuerung der Ehe wollen. Hier liegt der Denkfehler, der alle Befreiungsbewegungen, die nicht gleichzeitig das Gegengewicht einer neuen Bindung einbauten, zum Scheitern brachte. Die sittliche Freiheit kann eben nicht ins Gesellschaftliche abgewandelt werden. Das heißt Gott zum Götzen machen. Nur Bestrebungen, welche eine neue Form der Bindung der Frau suchen, können die Frau, den Eros und damit die Familie retten. Die Ehe der römischen Republik wies patriarchalische Formen auf, die des cäsarischen Imperiums individualistische. Keine Maßnahme vermochte deshalb den Zusammenbruch der römischen Gesellschaft hintanzuhalten. Erst das Christentum führte zur Wiederherstellung der Einehe. Es wird nun behauptet, die moderne Befreiung der Frau bedeute die Überwindung des patriarchalischen Systems, während die Zerfallsepochen früherer Kulturen lediglich die Lockerung jenes Systems aufgewiesen hätten. Dann ist aber merkwürdig, daß die Zerfallserscheinungen, die geistig-sittliche Zuständlichkeit der Jetztzeit, genau dieselben sind wie bei der spätrömischen Auflösung.

Das Denken in religiösen Vorstellungen bedingt eben die folgerichtige Betrachtung des Gesellschaftslebens. Noch nie hat eine religiöse Epoche die Bindungen der Gesellschaft beseitigt, vielmehr nur bestätigt und verschärft. Ist also der Glaube dieses Buches an ein neues Mittelalter berechtigt, so werden auch neue Bindungen — und nicht nur seelischer, sondern auch gesellschaftlicher Art — Platz greifen. In Griechenland mußte der Mann bei Untreue der Frau sich scheiden lassen. Derselbe Zwang bestand im jüdischen Eherecht. Dabei hatte in der patriarchalischen Ehe die Frau als Familienmutter eine außerordentlich geachtete Stellung inne und genoß höchste Verehrung. Noch der Code civil, der bis zum Jahre 1900 in großen Teilen des Deutschen Reiches Geltung hatte, machte einen Unterschied zwischen männlichem und weiblichem Ehebruche, insofern, als ersterer nicht unter allen Umständen als Scheidungsgrund galt. Das Recht des Bürgerlichen Gesetzbuches ist individualistischer. Seine heutigen Bestimmungen sind nicht darum abzulehnen, weil sie dem männlichen Ehebruche, dessen familien- und volkzerstörende Wirkung weniger schwer ist als die des Ehebruchs der Frau, den Ehebruch der Frau gleichstellen. Diese scheinbar befriedigende Gleichstellung ist eine Frucht des verstandesbeherrschten Individualismus. Das tatsächliche Leben aber erweist wie immer das Trugbild. Nicht in der Vermeidung der „doppelten Moral" liegt das Gefährliche des individualistischen Eherechtes, sondern in seiner psychologischen Wirkung. Denn unter einem solchen Gesetze verleiht der Fehltritt des Mannes der Frau ein rechtliches Übergewicht. Vielfach folgert die Frau aus ihm, wenn sie sich nicht scheiden läßt, gleichfalls das Recht zum Fehltritt. Damit bricht die Familie, deren Wahrerin die Frau ist, zusammen.

Die unschuldig geschiedene Frau muß vom Manne weiter unterhalten werden. Diese Maßnahme entspricht völlig der hier vertretenen Auffassung von der sakramentalen Würde der Ehe. Wie aber, wenn die Frau nur auf eine Scheidungsgelegenheit wartet, um dann, geschieden, niemals mehr an die Eingehung einer neuen Ehe zu denken, sondern vielmehr die gewonnene finanzielle und persönliche Freiheit dazu benutzt, das Dasein einer gehobenen Dirne zu führen? Ist dies Feminismus oder nicht!? So ist denn auch das Gegenwartsstreben nach einer Reform des Eherechtes und des ehelichen Güterrechtes individualistisch bis in den Kern. Wie sinnlos schon die Rechtsprechung aus dem jetzigen Eherechte wirken kann, möge folgendes Beispiel erhärten: Bekanntlich ist der Ehebruch einer der gesetzlich festgelegten Scheidungsgründe. § 1565 des Bürgerlichen Gesetzbuches Absatz 2 besagt: „Das Recht des Ehegatten auf Scheidung ist ausgeschlossen, wenn er dem Ehebruche — zustimmt oder sich der Teilnahme schuldig macht." Die Motive des Bürgerlichen Gesetzbuches sagen darüber: „Der Zweck der Darstellung des Absatzes 2 des § 1565 ist überzeugend und einleuchtend: wer einer gemäß diesem Paragraph unzüchtigen Tat des anderen Gatten seine Zustimmung erteilt, gibt damit zu erkennen, daß er diese Handlung sich zu eigen macht, daß die Begehung der Handlung seine eheliche Gesinnung nicht „affiziert" und ihm die Ehe nicht unerträglich macht." Diese Zustimmung kann nun für einen bestimmten Einzelfall erfolgen, sie kann aber auch allgemein erteilt werden. Auch haben Wissenschaft und Rechtsprechung eine Widerruflichkeit dieser Zustimmung anerkannt. (Entscheidung des Reichsgerichts in der juristischen Wochenschrift 1908, S. 336). Das ist die Vergottung des Einzelmenschen in der Rechtswissenschaft. Zuerst verweigert der Gesetzgeber im Falle der Zustimmung die Scheidung, weil ja ein zustimmender Gatte in seiner ehelichen Gesinnung unmöglich „affiziert" sein könne, und dann, wenn dieser Gatte seine Einwilligung zurückzieht, dann traut man ihm plötzlich wieder soviel Anstand zu, daß man meint, er könne von dieser Minute an, trotz allem wieder „affiziert" werden. Und dieses Recht wurde geschaffen in einem Staate, dessen sittliche Grundlage das Christentum sein soll!

Die Rückkehr zu den alten „Hörigkeitsformen" der Frau ist unmöglich. So undenkbar, daß ein dahin zielendes Streben, genau wie auf allen anderen Gebieten, vom Verfasser als falsche Romantik abgelehnt würde. Aber wie das neue Mittelalter nach neuen Bindungen verlangt, so auch die Stellung der Frau. Um dem Joche ödester Geldherrschaft zu entrinnen, bleibt ihr nur dieser eine Weg. Entweder kapitalistischer Harem oder freiwillige Bindung an neue Formen jener erotischen Gesetzmäßigkeit, die als zeitlos herausgestellt wurde. Die Verwirklichung wird wohl nur auf folgender Ebene möglich sein: Die bisherige Betrachtungsweise, Ehe- und Sexualleben nur vom Standpunkte der beiden Geschlechter aus zu beleuchten und ordnen zu wollen, hat sich als unfruchtbar erwiesen. Mit individualistischen Mitteln kann die Familiendämmerung nicht hintangehalten, höchstens beschleunigt oder gewaltsam verzögert werden. Nur ein Denken, welches in den Mittelpunkt die kosmische Gebundenheit, die erotische Ganzheit — und als deren irdische Verkörperung die Familie — stellt, kann über den toten Punkt hinweghelfen. Solange die Familie nicht selber Träger von Rechten wird, solange nur Mann und Frau als Rechtssubjekte erscheinen, ist an eine Wiedergeburt der deutschen Familie nicht zu denken. Wenn wirklich so etwas wie Gleichberechtigung der Geschlechter in der Ehe erzielt werden soll, dann nicht auf dem Wege der Gütertrennung, sondern dem der Schaffung eines Familienvermögens. Für beide Eheteile gleich unangreifbar. Damit würde auch die zukunftweisende Aufgabe der Familie wieder betont, die Verantwortung des Eheschlusses zwar erhöht, die Nachkommenschaft aber wieder in den Kernpunkt des Ehelebens gerückt werden.

Diese allgemeine Richtung der Eherechtsreform ist mit allen individualrechtlichen Forderungen unvereinbar. Gewiß wird das Sexualleben ewig unvollkommen bleiben und selten zur Dauerbefriedigung führen. Verfeinerte und empfindsame Menschen werden darunter leiden — oder eigene Wege gehen. Die Jugend, insbesondere die weibliche, wird verstandes- und gefühlsmäßig einsehen müssen, daß zum Geschlechtsbetrieb immer die Forderung einer gewissen Enthaltsamkeit gehört, weil in der Tatsache des Wünschens und der Befriedigung eine Polarität des menschlichen Gefühlslebens sich ausdrückt, die nicht ungestraft verleugnet werden darf. Restlose geschlechtliche Befriedigung ist Widerspruch in sich selbst oder schamlose Abstumpfung. Dies gilt für das Geschlechtsleben allgemein, gilt aber insbesondere für eine Kultureinrichtung, wie es die Ehe ist. In der Sexualfrage gibt es deshalb kein Wort, welches so vollkommen dem Geiste dieses ganzen Buches entspricht, als der Satz Fahsels: „Die Ehe ist kein Paradies. Das Paradies ist überall verloren, auch hier." Wer also für diese Welt der Härte und Entbehrung, der Sehnsucht und der Erfüllung, des Aufstieges und des Sturzes, der Freiheit und der Notwendigkeit, Vollkommenheit will, verneint die Tragik, die wie überall, auch im Geschlechtlichen besteht. Sinn der neuen Zeit, Streben des neuen Geschlechtes ist aber die Bejahung der notwendigkeitverhafteten Tragik. Wenden wir also unsere Blicke hinweg von der unverstandenen Frau, vom kinderlosen Ehepaar, von den durch Geschlechtsreife gequälten Jugendlichen, von der sinnengierigen Hetäre, von den Ausnahmemännern, die ewig im Weiblichen Erfüllung suchen. Nie darf die Ausnahme das Gesetz der Regel bestimmen. Alle leben wir in der Gesellschaft, leben alle von der Gemeinschaft, sind ihr verpflichtet und dürfen nur an sie denken.

Die Gemeinschaft aber, in welcher der Deutsche sich erfüllt, ist das Volk. Wer den Begriff des Volkstums im Geiste dieses Buches versteht, für den ist jeder neugeborene Deutsche ein Teil jenes besonderen Strebens nach Gott, welches in die Volkheit als solche gelegt ist. Es heißt also das göttliche Wesen in sich leugnen, wenn der Wille zur Fortpflanzung des eigenen Volkstums, der eigenen Rasse unterdrückt wird. Besondere Formen erotischer Hingabe an Gott, wie sie im Keuschheitsgelübde Auserwählter zum Ausdrucke gelangen, haben hier, wo es auf soziale Gesetzmäßigkeit ankommt, außer acht zu bleiben. Damit wird nicht jener geistlosen Ruhmredigkeit nachgeeifert, die in jedem Kinde nur den zukünftigen Soldaten sehen wollte. Gewiß verrät es militärischen Materialismus (Militarismus), jede neue Geburt als Zuwachs der Heeresmacht zu feiern. Nur so konnte der verlogene Satz entstehen, die Frau sei in Deutschland eine Gebärmaschine geworden, die Kanonenfutter zu liefern habe. Menschheitsbeglücker, denen der tiefe Sinn aller Zeugung und der vollkommenen Erotik abhanden gekommen ist, begeistern sich heute noch an diesem propagandistischen Spruche. Soldat im völkisch-geistigen Sinne ist aber jeder Deutsche, im Menschheitssinne jeder Mensch. Jedes neue Leben, in den Dienst der Idee gestellt, bedeutet deshalb beglückende Pflicht und natürliche Gnade. In dem Streit um Vervollkommnung der Menschheit spielt aber die Geburtenkraft der Völker ihre entscheidende Rolle. Und die Völker stehen eben sittlich höher, die ihre Volkskraft als göttliches Geschenk pflegen und nicht aus Gründen der Schwäche und Bequemlichkeit verkümmern lassen. Wenn deshalb Mussolini gesagt hat, Italien sei ein kinderreiches Land, es wolle kinderreich bleiben und es verlange Raum für diese Kinder, so ändern alle Witzeleien nichts an der Tatsache, daß mit diesen Worten ein Sittengesetz der Völkergeschichte seine Prägung erhielt, dem keine höhere Sittlichkeit entgegengehalten werden kann.

Gemeinschaft und Ehre

Wie alles Sittliche, so gedeiht die Ehre nur auf dem Boden des Gemeinschaftslebens. Wenn die Würde des Menschen darin besteht, durch Überwindung des niederen Trieblebens zu wahrer Freiheit zu streben, den Geist über den ungeformten Stoff herrschen zu lassen, sich unablässig zu Gott hin zu entwickeln, so bedarf es eines Reglers, der immer darüber wacht, daß dieses Streben nicht abreißt. Dies ist das Gewissen, das man ebensogut die ewige Stimme Gottes nennen kann. Das Gewissen entscheidet von Fall zu Fall über Pflichtverletzungen oder bewahrt davor. Sind die Pflichten fest umrissen und haben sie im Laufe der Zeit eine gewisse Normung erfahren, so wird die Pflichtverletzung nicht allein als gewissenlos, sondern auch als ehrlos empfunden. Dem wachenden Gewissen tritt das Ehrgefühl zur Seite.

So ist Pflicht des Menschen für die „Ehre Gottes" einzutreten. In diesem Ausdrucke liegt die höchste Symbolik der Ehre umschlossen. Es ist gleichsam Gottes Ebenbildlichkeit, die vom Ehrgefühl umhegt und bewacht wird. Daneben aber erstreckt sich die Ehre auf jeden festumrissenen Pflichtenkreis. Jede Verantwortung, die regelmäßig und gleichbleibend von einem ähnlich gearteten Kreise von Menschen übernommen wird, ist durch den Ehrbegriff vor Vernachlässigung geschützt. Der gesetzes-religiösen Seite der Religiosität entspricht das Ehrgefühl, der protestantischen das Gewissen. Die Gesellschaft züchtet so Menschen, denen die Erfüllung gewisser Pflichten so selbstverständlich wird, daß sie unbedenklich ihr Leben daransetzen. Die Nichterfüllung, der Sieg der Selbstsucht, wäre gleichbedeutend mit dem Verlust der Ehre. Wenn Menschen in tragischer Verknüpfung oder in einer Stunde der Schwäche einer Pflichtverletzung schuldig werden, so wirkt das überkommene Ehrgefühl richtenderweise häufig so stark, daß sie sich selbst das Lebensrecht absprechen. Ehre ist mehr als Leben, göttliches Streben mehr als tierisches Sein. Der Umstand des festumrissenen Pflichtenkreises ermöglicht andererseits der Gemeinschaft die Überwachung der Ehre des ihr Zugehörigen. Im Widerstreite des Gewissens vermag nur der Einzelne zu entscheiden; die Ehrlosigkeit einer Handlung stellt die ganze Gesellschaft fest.

Ein scharf geprägter Ehrbegriff ist die notwendige Begleiterscheinung aller Zeitalter, die das Leben nicht als der Güter höchstes betrachten. Wo aber das Leben höchster Wert wird, gerät das Ehrgefühl ins Schwinden. Individualistische Zeitalter müssen notwendig in der Verneinung jedes hochgespannten Ehrgefühles enden. Persönlichkeit, feste Gemeinschaftsbindung und hochentwickelter Ehrenschutz gehören ebenso zusammen wie Massenmensch, Auflösung der Gemeinschaft und verwässerter Ehrbegriff. Der Individualismus setzt an Stelle des Ehrgefühls die Erfolgsfreude. Nicht das Gefühl ehrenvoll gehandelt zu haben, erfüllt mit Stolz, sondern das Bewußtsein, mit allen Mitteln seinen Zweck erreicht zu haben.

Nur eine gestufte, gegliederte Gesellschaft prägt scharfe Ehrbegriffe aus. Gleichartige Pflichten und gleichartige Leistungen bilden die Grundlage, auf der sie allein wachsen können. Die Geburtsstände des Mittelalters, die Berufsstände zu Beginn der Neuzeit kannten noch einen solchen Ehrbegriff. Die adelige Ehre, die Offiziersehre, die akademische Ehre, die Handwerkerehre, die Kaufmannsehre bewahrten ihr Eigenleben bis in dieses Jahrhundert. Auch die Arbeiterschaft entwickelt ihren eigenen Ehrbegriff. Der streikende Arbeiter empfindet als Verletzung der Arbeiterehre, wenn sein Kamerad ihm durch Streikbruch in den Rücken fällt. Die Idee des Sozialismus erscheint ihm ebenso als verraten wie die Kameradschaft. Es liegt also eine Abart des soldatischen Ehrbegriffes vor. Nebst Fahnenflucht (Verrat der Idee) gibt es für den Soldaten nichts Ehrloseres als Unkameradschaftlichkeit.

Da die Leistungen der Einzelnen für die Gesamtheit auf Grund verschiedenartiger Begabung und Entwicklung verschiedene Formen annehmen, ist es natürlich, daß jede Form ihren eigenen Ehrenschutz schafft und auf ihre Weise die Leistungsverweigerung und die Pflichtverletzung ahndet. Die Auflösung der Gesellschaft in eine formlose Masse mußte auch den Ehrbegriff zerfallen lassen. Pflicht entspringt nur dem Gemeinschaftsleben; da aber der Individualismus Gemeinschaft als höchsten Wert leugnet, so vernichtet er damit auch den Ehrenschutz, die notwendige Begleiterscheinung aller Pflichtgemeinsamkeit. Jedes Sittengesetz entwickelt seine eigenen Schutzmaßnahmen. Die Ehre ist also nicht — wie immer gesagt wird — nur Ausfluß eines überlebten heldischen Gedankens, sondern jeder gesellschaftlich wirkenden Ethik schlechthin. Mit dem Zerfall der Sittlichkeit wird aber, wie das Heldenhafte, so auch das Eintreten für die Ehre verneint oder lächerlich gemacht. Ein Ehrengericht nach dem anderen fällt individualistischen Bestrebungen zum Opfer oder wird in seiner Wirksamkeit beschränkt. Die Auflösung geht soweit, daß die Formen des Ehrenschutzes für Akademiker und Offiziere unter gesetzliche Strafe gestellt werden, allerdings nicht ohne einen gewissen Mißbrauch des Gesetzes. Die innere Einstellung zum Zweikampf als solchem hat hier außer acht zu bleiben. Wohl hundertmal wurde nachgewiesen, daß die Offiziersehrengerichtsbarkeit den Zweikampf einschränke, und daß der moderne Sport viel mehr Körperverletzungen mit sich bringe als je das Mensurwesen. Aber unter dem Mantel der Humanität richtet sich der Kampf um die Ehrengerichtsbarkeit gegen die Bindung, die gewisse Stände und Kreise durch strenge Pflicht- und Ehrenauffassung sich selbst auferlegt haben. Das Ziel ist also Unterdrückung jeder heroischen Einstellung. Es ist ein Verhängnis, daß diese auflösende Bestrebung ungewollt vom katholischen Dogma unterstützt wird, obwohl doch gerade der Katholizismus des Mittelalters für heroische Auffassung viel Verständnis zeigte. Der Kreuzritter trat für seine Ehre jederzeit mit dem Schwerte ein. Hier wird wieder einmal offenbar, daß auch die Welt des Katholizismus der individualistischen Welle, trotz grundsätzlicher Gegnerschaft, den Einbruch in die eigenen Reihen, ja in das eigene Denken, nicht verbieten konnte. Wohl wird die Verneinung des Zweikampfes folgerichtig aus dem christlichen Dogma abgeleitet. Aber ob die dadurch bedingte Haltung am Ende nicht den Todfeind des Katholizismus, den hemmungslosen Individualismus stärkt, bedürfte doch eingehender Überlegung. Nicht ohne Reiz ist andererseits die Feststellung, daß der Liberalismus hier seinen eigenen Grundsatz der Duldung anderer Weltanschauungen auf das schwerste verletzt und „Andersgläubigen" das Recht bestreitet, nach ihrer Überzeugung für ihre Ehre einzutreten.

Gewiß richtet sich der Kampf gegen den Ehrenschutz in erster Linie gegen die Stände, welche einen „bevorzugten" Ehrbegriff für sich in Anspruch nehmen. Der Gleichheitstaumel wütet wieder einmal gegen die Ungleichheit. Ein solcher Kampf wäre berechtigt, wenn die Ehrenauffassung höherer Stände veräußerlicht wäre oder aus ihr das Recht abgeleitet würde, sich besser als andere Menschen zu dünken. Aber Ehrgefühl und Dünkel sind Feinde. Das echte Ehrgefühl verdankt seine Entstehung erhöhter Verantwortlichkeit, selbstgewählter Pflicht und gesteigerter Leistung.

Die förmliche Beleidigungssucht, die heute in der Öffentlichkeit tobt, den politischen Kampf vergiftend, hat zu einer Art gerichtlicher Ehrenrettung geführt, die nur noch als Posse angesehen werden kann. Denn auch der Individualismus hält einen dürftigen Ehrbegriff aufrecht. Wohl verneint er den gesellschaftlichen Ehrenschutz im ganzen und großen. Auch hier soll die staatliche Allgewalt über die Ehre des Massenmenschen wachen und im Strafrecht ihre allheilende Wirkung ausüben. So hat denn auch der Ehrenschutz des Strafrechts eine allen Menschen gleichmäßig innewohnende Ehre zur Voraussetzung. Vor Gott ist dies richtig, vor der Obrigkeit falsch. Der hinlänglich bekannte Trugschluß von der Gleichheit aller Menschen beweist hier seine werttötende Wirkung. So ist denn auch die Auslegung der Ehre im strafrechtlichen Sinne Anlaß zu mehr oder minder erheiternden Betrachtungen geworden. Einem Menschen, der gemordet, der vergewaltigt, der betrogen, der gebrandschatzt, der gestohlen, der erpreßt und münzgefälscht hat, dürfen alle diese Vergehen vorgehalten werden. Wer ihn aber einen Schuft nennt, wird wegen Ehrenbeleidigung bestraft. Auch die Aberkennung der bürgerlichen Ehrenrechte hindert kluge Juristen nicht daran, dem Betroffenen den Ehrenschutz des Strafrechts in gleichem Maße zuzubilligen wie einem hochsittlichen Menschen, der sein ganzes Leben für eine Sache, für sein Volk, für eine Idee eingesetzt hat. So ist denn auch das deutsche Ehrenbeleidigungsverfahren lediglich zu einem Mittel geworden, mißliebige Politiker unmöglich zu machen oder gerichtliche Verfahren, die längst abgeschlossen sind, auf dem Umwege des Wahrheitsbeweises wieder aufzunehmen. Klare Verurteilungen erfolgen nur noch, wenn eine sogenannte Formalbeleidigung gegeben ist. Diese liegt vor, wenn die Derbheit des beleidigenden Ausdruckes schon den Anstand der Umgangssprache verletzt, unter gesitteten Menschen also nicht üblich ist. Diese rohe Form des Ehrenschutzes richtet sich also nur gegen Menschen, die ihren Mangel an Gesittung durch die Art ihrer Angriffe selbst beweisen. Der Richter wird so zum Anstandslehrer, der durch kleine Geldstrafen zu guten Umgangsformen erziehen soll. Die „Wiederherstellung" der Ehre vermag der heutige rechtliche Ehrenschutz kaum zu übernehmen. Denn ernsthaften Ehrenschutzes bedarf der Mensch erst dort, wo ihm die Vernachlässigung eines Pflichtenkreises nachgesagt wird. In solchen Fällen aber kommt der Richter mit allgemein menschlichen Ehrbegriffen nicht aus. Er muß die soziale Stellung und das persönliche Empfinden des Gekränkten berücksichtigen. Dies gelingt jedoch nur mangelhaft, da es fest umzirkte Kreise mit abgegrenzten Pflichten und scharf bestimmten Ehrbegriffen nicht mehr gibt. Zudem gilt die Regel, daß mit der Erweiterung des Kreises, für den bestimmte Maßstäbe gelten sollen, diese an Zuverlässigkeit einbüßen. Das allgemeine Empfinden für Ehre kann in der Gesellschaft nur dadurch gesteigert werden, daß die Ehrbegriffe mit der Höhe der sozialen Stellung an Feinheit gewinnen. Niemals darf der Maßstab der untersten Schicht — dies ist die unbewußte Folge des strafrechtlichen Ehrenschutzes — allgemein gültig werden. Umgekehrt soll der feinentwickelte Ehrbegriff höherer Schichten die unteren zur Nacheiferung anreizen.

Ein weiterer Mangel haftet dem Ehrenschutze des Strafrechts an: die Ehre, die zu einem rein persönlichen Gute geworden ist, findet nur dort ihren Schutz, wo der Beleidigte das Gericht anruft. Die Gesellschaft als solche ist rechtlich nicht in der Lage, zum Schutze der Gemeinschaftsehre sich eines Unwürdigen zu entledigen. Ganz wenige Berufe haben diese Rechte gewahrt und üben sie mangelhaft aus. Wie überall, wo der Staat allgewaltig regelnd eingreift, ist seine Wirksamkeit nur verhütend. Positiver Ehrenschutz — und das sollte jeder Ehrenschutz in erster Linie sein — ist nur in der Gesellschaft möglich. Wo es aber keine Gesellschaft mehr gibt, hört alles Leben auf, sogar das Gefühl für Ehre, das über dem Leben steht und dafür sorgen soll, daß seine Würde gewahrt bleibe.

Erhält die Persönlichkeit ihre sichere Würde erst durch die sorgfältig geschützte Ehre, so auch die Volkspersönlichkeit durch die Volksehre. Sie wiederum verleiht die einzige Ehre, die jedem deutschen Menschen gleicherweise eignet: die deutsche Ehre. Die Zugehörigkeit zum deutschen Volke verpflichtet den einzelnen Deutschen, den Schild des Volkes reinzuhalten, keine die Volksehre schändende Haltung zu begehen. Die Geltung dieser Ehre liegt gewissermaßen auf außenpolitischem Gebiete; denn nur dem Nichtdeutschen gegenüber erscheint der Deutsche als einheitlicher Begriff, ganz gleich, welchem Stande, welcher Schicht und welchem Bekenntnisse er angehört. Die Ehre der Völker ist das Sittengesetz, das über der Geschichte und der Politik waltet (Kriegsschuldfrage). Es ist nicht richtig, daß in dieser Welt der Technik und der Wirtschaft einfach kein Platz mehr für das Heldenhafte und seine veralteten Ehrbegriffe wäre. Der Begriff des Heldischen gehört ebenso wie der der Ehre zur naturgegebenen und ewigen Ausrüstung des Menschen. Der antike König, der an der Spitze einer todgeweihten Schar die Ehre seines Volkes rettete, kann niemals dem Verräter Ephialtes gleichgewertet werden. Würde dies geschehen, so wäre das Ende aller Gesittung gekommen, der Sinn des Lebens verloren. Der Mensch ist das einzige Wesen, welches wollen kann. Diese Gabe verpflichtet zur Selbstüberwindung, über welche die Ehre wacht.

Mit äußerer Macht fällt die Ehre eines Volkes nicht zusammen. Allzu starke Betonung der Macht im Sinne von Gewalt kann sogar zu Ehrverletzungen verlocken. Machtlosigkeit eines Volkes dagegen verpflichtet zu verdoppelter Wachsamkeit über seine Ehre. So wird die Ehre selbst zur Macht, nicht nur im politischen Sinne, sondern als metaphysische Wirklichkeit, welche die Geschichte gestaltet.

Die rechtsphilosophischen Grundlagen von Liberalismus und Demokratie

Vor dem Übergange von der Gesellschaftsbetrachtung zur Schilderung des politischen Lebens der Gegenwart erscheint es geboten, einen kurzen Blick auf die rechtsphilosophischen Grundlagen zu werfen, auf welchen der Individualismus den heutigen Staat aufgebaut hat.

Das wesentlichste Ergebnis der staatsphilosophischen Untersuchung liegt schon vor: daß der heutige Staat des gesellschaftlichen Unterbaues entbehrt. Die Zerschlagung der Gesellschaft und die Staatsanmaßung sind das eigentliche Kennzeichen der Staatskrise, und alle Erneuerung hat deshalb mit dem Aufbaue der Gesellschaft und dem Abbaue des Staates zu beginnen. Diese Erkenntnis muß der rechtsphilosophischen Abhandlung vorangestellt werden, weil sie allein die Möglichkeit gewährt, Liberalismus und Demokratie in ungetrübtem Lichte zu sehen. Solange Liberalismus und Demokratismus, ohne den großen Zusammenhang mit dem Gesellschaftswissenschaftlichen, nur vom heutigen Staate aus beurteilt werden, so lange muß jedes Urteil unzulänglich bleiben.

Es wird nun behauptet, es gäbe sowohl einen nichtindividualistischen Liberalismus als auch eine organische Demokratie. Zum Beweise für letztere Ansicht wird immer wieder auf die Schweiz verwiesen und gleichzeitig betont, dieses urdeutsche Staatsgebilde widerlege den Satz, die Demokratie sei etwas Westlerisches und Undeutsches. Dieser Einwand ist nicht stichhaltig; er zeugt vielmehr für den Geist dieses Buches, welches Volk gegen Masse, Persönlichkeit gegen Gleichheit ankämpfen läßt. Echte Demokratie, d. h. die Herrschaft der nur metaphysisch zu begreifenden volonté générale ist das höchste staatliche Ideal; es kann aus dem organischen Weltbilde nicht hinweggedacht werden. In diesem Sinne ist Demokratie vollendeter Konservativismus. Wenn die Volksherrschaft allerdings als mechanisches Mehrheitssystem aufgefaßt wird, dann beginnt eine Auslegung der Demokratie, welcher dieses Werk Kampf bis aufs Messer angesagt hat. Die Demokratie der Schweiz beruht eben auf ihrer Kleinräumigkeit und damit dem Heimatserlebnis, andererseits auf der Bodenständigkeit und Lebendigkeit der Gesellschaft. Es muß wiederholt werden, daß Demokratie ohne gesellschaftliches Eigenleben eine Unmöglichkeit ist.

Nun soll es aber auch einen nichtindividualistischen Liberalismus geben. Dieser Ansicht ist L. von Wiese*), daneben werden auch Vertreter der organischen Gesellschafts- und Staatsauffassung als Kronzeugen angerufen. So meinte Lagarde**), liberal sei nicht etwa gleichbedeutend mit Freiheitsfreund. Er wirft dem Liberalismus vor, er leugne die Natur und die Geschichte, erschöpfe sich in Bildungsaberglauben. Er „mordet, wenn auch ohne es zu beabsichtigen, die Gewissen und Fähigkeiten, das Leben als Ganzes zu fassen, und tötet dadurch die Persönlichkeit". Lagarde bekennt sich gleichzeitig zum echten deutschen Individualismus. Die hier sich offenbarende Übereinstimmung zwischen Lagarde und dem Verfasser hindert nicht, auf Verschiedenheiten der Begriffsbestimmung hinzuweisen. Auch dieses Buch betont immer wieder, der Individualismus führe zum Kollektivismus, zur Masse, vernichte die Persönlichkeit. Nur unterscheidet

---

*) Liberalismus und Demokratie in ihren Zusammenhängen und Gegensätzen. Zeitschrift für Politik, Bd. 9.

**) Deutsche Schriften I.

es nicht zwischen echtem und falschem Individualismus, genau so wenig, wie es einen echten und einen falschen Liberalismus anerkennt. Die Überbewertung des Einzelnen kann eben nicht bei einem beliebigen Punkte abgebremst werden, wie manche Liberale wollen. Weltanschauungen verlangen nach unerbittlicher Folgerichtigkeit, und die Geschichte ist immer folgerichtig. Wer die sittliche Freiheit — und das ist jener oft beschworene „echte deutsche Individualismus" — in eine politische abwandelt, beschreitet damit unaufhaltsam den Weg zur Anarchie. Wer aus zeitbedingter Unfreiheit herausspringen möchte und deshalb die Sprengung morscher Gehäuse fordert, darf nicht die gesellschaftliche Freiheit zum ewig gültigen Grundsatze und die Empörung zum Dauerzustande machen. So wird der Liberalismus zum feindlichen Prinzip schlechthin für alle, welche die dauernde Revolution des Abendlandes beendigen wollen. Keine Beschönigungen sind mehr erlaubt, kein Gerede von einem gemäßigten, einem mißverstandenen, einem ursprünglichen oder einem zu erneuernden Liberalismus. Oswald Spengler*) spricht deshalb mit Erbitterung von dem Liberalismus, der eine Sache für Tröpfe sei. Möller van den Bruck**) fällt das vernichtende Urteil: „Am Liberalismus gehen die Völker zugrunde." Diese rechtsphilosophische Wahrheit muß ausgesprochen werden, ohne daß deshalb den vernünftigen Bestrebungen der Politiker, die sich liberal nennen, irgendwie Abbruch getan wird; ganz abgesehen davon, daß diese meist nicht wissen, was der ihnen eingeimpfte und von ihnen hochgehaltene Liberalismus wirklich ist.

Der Liberalismus ist der politische Fortschrittsgedanke, verwirklicht in der Freiheit und der Kultur des Einzelmenschen. Also schon ein Widerspruch in sich selbst, weil eine Verlagerung des sittlichen Freiheitsstrebens in das politische Diesseits vorliegt. Denn darüber sind sich alle Anhänger des Individualismus einig, daß der Einzelne der Höchstwert sei, daß das mikrokosmische Leben im Mittelpunkte allen Fühlens und Denkens stehe, daß also makrokosmisches Fühlen bestenfalls vom individuellen abgeleitet und übertragen ist. Alle anderen Werte, also auch die Gemeinschaft, sind notwendig dem Oberwert des Individuums untergeordnet. Rechts- und Staatsordnung haben für den Individualisten nur einen Sinn: dem Einzelmenschen das Maß von Freiheit zu gewähren und zu erhalten, in dem er sich sittlich vollenden könne. Mit Bedacht wird hier die in liberalen Kreisen übliche Begriffsbestimmung des Individualismus gewählt. Daß sie auf falschen Voraussetzungen beruht, wurde bereits dargelegt. Denn

*) Preußentum und Sozialismus.
**) Das dritte Reich. Ringverlag, Berlin.

einmal ist die sittliche Vollendung des Einzelnen von der politischen Gestaltung seiner Umwelt, also von äußeren Mächten, überhaupt nicht abhängig; sodann aber besteht die höchste Sittlichkeit des Einzelnen gerade in seiner Selbstaufgabe zugunsten höherer Werte. — Der Individualismus weist nun zwei Richtungen auf, über deren Verhältnis zueinander viel gestritten wird. Parteimäßig wird in Links- und Rechtsliberalismus unterschieden. Es soll nur eine Verschiedenheit der Schattierung damit gekennzeichnet werden, deren Beseitigung im liberalen Lager immer angestrebt wurde und heute noch gefordert wird. Bei näherem Zusehen fallen jedoch Gegensätze nicht unwesentlicher Art auf: So bekennen sich die Linksliberalen zur Mehrheitsherrschaft, die Rechtsliberalen zur konstitutionellen Staatsform. Der Unterschied zwischen Demokratie und Monarchie spielt dabei nur eine Schlagwortrolle. Gibt es doch monarchische Demokratien (England und Norwegen) und konstitutionelle Republiken (Vereinigte Staaten von Nordamerika). Ebenso verschieden ist die Stellungnahme zu der Frage: Staatsverwaltung oder Selbstverwaltung. Der demokratische Flügel neigt zu jener, der liberale zu dieser. Endlich ist die Stellung zum nationalen Gedanken verschieden: die Demokratie zeigt Vorliebe für den Kosmopolitismus, der Liberalismus für den Imperialismus (die schon oben aufgetauchten Zwillingssöhne des Individualismus). Rechtsphilosophisch sind diese Unterschiede leicht erklärlich. Sie werden am besten erfaßt durch das Wort Radbruchs,*) die Demokratie lege dem Einzelmenschen nur einen endlichen, der Liberalismus jedoch einen unendlichen Wert bei. Für die Demokratie sei der Wert des Individuums multiplizierbar und dadurch der Majoritätsabsolutismus bedingt, während der unendliche Individualwert des Liberalismus begriffsnotwendig auch durch den Wertgehalt einer so großen Mehrheit unüberbietbar sei. Der Liberalismus huldige deshalb der Gewaltenteilungslehre Montesquieus, deren Sinn es sei, die beiden Anwärter des Absolutismus, Monarch und Majorität, zugunsten der unversehrten Freiheitsrechte des Individuums als des tertius gaudens gegeneinander auszuspielen. Die Demokratie verwerfe mit Rousseau die Gewaltenteilung, weil sie den dadurch bekämpften Majoritätsabsolutismus ihrerseits gerade erstrebe. Die liberale Freiheit sei vorwiegend Freiheit vom Staate, die demokratische Freiheit vorwiegend Teilnahme am Staate; die Freiheit vom Staate sei für den Liberalismus belassene vorstaatliche Freiheit, für die Demokratie staatlich gewährte Freiheit. Deshalb ende der Liberalismus folgerichtig in der Anarchie, während die radikalste Form der Demokratie der Sozialismus sei.

*) Grundzüge der Rechtsphilosophie. Leipzig, Verlag Quelle & Meyer.

In der rechtsphilosophischen Lehre scheinen also diese beiden Lager des Individualismus sehr weit voneinander entfernt. In der Welt der politischen Tatsachen nähern sie sich aber bedeutend. Von der Untersuchung, ob die Parteigruppierungen in Deutschland mit den hier umrissenen rechtsphilosophischen Lagern sich irgendwie decken, kann abgesehen werden. Wahrscheinlich ist dies nicht der Fall, weil hinter den Parteiideologien wirtschaftliche Ziele versteckt sind. Tatsächlich aber hat die demokratische Richtung des Individualismus restlos gesiegt. Nicht nur in der Verwirklichung ihrer politischen Gedanken, sondern auch rein geistig durch die Wucht, mit welcher sie diese in das gesamte öffentliche Leben hineintrug. Aber dieser Sieg bedarf der Erklärung. Es muß daher weiterhin die Frage erhoben und beantwortet werden, ob nicht am Ende der demokratische Sieg die natürliche Folge des Individualismus ist; ob also der Individualismus nicht immer bei der Demokratie enden muß und der Rechtsliberalismus einem unerreichbaren Ziele zustrebt.

Schon die französische Revolution entwickelte in rascher Folge die Demokratie. Der Konstitutionalismus blieb nur ein Durchgang. Mit der Gewaltenteilung Montesquieus war es bald zu Ende. Die Gleichheit siegte über die Freiheit, und in diesem Satze liegt der logische Grund beschlossen, warum dem Liberalismus niemals Freiheit, sondern Mehrheitsabsolutismus folgen muß. Der Individualismus entwickelt naturnotwendig immer die Gleichheitslehre. Wo sie nicht durchdrang (in England), so nur deshalb nicht, weil die Zerschlagung der Gesellschaft nicht durchgeführt wurde. Die belassene vorstaatliche Freiheit Radbruchs ist in Wahrheit unangetastetes Gesellschaftsleben. Wo aber die Gleichheitsforderung zum Siege gelangt, wird dieses zerstört. Der dann noch Freiheit vom Staate predigende Liberalismus vermag sich eine solche nur auf dem Wege der Staatsdelegation vorzustellen. So kommt es, daß auch der Rechtsliberalismus in Deutschland allgemein einheitsstaatlich eingestellt ist und das föderative System, die Form wahrer Unabhängigkeit, ablehnt.

Auch das Schicksal des durch Bismarck begründeten Konstitutionalismus war vorausbestimmt und mußte zur Demokratie führen. Der große Kanzler ahnte diese Gefahr und sprach einmal davon, daß der Sozialismus weniger gefährlich wäre als das „Gift" des Linksliberalismus. Allerdings konnte er damals noch nicht voraussehen, daß der Sozialismus die verhältnismäßig konservativen Bahnen eines Lassalle und einer Arbeiterpartei verlassen würde, um zum Anhängsel und zur Sturmtruppe der kapitalistischen linksliberalen Großstadtpresse zu werden. Im Konstitutionalismus befinden sich Staatsoberhaupt und Volksvertretung in schwebendem Gleichgewichte, einem Zustande, der nach der einen oder anderen Seite in die feste Ruhelage drängt. Solange nämlich der Staat den Grundsatz der Allgewalt vertritt, solange wird jede im Wettstreite stehende Macht diese Allgewalt erstreben. Das überwachende Parlament verlangt nach Teilnahme, und die Teilnahme nach Alleinbesitz der Gewalt. Das ist ein Vorgang, der verständlich ist. So geht die den Einzelnen, die Minderheit schützende Gewaltenteilung verloren. Die wahre politische Freiheit des Einzelmenschen wäre begründet in einem Rechtsbezirke, der außerhalb staatlichen Zugriffes liegt. „Hätte*) die französische Revolution nicht den Scheinbegriff der Menschenrechte verliehen, sondern in der Wirklichkeit ruhende Körperschaftsrechte," so wäre vielleicht der Grundgedanke Montesquieus zu retten gewesen. Aber der Individualismus muß folgerichtig Gemeinschaftsrechte ablehnen und die gegliederte Gesellschaft zerschlagen. Infolgedessen bleibt kein anderer Weg zur Wahrung der Rechte des Einzelnen als die Eroberung des allgewaltigen Staates. Denn er allein kann noch durch Selbstbeschränkung der absoluten Mehrheitsherrschaft (in Form der Grundrechte) gewisse Bezirke einzelmenschlicher Freiheit schaffen. Die staatlich vorgefundene Freiheit brach schon im „Polizeistaate" zusammen, der rechtsphilosophisch individualistisch zu denken ist. Infolgedessen bestand Freiheit vom Staate nur noch für diejenigen, die sich selbst des Staates bemächtigten und ihn ihren Zwecken dienstbar machten. Das ist der Weg der Demokratie. Wer sich an der Staatsgewalt nicht beteiligt, verfällt in Ohnmacht.

So ist denn das Ergebnis: im individualistischen Staate ist jenes rechtsphilosophisch begründete Ideal vom unendlichen Werte des Einzelnen nicht zu verwirklichen. Der Individualismus verbietet sich selbst die Durchführung seines Gedankens. Jene liberale Gedankenwelt trägt das Gesetz der soziologischen Unlogik in sich. Denn die natürliche Notwendigkeit des gesellschaftlichen Zusammenlebens erlaubt die erstrebte schrankenlose Freiheit nicht. Wieder findet das Gesetz Bestätigung, daß innere Freiheit nur mit äußerer Begrenztheit und äußere Freiheit nur mit innerer Begrenztheit zusammengehen können; beide nebeneinander sind unvereinbar.

So war der Siegeszug der Demokratie unaufhaltsam. Die Massendemokratie bleibt eben die Form des folgerichtig entwickelten Individualismus. Der Liberalismus ist staatspolitisch unterlegen, weltanschaulich hat er gesiegt. Diese Feststellung hat mit der Betrachtung politischer Parteien nichts zu tun. Es wäre falsch, den Geist einer bestimmten Partei

*) Heinz Brauweiler: Berufsstand und Staat. Ringverlag, Berlin.

dem Geiste der heutigen individualistischen Gesellschaft gleichzusetzen. Es wäre auch verkehrt, die Weltanschauung der Menschen nach ihrer Parteizugehörigkeit zu beurteilen. „Denn sie wissen nicht, was sie tun." Es ist der bereits geschilderte individualistische Mensch, der, ungeachtet seiner Parteizugehörigkeit, den heutigen Staat entweder erstrebt oder ermöglicht hat. Erstrebt, soweit er zu der kleinen, demokratischen Gruppe gehört, die in dem westlichen Staate die Erfüllung ihrer Wünsche sieht, ihn in dieser Form erhalten wissen will und sich gegen jede Veränderung sträubt. Die anderen — und das ist die überwiegende Mehrheit — lehnen ihn zwar ab (trotz des „Bodens der Tatsachen"), doch haben sie ihn ermöglicht, weil sie selbst individualistischem Denken hörig waren und deshalb die innere Kraft nicht aufbrachten, jener kleinen Gruppe, die ihr Ideal zielbewußt entwickelte und verwirklichte, eine gleich folgerichtige Gedankenwelt entgegenzusetzen. Die geistig-seelische Zuständlichkeit einer gewissen Zeit (insofern gibt es einen Zeitgeist) pflegt auch die Gruppen in ihren Bann zu ziehen, die programmatisch eine andere Richtung als die augenblicklich herrschende vertreten. Die liberalen Menschen leben heute in allen Parteien; es gibt keine, die von liberalen Gedanken frei wäre. Wer deshalb den Liberalismus neu beleben möchte, will Eulen nach Athen tragen. Ja, in einem tieferen Sinne ist die Partei selbst nichts anderes als die Form des Zusammenschlusses für liberale Menschen.

Das wahre Gesicht der Partei

Der individualistische und der liberale Mensch sind eins. Der Begriff Individualismus meint nur die philosophische Wurzel dessen, was in der Politik Liberalismus heißt. Ursprünglicher Träger des Liberalismus ist der aufgeklärte städtische Mensch, geprägt vom Bildungsgedanken des Humanismus. Er vertritt das Geld gegenüber dem Grundbesitze. Der Bindung stellt er die Freiheitsforderung gegenüber, der Jenseitsreligion den Diesseitsglauben, der göttlich empfundenen Ordnung den zwecknützlichen Staat.

Durch das Parlament übt der liberale Mensch die Herrschaft über den Staat aus. In der Zeit des Frühparlamentarismus wirkte die christliche Weltanschauung zwar nicht mehr mit mittelalterlicher Kraft, aber immerhin noch lebenformend. Noch floß die Sehnsucht nach sozialer Gerechtigkeit aus religiöser Tiefe; noch war die Gesellschaft, wenn nicht ständisch gegliedert, so doch honoratiorenmäßig geführt. Sie besaß noch eine gemeinsame Wertgrundlage. Es gab eine herrschende Schicht, deren Führertum gesellschaftlich anerkannt und deshalb auch stillschweigend im politischen Leben geduldet wurde. Die Frühparlamente weisen deshalb — auch bei konfessionellen und manchen sonstigen Gegensätzen — eine einheitliche weltanschauliche Linie auf. Das Gegeneinander in diesen Volksvertretungen ist mehr pragmatischer Natur (Hellpach); das Ziel gedeihlicher und nützlicher Staatsführung gemeinsam; die Aussprache ist das Mittel, sich über den besten Weg zum Gemeinwohl klar zu werden. Das Parlament ist wesentlicher Bestandteil des Staates selbst und duldet demgemäß in seinen Reihen keine Staatsfeindlichkeit. Parlamentarische Parteien, die den Staat verneinen, sind ein Widerspruch in sich selbst, und wo sie auftreten, Anzeichen der Zersetzung und der Parlamentsdämmerung. Die entscheidende Rolle fällt beim Frühparlamentarismus nicht der Partei, sondern der Fraktion zu. Um führende Persönlichkeiten des Parlaments bilden sich zwanglose Kampfgemeinschaften, bei denen Eintritte und Austritte an der Tagesordnung sind. Der Wechsel der Partei (Fraktion) gilt noch nicht wie heute als Mangel an Gesinnungsfestigkeit. „So kennzeichnet sich diese politische Form als „zwischenzeitlicher" politischer Lebensstil einer Periode des unvollendeten Rationalismus. — Und auch sozialgeschichtlich liegt das parlamentarische System mit seinen Honoratioren-„Parteien" zwischen den Zeiten: zwischen dem kümmerlichen Ende der alten Ständesozietät und dem schwachen Anfang der neuen Klassengesellschaft" (Marr).

Mit der Verstädterung, der Entstehung von Massenparteien ändert sich das Bild. Das Schwergewicht wandert von der Fraktion zur Partei, vom Fraktionsführer zur Parteileitung. Das Parlament wird zur Abstimmungsmaschine über Vereinbarungen, welche die Partei„bonzen" im stillen Kämmerlein getroffen haben. Zwecks Massenwerbung wird die Parteiideologie versteift, der Nützlichkeitsstandpunkt schamhaft verborgen. Und doch sind die individualistischen Kräfte, welche zur Herrschaft über den Staat und im Staate drängen, nützlichkeitsbewußter denn je. Die Sehnsucht des Volkes nach echter Führung verlangt aber die Maskierung des Nutztriebes. Andererseits werden Parteien häufiger, die offen den Nützlichkeitsinstinkt der Massen anrufen. So entsteht der heutige Zustand, daß die „Weltanschauungsparteien" krampfhaft um das Programm ringen, gleichzeitig aber die Wirtschaftsparteien an Anhängerschaft gewinnen. Partei und Klasse stehen noch in unentschiedenem Kampfe miteinander. Die geringe geistige Denkarbeit der Weltanschauungsparteien ist nun nicht von der Absicht geleitet, der Wahrheit nachzuspüren. Dieser Weg könnte sonst zu einem Aussichtspunkte führen, der die eigene Partei auf einem Irrgange zeigt. Die Wiederbelebung der Parteiideologie wird vielmehr nur versucht, um die Partei vor dem Zusammenbruche zu retten: um die Wähler nicht zu verlieren, die zur Erreichung von Nützlichkeitszielen gebraucht werden. Man kann eben aus irgendwelchen inneren oder äußeren Gründen sich noch nicht zur reinen Klassenpolitik entschließen. Der Weg von der Partei zur Klasse ist aber zwangsläufig: mit der Zunahme des stofflichen Denkens wirft der liberale Mensch kühn und beherzt den Mantel sittlicher Weltanschauung von sich und verkündet, auch von jeder Scham „befreit", den Nutzen als Wesenskern allen sozialen Lebens.

Sind die Parteien Sammelbecken gleichgearteter Interessen, so ist damit nicht gesagt, daß diese Interessen gleich seien denen der Wähler. Nur annähernd trifft dies zu bei einer Klassenpartei, die sich offen als Arbeiter-, Mittelständler- oder Bauernpartei bezeichnet. Dieser Gleichlauf der Interessen ist aber die Ausnahme. In der Regel führen sie ein heimliches Dasein und mißbrauchen für sich den Wähler durch Anrufung seiner Gefühle. In Wahrheit ist die Partei ein Privatverein zur Ausübung der reinen Geldherrschaft. Während alle wahre Staatskunst und Staatsphilosophie darauf hinarbeitet, den Staat unabhängig von Interessen und Geldmächten zu gestalten, ist das Wesen der mechanistischen Demokratie das genau umgekehrte Streben. Wo keine organische, bodengebundene Gemeinschaft, keine dem eigentlichen Gesellschaftsleben entspringende lebendige Gliederung mehr vorhanden ist, fällt die Aufgabe, die losgelösten Einzelnen zu politischen Zwecken künstlich zu organisieren, denen zu, welche die Machtmittel für solche organisatorische Tätigkeit in Händen haben. Unorganische Massen werden immer vom Gelde beherrscht. „Menschenhaufen, die lediglich zu dem Wahlakte zusammenkommen, sind überhaupt nicht vertretungsfähig" (Constantin Frantz). Die Staatsmacht geht so in Hände des Geldbesitzes über. Die Partei wird ein „Privatunternehmen zur Sammlung von Wählerstimmen"*). Je größer die Propagandamittel, desto höher die Stimmenzahl. Das Jungdeutsche Manifest weist mit Recht darauf hin, daß feindliche Staaten, welche entsprechende Geldmittel aufwenden und geeignete Dunkelmänner finden, in der Lage seien, auf einen beliebigen Staat durch das Parlament entsprechenden Einfluß auszuüben. In der Tat haben die Franzosen dieses Verfahren bei den Wahlen im Saargebiete versucht, und auch Rußland mißbraucht deutsche Kommunisten für nationalrussische Zwecke.

---

*) Das Jungdeutsche Manifest von Arthur Mahraun. Berlin 1927, Jungdeutscher Verlag.

Die Sammlung der Wahlstimmen geschieht auf demselben Wege, auf welchem der Händler Käufer für eine Ware sucht: durch Werbung. Wer am lautesten schreit, gewinnt; wer die niedrigen Instinkte am liebevollsten behandelt, fängt deren Besitzer ein. Die Partei verfügt über Presse, Einpeitscher und sonstige Propagandamittel. Mit ihrer Hilfe wird die Öffentlichkeit, das heißt der Wähler, empfänglich gemacht für die Ansichten, mit welchen die hinter der Partei stehenden Interessengruppen die Stimme des Wählers zu erobern beabsichtigen. Das Parteiprogramm spielt also nur die Rolle des Köders. Die wahren Ziele der Partei werden verborgen und gehen den Wähler nichts an. Wird doch nach erfolgter Wahl die ganze Geschicklichkeit der Parteipresse aufgewendet, um die Kluft zwischen Wahlversprechungen und späterer praktischer Politik der Partei zu überbrücken. In der Regel gelingt dies, muß bei der völligen geistigen Versklavung der Wähler glücken. Der Wähler wird nur mit Fragen beschäftigt, die ihm selber am Herzen liegen. Er ist fast immer ein unpolitischer Mensch, meist ohne Sachkenntnis und selten mit Verantwortungsgefühl für die Gesamtheit ausgestattet. Über den Stand der öffentlichen Angelegenheiten ist er ungenügend unterrichtet. Endlich verlangt er nach Anlehnung. Infolgedessen nimmt er die Anschauungen der ihm regelmäßig zugänglichen Presse an und glaubt nach einer bestimmten Zeit, daß ihm diese Meinung nicht von seinem Leibblatte eingeflößt worden sei, daß er sie vielmehr selbst gefaßt habe. Dies ist die erste Selbsttäuschung, der er sich hingibt. Im Zeitalter der Verstandesherrschaft erliegt er verstandesmäßiger Überredung um so leichter, als keine seelischen Hemmungen zur Kritik anspornen. Nun kommt die Wahl. Dieselbe Gruppe von Menschen, welche mit ihrer Presse den Wähler bearbeitet hat, bewirbt sich um Mandate. Die Überredung allein würde hier nicht zum Ziele führen: es muß vielmehr noch eine Einwirkung auf die Gefühlswelt des Wählers hinzukommen. Das geschieht auf folgende Weise. Der Wahlanwärter erklärt feierlich, er fühle sich nur als Beauftragter seiner Wähler, die als selbstbestimmendes Volk die Entscheidung über die Geschicke des Staates zu treffen hätten. Er erlaube sich deshalb, seine Ansichten vorzutragen und um Stellungnahme zu bitten. Vorgebracht wird natürlich die Gedankenwelt, welche dem Wähler schon lange vorher durch die Presse nahegelegt worden war. Er sieht zu seinem Erstaunen oder zu seiner Freude, daß der Wahlbewerber seine, des Wählers, Anschauung vollkommen teilt. In seiner Eitelkeit auf das höchste geschmeichelt, spendet er begeisterte Zustimmung — dem Manne seines Vertrauens. Das ist die zweite Selbsttäuschung, welcher der Wähler zum Opfer fällt. So betrügt ihn das Zeitalter der Verstandesherrschaft, das dem

Menschen seine innere Sicherheit genommen hat, mit Hilfe des übermächtig gewordenen Hanges zur Selbsttäuschung. Der Einzelne ist zwar frei geworden, aber seelisch versklavt. Er rühmt sich seiner Loslösung von Gott und fällt dem Volksverführer sowie dem Gelde in die Hände.

Gewiß gibt es auch Parteien, die fehlende Geldmittel durch freiwillige Opfer der Parteiangehörigen wettmachen. Besagt dies etwas gegen das geldbeherrschte Wesen der Partei? Dieser Umstand ist vielmehr nur Beweis dafür, daß eine bedeutende Anzahl bedauernswerter Eingefangener an die „Ideale" der Partei glaubt. Aber welcher Parteiführer rechnete nicht mit der Dummheit der Wähler! Nicht nur der Wähler fremder Parteien — ein sozialdemokratischer Führer meinte auf dem Parteitage in Heidelberg 1925, der Wahlerfolg der Deutschnationalen beruhe auf dem Unverstande der Massen — sondern auch der eigenen. Im großen und ganzen entscheidet so der Besitz der Propagandamittel über den Erfolg der Partei. Was wäre eine Partei ohne Presse und ohne Versammlungstätigkeit! Man kann den Massen ein Hühneraugenmittel, welches fünf Pfennig Herstellungswert besitzt, für eine Mark aufschwätzen. Warum sollen sie nicht auch auf hochtönende Phrasen und lockende Versprechungen hereinfallen, hinter denen Hohlköpfe und Betrüger stehen?

Das Listensystem vervollständigt die Versklavung der Massen und den Triumph der Parteiführer. Gewöhnlich wird der Wahlvorschlag zur Genehmigung den geldgebenden Gruppen vorgelegt oder auch denjenigen, die über eine bestimmte Wählerzahl kraft des Propagandaapparates, den sie als Leiter eines Verbandes in Tätigkeit setzen können, verfügen. Dem Wähler wird dann die fertige Liste aufgezwungen. Er darf einen freien Sonntag opfern, um die schon von den Interessengruppen vollzogenen Wahlen zu bestätigen. Selbstverständlich stellt man den neuen „Volksmann" auch seinen Wählern vor; er ergießt dann die Flut seiner Schmeichelreden über die harmlosen Opfer. Endlich hat das Volk seine „Vertreter" gewählt, die schönrednerisch hier und da auch Führer genannt werden. Der schon von der Partei vorgenommenen Ernennung ist die Nachwahl gefolgt.

Der wahre Führer wächst aber aus dem Gesellschaftsleben, aus der gewachsenen Verbundenheit mit den von ihm Geführten. Er ist ihr Führer im täglichen Leben und nicht in einem Ausschusse des Reichstages, bei der Verfolgung seiner Privatgeschäfte oder bei einem anderweits fröhlichen Leben, das er in der Hauptstadt führt. Wenn der Abgeordnete gar Berufsparlamentarier geworden ist, die Lebensversicherung des Sitzes auf der Reichsliste erreicht hat, dann kann er sich den völligen Rückzug vom Volke, das ihn „gewählt" hat, leisten. Er kennt jetzt die Ränke und Schliche, mit denen im Parlament gearbeitet wird. Er ist sozusagen der Börsianer des „Hohen Hauses". Eigene Gewinne oder solche der Partei werden ihm zum Selbstzwecke, die Hereinlegung der Nachbarpartei vermittelt ihm die Freudenblitze, welche sein sorgenvolles Dasein erhellen. — Nun wird gerade die moderne Demokratie als Mittel zur Führerauslese gepriesen. Die gemachten Erfahrungen beweisen indes das Gegenteil. Die Staatswissenschaft hat dies immer wieder festgestellt, unter vielen anderen auch Kelsen*), James Bryce**) und Karl Schmitt***). Stimmen dieser Art sind häufig, verhallen aber natürlicherweise ungehört. Denn Parteien kümmern sich nur um ihren Vorteil, nicht um den des Staates.

Die Beherrscher der Parteien sind meist mittelmäßige, keineswegs unkluge, aber kleinbürgerliche, ganz selten staatsmännisch eingestellte Köpfe. Es sind betriebsame „Macher" (Georg Steinhausen) oder, wie sie Jakob Burckhardt nennt, „Streber, welche alle modernen Staaten bis aufs Mark auffressen". In den großen Parteien siegt der Demagoge, in den kleinen der Intrigant. Wer die Beziehungen zu den Geldgebern, die Fäden zu bestimmten Machtgruppen, den Apparat der Parteibeamten in Händen hat, beherrscht die Partei. Denn immer stärker wird die Abhängigkeit der Parteien von der Parteibeamtenschaft. Der Parteibeamte hält die wenigen Stammtische mühsam zusammen, die als Sauerteig den großen Brotlaib auftreiben müssen, der bei den Wahlen gebacken wird. Die Macht der Sozialdemokratie beruht zum großen Teil auf der straff organisierten Parteibeamtenschaft, auf der ungeheuer verästelten Futterkrippenwirtschaft, welche in der Partei betrieben wird. Partei heißt heute für Tausende von Menschen Wohnung, Kleidung und Nahrung für sich und ihre Familie. Sie kämpfen im Grunde weder für den Staat, noch für die Partei, sondern für ihr eigenes kümmerliches Dasein.

So wird immer mehr offenbar, daß das innerste Wesen der Partei vom Vertretertum bestimmt wird. Wie sich in die Reihen der Verbraucher der kaufmännische Vertreter, dem Beruf innerlich weniger verpflichtet als seiner Redegabe, eindrängt, so zwischen Volk und Regierung der politische Vertreter. Interessenvertretung lautet das magische Schlagwort eines händlerischen Zeitalters. Von den Geschäfts„führern", den Generalsekretären bis zu dem Rechtsanwalte, dem geborenen Parteimenschen und Abgeordneten, führt eine gerade Linie. Auch als Staatsmann ist Poincaré Rechtsanwalt und Syndikus geblieben. Diese Art von Menschen lebt von

*) Vom Wesen und Wert der Demokratie. Archiv für Sozialwissenschaft Bd. 47.
**) Moderne Demokratien, Bd. III.
***) Hochland, Juniheft 1926.

der Vertretung, sie vertreten bis an ihr Lebensende alles, was man ihnen aufträgt; nur nicht die eigene Überzeugung, die sie schon längst eingebüßt haben oder täglich wechseln. Der wahre Staatsmann ist aber kein Vertreter, in diesem Sinne nicht einmal Vertreter des eigenen Volkes. Er kennt keine Zweiheit von sich und dem Volke: er und sein Volk sind eins.

Der Vertreter lebt von der Überredung, im politischen Leben von der Demagogie. Wer die Masseninstinkte — Eitelkeit — beschmeichelt, hat gewonnen. Dem Wettbewerbe ist dabei keine Schranke gezogen. Die gewissenloseste Demagogie trägt den Sieg davon. Eine Grenze nach unten gibt es nicht. Es werden immer noch schmutzigere Eigenschaften der menschlichen Seele entdeckt, die für Geschäfte ausnützbar sind. Das Mittel der „Führerauslese" ist die rednerische Gewandtheit. Angenommen, es gäbe zur Staatsführung geeignete, hervorragende, selbstlose Männer, aber ohne Rednergabe: so wie die Dinge heute liegen, wären sie vom politischen Leben ausgeschlossen. Der ödeste Schwätzer schlägt den geistvollsten Kopf; der Minderwertige kann mit gewissenlosem Wortgeklingel denjenigen aus dem Sattel heben, der aus sittlicher Verpflichtung auf solche Bahn nicht folgen will. Redegabe ist eben eher Versuchung denn Gnade. Der Demagoge ist seelisch keiner schaffenden Tätigkeit verbunden. Er verdient, wie der Handelsvertreter, sein Geld mit der Ware, für die er gerade reist. Er ist von sich selbst berauscht, wenn er sich schwätzen hört. Was und für wen, ist ihm gleichgültig. Für eine Partei arbeiten heißt ihm, andere Parteien schädigen. Keine Lüge ist zu niedrig, keine Verleumdung zu gemein, keine Behauptung zu dumm, um diesem erhabenen Ziele zu dienen. Je gewissenloser er agitiert, um so mehr belobt ihn die Partei für seine „Treue". An seinem 60jährigen Geburtstage veranstaltet ihm der Parteivorstand einen feuchten Ehrenabend, wo unter alkoholischen Rührungstränen seine selbstlose Hingebung an die Partei gerühmt wird. Das Volk aber empfindet den Unflat des Wahlkampfes als selbstverständlich. Christliche Ethik und deutscher Charakter sind vergessen. Die widerliche Umschmeichelung der Massen ist das Wesen aller absteigenden Demokratie. Spengler sagt darüber: „Selbstbestimmungsrecht des Volkes ist eine höfliche Redensart; tatsächlich hat mit jedem allgemeinen — anorganischen Wahlrecht sehr bald der ursprüngliche Sinn des Wählens überhaupt aufgehört. Je gründlicher die gewachsenen Gliederungen der Stände und Berufe politisch ausgelöscht werden, desto formloser, desto hilfloser wird die Wählermasse, desto unbedingter ist sie den neuen Gewalten ausgeliefert, den Parteileitungen, welche der Menge mit allen Mitteln geistigen Zwanges ihren Willen diktieren, den Kampf um die Herrschaft unter sich ausfechten, mit Methoden, von denen die Menge zuletzt weder etwas sieht noch versteht, und welche die öffentliche Meinung lediglich als selbstgeschmiedete Waffe gegeneinander erheben. — Wir kennen die Anfänge aus dem Athen von 400, das Ende in erschreckendem Maßstabe aus dem Rom Cäsars und Ciceros. Es ist wie überall: die Wahlen sind aus der Ernennung von Staatsvertretern zum Kampfe zwischen Parteikandidaten geworden. Aber damit ist die Arena gegeben, in der das Geld eingreift, und zwar seit Zama mit ungeheurer Steigerung der Dimensionen. — Aber es ist in einem tieferen Sinne trotzdem falsch, von Korruption zu reden. Es ist nicht die Ausartung der Sitte, es ist die Sitte selbst, die der reifen Demokratie, welche mit schicksalhafter Notwendigkeit solche Formen annimmt. — Innerhalb einer Diktatur des Geldes kann aber die Arbeit des Geldes nicht als Verfall bezeichnet werden."

Auch Heinz Marr spricht von der Patronagepartei, die an Stelle der Honoratiorenpartei getreten sei. In der Honoratiorendemokratie vollzog sich die politische Willensbildung von unten nach oben, von der freien Landschaft zum freien Abgeordneten. Heute geht die politische Willensbildung von oben nach unten: von der Parteioligarchie, die zu allererst da ist, herunter zu allem anderen, zuletzt aber zu den unorganisierten, unfreien Parteimassen. Zusammengehalten werden sie durch das Heer der Nutznießer. Die Patronage ist ein System der Gefälligkeiten, die Gefälligkeitspolitik schlechthin, um die Wählermassen und ihr Kleinführertum an die Partei zu binden. Spengler berichtet hierüber aus Rom: „Pompejus war Patron der halben Welt, von den picenischen Bauern an bis zu den Königen im Orient; er vertrat und beschützte alles; das war sein politisches Kapital, das er gegen die zinslosen Darlehen des Crassus und die „Vergoldung" aller Ehrgeizigen durch die Eroberer Galliens einsetzen konnte. — Man läßt den Wählern bezirksweise Frühstücke servieren, Freiplätze für Gladiatorenspiele anweisen oder auch, wie Milo, unmittelbar Geld ins Haus senden. Cicero nennt das, die Sitten der Väter achten. Das Wahlkapital nahm amerikanische Dimensionen an und betrug zuweilen Hunderte von Millionen Sesterzen." — Der deutsche demokratische Philister wird sich idealgeschwellt über eine solche Schilderung entrüsten und die Reinheit deutschen politischen Lebens behaupten. Aber abgesehen davon, daß die Deutschen — vom Standpunkte des Demokraten aus gesehen — erst am Beginne dieser Entwicklung stehen, sind dem Verfasser aus der letzten Reichstagswahl Fälle bekannt, in denen Wahlversammlungen in Form von Empfangstees veranstaltet wurden. Das römische Frühstück hat also Schule gemacht.

Die Patronage moderner Demokratien ist in einer anderen, scheinbar harmlosen Form viel ausgebildeter: Es werden für die Parteiarbeit nicht riesige Privatvermögen gesammelt und verschwendet wie in Rom, sondern einfach öffentliche Gelder dazu verwendet. Dies geschieht auf dem Wege der Ämterwirtschaft, der Futterkrippenfürsorge. Zahllose neue Stellen wurden in Reich, Ländern und Gemeinden nur geschaffen, um bewährte Parteianhänger mit der heißbegehrten Staatsrente auszustatten. Beförderungen werden nur vorgenommen, um die Dankesschuld der Partei an besonders tüchtige Wahlhelden abzutragen. Halböffentliche Einrichtungen, wie die Sozialversicherung nehmen tausende ruhebedürftiger Klassenkämpfer auf, bürgerliche Behaglichkeit und monatliche Zahlungen versprechend. Große privatwirtschaftliche Betriebe, wie Konsumgenossenschaften und Zeitungsverlagsanstalten, öffnen ihre Pforten dem Stellungsuchenden nur dann, wenn er am Tore das Mitgliedbuch der jeweiligen Partei vorzeigt. Ganz offen laden die Parteihäupter zum Eintritt in die Parteien ein; nicht nur in ihre Partei, sondern zur Partei schlechthin. Wer parteilos ist, sitzt zwischen allen Stühlen. Es bildet sich sofort gegen ihn eine Koalition der Mißtrauischen. Jungen Beamtenanwärtern, die ihre Selbständigkeit glaubten wahren zu können, wird von höchster Stelle nahegelegt, sich einer Regierungspartei anzuschließen, wenn sie Aussicht auf Vorwärtskommen haben wollen. So wird die Partei trotz ihrer inneren Schwäche zu einer gewaltigen Macht, da sie praktisch nicht nur über die meist leere Parteikasse, sondern auch über den allzu vollen, durch die ausgeräuberte Wirtschaft gefüllten Staatssäckel verfügt.

Denn die innere Stärke der Parteien ist sehr gering. Heinz Marr teilt die Wählerschaft ein in Parteianhänger, in Mitläufer der Parteien und in Nichtwähler. Die Anhänger machen kaum sieben vom Hundert der Wahlberechtigten aus. Sie zerfallen wieder in aktive und passive Anhänger; erstere bilden den berühmten Parteistammtisch, letztere haben in ihrem Schreibtische das Mitgliedbuch der Partei, ohne sich um sie zu kümmern. Immerhin genügt die verhältnismäßig kleine Zahl von Parteifanatikern, die innere Einheit des Volkes zu zerstören. Sind sie Weltanschauungspolitiker, haben sie also auf den Staat bezogene Idealziele, so sind sie von Natur unduldsam; um so unduldsamer, je weiter die Weltanschauungen voneinander klaffen. Hat sich aber schon die Entwicklung von der Partei zur Klasse vollzogen, so fehlt das gemeinsame Dritte, der Staat, überhaupt. Dann bekämpft roh und nackt das Klasseninteresse des einen das des andern. In westlichen Ländern (insbesondere in England und Nordamerika) hat die Partei ihre pragmatische Art gewahrt. Sie ist ein reines Zweckgebilde, die Form, in der ein Führer seine Truppe ordnet, und das

Mittel, wodurch das Volk dieser Führung Vertrauen oder Mißtrauen bekundet. In frei beweglichem Entschlusse wechseln deshalb die Wählermassen von einer Partei zur anderen. Die Gefahr der Partei in Deutschland besteht jedoch darin, daß sie das Interesse verbirgt und weltanschauliche Werte in den Dienst barer Nützlichkeit stellt. Oder daß — bei den Klassenparteien — das Interesse die „Weltanschauung" beeinflußt, ohne vom Betroffenen bemerkt zu werden. So verteidigt heute jede Partei ihre Nutzzwecke, und seien es solche der allerniedersten Art, nämlich des Anteils an der Futterkrippe. Diese Gemeinsamkeit des Parteivorteils führt geradezu zur geistigen Erblindung des einzelnen Parteianhängers. Da der Nutzen der Partei — wirklich oder nur in der Einbildung — auch der seine ist und deshalb mit deren Bedrohung auch die seines eigenen Daseins eintritt, so verliert der Parteimensch alle Sachlichkeit in dem Augenblicke, da ein Angriff auf die von seiner Partei vertretene Ansicht erfolgt. Die Partei über alles! Jede sachliche Politik fällt weg! Die Folge ist, daß der Parteiführer heute eine Politik betreiben kann, die er vielleicht vor Jahren auf das schärfste gegeißelt hat. Unter Aufbietung aller Verdrehungskünste wird dann der Führer von der Parteiclique deshalb gehalten, weil mit ihm allzu viele Interessen verknüpft sind. Aus falsch verstandener Kameradschaft folgen seinen verschlungenen Pfaden mit stolzer Unentwegtheit auch diejenigen, die keinen persönlichen Nutzen zu erwarten haben. Menschen, die sozusagen im Zivilleben hochgebildet, unbedingt urteilsfähig sind, fallen auf die geistige Ebene von Schuljungen zurück, wenn es um ihre Partei geht. Männer, die ihre Meinungsverschiedenheiten in beherrschten Formen auszutragen gewohnt sind, werden in öffentlichen Versammlungen zu Flegeln, wenn ihre Partei angegriffen wird. So wird die Partei zum Grabe jeder Geistigkeit und Sitte.

Jede nichtparteimäßige Äußerung wird von der Presse, der Öffentlichkeit totgeschwiegen. Mag der klügste Mann klügste Gedanken zur deutschen Politik sagen, man hört nicht auf ihn, hat er kein Parteibuch in der Tasche. Ein zur „Parteibonzenschaft" Zählender besitzt jedoch das stille Vorrecht, schülerhafte Weisheiten als geflügelte Worte eines großen Mannes von sich geben zu dürfen. Man lese die Schlagworte aus Ministerreden, die in Riesenlettern auch die ernsthafte Presse zu füllen pflegen. Würde ein normaler Sterblicher solche Plattheiten aussprechen, die Verachtung jedes Studenten wäre ihm sicher. Erinnert sei an das berüchtigte Wort von der Volksgemeinschaft! Als geistige Errungenschaft wurde dieser Spruch gepriesen, der entweder selbstverständlich oder unsinnig ist: selbstverständlich, wo die Tatsache völkischer Gemeinschaft einfach naturgegeben ist; unsinnig, wo man unter Volksgemeinschaft ein friedliches Aufteilen von Ministersitzen versteht.

Ein Besuch in der Urzelle der Partei, dem Parteiverein, der Parteiortsgruppe, macht das Verhängnis des Parteiwesens noch klarer. Hier ist Minderwertigkeit höchster Trumpf! Es soll nicht gerade behauptet werden, daß der Antrieb zur Teilnahme am Parteileben zu erklären sei aus der Suche feiger Ehemänner nach Entschuldigungsgründen für allzu häufige Wirtshausbesuche. Ernsthafte Soziologen*) erwähnen diesen Umstand. Fest aber steht, daß die geistige Ebene, auf der Parteivereine sich bewegen, tief unter der allgemein geistigen der Gesellschaft liegt. Dabei stürzt die Kurve dieser Entwicklung immer noch tiefer. Die wenigen Menschen von Geist, die nach dem Zusammenbruche von 1918 in das öffentliche Leben traten, haben sich entsetzt wieder zurückgezogen. Ihre Zeit ist ihnen für das nichtige Geschwätz zu schade, sie leben meist in Berufen, die sie sehr ernst nehmen und mit voller Kraft betreiben, oder sie verbringen ihre Freizeit mit einer selbstgewählten geistigen Arbeit. Anders jene Handwerker des Berufes, die von ihm nicht erfüllt sind und zu geistiger Selbstbeschäftigung nicht die Kraft haben. Sie beruhigen ihr schlechtes Gewissen in der „Parteiarbeit". Praktisch heißt dies, daß sie die ganze Wichtigkeit, die ihnen im Beruf fehlt, zum Parteistammtische tragen und dort unerträglich öde Reden halten, die in ihnen die Genugtuung einer angeblichen Leistung auslösen. Es muß auch ausgesprochen werden, daß Beamte mit reichlicher Freizeit den Vorteil ihrer gesicherten Existenz sehr oft dazu mißbrauchen, durch parteipolitische Tätigkeit eine Beförderung zu erzielen, die ihren beruflichen Leistungen nicht angemessen wäre. Wie es überhaupt ein Unding ist, Beamte mit dem Wahlrecht auszustatten. Aber gerade die Nachkriegszeit hat dem Beamten eine herrschende Rolle in den Parteien verschafft, weil für ihn Zeit nicht in dem Maße Geld ist wie für andere Berufe, die täglich das Leben neu erwerben müssen.

Das geistige Leben des Volkes geht heute neben dem politischen her. Wer sich mit der jetzigen Art von Politik befaßt, gilt schon von vornherein als ungeistiger Mensch. Nicht mit Unrecht, angesichts des Zusammentreffens von Politik und Partei. Und umgekehrt wird ein geistiger Mensch, der in eine Parteiversammlung kommt und das Wort ergreift, dort als Narr betrachtet. Wer nicht über handgreifliche Interessen spricht oder nicht in dem Flusse hergebrachter patriotischer oder klassenkämpferi-

*) Robert Michels, Zur Soziologie des Parteiwesens. Leipzig 1925, Verlag Alfred Kröner.

scher Redensarten plätschert, fällt dem Gelächter derer, die sich aus Dummheit überlegen fühlen, anheim. Jeder neu zur Partei Hinzutretende begegnet einer stillschweigend sich bildenden Front, die den neuen Mann als lästigen Wettbewerber bekämpft. Er wird totgemacht, ehe er überhaupt lebendig wurde.

Die Kämpfe um die Aufstellung der Wahlbewerber, verstärkt durch das Listenwahlrecht und die dadurch bedingte Macht der Parteiclique, toben in einem Sumpfe der Unanständigkeit. Schon lange vor der Wahl beginnt das Ränkespiel. Jeder Anwärter ist bemüht, mit zahlreichen Versprechungen an Freunde und Standesgenossen, die notwendigen Leute auf die Beine zu bringen, die ihn bei der Sitzung des Parteivorstandes für die Wahlliste vorschlagen. Keine Verdächtigung ist niedrig genug, um bei solchen Gelegenheiten den Gegner aus dem Wege zu räumen. Ein Mann von Geist und Vornehmheit unterliegt rettungslos in diesem Kampfe, denn keine eigenartige Führernatur ist gewillt, einer solchen Umgebung sich anzupassen. Mit den hier üblichen Waffen vermag er nicht umzugehen. Er ist das Florett gewohnt, nicht den Dreschflegel. Bei aller Herablassung kann er nie so tief herabsteigen, als zur Gunstgewinnung der entscheidenden Männer notwendig ist. Dazu kommt die Eigensucht der verschiedenen Berufsgruppen. Möglichst jede will einen Vertreter auf die Liste bringen; angenommen, die Vertretung von Berufsinteressen in einem Abgeordnetenhause wäre überhaupt wünschenswert, so bliebe doch die Frage offen, ob auch immer ein Berufsgenosse hierzu geeignet ist. Ist doch denkbar, daß ein geistig hochstehender Mann, ohne Rücksicht auf Beruf, dank Allgemeinbildung und gründlicher Einarbeit, für fremde Berufe besser eintreten könnte als der Zunftgenosse. Solch sachliche Erwägung spielt aber heutzutage keine Rolle. Geht es hart auf hart, so siegt, wer sagen kann, oder die Unverfrorenheit hat vorzulügen: „Ich habe diesen oder jenen Berufsverband bei der Wahl hinter mir." Derjenige, der sagen könnte: „Ich habe das große Können und das Verantwortungsgefühl für mein Volk in mir" (solche Menschen sprechen Derartiges nie aus), verschwindet in der Versenkung, wenn er überhaupt je daraus aufgetaucht ist.

Das alles weiß nun jeder vernünftige Parteimann auch. Von Zeit zu Zeit gibt sich deshalb jede Partei den bekannten Ruck zu ihrer Erneuerung. Denkschriften werden geschrieben, einen Außenseiter läßt man neue Gedanken vortragen und an die Jugend wird ein beschwörender Aufruf gerichtet. Dann aber triumphiert wieder der Stumpfsinn, und alles bleibt beim alten. Nichts Rückschrittlicheres als die Parteien. In sich selbst sind sie alle reaktionär, im Programme will es keine sein. Auch in Fällen offenkundigen Versagens findet keine Abhilfe statt: ein Abgeordneter möge seine ganze Unfähigkeit bewiesen haben, der Rückgriff auf einen viel besseren Ersatz soll im Bereiche der Möglichkeit stehen; bei der Neuwahl aber erhebt der bisherige Volksbote die selbstverständliche Forderung auf Wiederwahl. Der Parlamentssitz soll erblich gemacht werden. In der Angst, undankbar zu erscheinen, aus Furcht, es könnten gemeinsame Vertraulichkeiten — meist übler Art — preisgegeben werden, aus Feigheit gegenüber dem Spotte der Nachbarpartei, bleibt die Partei bei ihrem bisherigen Abgeordneten stehen. Das ist der Fortschritt der modernen Demokratie. Ist es einem Politiker gelungen, ganz ausnahmsweise mit dreißig Jahren in das Parlament einzuziehen, so hat er den Ehrgeiz, mit achtzig darin zu sterben. Er möchte eben in seiner „Leichenrede" noch seine parlamentarische Jungfernrede zitieren. An nichts geht die Zeit so spurlos vorüber wie an dem Gehirn eines Abgeordneten. In ihrem Glanze zeigt sich aber diese feige Unehrlichkeit der Partei bei der Auswahl der weiblichen Wahlbewerber. Eine wirklich bedeutende Frau, die vielleicht dem Gedanken der Mütterlichkeit in der Gesetzgebung zum Durchbruche verhelfen könnte, steht leider nur selten zur Wahl, weil sie mit der Erziehung ihrer Kinder beschäftigt ist und darin Erfüllung findet. Es bleibt also nur der weibliche Vereinsmeier mit den sagenhaften Wählerinnenscharen übrig. Meist spielt sich dann folgender Vorgang ab: wenn es als unvermeidlich erscheint, einen großen Fischzug nach Frauenstimmen anzustellen, so wird ein bestimmter Wahlkreis von der Partei verurteilt, „die Frau" zu stellen und zu wählen. Dann werden die Frauenvereine betriebsam. Jeder will die meisten Anhängerinnen haben, und aus einer Flut von Verleumdungen taucht dann die Frau mit den besten Nerven als Wahlbewerberin auf. Alle ernsthaften Politiker witzeln und spotten deshalb unter sich über die weiblichen Abgeordneten. Keiner aber hat den Mut, die Wahrheit laut zu sagen. So erscheint denn die „Volksvertreterin" als das fünfte Rad am Wagen, würdig ihrem männlichen Widerspiel, meisterhaft und vorahnend von Balzac geschildert.

Sieht so die Partei unten schon bedenklich aus, so kann sie in ihrer Spitze, die berufen ist, Staatspolitik zu machen, nicht Heldengestalt annehmen. Man lese einmal aufmerksam die Reden gerade jener Parteiführer nach, die das Parteiwesen als der Weisheit letzten Schluß billigen. Man wird immer finden, daß ihre Gedanken nicht von dem Geiste getragen sind, das Beste zur Sache zu sagen und dem Staate zu dienen, sondern die vorhergegangenen Redner der gegnerischen Partei möglichst herabzusetzen und deren Behauptungen zu widerlegen. Mit Schicksalsfragen des Volkes wird rednerischer Fangball gespielt. Jede Außenpolitik wird zur Innenpolitik. Wo die Widerlegung des Gegners nicht mehr gelingt, wird zum mindesten behauptet, er habe seine Weisheit gestohlen. Natürlich der Partei des Sprechers. Wenn irgendwo im Erwerbs- und Berufsleben die Menschen, die zusammen arbeiten müssen, in so sinnloser und zerstörender Weise miteinander verkehrten, wie jene, denen das Wohl des Staates aufgetragen ist, kein Laib Brot und kein Kleidungsstück würde mehr in Deutschland erzeugt. Denn alle Kräfte würden im Streit um das „Wie" erschöpft. Ein aufrechter Demokrat, Conrad Hausmann, schreibt am 5. Oktober 1918 in sein Tagebuch*): „Das Parlament ist dem großen Wendepunkt nicht gewachsen. Es hat nicht die Menschen, die den Stil für diesen Beginn seiner Herrschaftsperiode finden; aus diesem Grunde ist es fraglich, ob diese Herrschaft behauptet werden kann." Die Apostel von Weimar reden von der Erziehung des Volkes zur Demokratie, schwärmen von den großen Führern, welche diese Schule einst zeitigen würde. Sie vergessen, daß das Honoratiorenparlament freie, führende Menschen in sich vereinigte, daß aber das Parlament der Massenherrschaft dem gewissenlosen Demagogen gehört, daß es keine Köpfe mehr duldet. Echter Parlamentarismus mag edle Geister beschäftigt haben; die Parteiherrschaft kennt nur noch erfolgbeflissene Philister. Unablässig wird deshalb die geistige Ebene des Parlamentes sinken. Wo die Minderwertigkeit herrscht, können in der Volksvertretung keine Heroen sitzen.

Hier setzt die Verwertung der sozialanthropologischen Untersuchungen ein, die Kretschmer und Lubosch**) angestellt haben. Danach läuft neben der Schichtung einer Gemeinschaft nach Rassentypen eine solche nach Konstitutionstypen einher, die auf die Bedingungen einwirkt, unter denen sich das Leben der Gesellschaft entwickelt. Lubosch unterscheidet vier bis fünf solcher Konstitutionstypen (Genius, Helden, Spießbürger, Philister und Diplomaten), die als besondere Charaktere durch ihr vorbestimmtes Verhalten die Geschichte beeinflussen. „Held und Genius sind immer Einzelne und Einmalige; Spießbürger und Philister sind dagegen Viele und Vielmalige, sind also wirkliche Charaktertypen." Genius und Held verkörpern die schöpferischen, geistigen und gestaltenden Kräfte, Spießbürger und Philister sind das Gestaltungsmaterial, also unschöpferisch.

*) Zitiert nach Georg Steinhausen, Der politische Niedergang Deutschlands. Osterwieck 1927, Verlag Zickfeldt.

**) Der Spießbürger und der Philister, ein Vortrag, veröffentlicht in den Süddeutschen Monatsheften 1928, Heft 12.

Der Spießbürger ist nicht etwas nur Lächerliches, als das er meist dargestellt wird. Lächerlich ist allein der Versuch, ihn zum Staatsbürger der freien Verantwortung und höchsten Selbstentscheidung erziehen zu wollen, ihn als Hebel der Geschichte zu sehen. In Wahrheit ist er ein treues und nützliches Glied der Gemeinschaft, ausgezeichnet durch gesunde Sittlichkeit, beharrliches Festhalten an der Überlieferung, fleißige Arbeitsleistung, Erzieherfähigkeiten an seinen Kindern. Er ist das Menschenmaterial, der Stoff, aus dem die Gesellschaft sich ergänzt, die Führer ihre Gefolgschaft formen. Die Spießbürger sind die Mitläufer der Parteien, sie sind geborene Masse, ebenso als Hüter des Volksgeistes berufen (Volk in Waffen), wie imstande, seelenloses Großstädtertum zu werden, das jede blöde Mode nachäfft. Ihr Kern aber ist gesund, ihr Dasein nützlich; zur Gefahr wird es erst, wenn der Spießbürger an Stellen gelangt, die kraftvolle Führernaturen ausfüllen sollen. Dies ist teilweise in den Parteien der Fall. Spießbürger, nur als Wählermasse brauchbar, erheben heute den Anspruch auf Führung oder werden an die Spitze gestellt, um den allseitig beliebten Schwächling gegen unbequeme echte Führer auszuspielen. Der „Volksmann" parteipolitischer Prägung, aufgeblasen und unschöpferisch, witzig und satt, lächelt über den Mann von Geist und Verantwortung, über dessen „Ideale" und „Weltfremdheit".

Schlimmer aber ist der Philister, der ewige Gegensatz zum Jüngling, der noch an die Ganzheit des Lebens glaubt. Er weiß alles besser und auf alles eine Antwort. „Er ist sehr klug, sehr beflissen, auf der Höhe der Technik, aber ohne die Ahnung, daß wahre Wissenschaft ein Ganzes ist." So zeichnet Lubosch den Famulus Wagner als wissenschaftlichen Philistertyp und stellt daneben den Philister in der Kunst: Beckmesser, den eitlen, plumpen, einfältigen Stadtschreiber, bereit, das Genie zu bekämpfen. Bei dem Philister tritt an Stelle des Wagemutes die Nützlichkeitserwägung; die Bestimmtheit seiner Behauptungen entspricht seiner kurzsichtigen Einseitigkeit. Er ist ein verblendeter Verstandesmensch; er kommt schon als Geheimrat E. Th. A. Hoffmannscher Prägung auf die Welt. Er ist der geborene Erfolgsjäger, scheut aber jeden Einsatz. „Nur da, wo der Lebenstrieb erlahmt oder künstlich niedergehalten wird und wo demnach die Auslese fehlt, besteht die Möglichkeit, daß der Philister, der eigenem Nutzen Nachjagende, der Utilitarist, der Problemlose zur Macht gelangt. — Es scheint, als ob es die Schuld dieses Menschentypus sei, wenn irgendwo ein großer Augenblick ein kleines Geschlecht gefunden hat" (Lubosch).

Es scheint auch, als ob die Parteien das Mittel wären, welches Spießbürger und Philister, besonders aber letztere, handhaben, um den Genius und den Helden auszuschalten.

Man glaubt nun das Parteiwesen verbessern zu können durch Beseitigung der Splitterparteien, Heraufsetzung des Wahlalters, Abschaffung des Listensystems usf. Sicherlich wären all diese Wege, zielstrebig begangen, geeignet zur Beseitigung der gröbsten Auswüchse. Insbesondere dann, wenn vom Verhältniswahlrecht abgegangen würde und eine Annäherung an den demokratischen Grundgedanken der Mehrheitsherrschaft erfolgte. Bezeichnenderweise geht aber der Liberalismus in Deutschland so weit, den Schutz der Minderheiten um keinen Preis aufgeben zu wollen. Dabei wäre die unmittelbare Folge der Einführung des demokratisch-parlamentarischen Systems eigentlich ein klares Bekenntnis zur Mehrheitsherrschaft gewesen. Sonst kommt es ja überhaupt nicht zur Bildung einer den Staat tragenden Mehrheit. Es entsteht dann eine Rücksichtnahme auf Minderheiten, die in auflösende Parteizersplitterung ausarten muß. Tocqueville schildert den Unterschied zwischen großen und kleinen Parteien folgendermaßen: „Große politische Parteien pflegen sich mehr an die Prinzipien als an ihre Konsequenzen zu halten. Die persönlichen Interessen, die immer die politischen Leidenschaften mitbestimmen, verbergen sich dann ganz hinter dem Schleier des öffentlichen Interesses, selbst die Führer nehmen diese großen Gesten an. Die kleinen Parteien sind durchschnittlich das Gegenteil. Da sie sich nicht von großen Problemen gehoben und gehalten fühlen, nimmt ihr Charakter den Stempel eines verantwortungslosen Egoismusses an, der sich bei jeder ihrer Handlungen wieder zeigt." Aber ob die Parteien groß sind oder klein, sie bleiben ihrem inneren Wesen der Interessenherrschaft verhaftet. Reform kann deshalb den Zusammenbruch verzögern, nie aber verhindern. Eine Erneuerung des Parteiwesens ist zudem nicht zu erwarten, jede Abänderung des Wahlrechtes stößt auf schwere Widerstände. Denn alle Abgeordneten sind natürliche Nutznießer des heutigen Systems. Sie können nicht ihrer politischen Selbstvernichtung zustimmen. Das ist ein Heroismus, der auf anderem Boden gedeiht als auf parlamentarischem.

Es wird immer gesagt, ein gerechteres Wahlrecht als das bestehende sei undenkbar. Demgegenüber verlangen manche die Heraufsetzung des Wahlalters. So begrüßenswert sie wäre, sie ändert nicht viel an der inneren Verlogenheit der ganzen Wählerei. Der allen gleiche Einzelne ist heute die Grundlage staatlicher Willensbildung: das Wahlrecht gilt in gleichem Umfange für den Quartalssäufer und den weltberühmten Gelehrten, den Zuchthäusler, dem die bürgerlichen Ehrenrechte nicht aberkannt sind, und den hochstehenden Menschen, den Kriegsverdiener und den Frontkrieger, den zwanzigjährigen Eintänzer und den sechzigjährigen Erzieher von sechs braven Kindern. Ein solches Wahlrecht kann an Ungerechtigkeit niemals übertroffen werden. Jede Neugestaltung, die von dieser Gleichheit abweicht, bedeutet deshalb einen Schritt zur Gesundung. Allerdings nur einen kleinen. Denn Wählen ist heute Ausdruck mechanischer Zusammenfassung, ist Gewaltherrschaft der Verantwortungslosen, ist alles, nur keine Demokratie. Vom Wählen lebt aber die Partei, die seelenlose Maschine, die das Leben unlebendig macht, Geist und Seele ertötet, die Minderwertigkeit an die Spitze trägt. Nichts verdient so sehr den baldigen Untergang als die Partei. Wer sie mit Feuer und Schwert austilgt, vollbringt ein frommes Werk.

Der Parteistaat

Namenlos wie das Geldkapital ist die Masse. Geld, Masse und Presse sind die drei großen Anonymen des zusammenbrechenden individualistischen Zeitalters. Die moderne Partei ist Massenpartei. Sie herrscht über und durch die Masse, jenes namenlose Etwas, für welches jeder und doch wieder niemand die Verantwortung trägt. Sie handelt und bestimmt, aber kein Einzelner will schuldig sein. Sie hat ihre eigene Seele, grundverschieden von der Seele des Einzelnen. Sie vernichtet die Denkkräfte des Einzelnen, der nach jeder Handlung der Masse, selbst ihr zugehörend, sich entsetzt fragt, wie er sich an einem Akte beteiligen konnte, der gegen seine eigene Überzeugung und seinen eigenen Willen ging. Nichts ist von niederen Trieben und unklaren Gefühlen so beherrscht wie die Masse. Nichts entmenscht den Menschen so, wie die Anhäufung von Menschen. Die ordnende Macht der Vernunft wird nirgends mehr ausgeschaltet als im Wahne der Massen. Das amerikanische Volk wollte keinen Krieg: seine Presse brachte es in kürzester Frist dazu, begeistert den Kreuzzug gegen die „Hunnen" zu unterstützen, die Kriegsdienstverweigerer, welche ihre Vernunft behalten hatten, in die Gefängnisse zu werfen. Noch nach zehn Friedensjahren — angesichts der restlosen geschichtswissenschaftlichen Klärung der Kriegsschuldfrage — glauben die breiten Massen an den verbrecherischen Willen Deutschlands zur Entfachung des Weltkrieges. Grauenhafte Unfreiheit liegt auf den Massen als geißelnde Gewalt. Massenwahn ist die wahre Bezeichnung jenes Zustandes, den der aufklärerische Mensch, immer noch schönfärbend, das freie Selbstbestimmungsrecht des Volkes nennt.

Die moderne Demokratie ist Massenherrschaft, ausgeübt durch die Parteien. Der allgewaltige Staat, dessen Grundstein die unumschränkt herrschenden Fürsten legten, hat seinen Herrn gewechselt. War der Monarch wenigstens seinem Gewissen und seinen erbberechtigten Nachkommen verantwortlich, so fällt diese Verantwortung mit dem Übergange der Macht an die Masse weg. An die Stelle der Persönlichkeit tritt die namenlose Gewalt in der Hand desjenigen, der offen oder versteckt die Masse zu leiten vermag. Massengunst und Geld, meist nicht nur verschwistert, sondern in sich eins, treten die Herrschaft an.

Als durch die französische Revolution der absolute König vom absoluten Volke ersetzt wurde, war eines der ersten Gesetze, welches die neuen Machthaber schufen, ein Zensitenwahlrecht, ähnlich dem früheren preußischen Dreiklassenwahlrecht. Hier wurde der in der französischen Revolution zur Herrschaft gelangte Gedanke in roher Nacktheit offenbar: das Geldkapital, die wirtschaftliche Form des Individualismus, drängte zur Eroberung des Staates. Es löste den Grundbesitz in der Herrschaft ab. Die Formen der Machtausübung änderten sich. An Stelle der äußerlichen Untertänigkeit des Volkes trat die seelische Verknechtung. Die nebelhaften Versprechungen der Gleichheit, Brüderlichkeit und Freiheit taten ihre vernunftvernichtende, berauschende Wirkung. Die große Umschmeichelung der Straße beginnt. „Die*) reine Demokratie liegt in einer ständigen Selbstanbetung. Der leiseste Angriff verletzt sie schon, und man muß sie deshalb unaufhörlich loben. Die Ungläubigen finden schließlich kein Organ mehr, um ihre Gedanken auszudrücken, und so kann die Demokratie ein besseres Ergebnis erzielen als die Inquisition in Spanien. In jeder Regierungsform wird man die niedrige Gesinnung und Schmeichelei neben der Macht antreffen, in der demokratischen Republik und in der absoluten Monarchie. Statt der Anrede Ew. Majestät und Sire redet man unaufhörlich von der natürlichen Erleuchtung seiner Herrin, der Demokratie. Ohne weiteres besitzt auch der neue Herr sämtliche Tugenden, ohne sie erworben zu haben oder überhaupt zu wollen. Allegorien sind nicht mehr erforderlich, um Wahrheit zu übermitteln; es heißt einfach: wir wissen, daß wir zu einem Volke sprechen, zu hoch über aller menschlichen Schwäche, um nicht Herr seiner selbst zu bleiben. Die Schmeichler Ludwig XIV. hätten es nicht besser machen können. — Das Volk hat niemals die Zeit und die Möglichkeit, sich ganz dem Studium über die zu wählenden Männer hinzugeben. Es muß schnell urteilen und sich an die springendsten Punkte halten. Daher wissen die Scharlatane aller Art so gut das Ge-

*) Tocqueville. Dém. Bd. III, zitiert nach Göring.

heimnis, ihm zu gefallen, während sehr oft seine wahren Freunde hier versagen."

Die Herrschergewalt des Geldes unterliegt in der Demokratie keiner Beschränkung. Das Geld hat sich die Demokratie als die Form seiner Tyrannei gewählt und geschaffen. Der Großstadtpöbel aller Grade, der nur noch in Geld zu denken vermag, empfindet es als natürlich, vom Gelde auch regiert zu werden. Die wirtschaftliche Form des hochkapitalistischen Zeitalters ist aber der Handel. Der wahre Geldmensch erzeugt keine Werte mehr, sondern handelt mit vorgefundenen Werten. Handeln kommt aber von unterhandeln; schon im Wirtschaftsleben ist Überredung ein Mittel des Erwerbes. Der beste Unterhändler trägt den klingenden Erfolg nach Hause. Erobert das geistige Händlertum die Macht im Staate, so überträgt es das Verfahren seiner Wirtschaft auch auf das staatliche Leben, die Politik. Der verhandelnde Politiker, der mit der besseren Überredungskunst, der größeren Pfiffigkeit und dem weiteren Gewissen Ausgestattete, wird Führer. Wie jeder Handelsabschluß ein Ausgleich auf der mittleren Linie ist, bei welchem der Stärkere Vorteile erringt, so wird jeder politische Abschluß das Ergebnis verhandelnder Tätigkeit. Nichts wird richtig oder zweckmäßig gemacht; alles nur so, daß die widerstreitenden Interessen zu leidlicher Ruhe kommen.

Der Wille des wahren Staates geht auf Erfüllung des Gesellschaftszweckes: Wohlfahrt und Erhaltung der Gesellschaft. Gesellschaftszweck ist aber nicht gleichbedeutend mit der Interessensumme aller Mitglieder einer Gesellschaft. Dies wäre die volonté de tous (Rousseau). Wäre sie das oberste Gesetz der Gesellschaft, so müßte der Krieg, weil ihrem Selbsterhaltungsstreben zuwiderlaufend — überhaupt verneint werden. Da die Gesellschaft aber nicht nur die Mitwelt, sondern auch die Nachwelt umfaßt, so kann das wahre Gesellschaftsinteresse die Verleugnung der volonté de tous, des Willens Aller, verlangen, um den Krieg zu bejahen. Muß doch die Gesellschaft unter Umständen die Vernichtung des lebenden Geschlechtes fordern, um ihre Fortdauer, ihre Zukunft zu retten. Aber auch die Interessensumme aller Mitglieder der gegenwärtig lebenden Gesellschaft ist auf dem Wege der Zusammenzählung nicht zu ermitteln. Dieses Verfahren würde nur zum Ziele führen, wären alle gleichmäßig in der Lage, ihren eigenen Vorteil auch wahrzunehmen. Aber genau so wie der Vorteil unerwachsener Kinder natürlicherweise von den Eltern — auch gegen den Willen der Unmündigen — gewahrt werden muß, so auch das Interesse der Masse durch den Führer, meist gegen die Einsicht und den Willen der Geführten. Der schwerste Denkfehler der

Verteidiger des allgemeinen Stimmrechtes liegt in der falschen Annahme, als ob jeder Stimmberechtigte die Fähigkeit besäße, auch sein Bestes zu erkennen. Eine weitere Fehlerquelle der modernen Demokratie enthält der Umstand, daß der Mehrheitswillen eine weitere Abschwächung der volonté de tous darstellt. Nur ein Teil der gegenwärtig lebenden Gesellschaft steht hinter dem Staatswillen. Auch dieser Teil ist jedoch nicht die Mehrheit. Denn die Nichtwähler fallen bei der Staatswillensbildung ebenso aus wie die Anhänger von Splitterparteien. Endlich aber findet innerhalb der Parteien wiederum eine Majorisierung der Minderheiten statt, so daß auch bei folgerichtiger Durchführung der mechanischen Abstimmung niemals der Volkswille als Endergebnis in Erscheinung tritt, sondern immer nur der Wunsch einer Minderheit. — Aber auch die sogenannte Mehrheitsregierung ist nicht dem Willen der Mehrheit gleichzusetzen. Denn sie faßt ihre Beschlüsse auf dem Wege des Unterhandelns: des Kompromisses. Man kann deshalb den heutigen Staatswillen folgendermaßen umreißen: er ist die Komponente der Einzelvorteile, dargestellt durch die Kompromisse der die Mehrheit bildenden Interessengruppen. Wie unendlich weit dieses dürftige Ergebnis vom eigentlichen Staatswillen, von der volonté générale entfernt ist, bedarf nach dieser Darlegung keiner Betonung mehr. Denn das wahre Gesellschaftsinteresse ist durch Ermittelung der Massenwünsche überhaupt nicht wahrnehmbar.

Das Geld hat in zahlreichen Formen, auf den verschlungensten Wegen seine Herrschaft sichergestellt. Der vollkommenste ist der über Presse und Propaganda. Es wäre nun falsch anzunehmen, daß nur das sogenannte Kapital, also die Unternehmerseite deutscher Wirtschaft, die Macht der Presse zu handhaben verstünde. Es ist genau umgekehrt. Zu Beginn des liberalen Zeitalters war die Presse keineswegs als Werkzeug der Interessen gedacht, es lag auch nicht in ihrem Wesen, die seelische Verknechtung der Massen durchzuführen; sie lebte sogar noch in der unschuldigen Vorstellung, der Erleuchtung des Volkes zu dienen. Gerade der Sozialismus war es, der die Presse als Herrschaftsmittel großen Stils ausbaute. Das sogenannte kapitalistische Lager folgte erst viel später — aus der Abwehr heraus — dem gegnerischen Vorbilde nach. So ist denn auch die Gewerkschaftspresse, wahrscheinlich auch dem Umfange nach, das stärkste Machtwerkzeug seiner Art. Erst mit der restlosen Demokratisierung wird die Presse zur vollendeten Sklavenhalterin. — Wie sehr die Partei vom Gelde abhängig ist, wurde oben gezeigt. So setzt sich denn auch jede Partei aus Standes- und Interessenvertretern zusammen. Sie hat ihre Fachleute für jeden Beruf, für jedes Gewerbe und für jede wirtschaftliche Machtgruppe.

Wo der Klassencharakter der Partei, das rein wirtschaftliche Denken, noch nicht offen in Erscheinung tritt (wie bei der Arbeiterpartei, Mittelstandspartei, Aufwertungspartei usw.), stehen hinter den ehemaligen Weltanschauungsparteien die großen Berufs- und Wirtschaftsverbände mit ihren Forderungen und ihren verlockenden Schecks. Es bildet sich eine Art von wirtschaftlicher Nebenregierung, mühsam verdeckt durch die hohltönenden nationalen und weltanschaulichen Klänge, mit welchen jeder Interessenvertreter sein Liedchen von der Wirtschaftsnot abschließt. Alle Wähler, ohne Unterschied der Partei, allerdings mit Abstufungen, werden so unter der Botmäßigkeit des Geldes gehalten, weil gerade die Anrufung des stofflichen Instinktes zur Entmannung der Masse führen muß. Die Sehnsucht nach materiellem Besitz wurde ihr als Hauptwesenszug eingeimpft und ihr so die Kraft genommen, lockenden Versprechungen oder gar gebotenen Vorteilen zu widerstehen. Je paradiesischer das vorgegaukelte Trugbild, um so schmerzloser die seelische Versklavung. Zahl und rohe Kraft sind die einzigen Waffen, die unter Umständen den nichtbesitzenden Volkskreisen verbleiben. Betäubt man sie mit den Schlagworten der Brüderlichkeit, des Weltfriedens und mit Kulturgerede, so entwaffnet man sie und entfremdet sie dem Gedanken, Gewalt gegen überlegene Geldherrschaft anzuwenden. Durchschaut ein Massenführer dieses ganze Getriebe, so bleibt immer noch die Möglichkeit, den gefährlichen Vorkämpfer der „Entrechteten" am Genusse des Geldbesitzes teilhaben zu lassen: entweder durch unmittelbare Bestechung oder durch Beteiligung wirtschaftlicher Art oder durch das Angebot einer Staatsrente, lies: Einreihung in die Beamtenschaft. Die „Kapitalfeindlichkeit" der Führer wird so zum Zwangsmittel gegen das Kapital, das seine Panzerschränke so wenigstens den Führern der Gegenseite öffnen muß.

Der Behauptung, Demokratie sei Geldherrschaft, könnte die Tatsache der Verbreitung sozialistischer Gedankengänge, des Bestandes großer sozialistischer Parteien, entgegengehalten werden. Hier erhebt sich die Frage, ob der wirkungsvollste Verfechter des Sozialismus, Karl Marx, wahrhaft antikapitalistisch eingestellt, oder ob sein Kampf gegen das Kapital nur Mittel zum Zweck war. Damit soll ihm nicht bewußter Betrug vorgeworfen werden. Warum aber ist Marx überhaupt Sozialist geworden? Er selbst hat eine sittliche Begründung des Sozialismus stets schroff abgelehnt.*) Sein Briefwechsel mit Engels verrät eine „erschreckende Gemütskälte gegenüber den Arbeitern, den Straubingern, wie sie meist verächtlich genannt werden". In Wahrheit war Marx revolu-

*) Ottokar Lorenz, im Februarheft 1928 der Süddeutschen Monatshefte.

tionär im bürgerlichen Sinne. Er war ein Jakobiner, der gegen die Heilige Allianz kämpfte. Freiheit und Gleichheit entlieh er, der Individualist, der geistigen Waffenkammer der französischen Revolution. Als er jedoch die bürgerliche Revolution des Jahres 1848 zusammenbrechen sah, kämpfte er nicht mehr unmittelbar für die Herstellung der Bürgerherrschaft, sondern wandte sich dem Proletariat zu. Er rief also die Arbeitermassen zu Hilfe, um die alte Ordnung durch den demokratischen Bürgerstaat, die Herrschaftsform des Geldbesitzes, zu ersetzen.

Wo seitdem der Sozialismus politisch kämpft, steht er auf seiten des Geldes gegen den Staat. So befehdete er die Monarchie, den Grundbesitz, die bodenständige Industrie, den Mittelstand und endlich auch den Arbeiter durch Ablehnung aller Sozialpolitik. Was nur an Boden, Blut, Volkstum, religiöse Bindung und überhaupt an überkommene Werte erinnert, wird zersetzt oder abgelehnt. Der Sozialismus wurde unter dem Einflusse von Karl Marx zum entarteten Liberalismus. Am Ende war er nur noch das getreue Spiegelbild materialistischen, bürgerlichen Denkens: allerdings im Angriffe, das Bürgertum dagegen in der Verteidigung. Der Gedanke, den Kapitalismus als geistige Zuständlichkeit, als den Vernichter der Seele zu bekämpfen, kam Karl Marx, für den es nur Stoff, keine Seele gab, nicht. Er hatte den Fanatismus des Gelehrten, der seine Gelehrsamkeit als Mittel zum Zweck benutzte, zur Schaffung einer Ideologie, die jedes Seelentum verneinte. Seine überspitzte Denkweise machte aus Wirtschaftlichkeit reine Profitgier. Der Haß der Arbeiter wurde auf den gelenkt, der ihnen von allen Kapitalisten innerlich noch am nächsten steht: auf den Unternehmer. Die privatkapitalistische Wirtschaftsform, als Erzeugungsweise nicht zu beseitigen, da in der menschlichen Natur begründet, wurde als Kampfgegenstand hingestellt und gleichzeitig der geistige Kapitalismus geschützt und großgezogen. Wer Werte erzeugte, war der Feind, wer mit ihnen handelte und beliebige Gewinne erzielte, der Freund. So kommt es zu dem traurigen Bilde, daß der deutsche sozialistische Arbeiter gegen die schaffende Wirtschaft anstürmt und das rentesuchende Kapital mit seinem Leibe deckt. Der Fabrikbesitzer, Tag und Nacht um Wohl und Wehe seines Betriebes besorgt, gilt als Todfeind des Arbeiters. Der Finanzgewaltige, der die Ströme des Geldes einzig nach dem Gesetze des Gewinnes lenkt und so der wahre Nutznießer, sowohl der Leistung des Handarbeiters als auch des Betriebsleiters ist, bleibt unsichtbar im Hintergrunde. Der Besitzer des Warenhauskonzerns versichert seine Schaufenster mit Beiträgen in die Kassen des Sozialismus. Ein Wiener Witzwort besagt, daß in den vornehmen Vierteln die Herrschaftswohnungen sozialistisch wählen, das Hinterhaus christlich-sozial oder großdeutsch. Dieser Ausspruch kennzeichnet auch den inneren Zustand des heutigen Deutschlands. Er beweist, daß der deutsche Arbeiter im Jahre 1918 nicht seine Revolution gemacht hat, sondern die seines echten, aber verborgenen Todfeindes, des Geldkapitals. So siegte denn auch 1918 die Gelddemokratie über den Gedanken des Arbeiterstaates. Flüchtige Bestrebungen, an Stelle der bürgerlichen Parteidemokratie das Rätesystem zum Ausbaue eines deutschen Staates zu verwenden, versandeten. Jede Vorstellung eines organischen Staates der Arbeit fehlte dem Bürgertum. Die Arbeiterschaft aber war liberaler als der Liberalismus und half die geringen Ansätze einer volksdeutschen Staatsformung beseitigen. Vielleicht mußte dies so sein, weil die Übernahme des Rätegedankens Bolschewisierung und damit Verrussung oder gar Asiatisierung des Deutschtums bedeutet hätte. Von der verschwundenen Pracht zeugt noch eine hohe Säule, die eigentlich schon mehr als geborsten ist: der Reichswirtschaftsrat.

Wie kommt es nun, daß gerade der Sozialismus, angeblich so kapitalfeindlich, zur Hauptstütze der Plutokratie wurde? Nur weil die deutsche Arbeiterbewegung ihren ursprünglichen, dem Seelischen verbundenen, grunddeutschen Zug verloren hatte. In dem Kampfe zwischen Marx einerseits, Lassalle und Weitling andererseits, hatte ersterer gesiegt. Die konservativ-deutsche Einstellung dieser wurde von ihm fast erbitterter bekämpft als der ganze Kapitalismus. Marx wollte kein Volkstum und keine gewachsene Bindung, er haßte den bejahenden, schöpferischen Menschen. Der Mensch sollte zur Masse werden, die sich in Lohnarbeit und irdischer Glückseligkeit erschöpft. Richard Bie*) schildert dieses individualistische Ideal, das der Kommunismus dann in Rußland zu verwirklichen suchte, wie folgt: „An und für sich ist dieser Gedanke nicht neu, denn es ist der Gedanke der Inquisition, den Dostojewski in seinem „Großinquisitor" geschildert hat: die Menschheit soll gehorchen, nicht mehr dem messianischen Wahn vertrauen, daß Steine sich in Brot verwandeln können und der Glauben Berge versetzt; die Menschheit soll sich im Gegenteil fügen und glücklich sein, wenn nur ihr leiblicher Hunger gestillt wird. In diesem Punkte besteht kein Unterschied zwischen der Inquisition der Kardinäle und der Tscheka. Beide richten sich gegen den rebellischen und reformatorischen, den gewissenhaften und den sittlich verantwortlichen, kurz den protestantischen Geist im Menschen." In der Sprache dieses Buches heißt dies, daß der Kommunismus die gesetzesreligiöse Seite der

*) Revolution um Karl Marx, Voigtländers Verlag in Leipzig, 1929.

Religion ebenso in den diktatorischen Massenstaat abwandelt, wie die protestantische von Liberalismus in humanitarisierende Anarchie verfälscht wurde.

Heute ist der deutsche Parteisozialismus die marschierende Truppe des still und überlegen herrschenden Geldkapitals, das sie dazu gebraucht, die schaffende Landwirtschaft und das wertezeugende Unternehmertum unter seine „Kontrolle" zu bringen. Der deutsche Arbeiter wurde gehorsame Schutztruppe des Geldes.

Abgesehen von dem philosophischen Grundfehler des geschichtlichen Materialismus, hat Marx bei der Errichtung seines Lehrgebäudes eines übersehen: daß nämlich für den Zustand der Gesellschaft nicht allein der Besitz wesentlich ist, sondern auch die Verfügung darüber. Im Zeitalter des Hochkapitalismus ist nicht immer mächtig, wer am Kapital Eigentum hat, sondern wer über es verfügt. Gewiß erhalten die meisten Kapitaleigentümer eine gewisse Rente. Sie ist aber immer geringer geworden, so gering, daß heute die Gewinne der großen Handelsgesellschaften weit unter dem Zinsfuße des einfachen Leihkapitals liegen. Gleichzeitig ist in den Aktiengesellschaften das Schwergewicht vom Aufsichtsrate zur Vorstandschaft hinübergewechselt. Die Generaldirektoren werden die Allmächtigen des Kapitals. Sie sind eine Art von Lehensnehmern geworden, die allerdings durch einen einzigen Beschluß aus ihrer Stellung verdrängt werden können, sie aber meist auf Grund hervorragender Leistungen und Fähigkeiten behaupten. Die sogenannten Wirtschaftsführer Deutschlands sind zum großen Teil von Haus aus keine eigentlichen Kapitalisten, sondern höchstbenotete Arbeiter. Diese wichtige Veränderung im Wesen der Privatwirtschaft konnte natürlich auf die Bestrebungen des Sozialismus nicht ohne Rückwirkung bleiben. Er wandelte seine Taktik in einer Weise, die in voller Tragweite erkannt werden muß, weil solche Erkenntnis den Schlüssel zum Verständnis des gegenwärtigen Staatslebens bildet: hätte die sozialistische Bewegung in Deutschland ihren, ein Menschenalter lang, eingehaltenen Weg weiter verfolgt, so hätte sie folgerichtig 1918 die Diktatur des Proletariats errichten und mit der Sozialisierung ernst machen müssen. Tatsächlich gab es auch eine starke Richtung innerhalb des Sozialismus, welche die Verwirklichung solcher Pläne forderte. Die Mehrheit erkannte aber, daß die Vergesellschaftung ein wirtschaftliches Unding sei, dessen Durchführung das deutsche Volk dem Hungertode geweiht hätte. Schon Engels befürchtet in einem Briefe vom Jahre 1853, daß die Partei, „durch den proletarischen Populus getrieben, durch ihre eigenen, mehr oder weniger falsch gedeuteten, mehr oder weniger leidenschaftlich vorangedrängten, gedruckten Ansprüche und Pläne gebunden, genötigt werde, kommunistische Experimente und Sprünge zu machen, von denen man selbst am besten weiß, wie unzeitig sie sind." Der Sozialismus hätte also eigentlich im Jahre 1918 seinen Zusammenbruch erklären und sich vollkommen umstellen müssen. Das tat er nicht; denn rasch hatte er erkannt, daß seine Teilnahme am Staatsleben keine Sozialisierung bringen könne, dafür aber etwas in der Wirkung Ähnliches, wenn auch vom eigenen Grundgedanken Abweichendes. Durfte zwar der privatkapitalistische Aufbau der Wirtschaft nicht angetastet werden, so konnte mittels des allgewaltigen Staates ein solcher Druck auf das Privatkapital ausgeübt werden, daß es „freiwillig" bereit war, eine Reihe von Nutznießern an der Kapitalrente zu beteiligen. Und zwar solche, die — wirtschaftlich gesehen — Nichtkapitalisten waren und keinen rechtlichen Anspruch auf diese Nutznießung hatten. Mit anderen Worten: Geld ist nicht nur Macht, sondern Macht ist auch Geld. Nachdem aber der Parteisozialismus eine Macht geworden war, einmal durch die erhöhte Bedeutung der Partei überhaupt, dann durch die Beteiligung am Staate, so entstanden für diese neue Macht auch neue Möglichkeiten, sich selbst in Geld umzusetzen. Bedeutende Mittel aus geldkapitalistischen Kreisen fließen seither dem Sozialismus zu. Der Druck, den die Partei unmittelbar auf das Kapital ausübt, wirkt sich kassenfüllend aus. Viel großartiger ist aber der Weg über den Staat, die Länder, die großen Selbstverwaltungskörper und die Gemeinden, die ja auch restlos parlamentarisiert sind. Auf dem Umwege über die Steuergesetzgebung und die Soziallasten wird die Beteiligung an der Kapitalrente im großen durchgeführt. Selbstverständlich geschieht das alles im angeblichen Staatsinteresse. In Wahrheit geht es aber nicht um den Staat, sondern um die Klasse. Auch über eine entsprechende Handhabung der Kreditgewährung seitens öffentlicher Anstalten läßt sich manches machen; endlich auch durch Beteiligung der öffentlichen Hand an der Privatwirtschaft. Zahlreiche Möglichkeiten ergeben sich so, Menschen, die auf rein wirtschaftlichem Wege niemals die Verfügung über große Kapitalien erlangt hätten, zu Verwaltern von Riesensummen zu machen. Da andererseits die freie Kapitalbildung erschwert wird, muß die Abhängigkeit von den überfüllten öffentlichen Kassen noch wachsen. So tritt zu der reinen Staatsmacht noch die Geldmacht, zu welcher der Staat in immer höherem Maße wird. Beide steigern sich gegenseitig hinauf. Daß die über Großkapitalien Verfügenden im allgemeinen auch die eigene Person nicht zu kurz kommen lassen, ist bekannt. Ein reizvolles Spiel!

Die Arbeiter wurden gegen das Kapital aufgewiegelt, die auf ihre Massen sich stützende politische Macht aber für die Führer ausgenutzt: zur Teilnahme am kapitalistischen Systeme.

Diese Haltung kann rechtlich nicht ohne weiteres als bestechlich bezeichnet werden. Der Gesellschaftswissenschaftler darf aber ruhig von einer Geldherrschaft sprechen. Selbstverständlich entarten diese Zustände hier und da zu offener Korruption; es entsteht dann ein „Panama“, das bis jetzt noch keiner modernen Demokratie erspart blieb. Der Einwand, daß nur in besonders bewegten Zeiten, als Ausnahmeerscheinung, solche Dinge vorkämen, ist nicht stichhaltig. Denn die Ausnahme scheint weniger auf sittlichem, als auf intellektuellem Gebiete zu liegen. Nur Unternehmen, die zu plump eingefädelt sind, führen zum Skandal. Manchmal auch solche, bei denen die Rückversicherung vernachlässigt wurde. Diese besteht darin, den gefährlichen Mann grundsätzlich an jedem Fischzuge zu beteiligen. Es bildet sich dann eine so verfilzte Clique von Nutznießern, daß deren Preisgabe die Staatskrise bedeuten würde: die ganze führende Schicht käme unter die Räder. Man weiß aber zuviel voneinander; oft beginnt man sogar die politische Laufbahn damit, über alle führenden Menschen belastenden Stoff zu sammeln, der im gegebenen Augenblick allein durch sein Dasein erpresserisch wirkt. Vor allen Dingen ist keine unabhängige Behörde mehr da, welche die Anklage erheben könnte. Staatsanwaltschaft und auch späterhin die Gerichte werden zu Dienern der Parteimachthaber. Wer diesen Dienst — entsprechend seinem Eide — aufsagen möchte, verliert Brot und Ansehen. So wird erklärlich, daß eingespielte moderne Republiken keine großen Skandale mehr erleben. Zwar weiß jedermann, daß alles faul ist, aber die Auflehnung wird zu gefährlich. Der Herkules, bereit den Augiasstall zu misten, fehlt.

Dazu kommt noch die Personalpolitik der Parteien, wie die harmlose Umschreibung des Umstandes lautet, daß die Parteien zu großen Patronageverbänden geworden sind. Zwar handelt es sich dabei um Beutezüge für kleinere Raubtiere, dafür aber um solche, bei denen ganze Scharen befriedigt werden können. In Amerika wechselt mit dem Präsidenten das ganze Heer der Beamten. Daher das Streben, in den fetten Jahren Rücklagen für die mageren zu sammeln. Die Berufsmäßigkeit des deutschen Beamtentums verhinderte bislang eine Entwicklung in dieser Richtung. Dafür aber ist das Deutsche Reich zum Muster einer Versorgungsdemokratie geworden. Gehaltsklasse und Ruhestandsgehalt sind die magischen Zauberworte, die immer neue Hunderttausende zum Anstehen an der Staatskrippe bringen. Der Ruf nach Ersatz des berufsmäßigen durch den gewählten Beamten, eine demokratische Grundforderung, wird deshalb immer schwächer. Er tönte nur zeitweilig, um mißliebige Beamte, die sich den herrschenden Parteien nicht beugen wollten, zu entfernen, um Plätze für Parteigetreue freizumachen. Mit einem schönen Worte wird dies Republikanisierung des Staates genannt. Allzuviele verdiente Parteiveteranen drängen eben auf Einlösung der von den Parteiführern ausgestellten Wechsel. Und immer noch zu begrenzt sind die Möglichkeiten, welche den Parteien zur Belohnung ihrer Getreuen gegeben sind. Man geht deshalb dazu über, auch die höheren Beamtenstellen zu parlamentarisieren und auf Grund stiller Handelsgeschäfte zwischen den Parteien zu besetzen. Die Zahl der Minister und Staatssekretäre außer Dienst, die „standesgemäß" untergebracht werden wollen, schwillt an. Neue Ämter müssen für diese Würdenträger geschaffen werden. Die kleinen Leute sind zufrieden, wenn ihre Stelle um eine Gehaltsklasse gehoben wird. Dieses „Heben" ist eine der Haupttätigkeiten der Gemeindeparlamente geworden. So findet, da die öffentliche Hand immer noch die freigiebigste ist, und die Kasse, in welche sie greift, immer noch die gefüllteste, eine nicht gerade widerwillige Einfügung in die „kapitalistische Weltordnung" statt. Daß dies auf Staatsstellen geschieht, ist um so angenehmer: es sieht unkapitalistisch aus, der Arbeitgeber kann nicht fristlos entlassen, und obendrein bleibt der Ruf erhalten, ein Mann zu sein, der sich für den Staat und die Parteiideale auf maßgebendem Posten aufreibt.

Auch die Abgeordnetenlaufbahn bietet reichlich Gelegenheit zu Unsauberkeit. Bei den heutigen, einen weit überspannten Wirkungskreis umfassenden Parlamenten ist die Tätigkeit des Abgeordneten eine so zeitraubende, daß er seinen Beruf vernachlässigen muß. Gelangt er nicht irgendwie zu einer der zahlreichen Staatsrenten oder wirtschaftlichen Interessenvertretungen, so führt die parlamentarische Laufbahn zu seinem finanziellen Zusammenbruche. War der Abgeordnete von Beruf Arbeitsloser oder sonst ein „kleiner Mann", so bedeutet die Aufwandsentschädigung des Parlamentes sozialen Aufstieg. Aber rasch ist die bescheidene Lebenshaltung von einst vergessen. Die Aufwandsentschädigung als einzige feste Einnahme genügt nicht mehr. Dann muß die Partei in ihren Säckel greifen oder hilfsweise die Staatskasse heranziehen. Denn ist der Abgeordnete Beamter, so besteht ja seine ganze Tätigkeit für den Staat darin, am Ersten des Monats den Gehaltsempfang zu bestätigen. Leichter wurde nie einem Stande das Opfer für das Vaterland gemacht. Auch hier bewährt sich also der Grundsatz, daß Macht Geld verleiht. Selbstverständlich ist das keine Bestechlichkeit und deshalb um so beliebter. Ein Siebentel der deutschen

Bevölkerung lebt heute von der öffentlichen Hand. Alle Beamten-Abgeordneten wirken bewußt oder unbewußt für die Erhaltung dieses unsinnigen Zustandes. Sind sie doch als Abgeordnete die Arbeitgeber der Gehaltsempfänger: also Arbeitgeber und Arbeitnehmer in einer Person; nur daß andere die Mittel aufbringen müssen, die sich diese bewilligen. Eine andere Abart des Volksvertreters ist der Abgeordnete, der, besorgt um die Gunst seiner Wähler, zahlreiche persönliche Anliegen derselben kraft seines Einflusses erfüllen soll. Angefangen vom Millionendarlehen des Staates bis zum unglücklich ausgegangenen Ehescheidungsprozeß, brütet das Wählergehirn Gesuche und Denkschriften aus, die dem armen Volksvertreter den Mittagsschlaf rauben. Dieser ausgesprochene Interessenvertreter kann den zahllosen Wünschen seiner Wähler aber nur nachkommen, wenn er sich, als Gegenleistung, der Regierung, den führenden Parteimännern in irgend einer Form verpflichtet. So kommt es auch hier zu einer Interessenverfilzung, welche die freie Entschlußfähigkeit des Abgeordneten bei entscheidenden Abstimmungen gefährdet. Das Ganze gipfelt in der restlosen Vermischung privatwirtschaftlicher, persönlicher und staatlicher Interessen. Zwischenparteilich entsteht eine Gruppe von Eingeweihten, die nur noch Scheingefechte gegeneinander liefern, um das Herz des Wählers zu erfreuen. In Wahrheit sind sie sehr einig, und nur manchmal fechten sie stille, aber erbitterte Kämpfe aus um den Anteil an der großen Futterkrippe, die Macht heißt.

Die hohen Würdenträger der kleinbürgerlichen Demokratie — um eine solche handelt es sich nämlich in Deutschland — sind der Gefahr der Korrumpierung in außerordentlichem Maße ausgesetzt. Von der Spitze her dringt deshalb die Bestechlichkeit, sittliche Hemmungen vernichtend, in immer weitere Kreise ein. Gerade die durch Parteigunst an führende Posten Gelangten sind sich bewußt, daß mit dem Übergange ihrer Partei in die Opposition die Stellung verloren gehen kann. Man sorgt deshalb vor. Gelangt ein Beamter oder ein kleinbürgerlicher Parlamentarier auf einen Aufwand erfordernden Posten, gar den des Ministers, so wird plötzlich seine Lebenshaltung um viele Grade erhöht. Er muß repräsentieren, sein Haus duldet in einer Welt von Geldfürsten keinen kleinbürgerlichen Zuschnitt, es sei denn, daß in ganz seltenen Fällen die geistige und charakterliche Überlegenheit äußere Mängel vergessen läßt. So wird eine höhere Lebenshaltung zur Gewohnheit, als den Vermögensverhältnissen entspricht. Mit einem Male verliert der hohe Würdenträger sein Amt und soll nun wieder in kleinbürgerliche Verhältnisse zurückkehren. Das ist natürlich möglich und wird auch häufig durch Selbstüberwindung gelingen. Oft aber wird, besonders von der Frau unterstützt, der Wunsch erwachen, auch nach dem Verluste der hohen Stellung wenigstens rein gesellschaftlich „oben zu bleiben". In diesem Zwiespalte kann auch ein sittlich gefestigter Mensch den Halt verlieren. Fast alle ehemaligen Minister aus proletarischen Kreisen pflegen deshalb heute eine großbürgerliche Lebenshaltung. Mit welchen Mitteln, wissen die Götter.

Unersättlich ist der Hunger jener, die auf das stillschweigende Programm der Versorgung geeinigt sind. Macht verleiht Geld und Geld verleiht wieder Macht; das ist ein fortgesetztes Sich-hinauf-steigern. Alle Schranken des Rechtes brechen unter diesem Ansturm zusammen. Das Parlament, sozusagen das Gehirn dieses machtgierigen Systems, will unter Beseitigung jeder Gewaltenteilung alleinige Machtquelle werden. Nicht nur, daß die Trennung von vollziehender, gesetzgebender und richtender Gewalt aufgehoben wird; auch die Machtverteilung zwischen den einzelnen politischen Organen ist ständig umstritten. Die anonyme Clique der Parteigewaltigen will die Machtausübung jeder Art in ihrer Hand vereinigen. So wirkt jeder Parlamentarismus naturgemäß zentralisierend. Niemand übt irgendeine Kontrolle über die Despoten des Parlamentes aus. Keine Bindung vermag die Unverantwortlichen in ihren Entschlüssen zu hemmen. Das Einkammersystem ist der Freibrief zur Rechtswillkür, aber auch die Verlockung zu dauernden Eingriffen in Verwaltung und Rechtsprechung. Zwischen Parlament und Regierung besteht keine Verschiedenheit mehr. Die ständige Angst der Parlamentsgewaltigen ist, daß sich eine Regierung von ihnen unabhängig machen könnte. Mit Vorliebe werden deshalb sogenannte schwache Männer auf den Kanzlerstuhl gesetzt; alle freien Kräfte, welche außerhalb des Parlamentes das Gesellschafts- oder Staatsleben beeinflussen könnten, werden unterdrückt. Bilden sich solche auf rein gesellschaftlichem Boden, so spielt der parlamentarische Staat gleichgeartete Bestrebungen gegeneinander aus, so die Möglichkeit wirklicher Leistung vernichtend. Der Todfeind der parlamentarischen Demokratie sind die Verbände und Bünde. Tocqueville bezeichnet sie als den einzigen Damm gegenüber der Willkürherrschaft der Mehrheit. Das Parlament versucht deshalb, bald mit freundlichen Versprechungen, bald mit „Schutzgesetzen", das Leben der Verbände zu töten. Einmal verspricht man ihnen Einfluß in den Parteien, dann schüchtert man sie ein. Niemals aber meint man es ehrlich mit ihnen.

Auch die Einrichtungen des Staates selbst, wie das Richtertum, möchte das Parlament seinem Einflusse unterwerfen. Dies ist letztes Ziel demokratisch-liberalen Denkens. Deshalb gefallen sich viele Parlamentarier so in der Rolle des Richters, die sie bei Untersuchungsausschüssen spielen. Alle Vorgänge des staatlichen und gesellschaftlichen Lebens können Gegenstand der Untersuchungstätigkeit solcher Ausschüsse sein. Jedes Verfahren vor ordentlichen Gerichten kann nachgeprüft werden. Nun wird gesagt, die Tätigkeit der Untersuchungsausschüsse sei geeignet, die Haltlosigkeit von Vorwürfen gegen deutsche Richter zu erweisen. Daß aber ein Richterspruch kein letztes Urteil mehr darstellt, wenn Volkstribunen es nachprüfen, ist klar. Jede Überprüfung bedeutet eine Erschütterung des Rechtsgedankens, die allerdings nur dem zum Bewußtsein kommt, für den Recht nicht nur staatlicher Befehl, sondern aus der Seele des Volkes wachsende Sittlichkeit ist. Auch Verwaltungsgerichtshöfe, angeblich eine der stolzesten Errungenschaften des modernen Staates, verlieren angesichts der unbedingten Parlamentsherrschaft ihren letzten Sinn. Denn wo liegt noch ihre Bedeutung, wenn diese Gerichte nicht mehr vorgefundene Rechte gegeneinander abzuwägen haben, sondern von parlamentarischer Willkür geschaffene Gesetze anwenden müssen, nach denen sie ihr Urteil fällen sollen?

Ein bekannter Staatsmann hat einmal gesagt, der Inhalt Wilhelminischer Politik lasse sich auf den Grundsatz zurückführen: „Nur den Feind nicht reizen." Daß die deutsche Außenpolitik, teilweise erzwungen, aber auch aus Verblendung in diesem Geiste geführt wird, löst keine Verwunderung aus. Aber auch die Innenpolitik steht unter dem Gesetze dieses Wortes: die Bereitschaft zu Schönfärberei und Vertuschung von Schwächen wird nur noch von der Neigung übertroffen, selber diesen Schwächen zu huldigen. Alle Wunden, die irgendwo bluten, werden deshalb schnell verpflastert und verborgen. Ob sie unter dem Verbande eitern und den ganzen Körper mit Zerstörung bedrohen, ist gleichgültig; die endgültige Heilung überläßt man gern den Enkeln, die auch noch etwas tun sollen. Nie wird das Übel an der Wurzel angefaßt, nur das äußere Schönheitsbild ist Gegenstand der Sorge. Die eifrigsten Anhänger dieser oberflächlichen Heilkünste sind die Parteien selbst. Läßt einer aus der staatbeherrschenden Clique sich etwas zuschulden kommen, dann darf kein Aufheben davon gemacht werden. Verbrechen, die ein gewöhnlicher Sterblicher in Strafanstalten zu sühnen hätte, werden vertuscht, Hochverratsverfahren in traulicher Stille niedergeschlagen. Aus der rechtlichen Straflosigkeit der Volksvertreter wird die tatsächliche. Ohne Unterschied der Partei sind sie in diesem Punkte einig. So entsteht allmählich ein Gedanke, der neuerdings in Asphaltromanen verherrlicht wird: das Vorbild des „Mannes ohne Gesetz".

Diese Männer ohne Gesetz sind aber nicht Heldengestalten oder geniale Intriganten, die dem großen Zweck zuliebe sich die Freiheit leisten könnten, dem eignen Gewissen allein zu gehorchen. Sie sind nur der feindlichen Partei gegenüber mutig und im übrigen kleine Ränkespinner, Philister und Spießbürger. Denn die Demokratie neigt dazu, sich auf der Herrschaft der unteren Klassen, wenn nicht gar des Pöbels zu stützen, die oberen aber von der Spitze fernzuhalten. „Der Neid ist gewöhnlich im Gefolge der Demokratie" (Tocqueville). Der französische Staatsphilosoph geht sogar so weit zu behaupten, daß der natürliche Instinkt der Demokratie die Ausschließung aller bedeutenderen Persönlichkeiten von der Macht verlange. Von diesem Neidgefühle wird der ganze demokratische Staat und die ihm verhaftete „Gesellschaft" geleitet. Nichts macht beliebter als die Einführung von Neidsteuern. Jede Finanzpolitik aber, die von den Leidenschaften der Mehrheit bestimmt wird, führt zum Zusammenbruche. — Die Gesetzesmaschine arbeitet rastlos und oberflächlich, denn kaum ist eine Regierung am Ruder, so fegt sie der Neid schon wieder hinweg. Nun braucht ja nicht, wie der Fall von Nordamerika zeigt, jede Demokratie parlamentarisch zu sein; es ist aber liberaler und entspricht individualistischer Hemmungslosigkeit viel mehr, jede konstitutionelle Einrichtung zu vermeiden und das Spiel des Regierungswechsels beliebig oft zu wiederholen. Eine vom Parlament unabhängige Regierung könnte am Ende nicht willfährig genug den zahlreichen persönlichen Wünschen entgegenkommen. Allein das parlamentarische System bietet Gewähr für schwache Minister und dafür, daß jeder einmal daran kommt. Daher das sinnwidrige Bild, daß ein neuer Minister, kaum belehrt, wo sich die Räume seines Geschäftsbereiches befinden, schon wieder in der Versenkung verschwindet. Er kommt also kaum zum Regieren. Meist tut er nichts als schlecht verwalten. Mancher Parteiführer zieht daraus die Schlußfolgerung, gleichzeitig die Parteiführung und ein Ministeramt wahrzunehmen. Er fühlt sich so in seiner Stellung sicherer, weil ein Parteiführer nur bei gleichzeitigem Rückzuge der Partei aus der Koalition zu stürzen ist. Dies führt umgekehrt wieder zum Kleben am Amte. Denn ein solcher Minister kann sich, solange seine Partei zur Koalition gebraucht wird, die unmöglichsten Stücke leisten. Er regiert praktisch ohne politische Verantwortung. Meist aber leistet er sich gar nichts als das Halten farbloser Reden. Dabei läuft er keine Gefahr und kann seine Ideenlosigkeit oder gar seine mangelnden Fähigkeiten geschickt verbergen. Denn wenn schon die Mehrzahl der Abgeordneten von keiner Sachkenntnis belastet ist, so darf von ihrem Führer keine übermenschliche Leistung erwartet werden. Überall, wo man auf Leistung hofft, verlangt man sachliche Geeignetheit. Man läßt seine Schuhe nicht beim Schneider besohlen, man kauft sein Brot nicht beim Tischler. Regieren ist das einzige Geschäft, das in Deutschland von keinerlei Voraussetzung abhängig gemacht wird. (Damit soll nicht gesagt sein, daß Politik „erlernt" werden könne.) Schon das Abgeordnetenamt ist vom Geiste dieses Widersinnes getragen: der Volksvertreter soll Gesetze machen und hat, ehe er ins Parlament kommt, oft noch kein Gesetz gelesen. Dabei schwillt die Flut der Vorlagen, die Erzeugung von Gesetzen ist die einzige, die seit der Revolution unaufhaltsam zunimmt. Schon vor dem Kriege, als infolge der kleineren Wahlkreise und der überragenden Stellung Bismarcks das Amt eines Reichstagsabgeordneten die höchste Stufe der Vereinsmeierei darstellte, saßen die ehrbarsten Handwerksmeister und Schulprofessoren beisammen und stritten monatelang über die Frage, ob für Südwestafrika neue Gebirgsbatterien bewilligt werden oder ob die neuen Torpedoboote fünfzig Tonnen Wasserverdrängung mehr oder weniger haben sollten. Nie wäre es einem der ehrenwerten Männer eingefallen, einem Fachmann des bürgerlichen Berufslebens ins Handwerk zu pfuschen. Aber die besondere Luft des Parlamentes brachte es mit sich, daß der Stammtisch zu maßgeblichen Urteilen auf dem Gebiete der Außenpolitik und der militärischen Rüstung befähigt wurde. Aber damals herrschte noch der Spießbürger, der immer besser ist als der Philister. Jetzt hat dieser die oberste Sprosse der Leiter erklommen. Sein Dilettantismus wird nur von seiner Einbildung übertroffen. Der gleichplätschernde Fluß seiner geistlosen Rede verbreitet sich über alle Gegenstände. Wozu hat man „Fachleute" in den Ausschüssen, deren Weisheit abgelauscht wird? Wozu sitzen in den Parteisekretariaten zu Hunderten jene unglücklichen Erzeugnisse der Doktormaschine, die alljährlich neue akademische Proletarier mit achtsemestriger Nationalökonomie in die harte Welt des Geldverdienens hinausschleudert? Sie liefern sachkundige Arbeit über jeden Gegenstand, leicht faßlich und überall verwertbar. So wird Dilettantismus zum Kennzeichen parlamentarischen Regierens. Kein Wunder! Denn wo das Schwätzen zum Erfolgsmittel wird, schlägt die Redegabe alle Sachlichkeit tot.

Regiert muß aber werden, und es erhebt sich die Frage, wer das tut. Denn trotz allen Wechsels und aller Unsachlichkeit läuft der Apparat der Verwaltung weiter. Das Verdienst hierfür gebührt uneingeschränkt den deutschen Beamten. Dankbar sei anerkannt, daß im Vergleiche zu älteren Republiken Deutschland den besten und reinlichsten Beamtenkörper besitzt. Wird das so bleiben und wie lange noch? Starke Bestrebungen, die in der Linie der westlichen Demokratie liegen, arbeiten dem entgegen. Schon heute ist die Beamtenschaft stark durchsetzt mit „Beamten kraft

Partei" und nicht kraft Erziehung oder Befähigung. Selbstverständlich kann auch eine Partei einen tüchtigen Mann auf den geeigneten Posten heben. Jede Kaste, auch die der Beamten, braucht frisches Blut und Außenseiter. Aber die Partei benutzt ihren Einfluß ja nicht zur Einschiebung besonders tüchtiger Außenseiter in die Beamtenlaufbahn; vielmehr zur Versorgung der unentwegtesten und lautesten Parteischreier. So mußte der sittliche Grundgedanke des Dienens, einst lebendig durch die persönliche Verbundenheit des Beamtentums mit den Fürsten, stark leiden. Es regnet heute Hohn über die Ordenswirtschaft der Herrscherhäuser. Aber war es nicht sittlicher, 25 Jahre lang treu seine Pflicht zu tun in der Hoffnung, mit einem Orden ausgezeichnet zu werden, dessen Geldwert vielleicht fünf Mark betrug, als im Beamtenberuf nichts zu sehen als ein Gewerbe wie viele andere? Wenn auch zeitweise der Schrei nach der höheren Gehaltsklasse etwas verhaltener tönt, so hat doch der Beamte an seinem Staatsethos Schaden genommen. Der dienende Grundzug und der Gedanke an die dadurch verliehene menschliche Würde sind im Schwinden begriffen. Staatsrente und Unwiderruflichkeit beherrschen heute das Denken all derer, die zur Beamtenlaufbahn drängen. Die unteren und mittleren Beamten wollen gehoben werden, die öffentlichen Angestellten bezeichnen als Ziel ihres Strebens die Erlangung der Beamteneigenschaft. Sie reden immer vom Staate, meinen aber häufig nur sich. Sie haben nicht das Gefühl, für das Volk da zu sein, sondern daß das Volk dankbar die beamtliche Gnadensonne über sich strahlen lassen müsse. Sie sehen nicht den Dienst, sondern nur die Macht ihrer Stellung, und wollen diese schon äußerlich zum Ausdrucke gebracht wissen. Jeder Beamte will ein Regent im kleinen sein, es soll keine unteren Beamten mehr geben, nur noch obere. Früher gab es in Kanzleien zahlreiche mittlere und untere Beamten, deren Geschäft war, zu schreiben. Heute fühlen sie sich darüber erhaben, sie verlangen Stenotypistinnen. Gottfried Keller war ja auch Ratsschreiber und schämte sich dieser „Amtsbezeichnung" nicht. Aber der Kampf jener Beamten gegen die Bezeichnung „Schreiber" ist mehr wie erheiternd: er ist ein trauriges Zeichen von Mangel an innerer Würde, menschlicher und beruflicher. Er deutet an, daß ihr Selbstbewußtsein ihnen nicht aus Pflichterfüllung erwächst, sondern daß sie äußeren Halt in einer überspannten Amtsbezeichnung suchen. Sie sind geistig unfreie Menschen, die ihre Minderwertigkeitsgefühle schamhaft verhüllen wollen. Der beliebteste Ersatztitel für Schreiber ist der eines Inspektors geworden. Man fragt sich nur, wo die ungezählten Heerscharen sind, die sie zu „inspizieren" haben; oder soll dieser Titel gar eine nicht vorhandene Vorgesetztenmacht vortäuschen? So regnet es denn Oberinspektoren und Räte. Ganz Vermessene wollen aber Präsidenten werden und damit die Einzigkeit der Reichspräsidentschaft in Frage stellen. Der Verfasser sieht die Zeit kommen, wo als höchste Auszeichnung die behördliche Erlaubnis erteilt wird, nur noch seinen Familiennamen zu führen. Das alles nennt sich Herrschaft des freien Volkes.

Aber auch im Beamtentum siegt das Neidgefühl. Immer wieder wird auf die „hohen" Gehälter der höheren Beamten hingewiesen. „Eine für den Reichen nur mäßige Summe kommt dem Volke schon neiderregend und verschwenderisch vor. Es denkt natürlich nur an seine eigenen Bedürfnisse und interessiert sich demgemäß besonders für den kleineren und mittleren Beamten, der seiner sozialen Ebene entspricht" (Tocqueville). Die Mehrheit des Volkes entbehrt der notwendigen Begriffe, den Lebensunterhalt der oberen Klassen festzusetzen. Sie will alles zu sich herabziehen, niemand soll es besser haben als die Masse selbst. Umgekehrt benutzen die unteren und mittleren Beamten das höhere Einkommen des oberen, mit Angleichungsbestrebungen der eigenen Einkünfte an jene einzusetzen. Ödeste Gleichmacherei und schamlose Versorgungswirtschaft feiern ihren Siegeszug.

Mit steigender Quantität muß aber die Qualität sinken. Das ist ein Gesetz, dem auch die Beamtenschaft unterliegt. Das ungeheure Heer der deutschen Beamten ist eine im ganzen und großen schwerfällig arbeitende Maschine. Ihr geht die bewegende Kraft im selben Maße verloren, wie sich ihr Gewicht vergrößert. Dem Versorgungsdrange der Parteimassen und der Gewerkschaften kommt das Übermaß von Aufgaben, welche die öffentlichen Körperschaften an sich gerissen haben, entgegen. Die falsche Staatsauffassung wirkt sich dahin aus, daß der Zeitpunkt nicht fern liegt, wo die Zahl derer, die von den Steuereingängen leben wollen, größer ist als die jener, welche sie bezahlen. „Ein Sechstel der Bevölkerung ist vom Kampfe ums Dasein befreit und kein Mensch erträgt es, daß ihm mit 25 Jahren der Kampf ums Dasein abgenommen wird*)." Wahllos wird die Beamteneigenschaft verliehen, rein wirtschaftlich tätige Menschen (Eisenbahn, Post, Elektrizitäts-, Gas-, Wasser-Versorgung, städtisches Bauwesen usf.) werden zu Beamten ernannt, und eine unter ganz anderen Voraussetzungen zugedachte Sonderstellung wird ihnen gewährt. Die Vorstellung, daß die Beleidigung eines Straßenbahnschaffners strafrechtlich viel schwerer geahndet wird als die eines hochstehenden Mannes aus freiem Berufe, wirkt schon allein grotesk.

---

*) Spengler, Neubau des Reiches.

Diese Mammutverwaltung — das Spiegelbild des Mammutstaates — herrscht. Sie tötet alle Freiheit, sie kümmert sich um alles und doch wieder um nichts. Sie quält, aber hilft nie. Mag die Verwaltungstechnik noch so vollkommen sein — zurzeit ist sie sehr rückständig —, niemals kann sie den Bürgergeist wahrer Selbstverwaltung ersetzen. Man lese bei Stein nach, wie er gegen den Bürokratenstaat wettert, man verfolge den Kampf Bismarcks gegen die Bürokratie. Stein nennt das zahllose Heer von Beamten eine „wahre Peitsche Gottes für Deutschland". Was in ihre Hände gerät, versteinert und erstarrt. Mag auch der einzelne Beamte ein noch so vorzüglicher Mensch und ausgezeichneter Arbeiter sein. Der Dienstweg hält ihn am „laufenden Bande" fest und gestattet nichts als das Anbringen der berühmten Schraube. Meist aber muß wegen dieser Schraube erst ein Schriftwechsel stattfinden, weil sie nicht da ist; und bis sie dann eintrifft, ist das Band vorbeigelaufen. Würden Stein und Bismarck heute leben, sie würden ihr Urteil kaum ändern, eher verschärfen. Es richtet sich nicht gegen den Beamten als Menschen, sondern dagegen, daß eine Berufskaste zum Allvermittler öffentlicher Geschäfte wird. Das ist schon schlimm! Aber noch gefährlicher wird es, wenn dank der Schwäche parlamentarischer Regierungen die hohen Beamten sich als die eigentlichen Machthaber fühlen. Wie weit dieser Machtdünkel geht, weiß die Nachwelt durch Bismarck, dem es nicht einmal gelang, Holstein aus dem Auswärtigen Amte zu entfernen. Heute machen die höchsten Beamten sogar ihre Beförderungen und Versetzungen unter sich aus; der Wille des parlamentarischen Ministers spielt dabei eine sehr untergeordnete Rolle. Das böse Wort, das Deutsche Reich würde heute durch 300 Ministerialdirektoren und Staatssekretäre regiert, deren Lieblingsbeschäftigung der Ressortstreit sei, hat einen wahren Kern: es bezeichnet die Anarchie der derzeitigen Zustände. Diese hohen Beamten arbeiten nun unter ganz besonderen Bedingungen: frei von politischer Verantwortung beeinflussen sie tatsächlich die Politik außerordentlich. Durch den Dauerwechsel der parlamentarischen Vorgesetzten sind sie die einzigen Sachkundigen. Daher wollen die Ehrgeizigsten unter ihnen auch herrschen. Geschickte wissen sich für ihre Pläne in richtiger Stunde durch die Unterschrift des gehetzten Ministers die nötige Deckung zu verschaffen. Einerseits lenken sie so den Minister und damit die Geschicke des Reiches. Andererseits bemächtigt sich ihrer aber ein Gefühl der Unsicherheit. Denn sie haben mit verschiedenartigen und entgegengesetzt eingestellten Vorgesetzten zu rechnen. Infolgedessen erhalten sie eine gewisse Farblosigkeit und entwickeln eine Geschmeidigkeit, die, mehr als Taktik, sich dem Wesen mitteilt. Die berühmte mittlere Linie wird ihr Leitsatz.

Ihr Arbeitsgrundsatz ist „Noli tangere". Der letzte Ausweg aus allen Schwierigkeiten heißt aber laisser faire, laisser aller. Schweren Lagen, die Entschlußkraft verlangen, sind diese Menschen kaum gewachsen. Daß das höhere Beamtentum während der Revolution wie eine Maschine weiter arbeitete, war weniger Tugend als Schwäche. Die Orden wurden eben in den Schubkasten verschlossen, über den Treueid einige schmerzliche Reden gewechselt und der Schutz der Monarchie mit Achselzucken als Unmöglichkeit erklärt. Die Militärbürokratie, im Gegensatze zum Truppenoffizier, war nicht wesentlich verschieden geartet; dies muß der Gerechtigkeit halber ebenfalls erwähnt werden. Seit dem Umsturze gab es in Deutschland genug kritische Augenblicke; aber selten hat der deutsche Beamte entscheidend eingegriffen, so brav er sich auch hielt. Meist ging die treibende Kraft von andern aus und mußte sich gegen ihn durchsetzen. Alle deutschen Grenzkämpfe nach Kriegsende, deren günstiger Ausgang auf frei sich regende Kräfte zurückzuführen ist, wurden gegen die Bürokratie gewonnen. Aus allem erhellt ein mangelndes Verständnis für nationale Notwendigkeiten, Unfähigkeit zu großzügigen Maßnahmen, Mangel an Bereitschaft zum Einsatze. Nur diese Denkart erklärt die bedauerliche Weise, in der Beamte ohne Unterschied der Parteizugehörigkeit und der Gesinnung gegen die zahlreichen Kreise verfuhren, die sich für das Deutschtum in den Kolonien, an den Grenzen und im Auslande aufgeopfert haben. Ein trübes Kapitel der deutschen Demokratie, über das eine seltene Einstimmigkeit herrscht. Der echte Bürokrat beugt sich eben nur der Gewalt, die seine Stellung bedroht; demjenigen, welcher sich ihm bittend naht, zeigt er seine Überlegenheit, mag auch tausendmal feststehen, daß jener dem Staate wertvollste Dienste geleistet hat. Es ist für diesen Beamten ein Verbrechen, seinem Volke anders dienen zu wollen als in beamteter Stellung oder als Parteihammel. Wehe dem Volke, das den Geheimräten ausgeliefert wird; ihm drohen Revolution und außenpolitischer Zusammenbruch am ehesten. Denn seine seelischen Kräfte, ohne die es nicht zu bestehen vermag, werden von diesen Tyrannen unterdrückt.

Die Allmacht des Beamtentums bedroht am stärksten die äußere Politik, die gerade ohne jenen großen Zug nicht betrieben werden kann, der im allgemeinen der Beamtenschaft fehlt. Der Beamte ist Verwalter. Ihm liegt die Erhaltung des innenpolitischen Zustandes näher als die Durchführung großer außenpolitischer Programme. Der Beamte ist kein geschichtlich und soziologisch eingestellter Mensch, sondern ein formal denkender. Die Laufbahn des höheren Beamten vollzieht sich nicht in der Welt, sondern in der Kanzlei. Die juristische Vorbildung in ihrer Ausschließlichkeit ist ebenfalls nicht geeignet, das Denken in großen Zusammenhängen zur Gewohnheit zu machen. Der Beamte kennt keine Verantwortung vor der Geschichte, sondern nur vor seinen Vorgesetzten. Bescheidene, aber sichere Verhältnisse sind für ihn reizvoller als völkische Wagnisse. Wo es um Sein oder Nichtsein von Völkern geht, versagt deshalb das Beamtentum als Führung. Es ist nicht gewohnt zu wagen und gewinnt deshalb auch nichts. Die Erhaltung des „Status quo" wird Zweck und Ziel aller Politik, die Beamte machen. Die geschichtliche Tat gerät außer Kurs.

So ist es denn um die Außenpolitik der modernen Demokratie schlecht bestellt. Der Beamte ist zur außenpolitischen Führung nicht geeignet, der parlamentarische Minister kann, weil zu kurzlebig, keine außenpolitische Tätigkeit entwickeln, weshalb große Ziele wegfallen. Immer mehr spielen Zufall und Massenleidenschaft die Rolle der geschichtlichen Vorsehung. Man gehorcht in der Politik mehr den Gefühlen als der überlegenen Vernunft. Nichts ist kindlicher als die Ansicht unserer literarischen Mobanbeter, die Herrschaft der Straße verbürge den Frieden. Der Pöbel und die Masse „verbürgen" nichts als den unerwarteten Ausbruch ungehemmter Leidenschaften. Tocqueville erzählt, nur dem unbeugsamen Willen Washingtons sei die Vermeidung des Krieges mit England zu verdanken gewesen. Die öffentliche Meinung hätte stürmisch die Kriegserklärung gefordert. Während des Weltkrieges wurden widerstrebende Regierungen einfach durch den Straßenpöbel, der von der Ententepropaganda bearbeitet worden war, zur Kriegserklärung an Deutschland gezwungen. Nichts ist kriegerischer als die Massendemokratie, und kein Staat hat mehr Blut vergossen als Frankreich nach der französischen Revolution. Umgekehrt aber besteht für die hemmungslose Demokratie die Gefahr, daß sie ebenso leicht ihre Kriege verliert, als sie in kriegerische Verwicklungen hineinstolpert. Die Demokratien, die sich nicht durch vorübergehende Diktatur retten, halten nämlich den Krieg nicht durch. „Denn das Volk fühlt immer mehr, als es überlegt; eine klare Vorstellung der Zukunft hat es nicht und die Gefahr besteht, daß es über den Übeln des Augenblicks die noch viel größeren einer Niederlage vergißt." Dieses Wort Tocquevilles sagte das Schicksal des deutschen Volkes im Weltkriege voraus.

Nicht nur das Beamtentum ermangelt des Tatwillens, sondern fast jeder Nutznießer der modernen Republik. Ein Zug des Rückschritts geht durch die Fortschrittler. Er geht so weit, die Grundsätze des Parlamentarismus selbst zu verneinen. Mit welcher Erbitterung kämpfen beispielsweise die Parteien der Mitte darum, die großen Flügelparteien auszuschalten, um eine stille Gewaltherrschaft auszuüben, jeden frischen Luftzug abzusperren. Gerade die Rufe nach Sammlung des Liberalismus verraten „unliberalste" Gesinnung. Sie bezwecken die Dauerherrschaft der Mitte und die Verewigung ihrer Nutznießerschaft. Sogar die Mehrheit, nicht nur die Minderheit, soll entgegen dem üblichen liberal-demokratischen Grundgedanken mißbraucht und vergewaltigt werden. Gegen eine vergleichende Betrachtung deutscher Verhältnisse mit denen des parlamentarischen Musterlandes England wird gewöhnlich eingewendet, in Deutschland gäbe es Weltanschauungsparteien und deshalb lägen hier die Dinge anders. Das System also, das dem Umsturze zum Vorbilde diente, wurde nicht einmal in seinen guten Seiten angestrebt. Eine Zeitlang konnte man glauben, die deutsche Entwicklung ginge in der Richtung zur Zweiparteilichkeit. Diese Hoffnung darf als begraben gelten. Es zeigte sich, daß die gesellschaftliche Grundlage des englischen Volkes eine andere ist und daß Staatsformen ohne eine solche leere Gehäuse ohne Inhalt sind. So kommt es zur Herrschaft der Minderwertigen sogar auf dem Wege der Minderheitsdiktatur: eigentlich die tollste Verkehrtheit, die denkbar ist. Hier könnte nun der Einwand einhaken, diese Entwicklung deute das Heraufkommen echten Führertums schon an, eines Führertums, das bewußt auf die Grundlage der Mehrheit verzichte und, nur auf sich selbst gestellt, um allgemeine Anerkennung werbe.

Aber die „Herrschaft der Mitte"*) verzichtet in Wahrheit gar nicht auf die Zahl, sie erschleicht nur die Mehrheit durch geschicktes Ausspielen der Flügelparteien gegeneinander. Von Führertum in jenem hohen Sinne kann, abgesehen von den oben angestellten grundsätzlichen Erwägungen, schon deshalb nicht gesprochen werden, weil diesem System der Wille, gegen die Massen zu handeln, mangelt. Mag der einzelne Parteiführer persönliche Ethik besitzen, keiner unsittlichen Handlung fähig sein: die soziale Ethik, die der Verantwortungsbereitschaft, fehlt. Denn dazu gehört der Mut, gegen den Strom zu schwimmen. Die Herrschaft der Mitte aber ist auf Schwäche auf gebaut. Nur dauernde Nachgiebigkeit nach allen Seiten, nur innerer Ausgleich, getragen vom Bestreben, auch den minderwertigsten Ansprüchen gerecht zu werden, hält diese Führer an der Spitze. Sie sind noch weniger als jene „neutralen Größen", zu denen sich nach Carl Schmitt die Politiker der Mitte annähernd entwickeln.

Die Autorität, welche der heutige Staat verlangt, ist in Wahrheit erzwungener Gehorsam, von innerer Bereitwilligkeit keineswegs erleichtert. Denn Autorität darf nicht beurteilt werden nach dem Grade,

*) Julius Paul Köhler. Xenienverlag Leipzig.

in welchem die Einzelfreiheit gefesselt wird, sondern nach dem Maße, in welchem freiwillige Unterwerfung unter sie stattfindet. Autorität in diesem Sinne ist ein sittlich-sozialer Begriff und kein rein politischer. In der alten Armee, deren Disziplin auf dem viel geschmähten „Kadavergehorsam" aufgebaut war, herrschte viel mehr innere Bereitschaft, als der heutige Staatsbürger gegenüber der „selbstgewählten" Regierung aufbringt. Dort lebte eben der im Gefühle wurzelnde Gedanke des freiwilligen Dienstes. Im heutigen Staate hält nur noch die Furcht vor Strafe den „Untertan" im Zaume. Das ist nicht verwunderlich, wo jedermann weiß, daß Geschäft und Staatsführung aufs innigste verknüpft sind, daß Partei und Staat sich decken. Autorität entsteht immer aus dem Abstande, den die Führer gesellschaftlich von den Geführten zu halten vermögen. Vor allen Dingen aber auch aus jenem, den die Staatslenker von den Interessengruppen bewahren. Führerachtung schaffen Gefühl und Gewißheit, daß einer sie beansprucht, der über alle Interessen erhaben ist. Da aber das Volksbewußtsein heute mit Recht in der entgegengesetzten Vorstellung sich bewegt, kann wahres Autoritätsgefühl überhaupt nicht erwachsen. Dies fühlen nun auch die Machthaber der deutschen Republik. Sie haben deshalb eine eigentümliche Art von Regierungssystem erfunden: gegen die eigenen Gesinnungsgenossen ist man liberal bis in die Knochen, man läßt sie sagen, schreiben und tun, was sie wollen, wenn die Richtung ihrer Meinungsäußerungen nur gegen den Andersgläubigen geht. So kommt es, daß häufig, statt „Schutz der Republik", Zersetzung des Staates propagiert wird. Denn die individualistischen Apostel haben noch nicht erkannt, daß auch die Republik ein Staat ist, der bejaht werden muß. Die andere Seite aber, die an und für sich staatsfreudig eingestellt ist, wird wegen ihrer Abneigung gegen die heutige Parteidemokratie verfolgt. Die wenigen Bejaher von Staat und Republik geraten so ins Hintertreffen und bilden eine mißachtete Minderheit. Wer aber den heutigen Zustand von Gesellschaft und Staat nicht als der Weisheit letzten Schluß ansieht, wird von den neuen Machthabern erbittert bekämpft. Nach links Libertinage, nach rechts die Peitsche: das ist die „Autorität" der modernen deutschen Demokratie. Der zu Unrecht geschmähte Metternich — denn er hatte wenigstens die Vorstellung eines politischen Bildes von Europa — würde vor Neid erblassen, beobachtete er die verfeinerten Methoden, mit denen der Liberalismus in seine Spuren tritt. Mit Festungshaft sind die demokratischen Despoten allerdings nicht so freigiebig wie die erste Hälfte des 19. Jahrhunderts. Wohl öffnen sie gern einladend den Widerstrebenden die Pforten des Zuchthauses. Aber das geht nur in ganz groben

Fällen. Meist begnügen sie sich mit dem sicher wirkenden Mittel, den „Staatsverbrecher" um Stellung und Ansehen zu bringen. Unerhört kleinlich und ausgeklügelt sind die Mittel zur persönlichen Erniedrigung derjenigen, die nicht mit Begeisterung „den Sieg des Volkes auf der ganzen Linie" begrüßen. Was allein auf dem Gebiete der Flaggenverordnungen im letzten Jahrzehnt geleistet wurde, bietet ein erschreckendes Bild der Unfreiheit und der Verkennung der Volksseele. Mit unablässigem Zwange soll der Untertan kirre gemacht werden. Erschütternd bewahrheiten sich die Voraussagen eines Balzac, eines Tocqueville, eines Kant, eines Montesquieu, eines Chamberlain, die alle vor der geistigen Knechtschaft und der Gewaltherrschaft der Massendemokratie warnten. Die deutsche Demokratie hat das Banner der politischen Freiheit nicht hochgehalten. Sie hat es entweder schmählich verraten oder in einer Weise gehandhabt, welche die Hefe nach oben treiben läßt. Das Zeitalter des demokratischen Absolutismus ist vollendet. Wird er nicht abgelöst, so droht dem deutschen Volke die Zukunft der demokratischen Inquisition.

Das alles geschieht aber unter der Flagge des Fortschrittes. Soll der Mensch sich aber immer mehr göttlichem Wesen, sittlicher Vollendung annähern — das einzig berechtigte, ewig menschliche Fortschrittsstreben —, so muß nach den bisherigen Darlegungen als unbestreitbar gelten, daß unsere Zeit nicht im Zeichen dieses Fortschrittes, sondern des Rückschrittes steht. Es gibt keine Höherentwicklung ohne die Erstehung Auserwählter, die das Allzumenschliche in sich bis zum höchstmöglichen Grade überwunden haben. Es gibt keine Hebung der Massen zu echter Kultur ohne das zwingende Vorbild wahrer Führer. Zu allen Zeiten war es Aufgabe der Hochwertigen, die Stumpfen mitzureißen; ja, es muß gesagt werden: auch unter Anwendung von Gewalt. Die Menschheit bedarf der Zucht, das ist ein ewiges Gesetz gesellschaftlichen Lebens. Was wäre aus dem Abendlande geworden, hätten nicht die Legionen Cäsars, hätten nicht die großen Herrscher des frühen Mittelalters der Gesittung das Schwert geliehen? Was würde aus dem Einzelmenschen: gäbe es nicht eine Erziehung, die, auch mit Strenge, die Unterdrückung niedriger Triebe im Menschen bis zu dem Grade durchführte, welcher den erreichten höheren Zustand zur freudigen Gewohnheit macht? Das liberale Erziehungsideal der Erziehung ohne Züchtigung konnte nur in wirklichkeitsfremden Köpfen entstehen, welche in der Einsicht das einzige Hindernis unsittlicher Handlungsweise erblickten. Die Erfahrung lehrt, daß die Beseitigung der Zucht den Kampf Aller gegen Alle zur Folge hätte. Dieses wirksame Erziehungsmittel ist heute fast abhanden gekommen. Irgendwo regen sich in der modernen

Gesellschaft immer Interessen, die sich geschädigt fühlten, würde die Zuchtrute vom Staate gehandhabt. Der Staat in Vollendung ist immer Erziehungsstaat. Nicht in dem lächerlichen Sinne, daß die Lehrer zu Staatsbeamten werden, sondern im Geiste Platons. Wo die höchste Gewalt auf die Wahrnehmung der Erziehungsaufgabe verzichtet, sinkt die Masse, dem Gesetze der Schwerkraft gehorchend, immer tiefer und zieht die, welche Führer sein sollen, mit herab. Am Ende werden auch die wahren großen Führernaturen erstickt und vernichtet.

So wird das Gesicht der abendländischen Menschheit immer starrer, ihre Seele immer ärmer. Aber stolz wirft sich der zivilisierte Mensch in die Brust und faselt vom Fortschritt des Menschengeschlechtes, weil er keine Treppe mehr hinaufzusteigen braucht, weil er in den Polstern des Kraftwagens durch die Landschaft rasen kann und weil er Börsenberichte drahtlos zu empfangen vermag. Wo aber bleibt der deutsche Mensch, wer erzieht und prägt ihn, wenn der Staat auf seine hohe Aufgabe verzichtet und einer gedankenlosen Freiheit des Wortes und der Schrift die seelische Zersetzung des haltlos gewordenen Volkes überläßt? Äußere Freiheit kann in beliebigem Maße gewährt werden, wenn die mit ihr Ausgestatteten aus gleicher sittlicher Entscheidung heraus das Gleiche wollen. Aber einem Volke, das aus Millionen geistig unterschiedlicher und ungleicher Einzelwesen besteht, noch dazu die äußere Freiheit gewähren, heißt: den Kampf Aller gegen Alle heraufbeschwören. Entweder geistige Freiheit oder gesellschaftliche. Beide gleichzeitig führen zu völkischer und staatlicher Selbstvernichtung. Hier hilft auch der wirtschaftliche Erfolg nicht viel. Die Deutschen nennen die Engländer ein Krämervolk: fraglich, ob sie nicht im Begriffe sind, krämerhafter zu werden als jene. Der englische Kaufmann ging nicht so sehr der Rente nach als herrschaftlicher Eroberung. Ihm folgte der englische Krieger. Fehlt aber dem Kaufmann der politische Rückhalt an seinem Volke, so ist er gezwungen, den Weltmarkt nicht zu erkämpfen, sondern sich zu erschleichen. Das Händlerische wird dadurch im inneren Wesen eines Volkes vorherrschend. Die neudeutsche, echt philisterhafte Losung von der Wirtschaft, die das deutsche Volk vor der Vernichtung retten werde, gehört hierher. Es ist im Begriffe, sich dem Zeitgeiste, der händlerisch ist, so gründlich zu beugen wie niemals ein Volk. Heißt dies, daß das deutsche Volk sich die Art und Weise des jüdischen zu eigen machen sell, mit dem Erfolge, daß — auf weite Sicht hinaus — es wieder gewaltsam zurückgedrängt würde?

So wirkt sich die Vermassung und der Mangel an wahrer Herrschaft vernichtend auf den Volkscharakter aus. Niemand aber will dies wahr haben. Die Geschichtsschreiber und Sozialkritiker verzichten auf ihre mahnende Aufgabe und stemmen sich dem Siegeszuge der Minderwertigkeit nicht entgegen. Entweder weil sie staatliche Vergeltungsmaßnahmen fürchten oder weil sie selbst befangen sind vom „Geist der Zeit". Wo die Masse herrscht, verfällt auch der Geschichtsphilosoph der Zwangsvorstellung, die Masse mache Geschichte. Er sieht nicht mehr die treibenden Kräfte, unterschätzt die Macht der Persönlichkeit und hält zum mindesten jedes Widerstreben für utopisch. In Wahrheit ist aber die Masse nicht da, um Schicksal zu gestalten, sondern um bestimmt zu werden. Wo dies nicht mehr geschieht, zerfallen Staat und Kultur, entarten die Völker.

Von der zerfallenen Gesellschaft zur lebendigen Gemeinschaft

Keine Gemeinschaft ohne gemeinsames Wertgefühl. Dieser schon im ersten Teile des Buches aufgestellte Grundsatz ist der Schlüssel zum Verständnis des gesellschaftlichen und staatlichen Zerfalls, wie er in den letzten Kapiteln dargestellt wurde. Jedes Wertgefühl ist aber im Grunde ein Glaube, seine Einheitlichkeit deshalb am stärksten gesichert durch lebendige Religiosität. In glaubensstarken Zeitaltern empfangen Gesellschaft und Staat das sie begründende Gesetz aus religiöser Offenbarung. Die Obrigkeit wird als von Gott eingesetzt empfunden, und umgekehrt fühlt sich die führende Schicht der Gemeinschaft verpflichtet. Herrschaft ist gleichzeitig Dienstschaft gegenüber der göttlichen Ordnung. Zwischen oben und unten fluten wechselnde Ströme, und es kommt weniger darauf an, ob das Gemeinschaftsleben einmal stärker von oben, einmal mehr von unten aufgebaut und beeinflußt ist; entscheidend bleibt das gemeinsame Gefühl, in der nämlichen Ganzheit, gottgewollt, zu ruhen. Ob der Staat von einem Einzigen beherrscht wird, der seinen Führerberuf von göttlicher Gnade ableitet, oder von einer Vielheit, die sich im Bewußtsein ihrer Gotteskindschaft gegliederte Gestalt gibt, ist keineswegs entscheidend; denn alle Gesetze kommen von Gott. So ist denn auch das hierarchische Gebäude der katholischen Kirche eine bewundernswerte Vereinigung demokratischer und monarchischer Gedanken: jeder Priester kann — und zwar durch Wahl — zum Stuhle Petri gelangen. Die Wahl selbst ist aristokratisch. Diese Aristokratie wird aber durch Ernennung von oben gebildet. Die Macht des Papstes ist geradezu unumschränkt.

Der Gegensatz zwischen Demokratie von unten und Gewaltherrschaft von oben gewinnt erst in dem Augenblicke seine moderne Bedeutung, in dem die Wertgemeinschaft, deren politischer Willensgehalt vom Staate dargestellt werden soll, zerfällt. Als die christliche Kulturgemeinschaft zu zerbröckeln anhub, das katholische Naturrecht vom Vernunftrechte ersetzt wurde, gab es vorübergehend noch begrenzte Wertgemeinschaften, dargestellt durch die nationalen Kulturkreise. Das Nationalgefühl vermittelte Gesellschaft und Staat die gemeinschaftbildende Kraft. Es beseitigte die in jeder Vielheit von Menschen vorkommende Willensgegensätzlichkeit in der nationalen Wertgemeinschaft. Diese selbst war damals unbestritten, sie fiel mit der Klassik zusammen, in welcher das humanistische Bildungsideal mit seiner allumfassenden Weltlichkeit den kirchlichen Universalismus abzulösen versuchte. Gesellschaft und Volk bildeten damals noch eine Ganzheit voll innerer Werteinheitlichkeit; eine damals entstehende parlamentarische Demokratie konnte zu einer gesunden Staatswillensbildung führen. Mehrheitsentscheid innerhalb einer gleichgerichteten Wertgemeinschaft ist sinnvoll. Diese nationale Kultur- und Wertgemeinschaft ist — wie schon oben ausgeführt — gekennzeichnet durch die Honoratiorengesellschaft. Sie ist der geschichtliche Übergang von der ständischen Gesellschaftsordnung des Mittelalters zur aufgelösten Massengesellschaft der Gegenwart.

Mit dem Abklingen des klassischen Idealismus schwand die letzte nach einem ganzheitlichen Weltbilde strebende Weltanschauung dahin. Die Gesellschaft zerfiel, die nationale Wertgemeinschaft — ihres ethisch-kulturellen Inhaltes beraubt — wurde fragwürdig. Der Nationalismus wurde Gefühl, wurde eine Richtung wie viele andere auch, die jetzt erst entstanden. Denn nur dort vermag der nationale Gedanke sich zu behaupten, wo er völkisch geistiger Werthaftigkeit entspringt, also im weitesten Sinne des Wortes kulturell ist, und nicht nur eine der vielen Möglichkeiten darstellt, die dem universalistischen Drange des Menschen gegeben sind, wenn er abirrend und abgespalten sich einen Gegenstand gefühlsmäßiger Verehrung sucht. An Stelle des wahren Gottes treten dann Götzen, die ebensogut Nation wie Klasse, Wirtschaft wie Kommunismus, Zivilisation wie Menschheit heißen können. — Jeder Sinn für Ganzheit, für unbedingtes Sein, für geschichtliches Sollen ging verloren. Mit Hegel begann jener verkehrte Glauben an das geschichtliche Sein, der mit dem völligen Entleeren aller Werte enden mußte. Man glaubte nur noch an die Gesetzlichkeit der Natur und des Gesellschaftslebens, nicht mehr an den lebendigen Menschen, an sittliche Gehalte und an ewige Werte. Mit der Wissenschaftsgläubigkeit hebt jenes Zeitalter des Rechtspositivismus an, dessen gegenwärtiger Vertreter Kelsen*) folgerichtig Recht und Staat völlig ein-

*) Vom Wert und Wesen der Demokratie 1929.

ander gleichsetzt. Jeder Staat ist für ihn Rechtsstaat und jedes staatlich geschaffene Gesetz Recht. Der Wertgehalt von Staat und Recht spielt für diese rechtsphilosophische Schule keine Rolle mehr. Die Demokratie ist ihr eine entpersönlichte Gesetzesherrschaft, die Idealdemokratie stellt sie sich führerlos vor. Wert und Wirklichkeit haben in dieser toll gewordenen Welt der Abstraktionen keine Daseinsberechtigung mehr. Die Ganzheitsvorstellung wird einfach auf den Buchstaben des Rechts übertragen, die Rache des metaphysischen Triebes offenbart sich in einem völlig wirklichkeitsfremden Staatsdenken. Der gleichen Ansicht ist Hermann Heller*) wenn er meint, „metaphysisch lebte und lebt dieses Menschentum von einer überwältigenden Wissenschafts- und Geschichtsgläubigkeit, von der invertierten Religion eines diesseitigen Paradieses, dessen gesetzliche Heilswahrheiten die Wissenschaft zu entdecken, die Geschichte zu verwirklichen hat".

Dieser lebentötende Rechtsformalismus herrscht, wie bei der Beschreibung des modernen Parteistaates gezeigt wurde, in der Tat. Er bleibt als einziger Ausweg einer Gesellschaft, die des Wertinhaltes, der Willenseinheitlichkeit entbehrt. Mechanischer Kollektivismus muß notdürftige, die Anarchie verhindernde Regeln für das Zusammenleben aufstellen, weil eine seelisch lebendige, die Gemeinschaftsordnung durchdringende Wertvorstellung fehlt. Wo dies der Fall ist, wo die Gesellschaft und Staat bildende Bevölkerung keinen organischen Willen mehr zu entwickeln vermag, bleiben nur zwei Wege zur Willensbildung: die moderne Demokratie und die Alleinherrschaft eines Einzelnen. Beide — das muß betont werden — entspringen nicht lebendigem Rechte. Beide sind Formen der Gewaltherrschaft, die nur formale Rechtssätze schafft. Sie unterscheiden sich lediglich durch die verschiedene Beschaffenheit des jeweiligen Herrschaftsträgers. In der Parteidemokratie herrscht unumschränkt die Mehrheit, die — wie schon ausgeführt wurde — eigentlich keine ist, bei der Diktatur ein Einziger, vorausgesetzt, daß sie nicht nur eine Regierungsmethode ist, sondern in einer Verfassung wurzelt. Beide Staatsformen sind im Sinne des organischen Rechtsgedankens Unrechtsstaaten. Denn beide leben so lange von der reinen Gewalt, als es ihnen nicht gelingt, entweder die Mehrheitsherrschaft als Ausfluß einer organischen Ganzheit zu rechtfertigen, oder den diktatorischen Staatswillen organisch zu unterbauen. Versuche in letzterer Richtung macht der italienische Faschismus, weshalb ein abschließendes Urteil über ihn noch nicht möglich ist. Anders verhält es sich mit der Parteidemokratie. Sie hat ihr „organisches" Zeit-

*) Europa und der Faschismus, Berlin und Leipzig 1929, Walter de Grunter & Co.

alter, den Frühparlamentarismus, schon hinter sich. Über die Klassenparteien zu einer neuen Wertgemeinschaft zu gelangen, ist geschichtliche und logische Unmöglichkeit. Der Weg zum wahren Volksstaate führt niemals über die Parteiherrschaft und über die Wahlurne.

Es kann nun eingewendet werden, das Unrecht der Mehrheitsgewaltherrschaft sei geringer als das der Alleinherrschaft; die Demokratie gleiche immerhin die Gegensätze aus und vereinheitliche eine Vielheit von Willensrichtungen. Demgegenüber erübrigt sich fast, zu betonen, daß, an einem unbedingten Rechte gemessen, ein Unrecht niemals kleiner wird, wenn es weniger Menschen trifft; zumal der soziale und ethische Wert einer Minderheit größer sein kann als der einer Mehrheit. Dazu kommt die Erwägung, daß in der Demokratie tatsächlich der Mehrheitswillen nicht herrscht, sondern „der Geist denkt, das Geld lenkt" (Spengler). Der „Untergangsphilosoph" hat deshalb recht, wenn er den Cäsarismus, der das Volk von der Geldherrschaft befreie, als sittlichen Erlöser beschwört, womit keineswegs — wie noch später dargelegt werden wird — ein Bekenntnis des Verfassers zum kommenden Zeitalter der Cäsaren verbunden sein soll. Richtig ist allerdings ein Einwand, den die humanitäre, nervenschwache, geldanbetende Bürgerlichkeit zugunsten der Demokratie erheben kann: daß es leichter sei, gegen eine Minderheit zu regieren als gegen das ganze Volk. Diese bequeme Ausrede, einer unheldischen Geistesverfassung entspringend, ist aber nicht immer stichhaltig. Oft sind Diktaturen von stärkerer Zustimmung der Regierten getragen als „freie" Demokratien. Es kommt nur darauf an, ob der Akt der Zustimmung vor oder nach der Handlung des Regierenden stattfindet. Das Bürgerliche Gesetzbuch unterscheidet zwischen Einwilligung (vorheriger Zustimmung) und Genehmigung (nachträglicher Zustimmung). Sieht man von den staatlichen Rechtsformen ab, so ist es politisch genau so demokratisch, mit der Genehmigung der Regierten zu arbeiten, wie mit ihrer Einwilligung. Im Grunde ist sogar die echte Demokratie, die täglich neu bestätigt werden muß, nur auf Genehmigung gestützt. In Massendemokratien, wo der Volksentscheid ein fast unbrauchbares Mittel ist, kann von einer Einwilligung des Volkes in Handlungen der Regierenden nicht die Rede sein; ja nicht einmal bei der Bestellung der Regierung, die seinem Willen meist entzogen ist. Es widerspricht sogar dem Gedanken der Selbstregierung völlig, im voraus Regierungshandlungen zu billigen. So bliebe als wesentlicher Ausdruck echter Demokratie nur das Recht, die regierenden Personen abzuberufen. Fehler der Führer werden demnach in der Demokratie nicht ausgemerzt, sondern der sich Verfehlende wird erst entfernt, wenn das Unglück geschehen. Theoretisch könnte man also alle Regierungshandlungen der Demokratie als eine Kette von Fehlern darstellen, die zur Absetzung der Untauglichen geführt haben. Merkwürdig bleibt dann nur, daß die „Sünder" immer wieder auf leitende Posten berufen werden, wie dies fast in allen Demokratien der Fall ist. Selten rechnet das Parlament mit einem Staatsmanne gründlich ab; meist nur dann, wenn er sich wirklich als Mann gezeigt und versucht hat, mehr als ein willenloser Volksbeauftragter zu sein. Das Volk selbst aber, in seinen sozialen Gefühlen gesünder als Staatsphilosophen und verstandesbesessene Doktrinäre, duldet an der Spitze gern starke Führer, die sich zu behaupten wissen. Es „genehmigt" deren Handlungen meist begeisterter als die regierende Tätigkeit der Mehrheit. Carl Schmitt*) hat deshalb keineswegs Unrecht, wenn er den Cäsarismus als Form der Demokratie, die unter Umständen sogar demokratischer sein könne als die moderne Parteiherrschaft, bejaht. Er sieht dabei allerdings das Wesen der Demokratie weniger formalrechtlich als vielmehr politisch. Aber am Ende ist eine Staatsform lebendiges Leben und nicht toter Rechtsbuchstabe.

Immerhin bleibt als wirkungsvollster Einwand gegen die Diktatur und für die Demokratie die Behauptung, es stehe Gewaltherrschaft gegen Rechtsstaat. Völlig falsch ist natürlich die Gegenüberstellung von Rechtsstaat und Machtstaat. Nach den Ausführungen des ersten Teiles über Gewalt und Macht ist klar, daß der Gegensatz von Machtstaat in Wahrheit der Ohnmachtsstaat wäre. Ernst Krieck**) bezeichnet diesen künstlich geschaffenen Gegensatz mit Recht als Unsinn. Recht und Macht ergänzen sich gegenseitig. Jedes Recht entwickelt Macht, und wahre Macht fußt immer auf Recht, weil sie sonst rohe Gewalt wäre. Der Gegensatz des Rechtsstaates wäre der Unrechtsstaat. Zunächst kann dieser Begriff so ausgelegt werden, daß der Staat keine Gerechtigkeit will, sondern auf Willkür einer Klasse oder eines Einzelnen beruht. Ein solcher Staat ist im Zeitalter der Zivilisation schwer möglich. Kein Führer kann auf die Dauer ohne ein Mindestmaß von Zustimmung der Geführten auskommen. Zweifelsohne sind alle modernen Diktatoren von einer geringeren oder größeren Welle der Zustimmung getragen. — Es ist aber auch für die in diesem Buche vertretene Weltanschauung vorstellbar, daß ein Einzelner das wahre Recht in höherem Maße vertritt als die Gesamtheit, wenigstens in einer Gesellschaft, die individualistisch zersplittert und jeden Wertgehaltes entleert ist. Wenn deshalb eine wertfreie oder gar wertlose Herrschaft

*) Verfassungslehre 1928.
**) Der Staat des deutschen Menschen, Berlin, Verlag Junker & Dünnhaupt.

der Philister oder der Spießbürger besteht, wenn die Fellachisierung (Spengler) droht, wenn die Führung der Mannhaftigkeit entbehrt und durch ihre Kraftlosigkeit den Untergang der Gesellschaft heraufbeschwört, so kann die Machtanmaßung des Führers „aus eigenem Rechte" sittlich gerechtfertigt sein, mag auch keine Stimme ihn dazu ermutigen außer der des eigenen Gewissens. Solche Erwägungen liegen aber den Verfechtern des sogenannten Rechtsstaates meist fern. Für sie beschränkt sich dieser Begriff auf die formale Rechtsbegründung der jeweiligen Herrschaft; ja der fanatische Demokrat geht soweit, jede nicht auf dem allgemeinen Stimmrechte aufgebaute Verfassung als rechtswidrig zu bezeichnen: die überzeugten Weimaraner schrecken nicht davor zurück, das Bismarckreich als „Machtstaat" dem heutigen „Reiche des Rechtes" gegenüberzustellen. Als Recht wird eben nur der Anspruch auf Selbstregierung, der jedem einzelnen Menschen von Geburt anhafte, angesehen. Nur der Aufbau von unten, vom Einzelnen zum Staate, entspricht individualrechtlicher, menschenrechtlicher Auffassung. Freiheit und Gleichheit sind die beiden Bedingungen, ohne welche der Individualist sich keinen Rechtsstaat vorstellen kann. Woher er aber eigentlich diese Norm bezieht, bleibt fraglich. Freiheit und Gleichheit aus dem Naturrechte abzuleiten, ist ein verzweifeltes Unternehmen. Schon Haller weist darauf hin, das Natürliche sei das Abhängigkeitsverhältnis des Schwächeren von der überlegenen Kraft des Stärkeren. In den letzten Kapiteln wurde auch zur Genüge belegt, daß in der Demokratie der Gleichheit und Freiheit sich ebenfalls der Stärkere durchsetzt, allerdings nicht der sittlich Stärkere.

Freiheit und Gleichheit hatten als rechtsbildende Normen einen gewissen Sinn, solange es eine beinhaltete Vorstellung vom sittlich Vernünftigen, von sozialer Gerechtigkeit gab, also zu Beginn des 19. Jahrhunderts. Als das Denken aber des metaphysischen Haltes verlustig ging, verstand man unter Rechtsstaat „jeden Staat, in welchem die Handlungsfähigkeit der Regierenden durch irgendwelche Gesetze beschränkt wird" (Hermann Heller). Das Rechtsstaatsideal ist also nur geschichtlich zu verstehen als Rückschlag auf die Feudalherrschaft. Die Willkür der Regierenden sollte unmöglich gemacht werden durch Gesetze, welche die Regierten beschließen. Alle Organe des Staates sollen Gesetzen unterworfen sein. Mit Recht weist Heller darauf hin, daß diese Gesetzesherrschaft sich von selbst aufhebe, sobald sie entpersönlicht und nicht mehr als Herrschaft des Volkswillens verstanden werde. Denn herrschen könne immer nur der Mensch und Demokratie sei nur möglich „als eine Hierarchie von herrschaftlichen Willensakten, die, durch Rechtsgrundsätze und Rechtssätze motiviert, diese Normen ihrerseits zeitlich, örtlich und persönlich individualisieren. Politische Gesetzesherrschaft ist eine im Rahmen von Gesetzen sich bewegende Willensherrschaft, ist normierte Macht oder sie ist gar nichts".

Wo die Interessen, durch keine Wertgemeinschaft überbrückt, um die nackte Herrschaft kämpfen (Klassenkampf), wo kein organischer Weg zur Willensvereinheitlichung besteht, kann keine wahre Staatsmacht entwickelt werden, entsteht ein dauernder Gegensatz: einerseits zwischen den bestehenden Gesetzen, die, mechanisch gemacht, des Widerhalls bei einer politischen Wertgemeinschaft entbehren, und dem Volk. Es versteht nicht mehr das Recht. Andererseits zwischen den Gesetzen und den Regierenden, welche den Erfordernissen des Staates gerecht werden sollen, durch allzustarke gesetzliche Bindungen aber gehemmt sind. Der „Rechtsstaat" wird so zum Feinde aller: das Volk, welches er schützen soll, fühlt sich bedrückt, die Regierenden empfinden ihn als Hindernis staatspolitischer Willensäußerungen. Damit ist das Staatsgrundgesetz, die Verfassung, in jeder Beziehung entwertet und der Weg zur Gewalt frei. So hat denn auch praktisch die moderne Demokratie, sich immer mehr von den liberalen Forderungen entfernend, die Gewaltenteilung aufgehoben, die Staatsgrundgesetze mißachtet — und die schrankenlose Gewaltherrschaft der Mehrheit begründet. Der Rechtspositivismus Kelsens, der Recht und Staat gleichsetzt, ist der Schlußstein dieser Entwicklung. Ein Rechtsstaat ohne tragende Rechtsgemeinschaft ist eben unmöglich, und der mechanisch errechnete Mehrheitswille vermag niemals die politische Wertgemeinschaft zu ersetzen.

Damit ist das geschichtliche Todesurteil über die moderne Demokratie gefällt. Es ist nur die Frage, ob sie durch eine Gewaltherrschaft abgelöst wird, die nicht die Zersetzungselemente und die Schwäche der Mehrheitsherrschaft in sich trägt, oder ob das Werden einer neuen politischen Wertgemeinschaft und damit eines organischen Staatswillens in den Bereich des Möglichen gezogen wird. Die Gewaltherrschaft eines Einzelnen ist, wenn eine geniale Persönlichkeit sie ausübt, der Gewaltherrschaft der Mehrheit vorzuziehen, vorausgesetzt, daß sie sich ohne Bürgerkrieg zu behaupten vermag. Diktatur ist eine Regierungsmethode, auch in Demokratien verfassungsmäßig denkbar, sie ist aber keine Staatsform. Hätte der Faschismus das Königtum beseitigt, so wäre er wohl, trotz des großen Faschistenrates, in der Frage der Nachfolgerschaft des Diktators in Verlegenheit. Mussolini hat wohl, als er die Staatsgewalt an sich riß, kein wesentlich umfangreicheres Programm entwickelt als den Satz, die Faschisten wollten Italien regieren. Aber einmal ans Ruder gelangt, war er unablässig bemüht, aus der diktatorischen Regierungsweise den faschistischen Rechtsstaat zu machen, eine neue Wertgrundlage herzustellen, das Volk von oben her mit einer neuen politischen Idee zu erfüllen. Er will, was die historische Rechtsschule und die Romantik in Deutschland wollten: Italien den organischen Staat schenken.

Der Haupteinwand gegen diese Bestrebung geht nun dahin, daß eine Revolution immer nur eine neue Gewaltherrschaft begründen könne, konservatives und organisches Denken aber dem revolutionären entgegengesetzt sei. Denn Konservativismus sei der Glaube an wachstumsähnliche Entwicklung. Ein konservativer Denker wie Georg Quabbe*) behauptet, in der Demokratie sei der Erneuerer niemals gezwungen, das formelle Recht zu brechen, da auch eine kleine Gruppe des Volkes es in der Hand habe, die Mehrheit zu überzeugen und damit die Staatsleitung in die Hand zu bekommen. Diese Gläubigkeit an die Einsicht der Massen ist wohl ebenso unkonservativ wie die Überschätzung der Duldsamkeit demokratischer Machthaber. Mit diesen beiden Voraussetzungen ist an einen politischen Sieg neuer Ideen nicht zu denken. Denn es gibt nichts Beharrlicheres als die Demokratie, weil sie auf einer geistig entmündigten Masse und der Unterstützung aller Nutznießer aufgebaut ist. Quabbe erwähnt denn auch, es gäbe manchen großen Revolutionär von unzweifelhaft konservativem Schlage, von Gregor VII. bis Richelieu. Er hätte auch Bismarck nennen können. Andererseits gibt er zu, daß ein Konflikt zwischen formellen Rechten und innerer Rechtsüberzeugung des Volkes möglich sei, daß der Sieg der demokratischen Regierungsform die dauernde Übereinstimmung beider nicht sicherstelle. Das zarte Gewächs des Rechtsbewußtseins sei schwerlich ein Produkt der Seelen jener ungeheuren Menge von Nichtswissern, Dummköpfen und Philistern, welche die Mehrheit jedes Volkes notwendig bilden. Auch der entschiedenste Fortschrittler müsse die Möglichkeit zugeben, daß sich in einem Teile des Volkes Ideen von unzweifelhaftem objektivem Wert entwickeln, ohne daß diese Ideen wegen des Widerstandes der Mehrheit sich in Recht, z. B. in Verfassungsrecht, umsetzen können. Gelange die Minderheit außerhalb des verfassungsmäßig gegebenen Weges zum Ziel, so könne man mit Fug sagen: das innere Rechtsbewußtsein der Nation, repräsentiert durch ihre Besten und Kräftigsten, hat sich gegen das in diesem Falle, nämlich wegen des Widerstandes der Mehrheit, formelle, nicht abänderbare Recht durchgesetzt.

Der Einwand Quabbes, dieser verlockende Gedankengang bedeute die Erklärung der Revolution auf Dauer und sei deshalb für den Konservativen

*) Tar a Ri. Berlin 1927, Verlag für Politik und Wirtschaft.

unbeschreitbar, schlägt nicht durch. Konservativ sein heißt, das natürliche Leben, wozu die rechtliche Regelung gehört, erhalten wollen. Wie aber, wenn dieses Leben durch die Gewalt eines unlebendigen Rechtes bedroht ist? Wenn eine mechanische Rechtsordnung das Lebensgesetz der Gesellschaft verletzt, so gilt immer noch das Wort Jherings, daß die Gewalt das Recht opfert, um das Leben zu retten. Denn auch das Recht ist für das Leben da und nicht umgekehrt. Wenn Edmund Burke die Engländer vor jedem „Bruch mit der Vergangenheit" warnte, so ist damit nicht der Bruch eines toten Rechtes gemeint. Es gibt auch eine Revolution der Erhaltung (Hoffmannsthal), welche Brüche mit der Vergangenheit heilen will.

Damit wird Gewaltanwendung bejaht, die im Namen des wahren Rechtes geschieht. Hierin liegt die Unterscheidung der organischen Gesellschaftsauffassung von der Lehre vom Kreislauf der Eliten, wie sie der italienische Soziologe Pareto*) entwickelt hat. Richtig sieht er das Wesen der parlamentarischen Demokratie, die er, genau wie dieses Buch, plutokratische Demagogie nennt, in welcher die herrschenden Klassen sich nur mit List, Betrug und Berechnung an der Macht halten. Die „Elite" der parlamentarischen Demokratie der Spätzeit ist eben keine Auslese der Besten mehr, sondern eine solche der Minderwertigen. Nicht der sozial Verpflichtete herrscht, sondern der Geldreichtum. Immer aber herrscht die Minderheit, und es kommt nur auf den Auslesemaßstab und dessen Wertgrundlage an. „Zwischen einer kriegerisch-grundbesitzenden Aristokratie und einer Plutokratie ist schließlich nur der Unterschied der Methode und der Wertung, der Lebenshaltung und Weltanschauung: das Faktum der sozialen Herrschaft ist bei beiden gleich. Eine Revolution kann das Menschentum umwerten und umschichten; sie kann aber nie und niemals die Grenzen des Menschlichen überschreiten, niemals die aus den Unterschieden menschlicher Kraft und Lagen folgende Dynamik beseitigen und ein Himmelreich der Gleichheit und Brüderlichkeit auf Erden errichten. Wo Menschen zusammen wohnen, folgt aus der Ungleichheit ihrer Art und Funktion, daß sich ein Oben und ein Unten, Herrschaft und Dienstschaft einstellt. Die formale Festlegung solcher Verhältnisse ist das soziale Recht" (Ernst Krieck).

Es muß aber zwischen einer echten Elite, die sich sozial verpflichtet fühlt, und einer unechten, die nur kraft materieller Gewalt herrscht, unterschieden werden. Eine rohe Gewaltherrschaft wird niemals auf die Zustimmung der Regierten rechnen können. Sie wird auch nicht von oben nach unten

*) Auch die Tatsache, daß Pareto den Verfasser zu Lausanne in die Gesellschaftswissenschaft einführte, vermochte an seiner entgegengesetzten Einstellung nichts zu ändern.

— durch eine Erziehungsdiktatur — das Volk willensmäßig oder gar kulturell vereinheitlichen können. Auch die nachhaltige Erziehung zum nationalen Gedanken als allumfassender Wertgrundlage ist unmöglich. Wer dies erstrebt, vergißt, daß gerade der Nationalismus ein Erzeugnis der Demokratie ist. Nachdem diese Wertgrundlage erschüttert ist, wäre es widerspruchsvoll, sie von oben her neu herstellen zu wollen. Staat und Recht müssen aus einem unbedingten seelischen Grundgesetze abgeleitet werden, soll ein einheitlicher Staatswillen zustande kommen. Der nationale Gedanke vermag dies nicht, zum mindesten nicht mehr. Heller hat recht, wenn er von ihm behauptet, er sage nichts über den konkreten Aufbau des Staates, nichts über die bestimmte Über- und Unterordnung im Innern des Staates, weshalb der Nationalismus auch immer zu Anleihen bei anderen Gedankenkreisen gezwungen sei.

Diese Erkenntnis bedeutet für den deutschen Nationalisten alter Prägung einen bitteren Tropfen im Becher seiner nationalen Begeisterung. Wer aber glaubt, das deutsche Volk, die deutsche Kultur und den deutschen Staat durch die Diktatur Nationaldenkender retten zu können, sieht nur das Morgen, nicht das Übermorgen, geschweige denn die ferne Zukunft. Man kann nicht von oben nach unten bauen, wenn man ein dauerhaftes Gebäude errichten will. Ein solcher Staat müßte unorganisch werden, wäre genau so notwendig eine zentralistische Diktatur, wie sie bis jetzt der Faschismus ausübt. Denn heute noch ist er ein Korporativstaat ohne eigenlebendige Körperschaften.

Andererseits wäre es verfehlt, alles dem Aufbau von unten nach oben zu überlassen. In zentralistischen, unumschränkten Demokratien ist ein Wachstum vom Grunde bis zur Spitze unmöglich. Es wird künstlich niedergehalten, gehemmt oder gar ausgerottet. Es ist auch nicht organisch gedacht, das Werden einer Ganzheit den Teilen zu überlassen. Die Teile selbst müssen vom Ganzen genährt, ausgeglichen und in Einklang gebracht werden, sollen sie ihre Aufgabe erfüllen. Wesentlich organisch ist die Gegenseitigkeit und Wechselwirkung sowohl der Glieder untereinander, wie auch zwischen den Gliedern und dem Ganzen, endlich die Selbstbestimmung und die daraus folgende Freiheit des Wachstums bei den Gliedern und beim Ganzen (Krieck). Die Natur des Lebendigen und Wachsenden verlangt eine Bewegung in der Polarität.

Eine Diktatur von oben nach unten vermag also eine allgemein verbindliche Wertwelt, ohne die organisches Leben und damit die zukünftige politische Willensgemeinschaft undenkbar ist, nicht zu erzeugen. Sie kann bestenfalls höchster Ausdruck und Vollstreckerin des um Form ringenden neuen Lebens sein. Die neue Lebendigkeit muß aus dem Leben selbst kommen. Der erste Teil des Buches, der das Werden eines neuen Ganzheitsgefühles aufzeigte, erfährt an dieser Stelle seine Rechtfertigung. Auf ihn muß im allgemeinen verwiesen werden. Er versucht das neue Lebensgefühl nicht nur zu schildern, sondern in seinem Wesen zu erfassen und seine Wertmaßstäbe zu entwickeln. Daß diese Maßstäbe die Reste der heutigen Weltanschauung, welche die Klassengegensätze und damit die Unmöglichkeit einer neuen Wertgemeinschaft zu verewigen sucht, ins Nichts aufzulösen geeignet sind, wurde dargelegt. Immerhin sei aber ein kurzer Blick auf die Ansätze zu einer neuen Gesellschaftsauffassung, wie sie in allen möglichen Lagern sichtbar werden, erlaubt.

Der gewaltige Rückschlag gegen das rein verstandesmäßige Gesetzesdenken des 19. Jahrhunderts hat eingesetzt, gestützt auf eine Philosophie, die sich nicht in Dialektik erschöpft, sondern die Ganzheitsschau erstrebt. Man glaubt nicht mehr an Gesetze, weder an naturwissenschaftliche, deren Zweifelhaftigkeit von führenden Naturwissenschaftlern (Nernst und Dingler) herausgestellt wurde, noch an die Gesetzmäßigkeit des sozialen Lebens. Wie Nietzsche für den ganzen abendländischen Kulturkreis zum Vorkämpfer einer neuen Lebendigkeit wurde, so beeinflußte die Lebensphilosophie eines Bergson die französische Gesellschaftswissenschaft. Der syndikalistische Revolutionär Sorel, von großem Einfluß auf den italienischen Faschismus, lehrt „die freie Schöpfung moralisch überzeugter und von Mythen begeisterter Kämpfer, die von heroischen Pessimisten geübte Gewalt"*). Im sozialistischen Lager wehrt sich eine neue Richtung ebensosehr gegen den lebentötenden geschichtlichen Materialismus, wie sich umgekehrt ein junger Konservativismus mit den revolutionären Energien einer neuen Lebendigkeit lädt. Auch der Katholizismus weist Strömungen auf, die sich gegen den liberalisierenden Humanitarismus in den eigenen Reihen wenden. Gemeinsam ist diesen quer durch die Völker und ihre Parteien gehenden Bewegungen ein neues Lebensgefühl. Es ist heroisch, hinsichtlich des Lebens pessimistisch, in der Beurteilung der Wirklichkeit nüchtern, der Gesellschaft und nicht dem Einzelnen zugewandt. Dieser neue Mensch ist von Grund auf politisch, nützlichkeitsfeindlich, tatbereit, gefühlsbewegt und tragisch.

Gewiß ist diese geistige Verfassung jener der Romantik nahe verwandt. Weil aber die Romantik nicht zur Staatsgestaltung durchstoßen konnte, so sind die Verstandesgläubigen stets bereit, der jüngsten Erneuerungsbewegung Wirklichkeitsfremdheit und Erfolglosigkeit vorzuwerfen.

*) Zitiert nach Heller a. a. O.

Diese Einwände werden aber auch philosophisch begründet: Ihr fordert eine neue Aktivität — so sagt man — aber ohne Richtung und Ziel. Bewegung ist euch Selbstzweck, gültige Form nebensächlich. Ihr seid ohnmächtige Ressentimenterfüllte, welche sich gegen die Wertinhaltslosigkeit der Gegenwart wenden, ohne neue Werte begründen zu können. Ihr lehrt das Leben, sagt aber nicht, was richtiges Leben sei. Ihr bejaht die Religion, insbesondere den Katholizismus, seid aber im Grunde Heiden. (Ein Vorwurf, der besonders Blüher gemacht wird.) Ihr seid „Als-Ob-Katholiken", keine wahren Gläubigen (Heller). Ihr wollt den Wert, ohne mehr als seinen abstrakten Begriff zu erkennen. Was euch fehlt, ist die greifbare Wertwelt, sowohl geistig als auch soziologisch wirksam. Die Herrschaft der Besten — so meint Heller — ist eine Forderung ohne Inhalt, solange nicht eine allgemein verbindliche Idee des Guten vorhanden. Ohne die Beziehungen auf eine unbedingte Größe wird niemals ein lebendiges Wertgefühl erwachen, das allein die Gestaltung des Lebens ermöglicht. Was aber ist euer unbedingter Wert?

Um diesen Einwänden zu begegnen, müßte der erste Teil dieses Werkes erneut dargestellt werden, und zwar mit besonderer Beziehung auf die hier gestellten Fragen. Ihre Beantwortung ist deshalb schon vorweggenommen. Weil diese Fragen bisher immer offen blieben, wurde diesem politischen Buch eine rein philosophische Grundlage gegeben. Echtes Ganzheitsgefühl, im letzten Grunde religiös, entwickelt eben die Wertmaßstäbe, die allgemein verbindlich eine neue soziale Wirklichkeit erfüllen. Es ist beispielsweise schon falsch, den Heroismus nur als Empfindung und nicht als Wertgefühl anzusehen; im heroischen Gefühl liegt vielmehr schon eine andere Bewertung des Lebens als im Humanitarismus. Das Allerlebnis bringt die Unterschiedlichkeit organischen Lebens von mechanischer Organisiertheit zum Bewußtsein. Die im ersten Teile dieses Werkes gewonnene Wertreihe vermittelte ein Urteil zu fast allen Fragen der sozialen Gestaltung. Wäre der Umfang dieses Buches nicht begrenzt und läge nicht im Wesen organischen Denkens, Wertentscheidungen von Fall zu Fall zu treffen, so gäbe es wohl keine Frage der praktischen Gestaltung, die nicht gegenständlich beantwortet werden könnte. Das neue Lebensgefühl ist im Werden; es wird von Menschen entwickelt, die von verschiedenen Ebenen aus, zum Teil mit Vorurteilen der alten Zeit belastet, neuen Zielen zustreben. Eine fertige gemeinsame Wertdogmatik ist deshalb im Abschnitte der Entstehung des neuen Wertgefühles nicht zu erwarten. Die Kritiker verlangen das Ergebnis, wo die Auswirkungen erst angefangen haben. Daß eine Annäherung der Träger dieses neuen Wertgefühles, trotz ihrer

Herkunft aus entgegengesetzten Lagern, stattfindet, ist schon Gewähr für zukünftige Gemeinsamkeit der gegenständlichen Wertbegriffe. Die allgemein verbindliche praktische Wertwelt kann heute höchstens erahnt werden: ein Versuch, wie ihn dieses Buch macht. Es ist falsch, dem organischen Lebensbilde, auch wenn es auf religiöse Dogmen — nicht auf Religiosität schlechthin, die dazu gehört — verzichtet, das Innewohnen einer faßbaren Wertwelt abzusprechen. Die Ganzheit, welche Platon in seiner Politeia und seinem Symposion darstellte, vermittelt die Grundgesetze der Lebendigkeit. Ihre Formen sind allerdings zeitbedingt. Dafür ein Beispiel: die platonische Gemeinschaft ist rein „staatlich" geordnet, weil eine Aufspaltung des Gemeinschaftsbegriffes bei Platon noch nicht stattgefunden hat. Versuche zur Wiederherstellung der Gemeinschaftsganzheit gingen deshalb fehl, wollten sie diese Aufspaltung nicht berücksichtigen und einfach dem modernen Staate die Wahrnehmung sämtlicher Gemeinschaftsfunktionen überlassen. Es ist nur eine Frage geschichtlicher und gesellschaftswissenschaftlicher Beobachtung, den heutigen Zustand des Gemeinschaftslebens daraufhin zu untersuchen, wie unter Berücksichtigung der einmal vollzogenen Aufspaltung eine annähernde Einheit hergestellt werden kann. „Des Menschen Wesen und Würde beruht darauf, daß er Bürger zweier Welten ist. Das ideale Jenseits (Überwirklichkeit) geht nicht als Zustand in das Diesseits ein, aber es ist der ewige Maßstab für die diesseitige Wirklichkeit und es wirkt beständig herüber als Kraft der Bewegung, der Umformung und der Erneuerung. Niemals kommt daraus der Gottes- und Idealstaat, aber es erwächst daraus die Kraft des Glaubens, auf den in letzter Instanz alle großen geschichtlichen Bewegungen zurückgehen, der das Leben vor Erstarrung und Vereisung bewahrt und zu stets neuer Gestaltung und Entfaltung befähigt. Paradiese liegen nicht im Diesseits, weder am Anfang noch am Ende der Geschichte" (Ernst Krieck). Es gehört also zum Wesen der hier entwickelten Gedanken, daß sie das Werden einer neuen Wertgemeinschaft voraussetzen, an die Umkehr der Gläubigkeit aus dem Diesseits zur Überwirklichkeit und damit an die natürliche innere Ordnung des Menschengeistes glauben. Die tiefste Überzeugung des Verfassers geht dahin, daß es ohne jene im ersten Teile dieses Werkes dargestellte, die Wertgemeinschaft neubegründende Gläubigkeit unmöglich ist, zur echten Gesellschaft und zum wahren Staate zu gelangen. Andernfalls bleibt nur die ewige Revolution, der dauernde Bürgerkrieg sozialer Gruppen, der schon Kjellén*) quälte. Auch er ging bei seinem

*) Der Staat als Lebensform 1917. Die Gegenüberstellung Individualismus und Sozialismus Kjelléns ist durch dieses Buch insofern überholt, als der Sozialismus für den Verfasser die kollektive Abart des Individualismus ist.

großen Gedankengebäude von der Erkenntnis aus, daß die einseitig individualistische Staatsauffassung, welche nur den einzelnen Menschen sieht, ebensowenig eine Lösung bringen kann wie die sozialistische, die nur das gleiche Glück der vielen sieht; daß dies beides keine Staatsanschauungen im eigentlichen Sinne des Wortes sind, daß beide in ihrer einseitigen Anwendung das Wesen des Staates verneinen, den organischen Zusammenhang zerreißen. Die Bewahrung der Gesellschaft vor dauernder Revolution wollte er in einer Staatsmacht sehen, die als ausgleichender unabhängiger Richter Druck und Gegendruck zu mildern und zu verteilen die Kraft hat. Ähnlich sieht Krieck für den Staat zwei Abwege: einmal, wenn der Staat in Händen der Oberschicht, welche sozial pflichtlos geworden ist, aufgeht und als unabhängige Macht verschwindet, woraus die Knechtung der Unterschichten erfolgt. Dann aber, wenn der Staat unternimmt, die materielle Gleichheit des Besitzes herzustellen, wenn er die Organisation der wirtschaftlichen und sozialen Kräfte selbst darstellen will, wenn er also die gesamte Gesellschaft in sich auflöst und gegenüber jeder Freiheit der Kräfte und des Wachstums zum Tyrannen wird (Marxismus).

Die europäische Menschheit steht heute am Scheidewege. Ringt sie sich zu einer neuen Religiosität durch, so entsteht daraus eine neue Ethik und damit eine neue Wertgrundlage. Und sind die Ansätze einer solchen neuen Ethik nicht schon erkennbar? Wendet sich das moderne gesellschaftliche Denken nicht schon insofern von der geldbeherrschten Zeit ab, als eine Neuumreißung des Eigentumsbegriffes, die Neubewertung der Arbeit und die Vorstellung wahrer sozialer Gerechtigkeit auch aus dem Wirrsal einer individualistischen und oft falschen Sozialpolitik herausleuchten?

Darüber hinaus aber kann die Frage nach der inhaltlichen Wertgrundlage eines neuen Gemeinschaftslebens auch philosophisch erschöpfend beantwortet werden. Der Individualismus der modernen Demokratie zerstört mit seiner Gleichheitslehre jeden Wert. Die neue Lebendigkeit, die kommende Ganzheitsvorstellung, die Rückkehr von der Diesseitsgläubigkeit zum Glauben an die Überwirklichkeit werden wieder den Wirklichkeitssinn herstellen, an dessen Fehlen die moderne Gesellschaft krankt.

Dieser Wirklichkeitssinn, der vorhanden ist in jeder Zeit der Krise und geboren aus dem Zweifel am Überkommenen, das sich nicht bewährt hat, wird viele darüber aufklären, daß auch Staat und Recht als Lebensformen lebendiger Menschen unter die Grunderkenntnisse fallen, welche eine neue Naturwissenschaft im Sinne dieses Buches für alles Lebendige aufgestellt hat. Es ist das Verdienst Karl Ernst Rankes*), auf dem Gebiete der Natur-

*) Ranke, Die Kategorien des Lebendigen, München 1928, Verlag C. H. Beck.

wissenschaften mit ihren Methoden die hier am längsten herrschende wirklichkeitsfremde, rein gegenständliche Betrachtungsweise durch die umfassende Schau des Arztes wieder abgelöst zu haben, welcher außer Ursache und Wirkung auch noch Zweck, Verknüpfung von Teil und Ganzem, und namentlich die Gefahr eines lediglich aufspaltenden Verstands für alles Lebendige gesehen hat. Ranke hat in erkenntniskritischen Darlegungen gezeigt, daß alle geistigen Grundgestaltungen: Wahrnehmung, Vorstellung, Begriff, gegenüber einem lebendigen Objekt zu falschen Ergebnissen führen, wenn sie in der Art und Weise der überwundenen, atomisierenden, gleichmachenden Denkweise der Aufklärung diese Objekte zergliedern und aufteilen. Was aber wichtiger ist: es wird in diesem Werk beleuchtet, daß aller menschlicher Gestaltung, als Geistesgestaltung von lebendigen Wesen, als lebendigem Vorgang selbst, nicht ein aufteilendes (diskursives) Vorgehen eigen ist, sondern daß die gesunde Geistesgestaltung selbsttätig die Verknüpfung zum Ganzen bei jeder Aufteilung herstellt.

Auch diese von der Wirklichkeit abgenommene Erkenntnis wird es in Zukunft nicht mehr dulden, daß die lebenswichtigsten menschlichen Vorrichtungen, daß der Staat regiert werde von einer Betrachtungsweise der teilenden Gleichmachung, welche als falsch und wirklichkeitsfremd erkannt worden ist. Heute noch gilt von der französischen Revolution die Feststellung Taines*): „Mit ihrer allgemeinen Vorstellung vom Menschen — mit der verkehrtesten, verkümmertsten und unrichtigsten, deutet sie ihr Phantasiegebäude. Daher ihre Trugschlüsse. Es ist der klassische Geist der Vereinfachung, der die Jakobinerpolitik gemacht hat, die Theorie vom abstrakten Menschen, vom modernen Staatsbürger, die zugleich anarchische und despotische Auffassung vom unabhängigen Volk und vom allmächtigen Staat, die den Gleichheitswahn, die Nivellierung, die improvisierte und gekünstelte Verfassung gab." Mit dieser Gleichheitslehre mußte jede Gemeinschaft, die eben nicht nur auf Herrschaftsanspruch, sondern auf Dienstschaftsleistung beruht, zugrundegehen. Das greifbare ethische Gesetz der sozialen Gerechtigkeit ist aber unendlich einfach: jeder Berechtigung muß das entsprechende Maß von Verpflichtung gegenüberstehen. Nur übergeordnete Gemeinschaftsgrößen können die Leistungen und damit die Rechte feststellen; nur sie sind zur sozialen Einstufung des Einzelnen befugt. Der Wert der Persönlichkeit, heute mißachtet und zertreten, besteht in dem Maße, in welchem sie den Gehalt der Gemeinschaft widerspiegelt, an der Gestaltung und der Pflege der Gesamtheit verantwortlich teilnimmt. So aber, wie der Einzelne von den zu Körperschaften geschichteten Verbänden

*) Correspondance III.

gesellschaftlich nach seiner Leistung eingestuft und mit Rechten ausgestattet wird, so steht auch die unabhängige politische Macht des wahren Staates den organischen Gliederungen des Volkstums machtvoll gegenüber, die soziale Gerechtigkeit sichernd.

Damit ist das Wesen der organischen Gesellschafts- und Staatsauffassung umrissen. Gleichgültig ist, ob Volk und Staat einen tatsächlichen Organismus im Sinne der Tier- und Pflanzenwelt darstellen oder ob bei ihrer Gestaltung das Organische nur als Vorbild vorschwebt. Wesentlich am Organischen ist die lebendige Einheit des Ganzen, wiedergespiegelt von Teilen, die wiederum Eigenleben besitzen; die gleichzeitige Freiheit und Dienstschaft der Teile, die Wechselwirkung zwischen ihnen und dem Ganzen. Das Leben des Ganzen, gesichert durch den Dienst der Teile, das der Teile behütet von der Kraft und der Macht des Ganzen. Staatsmacht erst ist bewahrende Krönung volksmäßiger Ganzheit.

Die Polarität des Organischen bedingt eine Wechselwirkung von oben und unten, die gleichzeitig Spannung und Zusammenfassung ist. Der Organismuslehre eines Othmar Spann wird zum Vorwurf gemacht, sie wolle von oben nach unten aufbauen, erstrebe also die Gewaltherrschaft; die Demokratie sei das genaue Gegenteil, die Herrschaft von unten nach oben. Richtig ist daran, daß die Massendemokratie eine Einwirkung von unten nach oben mit sich bringt: nämlich die Abhängigkeit der demagogischen Führer von der Volksgunst. Das einzige Band, welches zwischen Führern und Geführten in der Demokratie tatsächlich besteht, ist gewoben aus der Summe von schlechten Eigenschaften und niedrigen Instinkten der Masse. Daß das Volk aber in pyramidenartigem Aufbau sich selbst regiere, ist ein witziges Märchen. Die vorhergehenden Kapitel haben eindeutig den Nachweis erbracht, daß die Massenherrschaft von oben und nicht von unten organisiert wird. Es ist auch nicht richtig, daß die Verantwortlichkeit der Regierenden, wie sie in den demokratischen Verfassungen festgelegt ist, den Absolutismus verhindere. Im Gegenteil! Eine Gewaltherrschaft, die auf Massengunst aufgebaut ist, kennt keine Verantwortlichkeit. Denn wer der Masse verantwortlich ist, ist in Wahrheit niemandem verantwortlich. Wenn also zugegeben werden kann, daß Diktaturen ohne Aufbau von unten nach oben tatsächliche Gewaltherrschaften wären — ungeachtet möglicher Vorteile der Einzelherrschaft — so bleibt die Tatsache bestehen, daß die heutigen Demokratien nichts anderes sind und ebenfalls von oben nach unten organisieren. Der Vorwurf manches überzeugten Demokraten gegen uns, wir kämpften gegen die echte Volksherrschaft, ist ein Stoß ins Leere. Wir vertreten im Gegenteil den Gedanken der wahren Volksherrschaft gegenüber der Diktatur des Geldes. Wir sind diejenigen, welche der Bewegung von oben nach unten die Gegenströmung von unten nach oben entgegenführen wollen. Wir sind es, die das Volk aus der Verknechtung lösen wollen, indem wir es wieder aus Masse in Volk rückverwandeln. Wer dies nicht will, hat das organische Weltbild nie richtig erschaut, bleibt ewig in Liberalismen stecken und erstrebt höchstens eine verbesserte Form der Gewaltherrschaft. Daß die verstädterten, geschichtslosen, entwurzelten Massen aber einmal da sind, daß mit ihnen rechnen muß, wer den Organismus will, ist eine bittere Tatsache, die nie vergessen werden darf, soll nicht ein ohnmächtiger Rückfall in fade Romantik erfolgen. Das ganze Schwergewicht dieses Werkes liegt deshalb in seiner Erkenntnis, daß Staatsreformen Stückwerk bleiben, die nicht den Neubau der Gesellschaft voraussetzen. Das hier errichtete Gedankengebäude steht und fällt mit der Forderung des gesellschaftlichen Neubaues.

Spitzen der Gesellschaft im Sinne der hier vertretenen Weltanschauung sind die kleine Gruppe sozial hochwertiger Menschen, die sich für das Ganze verantwortlich fühlen, weil sie selbst das Allerlebnis in sich tragen. Nur sie sind vom Vertrauen des breiten Volkes getragen und bedürfen deshalb nicht künstlicher ununterbrochener Vertrauenskundgebungen. So gesehen, ist die moderne Wählerei nichts als der Ausdruck mangelnden Vertrauens der Geführten zu den Führern. Gelingt es einem Volke nicht mehr, die wahrhaft Hochwertigen, die sozial Verantwortungsbereiten an die Spitze zu bringen, so ist seine Vermassung, seine Fellachisierung besiegelt. Wenn man beobachtet, wie geschickt England seine gesellschaftliche Oberschicht durch die Arbeiterpartei auffrischt und ergänzt, welches Herrenbewußtsein diese Arbeiterführer entwickeln und damit die ressentimenterfüllte kleinbürgerliche Armseligkeit deutscher Mobanbeter, die sich Führer des Volkes nennen, vergleicht, so könnte das Gefühl schwerer Entmutigung den deutschen Beobachter beschleichen. Die Deutschen sind auf dem besten Wege, tief unter den Durchschnitt der schon mittelmäßigen Herrenschicht der Vorkriegszeit herabzusinken.

Es ist also falsch, die Erneuerung deutschen Lebens immer vom Staatlichen aus zu sehen. Der heutige Staat spielt für den wahren Erneuerer nur die Rolle des Hindernisses auf dem Wege zur Reform. Er macht infolge seiner Allmacht und seiner falschen Einstellung den gesellschaftlichen Neubau unmöglich. Dieser aber ist die einzige Bedingung, unter welcher ein deutscher Wiederaufstieg denkbar ist. Es ist deshalb verkehrt, die Führerfrage lösen zu wollen, indem der Aufbau der Gesellschaft gewissermaßen aus dem Staatlichen geplant wird. Das jungdeutsche Manifest, das von allen

Programmschriften politischer Gruppen die folgerichtigste Abwendung von der falschen Demokratie des Westens vollzieht, hat in seinem Aufbauteile nicht ganz diesen Fehler vermieden. Abgesehen von der dort vorgeschlagenen Grundzelle des „organischen Staates", der Nachbarschaft, die doch nur in einem entstädterten Volke wirksam werden könnte, beruht der Volksstaat der Jungdeutschen immerhin noch auf dem Trugbilde des gleichen und freien Staatsbürgers. Wohl schimmert die Erkenntnis durch das jungdeutsche Manifest, daß man sich Staatsbürgerschaft erst erdienen müsse, daß sie nicht dem Mündigen — wie die Demokratie will — ohne weiteres zufalle. Die Weiterverfolgung dieses Gedankens führt aber erst zur gänzlichen Abwendung von der rein staatlichen Denkweise. Sie vermittelt die Einsicht, daß es von Natur überhaupt keine unmittelbare Beziehung zwischen dem Einzelnen und dem Staat gibt, daß der Mensch durch seine Geburt wohl zwangsläufig Mitglied der Gesellschaft, Bürger seines Volkes wird, daß aber erst in der sozialethisch eingestellten Führerschicht die eigentliche Staatsverkörperung sich vollzieht. Die Doppelung von Gesellschaft und Staat ist der einzige Weg zur Überwindung des Liberalismus, der Gleichheitslehre, der mechanisierten Wählerei und damit der Geldherrschaft. Sie ist auch die einzige Möglichkeit, dem berechtigten Gleichheitsstreben entgegenzukommen, die wahre Demokratie, die sich immer im Gesellschaftsleben abspielt, zu verwirklichen, die Persönlichkeit zur Entfaltung und zur Führung zu bringen. Sie bleibt letztlich die einzige Gewähr dafür, daß eine Führerschicht sich bildet, die mit Herrengefühl jene Stetigkeit des Wollens verbindet, welche allein ein Volk befähigt, seinen Teil zur Geschichte der Menschheit beizutragen.

Religion und Volkstum sind die beiden Gemeinschaftskreise, die Kräfte organischer Bindung zu entwickeln vermögen. In dem Kapitel „Die Aufspaltung der Gemeinschaft" wurde begründet, warum eine auf das rein Staatliche bezogene Ganzheit im platonischen Sinne heute unmöglich ist. Aus dieser Gegenwartslage gilt es, die Schlußfolgerung zu ziehen: die Mechanisierung der Gemeinschaft zu verhindern durch Beschränkung des Staates auf seine eigentliche Aufgabe.

Wer gegen diese Richtlinien einwendet, sie selbst setzten schon eine Wertgemeinschaft voraus, ohne welche eine Erneuerung unmöglich sei, diese Wertgemeinschaft sei aber nicht vorhanden und deshalb das hier umrissene Streben utopisch, dem sei erwidert: das weltanschauliche Gesetz, welches hier entwickelt wurde, beansprucht unbedingte zeitlose Geltung; entspringt es doch dem Ganzheitsgefühle, das menschliche Gegebenheit und deshalb unveränderlich ist. Was dieses Buch als Aufgabe übernommen hat, ist der Entwurf der sozialen Formen, die, unter Berücksichtigung der geschichtlichen Entwicklung, dem Allerlebnis entsprechen. Die Mechanisierung und der Zerfall der abendländischen Gemeinschaftsformen wären nicht erfolgt, hätte eine herrschaftsbewußte und gesellschaftsverpflichtete Schicht dieses Allerlebnis gehütet und erzieherisch dem Volke weitergegeben. Wo eine solche Schicht aber die Führung verloren hat, herrscht mechanischer Mehrheitswillen, der niemals aus sich selbst die gemeinsame Wertgrundlage entwickeln kann. Ist er doch als solcher schon Ausdruck des Verlustes aller Gemeinsamkeit. Die gesellschaftliche Form des Lebens aber verlangt die Prägung der Gesellschaft durch die Führer. Die neue Wertgrundlage wird also nur entstehen als Ausfluß des Strebens von unten, gehalten, geführt und höher entwickelt zu werden; sowie als Folge des Pflichtgefühles der Führer, seelisch und geistig das Volk im Sinne wahren Menschentums von oben zu bilden und zu formen.

Eine Hauptursache für die Rückkehr zu organischem Denken wurde im rein seelischen Erlebnis gesehen. Häufig ist aber mit dem Wechsel des Weltbildes eine gesellschaftliche Umschichtung verbunden. Wo Ursache und Folge liegen, kann dahingestellt bleiben. Es widerstrebt selbstverständlich der hier vertretenen Weltanschauung, im Gesellschaftsbiologischen letzte Ursachen geistiger Umschwünge zu sehen. Immerhin sind soziale Strömungen von größtem Einfluß auf geistige und umgekehrt. Gesellschaftliche Oberschichten entwickeln ihren Lebens- und auch ihren staatlichen Stil. Der Staatsstil des in Geld denkenden, verweltlichten Bürgertums war die Demokratie. Gegen das Bürgertum stürmt das Arbeitertum, im Gefühl, trotz aller Neidpolitik, trotz aller Materialisierung geldfeindlich. Diese Geldfeindlichkeit, soweit sie mehr als Neid ist, soweit sie dem sittlichen Bewußtsein der Arbeitsleistung entspringt, kann den Beginn einer neuen Sozialethik bedeuten. August Winnig*) will in dem heranwachsenden Arbeitertum das große Menschenbecken sehen, aus dem die Führer eines im Übersinnlichen wurzelnden deutschen Geschlechtes erstehen könnten. Für ihn ist also der richtig gestellte Sozialismus eine Umschichtungsbewegung des Volkstums. Für diese Auffassung spricht manches. So kann kein Zweifel bestehen, daß der händlerisch-materialistische Zug in der Arbeiterschaft schwächer ist als bei den heutigen Führern des Parteisozialismus und der sogenannten Bourgeoisie, aus der dieses Führertum geistig gekommen ist, die Seele der Arbeiterschaft verliberalisierend und zerstörend. Dagegen lehnt Sombart**) diese „Milieutheorie" als zu ein-

*) Das Reich als Republik, Berlin 1928, Verlag Cottasche Buchhandlung.
**) Der Bourgeois, München. 1920 Verlag von Duncker und Humblot.

seitig ab und betont, daß der heroische Zug ein solcher des Blutes sei und der Mangel an heldischer Lebensauffassung bei der Bourgeoisie des Abendlandes und insbesondere Deutschlands auf die Blutsmischung mit dem jüdischen Händlerblute zurückzuführen sei. Wenn auch Sombart in dem Arbeitertum also mehr ein „Milieu“ denn einen Stand sieht, so lassen sich doch die beiden Anschauungen miteinander vereinbaren: der Aufstieg proletarischer Kräfte findet eben aus einer Schicht statt, die in ihrer Gesamtheit blutsmäßig mit händlerisch veranlagten Bestandteilen wenig gemischt ist. Der Anteil der Juden an der Handarbeiterschaft ist verschwindend gering. Insofern können Winnigs Hoffnungen auf die seelischen Kräfte des Arbeitertums durchaus geteilt werden. Die Frage ist nur, ob es nicht seelisch immer mehr verbürgerlicht. Wandelt es auf den geistigen Spuren von Karl Marx weiter, bleibt es in der Hand deklassierter bürgerlicher Führer, so fällt es für eine kommende Herrschaft wahren Seelentums ebenso aus wie der kommunistische Teil der Arbeiterschaft, solange er sich russischem Nihilismus verschreibt. Die Ansätze zu einer Arbeiterpolitik, die stolz die Verantwortung für das deutsche Volk vor der Geschichte übernehmen will, um an Stelle des morschen Bürgerstaates den wahren deutschen Staat (nicht den einer Klasse) zu errichten, sind äußerst schwach. Fast scheint es, als ob die sittlichen Aufbaukräfte bei der Kriegsgeneration des Bürgertums, soweit sie bewußt unbürgerlich fühlt, stärker wären. Würden sie sich dem Arbeitertum annähern, so könnte vielleicht eine großzügige Mobilmachung für den Anbruch einer neuen Zeit stattfinden.

Wenn so das Grundsätzliche zur Überwindung der mechanisierten Gesellschaft gesagt wurde, so wäre eigentlich die Aufgabe des Verfassers erfüllt; könnten Ausführungen über Gestaltungsformen der organischen Gesellschaft und des wahren Staates unterbleiben. Getrost könnte die Zukunftsentwicklung dem selbsttätigen Wirken des neuen deutschen Menschen überlassen bleiben, womit das folgerichtige Bekenntnis zu der neuen Lebendigkeit abgelegt würde. Wo ein neues Lebensgefühl alldurchdringend waltet, bildet sich auch der neue Stil. Menschenalter hindurch wurde an gotischen Domen gebaut, die Pläne unterlagen vielfacher Veränderung. Und trotzdem entstand ein überwältigend Einheitliches, weil der grundlegende Geist, der wirkende Sinn in eine Richtung ging. So auch hier. Es kann gezeigt werden, wie die Gegenwart aussieht, was an organischem Leben übrig blieb und wie es neu zu entwickeln ist. Es kann aber nicht das neue Recht „geschrieben“, ein Verfassungsentwurf vorgelegt werden, der Stück für Stück in Geltung zu setzen wäre. Es wäre eine Aufgabe, würdig eines Ihering, im nächsten Jahrzehnte die Systematik eines organischen Rechtes zu umreißen; das Recht selbst zu schaffen, bleibt den politischen Kräften, bleibt der neuen Führerschaft überlassen. Vielleicht findet das tätige Leben Formen, die auch richtige Vorschau und gute Durchdenkung kaum erahnen können. „Der Seemann auf nächtlichem Meer weiß auch, daß er nicht zu den Sternen fährt, nach denen er seine Fahrt richtet; aber die ewigen Sterne über ihm weisen ihm die Richtung zu näheren und erreichbaren Wirklichkeitszielen, die er nicht sieht, weil sie vom Dunkel der Zukunft verhüllt sind. Ideologien sind Vorbilder für die Formen des Willens, für die Aufrichtung des Menschentums, nicht Vorlagen für die Lebensformen unmittelbar: das ist ihr Sinn, und darin kann ihre gewaltige Wirklichkeitsbedeutung liegen" (Krieck).

Wenn trotzdem in den nun folgenden Kapiteln versucht wird, die Formen organischen Gesellschafts- und Staatslebens anzudeuten, so nur deshalb, um zu zeigen, daß auch die praktische Politik täglich vor der Entscheidung steht, ob sie den endgültigen Zerfall bestätigen oder die Erweckung neuen Lebens bezwecken will.

Organische Gesellschaft (Gemeinschaft) und Staat

Die zersplitterte, unsoziale, verstädterte, geldbeherrschte Gesellschaft der Zivilisation kennzeichnet die Gegenwart. Sie ist formlos und deshalb, wie alles Formlose, dem Stoffe, in diesem Fall der Gewalt des Geldes, untertan. Weil aber der Staat sich nicht auf die organischen Kräfte einer gegliederten Gemeinschaft stützen kann, wird er ebenfalls ein Opfer der Geldmächte: so beherrscht die heutige Gesellschaft den Staat, weil staatliche Allgewalt und Allzuständigkeit die wahre Gemeinschaft aufgelöst und zerschlagen haben. Die Staatsallmacht verwandelt sich — ein Vorgang der Rache — in Staatsohnmacht.

Als rettender Ausweg aus dem Chaos erscheint die Doppelung von Volk (gesellschaftlich gegliedert) und Staat. Damit soll nicht die urliberale Gegensätzlichkeit zwischen Staat und Staatsbürger, Obrigkeit und Untertan erneuert werden. Es wird auch nicht ein Gesellschaftsleben gefordert, das als eigentliche Form des Lebens autonom ist, und welchem der Staat deshalb gewissermaßen neutral gegenüberstehen soll. Der Staat als neutrale Macht wäre jener verhängnisvolle Mindestbegriff von Staatlichkeit, welcher der liberalen Lehre vom Nachtwächterstaat entspricht. Die gesellschaftlichen Kräfte allein bleiben immer nur Teilentfaltung des

Volksgeistes. Erst die große Staatsidee krönt die Entwicklung und schafft Staatsnationen in einem Sinne, wie er vielleicht dem Mittelalter bekannt war, durch die Nationalstaatslehre aber mit der Ausnahme Englands verlorenging. Außerdem ist Volk im Sinne dieses Buches nicht die Summe von Staatsbürgern, sondern das Gefäß völkischer Wesenheit. Die Doppelung wird gefordert, um die gewachsenen Kräfte der Volksseele für die Gestaltung der Gemeinschaft nutzbar zu machen. Erst wenn neben den mechanischen und mechanisierenden Staat eine organische Kraftquelle tritt, die neue Lebendigkeit verbürgt, verspricht das Streben nach Neuordnung Erfolg. Die Erkenntnis des Nebeneinander von Gesellschaft und Staat ist also notwendig, um eine neue Einheit zu begründen. Wo nur noch Mechanismus besteht, muß aus diesem die eingekapselte organische Kraft losgelöst werden: die Seele, sei es des Einzelnen, sei es des Volkstums, verlangt Entfaltung, um neues Leben zu zeugen.

Eine andere Erwägung, die Walter Heinrich*) angestellt hat, führt zu demselben Ergebnis. „Nach organischer Auffassung ist die Gesellschaft eine objektive geistige Wesenheit, die sich zunächst in mehreren Teilbereichen, eigenen geistigen Lebenskreisen besonderer Art und Leistung ausgliedert. Solche Lebenskreise oder Stände sind z. B.: Kunst, Wissenschaft, Religion, Kirche, Familie, Wirtschaft, Staat u. a. m. Dadurch, daß der einzelne Mensch diesen Lebenskreisen oder Teilganzen der Gesellschaft angehört, führt er ein geistiges Leben. Der Staat erscheint dann als jener Stand, der jeder geschichtlichen konkreten Gesellschaft ihre organisatorische Gestalt, ihre feste geschichtliche Form verleiht." Walter Heinrich stellt fernerhin den Satz auf, alles Leben in Gesellschaft und Geschichte strebe nach staatlichen Formen und entfalte auch tatsächlich Staatlichkeit. Es gäbe daher im organischen Staate eine Unzahl von Teil-„staaten". Der Staat baue sich aus lauter autonomen, d. h. in sich selbst geschlossenen mit eigenem Leben und gewissen Hoheitsrechten ausgerüsteten Lebensbereichen auf. Diese Auffassung vom Wesen der „Staatlichkeit" deckt sich mit der platonischen Politeia. Im Grunde umfaßt dieser Begriff des Staatlichen die gesamte Gemeinschaft.

Aus rechtsphilosophischen Erwägungen, die weiter unten noch behandelt werden, gelangt Bott-Bodenhausen zu einer ähnlichen Auffassung der Staatlichkeit: Sie ist „nicht ein Sein neben dem übrigen sozialen Dasein, etwas außer der Wirtschaft, Bildung usw. Bestehendes, sondern Inbegriff aller dieser Äußerungen. Die gesetzmäßige Verbindung des kulturellen Lebens. Ein solcher Begriff ist aber nicht mehr mit dem des

*) Heft 4 der „Europäischen Revue". Berlin 1929, Kurt Vowinkel.

(reinen) Staates gleichbedeutend. Dem anderen Inhalt entspricht ein anderer Begriff: der des Reiches. Zu ihm gehört ein Tiefenbegriff des Rechtes im Gegensatz zu dem Oberflächenbegriff (Fassade) des Formativismus. Dem Drang, der Mannigfaltigkeit des Lebens gerecht zu werden, zu erfassen, anstatt zu vergewaltigen, entspringt das Gliederungsstreben im funktionalen Recht. Statt des prinzipiellen Gegensatzes Staatsbürger — Nicht-Staatsbürger bedarf es hier eines graduellen Unterschiedes nach Ständen".

Damit ist die Einheit des Gemeinschaftslebens, einschließlich des eigentlichen Staates, umrissen. Der eigentliche Staat ist aber die umfassende Schutzhülle des gesamten Gemeinschaftslebens. „Staat in voller Entfaltung, Vollstaat heißt jener Stand, der die Außenpolitik oder Geschichte macht und der die höchste führende Organisation gegenüber allen übrigen organisierten Ständen ist. Staat ist geschichtstragender Höchststand." In klarer Form hat so Walter Heinrich das Wesen des Staates aus dem Stand (status) entwickelt*). Auch aus seinen Darlegungen ergibt sich die hier gezogene Schlußfolgerung: daß das Wesen des eigentlichen Staates, des Höchststandes, erst wieder in Reinheit zu entwickeln sei, wenn zwar ihm unterstellte, aber frei lebendige Eigenstände vorhanden sind. Es heißt dies, daß der wahre Staat nur als Gipfel einer gewachsenen Gesellschaft bestehen kann. Wo aber keine gesellschaftliche Stufung vorhanden ist, da kann der Staat gar kein Höchststand sein; er ist bei völliger Ständelosigkeit etwas Formloses: Organisation ohne gewachsene Grundlage und ohne natürliche Aufgabe. Er ist eine willkürliche Gewalteinrichtung zur Verhinderung der Anarchie.

Kein echter Staat ohne gewachsene Grundlage, ohne geordnete eigenlebendige Lebenskreise, auf denen sich jeweils höheres Leben aufbauen kann. Ein Gebilde ist künstliche Konstruktion aus Hirngespinsten, niemals etwas auf die Dauer Lebensfähiges. Der eigentliche Staat geht dann der Lebenskräfte verlustig; denn es sind ja keine eigenlebendigen Teile vorhanden, die ein Gesamtleben machtvoll begründen könnten. Der Staat kann auch keine Einheit verkörpern, denn es fehlen arteigene Vielheiten, deren Leistungen zwecks Gesamtentfaltung zu vereinheitlichen wären.

Der Hebel zur Einschaltung echten Gesellschaftslebens liegt heute beim allgewaltigen Staate. Der faschistische Staatszentralismus findet — wenn vorübergehend — in diesem Umstande eine gewisse Erklärung. Der Staat hat die Aufgabenbereiche der „Staatlichkeit" im weiteren

---

*) Mit Ludwigs XIV. l'état (Staat und Stand) c'est moi war das Schicksal ständischer Gliederung besiegelt.

Sinne, also des Gesellschaftslebens, an sich gerissen. Die Vorbedingung aller Reform ist also die grundsätzliche Erkenntnis, was eigentliche Aufgaben des Staates, des „Höchststandes" sind, und welche der sich selbst verwaltenden Gesellschaft übertragen werden müssen. Diese Frage läuft auf die Untersuchung hinaus, welche Leistungen des Menschengeistes dem unmittelbaren Quell des gesellschaftlichen Lebens entspringen und welche ihrer Natur nach nur vom Staate im engeren Sinne erfüllt werden können. Wirtschaft, Wissenschaft, Kunst, Kirche, Erziehung, Familie, Gemeinde, soziale Fürsorge u. s. f. wurzeln ihrem Wesen nach nicht im Bereiche des rein staatlichen Lebens. Sie verdanken ihr Dasein nicht geformten Rechtssätzen und Anordnungen, sondern den seelischen Grundkräften der menschlichen Gesellschaft. Die Gesetze, nach denen sich die Wirtschaft entwickelt, liegen im Wesen der menschlichen Bedürfnisbefriedigung selbst. Wohl kann diese staatlich beeinflußt und gelenkt werden. Der Staat kann aber weder wirtschaftliche Bedürfnisse anordnen noch verbieten, höchstens Auswüchse beschneiden. Dieses Beispiel sei für viele genannt. So bleibt als die Hauptaufgabe des Staates die Außenpolitik: seinen geistigen und körperlichen Lebensraum zu erkämpfen und zu bewahren. Sein innenpolitisches Ziel ist: sämtliche Lebenskräfte zu entwickeln und für ihren Ausgleich Sorge zu tragen. Kein Teil darf überwuchernd das Leben eines anderen Teiles bedrohen. Nach innen hat also der Staat etwas schon Vorhandenes zu überwachen, zu leiten, zu verwalten; oder bei Interessenwiderstreit zum Vorteile des Ganzen richterliche Entscheidungen zu ermöglichen. Alles übrige ist Aufgabe der sich selbst verwaltenden Gesellschaft.

Wenn aber einer mechanisierenden Bürokratie diese rein gesellschaftlichen Aufgaben genommen und der autonomen Gesellschaft rückübertragen werden sollen, so fragt es sich, wo die organischen, d. h. natürlichen, Träger dieser Gesellschaftstätigkeit sind. Es wurde festgestellt, daß die dazu berufenen, gewachsenen Körperschaften vom modernen Staate zerschlagen sind. Die völlige Zersplitterung der heutigen Gesellschaft wurde geschildert. Die große Frage, vor die jede Erneuerungsbewegung gestellt ist, bleibt sonach: wo sind in der heutigen Gesellschaft noch Ansatzpunkte zu organischem Leben, die entwicklungsfähig wären, und die nicht dem Fluche, neue künstliche Organisation zu sein, ausgesetzt sind? Die Unterscheidung, was künstlich und was lebendig sei, fällt dabei besonders ins Gewicht. Lebendig im Sinne dieses Buches sind nur Kräfte, die irgendwie dem Seelentum entspringen, auf dem Ganzheitserlebnis beruhen. Künstlich oder mechanisch sind Organisationen, die, nicht an lebendige Vorgänge geknüpft, erdacht werden und auf der Abgespaltenheit des Stofftriebes beruhen. Wer also an Stelle sogenannter politischer Vertretungskörper den Staat auf der Wirtschaft aufbauen möchte, bleibt restlos in den Irrtümern der materialistischen Geschichtsauffassung befangen. Denn die Wirtschaft soll der Politik untergeordnet sein und nicht umgekehrt*). Das Wirtschaftsleben beruht bis zu einem gewissen Grade auf einem vernünftig geführten Interessenkampf. Nur seelische Kräfte vermögen diese natürliche Gegensätzlichkeit des Nutzens zu überwinden. Da aber niemals der Nutzen einer Vielheit auf einen Nenner zu bringen ist, so bleibt die Wirtschaft zur Verkörperung staatlichen Lebens unbrauchbar. Wer unter einem ständischen Staate oder einer ständischen Gesellschaft deshalb so etwas Ähnliches wie die Zusammenarbeit wirtschaftlicher Interessenverbände versteht, erstrebt lediglich die Verewigung des Klassenkampfes, ja seine Erhebung zum gültigen Staatsprinzip. Daß dies aber das Gegenteil echten Gemeinschaftslebens wäre, liegt auf der Hand.

Es ist der größte Fehler zeitgenössischen Denkens — und doch für die Gegenwart so bezeichnend — daß der Ausbau unseres — wie die historische Rechtschule sagte — genossenschaftlichen Lebens immer sofort zu dem Staate in Beziehung gesetzt wird. Man kann die wirtschaftliche Selbstverwaltung bejahen, braucht sie aber noch lange nicht zur Grundlage staatlicher Organisation zu machen. Wirtschaft ist ein Stand, und Staat ist ein Stand, und zwar ein höherer. Die Führer der Wirtschaft können nicht Führer des Staates sein. Ebenso geht es mit dem berufsständischen Gedanken. Wie selten wird zwischen einer berufsständischen Gesellschaft und einem berufsständischen Staate unterschieden. Staat ist eben ein anderer Stand als Beruf.

Die Anhänger der mechanischen Demokratie haben es außerordentlich leicht, alle Vorschläge der organischen Staatslehre zu bekämpfen, solange der berufsständische Gedanke sich in der Formel erschöpft, die heutigen politischen Parlamente müsse ein Parlament der Berufsvertreter ablösen. Ist doch der Berufsstand nur einer unter vielen Ständen, zwar der allumfassendste und im deutschen Volke — bei seiner sittlichen Auffassung der Arbeit — besonders tief begründet, aber nicht geeignet, den eigentlichen Stand des Staates darzustellen. Er ist der im Gesellschaftsleben wirksamste Stand. Dies ist wahrscheinlich der Grund, warum die meisten Vor-

*) P. J. Proudhon, der vom französischen Syndikalismus (Sorel) und der faschistischen Lehre als Vorläufer bezeichnet wird, sagt: „La vraie liberté est celle dans laquelle les forces économiques réunies volontairement et par contrat se substituent à la domination exercée par l'élément politique.“ — „C'est le renversement complet du contrat social de Jean-Jaques Rousseau“, ruft A. O. Olivetti im Annuaire 1928 des Centre international d'études sur le facsisme aus, welchem dieses Zitat entnommen ist.

aussagen künftiger Gesellschaftsentwicklung den Berufsstand in den Vordergrund stellen*).

Das Berufsleben bietet, im Gegensatz zur Wirtschaft im allgemeinen Sinne, tatsächlich einen organischen Ansatzpunkt, aber nur insoweit, als es sich wirklich um eine „Berufung" und nicht um Arbeitsgelegenheit oder reinen Gelderwerb handelt. Die Arbeitstätigkeit muß vom Arbeitenden innerlich bejaht werden. Nur ein Berufsstand, der aus solchen Menschen besteht, vermag Würde und Ehre zu entwickeln. Es ist aber äußerst schwer, festzustellen, wo noch innere Verwachsenheit mit dem Berufe besteht. Selbstverständlich gibt es in jedem Berufe solche, denen die Arbeit gleichgültig und der Nutzerfolg die Hauptsache ist. Aber auch unter den einzelnen Berufen bestehen Unterschiede; sie verlangen bald mehr, bald weniger Hingebung, der eine ist vorzugsweise mechanisch, der andere verlangt Seele. Nur nach dem Maßstab der seelischen Verwurzelung können einzelne Berufsgruppen zu in sich geschlossenen Ständen zusammengefaßt werden. Das einzige vollkörperschaftliche Gebilde, das es gibt, sind die Zwangsinnungen. Im Handwerkertum lebt der körperschaftliche Geist noch am stärksten. Es ist aber bezeichnend, daß es den Vorkämpfern des handwerkschaftlichen berufsständischen Gedankens bis jetzt noch nicht gelungen ist, mit ihrer Forderung nach körperschaftlichem Ausbau durchzudringen. Der Liberalismus kann sich dazu ebensowenig bekehren wie sein ihn ergänzender, ebenso individualistischer Bruder: der Sozialismus. Denn vom französischen Syndikalismus hat er trotz seiner echt deutschen Internationalität nichts gelernt. Er ist jakobinisch geblieben wie die Berliner Asphaltpresse. So kam es, daß das „bürgerliche" Handwerkertum den mißglückten Räteplan des Jahres 1919 am lebhaftesten aufgriff. — Zu der seit langem bestehenden Anwaltskammer ist mittlerweile die Ärztekammer hinzugekommen. In den Landwirtschaftskammern und Handelskammern sind ebenfalls Ansätze zu gesundem berufsständischem Leben gegeben. In Italien können die Versuche beruflicher Zusammenfassung noch nicht als abgeschlossen gelten**). Eine Besprechung der dortigen Gesetzgebung erübrigt sich daher. Nur soviel sei bemerkt, daß dort die Selbstverwaltung äußerst schwach entwickelt ist. Es herrscht ein vollkommener Staatszentralismus.

*) Außer dem Faschismus in Italien tun dies die österreichischen Heimwehren, der deutsche Nationalsozialismus und eine starke Richtung im Katholizismus. Dazu kommt eine reiche Literatur, insbesondere Heinz Brauweiler a. a. O., Berdjajew a. a. O., dann H. Herrfahrdt, Berlin 1921: Das Problem der berufsständischen Vertretung von der französischen Revolution bis zur Gegenwart, auch schon vor 50 Jahren Constantin Frantz.

**) Die Syndikate sind wohl da; es fehlen aber noch größtenteils die querverbindenden Körperschaften.

Daneben gibt es in Deutschland zahllose Interessenverbände. Wohl kein Beruf, keine Wirtschaftsgruppe, die nicht organisiert wäre. Aber hier müssen feinere Unterscheidungen einsetzen. Der Verein deutscher Ingenieure, Lehrervereine, Richtervereine usf. können wohl als ständische Verbindungen bezeichnet werden. Aber der Übergang zur Interessenvereinigung ist häufig kaum wahrnehmbar. Besonders schwierig aber wird die Frage bei der Betrachtung der Arbeitgeberverbände und der Gewerkschaften. Ein Arbeitgeber kann beruflich Ingenieur sein; er kann aber auch in erster Linie organisatorisch veranlagt und deshalb der geborene Unternehmer oder Kaufmann sein. Endlich besteht die Möglichkeit, daß ein Arbeitgeber nichts ist als ein Reicher, der Anlage für sein Kapital sucht. Alle drei Typen fallen unter den heutigen Begriff des Arbeitsgebers. Dieses Beispiel zeigt, daß der Arbeitgeber berufsständisch nicht leicht zu erfassen ist. Ähnlich schwierig liegen die Dinge bei den Gewerkschaften. Die deutschnationalen Handlungsgehilfen sind zweifellos eine berufsständische Vereinigung. Der Lohnkampf ist nicht ihr Hauptzweck.

Es gibt aber auch Gewerkschaften, die ihr Dasein in der Vertretung von Arbeitnehmerinteressen erschöpfen, denen die berufliche Tätigkeit des einzelnen Arbeitnehmers ebenso gleichgültig ist, wie dessen seelische und geistige Erziehung zu einem sich voll seiner Berufung bewußten Menschen. Die Gruppierung der Arbeitnehmer in Kopf- und Handarbeiter genügt ebenfalls nicht zur organischen Zusammenfassung, das Band ist zu schwach. Schon annehmbarer ist als Einteilungsprinzip die Berufstätigkeit einzelner gewerkschaftlicher Gruppen. Aber auch sie ist nicht die zusammenfassende Kraft. Was den Gewerkschaften Halt und Macht verleiht, ist der Klassengegensatz zwischen Arbeitgebern und Arbeitnehmern. Eine Klasse kann aber niemals zum Berufsstande werden, wenn auch nicht verkannt wird, daß der kameradschaftliche Zusammenhalt gewerkschaftlich Organisierter so etwas Ähnliches wie ein seelisches Band darstellt. Es sei auch zugegeben, daß die gewerkschaftliche Organisation auf der Würde der Arbeit fußt, ein ausgesprochen deutscher Gedanke. Sicherlich ist er dazu bestimmt, individualistische Gesellschaftsvorstellungen zu durchkreuzen, Händlergeist und damit den falschen Eigentumsbegriff zu bekämpfen. Aber zur Begründung eines Berufsstandes reicht der Zusammenhalt nicht aus. Es fehlt das Natürliche, Gewachsene. Allzu sehr haftet mancher Gewerkschaft die liberale Kampfstellung — geschichtlich vollkommen verständlich — gegen die liberale Gesellschaft an. So dienen die Gewerkschaften eben nicht den Erfordernissen des Berufes, sondern der notwendigen Wahrung von Interessen. Sie sind auf wirtschaftlichem Gebiete das mechanische

Gegenstück zu den politischen Parteien, die übrigens — wie schon dargestellt wurde — im Begriff stehen, mit jenen zusammenzufallen. Diese zwecknützlichen Verbände gehen heute oft quer durch die Berufe und auch quer durch den Erzeugungsorganismus. Sie vertreten nicht die Steigerung und Wohlfahrt wirtschaftlicher Unternehmungen, sondern in erster Linie die materiellen Interessen bestimmter Arbeitergruppen. Hier liegt auch der Grund, warum der Reichswirtschaftsrat in seiner heutigen Gestalt weder sterben noch leben kann. Er ist nichts Organisches, sondern ein schlechtes Spiegelbild der politischen Vertretung, des Reichstages. Nur, daß die Interessen im Reichswirtschaftsrat sich unverhüllt begegnen. Außerdem gibt es im Reichswirtschaftsrat eine Vertretung der Konsumenten, obwohl noch nie gehört ward, daß Verbrauchen eine Berufstätigkeit ist.

Eine weitere Schwäche der Gewerkschaften ist, daß sie auf freiwilligem Beitritt beruhen und miteinander in Wettbewerb treten. Das treibende Gesetz ihrer Tätigkeit wird infolgedessen der gewerkschaftliche Wettbewerb, der immer in Demagogie enden muß. Dabei gibt es gegenüber den großen Berufsverbänden schon heute für den Einzelnen keine freie Wahl mehr, denn wo gesetzlicher Zwang fehlt, da setzt entweder wirtschaftlicher Zwang oder der Druck der Berufsgenossen ein. Aber wie das Wahlrecht des Liberalismus meist vor der Wahlpflicht zurückschreckt, so bleibt seine Vereinsgesetzgebung beim Koalitionsrecht stehen, statt zur Koalitionspflicht überzugehen. Hier wäre einzusetzen. Erst dort, wo ein gesellschaftliches Gebilde nicht mehr Teilinteressen vertritt, sondern bewußt eine Gruppe in ihrer Gesamtheit umfaßt, vermag jener auf das Ganze gerichtete Geist sich zu entwickeln, ohne den alles gesellschaftliche Leben ein Verbrechen an der Einheit bedeutet. Die Zugehörigkeit zur berufsständischen Körperschaft muß sonach gesetzliche Pflicht werden.*)

Auf Grund ihrer Berufstätigkeit können die meisten Menschen eines arbeitenden Landes in die Gesellschaft eingebaut werden. Eine Hefe, wegen ihrer asozialen oder unsozialen Veranlagung sich selbst aus der Gemeinschaft ausschließend, bleibt wohl immer übrig. Dieser Bodensatz umfaßt nicht nur das sogenannte Lumpenproletariat, sondern auch jene Menschen, die ihren Beruf nicht als auf das Ganze hingeordnet empfinden, sondern sich als Freibeuter der Gesellschaft fühlen. Hierher gehört auch das ausgesprochene Händlertum, das sich von der Kaufmannschaft durch seine völlige soziale Verantwortungslosigkeit unterscheidet. Der gesellschaftliche

*) Der Faschist A. O. Olivetti a. a. O. sagt dazu: „De même, au moyen-âge, personne ne pouvait rester en dehors des corporations d'artisans sans être un factieux ou un rebelle.“

Ausschuß des kapitalistischen Zeitalters sind die Spekulanten. Daß er Einfluß erlangen konnte, ist ein Hauptgrund des Zerfalls. Gegen diese Bestandteile der Bevölkerung gibt es nur Schutz- und Kampfmaßnahmen. Anders der Arbeiterstand in seiner Gesamtheit, den Rudolf Böhmer*) „die Enterbten" nennt. Sie müssen in ihr Erbe eingesetzt werden. Wie dies wirtschaftlich geschehen kann, wird in dem die Wirtschaft behandelnden Teile dieses Buches erläutert werden. Hand in Hand mit wirtschaftlichen Maßnahmen muß aber das Bestreben gehen, psychologisch den Arbeiterstand aus seiner gesellschaftlichen Enterbtheit zu befreien. Der Arbeiter muß seine „Honorigkeit" (Hellpach) erhalten. Noch immer gilt, was Wilhelm Heinrich Riehl vor zwei Menschenaltern schrieb: „Die Gesellschaft hat nur so lange von den Proletariern zu fürchten, als sie selber proletarischen Geistes alle geschichtlichen Tatsachen von Stand und Standessachen ausebnen will." Im Zeitalter der nationalen und internationalen Arbeitsteilung hat sich der arbeitende Mensch immer mehr von den natürlichen Gemeinschaften, Familie und Sippe, Haus und Gemeinde gelöst. Alle Vorschläge zur sozialen Befriedung dürfen diesen Vorgang nicht übersehen. Der Zusammenschluß zu Berufsständen soll die durch Arbeitsteilung entstandene Vereinzelung in ihren schädlichen Folgen ausgleichen. Die Zurückführung des Einzelnen in die ursprüngliche Gemeinschaft wird nicht restlos gelingen, die Arbeitsteilung läßt sich nicht rückgängig machen. Auf das wirtschaftliche Gebiet kann das Gesetz menschlicher Blutverbundenheit nicht übertragen werden. Denn die wirtschaftliche Tätigkeit braucht zwar nicht die ganze menschliche Vernunft zu beherrschen, aber sie wird immer von der Vernunft beherrscht sein. Deshalb ist hier ausnahmsweise der umgekehrte Weg erlaubt: vom Einzelnen zur Gemeinschaft; allerdings ist auch diese Gemeinschaft auf Grund der Gleichheit der „Berufung" vorbestimmt. Die organische Auffassung des Berufs (Berufung) entspricht im Gegensatz zur mechanischen (Erwerbstätigkeit) jener Gesellschaftslehre Steins, daß der Plan des Ganzen früher ist als seine Teile. Trotzdem bleibt der einzelne Schaffende die kleinste Arbeitseinheit. Insofern herrscht auf wirtschaftlichem Gebiete auch Gleichheit der Einzelnen, wie jede Arbeit ihre Würde hat; dagegen niemals Gleichheit der Leistungen, weshalb die Verleugnung des Wertes jede schöpferische Tätigkeit hemmt. Es bleibt also nur übrig, aus der Gemeinsamkeit der Tätigkeit zur Gemeinschaft der Tätigen zu gelangen. Das ist der Berufsstand. In ihm haben alle, die im gleichen Berufe stehen, gleiches Recht. Das ist keine Vergewaltigung der Wirklichkeit wie die demagogische Gleichheitsforde-

*) Das Erbe der Enterbten. München 1928, J. F. Lehmann.

rung. Hier kann das gleiche, allgemeine Wahlrecht, weil natürlich, der Wahl berufsständischer Vertretungen zugrunde gelegt werden. Wenn überhaupt, so hat hier der Ruf nach Freiheit und Gleichheit seine Berechtigung.

Die Durchführung des berufsständischen Gedankens wird eine wesentliche Veränderung der geistigen Einstellung in den Gewerkschaften und sonstigen Berufsverbänden herbeiführen: sie werden aus Fordernden zu Verpflichteten. Es ist ein Unterschied zwischen dem Zusammenschluß zur Wahrung des Vorteils und dem Berufsverband, der, den ganzen Berufsstand umfassend, gleichmäßig wacht über die Pflichten des Einzelnen gegenüber dem Berufe und über die Rechte des Einzelnen auf Grund seiner Leistung. Die Ehre eines Berufes wird so unter die Obhut einer Körperschaft genommen. Sie ist in nicht geringem Maße durch das Streben beinhaltet, daß der Stand der Gemeinschaft zu nützen habe und erst aus seiner Bedeutung für diese seine wahre Würde herleite.

In dieser Bezogenheit des Standes auf die geordnete Ganzheit besteht überhaupt das Wesen des Organischen. Wenn Bott-Bodenhausen, ausgehend von der Grundlage des kommenden „funktionalen" Rechtes, dem spätmittelalterlichen Berufsstande den zukünftigen Dienststand gegenüberstellt, so ist kaum einzusehen, wo der Unterschied liegen soll. Ein Berufsstand, der nicht die Beziehung (Funktion) gegenüber der sozialen und kulturellen Ganzheit erkennt, ist eben kein Stand, sondern allenfalls eine Vertretung. Der Begriff des Standes trägt schon in sich den der Ab- und Einstufung. Die Ansicht, die Arbeit habe eine doppelte Natur: der Erwerbstätigkeit und der Diensttätigkeit, ist für die organische Gesellschaftsauffassung selbstverständlich. Denn das Leben des Organismus ist nichts anderes als ein „Funktionieren" der Beziehungen, in welchen die Teile zueinander und zum Ganzen stehen.

Die berufsmäßig gebildete Zwangsgewerkschaft braucht nicht mehr um die Gunst ihrer Mitglieder zu werben; sie entwächst der Gefahr, demagogisch auftreten zu müssen. Ihre Arbeit kann deshalb sachlicher sein. Sie wird als Verband in die künftige Gesellschaft eingebaut, ihre Rechte sind verfassungsmäßig geschützt. Denn die Körperschaften als solche müssen Träger bestimmter Rechte werden und zur Regelung des Gemeinschaftslebens beitragen. Ganz bestimmte Rechtsbezirke, heute dem Staate vorbehalten, werden an sie übergehen, von ihnen aus eigenem Rechte mit Normen erfüllt*.) Eine vereinsrechtliche Selbstverwaltung ist heute schon

*) Berufsständische Aufgaben in großer Zahl stellte Dr. Meusch in einer ausgezeichneten Rede über berufsständische Gliederung, die er auf dem Rheinisch-Westfälisch-Lippeschen Tischlertag 1923 hielt, zusammen.

in den Anfängen vorhanden. Dazu kommt als einmaliger Akt die staatsrechtliche Übertragung an die Selbstverwaltungskörper. Der Einwand, gewachsenes Recht könne so nie entstehen, wird durch die Erwägung widerlegt, daß auf diese Weise ein ursprünglicher und natürlicher Rechtszustand lediglich wieder hergestellt wird: eine revolutionäre Entwicklung wird konservativ unterbrochen. Große Berufsverbände müssen auf kleineren Einheiten aufgebaut werden. Denn jede Wahl wird unorganisch, ja sinnlos, wo die Wähler mit den Gewählten nicht mehr in persönlicher Berührung stehen. Die Spitze des Berufsstandes entsteht durch indirekte Wahl, indem die untere Vertretung immer die nächsthöhere wahlmäßig bestimmt. Nur indirekte Wahl ist organisch, direkte allein bei der niedersten und kleinsten Einheit sinnvoll.

Die Berufsstände, die bis zu einem gewissen Grade den gewerkschaftlichen Zusammenschlüssen entsprechen, ja aus ihnen als Zellen sich häufig entwickeln, dürfen keineswegs den Organismus der wirtschaftlichen Erzeugung sprengen. Ist doch die Produktion eines Volkes das unmittelbare Ziel, auf welches die organische Gesellschaftsauffassung zum Unterschiede von der kapitalistischen hinstrebt. Es ist also eine Querverbindung der Berufsstände dort notwendig, wo sie gemeinsam an den wirtschaftlichen Erzeugungsvorgang gebunden sind. Metallarbeiter gehören zum Metallindustriellen, landwirtschaftliche Arbeiter zum Landwirt. Eine Arbeitsgemeinschaft der sich entsprechenden Glieder des Erzeugungsvorgangs ist deshalb unentbehrlich und auch möglich, ungeachtet der entgegengesetzten persönlichen wirtschaftlichen Interessen. Wo steht geschrieben, daß Arbeitgeber und Arbeitnehmer notwendig Feinde sein müssen? Es gibt eine ganze Reihe wirtschaftsfördernder Strebungen, die gemeinsam sind. Darüber hinaus verlangt organisches Denken nicht nur die Arbeitsgemeinschaft zwischen Arbeitnehmern und Arbeitgebern desselben Produktionszweiges, sondern die Werksgemeinschaft der einzelnen Unternehmungen. „Der Betrieb ist organische Existenz" (Bott-Bodenhausen). Als Endziel aller sozialen Neuordnung bleibt deshalb die Werksgemeinschaft; keineswegs widerspricht sie der berufsständischen und gewerkschaftlichen Organisation, wenn nicht die beiden Gedanken in einen künstlichen Gegensatz zueinander gebracht werden. Darüber mehr im wirtschaftspolitischen Teile*).

Berufsstände, Arbeitsgemeinschaften, organische Erzeugungsgemeinschaften bilden zusammen den Sammelbegriff Wirtschaft. Diese Wirtschaft muß zusammengefaßt werden und eine Spitze bekommen. Der heutige

*) Auch der Faschismus versucht deshalb die Querverbindung der Syndikate zu Korporationen.

Reichswirtschaftsrat ist dieser Aufgabe nicht gewachsen. An seine Stelle tritt die Reichsständekammer als Spitze wirtschaftlicher Selbstverwaltung, nicht als Organ des Staates. Denn der Staat ist ein politischer, aber kein wirtschaftlicher „Stand". Alle Gesetzgebung wirtschaftlicher und sozialer Natur könnte von der Reichsständekammer ausgehen. Da in ihr alle beruflich Tätigen auf demokratischer Grundlage vertreten sind, ist mit einer Verletzung von Staatsinteressen ernsthaft nicht zu rechnen. Die Nebenregierung der Wirtschaft, sowohl des Kapitals als der Lohnarbeiter, wäre gebrochen. Die reinliche Scheidung von Wirtschaft und Staat, die klare ständische Gliederung machen jede Interessenverquickung unmöglich.

Die soziale Gesetzgebung wandert auf das Gebiet der Selbstverwaltung ab. Damit wird ein natürlicher Zustand wieder hergestellt. Wenn ein Wirtschaftssystem, der Kapitalismus, weite Teile des Volkes praktisch enteignete, so ist es die natürliche Aufgabe der gesamten gesellschaftlichen Wirtschaftskräfte, diese „Enterbung" wieder aufzuheben, beziehungsweise ihre Folgen zu bekämpfen. Es geht nicht an, daß die Wirtschaft nur händlerischen Gesichtspunkten folgt, Gesellschaft und Volk schädigt, die Wiedergutmachung der Schäden aber dem Staate überläßt. Mit einem gewissen Recht wird zwar behauptet, die Wirtschaft habe sich dieser Aufgabe entzogen und das Eingreifen des Staates deshalb notwendig gemacht. Das ist sachlich richtig, aber in der Schlußfolgerung falsch. Denn nur eine falsche Staatsauffassung und mangelnde Einsicht in den Vorgang der Kapitalisierung der Wirtschaft konnten solche Irrtümer auslösen. Heute, wo die Anschauung über das Wesen des Staates sich zu wandeln beginnt, die über die Wirtschaft schon längst eine grundsätzliche Veränderung erfahren hat, kann von der Wirtschaft erwartet werden, daß sie ihre sozialen Aufgaben keineswegs schlechter erfüllt als der Staat. Denn die Erkenntnis hat sich durchgesetzt, daß unter Wirtschaft nicht nur die zusammengefaßte Arbeitgeberschaft zu verstehen ist, sondern auch die Arbeitnehmerschaft. Der heutige Gesamtbegriff „Wirtschaft" umfaßt in Wahrheit zwei Bestandteile: Erwerbstätigkeit (privatwirtschaftlich) und Diensttätigkeit (sozialpolitisch). Ist die Zusammenfassung aller Wirtschaftskräfte in eine lebensstarke Gliederung erfolgt, so wird die Kraft zu sozialem Handeln nur wachsen. Staat, Parlament, Bürokratie sind ausgeschaltet, und die Selbstverantwortung der gesellschaftlichen Kräfte wird wach. An Stelle der heutigen Sozialpolitik der Parteien, bei der demagogische Bedürfnisse und politische Hintergedanken die einfachsten Lösungen künstlich erschweren, tritt die Sachlichkeit wirtschaftlichen und sozialen Denkens. Die Politik selbst würde geradezu entgiftet, wenn Beratung und Beschließung aller sozialen

Gesetze aus ihrem Bereiche herausgenommen wären. Arbeitsrecht, Versicherungsrecht, soziale Fürsorge und die übrigen zahlreichen Zweige heutiger Sozialpolitik gehörten dann zur Selbstverwaltungsgesetzgebung. Die bürokratische Tätigkeit würde abgelöst durch ehrenamtliche. An Stelle des gelernten Beamten tritt der im Fach aufgewachsene Sozialpolitiker.

Die Erkenntnis, daß es falsch war, das Versicherungswesen in der Hauptsache staatlich aufzubauen, ist allgemein. Der Klassenkampf wurde dadurch nur verschärft: die Wirtschaft bediente sich wohl des gesunden und arbeitsfähigen Arbeiters, die Fürsorge für den kranken und invaliden überließ sie dem Staate. Da dieser nicht hinreichend für die Arbeitsunfähigen sorgen konnte, so mußte zu dem Haß des Arbeiters gegen den Unternehmer noch der gegen den Staat hinzukommen. Dies war der Boden, auf welchem die Lehre vom Klassenstaat gedieh. Auch die Rechnung der Unternehmer war selbstverständlich falsch. Sie vergaßen, daß die Kassen des Staates nur gefüllt werden konnten aus ihren eigenen Taschen. Heute, da man in der volkswirtschaftlichen und steuerwissenschaftlichen Betrachtungsweise fortgeschritten ist, wird diese Selbsttäuschung zugegeben. Man weiß, daß alle Ausgaben, ganz gleich, wer sie macht, am Ende doch nur aus der einzigen Quelle bestritten werden, die wirkliche Werte hervorbringt: der schaffenden Wirtschaft. Die Überbürdung aller Lasten des Sozialetats des deutschen Volkes auf die Wirtschaft würde keine Erhöhung, eher eine Verminderung der aufzubringenden Mittel bedeuten. Der Umweg über den Staat wäre erspart. Die soziale Fürsorge der sich selbst verwaltenden, gegliederten Wirtschaft würde aber billiger arbeiten. Der Hauptvorteil dieses Vorschlags besteht aber in der geistigen Umstellung des Arbeiters: er kann den Staat nicht mehr für seine persönliche Wirtschaftslage verantwortlich machen, und damit wird die Ursache seiner Staatsfeindlichkeit beseitigt. Aber auch sein Gegensatz zum Unternehmer wird gemildert. Denn eine Wirtschaft, deren eingefügtes und verantwortliches Glied er ist, die ihn im Falle der Arbeitsunfähigkeit weiter erhält, wird er nicht mehr bekämpfen können. Die Quelle, aus welcher er bisher auf Umwegen schöpfte, wird jetzt offenkundig die seiner Wohlfahrt.

Eine verderbliche Folge der staatlichen Versicherung, die sich nach dem Versailler Vertrag zeigte, sei nur kurz erwähnt: die Abwanderung deutscher Reichsversicherter aus den abgetretenen Gebieten. Sie folgten ihren Rentenansprüchen. Wäre die Versicherung Sache wirtschaftlicher Selbstverwaltung in verständiger Dezentralisierung gewesen, so wäre es nicht zu jener viel beklagten Erscheinung gekommen: dem blutleer gewordenen Deutschtum der abgetretenen Gebiete. Zudem hätte das Reich nicht bei verschmälerter Wirtschaftsgrundlage gesteigerte Lasten übernehmen müssen, und den abgewanderten deutschen Arbeitern und Angestellten, welche im Reiche nur notdürftig unterkamen, wäre ihre vorteilhafte Existenz gewahrt geblieben.

Dem Staate verbleibt die Wirtschaftspolizei. Damit ist seine Aufgabe wohl im Umfange geringer, aber in der Bedeutung größer geworden. Er bekommt die Hände frei zu einer wirklichen Wirtschaftspolitik: Hinführung der Produktionskräfte an die geeigneten Stellen, Befriedigung der gesunden Bedürfnisse, größtmögliche wirtschaftliche Entfaltung der Volkskräfte, Unabhängigmachung der Volksernährung vom Auslande, Sicherung der Ernährungsgrundlage. Echte Wirtschaftspolitik ist sonach Streben nach völkischer Selbstbehauptung und berührt eng die Außenpolitik. Solch großzügige Wirtschaftspolitik wird aber zur Zeit in Deutschland nicht betrieben; dafür aber in Amerika, Italien und — wenn auch mit zweifelhaften Vorzeichen — in Rußland. Das Reich ist heute nicht einmal fähig, die zusammenbrechende Landwirtschaft zu stützen. Neben Wirtschaftspolizei und Wirtschaftspolitik verbleibt dem Staate die Gerichtsbarkeit. Der Richter greift ein und entscheidet, wo irgendwelche Klage über Interessenverletzung vorgebracht wird. Jede Sondergerichtsbarkeit ist indessen abzulehnen. Ein eigenes Selbstverwaltungsrecht der Wirtschaft möge man schaffen. Die Pflege dieses Rechts darf aber nicht eigenen Gerichten unterstellt werden, sondern dem unabhängigen und vom Staate in dieser Unabhängigkeit geschützten Gerichte.

Grenzgebiete zwischen Selbstverwaltung und staatlicher Tätigkeit gibt es ebenfalls: zunächst die Zoll- und Handelsvertragsgesetzgebung, die der Staat handhaben muß, soweit volkspolitische Gesichtspunkte mitspielen. Der Ausgleich der Wirtschaftsinteressen innerhalb des Zolltarifs kann aber ruhig der vorbereitenden Arbeit der selbstverwalteten Wirtschaft überlassen bleiben. Ähnliches gilt für die Steuergesetzgebung. Sie ist das wichtigste Hoheitsrecht des Staates. Damit ist aber nicht gesagt, daß die Beitreibung der Steuern durch eine ungeheure Bürokratie vorgenommen werden muß, die mit jedem einzelnen Steuerpflichtigen persönlich verkehrt. Die Umlegung der Steuern kann Steuergemeinschaften übertragen werden, die neu zu bilden wären. Gibt es doch heute schon große Wirtschaftskörper, bei denen eine Veranlagung der Steuer gar nicht mehr stattfindet. Der Staat verhandelt mit ihnen über die Höhe der Steuersumme und überläßt ihnen dann die Aufbringung.

Ist so der Zankapfel der Wirtschaft aus dem staatlichen Leben entfernt, so verliert der Staat sein heutiges Gesicht als Tummelplatz der

Interessen. Er gewinnt dafür an Ansehen, seine Aufsichtsrolle hebt ihn über den Interessenstreit hinaus und weist ihm die überlegene Stellung des Schiedsrichters zu.

Ein weiterer Stand im Sinne der organischen Gesellschaftslehre sind die kulturschaffenden Kreise. Es ist ein Widersinn, zu glauben, daß der Staat Kultur erzeugen könne. Geistiges Schaffen ist Gnade großer Schöpfernaturen, die einem gesunden Volkstum immer erwachsen. Mehr als ein gewisses Mäzenatentum vermag der Staat kaum zu bieten, vorausgesetzt, daß er eine starke Persönlichkeit mit der Kulturförderung beauftragt. Bei der Bürokratie wird daraus Günstlingswirtschaft.

Die Kunst lebt in einzelnen Großen und in den Kreisen, welche diese um sich bilden. Wird die Kunst wieder theurgisch, so dürften geistige Gemeinschaften um Führer noch häufiger werden. Ansätze zu einer solchen Entwicklung sind vorhanden. Diese künstlerisch-geistigen Gemeinschaften, lose gefügt und nicht zu verwechseln mit Gewerkschaften der Maler, Bühnenkünstler, Musiklehrer usw., sind die Kristallisationspunkte künftiger autonomer Kulturträger. Für die Wissenschaft gilt dasselbe. Die Verstaatlichung der Hochschulen hat dazu geführt, daß — insbesondere auf dem fälschlich so genannten geisteswissenschaftlichen Gebiete — der Schwerpunkt des wissenschaftlichen Lebens allmählich zum „Privatgelehrten" hinübergleitet. Staat und Bürokratie haben auch auf wissenschaftlichem Gebiete ihre lebentötende Wirkung erwiesen. Amerika hat fast ohne Tradition überraschende wissenschaftliche Leistungen vollbracht. Aber nur deshalb, weil hier die Hochschule aus freier gesellschaftlicher Notwendigkeit erwuchs, meist unabhängig von jeder staatlichen Beeinflussung. Kein wissenschaftlicher Körper ist so zur Selbstverwaltung geeignet wie die Hochschulen, und keine Selbstverwaltung wird zur Zeit vom Staate rücksichtsloser mißachtet als die der Universitäten.

Kirche und Staat gehören insofern zusammen, als beide die Schlußfolgerung aus der notwendig gesellschaftlichen Form sind, in welcher sich das menschliche Leben vollzieht. Sie schaffen beide Regeln des Zusammenlebens: die Kirche im geistig-seelischen, der Staat mehr in zweckhaftem Sinne. Dieses Nebeneinander beider kann mangels klarer Abgrenzung wettbewerberisch werden, kann Kulturkämpfe heraufbeschwören. Aber nur dann, wenn der Staat sich anmaßt, sittlich-religiöse Normen, die er nie erzeugen kann, aufzustellen, und wenn die Kirche umgekehrt aus der geistlichen eine weltliche Herrschaft machen will. Die vorgenommene formelle Trennung von Kirche und Staat soll deshalb alle Reibungsmöglichkeiten beseitigen. Geschieht dies mit dem liberalen Hintergedanken: Religion ist Privatsache, so liegt eine Aufspaltung des menschlichen Gemeinschaftslebens vor, die tödlich wirken muß. Geschieht es aber im Sinne einer klaren Trennung der beiderseitigen Aufgaben, so kann daraus das Gegenteil erwachsen: eine organische Einheit. Mit dem üblichen Einwand, man müsse zwischen Religion und Kirche unterscheiden, ist praktisch nicht viel anzufangen. Das Wesen der gesellschaftlich wirksam werdenden Religion besteht eben im Kirchlichen (Kulturreligion). Und jede gesunde Kirche trägt in sich schon absolute religiöse Werte. Wer sich deshalb vom Nachtwächterstaat abwendet, muß auch die „Privateigenschaft" der Religion verneinen. Religion und Kirche sind gesellschaftlich zwingend, sind ein gewisser Teilkreis des Gemeinschaftslebens, besitzen im Sinne Walter Heinrichs Teilstaatlichkeit; die Kirche ist deshalb mit öffentlich rechtlichen Befugnissen auszustatten. Sie darf niemals Privatverein werden, sondern muß immer öffentliche Einrichtung bleiben.

Die Hauptwirksamkeit der Kirche und damit der Punkt, wo die Zusammenstöße mit dem Staat erfolgen, liegt auf dem Gebiete der Erziehung. Der erste Erziehungsträger ist die Mutter, dann folgen die älteren Geschwister und zuletzt der Vater, womit der Familienkreis geschlossen ist. Die weitere Erziehung zum sittlichen Menschen obliegt naturgemäß der Gemeinschaft, welche aus religiösem Erlebnis die Idee der unbedingten Sittlichkeit entwickelt: der Kirche. Die Erziehung zum sittlichen Menschen ist Wille und Tat eines ganz bestimmten Weltanschauungskreises, als welcher der Staat niemals angesprochen werden kann. So wie das Erziehungsrecht der Eltern ein natürliches ist, so auch das der religiösen Gemeinschaft. Der vollkommene Eros der Familie, beginnend bei den Blutsbanden, will auch die geistige Gemeinschaft mit den Kindern. Diese ihrerseits bedingt wieder die Gemeinsamkeit des religiösen Gutes. Nichts ist also natürlicher, als daß die Eltern die weitere Erziehung an die religiöse Gemeinschaft abgeben, zu der sie sich selbst bekennen. Später, wenn die religiös-sittliche Erziehung vollendet ist, übernimmt der Berufsstand das Erziehungswerk, ihm ebenso natürlich zukommend; endlich gibt er den Zögling an den Staat ab, der den reifen Menschen zum Volks- und Staatsbürger im höheren Sinne erzieht. Es sind völkische und staatliche Zwecke, die der Staat bei der Erziehung vertritt.

Wer dagegen einwendet, die Erziehung zum „Staatsbürger" komme dabei zu kurz, geistiger Partikularismus, erneute Aufspaltung des Volkes würden Platz greifen, dem sei erwidert, daß es heute, wo der Gedanke der staatlichen Erziehung bis zur Überspitzung durchgeführt ist, keinen erzieherischen Eigenwillen des Staates, der geistige Einheit verbürgte, gibt.

Es sind vielmehr gewisse Weltanschauungskreise, die sich auf dem Umwege über die Parteien im Parlament über Inhalt und Form der Schule einigen. Es gibt kein „weltliches" Erziehungsideal, das der Ganzheitsforderung des menschlichen Geistes entsprechen würde. Erzieherische Ganzheit ist deshalb heute nur zu erzielen durch klare Trennung der Erziehungsträger und durch kluge Zusammenfassung ihrer Erziehungsarbeit zu einem Erziehungsganzen. Darüber hat allerdings der Staat auf dem Wege der Schulpolizei zu wachen. Übergriffe der einzelnen Erziehungskreise dürfen ebensowenig vorkommen wie Versagen des erzieherischen Gewissens in einzelnen Fällen. Das natürliche Erziehungsrecht der Eltern hört ebenso wie das der anderen Gemeinschaften dort auf, wo keine Verpflichtung gegenüber dem Ganzen anerkannt wird. Die Rolle des Überwachers und Richters auf dem Gebiete der Erziehung sichert dem Staate wahre Autorität und macht politische Kulturkämpfe unmöglich. Anders als heute, wo die Politik, das eigentliche Gebiet staatlicher Tätigkeit, durch Hereinspielen kultureller Gegensätze nur verfälscht wird.

Mit diesen Vorschlägen ist nicht notwendig gemeint, daß die Kirche selbst Träger der Volksschulen werden müsse. Es genügt, wenn die Gemeinde oder eine öffentlich-rechtliche Körperschaft, der Schulverband, an Stelle des Staates die Erziehung übernimmt. Aber „Bekenntnisschule" muß jede Schule sein. Es ist unmöglich, Kinder zu vollen Menschen zu erziehen, ohne das Bekenntnis zu einem Unbedingten. Eine sogenannte weltliche Schule ist dazu außerstande. Sie bietet Kenntnisse ohne Erkenntnis. Es gibt deshalb keinen gefährlicheren Trugschluß als den, eine staatliche Einheitschule, eingeführt in ganz Deutschland, könne dem Volke eine neue Wertgrundlage schenken, könne seine seelisch-geistige Haltung vereinheitlichen. So würde höchstens ein mechanisierter, unpersönlicher und deshalb haltloser Menschentypus geschaffen. Die Angelsachsen zeichnen sich weniger aus durch die ungeheure Fülle von Staatsschultypen, wie wir sie haben, sondern vielmehr dadurch, daß die Erziehung den organischen Lebenskreisen überlassen bleibt. Die Hinwendung auf das gemeinsame Ganze erfolgt bei dem Menschen, der einer lebendigen Gemeinschaft seine Erziehung verdankt, von selbst. Der Engländer hat trotz des lockeren Schulzwanges und trotz der geringen Ausdehnung der Staatsschulen Lebensstil und staatsbejahende Gesinnung erreicht; bis zu einem gewissen Grade auch die Angelsachsen in Amerika. Dadurch, daß das Bildungsgut von oben vorgeschrieben und im ganzen Reiche gleichermaßen dargeboten wird, ist noch lange nicht die geistige Einheit gesichert. Strömt sie nicht unmittelbar aus dem Kulturgute selbst, insbesondere aus dem Geiste der deutschen Sprache, so ist es schlecht um sie bestellt.

Wenn aber jede Schule eine Erziehungsgemeinschaft sein soll, so muß sie auch von einem wirklichen Gemeinschaftskreise getragen sein, nicht von einem Gesetze oder einer Behörde. Es ist deshalb verfehlt, das Hamburger Arbeiterkind mit demselben Bildungsstoffe versehen zu wollen wie den oberbayerischen Bauernjungen. Gerade das Volksschulwesen verlangt bodenständige Anpassung. Die kleineren Gemeinden sind mehr als eine rechtliche Einheit, sie bilden noch eine seelisch verbundene Gemeinschaft. Hier ist noch die Übereinstimmung zwischen Elternschaftswillen und Gemeinderatsbeschluß gegeben. Als die Staatsschule noch mit der Gemeindeschule in Wettbewerb lag, war bald die eine, bald die andere im Vorrange. Wo aber die Gemeindeschulen verstaatlicht wurden, trat Erstarrung der erzieherischen Lebendigkeit ein. Gerade die Verstaatlichung des Schulwesens hat das Aufkommen eines neuen Geistes in der Erziehung, nach dem alle tasten, verhindert. Ein alter Volkserzieher hat einmal gesagt: die Erneuerung der Schule sei nur möglich unter Ausschaltung aller erwerbs- und berufsmäßig an der Schule Beteiligten. Das mag überspitzt klingen. Sicher aber ist es eher möglich, neue Erziehungsgedanken aus einer weltanschaulich gleichgerichteten Elterngemeinde zu gewinnen als aus zahllosen „Lehrerkonferenzen". Derselben Anschauung ist auch Eduard Spranger*): „Könnten wir als Staat und Volk durch pädagogische Reden und Kongresse gerettet werden, wir müßten längst herrlich dastehen." Dabei soll nicht verkannt werden, daß gerade in der jüngeren Lehrerschicht erneuernde Kräfte wach werden. Aber die starke Lehrpersönlichkeit will die Hebung der Schule an sich. Der heutige Zeitgeist verwechselt oft den Stand des Lehrers mit dem der Schule. So ist zum Beispiel die Verstaatlichung der Volksschulen in Bayern wahrscheinlich mehr dem Bestreben zu verdanken, den Volksschullehrer zum Staatsbeamten zu machen, als die Volksschule zu heben.

Mehr noch als für die Volksschulen gilt für die Mittel- und Hochschulen, daß sie vom Kulturwillen eines ganz bestimmten, eng begrenzten Kreises getragen werden müssen. Dabei sei an dieser Stelle noch offen gelassen, ob der Schulaufbau: Unterschule — Mittelschule — Hochschule richtig ist und sein Dasein nicht einem falschen Bildungsideal verdankt. Denn die heutige Mittelschule hat nur ihre Berechtigung als Übergang zur Hochschule. Sie sollte also eine Ausleseschule sein und nicht wie heute fabrikmäßiger Erzeugung von Berechtigungen dienen. Während die All-

*) „Die Verschulung Deutschlands." Leipzig, Quelle & Meyer.

gemeinheit auf die Errichtung möglichst vieler Volksschulen als der Stätten sittlicher Erziehung ein gewisses Anrecht hat, gilt dies für die heutigen höheren Lehranstalten in viel geringerem Grade. Denn diese vermitteln nur größeres Wissen, selten höheres Verantwortungsgefühl, gesteigerte Sittlichkeit. Das kann nur bestreiten, wer mit den griechischen Sophisten meint, Tugend sei wissenschaftlich lehrbar. Wenn heute der Staat eine neue Mittelschule errichtet, so geht es nicht um Bildung, sondern um den verständlichen Wunsch vieler Eltern, ihre Kinder „etwas werden zu lassen". Er erfüllt also ein im Grunde wirtschaftliches Privatinteresse. Wird dagegen die Errichtung einer höheren oder einer Hochschule bestimmt von dem Verlangen einer Kulturgemeinschaft, so mag die Zahl solcher Anstalten im Vergleich zu heute sinken. Dafür werden in wahren Kulturmittelpunkten Männer herangebildet, die zu lebensschöpferischer Leistung befähigt, in ganz anderem Maße das Volkstum geistig durchdringen als die heutigen „Gebildeten".

Kristallisationskerne zu kulturellen Selbstverwaltungskörpern sind überall vorhanden. Der Begriff der Schulgemeinde ist dem öffentlichen Rechte nicht fremd, die Bildung von Elternschaftsbeiräten weist auf neue Formen hin. Große Verbände, die auf Gesinnungsgemeinschaft beruhen, stellen in den Mittelpunkt ihrer Arbeit die Schulung ihrer Mitglieder. Stiftungen und Vereine üben schon heute erzieherische Tätigkeit aus. Die Universitäten hatten dereinst ein so weitgehendes Selbstverwaltungsrecht, daß es einen akademischen „Bürger" gab. Vieles ist leicht wieder belebbar und durch neue Formen zu ergänzen, wenn der Staat in seiner unersättlichen Gier, alles zu verschlucken, gehemmt wird. Ob das ganze geistige bezw. erzieherische Leben des Volkes, in stufenförmigem Aufbau zusammengefaßt, eine Selbstverwaltungsspitze, ähnlich der Reichsständekammer, erhalten wird, kann der Entwicklung, die allerdings anzustreben ist, überlassen bleiben.

Es war nicht zu vermeiden, im Zusammenhange mit der Frage gesellschaftlicher Selbstverwaltung auf wirtschaftlichem, sozialem und kulturellem Gebiete Gegenstände zu berühren, die in den besonderen Teilen weiter unten behandelt werden. Hier kam es darauf an, Wege zur Verselbständigung dieser gesellschaftlichen Tätigkeit und zu ihrer Loslösung vom Staate aufzuzeigen.

Blut und Heimat als Grundlagen der Gemeinschaft

Die Herausschälung des wirtschaftlichen und kulturellen Lebens aus dem Bereiche des Staatlichen führte dazu, die gesellschaftliche Willensbildung auf seelischer Verwurzelung zu begründen. Die Menschen leben nun aber nicht nur in der Gemeinsamkeit des Schaffens und der geistigen Werte, sondern auch in blutsmäßigen und räumlichen Banden. Sozialphilosophen, welche den Weg der rein sozialen Eingliederung des Menschen bis zum letzten Ende zu gehen entschlossen sind, bestreiten zwar mit unerbittlicher Folgerichtigkeit die Bindung des Menschen an Familie und Boden. Sie sagen, seit dem Verschwinden der Geburtsstände habe die Familie keine öffentlich-rechtliche Bedeutung mehr. Aus dieser Feststellung folgert Bott-Bodenhausen, die vollkommene Durchführung der sozialen Eingliederung vernichte die öffentliche Bedeutung der Familie. Er wandelt dabei auf den Spuren Platons, wenn er der Hoffnung Ausdruck gibt, die unentbehrliche Tradition, welche heute die Familie vererbe, werde sich dereinst verselbständigen, und neue rechtliche Schöpfung werde den Rechtsrahmen schaffen, in dem sie bewirkt werden könne. Die katholische Kirche habe in ihren Klöstern und Orden für sich diese Aufgabe gelöst. So sehr Bott-Bodenhausen in der Behauptung zuzustimmen ist, der Mensch schlechthin als bloß existierendes Wesen habe keine rechtliche Bedeutung, sondern nur als Darsteller eines Wertes, einer Arbeit, einer Leistung oder einer Wirkung, so irrtümlich ist der daraus gezogene Schluß, die Familie sei eine Zufalls- und nicht eine Leistungs- und Wirkungsgemeinschaft. Denn abgesehen davon, daß die Familie tatsächlich immer noch eine große wirtschaftliche Bedeutung als Erzeugergemeinschaft (beim Bauer) und als Verbrauchergemeinschaft hat, übersieht jene Anschauung vollkommen die „soziale" Leistung der Fortpflanzung und der Aufzucht. Gewiß hat die katholische Kirche die Frage der Erziehung zur Tradition gelöst. Aber das Material dieser Erziehung liefert nicht die Kirche, sondern die Familie. Das Zölibat fördert zwar die Heranbildung ausgezeichneter Erzieherpersönlichkeiten, verlangt aber geradezu nach biologischer Erhaltung der Kirche durch eine außerkirchliche Gemeinschaft: die Familie. Zeugung und Erziehung von Kindern ist vielleicht die dem seelischen Mittelpunkte des Menschen am nächsten liegende Aufgabe, die darauf gerichtete Tätigkeit am ausgesprochensten sozial. „Von der Seele, nicht vom Körper aus sind Lebensfragen zu beantworten." Diesem Worte Bott-Bodenhausens widerspricht seine Verneinung der Familie, die wohl körperlicher Vereinigung ihr biologisches Dasein verdankt, aber gerade beim Menschen auf Seelentum beruht. Hier scheint Bott-Bodenhausen aus dem Gebiete der Beseelung allzu stark auf das der Vergeistung hinüberzuwechseln und damit die Kraft der Naturgebundenheit, die organische Ganzheit, preiszugeben. — Noch offensichtlicher wird diese Zielrichtung bei seiner mit bewundernswerter Logik vollzogenen

Abwendung vom Boden. Er will den neuen Staat nicht auf dem Territorium, sondern, nachdem wirtschaftliche und politische Zellen im funktionalen Rechtssystem zusammenfallen, auf dem Betriebe aufbauen. „Das Unternehmen und nicht eine Landfläche ist Wirtschaftszentrum." Folgerichtig nennt er „Reich" nicht die Zusammenfassung von Körperschaften, sondern den Inbegriff von Aufgabenrichtungen: „Es ist gleichgültig, ob die Reichsgenossen auf einem Boden vereinigt sind, ob ein Schiff sie trägt oder ob sie örtlich getrennt würden. Sofern ihre Abhängigkeit voneinander nur einer Wirkensgesamtheit angehört, die den ganzen Menschen erfaßt, wird die Reichszusammengehörigkeit nicht gestört." Hier scheint Bott-Bodenhausen gegen seine eigene Grundrichtung („Verzweiflung keucht erst dort, wo die Einstellung zum Ganzen verloren gegangen ist") zu sündigen. Triumphiert hier nicht die Abstraktion? Ist nicht alle Wirtschaft, jeder Betrieb, jeder Mensch bodengebunden? Aber um in seiner eigenen Sprache zu bleiben: ist die Beziehung zum Boden keine seelische, ist sie nicht sogar Dienst? Sind nicht alle Kulturen zugrunde gegangen, welche die Bodenwurzel freiwillig abschnitten? Sind Seele, soziale Gestalt, wirtschaftliche Form nicht bodenverhaftet, Volkstümer nicht raumgebunden? Echte Gemeinschaft beruht auf dem Heimaterlebnis. Wer nicht mehr in der Erde wurzelt, kann kein Ganzheitsgefühl entwickeln. Das Erlebnis der Natur vermittelt das des Alls. Wer keine Heimat mehr hat, büßt seine Seele ein. So stark ist der Heimattrieb im Menschen, daß er sich an die häßlichste Fabrikstadt klammert, daß er das Herz eines Soldaten, der sich von seinem Unterstand trennen mußte, mit Wehmut erfüllte. Diesen Zug der menschlichen Seele zu verstärken, muß Ziel aller organischen Politik sein. Daraus erwächst die Forderung, den Menschen wieder stärker mit der gewachsenen Natur in Verbindung zu bringen, ihn von den künstlichen Steinhaufen der Großstädte fernzuhalten. Die Nomadisierung eines Volkes muß der zielbewußte Führer abbremsen. So verlockend also jenes großartige Gedankengebäude Bott-Bodenhausens schon deshalb ist, weil jede Gegensätzlichkeit in ihm zu einer neuen Einheit einzuschmelzen scheint, so unbeirrt muß der Verfasser an den Grundlagen allen organischen Lebens, weil naturgegeben, festhalten: an Blut und Boden.

Über die Zelle des Volkes, die Familie, wurde im Kapitel „Familiendämmerung" das Notwendige gesagt; ihre Eigenschaft als „Völkerkeim" wird der bevölkerungspolitische Teil entsprechend hervorheben. Selbstverständlich kann mit gesetzlichen Vorschriften der seelische Zustand der modernen Frau nicht beeinflußt werden, ebensowenig wie der nachlassende

Wille zur Erhaltung der Art. Hier bleibt nur übrig, an die große Umwertung der Werte, die der erste Teil dieses Buches ankündigt, zu glauben. Aber die gesellschaftlichen und rechtlichen Formen müssen diesem neuen Geiste angemessen sein. Die Familie selbst (nicht die Ehegatten in gegenseitigem Wettbewerb) soll Träger privater und öffentlicher Rechte werden. Die Schaffung eines Familienbesitzes, der den Nachwuchs vor Not schützt und sichert, steht im Mittelpunkt aller Bestrebungen. Dazu verhilft die Erkenntnis, daß die größte soziale Leistung eines Menschen die Aufzucht einer bestimmten Anzahl gesunder Kinder ist. Erst dann ist die Gesellschaft richtig aufgebaut, wenn ihre kleinste Einheit die Familie und nicht der Einzelne ist; wenn alle steuerliche, erbrechtliche, soziale, teilweise auch wirtschaftliche Gesetzgebung mit dieser Grundeinheit rechnet und nicht mehr mit dem einzelnen Menschen. Eigentum und Erbrecht sind im altgermanischen Sinne Lehen, welche die Gemeinschaft erteilt. Sie dürfen nicht an den geknüpft sein, welcher die Gemeinschaft selbst beraubt, indem er ihre Zukunft durch Verweigerung der Nachkommenschaft schädigt. Der Satz Hegels: „Der ist kein Mann, der nicht Vater ist", muß auf das Rechtsleben übertragen werden insofern, als Eigentum und Erbrecht vorzugsweise der Familie anhaften. Die Aufhebung der Fideikommisse, ganz gleich, wie man über sie aus Gründen der Bodenreform denkt, wirkte familienzerstörend. Ebenso manches individualistische Erbrecht, das die Bauern von der Scholle treibt. Auch muß die Verfügungsgewalt der Eltern über das Vermögen um der Nachfolgerschaft willen stark eingeschränkt werden. Die Fälle mehren sich, besonders angesichts des zunehmenden Durchschnittsalters, in denen vermögende alte Leute, denen der Erwerb von Reichtümern zwischen 1870 und 1910 verhältnismäßig leicht fiel, „auf ihrem Gelde sitzen" oder es verbrauchen und die Jungen gerade in der schwierigen Zeit der Familiengründung vom Vermögensgenuß ausschließen. Dieser Mangel an Familiensinn wirkt geradezu geburtenbeschränkend, zumal in einer Zeit, welche die Jungen vor einen ungleich härteren Lebenskampf als früher stellt. — Die bisherige Fragestellung, wer von den Ehegatten verfügungsberechtigt sei, ist veraltet. In Wahrheit geht es darum, der Familie als Eigenpersönlichkeit unveräußerliche Vermögensrechte zu verschaffen. Daß der Mann dabei güterrechtlich die Familie vertritt, ist ebenso natürlich wie die vorgesehene Möglichkeit, dieses Recht in besonderen Fällen der Frau zu übertragen.

Eine weitere Aufgabe überindividualistischer Rechtsschöpfung ist, die Entwicklung der Ehe zu einem zeitlich beschränkten Vertrage zu verhindern. Denn die Ehe ist die Form, die den Schutz des Kindes am besten sichert. Alle Sorge um die Nachkommenschaft darf deshalb nicht dazu führen, das außereheliche Kind in einem Maße zu betreuen, welches zur Unterlassung von Eheschließungen anreizen könnte. Auf der andern Seite aber hört der Eigenwert der Ehe dort auf, wo die Mutterschaft nicht mehr ihren Kernpunkt bildet. Außereheliche Mutterschaft bleibt jederzeit wertvoller als standesamtlich besiegelte Unfruchtbarkeit. Daß die Sitte den Muttergedanken immer mehr vernachlässigt, geht aus zahlreichen Erscheinungen des täglichen Lebens hervor. Öffentlich werden Berufsstellen ausgeboten, für deren Bewerbung Familienväter von vornherein ausgeschlossen sind. Die Zeitungen preisen Wohnungen an, für die nur kinderlose Ehepaare erwünscht sind. Eine Gesellschaft und ein Staat, die sich solches gefallen lassen, sind krank. So werden unter aller Augen Verbrechen am Volkstum begangen, die nur deshalb nicht als solche empfunden werden, weil dem individualistischen Sittengesetz und Strafrecht nur am Schutze des Einzelnen liegt. Die anbrechende Zeit der Gemeinschaftswerte wird solche Handlungen schärfer verurteilen als Vergehen gegen das Eigentum. Neue Rechtsgüter erstehen vor dem geistigen Auge desjenigen, der seelisch im Ganzen ruht und den Teil nicht überwertet.

Endlich wären hier außerordentlich weitgehende Neuerungen im Steuerwesen ins Auge zu fassen. Der Mann bestraft sich an seinem Vermögen selber, der heute heiratet und Kinder zeugt. Berücksichtigt doch die Steuergesetzgebung den Familienstand des Steuerpflichtigen kaum. Könnte man nicht den steuerlichen Normalsatz auf einen Familienvater mit drei Kindern münzen und auf dieser Grundlage Zuschläge für Kinderlose und Ehelose aufbauen? Abschlag für größere Familien versteht sich von selbst. Natürlich genügen in der Regel steuerliche Ersparnisse kaum, auch nur ein Kind großzuziehen. Deshalb muß die Last der Aufzucht mehrerer Kinder auf die Allgemeinheit verteilt werden. Es gibt keine soziale Gerechtigkeit, wenn der Selbstsüchtige und Bequeme es leichter hat und den Opferwilligen belächeln darf. Individualistische Gerechtigkeit ist ein Widerspruch in sich selbst. Wer an soziale Gerechtigkeit glaubt, will andere Maßstäbe anwenden als die heutigen. Ausgleichend im Sinne des neuen sozialen Gedankens könnte vor allem die Vermögenssteuer wirken. Greift der Staat aus einem notwendigen Grunde in das Vermögen ein, so soll der Steuersatz gestaffelt werden nach der Kinderzahl des Steuerpflichtigen. Je weniger Kinder, um so höher der Steuersatz. Wer Vermögen erwirbt, um es sieben Kindern zugute kommen zu lassen, hat ein höheres Recht auf Besitz als der, dem er nur zum Genusse dient. Strenge

Erziehungsmaßnahmen, wahrer Gesittung entspringend, können, lang und nachhaltig angewendet, die Gesinnung breiter Massen zum Guten ändern.

Der Vorschlag, die bescheidenen Wahlvorgänge, die im kommenden Staate noch übrig bleiben, einem neuen Rechtsträger, der Familie, zu übertragen, wurde von verschiedenen Seiten schon gemacht; in Frankreich lag sogar schon ein entsprechender Gesetzentwurf vor. Dem Einzelnen wurde sein Recht gelassen, dort, wo er als Einzelner auftritt: im Arbeitsleben, im Berufe. Wenn aber die Familie die Zelle des Volkes ist, dann muß der Volkswille auch organisch auf ihr aufgebaut werden. Dem Individualisten scheint dieser Vorschlag unfaßbar, weil er jenseits seiner Gerechtigkeitsvorstellungen liegt. Wer aber den Willen eines Volkes aus Blut und Boden wachsen lassen will, empfindet das Familienwahlrecht als natürlich. Die Familie erhält als Rechtspersönlichkeit das Wahlrecht, das der Vater als rechtlicher Vertreter ausübt. Die überwiegende Zahl aller Menschen läßt sich in die Familie, die sogar zur Sippe erweitert werden könnte, einbauen. Es ließe sich darüber reden, den wenigen notwendigen „Einspännern" ein Einzelstimmrecht zuzubilligen. Der Einwand, daß dieser Vorschlag eine unerträgliche Benachteiligung der Unverheirateten bedeute, entspringt einem individualistischen Gerechtigkeitsgefühl, das in der Wirklichkeit noch immer Ungerechtigkeit schuf. Das Familienwahlrecht ist zum mindesten sittlicher als das heute geltende. Denn wer den Mut zur Aufzucht von Kindern aufbringt und damit Opferwillen bewiesen hat, der wird auch der Gemeinschaft mehr Verständnis zeigen als wer nur für sich lebt. Je mehr Verantwortung einer freiwillig übernimmt, um so mehr Recht soll ihm bei der Gestaltung des Gemeinwillens zukommen. Die Zahl der Stimmen des Familienvaters muß also gestuft werden nach der Zahl der Familienmitglieder. Auf diesem Wege gelangt mittelbar auch das Kind zum Stimmrechte, nur daß es von dem ausgeübt wird, der für sein Leben die Verantwortung trägt.

Der knappe Raum erlaubt kein erschöpfendes Aufzählen aller Maßnahmen, die zum Schutze der Familie möglich sind. Luise Scheffen-Döring, Grotjahn, von Gruber, Kaup, die Rassenhygieniker, der Bund der Kinderreichen und viele andere haben Vorschläge gemacht, die alle Gebiete des öffentlichen Lebens, von der Siedlung, dem Wohnungsbau bis zur Steuergesetzgebung umfassen. Um das Bild zu runden, hat der Verfasser hier Beispiele familienpolitischer Maßnahmen angeführt. Nur ein Gedanke soll noch zum Abschlusse dieser Erwägungen gestreift werden: Anhänger des organischen Staatsgedankens, angefangen von Platon bis zu bestimmten sozialistischen Richtungen befürworten die Erziehung der Kinder außerhalb der Familie. Grundsätzlich müssen solche Vorschläge für die Gegenwart, welcher der Stadtstaat im Sinne Platons fernliegt, abgelehnt werden. Nur in einer Gemeinschaft, deren seelischer Gleichklang so stark ist, daß sie das geistige Band zwischen Eltern und Kindern zu ersetzen vermag, kann die Erziehung der Nachkommenschaft öffentlich geschehen. Es wird immer solche Erziehungsgemeinschaften — Klosterschulen, Landerziehungsheime — geben, welche nicht nur über die seelischen Kräfte verfügen, ein Elternhaus zu ersetzen, sondern sogar vor unfähigen Eltern den Vorzug verdienen. Grundsätzlich aber verlangt der geistige Eros das erzieherische Band zwischen Eltern und Kindern. Man vergesse auch nie, daß die Familie eine Lebensgemeinschaft, die beste Erziehungsanstalt aber immer nur eine künstliche Einrichtung darstellt. In der Familie wird das Kind vom Leben geschult, im Erziehungsheim vom Lehrplan. Mag derselbe noch so freiheitlich sein, er ist selten an Lebensvorgänge gebunden, sondern meist an zwecknützliche Erwägungen. Ginge der großstädtische Familienzerfall in der bisherigen Weise weiter, würde das Einkindersystem zur herrschenden Regel, so wäre allerdings der Wert der Familienerziehung so herabgemindert, daß — besonders bei unvernünftigen Eltern — die öffentliche Erziehung den Vorrang verdiente.

Von der Sippe zur räumlichen Gemeinschaft ist ein naher Schritt. Die Grenze, wo sie in die Nachbarschaft und die Gemeinde übergeht, ist kaum wahrnehmbar. Deshalb ist der schon erwähnte Vorschlag des Jungdeutschen Manifestes, auf der Nachbarschaft als Grundzelle die politische Selbstverwaltung aufzubauen, organisch gedacht. Leider aber hat die Industrialisierung und Verstädterung den Rückgriff auf diesen Organismus unmöglich gemacht. Ehe er in den Kreis der Erwägungen gezogen wird, muß die Vorfrage gestellt werden, ob die Verstädterung rückgängig gemacht werden kann. Mit Großstadtmassen ist der Aufbau einer organischen Gesellschaft unmöglich, zumal wenn der Asphalt herrscht, der Ackerboden aber verödet. Der Vorgang der Verstädterung ist im bevölkerungspolitischen Teile weiter unten eingehend dargestellt und scheint unaufhaltsam. Der Zuzug zur Stadt gilt heute als soziologisches Gesetz, die Entvölkerung des flachen Landes für unvermeidbar, die Vermassung als künftiges Schicksal.

Ist diese Annahme richtig? Daß sie allgemein geglaubt wird, beweist den Siegeszug der geschichtsmaterialistischen Schule von Feuerbach und Marx. Dieses Bürgertum von heute, mag es sich noch so „antimarxistisch" und „patriotisch" gebärden, ist stoffverseucht bis in die Knochen. Es meint, wenn der Nutzen und das Geld es wollten, müßten neue Städte entstehen. Wanderung und soziale Umschichtung betrachtet es als Ausfluß heiliger Gesetze, die dem Wirtschaftsleben innewohnen. Der Mensch, die gestaltende Persönlichkeit, der Führer ist vergessen. Wer an die Seele glaubt, ist ein „Romantiker". In der Schule erfährt man von Heinrich dem Städteerbauer; im Leben hält man es für selbstverständlich, daß die modernen Großstädte von Spekulanten erbaut werden. Aus der Geschichte weiß man, daß einzelne Männer (Hermann von Salza) oder Klöster (Admont) planmäßig weite Landstrecken, ja ganze Länder besiedelten. Heute schreckt man davor zurück, auch nur die kleinste Bevölkerungsbewegung zu regeln. Es mag die Angst dabei mitschwingen, jene sattsam bekannte, ach wie sinnlose, Freiheit des Einzelnen nicht zu berühren. So enthält die deutsche Reichsverfassung als Grundrecht jedes Deutschen sogar das Recht, auszuwandern. Hier wird das Recht zur Satire.

In dem das Wirtschaftsleben behandelnden Teile dieses Buches wird die Frage, ob die Industrialisierung und die Kommerzialisierung der europäischen Wirtschaft ungehemmt weiterschreiten werde, verneint. Es ist ja auch klar, daß mit zunehmender Industrialisierung der Erde die Ausfuhr der europäischen Industrieländer zurückgehen muß. Entvölkerung oder Rückbesinnung auf die eigene Bodenkraft sind die beiden Möglichkeiten, die den europäischen Ländern bleiben. Dieser wirtschaftliche Druck muß tödlich im Sinne der Entvölkerung wirken, wenn die Verstädterung soweit fortgeschritten ist, daß die Entwicklung der eigenen Bodenkraft nicht mehr möglich. Angesichts der rasend zunehmenden Verstädterung ist es höchste Zeit, die Verhinderung dieses Vorgangs zu erwägen und die Bevölkerungsbewegung zum Gegenstand großzügiger Führung und planmäßiger Beeinflussung zu machen (Beispiel: Mussolini).

Geheiligte Grundsätze, wie der der Freizügigkeit, müssen allerdings fallen. Immer wird eine geregelte „Freizügigkeit" zur Entfaltung aufstrebender Kräfte notwendig sein. Der soziale Aufstieg darf nicht unterbunden werden. Aber die Freizügigkeit von heute ist ohne Sinn. Bauernsöhne ziehen nach Berlin, um der Erwerbslosenunterstützung anheim zu fallen, Polen übernehmen die landwirtschaftlichen Arbeiten auf großen Gütern. Wer in die Stadt zieht, soll nur Zuzugserlaubnis bei nachgewiesener Dauerstellung bekommen. Einen weiteren Ansatzpunkt zur Entstädterung bietet neben der Wochenendbewegung, die immerhin eine bescheidene „Rückkehr zur Natur" ankündigt, die technische Entwicklung: der Kraftwagen rückt Stadt und Land näher aneinander. Der notwendig in der Stadt Arbeitende kann auf dem Lande oder wenigstens im Vororte wohnen. Der Nachwuchs findet so wieder die Berührung mit der Natur; an Stelle der Straße tritt für die Kinder der Garten, die Etage wird durch das Eigenheim ersetzt. Dieser Vorgang ist wichtig. Denn mit dem eigenen Hause fängt die Kultur an, in der Mietswohnung versumpft sie. Dazu kommt die Unwirtschaftlichkeit der Großstadt. Ihre Verwaltung wird immer bürokratischer und teurer, ihr Aufwand für Verkehrswesen unerschwinglich. Moderne Durchbrüche, der Bau von Straßen und Tunnels oder gar die Einrichtung von Untergrundbahnen verschlingen Summen, für welche man leicht große Flachsiedelungen außerhalb der Stadt anlegen könnte. Es scheint hier tatsächlich ein faustischer Gestaltungsdrang im Spiele, sonst wäre die Leichtigkeit nicht verständlich, mit der gewaltige Gelder bewilligt werden, um das Innere der Großstädte in verwickelte Verkehrsmaschinen zu verwandeln.

Die Zusammenballung riesiger Menschenmassen an einzelnen Plätzen ist in höchstem Maße unwirtschaftlich. Denn die Beförderungskosten aller Güter sind höher, weil der Weg von den Erzeugungsstätten zum Verbraucher zu lang ist. Die Zunahme des Anteiles der Berufsgruppen Handel und Verkehr innerhalb der Gesamtwirtschaft weist darauf hin, daß die deutsche Volkswirtschaft immer unproduktiver wird. Denn es liegt auf der Hand, daß eine Wirtschaft um so gesunder ist, je geringer der Aufwand für vermittelnde Tätigkeit aller Art. Ein richtiges Verhältnis zwischen Land und Stadt besteht also dann, wenn gleichmäßig über das Land verstreut die Städte ungefähr gleich groß sind. Die technische Begrenzung der Beförderungsmittel im Mittelalter verhinderte unorganisches Wachstum der Städte. Heute ist dies anders und deshalb der Zeitpunkt nicht fern, wo die Verkehrskosten den volkswirtschaftlichen Nutzen auffressen.

Zahlreich sind die schlagenden Beweise, welche Rudolf Böhmer für die Unwirtschaftlichkeit der Großstädte anführt. Sein Plan, der Verstädterung zu begegnen, ist ebenso großzügig wie wohlbegründet. Soweit er von sozial-politischen Erwägungen ausgeht (Befreiung der Arbeiterschaft aus der Klassenlage), wird der Teil „Wirtschaft" dieses Buches darauf zurückkommen. Hier soll nur Böhmers Vorschlag zur Entstädterung selbst erwähnt werden. Es zeugt von schöpferischer Kühnheit, der Unfruchtbarkeit des 19. Jahrhunderts, das überhaupt keine Bevölkerungspolitik trieb (von grenz-politischer Siedlung abgesehen), endlich den Gedanken einer systematischen Umsiedlung des ganzen Volkes entgegenzuhalten. Unter Berufung auf praktische Erfahrungen, die Ford bei der Anlage seiner Fabriken und seiner Arbeitersiedlungen machte, bekämpft

Böhmer den industriellen Riesenbetrieb, der zu teuer arbeite und infolge der Arbeitsteilung leicht zerlegt werden könne; er weist nach, daß die Großstadt die industrielle Erzeugung verteuere, daß unser Bahnbetrieb und Bahnbau durch die Riesenstädte zu gewaltigem Aufwand gezwungen werde, daß die Großstadt technisch rückständig sei, daß sie eine Gefahr für den Kriegsfall bedeute, endlich als „Volkskirchhof" wirke. Er schlägt nicht mehr und nicht weniger als den Abbruch der Großstädte und ihre Zurückführung auf ein gesundes Maß vor. Die neunmal weisen Anbeter des Zeitgeistes werden überlegen lächeln. Ihnen sei gesagt, daß ein Volk nur die Wahl hat, seine Großstädte rechtzeitig selber abzubrechen oder, soweit es noch am Leben ist, deren Zusammenbruch mitanzusehen. Die Geschichte weiß von großen Städten, die innerhalb eines Jahrhunderts verödeten. Zudem ist im Zeitalter der Technick der Böhmersche Vorschlag gar nichts Unmögliches. Die aus den Großstädten abziehenden Menschen will er in planmäßig über das Land verteilte und ebenso planmäßig angelegte Kleinstädte mit durchschnittlich 12000 Einwohnern umsiedeln. Allerdings handelt es sich dabei um reine Gartenstädte mit einer Kreisfläche von etwa 3 Kilometer Durchmesser. Die ganze Stadt besteht, außer den Fabriken usw., aus Flachbau-Heimstätten, deren jede für landwirtschaftlich-gärtnerischen Nebenbetrieb eingerichtet ist. Durch gründliche gärtnerische Bewirtschaftung, Kleinvieh- und Geflügelhaltung, soll die Möglichkeit geboten werden, die Hälfte des Lebensunterhalts jeder Familie aus dem eigenen Boden zu gewinnen. Die ungeheuren Kosten für verwickelte Kanalisierung, großstädtischen Straßenbau, Verkehrsregelung, teure Verwaltung usf. würden wegfallen, da ein solches Gemeinwesen übersichtlich und zweckmäßig angelegt werden könne und auch leicht ehrenamtlich zu verwalten sei.

Es ist hier nicht der Platz, auf die Vorschläge Böhmers, die im allgemeinen treffend begründet sind — in Einzelheiten kann man anderer Meinung sein —, einzugehen. Das Erfreuliche ist, daß er den Plan einer modernen, großzügigen und zielbewußten Siedlungs- und Bodenreform entworfen hat. Man kann ihm auch darin beipflichten, daß die Kosten einer solchen Umsiedlung durch die Förderung der deutschen Volkswirtschaft und Volkskraft reichlich ausgeglichen würden. Jedenfalls ist der heutige Raubbau an wirtschaftlicher und volksmäßiger Kraft viel teurer als der umfassendste und kühnste Plan zu völliger Umgestaltung. Die große Erwerbslosigkeit und die zunehmende Bodenentwertung zeigen die Unfähigkeit der gegenwärtigen Sozialpolitik unwiderleglich an.

Auf der entgroßstädterten Grundlage ist dann wahre politische Selbstverwaltung möglich, während die heutige Eingemeindungspolitik der Großstädte von der echten Selbstverwaltung im Sinne Steins und aller organischen Staatsdenker immer weiter wegführt. Gewiß kann man dem modernen Verkehr und der großräumigen Siedelungspolitik Rechnung tragen durch Übertragung dieser Aufgaben an größere Verbände. Es war aber niemals notwendig, die vielen Landgemeinden zu verschlucken, deren echte Selbstverwaltung nur wegfällt, um durch eine großstädtische, teuere, mechanische Bürokratie ersetzt zu werden. Selbstverwaltung als Ausdruck wahrer Freiheit, als Sinn echter Demokratie, kann nur aus kleinräumigen, organisch lebendigen Gebilden erwachsen. Die großstädtische Selbstverwaltung ist heute ein babylonischer Turmbau geworden. Der Parlamentarismus der Staaten wurde mit all seinen üblen Folgen auf die Städte übertragen. Partei- und Günstlingswirtschaft treiben giftige Blüten. Das Selbstverwaltungsrecht artet dahin aus, die Parteifreunde noch hemmungsloser zu versorgen, als dies der Staat tut. Riesenhafte Ziffern erscheinen in den großstädtischen Haushaltplänen, das Beamtenheer wächst ins Ungemessene. Oskar Aust*) bringt erschütternde Beispiele für die Schuldenwirtschaft der Großstädte. Die Fälle häufen sich, in denen Gemeinden vor der Einstellung ihrer Zahlungen stehen. Hier wird offenbar, daß eine Selbstverwaltung ohne Selbstverantwortung vorliegt. Denn die notwendigen Gelder werden ja auf dem Wege des Finanzausgleichs beschafft und nur zum Teil durch die Gemeinden selbst. Dann aber so, daß die Nichtbesitzenden über die Besitzenden Steuern verhängen. Nach Wirtschaftlichkeit wird dabei nicht gefragt; ohne Rücksicht auf die Folgen wird der Besitz erpreßt, um mit den so gewonnenen Mitteln eine fragwürdige Ausstellung, ein prunkvolles Stadion oder ein teures Theater zu unterhalten, welches den Spießbürgern literarischen Unflat vorsetzt. Diese Entwicklung kennt keine Grenzen und greift auch auf die kleinen Gemeinden über. Aust beleuchtet die Haushaltpläne zweier kleinen Gemeinden: bei der einen ist der Aufwand von rund 20000 Mark im Jahre 1913 auf 130000 Mark im Jahre 1925 gestiegen, bei der andern von 8000 Mark auf 38000 Mark; dabei handelt es sich in letzterem Falle nur um Personalausgaben. Die Bürokratisierung geht in manchen deutschen Ländern so weit, daß ganz kleine Landgemeinden gehalten sind, besoldete Bürgermeister anzustellen. Noch um 1900 gab es im Reiche große Städte, die ehrenamtlich verwaltet wurden und dabei recht gut fuhren. Stein

*) „Die Reform der öffentlichen Verwaltung in Deutschland". Berlin 1928, Askanischer Verlag.

würde lachen, wollte man ihm gegenüber den Standpunkt verfechten, die Gemeindeparlamente seien ein Organ echter Selbstverwaltung. Ein Parlament ist ebensowenig Ausdruck des gemeindebürgerlichen Willens wie die Bürokratie. Das heutige Gemeindewahlrecht führt nur dazu, daß jeder seine Partei wählt, ohne inneren Anteil an den Gemeindesorgen. Die Einbürgerung ist deshalb zu erschweren. Denn Bürgersinn entsteht nicht von selbst durch den Zuzug in irgendeine Gemeinde. Wo er aber vorhanden ist, bestimmen nicht mehr Parteiprogramme, sondern Fragen des örtlichen Wohls die Gemeindewahl.

Der Staatsallgewalt entspricht die gemeindliche Allmacht, der staatlichen Bürokratie die gemeindliche. Sie sind eines Geistes und leben jenseits jeder Vorstellung von echter Selbstverwaltung, die allein Demokratie und Freiheit verbürgt. Echte Selbstverwaltung im Sinne Steins ist ehrenamtlich. Sie fußt auf dem Verantwortungsbewußtsein des Bürgers für seine Gemeinde.

Die Aufblähung des gemeindlichen Behördenapparates hat dieselben Ursachen wie die zunehmende Allzuständigkeit des Staates: die bürgerliche Selbsthilfe wurde immer schwächer. Die Gesellschaft, selber ungegliedert und zersplittert, will alle Lebensäußerungen obrigkeitlich geregelt sehen, wie den Verkehr durch den Schutzmann. Der Sittenschutz der Gesellschaft ist ersetzt durch die Polizeiverordnung. Wo aber ein Volk keine zwingende Sitte mehr entwickelt, versandet auch die Quelle echten Rechtes. Kein Lebensstil kann aus solcher Brache entstehen. Wenn dagegen die gemeindliche Selbstverwaltung entbürokratisiert sein wird, die gemeindliche Allmacht beschnitten, dann erst ist der Raum zur Entfaltung eines gesellschaftlichen Sittenschutzes wieder vorhanden. Die Gemeinschaft wird dann zur schöpferischen Selbsthilfe gegen Schädlinge greifen, denen sie heute widerstandslos ausgesetzt ist oder gegen die sie die immer ungenügende Hilfe der Behörde erfleht. Ein neues Selbstbewußtsein wird den bodenverwurzelten Menschen durchdringen und ihn fähig zur Erringung echter Freiheit machen, die heute nur leeres Wort ist und die politische Verknechtung bemäntelt. Die zu diesem Zwecke eigens geschaffene Presse wird überflüssig. Denn wo Persönlichkeiten leben, erübrigt sich der Zwang, Massen auf demagogischem Wege zu beherrschen. Die Macht des Geldes, nur bei seelisch Entwurzelten wirksam, bricht sich an dem Widerstand von Blut und Boden. Dann kann aus der Presse das werden, was ihre Besten immer gefordert haben: ein wahres Erziehungswerkzeug, welches seine geistigen Richtlinien allein von verantwortungsbewußten Führern empfängt.

Die entfesselten schöpferischen Kräfte selbstverantwortlicher Menschen werden dem gesellschaftlichen Leben ihr Gepräge verleihen. Der Opferwille für kulturelle Ziele wird wachsen. Man denke daran, welche Leistungen ganz kleine Kulturgemeinschaften bei niederem Stand der Technik und bei verhältnismäßiger Armut im Mittelalter hervorgebracht haben. Trotz der Steuerkraft von Millionen Deutschen zerfallen heute jene Dome, die einige tausend Menschen, aus dem Drange, ihrem Gemeinschaftsbewußtsein gestaltende Form zu verleihen, aufgebaut haben. Die Siebenbürger Sachsen, die über 800 Jahre lang, unter den schwersten Lebensbedingungen, oft unter Fremdherrschaft standen, haben es erreicht, kulturell dem Mutterlande ebenbürtig zu bleiben. Die geldliche Belastung des völkischen Kulturetats ist dort viel höher als im Reiche. Sie wird aber willig getragen, weil keine staatliche Fürsorge die Opferkräfte des Volkes erlahmen läßt. Auch England und Holland sind hier heilsame Beispiele. Die Schulfreiheit ist dort Grundlage des Bildungswesens; der Kulturwille des Volkes ist aber stark genug, den Schulen Zöglinge zuzuführen. Ein auf sich selbst gestelltes kulturelles Leben sorgt auch für gesunde körperliche Erziehung. Gerade hier sündigte der bildungsbeflissene Staat am meisten: er bot fast nichts. Und doch war das Bedürfnis darnach im deutschen Volke so stark, daß es eigene Formen der körperlichen Erholung schuf. Das beweist der Aufschwung, den Wander- und Sportvereine nahmen.

Die räumlich gegliederte, im Boden verwurzelte Gemeinschaft bietet dem angeborenen Gemeinsinn des Deutschen die Möglichkeit erfolgreicher Betätigung und steigert ihn dadurch. Der Bürgersinn, der seinen Betätigungsdrang bisher an Parteistammtischen verzettelte, befruchtet wieder das ihm angemessene Arbeitsfeld: die kleinräumige Selbstverwaltung. Neu erwachendes Standesbewußtsein und echter Bürgersinn bilden zusammen die Grundlage, auf der ein eigner Lebensstil entwickelt werden kann. Die Würde des Einzelnen wird endlich jenen lächerlichen Nachahmungstrieb ausrotten, der als Zeichen innerer Unfreiheit alle Zeiten gesellschaftlichen Verfalls begleitet hat. Der reiche Mann, der vorbildhaft der modernen Gesellschaft seinen Stempel aufdrückte, wird in die ihm gebührende Stellung zurückverwiesen. Reichtum war immer und muß sein. In der Hand der Besten wird er zum Segen der Kultur. Aber der reiche Mann ist nicht kraft seines Reichtums gleichzeitig Führer. Diese soziologische Grunderkenntnis muß den allgemein gültigen Wertmaßstab liefern, soll wieder Führertum der Besten möglich werden. Nur dann entsteht auch ein Lebensstil, der nicht auf sinnloser Bedürfnissteigerung beruht, sondern bei bescheidenen, aber kultivierten Formen stehen bleibt.

Der Abstand zwischen den Schichten, notwendig und gegenüber dem Gleichheitsstreben sogar gefordert, beruht dann nicht mehr auf der reicheren Ausstattung der oberen Schichten mit äußeren Mitteln, sondern auf ihrem höher gestimmten geistigen Leben, auf ihrer stärkeren Dienstschaft. Die Herstellung dieses natürlichen Abstandes führt zur wahren sozialen Befriedung. Dann erst ist jeder zufrieden, an seinem Platze zu schaffen.

Ist die politische Zelle eines Volkes, die Gemeinde, gesund und mit einem Leben oben geschilderter Art erfüllt, dann ist der politische Aufbau bis zur Krönung durch den Staat nicht mehr Gegenstand mechanischer Konstruktion, sondern Ergebnis natürlichen Wachstums. Die Gemeinden vereinigen sich zu Kreisen, diese zu Provinzen, letztere endlich zu Ländern, über deren Verhältnis zum Reich in einem eignen Kapitel noch zu sprechen sein wird. Mit den höheren Verwaltungseinheiten aber braucht sich dieses Kapitel nicht zu befassen, da es vom gesellschaftlichen und nicht vom Staatsaufbau handelt. Die Gemeinde als engräumiger Verband ist der Mittler zwischen Gesellschaft und Staat. Wird aber der Grundgedanke dieses Buches auf das Verhältnis höherer Verwaltungseinheiten zu niederen angewendet, so kann immerhin ein Hauptleitsatz aufgestellt werden: die höhere Verwaltungseinheit soll zwischen den niederen ausgleichen: schwache müssen unterstützt, starke hierzu herangezogen werden. Der organische Gedanke verlangt gleichmäßige Entwicklung aller Teile und damit den ununterbrochenen Lebensstrom, der durch das Ganze fließt. Auf die Ganzheit bedacht zu sein, ist Aufgabe der höheren Verwaltungseinheiten. Jeden Hineinregierens in die Angelegenheiten der niederen sollen sie sich enthalten. Umgekehrt ist die Verquickung der eigentlichen Gemeindeangelegenheiten mit dem übertragenen Wirkungskreis (Staatsverwaltung) von Übel. Wo der Staat wirkliche Hoheitsrechte auszuüben hat, soll er dies durch seine eigenen Beamten tun. Wo aber ausgesprochene Selbstverwaltungsaufgaben zu lösen sind, hat grundsätzlich der ehrenamtlich tätige Bürgermeister zu handeln und nicht der Beamte. Damit wird die Notwendigkeit, für manche Aufgaben der Selbstverwaltungskörper hauptamtliche Kräfte einzustellen, nicht übersehen.

Die heutige Vermengung von Selbstverwaltung und staatlicher Verwaltungshoheit und die dadurch bedingten großen Berufsbeamtenkörper bei den Selbstverwaltungen lösen die Gefahr aus, daß eine Art städtischen Territorialfürstentums auf demokratischer Grundlage entsteht. Damit wird die Staatshoheit selbst gefährdet. Die Gegenüberstellung von Stadt und Staat ist zu unmittelbar. Kein Umstand erläutert das Mißverhältnis zwischen heutiger Selbstverwaltung und Staat deutlicher als folgende Erwägung: Die Bewohner Berlins verwalten sich angeblich selbst. Das Oberhaupt dieser Selbstverwaltung ist der Oberbürgermeister. Die Stadt Berlin ist also der niederste Selbstverwaltungskörper, den der Berliner Bürger kennt. Wohl gibt es in Berlin eine Bezirksverwaltung; sie ist aber unlebendig, ein Gegeneinander und ein Nebeneinander, aber kein organisches Gebilde. Dabei hat Berlin mehr Einwohner als die Schweiz. Der Selbstverwaltungskörper der Berliner Bevölkerung ist also größer als ein souveräner Staat von mittlerer Größe und internationalem Ansehen. An diesem Beispiel wird der Unterschied zwischen echter und falscher Demokratie offenbar. Man vergleiche nur den Aufbau der Berliner Stadtverwaltung mit dem der Schweiz, und jedes weitere Wort erübrigt sich. Der Umfang der Selbstverwaltungseinheit hat eben nach oben natürliche Grenzen: die Wähler müssen den Erwählten persönlich kennen. Der an der Spitze der Selbstverwaltung Stehende muß persönlich nicht nur die gesamten Verhältnisse seines Bezirks überschauen, sondern womöglich auch die seiner Wähler. Er soll mit dem gemeindlichen Leben verwachsen sein. Auf dieser lebendigen Beziehung beruht das Wesen aller Demokratie. Nur wenn sie noch vorhanden ist, ist ein Aufbau von der Zelle bis zur staatlichen Spitze möglich. Denn der organische Gedanke, bis zum Ende durchgeführt, löst den „Gegensatz" Staat und Selbstverwaltung, der liberal empfunden ist, auf. Nach ihm entwickelt sich vielmehr aus den einzelnen Stufen der Selbstverwaltung pyramidenartig der Staat.

Die Art der Menschen, miteinander Fühlung zu halten, die Möglichkeit, sich persönlich zu kennen, die Fähigkeit des Führers, in unablässiger Berührung mit den Geführten zu bleiben, hängt sehr vom Stande der Technik ab. In dieser Beziehung haben aber die letzten hundert Jahre das Antlitz der Erde gewaltig verändert. Zweitausend Jahre lang war die Reisegeschwindigkeit nach der oberen Grenze festgelegt; die Straßen Napoleons I. unterschieden sich nicht wesentlich von denen Cäsars. Dann kam die überraschende Erhöhung der Reisegeschwindigkeiten. Viel bedeutsamer als der Bau von Eisenbahnen, die eigentlich die Landschaft nicht richtig erschlossen, sondern nur die Städte verbanden, ist der Sieg der Kraftfahrzeuge. Ihnen blieb vorbehalten, die Entfernungen jedes einigermaßen wegsamen Bezirks auf ein Mindestmaß zusammenschrumpfen zu lassen. Die wichtigste Vergrößerung der Verständigungsmöglichkeiten verdanken wir aber dem Ausbau des Fernsprechwesens: ein Landrat, der zwei Tage reiten mußte, um die ihm unterstehenden Ortsvorstände zu sprechen, kann dies heute innerhalb zweier Stunden. Die modernen Verkehrsmittel verhelfen sonach zu jenen persönlichen Berührungen, die oben als Voraussetzung wahrer Demokratie erkannt wurden. Daß nach dieser Richtung bis zur Stunde keine volle Auswirkung des technischen Fortschrittes erfolgte, beruht lediglich auf folgendem Umstande: das behördliche Kanzleiverfahren hat die moderne Entwicklung nicht mitgemacht. Wohl haben alle Behörden Fernsprecher; was aber durch diese läuft, existiert nicht im Akt. Der schriftliche Akt ist aber nach wie vor die Grundlage des bürokratischen Arbeitsstiles geblieben. Wenn einmal die Verwaltungstechnik der Verkehrsmitteltechnik angepaßt ist, so wird nicht nur größte Vereinfachung, sondern auch engere Zusammenarbeit die Folge sein.

Die Überbrückung weiter Entfernungen durch die modernen Verständigungsmittel könnte zu dem Schlusse verleiten, kleinere Verwaltungseinheiten hätten sich überlebt; es müsse eine Neueinteilung erfolgen, die im gleichen Verhältnisse die Verwaltungseinheiten vergrößere, als die Verkehrsgeschwindigkeiten erhöht wurden. Diese Folgerung wäre ein Trugschluß. Gewiß ermöglicht die Zeitersparnis eine bessere Ausnutzung der menschlichen Arbeitskraft. Damit ist aber noch nicht gesagt, daß auch die Verwaltungsgebiete größer werden können. Einer solchen Entwicklung sind natürliche Grenzen gezogen: durch die Siedelungsdichte des zu betreuenden Gebietes. Es wäre mechanisch gedacht, nur den Raum in Betracht zu ziehen und nicht die Menschen, die ihn bewohnen. Sie sind die Hauptsache. Manche Landbezirke, die nicht dichter besiedelt sind als vor 50 Jahren, können wohl zu einem neuen Bezirk zusammengelegt werden. Wo aber die Siedlungsdichte zunahm, ist das Arbeitsfeld trotz der technischen Fortschritte nicht kleiner geworden, die Arbeitslast keineswegs verringert. Bei der Schaffung moderner Verwaltungseinheiten muß also auf Raum, Einwohnerzahl, Siedelungsart, soziale Struktur und Ausbau der Verkehrsmittel Rücksicht genommen werden. Dies sind Erwägungen, die jeder Verwaltungsreformer ernsthaft anstellen und bis in die letzten Schlußfolgerungen durchdenken sollte. Entscheidend bei solchen Betrachtungen bleibt der organische Gesichtspunkt: die ununterbrochene und persönliche Verbindung von Mensch zu Mensch, von oben nach unten und umgekehrt.

Die neue Führung

Zwei große Gruppen von Ständen wurden in den beiden letzten Kapiteln unterschieden: die rein gesellschaftlichen, wie Berufsstand, Arbeitsgemeinschaft, Kultur (Kunst, Wissenschaft, Kirche, Erziehung); sodann die blutsmäßigen und raumbedingten Stände: Familie, Gemeinde. Sie bilden

den Unterbau des politischen Gebäudes eines Volkes. Aus ihnen entwickelt sich der „Höchststand", der Staat. Der stufenförmige Aufbau eines Volkes, den auch Leopold Ziegler als das Wesenseigentümliche organischer Ganzheit entspringenden Formstrebens ansieht, ist das entscheidende Merkmal der hier, allerdings nur skizzenhaft, umrissenen Gesellschaftslehre. Die Geschichte kennt keine Wiederholung im Sinne der Gleichheit, sondern nur der Ähnlichkeit. Das grundlegende Formprinzip ist zeitlos, die Gestalt selbst zeitgebunden. Der Staat ist deshalb zeitbedingte Form, in welcher ein Volk, rechtlich geordnet, nach Geltung strebt.

Wer aber den Staat als Höchststufe gegliederten Aufbaus betrachtet, muß die Frage nach den Trägern der eigentlichen Staatlichkeit erheben. Wo sind jene Menschen, die, über die Teilstaatlichkeit der untergeordneten Stände hinausgewachsen, die Gesamtverantwortung für das Ganze, den Vollstaat übernehmen? Damit ist wieder das so oft in diesem Werke behandelte Führerproblem angeschnitten. Die seelisch-geistige Zuständlichkeit des echten Führers wurde wiederholt umrissen. Mit der Forderung, daß so geartete Führerpersönlichkeiten den Staat leiten sollen, ist es aber nicht getan. Es muß vielmehr geklärt werden, wie eine richtige Auswahl erfolgen kann, und welche Einrichtungen als geeignet erscheinen, eine solche Auslese zu sichern. Bei Beantwortung dieser Frage ist davon auszugehen, daß die hier vertretene Weltschau das natürliche Wachstum einer solchen Führerschicht voraussetzt. Mechanische Auslesevorgänge führen nie zur Auswahl der Besten. Damit wird nicht auf den Vorteil und den Zwang gesellschaftlicher Einrichtungen verzichtet. Vielmehr können diese so geartet sein, daß sie den natürlichen Ausleseprozeß verhindern, ja sogar die Gegenauslese fördern (Herrschaft der Minderwertigen in der Massendemokratie). Wer diese Gefahr für die menschliche Gesellschaft erkennt, bannt sie keineswegs, wenn er an Stelle der bisherigen mechanischen Auslese eine neue künstliche Menschensiebmaschine setzt. Vorschläge werden erst dann fruchtbar, wenn sie Einrichtungen ins Auge fassen, welche dem organischen Wachstum der Gesellschaft angemessen sind.

Die Führerfrage, als die brennendste des ganzen Abendlandes erkannt, wird von verschiedenen Seiten verschieden beantwortet. Die Anbeter der Gesetzesdemokratie, die den Idealzustand der Führerlosigkeit anstreben, fallen bei dieser Betrachtung aus. Die materialistische Geschichtsbetrachtung verneint zwar nicht Führertum schlechthin, glaubt aber seine Entstehung an wirtschaftliche Vorgänge gebunden. Auch diese Auffassung von Führung wurde widerlegt. Sodann gibt es im Sozialismus verschiedene Schattierungen, angefangen vom Syndikalismus bis zu jenen, die den

Klassenkampf als Weg zur kommenden klassenlosen Gesellschaft auffassen: sie erwarten alles Heil von der Erziehungsdiktatur der „arbeitenden“ Klasse. Dem echten Führergedanken näher kommt die Elitenlehre Paretos. Dieser „Elite“ fehlt aber der Halt an einem unbedingten Werte. Wenn eine Schicht von Menschen als die beste bezeichnet wird, so muß erst feststehen, was sozial gut ist. Angenommen, die faschistische Partei wäre tatsächlich eine Auslese der Besten, so gewinnt bei ihr die gesinnungsmäßige Güte des einzelnen Mitgliedes erst ihren Maßstab am nationalen Mythos. Nationalistisch setzt der Faschismus gleich gut. Da aber dieses Werk die nationale — nicht die wahrhaft völkische — Idee als einen relativen, nicht als einen unbedingten Wert erkannte — wenigstens hinsichtlich ihrer gegemeinschaftsbildenden Kraft — so kann sie nicht Maßstab für eine organische Auslese der Führer sein.

In diese Lücke stoßen nun die Rassenbiologen, welche die gesellschaftliche Güte eines Menschen nach dem Werte des in ihm schlummernden Erbgutes bemessen wollen.*) Sie führen die Leistungsfähigkeit, ja die geistige Einstellung des Menschen auf ererbte Anlagen zurück. Das Verantwortungsbewußtsein für die Allgemeinheit äußert sich nach ihnen darin, daß der Hochwertige seine Anlagen bewußt weiter züchtet und damit eine Mehrleistung für Volk und Kultur vollbringt. In diesem Verhalten erblicken sie jene Hinordnung zur Gemeinschaft, die auch dieses Buch als Kennzeichen der Hochwertigkeit feststellt. Die gewollte Zucht soll eine Auslese begründen und so die führende Schicht den biologischen Adel schaffen.

Diese Anschauung krankt an der Vermengung soziologischer und biologischer Gedankengänge, vor allen Dingen aber daran, daß sie beide nicht in das notwendige Verhältnis der Unterordnung zueinander bringt. Bewußte Zucht schafft noch keinen Adel, der eine soziale Schichtung darstellt, sondern Adel züchtet sich selbst. Es ist das Bewußtsein, besondere Güter der menschlichen Gesellschaft zu verwalten, das zur Zucht anreizt. Das biologische Erbgut allein schafft diesen Antrieb nicht. Denn es gewinnt seinen Wert erst im gesellschaftlichen Denken, erst bezogen auf seine soziale Führerrolle. Das Bewußtsein, zur Führung berufen zu sein, muß also vorausgehen, um die Zucht zu begünstigen. Aus diesem Gedankengang erhellt, daß biologische Erbwerte allein keine Führerauslese im soziologischen Sinne begründen.

Den sozialen Notwendigkeiten näher kommen schon die Vorschläge Lagardes über die Neugestaltung des Adels, die hauptsächlich seinen Beob-

*) Man vergleiche darüber die Ausführungen des bevölkerungspolitischen Teiles.

achtungen in England ihre Entstehung verdanken. Er hält die gentry, den niederen Adel Englands, mit Recht für den Träger der englischen Politik: „Das englische Parlament ist nur etwas wert als Vertreter der gentry: nur als dieser drückt es etwas aus; Volksvertreter gibt es in England gar nicht." Daraus zieht er für deutsche Verhältnisse den Schluß, deren Hauptübel bestehe im Fehlen eines niederen Adels, der sich gesund ergänze. Adel ist ihm deshalb nicht die Gemeinschaft der vornehm Geborenen,*) sondern aller Familien, welche die Familie als Grundlage des nationalen Lebens ansehen und erhalten wollen. Damit hat Lagarde zwar einen Grundzug adeliger Denkweise erkannt, der sich eng berührt mit obenerwähnten rassenbiologischen Gedankengängen: der Wille zur Familie und zur Zucht wird für ihn zum seelischen Mittelpunkt einer neuen Adelsgesinnung. Er sieht aber auch die soziologische Seite: zum neuen Adel gehören Menschen gewisser Berufsstände, die hinsichtlich ihrer Abstammung bestimmte Vorbedingungen erfüllen. Er gelangt so in erster Linie zum Beamtenadel, den das alte Rußland schon gekannt hat. Dazu stößt der Immunisiertenadel, d. h. jene Familien, die trotz Verstädterung, starken Kräfteverbrauchs, außerordentlicher Leistungen einzelner Familienmitglieder, in ihrer Zuchtkraft keine Einbuße erlitten haben, weil eine immunisierende Anpassung an städtisch-industrielle Verhältnisse stattgefunden hat.**) Was Lagarde an praktischen Vorschlägen macht, ist familienpolitisch außerordentlich brauchbar (wirtschaftliche Einheit des Geschlechts, Familienvermögen, Überwachung der Eheschließungen usw.). Über die Zugehörigkeit zu dem neuen Adel soll ein staatliches Heroldsamt entscheiden.

So wertvoll diese Vorschläge besonders insofern sind, als das Augenmerk des deutschen Volkes wieder auf die sittlich-aristokratischen Kräfte hingelenkt wurde, so lebhaft waren die Einwände, die dagegen gemacht wurden. Auch ihm schleuderte man das Wort „Romantiker" entgegen. Zwar ist dieser Vorwurf kaum geeignet, den sittlichen Gehalt der Vorschläge Lagardes anzutasten; aber richtig mag sein, daß seine Pläne der geschichtlichen Gegenwartslage nicht angemessen sind und deshalb der Verwirklichungsmöglichkeit entbehren. Überdies hat die neueste Entwicklung den Ausbau eines Adelsstandes auf der vorhandenen Grundlage und in der Richtung des bisherigen Adelsbegriffes fast unvorstellbar gemacht. Die Schwierigkeit liegt weniger darin, daß durch Wegfall der Monarchie die nobilitierende Stelle scheinbar fehlt; dies ist keineswegs ein Unglück, weil fürstliche Adelsverleihungen nicht immer glücklich waren

*) Arthur Hübscher in Heft 5 (1926) der Süddeutschen Monatshefte.
**) Ludwig Flügge in den Süddeutschen Monatsheften a. a. O.

und gerade der Adel als Stand unbedingte Selbstverwaltung braucht, also auch das Recht auf Erweiterung seiner Reihen. Die Hauptbedenken erregt ein anderer Umstand: der geschichtlich überkommene Adel hat seine Herrschaft endgültig eingebüßt. Es wäre falsch, daraus den Schluß zu ziehen, der Adel habe nicht noch heute für das deutsche Volk seine Bedeutung, sowohl auf gesellschaftlichem als auf rassenbiologischem Gebiet. Aber die Tatsache der verlorenen Herrschaft besteht. Sie ist auch nicht wieder zu gewinnen. Sind doch die Auslesemaßstäbe, nach welchen sich eine soziale Oberschicht bildet, geschichtlich bedingt. Einmal waren es mehr körperliche, ein andermal geistige Eigenschaften, die den Einzelnen oder eine Familie über die Allgemeinheit hinaushoben. Wie zwischen Ritter und geadeltem Finanzmann eine unüberbrückbare Kluft besteht, so unterscheidet sich der künftige Adel von bisherigen Formen. Immer aber bleibt für echt adlige Gesinnung die Hinwendung zur Gemeinschaft kennzeichnend. Der wahre Edelmann ist sich seiner Verantwortung gegenüber seinen Vorfahren, die im Grabe ruhen, und seinen Kindern, die noch unmündig sind, bewußt (Flügge). Daraus folgt der Schluß, daß der Adlige eigentlich nichts anderes ist als eine vorbildliche Verkörperung des Menschen als Gesellschaftswesen. Der Adelsstand beruht sonach zutiefst auf der organischen Natur der menschlichen Gesellschaft. Wo der Adel die Herrschaft einbüßt, hat in der Regel eine Abweichung von seinem innersten Wesen stattgefunden: er ist individualistisch geworden. Damit verliert er das Vertrauen des Volkes, hört auf, vorbildhaft zu wirken. Ein neuer Adel wird deshalb entstehen, sobald im Leben des Volkes sich eine Schicht herausbildet, die den gesellschaftlichen Ganzheitsgedanken wieder neu entwickelt und ihn vorlebt. Höchste Form der Dienstschaft begründet also Adel. In dem Augenblicke, in welchem eine solche Schicht Gesellschaft und Staat neu formt, fängt auch der Adel als Stand wieder an, seine Bedeutung zu erlangen. Aber erst die Tatsache der erreichten und gestalteten Herrschaft begründet den neuen Adelsstand, von dem dahingestellt bleiben darf, welche Gestalt er sich gibt und ob er Teile des bestehenden und lebenskräftigen alten Adels in sich einschmilzt. Denn der Geburtsadel in seiner Gesamtheit kommt infolge der verlorenen Herrschaft für den zukünftigen Adel kaum in Frage; ebenso wenig wie die Klasse der Gebildeten, so lange Massenbildung und ein überlebtes Bildungsideal bestehen; endlich auch nicht der Reichtum, der ohne Verpflichtung lebt. Deshalb bleiben trotzdem Geburt (Erbanlage), Bildung (auch die Gebildeten rücken meist erblich in ihre Schicht ein), und ererbter Besitz die Grundlagen der Oberschicht.

Mit solchen Ausführungen wird natürlich der Widerspruch der „Zeitgeistler“ hervorgereizt, die mit Entsetzen feststellen werden, daß die Gründung solchen neuen Adels auf Anmaßung beruhe. Formalrechtlich mag dies stimmen. Zwischen reiner Anmaßung und innerer Pflicht besteht aber derselbe Unterschied wie zwischen formalem Recht und kosmischem Recht. Jenes entspringt der Gewalt, dieses innerer Religiosität. Jenes wurzelt in den Stofftrieben, dieses in der Seele.

Es bleibt sonach eine letzte Frage zu beantworten: sind Ansätze vorhanden, die das stille Wachstum eines solchen neuen Adels, einer innerlich verpflichteten Herrschaftsschicht versprechen? Diese Frage bejahen, heißt einen Glaubenssatz aussprechen. Die kommende Zeit einer aus dem Allerlebnis strömenden Einheit wird getragen werden durch eine führende Schicht von Menschen, welche dieses Erlebnis als ihren Schild vor sich hertragen und in das Chaos wuchernder Stofftriebe und entseelter Verstandesherrschaft die Bahn schlagen, auf der Vernunft und Ordnung zum Siege schreiten. Wer wachen Auges die geistigen und gesellschaftlichen Strebungen der Gegenwart durchforscht, wird immer wieder auf jenen stillen Ring der vereinsamten Persönlichkeiten stoßen, die zahlreich über das ganze Land verteilt, ohne Kenntnis voneinander, sich sofort verstehen, sobald sie nur in gegenseitige Berührung kommen. Nie gab es in deutschen Landen eine solche auf tiefstem seelischem Gleichklang beruhende Übereinstimmung, wie sie im Begriffe ist, sich heute zwischen geistig jungen Menschen jenseits aller Parteianschauungen und Weltanschauungsreste zu bilden. Noch ist dies alles in gärendem Werden. Aber man fängt an, voneinander zu wissen. Und jeder, der in dieser Bewegung steht, hat das an Wunder grenzende Erlebnis gehabt, in einer fremden Stadt Menschen kennenzulernen, von denen er nach einigen verständigenden Sätzen das Gefühl empfängt, schon lange Jahre mit ihnen vertraut zu sein. Hier bildet sich ohne Organisation, ohne Symbol, ohne Verpflichtung eine neue Verbundenheit, die schlagartig Form gewinnen wird, wenn der sie beseelende Geist zur Herrschaft gelangt. Selbstverständlich sind auch Ansätze gesellschaftlicher Formgebung in dieser Richtung vorhanden. In den Bünden der Jugend, der Frontgeneration, leben verheißungsvolle Anfänge dieser Art. Zwar klammert sich das Gemeinsamkeitsgefühl noch an gemeinsame Erlebnisse der Vergangenheit. Aber die Zeit ist nicht mehr fern, wo daraus die ahnungsvolle Schau einer künftigen Gemeinsamkeit wird. Wenn dieser Schritt von der Vergangenheit in die Zukunft getan wird, zerfällt natürlich mancher Bund, der keine Bewegung in sich trägt, sondern nur von stolzer Erinnerung lebt. So gesehen, ist der „Bund zu deutscher Erneuerung" noch nicht gegründet. Er wird sich auch kaum organisieren lassen, sondern wachsen in dem Grade, wie auf dem verödeten Boden deutscher Seele eine neue Humusschicht sich verdichtet.

Die durchgeführte ständische Gliederung wird das Werden einer Oberschicht, welcher die Führung des Staates obliegt, beschleunigen. Liegt es doch im Wesen jeder Hinordnung auf das Ganze, über den eigenen Stand hinaus zum Vollstande, dem Staate, vorzustoßen. So falsch es war, den Stadtrat X. aus der Gemeinde Y. unmittelbar zum Reichstagsabgeordneten und Minister aufsteigen zu lassen, so natürlich wird es sein, daß, in stufenförmigem Aufstiege, die großen Selbstverwaltungskörper Männer hervorbringen, die zur letzten Einheit, dem Staate, hinstreben. Nicht der Berufstandsführer ist von sich aus auch Staatsleiter. Aber der Berufsstand wird wie andere Stände wahre Staatsführer herauskristallisieren, die dann in den höchsten Stand eingereiht werden. Diese Entwicklung entspricht auch den Gesetzen des Wachstums. Das Leben selbst zeitigt die Führer. Denn so sehr der Politiker aus Beruf zu begrüßen ist, so bedenklich ist der Politiker von Beruf. Jeder in der Staatsführung Tätige soll auch im Berufe seinen Mann gestanden haben, da sonst die Gefahr besteht, daß der Vertretertyp — oben gekennzeichnet — sich als Politiker breit macht. Zu dieser — sozusagen bürgerlichen — Schule muß natürlich die Veranlagung des echten Politikers zu volklich-staatlichem Denken treten. Diesen Führertyp gilt es zu züchten und nicht dem Trugbilde des Staatsbürgers kraft allgemeinen Wahlrechtes nachzujagen. Denn es wird immer Menschen geben, die geschichtlich denken, in Völkern und Kontinenten, und solche, deren Denkkreis über Werkstätte, Beruf, Sippe, Gemeinde, ja Stammtisch nicht hinausgeht.

Der Staat, als Höchststand organischer Gemeinschaft, muß eine Aristokratie sein: im letzten und höchsten Sinne: Herrschaft der Besten. Auch die Demokratie wurde ja mit diesem Anspruche begründet. Sogar die Jakobiner schreckten vor der Masse zurück, indem sie zwischen Citoyen und Bourgeois unterschieden. Die Gleichstellung beider war aber, wie schon weiter oben bewiesen wurde, eine staatsphilosophische und geschichtliche Schlußfolgerung. Der Bourgeois hat gesiegt. Wenn ob dieser Bemerkung das Herz des Parteisozialisten lachen sollte, so sei ihm gesagt, daß auch er nichts anderes ist als ein Bourgeois mit verkehrten Vorzeichen. Gewiß will der Sozialismus in seinen besten Vertretern die Hinordnung auf das Ganze (leider meist nur auf die Klasse) wieder beleben. All diese Erneuerer auf rein demokratischer Grundlage sollen sich aber sagen lassen, daß jede echte Demokratie in Wahrheit Aristokratie ist. Ein vermasstes

Volk ist zur „Selbstregierung“ unfähig. Es fällt immer in die Hände der Cäsaren, seien diese Abenteurer des Geldes oder — was höher steht — des Blutes. Wer deshalb zur organischen Gesellschafts- und Staatsauffassung vorstoßen will, muß die Hinwendung zum Aristokratischen fordern, und zwar zur offenen Aristokratie der Verantwortung und Dienstschaft, nicht zur versteckten Minderheitsherrschaft der Geldmächtigen und Demagogen. Nichts kennzeichnet adlige Gesinnung besser als der Mut zu verantwortlicher Führung. Der wahre Führer fängt erst dort an, wo er aus Liebe zu seinem Volke die Gunst der Massen verachtet. Echte Liebe erstreckt sich auf den Nächsten und auf die Volkheit in der Idee, nicht auf verspießte Menschenhaufen und zusammengepferchte Philisterhaftigkeit. Oberstes Gesetz für den Staatsaufbau ist sonach, daß der Staat getragen und geführt sei von der Auslese des Volkes. Auslese bedingt aber lebendige Schichtung, überlieferte Tugenden, feste Begriffe, gesellschaftliche Abgrenzung, die immer wieder durch die Tüchtigsten von unten her durchbrochen wird. Die Vornehmheit des Blutes kommt zu der der Gesinnung hinzu, die Züchtung wahrer Führer erleichternd. Erfahrene Völker mit alten Kulturen, wie die Inder, wissen sehr wohl, daß gezüchtete Familien Führereigenschaften vererben, die nicht durch Erziehung allein ersetzt werden können. Die sogenannte reine Geistesaristokratie ist deshalb ein Hirngespinst, sobald sie aus dem Geistigen auf das Gesellschaftliche übertragen werden soll.

Der Gedanke, den Staat durch eine organisch gewachsene Oberschicht führen zu lassen, ist allein geeignet, die Krise der Demokratie zu überwinden. Es wurde schon ausgeführt, daß diese wesentlich in einer Verfälschung der Staatsphilosophie Rousseaus besteht, die allerdings von Rousseau selbst ihren Ausgang nimmt. Der staatliche Generalwille beruht bei Rousseau auf der Annahme einer gemeinsamen Wertgrundlage der Staatsbürger; das Volk soll so einheitlich sein, daß in den Grundfragen Einstimmigkeit vorhanden ist. Parteien und weltanschauliche Gruppierungen passen deshalb in das Staatsideal Rousseaus ebensowenig wie die Gewaltenteilung. Insofern ist Rousseau ein Theoretiker des organischen Staates. Er ist aber auch gleichzeitig liberal, und diese geistige Haltung wird ihm zum Verhängnis: er wandelt in der politischen Praxis den staatlichen Generalwillen in die Stimmensumme der einzelnen Staatsbürger ab. Staatsbürger wird man aber beim Liberalismus nicht kraft sozialer Leistung und Staatsbejahung, sondern kraft Geburt. An dieser Stelle liegt die Einfallpforte des Kulturliberalismus, einer ethischen Weltanschauung, in das Gebiet des Politischen. Dieser liberale Bestandteil der demokratischen Ideologie mußte der Demokratie in dem Augenblicke zum Verhängnis werden, als die großstädtischen Massen mit dem Stimmrecht ausgestattet wurden und die weltanschauliche gemeinsame Wertgrundlage verloren ging. So entsteht die Krise der Demokratie selbst, „weil mit der allgemeinen Menschengleichheit das Problem der zu einer Demokratie notwendigen substantiellen Gleichheit und Homogenität nicht gelöst werden kann."*)

Eine Heilung dieser schweren Schäden der Demokratie, ja die Rettung der Demokratie selbst, welche Schmitt begrifflich umschreibt als die Identität von Regierenden und Regierten, ist wohl nur durch Beantwortung der schwersten aller politischen Fragen möglich: wie entsteht der Generalwille des Volkes? Der mechanische Weg (Stimmenmehrheit) führte ins Chaos. Als organischer bleibt nur übrig der Glaube an eine sozial-ethisch hochstehende Minderheit, die in sich die seelisch-geistige Höchstform des Volkes verkörpert.

Neubau des Reiches

Von der Krise der Demokratie unterscheidet Carl Schmitt in seiner fein durchdachten Schrift die Bresthaftigkeit des Parlamentarismus. Was ist nun Parlamentarismus? Landläufig wird darunter die im Artikel 54 der Reichsverfassung enthaltene Vorschrift verstanden, daß die Minister zu ihrer Amtsführung des Vertrauens des Reichstags bedürfen und jederzeit durch die Entziehung des Vertrauens zum Rücktritte gezwungen werden können. Dies ist jedoch nur Parlamentarismus im engeren Sinne und berührt vor allem die technische Seite der Regierungsbildung. Verfassungseinrichtungen dieser Art entstammen englischen Verhältnissen, die durch das Zweiparteiensystem ihre besondere Prägung erfahren haben. Verfassungsrechtlich gesehen, sind Bestimmungen wie die des Artikels 54 nicht nur unlogisch, sondern auch undemokratisch; „es liegt sogar ein Widerspruch darin, daß das Parlament, als der erste Ausschuß (des Volkes) für die Dauer der Wahlperiode vom Volk unabhängig sein soll und nicht beliebig abberufbar ist, während die parlamentarische Regierung, der zweite Ausschuß, in jedem Augenblick vom Vertrauen des ersten Ausschusses abhängig bleibt und daher jederzeit abberufen werden kann" (Schmitt). Dieser Widerspruch hat in der Tat die Allmacht des Parlaments ver-

*) Carl Schmitt, Die geistesgeschichtliche Lage des heutigen Parlamentarismus. München und Leipzig 1926, Verlag von Duncker u. Humblot.

schuldet. Die Gewaltenteilung ist ebenso hinfällig geworden wie die Demokratie, denn das Parlament steht nun zwischen Volk und Regierung, jeden Zusammenhang zerschneidend. Der Ruf nach einer demokratischen Diktatur wird verständlich, weil sie geeignet scheint, die Berührung zwischen Führer und Volk erneut herzustellen. Mit Recht behauptet deshalb Schmitt: wenn aus praktischen und technischen Gründen statt des Volkes Vertrauensleute des Volkes entscheiden würden, könnte ja auch im Namen desselben Volkes an Stelle des Parlaments ein einziger Vertrauensmann entscheiden, ohne daß das Grundgesetz der Demokratie verletzt würde.

Parlamentarismus im weiteren Sinne ist mehr: gesellschaftswissenschaftlich wurde seine geschichtliche Übergangsstellung weiter oben berührt. Aber auch die geistigen Wesensmerkmale, die neu herausgearbeitet zu haben das Verdienst Schmitts ist, fanden im philosophischen Teile eingehende Würdigung. Schmitt weist nach, daß die Öffentlichkeit der Verhandlungen und die Teilung der Gewalten die geistesgeschichtlichen Hauptgrundlagen des Parlamentarismus sind. Geschichtlich gesehen, handelt es sich also um eine doppelte Reaktion gegen den fürstlichen Absolutismus: der Geheimpolitik der Kabinette sollte ebenso begegnet werden wie der ungehemmten Despotie: Öffentlichkeit als Schutz gegen erstere, Gewaltenteilung, d. h. gesetzliche Bindung, als Abwehr der letzteren. Die Forderung der öffentlichen Aussprache ist nur verständlich aus der Welt der Aufklärung heraus: man glaubte, auf diese Weise das Richtige, zum mindesten die verhältnismäßige Wahrheit finden und gesetzlich festlegen zu können. Das Parlament wird so recht eigentlich der politische Niederschlag aufklärerischer Verstandesgläubigkeit. Mit dem Zerfall des rationalen Zeitalters aber fällt auch der Sinn der parlamentarischen Aussprache weg, den Niedergang des Parlamentes besiegelnd.

Dasselbe gilt auch, wie Schmitt gezeigt hat, für die Gewaltenteilung, die als Grundzug allen Verfassungsrechtes durch das 19. Jahrhundert geht. Die Bindung der Staatsorgane an das Gesetz, die Entstehung dieser Gesetze durch „Ausbalancierung" der Meinungen kennzeichnen die moderne Auffassung vom Wesen des Rechtsstaates. Dabei schwanken die Meinungen über den Begriff des Gesetzes. Die Gewaltenteilung unterscheidet das allgemein geltende Gesetz und den für den einzelnen Fall erfolgenden Befehl, die Anordnung. Jenes gehört zur Zuständigkeit des Parlaments, dieser obliegt der Regierung. Die Grenzen verwischen sich aber immer mehr, und schon Hegel bezweifelt die Gesetzeseigenschaft des Budgetgesetzes. Die spätere Entwicklung, die zwischen allgemeinen Gesetzen und Verordnungen oder Befehlen, die eigentlich Regierungshandlungen sind, nicht mehr unterschied, war vorgezeichnet, besonders als die Gewaltenteilung durch die Allgewalt des Parlaments praktisch zunichte gemacht wurde.

Mit dem Wegfall der Monarchie verliert die Gewaltenteilung ihre geschichtliche Berechtigung, die in konstitutionellem Denken wurzelt. Herrschaftliche und genossenschaftliche Formen sollten in ein schwebendes Gleichgewicht auf dem Wege der Gewaltenteilung gebracht werden, durch Ausgleich dieser beiden Willensströme sollte die Lebendigkeit des staatlichen Lebens gewahrt bleiben. „Hier hat der liberale Gedanke sich mit einem spezifisch deutschen „organischen Denken" vereinigt und die mechanistische Vorstellung der Balance überwunden" (Schmitt). Aber diese Überwindung eines mechanistischen Systems war zeitbedingt: sie hatte inneren Sinn in jener geschichtlichen Epoche, als der rein herrschaftlichen Organisation des Staates (absolutem Fürstentum) von unten her wieder eine genossenschaftliche Willensbildung entgegengesetzt werden mußte. Mittlerweile aber hat der Strom von unten den von oben in sich aufgenommen und verzehrt. Gewiß ist auch ein demokratischer Konstitutionalismus (d. h. ohne monarchische Spitze) möglich: man denke an die Vereinigten Staaten von Nordamerika; aber die dort vorgenommene Gewaltenteilung ist insofern mechanisch, als die Staatsspitze ihre Gewalt aus derselben Quelle herleitet wie das Parlament: vom Volke. So gesehen ist auf demokratischer Grundlage der Konstitutionalismus nur ein mechanischer Ersatz organischer Lebendigkeit. Die folgerichtige organische Staatswillensbildung auf demokratischer Grundlage ist deshalb durch den tatsächlichen Wegfall der Gewaltenteilung im modernen Parlamentarismus schon vorgezeichnet: das 20. Jahrhundert strebt nach einer einzigen aus dem Volkswillen gewachsenen Staatsspitze, die Gesetzgebung und Regierung gleicherweise ausübt. Das Parlament mit seinen oben umrissenen, geschichtlich bedingten, aber überlebten Wesenseigentümlichkeiten wird dabei fallen.

Dies die Entwicklung auf lange Sicht. Für die nächste Zukunft muß mit der Schwäche der organischen Grundlage, auf welcher eine neue Staatseinheit wachsen könnte, gerechnet werden. Als notwendigen Ersatz wird man vielleicht wieder konstitutionelle Formen, übertragen auf die Demokratie, einführen. Die Ausgliederung herrschaftlicher und genossenschaftlicher Elemente erfolgt aber im Konstitutionalismus — dies ist das entscheidende Kennzeichen — mechanisch und nicht, wie im echt organischen Staate, organisch. Praktische Beispiele werden weiter unten diese Behauptung erhärten.

Mit der so gewonnenen Grundauffassung vom Wesen organischer Staatswillensbildung vermag der Reformer deutschen Lebens an den eigentlichen Staatsneubau heranzugehen. Allerdings mit einer notwendigen Selbstbeschränkung: es wäre falsch, im Rahmen eines Werkes wie des vorliegenden Verfassungsentwürfe zu entwickeln. Auch hier gilt die Regel vom Wachstum allen organischen Lebens. Einmalig, bedingt durch Zeitverhältnisse, Volkscharakter, raumpolitische Zustände, politische Kräfte sind die Formen der Staaten. Zeitlos das Ganzheitsstreben, das sie schuf. Es kann deshalb nur gezeigt werden, welche Wege zur staatlichen Reform einer organischen Weltschau entsprechen, und welche nur noch tiefer in die Abgründe mechanistischer Zersetzung führen. Es sei auch offen zugegeben, daß es die Lebensarbeit eines schöpferischen Genies ausmachen würde, Grundzüge und System eines organischen Rechts zu entwerfen. Vielleicht schenkt das Schicksal dem deutschen Volke einen Ihering des 20. Jahrhunderts. Zunächst aber können an einigen Beispielen der allerjüngsten Geschichte praktische staatliche Neugestaltungen auf ihren Gehalt an organischen Bestandteilen untersucht werden.

So hat der Bolschewismus in Rußland, wahrscheinlich unter dem Einflusse syndikalistischer Gedankengänge, vielleicht aber auch aus gesundem politischem Instinkte heraus, den russischen Zentralismus ersetzt durch ein Föderativsystem der zahlreichen Völker des russischen Raumes. Diese Neugestaltung besitzt eine organische Grundlage, im Gegensatze zum Faschismus, der den französischen Staatszentralismus übergipfelte.*) Der Aufbau der Staatsgewalt selbst f u ß t in Rußland auf dem Rätegedanken, die Herauskristallisierung der Staatsspitze geschieht auf dem Wege der indirekten Wahl. Dies ist zweifelsohne ebenfalls organisch gedacht. Was aber das ganze System wieder entwertet, ist die vollkommen westeuropäisch (marxistisch) empfundene Herrschaft einer Klasse, ist die geschichtsmaterialistische Grundlage, die einfach die natürlichen Gegebenheiten des gesellschaftlichen und wirtschaftlichen Lebens verneint. Angeblich will man durch Klassenherrschaft an Stelle der Plutokratie zur wahren Demokratie gelangen. Viel anders hätten die Jakobiner ihre Ansprüche auch nicht begründen können. Der Faschismus ist ein Zwitter von abgewandeltem Syndikalismus und Nationalismus. Die syndikalistischen Bestandteile entsprechen organischen Staatsvorstellungen, die nationalistischen — soweit sie dem völkischen Gefühlsleben verpflichtet sind — ebenfalls; soweit sie aber dem Idol der Staatsnation nachjagen, das Volkstum dabei vernachlässigend und seine Kräfte nicht selbstverwaltungsmäßig entwickelnd,

*) Ob diese Entwicklung in Italien eine endgültige ist, bleibe dahingestellt.

handelt es sich um eine Überspitzung westlich-mechanistischen Staatsdenkens. Der eigentliche Staatsaufbau in Italien, abgesehen von seiner zentralisierenden Neigung, erfüllt das Erfordernis organischer Verklammerung in eigentümlicher Weise: das „Parlament" entsteht nämlich nicht nur mosaikartig von unten nach oben, sondern auch durch Einwirkung von oben. Jedes Mosaik bedarf eines Bindemittels, um nicht auseinander zu fallen. Alle Parlamente, die nicht von einer gemeinsamen Wertgrundlage getragen werden, sind sozusagen mit Sprengpulver gekittet. Ist diese Wertgrundlage vorhanden — wie das einzigartig beim Frühparlamentarismus nationaler Gedanke und Verstandesgläubigkeit waren — so erübrigt sich bei der Wahl eine Einwirkung von oben. Fehlt aber die politisch vereinheitlichende Grundlage — und das wird in allen Zeiten, die keine „Diesseitsreligionen" kennen, der Fall sein — so bedarf die „Volksvertretung" der staatserhaltenden Klammer. In die politische Praxis übersetzt heißt dies: das Parlament darf sich nicht selbsttätig von unten nach oben bilden, ohne Rücksicht darauf, ob eine Einheit entsteht; sondern der Staatswille hat darüber zu wachen, daß die Zusammensetzung sinnvoll geschieht, der Ganzheit des Staates entspricht. Dieser organische Gedanke wurde vom Faschismus in folgender Weise verwirklicht: zunächst schlägt eine Reihe von Einheiten (Syndikate usw.) die Abgeordneten vor. Die Liste selbst wird vom großen Faschistenrat, also von oben, bestimmt. Darauf erfolgt die Stellungnahme zu dieser Liste durch den Wahlkörper. Teile und Ganzes sind so miteinander verwoben, jeder Sprengversuch ist vereitelt.

Ähnlich verfährt das Jungdeutsche Manifest in seinen Vorschlägen: die jeweiligen Führer der politischen Einheiten werden nicht nur auf dem Wege der Wahl ausgesucht, sondern bedürfen der Bestätigung des nächsthöheren vorgesetzten Führers, der in diesem Falle den Staatswillen darstellt. „Die Kur verflicht den Willen des Staates mit dem Willen des Volkes. — In der Kur vollzieht sich ein Einigungsakt zwischen Volk und Staat über die Besetzung einer Führerstelle im Volksstaat." Der Verfasser des Jungdeutschen Manifestes hat also ebenfalls dieses Gesetz organischer Staatswillensbildung erkannt. Alle diese Pläne haben aber ein Vorbild, das die abendländische Geschichte überdauert hat und deshalb als Muster dient: die katholische Kirche. Auch hier müssen Wahl (Vorschlagsrecht) und Bestätigung (manchmal gehemmt durch staatlichen Einspruch) zusammentreffen, um eine oberhirtliche Führerstellung zu besetzen. Teil und Ganzes verschmelzen auf das Innigste.

Als die Bauregeln organischer Staatsgestaltung können folgende Grundsätze gelten:

1. genossenschaftliche und herrschaftliche Formen (Wahl und Ernennung) müssen miteinander verschmolzen werden, um das Leben der Teile und des Ganzen gleichermaßen zu sichern;
2. sämtliche Wahlvorgänge mit Ausnahme der Urwahl sind indirekt;
3. die Urwahl selbst muß sich in so kleinen Einheiten vollziehen, daß eine gesellschaftlich-lebendige Verknüpfung zwischen Führern und Geführten möglich ist.

An diesen Regeln gewinnen wir den Maßstab, alle staatsreformerischen Versuche auf ihren Gehalt an organischen Gedanken zu prüfen. Die Wege, die im einzelnen beschritten werden können, um den hier ausgesprochenen Grundgesetzen gerecht zu werden, sind zahlreich. So begründet das Jungdeutsche Manifest durch die Einführung der Kur ein staatliches Einkammersystem. (Die von ihm in Aussicht genommenen Sonderkammern, bis zu einem gewissen Grade der hier schon behandelten gesellschaftlichen Selbstverwaltung entsprechend, haben lediglich das Recht der Beratung bzw. Einspruchserhebung gegen Beschlüsse der einzigen gesetzgebenden Körperschaft: des Reichskapitels, welches die politische Kammer darstellt.) Der Vorschlag des Jungdeutschen Ordens übernimmt sonach einen schon beim Parlamentarismus vorhandenen Zustand: nämlich die praktische Aufhebung der Gewaltenteilung; es besteht kein Konstitutionalismus mehr. Der Unterschied zwischen dem heutigen parlamentarischen System und dem organischen Staatsaufbau ist aber, daß jenes nicht auf eine Konstitution verzichten kann, ohne der Parteiherrschaft zu verfallen, während im organischen Staate die Gegensätzlichkeit zwischen politischer Kammer und Regierung (Gesetzgebung und ausübender Gewalt) ohne weiteres wegfällt, da ja die Gegenüberstellung von Volk und Regierung sich erübrigt. Die politische Kammer „vertritt" nicht mehr das Volk gegenüber der Obrigkeit, sondern ist Obrigkeit und Volk zugleich. Sie ist die Körperschaft der organisch gewachsenen Führer. Genossenschaftliche und herrschaftliche Formen finden in ihr vereinten Ausdruck.

Immerhin kommt auch der organische Staat, wenn auch ohne rechtliche Gewaltenteilung, so doch keineswegs ohne eine technische aus: zum mindesten die Durch- und Ausführung der Beschlüsse der politischen Kammer erfolgt durch ein selbständiges Organ, die Regierung. Diese kann aber nur frei und herrschaftlich im guten Sinne des Wortes handeln, wenn sie selbst nicht einer Körperschaft, sondern einem Einzelnen verantwortlich ist. Deshalb sieht auch der rein organisch gedachte Vorschlag des Jungdeutschen Ordens die Ernennung des Ministeriums durch den

Reichsführer vor. Da dieser selbst sich persönlicher Unabhängigkeit erfreut — er ist auf Lebenszeit „gekürt" — so kann also trotz allem von einer gewissen Gewaltenteilung gesprochen werden. Sie unterscheidet sich allerdings von der Montesquieus im wesentlichen dadurch, daß sie nicht unbedingter Natur ist: der höchste Führer ist kein aus eigenem (göttlichem) Rechte handelnder Monarch.

Es sind natürlich Ersatzmöglichkeiten denkbar, den oben aufgestellten Grundregeln des organischen Staatsbaues annähernd gerecht zu werden. Man muß sich aber darüber klar sein, daß es sich dabei um mechanische Mittel (Balancierung) handelt. Die Verklammerung des Willens der Teile mit dem des Ganzen kann auch erfolgen, indem man wohl eine mosaikartige Volksvertretung bestehen läßt, ihr aber ein Staatsorgan, welches den reinen Staatswillen verkörpert, hemmend entgegenstellt und die Zuständigkeiten entsprechend verteilt. Diesem Erfordernis entspricht das Zweikammersystem. Die Volkskammer stellt den Aufbau des Volkes von unten nach oben dar, eine aristokratische Kammer (nicht im Sinne des Geburtsadels) die Willensbeeinflussung von oben. Dieses System hat den Vorteil, daß alle Notventile der Kritik geöffnet sind, wobei allerdings der rationalistische Glaube an die „wahrheitfördernde" Wirkung der Kritik vorausgesetzt wird. Es arbeitet deshalb ausgezeichnet, solange die beiderseitigen Zuständigkeiten unbestritten sind, solange die Volksvertretung sich auf ihre eigentliche Aufgabe, die Überwachung, beschränkt, und solange die Gesetzgebung in der Hauptsache bei der aristokratischen Kammer liegt. Volksvertretungen, die Gesetze machen, sind das Ende allen wahren Rechts. Die Gefahr dieser Art von Staatsaufbau liegt in seinem schwebenden Gleichgewichte. Die erste Kammer wird zur Selbstherrschaft neigen, die Volkskammer das Banner angeblich wahrer Demokratie umstürzlerisch entfalten. So ist denn auch praktisch das Schwergewicht immer zur Volkskammer hinübergeglitten, dort unschädlich, wo eine Gentry herrscht; aber dort gefährlich, wo Masse und Pöbel im Vormarsche sind. Das mechanische Zweikammersystem ist also nur möglich, wo eine meist vorübergehende Ausgliederung der entgegengesetzten Prinzipien gelingt. Für die Dauer wird es kaum Bestand haben. Es bleibt eine Ersatzform organischen Staatsaufbaues und häufig nur für den Übergang brauchbar. Gerade deshalb aber gehört ihm wahrscheinlich die nächste deutsche Zukunft. Eine weitere Frage ist die, woher die Mitglieder einer ersten Kammer, die das herrschaftliche Prinzip des Staates verkörpern soll, zu nehmen sind. Im Feudalstaat und in der konstitutionellen Monarchie lag die Lösung auf der Hand. Diese ist heute unzeitgemäß und überlebt. Neben der Ernennung durch die Staatsspitze (England, Italien) bleibt der Weg, einen Sitz in der ersten Kammer mit der Leitung gewisser ständischer Selbstverwaltungskörper (Kirche, Universitäten usf.) zu verbinden. Andeutungsweise geht der Vorschlag des „Bundes zur Erneuerung des Reiches" in dieser Richtung, indem er den Reichsrat teilweise vom Reichswirtschaftsrat beschickt wissen will. In die Sprache des hier entwickelten organischen Staatsprogramms übersetzt, heißt dies, daß die „Berufsstände" führende Männer in diese erste Kammer entsenden. Damit wird die erste Kammer kein berufsständisches Parlament, sondern nur die Aufnahmestellung für hervorragende Köpfe aus dem ständischen Leben.

Die größte Schwierigkeit ergibt sich aber aus der Tatsache, daß im deutschen Staatsaufbau der Gebietsföderalismus berücksichtigt ist (Reichsrat). Hier wird die Fragestellung außerordentlich verwickelt, sobald die verschiedenen Möglichkeiten organischer Staatsgestaltung ins Auge gefaßt werden. Wird beispielsweise der Grundsatz der indirekten Wahl durchgeführt, so besteht ja ohnedies ein praktischer Gebietsföderalismus, da die Führer der heutigen Länder die oberste politische genossenschaftlich-herrschaftliche Zusammenfassung darstellen. Gebietsföderalismus und organischer Staatsaufbau fallen also zusammen: für ein Zweikammersystem ist zunächst kein Platz, es sei denn, daß die zweite Kammer rein aristokratisch durch Erfassung ständischer Spitzen oder durch Ernennung von Vertretern durch die Ständekammern gebildet wird. Ein zweiter Ausweg besteht darin, daß die Wahlen zur ersten und zweiten Kammer auf einer verschiedenartigen Gebietseinteilung beruhen, wie dies heute der Fall ist: einesteils auf Ländern, anderenteils auf Wahlkreisen. Weiterhin ist eine Unterscheidungsmöglichkeit insofern gegeben, als die eine Kammer den *Staatswillen* der Länder in sich vereinigt, die andere den sogenannten *Volkswillen* auf dem Wege der direkten Wahl. Organische und mechanische Willensbildung bestünden also nebeneinander. Die direkte Wahl nun muß unter allen Umständen von der organischen Staatslehre abgelehnt werden. Mit der Einführung der indirekten Wahl fällt aber die heutige Unterscheidung zwischen Staats- und Volkswillen weg. Diese Gegensätzlichkeit ist endgültig beseitigt, sowie die mittelbare Wahl folgerichtig den stufenförmigen Aufbau herstellt. So bleibt nur übrig, einer politischen und gleichzeitig gebietsföderalistischen Kammer eine ständisch beeinflußte gegenüberzustellen. Damit wird nicht etwa der berufsständische Staat gefordert, sondern nur die Durchgliederung des Volkes nach zwei Richtungen hin zum Ausdrucke gebracht: nach der „gebietsständischen" und nach der der übrigen Stände. Aus der ganzen Untersuchung erhellt aber die Bedeutung des Wahlrechts, das für den Staatsaufbau entscheidend ist.

Die Spitze des Staates kann nach organischer Auffassung nur stufenförmig herauskristallisiert werden. Eine unmittelbare Volkswahl, als besonders demokratisch gerühmt, hat ihre großen Nachteile, weil gerade die Verstärkung der Befugnisse des Staatsoberhauptes den Kampf um die oberste Staatsstellung verschärfen und vergiften muß; zumal eine solche Wahl von der Beeinflussung der Masse durch Presse und Geld abhängig ist. Die Gefahr unwürdiger Vertreter wird noch größer als bei der Erbmonarchie. Denn immerhin besteht bei dieser die Verantwortung des Monarchen gegenüber seinem Geschlechte: sie wird meist hemmend wirken. Montesquieu nennt als Prinzip der Monarchie die Ehre. Anders beim volksgewählten Präsidenten, der kraft seiner größeren Verantwortungsfreiheit die Geschichte verhängnisvoll beeinflussen kann. Man braucht nur an den Fall Wilson zu denken. Der aus einer Kette von mittelbaren Wahlen hervorgegangene lebenslängliche Präsident ist das Ziel aller organischen Verfassungspolitik. Mit einer anderen Symbolik kann er auch Wahlkaiser genannt werden. Auch hier wirkt das Vorbild der katholischen Kirche außerordentlich belehrend.

Ein Mittelweg wird so gefunden, der Demagogie und unorganische Herrschaft (Entfremdung zwischen Führern und Geführten) gleichermaßen verhindert. Aus diesen Erwägungen ergibt sich, wie falsch der heutige Streit um die Staatsform angelegt ist. Jede Spitze des Staates muß demokratischen Urgrund haben, ganz gleich, ob sie Präsident oder Majestät angesprochen wird. Je mehr Ehrfurcht und Vertrauen zur Führung bei den „Massen" besteht, desto weniger neigen sie zu Ansprüchen auf eine mechanische Beteiligung an der Staatsführung. Demokratie besteht nicht darin, daß die Möglichkeit für einen Handarbeiter rechtlich gegeben ist, Minister zu werden. Im Reiche des Geistigen und damit der echten Führung gibt es solche neiderfüllten Erwägungen, so geartete Gegensätze zwischen Volk und Führer nicht. Zu allen Zeiten sind große Führer aus den untersten Volksschichten gekommen, ohne zu fragen, ob eine formaldemokratische Verfassung es ihnen erlaube.

So tritt der ganze Widersinn zutage, in der Monarchie das schlechthin Undemokratische, in der Republik unbedingte Erfüllung der Demokratie zu sehen. Auch überzeugte Legitimisten zollen dem demokratischen Grundgedanken ihren Tribut, indem sie ein Königtum kraft Volkswillens vertreten. Für ein Königtum aus eigenem Recht ist die Zeit wohl vorbei, wenn nicht kollektiver Massenwahn ein Cäsarentum heraufbeschwört. Die Organisation des Staates von oben nach unten, wie sie der Absolutismus vornahm, steht im 20. Jahrhundert außerhalb aller Erwägungen. Umgekehrt hat der Aufbau von unten nach oben zum Zerfall jeder Ganzheit geführt. Betrachtet man die Dinge von diesem Gesichtspunkte aus, so geht der Kampf nur um den Inhalt und nicht um die Form des Staates. In dem Sinne, daß jede Staatsform aus völkischen Kräften zu entwickeln sei, sind alle Deutschen Demokraten. Die wahre Monarchie ist Ausdruck mythischen Selbstbewußtseins eines Volkes. Nur ein solches vermag die Monarchie zu rechtfertigen und sie zu festigen. Der Kaiser, als von Gott eingesetzter oberster Herr der abendländischen Welt, verdankte seine Stellung mythisch-religiösen Vorstellungen. Es ist eine Sorge nicht von morgen und nicht von übermorgen, ob solche Kräfte wieder erwachen und mythische Formen schaffen. Wenn aus dem Chaos Richtung und Ordnung herauswüchse, eine seelische und gesellschaftliche Ruhelage, vielleicht für Jahrhunderte, einträte, so könnte auch möglich werden, daß das Symbol der Krone in neuem Glanze erstrahlt. Es ist deshalb falsch, den deutschen Niedergang legitimistisch beschwören zu wollen. Aber ebenso verkehrt ist es, bei dem Worte „Monarchie" in Angstgewimmer auszubrechen. Die Form der Monarchie, die das Mittelalter überliefert hat, gehört der Geschichte an. Jeder Versuch einer Wiederherstellung verriete ungeschichtliche Denkweise. Deshalb streiten nur unfruchtbare Geister in jener ressentimenterfüllten Kampfstellung: Monarchie oder Republik, gegeneinander. Nach den bisherigen Darlegungen dieses Werkes dürfte klar geworden sein, wie überlebt der Streit jener beiden aus Wilhelminischen Zeiten stammenden Lager ist. Staatlich war der Individualismus in der absoluten Monarchie ebenso verkörpert wie in dem Mehrheitsabsolutismus der modernen Demokratie: zwei Spiegelbilder, die sich aufs Haar gleichen. Und wenn heute diese beiden Brüder sich politisch bekämpfen und alle geistigen Kräfte für ihre Auseinandersetzung beanspruchen wollen, so ruft das kommende gemeinschaftsbejahende Geschlecht entschlossen: weg mit beiden, wir achten ihre Leistung, aber ihre Sendung ist erfüllt. Eine neue Welt will werden, aus mütterlichem Boden drängen neue Wurzeln. Die Form war zu allen Zeiten nicht mehr als ein Gefäß des Inhalts. Um den neuen Inhalt von Recht, Gesellschaft und Staat ringt ein neues Geschlecht.

Über Zuständigkeiten theoretisch zu sprechen ist schwer, denn nirgends schreitet die politische Praxis so leicht über papierene Verfassungen hinweg wie auf dem Gebiete der Zuständigkeiten. Die politischen Kräfte setzen sich einfach durch. Für ein organisches Staatsleben können deshalb höchstens Leitsätze allgemeinster Art aufgestellt werden, wo richtigerweise die jeweilige Zuständigkeit liegen soll. Der Finanzhoheit des Staates — dem fühlbarsten Hoheitsrechte — steht von jeher das Steuerbewilligungsrecht des Volkes gegenüber. Diese beiden Ansprüche müssen gegeneinander ausgeglichen sein, soll nicht der Staat oder das Volk leiden. Der deutsche Kaiser des mittelalterlichen Reiches war gezwungen, bei den Ständen betteln zu gehen, wollte er eine Grenzmark des Reiches gegen einfallende Feinde schützen. Umgekehrt zwingt der heutige Staat seine treuesten Bürger zu solchen Gängen, weil er sie steuerlich enteignet. Diese beiden Extreme beweisen, wie schwer die gesunde mittlere Linie einzuhalten ist. Heute bewilligt das Volk nicht nur die Einnahmen des Reiches, sondern auch die Ausgaben; und dieses Ausgabenbewilligungsrecht wird von Menschen ausgeübt, die selbst geringe Steuern aufbringen: die Besitzlosen verfügen über den Besitz. Andrerseits aber redet das Parlament lächerlicherweise in die Ausgabenwirtschaft des Staates hinein. Man denke an das traurige Lustspiel des Panzerkreuzers, welches nur die Verzerrung aller Vorkriegskämpfe um die Wehrvorlagen darstellt. Wie ein Haushaltplan heutzutage entsteht, zu schildern, wäre der Feder eines Molière würdig: viele Etatsposten sind nur Kaufsummen, welche eine Partei der anderen dafür zahlt, daß jene den von ihr selbst gewünschten Haushaltpositionen zustimmt. Stein war ein leidenschaftlicher Gegner des Ausgabenbewilligungsrechtes der Parlamente. Bismarck begann seine Laufbahn mit einem Kampfe, ja sogar mit einer Verfassungsverletzung wegen dieser leidigen Befugnis. Eine irregeleitete Volksvertretung kann dem Staate ebenso die Möglichkeit der Selbstverteidigung nehmen, wie sie Riesensummen sinnlos vergeudet. Hier sollen Schranken gesetzt werden: die Steuerbewilligungen müssen gehemmt werden durch Einschaltung derjenigen, die sich für das Gedeihen der Gesamtwirtschaft verantwortlich fühlen. Andererseits ist die Ausgabenwirtschaft Sache der — allerdings kontrollierten — Regierung.

Ein großer Teil der Gesetzgebung wandert ab an die Stände. Die eigentliche Rechtsbildung vollziehen in der organischen Gesellschaft nicht die Parlamente, sondern die Gerichte. Das papierene Satzungsrecht wird auf ein Mindestmaß beschränkt. Was der Staat dann noch an Gesetzen schafft, sind gewissermaßen Richtlinien organischen Lebens. Sie sollen von denen beschlossen werden, in welchen Volksgeist und Lebendigkeit gipfeln; und nicht wie heute von Spießbürgern und Philistern. Die Gesetzemacherei von Gevatter Müller und Huber, deren Interessenpolitik dann von abgefeimten Rechtstechnikern in Paragraphen gegossen wird, ist ein Hohn auf die Majestät des Rechtes. — Ein weiterer Grundsatz ist: außenpolitische und militärische Fragen gehören nicht vor die breite Öffentlichkeit. Zu Zeiten der Kabinettspolitik waren solche liberalen Forderungen verständlich. Aber eine Demokratie, in welcher das Volk dauernd den Leuten seines Vertrauens dazwischen schwätzt, ist ja Verneinung ihrer selbst. Nichts Dümmeres als das Schlagwort von der Beseitigung der Geheimdiplomatie. Die öffentliche Behandlung aller völkischen Lebensfragen hat bis jetzt nur zu einer unerhörten Unehrlichkeit der demokratischen Außenpolitik geführt: militärische Geheimverträge werden geschlossen und gleichzeitig in Genf heuchlerische Versöhnungsreden gehalten. Wer aber auch in der Demokratie auf eine Überwachung der Herrschenden, weil angeblich in der menschlichen Natur immer selbstherrliche Neigungen schlummern, nicht verzichten will, möge dafür Sorge tragen, daß die überwachende Tätigkeit von aristokratischen Organen und nicht von demokratischen ausgeübt wird. Dieser Notwendigkeit kann sich nicht einmal der geschwätzige Reichstag entziehen, weshalb die Vollversammlung planmäßig durch Ausschüsse entmündigt wird.

Die vollziehende Gewalt aber ruht in den Händen des Staatsoberhauptes, welches ihre Ausübung einem von ihm frei ernannten Ministerium überträgt. Ebensowenig wie der Reichspräsident selbst, darf das Ministerium nur Vollzugsmaschine unverantwortlicher Mächte sein. Man mag Sicherheiten einschalten, damit die Reichsführung mit dem Volke nicht in unhaltbaren Widerspruch gerät, obwohl vorübergehend auch dieser, wenn er Staatsnotwendigkeiten entspringt, ertragen werden muß. Es können deshalb verfassungsmäßige Wege vorgesehen werden, die Regierung zum Rücktritt zu zwingen. Aus dem Kommen und Gehen von Ministern aber ein Lieblingsspiel parlamentarischer Kinder zu machen, kann sich kein Volk auf die Dauer leisten. Das amerikanische Vorbild zeigt, wie demokratisch ohne parlamentarische Klausel regiert werden kann. Es geht nicht an, Minister nach den Grundsätzen des freien Lohnvertrages zu behandeln, wobei nicht einmal vierzehntägige, sondern stündliche Kündigung vereinbart wird. Das Vertrauen des Volkes in eine Regierung ist gewiß wünschenswert, das des Reichstags aber belanglos, da er mit dem Volke nur sehr wenig zu tun hat. Aber auch eine organisch entstandene Regierung darf nicht der Gefahr willkürlicher Abberufungen ausgesetzt werden. Deshalb müssen Mißtrauenskundgebungen, sollen sie das Reichsoberhaupt zu entscheidenden Maßnahmen zwingen, durch qualifizierte Mehrheiten erfolgen.

Diese Vorschläge zum organischen Staatsaufbau verlangen Selbstverzicht, also innere Zucht vom deutschen Menschen; sie sollen an Stelle einer unverantwortlichen, führerlosen Gelddemokratie verantwortliche Herrschaft auf genossenschaftlicher Grundlage begründen. Mit dem Geschwätze von den vierzig Millionen freier Staatsbürger, die sich selbst regieren, muß endlich Schluß gemacht werden. Wir geben dem deutschen Volke das Recht, sich seine Führer in organischen Formen zu wählen. An Stelle der freien Bahn für den Parteitüchtigen erheben wir die Forderung des Aufstiegs für jedermann nach Leistung und sittlicher Bereitschaft zur Dienstschaft. Innere Freiheit und Freiheit der Stände, beide heute noch nicht vorhanden, wollen wir schaffen. Dafür verlangen wir aber staatliche Zucht, so herrschaftliche mit genossenschaftlichen Formen vermählend: von oben und von unten stoßen die Kräfte zusammen, fließen ineinander über, den lebendigen Strom erzeugend, der den Organismus durchpulst. Die lächerliche Hineinrederei in die Führung muß aber aufhören. Ein Volk hat auf staatlichem Gebiete nur ein Recht: gut regiert zu werden.

Wo aber bleiben in diesem ganzen System die Parteien? Auf diese Frage sind verschiedene Antworten möglich, je nach dem Grade, in welchem die organische Demokratie verwirklicht wird. Die folgerichtige Durchführung des Grundsatzes der indirekten Wahl würde die Parteien in ihrer heutigen Form überhaupt vernichten. Die Wahlkörper wären nämlich dann nicht Privatvereine, sondern als staatliche Organe in den Gesamtorganismus eingebaut. Örtlich und innerhalb der verschiedenen Körperschaften gäbe es natürlich Parteiungen. Sie sind aber dann rein zwecknützlicher Natur, sie sind pragmatisch (Hellpach); sie leben nicht von inneren Gegensätzen, sondern entzünden sich meist an der Neigung zu bestimmten Führern, die in Wettbewerb miteinander treten. Parteien, die durch ein ganzes Volk, ohne örtliche Unterschiede, gehen, sind nur denkbar, wo unmittelbare Massenwahlen stattfinden. Bleibt eine Volkskammer auf der Grundlage der mechanischen direkten Wahl bestehen, so wird es noch Parteien als Privatvereine, welche diese Wahlen betreiben, geben. Aber auch ihnen sind die Giftzähne gezogen, wenn Kultur-, Wirtschafts- und Sozialpolitik aus dem Bereiche des rein staatlichen Lebens herausgenommen sind. Der „Weltanschauungscharakter" der heutigen Parteien schwindet in dem Augenblicke, in welchem das kulturelle Leben vom staatlichen getrennt ist.

Der rein organische Staat ist aber parteilos. Wer zetert, das Leben müsse darüber zu kurz kommen, wenn jede vernünftige Aussprache und positive Kritik unterbliebe, der lebt noch in den Vorstellungen der Aufklärung. „Das Richtige" entsteht nicht durch Ausgleich von These und Antithese, sondern durch schöpferische Schau, die aus dem Erleben der Ganzheit kommt. Es ist deshalb falsch, dem Faschismus die Ausschaltung staatsfeindlicher Elemente zum Vorwurfe zu machen. Das hat jede gesunde Demokratie bisher ebenfalls getan. Ja, es liegt in ihrem Wesen, diese Ausschaltung vorzunehmen, weil ja die Entstehung eines Generalwillens unter Auseinanderstrebenden unmöglich ist. Wenn trotzdem politische Körperschaften gebildet werden, in welchen die verschiedenen Ansichten rednerischen Niederschlag finden — auch der Faschismus verzichtet nicht auf solche Gebilde — so nur deshalb, um das Kräftespiel des Volksganzen widerzuspiegeln; aus diesem Spiegel die Einsicht in Verhältnisse zu gewinnen, über welche der führende Staatsmann unterrichtet sein muß. Die Zweckhaftigkeit dieser neuen Körperschaften ist also organisch und nicht durch den Glauben an die schöpferische Kraft der Dialektik bestimmt. Hier liegt der letzte Unterschied zwischen versinkendem Parlamentarismus und Parteiwesen einerseits, den kommenden organischen Körperschaften im „Ordensstaate" andererseits.

Die Verwaltung des organischen Staates (Reiches) unterscheidet sich begrifflich von dem, was heute darunter verstanden wird. Heute nennt man Verwaltung jede handelnde Staatsgewalt. Die Grenzen von Regierung (Führung) und Verwaltung verfließen ineinander, weil der moderne Fürsorgestaat eine Unmenge gesellschaftlicher Aufgaben übernommen hat. Grundsätzlich soll die Gesellschaft sich selber verwalten, der Staat aber führen. Wahre Selbstverwaltung steht und fällt mit der Ehrenamtlichkeit. Je größer die Verwaltungseinheiten werden, um so stärker wird die Notwendigkeit, mit Berufsbeamten zu arbeiten. Der Berufsbeamte soll aber nur Fachbeamter sein. Ein Stab von Fachleuten wird dem jeweiligen politischen Führer der Verwaltungseinheit beigeordnet. Niemals aber führt der Beamte selber politisch. Der Beamte ist Werkzeug und nicht Herr der Politik. Er braucht nicht unpolitisch zu sein, er soll aber — innenpolitisch gesehen — apolitisch bleiben. Seine Wahlrechte ruhen. Es geht nicht an, daß die Diener des Staates sich zu Herren des Staates wählen. Viel zu wenig ist das Wesen des heutigen Staates als Staat einer Bürokratie erkannt, welche im zweifelhaftesten Sinne des Wortes Obrigkeit ausübt. Rudolph von Gneist*) hätte seine Bedenken gegen die Beamtenherrschaft, wenn er die zahlreichen Beamten in den heutigen Parlamenten gesehen hätte, in noch viel dringlichere

*) Das heutige englische Verfassungs- und Verwaltungsrecht, Berlin 1857.

Worte gekleidet, als er dies ohnehin tat: „Die Glanzzeit der beamteten Gentry dauert nur so lange, wie sie mit Bewußtsein für die Erhebung des Ganzen streitet gegen die Selbstsucht der Glieder. Sehr bald kommt sie, wie jede regierende Klasse, in die Lage, ihr Vorrecht als Selbstzweck anzusehen und für dessen Ausschließlichkeit zu streiten gegen Bestrebungen, die berechtigter sind als sie selbst." Wer um Staatsformen rätselt und streitet, sollte sich doch klar machen, wie bedeutungsvoll die Tatsache der Bürokratie ist und wie gleichgültig die Frage, wer die Bürokratie anstellt. Höchstens ihre Zahl und ihre Beschaffenheit wechseln, je nachdem Monarch oder Partei die Anstellung von Beamten betreiben. Die Beamtenherrschaft selbst ist immer die nämliche: gleich undemokratisch und gleich politisch instinktlos.

Andererseits muß der neue Beamte ein wahrer Beamter sein: nämlich Fachmann und Hoheitsbeamter. Kein Betriebsbeamter, der privatwirtschaftliche Aufgaben erfüllt, kein Beamter, der „Kultur regeln" möchte, sondern Beamter, der die Macht des Staates ausübt. Der Beamtenbegriff ist deshalb von allem Beiwerk zu reinigen, das nur „zum Schutze wohlerworbener Rechte" erfunden wurde und aus staatlichem Sozialismus und Rentenbedürfnis sein Dasein herleitet. Der Beamte darf nicht in allzu bescheidene Verhältnisse herabsinken. Er soll schlicht sein in seiner Lebensführung, aber nicht kleinbürgerlich und spießig. Es ist ein Unding, die besten Köpfe, die willensstärksten Persönlichkeiten durch schlechte Bezahlung und gesellschaftliche Unterbewertung vom Staatsdienste abzuschrecken. Viel weniger Beamte, aber besser gestellte, das ist der Weg, die Beamtenschaft zu heben. Diesem Zwecke diene auch eine neue Form der Auslese. Der Staat muß in der Lage sein, tüchtige Männer der freien Berufe und der Privatwirtschaft in seinen Dienst zu übernehmen: Männer, welche das bürgerliche Leben kennen, die nicht an grünen Tischen und in Kanzleistaub „sich entwickeln". Erst soll der Mensch seine Fähigkeit, den Lebenskampf zu bestehen, sich zu ernähren und Werte zu schaffen, beweisen; dann möge ihn der Staat in seinen Dienst bernfen und entsprechend besolden. Nichts ist kläglicher als jene die Hochschulen bevölkernden Gestalten, die schon vom vierten Semester ab sämtliche Verwandtschaften und Beziehungen spielen lassen, um in das Heer der Rentenempfänger nach mühsam bestandener Prüfung hineinzugleiten, so Lebenssicherung und Beschaulichkeit in einem Zeitpunkte gewinnend, wo ein beginnender fröhlicher Lebenskampf bejaht werden sollte. Die rechtswissenschaftliche Vorbildung ist zweifelsohne von allen Fachbildungen noch die universalste und deshalb sicherlich der Beamtenlaufbahn angemessen.

Sie bleibt aber eine Fachbildung, und zwar eine, die sich immer weiter vom Leben entfernt. Rechtswissenschaftlich vorgebildet zu sein, ist ein Vorteil; in der Paragraphenkenntnis und der juristischen Gehirnspinsterei aber die Berechtigung zu sehen, nun über andere Menschen regiern zu können, bleibt ein Trugschluß. Wohl ist Verwaltung keine Politik, immer aber die Kunst, Zusammenhänge zu durchschauen und Menschen zu behandeln. Ein schlechter Jurist kann ein glänzender Organisator sein; ein guter Jurist ein Krüppel des Lebens. Die Vorbereitung für den öffentlichen Dienst schreit deshalb geradezu nach einem neuen universalen Bildungsziel.

Krücke für die Schwachen und Hindernis jeder Persönlichkeitsentfaltung ist aber die vielberufene Ausstattung mit „wohl erworbenen Rechten". Wer mit 25 Jahren eine juristische Staatsprüfung bestanden hat, erhält den Freibrief, sein ganzes weiteres Leben geistig-seelisch hinzudämmern und bei lebendigem Leibe auf dem Friedhofe der wohlgeordneten Gehaltsklassen zu ruhen. 10 Jahre erfolgreicher Staatsdienst und dann Verleihung der Unwiderruflichkeit würden den Erfordernissen des Lebens viel mehr entsprechen. Schon Bismarck wies darauf hin, daß die Unabsetzbarkeit der Beamten, aus dem selbstherrlichen Staate übernommen, nicht schlechterdings im Verfassungsstaate aufrechterhalten werden dürfe. Dazu bemerkt Oskar Aust*) richtig, wohin die Schlagkraft der Heere gekommen wäre, wenn auch dort die Unwiderruflichkeit geherrscht hätte. Auch die Verwaltung unterliegt den Gesetzen der Wirtschaftlichkeit; in ihrer heutigen Gestalt aber ist sie ein Herd volkswirtschaftlicher Verschwendung. Bald ist die Zahl der Steuerverzehrer größer als die der Steuerzahler. Noch verhängnisvoller ist indessen die Ausstattung mit Ruhestandsgehältern. Hier herrscht wahrhaft Verwirrung aller gesunden Begriffe. So ist rätselhaft, warum der Staat — das sagt ein Mann, der selber Offizier war — an verhältnismäßig junge Menschen, die in reichbezahlten bürgerlichen Stellungen ein genügendes Auskommen gefunden haben, Offizierspensionen zahlt. Einige Jahre militärischer Aktivität können doch niemals zu Taschengeldempfang bis ins Greisenalter berechtigen. Jeder Angestellte, jede Kinderschwester, alles strebt nach Ruhestandsgehältern. Lehrerinnen, die es vielleicht auf dreißig Dienstjahre bringen, beziehen weitere dreißig Jahre Staatspensionen. Ein hoher alter Staatsbeamter — Zeit seines Lebens ehe- und kinderlos — kommt aus Gründen der Nächstenliebe oder anderen, die hier nicht näher untersucht zu werden brauchen, auf den Gedanken, ein zwanzigjähriges Ladenfräulein zu seiner Gattin zu machen.

*) A. a. O.

Dieser standesamtliche Akt kostet den Staat, vorausgesetzt, daß die Dame die löbliche Absicht hat, 80 Jahre alt zu werden, unter Umständen einige hunderttausend Mark. Ist es auch Wahnsinn, so hat er doch Methode. Nichts ist unwirtschaftlicher und verschwenderischer als die Personalpolitik der öffentlichen Hand. Diese Hand ist wirklich immer offen. Man soll die Beamten, besonders die höheren, so bezahlen, daß sie Rücklagen machen können, sie vielleicht auf dem Wege einer beamtlichen Zwangssparkasse dazu zwingen. Das Pensionswesen in der heutigen Form aber ist Hohn auf Tüchtigkeit, Auslese und Verantwortungsgefühl: ist einfach ein Abschieben jeglicher Lebensverantwortung auf den Steuerzahler.

Die sicherste Waffe gegen Bestechlichkeit ist Wohlstand. Ein Volk, das geizig gegen Männer verfährt, die sich verdient gemacht haben, treibt schmutzigen Wucher. Man gebe dem Unwürdigen nichts, aber dem Würdigen reichlich. An die Stelle unverdienter oder gar erschlichener Renten muß die Schenkung treten. Die großen Führer eines Volkes verdienen großzügige Belohnung. Die Ministerpensionen von heute stellen genau das Gegenteil dar: sie machen den Minister zu einem Großrentenempfänger, verhelfen dem Streber zu Erfolg, den Staatsmann behandeln sie schäbig.

Von größter Bedeutung für das Schicksal eines Volkes ist das Verhältnis, in welchem es zu seiner Wehrmacht steht. Gegenwärtig befindet sich das deutsche Volk in einem Zwangszustande, der ihm nicht erlaubt, seiner Wehrhaftigkeit entsprechende Formen zu geben. Dazu kommt — vielleicht die schwerste Bedrohung für die deutsche Zukunft — die innere Zustimmung weiter Kreise des deutschen Volkes zu der von den Gegnern befohlenen Abrüstung. Die äußere Unfreiheit aber wird und muß vorübergehend sein. Deshalb darf die grundsätzliche Frage nach der Form des Heerwesens und dessen Verhältnis zum Staate erhoben und behandelt werden. Aufbau der Heere und Formen der Strategie sind nie zufällig gewesen, sondern entsprechen der jeweiligen Struktur von Gesellschaft und Staat. Folgerichtig brachte das Zeitalter der Demokratie die allgemeine Wehrpflicht, der moderne Massenstaat Massenheere. So gesehen, war der Weltkrieg das demokratischste Ereignis der Weltgeschichte. Andrerseits spiegelte er treu das Wesen der Gelddemokratie wider, indem ganze Völker von ihren Finanzkönigen und Presseherrschern in den Krieg getrieben wurden (Amerika). Gleichzeitig offenbarte sich aber im Weltkriege der innere Unterschied zwischen Volksheer und Massenheer: Masse ist nicht Volk. Die sozial Unzufriedenen, welche sich aus ihrem Volkserbe verdrängt fühlten, fingen denn auch folgerichtig an zu meutern. Solange nicht die soziale Frage gelöst, Masse wieder in gegliedertes Volk zurückverwandelt ist, bleibt das Volksheer ein unzuverlässiges Instrument. Dazu kommt die Erwägung, ob Massenheere sich nicht kriegstechnisch überlebt haben. Der moderne Krieg, mit ungeheuren technischen Mitteln geführt, verlangt ausgezeichnete Nerven, stellt an die seelische Kraft des Einzelnen wahrscheinlich höhere Anforderungen als frühere Kriege. Es gibt keine falschere Auffassung als die, der technische Krieg sei unheldisch. Ändern sich doch nur die Formen, in denen Mut und Selbstüberwindung zutage treten. — Volksheere sind aber qualitätslos. Sie gehen nicht einmal vom guten Durchschnitt aus, sondern sind schließlich gezwungen, das schlechteste Material, sogar die ausgesprochene Hefe zu Soldaten zu pressen. Dadurch wird der Gedanke der Wehrhaftigkeit verfälscht. Wenn Feiglinge und seelische Krüppel in das Heer eingereiht werden, so leidet darunter die Kriegsführung. Es scheint also, als ob eine Übergipfelung des Volksheergedankens stattgefunden hätte und neue Formen der Heeresbildung im Werden seien.

Eine andere Erwägung führt zum nämlichen Schlusse: die ständische Gliederung drängt auch zu einem Kriegerstande. Jedes Volk hat Menschen, die zum Waffenhandwerk neigen, dafür geeignet sind und in ihm ihre Lebenserfüllung sehen. Dieser Stamm bildet das Rückgrat künftiger Armeen. Gerade die Steigerung der Anforderungen führt dahin, an Stelle der Dienstpflicht die Freiwilligkeit zu setzen. Praktisch bildete sich schon im letzten Jahre des Weltkrieges dieser Zustand heraus; es waren einzelne Freiwillige, welche die Vorstöße unternahmen und die Maschinengewehrnester hielten, auch die Flugwaffe beruhte auf Freiwilligkeit. Die Masse des Heeres bildete nur noch Füllsel. Dem technischen, bis zur Vollendung durchgebildeten Freiwilligenheer wird wohl der Kriegsschauplatz der Zukunft gehören. Ist das Zeitalter der Massendemokratie im Begriff zu versinken, so auch die Zeit der Massenheere. Wie im Staate der aristokratische Bestandteil stärker hervortritt, so auch im Heerwesen. Ein modernes Rittertum dämmert am geschichtlichen Horizonte.

An dieser Stelle werden Befürchtungen verschiedenster Art wach. Die einen wittern in dieser Andeutung mittelalterliche Reaktion, die andern das Prätorianertum der Cäsaren. Gibt es doch schon heute Stimmen im deutschen Volke, die vor der jetzigen Form der Reichswehr warnen und den Satz aufstellen: auf die Dauer wird der regieren, in dessen Hand die Wehrmacht ruht. Dieses Wort ist nur bedingt richtig. Freiwilligenheere reißen nur dann die Staatsführung an sich, wenn der übrige Teil — der größere — des Volkes erschlafft und unwehrhaft ist. Dann siegen einfach Einsatzwille und stärkeres Blut. Befindet sich das Abendland im Niedergang, dann wird sicher die Macht an große Abenteurer an der Spitze verwegener Scharen fallen, die noch den Mut haben, der Geldherrschaft mit ihrem Blute zu begegnen. Söldnerheere werden einem Volke nur dann gefährlich, wenn es gesellschaftlich zersetzt ist und keine Herrenschicht mehr besitzt. Die Engländer haben auf das Söldnerheer ihre Weltherrschaft gegründet. Im organischen Reiche dagegen sind aristokratische und demokratische Elemente in fruchtbarer Spannung vereinigt. Dem Wehrstande entspricht die innere Wehrhaftigkeit des gesamten Volkes. So wird die Heeresgliederung der Zukunft, wie auch v. Seeckt ausgeführt hat, eine doppelte sein: auf der einen Seite das berufsmäßige Freiwilligenheer der soldatischen und technischen Fachleute, auf der andern Seite der wehrfähige Bürger, in erster Linie der Verteidigung dienend. Während das Berufsheer reine Reichsangelegenheit und Werkzeug der Außenpolitik ist, ist die Bürgerwehr (Miliz), regional gegliedert, dem Gedanken der Mannhaftigkeit und der Verteidigung der Heimat verpflichtet. Schon Frantz bezeichnet solche Bürgerwehren und Kreiswehren als das wirksamste Mittel, um in der Bürgerschaft durch gemeinsame Waffenübungen den lebendigen Zusammenhang herzustellen. Wer einmal das Bundesschießen in der Schweiz beobachtet hat, begreift, daß solche Gedanken nicht „romantisch" sind, sondern der Mannestugend als zeitloser Erscheinung gerecht zu werden versuchen. So bleibt der Zusammenhang von Volk und Heer gewahrt, wenn auch nicht im Sinne der bisherigen Massendemokratie. Der Vorschlag Böhmers, in der Organisation derer, die ihrer aktiven militärischen Dienstpflicht genügt haben, die Grundlage für eine wirkliche Volksvertretung zu sehen, scheint dagegen allzusehr geschichtlicher Rückschau verhaftet. Denn die Pflicht zur Verteidigung von Volk und Reich ist nur ein Teil, letzte Schlußfolgerung aus der gesamten Dienstschaft, in welcher der Einzelne zum Ganzen steht. Es gibt eine ganze Reihe höchster sozialer Leistungen, welche jenseits des reinen Heeresdienstes sich vollziehen. Ein Anknüpfen der politischen Organisation an die Heeresorganisation würde deshalb dem organischen Staatsgedanken kaum entsprechen. Es wäre auch überflüssig; denn die Bürgerwehren würden in ihren Zellen ohnedies mit den kleinsten staatsbürgerlichen Einheiten zusammenfallen. Entscheidend für den Zusammenhang von Volk und Wehrmacht bleibt die lebendige Gliederung des Ganzen.

Reichsgliederung

Wenn bisher von Staatsaufbau die Rede war, konnten die Begriffe Reich und Staat bis zu einem gewissen Grade gleichgesetzt werden.

Denn verfassungsrechtlich gesehen, ist natürlich auch das Reich ein Staat. Daß es staatsphilosophisch und geschichtlich etwas anderes darstellt als den Staat im westlichen Sinne, hat dieses Werk schon öfter klarzustellen versucht. Im letzten Kapitel war Reich nur eine höhere, inhaltsvollere und vielgestaltigere Form des Staates. In dem Augenblicke aber, in welchem die Gliederung des Reiches zur Behandlung steht, kehren wir wieder zu dem eigentlichen Reichsbegriff, wie er früher herausgearbeitet wurde, zurück.

Im folgerichtig organischen Reiche fallen Aufbau und Gliederung zusammen. Denn die Reichsgewalt entsteht organisch aus dem Willen der Länder — der nächstkleineren Teile — zum Reiche. Die indirekte Wahl würde nicht ein auf anderem Wege gewordenes Ganzes — wie das heute ist — den Gliedern gegenüberstellen, sondern das Reich aus jenen entstehen lassen. Aber auch in diesem Falle kommt man über ein schwieriges Problem nicht hinweg: welches sind die Glieder des Ganzen; sind die vorhandenen Länder als organische Einheiten anzusprechen, sollen sie beseitigt werden, was soll an ihre Stelle treten? Diese Fragen anschneiden, heißt den Schritt auf ein Glatteis wagen, auf welchem heute tumultuarische Kämpfe wogen. Sie sind bekannt geworden unter den Losungen der beiden entgegenstehenden Lager: Föderalisten und Unitaristen. Rechtspositivistisch, wie die Gegenwart ist, blieb sie an diesen Schlagworten hängen, klammerte sich an den Länderbegriff, wie ihn die Weimarer Verfassung begründete.

Übersetzt man die beiden Bezeichnungen Unitaristen und Föderalisten mit Einheitsstaatler und Staatenbündler, so wird schon die Schiefheit der Gegenüberstellung offenbar; denn auch die Vielheit eines Staatenbundes will zu einer höheren Einheit zusammengefaßt sein und gegen die Rechts-, Verkehrs-, Münzeinheit usw. hat sich nie eine föderalistische Stimme erhoben. Im Föderalismus ist auch nicht der Bündnisgedanke das schlechthin Entscheidende. Er trifft nur eine Seite, gewissermaßen die außenpolitische des Problems. Er zielt zunächst auf den Entstehungsvorgang föderalistischer Reiche, bei welchem in der Regel das Bündnis die gestaltende Kraft darstellt. Nur so ist zu verstehen, daß Constantin Frantz aus dem Föderalismus eine Art von politischer Weltanschauung machte; sein Denken war eben zeitbedingt und stand im Banne der Gründung des kleindeutschen Reiches, die er als Vertreter des mitteleuropäischen Reichsgedankens leidenschaftlich bemängelte. Nicht, weil er die Einheit der Deutschen bekämpfte, sondern weil er das kleindeutsche Reich als Abkapselung und als Hindernis auf dem Wege zu jener höheren Einheit ansah. Diese zeitbedingte Widerstandshaltung gegen Bismarck ließ ihm den „Föderalismus" als oberste weltanschauliche Richtlinie erscheinen. In Wahrheit vertrat er — und das ist das zeitlos Richtige an seiner Gedankenwelt — die konservativ-organische Weltanschauung. Er war einer der wenigen echten Konservativen der Bismarckischen Zeit; obwohl er gegen die preußischen „Konservativen" seiner Zeit schwere Bedenken hatte. Eine Schwäche war seine mangelnde Einsicht in die Notwendigkeit des kleindeutschen Umwegs, den Bismarck als realpolitisches Genie gehen mußte.

Als Bismarck mit starker Hand die Gestaltung der damals größtmöglichen deutschen Einheit unternahm, war das deutsche Stammesherzogtum schon seit Jahrhunderten zerschlagen und an seine Stelle das jung aufstrebende Landesfürstentum getreten. Bismarck*) kennzeichnete die geschichtliche Lage dahin, die Dynastien hätten sich als Reichsgliederungsprinzip stärker erwiesen als das Stammesbewußtsein. Die Stammesgliederung des deutschen Volkes deckte sich schon lange nicht mehr mit der staatlichen Gliederung. Selbstverständlich gibt es auch hier Unterschiede: während Bayern Bajuwaren, Schwaben und Franken staatlich verschmolz, blieb die Grundlage von Württemberg hauptsächlich schwäbisch. Wieder andere Territorialstaaten gingen über die Stammesgrundlage einfach hinweg. Das Treueverhältnis zwischen Dynastie und Untertan in Verbindung mit dem Heraufkommen des modernen konstitutionellen Staates, der zentralistisch von einer demokratischen Bildungsschicht, der Beamtenschaft, geleitet wurde, schuf in manchen Territorialstaaten ein nicht zu unterschätzendes Staatsgefühl. Am stärksten wohl in Preußen und Bayern. Die Preußen sind am ehesten das, was man eine „westliche" Nation nennt. Bayern dagegen bezog sein Staatsgefühl mehr aus der dynastischen Wurzel, weil hier die Monarchie frühzeitig demokratische Formen entwickelte. Immerhin war in vielen deutschen Territorialstaaten das Staatsgefühl zu schwach, um nicht nach dem Wegfall der Dynastien einen empfindlichen Stoß zu erleiden. Der moderne Staat, dessen Entstehung erst ein solches Gefühl ermöglichte, ist ja in Mitteleuropa knapp hundert Jahre alt. Daraus erklärt sich die Leichtigkeit, mit der 1918 manche deutsche Bundesstaaten auf ihr Eigenleben verzichteten. In anderen überdauerte das Staatsempfinden der Bevölkerung den Wegfall der Dynastie (Bayern). Trotzdem bleibt fraglich, ob die Entwicklung seit 1918 der Erhaltung dieses Staatsgefühls dienlich ist. Zu dieser Fragestellung berechtigt folgende Erwägung: das Bismarckische Reich war ein Bund von Fürsten. Der Legitimismus bildete also den tragenden Bestandteil des 1871 gegründeten

*) Gedanken und Erinnerungen.

Reiches. Nun war aber das Prinzip der Legitimität seit der französischen Revolution oft schwer verletzt worden. Zahlreiche deutsche Fürsten hatten mit Hilfe Napoleons fleißig mediatisiert und auch Bismarck hatte kurz vor der Reichsgründung Throne in Trümmer geschlagen: die Größeren erweiterten ihren Machtbereich auf Kosten der Kleineren. Nun wurde 1918 das deutsche Volk verfassungsmäßig Träger der gesamten deutschen Souveränität, der Gedanke großdeutscher Einheit also zwangsläufig neu belebt. Die Revolution von 1918 ist nicht nur eine Änderung der Staatsform, sondern auch eine Fortsetzung der Napoleonischen Politik: das deutsche Volk mediatisierte seine Fürsten.

Unter diesen Umständen ist die Belebung des Vertragsgedankens, der Bündnisidee, außerordentlich erschwert. Wohl könnte man an einen „ewigen Bund" zwischen dem bayerischen, dem badischen, dem hessischen, dem preußischen usw. Volk denken. Warum sollen auch nicht mehrere traditionserfüllte Republiken einen Bund miteinander eingehen? 1918 geschah dies aber nicht. Vielmehr zeigte sich in jenem kritischen Augenblicke der deutschen Geschichte, daß mit dem Übergang der Souveränität an das Volk die vorgefundene Vielheit fürstlicher Hoheit durch die natürliche Einheit der gesamten deutschen Volkssouveränität ersetzt wurde. Ein Staat kann immer nur, wenn er republikanisch ist, von einem Volkskörper getragen werden; und es wäre doch vermessen, beispielsweise von einem lippedetmoldischen Volkskörper zu reden. Nur das Volk kann staatsbildend wirken und einen Staat von geschichtlicher Geltung formen, das sich als lebendige Einheit fühlt. Solche Vertragsparteien, die einen ewigen Bund hätten schließen können, fehlten demnach im Jahre 1918 und können auch nicht künstlich geschaffen werden. Nur formalrechtliche Denkweise, die vor der Vergottung des Staatsbegriffes nicht zurückschreckte, konnte den Gedanken fassen, an Stelle der verschiedenen Fürstentümer einfach mechanisch aufgebaute Republiken treten zu lassen. Es ist also eine geradlinige Bewegung, die vom napoleonischen Zeitalter bis zur Gegenwart führt: von zahlreichen Dynastien und Herrschaften zur inneren lebendigen Einheit des deutschen Volkes. Ein Föderalismus, der lediglich am Staate festhält, der den zufälligen staatlichen Bestand des Jahres 1918 verewigen möchte, gehört in das Gebiet jenes dem deutschen Volke tragisch gewordenen Konservativismus, der an äußeren Formen, Dingen und Zuständen klebt.

Betrachtet man diese geschichtliche Entwicklung, so könnte fast das Bestehen eines Gesetzes behauptet werden, nach welchem eine unaufhaltsame Verschmelzung der früheren deutschen Territorialstaaten zu einem alle Deutschen umfassenden Einheitsstaate vor sich gehe. Man könnte einen

Zug der Geschichte feststellen, wonach die Bildung großräumiger Staaten unaufhaltsam sei und kleinere Staaten aufgesogen würden. Eine geschichtliche Entwicklung könnte angenommen werden, die von kleinen Herrschaften notwendig zum großdeutschen Nationalstaat führt, von der vielfältigen Fülle zur einförmigen Einheit. Damit hätte die Partie des Föderalismus als verloren zu gelten und, wer mit ihm ficht, müßte den Vorwurf des Reaktionärs einstecken.

Wer nun die lebhafte Auseinandersetzung zwischen Reich und Ländern, die in den letzten Jahren eine ganze Literatur gezeitigt hat, beobachtet, kommt allerdings zu dem Ergebnis, daß der Föderalismus nicht nur in der politischen Praxis, sondern auch in der Verteidigung seiner Gedankenwelt schlecht abgeschnitten hat. Soweit er geschichtliche Gegensätze neu zu beleben suchte, mußte er sich mit Recht den Vorwurf gefallen lassen, er bedrohe die deutsche Einheit. Von den Einheitsstaatlern, die übrigens oft die nationale Einheit nur als Deckmantel benutzen, um ihre innenpolitischen Ziele zu verfolgen, wurde diese Gefahr mit großer Geschicklichkeit aufgebauscht. Immer wieder beschwor man die Zerrissenheit des Dreißigjährigen Krieges und die Ohnmacht des Deutschen Bundes, der — nebenbei bemerkt — gar nicht so schlecht war. Es muß ein für allemal gesagt werden, daß die Unterschiebung partikularistischer Neigungen, die zum Rüstzeug des politischen Tageskampfes in Deutschland gehört, ein häßliches Kampfmittel ist, das jeder ernsthaften tatsächlichen Unterlage entbehrt. Die deutsche Einheit ist heute durch etwas gesichert, was vergangene Zeiten einfach nicht kannten: durch den Mythos des erwachenden Volkes. Jüngere Geschlechter, unbelastet von persönlicher Erinnerung, sehen den innerdeutschen Zwiespalt des 19. Jahrhunderts nur noch geschichtlich und leiten hieraus keine künstliche Aufregung ab. — Eine weitere Verschiebung der Frage der Reichsgliederung aus dem Brennpunkte des Wesentlichen findet insofern statt, als die Bürokratien der einzelnen Länder, beziehungsweise die in ihnen regierenden Parteien ureigene handgreifliche Interessen verfechten und keineswegs vom Reichgedanken in seiner ganzen Tiefe erfaßt sind. Ein gewaltiger Kompetenzkonflikt tobt so zwischen Geheimräten und Ministerialdirektoren, zwischen Finanzministern, welche um die Steuerbeute streiten, und zwischen kleinen Staatsministern, welche von der Angst geplagt sind, wieder in ihr kleinbürgerliches Dasein zurückkehren zu müssen. Zu allen Zeiten hat sich der Kleinere vom Größeren gedrückt gefühlt und deshalb die Forderung nach Unabhängigkeit gestellt. Zahlreiche kleinlichste Interessen der Bürokratien von Reich und Ländern spielen mit und machen den Kampf um die Neugliederung des Reiches unfruchtbar.

Von dieser niederen Ebene muß die Frage Unitarismus-Föderalismus wieder auf die Höhe gehoben werden, von der aus Constantin Frantz sie beurteilte. Wenn es wünschenswert ist, dabei die Wirklichkeit der politischen Gegenwart in Betracht zu ziehen, so muß allerdings auch angestrebt werden, das ganze Problem ohne das Ressentiment, unter welchem leider ein so scharfer Geist wie Frantz litt, zu behandeln. Zu diesem Zwecke ist es notwendig, die gegeneinander streitenden Prinzipien in ihrem Wesen zu erkennen: der westliche Staat ist der Staat der zentralistischen Allgewalt, der unteilbaren Souveränität, rechtlich starr, von einer „verfetteten" (Boehm) Bürokratie geleitet. Ihm steht eine uniformierte, atomisierte, unselbständige Masse sogenannter Staatsbürger gegenüber; er ist der Obrigkeitsstaat, ganz gleich, ob er von einem Fürsten oder von der Mehrheit absolut regiert wird. Der zentralistische Staat ist ein entarteter Organismus: der Kopf saugt alle Kräfte der Glieder auf, sie schrumpfen, die Teile verkümmern. Die Folge dieses Vorgangs ist eine zeitweilige künstliche Machtsteigerung, um nicht zu sagen Aufblähung des Staates. Er entfaltet eine überspannte Gewalt und kann auch außenpolitisch vorübergehend den nicht so straff zusammengefaßten Staaten überlegen sein (Fall Frankreich). Auf die Dauer aber versiegen entweder die Kraftquellen — die Provinz verdorrt — oder, soweit sie noch Eigenleben hat, erhebt sie sich zum Widerstande gegen die Aussaugung (Elsaß-Lothringen und Bretagne). Der Zerstückelungsprozeß, genannt Partikularismus, hebt dann infolge der Überspannung an. Demgegenüber verficht der organische Staatsgedanke, in der Reichsidee gipfelnd, das Gleichmaß und die Wechselwirkung zwischen Ganzem und Teilen. Liegt beim Zentralismus das Schwergewicht bei der Zusammenfassung, so hier bei der Gliederung. Die Gefahr des Partikularismus droht bei starker Gliederung natürlich ebenfalls; aber nur dann, wenn die Klammer zu schwach ist. Loslösungsbestrebungen sind in diesem Falle, nicht wie beim Zentralismus, ein Protest gegen die Stärke der Zentralgewalt, sondern gegen ihre Schwäche (Zerfall des deutschen Kaiserreiches). Das Reich beruht sonach nicht auf dem Gedanken eines unbeweglichen, festen Zustandes, sondern auf dem der Schwebe. Der Begriff des Reiches kann niemals statisch, sondern nur dynamisch gedacht werden. Deshalb sind auch seine Rechtsvorstellungen nicht körperhaft, sondern an Beziehungen geknüpft. Es gibt im Reiche keinen Streit um die Souveränität, weil ihm die Vorstellung von Hoheitsgraden geläufig ist. Die gesamte Gemeinschaft ist ihm eine Einheit voll hierarchisch abgestufter Vielheit. Soweit nun Vertretern des Föderalismus dieser Gedanke der organischen Gliederung vorschwebt, gehört ihrer

Ansicht die Zukunft. Sie wollen nicht die Einheit des Deutschen Reiches bedrohen, sondern den reichen Boden deutschen Volkstums auflockern, damit er mehr Früchte trage, d. h. stärkere Kräfte spende. Sie wünschen die Teile eigenlebendig, damit um so mehr Kraft dem Ganzen zufließen könne. Sie erstreben Einheit aus innerstem Wollen, nicht durch obrigkeitliche Gleichmacherei.

Auch überzeugte Einheitsstaatler wie Erich Koch-Weser suchen dieser berechtigten Forderung nachzukommen, indem sie die Formel vom dezentralisierten Einheitsstaat geprägt haben. Daß ein Reich Einheit zu verkörpern habe, liegt schon in dem tiefgründigen Worte Reich beschlossen. Der Begriff der Dezentralisierung ist jedoch zweifelhaft. Er umfaßt wohl den hier vertretenen Gedanken der Gliederung; aber auch einen bedenklichen Ausgangspunkt: die einseitige Lebensberechtigung der Teile vom Ganzen her, während das Eigenlebensrecht der Teile nicht zum Ausdruck gelangt. Tatsächlich sind die praktischen Vorschläge, welche jene Richtung machte, nicht sehr hoffnungsvoll hinsichtlich des Eigenlebens der Länder. Sie leben zwar, aber nur von der Gnade der Zentrale. Als eisernes Gesetz organischen Lebens wurde aber in diesem Werke die Regel gefunden, daß die Teile aus eigener Kraft bestehen sollen. Auch in der Reichsgliederungsfrage bleibt deshalb eine knappe Untersuchung nicht erspart, wo Ansatzpunkte zu organischem Leben der Glieder vorhanden sind, und wie gegenwärtig, d. h. zeitbedingt, eine organische Lösung denkbar wäre.

Die Deutschen sind doppelt gegliedert: nach Stämmen und nach Ländern, was auch die Reichsverfassung zum Ausdruck bringt. Gegen die heutigen Länder wird nicht nur von Einheitsstaatlern, sondern auch von Vertretern der organischen Staatsauffassung eingewendet, sie verdankten ihre Gestalt lediglich dynastischer Willkür, seien also gegenwärtig ohne inneres Leben. Abgesehen davon, daß auch „dynastische Willkür" sich häufig den Zwangsläufigkeiten der Geschichte und des Raumes nicht entziehen konnte, ist diese Behauptung nur für manche Länder zutreffend, deren Grenzen die Landschaft und die Geschlossenheit der Verwaltung durchbrechen. Gegen eine organische Grenzziehung, die den Landschaften einigermaßen gerecht wird, und gegen die Beseitigung musealer Kleinstaaten macht kein vernünftiger Politiker Einwendungen. Eine politische Flurbereinigung ist notwendig. Etwas anderes ist es um die Übertragung dieser Anschauung auf die großen Länder. Hier sollte die Neuerungssucht in vernünftige Bahnen gedämmt werden. Die vom grünen Tische aus geschehene Einteilung Frankreichs in Departements kann als Beispiel schrecken. Auch ist es falsch, die Länder wegen ihrer formalrechtlichen Gleichstellung in der Weimarer Verfassung nun auch geschichtlich-politisch mit der Gleichheitsbrille zu betrachten. In Wahrheit sind die geschichtlichen Werte der einzelnen deutschen Länder vollkommen verschieden: manche bilden eine raumpolitische Einheit, andere haben tatsächlich Zufallsgrenzen; einzelne decken sich annähernd mit der Stammlichkeit, andere sind gewissermaßen kolonial entstanden. Endlich gibt es Länder, deren Bevölkerung ein ausgesprochenes Staatsgefühl entwickelt im Gegensatze zu solchen, die nach dem Wegfalle ihrer Dynastie des seelischen Mittelpunktes entbehren. Diese Gegebenheiten heißt es berücksichtigen. Wer an Stelle der heutigen Gliederung die nach Stämmen setzen will*), muß zunächst untersuchen, wo das Stammesbewußtsein noch lebt und — was noch schwieriger ist — wie die Stammesgrenzen verlaufen. Gewiß ist die stammliche Gliederung, weil den Kräften des Volkstums entsprechend, ursprünglich, natürlich und deshalb organisch. Aber diese Stammesorganismen sind durch eine jahrhundertelange Entwicklung geschwächt. Man könnte an eine rückläufige Bewegung des Wiedererstarkens der Stammlichkeit denken, ohne darin die Gefahr einer neuen Zersplitterung des deutschen Volkes zu erblicken. Aber ein solcher Vorgang, der bei Rückbesinnung auf die metaphysischen Quellen des Volkstumes nicht ohne Wahrscheinlichkeit ist, beansprucht viele Menschenalter, ja Jahrhunderte. Er würde sich auch nicht selbsttätig vollziehen, sondern bedürfte sorgsamer Pflege. Auf ganz lange Sicht gesehen, könnte also eine künftige Gliederung des Reiches nach Stämmen in den Bereich der Erwägungen gezogen werden. Für die Gegenwart liegen die Dinge wesentlich verwickelter. Bestehen doch tatsächlich in Form der heutigen Länder Gebilde, die Bestandteile organischen Lebens aufweisen: raumpolitische Bindungen und lebendige Staatsgesinnung; heimatliche und wirtschaftliche Verbundenheit. Die Gegenwart erheischt deshalb eine Lösung der Gliederungsfrage, welche diese übergangsartigen Verhältnisse berücksichtigt, d. h. sowohl an die Stammesgliederung als auch an die nach Ländern anknüpft. Mit einer starren Regel sind die Schwierigkeiten von heute nicht zu meistern. An jedes Land muß ein eigner Maßstab angelegt, sein inneres Wesen auf organische Kräfte untersucht werden. Es gibt deshalb zur Zeit keine Lösung, die gleichmäßig auf alle Länder paßt. Nur eine formalrechtliche Denkweise, welche keine beweglichen Rechtsvorstellungen kennt, konnte deshalb die Vorschläge des „Bundes

*) In diesem Bestreben begegnet sich der Jungdeutsche Orden mit manchen Demokraten, wie Koch und Hellpach, welche der Stammlichkeit großen Wert beimessen.

zur Erneuerung des Reiches" eine Kompromißlösung nennen. Wenn sein Plan, dessen Begründung nicht ideologisch geschah, sondern die praktische Art eines Staatsmannes wie des Reichskanzlers a. D. Hans Luthers verrät, mit lockerer Hand die Verhältnisse Norddeutschlands und Süddeutschlands verschiedenartig zu regeln versucht, so spricht aus solchem Vorgehen das Gefühl für den Übergangscharakter unserer Zeit. Er berücksichtigt die Unterschiede der geschichtlichen Entwicklung, des politischen und geistigen Aufbaues der neu zu ordnenden Länder. Besonders klar wird dieser Umstand angesichts folgender Erwägungen:

Föderalismus ist — als organischer Schwebezustand — unmöglich, wenn ein Teil an Bedeutung, Kraft und Umfang alle übrigen zusammen übertrifft. Besitzt er, wie das laut der Weimarer Verfassung der Fall ist, dieselbe Teilstaatlichkeit bzw. Hoheit wie die andern Länder, so müssen diese nicht nur erdrückt werden, sondern das Reich selbst vermag keine klare Eigenmacht neben diesem übergroßen Teile zu entwickeln. Das Ganze muß in einen notwendigen Gegensatz zu seinem allzugroßen Hauptteile geraten. An dieser preußisch-deutschen Gegenüberstellung krankte schon die Bismarckische Reichsverfassung. Das Übel wurde durch die praktische Union sowohl des Staatsoberhauptes als auch des Ministeriums, wie sie zwischen Preußen und dem Reiche bestand, vor allen Dingen aber durch die überragende Gestalt des ersten Kanzlers verschleiert. Auch außenpolitisch hatte die „Verpreußung" des Reiches ihre Folgen: geschichtlich gesehen fand durch die Gründung des kleindeutschen Reiches jene gefährliche Verengung des deutschen Blickfeldes in Europa statt, die sich in verhängnisvoller Weise auswirken sollte. Gewiß hatte Preußen die Aufgabe, Kernpunkt innerdeutscher Machtbildung zu werden. Aber seine eigentliche geschichtliche Sendung, bis zu Friedrich dem Großen noch lebendig: das Deutschtum nach dem Osten vorzutragen und gegen ihn zu verteidigen, ging verloren. Je mehr sich Preußen seiner innerdeutschen Aufgabe widmete, um so schwächer wurde seine außenpolitische kolonisatorische Kraft (Vordringen des Polentums an der deutschen Ostgrenze). Bis zu einem gewissen Grade hat deshalb Constantin Frantz Recht, wenn er eine Verkehrung des preußischen Berufs feststellt: statt nach außen deutsch zu wirken, dem innenpolitischen Ziele zu verfallen, ganz Deutschland aus einem Reiche zu einem Staate zu machen. Frantz meint, es hätte so der stärkste deutsche Partikularismus gesiegt. In diesem Gedankengange liegt viel Richtiges, besonders für den, der die heutige Politik Preußens nachdenklich betrachtet. Zwar übersieht Frantz die zeitlich bedingte innenpolitische Aufgabe des Preußentums. Aber seine Darstellung enthält auch eine bittere Prophetie; denn tatsächlich hat das Übergewicht Preußens die neudeutsche Entwicklung zwangsläufig festgelegt: aus dem Reiche ist wirklich ein kleindeutscher „Staat" geworden. Und alle Bestrebungen der Weimarer Demokratie lassen sich in dem einen Satze zusammenfassen: man will, von der „Preußischen Nation" ausgehend, zur kleindeutschen Nation weiterschreiten. Reichsgedanke und europäischer deutscher Gedanke sind so von der preußischen Staatsidee, beeinflußt vom Staatsdenken der französischen Revolution, in ihrem Dasein ernsthaft bedroht. Diese Drohung ist aber riesengroß geworden, seitdem Preußen in der Reichshauptstadt einen ungeheuren Staatsapparat mit eigenem Parlament und Ministerium unterhält, während gleichzeitig die Verbindung zum Reiche abgerissen ist.

Der Weg zum organischen Reiche weicht von der 1918 eingeschlagenen Richtung zwangsläufig ab. Preußen hat seine innenpolitische Aufgabe der kleindeutschen Einung erfüllt. Für einen Staat Preußen, eine preußische Nation innerhalb des vielfältigen deutschen Volkstums ist kein Raum mehr. Das Bestehen einer preußischen Regierung muß die Kraft des Reiches lähmen. Diesen Umstand erkannt und vor der breiten Öffentlichkeit vertreten zu haben, bleibt ein Hauptverdienst Hans Luthers. Hatte bei der Gründung des Reiches die Notwendigkeit bestanden, es durch den „stärksten Partikularismus" regieren zu lassen, so ist heute, nachdem die Einheit des Reiches sich im Weltkriege bewährte, die Lage eine andere geworden. Das Reich soll umgekehrt preußisches Land so lange verwalten, bis eine organische Untergliederung entstanden ist, die Eigenleben verbürgt. Ansätze in dieser Richtung weist einerseits der Plan des „Bundes zur Erneuerung des Reiches" insofern auf, als die preußischen Provinzen von sich aus den Reichsrat beschicken sollen. Andererseits der Dezentralisierungsgedanke Erich Kochs. Damit aber wird nicht die „Zerschlagung" Preußens gefordert. Es verrät realpolitische Einsicht, wenn der Erneuerungsbund auf die Erhaltung der preußischen Staatskraft als Ganzes bedacht ist. Die Aufteilung Preußens in unlebendige Provinzen wäre voreilig und gefährlich. Neues Leben muß erst wachsen und erstarken. Endlich ist die Zwischenstellung des Deutschen Reiches zwischen Westen und Osten zu bedenken. Rein föderative Formen stärken zweifelsfrei die Stellung der Deutschen im Osten. Im Westen dagegen steht der starre Nationalstaat gegen uns. Solange dies der Fall ist, kann das deutsche Volk in seiner Verfassung auf eine so mächtige Klammer, wie sie die preußische Überlieferung darstellt, nicht verzichten. Auch hinsichtlich seiner inneren Gestaltung befindet sich das deutsche Volk in einer Mittellage.

Seine staatlichen Formen müssen deshalb ebenfalls ein Mittleres darstellen. Hier gilt kein Schema, sondern nur lebendige Beweglichkeit.

So wird wohl Schicksal des Deutschen Reiches in nächster Zeit sein: ein Zwischending zwischen staatlichem und völkischem Föderalismus. Die Ansicht soll aber keineswegs verhohlen werden, daß die Zukunft dem Föderalismus gehört, der auf dem Volkstum aufbaut. Das Zeitalter der rein staatlichen Denkweise hat sich überlebt. Noch ruhen ungehobene Schätze in der Tiefe der deutschen Stämme, ihrer seelischen Sonderheit. Mit aller Kraft muß sich das deutsche Volk dagegen wehren, den Weg Frankreichs zu gehen. Der Preis, den ein Volk für eine Hauptstadt in flimmernder Pracht zu zahlen hat, ist zu teuer. Nicht gegen den Berliner als Menschen richtet sich deshalb die tiefgehende Abneigung vieler Deutscher gegen Berlin, sondern gegen die Überzivilisation, die Verstädterung, die Blutleere und die Aussaugungspolitik, die einer solchen Weltstadt eignet. „Denn jede zentralistische Politik fördert die Verstädterung mit all ihren schädlichen Wirkungen für die künftige Entwicklung eines Landes." Mit diesem Satze umreißt Heinrich Gattineau*) die Folgen der Vormachtstellung, welche die großstädtische Arbeiterbewegung in Australien erlangt hat. Wenn auch die Verhältnisse eines Koloniallandes von europäischen verschieden sind, so bleibt doch eine gewisse Vergleichsmöglichkeit, die den Europäer stutzig machen sollte.

Ist ein mechanistisches Zeitalter erfüllt, will aus Trümmern neues Leben sprießen, so müssen organische Ansatzpunkte zu solchem erfaßt und zum Ausbau benutzt werden, ganz gleich, wo sie zu finden sind. Das Wort Bismarcks von der Vaterlandsliebe, die beim Deutschen des Mediums der Heimatliebe bedürfe, verrät tiefste Einsicht in das Wesen des Deutschen. Denn das Heimaterlebnis bleibt Grundlage aller staatlichen Verwurzelung, solange Staaten — und das wird wohl immer so sein — auf Territorien aufgebaut sind. Die Ganzheit des Reiches braucht darunter nicht zu leiden, sondern erhält nur eine Reihe von tragenden Stützen mehr, wenn an die Stelle wurzelloser Wählermassen ein gegliedertes Volk tritt. Föderalistische Forderungen, die nur in der Vergangenheit wurzeln, sind selbstverständlich unberechtigt. Daß ein deutscher Stamm oder ein deutsches Land bei fremden Völkern Gesandtschaften unterhält, ist ein überwundener Zustand. Wenn es aber wieder ein wahres Reich gibt, wenn zwischen reinem Staatsrecht und abstraktem Völkerrecht Zwischenstufen entstehen, so ist wohl denkbar, daß Glieder des Reiches eine völkerrechtliche Sonderstellung einnehmen. Man kann sich ein Reich vorstellen,

*) Verstädterung und Arbeiterherrschaft. Kurt Vowinckel Verlag, Berlin 1929.

dessen Kern staatsrechtlich aufgebaut ist, während nach den Rändern zu ein Übergang in völkerrechtliche Bündnisformen stattfindet. Reich ist ein Tiefenbegriff und von einer Beweglichkeit in rechtlicher Beziehung, die sich unser formalrechtliches Zeitalter nicht träumen läßt. Der außenpolitische Teil wird die ungeheure Bedeutung, die ein so beweglicher Reichsaufbau für die europäische Stellung des deutschen Volkes hat, umreißen.

Seine eigentliche Kraft, den inneren Zusammenhalt, bezieht das neue Reich aus dem Bewußtsein einer gemeinsamen großen europäischen Aufgabe. Hieraus ergibt sich als selbstverständliche Folgerung, daß die Führung der Außenpolitik und der Wehrmacht unumschränkt in Händen des Reiches liegen muß. Ebenso die Wirtschafts- und Bevölkerungspolitik, soweit sie die außenpolitische Stellung des Oberstaates, des Reiches, berühren. Die rein technische Notwendigkeit einheitlich geordneter Verkehrsmittel, die gesunde Verteilung der öffentlichen Lasten auf das Reichsganze, wozu besonders ein Lastenausgleich gehört: das alles sind unbestreitbare Aufgaben des Reiches.

So bleibt für die Reichsglieder, die bald Provinzen, bald Länder, bald Bundesstaaten, bald verbündete Staaten heißen können, in der Hauptsache die innere Verwaltung, die Polizeihoheit, auch über die sich selbst verwaltende Wirtschaft und Kultur, übrig. Ungeachtet einer notwendigen Vereinheitlichung des Rechtes kann die Selbstverwaltung kleiner Räume nicht weit genug gehen, kann der Verfassungsgesetzgeber die Selbständigkeit der Teile kaum zu weit treiben. Je freiheitlicher und unmittelbarer die Demokratie, desto echter und gesunder. Je weiter der Weg vom Leben eines Volkes zu denjenigen, die es in seinen täglichen Angelegenheiten regieren, um so unlebendiger die Führung. Großstaaten können nur bestehen und die letzten Kräfte ihrer Völker entfesseln, wenn in den engeren Lebensgemeinschaften das Leben ungehindert emporblüht. Erzieherische Führung wird um so schwerer, je größer die Entfernung des Führers von den Geführten. Wem die Einheit des Reiches letztes Ziel aller Politik ist, muß das Vertrauen aufbringen, daß aus Eigenrecht lebendige Teile dem Ganzen nur nützen. Umgekehrt sollen aber föderalistische Prestigepolitiker auf überlebte Forderungen verzichten. Mancher Zopf kann fallen, der schon längst dem Schermesser politischer Einsicht hätte geopfert werden müssen. Daß jedes Land sein eigenes Berechtigungs- und Prüfungswesen aufrechterhält (wie beispielsweise ein bayerischer Richter oder Rechtsanwalt nur in Bayern berufstätig werden darf), das sind wirklich Zöpfe. Das Rechtsleben eines Volkes kann nicht einheitlich genug sein; jedes

Recht verlangt nach größtmöglicher räumlicher Geltung. Die Römer haben die Welt mit ihrem Rechte erobert. Nur ein großes deutsches ursprüngliches Recht zieht kulturschwächere Völker in seinen Bann.

Rechtserneuerung

Aller Staatsneubau bleibt am Technischen haften, entspringt er nicht zutiefst einem neuen Rechte. Das Ganzheitsstreben bedingt eine andere Auffassung vom Rechte als der Individualismus sie hatte. Recht regelt das Gemeinschaftsleben der Menschen. Das Allerlebnis verleiht nicht nur die Fähigkeit, den einzelnen Menschen innerlich zu „ordnen", sondern — gewissermaßen als Ausstrahlung — auch die Gemeinschaft. Die Lehre von der Gemeinschaft als Organismus gewinnt so ihre letzte Rechtfertigung, ist im Wesen der geist-seelischen Struktur des Menschen begründet, weshalb auch Platon seinen Ordnungsbegriff aus der Ganzheit des menschlichen Geisteslebens herleitet. Sittlichkeit, Sitte und Recht strömen also aus der nämlichen Quelle.

Wenn aber das Recht als Ausfluß lebendiger Ordnungskraft erkannt ist, so tritt der Zusammenhang, die Beziehung (Funktion) in den Mittelpunkt des Rechtslebens. Bott-Bodenhausen nennt dieses kommende Recht das funktionale im Gegensatze zu dem heute geltenden, das er als Zusammensetzung aus Individualismus und Substanzialismus kennzeichnet. Unter Substanzialismus versteht er das Festhalten am Beharrenden, an der „Quintessenz des Körpers". Zwischen starrer Körperlichkeit und restloser Bezogenheit aller Dinge auf den Mittelpunkt Ich vollzieht sich nach Bott-Bodenhausen die moderne Rechtsentwicklung, selten zum Funktionalismus, der die irdische Gemeinschaft als „Allheit der Selbste" empfinde, vorstoßend. So wird das Recht unlebendig, übersieht die wechselnden Beziehungen und vernachlässigt das flutende Leben. Der Rechtssatz verselbständigt sich, führt ein begriffliches Eigenleben, liefert eine Schablone, die auf keine Wirklichkeit mehr paßt, so daß umgekehrt immer erst die Wirklichkeit ins Begriffliche übersetzt werden muß, um überhaupt Rechtsanwendung zu ermöglichen. So geraten Recht und Wirklichkeit in unvereinbaren Gegensatz, zumal das Recht ohnedies dem Gesetze der Beharrung unterliegt. Denn die Satzung muß naturgemäß dem Leben immer nachhinken. Neue Kulturentwicklungen finden zu allerletzt im Rechte ihren Niederschlag.

Wir haben oben gesehen, daß die Gewaltenteilungslehre wesentlich beeinflußt wurde von dem Gesetzesbegriff der Aufklärung. Diese lebte im

Glauben, sie könne absolut richtige, verstandesmäßig gewonnene Regeln aufstellen, die dann zeitlich und räumlich Allgemeingeltung besäßen. Die Anordnung kraft Staatsautorität wurde als Befehl, Polizeiverordnung, aber nicht als Gesetz empfunden. Dieser Rationalismus der Aufklärung, verstärkt und getragen durch das schon früher aufgenommene römische Recht, führte zu Begriffsjurisprudenz. Eine selbständige rechtliche Gedankenwelt entstand, welche sich über die Wirklichkeit lagerte und vor ihr und über sie Geltung heischte. Die Rechtssätze bekamen gewissermaßen körperliches Eigenleben, künstliche Substanz. Deshalb spricht auch Hans Fehr*) von einem körperlichen, unverrückbaren (statischen) Rechte. Spengler hat festgestellt, daß die antike Welt, besonders Rom, in ihren Grundformen statisch gestaltet war. Anders das alte deutsche Recht, das an lebendigen Beziehungen haftete, also eine dynamische Artung aufwies. Die Verdrängung germanischen Rechtes durch das römische mußte deshalb auf unser Recht erstarrend wirken. Erst das 19. Jahrhundert hat in allmählichem Vormarsche die dynamischen Bestandteile des deutschen Rechts etwas vermehrt.

Wenn auch auf verschiedenen Denkebenen, so sind doch das funktionale Recht Bott-Bodenhausens und das dynamische Fehrs im Grunde dasselbe. Beide wollen die Formel beseitigen, um das Leben zu befreien; beide wollen den Gegensatz zwischen Recht und Wirklichkeit aufheben. Der in seinen Gedankengängen Unerbittlichere ist Bott-Bodenhausen. Er will das Körperliche des Rechts bis zum letzten Rest vernichten, nur die lebendige Beziehung gelten lassen. Bei ihm verschmilzt infolgedessen alles Recht in eine letzte Einheit: die Unterscheidung von öffentlichem und privatem Recht verliert ihren Sinn. Für den Funktionalismus ist „Hoheitsrecht nur eine andere Richtung des Rechtes wie des Vermögensrechtes. Beides sind Herrschaftsrechte, Obhutsäußerungen". Die Gewaltenteilung büßt für ihn auch hinsichtlich der Rechtsprechung ihre Berechtigung ein, „da die ihr zugrunde liegende Voraussetzung, die Abhängigkeit des Denkens von heteronomen Regeln (Satzungen) und die Unterscheidung zwischen Denken (Urteil) und Handeln (Vollstreckung) aufgehoben wird. — Rechtsetzung, Rechtsfeststellung und Ausführung fallen zusammen". Diese weitgehenden Schlußfolgerungen bekämpft Fehr**), indem er einwendet, eine rein dynamische Gestaltung der Gesetzgebung sei ein Trugbild; eine nur dynamische Rechtslehre lasse sich in Wirklichkeit nicht durchsetzen. „Wo alles Körperhafte aus dem Rechte verschwindet, wird das Recht zur

*) Recht und Wirklichkeit. 1928.
**) Krisis der Justiz. Süddeutsche Monatshefte, Heft 4, 1929.

reinen Willkür, zum Nichtrecht." Es sei beispielsweise falsch, das Eigentum lediglich als soziale Funktion aufzufassen.

Gewiß ist das Wesen allen Lebens Spannung und Beziehung. Wer aber nur die Spannung sieht, und nicht mehr die Pole, zwischen denen sie schwingt, entfernt sich wieder von der Wirklichkeit, die doch geordnet werden soll. Die Verselbständigung der Rechte, ihre förmliche Loslösung von der Person, bedeutet einen Kult der Bewegung und Lebendigkeit, der nicht — wie Bott-Bodenhausen möchte — eine höhere Ordnung begründet, sondern die Gefahr des Uferlosen in sich trägt. Die weltanschauliche Grundstimmung dieses Rechtsfunktionalismus ähnelt dem Anarchismus eines Proudhon und Bakunin, dem Syndikalismus eines Sorel und der Lebensphilosophie eines Bergson. Lebendigkeit allein ist eben noch kein Formprinzip.

Der Prophet hat aber immer das Recht, die Linie seines Denkens ins Unendliche zu führen. Einmal wird sie sich doch mit der Linie der Wirklichkeit schneiden müssen. So bleibt die Forderung nach rein funktionalem Rechte ein wertvoller Vorstoß, um die „dynamische Ladung im deutschen Rechte zu verstärken" (Fehr). Für die künftige Rechtsentwicklung verdanken wir dem Entwurfe eines funktionalen Rechtssystems wertvollste Anregung. Wir finden Erklärungen für die hauptsächlichsten Mängel, die zusammen die sogenannte Rechtskrise ausmachen: In der Gesetzgebung mehren sich Eingriffe ins Privatrecht seitens öffentlicher Gewalten. Die zunehmende Beschränkung des Eigentums entspricht nicht einer positiven Herausbildung eines neuen Eigentumsbegriffes, sondern kollektivistischen Zielsetzungen. Der Individualismus erreicht so seine letzte höchste Entwicklungsstufe: den Kollektivismus. Die zusammengezählte Vielheit gleicher Einzelner soll die Persönlichkeit ersetzen. So ist der Punkt erreicht, an dem der Individualismus in der großen Fragestellung Einzelner oder Masse, welche die Gegenwart beherrscht, sich selbst aufhebt.

Zwar haben sich die Satzungen, welche die Rechtsprechung anwenden soll, ins Ungemessene vermehrt. Aber sie werden nicht mehr angewandt. Das logische System der starren Rechtsbegriffe wird von der Rechtsprechung durchbrochen; nicht so wie die Freirechtschule, jene Bewegung gegen die richterliche Fesselung es wollte, sondern auf andere Weise. Der Richter, soziologisch geschult, entscheidet nach wirtschaftlichen und sozialen Gesichtspunkten, nach Billigkeit. Er sucht dann den Satzungsparagraphen, der auf sein Urteil paßt und rechtfertigt dieses so nachträglich. Damit gibt es keine Rechtswissenschaft mehr, der Glaube an die Gesetze verfällt.

Gegen die Zerfallserscheinungen hilft nur die bewußte Abstellung der Gesetze auf Wirkungen, auf Zwecke, auf Beziehungsregelung. Die gewaltige wirtschaftliche Entwicklung, jeden Tag neue Arten von Beziehungen gebärend, überflutet heute das Recht. Es kann die Kräfte, die dort dämonisch walten, nicht mehr regeln und erfassen. Die Gesetzgebung wird deshalb erst dann wieder fruchtbar werden, wenn sie nicht mehr von vieldeutigen und zweifelhaft gewordenen Begriffen ausgeht, sondern den zielhaften Willen äußert, das gesellschaftliche Leben, alle wirkenden Kräfte im Sinne einer Ganzheit zu bändigen — zu kultivieren. Fällt aber die Begriffsspinnerei weg, so kann die Gesetzgebung von allein zu dem mäßigenden Grundsatze zurückkehren: multum non multa.

Die Rechtsprechung muß aus Anwendung juristischen Denkens auf Tatbestände der Wirklichkeit zur wahren Rechtsgestaltung werden. Recht wird an der Wirklichkeit gestaltet und nicht am Begrifflichen*). In Wahrheit soll das Urteil nichts anderes sein als die rechtliche Beurteilung der Wirklichkeit. Die Rechtsüberzeugung des Richters wird somit zur Rechtsquelle. Zwar wird eine Rechtssatzung nie überflüssig werden, aber „die Satzung kann nur beanspruchen, als Leitfaden für den Richter zu dienen, als Methodenlehre der Rechtsbewältigung". Wie aus der Bindung an Beweisregeln die freie Beweiswürdigung sich entwickelte, so aus der Bindung an Rechtsregeln die freie Rechtsbeurteilung. Der Richterspruch wird also oberste Rechtsquelle, gestützt auf Sitte und Sittlichkeit, wie sie im Volke, dem der Richter entstammt, zeitbedingt leben.

Diese Umstellung bedingt eine Veränderung im Aufbau der Gerichte. Der Instanzenwahn (Georg Müller) von heute dient der Streitsucht, dem Niederringen des Gegners. Die Gerichtsbarkeit einer gesunden Kultur soll zur Verträglichkeit mahnen und die natürlicherweise immer wieder vorkommenden Krankheitsfälle, die den sozialen Körper plagen, heilen. Das wahre Recht lebt stillwirkend in Handel und Wandel der Menschen. Auf dem Wege des Urteils wird es nur angewendet, um Verletzungen zu heilen. Sind dazu aber zahlreiche Rechtszüge, womöglich mit immer größeren Richterkollegien notwendig? Muß immer der ältere Richter den jüngeren korrigieren und wissen wirklich fünf mehr als einer? Oder wird nicht dadurch gerade die Begriffsspinnerei ins Ungemessene gesteigert? Der richtige Weg ist ein anderer: zunächst Ausscheidung aller Polizeistrafsachen und sogenannter Bagatellsachen aus dem Bereiche der mit Instanzen ausgestatteten Gerichtsbarkeit. Der „Friedensrichter", der sich

*) Nach Bott-Bodenhausen wird heute der Tatbestand (die Wirklichkeit) erst in einen begrifflichen Rechtsbestand umgewandelt und dann die Satzung angewendet.

in der Schweiz, in England und anderen Ländern seit Jahrhunderten hält, genügt hierzu vollkommen. Warum soll die Gemeinde nicht einen Friedensrichter wählen, der die ganzen Bagatellstreitigkeiten schlichtet? Ist das Recht wirklich eine so verwickelte Angelegenheit, daß erst zwanzig von schwitzenden Juristengehirnen ausgebrütete, Grenzfälle behandelnde Prüfungsarbeiten befriedigend gelöst sein müssen, ehe ein gesundes Urteil zu erwarten ist? Muß jeder Fall, in welchem das Nummernschild eines Kraftwagens mangelhaft gereinigt war, von zwei vollrichterlichen Instanzen nachgeprüft werden? In der Regel genügt eine Tatsacheninstanz, eine Rechtsanwendungsinstanz und darüber, um die Einheitlichkeit der Rechtsprechung zu gewährleisten, beziehungsweise zur zukünftigen Rechtsschöpfung, ein Rechtshof, zu welchem das heutige Reichsgericht ausgestaltet werden könnte. Es ist in Wahrheit berufen, Recht zu schaffen. Der berühmte Fall: Papiermark = Goldmark hat den Weg zur Schöpfung dynamischen Rechts für die Zukunft gezeigt, hat das Verderbliche der Begriffsjurisprudenz endgültig klargelegt.

Allerdings bedingt die Verminderung der Rechtszüge, die Verkleinerung der Richterkollegien ein anderes: einen neuen Richter. Heute ist der deutsche Richter mit Kleinarbeit überlastet, die eigentlich Polizei und Selbstverwaltung erledigen könnten. Richteramt und Anklagebehörde sind in einem Grade miteinander verquickt, der das richterliche Ansehen schädigt. Daß ein Mensch sich mit dem 23. Lebensjahre zum Richterberufe entschließt, ehrt sein Streben. Daß er aber mit dem 25. die Richterlaufbahn beginnt, ist ein Widersinn. Richter sein ist das höchste Amt, das eine Gemeinschaft zu vergeben hat. Die Auswahl kann deshalb nicht sorgfältig genug geschehen. Die höheren Gerichte sollten das Recht richterlicher Zuwahl haben. Die niederen Richter können wohl vom Staate ernannt werden, würden aber zweckmäßig aus den Reihen der Rechtswissenschaftler und der Anwaltschaft ausgesucht. Menschliche Bewährung ist die wichtigste Voraussetzung zum Richteramte. Die gesellschaftliche Stellung des Richters verlangt aber eine entsprechende Hebung. Heute ist sie im Durchschnitt erbärmlich. Jeder Inhaber eines größeren Ladengeschäftes kann sich anständiger kleiden als ein deutscher Richter. Es ist auch falsch, den Richter in das allgemeine Beamtensystem einzureihen. Ihm gebührt eine Sonderstellung, die in jeder Beziehung unantastbar ist: sowohl Sicherheit gegenüber staatlichen und politischen Eingriffen als auch Sicherheit gegen jede äußere Not muß sie bieten. Es gibt keinen Beruf, der ein höheres Ethos aufzuweisen hätte, und kaum eine ungeschicktere Hand, dieses Ethos zu wahren, als die des heutigen Parteistaates. Endlich muß für alle Richter gleiche Besoldung gefordert werden. Gehaltsunterschiede kraft Familienstand und Dienstalter sind berechtigt; nicht aber solche, die auf der Verschiedenheit der Gerichte, an denen der Richter jeweils sein Amt ausübt, beruhen. Rechtsprechung erfordert am niederen Gerichte die nämliche Verantwortung wie am höheren.

Über die Richtung der allgemeinen Rechtsreform ist mit der Forderung nach der „dynamischen Ladung" das Wichtigste gesagt worden. Auch wurden in früheren Kapiteln besonders reformbedürftige Stellen aufgezeigt. Entscheidend aber bleibt ein Grundzug kommenden Rechtes: die Umstellung auf den letzten Rechtszweck, die lebendige Entfaltung einer geordneten Gesellschaft. — Die größten Schwächen in diesem Punkte weist das heutige Zivilrecht auf. In dem Bestreben, sich möglichst weit vom „Schuldturm" zu entfernen, hat das moderne Rechtsdenken über das Ziel hinausgeschossen. Zwischen dem strafrechtlichen Tatbestande des Betruges und dem zivilrechtlichen der Zahlungsunfähigkeit bestehen heute so viele Möglichkeiten unsittlicher Gläubigerbenachteiligung, daß Zivilprozeß und Vollstreckungswesen zur Posse werden. Der Offenbarungseid wird zum Freibriefe für Freibeuterei, die strafrechtlich nicht zu erfassen ist. Kaufmännischer Verkehr und Kreditwesen werden so gelähmt. Das Recht aber hat die Aufgabe, nicht dem Hochstaplertum, das durch die Maschen seines Netzes schlüpft, zu helfen, sondern das moderne Wirtschaftsleben zu schützen.

Damit wird der Übergang zur Streitfrage der Strafrechtsreform hergestellt. Auch hier mangelt die Einsicht in das Wesen der großen Zeitwende: Es geht alles um den Schutz der werdenden Rechtsgüter, die aus einem neuen Gefühle der Verbundenheit entstehen. Welche Bestimmung schützt die Ehre des Volkes, welche seine Fruchtbarkeit? Ungeheuer ist die Zahl der Verbrechen, die täglich gegen das Leben der Gemeinschaft begangen werden; die infolge des Abhandenkommens jeden Sittenschutzes ungestört stattfinden, von keinem staatsanwaltschaftlichen Eingriffe beengt. Allzu groß ist das Gebiet sozialen Lebens, das heute unverteidigt dem Zugriffe asozialer Elemente freiliegt. Statt das Augenmerk hierauf zu wenden, erschöpft sich die heutige „Dynamik" neuer Strafrechtsentwürfe darin, asoziale in soziale Menschen verwandeln zu wollen. So richtig dieses Bestreben im Interesse der Gesellschaft ist, so lächerlich fängt diese Art von Menschlichkeit an zu werden, wenn die hierzu aufgewendeten Mittel nicht mehr dem Erfolge entsprechen. Auch hier gilt der Satz, daß der Schutz des Wertvollen für die Gemeinschaft wichtiger ist als die Pflege zweifelhaften oder nur vermuteten Wertes. Die Zeit für grundsätzliche Rechtserneuerung scheint deshalb noch nicht gekommen. Erst, wenn der neue Wertmaßstab sich durchgesetzt hat, wird die Schaffung organischen Rechtes gelingen.

So tritt auch das Recht in den Dienst des Wertes. Seine unablässige Erziehung zum Hochwerte, dem „immer strebend sich Bemühen" des Einzelnen entsprechend, rundet das Bild einer Weltanschauung, die als Gebot der Gegenwart die Rückkehr und die Zuwendung zu dem gewaltigen Werke der Menschheitserziehung fordert. Alle großen Staatsphilosophen, alle großen Dichter, alle großen Denker waren Erzieher. Was ihr bedürftiger Eros sie unablässig erwerben ließ, wollte ihr zeugender schöpferisch gestalten: am edelsten Stoffe der Erde — am lebendigen Menschen. Reich und Recht der Zukunft werden um dieses Erziehungswerk kreisen, neue Werthaftigkeit und damit echte Kultur erzeugend.

Eine neue höhere Verbundenheit will werden. Der Sozialismus, der glaubte, eine Geschichtsepoche einleiten zu können, mußte entdecken, „daß er nur der Gegenpol des Kapitalismus gewesen ist, seine Bedeutung in der Vergangenheit liegt" (Bott-Bodenhausen). Im Angesichte der gegenwärtigen Zwiespältigkeit Anarchismus—Kommunismus, beide wertvernichtende Formen des Individualismus, erheben wir unser sehnsüchtiges Auge nach einer neuen Einheit, einer kommenden lebendigen Ganzheit, in welcher Hochwert führt. Wir sehen vor uns eine Aufwärtsbewegung der Geschichte, welche uns von den Niederungen des Zivilisationssumpfes entfernt. Wir greifen nach dem leuchtenden Schwert der Gerechtigkeit, um der Gewalt des Stoffes, der Brutalität des Verstandes, dem Dunkel des Chaos zu begegnen. Wenn es sein muß, bekennen wir uns zum Heiligen Kriege, dem die geldverknechtete Menschheit zujubeln würde, soweit sie die Kraft in sich fühlt, für die höhere Gesittung des Menschen Zeugnis abzulegen. So wächst die Aufgabe des neuen deutschen Menschen zur Weltsendung und wird zum Gottesstreitertum.

Wir kämpfen für die lebendige Gemeinschaft, um Seele und Persönlichkeit zu retten. In uns lebt der Geist aller Großen, die, wo sie immer standen, gegen die Massenherrschaft waren.

Wir verkünden den neuen Menschen, der sich selbst die Gemeinschaft überordnet. Wir lehren die Gemeinschaft, welche gleiche Dienstschaft mit gleichen Rechten vergilt. Wir anerkennen aber die natürliche Ungleichheit der Menschen und lehnen das Trugbild der gleichen „Menschenrechte" ab.

Wir anerkennen das Recht der Gemeinschaft, von den Besten geführt zu werden; wir fordern die Pflicht der Gemeinschaft, die Besten aus dem ganzen Volke zu nehmen und zur Führerschaft aufsteigen zu lassen. Wir anerkennen aber auch Recht und Pflicht der Besten, die Minderwertigen zu führen und zu erziehen. Machtausübung, die zu diesem Zwecke geschieht, erfolgt als sittliche Pflicht im Namen Gottes.

Im Namen der Gemeinschaft fordert die mißhandelte Individualität ihr Recht, das zum Schaden der Gemeinschaft vom Individualismus mit Füßen getreten ward.

Mit unerbittlicher Nüchternheit erkennen wir Leben und Wirklichkeit in ihrer Unvollkommenheit. Immer wieder ihre Überwindung zu versuchen, ist tragisches Schicksal des Menschen. Wer sich aber zu diesem Schicksal bekennt, sich selbst und den Tod besiegend, ist der wahre Mensch, der Führer zur neuen Freiheit.

Wir predigen deshalb den Kampf als die reinigende Form des Lebens. Wir bejahen diesen Kampf und erheben — als die wahren Enterbten — den Schlachtruf der neuen Zeit.

Dritter Teil

Kultur

Kreuch doch heraus, mein Mensch,
Du steckst in einem Tier,
Wo du darinnen bleibst,
Kommst du bei Gott nicht für.

Angelus Silesius

Kultur, Seele, deutsche Kultur

Kultur kann nur aus metaphysischer Wurzel, aus dem Nährboden einer Religion erwachsen. Das wurde schon im ersten Teile dieses Werkes ausgeführt. Ihr Eigentümliches aber besteht darin, daß sie diese religiös-geistige Einheit in der Welt der Mannigfaltigkeit, des ungeistigen natürlichen Lebens spiegelt. Die Kultur ist das große Mittlere aus Religion und Natur, beiden angehörend und sie damit zusammenhaltend. Die kulturschaffende Religion, die zur Kultur strebenden menschlichen Naturanlagen bilden erst die wahrhaft organische Einheit.

Religion ist — ihrer natürlichen Wurzel ungeachtet — in ihrer metaphysischen Richtungsspitze geistig; der Leib ist der Inbegriff des bloß natürlichen Menschen. Der mittleren Stellung der Kultur entspricht unter den menschlichen Grundkräften die Seele. Sie zeugt Kultur. Diese begriffliche Unterscheidung will aber nicht eine tatsächliche Scheidung der drei menschlichen Grundkräfte aussagen. Wie der Mensch unteilbare Einheit aus Leib, Seele und Geist ist, so lassen sich auch die Gebiete von Natur, Kultur und Religion nur begrifflich in ihren Auswirkungen sondern, nicht aber in ihrem Kerne, der eben als Punkt der Vereinigung dieser drei Hauptstämme nur gedacht werden kann. Die Einheit besteht in dem abgestimmten Zusammenklang der Teile; sie ist gefährdet, wenn einer davon auf Kosten des anderen überwuchert oder sich selbständig macht. Am ehesten aber hat die mittlere Kraft der Seele unter dem Auseinanderstreben der bloß natürlichen Triebe und des Geistes zu leiden. Sie kann ihrem Wesen nach als Mittleres, Verbindendes viel weniger der Gefahr des losgelösten Extrems verfallen, wie das rein Triebhafte oder das rein Geistige. Die Kultur setzt die Spannung von Leib und Geist als den Polen des Menschlichen voraus, ist aber gleichzeitig der ausgleichende Regler. Sie beruht auf der Bewegung, ist aber selbst etwas Ruhendes, das organisches Wachstum verbürgt. Die Gesundheit eines Organismus besteht in der Kraft und Fülle seiner seelischen Kultur und diese wieder ist der Ausdruck innerer Ausgewogenheit zwischen Geist und Natur. Diese Ausgewogenheit aber ist innere und äußere Formgebundenheit des Menschen, ist Ordnung im Chaos des Stofflichen.

Der Bestfall eines völligen Gleichgewichts zwischen den Kräften des Geistes und des natürlichen Lebens bezeichnet die Zeiten höchster Kultur. Sie sind gnadenvolle Augenblicke im Auf und Ab der Menschheitsgeschichte, in denen gleichsam die Sonne des Weltsinns kulminiert, alle Räume vor und zurück durchstrahlend: Zeitabschnitte von kurzer Dauer, in denen ein Volk, eine Kultur ihren Tag und ihre Stunde durchleben, die den Sinn alles Werdens und Vergehens unmittelbar offenbaren. Von hier aus schöpft unser ganzes Denken seinen Inhalt, auf die in glücklicher Stunde vollendete Höchstform ist unser Streben gerichtet. Denn wie es zwischen längstem Tag und längster Nacht zahllose Abstufungen gibt, in denen das Gestirn bald steigend, bald sinkend über uns leuchtet, wie die Sonnenwenden nach ewigem Gesetz eintreten, so ist auch in dem Wandel menschlicher Kulturen der Spielraum zwischen strahlendster Vollendung und vollkommenem Nichts gewaltig, und vielfache Grade aufsteigender oder sinkender Bahn sind uns gegeben. Da es lebendige Wesen sind, mit und an denen sich das Schauspiel der Weltgeschichte vollzieht, so ist ihr Fühlen und Denken mitbestimmend an dem Ergebnis; nach dem lebendigen Sinn, den sie in sich tragen, wird sich auch die Richtung des Laufes bestimmen, wird die Wende der längsten Nacht überwunden. Nur wenn der Sinn überhaupt geschwunden ist, wenn die blinden Augen die Sonne nicht mehr sehen, ist eine Kultur endgültig dahin. Es ist somit nicht romantisches Schwelgen in kostbaren Vergangenheiten, wenn wir das Bild höchster Kulturepochen beschwören. An ihnen suchen wir vielmehr das Gesetz zu erkunden, das auch heute noch unser Leben bestimmt, an ihrer Höchstform können wir in der Frage von Sein oder Nichtsein unseres Heute Klarheit gewinnen.

Ob der Deutsche in der Weltgeschichte bereits seinen Tag erlebt hat — diese Frage wird jeder nach seinem eigenen Glauben beantworten. Aber nicht darum handelt es sich im Augenblicke, sondern um die Frage von Sein oder Nichtsein überhaupt. Wenn in solchen entscheidungsvollen Krisen der lebendige Sinn nicht verzweifeln will, so kann der Blick nicht weit und hoch, die Besinnung nicht tief genug gehen. Bei einem Entweder-Oder ist uns nicht mit feingekünstelten Unterscheidungen gedient, sondern nur mit dem Herausstellen der unbedingten Gegensätze, die das Schicksal von Leben und Tod der Kulturen bestimmen. An dem Maßstabe der höchsten Kulturen müssen wir die Lage der Gegenwart messen.

Die beiden großen Höhepunkte europäischer Kultur sind das tragische Zeitalter der Griechen und das christ-katholische Mittelalter des Heiligen Römischen Reiches. Zu diesen Gipfeln lassen sich in irgendeiner Weise alle die großen Ströme zurückverfolgen, die heute noch unsere Wirklichkeit befruchten. Wie am Ausgang des tragischen Griechentums Platon steht, noch einmal die Gesamtentwicklung des griechischen Geistes zusammenfassend, so am Ausgang des Mittelalters Dante. Beiden gemeinsam ist die weltumspannende Art des Bildes, das sie aufrichten, die große makrokosmische Einheit, an der die Teile dienend teilhaben. Aber diese Einheit ist bei beiden erwachsen aus dem Gegensätzlichen, aus der zweipolaren Spannung. Das tragische Zeitalter der Griechen hat Nietzsche erkannt: als die Blüte aus dem Kampf und Bund zwischen Apollon und Dionysos. Kurt Singer schreibt über dieses Bündnis: „Zwei Grundkräfte sind in den Bildern (Platons) wirksam, die wir gewohnt sind, die apollinische und die orphische zu nennen: der Wille nach klarer Ordnung, Gliederung und Zucht, deren erste Verwirklichung der altgriechische Heerkörper gewesen war (auch das Wort Kosmos bezeichnet ursprünglich die wohlgeordnete Kampftruppe); und der Glaube, daß Götter und Menschen, Erde und Himmel zusammengehalten werden durch das Band der Gemeinschaft, dem Teilhaben an dem All-Gemeinen, so wie die klassische Polis durch den nomos geeint und des Höchsten inne wird . . . Apollon und Orpheus waren damals die beiden polaren Gegenbilder griechischen Geistes, beide Gottheiten des Gesanges, der eine mit hellem, scharfem Klang sondernd und reinigend, der andere mit dunkler Süße die Wesen zusammenführend und einend." Apollon als der taghelle Gott des ordnenden, gliedernden Geistes und der dunkle, nächtige Orpheus (Dionysos), der Gott des bindenden Seelenrausches, sind die beiden Gegenpole, in welchen die Achse dieses Weltgebäudes ruht. Und im Hochmittelalter finden wir eine ähnliche fruchtbare Spannung der beiden entgegengesetzten Prinzipien, verkörpert im magischen Heidentum und dem pneumatischen Christentume. „Für die Wandlung des europäischen Geistes", so schreibt Leopold Ziegler, „aus dem magischen zum pneumatischen und teleologischen Bewußtsein, wie tief sie auch im einzelnen einschneiden mag, bleibt dennoch der wichtige Sachverhalt in Geltung, daß ihr innerer Zusammenhang nirgends abbricht . . . Mit der ganzen Unbefangenheit seiner noch unverscherzten Quellnähe wechselt der hochmittelalterliche Mensch vollkommen elastisch zwischen der vorwissenschaftlichen und der wissenschaftlichen Einstellung zur Welt, deren Einheit und Ganzheit dadurch keineswegs gefährdet wird."

Es sei hinzugefügt, daß diese Spannung zwischen Geist und Magie, erleuchtender Vernunft und dunkler gnadenreicher Offenbarung, weit entfernt, die Einheit und Ganzheit der Welt zu zerstören, vielmehr geradezu die Bedingung einer einheitlich zu empfindenden Welt ist. Das ging aus den Überlegungen des weltanschaulichen Teiles hervor und wird bestätigt durch das Beispiel des tragischen Griechentums, wie des Hochmittelalters. Und bei beiden Hochkulturen ist es die Seele, die in der Mitte dieser polaren Kräfte steht, aus beiden geboren und beide speisend. Bei Platon erweist sich die Seele „als die Weltkraft, die erst dem Körper zum Leben verhilft" (Singer). Und im Mittelalter, bei Dante, ist es das Reich der Seelen, das sich von der tiefsten Unterwelt bis zu dem himmlischen Paradiese spannt, von dem bloß stoffgebundenen Leibe bis zu den verklärten Höhen reinen Geistes. Die schöpferische Kraft der Seele aber ist bei Platon der Eros, bei Dante die erlösende Liebe: das Reich einer einheitlich die Welt umspannenden Kultur ist das Reich der Liebe; die Gemeinschaft, die aus dem Gegensätzlichen erwächst, ist erotisch-seelischer Art.

Deren höchster Ausdruck waren die eleusinischen Festspiele der Griechen und die Mysterienspiele des Mittelalters. In ihnen ist die Kultur dieser Zeitalter leibhaft verkörpert, die Einzelnen verschmelzen zur religiösen Festgemeinde unter dem Zauber und dem Rausche weltbindenden Mysteriums. Hier sind Natur und Geist, Leib und Gott vereinigt in dem unmittelbaren Erlebnis des leibhaft-gegenwärtigen Gottes, der in der Erschütterung der Seelen waltet. Von diesen Hochzeiten festlicher Vereinigung empfing das alltägliche Leben seinen Stil und seine Ordnung bis ins einzelnste der Gesellschaftsgliederung. Von dieser Art Liebe sagt Fr. Baader, es lägen in ihr Erhabenheit und Demut als wahrhaft gemeinschaftsbildende Kräfte, auf Grund deren Herrschen ohne Despot und Dienen ohne Sklave zu sein, erst möglich wird.

Sowohl die Kultur des tragischen Griechentums, als auch die hochmittelalterliche Gotik brachen auseinander durch die Lösung der Teile bei geschwächter seelischer Mittelkraft. Der griechische Geist verderbte zu dem Relativismus der Sophisten, der keine Grundlage und Bindung seelischer Kräfte anerkannte und damit recht eigentlich den Verstand gebar.

In dieser, fälschlicherweise dem Sokrates zugeschriebenen Wendung von seelischer Gebundenheit zu losgelöstem, bloß selbstgesetzlichem Denken vollzieht sich das Schicksal der griechischen Kultur, von menschenbildender Macht zur Verflachung und Entleerung im alexandrinischen Gelehrtentum. Der griechische Mensch, der griechische Staat werden ihres eigensten Sinnes und Wesens beraubt und verfallen in reißendem Niedergang völliger Selbstaufgabe. Das Verschwinden der griechischen Staaten im Alexanderreiche und nachher im römischen Imperium ist nur die äußere Folge dieses Vorganges, gegen den sich Sokrates und Platon mit der letzten großartigen Beschwörung der griechischen Seele vergeblich erhoben. Der gleichlaufende Vorgang in der Entwicklung des Abendlandes ist nicht zu verkennen, wenn hier auch infolge verschiedener Umstände die Zeit des Niederganges sich über eine weit größere Spanne erstreckt und immer wieder durch Gegenbewegungen aufgehalten, durchkreuzt und gewendet wird. Während bei den Griechen einer Zeit der höchsten Blüte der Verfall jäh auf dem Fuße folgt, sehen wir die Entwicklung des Abendlandes zu keiner solchen absoluten Höhe gedeihen und dafür einen wechselvollen erbitterten Kampf durch die Jahrhunderte hindurch wogen: einen Kampf, der nach dem Auseinanderbrechen des Reiches durch die beiden gegnerischen Prinzipien des Verstandes und der Seele gekennzeichnet wird. Von dem Ausgange dieses Kampfes hängt das Schicksal unserer Kultur ab.

Den Vorgang der allmählichen Auflockerung und Lösung der hochmittelalterlichen Welt, diesen Vorgang, der sich an einer Fülle von Einzelheiten auf verschiedensten Gebieten — der Religion, der Politik, der Gesellschaft, der Kunst, der Sprache — verfolgen läßt, hat niemand eindrucksvoller und durchdringender dargestellt als Leopold Ziegler. Der entscheidende Abschnitt dieses Auflösungsprozesses tritt ein, als die großen Einheiten, welche die mittelalterliche Welt wechselweise umspannen, Kirche und Kaisertum, zu gleicher Zeit schlaff werden und die Fülle der auseinanderstrebenden Kräfte nicht mehr fassen können. Hatten diese beiden Mächte Himmel und Erde zusammengehalten, indem sie „die irdische Ausbreitung des Gnadenstandes, die gesellschaftliche Annäherung an den optimalen Zustand" verwirklichten, soweit es bei der irdischen Bedingtheit überhaupt möglich ist, so erweisen sich nun, im 13. Jahrhundert, die „Charismata von Kirche und Staat als zerbrechlich oder mindestens doch als verletzlich" (Ziegler). Die beiden beherrschenden Spitzen dieses Weltgebäudes brachen fast zu gleicher Zeit entzwei, — mit der Tragödie der letzten Hohenstaufen, mit dem Schisma der Kirche. Aber mit dem

Schwinden der sinngebenden Türme wankte der ganze Bau, der die Einheit in einer raffiniert anmutenden Architektonik (die gleichwohl natürlich gewachsen war) dargestellt hatte. Kirche und Kaisertum wurden zu irdischen Gewalten zwischen anderen, ohne die Auszeichnung ihrer gottvertretenden Einzigkeit und Heiligkeit fürderhin wahren zu können. Sie verloren aus äußerem Schicksal wie aus innerer Schuld die unbedingte Herrschaft über alle Lebensgebiete, die sich nun aus eigener Vollmacht verselbständigten. Dieser Vorgang beruht zutiefst auf der fortschreitenden Verweltlichung der Kirche. War die geheimnisvolle Kraft der göttlichen Gnadenanstalt geschwunden, fehlte die innere Bestätigung der unbedingten Führerschaft, so erstarb die Seele, die den ungeheueren Leib der mittelalterlichen Christenheit einheitlich durchpulst hatte. Damit lösten sich die Teile äußerlich und innerlich. Die äußere Lösung wird gekennzeichnet durch die Entstehung der Fürsten- und Nationalstaaten und die Spaltung der Kirche. Die innere Lösung ist noch bedeutsamer. Der weltbindende Geist, der als Bündnis zwischen Vernunft und Glauben, rationaler Theologie und irrationaler Offenbarung in der Scholastik zu höchster Einheit gediehen war, spaltete sich auseinander in die Kräfte des diesseitsgerichteten Verstandes und der losgelösten jenseitigen Seele. So sind die Entstehung der modernen Wissenschaft und das Aufbrechen der Mystik zwei sich bedingende, aber gegensätzliche Vorgänge. Die Seele, hinausgedrängt aus der bewegenden Mitte der Welt, rettete sich in eine eigene jenseitige Heimat. Da sie aber der mächtige Mittelpunkt des Lebens bleibt, rettete sie mit sich den Keim des ewigen Lebens und wirkte nun befruchtend, aber von einem „Jenseits" her, in Form von Einbrüchen in die immer diesseitiger, gottloser und stofflicher werdende Welt. Verschiedene Akte solcher Einbrüche der gleichsam zurückgestauten Seele lassen sich in der Neuzeit unterscheiden. Der erste und größte ist Luthers Reformation.

Die Reformation hat in ihren Auswirkungen verschiedene Gesichter. Ihre entscheidende Prägung gewinnt sie durch Luthers Urerlebnis von der Rechtfertigung allein durch den Glauben. Aus dem Zusammenstoß dieser religiösen Urwirklichkeit mit dem verstandesmäßig-händlerischen Ablaßsystem der verdiesseitlichten Kirche ist recht eigentlich die große Spaltungsbewegung entstanden; aus der leidenschaftlichen Unnachgiebigkeit in diesem Punkte erwuchsen erst alle übrigen Folgen, die rankengleich den Kern von Luthers Entscheidung umschlingen und verhüllen. Es ist die vergewaltigte Seele selber, die sich in Luther gegen die Einschnürung in wesensfremde Fesseln empört und ihm seinen Notschrei: „Hier stehe ich,

ich kann nicht anders", abpreßt. Diese religiöse Entscheidung, mit der Luther die lebendige Seele, die Unbedingtheit der Erlösung durch Gnade gegen die Erdrosselung durch leergewordene Gewalten rettete, muß aufs schärfste unterschieden werden von den kirchenpolitischen Auswirkungen der Reformation, sowie von dem bekenntnismäßigen Lehrgebäude der neuen Kirche, das größtenteils dem Humanisten Melanchthon zuzuschreiben ist. Diese beiden grundverschiedenen Seiten des Protestantismus treten späterhin in ihrer Gegensätzlichkeit immer schärfer hervor. Führt die konfessionell humanistische Richtung zu dem „schlechten Katholizismus" der starren protestantischen Strenggläubigkeit und zur liberalen Bibelkritik, so erblüht auf der anderen Seite auf der Grundlage von Luthers rettender Tat eine ganz neue Welt der lebendig treibenden Seele: sie verwirklicht ein zweites Mal ein Reich Gottes, wenn auch nicht auf dem Boden des materiellen Lebens, so in dem einigenden Seelenreiche der Musik.

Von Luther führt eine gerade Linie zu J. S. Bach. Während die deutsche Wirklichkeit in ohnmächtiger Zerrissenheit darniederliegt, während Europa nur stärker der Öde des reinen Verstandesdenkens verfällt, erhebt die Seele in der Musik Bachs und seiner Vor-, Mit- und Nachläufer ihr göttlich-kindhaftes Haupt kühn und gläubig dem Ewigen zu. Noch einmal wird die große Festgemeinde Wirklichkeit unter dem Mysterium der großen Passionen und — Nietzsches Wort von der Musik als dem „Schwanengesang der Kulturen" bestätigend — schwingt hier die Gotik in dem entstofflichten leichteren Reiche der Töne groß und weihevoll aus. Richard Benz*) hat die Zeit von Bach bis Beethoven und Schubert die heilige Weltstunde des deutschen Geistes und der deutschen Kultur genannt. Wenn auch mit teilweise anderer Blickrichtung und von anderen Voraussetzungen ausgehend, sehen auch wir in dieser Epoche das Weltreich des sacrum imperium ein zweites Mal verwirklicht: Trost und Hoffnung, daß die bewegenden Kräfte der Seele wohl aus der Wirklichkeit hinausgedrängt, aber nicht getötet werden können.

Der dritte in der Reihe der großen Akte dieser gewaltigen Gegenbewegung gegen die Verstofflichung Europas ist die Zeit der deutschen Klassik und Romantik und der deutschen idealistischen Philosophie. Während im Westen die Aufklärung ihre Triumphe feiert und die „Göttin Vernunft" auf den Thron gehoben wird, sehen wir hier eine ganze Lichtreihe von Genien um die Palme eines Menschentums ringen, das geradezu eine Wiederherstellung des „homo magus sive divinans" herbeiführt. Aber wie verändert ist ihre Lage gegenüber den Gründern des Mittel-

*) Die Stunde der deutschen Musik.

alters! Als Einzelne stehen diese Genien einer Zeit entgegen, deren niederdrückende, entnervende und gleichmachende Macht sie nicht müde werden in zorniger Empörung, verzweifelten Ausbrüchen oder trauernder Verachtung zu geißeln. Der heldische Grundzug im Leben unserer Klassiker, der immer wieder zu offenen oder versteckten Tragödien führt, hat hierin seinen tiefsten Grund: daß sie als Einzelne und Einsame gegen eine ganze Welt standen, daß sie als verirrte Blöcke vergangener Hochzeiten und als „Bürger derer, die da kommen werden", in eine Zeit des ungestalten Übergangs versprengt, nur in der Vergangenheit und in der Zukunft wahrhaft beheimatet waren. Aus dieser Lage heraus suchten sie den Anschluß an die vollebendige Einheit der großen Menschheitskulturen, drang Kant durch den Rationalismus bis zu platonischen Tiefen, gebaren Goethe, Schiller und Hölderlin ein neues Griechenland im „barbarischen Norden", entdeckten Herder und die Romantiker das Mittelalter als die große schlummernde Mutter unserer Kultur. Der „Individualismus" jener großen Dichter und Denker kann richtig nur verstanden werden aus der Not ihrer Lage. Woher sollten sie Kräfte zur Vollendung des schönen Menschenbildes schöpfen, wenn nicht aus der Tiefe ihrer eigenen Brust? Wo war das Volk und die Gemeinschaft, die ihnen den Stoff zum Bau des neuen Tempels hätten liefern können? Aber der kennt unsere großen Dichter und Philosophen schlecht, der die Ergänzung ihres einsamen „Individualismus": die Sehnsucht, das liebende Verlangen, ja, den leidenschaftlichen Schrei nach dem Volke, der Festgemeinde nicht als den stärksten Ton ihrer Leier heraushörte. Im Kampfe dieser großen Geister um ihr Volk besteht der innere durchgehende Sinn der scheinbar unterschiedenen Strömungen der Klassik, Romantik und des Idealismus; und wenn dieses Volk je zur Wirklichkeit erstehen sollte, so werden sie es sein, die es geschaffen haben. Soweit geistige und seelische Kultur heute besteht und Keime zu neuem Wachstum sich regen, so schöpfen sie ihre Nahrung aus dem großen Becken unausgeschöpfter Seelenschätze, die jene Epoche angehäuft, — auch da noch, wo sich die Richtung gegen sie kehrt.

Zunächst aber scheint es, als sei der heldische Kampf dieser Halbgötter vergeblich gewesen. Tiefer versinkt Europa in die Verstrickung seelenloser Mächte, zerrissener klafft das Gefüge der Kultur auseinander, das immer mehr zur bindungslosen, wertfreien Zivilisation wird. Der Auseinanderfall zwischen losgelöst ohnmächtigem Geiste und materialistischer Ungehemmtheit vollendet sich in unseren Tagen, und dieses Doppelgift zerfrißt immer mehr die Seele, die allein kulturträchtig. Die

Klassik und Romantik waren die aristokratische Gegenbewegung gegen die Verpöbelung und Entseelung Europas, aber viel zu sehr auf die Gebiete der Kunst und des Geistes und auf die großen Einzelnen beschränkt, als daß sie den Lauf des allgemeinen Stromes hätten wenden können. Dazu bedurfte es erst des Zusammenbruches, der auch dem Blindesten die Augen über den völligen Zerfall Europas öffnen mußte. Wie im dreißigjährigen Kriege die schon lange vorbereitete Katastrophe des „Heiligen Reiches" offenkundig wurde in der gegenseitigen Zerfleischung seiner Teile, so im Weltkrieg das Ende des individualistischen, imperialistischen und nationalstaatlichen Europa, das aus der Aufklärung, der Herrschaft des Verstandes und der Revolution von 1789 erwuchs. Ein neues Europa kann nur entstehen, wenn aus dem Aschenhaufen der Weltkriegsbrandstätte sich verjüngt die uralte, verschüttete Seele erhebt und wieder ihre Schwingen dem Ewigen entgegenschlägt.

Die entscheidende Rolle aber, die Deutschland bei dieser Neugestaltung Europas zukommt, erhellt aus folgender Überlegung: Von jeher war im Gesamt der Kräfte beim Deutschen die Seele in einem Maße betont, wie es bei europäischen Völkern sonst nicht zu finden ist. Gerade weil die Gegensätze im deutschen Wesen von himmelstürmendem Geiste und dumpfem, barbarischen Tumult stärker und gefährlicher waren als bei den Völkern des Westens, bedurfte es als Ausgleich dieser Spannung einer starken seelischen Mittelkraft, die sich immer wieder in gewaltigen Bewegungen gegenüber den Extremen von reiner Vergeistung und wilder Barbarei durchzusetzen hatte. Hieraus erklärt sich, warum die Einbrüche seelenhaften Lebens in die Welt der Aufklärung und des Verstandes — Luther, die deutsche Musik, die Klassik und Romantik — im wesentlichen deutschen Ursprungs waren. Der Verlust der Seele mußte für den Deutschen schwerere Folgen haben als für den Franzosen oder Engländer, deren sinnengebundenere, geschlossenere Natur die Gegensätze von seelenhafter Kultur und äußerer Zivilisation fast unberührt überwindet, so daß ihre Sprache sie geradezu verwischt. (Ebenso ist die Betonung der Seele als Gegenpol zum Geist bezeichnend deutsch.) Während also beim Franzosen und Engländer — wenn auch in durchaus verschiedener Art — die Gegensätze von Diesseits und Jenseits, Außen und Innen verhältnismäßig spannungslos ausgeglichen sind, während ihre „civilisation" starke Bestandteile wahrer Kultur birgt, ohne daß „Kultur" und „Seele" der bewegende Mittelpunkt ihres Lebens sind, so bricht beim Deutschen mit dieser tragenden Grundlage der Kern seines Lebens auseinander. *Seine* Zivilisation ist dann wirklich entseelter Mechanismus, sein Triebleben hemmungs- und geschmacklose Anarchie, seine Geistigkeit lebensferne Doktrin. Der Deutsche, als seelenhaftes Wesen allen anderen Völkern überlegen durch die Tiefe seiner Besinnung, den Reichtum seiner weitgespannten Natur, die Kraft und Hintergründigkeit seiner Triebe, sinkt somit unter ihre Ebene, wenn er die schöpferische Mittelkraft der Seele verleugnet und zum Zivilisationsmenschen wird. So ist er aus eigenster Not und Bestimmung der Bewahrer der Seele, für sich — aber auch für die andern. Aus dem strömenden Born deutscher Seele schöpft die europäische Kultur immer wieder die Erfrischung, die vor dem Versanden in materialistischer Öde bewahrt. Hörte dieser Quell auf zu fließen, so wäre der Deutsche das erste Opfer — aber die übrigen Glieder würden nachfolgen. Denn die Seele ist und bleibt der Quellpunkt des wahren Lebens, und ohne die zeitweiligen Zuflüsse aus diesem tiefsten Schacht fehlte Europa bald die letzte Voraussetzung selbst zu einer äußerlichen „civilisation".

Unheilige und heilige Kunst

Die riesengroße Frage unserer Gegenwart ist also die: kann die deutsche Seele aus der Verstrickung durch leeren Verstand und durch toten Stoff wieder aufbrechen zur Gestaltung eines Gebäudes, das die entstrebenden Kräfte zu neuer lebendiger Spannung zusammenbindet? Bei dieser Frage denken wir notwendig zuerst an die Kunst. Denn sie ist ja der unmittelbare Ausfluß des Seelentums, an ihr können wir am ehesten Gewißheit finden, ob die Seele noch lebt, ob sie stark und ausgiebig genug ist, die zerrissenen Glieder neu zu durchströmen. Unsere Betrachtung der Kunst wird von dieser tiefsten Wesensfrage bestimmt. Die genaue Abwägung nach größeren oder kleineren persönlichen Begabungen, nach kunstgesetzlichen und schöngeistig-artistischen Gesichtspunkten überlassen wir gern den Literatur- und Kunstgeschichtlern. Nur soviel sei gesagt: Die Betrachtung der Kunst als eines für sich bestehenden abgelösten Gebietes führt unweigerlich zur Seelenblindheit, woraus ja auch die entsetzliche Blutleere der zunftmäßigen Kunstgeschichte sich erklärt. Es ist — von einzelnen überragenden Erscheinungen abgesehen — eine Art von öder, aber genießerischer Wissenschaftlichkeit, welche diese Kunstbeflissenen betreiben. Die Kunst als Mittelpunkt des seelisch-kulturellen Lebens aber — denn ihre Werke sind Abglanz und Versprechen einer höheren Vollkommenheit und Ganzheit — ist letztlich eins mit den Gegebenheiten von Weltall, Gemeinschaft und Einzelmensch. Löst man sie aus diesem Zusammenhang heraus, so bleiben nur noch die leeren formalen Kennzeichen übrig, wie sie ein papierenes Zeitalter in den schrecklichen Sprüchen des „Künstlerischen" und des „Literarischen" aufstellte. Von dem Hohlklang dieser Worte hat sich ein Geschlecht, das vor allem nach Gehalt und Wert verlangt, schaudernd abgewendet.

Der gestaltgewordene seelische Reichtum, die weltbindende und menschenbildende Kraft entscheiden über den Rang eines Künstlers. Jene Vorstellung von der Kunst als einer Angelegenheit für sich im luftleeren Raume entspricht zutiefst dem bürgerlichen Individualismus, der wie im Weltanschaulichen so auch im Künstlerischen das Gefühl der Einheit und Bezogenheit aller Lebensgebiete verloren hatte und, die gestaltende Kraft der Idee und der Kunst in das ohnmächtige „Reich des Ideals" verweisend, sich um so bequemer seinem materiellen Eigennutz widmen konnte. Aus dieser Zeit — in Deutschland um die Mitte des 19. Jahrhunderts beginnend — stammt jene Spaltung von „Künstler" und „Wirklichkeitsmensch", die beiden Teilen zum Verhängnis wurde. Das „schöne Bild" an der Wand, die Theatervorstellung am Abend, das Buch vor dem Nachmittagsschläfchen, die Musikstunden der höheren Tochter waren der nichtssagende Tribut des Bürgers an sein Kunstbedürfnis, nach dem er sich unbeschwert den wichtigeren Interessen seines Geldsackes zuwenden konnte. Wie aber „das Volk" jeden wahren Zusammenhang mit der Kunst verlor, wie seine Bedürfnisse immer niedriger und kitschiger wurden, so verlor auch der Künstler den Boden unter den Füßen. Die gleichen Worte, die in der Klassik und Romantik einen welthaltigen Sinn gehabt hatten, wandelten sich nun unter der Hand zur Fratze willkürlicher Launen.

Wie bei dem Bürger das „Wissen" Glaubensersatz geworden war, so fing die Kunst an, zur bürgerlichen Bildung zu gehören. An Stelle der Hausbibel trat die meist ungelesene Bibliothek; nicht nur oft unverständlich für ihren Besitzer, sondern vor allem für das breite Volk. Es gibt keine Kunst mehr für den einfachen Menschen, sondern nur noch für Protzen und Intellektuelle, die künstliche Begeisterungswellen in sich entfachen. Entsprechend ist auch der äußerliche Aufschwung des Museums- und Theaterwesens. Das Theaterabonnement wird zum festen Bestandteil der Heiratsausstattung reicher Bürgertöchter; aus der moralischen Anstalt Schillers das Unterhaltung bietende Geschäftsunternehmen. Mit einem an Fetischismus grenzenden Ehrfurchtsgefühl werden von den Volksvertretungen gewaltige Summen für künstlerische Museen und Ausstellungen bewilligt: für die Friedhöfe einstiger Kulturen; aber ihre

Angst, bildungsfeindlich zu erscheinen, wird nur übertroffen von der Furcht, ein solches Museum auch wirklich besuchen zu sollen. Diese Art von „Kunstpflege" ist das Ergebnis unschöpferischer Bildungsstreberei und falscher sozialer Einstellung.

Aber diese Mißhandlung des Wesens wahrer Kunst, die immer erzieherisch zur Gesittung treibt, rächt sich am Bürger. Seine Söhne, selten von einem künstlerischen Erlebnis erfüllt, meist nur von äußerlichem Kunstbetrieb begeistert, flüchten sich in diesen, um der Bürgerlichkeit zu entrinnen. Aus haltlos gewordenen Bürgern werden Bohemiens. Der geistig angekränkelte Jüngling, vor der Berufswahl stehend, beschließt, von mütterlicher Eitelkeit unterstützt, Dichter zu werden, wie sein etwas nüchternerer Schulkamerad den Entschluß faßt, einen Schuhladen aufzumachen. Unbeschreiblich ist die höhnische Verachtung, mit welcher dieses entartete Bürgerblut gesunde Bürgerkraft zu strafen versucht.

Bestenfalls entarten diese Kunstjünger nicht zur Boheme, sondern werden tüchtige Glieder jenes Gewerbes, das man heute Kunst nennt. Sie erwerben Anwartschaft auf Gewerkschaft, Erwerbslosenfürsorge und staatliche Obhut. Sie „machen" dann in Malerei oder Musik, wie der Händler in Wein oder Schrot. Das ganze geistige Schaffen wird auf Verdienst eingestellt, ein ungeheures Heer schriftstellert so durch die Welt, den Geschmack verderbend, die Massen herabziehend, den wahren Schöpfer voll göttlicher Berufung erdrückend. Die großen Verlage und die ihnen zur Verfügung stehenden propagandistischen Kräfte, (dazu gehören auch „Dichter"), bestimmen das geistige Gesicht der Zeit. Sie stempeln einen nichtswürdigen Vielschreiber zum gottbegnadeten Dichter, der das beste Buch seit hundert Jahren geschrieben hat. Sie lassen das Genie unbekannt verderben, bis nach seinem Tode ein Börsianer des Buchhandels eine künstliche Hausse seiner Werke einleitet. Der moderne große Verlag wird so praktisch zum literarischen Gewaltherrscher. Auf dem Gebiete der bildenden Künste liegen die Verhältnisse ähnlich. Was gute und was schlechte Kunst sei, entscheidet heute die Kunstbörse. Sie bestimmt, welche Ware „geht" oder liegen bleibt. Sie erhält ihren inneren Antrieb so wenig vom Wert des Kunstwerkes wie etwa die Getreidebörse von der besonderen Güte der liegenden Vorräte. Anpreisungsfähigkeit und Verdienst des Händlers entscheiden über öffentliche Wertschätzung oder Verdammung der auf Vorrat erzeugten Kunstware. Künstlerische Schöpfung, dem innersten Seelentum des Menschen entsprossend, verträgt aber weniger als alles andere die Berührung mit wirtschaftlichem Denken. Das Geld verdirbt, wie überall, so auch hier die Seele. Nirgends gilt so unumschränkt der Satz Platons, daß die Unterschichten angestrengt wirtschaftlich arbeiten müßten, um der geistigen Oberschicht die Sorglosigkeit des kulturellen Schaffens zu ermöglichen, wie auf dem Gebiete der Kunst. Wo das Wort von der „brotlosen Kunst" entstehen konnte, war das Verständnis für ihr inneres Wesen schon längst geschwunden. Denn echte Kunst ist amaterialistisch, steht jenseits aller Gedanken an Verdienst.

Dieser Kunstbetrieb hat mit Kultur, dem Gesittungsgrad eines Volkes, nichts mehr zu tun. Er ist die Angelegenheit einer entarteten bürgerlichen Geldkaste. Der tiefe Sinn des echten Kunstwerks offenbart sich aber auch dem geistig Bescheidenen, meistens ahnungsweise. Es lebt immer im Herzen des Volkes, zum Einfachsten sprechend, von der Verstandesbildung unabhängig. Die Alleinherrschaft des Verstandes hat jedoch das Band zwischen Kunst und Volksseele zerschnitten; kein noch so beflissener Volksbildungsbetrieb kann den stockenden Blutkreislauf wieder beleben.

Selbstverständlich fehlten auch dieser spätbürgerlichen Epoche die reichen künstlerischen Begabungen nicht. Aber sie konnten nicht die Gesamtebene der Kunst vor dem Hinabgleiten bewahren, den Rang des Künstlers als Hüter der Menschheitswürde hochhalten. Es blieb ihnen nichts übrig, als entweder in ein selbstgeschaffenes Reich des Wahnes zu flüchten, in ein zauberisch-betäubendes Nirvana der Verzweiflung und des Traumes (die größten Beispiele sind Baudelaire und — als Künstler — Richard Wagner, der nicht zufällig der Abgott Ludwig II. war); oder Kompromisse mit der materialistischen Umwelt zu schließen, die den Verzicht auf die höchsten Aufgaben der Kunst bedeuteten. So kam es zum sogenannten Naturalismus. Wie im Ganzen dieses Buches, handelt es sich auch hier nicht um Bewertung der Einzelnen oder gar um persönliche Aburteilung. Das Genie bleibt groß und bewundernswert, wie immer seine Bahn durch das Schicksal bestimmt wird. Bei aller leidenschaftlichen Liebe zu den großen Künstlern dieser Epoche müssen wir doch die Gesamtkurve der Kunst als tiefen Abstieg betrachten, weil sie das innerste Leben nicht mehr traf, von der tiefsten Wirklichkeit abirren mußte, sei es nach der Seite großartiger „Erlösungen", sei es in den die Weite der Welt verengenden Naturalismus. Zauberhaft gerade in ihrem vielfältigen Schimmer von absterbender Romantik, Wirklichkeitssehnsucht, alter echter Tüchtigkeit und schwermütiger Ungläubigkeit, verrät die Kunst dieser Zeit nur zu deutlich, daß sie aus brüchigem Grunde erwächst.

Nietzsche war es, der mit der unbeschreiblichen Wahrhaftigkeit seines Tiefenblickes und mit vor letzter Tragik nicht zurückscheuenden Entschlossenheit den Hebel da ansetzte, wo diese Welt aus den Angeln zu heben war:

beim Grunde selbst. An gestalterischer Kraft manchem seiner Zeitgenossen sicher nicht ebenbürtig, übertrifft er sie alle durch die unerschrockene Hellsichtigkeit seiner heldischen Seele, die auch ihr Liebstes, ihre heimlichste Verbundenheit hinopfern mußte, wo das Bild des Menschen in Frage stand. Dieses Bild aber schöpfte er aus dem tragischen Zeitalter der Griechen, jener normgebenden Kulturwirklichkeit, die alle Schritte seines Geistes bestimmte. Aus der strahlenden Gesundheit und Fülle dieser Kultur gewann er den Maßstab, an dem er die Krankheit seiner Zeit ermaß, gewann er die Witterung der bevorstehenden Katastrophe und die Grundlagen zu einem neuen Bau. Seine mit dem eigenen Herzblut geschriebenen Streitschriften gegen Wagner bedeuten die Auseinandersetzung des neuen, auf uralter Grundlage stehenden Menschen mit der verführerischsten Erscheinung des Niederganges (der „décadence"), welche die Müdigkeit einer sterbenden Kultur noch einmal mit dem Jugendrot trügerischer Kunst verklärt. In Wagner bekämpfte Nietzsche die Kunst des 19. Jahrhunderts schlechthin, die Kunst des „Künstlers" und der späten Romantik, die nicht mehr Gestalterin des Lebens, sondern Verführerin zum Nichts war. Leben aber bedeutet für Nietzsche die Einheit von Gott und Leib; Kultur ist ihm nur lebendig, wo sie aus der Spannung dieser Einheit fließt. Die Wagnerische Religion war Verbrämung und Reiz des Künstlers, mit dem er eine versinkende Welt gleichsam durch die tiefen Tinten des Sonnenunterganges aufhöhte. Nietzsche aber ging es um den bitteren Ernst von Sein oder Nichtsein des höheren Menschen, der Kultur überhaupt. Diese Entscheidung konnte das trügerische Schillern, das Wagners Kunst kennzeichnete, nur verschleiern. Die alte Kunst einer gottverkündenden Wirklichkeit war dahin und konnte nur wieder aufbrechen, wenn eine neue Wirklichkeit der Bindung zwischen Mensch und Gott geschaffen war. Aus der Ahnung dieser neuen Wirklichkeit schallt Nietzsches letzter Ruf aus einbrechender Nacht: „Singe mir ein neues Lied! Die Welt ist verklärt, und alle Himmel freuen sich." Unterschrieben aber ist dieses letzte Zeugnis seines Geistes — ein weitaufhellender Blitz vor dem Erlöschen — mit dem Namen „Dionysos".

Wie aber ist dieser Nietzschesche Ruf von der Kunst der folgenden Jahrzehnte beantwortet worden? Wer hat das neue Lied gesungen, das eine Welt verklärt und über das sich die Himmel freuen? Große Begabungen und Talente haben auch der folgenden Zeit nicht gefehlt. Aber welches ist die Stimme, die den Grundton abgibt, um die sich der Chor sammelt? Bevor wir jedoch den sich nun neugestaltenden Mittelpunkt zu entdecken trachten, werfen wir einen Blick auf die äußeren Bezirke!

Der Abstand zwischen der „Kunst des Künstlers" und der materiellen Wirklichkeit war der Ausdruck jener Trennung von Geist und Macht, die Europa, besonders aber das Vorkriegsdeutschland kennzeichnet. Durch diese Trennung wurde der Geist zum Aftergeist, die Macht zur sinnleeren Gewalt. Die Bocksprünge abgetrennter Geistigkeit, deren letzte Folgerung der Dadaismus war, sind im Grunde die verzweifelte Bewegung einer zur grund- und haltlosen Boheme gewordenen Kaste, die sich ehrlicherweise selbst überflüssig vorkommen mußte. Das „Literatentum" erblühte als geile Schlingpflanze auf dem Sumpfboden einer sich zersetzenden Kultur, und es bedurfte der ganzen sittlichen Kraft wahrer Künstler, um sich als Einzelne von dem zucht- und verantwortungslosen Nihilismus der bloßen Literatur zu lösen. Als Beispiel eines solchen gefährdeten, aber sich und seine Würde behauptenden Schriftstellerdaseins wird Thomas Mann, einer der letzten Vertreter des bürgerlichen Idealismus, immer seine Bedeutung in der deutschen Geschichte behalten. Andere, wie Gerhart Hauptmann, durchlaufen ihre dichterische Bahn, ohne in ihrem Wesen von der giftigen Atmosphäre der Umwelt beeinflußt zu werden, freilich auch ohne sie gestalterisch zu überwinden. Hauptmann bietet das merkwürdige Beispiel eines nicht überragenden, aber echten Dichters von edler Einfalt in einer Zeit, die aber durch „edle Einfalt" (Schiller) keineswegs bezwungen werden kann. So behält sein Werk etwas merkwürdig Rührendes, ohne daß es zu den befreienden Höhen der Weltgestaltung aufstiege. Was aber um diese und einige andere wirkliche Künstler dieser Zeit lebt und den Zustand der Literatur bestimmt — in viel höherem Maße als jene, die wohl sich, aber nicht die Welt retten konnten —, ist Freibeutertum des Geistes, das den Zustand der Auflösung nutznießt. Der sich selbst überlassene Geist gerät in Zersetzung und zersetzt damit gleichzeitig das Triebleben zu sexueller Anarchie. Die Scham- und Zuchtlosigkeit feiert ihre Triumphe. Ohnmächtiges Gedankenspiel aber wühlt in diesem Schlammgrunde, um psychologische Entdeckungen zu machen, die höchstens das Gebiet der Sexualpathologie, nicht aber das Menschentum bereichern. Werke, die einzig der Problematik eines krankhaften Seelenlebens entstammen, werden zu Offenbarungen gestempelt. Der Grundzug der Tragik ist verlorengegangen. Krankheiten des Körpers und Schwächen der Gesellschaft werden Gegenstand künstlerischen Weltschmerzes. Häßliche Krankheiten, auf die Bühne gebracht, sollen verlogene tragische Stimmung erzeugen. Entartete Kinder geraten in eine „schicksalhafte" Gegensätzlichkeit zu untauglichen Eltern. Kein Verbrechen, welches nicht unter schamloser Verfälschung echten Christentums mit falscher Liebe verklärt werden soll. Die Werte der Schönheit und Tugend sind zum Gespött einer Freibeuterbande geworden, die sie weder in sich, noch in der Welt mehr findet. Der genialste dieser Freibeuter — Frank Wedekind — übertrifft an zeitsymbolischer Bedeutung alle seine Zeitgenossen. War er jedoch gehetztes Opfer, so fühlte sich angesichts seiner Qualen die Meute im Schlamme wohl.

In den ersten Weltkriegstagen zerstob dieser ganze Dunst wie der Mückenschwarm beim Ausbruche des Gewitters. Auch auf künstlerischem Gebiete drängte der Weltkrieg zur Entscheidung, zur Scheidung der Geister. Die unnatürliche Trennung von losgelöstem Geist und sinnleerer Macht mußte überwunden werden, sollte die Katastrophe den leisesten Sinn haben. Damals zwar spürten die deutschen Literaten vor lauter Privatschmerzen nicht, daß die Erde in gewaltigen Wehen lag. Tatsächlich aber sehen wir die Kunst der Nachkriegsjahre um die Lösung jenes Problems ringen. Es kommt aber darauf an, in welchem Sinne die Schritte hierzu unternommen wurden.

Der Expressionismus erhob den Schlachtruf des Geistes und der Idee gegen die sinnleere Artistik des bloß nervenbedingten, die Einzelaugenblicke sammelnden, in seinem Wesen genüßlerischen Impressionismus. Er strebte wieder nach dem Ganzen der Welt und des Menschen, den er nicht als bloßes Nerven- und Sinnenwesen, sondern vor allem in der Äußerung seiner tatfreudigen, geistigen Kräfte zu fassen suchte. Diese Bewegung verdankt zweifellos der ungeheuren Kräfteentladung des Weltkrieges ihren entscheidenden Auftrieb. Aber der „Geist", den der Expressionismus auf den Schild hob, zeigt sich nur zu sehr als bloßer Gegensatz zu dem geistleeren, materialistisch durch Eindrücke bestimmten Nervenwesen des Impressionismus, als daß er eine neue Welt gestalten könnte. Es ist ein losgelöster und außerkosmischer Geist, wie ihn Klages als den „Widersacher der Seele" hinstellt, und so erschöpft er sich in ohnmächtigen Aufrufen und Programmen auf künstlerischem Gebiete, wie er es gleichzeitig auf politischem tat. Das Werk, die gestaltende Tat, ist ihm hier wie dort versagt geblieben, nicht etwa aus tragischem Mißlingen, sondern weil er schon in seinem Ansatz utopisch und damit im schärfsten Sinne unschöpferisch war. Er stieß nicht zu der kosmischen Wirklichkeit durch, weil er aus der bloßen Forderung, dem Widerspruche, der Verzweiflung und dem Ressentiment lebte, und — statt eine neue Tiefenschicht aufzudecken, kehrte er nur die Richtung um. Die Einheit zwischen Geist und Wirklichkeit kann niemals durch Vergewaltigung der einen der beiden losgetrennten Mächte geschaffen werden, sondern nur durch Zurücktauchen in jene Gründe, wo sie beide eins sind. Der deutlichste Ausdruck seiner Ohnmacht gegenüber der organischen Wirklichkeit war das Verhältnis des Expressionismus zur Sprache, die er mit grausamer Empfindungslosigkeit zu blutigen Teilstücken zerhackte. „Denn Deine Sprache verrät Dich," kann man dem Expressionismus als schärfste Kritik entgegenhalten, ebenso wie seinem jungen Bruder, der „neuen Sachlichkeit" (und der „Zeitkunst"), der ihn inzwischen auf dem Eintagsthrone des Kunstbetriebes abgelöst hat.

Die „neue Sachlichkeit" tritt nach dem Expressionismus, der an galoppierender Schwindsucht dahinging, auf den Plan als eine Art von Wechselbalg aus ihm und dem Naturalismus. Es blieb ihm von dem Expressionismus das revolutionäre Pathos, der Wille zum Bruch mit jeder Vergangenheit, die Anmaßung, die Welt erst von sich an beginnen zu lassen, die zu dem Programm einer „Zeitkunst" — als Kunst ausschließlich aus der Zeit und für die Zeit — führte. Unter „Zeit" aber verstand man die Zustände der modernen Großstadt, die durch Technik, soziale Lage und „Betrieb" aller Art bedingte Lebensweise der verschiedenen Klassen, vor allem Berlins. „Sachlich" sollten diese Zustände geschildert werden, ebenso sachlich, wie diese Tatsachen selbst dem Auge ihrer Darsteller erschienen. Nun wissen wir längst, ganz besonders aber seit Klages, daß zwischen „Sache" und „Wirklichkeit" ein unausfüllbarer Abgrund klafft. „Sache" ist eine durch den Verstand zurechtgemachte Wirklichkeit; der „sachliche Betrachter" sieht von der vielfältigen und vieldeutbaren Fülle der Erscheinungen nur einen durch seinen zweckhaften Standpunkt verengten Ausschnitt. Sachen entstehen nur für das zweckesetzende Ich und bezeichnen nichts anderes als die verstandesmäßige Beziehung dieses Ich zu einem Außer-Ich. Von dem selbsteigenen Wesen dieses Außer-Ich, von seiner Seele, sagt die „Sache" nicht das mindeste aus. Die „neue Sachlichkeit" ist also eine Übertragung der Methode kausalverknüpfender Naturwissenschaft in den Bereich der Kunst, nur ohne deren Klarheit und Bescheidenheit. Es ergibt sich der groteske Fall, daß eine Richtung, welche die Zeit und die Gegenwart darzustellen meint, in Wahrheit nur der letzte faule Auswuchs einer Epoche ist, die zu überwinden den eigentlichen Sinn unserer Zeit ausmacht. So sehen wir sie denn auch vorwiegend den Folgen zugekehrt, die aus den geistigen Voraussetzungen des 19. Jahrhunderts mit Notwendigkeit erwuchsen und in letzter Zeit die äußerlichste Oberfläche unseres Lebens ergriffen haben. Das Wesen einer aus seelischen Tiefen quellenden Überwindung durch führende Einzelne sieht diese Richtung nicht und kann sie nicht sehen. Denn sie kennt weder Mittelpunkt, noch Seele, noch Führer, noch Persönlichkeit, sondern nur die unterschiedslose kollektive Masse, die durch die stofflichen Triebkräfte der wirtschaftlichen und sozialen Lage, durch technischen Betrieb abgestempelt ist, und die ihr entgegenstehende, durch ihre materiellen Zustände ebenso typisierte Klasse der „Ausbeuter". Als einigendes Band umschlingt diese beiden Lager das Netz der technisch beherrschten Zivilisation der Öltanks, Flugmotoren, Fabrikwerkstätten, Autos und der Vergnügungslokale, das — ob es nun als Gott begeistert verherrlicht oder als Satan schwarz an die Wand gemalt wird — auf jeden Fall die oberste Gegebenheit darstellt. Es ist verhältnismäßig belanglos, ob diese „Sachlichkeit", die nur nach Sachen sieht, in befriedigter Philisterei ob der Herrlichkeit der fortgeschrittenen Gegenwart verharrt oder ob sie daraus die Erbitterung zur sozialen Umwälzung saugt. (Das erstere kennzeichnet die „demokratische", das letztere die „kommunistische" Literatur.) Denn wozu soll diese Revolution führen, wenn sie aus genau denselben seelischen Voraussetzungen unternommen wird, welche die beklagten Zustände geschaffen haben? Mit „Sachlichkeit" kann man nicht die Folgen jener Sachlichkeit überwinden, die den Menschen zum bloßen Zahlenzweck entmündigt hat, mit revolutionärer Umkehrung der stofflichen Gier kann man nicht den Materialismus erledigen. Der Kollektivismus ist kein Heilkraut gegen die entfesselten Machtansprüche des Einzelmenschen, denn er überträgt nur die gleichen Machtansprüche auf eine feindlich sich gegen das Ganze abkapselnde Klasse. Wenn nicht mehr die ewigen Werte der Schönheit und Tugend über dem Menschen schweben, zu denen der Lebenskampf jedes Einzelnen sein Verhältnis hat, wenn die Kunst nicht hieraus ihren obersten Antrieb empfängt, sondern aus der „Zeitgemäßheit": so ist der Kampf aller gegen alle die letzte Möglichkeit einer „Sachlichkeit", der die „Zeitkunst" sklavisch folgt. Wer verlangt, der Dichter habe seiner Zeit zu dienen, indem er nicht vorübergehe an ihrem Freud und Leid, weiß nichts von der viel tieferen Verpflichtung des Dichters, seiner Zeit die Augen zu öffnen für wahre Freude und wahres Leid, für wahre Würde und wahren Kampf: fürs Menschentum. Verleugnet der Dichter dieses Führertum, so kann er seiner Zeit gar nicht dienen. Er gehört dann zum Troß, zur Masse, bei der es auf einen mehr oder weniger nicht ankommt, und wird — wenn er ehrlich ist — zum Parteiagitator. Damit aber wäre der Bankrott der Kunst erklärt.

Auch der Dichter kann nicht zweien Herren dienen — tut er es dennoch, so entsteht die üble Tendenzkunst. Es wird viel hin- und hergestritten, ob Tendenz im Kunstwerk berechtigt sei, und ihre Verteidiger nehmen Molière, Schiller und Kleist für sich in Anspruch. Aber welches ist der Unterschied zwischen Werken wie dem „Menschenfeind", dem „Don Carlos" oder der „Hermannsschlacht" und den Tendenzwerken irgendeines Lampl, Brecht oder Mehring? Es ist der Unterschied zwischen wahrer Idee und „fixer

Idee". Jene schufen aus der Erfülltheit einer Idee, die dem Menschentum selbst zugrunde liegt (die Wahrhaftigkeit bei Molière, die freie Menschenwürde bei Schiller, der nationale Stolz bei Kleist); dieses Gesetz ihres Menschentums wurde im Zusammenstoß mit der Welt verletzt, und nun bäumte sich die beleidigte Natur in ihnen auf, die ewigen Grundlagen in einem Werk der Satire, der Anklage oder der Rache wiederherstellend. Welches aber sind die Grundlagen, die moderne Werke herausstellen? Es ist die politische Phrase, das leere Wort. Molière stellte seinen Oronthe, Schiller seinen Marquis Posa, Kleist seinen Hermann der angeklagten Welt entgegen. Sie bewiesen durch ihre runde Vollmenschlichkeit, daß sie aus dem Herzen der Natur stammten, daß in ihrer Idee etwas vom Sinn der Welt lebendig war. Bei den Tendenzwerken von heute stehen der angegriffenen Wirklichkeit pathologische, wirre oder unlebendige Gestalten entgegen. Der Angriff wird deshalb von einer unfähigen Hand geführt; mit anderen Worten: der Autor hatte kein Recht dazu. Dieses fehlende Recht der Persönlichkeit, die mangelnde Gestaltungskraft durch politische Programmatik zu ersetzen, nennen wir Tendenz. Die zur Vollmenschlichkeit gediehene Gestalt eines Angreifers beweist dagegen die Wahrheit der Idee, aus der er stammt; was wünschten wir mehr, als daß unserer Zeit ein solch wahrer, berechtigter Angreifer — in der Kunst oder der Wirklichkeit — erstünde! Der Untermensch als Held unserer heutigen Tendenzkunst aber bezeugt die falsche, außerkosmische Geistigkeit, aus der sie erwuchs.

So bleibt das Gesetz bestehen, daß die Kunst nur dann ihre Aufgabe erfüllt, wenn sie einem Herrn dient: dem ewigen Wert (Gott). Nur von diesem Wert darf der Dichter seine obersten Antriebe empfangen, unbeirrt durch die Frage, ob er mit der Zeit oder gegen sie geht. Einen Dienst an ihr bedeutet das eine wie das andere. Ist der Dichter in einsamem Ringen um den Menschenwert in Gegensatz zu seiner Zeit gelangt, so ist die Zeit auf dem falschen Wege. Seine helfende Liebe zu ihr drückt sich dann aus in leidenschaftlichem Kampf. Wer aber „Zeit" sagt und unter „Zeit" nur das seelenlose äußerliche Geklapper des modernen Großstadtbetriebes versteht, darf nicht zugleich „Gott" sagen.

Jenseits aller künstlerischen Richtungen ist nun eine „Literatur" entstanden, die nur erwähnt wird, weil fälschlicherweise alles Gedruckte oft der Kunst zugerechnet wird; sei es nun der wahren oder der angemaßten. Die moderne Unterhaltungsliteratur, heute den Buchhandel tragend, die breiten Volksmassen erfassend, steht jenseits künstlerischer Erwägungen. Sie ist das Ergebnis der modernen Drucktechnik und des Bedürfnisses einer nervösen Zeit nach Ablenkung. Sie vertritt die Stelle des Brettspiels, der Spielkarten und des Schlafmittels. Leute wie Wallace gehören deshalb zu einer ehrlichen Zunft. Sie wollen nichts als dem gehetzten Arbeitsmenschen einige Stunden Entspannung bieten. Wehe aber, wenn solche Schriftsteller künstlerische Ansprüche erheben, wenn Tendenz die bloße Unterhaltung vergiftet, wie dies oft in Magazinen geschickt betrieben wird. Dann besteht die Gefahr, daß Zersetzung unter dem Deckmantel des Kunstwerks sich ausbreitet. Greift die Zensur — in einer gesunden Gesellschaft notwendig den Ausschuß der freien Druckpresse unterdrückend — dann ein, so tönt das Wehgeschrei des „seinem Gewissen verantwortlichen Künstlers" ob des barbarischen Zwangs. Nichts ist widerlicher als diese Heuchelei. Nicht als ob ein Volk mit Gewalt sittlich gemacht werden könnte! Aber das Prinzip der Erziehung, ohne welches die menschliche Gesellschaft nie auskommen kann, verlangt die Ausmerzung der Kanaille. Nur wahre Kunst ist frei. Künstlerisches Getue aber schützt nicht vor Zwang, der allein gegen Gemeinheit hilft.

Wenn aber das Unterhaltungsschrifttum, genau wie der Unterhaltungsfilm, zur einzigen „künstlerischen" Erfüllung der Volksmassen wird, dann besteht die Gefahr ihrer Barbarisierung. Sie halten etwas für Kunst, das von keinem Blitze des Genies erhellt, von keinem göttlichen Funken erleuchtet ist.

Das „neue Lied", das der verlöschende Nietzsche hörte, ist weder vom Naturalismus noch vom Expressionismus und der neuen Sachlichkeit gesungen worden. All dies gehört noch in jene Welt, die vor Nietzsche liegt — die wahre Zeit, in welcher der Gang der Weltgeschichte sich vollzieht, ist durch Kalenderjahre nicht zu bestimmen.

Da steigt das mächtige Wort — ein großes Heil —,
Ein Stern, der auf verborgenen Furchen glimmert,
Das Wort von neuer Lust und Pein: ein Pfeil,
Der in die Seele bricht und zuckt und flimmert.

Wenn wir die neue Weltgestaltung in der Dichtung Stefan Georges würdigen wollen, so wird uns die Beschränkung eines in seinem Grundzug politischen Werkes schmerzlich bewußt. In der Kritik, in der Ablehnung genügten einige große kennzeichnende Umrisse, nun aber, wo wir zum Wesenhaften, zum Kern einer neuen Welt- und Menschwerdung vordringen, schwindet die Hoffnung, Unsagbares, nur in innerster Nachfolge zu Erfahrendes, durch Worte deutlich zu machen. Das Geheimnis dichterischer Erschütterung durch Wort und Klang kann nie und nimmer durch Aussage erklärt und begründet werden. Nur welcher Art die Erschütterung durch George ist und wie sie den besten und reinsten Teil der Kriegs- und der Nachkriegsgeneration durch und durch ergriff und neuformte, kann im folgenden angedeutet werden.

Ein mächtiger Ton, eine stolz und ruhig schreitende Sprache schlägt an unser Ohr. Voll dunklen Wohllauts und doch von herber und karger Strenge, bündiger Kraft, bald reich, bald schlicht. Wie ruhen die Gedichte, herrlichen Leibern gleich, von edlem Blut durchströmt — ein ganzes Geschlecht höherer Wesen, das aus vergangenen Himmeln wieder auf unsere Erde herabgestiegen ist. Fremdlinge scheinen sie, und doch so urvertraut, sie sprechen unsere Sprache, aber auf eine seltsame Art, die den abgebrauchten Worten ihren Urgehalt verleiht, daß erstes Glück und Weh, die sie geschaffen, aufs Neue in uns aufklingen. Wir trinken an dem Urquell, aus dem die Norne schöpfte, als sie Weltschicksale mischte; wir sind dabei, wie die strahlende Fülle der Antike, die Glut und Minnigkeit des Mittelalters, der Zauber und der Traum des Orients in magischem Spiegel erscheinen. An den Ursprüngen ruhen wir aus, wo Geist und Leib, Gott und Mensch noch nicht feindlich geschieden waren, sondern sich verbanden zu einer bewegten sinngetriebenen Welt, die in klaren Linien neu vor uns ersteht. Aber nicht Versinken in träumendem Vergessen ist uns gewährt. Der Magier ruft uns auf! Vielleicht hat er uns den Zauber nur ins Blut gesenkt, daß er wirksam werde, alles Unedle zu scheiden, alles Stockende zu beleben, alles Wüste zu reinigen? Mit dem Bild im Herzen von Größe, Kraft, Adel und Leben, von Schönheit, Heiligkeit und wahrer Würde, blicken wir nun auf unser zeitverhaftetes Leben: auf alles Erbärmliche, Niedrige, Leere und Zerrissene, auf das zuchtlose Genießertum, auf die öde Geistigkeit, auf die stumpfe Seelendürre und die schamlos wimmelnde Minderwertigkeit. Mit Schrecken sehen wir, wie das Bild des Menschen auseinanderbricht, wie seine entfesselten Kräfte sich lösen, sich gegeneinander kehren und verderben; wie das mittelpunktlose Wirrsal sich ausbreitet und alle festen Inseln überflutet.

Einer kam vom Feld her nach dem Tor.
Purpurn-blau entflammte das Gebirg
Fahler Himmel. Tote Luft bewarf
Die Gemäuer wie vorm Erdgetös . . . .
Drinnen lagen all' im tiefsten Schlaf.
Er erschrak und bebt am ganzen Leib:
Herr! erkenn' ich deine Zeichen recht?
Stimme scholl herab: Es ist so weit.

Während die stumpfe öde Stadt in tiefem Schlafe liegt, ahnungslos vor der großen Wende, die sich bereitet, sichtet der Seher beides: den grauenvollen Untergang, der mit Erdgetöse droht, und den Stern, der in der Weltnacht aufsteigt, zum zweiten Male. (Denn wir ahnen es, daß es der Stern von Bethlehem ist.) Und er reicht den wenigen Vertrauten die Hand, die von der gleichen Angst und Hoffnung getrieben, mit ihm auf dem Felde warten. Und der Kreis erweitert sich zu einer neuen Gemeinschaft im Lichte dieses Sternes.

Über das Grauen des Untergangs triumphiert der Glaube an das Lebendige, das uns einigt in neuer Zuversicht und uns eine ewige Verpflichtung auflegt. Immer entschiedener wächst George mit den Jahren zum Gründer auf, der die Gestaltungskraft seiner gott-leiblichen Kunst nun auf die Schöpfung eines Volkes überträgt, das bestimmt ist, über das Chaos der zusammenbrechenden Welt den Keim neuen Werdens in die Zukunft zu tragen. Aus dem gleichen Zentrum, das mitten in ungemäßer Zeit das Wunder seiner Kunst gebar, zieht er nun immer weitere Ringe, „das Schicksal nährend für ein ganzes Volk". War früher des „Mauermeeres Zauberdunst", „das Wunder der Lagunen" das geliebte freigewählte Exil des reinen Künstlers, so kennt nun sein Sinnen und Trachten, sein Dichten und Sagen, sein Hoffen und seine Liebe nur eines: Deutschland. Ihm fühlt er sich verbunden und verpflichtet als gottbestimmter Führer, als erbarmungsloser Richter, als liebender Retter und Helfer. Deutschland, „des Erdteils Herz", das bestimmt ist, die heilige Flamme zu hüten: es ist mit ihm eines, der selbst die Flamme in sich gehütet, sie genährt zur Glut, sie geläutert zur Schlackenreine. Ist Deutschland des Erdteils Herz, so schlägt in George das Herz dieses ewigen höheren geheimen Deutschlands, das über die Jahrhunderte sich spannt, den Geist von Genius zu Genius weitergibt. Aus dem Funken dieses Geistes, aus dem Kerne dieser Flamme wird — wenn überhaupt — das Neue Reich erstehen, das in den Büchern der Ahnen, in der Geschichte des Deutschen verheißen und vorgebildet ist: das Reich, in dem Gott und Leib, Geist und Macht, Tugend und Schönheit wieder eins sind. Und wird es auch niemals zur Wirklichkeit, so besteht es als Idee, als göttliche Norm, welche die Wirklichkeit leitet und formt, richtet und ordnet. Daß aber dieses „Reich" keine leere Sehnsucht ist, beweist Georges Werk selbst, das dasteht in klassischer Leibhaftigkeit. Wie diese Gedichte zu vollkommenem Sprachleib gediehen sind, so zeigt sich an ihnen die Wirklichkeitsmacht des Geistes, der sie schuf. Denn die Sprache ist der Leib des Geistes. Die Wiedergeburt der deutschen Dichtersprache, die George gelang, dies Umschmelzen, Neuformen, Bereichern zu neuer lebendiger Gestalt, ist genau der gleiche Schöpfungsvorgang, der als anderen Ausdruck ein neues Reich schafft. Es ist kein Abbiegen von seiner ursprünglichen Richtung, wenn George das Zepter des Tätigen und Gründers ergreift, es ist der notwendige Zuwachs an Macht, der ihm von selbst zufällt, nachdem er sein Reich in der Dichtung vorgebildet. Durch seine Spracherneuerung hat George diesem Reich erst die seelischen Möglichkeiten geschaffen, das Organ in dem doppelten Sinne als Lebenswerkzeug und als kündende Stimme. Es ist nur ein Schritt, es ist die natürliche Entwicklung eines lebendigen Keimes, wenn die Erneuerung nicht beim Sprachleib halt macht, sondern sich auf alle Gestaltungen des Lebens erstreckt, die übrigens mit der Sprache in innerster Verbindung stehen. Das Wort ward Fleisch und aus dem geistgesättigten Wort wird das Fleisch unseres gesamten Lebens um- und umgestaltet.

Eine Sohnesschar heranzuziehen, die das Vermächtnis weiterträgt zu immer neuem Formwandel: das ist die Aufgabe des Gründers George, die seit dem „Siebenten Ring" mit beherrschender Übermacht sich erhebt. Der „Stern des Bundes" zog in bewußtem Verzicht auf alles andere die granitene Mauer dieses Kreises, eine Art pädagogischer Provinz dichterisch begründend. Und in seinem letzten Werke erweitert sich die Grenze zu den Gemarken des „Neuen Reiches", in denen von dem innersten Kreis der Jünger bis zu den riesigen Ausmaßen der Weltkatastrophe der Blick hin- und wiedergeht, aus der gleichen Sonne die Räume erhellend, aus der gleichen Mitte die nahen und die ferneren Glieder speisend.

In George ist dem Nietzscheschen Ruf nach dem „neuen Lied" Erfüllung geworden. Die Welt ist verklärt durch eine neue Schönheit, die sie uns zauberischer und herrlicher macht als je; eine „neue Lust und Pein" bricht auf, die uns den Sinn der Erde wieder lehrt. Aber diese Schönheit steht nur als Preis eines Kampfes auf Leben und Tod vor uns. In uns als Einzelnen wie als Gemeinschaftswesen muß dieser Kampf zwischen Wert und Unwert, Würde und Niedrigkeit, Bejahung und Verneinung des Sinnes ausgetragen werden. So ist auch George nicht gekommen, den Frieden zu bringen, sondern das Schwert — und vor den Gefilden reinster Schönheit und Seligkeit, die er uns eröffnet, steht das Mal des Scheiterhaufens, auf dem der ungeheure Unflat der Zeit verbrannt werden muß. Der Weltkrieg loht in Georges Dichtung als großes Fegefeuer, in dem Viele geopfert wurden, Schuldige und Reine, damit durch dieses Flammentor der neue Mensch seinen Einzug halte zum Reiche des ewigen Gottes.

Mit George ist ein neuer Maßstab in unsere Dichtung eingeführt worden, und mit einem gewaltigen Ruck hat sich die Ebene gehoben. Damit tritt die Scheidung ein, die in der Dichtung die Herausbildung zweier Fronten mit der gleichen Notwendigkeit zur Folge hat, wie auf weltanschaulichem und politischem Gebiet das neue Ganzheitserlebnis. George selbst hat Schulen begründet, um die sich die besten Kräfte und stärksten Begabungen des Jahrhunderts sammelten, und gerade diejenigen seiner „Jünger", die sich aus Unabhängigkeitsgefühl und selbsteigener Verpflichtung von ihm absonderten — ihr bedeutendster ist Ludwig Klages —, haben vielleicht das meiste getan, um den Kern des Urerlebnisses, das sie zusammengeführt, herauszustellen und zu verdichten. Es ist keine Angelegenheit der „Schulen", deren Zusammensetzung immer zufällig bleibt, sondern eine Wesensentscheidung, die mit Georges Namen verknüpft ist. Dabei kommt es auf persönliche Zwistigkeiten und Charakterunterschiede weniger an als auf den tragenden Grund. Mögen Auseinandersetzungen und Kämpfe toben: es sind doch brüderliche Zwiste, die auf dem Boden eines gemeinsamen Erlebnisses ausgetragen werden. Unbewußt gehören manche Künstler dieser Front an, die es infolge persönlicher Abneigungen nicht wahr haben wollen. Die entscheidende Frage bleibt: ist die Dichtung ein Ausfluß jener Gebundenheit an ewige Mächte, an die mütterliche Macht der quellenden Natur und an die väterliche des wertesetzenden Geistes? Erkennt sie diese beiden obersten Gegebenheiten an und hält sie hoch in den beiden Ideen der Fülle des Schönen und der Strenge der Tugend? Ist sie „zorniger und demütiger, erbitterter und hingebender Dienst an unserer göttlichen Sprache" (Ponten)? Ist sie Trägerin einer Ganzheit, die auf der natürlichen Gemeinschaft des Blutes und der geistigen Einung zielesetzender unerschütterlicher Werte beruht? Wer durch sein Werk diese Fragen bejaht, gehört der einen Front an. Der anderen verbleiben die Schriftsteller, welche die Nabelschnur zwischen Einzelmensch und höherem Leben zerschnitten haben. Es ist die Front des Individualismus, der für das Einzel-Ich keine Bindung anerkennt und mit dieser falschen ethischen Abspaltung alle Grundlagen der wahren Ethik zerstört. Es ist die Front des Relativismus, dem jeder unbedingte Wert unter den Händen zerfließt. Die Front des Verstandes, für den alles Wesenhafte zum Gegenstand der bloßen Zergliederung oder der Tendenz wird. Die Front der Zeitkunst, die dem Götzen der „aktuellen" Zuständlichkeit opfert und von der ungeheuren, von Jahrtausenden durchströmten Wirklichkeit nichts wahrnimmt als das kinematograpische Augenblicksbild. Die Front der Sprachverflachung und des grauenvollen Großstadtdeutsch. Es ist die unheilige Front der Minderwertigkeit, die keine göttliche Führeraufgabe kennt und die Kunst zum bedientenhaften Gewerbe erniedrigt hat. Sie ist der Knecht der durch Technik und Presse entseelten Zivilisation und streicht lachend oder weinend ihre Renten von dem Zustand unserer Zeit ein. Es gibt verschiedene Grade und Arten solcher literarischer Zeitsklaven, von den „kultivierten" Zergliederern der Auflockerung bis zu den schamlosen Kündern der Gemeinheit. Die Zugehörigkeit zu dieser Front braucht nicht einmal auf bewußter Berechnung zu beruhen. Viel häufiger ist der Fall, daß die Schriftsteller vermöge einer inneren Wesensangleichung an die Zeit gar nicht wissen, wessen Geschäfte sie betreiben. Ihnen ist eine Gestalt wie George das große Ärgernis, gegen das sich ihr Instinkt in ohnmächtiger Wut empört, oder das sie „historisch" einzuordnen und wegzulöschen versuchen. Langsam aber bereitet sich das „Entweder-Oder" auch auf dem Gebiete der Kunst vor, eine Entscheidung nicht des Willens, sondern des Wesens. Der Kampfplatz sind die Seelen der wenigen, zur Führung berufenen jungen Menschen, und der Preis ist der Triumph dieser kleinen Minderheit über die Anarchie der entfesselten Menge. So geht heute der Dichter mit dem Täter Hand in Hand. Diese Doppelnatur der Georgischen Wesenheit — von vielen als der unbewußten quellenden Art des Dichters widersprechend empfunden — erweist sich somit als schicksalhafte Notwendigkeit der Weltstunde. Vielleicht in geklärterer Zeit wird der Dichter wieder singen können, unbeschwert und frei, wie der Vogel in den Zweigen. Im Gewitter aber verstummt der holde Gesang, und der Donner dröhnt. Und dennoch bleibt die göttliche Melodie, das leichte und freie Spiel der Phantasie, der zarte Ton der Seele bestehen über dem Toben der Elemente, gerade bei George.

Die Epochen der Wirrnis und des Übergangs sind für die Künste keine gute Zeit. Ihrem Wesen nach sind sie Blüten einer in sich geschlossenen und festgefügten Kultur. Wenn aber die Grundlagen aufgewühlt sind und die Wurzeln frei schweben, fehlt die Nahrung des mütterlichen Bodens. Die Kunst muß dann selbständig, auf eigene Faust, sich den Boden schaffen, auf dem sie treiben kann — und wer ist dafür ungeeigneter als gerade sie? Die Dichtung nimmt hier eine Ausnahmestellung ein. Das Element der Sprache, in dem sie sich bewegt, ist ebenso geistiger wie seelischer Natur. Sie wendet sich an die bewußten wie an die unbewußten Kräfte und kann deshalb an den großen Krisen des Bewußtseins, an den weltanschaulichen Kämpfen, aktiv teilnehmen. Die Dichtung unserer Zeit ist von solcher geistig-weltanschaulicher Problematik erfüllt, und gerade der seelenechte Dichter kann sich ihr nicht entziehen, da er auf Schritt und Tritt mit ihr zusammenstößt. Hilflos aber stehen die anderen Künste in der wirrenvollen Welt. Sie sprechen bloß durch die Seele, und die Seele des Abendlandes ist zerrissen, zerquält oder stumm. Ohne den tragenden Boden eines gemeinsamen Seelentums sind sie zur Unfruchtbarkeit, zur Vereinsamung und zur Willkür verurteilt. Kennzeichnend für unsere heutige bildende Kunst und Musik ist das Durcheinander von Schulen, Stilen und Versuchen, aus dem einzelne Persönlichkeiten herausragen, die einsam für sich dastehen (Pfitzner), ohne den breiten Widerhall einer Allgemeinheit zu finden. So spiegeln sie treulich das Bild der zerrissenen europäischen Seele: einer Seele, die sich nicht mitteilen kann, weil die allgemeinen Grundlagen der Verständigung fehlen. Der verständnislose Blick des Durchschnittsbesuchers unserer modernen Kunstausstellungen wie das Versagen der Ohren vor den neuesten Musikwerken zeigt die Hoffnungslosigkeit dieser Künste in unserer Zeit deutlich an. Noch nie ist durch Musik oder Malerei ein neuer Lebensstil geschaffen worden, das Verhältnis kann nur umgekehrt sein. Die Gestaltung des Lebensstils liegt außerhalb des Bereiches dieser Künste — im Unterschied zur Dichtung —, und deshalb sind unsere Musiker, Maler und Bildhauer nicht Schöpfer einer neuen Epoche, sondern qualvoller Spiegel der Auflösung.

Als solche aber können sie erschüttern. Der Expressionismus in der Malerei hat hier Bedeutendes geleistet. Unter Verzicht auf jegliche Einzelheit hat er mit nackter Wahrheit die Seelen heutiger Menschen bloßgestellt, das Abgehetzte, Ruhelose, Gequälte und Hoffnungslose im Antlitz der Gegenwart aufgedeckt. Aber nur die Gestaltung der Schattenseiten ist ihm wahrhaft gelungen. Wollte er die Schönheit, die immer und ewig den wahren Künstler treibt, zum Ausdruck bringen, so mußte er sich ins Außermenschliche flüchten, ja in das Außerwirkliche: zur Darstellung reiner Linien, Formen und Farben. Viel Herrliches ist auf diese Weise geschaffen worden, aber es bleibt in gewissem Sinne eine private Angelegenheit und eine Flucht vor der großen Aufgabe der Kunst. Selbst die Ansätze zu einer neuen Erfassung der Kreatur, die wir seit Franz Marc sehen, gehen notgedrungen an dem Wesentlichen der bildenden Kunst: der Gestaltung des Menschen, vorbei. Wir spüren vor den Werken der größten Meister — eines Kokoschka, Nolde, Meidner, Barlach und mancher anderer — das ruhelose Ringen des Unerlösten, das tiefe Suchen nach dem Wesentlichen. Bezeichnend ist die Behandlung religiöser Stoffe, die zeitweise die religiöse Unruhe gestaltet und kündet. Aber die große Erfüllung, die von den alten Meistern auf uns ausströmt, bleibt auch vor ihren packendsten Werken aus. Viele sind berufen und keiner ist auserwählt, das Interesse wird aufs stärkste geweckt, die Beglückung fehlt.

Sind Malerei und Plastik für das allgemeine Leben zu Sondergebieten geworden, so droht die Musik in ihren modernen Vertretern jeden Einfluß darauf zu verlieren. Diese Tatsache, die jedem vor Augen liegt und von den Vorkämpfern der neuen Richtung heute offen zugegeben wird, bestätigt die grundlegende Einsicht Nietzsches von der Musik als dem „Schwanengesang einer Kultur". Die letzte Kultur aber, die Europa sah: die der romantischen Epoche, hat sich in der Musik Wagners, Brahms, Hugo Wolfs und Regers ausgesungen. Die „seelenlose Musik", die einen neuen Abschnitt der Entwicklung einleiten sollte, hat bis zur Stunde kein großes Werk zeitigen können und ist auch nur als Ausdruck der Ratlosigkeit interessant. Nimmt man etwa das erfolgreichste Werk der neuen Richtung, den vielberufenen „Jonny spielt auf" von Krenek, so erkennt man die ganze Hoffnungslosigkeit der Lage. Es ist einesteils musikalisches Kunstgewerbe, das sich hier in belanglosen Geschicklichkeiten atonaler Situationsuntermalung erschöpft, andererseits zynische Unterwerfung unter den Jazz. Dieser Zynismus der Selbstaufgabe der europäischen Kunst ist bisher ihr stärkstes Lebenselement geblieben, vergleichbar den fremden Giftstoffen, die einen dahinsiechenden schlaffen Körper zeitweilig noch aufreizen. Einem tieferen Besinnen müssen alle Bestrebungen, die heute der Musik Neuland erobern wollen, als aussichtslos erscheinen, bevor nicht eine neue Kultur der religiösen Gebundenheit wieder zu keimen beginnt. Vorläufig, wo erst die Quadern zum neuen Bau gelegt werden, ist es unsinnig, von der Musik Großleistungen zu erwarten, wie man denn auch einen Turmbau nicht bei der Spitze beginnen kann. Die Künste haben ihre zeitliche Stufenleiter, die sich aus ihrer Sondereigenart mit Notwendigkeit ergibt. Eine neue Kultur setzt immer ein mit der Überwindung des Stoffes, in den die Welt zurückgesunken ist, durch die Seele. Die erste Erfüllung hierin gelingt der Architektur. Sie ist am stärksten dem Stoff, der toten Materie verhaftet; die Formung, die sie verlangt, ist durch die noch groben, unbewußten Umrisse des neuen Stiles zu erreichen. Erst auf der Grundlage der Architektur entwickelt sich der neue Stil in der Plastik, die eine bereits größere Herauslösung aus dem Stofflichen bedeutet, und in weiterer Folge in der Malerei. Erst als letzte unter den Künsten und gewöhnlich erst, wenn der zeugende religiöse Antrieb seine Wirklichkeitsgrundlage verloren hat, gedeiht die Musik zur vollen Blüte, die jene Säfte einer aus der Wirklichkeit hinausgedrängten Religion in sich aufnimmt. Als die entstofflichste aller Künste, als die Idee selbst (Schopenhauer), vermag sie ihren Vollgehalt nur zu erreichen, wenn die Seele aus der Beherrschung des Stoffes sich gelöst hat zu einem selbsteigenen „Jenseits". Die großen Zeiten der Musik fallen somit in die Epochen einer ins Vollreife gekommenen Kultur. Palestrina am Ende der Renaissance, Bach und Beethoven am Ende des „Heiligen Reiches" — es erlosch äußerlich zur Zeit der Eroica —, waren nur möglich als späte Blüten an den Jahrtausendbäumen der Kultur. In gewissem Sinne ist die Musik ein „Religionsersatz", den die noch lebendige religiöse Inbrunst in einer langsam verlöschenden Kultur schafft. Unserer Zeit, der die alten religiösen Unterlagen geschwunden sind und die sich neue in qualvollem Ringen erst schaffen muß, fehlt jede Voraussetzung dazu.

Die neue Welt, die wir vor uns sehen, verlangt eine bewußte Hinwendung auf das uns Nötige und Mögliche, unter Verzicht auf noch so schöne Wünschbarkeiten. Künstler auf allen Gebieten wird es immer geben, aber das Schwergewicht hat sich verschoben. Heute findet der große Künstler, der nicht infolge einer Sonderbegabung, sondern aus innerstem Gestaltungstrieb schafft, sein eigentliches Gebiet in der Gestaltung der Gemeinschaft. In der Dichtung kann sich solche Gemeinschaftsgestaltung auswirken und, in engem Zusammenhang damit, in Weltanschauung und Politik. Die bildenden Künste und die Musik werden daneben ein vergleichsweise nebensächliches Leben führen, bis die organischen Grundlagen eines neuen Stiles feststehen. Als Hüter und Bewahrer einer Überlieferung, die vielleicht noch vereinzelte Spätfrüchte zeitigen wird, als Feld für einzelne große Begabungen, haben sie trotzdem ihre ewige Aufgabe. Und besonders die Musik wird das großartige Gut ihrer Vergangenheit nun erst in die Breite und Weite der Massen hineinzutragen haben, dadurch in gewissem Sinne verflachen, aber es auch fruchtbar machen. Was durch Konzerte, Rundfunk und Schallplatten heute an guter Kunst verbreitet wird, läßt sich gar nicht ermessen, wenn natürlich auch die Gefahr der verständnislosen Aufnahme groß ist. Aber selbst in der reinen Unterhaltungsmusik der Tänze, die heute das Deutsche Reich beherrschen und — einigen, lebt oft noch etwas von der großen Vergangenheit europäischer Musik melancholisch und zärtlich fort, wenn auch aus der königlichen Muse inzwischen ein kleines Ladenmädchen geworden ist. So sank nach der Auflösung des Mittelalters der alte große Gehalt der Götter- und Heldensagen in die bescheidenen Niederungen des Märchens und des Volksbuches und wucherte hier als dürftiges Unterholz fort, bis eines Tages daraus Goethes „Faust" erwuchs.

Entsprechend der oben aufgestellten zeitlichen Stufenleiter der Künste sehen wir auf einem Gebiete die freischöpferischen Kräfte unserer Zeit triumphieren: in der Architektur. Hier ist wirklich etwas von vollendetem

„neuen Stil" erreicht, und zwar nicht nur von wenigen Auserwählten, sondern von einer ganzen Gilde tüchtiger Meister. Kein Zweifel, der „neue Stil" unserer Bauten, wie er sich in einzelnen Gebäuden oder in ganzen Siedlungen und Stadtanlagen auszuprägen beginnt, ist uns in Fleisch und Blut übergegangen, trifft ein innerstes Bedürfnis unseres Lebens, Schauens und Empfindens. Bezeichnend sind die großen Flächen und Maße, in denen die moderne Architektur zu denken gewohnt ist, die Vernachlässigung der Einzelheit, der schmückenden Beigaben, zugunsten eines großen einheitlich-entwickelten Planes, der sich aus dem Zweck des Bauwerkes organisch, wie von selbst ergibt. Die mechanische Häufung der Formen und Zierate, die verlogene Nachahmung aller möglichen Stile ist geschwunden. Das Bauwerk beginnt wieder ein leibhafter Organismus zu sein, in dem der Teil vom Ganzen bestimmt ist, nur hieraus seine Schönheit und Würde empfängt. Das Schlagwort der „Sachlichkeit" ist hier eher am Platze als in der Dichtung, da es die Architektur tatsächlich mit zweckbestimmten Sachen zu tun hat und mit totem Material arbeitet. Ergreifend aber ist, wie aus diesen schmucklosen, kargen und nüchternen Bauten, die für allerlei zivilisatorische, vorwiegend verkehrstechnische Zwecke bestimmt sind, trotzdem eine Seele herausblickt — eine gleichsam noch nicht zur Sprache gekommene Seele, die doch etwas ausdrückt von dem innersten Zug unserer Zeit. Es zeigt sich, daß alle Sachlichkeit und Zweckbestimmtheit doch nur Mittel ist im Dienste einer höheren, treibenden Kraft: der Sehnsucht unserer Seele. Sieht man die großen Mauern und Türme solcher Monumentalbauten von Poelzig, Behrens, Bonatz u. a. aus dem Gewirre deutscher Städte herausragen, erlebt man den Bahnhof in Stuttgart, das Chile-Haus, den Sprinkenhof, die neuen Siedlungsanlagen bei Berlin und in den Ruhrstädten, Krankenhäuser und Fabrikgebäude, so schwingt noch etwas anderes in uns mit als die Befriedigung über die zweckmäßige Gestaltung: etwas von dem Rhythmus gegenwärtigen Lebens, in dem gewaltige Kräfte sich entladen und zu großen, wenn auch vorerst zivilisatorischen Zielen gebändigt werden. Dieser Rhythmus aber muß sich seiner innersten Natur nach auswirken über das rein Zivilisatorische hinaus. Der großen stummen Sehnsucht der zum Himmel ragenden Bauten muß Erfüllung werden aus anderen Gebieten als dem des Verkehrs, den sie, indem sie ihm dienen, doch gleichzeitig anzuklagen scheinen. Neue Ziele werden sich vor der Gestalterkraft der Baumeister emporrecken, wenn erst der große metaphysische Drang, der ungeboren den Körper unserer Zeit durchbebt, zum erlösenden Durchbruch gekommen ist. Welcher Art die

Dome und Kathedralen des „Neuen Mittelalters“ sein werden, ist nicht zu sagen. Aber daß es sich Stätten schaffen wird, in denen sich der große Stolz und Glaube einer Stadt, eines Landes, eines Volkes, einer Zeit sammelt, das verspricht gerade die stumme Sprache der heutigen Architektur. Sie wird Gotteshäuser erbauen und nicht nur Aufenthaltsräume für Kirchgänger. Sie wird nicht weniger „sachlich“ sein in der Gestaltung solcher überzwecklicher Bauten, wenn die metaphysische Verwurzelung unseres Lebens wieder zur „Sache“, Tat-Sache, zur ersten und obersten Realität geworden ist. So strebt der mächtige Drang der Architektur den neuen Grundlagen zu, die sich aus Religion, Dichtung und Weltanschauung langsam herausbilden. Wenn das „neue Lied“ der Seele ertönt, wird auch eine neue Lust und Qual die Flächen und Wände der Bauten schmücken, farbig füllen und in neuem Spiel der Phantasie mit Gestalten und Formen bevölkern. Noch steht alles da wie in stummer Erwartung, in stolzer und ehrlicher Armut nach dem verlogenen Prunk der Jahrhundertwende. Aber diese Armut ist Anfang und Versprechen kommender Fülle.

Bildung und Erziehung

Jeder Versuch, das hier entwickelte Weltbild zu verwirklichen, bleibt aussichtslos, wenn es nicht gelingt, die Erziehung des Nachwuchses auf eine neue Grundlage zu stellen. Alles geht darum, wer die jugendlichen Seelen in die bildende Hand bekommt und in welchem Sinne er sie erzieht. Die erbitterten Kämpfe zwischen den Parteien und Gruppen um die Schule spiegeln die Wichtigkeit künftiger Entscheidungen. Hierbei arbeiten sich Schulreformer, die von pädagogisch-praktischen Erwägungen ausgehen, und politische Richtungen, die bestimmte Zwecke der Erziehung verfolgen, vielfach entgegen, denn ihre Fragestellung ist verschieden. Es gilt, aus den vielfachen gegensätzlichen Strömungen, der verwirrenden Fülle der Gesichtspunkte, aus der Flut der Literatur die wesentliche Fragestellung herauszufinden, um die sich alles Einzelne gruppieren läßt.

Obenan steht die Erkenntnis, daß die pädagogische Frage so wenig wie jede andere sich aus dem Ganzen der Kultur und der Weltanschauung herauslösen läßt, daß sie keine bloße Fachangelegenheit ist, so sehr das Genie und die Erfahrungen des echten Erziehers zu ihrer Lösung notwendig sind. Aber die größten Erzieher waren von jeher nicht Fachleute, sondern große umfassende Menschen, die durch ihr gelebtes Beispiel, durch ihre menschenbildende Zauberkraft zunächst die Richtung eines kleinen Kreises von Jüngern, durch sie aber die Richtung von Jahrhunderten bestimmten. Die Philosophenschulen der Antike, die frühchristlichen Apostelgemeinden, die Klöster, die großen Humanisten, Genies wie Rousseau, Fichte, Nietzsche, George sind die eigentlichen Erzieher des Menschengeschlechtes und der Deutschen; die Gegensätze zwischen den Richtungen, pädagogischen Methoden und Praktiken gehen ausnahmslos auf solche große Urgestalten zurück, die ein bestimmtes Erziehungsideal zuerst lebendig prägten. Es gibt keine Pädagogik an sich, es gibt bloß Beispiele geformten Menschentums, die zueinander im Gegensatz stehen. Die Pädagogik ist nur die Umsetzung solcher vorbildlichen Gegebenheiten in die Praxis der Erziehung, eine Ableitung (Deduktion) aus weiter nicht zu begründenden Erlebnistatsachen. Eine Erziehung ohne Voraussetzungen weltanschaulicher Art ist keine Erziehung. Bis in jede Einzelheit des Unterrichts und der Methode drückt sich die bestimmende Erziehungsgrundlage aus.

Das Erziehungsideal von gestern, das sich heute in einer von allen Seiten untergrabenen Stellung befindet, so daß sein völliger Zusammenbruch nur eine Frage der Zeit ist, leitet sich geradeswegs her von den Humanisten. Nicht umsonst hießen Melanchthon, Leibniz und Wolff die „praeceptores Germaniae". Unser offizieller Schul- und Universitätsbetrieb ist auch heute im wesentlichen über die Grundlagen, die jene legten, nicht hinausgelangt, obwohl eine völlig gewandelte Welt dieses tote Trümmerstück überwuchert. Zwischen „Bildung" und Leben besteht heute eine Zusammenhanglosigkeit, welche die stärksten Erschütterungen der jugendlichen Einzelseele wie des allgemeinen Lebens hervorrufen und jedes Gefüge einer Kultur zersplittern muß. Fast unberührt von den umwälzenden Erschütterungen des Lebens, von der Erkenntnis, von dem Dasein größter Geister, holpert der Karren des staatlichen Erziehungsbetriebes in seinen ausgefahrenen Gleisen, das fragwürdige Gut einer „Wissensbildung" in sich bergend. Kein Wunder, daß Revolten jugendlicher Seelen an der Tagesordnung sind. Wo aber an Stelle eines toten Ideals kein neuer Sinn die Richtung bestimmt, ist Anarchie die unausbleibliche Folge. Jugendliche Anarchie, gefährlicher und lebensbedrohender als irgendeine, überschwemmt alle Grenzen, die organischem Leben (dem gestalthaft Begrenzten) gesetzt sind, und endet in der Zerstörung. Die Gefahr des Catilinariertums ist heute gerade für lebendige, quellende und kräftige Seelen ungeheuer.

Dieser Freiheitstrieb der Jugend hat nicht nur eine anarchische Seite. Er ist gleichzeitig Protest des Lebens gegen die Schule. Denn es ist nicht nur der Zusammenhang zwischen Leben und Schule verloren, sondern die Schule sucht das Leben zu „verschulen", das heißt zu vergewaltigen. Der „Sinn der Schule aber wird verkehrt, wenn die Schule über das Leben zu herrschen beginnt, wenn ohne Not immer mehr Inhalte und Jahre des Lebens der Verschulung verfallen, und wenn im Volke schließlich mehr Leute da sind, die zu leben lehren, als unmittelbar zu leben und zu schaffen begehren. Es kommt dann zu der verhängnisvollen Täuschung, als ob man den ganzen Gang des Daseins in der Schule bildend vorwegnehmen könnte, und als ob in diesem Dasein nichts anderes mehr vorkäme als eine Reihe von Anwendungsfällen für Schulfälle, die samt und sonders vorbereitet sind".*)

Der schreiende Gegensatz, in dem das Ziel der Erziehung zu den Forderungen höherer Triebe, des Blutes und der vom Leben gestellten Aufgaben steht, erhellt deutlich, wenn man dieses Ziel noch immer in dem verblichenen, fadenscheinigen Ideal des „Gelehrten" feststellt und erkennt. Von all den Kräften, die einen vollen, verantwortlich seine Aufgaben meisternden Menschen schaffen, wird grundsätzlich nur die eine des Verstandes, des Gedächtnisses, der Beflissenheit geschult, die sich in „Prüfungen" aller Art über einen bestimmten, wahllos zusammengestoppelten Wissensstoff auszuweisen hat.

Damit wird der Irrtum des Aufklärungszeitalters samt seinen verhängnisvollen Folgen für die Gegenwart bloßgelegt. Wie der Verstand für eine Tugend erklärt wurde, so wurde auch Bildung nur als verstandesmäßige Schulung betrieben. Besonders nach dem Zerfall der alten Zuchtschule erzog man nicht mehr, man lehrte nur noch. Wenn Pestalozzi als Voraussetzung jeder Erziehung die Kunst des Lesens und Schreibens forderte, so verwechselte er die Bildungstechnik (bedingt durch moderne Erfindungen) mit dem sittlichen Erziehungszwecke. Der allgemeine Schulzwang sollte jedem Einzelnen die Wege zu irdischer Glückseligkeit ebnen; eine ungeahnte Hebung des Gesamtvolkes wurde als Folge dieser Neuerung in Aussicht gestellt. Aber schon Fichte stellt fest, daß „gerade dieses Lesen und Schreiben bisher die eigentlichen Werkzeuge gewesen, um die Menschen in Nebel und Schatten zu hüllen und sie überklug zu machen". Mit dieser Bemerkung ist der Weg der „Kultur" für das 19. Jahrhundert vorgezeichnet. Eine Schicht der „Überklugen", der Intellektuellen, mußte entstehen; der Masse verhalf die Kunst des Lesens dazu, „in Nebel und Schatten" eingehüllt zu werden.

*) Eduard Spranger, a. a. O.

Die Geschichte bewies das Trügerische dieser Entwicklung. Die reichliche und wahllose Übermittlung von Bildungsgut förderte wohl das Wirtschaftsleben, begünstigte den Aufschwung der Technik, verringerte die große Spannung im Bildungsgrade der verschiedenen Volksschichten. Darüber aber wurde der Volkskörper krank. Seine gesunde Gliederung ging verloren. Natürliche und notwendige Unterschiede wurden geleugnet, keiner wollte mehr dienen, und soziale Unzufriedenheit zog in aller Herzen. Wiederum hatten individualistische Glückseligkeitslehren das Beste für den Einzelnen gewollt. Dieser verlor aber darüber seine seelische Ruhe und Freude. So war wieder der entgegengesetzte Erfolg erzielt, weil die Gesetze des Gemeinschaftslebens nicht ungestraft verletzt werden dürfen. Geht die Entwicklung im bisherigen Geiste weiter, so besteht das deutsche Volk in absehbarer Zeit nur noch aus Beamten, Akademikern, Schreibern männlichen und weiblichen Geschlechtes. Ein Heer von „Führern" entsteht so, die sich gegenseitig um die Führung zerfleischen. Traurige Besserwisserei macht sich breit und mischt sich in lächerlichem Dünkel in alles und jedes. Nur das Wichtigste: die Erfüllung eines umfriedeten Lebenskreises versäumt sie über der Weltverbesserung. Willig Geführte gibt es überhaupt nicht mehr. Bauern und Arbeiter müssen aus dem Auslande geholt werden, um die einfachen Arbeiten so lange zu verrichten — bis sie die fremde deutsche Herrschaft abschütteln. Das wäre dann das Ende Deutschlands, wie es das Ende Roms war. Mehr darüber im bevölkerungspolitischen Teile.

Außerhalb der Schulmauern haben schon längst die verschiedenen Lebensgebiete ihre eigenen Forderungen auf Befähigung zur Geltung gebracht, die sich um jenes schulmäßig festgelegte Ideal nicht kümmern. Die Folge aber ist, daß sich diese fachlichen Erfordernisse ungehemmt auswirken, daß infolge der Scheuklappen zwischen den verschiedenen Berufen keine rechte Verbindung besteht, daß die Ungeistigkeit in Form der verschiedensten „Fachmänner" ihre Triumphe feiert und jede Einheit eines menschlichen Ideals und damit der Gemeinschaft zerstört. Über die abgekapselte Losgelöstheit der einzelnen Berufe bildet sich dann die große zwiespältige Trennung heraus zwischen Menschen, die Bildung, Geist und Kultur als belanglose Spielerei neben den Forderungen des „rauhen, praktischen Lebens" betrachten, und solchen, die in intellektueller Überheblichkeit, in Ohnmacht oder Ressentiment vor der ungeistigen Wirklichkeit zurückscheuen. Fehlt jenen „Weltkindern" die Einsicht, der Zusammenhang, die Tiefe, so sind die „Geistigen" häufig geschlagen mit Unlebendigkeit, Dürre, Mangel an Mut und Tatkraft. Beide sind kulturlos, da sie die

Einheit von Geist und Leib, Theorie und Praxis in sich nicht verwirklichen können, ja, nicht einmal sehen. Dem Ideal des Vollmenschen bleibt jeder Einzelne aus Schicksal oder Veranlagung vieles schuldig, der eine mehr, der andere weniger. Was aber dem Einzelnen versagt bleibt, kann er auswirken durch freiwillige Unterordnung in eine Gemeinschaft, welche die lebensschaffenden Pole gleicherweise zur Geltung bringt. Der zur Gemeinschaft treibende Eros ist wie der zwischen Einzelmenschen eine Mischung aus Bedürftigkeit und Überfluß, und dieser Eros ist es, der allein Kultur schafft.

Das humanistische Erziehungsideal des Gelehrten ist im gegenwärtigen Bildungsbetrieb das einzige geblieben, obwohl es sogenannte Realschulen und Fachschulen aller Art gibt. Doch unterscheiden sie sich von den Gymnasien in ihrem Erziehungsbetrieb entweder gar nicht oder nur negativ: durch das Fehlen jeglichen allgemein-menschlichen Erziehungsgedankens. Technische Fertigkeiten pflegen die einen wie die anderen, ob es nun Fertigkeiten des Verstandes, des Gedächtnisses oder der Hände sind.

Ein neues Erziehungsideal verlangt eine neue Grundlage in Weltanschauung und menschlichem Beispiel. Daß es eine andere sein muß als die des Verstandes und des Wissens, des Gelehrtentums und der „Allgemeinbildung": darüber sind sich heute alle führenden Geister einig. Aber die Praxis des Unterrichts hinkt in einem unvorstellbaren Grade der Einsicht dieser entscheidenden Köpfe nach; und nur wenige sind sich aller Schlußfolgerungen bewußt, die sich aus diesem Obersatze von selbst ergeben.

Um die ganze Tiefe der Wandlung zu begreifen, die eine neue Grundlage der Erziehung an Stelle des Verstandes und des Wissens erfordert, müssen die beiden gegnerischen Stellungen gegeneinander abgegrenzt werden. Dazu dienen Formulierungen von Klages*), der wie kein anderer den Gegensatz von Wissen und Leben aufgedeckt hat. (Seine Terminologie des „Geistes" und des „Logos" deckt sich nicht mit der dieses Werkes, da er Geist dem „Verstand" gleichsetzt.) „Man vergegenwärtige sich den typischen Gelehrten alten und besten Stils, und man wird nicht umhin können zuzugeben, daß ihm gemeinhin nicht nur sein eigenes Leben, sondern das Leben selbst abhanden kam hinter einem dichten Maschennetz bloßer Kenntnisse und Formeln, an deren Schattenhaftigkeit es selbst nichts zu ändern vermöchte, wenn sie sämtlich den Vorzug hätten, richtig zu sein. Wir geben den Sachverhalt mit nur etwas anderen Worten, indem wir sagen, daß jeder Urteilssatz zwar seinen Sinn, nicht

*) „Der Geist als Widersacher der Seele."

aber zugleich das Erlebnis vermittle, das ihn aufzufinden ursprünglich befähigt hat. — Aus Erkenntnissen werden unablässig Kenntnisse; aber der Vorgang der Erkenntnisgewinnung (= Entdeckung) bleibt abgründig verschieden vom Vorgange der Erlernung des Entdeckten."

„Nur darum bemüht, in der Richtung des kleinsten Widerstandes möglicher Versachlichung auf überlieferten Sätzen weiterzubauen, kehrt sich die Wissenschaft von jeder Wirklichkeit ab, sobald sie nur kaum eine verknüpfungstaugliche Formel dafür besitzt, um fortan nun die zu betrachten, als ob sie ein Wirkliches wäre. Damit indes hat sie einen Weg eingeschlagen, nicht sowohl auf Vertiefung des Wissens als vielmehr auf Steigerung der Abstraktheit des Wissens und auf Erweiterung des Verwendungsspielraumes für je eine mäßige Zahl von Grundbegriffen. — Wir wollen nun eine Wahrheit gewußt nennen, sofern ihr Besitz das Ergebnis eines findenden Erlebens ist, dagegen nur gekannt, wenn es bloß der Erfahrung und des Lernens bedurfte, um ihrer teilhaftig zu werden. Berücksichtigen wir endlich, daß danach eine und dieselbe Wahrheit sowohl gekannt ist als auch gewußt werden könne, so dürfte die Berechtigung des Satzes erhellen, es liege jedem Urteil überhaupt, sei es wahr oder falsch, bald eine flache, bald eine tiefe Besinnung zugrunde, und es gravitiere demzufolge die Wissensentwicklung entweder nach der Seite der Vermehrung der Kenntnisse oder nach der Seite der Vertiefung der Einsicht. — Wir behaupten nun, daß bisher nur die flache Besinnung als „Wissenschaft" sich einrichten konnte, wohingegen die tiefe Besinnung in zunehmend größere Gefahr gerät, des Anspruchs auf Allgemeinverbindlichkeit ihrer Sätze überhaupt verlustig zu gehen. — Auf jenem Wege werden aufgelesen und eingesammelt die Tatsachen und ihre Beziehungen; dieser mündet von Fall zu Fall in die Entdeckung ihres Wesens. Wer auf die erste Art vorgeht, der baut am geradlinig aufsteigenden Eiffelturm der Wissenschaft, der niemals fertig zu werden die Bestimmung hat; wer auf die zweite Art, der hat ein Labyrinth betreten mit unzähligen Gängen unzähliger Richtung, die aber sämtlichst zusammenlaufen in einem und selben Mittelpunkt: dem nur zu erlebenden Wesen der Wirklichkeit. Jener ist fortschrittlich und logozentrisch gesinnt, dieser beschaulich und biozentrisch. Im ganzen gerechnet gehen wir jedenfalls nicht fehl, wenn wir die logozentrische ineinssetzen mit der Grundgesinnung der Wissenschaft, die biozentrische mit der Grundgesinnung der Metaphysik."

In diesen Sätzen stehen sich Wissen und Erleben, Kenntnisse und Erkenntnisse, Formel und Wirklichkeit, Wissenschaft und Metaphysik unversöhnlich gegenüber, und diese Gegensätze bestimmen auch die Richtung einer Kultur bis in die Einzelfragen der Erziehung. Aus den jeweils entgegengesetzten Gliedern der Reihe ergibt sich, daß auf der einen Seite das Unpersönliche, Abstrakte, Formelhafte steht, auf der anderen das Persönliche, Wesenhafte, Einmalige; auf der einen Seite der Verstand, auf der anderen der seelenhafte Mensch; hier die „Allgemeinbildung", dort die Eigengestaltung. Klages' Ausführungen stellen der Wissenschaft, die bisher das ganze Erziehungssystem bis in seine Grundlagen beherrschte, eine Erziehung zur Wesensbildung entgegen, die sich in dem Erleben der Wesenswirklichkeit vollzieht. Die Erziehung hat dann die Aufgabe, zu solchem Erleben die Seelen hinzuführen, sie dafür bereit und reif zu machen und seinen Sinn für die eigene Lebensgestaltung zu deuten. An Stelle des kausalen „Erklärens" steht dann als oberster Grundsatz des Unterrichts das seelentiefe „Verstehen". Der Bildung des Verstandes, die dieses Werkzeug allein schärfte, um die Tatsachen damit zu bearbeiten und zurechtzuschneiden, tritt entgegen die Bildung des Wesens, die darin besteht, die Wirklichkeit zu erfühlen und das lebendige Ganze zu erfassen. Das Wesen aber ist leib-seelisch, auf dieser Einheit von Leib und Seele muß der Unterricht beruhen, wie in seiner Zielsetzung, so in seinen Methoden und seiner äußeren Gestaltung.

Die „Bildung" ist im eigentlichen Sinne des Wortes ein organischer Vorgang der Gestaltwerdung, der unter den natürlichen Gesetzen des Wachstums, der Abstoßung und Einverleibung steht, deren Macht durch die leibseelische Aufnahmefähigkeit (Kapazität) des Einzelnen begrenzt wird. An Stelle des allgemeinen Bildungsstoffes stehen lauter individuelle Bildungsvorgänge, die schicksalhaft durch die Grenzen der Bildungsfähigkeit bestimmt sind. Wie nun der Körper in jedem Augenblick seines Wachstums eine Einheit bildet, wie durch die verschiedenen Abschnitte seiner Entwicklung eine zweite höhere Einheit geht, so ist auch das Ziel des Bildungsvorganges die gestalthafte Einheit der geistseelischen Persönlichkeit. Diese Einheit aber nennen wir Charakter und — wenn sie innerlich verantwortet und bewußt ist — Gesinnung. Das Ziel der sittlichen Erziehung und der wahren Bildung ist somit ein und dasselbe, ja man kann sich gar keine lebendige Sittlichkeit ohne Bildungsvorgänge denken. Diese Erkenntnis fordert jedoch die rücksichtslose Zerstörung des falschen mechanischen Bildungsbegriffes, der — eine Folge des wirklichkeitsentfremdeten, abgespaltenen Verstandes — sich von der leibseelischen Grundlage des Individuums loslöste und die willkürliche Allerweltsforderung einer „allgemeinen Bildung" in den leeren Raum hineinbaute.

Der wahre Bildungsbegriff dagegen fußt auf der Wirklichkeit der naturgegebenen Einzelanlage, die er zu der höheren Einheit der Persönlichkeit nach den ihr eingeborenen Maßen zu gestalten sucht. Es wird somit die Mannigfaltigkeit verschiedenartiger Persönlichkeiten das Ergebnis solcher Erziehung sein, die dennoch nicht zur Zersplitterung und Eigenbrötelei führt, da der Vorgang und die Grundsätze der Erziehung und Bildung für alle die gleichen sind. Die Rangordnung aber bemißt sich nach dem Wertmaßstabe der Ganzheit. Und dieser Wertmaßstab ist nicht mehr der bloße Verstand, sondern die natürliche Fähigkeit zur Herausbildung einer Ganzheit in Erlebnis und Tat, wie im Mikrokosmos so im Makrokosmos.

Danach wird sich der Sinn des Erziehungsvorgangs völlig wandeln. Vor allem beginnt er nicht mit dem Eintritt in die Schule, sondern liegt in seinem entscheidenden Teile vorher. Familie, Spielkameraden, Umwelt sind die Gestalter des jugendlichen Lebens, und alles Gewicht der Staatsfürsorge muß auf die günstigere Gestaltung der Lebensbedingungen für die Allerkleinsten gelegt werden. Menschenwürdige Wohnungen mit Licht, Luft und Sonne, Spielplätze, Kinderheime sind wichtiger noch als die wissenschaftliche Ausstattung der Schulen mit Laboratorien und Lehrmitteln. Die Reform der Erziehung setzt wirksam ein nur mit der Erneuerung der Familie.

So trostlos im allgemeinen die Zustände in den heutigen Familien sind, so locker die Bande, die ihre Glieder umschließen, so bleibt sie dennoch der eigentliche natürliche Organismus jeder Erziehung. Ihre unmerklich formenden Einflüsse, die seelischen Bindungen, welche dieser Gemeinschaft entwachsen, lassen sich durch keine wie immer gearteten Anstalten ersetzen. Gerade die Unwägbarkeiten der blutsmäßigen Gebundenheit bleiben selbst dann ein das ganze Leben bestimmendes Gut, wenn die Familienverhältnisse an sich keineswegs erfreulich oder besonders günstig sind. Selbst aus zerrütteten Familien wächst jener lebenslange Bann eines schicksalhaften Verbundenseins, der gegen keine Annehmlichkeit eines Erziehungsheims einzutauschen ist. Die Seele beweist ihre Macht über alle klugen Erziehungsmethoden und gerade dann am erschütterndsten, wenn sie durch Armut, Schuld und Schmutz durchbricht. Die Natur hält Unendliches aus, und an Vater und Mutter glauben die Kinder aus einem unerschütterlichen Triebe, selbst wenn vieles zu wünschen übrig bleibt. Erst wo die natürlichen Bindungen verleugnet werden und jede Beziehung unter den Familienangehörigen schwindet, ist auch der Bann des Elternhauses völlig gebrochen. Doch ist das seltener der Fall, als es unser

Bewußtsein uns vortäuscht. Gerade die unbewußten Einflüsse, die in den ersten Lebensjahren empfangen werden, lassen sich nie und nimmer auslöschen. Vom Stamm frühzeitig losgelöst, wird das Reis fast immer verdorren, wenn nicht körperlich, so seelisch. Die Seele aber verlangt in ihrem tiefsten Grunde nicht nach Wohlergehen, sondern nach Nahrung aus mütterlichem Boden. Das schlechteste Daheim ist fast immer noch besser als die glänzendste Fremde. „Denn das muß jeder Sehende bekennen: das Feinste und Entscheidendste der Erziehung kann die Schule gar nicht leisten. Sie kann belehren und Gemeinschaftskräfte für den Kreis der Schule selbst in Wirkung setzen. Aber die geheimeren Kräfte des Gemütes, die ganz persönlichen Bindungen, die den sittlichen Takt der Seele stärken und so etwas wie ein eigenstes Reich des fühlenden Herzens im Menschen gründen, die müssen in den Kinderjahren tief und voll gewirkt haben, wenn der Weg durch die Pubertätsjahre ohne Haltlosigkeit gelingen soll" (Spranger). Freilich müssen die Beziehungen zwischen Eltern und Kindern nüchtern und ohne Gefühlsschwärmerei betrachtet werden. Wie das Leben der Ehegatten untereinander, so ist auch das Verhältnis von Eltern und Kindern kein zartes Idyll. Übertriebene Erwartungen auf Dankbarkeit, auf das prompte Ergebnis von Erziehungsmethoden sind gewöhnlich die Ursache der Entfremdung. Selbstbeherrschung der Eltern, Einsicht in die unabänderliche Tatsache, daß Kinder eigene, sich einmal loslösende Menschen sind, ist Voraussetzung jedes fruchtbaren Verhältnisses. Mangelnde Einsicht in diese natürlichen Gegebenheiten erzeugt oft jene „Familiensimpelei", die nur abstoßend auf die Jugend wirkt und wertvolle Bindungen lockert. — Statt die Kinder zum Gegenstand zweifelhafter pädagogischer Versuche zu machen, ist es unendlich weiser, sie ihrem Spiel mit ihren Geschwistern zu überlassen und nur wie ein unsichtbarer Gott darüber zu wachen. Hier zeigt sich wiederum der Segen des Kinderreichtums. Die unbewußte fortwährende Beeinflussung jüngerer Geschwister durch die älteren, Befehlen und Gehorchenlernen, Führen und Geführtwerden, Sichbehaupten, seine Tüchtigkeit erweisen: das alles ergibt sich spielend im Zusammensein der Geschwister, das die erste große Erziehungsschule bedeutet: eine Erziehung, die mit unbestechlichem Blick auf das Ganze geht und den Menschen auf eine zwar kindische und oft fehlgreifende, im ganzen aber doch gesunde Probe stellt. Hier werden andere, wesentlichere Eigenschaften geprüft als in der Schule, und die fortwährende Verpflichtung, in Beispiel oder Nacheiferung sich zu bewähren, stellt trotz mancher Entgleisungen eine unübertreffliche Methode der Selbsterziehung dar, die sich dann später in der Gemeinschaft der Kameraden und endlich des Berufes wiederholt. Ein so vorbereiteter Mensch aber ist damit gehärtet und gefeit für alle Wechselfälle.

Freilich gehört zu dieser natürlichen, gleichsam „gärtnerischen" Erziehungsmethode ein Glaube: der Glaube an die Kraft und Gesundheit der Natur, die sich trotz aller Verirrungen durchsetzt. Ohne Gefahr ist sie nicht, aber darin ist sie dem Leben gleich. Das ängstliche, erklügelnde Bewahrenwollen, das unsere Eltern beherrschte, entspringt zutiefst einem Lebensunglauben. Gerade dadurch aber entzogen sie uns die stärkste Stütze. Wie die heutige Heilwissenschaft immer mehr die positiven Widerstandskräfte des Organismus zu wecken sucht, statt des vergeblichen Bemühens, die negativen Anlässe fernzuhalten, so will auch die neue „Diätetik der Seele" vor allem die gläubigen und mutvollen Eigenschaften stärken. Natürlich handelt es sich hier um kein Entweder-Oder, sondern um ein sorgsames Auswägen des günstigsten Zustandes zwischen blinder Sorglosigkeit und allzu ängstlicher Behütung. Auch muß zwischen Knaben und Mädchen unterschieden und überhaupt der einzelne Fall mit seel- und leibsorgerischem Feingefühl behandelt werden. All das aber ist niemals in dem Schema des üblichen Schulbetriebes möglich.

Ist aber der Zeitabschnitt der frühen Kindheit vollendet, steht das Kind an der Schwelle der Schule, so muß auch dann daran festgehalten werden, daß Schule nicht das Leben selbst ist, sondern vor dem Leben steht oder neben ihm herläuft. Spranger hat die Gefahr der Verschulung unwiderleglich geschildert. Er weist darauf hin, daß die Zeit der Vorbereitung zum Leben sich infolge der deutschen Überschulung ins Ungemessene dehne; daß der deutsche Mensch bis zum 26. Lebensjahre in irgendeinem Sinne, nicht in dem des Lebens, Schüler sei; daß die sitzende Lebensweise gerade dem jugendlichen Alter nicht entspreche; daß die Mittelschulen zu sehr ausgebaut würden und als Nötigung zu einer hochschulmäßigen Berufsbildung wirkten, die zu einer allgemeinen Verhochschulung führe. Vor allen Dingen aber sieht er in der Verschulung die Gefahr, daß die Kräfte der Selbsterziehung erlahmen. „Wenn sich ein Volk gewöhnt, in diesem Umfang für alles und jedes Schulen oder Hochschulen einzurichten, so entsteht in dem Einzelnen die Vorstellung, er habe an sich selbst mit freier Zielsetzung überhaupt nicht mehr zu arbeiten; er habe sich vielmehr einfach irgendwo in Arbeit zu geben, und die Schulen seien eben die von Gott und Obrigkeit verordneten einzigen Stätten, wo ihm von Staats wegen eine Bildung und ein Können gemacht werde. Folgt doch automatisch auf die Schule die Prüfung und auf die Prüfung die

Berufsberechtigung. Wer hat dabei noch Zeit, etwas Eigenes zu treiben und seinen originalen Weg zu gehen?" Spranger befürchtet fernerhin die Herabsetzung der erziehlichen Kräfte des Volkes überhaupt. Was an der vollen Wirklichkeit emporwachsen solle, flüchte sich in die Schule. Das Leben verenge sich, die Schule nage und höhle es aus. Besonders die Berufsschulen bedürften der Ergänzung und Vertiefung durch die Handwerkslehre. Denn jede Schule sei ein Kunstgebilde und verliere durch das schablonisierte Zusammensein vieler an Lebenswahrheit. Die allgemeinen Erziehungskräfte der Arbeitswelt würden durch die Verschulung noch weiter absterben. Diese Trennung von Schule und Leben ertrüge ein reifer Mensch auf die Dauer nicht. — Die Bedeutung der Schulung durch das Leben muß also immer im Auge behalten, wer an die Erneuerung des deutschen Schulwesens irgendwie herangehen will.

An Stelle des auf ein Mindestmaß einzuschränkenden allgemeinen Schulunterrichts hätten Vereinigungen der Schüler zu treten, die jeweils ein bestimmtes Bildungsgebiet in freiem Wettkampf betreiben. Hier kann sich Neigung und Begabung auswirken, am besten unter Leitung von Männern der Praxis. In Sportverbindungen wie in musikalischen Vereinigungen ist bereits der Weg vorgezeichnet, auf dem sich eine echte Verbindung zwischen Erziehung und wirklichem Leben anbahnt. Warum soll aber nicht die Technik, der Handel, die Industrie, die Kunst sich ähnliche Vorschulen der zu ihr Strebenden schaffen, ohne daß der Ballast einer die Seelen und Leiber verkrüppelnden Allgemeinbildung mitgeschleppt wird? Warum soll, wer Arzt werden will, nicht als Barbier und Heilgehilfe anfangen, dann eine Fachschule besuchen, dann wieder ärztliche Hilfsdienste leisten, um endlich nach Besuch der Hochschule Arzt zu werden? Ähnlich könnte der Lehrgang des Juristen beim Gerichts- oder Anwaltsschreiber beginnen, um über Rechtsanwaltschaft und Richtertum zu gesetzgeberischer Tätigkeit zu führen. Fast vorbildlich hat die heutige Reichswehr die Offizierslaufbahn geregelt, die jedem Soldaten offensteht, wenn er den geforderten Lehrgang durchschreitet. Das Vorurteil, daß zu jedem höheren Berufe ein Gelehrtenstudium gehöre, führt zu verhängnisvollen Folgen: Heranzüchtung vieler für das Berufsleben Untauglicher, Zurücksetzung des tüchtigen Praktikers und Aufreißen sozialer Klüfte. Insbesondere gilt das auch für die Vorbildung zum Beamten, von der an anderer Stelle schon gesprochen wurde.

Die Schule stelle die gerade Fortsetzung und Weiterführung der Erziehung im Elternhause dar und nicht einen zerstörenden Einschnitt ins Lebendig-Unbewußte. Die Barbarei der Stundenpläne, die Leib und

Seele verkrüppelnde Schulzimmeratmosphäre müssen verschwinden. Welches „Naturgesetz" schreibt vor, daß ein Kind mit dem vollendeten sechsten Lebensjahre „schulpflichtig" wird? Daß es mit acht Jahren schreiben und rechnen können muß? Daß immer 50 Kinder in langen Bänken sitzend zusammengepfercht werden sollen? Welcher Inquisitor hat die Befächerung des Lehrplanes erfunden? Der ertötende Hauch der Lernfabrik darf sich nicht auf die knospenden Seelen legen und die köstliche Ursprünglichkeit unterbinden. Im Spiel, bei unmerklicher Leitung, müssen sich die freien Seelenkräfte entfalten, die Quellen des Erlebens müssen rein, die Kräfte der Tat frisch erhalten werden. In der Volksschule sind durch Männer wie Kerschensteiner, Rüttgers u. a. schon weitgehende Besserungen erzielt worden. Diese gilt es folgerichtig anzuerkennen und sie auch auf die Mittelschule auszudehnen.

Daß, unter Anerkennung der Fortschritte in der Lehrweise, neue Wege eingeschlagen werden müssen, ist heute allgemein empfundenes Bedürfnis. Dazu gehört auch ein Aufhören jener falschen Rücksichtnahme, die heute gegenüber den schwach veranlagten oder geistig bequemen Schülern geübt wird. Darunter leidet der hochwertige Schüler nicht nur, er verbummelt in vielen Fällen geradezu. Die Errichtung von Begabtenschulen ist ein Schritt auf der richtigen Bahn. Dies beweist auch der Aufschwung des Privatschulwesens, das genau entgegengesetzte Wege geht wie früher. Fanden sich in den Privatschulen einst vorwiegend schwache Schüler zusammen, die besonderer Vorbereitung zu Prüfungszwecken bedurften, so sind es heute die Begabten, die der öden Gleichmacherei und der erstarrten Erziehungsweise staatlicher Schulen entzogen werden sollen.

Die hier behauptete Bildungssucht bestätigt eine Betrachtung des heutigen Schulwesens. Vor allem fällt auf, daß der Lehrplan immer mehr auf das Stoffliche und Nützliche zugeschnitten wird. Der Lehrstoff wird nach dem Gesichtspunkte ausgewählt, inwieweit das übermittelte Wissen dem Berufsleben zugute kommt; er muß sich also gewissermaßen für das Erwerbsleben „rentieren". Dabei wird meist vergessen, daß Entwicklung und Zucht der Denkkräfte, Stählung des Willens und Stärkung des Verantwortungsbewußtseins für den Kampf des Lebens entscheidend sind. Nützliche Kenntnisse wie der Chemie oder einer lebenden Sprache lassen sich im allgemeinen immer nachholen von dem, dessen Denkvermögen und Willenskräfte genügend geschult sind. Die Kenntnisse, die einem Menschen vor seinem achtzehnten Lebensjahre übermittelt werden, vergißt er in ihren Einzelheiten meist; was aber nicht verloren geht, das sind die Errungenschaften einer Erziehung des Charakters. Entscheidend bleibt nur, daß diese Tätigkeiten aus dem Gesichtspunkt der Ganzheit getrieben werden. Die Ganzheit aber ergibt sich nicht aus der Zusammenzählung der Einzelfächer, sondern daraus, daß man im Teile das Ganze erlebt.

Als allgemeines Fach aber, das kein „Fach“ ist, bleibt über all der Einzeltätigkeit bestehen das Gebiet der Sprache, der deutschen Sprache, in Verbindung mit der Geschichte. Der Deutschunterricht ist zum Mittelpunkt der gesamten Schulbildung zu machen, der die Verbindung zwischen allen Einzelfächern herstellt; aus der Einsicht heraus, daß die ganze Grundlage unserer Kultur auf der Sprache beruht, daß in ihr die „Erfahrungshinterlassenschaft“ von unzähligen Geschlechterfolgen aufgespeichert ist, durch die hindurch wir des Sinnes unseres Leibes und Lebens teilhaftig werden. Diese Forderung setzt den Glauben an die göttliche Bestimmung des deutschen Menschen und der deutschen Kultur voraus, den Glauben, daß wir nichts anderes und Besseres wollen können, als den Sinn des durch unsere Sprache bedingten deutschen Lebens zu erfüllen. Selbst wer sich dagegen sträubte, könnte doch nichts anders, als durch die Sprache hindurch zum Sinn der Dinge vorstoßen. In ihr haben sich die Erlebnisgehalte von Jahrtausenden verkrustet, und durch ihren Gebrauch sind wir schon seit frühester Kindheit vorbestimmt zu Erlebnissen und Gedankengängen auf den gleichen Pfaden. Wir können sprachblind und damit ergebnisblind werden, niemals aber erreichen wir dadurch einen neuen Sinn. Das Genie kann im Kampfe mit der Sprache neue Gebiete erobern, mit verkalkten Irrtümern aufräumen: niemals kann es das *ohne* sie. Durch Besinnung auf den Wesensgehalt der Sprache dringen wir in jegliche metaphysische Tiefe, ergründen wir den Seelenreichtum unserer ganzen Welt. „Kein Ding ist, wo das Wort gebricht“, sagt George, und alle Weisheit und Erkenntnis, jeder religiöse Glaube, ja jedes menschliche Gefühl ist gebunden an die Sprache, die deshalb die wichtigste und allgemeine Grundlage der Erziehung ist. Beherrschte bisher die auswendig gelernte Vokabel, das leere Ableiern, die abstrakte Formel die Schule, so muß das lebensträchtige Wort, der Spruch, das Lied bis hinauf zum großen Gedicht der Mittelpunkt des Unterrichtes werden, muß das Erleben ihres bildenden Gehaltes wie die Einsicht in das Wesen und Werden unserer Kultur an ihrer Hand entwickelt werden. Kann doch durch die Sprache vom Einfachen bis zum Zusammengesetztesten, vom Nächsten bis zum Fernsten die ganze Stufenleiter der Entwicklungen auf allen Gebieten durchlaufen werden, klingt doch hier auch bei der verstocktesten Seele, dem beschränktesten Verständnis etwas an, was sich pflegen und weiterleiten läßt.

In dem überflüssigen Streite über humanistisches Gymnasium und Realschule tritt wieder so recht jener Denkfehler in Erscheinung, der sich überall eingeschlichen hat; er äußert sich in der unsinnigen Annahme, daß die Schulung des menschlichen Geistes an alten Sprachen im Leben wenig nütze. Die Güter der Seele sind aber in Wahrheit meist die „realsten", weil unverlierbar, und die sogenannten realen Bildungsgüter sind oft fragwürdig, weil sie nur für eine ganz bestimmte Lage Vorteile gewähren, aber nicht die allgemeine Lebensrichtung anweisen, die eine weltanschauliche Erziehung zu geben vermag.

Nun kann aber nicht geleugnet werden, daß die humanistische Bildung in demselben Maße an innerem Gehalt verlor, in welchem der deutsche Idealismus zu einer hohlen philosophischen Form wurde. So vergaß man auch die geistigen Hintergründe der Antike und den erzieherischen Wert der Erlernung alter Sprachen. Ein unfruchtbares Philologentum, oft mit Recht bespöttelt, machte sich breit. Nebensächlichkeiten gelangten bei der geschichtlichen Betrachtung in den Vordergrund, minderwertiges Schrifttum wurde aus rein sprachlichen Gründen gelesen. Wahllos wurde die Antike verherrlicht; echter Kultur und Auswüchsen des Niedergangs gleiche Beachtung und Bewunderung geschenkt. So wurden die Vorstellungen von der Antike immer verworrener; das Bild deutscher Geschichte und Kultur wurde dafür nicht klarer. Es war ein folgenschwerer Mangel des humanistischen Gymnasiums, daß es der Zögling verließ ohne Kenntnis des neunzehnten Jahrhunderts, ohne Wissen um Bismarck. Was nützt es aber dem deutschen Volke, wenn statt dessen chemische Formeln eingedrillt werden, wenn an Stelle Platons irgendein moderner Mathematiker oder Physiker tritt? Von dem Mangel an volksdeutscher Geschichtsbetrachtung, von der oberflächlichen Art, die Geschichte nur als eine solche von Herrscherhäusern und Staaten aufzufassen, soll ebensowenig die Rede sein wie von der Mißhandlung, die dem sehr notwendigen erdkundlichen Unterricht zuteil wurde. Am Ende haben doch die geographischen Räume, in denen Menschen wohnen, ihre Eigengesetzlichkeit und beeinflussen Wesen und Geschichte ihrer Bewohner. Statt dessen vermitteln heute „realistische" Schulen dem jungen Deutschen eine Summe zusammenhangloser Kenntnisse, die ihn richtungs- und meinungslos dem menschlichen Geschehen, in das er später hineingestellt wird, ausliefern. Nur das Volk kann seine Geschichte selbst bestimmen, dessen Angehörige sie gewissermaßen im Blute und im Gehirne tragen und deshalb fühlen und wissen, an welchem Werke und in welchem Geiste sie weiterzubauen haben. Ein gesunder Lehrplan soll deshalb eine einfache, aber kräftige

Linie aufweisen. Er soll echtes Kulturgut bieten und nicht eine Menge fragwürdiger Kenntnisse; er soll das Gefühl für eigenen Boden, eigenes Volkstum und eigene Geschichte stärken und eine allgemeine Marschrichtung für das Leben weisen. Darüber hinaus soll er stärkend auf die junge Seele wirken, damit sie sich unangefochten durchs Leben kämpfe. Was der Einzelne für den Beruf braucht, soll er sich dann, immer unter der Voraussetzung der Begabung, in Berufsfortbildungsschulen, Fachschulen und in seinen Lehrjahren erwerben.

Der heutige Schulaufbau beruht auf einer völligen Abkapselung des „Schülers" vom Leben. Womöglich bis zu seiner Verheiratung soll er unablässig mit Kenntnissen vollgepfropft werden, die jenseits aller Lebendigkeit stehen. Der neue Schulaufbau muß in erster Linie enge Fühlung mit dem Leben halten. Im staatspolitischen Teile dieses Werkes wurden als die vier Haupterziehungsträger Familie, weltanschaulich-religiöse Gemeinschaft, Berufsverband und Staat erkannt. Alle sind Teile des geistigen und praktischen Lebens. Über die Erziehung in der Familie und den Volksschulen wurde das Notwendige gesagt. Die Volksschule hat noch nicht jene Form gefunden, welche den Erfordernissen echter Lebendigkeit entspricht. Lähmend wirkt dabei der Umstand des allgemeinen Schulzwanges. Große Kulturländer haben auf ihn verzichtet ohne Schaden für ihre Bildungshöhe. Ja, es kann kein Zweifel bestehen, daß die Nötigung, Unterricht in Massenform zu erteilen, den Persönlichkeitswert von Lehrer und Schüler erstickt. Auch wirkt der allgemeine Schulzwang gegen Begabung und Auslese. Die Entwicklung wertvoller Anlagen, auf die es im Leben eines Volkes fast ausschließlich ankommt, unterbleibt. Dazu kommt der Umstand, daß die Volksschulen zunehmend zu Vorschulen für Mittelschulen werden. In seiner lesenswerten Schrift „Schülerauslese"*) weist G. Müller darauf hin, daß zu Beginn des Schuljahres 1925/26 nicht weniger als 35 vom Hundert der Volksschüler des fünften Schuljahres in die Mittelschulen Württembergs übertraten. Dadurch verliert die Mittelschule ihren Charakter als Ausleseschule und sinkt in der Bildungsebene unablässig herab. Ein solcher Schulaufbau ist falsch. Die Volksschule soll den weitaus größeren Bestand der Schüler bis zu einer gewissen Reife führen und dann an die Berufsschulen abgeben. Die Mittelschule — man sollte vorziehen, nach österreichischem Vorbilde eine Art Bürgerschule (Fortbildungsschule) zu schaffen, die nicht auf die Hochschule hinzielt — war gedacht als Brücke zum Hochschulstudium. Heute ist sie eine Berechtigungsmaschine, die lächerliche und schlimme Folgen

*) Druck und Verlag von Kupky Dietze, Dresden, 1928.

für das gesamte Wirtschaftsleben zeitigt und die Zöglinge mit einer verkehrten Einstellung zum Leben ausstattet. Jeder Beruf glaubt sich und seine Gehaltsansprüche heben zu können, indem er neue Anforderungen hinsichtlich der Vorbildung stellt. Kindergärtnerinnen, von welchen die Primareife verlangt wird, und Gerichtsschreiber mit neunklassiger Mittelschulbildung stehen am Ende dieser an das Komische grenzenden Entwicklung. Von einer Begabtenschule im Sinne der Auslese kann bei den heutigen Mittelschulen nicht mehr die Rede sein. Die Folge ist Verbreiterung des Bildungsstandes auf Kosten der Bildungstiefe.

Dem entrüsteten Einwande, solche Haltung sei „kulturfeindlich", kann nur entgegengehalten werden, daß die in diesem Buche vertretene Weltanschauung den Kulturstand eines Volkes nicht danach bemißt, ob möglichst viele Menschen über unverdautes Bildungsgut die unsinnigsten Meinungen hegen. Die rein wissenschaftlich betriebene „Volksbildung", deren Betrachtung nur belehrend wirken kann, hat hierfür die nötigen Beweise geliefert. Die Achtung vor der sogenannten Bildung ist teilweise noch gewaltig; wer kennt nicht die Gewerkschaftssekretäre und Arbeiterführer, die ihr gesundes menschliches Urteil vollkommen verbildet haben und die unsinnigsten Sprüche über Häckels „Welträtsel" wechseln? So rührend dieser Drang den Deutschen kennzeichnet, so verhängnisvoll wirkt er auf die seelische Gesundheit des Volkstums. Ist schon die Unzulänglichkeit der Erkenntnis für den hochbegabten Gelehrten erschütternd, so wirkt sie auf den einfachen Mann schlechterdings vernichtend.

Aus dem Mittelschulelend helfen nur rücksichtslose Maßnahmen. Neue Schultypen mit klaren Zielen: entweder Vorbereitung zur Hochschule oder Abschluß eines nicht hochschulmäßigen Bildungsganges. Dazu, um die Auslese sicherzustellen, die Einführung der Richtziffer. „Der einzige Weg, um mit der Schülerauslese wirklich ernst zu machen, für alle Wissenden der einzig ehrliche Weg, ist die nach volkswirtschaftlichem Bedarf begrenzte Zahl, natürlich in Verbindung mit einer entsprechenden Auslese der Begabten" (G. Müller). Es ist wirklich nicht schwer, Mangel bei der Besetzung höherer Stellen zu vermeiden, wenn nur den Prüfungsausschüssen rechtzeitig die Höhe des Bedarfes bekannt gegeben wird. Als Übergangsmaßnahme, die sofort angewendet werden könnte, diene der Vorschlag Müllers, bei Zwischen- und Reifeprüfungen zweierlei Zeugnisse auszustellen: für Schüler, die ins Leben treten, und für solche, die das Studium fortsetzen wollen. Gründliche Heilung verspricht aber nur die Beseitigung des Berechtigungswesens überhaupt. Der Schulbesuch als solcher gibt für gar keine Lebensstellung Vorrecht, sondern nur die Leistung; vor die Aufnahme in die nächsthöhere Schule kann eine Prüfung gesetzt werden, die aber viel strenger sein muß als die heutigen Reifeprüfungen; es schadet garnichts, wenn die Zahl der deutschen „Gebildeten", insbesondere aber der Akademiker, durch eine solche Maßnahme gehörig beschnitten würde. Die Vereinigten Staaten von Nordamerika sind jetzt notgedrungen diesen Weg gegangen. Auch die Zulassung zu akademischen Berufen soll von einer Berufsprüfung abhängig gemacht werden und nicht von Semesterzahl und Schlußprüfung. Die Universität darf in Zukunft nur zwei Grade erteilen, den des Studierenden (durch strenge Aufnahmeprüfung) und den der Doktorwürde. Erhöht man zu deren Erlangung endlich die Anforderungen, so kann kein Schaden daraus erwachsen.

Die Universitäten stehen vor einer Krise. Nach Wesen und Charakter dem Humanismus entstammend, auf seiner Grundlage einer Verstandeswissenschaft und einer „Gelehrtenrepublik" aufgebaut, wanken sie in ihren Wurzeln, seit diese Grundlage erschüttert ist. Zum Teil sind sie ein „unübersehbares Bündel von Fachschulen für enge Fachmenschen" (Spranger) geworden, die sich von irgendwelchen ähnlichen praktischen Vorbereitungsstätten wenig unterscheiden; zum Teil aber ringen sie mit ihrer Problematik und führen den Kampf gegen ihre eigenen veralteten Grundlagen. Welche Folgen sich daraus für ihre Zukunft ergeben, ist noch ungewiß. Fraglos stehen heute die entscheidenden Geister außerhalb der Universitäten und ihrer Antriebe. Aber die Krankheit sitzt tiefer. Seit der Gelehrte für uns nicht mehr die Spitze der Kultur darstellt, seit wir geneigt sind, ihn als eine Form der Entartung zu betrachten, die nur im Hinblick auf wesenhaftere, vollere Typen des Menschlichen ihre Berechtigung empfängt, steht die Frage offen, wie wir mit Hilfe der Universitäten solche vollere und wesenhaftere Gestalten, an deren Züchtung alles hängt, heranbilden können. An ihr wird die Zukunft zu rätseln haben. Der Schwerpunkt aber hat sich für die jungen Menschen schon jetzt aus den Hörsälen auf andere Gebiete verschoben. Die gründliche Beschäftigung der Studenten mit Politik erhält von hier aus ihren tieferen Sinn, der durch die überlegentuende Entrüstung verängstigter Politiker über unbefugten Eingriff nicht abgetan werden kann. Mag sich der politische Drang auch auf allerlei Abwege verirren, so zeigt seine Stärke und Leidenschaft, daß hier ein Wille emporringt, der entschlossen an die Gestaltung und Ordnung des Lebens herangeht. In diesem Sinne müßte jeder Politiker diese politischen Triebkräfte zu fördern, heranzuziehen und dem Ganzen dienstbar zu machen suchen. Aber der Zug zur Ganzheit zeigt sich beim heutigen Studenten auch in vielen anderen Erscheinungen. Die begeisterte Pflege des Sportes entspringt wenigstens zum Teil auch dem Bedürfnis, nicht nur ein wissenschaftlicher Registrierapparat zu sein, sondern als voller ganzer Mensch mit Leib und Leistung einzustehen. Dieses Einstehen vermag sich aber zu äußern — und das ist das schönste Versprechen der Zukunft — für Ziele und Ideale. In dem mutigen Einsatz der Persönlichkeit für als höher empfundene Gemeinschaftszwecke, in dem zuchtvollen Unterordnen unter freigewählte Führer, in der stärker und fester sich herausbildenden Kameradschaft in den vielen Bünden und Orden erblicken wir die schönste und fruchtbarste Auswirkung des Kriegserlebnisses auf die Nachkriegsjugend. Kein Zweifel, daß solcher begeisterten und guten Truppe auch die echten Führer erstehen werden!

Hält man die Verfachschulung der Hochschulen für unaufhaltsam, dann bleibt nur übrig, im Geiste der neuen Ganzheitsidee auch echte Hochschulen, die von keiner Befächerung in ihrem Wesen verfälscht werden, zu schaffen. Zwei solcher „Universitäten", welche eine wirkliche Oberschicht auserlesenen Führertums züchten, würden genügen. Sie wären auf Gemeinschaftsgeist aufzubauen, nach dem Muster der deutschen Burse oder des englischen College. Wenn die Hochschule nicht wieder dem weiten Blicke, nicht mehr dem Zuge nach der universitas dient, wenn der Student die ihm gewährte akademische Freiheit nicht mehr zum Streben im Goetheschen Sinne des Wortes verwendet, dann hat die Universität ihren hohen Rang verloren.

Es ist allerhöchste Zeit, an den geistigen Neubau des Erziehungswesens heranzugehen. Dazu gehört zunächst die Freimachung gesunder Persönlichkeitskräfte. Wenn der Verfasser den großen Lehrerpersönlichkeiten das Wort redet, so tut er dies auch gleichzeitig für ausgeprägte Persönlichkeitswerte beim Zögling. Denn nur Persönlichkeit kann Persönlichkeit verstehen und dazu erziehen, soweit Erziehung dies vermag. Persönlichkeit und wahre Weltanschauung gehören aber zusammen. Die Schule muß deshalb wieder in Kulturkreise eingebaut, muß zur Weltanschauungsschule werden. Die starken weltanschaulichen Köpfe sollen einem Kreis von Zöglingen ihren Stempel aufdrücken. Wo ist aber eine geschlossene echte Weltanschauung, die auf christliche Grundlagen verzichten könnte? Es ist deshalb ein sträfliches Verlangen, den Religionsunterricht aus der Schule zu entfernen. Welche Eltern haben das Recht, die hohe Sittlichkeit des Christentums ihren Kindern vorzuenthalten? Freiheit?! Ist ein Mensch in seiner inneren Entwicklung gehemmt, wenn ihm die Heilslehre Christi verkündet wird? Gibt es ein geistiges Leben in Europa, das nicht zum mindesten das Christentum kennen muß? Wo aber ist die „Weltanschauung", die es gar ersetzen könnte? Keine Erziehung ohne Weltanschauung und keine weltanschauliche Wirkung ohne überzeugte Persönlichkeit. Man lasse also den wenigen Künstlern unter den Erziehern freien Lauf, ersticke ihre Erzieherfreude nicht mit Schulvorschriften und Lehrplänen. Glaubt eine starke Erzieherpersönlichkeit, in geschlossenen Erziehungsanstalten besser wirken zu können als in Schulen, die das Kind dem Elternhause belassen, so mache man für solche Schulen den Weg frei. Meint ein Erzieher, eine planmäßige Körpererziehung mit der geistigen verbinden zu sollen, so eröffne man dieser Erziehungsweise alle nur erdenklichen Möglichkeiten. Denn es ist traurig, daß bis zum heutigen Tage noch nicht einmal die tägliche Turnstunde in Deutschland eingeführt ist. Hier kann eingesetzt werden. Welch ein ungeheures Feld schöpferischer Betätigung eröffnet sich für den Erzieher kraft Berufung. Aber es müssen Erzieher sein, die mit der Leidenschaft des überzeugten Arztes an die Heilung des kranken deutschen Volkes gehen und sich nicht als Lehrbeamte fühlen. Es wird immer als ein Zeichen des Niedergangs deutscher Pädagogik gewertet werden, daß die Lehrerschaft, statt neue Bahnen aufzuzeigen, selber den Verlockungen des Berechtigungswesens unterlag. Der Drang deutscher Volksschullehrer nach dem Doktortitel verrät eine bedauernswerte Armut an bejahender Berufsfreude und schöpferischer Kraft. Hat die deutsche Lehrerschaft wirklich kein größeres Ziel als die Verfolgung jenes Bildungswahns, der sie selber auf die befächerte Hochschule mit ihrem leeren wissenschaftlichen Getue führt? Deutscher Lehrer erwache und begreife, daß eine Aufgabe unermeßlicher Größe Deiner harrt und daß in Deine Hand die Zukunft eines Volkes gegeben ist! — Man trage auch dem Gedanken der Landerziehungsheime und der Arbeitschule, die schon Fichte gefordert hat, mehr Rechnung als bisher; die Zöglinge bekommen Fühlung mit der Natur und verlieren das gefährlichste Pflaster unter den Füßen, das es gibt: das der Großstadt. Außerdem büßt die Schule ihre Schrecken ein und wird zu einer Stätte der Kameradschaft und des Gemeinschaftsgeistes. Wie kühn ist doch der Gedanke Fichtes, daß eine Schule — gleichsam als geschlossene Wirtschaftseinheit — durch praktische Tätigkeit der Zöglinge sich selbst wirtschaftlich erhalte. Unsere Zeit aber lobt Fichte zu Tode, ohne von ihm zu lernen.

Das Wahngebilde einer „staatlichen Erziehung" muß in seiner ganzen Lebensfeindschaft, Unmaßung und geistigen Dürre rücksichtslos entlarvt werden. Es entstammt ganz und gar individualistischem Denken, das in dem Staat die einzige höhere Gewalt über den Willensgegensätzen der Einzelnen erblickt und ihn deshalb mit der Selbstherrlichkeit eines absoluten Wesens ausstattet. Da es aber ein leerer Begriff ist, der hier in Ermangelung wahrer natürlicher Ganzheiten zum Gotte gemacht wird, so fließt auch aus ihm nicht der dünnste lebendige Quell, der das Gebiet der Bildung und Erziehung bewässerte. Welches sollen die erfüllenden Ideen, die lebendigen Antriebe sein, welche die Erziehung vom Staate empfängt — von einem Gebilde, das seine Inhalte wechseln kann und oft von heute auf morgen wechselt, das sich in der Praxis herausstellt als bloßes Werkzeug der Macht in der Hand von Parteien! Wenn E. Krieck*) nachzuweisen sucht, daß der deutsche Staat von jeher ein „Staat der Erziehung und Bildung" gewesen sei und daß es gelte, diese seine Machtstellung in kulturellen Fragen allen Widerständen zum Trotz auszubauen und durchzusetzen, so übersieht er völlig, daß der Staat der Reformation oder der des friderizianischen Königtums gänzlich andere Gebilde sind als der Parteistaat von heute. Er selbst betont die entscheidende Rolle, welche die Reformation bei der Herausbildung des Erziehungsstaates gespielt hat. „Die neu erstehende protestantische Kirchenordnung nahm ihren Rückhalt am Staat, und zwar an den fürstlichen und städtischen Kleinstaaten, denen damit ein erheblicher Zuwachs an Macht zuteil wurde. Auf sie wurden auch die Funktionen des Schulherrn übertragen, und die Kirchen waren in der Schule ausführendes Organ der Obrigkeit. In mehreren Schriften hat Luther aus der göttlichen Berufung und Einsetzung der Obrigkeit deren Recht und Pflicht zur Erziehung und Bildung der Untertanen abgeleitet. Damit ist grundsätzlich der moderne Kulturstaat vorbereitet, der zum Verwalter des Bildungsgutes wird und ihm in einem großen öffentlichen Schulwesen eine Organisation und Stätte der Auswirkung schafft, so daß das Kulturgut dem Staatsvolk als gemeinsamer staatsbürgerlicher Bildungsbesitz einverleibt werden kann." Ausdrücklich wird hier also die „Übertragung" der Erziehungsaufgaben an den Staat festgestellt, woraus sich von selbst ergibt, daß diese Übertragung nur ein Ergebnis des Bundes zwischen Staat und Kirche darstellt, den Luther schuf, und die in demselben Augenblick erlöschen mußte, als der Staat sich von der Kirche wieder sonderte und zur abstrakten Form der Demokratie wurde. Der Staat Friedrichs des Weisen, des Großen Kurfürsten oder Friedrichs des Großen ist eben noch keine reine Gesetzesherrschaft (Nomokratie) gewesen, sondern stellte eine eigenartige Verschmelzung stammesartlicher dynastischer und religiös-

*) a. a. O.

ethischer Bestandteile dar, ähnlich dem englischen Staatswesen. (Nicht grundlos unterscheidet die Sprache zwischen Staat und Staatswesen.) Der heutige deutsche Staat ist eben kein Wesen, denn zu einem solchen gehört eine Seele, und die zu entdecken ist bisher keinem auch noch so überzeugten „Republikaner" beim Parteistaat gelungen. Zum mindesten müßte es eine recht vielfältige Seele sein. Da aber dem heutigen Staat die Seele fehlt und seinem Wesen nach fehlen muß, so kann er auch nicht zum Führer und Schöpfer auf dem Gebiet der Bildung und Erziehung werden. Andere, seelenhafte Mächte haben hier vor ihm den Vorrang, und es bedeutet einen unberechtigten Eingriff ins Lebendige, wenn der Staat ihnen das ewige Recht auf die Bildung und Führung der Seelen in der Schule zu entziehen sucht. Im Negativen, in der Abwehr staatsgefährdender Umtriebe hat er seine selbstverständlichen Aufgaben; positiv aber seine „Gesinnung", die keine ist, an Stelle der ewigen Wahrheit der Religionen den Seelen aufzudrängen, ist eine Verirrung in fremdes Gebiet. Berechtigt ist Erziehung seitens des Staates auf staatsbürgerlichem Gebiete. Nicht jener blasse staatsbürgerliche Unterricht, der in der Aushändigung eines Verfassungsexemplars an jeden deutschen Schüler gipfelt. Die stärkste staatsbürgerliche Erziehung, zur Schulung des Menschen wertvoller als der ganze Volksschulbetrieb, war vor dem Kriege die allgemeine Wehrpflicht. Hier wurde der gereifte junge Mann zum Dienste erzogen. Hier lernte er die Tugenden des Alltags: Sauberkeit, Pünktlichkeit, Pflichterfüllung, Einfügung und Kameradschaft. In praktischer Schulung und nicht in Paragraphen wurden Bildungsgüter übermittelt, die dem deutschen Volke sein Gepräge gaben. Möge auch die allgemeine Wehrpflicht in dieser Form nicht wiederkehren: eines steht fest, daß diese Art von Schulung der reiferen Jugend eines Volkes not tut, daß so der Geist der Gemeinschaft und der Einordnung seine praktisch wirksame Form erhält. Volksdienst im weiten Sinne des Wortes verlangt die entsprechende Schulung. Und hier hat der Staat, sonst niemand das Wort. Heute schweigt er, obwohl seine Hände in dieser Richtung auch durch das Versailler Diktat nicht gebunden sind.

Zwei Dinge sind es, auf die solche organische Erziehung letzten Endes hinausläuft: die Pflege und Entwicklung der natürlichen Grundlagen des Leibes und der Seele, in Erleben und Wirken; und die Schärfung des Gefühls für die Abhängigkeit von größeren Ganzheiten; von Ideen, zu deren höherer Ehre der Einzelmensch sich zu opfern bereit ist. Der letztere Grundsatz schließt vom Standpunkt des Einzelnen in sich das Bewußtsein des Tragischen. Ohne dieses tragische Grundgefühl kann keine Kultur der

Ganzheit (und dies ist die einzig wahre Kultur) entstehen, da nur in dem Opfer der Einzelpersönlichkeit, in dem täglichen für die Familie und den Beruf, in dem außerordentlichen für das Volk in Zeiten der Not, endlich in dem höchsten Opfer für die Idee, sich das große Ganze eines übergreifenden Zusammenhanges verwirklicht. Aber dieser tragische Opferwille ist nicht blasser diesseitsflüchtiger Verzicht, sondern stärkste Bejahung des Lebens, das zu seiner Erfüllung des Verschenkens, Verströmens bedarf. Alle Schönfärbereien und Glückseligkeitslehren sind Angst und Flucht vor diesen Urtatsachen des Lebens und hemmen damit die natürliche Entfaltung. Die wahre Bildung und Erziehung darf den Blick vor der Tragik nicht wenden, die den Äußerungen unseres Lebenstriebs erst die wahre Würde, den Sinn und die Bedeutung verleiht. Und gerade uns, den Angehörigen einer Zeit des „Stirb und Werde", ist jenes Grundgefühl des Tragischen die unerbittliche Lebensvoraussetzung. Ohne die Bereitschaft zu opfern, das Minderwertige in uns selbst wie draußen, aber auch das Wertvolle, wenn damit der Idee gedient ist, wird niemals der große Schnitt erfolgen, der uns vom Verwesenden trennt und den Keim des Lebens in die Zukunft rettet.

Vierter Teil

Wirtschaft

Mensch, was Du liebst, in das wirst Du verwandelt werden:
Gott wirst Du, liebst Du Gott, und Erde, liebst Du Erden.

Angelus Silesius.

Wirtschaft und Gemeinschaft

Um das Bild zu runden, das sich aus einer Ganzheitsschau auf die einzelnen praktischen Gebiete ergibt, ist eine Sonderbehandlung des Wirtschaftslebens unumgänglich. Wohl ist die Schwierigkeit, letzte Zusammenhänge herzustellen, gerade auf diesem Gebiete am größten. Denn nirgends ist die Einheit so verlorengegangen wie gerade hier. Eine erschöpfende Untersuchung verbietet aber der Raummangel. Gerade bei der Behandlung von Wirtschaftsfragen kommt dem Verfasser der Zwang zur Selbstbeschränkung schmerzlich zum Bewußtsein: er darf Probleme der Wirtschaft nur von dem Gesichtspunkte aus anschneiden, inwieweit mechanistische Zerspaltenheit und organische Ganzheit, die beiden sich bekämpfenden Prinzipien, auch im Wirtschaftsleben ihren Gegensatz ausfechten; inwieweit auch hier eine schwere Krise herrscht, Morschgewordenes nach Beseitigung verlangt, und eine neue Gestaltung werden will.

Der menschliche Tätigkeitstrieb wirkt sich vorwiegend auf dem Gebiete der Wirtschaft aus. Wirtschaft im weitesten Sinne des Wortes ist alle Tätigkeit, die auf Erzeugung von Sachgütern gerichtet ist. Arbeit ist eine Grundgegebenheit des Lebens: „im Schweiße deines Angesichtes sollst du dein Brot essen". So ist Wirtschaften ein notwendiges Tun, und Arbeit ein sittliches Gebot. Zwar braucht nicht jede Arbeit dem Gebiete der Wirtschaft zuzugehören. Aber der Begriff der Wirtschaft muß auf die materielle Erzeugung begrenzt werden, um nicht in Unklarheit zu verschwimmen. Deshalb kann jede planvolle Arbeit in einem anderen Sinne doch wirtschaftlich (ökonomisch) sein.

Die Wirtschaft soll die stoffliche Grundlage zur Selbsterhaltung des Menschen, der eine Einheit von Leib, Seele und Geist darstellt, schaffen. Ihre Stellung gegenüber dem Leben ist eine dienende; je weniger rein wirtschaftliches Denken die Menschen beherrscht, je lautloser (Spann) die Wirtschaft ist, um so gesunder die Gesellschaftsordnung einer Zeit. Wirtschaft darf nie mehr werden als ein dienender Zweig des gesellschaftlichen und staatlichen Lebens. Es ist Aufgabe der Wirtschaft, dafür zu sorgen, daß der Mensch nicht wie das Tier unablässig nach Nahrung spüren muß, sondern sein Haupt den Sternen zuwenden kann. Kultur ohne ein Mindestmaß der Unabhängigkeit von Nahrungssorgen ist kaum denkbar. Andrerseits wäre der Trugschluß verhängnisvoll, daß der Kulturgrad mit dem Wohlstand wachsen müsse. Es gibt ungeheuer reiche Länder, die eine Eigenkultur im höchsten Sinne des Wortes nicht hervorbringen (Amerika), es hat verhältnismäßig arme Völker gegeben, die gewaltige Kulturwerke hinterließen. Wenn deshalb in Deutschland von einem Niedergange der Kultur die Rede ist, so kann man mit ruhigem Gewissen behaupten, daß der Vorwand der Verarmung nur seelische Öde bemänteln soll. Hunderte Millionen von Mark werden bei uns — meist durch die öffentliche Hand — für Theater aufgewendet. Man kann nicht sagen, daß dieser Aufwand eine wirkliche Kulturhöhe zeitigte. Reichtum ist also keine Gewähr für kulturelle Entfaltung, ebensowenig für politische Macht. Hier offenbart sich die materialistische Denkweise der Gegenwart, welche wirtschaftliche Macht ohne weiteres in Lebenswerte umfälscht. Gewiß kann der Wirtschaft ein Lebenswert innewohnen; aber immer nur in der Bezogenheit auf höhere Gemeinschaftswerte aller Art. Die Wirtschaft selbst aber ist nichts als Dienst am höheren Leben.

Die Gegenwart, in welcher die Wirtschaft alles andere als lautlos ist, zeigt die Verstofflichung des Menschen aufs weiteste fortgeschritten. Der materialistische Mensch räumt der Wirtschaft einen zu großen Platz in seinem Denken ein. Der mißhandelte Ganzheitsdrang rächt sich, indem er einen neuen „Universalismus" wirtschaftlicher Art begründet. Erst wird die Materie aus dem lebendigen Leben herausgelöst, und dann beginnt sie, es zu beherrschen. Die materialistische Geschichtsauffassung ist Ausdruck der Ratlosigkeit, mit welcher der Mensch der Entfesselung des Stofftriebes gegenübersteht. Er sucht die Seele zu retten, indem er sie zu einer Art von psychologischem Niederschlage der wirtschaftlichen Entwicklung macht. Die Materialisten leben von der Umkehrung des Wortes: lieber tot als Sklave. Sie fühlen nicht, daß eine verknechtete Seele überhaupt kein Leben entfaltet. So entsteht einerseits das Lager der Zeitanbeter, welche die Mechanisierung des Lebens unter dem ehernen Tritt eines „Zeitalters der Wirtschaft" für Schicksal halten. Sie sehen nicht, daß Wirtschaft gar nicht notwendig mechanistisch zu sein braucht, daß sie auch organisch sein kann und in der Lage ist, den Zusammenhang zum Leben ebenso zu wahren, wie beispielsweise Wissenschaft, Kunst oder Staat es können. Auf der anderen Seite stehen diejenigen, die das Gespenst der Entpersönlichung des Menschen durch die Wirtschaft unter seelischen Folterqualen wahrnehmen und die Kraft des Blutes zum Protest gegen diese Gefahr aufrufen. Sie sind bereit, die Wirtschaft selber zu opfern, nur um das Leben zu retten. Sie drängen zur Verzweiflungstat und ziehen die Katastrophe der seelischen Verknechtung vor. Ein Notschrei hallt so durch die ganze zivilisierte Welt, und dunkel ballen sich am Horizonte Wolken, aus denen dereinst vielleicht zerstörende Blitzschläge niederzucken. Es sind nicht die schlechtesten Menschen, übrigens zum geringeren Teile Proletarier, welche die Faust gegen den modernen Wirtschaftskoloß ballen. Wahrscheinlich sind es sogar die Wertvollsten, die, in denen der Quell des Lebens am lebendigsten sprudelt. Aber auch sie verharren in dem Denkfehler der entgegengesetzten Richtung: auch sie vergessen, daß die Wirtschaft nicht notwendig zur Sintflut werden muß, die alles Lebendige verschlingt. Auch ihnen fehlt die letzte Einsicht in die Ganzheit des menschlichen Lebens, in welche eine blühende Wirtschaft, lebenspendend und nicht lebenvernichtend, eingebaut sein kann.

Die Einbettung der Wirtschaft in das Gesamtleben ist nur auf der Grundlage möglich, welche der philosophische Teil dieses Werkes herausarbeitete. Die beiden Lebensformen sind die mikrokosmische des Einzelnen und die makrokosmische der Gemeinschaft. Selbstverständlich ist diese Teilung nur eine gedachte und keine tatsächliche, da sich ja das Leben selber immer in der Gesellschaft vollzieht. Es kommt nur darauf an, ob das Bewußtsein, makrokosmisch eingegliedert zu sein, auch lebendig wirkt. Ist dies der Fall, dann wird die Wirtschaftspersönlichkeit alles wirtschaftliche Tun als Dienst an der Gemeinschaft auffassen. Auch im Wirtschaftsleben findet sonach eine Verschmelzung einzelmenschlichen Strebens mit ganzheitlicher Zielsetzung statt. Die Grundlage allen Wirtschaftens aber ist die lebendige Persönlichkeit mit all ihren Triebkräften, Wünschen, Bedingtheiten und Stärken. Der zeugende Wille der Persönlichkeit ist der Quell der Wirtschaft. Dieser natürliche Tatbestand pflegt mit dem Worte Privatwirtschaft umrissen zu werden. Kern des privatwirtschaftlichen Gedankens ist die Forderung, daß der Mensch die Früchte seines Kraftaufwandes, seines Fleißes, seiner Ausdauer und seiner Enthaltsamkeit auch selber ernte.

Aber wie sein übriges Tun, so ist auch die wirtschaftliche Tätigkeit des überindividualistischen Menschen auf die Gemeinschaft gerichtet. Man erzeugt wohl Güter für das eigene Bedürfnis. Aber dieses selbst ist bezogen auf das Gesamtbedürfnis der Gemeinschaft. Privatwirtschaft im höchsten Sinne des Wortes ist immer auch gleichzeitig Wirtschaft der Gemeinschaft, in welcher der Mensch lebt. Die höhere Ordnung, die jeder Einzelne über sich fühlt, erstreckt sich auch auf das Wirtschaftsleben.

Die Wirtschaft ist grundsätzlich nicht auf Eigennutz gegründet. Es blieb dem Zeitalter des Individualismus vorbehalten, das Interesse des entpersönlichten Individiums an die Stelle jenes höheren Wirtschaftszweckes zu setzen, den das Ganzheitsgefühl aufgerichtet hatte. Die Wirtschaft organischer Zeitalter war auf die Gemeinschaft bezogen, in welcher der Mensch lebte, sei es die Hauswirtschaft, die Stadtwirtschaft oder eine sonstige Form. Jedenfalls wurzelte sie genau wie das übrige Leben in Gemeinschaften, die organisch durch Blut und Boden begründet waren. Der Individualismus übernahm es, die natürlichen Bindungen aufzulösen und künstliche Zusammenfassungen an ihre Stelle zu setzen. Dieser Vorgang mußte naturgemäß seinen Niederschlag im Wirtschaftsleben finden. Die Einzelnen wurden entweder vom Staate zu Nationen zusammengefaßt oder, wenn dieser Begriff zu eng schien, in der „Menschheit" gesammelt. Es entstanden an Stelle von Volkswirtschaften reine Nationalwirtschaften, weil der Staat sich als stärker erwiesen hatte als das Volk. So gibt es beispielsweise keine gesamtdeutsche Volkswirtschaft, sondern nur eine Reihe von deutschen Staatswirtschaften, deren größte die des heutigen Reiches ist.

Der philosophische und der staatspolitische Teil dieses Werkes versuchten den Nachweis, daß der Individualismus in zwei Formen zur Überwindung der Vereinzelung, zu einem künstlichen Universalismus vorzudringen versucht: im Imperialismus oder im Kosmopolitismus. In der Tat sind dies auch die beiden Wirtschaftsgesinnungen, welche die Gegenwart beherrschen. Der Kosmopolitismus wird aber nur von zwei Völkern ernst genommen: von den Deutschen und von den Juden. Von ersteren infolge der Schwäche ihres völkischen Gefühls, von letzteren aus völkischer Stärke. Denn da sie in der Zerstreuung leben, ist der Kosmopolitismus die Form ihrer Selbstbehauptung. In Deutschland besteht ein Nebeneinander von Wirtschaftsimperialismus und Wirtschaftskosmopolitismus. Jener, mehr oder minder unbeabsichtigt, weil durch die deutsche Raumenge entstanden, hat uns, wie der Weltkrieg zeigte, viel Feindschaft eingetragen. Es war eben falsch, sowohl der Welt als auch dem deutschen Volke gegenüber seinen Daseinskampf weltwirtschaftlich zu begründen statt raumpolitisch. Man mußte volkspolitische Formeln prägen, um allen Beteiligten begreiflich zu machen, daß die Ernährungsgrundlage des deutschen Volkes zu klein sei.

Daneben aber — im Gegensatze zu den Vereinigten Staaten von Nordamerika, die heute stärksten Wirtschaftsimperialismus treiben — wuchert in Deutschland der Wirtschaftskosmopolitismus, der in dem Schlagworte von der Weltwirtschaft gipfelt. Die historische Schule der Nationalökonomie lehrte eine fortschreitende Erweiterung des Wirtschaftskreises. Sie blieb infolgedessen nicht bei der Volkswirtschaft stehen, sondern sprach von der Weltwirtschaft als der nächsthöheren Stufe. Dies ist ein Trugschluß, genau wie der, daß die nächstgrößere Gemeinschaft nach dem Volke die Menschheit sei. Menschheit und Weltwirtschaft sind Sammelbegriffe, aber keine Einheiten. Denn Grundlage völkischen Lebens und natürliche Voraussetzung jeglichen Staatswesens ist der Boden. Solange die Menschen aber auf dem Boden wohnen, so lange sie ihm fast alles Lebensnotwendige verdanken, solange sie in Staaten leben, die vom Geiste eines Volkes geprägt sind, so lange wird die Beherrschung dieses Bodens, sein Ausbau als völkischer Nährgrund, aller Politik Inhalt sein. Der Mensch, der als Arbeitskraft wichtigster Träger der Wirtschaft ist, bleibt seinem Blute und seinem Boden verhaftet. Es hat noch nie eine Menschheitskultur, noch nie einen Weltstaat gegeben. Woher sollte also die Weltwirtschaft kommen?

Für Kaufleute und Finanzmänner, deren einzige Ware das Geld ist, mag es so etwas wie eine Weltwirtschaft geben. Richtiger müßte man aber ihre Stellung so umschreiben: ihr Geld vermag die Volkswirtschaften ohne Rücksicht auf Bindungen und Grenzen überall zu brandschatzen. Die Piraten des Geldes können die ganze Erde als ihr Reich betrachten. Für sie gibt es etwas Ähnliches wie einen Weltmarkt; die Unterscheidung von Innen- und Außenmarkt fällt für sie weg. Bei ihnen mußte aus Privatwirtschaft Freibeuterei werden. Denn es gibt keine Gemeinschaft, an die sie sich gebunden fühlen, zu welcher sie sich in Dienstschaft bekennen. Alle Beziehungen rein weltwirtschaftlicher Art bezwecken allein den Gewinn: sie dienen nur dem Individuum und dessen Privatnutzen. Gewiß sind auch die Volkswirtschaften weltwirtschaftlich verflochten. Die Volkswirtschaften gehen mit ihren Überschüssen auf den Weltmarkt, sie betreiben den Austausch von Waren, die nur unter ganz bestimmten Verhältnissen erzeugt werden können, die für die Produktion oder den Verbrauch einzelner Völker kennzeichnend sind. Wenn die internationale Arbeitsteilung auf einen leidlichen Ruhepunkt gelangt sein wird — und alle Anzeichen deuten darauf hin, daß dies verhältnismäßig bald der Fall sein dürfte — dann wird sich herausstellen, daß die gesunden Völker aus Quellen der eigenen Wirtschaft leben und die kranken, welche von fremdem Boden zehren, dem Schwunde entgegengehen. Heute vollzieht sich diese Entwicklung hinter einem Schleier, der aus mangelnder Einsicht in bevölkerungspolitische Zusammenhänge und verblendeter Anbetung des Götzen Weltkapital gewoben ist.

Aus dem kosmopolitischen, weltwirtschaftlichen Denken entspringt jener merkwürdige Glaube an die Vernunft der Weltwirtschaft, die keine Unterdrückung und Verarmung des deutschen Volkes zulasse. „Man braucht uns", so lautet der tröstliche Spruch jener Kreise. Vielleicht wäre es richtiger, ihn abzuwandeln in die Formel: „man gebraucht uns". Man läßt das deutsche Volk nur deshalb am Leben, weil hinter den zahlreichen Nutznießern der Tribute verschiedenartige Interessen stehen. Mag dem einen die gesteigerte deutsche Ausfuhr ungefährlich sein, wie die Kohlenausfuhr dem Italiener, so sucht der zweite seinen mittelbaren Einfluß auf die deutsche Wirtschaft zur Schwächung ganz bestimmter Industriezweige auszunützen, während der dritte wirtschaftspolitische Erwägungen überhaupt beiseite läßt und nur an Schmälerung deutscher Macht denkt. Diese Bestrebungen lassen sich selbstverständlich niemals unter einen Hut bringen; sie durchkreuzen sich zwar, aber in ihrer Gesamtheit sind sie auf rücksichtslose Ausnützung des deutschen Volkes gerichtet. Walter Funk*) hat recht, wenn er meint: „Es ist eine grundfalsche Auffassung, wenn immer behauptet wird, die Weltpolitik und die Weltwirtschaft könnten an einem 60-Millionen-Volk nicht „vorübergehen". Man wird an ihm sicherlich nicht vorübergehen, aber man wird es unterjochen und wirtschaftlich versklaven." Sicher wird niemals die „Wirtschaftsvernunft", sondern nur die Verschiebung der Machtverhältnisse der deutschen Arbeit Freiheit bringen.

Der inneren Machtfestigung widerstreben aber die kosmopolitischen Kräfte im Volke. Das Finanzkapital hat sich zu diesem Zwecke mit dem Parteisozialismus verbündet, der den Arbeiter über seine mangelnde Kaufkraft durch steigende Löhne hinwegzutäuschen hofft. In Wahrheit ist aber Kosmopolitismus ein Luxus, den sich nur das Geldkapital leisten kann. Denn Geld (Gold) gilt überall. Es ist an kein Land, an keinen Boden, an keine Menschen gebunden. Es kann dorthin verbracht werden, wo es verhältnismäßig am sichersten aufgehoben ist, und verbürgt seinem Besitzer

---

*) Befreiung von Kriegstributen durch wirtschaftliche und soziale Erneuerung, Berlin 1929, herausgegeben von der Gesellschaft für deutsche Wirtschafts- und Sozialpolitik.

überall Wohlleben und Macht. Daher auch die Begeisterung des Finanzkapitals für parlamentarische Demokratie. Wo diese besteht, kann mit Geld sofort Einfluß auf die Regierung gewonnen werden. Staaten und Völker, Kultur und Politik sind für das Geld nur Gegenstände der Dienstbarmachung und der Rentengewinnung.

Etwas anderes ist der durch den höheren technischen Stand der modernen Wirtschaft veranlaßte Zug nach Vereinheitlichung gewisser geopolitisch zusammengehöriger Wirtschaftsgebiete. Hier handelt es sich nicht um die Mißachtung natürlicher Grenzen seitens vorteilbegieriger Wirtschaftskosmopoliten, auch nicht um ihr gewaltsames Hinausschieben durch machthungrigen Imperialismus. Es ist vielmehr der Versuch, die wirtschaftliche Kraft bestimmter geographischer Räume dadurch stärker zu entwickeln, daß sie vereinheitlicht werden. Die heutigen Verkehrsmittel erlauben den Güteraustausch auf weitere Entfernungen als früher. Die kleineren Wirtschaftsgebiete vermögen sich durch gegenseitige Rohstoffbelieferung zu ergänzen, wodurch kostspielige Leerläufe vermieden werden. Die Industrie gewinnt bäuerliches Hinterland, die Landwirtschaft Absatzgebiete. Je größer das einheitliche Wirtschaftsgebiet, umso besser die Möglichkeit, die benötigten Stoffe dort zu erzeugen, wo die Gestehungskosten am niedrigsten sind. Selbstverständlich gilt dieser Satz nicht unbegrenzt, sondern nur für die geopolitische, geschichtliche und völkergruppenhafte Einheit gewisser Räume. So war die Zerschlagung der Wirtschaft der Doppelmonarchie wirtschaftlich unvernünftig. Jeder der Nachfolgestaaten hält sich für verpflichtet, seine Bedürfnisse aus eigener Erzeugung zu decken, und züchtet deshalb künstlich eine Industrie, die dem Gesetze der Wirtschaftlichkeit nicht gerecht wird. Der Drang zu völkischer Selbstversorgung wird angesichts dieses Strebens nicht verkannt. Es ist aber die Frage erlaubt, wo der Volkstumsbegriff und das Recht auf Vollstaatlichkeit und Autarkie ihre Grenze findet. Heute sind in Europa Nationalwirtschaften entstanden, die sich gegenseitig befehden und gewissermaßen am Überflusse verhungern, weil dem Austausch unübersteigliche Grenzen gezogen sind. Der „geschlossene Handelsstaat" entwickelt sich nicht überall, wo ein ehrgeiziges Völkchen es wünscht. Dazu gehört eine Reihe naturgegebener Voraussetzungen. Der außenpolitische Teil wird auf diese Fragen näher eingehen.

Das Volk ist also nicht nur Grundlage und seelische Triebkraft des Staates, sondern auch der Wirtschaft. Der Staat ist ein organischer Stand der Gesamtgemeinschaft, ebenso auch die Wirtschaft. Dem Staate gebührt als dem höchsten Stande die Führung des Ganzen; keineswegs aber die Wahrnehmung jener Aufgaben, welche der Wirtschaft zustehen. Auch die Volkswirtschaft ist ein organisches Ganzes, eigenen Gesetzen gehorchend, die von denen des Staates wieder verschieden sind. Alle menschliche Tätigkeit hat ihre eigenen Gesetze. Familie und Staat werden von einer andersgearteten inneren Notwendigkeit getragen als die Wirtschaft; auf jedem Gebiete entwickelt das Leben eigene Regeln, die des künstlichen Zwanges spotten. Es ist also falsch, wenn der Staat Aufgaben der Wirtschaft erfüllen möchte. Wenn heute Bestrebungen vorhanden sind, die Wirtschaft zu verstaatlichen, so wehrt sich diese mit Recht um ihr Leben. Sie erweist dabei gleichzeitig dem Staate den größten Dienst, weil sie ihn verhindert, an einer Wesensverfälschung, welche die Verstaatlichung der Wirtschaft bedeuten würde, zugrunde zu gehen. Selbstverständlich gibt es auch hier Grenzgebiete. Denn manche Wirtschaftszweige berühren das Leben des Staats- und Volksganzen bis in seine Tiefen. Man denke an Verkehr und gemeinnützige Unternehmen. Aber auch für diese Gebiete wurde erkannt, daß zum mindesten privatwirtschaftliche Formen übernommen werden müssen, weil so allein Bürokratisierung und Unwirtschaftlichkeit vermieden werden. Es entstand der sogenannte gemischt-wirtschaftliche Betrieb. Andererseits läßt sich aber nicht leugnen, daß die gemeinnützigen Betriebe durch Ausschluß des Wettbewerbes zu Mißbrauch neigen (man denke an die anspruchsvolle Preisbildung städtischer Elektrizitätswerke) oder nicht so sparsam arbeiten wie die Privatwirtschaft. Die jenen Betrieben gewährte Steuerfreiheit bietet sogar einen Anreiz zu schlechter Wirtschaftsführung und belastet deshalb die Volkswirtschaft. Monopolisierung und Mangel an gesundem kaufmännischem Geiste müssen deshalb auch bei gemeinnützigen Unternehmungen vermieden werden. Wenn aber der Staat darüber hinaus sich staatskapitalistisch gebärdet, indem er zum Großunternehmer in Wirtschaftszweigen werden will, die fruchtbringend nur nach ökonomischen Grundsätzen geführt werden können, so muß solchen Bestrebungen der schärfste Kampf angesagt werden. Die Erfahrung beweist, daß staatliche Wirtschaftsunternehmungen nicht aus sich, sondern vom Steuerzahler unterhalten werden. „Alle die Wirtschaftsgebilde, die auf Grund einer Überführung sozialistischer Ideen in die Praxis entstanden sind, leben nur als Parasiten der Privatwirtschaft" (Funk). Es gibt aber noch eine indirekte Form der Verstaatlichung, die darauf hinausläuft, die Wirtschaft zu entmündigen: der Staat mischt sich in die Lohnpolitik hinein und entzieht der Wirtschaft ihre zur Bildung von Betriebskapital notwendigen Gewinne auf dem Wege des sogenannten Steuerbolschewismus. Auf diese Weise speichert sich das von der Wirtschaft erarbeitete Kapital in öffentlichen Kassen auf, statt der Wirtschaft nutzbar zu werden. Auch dieser Eingriff des Staates ins Wirtschaftsleben geht zu weit.

Umgekehrt gibt es auch eine Verwirtschaftlichung des Staates: wie der Staat seinen Universalismus auf dem Wege der Allgewalt und Allzuständigkeit geltend macht, so die Wirtschaft dadurch, daß sie rein wirtschaftliches Denken dem Staatsleben aufzwingen möchte. Soweit dieses Bestreben nur darauf gerichtet ist, den Staat zur Übernahme wirtschaftlicher Methoden in der Verwaltung zu ermahnen, wäre kaum etwas dagegen einzuwenden. Anders aber, wenn Wirtschaftskräfte das Staatsleben bestimmen, wenn der Staatswille nichts mehr darstellt als ein Interessenkompromiß der Wirtschaftsgruppen. Dann ist der Staat genau so vermaterialisiert wie der Einzelmensch von heute. Es entsteht im staatlichen Bereiche jenes seelenlose, stoffverhaftete Denken, das nicht mehr die Kräfte des Lebens sieht und nur noch nach kleinlichem Nutzen fragt. — Kennzeichen der Gegenwart ist die Verwischung aller Grenzen: Staat drängt in Wirtschaft und Wirtschaft in Staat; beide wiederum werden überlagert und durchmischt von Elementen des kulturellen und sozialen Lebens. Unendliche Verworrenheit ist so entstanden, welche den Betrachter vor die Aufgabe der Sonderung stellt. Er kann — genau wie auf dem Gebiete des Staatslebens und der Kultur — erst dann zu einer Ganzheitsvorstellung der menschlichen Gemeinschaft gelangen, wenn zunächst eine reinliche Trennung erfolgt: der Kreis des Wirtschaftslebens muß klar herausgesondert, die Wirtschaft von fremden Bestandteilen gereinigt werden. Erst dann ist daran zu denken, die Wirtschaft wieder als gewachsene Einheit zu behandeln. Erst dann können die Gesetze entdeckt werden, denen sie heute gehorcht und denen sie in einer organischen Gemeinschaft untergeordnet werden soll. Denn alles wirtschaftliche Tun hat seine Form, die gerade für diesen Zweig menschlicher Tätigkeit eigentümlich ist. Man pflegt die heutige Wirtschaftsform das kapitalistische System zu nennen. Worin besteht dieses, warum ist sein Einfluß so überragend, und wo liegen seine Zersetzungsgefahren? Das sind die Punkte, wo die Untersuchung einsetzen muß.

Individualistische Wirtschaft

Wir leben im Zeitalter des Kapitalismus. Kein Wort gibt es, das vieldeutiger wäre, und die Zahl der Begriffsbestimmungen ist groß. Im Rahmen dieses Werkes kommt es darauf an, den Wesensbestandteil der heutigen Wirtschaftsordnung herauszufinden, der in verhängnisvoller

Weise jede Einheit aufspaltet. Denn irgendwo müssen im heutigen Kapitalismus Kräfte vorhanden sein, welche die menschliche Seele dermaßen beleidigen, daß sie in unüberbrückbaren Gegensatz zu ihnen gerät.

Kapital hat es immer gegeben. Das erste Werkzeug der Steinzeit bedeutet für den damaligen Menschen Kapital. Das Eigentum an den Produktionsmitteln setzt sich rasch durch und wird zur Kulturgrundlage. Eigentum und Anhäufung von Reichtümern in einer einzigen Hand machen deshalb ebenso wenig den Kapitalismus aus wie das Vorhandensein von Menschen, die außer ihrer Arbeitskraft nichts besitzen. Solche Schichten gab es in fast allen Kulturen. Auch die Arbeitsteilung, wohl eines der ausgeprägtesten Kennzeichen der modernen Wirtschaft, vermag als solche allein die Eigentümlichkeit des kapitalistischen Systems noch nicht zu begründen. Schon in antiken Kulturen war sie schon weit fortgeschritten. Als weiteres Merkmal kommt noch der Übergang zur Vorratswirtschaft hinzu. Genau wie die Arbeitsteilung beginnt aber die Vorratswirtschaft erst dann wesentlich für den modernen Kapitalismus zu werden, wenn ein anderer Umstand diese Vorgänge erst in weitem Umfange ermöglicht: die moderne Geldwirtschaft. Dem Gelde selbst haftet die Notwendigkeit, eine kapitalistische Wirtschaftsordnung zu begründen, ebenfalls nicht von Natur an. Tauschmittel ist es von Anbeginn, Preismesser sehr oft. Entscheidend wird aber seine Bedeutung, als es Spar- und Leihmittel wird und in der modernen Kreditwirtschaft zum gewaltigsten Produktionsfaktor heranwächst, den die Menschheit je gesehen hat.

Diese Entwicklung war nur möglich auf Grund eines Vorgangs, der nicht wirtschaftlicher Art ist, sondern geistiger. „Jedes Wirtschaftsleben ist Ausdruck eines Seelenlebens" (Spengler). Der Mensch konnte erst mit Geld im heutigen Sinne und im heutigen Umfange arbeiten, als er die Fähigkeit zur Abstraktion in sich entdeckt und ausgebildet hatte. Wenn vorher das Gut, die Ware — wozu auch bis zu einem gewissen Grade das Gold gehört — im Mittelpunkt wirtschaftlichen Denkens stand, so im kapitalistischen Zeitalter das Geld. Geld aber ist keine Wirklichkeit, kein sachlicher Wert, sondern ein gedachter: ein Begriff. Solange dieser Geldbegriff mit der Wirklichkeit in Beziehung bleibt, solange das Geld Funktion der Wirtschaft ist, solange es Wertzeichen für tatsächliche Güter darstellt — solange bedeutet die Einrichtung des Geldes einen Sieg des Geistes über den Stoff. Menschliche Schöpferkraft schafft Wertzeichen, um den Güterverkehr zu regeln und zu vereinfachen. Anders aber, wenn das Geld nicht mehr Symbol echter Lebensgüter, erarbeiteter Sachwerte ist, sondern Selbstzweck wird. Das Geld ist dann nicht mehr Lebensfunktion, sondern Eigenkraft, die selbst wieder unlebendige und künstliche Funktionen ausübt, die das Leben vergewaltigen. Auch hier führt der Abspaltungsvorgang zum Siege des Mechanischen über das Lebendige. Das Geld wird Wirkungszentrum, das Denken in Geld erzeugt Geld (Spengler). Dieses Denken in Geld statt in Gütern ist die Voraussetzung zur Bildung des modernen Kapitals, das nicht etwa ruhender Reichtum oder Summe von Sachwerten bedeutet, sondern treibende Kraft nicht nur der Wirtschaft, sondern des ganzen Lebens. Der Kapitalismus wird so nicht nur zur Wirtschaftsform, sondern auch zur Gesinnung. Den Quellen des eigentlichen natürlichen Lebens stellen sich neue Ströme in den Weg, die aus der Eigenmacht des Geldes entspringen. So wird die gewaltigste Fiktion, welche der Mensch kennt, das Geld, die bewegende Kraft der Menschheit.

Allerdings ist es unserem ungeschichtlich denkenden Zeitalter vorbehalten geblieben, diesen zivilisatorischen Ausnahmezustand als Regelfall zu empfinden: ein Beweis dafür, daß das Vermögen, ganzheitlich zu denken, gelitten hat. Schon Spengler weist darauf hin, daß die politischen und wissenschaftlichen Vorstellungen, welche unsere Zeit vom Wesen der Wirtschaft hat, auf englischen Voraussetzungen beruhen. Die Tatsache, daß die Engländer als erstes Volk die moderne Industrie, den neuzeitlichen Handel und das Kreditsystem entwickelten, daß also die nationalökonomische Lehre eines Smith einen wirtschaftlichen Werdezustand für ein allgemeingültiges System hielt, wurde entscheidend für das Schicksal sowohl der liberalen Wirtschaftswissenschaft, als auch ihres ebenso individualistischen Gegenspielers, des Marxismus. Alle glaubten an die unbegrenzte Kapitalvermehrung, alle beteten die scheinbar unerschöpfliche Zeugungskraft des Geldes an. Dabei steht fest: daß Geld ohne den entsprechenden Gegenwert in Waren, Verbrauchsgütern und Produktionsmitteln ein Nichts, ein Phantom ist. Die großen Geldentwertungen haben den Beweis dafür eindeutig erbracht. Die Verwendung riesiger Kapitalien zum Ausbaue von Produktionsstätten und Produktionsmitteln wird sinnlos, sobald keine menschliche Arbeitskraft vorhanden ist, diese Mittel zu handhaben. Die Aufspeicherung von Verbrauchsgütern verliert ihren Zweck, wenn keine Menschen vorhanden sind, welche die Ware verbrauchen wollen. Alle angeblichen Güter gewinnen ihren Wert erst am Menschen, der bereit sein muß, sie erzeugend oder verbrauchend zu verwenden. Geht die Abstraktion des Geldes zu weit, gewinnt das Geld ein Eigenleben, dem kein wirkliches Leben der Menschen mehr entspricht, so sinkt die Fata Morgana des Geldes in Nichts zusammen.

Das Wesen des kapitalistischen Zeitalters besteht also hauptsächlich darin, daß nicht mehr der Mensch im Mittelpunkte der Wirtschaft steht, sondern das Geld: „Der unmittelbare Zweck des Wirtschaftens ist ausschließlich die Vermehrung einer Geldsumme“*). Die Natur des Geldes drängt nach seiner ständigen Vermehrung, nach Kapitalbildung. Würde die Vermehrung aufhören, so gäbe es keinen Kapitalismus mehr. Umgekehrt aber wird die vollkommene Loslösung des Geldes von den vorhandenen Gütern niemals gelingen. Die Theorie von der Knappheit aller Güter, der nur durch Vermehrung des Kapitals begegnet werden könne, beherrscht die Volkswirtschaftslehre bis zur Stunde und scheint auch — wie gerade die Schaffung und Festigung der neuen Währung in Deutschland zeigte — der wirtschaftlichen Wirklichkeit zu entsprechen. Erst in letzter Zeit erheben sich dagegen Bedenken. Man schlußfolgert mit Recht, daß durch die Verknappung der Umlaufsmittel die mögliche Erzeugung mancher Güter hintangehalten werde, die Zahl der Arbeitslosen wachse. Es ist nur ein logischer Schritt zu der Forderung, einmal den umgekehrten Weg zu beschreiten und bei der Vermehrung der Verbrauchsgüter und der Produktionsmittel einzusetzen. Der rein „kapitalistisch“ Denkende wird diesem Gedankengange mit dem Einwande begegnen, er sei eine Schlange, die sich in den Schwanz beiße; denn für diese Mehrerzeugung fehle ja das Kapital. Dem ist zu erwidern, daß dieser Satz in der kapitalistischen Sprache richtig ist; aber falsch, wo die Mehrerzeugung auf unkapitalistische Weise geschehen kann: durch Maßnahmen, die nicht beim Kapital, sondern beim Menschen liegen. Ein Beispiel. Alles Sparen — auf ihm beruht die Kapitalbildung — nutzt nichts, wenn gleichzeitig die vorhandenen Kräfte, welche zur Erzeugung verwendet werden könnten, nicht ausgenutzt werden. Aber nicht nur um mangelnde Ausnutzung kann es sich handeln, sondern auch um schlechte Pflege der vorhandenen Arbeitskraft oder gar um Raubbau an der Volkskraft, wie der bevölkerungspolitische Teil noch näher ausführt. Dazu kommt die Vernachlässigung der Bodenkraft. Es ist vorstellbar, daß das Geldkapital wächst, gleichzeitig aber die Zahl der Arbeitslosen und — was noch schlimmer ist — die Entwertung von Grund und Boden. Dies ist der Zustand, der die Gegenwart kennzeichnet. Grundsätzlich sind völlig unkapitalistische Wege denkbar, die vorhandene Gütermenge zu vermehren: man denke an den Einsatz der brachliegenden Kräfte der Arbeitslosen, der eben unkapitalistisch, d. h. außerhalb der Vorstellung, daß nur unter Aufwand sehr hoher Betriebskapitalien ihre Ver-

*) Werner Sombart, Die Ordnung des Wirtschaftslebens. Enzyklopädie der Rechts- und Staatswissenschaft, Berlin 1925.

wendung möglich sei, vollzogen werden muß. In dem Augenblicke, in welchem die gesamte Wirtschaft eines Volkes nicht kapitalistisch gesehen wird, sondern von dem Gesichtspunkte aus, alle Kräfte des Bodens und des Blutes in den Dienst der Erzeugung zu stellen, verliert die Knappheitstheorie an Allgemeingültigkeit. Ob sie — wie der Engländer Arthur Kitson meint — einer Überflußlehre Platz machen wird — er begründet dies mit der Arbeitsersparnis durch Maschinen —, kann dahingestellt bleiben. Wenn nun feststeht, daß das Kapital als ordnende Wirtschaftsmacht insofern versagt hat, als tatsächlich die Brachlegung werteschaffender Kräfte unter seiner Herrschaft erfolgte, so liegt die Schlußfolgerung nahe, dem Staate die Ordnungsbefugnis auch hinsichtlich der Wirtschaft zuzusprechen (Sozialismus). Dieser Gedankengang ist indessen verfehlt, weil die Einschaltung des Staates die wertvollste Grundkraft allen Wirtschaftens vernichtet: die Persönlichkeit; weil insbesondere der Kapitalismus dadurch nicht ausgerottet, sondern nur kollektive Form annehmen würde, die in noch höherem Grade lebensvernichtend wirkt als der individualistische Kapitalismus. Die Bezogenheit auf das Ganze kann im Wirtschaftsleben eben nicht auf kollektivistische Weise hergestellt werden, sondern nur mit Hilfe der in der Gemeinschaft wurzelnden Persönlichkeit.

Werden Einzelmensch und Volk in den Mittelpunkt des wirtschaftlichen Geschehens gestellt, bilden sie das Ziel aller Erzeugung, so hängt es von ihrem Zustande ab, ob die Gütererzeugung sich in ihrem Umfange gleichbleibt oder eine zeitweilige Vermehrung stattfindet. Kennzeichen des modernen Kapitalismus ist nun, daß eine ununterbrochene Erhöhung der Produktion erstrebt wird. Man neigt dazu, diese Art von „wirtschaftlichem Fortschritt“ als selbstverständlich zu betrachten, ohne sich über die Ursachen dieser Bestrebung Gedanken zu machen. Daß das Kapital die Neigung hat, sich unablässig zu vergrößern, liegt in der Natur des Geldes: Geld erzeugt Geld. Allgemein pflegt aber der Zug zur Gütervermehrung nicht auf die kapitalistische Seite der Wirtschaft zurückgeführt zu werden, sondern auf den Verbrauch. Es erhebt sich deshalb, um das Wesen des modernen Kapitalismus völlig zu erfassen, die weitere Frage, wie denn jener Drang nach Vermehrung der Sachgüter, der vorläufig immer noch von der Vermehrung des Kapitals abhängig gemacht wird, zu erklären sei. Alle Steigerung der Erzeugung beruht auf zwei Tatsachen: auf Bevölkerungszuwachs und auf Erhöhung der Bedürfnisse. Die Bevölkerungsvermehrung wird im bevölkerungspolitischen Teile eingehend behandelt werden. Es mag richtig sein, daß die Fortschritte der Technik, daß die moderne Industrialisierung erst die Ernährung der im 19. Jahrhundert stark angeschwollenen Bevölkerung ermöglichten. Es wäre aber falsch, sie auf den Aufschwung der Technik und der Industrie ursächlich zurückzuführen. Wahrscheinlicher ist umgekehrt die Bevölkerungsvermehrung die Ursache für technischen und industriellen Aufschwung; ein Umstand, auf den viele Gesellschaftswissenschaftler, besonders auch Schmoller, hingewiesen haben. Die Wahrheit wird aber noch tiefer liegen. Es sind höchstwahrscheinlich seelische, unerforschliche Ursachen, die gleichzeitig körperliche und geistige Fruchtbarkeit eines Volkes so steigern, daß Fortschritte in den Ernährungsmöglichkeiten mit der Zunahme der Bevölkerung Hand in Hand gehen.

Allgemein wird angenommen, daß mit der Geburtenregelung und dem Geburtenrückgang das Zeitalter des Kapitalismus sich seinem Ende zuneige. Nicht allein deshalb, weil die Märkte kleiner werden, obwohl das Schrumpfen des deutschen Innenmarktes sicherlich mit dem Geburtenrückgange zusammenhängt; bei der weltwirtschaftlichen Verflechtung ist aber immerhin die Erschließung neuer Märkte wenigstens denkbar. Hauptsächlich von der Erzeugerseite her droht ein gewisser Stillstand der kapitalistischen Entwicklung: wenn es an Arbeitskräften zu mangeln beginnt. Gewiß kann der technische Fortschritt empfindliche Lücken in den Reihen der Arbeitenden schließen: in Form des Menschenersatzes durch die Maschine. Das Kapital kann tatsächlich den Menschen bis zu einem gewissen Grade überflüssig machen. Aber auch hier sind der Entwicklung Grenzen gesetzt, von denen kaum zu sagen ist, nach welchem Gesetz sie gezogen werden. Wahrscheinlich besteht ein genau berechenbares Verhältnis zwischen Kapital und menschlicher Arbeit, das nicht ohne weiteres zugunsten des einen der beiden Faktoren verschoben werden kann. Es ist denkbar, daß ein Punkt erreicht wird, wo einfach das Kapital keine Rente mehr abwirft. Die Technisierung der Wirtschaft dürfte, da sie immer vom Menschen abhängt, eine natürliche Grenze haben. Man braucht nicht einmal die Annahme der Rassenhygieniker in Betracht zu ziehen, welche glauben, daß die rasende Verschlechterung der Rasse eines Tages sogar den ganzen technischen Apparat in Frage stellen würde, weil die zu seiner Bedienung notwendigen geistigen Fähigkeiten dann ausgestorben sind. Der rasche Zusammenbruch hochentwickelter und auch technisch vollendeter Kulturen der Antike kann uns darüber belehren, wie unverhältnismäßig schnell riesige Anlagen gänzlicher Entwertung verfallen, sobald die Menschengrundlage fehlt. Statt die sogenannten inneren Gesetze der Wirtschaft bis zur Begriffsspielerei zu erforschen, wäre es deshalb ungleich notwendiger, den Zusammenhang von Bevölkerungsbewegung und Wirtschaft bis in die letzten Ursachen aufzudecken.

Gelänge es, Zahl und Güte der Bevölkerung zu steigern, so würde sicher der Kapitalismus noch eine große Zukunft haben. Trotzdem ist auch im entgegengesetzten Falle die kapitalistische Entwicklung keineswegs abgeschlossen, solange auf der Erzeugerseite eine zunehmende Technisierung (Versachlichung), auf der Verbraucherseite die Steigerung der Bedürfnisse möglich ist. Damit kommen wir zu dem wesentlichsten Kennzeichen des modernen Kapitalismus, zu dem Verhältnis, in welchem er zum Bedarf steht. Die Anpreisung der Ware bildet seit jeher einen wesentlichen Bestandteil allen Wirtschaftslebens, sie war schon notwendig zur Zeit des reinen Tauschhandels. Insoweit, als die moderne Reklame gewissermaßen der verlängerte Arm eines durch die Arbeitsteilung verwickelt gewordenen Verkaufsvorgangs ist, unterscheidet sie sich kaum von jenen Urformen aller Handelstätigkeit. Eine arbeitsteilige Wirtschaft braucht schließlich auch einen eigenen Reklamezweig. Solange der Mensch von den angebotenen Waren nur die nimmt, welche er braucht, solange er also den Rahmen seiner Bedürfnisse, von der Natur und einer gesunden Kultur geleitet, selbst bestimmt, solange ist er Mittelpunkt, ja Herrscher der Wirtschaft. „Die moderne Wirtschaft aber diktiert dem Kunden nicht nur Dinge, die er braucht, sondern auch Dinge, die er nicht braucht. Durch die Reklame wird erst das neue Bedürfnis in ihm wachgerufen und dann das Befriedigungsmittel dazu geliefert. Die Produktionsseite beherrscht die Gestaltung unsrer Umwelt. Der Mensch wird zum bloßen Kunden, d. h. zum Objekt."*) Damit ist der Mensch willenloser Gegenstand des Kapitals geworden.

Diesel**) sagt darüber: „Es dürfte ein sicherer Satz sein, daß die Menschen nichts, aber auch nichts umsonst erhalten. Also müssen die Menschen für all diesen Aufwand, der über die Deckung der natürlichen Bedürfnisse hinausgeht, mit Arbeit, Sorge, Kapital z a h l e n.

Nun fließt in unserer modernen Wirtschaft das höhere Lebensbedürfnis nicht oder zum großen Teile nicht aus dem natürlichen Reichtum, aus dem Überschuß an Lebensnotwendigkeiten, sondern aus willkürlicher Ansetzung von Kapital und aus der Anreizung des Begehrens. Alles ist Begehren, alles ist auf den Anreiz des Begehrens eingestellt, ja, es gilt sogar als besonders geschäftstüchtig und moralisch, das Begehren durch die tollsten Kniffe, ohne Rücksichtnahme auf den natürlichen Reichtum eines Volkes, bis zum Aberwitz anzukitzeln.

---

*) Theodor Lüddecke im Oktoberheft 1929 der Deutschen Rundschau.

**) A. a. O.

Aber das ist nicht die einzige Quelle der Tatsache, daß mit zunehmenden Bedürfnissen das Quantum der Sorge und Arbeit in der großen, freudelosen Masse des Volkes nicht vermindert wird. Nach einem bekannten nationalökonomischen Gesetz wird eine Verminderung der Fron und Mühsal auch durch die erstaunlichsten Erfindungen deswegen nicht erzielt, weil mit jeder erklommenen Stufe der menschliche Bedarf steigt. Mit jeder erklommenen Stufe wird also das äußere Bild glänzender, der innere Aufwand an Mühsal, Not, Kampf ums notwendigste tägliche Brot in der großen Masse bleibt der gleiche. Wenn die parasitäre Produktion durch jene unnatürliche Züchtung des Bedarfes aufs äußerste gesteigert wird, so steht schließlich die innere Sorge und Not eines Volkes zu der Entfesselung zivilisatorischen Firlefanzes in groteskem Mißverhältnis, dann stehen die Menschen vor dem rasenden Fortschritt ringsum und der nagenden Not um das tägliche Brot wie vor einem mißgestalteten Rätsel."

Auch Lüddecke nennt die heutige Wirtschaft eine Bedarfsreizungswirtschaft im Gegensatze zur Bedarfsdeckungswirtschaft, die auch eine vernünftige Vorratswirtschaft sein kann. Die Wirkung dieser Wirtschaftsform faßt er in einem einfachen, aber erschütternden Satze zusammen: „Ein erheblicher Prozentsatz der sogenannten Armut ist ein Ergebnis unrichtiger Verwendung der Kaufkraft." Es steht sonach fest, daß das heutige Kapital, das der Hinordnung auf die Gemeinschaft entbehrt und Eigengesetzen gehorcht, bei Wegfall des Bevölkerungszuwachses, dem es natürlicherweise sein Streben nach Vermehrung verdanken sollte, neue Wege beschreitet, um den dem Gelde innewohnenden Trieb nach Anhäufung zu befriedigen. Je stärker der Geburtenrückgang, um so angespannter die Reklame zwecks Steigerung der Bedürfnisse der noch übrig bleibenden Bevölkerung. Der Markt wird also künstlich gemacht. Damit bricht jenes Hoffnungsgebäude vom Fortschritte der Menschen durch erhöhte Kapitalbildung, durch Steigerung der Erzeugung, zusammen. Segen könnte aus den Kräften des Kapitals, aus der ungehemmten Warenerzeugung erst dann der Menschheit erwachsen, wenn die Gesetze, nach denen Bedürfnisse entstehen, aus der menschlichen Seele kämen und nicht vom Kapital her. Eine Macht, die unverrückbar ist, muß das Ziel des Wettlaufs zwischen Erzeugung und Bedürfnis aufrichten. Wenn die Erzeugung dies selbst tut, so entsteht ein Vorgang, der mit folgendem Vergleiche angedeutet werden kann: der Mensch ähnelt einem Wettläufer, der das Zielband mit gestreckten Armen, die er nie beugen darf, vor sich herträgt. Er kann es infolgedessen niemals mit der Brust berühren und ist zu ewigem Hetzlaufe verurteilt. Da aber ein gehetzter Mensch kein Mensch mehr ist, so wird die Spannung zwischen Seele und Kapital unerträglich. Wahrscheinlich liegt hierin der tiefste Grund für die antikapitalistische Welle, welche — im Gegensatz zu Amerika, wo die Seelenkräfte noch schlummern — durch Länder alter Kultur braust.

Wo aber sitzt die Kraft, die jene Bedarfsreizungswirtschaft erzeugt und leitet? Im Wesen des Kapitals liegt sie nur insofern, als dieses Anlage und Rente sucht. Dazu wäre aber genügend Gelegenheit geboten, wenn das Kapital sich der natürlichen Bedarfsdeckung zuwendete. Die Gegenwart zeigt, daß es dies nicht tut. Es läßt vielmehr gewaltige Bodenschätze und menschliche Arbeitskräfte brachliegen oder verwendet sie zu einer ausgesprochenen Reizungswirtschaft, sich gebärdend, als ob der natürliche und notwendige Bedarf schon längst gedeckt wäre. Ein krasses Beispiel: die Bauerntochter verläßt das Land, das infolge mangelnder Bearbeitung immer mehr an Wert verliert, bezieht in der Stadt Arbeitslosenunterstützung und legt diese in kunstseidenen Strümpfen an, die sie in einem Vergnügungslokale trägt. Das Kapital flieht in diesem Falle das Land und wendet sich der Kunstseidenindustrie und dem Vergnügungsgewerbe zu. Die Kosten für die unproduktive Erwerbslosenfürsorge bedeuten aber einen Verlust an Wirtschaftskraft und Volksvermögen. So entsteht eine scheinbar unüberbrückbare Kluft zwischen den Notwendigkeiten, welche eine vernünftige Bedarfsdeckung erfordert, und den Wegen, welche das Kapital zwecks Bedarfsreizung beschreitet. Eine gesunde Volkswirtschaft hätte nötige Bedürfnisse zu stillen, so seelische, kulturschaffende Kräfte freimachend. Der moderne Kapitalismus dagegen läßt die Armut, mehr als notwendig, bestehen, hetzt den Menschen in sinnlosen Bedürfnistaumel, tötet die Seele und vernichtet die Kultur.

Das müßte aber, auch in einer kapitalistischen Wirtschaft, nicht so sein. Daß es trotzdem geschieht, weist auf einen Bestandteil des modernen Kapitalismus hin, welcher lebensfeindlich ist, die Bedürfnisse des Lebens verleugnet und Eigengesetzen gehorcht. Dieses Kennzeichen des Kapitalismus findet Sombart im Individualismus. Der Einzelmensch, der, innerlich vom wahren Leben und der Gemeinschaft losgelöst, die ebenso verselbständigte Macht des Geldes handhabt, lebt nur für sich. „Er dehnt seine Wirkungssphäre soweit aus, als es seinem Willen und seiner Machtvollkommenheit entspricht, ohne Rücksicht auf das Wohl und Wehe anderer am Wirtschaftsleben beteiligter Personen zu nehmen."*) Auch hier erkennen wir also als geistigen Hintergrund des modernen Kapitalis-

*) „Organisierte Unwirtschaftlichkeit". Von Hermann Bente, Jena 1929, Verlag von Gustav Fischer.

mus zwei Umstände, die in der Auswirkung sowohl als auch in der Ursache eigentlich zusammenfallen: die Abstraktion des Verstandes (Geld) und die Loslösung des Einzelnen (Individualismus) besiegeln in der Wirtschaft folgerichtig, was auf anderen Lebensgebieten sich ebenfalls vollzogen hat: den Zerfall des Lebens.

Die unbegrenzte und nur herrschaftlich empfundene Verfügungsmacht über das Geld führte zu einer Krise des Eigentumsbegriffes. Das Eigentum hatte im römischen Rechte seine feste Begriffsbestimmung erfahren; leider lehnten sich die Deutschen eng an römische Rechtsbegriffe an. Im germanischen Rechte war Eigentum weniger eine Rechtsnorm als vielmehr ein sozialer Zustand. Der Zweck des Verfügens über Güter entschied über die Natur des Eigentums; es galt nicht die individualistische Auffassung vom Eigentum als eines unbeschränkten persönlichen Herrschaftsrechtes. Der starre Eigentumsbegriff des individualistischen römischen Rechtes steht im Gegensatze zu einer Anschauung vom Eigentum, wonach es nicht ein „letztes, schlechthin gegebenes, sondern ein nach den Verhältnissen wechselndes Gebilde" ist (Bott-Bodenhausen). Es ist verständlich, daß das Eigentum bestritten wird, als es anfängt, seine gesellschaftliche Werte schaffende Funktion zu verlieren und nur noch im Dienste persönlicher Allmacht steht. Das Eigentum an Land, an Liegenschaften, an Erzeugungsmitteln könnte niemals die Beziehung zum Leben, zur Gemeinschaft, zum Ganzen verleugnen. Das unbegrenzte Eigentum an Geld wurde aber ebenso abstrakt wie der Geldbegriff selbst und damit lebensfeindlich. Weil nicht erkannt wurde, daß es noch gesundes und natürliches Eigentum neben dem pflichtlosen starren Eigentumsbegriff der Gegenwart gibt, mußten Bestrebungen einsetzen, die das Eigentum leugnen oder es kollektiv aufbauen wollen. Der Kommunismus ist also nur Gegenwirkung gegen das individualistische Eigentum. Er will es kollektivistisch „überwinden", weil er das echte Eigentum überhaupt nicht sieht. Denn das Eigentum ist natürliche Grundlage jeder lebendigen Kultur, solange es einerseits an die Persönlichkeit, als die schöpferische Kraft allen Lebens, gebunden bleibt, andrerseits aber der Mensch alle Handlungen im Gedanken der Dienstschaft am Ganzen vollzieht.

Dieser kollektive Zug, der nur als Gegenwirkung gegen die individualistische Seite des Kapitalismus verständlich ist, geht aber auch durch die kapitalistische Wirtschaft. Auch hier zermalmt der Individualismus die Persönlichkeit. Es muß dies immer wieder gesagt werden, weil gerade Wirtschaftskreise unter Individualismus einen Zustand verstehen, bei welchem die wirtschaftlich schöpferische Persönlichkeit den Ausschlag gibt.

Dies ist aber nur in einer organischen Wirtschaft der Fall. Erliegt die Wirtschaft dem Individualismus, so wird sie mechanisch und kollektivistisch: die folgerichtige Durchführung der individualistischen Gleichheitslehre. Diese Gefahr ist zur Zeit für die Wirtschaft am größten. Nicht etwa, weil der Besitz des Einzelnen bedroht ist. Sondern aus einem viel bedeutsameren Grunde. Wenn nämlich die Wirtschaft entpersönlicht wird, dann verliert sie ihre innerste Kraft, den schaffenden Menschen, und dadurch ihr stärkstes Wesensmerkmal: die Wirtschaftlichkeit*). Oberstes Gesetz aller wirtschaftlichen Tätigkeit ist „die Übereinstimmung zwischen Bedürfnissen und Mitteln der Bedürfnisbefriedigung"**). Dieser Grundsatz muß die Wirtschaft beherrschen, soll sie nicht unwirtschaftlich werden. Er gilt für alle Arten wirtschaftlichen Tuns, wozu zum Beispiel auch die Staatsverwaltung gehört. Daß diese im weitesten Sinne des Wortes unwirtschaftlich geworden ist, ja geradezu Vergeudung von Kraft und Geld treibt, ist heute unbestritten, wurde auch von zahlreichen Staatsmännern und Wissenschaftlern immer wieder klagend hervorgehoben. Angefangen von Stein und Bismarck bis zu Männern wie Drews***), Max Weber†) und Eugen Schiffer.††) Aber nicht nur in der öffentlichen Verwaltung herrscht Unwirtschaftlichkeit, sondern auch in der eigentlichen Privatwirtschaft. Am eindringlichsten hat dies Otto Heinrich von der Gablenz†††) geschildert.

Es ist kein Wunder, wenn öffentliche Verwaltungen verbürokratisieren und unwirtschaftlich werden. Hier ist eben der Einbruch von Erwägungen und Gesichtspunkten, die nicht ökonomischer, sondern anderswertiger Denkweise ihren Ursprung verdanken, verhältnismäßig leicht gemacht. Aber während man sich früher als Wirtschaftler für befugt halten konnte, den Staat immer an das Gesetz der Wirtschaftlichkeit zu erinnern, ist die Entwicklung mittlerweile fast den umgekehrten Weg gegangen: nicht der Staat wird durch wirtschaftliches Denken gesund, sondern die Wirtschaft wird umgekehrt durch Bürokratisierung krank. Bente zeigt die Formen, in welchen dies geschieht. Als Hauptursache der zunehmenden Unwirtschaftlichkeit nennt er die „Egalisierung der Werte". Schöpferische und unschöpferische Arbeit werden gleich behandelt, schöpferische und unschöpferische Menschen gleichgestellt. Die Unwirtschaftlichkeit ist nur zu

*) Bei den nachstehenden Ausführungen folgt der Verfasser den ausgezeichneten Darlegungen von Hermann Bente a. a. O.)

**) Gustav Cassel, Theoretische Sozialökonomie, Leipzig 1921.

***) Grundzüge einer Verwaltungsreform.

†) Parlament und Regierung im neugeordneten Deutschland.

††) Die deutsche Justiz.

†††) Industriebürokratie in Schmollers Jahrbuch.

erklären aus der „Lebensferne der sie verursachenden Elemente" (Bente). So hat auch die Wirtschaft ihre Krise der Lebendigkeit.

Die landläufige Meinung geht nun dahin, mit der Entwicklung des modernen Großbetriebes sei dessen Bürokratisierung unvermeidlich verbunden. Richtig ist, daß der Großbetrieb den Bürokratismus begünstigt, nicht aber, daß er notwendig bürokratisch sein muß. Es sei hier an das Beispiel erinnert, welches moderne Großstaaten bieten: sie können sowohl zentralistisch-bürokratisch als auch dezentralistisch-lebendig sein. Ford hat darauf verzichtet, sein großes Werk zentralistisch zu leiten und ist bewußt zur Dezentralisation übergegangen. Gerade die moderne Arbeitsteilung erlaubt dies, weil die einzelnen Arbeitsvorgänge auf eine Reihe von Betrieben verteilt werden können, die möglichst einfach und selbständig arbeiten. Dadurch wird die Lebendigkeit der Erzeugung wieder hergestellt, die bei dem zentralisierten Großbetriebe bedroht ist. Tritt doch in ihm an Stelle des schöpferischen Menschen die Vorschrift. Selbstverständlich sind Vorschriften notwendig, aber nur soweit sie aus dem Bereich der Technik stammen. Bente nennt diese Art von Vorschriften Arbeitsanweisungen. Sie entspringen nicht bürokratischem Zentralismus, sondern der Notwendigkeit, den technischen Apparat nach den ihm innewohnenden Gesetzen zu bedienen.

Der Großbetrieb ist ein Kind der Kapitalzusammenballung, die zum Teil auf der Entpersönlichung des Kapitals beruht. Die moderne Form der Handelsgesellschaften, die Entstehung eines eigenen Geldmarktes und die Börse haben diese Entwicklung ermöglicht. Der Unternehmer wird Angestellter des Kapitals. Kapitalbesitzer und Wirtschaftsunternehmer fallen immer mehr auseinander. Dieser Vorgang entpersönlicht die Wirtschaft. Wenigstens für die Industrie hat Marx keine unrichtigen Voraussagen getan; die Betriebe werden größer und einheitlicher; aber der Kapitalbesitz ballt sich nicht — wie er meinte — in einigen Händen zusammen, sondern wird immer mehr entpersönlicht. Es ist nicht mehr festzustellen, wessen Kapital im einzelnen in der modernen Großwirtschaft arbeitet. Mit der Persönlichkeit fällt der wichtigste Anreiz zur Wirtschaftlichkeit weg; der Wettbewerb wird schwächer und das persönliche Risiko des einzelnen Kapitalisten geringer. Mit der Entpersönlichung des Kapitals wächst die Gefahr der Bürokratisierung und damit der Unfruchtbarkeit. Die Zukunft der Wirtschaft überhaupt ist bedroht. Sie verliert bis zu einem gewissen Grade ihren privatwirtschaftlichen Charakter und damit den lebendigen Impuls. Denn das Leben, welchem der große wirtschaftliche Aufschwung entsprang, lehrte: „Kämpfe um dein Leben, kämpfe um deinen Besitz, kämpfe um deinen Aufstieg, kämpfe um dein Erbe."*) Die privatwirtschaftende Persönlichkeit wird also aus dem Kapitalismus herausgenommen, der kollektive Formen annimmt. Keineswegs verliert er damit jenen verhängnisvollen Zug, losgelöst vom Leben des Volkes seinen eigenen Gesetzen zu gehorchen. Es fehlt im Gegenteil der lebendige Mensch, der allein das Bindeglied zur Gemeinschaft bilden kann. Gewiß mag die Planlosigkeit und Anarchie einer Privatwirtschaft, die von hemmungslosen Individuen nur auf persönlichen Geldgewinn eingestellt wurde, schwinden. Aber dies ändert nichts an dem Umstande, daß der Kollektivismus zur völligen Entseelung des Kapitals und zur endgültigen Verknechtung der Wirtschaft führt. Es tritt in der Wirtschaft an Stelle des Einzelnen die Masse, der Sozialismus saugt die Individuen auf und vollendet so den Vorgang der Entpersönlichung, welchen der Individualismus einleitete. Das Problem der Wirtschaft ist aber nicht erschöpft in der Fragestellung Individium oder kollektive Masse, die beide bekämpfenswert sind, sondern nur darin, wie es gelingt, an beider Stelle wieder die schaffende Persönlichkeit zu setzen. Jenseits des überlebten Streites zwischen Liberalismus und Sozialismus ertönt der Ruf nach der Seele des wirtschaftenden Menschen, nach dem Rechte des arbeitenden Volkes.

Manche leiten aus der Entpersönlichung des Kapitals einen neuen Eigentumsbegriff ab. Andere (Sombart) betrachten die kollektive Entwicklung als das Ende des Kapitalismus. Wiederum andere erblicken hierin sozialistische Strebungen, sprechen von Planwirtschaft und Wirtschaftsdemokratie. Auf alle diese Fragen kann aber nur eine erschöpfende Antwort geben, wer vorher die schwierigste Seite des Kapitalismus, die Arbeiterfrage, untersucht.

Die Arbeiterfrage

Den lebendigen Zusammenhang der Wirtschaft mit Blut und Boden zu wahren, sie in ihrer dienenden Stellung zu erhalten, war die Aufgabe, bei welcher der Liberalismus versagte. Nicht das Gold der fruchtbaren Ähre, sondern das seelenlose Metall selbst beherrschte am Ende den liberalen Menschen. Ja, er vergaß sogar, daß Gold ein Geschenk der mütterlichen Erde sei, und baute auf ihm die internationale Geldherrschaft auf, die der lebendigen Seele zum Verhängnis wurde. Ursprünglichkeit und Fruchtbarkeit des Menschen gingen darüber zugrunde. Gewiß folgte ein

*) Heinrich von Gleichen, Staat, Opposition und Nation, Sonderheft des Rings, Berlin, Dezember 1928.

unvergleichlicher wirtschaftlicher Aufschwung der Entfesselung einzelmenschlicher Triebkräfte. Niemals wäre die Menschheit in der Beherrschung der Natur und in deren Dienstbarmachung für menschliche Bedürfnisse so gewaltig fortgeschritten, wären die menschlichen Stärkungskünste nicht unerhört gesteigert worden. Es wird auch nicht verkannt, daß ein faustischer Zug in dem wirtschaftlichen Auftriebe liegt. Aber diese Leistungen wurden auf Kosten des Seelentums vollbracht, und so steht der moderne Zivilisationsmensch mit vollen Händen, aber mit leerem Herzen vor dem Prunkgebäude der Wirtschaft. Allmählich dämmert die Erkenntnis herauf, wie furchtbar der Preis ist, der für diese wirtschaftliche „Blüte" bezahlt wurde. Die gesunde Volkskraft, einst aus unerschöpflichem Bauernblute sich stets erneuernd, wurde schier der Vernichtung preisgegeben. Es mußte der Zeitpunkt kommen, wo das Blut gegen das Geld sich empörte. Die ununterbrochene wirtschaftliche Vorwärtsbewegung verleitete den modernen Menschen zu der Ansicht, dieses Entwicklungstempo sei natürlich und der Regelfall. Der moderne Abendländer begeht den größenwahnsinnigen Fehler, die Geschichte der Menschheit nur auf sich zu beziehen und in der Gegenwart den Gipfel einer Entwicklung zu sehen. In Wahrheit erlebt er nur eine Übergangszeit. Kulturen können nur entstehen, wenn die wirtschaftliche Versorgung der Völker in eine gewisse Ruhelage gekommen ist, Ernährungsgrundlage und Wirtschaftsform einigermaßen feststehen. Es scheint, als ob wir auf dem Wege seien, zu einem Abschlusse und damit zu einer Beruhigung zu gelangen.

Eine problematische Zeit des Übergangs bleibt uns aber bis dahin nicht erspart. Erst müssen die Schäden geheilt sein, welche der Wirtschaftsliberalismus dem Volkskörper, der Gesellschaft, der Kultur zugefügt hat. Deren furchtbarster ist die Entwurzelung breiter Volksmassen, des Industriearbeitertums oder — wie es sich selbst nennt — des Proletariats.

Der bevölkerungspolitische Teil wird die Bevölkerungsbewegung schildern, welche die Ursache zur Entstehung des Poletariats wurde. Es wird dort die folgenschwere „Völkerwanderung", die vom ackerbauenden Osten nach dem industriellen Westen stattfand, beschrieben. Wie ist aber jene Volksumschichtung wirtschaftlich zu verstehen?

Wenn der Ackerboden aufgeteilt ist und keine neuen Formen der Bodenbewirtschaftung (Intensivierung) die Möglichkeit bieten, die zunehmende Bevölkerung zu ernähren, wenn auch keine Neuansiedlung des Bevölkerungszuwachses erfolgt, dann entsteht die soziale Scheidung in Besitzende und Besitzlose. Boehmer nennt diesen Vorgang „Enterbung" aus der richtigen Erwägung heraus, daß der Ackerboden mit zunehmender

Bevölkerung an Wert gewinnt, die zweiten und weiteren Söhne des Bauern aber dieses Wertzuwachses, der allein dem Bodenerben zufällt, verlustig gehen. Die Ursache dieser Enterbung ist nach ihm der Umstand, daß „die Fortbildung des Rechtes unterbleibt in dem Augenblicke, wo die Vollendung der bäuerlichen Besiedlung sie notwendig macht". Damit fällt für den Enterbten die Möglichkeit weg, Wohnung und wenigstens einen Teil der Nahrung aus eigener Scholle zu gewinnen. Er ist darauf angewiesen, seinen ganzen Unterhalt aus Lohn oder Gehalt zu bestreiten. Die Besitzlosigkeit verdammt ihn zum Verluste des Zinses und des Unternehmergewinns, die ihm vom eigenen Gute zufließen würden. Die schwierige Lage des Enterbten besteht also nicht, wie der Marxismus meint, in der Vorenthaltung des vollen Arbeitslohnes, sondern — nach Boehmer — in der Tatsache, daß der Besitzlose infolge seiner Enterbung keinen Anteil an Zins und Unternehmergewinn, die als solche natürlich sind, bezieht.

Die Vermehrung der Menschen führt zu einem Gegensatze zwischen Raum und Nahrungsbedürfnis. Er ist der Hebel des wirtschaftlichen, teilweise auch des kulturellen Aufstieges der Menschen. Die Industrialisierung verdankt diesem Umstande ihren Ursprung. Wenn Marx die Entstehung des Proletariats ausschließlich mit rein wirtschaftlichen Vorgängen erklären will, hauptsächlich durch die Vereinigung der Produktionsmittel in wenigen Händen (Übergang zum Großbetrieb), so vergißt er die letzte Veranlassung der Industrialisierung und der sozialen Umschichtung: die Bevölkerungsvermehrung. Wo eine solche nicht stattfindet, wird keine Industrialisierung und Proletarisierung in größerem Maßstabe möglich sein. Das Beispiel Frankreichs wirft alle Berechnungen der Marxistischen Lehre über den Haufen, weil es infolge seines geringen Bevölkerungszuwachses agrarisch geblieben ist. Nichts ist aber falscher als der Glaube, in der Landwirtschaft werde sich ebenfalls der Großbetrieb durchsetzen. Es wird dies aus zahlreichen Gründen nicht der Fall sein: zunächst, weil Mechanisierung und Egalisierung in ihr nur bis zu einem gewissen Grade erfolgen können; denn Witterung und Bodenbeschaffenheit sind verschieden. Sodann, weil die Technisierung der Landwirtschaft an natürliche Grenzen hinsichtlich der Rentabilität der Maschinen stößt; weil ferner die Bewirtschaftung der Außenbezirke bei der Großlandwirtschaft infolge der weiten Wege und der erhöhten Transportkosten zu teuer ist; endlich, weil die hohen Löhne, welche die Industrie zahlt, von der Landwirtschaft nicht getragen werden können. Die bäuerliche Wirtschaft und das mittlere Gut werden deshalb dem agrarischen

Großbetriebe zum mindesten ebenbürtig bleiben, wie auch in Kolonialländern an Stelle der Großfarm der Bauer tritt, sobald aus irgendeinem Grunde die Großlandwirtschaft sich nicht mehr rentiert. Die Entstehung der Lohnarbeiterklasse ist also keineswegs auf das Konto des Großbetriebes zu setzen; sie entspringt einer Bevölkerungsbewegung, welche in dem Augenblicke anfängt, wirtschaftliche Folgen zu haben, in welchem die Landwirtschaft dem Bevölkerungszuwachs kein Unterkommen mehr bietet. Die Industrialisierung muß dann zwar nicht erfolgen — man denke an China —, aber es gibt keine Industrialisierung ohne das Vorhandensein einer Schicht landloser Menschen, welche zur Lohnarbeit gezwungen sind.

Allerdings ist die Proletarisierung eines Volkes nicht nur auf dem Wege vorstellbar, daß der Bevölkerungsüberschuß des Landvolkes und späterhin der Stadtbevölkerung zwangsläufig der Lohnarbeiterklasse anheimfällt, wobei die Zahl der bäuerlichen Bevölkerung sich gleich bliebe oder bei Intensivierung der Landwirtschaft gar zunähme. Die Industrialisierung beschwört vielmehr die Gefahr der Verödung des flachen Landes*) herauf: und zwar in dem Augenblicke, in welchem die Arbeitsteilung nicht nur national, sondern international Fortschritte macht. Denn der weitere Bevölkerungszuwachs lebt von der Einfuhr ausländischer Lebensmittel, die mit industrieller Ausfuhr bezahlt werden. Um diese aufrechthalten zu können, läßt man immer mehr billige ausländische Lebensmittel herein. Dadurch gewinnt der ausländische Ackerboden an Wert. Dieser Wertzuwachs ist gleich der Wertverminderung des inländischen Vermögens. Er fällt demjenigen zu, der über den nährenden Boden verfügt; die Arbeit leistet immer nur dem Boden Dienst; wo der Boden nicht mehr dem Arbeitenden gehört, wird dieser Dienst zur Fron. Einfuhr von Lebensmitteln, die nur aus Gründen der Lohnpolitik geschieht, öffnet aber die Preisschere zwischen Industrie und Landwirtschaft immer weiter, weil die inländischen landwirtschaftlichen Erzeugnisse im Preise gedrückt werden. Die Folgen sind Übergang der Landwirtschaft zur extensiven Bewirtschaftung des Bodens, Bodenentwertung und damit verstärkte Abwanderung in die Industriestädte, erhöhtes Angebot von Lohnarbeitern, Vermehrung der Arbeitslosen, Schwächung des inneren Marktes, verschärfte Exportpolitik und endlich wiederum Steigerung der Lebensmitteleinfuhr. Wenn die Wirtschaftspolitik hier nicht eingreift und der internationalen Arbeitsteilung begegnet, wird der eigene Ackerboden wertlos, und der verlorengehende Wert wächst restlos dem Auslande zu.

---

*) Siehe auch „Die Versandung Europas" von Paul von Sokolowski (Verlag Deutsche Rundschau).

Vermögensverluste größten Ausmaßes drohen einem Volke, das eine solche Wirtschaft treibt. Das Deutsche Reich befindet sich mitten in dieser Entwicklung. Funk schätzt den Vermögensverlust der deutschen Landwirtschaft seit 1924 auf sieben Milliarden Mark und behauptet, mit diesen Mitteln hätten die breiten Massen künstlich ihren Lebensstandard aufrechterhalten. Es besteht deshalb kein Zweifel, daß die Proletarisierung zunimmt, wenn nicht ein scharfer Bevölkerungsrückgang zur Verödung nicht nur des Landes, sondern auch der Stadt führt. In der Regel aber saugt die Stadt alle Volkskräfte auf und endet im Gewimmel der Fellachen. So ist die Proletarisierung eines Volkes von der Bevölkerungsbewegung und der jeweils getriebenen Wirtschaftspolitik abhängig. Sie ist keineswegs ein zwangsläufiger, vom Kapital verschuldeter Vorgang, dem man etwa hilflos gegenüberstehen müßte.

Dem besitzlosen Bevölkerungsüberschuß schenkte man damals, als das Landproletariat entstand, Freizügigkeit und freien Lohnvertrag. Heimatlosigkeit, tägliche Angst ums Dasein und seelische Zerrüttung sind das wahre Gesicht jenes Geschenkes. Die breiten Landflächen des Ostens hatten einen kärglichen Lebensunterhalt geboten, bewahrten aber vor Elend; die Löhne der Industrie erschienen im Vergleiche dazu fürstlich. Aber nur so lange, als sie nicht durch künstliche Bedürfniserweckung aufgezehrt wurden oder, infolge von Arbeitslosigkeit, wegfielen. Das eben war das Furchtbare an dem freien Lohnvertrage, daß seine Kündigung den Arbeiter täglich ins Nichts stürzen konnte. Einen Rückhalt an eigenen Erzeugnissen einer bescheidenen Haus- und Bodenwirtschaft oder an der Familie hatte der wurzellos Gewordene nicht mehr. Denn in den Mietskasernen der Großstadt brach auch das Familienleben zusammen. Damit entfiel die natürliche Sicherung gegen Not, Krankheit und Alter, die in einer gesunden Gesellschaft immer Haus und Familie bieten. Das heimat- und besitzlos gewordene Bauerntum verlor in der Großstadt seine familienbildende Kraft. Die erste Generation trug noch den Heimatboden im Herzen, die zweite war schon in der Mietskaserne geboren und trug in sich das Grauen. Sank die Konjunktur, wurde der Arbeiter erwerbslos, krank oder altersschwach, so war er weniger als ein Bettler, der wenigstens in seinem traurigen „Berufe" Erfahrung besaß. Von Jahr zu Jahr wuchs die Schar dieser Entwurzelten, und trotzalledem hätte sich das gesunde Bauernblut in ihnen durchgesetzt und aus der gemeinsamen Not eine neue soziale Sittlichkeit geschaffen, wenn nicht die Wurzellosen und Verstoßenen der bürgerlichen Gesellschaft sich zu ihren Führern aufgeworfen hätten. In Deutschland war die „Bildung schneller gewachsen als die

Wirtschaft" (August Winnig). Infolgedessen entstand eine unbeschäftigte, unbefriedigte und arme Intelligenzschicht, die sich am Radikalismus der französischen Revolution entzündete und sich mit jakobinischen Vorstellungen dem neuen Werbefelde, das die proletarischen Massen boten, zuwandte. Das Ghettoressentiment mancher Juden, besonders der besitzlos aus dem Osten zugewanderten, begegnete sich, weil ihr gesellschaftlicher Ehrgeiz in Deutschland keine Befriedigung fand, mit diesen Strömungen. So kam es zu jener Erscheinung, welche Winnig die geistige Überfremdung des Arbeitertums nennt. Die deutsche Oberschicht, deren Pflicht es gewesen wäre, den deutschen Arbeiter mit seiner gesunden Sehnsucht nach sozialer Gerechtigkeit zu führen, versagte. Es entstand der deutsche Sozialismus in seiner seltenen Mischung von doktrinärer Gläubigkeit, Atheismus, radikaler Verneinung, kleinbürgerlichen Neidgefühlen und doch wieder erhebender Kameradschaft, sittlicher Stoßkraft und hoher Disziplin. Die Überfremdung des deutschen Arbeitertums wurde zum Schicksal der deutschen Arbeiterbewegung, diese aber 1918 zum Schicksal des deutschen Volkes. Noch sind keine Anzeichen vorhanden, die auf Verringerung der sozialen Spannung hinweisen. Der Siegeszug des Geldes entwurzelt immer mehr Menschen, die dann als lebendiger Zündstoff jede gesellschaftliche Ordnung bedrohen. Gewiß ist eine starke Enttäuschung durch die sozialistischen Massen gegangen; gewiß hat das ungeheure Heer der in der Arbeiterbewegung Führenden und von ihr Lebenden seine revolutionären Gesten fallen lassen, seitdem es am Staate nutznießt. Auch sind unter schwersten Eingriffen in das Volksvermögen — Auslandsverschuldung, Aufzehrung des Bodenkapitals, Entwertung des Hausbesitzes — Löhne und soziale Unterstützungen auf eine künstliche Höhe gehoben worden. Kein Mensch wagt aber daran zu denken, was geschehen soll, wenn dereinst das Faß leergeschöpft ist. Wer an die Verbürgerlichung des Lohnarbeitertums auf dem heute eingeschlagenen Wege glaubt, bleibt vollkommen in den Vorstellungen des Kapitalismus und Industrialismus befangen. Bürgertum und Sozialismus waren ja immer nur Gradunterschiede, waren immer gleiche geistige Grundeinstellung, aber mit verschiedenen Vorzeichen. Die Zahl der Besitzenden wird von Tag zu Tag geringer. Wie soll da die Verbürgerlichung Fortschritte machen? Ist es nicht vielmehr so, daß die Proletarisierung zunimmt? Der heutige Staatssozialismus macht alle unzufrieden; am Ende hat keiner etwas. Immer unsicherer wird das Dasein, nicht nur der handarbeitenden Schicht, sondern auch der Kreise, die bisher stolz und zufrieden auf sich gestellt waren. Die Rentenverseuchung — heute die gesamte innere Verfassung des deutschen Volkes kennzeichnend — muß einmal zum schlimmen Ende führen, weil sie die Erzeugung wirklicher Werte hintanhält und die schöpferischen Kräfte des Volkes lähmt. Weder Bürgertum noch Sozialismus haben je daran gedacht, dem Grundübel der Proletarisierung ernsthaft zu Leibe zu gehen. Der Wirtschaftsliberalismus, ob privater oder staatlicher Art, sitzt so tief im Denken des Gegenwartsdeutschen, daß er jede Zumutung, die immer größer werdende „Enterbung" grundsätzlich zu beseitigen, verständnislos zurückweist. Dieser Mangel an Weitblick, diese psychologische Engstirnigkeit, die nicht voraussah, welches Gewitter über dem deutschen Schicksal aus sozialen Gründen sich zusammenballte, tragen die Schuld daran, daß nicht schon in den Anfängen jener Entwicklung eine Lösung der sozialen Frage gefunden wurde, die Deutschland vor dem späteren Zusammenbruche bewahrt hätte. Weil das 19. Jahrhundert überhaupt nicht bevölkerungspolitisch zu denken vermochte, die großen geschichtlichen Zusammenhänge übersah, stand die Gesellschaft hilflos einer Entwicklung gegenüber, deren Gesetz sie gar nicht erkannte. So wie die Sparsamkeit des deutschen Reichstags bei der deutschen Rüstung zu hundertfachem Verluste führte, so auch die Kleinherzigkeit deutscher Wirtschaftsführer beim Versuche, die soziale Frage zu lösen. Die Gesellschaft versagte, der Staat mußte eingreifen.

Die Krone war es, welche den sozialen Gedanken rettete. Wäre das Reich schon 1871 eine kapitalistische Demokratie gewesen, wie die Vereinigten Staaten und Frankreich, der deutsche Arbeiter stünde heute ebenso ungeschützt da wie der Arbeiter jener Staaten; denn daß die Arbeiterschaft Nordamerikas infolge guter Konjunktur und Reichtums ihres Landes an Rohstoffen glänzend verdient, besagt noch nichts für ihre soziale Stellung und wirtschaftliche Sicherung. Wie denn auch die Verhältnisse eines Koloniallandes, das fast keine Bevölkerungsprobleme aufweist, mit denen des übervölkerten Europa kaum vergleichbar sind. — Der deutsche Kaiser war es, der in romantischer Begeisterung das gewaltige Werk der deutschen Sozialversicherung einleitete. Der Sozialismus verhielt sich dabei ablehnend, ohne fähig zu sein, neue Wege aufzuzeigen und auf günstigere Lösungen hinzuweisen. Die sozialistische Politik nach 1918 ist nichts als eine ungesunde Übersteigerung Wilhelminischer Sozialpolitik. Die deutsche Arbeiterschaft aber half die Krone beseitigen, die der weltumspannenden Hochfinanz bei ihrer Absicht, Deutschland kapitalistisch zu versklaven, im Wege stand. Vielleicht wird einmal die Stunde kommen, wo die Geschichtsschreibung die wahre Bedeutung des Weltkrieges erfaßt und ihre Schlüsse aus dem gleichzeitigen Zusammenbruche der drei großen und starken Monarchien Europas zieht. Hier walten geheime Gesetze, die nicht — wie harmlose Gemüter meinen — in einer Verschwörung ihre Ursache haben, sondern in der Auswirkung geistiger Ströme. Im Weltkriege zog das Geld aus, die Freiheit der menschlichen Arbeit zu vernichten. Deshalb mußte die Krone als Hort des sozialen Gedankens, als Bollwerk mythischer Vorstellungen fallen. Die Gerechtigkeit zwingt deshalb, das geschichtliche Verdienst der Krone zuzugeben.

Aber gründliche Überlegung führt zur Erkenntnis, daß die im Reichsversicherungswesen angebahnte Richtung nicht zur befriedigenden Lösung führen konnte. Denn es geht nicht an, daß die Gesellschaft Menschen entwurzelt und verbraucht, um die Fürsorge für sie dem Staate zu überlassen. Der Staat übernahm so eine Aufgabe, welche ihn sowohl mit der Privatwirtschaft als auch mit der Arbeiterschaft in einen endlosen Streit verwickeln mußte. Es entstand der moderne Sozialstaat, der sich immer weiter vom Wesen des wahren Staates entfernte und dadurch seine eigentliche Kraft einbüßte. Umgekehrt wurde die Eroberung des Staates für Zwecke der „Arbeiterklasse" das Ziel aller sozialistischen Politik. Wäre schon früher die Erkenntnis lebendig gewesen, daß die Staatskassen aus keiner anderen Quelle gespeist werden als aus der Wirtschaft, so hätte man vielleicht rechtzeitig das Versicherungswesen als gemeinsame Einrichtung von Unternehmern und Arbeitern, unter Selbstverwaltung, ins Leben gerufen. Aber es herrschte der merkwürdige Aberglaube, daß die Wirtschaft etwas spare, wenn der Staat in seine Tasche greife. Niemals hätte sich der Zustand herausgebildet, daß demagogisch beeinflußte Wählermassen und die ihnen verhafteten Abgeordneten auf dem Wege der staatlichen Gesetzgebung die Mittel aus der Wirtschaft herauspressen, um damit einen gewaltigen Apparat zu speisen, der neben der sozialen Fürsorge eine ganze Reihe anderer Zwecke erfüllt, die mit seiner Bestimmung gar nichts zu tun haben. Das heutige Versicherungswesen dient in erster Linie dem Unterhalte einer ungeheuren Bürokratie, welche das Parteileben herauskristallisiert. Dem Arbeiter ist mit ihm keineswegs geholfen, die Versicherungsbürokratie ist ihm innerlich genau so fremd wie die des Staates. Er betrachtet die Funktionärwirtschaft bei den Kassen nicht als Errungenschaft; das tun allein die nutznießenden Parteien. Der übermäßige Verwaltungsaufwand der Kassen, sowohl sachlich als auch personell, ist unbestritten. Ihre Leistungen stehen in keinem Verhältnis mehr zu den Beiträgen, die bald ein Zehntel des Arbeitslohnes verschlingen. Dazu kommt, daß das Kassenwesen den Ärztestand ebenfalls verproletarisiert. Eine der wertvollsten Intelligenzschichten treibt so dem Untergange zu. Kein Beruf verlangt in dem Maße Individualität und lebendigen Zusammenhang mit Forschung und Wissenschaft wie der ärztliche. All dies fällt beim „Kassenlöwen" weg. Eine ganze Literatur weist eindeutig nach, wie die ärztliche Behandlung unter dem Kassenwesen leidet. Der Arzt muß wie eine Maschine, ohne menschliches Verständnis und ohne wissenschaftliche Gründlichkeit arbeiten. Auch die Moral des Ärztestandes gerät darüber in Verfall.

Hinsichtlich der Krankenversicherung und der Arbeitslosenversicherung erhebt sich die Frage, ob hier wirklich versicherungsmögliche Fälle vorliegen. Der Sinn jeder Versicherung muß verlorengehen, wenn der Eintritt des Versicherungsfalles nicht mehr von „höherer Gewalt" abhängig, sondern weitgehend in das Ermessen des Versicherten gestellt ist. Wer Krankenkassenbeiträge zahlt, fühlt sich verpflichtet, krank zu werden oder zum mindesten auf seine Rechnung zu kommen. Die Folge ist, daß überhaupt keine Versicherung mehr vorliegt, sondern eine Sozialisierung des Gesundheitswesens. Wie überall leben dabei die Gewissenlosen, Untüchtigen, Schwachen auf Kosten der Hochwertigen. Die Höhe der Beiträge reizt zur Prüfung der Frage, ob nicht — bei Beschränkung auf den notwendigen Arztbedarf — die unmittelbare Vergütung der ärztlichen Behandlung aus der eigenen Tasche billiger wäre. Die Zuwendungen, welche die wirklich Kranken und Bedürftigen heute erhalten, stehen in keinem Verhältnis mehr zu der Gesamtsumme der eingehenden Beiträge. Das heutige Versicherungswesen ist das Unwirtschaftlichste, was es gibt. „Der Schutz für den Kranken zerstörte den Willen zum Gesundsein, der Schutz für den Schwachen tötete die Schaffensfreude, die Gesetze zum Schutz der Arbeitslosen bewirkten Arbeitslosigkeit" (Funk).

Die entsittlichende Wirkung des Kassenwesens hat Erwin Liek*) geschildert: sowohl auf den Arzt als auch auf das ganze Volk. Er spricht mit Recht von der negativen Auslese, welche die heutige deutsche Sozialfürsorge treibe. Die Rentenerschleichung ist einer der Haupterwerbszweige des deutschen Volkes geworden. Der Staat ist im Begriffe, sich in eine ungeheure Versicherungsgesellschaft zu verwandeln: nur nicht auf Gegenseitigkeit; denn der Tüchtige wird von den Drückebergern des Lebens, die künstlich gezüchtet werden, allmählich ausgesaugt. Nirgends hat sich die Gleichmacherei so furchtbar gerächt wie auf diesem Gebiete, nirgends der Staat seine Unfähigkeit, gesellschaftliche Aufgaben wahrzunehmen, klarer erwiesen. Er wollte Krankheiten bekämpfen und züchtete sie; zum mindesten die der Seele, oft aber auch des Körpers. Die Fürsorge durch die

*) Der Arzt und seine Sendung. Lehmanns Verlag, München.

Familie, einer der stärksten Zusammenhalte des Familienlebens überhaupt, ist durch die Versicherung unmöglich gemacht. Denn alles freie Geld geht in das allgemeine Faß ohne Boden, statt in den Spartopf der Familie. Die kinderreichen Familien ernähren so bequeme und selbstische Ehepaare. An Stelle der lebendigen Familie tritt die bürokratische Kasse, die durch ihre hohen Beiträge die Bildung von Familienkapital verhindert.

Die nichtsozialistischen Parteien wollen angeblich den deutschen Arbeiter verbürgerlichen. Bezeichnenderweise haben sie sich aber in der Sozialpolitik aus innerer Abhängigkeit und aus Angst vor gegnerischer Demagogie in das Schlepptau des Sozialismus begeben. Denn etwas anderes als eine riesenhafte Sozialisierung und Proletarisierung stellt die Reichsversicherung nicht dar. Der Sozialdemokratie kann man ihre Politik nicht verdenken: sie braucht Proletarier und möchte deshalb ihre Zahl immer noch vermehren; genau wie die russischen Machthaber jetzt Rußland industrialisieren mit der Begründung, der Kommunismus könne nur in einem Industrielande bestehen. Es ist aber unverständlich, warum bürgerliche Politiker nicht auch folgerichtig die Verbürgerlichung des Arbeiters betreiben. Neben allen psychologischen Voraussetzungen handelt es sich dabei um den einfachsten Gedanken, den es gibt: dem Arbeiter zu Besitz zu verhelfen. Aber genau der entgegengesetzte Weg wurde beschritten. Ist doch die heutige staatliche Sozialfürsorge nichts anderes als der Versuch, das Lohneinkommen der Arbeiterschaft zu einem guten Teile zu sozialisieren. Die Versicherungsbeiträge haben sich im Vergleiche zur Vorkriegszeit verdrei- und vervierfacht. Für das Jahr 1928 wird das Beitragsaufkommen der gesamten Sozialversicherung auf knapp fünf Milliarden (1913: 1,2 Milliarden) geschätzt. Das Gesamtaufbringen des deutschen Volkes für soziale Zwecke beträgt 1928 einschließlich der Fürsorge für die Kriegsopfer (1,5 Milliarden) insgesamt 8,8 Milliarden Mark, das Vierfache des Jahres 1913. Man stelle sich vor, welchen Segen dieses alljährlich vom deutschen Volke erübrigte Kapital stiften könnte, würde es nützlich angelegt bzw. sparsam für wirkliche Notfälle verausgabt, anstatt mit Hilfe eines unwirtschaftlichen Apparates, der als Brutmaschine der Minderwertigkeit wirkt, unter die Massen verschleudert zu werden. Schon jetzt drohen Krisen für einzelne Zweige der Sozialversicherung: zunächst für die Arbeitslosenversicherung, die den traurigen Ruhm für sich in Anspruch nehmen kann, einen neuen „Beruf" in Deutschland begründet zu haben: den des Arbeitslosen. Vornehm drückt man das aus, wenn man sich als „Sozialrentner" bezeichnet. In absehbarer Zeit aber wird die Krise auch die übrigen Versicherungszweige ergreifen, weil eine Beitragserhöhung unmöglich ist, die Ausgaben aber die Einnahmen an Höhe übertreffen dürften.*)

So wurde das Gefühl der Selbstverantwortung in weiten Kreisen des deutschen Volkes gewaltsam erstickt. Dem tüchtigsten und sparsamsten Arbeiter wird es fast unmöglich gemacht, Kapital zu sparen und damit Eigenbesitz zu begründen. Was er ersparen könnte, geht in das Faß ohne Boden. Dabei schwellen die Beitragssummen im Laufe eines arbeitsreichen Lebens zu beträchtlicher Höhe an und könnten tatsächlich den Wohlstand einer Familie sichern. Gustav Hartz**) hat eine Reihe von Berechnungen darüber angestellt, welche Höhe der Eigenbesitz eines Arbeiters oder Angestellten erreichen würde, wenn er die heutigen Versicherungsbeiträge als Sparkapital verzinslich anlegte. Er kommt dabei auf Beträge, die zwischen 30 000 und 100 000 Mark schwanken.

Daß also für eine beträchtliche Zahl von Arbeitern und Angestellten die Möglichkeit dieser Art von Entproletarisierung besteht, kann keinem Zweifel unterliegen. Wenn man die Versicherung auf den reinen Risikozweig beschränkte, so die elende Rentensucht und die tollen Auswüchse der Krankenversicherung unterbindend, könnten die Beiträge zur wirklich notwendigen Versicherung, zumal, wenn diese privatwirtschaftlich aufgezogen würde, auf die Hälfte vermindert werden; die übrige Hälfte würde der Kapitalbildung dienen. Natürliche Versicherungszweige sind — sieht man von der Sachversichecung ab — im Grunde nur die Versicherung gegen Unfall und Tod. Alle Hetze, die gegen den betrieben wird, der den Mut hat, auf den gewaltigen Mißstand der deutschen Sozialversicherung hinzuweisen, kann den verantwortungsbewußten Deutschen nicht hindern, den Umbau der sozialen Fürsorge zu fordern, ehe der Zusammenbruch erfolgt. Gewöhnlich wird der Warner als Volksfeind hingestellt. Mag sein, daß geringe Bestrebungen vorhanden sind, das Fürsorgewesen überhaupt abzubauen. Dem Geiste dieses Werkes aber widerspricht eine solche Einstellung auf das schärfste. Tatsächlich verschließt sich heutzutage kein vernünftiger Politiker der Einsicht, daß soziale Fürsorge notwendig ist. Aber nicht eine sozialistische; und was heute sich deutsches Versicherungswesen nennt, ist übelster gleichmachender und Werte vernichtender Kollektivismus. Wir aber wollen genau das Gegenteil, da uns ja als letztes sozialwirtschaftliches Ziel vorschwebt, dem deutschen Menschen wieder Eigenbesitz zu verschaffen; die

---

*) Man vergleiche die Ausführungen des bevölkerungspolitischen Teils.
**) Irrwege der deutschen Sozialpolitik. Scherl-Verlag, Berlin.

ungeheuren Mittel, die heute alljährlich für den deutschen Sozialhaushalt verwendet werden, ihrem richtigen und eigentlichen Zweck zuzuführen: der Entproletarisierung des deutschen Volkes.

Über die Wege hierzu kann man verschiedener Auffassung sein. Die Zwangssparkassen werden von dem Lager des individualistischen Kollektivismus abgelehnt. Gerade an dieser Haltung wird offenbar, daß es seinen Vertretern nicht darum geht, die Entpersönlichung des deutschen Arbeiters aufzuhalten und die Grundlage aller Demokratie, Menschen mit Selbstverantwortung zu schaffen, sondern darum, dem Idol der Gleichheit und der Masse die Persönlichkeit aufzuopfern. Ob Zwangssparkasse oder ein anderer Weg, fest steht, daß ein beträchtlicher Teil der heutigen Sozialausgaben verwendet werden muß, um arbeiterlichen Eigenbesitz zu begründen. Ob dies „kapitalistisch" geschieht oder auf dem Wege einer großzügigen Heimstättengesetzgebung (Bausparkassen), mag dahingestellt bleiben. Es muß eine klare Scheidung zwischen Selbsthilfe des Einzelnen und den Aufgaben der öffentlichen Fürsorge erfolgen. Soweit der Schutz des gesamten Volkskörpers (bevölkerungspolitische Aufgaben) in Frage kommt, muß der Staat Sozialpolitik treiben. Soweit der Einzelne zu schwach ist oder die Wechselfälle des Lebens stärker sind als er, besteht die genossenschaftliche Verpflichtung des „alle für einen". Hier sind, wie schon im staatspolitischen Teile dieses Werkes ausgeführt, die großen Zukunftsaufgaben der Berufsstände, und es ist an der Zeit, daß die Gewerkschaften sich auf ihre Sendung, die auf diesem Gebiete liegt, besinnen. Daneben aber muß die Selbstverantwortung des Einzelmenschen hergestellt und gestärkt werden, wodurch ein großer Teil selbstverständlicher Fürsorge wieder an die Familie fällt. Diese Dreiteilung: private, genossenschaftliche und rein staatliche soziale Tätigkeit, soll dem Reformer vorschweben, der über die Tagesdemagogie hinaus um die Zukunftsentwicklung des deutschen Volkes besorgt ist.

Die Lastenaufbringung von heute ist ebenfalls überlebt und innerlich unwahr. Vom Standpunkte des Arbeiters aus gesehen, trägt er sämtliche Beitragslasten. Denn praktisch fehlt ja der Betrag an seinem Lohne, der insgesamt als Beitrag an die Kassen abgeführt wird. Wir sind auch an jener Grenze angelangt, wo jede Beitragserhöhung preistreibend wirkt. Vom Standpunkte der Wirtschaft aus ist es gleichgültig, ob der Arbeiter oder der Unternehmer die Beiträge zahlt. Der Arbeitgeber muß immer die gesamten Gestehungskosten der von ihm erzeugten Ware im Auge behalten, genau so wie der Arbeitnehmer sein tatsächliches Einkommen. Es spielt deshalb keine Rolle, ob Brutto- oder Nettolöhne vereinbart werden. Jeder Arbeitnehmer beurteilt sein Einkommen nach dem Betrage der Auszahlung. Umgekehrt ist es gleichgültig, ob der Unternehmer die insgesamt zu leistenden Beiträge auf Konto Löhne oder auf Konto Unkosten bucht. Die heutige Teilung der Beiträge zwischen Arbeitnehmer und Arbeitgeber entspringt einer unwahren Ideologie. Sie verteuert nur den Apparat der Abführung und der Verwaltung.

Der falsche Weg, den die soziale Gesetzgebung gegangen ist, hat die Klassenlage des deutschen Arbeiters verschärft. Die Proletarisierung ist nicht beseitigt worden, und die „Bürgschaft eines inneren Friedens"*) hat versagt. Der Liberalismus hat sich in der Sozialgesetzgebung folgerichtig in seinen feindlichen Bruder verwandelt: in kommunistischen Kollektivismus. So ist die Einheit des deutschen Volkes ein Traum geblieben; denn ein großer Teil von ihm verharrt in internationalistischen Vorstellungen, die sich verhängnisvoll für den Befreiungskampf, in welchem das deutsche Volk steht, auswirken. Die im Untergrunde wirksame Vorstellung des Sozialismus, die Kriegstribute könnten auf den Besitz abgewälzt werden, lähmt die Widerstandskraft des deutschen Volkes gegen das Versailler Diktat. Die Verschwendungssucht der öffentlichen Hand läßt andererseits die Reparationssummen so klein erscheinen, daß die deutsche Außenpolitik dem Auslande gegenüber, das sich über diese Vorgänge wohlunterrichtet zeigt, gehemmt ist. Nur Träumer glauben, die Einengung des völkischen Lebensraums würde die besitzenden Schichten allein treffen und nicht den Arbeiter. Nur Menschen, die keinesfalls wirtschaftlich zu denken gewohnt sind, neigen zur Annahme, man könne Schulden rein kapitalmäßig ohne Arbeitsleistung abtragen. So wird die Haltung des Arbeiters zum Angelpunkte der deutschen Befreiungspolitik. Er hätte in erster Linie den inneren Beruf, hier Vorkämpfer zu sein, da sein Leben am meisten bedroht ist. Nur kleine Kreise der Arbeiterschaft haben sich zu dieser Erkenntnis durchgerungen. Es ist auch nicht wahrscheinlich, daß die Masse der sozialistischen Arbeiter zu einer volkbejahenden Haltung bewogen werden kann, ehe sie aus der Klassenlage befreit ist.

Der schwere Fehler aller gegenwärtigen Sozialpolitik besteht darin, daß sie nur den Stoff und nicht die Seele sieht. Die soziale Aufgabe liegt für sie nicht auf dem Gebiete des Sittlich-Seelischen: sozialen Kampf nennt sie den Streit um äußere Arbeitsbedingungen und um den Anteil am Arbeitsertrage. Denselben Ungeist verrät auch die sogenannte soziale Gesinnung von heute: sie entspricht der Einstellung des Arztes, der Betäubungsmittel verabreicht, um wenigstens die Schmerzen, die ein

*) Kaiserliche Botschaft vom Jahre 1881.

Übel bereitet, zu lindern. Das Übel selbst aber bleibt bestehen. Dabei spielt auch die Selbstberuhigung des sozialen Gewissens — man hat etwas Menschliches getan — eine große Rolle. Es ist die schwächliche, mitleidige Haltung des Gutgekleideten gegenüber dem Zerlumpten, die an und für sich edle Regung, etwas für jenen zu opfern, vielleicht auch der Wunsch sich loszukaufen. Wer aber an die Behandlung sozialer Schäden herangeht, soll mitleidslos sein gegenüber dem Einzelnen und nur ein gewaltiges Leid mitleiden: das seines Volkes, welches an dieser Krankheit zugrunde zu gehen droht.

Die Klassenlage des deutschen Arbeiters hat eine gesellschaftliche und eine wirtschaftliche, eine seelische und eine materielle Seite: ineinander übergehend und sich gegenseitig begründend. Die heimatliche Entwurzelung lief gleich mit der gesellschaftlichen Rechtlosigkeit des Arbeiters. Diese beiden Punkte wurden weiter oben behandelt. Es ist nämlich falsch, wie der sozialistische und bürgerliche Materialismus es tun, die Besitzlosigkeit des Arbeiters als einzige Ursache der Klassenlage hinzustellen. Gewiß hängen von ihr auch seelische Zustände ab, aber Besitz allein kann gerade in einer materialistischen Zeit niemals seelische Ruhelage vermitteln. Es wird immer große Menschenmassen geben, deren einziges Gut die Arbeitskraft ist. Trotzdem betrachten sich diese nur zu einem ganz geringen Teile als in einer Klassenlage befindlich. Ein solches Gefühl entsteht erst dann, wenn alle Arbeitsanstrengung erfolglos bleibt, wenn keine Möglichkeit besteht, jemals zu Besitz zu gelangen. Besonders in Ländern, wo die Aufstiegsmöglichkeiten für den Arbeiter und seine Nachkommen gering sind, tritt ein Zug von Hoffnungslosigkeit auf, der bezeichnend durch das ganze Arbeiterschicksal geht. Ihn vermag auch die politische Gleichberechtigung des Arbeiters nicht zu beseitigen. Die Arbeiterschaft wird dereinst erkennen, daß der Stimmzettel ein zweifelhaftes Geschenk war, daß man ihr Steine statt Brot gab.

Die Aufstiegsmöglichkeit des Arbeiters hängt entscheidend von der außenpolitischen Lage seines Volkes und der inneren Beschaffenheit von Gesellschaft und Staat ab. Was letztere anlangt, so dürfte durch frühere Ausführungen bewiesen sein, daß die Sozialisierung der Löhne, die Gleichmachung der Leistungen durch eine falsche Lohn- und Sozialpolitik, die Bürokratisierung des gesamten Wirtschafts- und Staatslebens die Aufstiegsmöglichkeiten auf ein Mindestmaß verringert haben. Der deutsche Sozialismus ist es, der dem Tüchtigen die freie Bahn endgültig versperrt hat. Einige besonders rührige Demagogen steigen wohl politisch auf und gelangen zu Erfolg, besonders wenn ein bischen Korruption mitspielt.

Aber diese Art von Aufstieg ist auf das politische Gebiet beschränkt und trifft verhältnismäßig wenige. Der gesellschaftliche und wirtschaftliche Aufstieg, viel wichtiger, weil ein weiteres Gebiet umfassend, ist schwerer geworden denn je. Er ist überdies abhängig vom Raume, den die staatliche Macht einem Volke als Lebensgrundlage zu sichern vermag. Je geringer die Macht eines Volkes, je schwächer seine außenpolitische Stellung, desto kleiner die Anzahl von Führerstellungen, die es zu vergeben hat. Wer deshalb die Möglichkeit des Aufstiegs jedem verspricht, könnte ebenso kindlich die Zuteilung von Sternen in Aussicht stellen. Im heutigen Deutschland kann nicht einmal dem begabten, geschweige denn dem Durchschnittsmenschen ein Recht auf Aufstieg und Erfolg zugesichert werden. Wer dies trotzdem tut, schädigt die Seele des Volkes und — wie der bevölkerungspolitische Teil zeigen wird — auch den Volkskörper. So wie die Dinge heute liegen, soll jede künstliche Förderung des sozialen Aufstiegs unterlassen, müssen im Gegenteil die Auslesebedingungen verschärft werden.

Aber innerhalb der einmal vorläufig gegebenen Grenzen müssen alle Maßnahmen getroffen werden, die Arbeiterschaft aus der Klassenlage zu befreien. Daß sozialer Friede möglich ist, beweisen lange Epochen der Geschichte, insbesondere das Mittelalter. Sein vorbildlicher Arbeitsfrieden beruhte auf seiner Wirtschaftsverfassung: keine Wirtschaft, die sich von ungefähr nach individualistischen Gesichtspunkten regelte, sondern eine, die jeden in ganz bestimmte Bedingungen zwang. Selbstverständlich läßt sich die mittlerweile erfolgte Arbeitsteilung nicht mehr rückgängig machen; aber auch der Arbeiter des Maschinenzeitalters kann mit Schöpferstolz erfüllt werden, wenn er einerseits mit seinem Betriebe verwächst, andrerseits Eigenbesitz erhält, den er nach Willen und Kräften ausbauen kann. Solange der Arbeiter nicht durch Eigenbesitz mit dem Boden verbunden ist, solange er wurzellos von einem Werke zum andern zieht, keinen Zusammenhang zwischen dem Gedeihen der Gesamtwirtschaft und seiner persönlichen Wohlfahrt fühlt, so lange kann von einer Erlösung aus der Klassenlage nicht die Rede sein.

Welches sind nun die praktischen Wege, den Arbeiter zu Besitz und innerer Teilnahme am Betriebe, zur Bejahung seiner Lebensstellung zu bringen? Zwei Hauptrichtungen können unterschieden werden: einmal die, welche den Arbeiter schlechthin besitzend machen will ohne jede Rücksicht auf seine betriebliche Stellung; sodann jene, welche das Verhältnis des Arbeiters zum arbeitgebenden Kapital neu ordnen möchte. Beide Bestrebungen wollen dem Arbeiter die bisher mangelnde Sicherheit seines

Daseins in irgendeiner Weise verbürgen. Ernst Horneffer*) hat die seelische Seite der Arbeiterfrage richtig erkannt, wenn er sagt, das Ergebnis der Lebensarbeit müsse unmittelbar mit den aus dieser Lebensarbeit hervorgehenden Werken und Schöpfungen verbunden sein. Diese Verknüpfung soll nach ihm in Form der Arbeitsaktie erfolgen. Die Wahl dieses Mittels scheint nicht glücklich. Die Arbeitsaktie scheitert an der einfachen Tatsache, daß Geldwert, auf den sonst die Aktie gestellt ist, eine bestimmte Größe ist, Arbeitsleistung nicht. Ein Mitbesitz auf dem Wege der Arbeitsleistung widerspricht dem Wesen des Eigentums, das übertragbar, vererblich u. s. f. sein soll. Was geschieht aber mit der Arbeitsaktie, wenn der Arbeiter den Betrieb verläßt oder entlassen werden muß? Was, wenn der Betrieb zusammenbricht? Man kann sich auch schwer die Generalversammlung einer Aktiengesellschaft (eines nur kapitalistisch zu verstehenden Gebildes) vorstellen, in welcher 5000 Arbeiter erscheinen; aber Horneffer verlangt gerade die unmittelbare tätige Beteiligung des Arbeiters an der Verwaltung des Werkes. Diese liegt jedoch nicht bei der Generalversammlung, die meist bloß ein gut aufgezogenes Theater darstellt. Etwas anderes ist es um die Vertretungsbefugnis im Aufsichtsrat. Nun ist heute schon der Betriebsrat im Aufsichtsrat vertreten, mit welchem Erfolg, sei lieber verschwiegen. In dieser Beziehung ist der sonst sehr vernünftige Betriebsratsgedanke auf Abwege geraten. Alle Versuche hinsichtlich der Beteiligung der Arbeiterschaft an der Betriebsleitung scheitern daran, daß die Reformer, ebenso wie auf staatlichem Gebiete, die doppelte Natur der Wirtschaftsorganisation verkennen. Auch sie weist herrschaftliche und genossenschaftliche Elemente auf. Wer deshalb von Wirtschaftsdemokratie**) redet — die übrigens ganz zu unrecht als „antikapitalistisch" gepriesen wird —, sollte sich zunächst darüber klar werden, wo die Grenzen des Genossenschaftlichen liegen. Demokratisierung der Betriebsführung ist ein Unding; sie widerspricht dem eigentlichsten Gesetze der Wirtschaft, dem der Ökonomie. Denn jede Demokratisierung führt zur zentralistischen Bürokratie und zu einem Punkte, wo der Betrieb überhaupt nicht mehr der Erzeugung dient, sondern den in ihm Beschäftigten. Eine solche Einstellung aber macht allmählich die Beschäftigten beschäftigungslos. Es ist auch eine trügerische Hoffnung, durch Demokratisierung der Betriebe jene Arbeit, die durch die moderne

*) Die große Wunde. München 1922, Verlag Oldenbourg.

**) Neben der betrieblichen Demokratie wird unter Wirtschaftsdemokratie meist die Kollektivierung des Kapitals verstanden, ein neues Wort für versteckte Sozialisierung. Anstelle des privaten tritt immer mehr der öffentliche Unternehmer, das Arbeitserträgnis und damit die Löhne verschlechternd.

Technik unrettbar mechanisch geworden ist, wieder beseelen zu können. Das geht nur, wie Bente ausführt, dadurch, daß „das lebenbezogene Handeln" des Arbeiters wieder beseelt wird, nicht das sachbezogene. Bente hält dies für möglich, wenn die zentralistisch-bürokratische Organisation durch die organische ersetzt wird, in der das bisher in der Zentrale konzentrierte schöpferische Tun auf den ganzen Kreis der einbezogenen Personen ausgedehnt wird. Hierdurch sollen Arbeitsfreude und Verantwortungsbewußtsein neu geweckt, soll der Betrieb wieder zur Geburtsstätte für Führer werden.

Einen noch tieferen Einblick in die Natur des Betriebes gewähren die Überlegungen, welche Bott-Bodenhausen angestellt hat. Ausgehend von der Doppelnatur der Arbeit (Erwerbstätigkeit — Diensttätigkeit), stellt auch er ein zweifaches Wesen des Betriebs fest: ein wirtschaftliches und ein gesamtdienstliches. Als Wirtschaftsunternehmen ist es herrschaftlich, als Dienstzentrum genossenschaftlich organisiert. Aus dieser Erkenntnis folgt die Fehlerhaftigkeit aller Bestrebungen, welche die „Monarchie" des Unternehmers durch die Demokratie der Arbeiterschaft ersetzen wollen. In gewissem Sinne ist eben ein Betrieb gleichzeitig beides zusammen. Auch der Begriff des Eigentums am Betriebe erfährt in dem funktionalen Rechtsdenken Bott-Bodenhausens eine Doppelung: in wirtschaftlicher Hinsicht „ist das Unternehmen Privateigentum des Unternehmers. Anders in dienstlicher Hinsicht. In dieser ist der Betrieb einer Bindung fähig, welche die Willkür des Eigentümers in sozialpolitischer Hinsicht ausschließt. Diese Bindung geschieht durch die Verselbständigung des Betriebsrechtes gegenüber den wirtschaftlichen Unternehmensbestandteilen; denn die sozialpolitische Bedeutung hängt nicht an den Dingen, sondern an der Art ihrer Verwendung. — In sozial-dienstrechtlicher Hinsicht wird so der Betrieb zum Eigentum (Diensteigentum) der Betriebsgenossen und unterliegt dienstrechtlicher Ordnung". Es gibt also im neuen Rechte ein gebundenes und ein freies Eigen. Es sind dies verschiedene Grade des Rechts. Was aber heute sozialpolitisch versucht wird, um das Eigentum zu binden, ist nicht innere Neuverpflichtung des Eigentums, sondern Eingriff in das freie Eigen. Dazu gehört die Festsetzung der Löhne durch staatliche Organe, während gleichzeitig die Aufbringung der Lohnsummen dem freien Eigentum überlassen bleibt. Dies ist natürlich Todsünde gegen das Gesetz der Wirtschaftlichkeit. Der Dienstgedanke, den auch Bente als den Wesenspunkt einer organischen Wirtschaft erkennt, verlangt die genau entgegengesetzte Einstellung. Die Dienststellung des Arbeiters verpflichtet auch ihn zu der Überlegung, wie er das Wachsen des Werkes fördern, die Erträgnisse des Betriebes steigern könne. Denn seine Lohnhöhe hängt davon ab. Aus dem gewinnbeflissenen Unternehmer und Arbeiter — das sind sie heute noch beide — müssen Dienstbeflissene werden. Diese Bindung vollzieht sich nach Bente nicht etwa aus Uneigennützigkeit oder aus irgendeinem gesteigerten „sozialen Empfinden" heraus, sondern aus der gleichen ökonomischen Erwägung, daß der Vorteil des Einzelnen nur durch den des Ganzen verbürgt ist. Der Ganzheitsgedanke wirkt sich also auch in der pünktlichen Befolgung der Wirtschaftsgesetze aus.

Die neue Rechtsentwicklung geht dahin, eine Form der allmählichen Trennung in den Bereich reiner Unternehmertätigkeit (kaufmännische und technische Betriebsführung) und den sozialen Bereich zu finden. Letzterer umfaßt alle Beziehungen, die durch das notwendige Zusammenwirken von Kapital und Arbeit, von Stoff und Mensch entstehen. Alle Einrichtungen, die auf diesem Gebiete ins Leben treten, sind genossenschaftlicher Art. Sie sind grundsätzlich auf dem Betriebe aufzubauen und dann in ein Netz von Zusammenschlüssen einzufügen. Nicht wie bisher, horizontal zu organisieren, worauf eine örtliche Zergliederung nachträglich erfolgte. Überall hat aber der Arbeiter die volle Verantwortung mit zu tragen, da vor nichts dringender gewarnt werden muß als vor der Erteilung von Rechten, denen keine Leistungsverpflichtung gegenübersteht. Die dienstrechtliche Ordnung des Betriebes bedingt die vollberechtigte Teilhaberschaft des Arbeiters an allen Mitteln, welche die Wirtschaft für soziale Zwecke auswirft. Ja, bei folgerichtigem Ausbau der sogenannten wissenschaftlichen Betriebsführung, die, nach den neuesten Forschungen, eine große Genauigkeit der Kalkulation erreichen kann, wäre nicht einmal undenkbar, daß die Bemessung des Lohnaufwandes eines Betriebes in engster und friedlicher Zusammenarbeit mit der Belegschaft vorgenommen wird. Im Augenblicke mag dies wirklichkeitsfremd erscheinen, aber die tatsächlichen Zustände sind davon nicht mehr sehr fern. Denn, wüßten die Arbeitervertreter nicht, daß bei einem gewissen Punkte die Höchstgrenze der Arbeiterlöhne erreicht ist, so würden ihre Forderungen kein Ende finden. Auch heute schon legt mancher Unternehmer die Verhältnisse seines Betriebes den Arbeitnehmern bei Lohnverhandlungen klar. Wird dabei in Betracht gezogen, daß durch die zunehmende Entpersönlichung des Kapitals der mit den Arbeitern verhandelnde Unternehmer in den meisten Fällen selbst Angestellter ist, so läßt sich die Erwägung nicht von der Hand weisen, daß beide zusammen eine gemeinsame Stellung gegenüber dem Kapital wahrnehmen.

In der Öffentlichkeit tobt heute ein Kampf um zwei Schlagworte: um den scheinbaren Gegensatz Werksgemeinschaft oder Gewerkschaft. Er wird hier von vornherein scheinbar genannt; aber es ist doch einer kurzen Untersuchung wert, wie er entstehen konnte. Die einen sagen, der Betrieb sei die wahre Zelle der Wirtschaft, der Unternehmer der gegebene Führer seiner Betriebsarbeiterschaft: im Betriebe habe der Arbeiter seine soziale Heimat zu finden, der Betrieb müsse also auch für die Sicherstellung des Arbeiters aufkommen. Er sei auch die Zelle einer aufzubauenden wirtschaftlichen Selbstverwaltung. Die Arbeitsbedingungen seien abhängig von der Erzeugungsweise, und diese sei für jeden Betrieb verschieden (Arbeitszeit). Nur im Betriebe sei die Unterscheidung zwischen Wert- und Massenleistung, zwischen tüchtigen und untüchtigen, zwischen strebsamen und lässigen Arbeitskräften durchzuführen. Deshalb könne der Maßstab einer gerecht abgestuften Entlohnung nur im einzelnen Werke gefunden werden. Die Preismonopolbewegung, welche die Leistungsfähigkeit guter Betriebe nicht ausnutze und das Dasein schlecht geleiteter künstlich verlängere, habe ihr Gegenstück gefunden in der Arbeitermassenbewegung, welche praktisch Schutzverbände für die Minderwertigen gebildet habe. Denn die Tariflöhne berücksichtigten die gute Leistung nicht, sondern züchteten ein schlechtes Mittelmaß. Der leistungsfähige Arbeiter werde unterdrückt, die schöpferische Kraft und der mächtige Antrieb der Persönlichkeit versackten immer mehr. Die Qualitätsarbeit gehe zurück; schon heute übertreffe darin Amerika das deutsche Volk um ein Beträchtliches. Komme der Betrieb nicht zu seinem Rechte, so vernichte die Gleichmacherei jeden Fortschritt. Durch den Zusammenschluß der Arbeitnehmerschaft außerhalb der Betriebe seien natürliche Einheiten zerstört worden. Der Tarifvertrag liege in den Händen der beiderseitigen Interessenvertreter und werde außerhalb der Betriebe geschlossen. Werksgemeinschaft bedeute die „rechtliche Vergliederung“ (W. Kupsch) von Unternehmer, Angestellten und Arbeitern eines Betriebes. Heute fehle jede organische Verbindung zwischen dem Unternehmer und seinen Arbeitern.

Dem wird nun von Gewerkschaftsseite, auch soweit sie wirtschaftsfriedlich ist, entgegengehalten: auch wir hätten an einer wirtschaftsfriedlichen Verfassung nichts auszusetzen, wenn die Sicherheit bestünde, daß eine solche wirklich eingehalten und der Arbeiter nicht benachteiligt würde. Die Geschichte habe indessen bewiesen, daß der Arbeiter vereinzelt der Ausbeutung verfällt. Daß er sich vor diesem Schicksal nur bewahren kann durch Bildung eines „Kartells der Arbeit“. Der Alleinherrschaft des Kapitals sei die Macht der Arbeit entgegenzustellen; nur durch Zusammenschluß würde eine solche entstehen, könnten die Arbeiter ausreichende Löhne erzielen. Nur der Druck der Gewerkschaften gewährleiste eine leidliche soziale Gesetzgebung und nur die einheitliche Regelung der Löhne könne Lohndrückerei durch die Arbeitgeber, die von Natur eine günstigere Stellung hätten, verhindern. Günstiger sei deren Stellung deswegen, weil beim Abschluß von Arbeitsverträgen eine einzige Persönlichkeit, die über das Kapital verfüge, einer Vielheit Besitzloser gegenüberstehe. Endlich habe die Gewerkschaft noch eine sittliche Bedeutung: sie gewähre dem Arbeiter seelischen Rückhalt, gliedere ihn einer Gemeinschaft ein und verhindere so Anarchie. Die Werksgemeinschaft erstrebe die Zerschlagung der Gewerkschaften, vernichte damit die Macht der Arbeiterschaft und werfe sie rettungslos in Hörigkeit zurück.

Das sind so ungefähr die Beweisgründe, die beide Lager einander entgegenhalten. Was ist nun jeweils der Wahrheitskern? Die Betriebs- oder Werksgemeinschaft hat für sich die natürliche Gewachsenheit. Sie ist tatsächlich die natürliche Arbeitsgemeinschaft, verbürgt allein Wirtschaftlichkeit und besitzt auch heute noch Leben, soweit reine Wirtschaftsgesetze walten. Sie ist nur entseelt. Alle sozialen, das sind in Wahrheit alle seelischen Beziehungen, hat sie verloren, das menschliche Zusammenwirken ist fast nur auf das Technische beschränkt. Die Regelung der sozialen Fragen wurde tatsächlich außerhalb des Betriebes verlegt. Dadurch wurde der Persönlichkeitswert, die tragende Kraft des Wirtschaftslebens, herabgemindert und die Gütererzeugung geschädigt. Kein Zweifel, daß die Anhänger der Werksgemeinschaft recht haben, wenn sie in den mechanischen Zusammenschlüssen der Arbeitgeber und Arbeitnehmer Gewächse des Individualismus sehen, der hier wieder einmal seine persönlichkeitstötende Wirkung erweist. Aber andererseits war der Zusammenschluß der Arbeitermassen notwendig. Er wird es bleiben, bis die neue Wirtschaftsgesinnung sich durchgesetzt hat, bis die Machtkämpfe zwischen Kapital und Arbeit grundsätzlich beendet sind und einer rechtlichen Regelung des Wirtschaftslebens Platz gemacht haben. Es muß auch bedacht werden, daß die Gewerkschaften zum Teil Zellen berufsständischer Zusammenschlüsse darstelllen, daß auch sie in organisches Leben übergeführt werden können. Wird aus der heutigen Regellosigkeit eine Wirtschaftsverfassung, geschaffen aus Kräften der Gesellschaft, überwacht vom Staate, entstehen, so winkt in weiter Ferne die Verwirklichung der Werksgemeinschaft. Der Verfasser sieht also keine ausschließende Gegensätzlichkeit zwischen dem Gewerkschaftsgedanken und dem der Werksgemeinschaft, wenn auch heute eine weite Kluft besteht. Tatsächlich wurde ja auch versucht, beide zu verknüpfen: im Betriebsrätegesetz, welches allerdings einen falschen und schwächlichen Ansatz bildet. Daß in einer vollkommen befriedeten Wirtschaft der in mancher Hinsicht unnatürliche Gegensatz zwischen Unternehmer und Arbeiter beseitigt wird, schwebt als letztes Ziel jedem Reformer vor. Vielleicht werden dann Arbeiterzusammenschlüsse in der heutigen Form überflüssig, zumal, wenn geschlossene Berufsstände die Eingliederung der „arbeitenden Klasse" in die Gesellschaft vollzogen haben. Bis dahin aber muß es Kräfte geben, die den sozialen Gedanken wach halten und um seine Gestaltung kämpfen. Die Unternehmerfeindlichkeit der heutigen Gewerkschaften — übrigens schon stark gemildert — verrät noch das utopische Denken des Marxismus. Aber die Erfahrungen von Owen bis zum deutschen Staatssozialismus und zum russischen Kommunismus gingen nicht spurlos am deutschen Arbeiter vorüber. Eine allmähliche Umstellung wird Platz greifen.

Das vornehmste Ziel unserer Zeit bleibt, durch rechtliche Regelung zum Wirtschaftsfrieden zu gelangen. Getragen von der neuen Wirtschaftsgesinnung müssen die Führer beider Parteien den Weg zueinander finden, die Grundregeln der neuen Ordnung gemeinsam aufstellen. Es wäre Sache der kommenden Reichsständekammer, diesem Gedanken die rechtliche Form zu geben. Wer von der Notwendigkeit der Dienstschaft als Ausdruck organischer Lebensgesetze überzeugt ist, sieht die Bahn frei, das Wirtschaftsrecht der Gegenwart durch das Dienstrecht der Zukunft zu ergänzen. Die schöpferischen Kräfte von Unternehmern und Arbeitern müssen sich in der künftigen, sich selbst verwaltenden Wirtschaft in dem Bestreben begegnen, durch ein neues Recht vorhandenes Mißrecht mit all seinen schädlichen Folgen zu heilen.

Eine besondere Aufgabe bleibt allerdings dem deutschen Unternehmer vorbehalten. Sie läuft bis zu einem gewissen Grade dem Vorgange gleich, der unter dem Schlagworte der „Rationalisierung" die Stunde beherrscht. Was versteht man unter Rationalisierung? Der eine (Sombart) übersetzt dieses Wort mit Vergeistung, der andere mit Vernünftigung. Zweck der Rationalisierung ist Kräfteersparnis, ist größtmögliche Annäherung an das ökonomische Gesetz, mit kleinsten Mitteln höchste Leistungen zu erzielen.

Praktisch heißt dies, daß jeder Betrieb eigne Betriebspolitik treibt, daß an Stelle der ungeheuren Gleichmacherei durch Tarifregelung, Preisnormung, soziale Gesetzgebung usw. die lebendige Kraft des einzelnen Betriebes tritt, der versucht, durch Verfeinerung der Methoden auf allen Gebieten Höchstleistungen zu erzielen. Es beginnt mit anderen Worten eine neue Epoche des Unternehmertums, das in der Zeit von 1890—1920 allzu feste Formen angenommen hatte. Wohl baute schon damals der Unternehmer seine Betriebe möglichst aus, organisierte sie durch, schuf freiwillig mustergültige soziale Einrichtungen, verbesserte die Hygiene und versuchte mit allen Mitteln, den Arbeiter an den Betrieb zu fesseln und ein seelisch-sittliches Band herzustellen. Was damals die Unternehmer leisteten und mittlerweile zum Ausbau brachten, ist im Grunde schon die vollkommene Werksgemeinschaft, nur mit dem bedauerlichen Fehler behaftet, daß sie psychologisch nicht als solche wirkte. Die horizontale Organisationsbewegung kam dazwischen und zeitigte jene betriebsfremden Zusammenschlüsse, die alle Fäden zwischen Unternehmer und Belegschaft zerschnitten. Diesem Fehler kann der Unternehmer abhelfen, wenn er sich zu jener zweiten Periode unternehmerischer Entwicklung bekennt, die mit dem amerikanischen Beispiel eingesetzt hat. Hier schlummern ungeahnte Möglichkeiten, Gleichmacherei und Entpersönlichung zu durchbrechen. Warum sollte nicht eine neue Personalpolitik eingeführt werden, welche die amerikanischen Methoden der Einstellung und Prüfung der Arbeitskräfte, der Arbeitsverteilung, der Anlernung, der Beförderung, der Berufsberatung usf. übernimmt? Wer hindert den Unternehmer, sich des einzelnen Arbeiters anzunehmen und seiner Individualität gerecht zu werden? Man denke an die Wege Fords, der die Aufstieg wünschenden Arbeiter aussuchte und dabei die überraschende Erfahrung machte, daß die meisten gar nicht von der mechanischen Arbeit weg wollten. Was er aber damit erreichte, war die Beseitigung der Zwangsvorstellung, dem Industriearbeiter seien keine Aufstiegsmöglichkeiten gegönnt. Heute beginnt auch in der Wirtschaft das Berechtigungswesen seine üblen Wirkungen zu zeitigen. Kein Mensch hindert den deutschen Unternehmer, diese bürokratischen Auslesemittel zum alten Eisen zu werfen und wirtschaftliche Formen des Prüfungswesens, neue Maßstäbe zum Aufstiege einzuführen. Eine geschickte Betriebspolitik vermag nicht nur eine wirksame Auslese, sondern auch Maßnahmen zu treffen, diese ausgewählte Stammarbeiterschaft an den Betrieb zu binden. Hier ist wirklich eine „neue Sachlichkeit" möglich, die das Gesetz der Ökonomie, der Leistung und der Persönlichkeit wieder in Geltung setzt. Hier hat das System der horizontalen Durchgliederung unsrer ganzen Wirtschaft eine Lücke, durch welche der Unternehmer durchstoßen und die Gleichmacherei ausräumen kann. Wie leicht könnte so eine Betriebsgemeinschaft unmerklich lebendig werden, ohne den Widerständen zu begegnen, denen eine ungeschickte Werksgemeinschaftspropaganda immer ausgesetzt ist. Gewiß werden die Gewerkschaften manche Schwierigkeiten bereiten, sie werden sich aber am Ende mit dem schöpferischen neuen Unternehmertyp abfinden, weil die einzelnen Belegschaften ihn bejahen. Die Erfahrungen, die man bei der Einführung von Leistungslöhnen gemacht hat, berechtigen zu dieser Hoffnung. Unerläßliche Voraussetzung ist allerdings der echte Unternehmer und nicht der bürokratische Angestellte des Großkapitals.

So ergibt sich, daß die Rationalisierung der Wirtschaft nicht etwa ein Fortschreiten auf mechanistischen Wegen ist, sondern der bewußte Versuch, auch in der Wirtschaft wieder das Leben in seine Rechte einzusetzen. Nichts ist natürlicher als die Forderung, daß die Arbeitskraft nicht als Ware behandelt, sondern nach ihrer menschlichen Individualität angesetzt, entwickelt und verwertet werde. Auch gibt es eine Psychologie des Arbeitsvorganges, die in den Dienst der Wirtschaft zu stellen ist. Es ist mechanisch gedacht, die Arbeitskraft als Nummer zu behandeln und einfach willkürlich mit einem Teilvorgang der Erzeugung zu betrauen; es ist unlebendig, die Arbeit anders aufzuteilen als gemäß der natürlichen Reihenfolge, wie sie im Wesen des Menschen und der Sache liegt. Was auf diesem Gebiete in den letzten Jahren von einzelnen deutschen Unternehmungen geleistet wurde, berechtigt zu kühnen Hoffnungen.

Die technische Mechanisierung widerspricht keineswegs der Forderung organischer Betriebsführung. Selbstverständlich kann die Tätigkeit am laufenden Bande und an Spezialmaschinen nicht beseelt werden. Maschinelle Arbeit ist von Natur mechanisch. Der Arbeiter weiß, daß er in Zeiten der höchsten Arbeitsteilung immer nur einen Teilvorgang der Erzeugung wahrnehmen kann. Ist er sich darüber unklar, so muß ihm durch Werksunterricht begreiflich gemacht werden, an welchem Werke er arbeitet. Aber die Arbeitsteilung selbst kann ihm niemand ersparen. In ihr, als einer rein technischen Notwendigkeit, liegt auch keineswegs die Gefahr der Entseelung. Es ist nicht richtig, daß die Maschine den Menschen notwendig entseelen müsse; niemals wird dies der Fall sein, solange der Mensch Herr der Maschine bleibt. Ist er sich bewußt, daß er der Herrscher der Maschine ist und daß sie die Aufgabe hat, die menschliche Arbeit zu erleichtern, so kann sie sogar die Beseelung fördern. Im Sachbereiche der Wirtschaft also kann die maschinelle Rationalisierung, kann die Mechanisierung bis zur höchsten Stufe fortgeführt werden. Entscheidend ist, daß der menschliche, organisatorische Bereich des Unternehmens durch Bürokratisierung keine Entpersönlichung erfährt. Wenn die Vorschrift den lebendigen Menschen überwältigt, dann erst ist die Arbeit mechanisiert. Aber an und für sich braucht mechanische Arbeit noch lange nicht den Menschen unlebendig zu machen.

Wenn alle Zeitströmungen auf das Werden einer neuen Betriebsgemeinschaft hinweisen, getragen von der werteschaffenden Persönlichkeit, so müssen auch Wege gefunden werden, außerhalb des Betriebes den Arbeiter auf eine neue Selbstverantwortung einzustellen. Dies ist nur möglich durch arbeiterlichen Besitzerwerb, den die infolge gesteigerter Wirtschaftlichkeit erhöhten Löhne erleichtern werden. Sie werden ihn in den Stand setzen, Ersparnisse zu machen. Bisher war dies unmöglich, weil alles, was der Arbeiter hätte ersparen können, von der sozialen Fürsorge verschlungen wurde. Wenn das Versicherungswesen auf das gesunde Maß zurückgeführt ist, Leistungslöhne sich durchgesetzt haben, dann kann die Spartätigkeit des Arbeiters beginnen. Heißt dies, daß er zum Kapitalisten werden soll? Alle Versuche mit Kleinaktien krankten bisher am Kapitalmangel der Arbeiterschaft. Aber es muß die Frage erhoben werden, ob im Zeitalter der Entpersönlichung des Kapitals die Aktie überhaupt eine geeignete Form des Arbeiterbesitzes darstellt. Soll der Arbeiter in der Generalversammlung erscheinen und sich mit Rechtsanwälten über die Bilanz herumstreiten? Läßt er sich dagegen durch große Organisationen, beispielsweise Gewerkschaften, kapitalistisch vertreten, so dürfte sein Interesse an der Wirtschaft kaum größer sein als das irgendeines Kapitalisten, der an der Börse Aktien kauft, ohne zu wissen, wo das betreffende Unternehmen liegt.

Nicht die Geldrente macht zufrieden, sondern ein Besitz, der das gesunde Herrschaftsgefühl und die Eigentumsfreude, die in jedem Menschen schlummern, belebt. Er muß im letzten Ziel geeignet sein, den Einzelnen frei und unabhängig zu machen. Er muß ihn in die Lage versetzen, die Früchte seiner Arbeit selber zu ziehen und zu ernten. Es gibt nur eine Form des Besitzes, die all diese Bedingungen erfüllt: den Grundbesitz. Böhmer ist deshalb in seinen Schlüssen folgerichtig, wenn er die Enterbung der Arbeitermassen durch eigenen Grundbesitz aufheben will. Man gebe dem Arbeiter ein Häuschen mit etwas Garten- und Ackerland, vielleicht noch ein Kleinauto, und er wird wieder in Volk und Gesellschaft Wurzeln schlagen. Heimstätten mit eigenem Lande zur Spatenkultur versetzen ihn in die Lage, frei zu wohnen und einen großen Teil der Nahrung aus eigenem Boden zu ziehen. Die nagende Sorge um das Auskommen wird gemildert. Die Masse der Besitzlosen wird aus der „Lohnsklaverei" erlöst. Ohne jeden Radikalismus steht dann der Arbeiter selbstbewußt dem Unternehmer gegenüber. Kann er doch von seinem Lohne, als Besitzer einer Heimstätte, viel mehr zurücklegen als bisher und so getrost einem sorglosen Alter entgegensehen. Böhmer hat die Aufbringung der Mittel für die großzügige Ansiedlung der Arbeiter eingehend beschrieben. Der Verfasser weiß, daß den Böhmerschen

Vorschlägen der Vorwurf des Utopischen gemacht wird. Mag sein, daß die Form seiner Darstellung und die Härte mancher Schlußfolgerung diesen Eindruck erwecken. Man vergesse aber nie, daß es sich bei programmatischen Arbeiten solcher Art immer nur um langfristige Zielsetzungen handelt. Es ist nicht einzusehen, warum der Wohnungsbau nicht vom Kasernenstil abweichen und zur Heimstätte übergehen, warum im Laufe der Jahrzehnte nicht eine systematische Entstädterung, die Verlegung von Fabriken auf das flache Land, erfolgen soll. Es kommt immer nur auf den Geist an, in welchem praktisch gewirkt wird. Und dies ist im Grunde wohl der Zweck des Böhmerschen Werkes, daß es der deutschen Sozialpolitik ein großes Ziel setzen wollte.

Auch derjenige, der wegen der Kapitalnot in Deutschland schwere Bedenken gegen solche Pläne hegt, möge sich klar machen, daß ein großer Teil der sozialen Aufwendungen, die heute verschwenderisch gemacht werden, produktiv anzulegen wäre. Daß der heutige gemeinnützige Wohnungsbau in das große Siedlungsprogramm einbezogen werden könnte, daß endlich die brachliegenden Arbeitskräfte der Arbeitslosen nutzbringende Verwendung fänden. Durch Erhöhung der Bodenerträgnisse und verminderte Einfuhr würden das Volksvermögen und damit die Steuerkraft erhöht. Auch daran wäre zu denken, wie die öffentliche Verwaltung zu Ersparnissen für das große soziale Werk gezwungen werden könnte.

Alle Bestrebungen, die soziale Frage zu lösen, müssen in der Forderung gipfeln, möglichst viel deutsche Menschen zu Grundbesitzern zu machen. Schon die Notwendigkeit, der zunehmenden Bodenentwertung Einhalt zu tun, mahnt hierzu. Man kann gegen diesen Plan — übrigens ein sehr undemokratischer Einwand — vorbringen, die Ansprüche an den Sparsinn einer in sehr kleinen Verhältnissen lebenden Schicht dürften nicht überspannt werden. Stelle man den Arbeiter allzu sehr auf sich selbst, so seien Fehlschläge unvermeidlich und die Allgemeinheit müsse doch einspringen. Selbstverständlich tut auch auf diesem Gebiete Erziehung not. Eine Schicht, die durch Generationen hindurch besitzlos war, lernt nicht von heute auf morgen sparen. Aber umgekehrt darf der Gedanke, daß eine Rente von irgendwoher jedem Deutschen zuwachsen müsse, nicht im heutigen Ausmaße weiterwuchern.

Kein Volk kann es sich auf die Dauer leisten, daß beträchtliche Teile von ihm sich von den Gütern des Lebens ausgeschlossen fühlen. Ob dieses Gefühl der Berechtigung entbehrt oder nicht, bedeutet wenig angesichts seiner schweren Folgen für die seelische Gesundheit von Staat und Volk. Dieser Umstand wurde schon vor dem Kriege erkannt, nach dem Kriege gewissermaßen ein Grundgesetz deutscher Politik. Was heute auf sozialem Gebiete getan wird, ehrt deshalb das deutsche Gefühl. Wie es aber getan wird, geht gegen alle Vernunft. Man wollte das Wertvolle schützen und hat es vernichtet. Dies einzusehen und daraus die Schlußfolgerung zu ziehen, daß genau entgegengesetzte Bahnen beschritten werden müssen, um das Übel zu bannen, ist Gebot der Stunde. Nirgends ist die individualistische Grundeinstellung so verhängnisvoll geworden wie auf dem Gebiete der Wirtschaft und der Sozialpolitik. Aus dieser Richtung droht die Proletarisierung und damit der Untergang des deutschen Volkes. Das neue Wertgefühl zeigt uns den rettenden Weg. Er muß mit Mut begangen werden, um den Arbeiter wieder zu einem vollwertigen Gliede des deutschen Volkes zu machen.

Organische Wirtschaft

Nur wo der Mensch das Maß aller Dinge bleibt, ist organische Wirtschaft möglich. Wer aus diesem Satze ein Bekenntnis zur individualistischen Weltanschauung herauslesen möchte, hat noch nicht begriffen, daß der Individualismus die Persönlichkeit vernichtet. Daß er vielmehr die Dinge und die Formen zu Herren über das Leben macht. Diese Vorherrschaft der Dinge, insbesondere des Geldes wurde als Wesenszug des individualistischen Kapitalismus, der materialistischen Wirtschaft erkannt. Sie ist jene entartete Wirtschaftsform, in welcher die Erwerbsgier alle Gesetze organischer Wirtschaft mißachtet, sogar das der Wirtschaftlichkeit. Denn Erwerbssinn und Streben nach Rentabilität sind zweierlei.

Das Geld hat seinen inneren Sinn nur als Rechtsgröße, die in einer Gemeinschaft lebendig wirkt. Es stellt eine Wertbeziehung her, ist Wertzeichen und Preismaß. Verselbständigt und versachlicht es sich, den falschen Eigenwert des Kapitals begründend, so dient es nicht mehr der Gütererzeugung und der Bedürfnisbefriedigung, im letzten Ziele also dem Menschen, sondern es macht sich alles untertan. Die Qualität des Sachgutes wird durch den Quantitätsbegriff des Geldes ersetzt. Nicht mehr der Sachwert ist Mittelpunkt des Handelsverkehrs, sondern der Gewinn einer bestimmten Summe Geldes. Die produktiven Kräfte, in denen schon Friedrich List den eigentlichen Reichtum eines Volkes erkennt, werden vernachlässigt oder gar gedrosselt. Alles dreht sich um das Geld, das aus einem Wertzeichen zum alleingültigen Wertausdrucke wird. Es erfüllt keine Funktion mehr, sondern wird zum „Ding an sich", zahlreiche eigene Funktionen, die jenseits des lebendigen Lebens stehen, erzeugend.

Die Begründung seines Eigenwertes wird durch die Golddeckung erleichtert. Eine in der ganzen Welt vorhandene Ware, nämlich das Gold, ermöglicht erst die Entstehung dessen, was man internationales Kapital nennt. Der Funktionscharakter des Geldes käme durch eine „Kunstwährung", die nicht auf Edelmetallen aufgebaut ist, viel besser zum Ausdruck. Die reine Kunstwährung würde die Beziehungen zu den wirklichen Lebenswerten wieder neu begründen und so die Voraussetzungen schaffen, unter denen die Gütererzeugung an Stelle des Geldes wieder zum Mittelpunkte der Wirtschaft werden kann. Die Rentenmark bedeutet deshalb für die moderne Wirtschaftsgeschichte unendlich viel. Ist sie doch der lebendige Beweis dafür, daß — losgelöst vom Golde — lediglich auf der Grundlage wirklicher Wirtschaftswerte gesundes Geld entstehen kann. Der Sieg des Nominalismus ist demnach der endgültige Durchstoß zum organischen Denken. Er müßte die kapitalistische Verknechtung der Völker beenden, weil eine internationale Kunstwährung vorläufig unvorstellbar ist. Denn es gibt keine Währung ohne Hoheit, also auch keine Weltwährung ohne Weltstaat. Wir kennen nur eine Weltware, das Gold. Währung ist immer Ausdruck von Staatlichkeit. Wenn in Deutschland die Währungsbank (Reichsbank) ein Privatunternehmen ist, das staatlichen Zugriffen weitgehend entzogen wurde, so ist damit keineswegs gesagt, daß im Reiche eine Art von Privatwährung gilt. Auch die Noten der Reichsbank beziehen ihre Geltung aus Reichsgesetz, die Münzhoheit ist bis zu einem gewissen Grade nur übertragen. Wenn eine teilweise Trennung der Währungshoheit vom Staate bei uns stattgefunden hat, so waren hierfür neben außenpolitischen Ursachen (Londoner Abkommen) auch rechtliche Gründe maßgebend: der Staat hatte die weitgehende Geldentwertung verschuldet und mit dem Währungsrechte Mißbrauch getrieben. Dessen Loslösung vom Reiche ist sonach ein Sieg des Rechtes über den Staat, der das Recht mißachtet hatte.

Die Bestrebungen mancher Nominalisten, den Zins abzuschaffen, sind im Zeitalter der Kreditwirtschaft wohl utopisch. Immerhin verrät aber ihre Zinsgegnerschaft jenen tiefen Einblick in das eigentliche Wesen des Geldes, der schon Aristoteles und Martin Luther gegen Zinsnahme und Händlerschaft Stellung nehmen ließ. Sicher wird die Zukunftsentwicklung die Erkenntnis beschleunigen, daß Geld nicht als dingliche Macht, sondern als dienendes Werkzeug seine entscheidende Bedeutung besitzt. Der Nominalismus wird sich um so rascher durchsetzen, je mehr das Gold monopolisiert wird; er wäre in dem Augenblicke am Ziele, in welchem die Bankkeller Amerikas den letzten Barren des Goldvorrates der Erde geschluckt haben.

Heute sind die Vereinigten Staaten gezwungen, ihre Goldschätze mit allen Mitteln in die „Weltwirtschaft" hineinzupumpen, um sie nicht zu entwerten. Der Wirtschaftsimperialismus Amerikas beruht zutiefst auf der Notwendigkeit, mit politischen Machtmitteln die internationale Stellung des Goldes zu halten. Die golderzeugenden und goldbesitzenden Länder sind dabei im Angriffe, die goldarmen in der Verteidigung. Ihre einzige Waffe, der internationalen Geldherrschaft zu entgehen, ist der Übergang zur Kunstwährung und zur Autarkie.

Die Verselbständigung des vom Golde getragenen Geldes hat einen unüberbrückbaren Gegensatz zwischen Kapital und Wirtschaft geschaffen. Die Wirtschaft beruht auf den organischen Grundlagen des Lebens: Blut und Boden, Mensch und Natur. Organische Wirtschaft ist Gütererzeugung aus diesen beiden Grundfaktoren. Sie ist selbstgenügsam und erzeugt selber das Kapital, das zu neuer, werteschaffender Anlage drängt und benutzt wird. Mechanische Wirtschaft ist Ausfluß geldlichen Gewinnstrebens. Sie vollzieht sich nach den Eigengesetzen des Kapitals, das zu Gewinnzwecken gelenkt wird. In neuerer Zeit wird als Beispiel für organische Wirtschaftsgestaltung häufig das Unternehmen Fords angeführt, weil es seit seinem Bestehen fast ohne fremdes Geld lebt. Es entwickelte sich aus kleinsten Anfängen und erzeugte die zu riesenhaftem Ausbaue notwendigen Kapitalien selber. Die Fordwerke stellen selbstverständlich einen Idealfall dar. Ford arbeitete unter den günstigsten Bedingungen: in einem Lande das über alle Rohstoffe verfügt, unter dem Schutze hoher Zölle, bei völligem Darniederliegen der Konkurrenz, in einem Produktionszweige, der durch die zunehmende Motorisierung des Verkehrs in einem natürlichen Aufstiege begriffen war; endlich aber unter Umständen, die man als „kriegsgewinnlerisch" bezeichnen kann. Wer aber immer auf Ford hinweist, vergißt, daß die Vorkriegszeit in Deutschland denselben organischen Entwicklungsprozeß kannte. Auch die deutsche Industrie wuchs aus eigener Kraft, erzeugte das zu ihrem Ausbaue notwendige Kapital selber und schuf viel mehr Bankkapital, als sie umgekehrt benötigte. Kapital in volkswirtschaftlichem Sinne kann nur durch Arbeit entstehen; und eine Wirtschaft, die Kapital bildet, ist deshalb gesund. Lebt sie dagegen dauernd vom Leihkapital, so ist sie krank, wenn auch vorübergehende Blutleere diesen Zustand heraufbeschwören kann. Die deutsche Wirtschaft befindet sich gegenwärtig in dieser Lage. Die zahlreichen Nachwirkungen von Krieg und Geldentwertung haben zu ihrer Entblutung geführt; die falsche Sozial- und Steuerpolitik, der Staatssozialismus der heutigen Gelddemokratie verhindern die Bildung neuer Blutkörperchen (Kapitalneubildung), die Vorbelastung der deutschen Wirtschaft durch Tributzahlung und Auslandskredite verringert die Gewinnquote in einem Maße, welches Rücklagen fast unmöglich macht. Man kann von einem Bündnis des heutigen Staates mit dem internationalen Finanzkapital, gerichtet gegen die deutsche Wirtschaft, sprechen.

Die Arbeit haftet immer am Boden, an Äckern und Betrieben. Der Unternehmer erschließt diese Schätze und baut die Erzeugung aus. Den Gewinn verbraucht er nicht, oder nur zum kleinsten Teile, sondern legt ihn neu in der Produktion an. Auf dieser Stufe der Entwicklung sind Besitzer und Unternehmer eins, Kapital und Produktionsmittel fallen zusammen. Späterhin beginnt die Trennung zwischen Kapital und Unternehmertum, begünstigt durch die moderne Form der Handelsgesellschaft, insbesondere durch die Schaffung von Inhaberaktien. Die kapitalistische Seite des Unternehmens löst sich immer mehr von der wirtschaftlichen los und bildet allmählich ihren eigenen Bereich. So wie sich das Geld verselbständigt, so entpersönlicht sich das Kapital. Wenn es sich zusammenballt, so nicht mehr in der Hand des Besitzers, sondern in der des Verfügers. Es wird namenlos, man weiß kaum mehr, wem es gehört, ja der Besitzer kümmert sich gar nicht darum, was mit ihm geschieht; er ist zufrieden, wenn es eine Rente bringt. Alle Boden- und Arbeitswerte werden in bewegliches Kapital gewissermaßen aufgelöst. Die nationale Arbeit wird, wie Spengler dies nennt, untergraben. Denn „ein bewegliches Vermögen, das durch ein Telegramm in einem Augenblick von Berlin nach New York verlegt werden kann, ist nicht mehr national. Es hat sich vom Boden gelöst, es schwebt in der Luft, es ist eine unfaßbare Größe. Und wenn die Entwicklung in dieser Richtung bis ans Ende schreitet, so daß in den großen Wirtschaftsgebieten auch die letzten Teile der Nationalvermögen von den Dingen gelöst werden, dann ist eine Form der Wirtschaft erreicht, welche das Mark auch des stärksten Volkes rasch aufzehrt. Heute schon arbeitet der überwiegende Teil der Deutschen, Engländer und Amerikaner, vom Unternehmer bis zum Gelegenheitsarbeiter, für Menschen, die er nicht kennt und die einander unbemerkt ablösen."*)

So ist ein von künstlichem, aber ungeheuer wirksamem Leben erfülltes eigenes Reich entstanden: das des internationalen Kapitals. Mensch und Natur sind ihm nur Mittel zum Zweck; sie dienen zur Erzeugung von Geldgewinn. Damit ist die natürliche Ordnung verkehrt, das Leben mißachtet, der Sklaverei der Boden geebnet und somit — der Revolution. Dieses Reich des Kapitals umfaßt die Welt. Es ist eigentlich nicht der Wirtschaft

---

*) Oswald Spengler, Politische Pflichten der deutschen Jugend. München, Verlag Beck.

zugehörig; es bedient sich nur der einzelnen Volkswirtschaften, um das Leben der Staaten, der Völker und der Kulturen zu verknechten. Politik wird zum Geschäft, Krieg zum Konkurrenzkampf, Weltanschauung zum Propagandamittel. Hier setzt die berechtigte, gefühlsmäßige Gegnerschaft gegen das Kapital, bei allen Völkern spürbar, ein. Bisher hat es das Kapital verstanden, diese Abneigung in Wirtschaftsfeindlichkeit umzufälschen, um selbst der lachende Dritte zu bleiben. Die Arbeitermassen mancher Völker, besonders des deutschen, sind durch den Sozialismus zur unerschütterlichen Schutztruppe des Kapitals geworden und leisten ihm Vorspanndienste, wo es auch die nationalen Werte mobilisiert und vernichtet. So wird das internationale Kapital zur tragischen Schicksalsmacht, zum furchtbaren Feinde echten Lebens.

Der Gegensatz zwischen nationaler Arbeit und internationalem Kapital berührt sich eng mit einem anderen, der weiter oben behandelt wurde: zwischen den bodenverwachsenen Volkstümern und dem Judentum. Gewiß gibt es zahlreiche Juden, die ihre Kräfte der nationalen Wirtschaft widmen. Gewiß sind sie im allgemeinen weit davon entfernt, mit Bewußtsein an der Zerstörung der bodenständigen Wirtschaft zu arbeiten. Trotzdem kann nicht geleugnet werden, daß jüdische und deutsche Auffassung auch auf wirtschaftlichem Gebiete verschiedenen Zielen zustreben. Für den Juden gibt es tatsächlich eine Weltwirtschaft, denn die Angehörigen des jüdischen Volkes leben zerstreut über die Erde; ihr ausgeprägtes Volksbewußtsein vermittelt so etwas wie die Vorstellung eines wirtschaftlichen Weltstaates. Die Wirtschaft ist deshalb für sie die Plattform, auf der sie ihrer völkischen Sehnsucht gestaltete Form geben können. So wird das berühmte Rathenau-Wort „Wirtschaft ist Schicksal" verständlich. Zivilisation und Welthandel, bewegliches Kapital und internationale Kapitalanlage, Beherrschung der Staaten und Völker durch das Kapital bilden die natürliche Lebensgrundlage eines über die ganze Erde zerstreuten Volkes, das mit hohen Fähigkeiten einen ausgesprochenen Machtwillen verbindet. Mit dem Trugbilde der Weltwirtschaft fällt aber auch die überragende Stellung des Judentums; sein Schicksal ist deshalb tatsächlich die Wirtschaft.

Es kann ununtersucht bleiben, warum sich die Juden Handel und Geldwesen als ureigenstes Betätigungsfeld wählten. Manche erklären diese Tatsache aus der Gesetzgebung des Feudalismus, andere wiederum (Sombart) aus blutsmäßiger Veranlagung. Für die Gegenwart ist dieser Streit müßig. Entscheidend bleibt der Umstand, daß in der modernen Wirtschaft das Händlertum vorwiegt. Diese händlerische Wirtschaft ist die Voraussetzung für die jüdische Vormachtstellung. Umgekehrt ist dieser Angelpunkt seiner Stellung vom Judentum so klar erkannt worden, daß es bestrebt ist, die einzelnen Volkswirtschaften immer mehr mit händlerischen Zügen zu durchsetzen. Es kann deshalb kaum geleugnet werden, daß auch im Wirtschaftsleben die Auseinandersetzung zwischen deutscher und jüdischer Weltanschauung, die schicksalhaft sich vollziehen wird, ihren Niederschlag, gewissermaßen einen Nebenkriegsschauplatz, findet.

Die Nachkriegszeit steht im Zeichen des Gegensatzes zwischen Wirtschaft und Bankkapital. Selbstverständlich ist diese Gegenüberstellung nur bedingt, mit vielen Vorbehalten und unter Anerkennung sehr verwickelter Wirtschaftsvorgänge, möglich. Bisher hat der Kampf — dank der Blutleere der Wirtschaft — mit dem Siege der Banken geendet. Um die Schwierigkeit des Problems aufzuzeigen, muß aber darauf hingewiesen werden, daß auch das Bankwesen keineswegs eine geschlossene, einheitliche Macht darstellt. Die Wirtschaft front heute nicht nur dem privaten Bankkapital, sondern auch dem Staatskapitalismus, der ein ausgedehntes Bankwesen in Form von öffentlichen Banken und Sparkassen errichtet hat. Gewaltige Kapitalien, die der Wirtschaft entzogen werden, fließen diesen Unternehmungen zu, die ihrerseits mit den angesammelten Geldern keineswegs Wirtschaftspolitik, sondern meist etwas anderes treiben, das nicht ohne weiteres bestimmbar ist. Es handelt sich dabei um eine Mischung von Staats-, Sozial-, Kommunal- und Parteipolitik. Jedenfalls geschieht die Anlage der öffentlichen Kapitalien nicht, wie es sein sollte, nach wirtschaftlichen Gesichtspunkten. Denn die Verfüger über diese Gelder sind meist Beamte verschiedener Prägung: angefangen vom Gewerkschaftsbeamten bis zum Ministerialrat. Besonders gefährlich wird diese Art von Geldwirtschaft dadurch, daß sie einen beträchtlichen Teil der Auslandsanleihen aufsaugt, welche keineswegs einer wirklich produktiven Verwendung zugeführt werden.

Die Aufnahme von Auslandsanleihen ist nur dann berechtigt, wenn sie mittelbar die Bildung eigenen Kapitals fördert, ein Gedanke, den Hans Luther*) mit Recht immer wieder hervorhebt. Die fremde Kapitalzufuhr soll die Blutarmut der deutschen Wirtschaft bekämpfen, die Erzeugung und die Eigenkapitalbildung anregen. Erreicht die Zinsbelastung der deutschen Wirtschaft eine Höhe, bei der Eigenkapitalbildung nicht mehr möglich ist, oder werden gar fremde Kapitalien nicht „werbend" angelegt, so läuft die Auslandsverschuldung auf den dauernden Verlust von deutschem Volksvermögen und damit tatsächlich auf die Verknechtung deutscher Arbeit hinaus. Die viel umstrittene Hereinnahme fremden Kapitals kann natürlich

*) Von Deutschlands eigener Kraft, Berlin 1928.

von verschiedenen Gesichtspunkten aus betrachtet werden. Der eine betont die Überfremdungsgefahr, der andere sieht gerade in der Einbringung fremder Gelder die Bürgschaft für internationale Zusammenarbeit, ja sogar dafür, daß Deutschland nicht mehr wie vor dem Kriege politisch vereinsamt. So wird von ganz klugen Leuten als Fehler deutscher Vorkriegspolitik bezeichnet, daß das Reich nicht durch Aufnahme von Anleihen das amerikanische Interesse mit seinem verknüpft hätte. Selbstverständlich war dies unmöglich, weil vor dem Kriege Deutschland Kapitalausfuhrland war, (vor 1914) während umgekehrt Amerika noch an seinen Schulden abzuzahlen hatte. Die Meinung Hans Luthers, die ausländischen Geldgeber seien nicht an einem verelendeten, überbelasteten Deutschland interessiert, sondern an einem durch eigene Kapitalbildung immer gesunder werdenden, ist eine richtige Umschreibung für die Tatsache, daß Anlage suchendes Geld möglichst hohen Zins und möglichst große Sicherheit erstrebt. Aber es darf nicht vergessen werden, daß nicht nur Finanzkapital, sondern auch Industriekapital von Amerika nach Deutschland floß. Ob hiermit reine Anlagezwecke und ein Aufblühen der deutschen Wirtschaft angestrebt werden, ist doch zweifelhaft. Vielmehr scheint dieses Kapital zum guten Teil bestimmt zu sein, die deutsche Konkurrenz unschädlich zu machen, was immer auf Schwächung der nationalen Arbeit und des deutschen Volksvermögens hinausläuft. Von diesem Gesichtspunkte aus sind auch die ausländischen Beteiligungen an der deutschen Industrie zu beurteilen, weil hier noch stärker als bei der Anleihepolitik die Gefahr besteht, die Herrschaft über den deutschen Erzeugungsapparat einzubüßen. Zwar beschwört man auch in solchen Fällen das gemeinsame Unternehmerinteresse und hält deshalb die unmittelbare Beteiligung für vorteilhafter als die Ausgabe von Schuldverschreibungen. Andererseits muß man immer fragen, warum der Ausländer sich an der deutschen Industrie beteiligt; angesichts des amerikanischen Wirtschaftsimperialismus könnte man zur Ansicht neigen, zwischen diesem und der Beteiligung an der deutschen Industrie bestünden unmittelbare Zusammenhänge. Das hieße aber, daß die amerikanische Volkswirtschaft die deutsche ganz oder teilweise unter ihre Botmäßigkeit bringen möchte. Auch entschlossene Aktienminderheiten können einem Unternehmen gefährlich werden. Und am Ende ist die Tatsache nicht aus der Welt zu schaffen, daß das Hinüberwandern großer Aktienpakete nach Amerika doch praktisch einen Verlust an deutschem Volksvermögen bedeutet, der nur dann ausgeglichen werden kann, wenn die Hereinnahme des fremden Geldes die eigene Kapitalbildung so anregt, daß an einen Rückkauf der abgewanderten Anteile zu denken ist. Wer aber die Beteiligung zu einer Dauererscheinung machen möchte, treibt eine Pumpwirtschaft, welche die allmähliche Zerstörung des deutschen Volksvermögens zur Folge hat, es sei denn, daß man sich auf den revolutionären Standpunkt stellt und sagt: Unternehmungen, die auf deutschem Boden liegen, bleiben immer deutsch, ganz gleich, wem sie gehören. Mag sein, daß nationalrevolutionäre Strömungen dereinst das Blut dem internationalen Kapital entgegensetzen. Vorläufig kann Deutschland nicht daran denken, eine solche Verzweiflungspolitik zu treiben.

Das ausländische Geld kann in unserer Wirtschaft Segen stiften, wenn es der Verbesserung des Erzeugungsapparates dient. Aber wird nicht die große schöpferische Reform, welche im Grunde die Rationalisierung darstellt, durch die zunehmende Beherrschung der Wirtschaft seitens des Bankkapitals, durch die horizontalen Zusammenschlüsse, die alles mechanisieren, und endlich durch die Bürokratisierung durchkreuzt? Wurde doch des öfteren behauptet, die deutsche Kartellierung (Absatzkartelle und Gewerkschaften auf der einen Seite, Verbraucherorganisationen auf der andern) sei nicht in erster Linie ein wirtschaftlicher, sondern ein rein kapitalistischer Vorgang. Er diene mehr der Sicherstellung der Kapitalrente (zu unterscheiden von der Betriebsrentabilität) als der Beseitigung allzu hemmungslosen Wettbewerbs. Die Kartellwirtschaft rechne nur mit Massenkräften und schalte die Unternehmerpersönlichkeit und den freien Wirtschaftswillen aus. Das Bestreben, die Ware möglichst ohne Wettbewerb an den Kunden zu bringen, ersticke auch den Antrieb, Qualität zu erzeugen. Die schöpferische Unternehmerkraft würde lahmgelegt, zumal die deutsche Kartellpolitik die Preise nach den unwirtschaftlich arbeitenden Betrieben richte, so daß für die besser wirtschaftenden keine Notwendigkeit der Rationalisierung bestünde. — Die horizontalen Zusammenschlüsse sind Kinder der Not. Außenpolitische Bedrängnis machte ein geschlossenes Auftreten ganzer deutscher Wirtschaftszweige ebenso notwendig, wie die horizontale mechanische Zusammenfassung aller Arbeitskräfte durch Gewerkschaften die Arbeitgebervereinigungen erzwang. Auch der Handel, als der Hauptabnehmer der schaffenden Wirtschaft, trieb das Verbandswesen bis zur Überorganisation. Der gesamte Kauf und Verkauf ist durch Verbandstarife geregelt. Es muß also festgestellt werden, daß der eigentliche Antrieb zur horizontalen Gestaltung der Wirtschaft von den Gewerkschaften und vom Kapital ausgegangen ist. Wieder zeigt sich die enge Verwandtschaft des Marxismus mit dem Finanzkapitalismus. Beide drängen gemeinsam nach internationaler Kartellierung, dem neuen Zuge zur Autarkie entgegenarbeitend. Die schöpferische Wirtschaft steht zwischen diesen beiden Mächten und wehrt sich um ihr nacktes Dasein, weshalb sie gezwungen war, ebenfalls sich des Machtmittels des mechanischen Zusammenschlusses zu bedienen.

In dieser Lage wird die Frage nach der Zukunft der Wirtschaft laut. Die einen sehen in der massenmäßigen Querorganisation des ganzen Wirtschaftslebens den Weg zur Wirtschaftsdemokratie. Praktisch handelt es sich dabei um marxistische Gedankengänge. Über die entpersönlichte Wirtschaft verfügen danach Finanzkapital und Gewerkschaften gemeinsam, die Wirtschaft bürokratisierend und künstlich regelnd. Auf der Arbeiterseite hofft man dabei auf die Stunde, in welcher das geballte, vom Unternehmer losgelöste Kapital vergesellschaftet werden könnte. Für die Wirtschaft selbst, so meinen auch nichtsozialistische Wirtschaftswissenschaftler, bedeutet der Umstand, in wessen Händen das die Wirtschaft beherrschende Kapital liegt, wenig. „Wir werden uns nun aber endlich an den Gedanken gewöhnen müssen, daß der Unterschied zwischen einem stabilisierten und reglementierten Kapitalismus und einem technifizierten und rationalisierten Sozialismus kein großer ist, und daß es somit für das Schicksal der Menschen und ihre Kultur ziemlich gleichgültig ist, ob die Wirtschaft sich kapitalistisch oder sozialistisch gestalten wird. Worauf es ankommt: die Arbeitsweise ist in beiden Fällen dieselbe; in beiden Fällen ruht die gesamte Wirtschaft auf dem Boden der Vergeistung. Man frage sich doch, wodurch sich ein großes Genossenschafts- und ein kapitalistisches Warenhaus, ein kommunistisches — und ein kapitalistisches Hochofenwerk, eine städtische — und eine kapitalistische Straßenbahn voneinander unterscheiden. — — Hier wird das Schicksal der Menschheit entschieden: ob der wichtigste Bestandteil des menschlichen Tuns, die wirtschaftliche Tätigkeit, dem Bereiche der Seele oder dem Bereiche des Geistes zugehören soll."*)

Insofern hat Sombarts Auffassung etwas für sich, als organische Wirtschaft immer eine gemeinnützige ist. Dabei bleibt es, wie auch Ford meint, ziemlich belanglos, wer Eigentümer des schaffenden Kapitals ist. Ob die Verwaltung der Produktionsmittel zum allgemeinen Besten geschieht, ist entscheidender als die Eigentumsverhältnisse. Hier wird eben die zukünftige Entwicklung des Eigentumsbegriffes entscheidend sein. Wird Eigentum wieder als Pflicht und Lehen empfunden, das zum Vorteile des Ganzen zu verwalten sei, so wird die individualistische und materialistische Einstellung des Kapitals schwinden. Sie bleibt aber erhalten, wenn das Kapital kollektive Formen annimmt, sei es in großkapitalistischem, sei es in sozialistischem Sinne. Denn an diesem Punkte wird die wichtigste aller Zukunftsfragen möglich: ob die Zukunft eine Abkehr von der kollek-

*) Werner Sombart im Oktoberheft 1926 der „Deutschen Rundschau".

tivistischen und individualistischen zur organischen Wirtschaftsauffassung bringen wird. Macht die Loslösung des Kapitals von der Wirtschaft und damit seine Herrschaft über sie Fortschritte, so wird niemals jenes notwendige Dienstschaftsverhältnis zwischen Wirtschaft und Volk wieder herstellbar sein. Die Wirtschaft empfinge dann endgültig ihre Gesetze von unorganischen Kräften, die außerhalb des Lebens stehen. Sie würde innerlich erstarren, gänzlich bürokratisch werden und damit unökonomisch. Sie ist aber nur dann organisch, wenn sie Privatwirtschaft ist. Denn nur durch die wirtschaftende Persönlichkeit, die gleichzeitig sich des Ichs und der Gebundenheit des Ichs an die Gemeinschaft bewußt ist, findet die notwendige Einordnung der Wirtschaft in die Lebensganzheit statt; nur der Mensch kann als Durchgangspunkt den Zusammenhang zwischen Wirtschaft und Volk herstellen. Denn er allein vermag gleichzeitig sich und das All zu erleben. Die Kernfrage der Zukunft ist sonach, wie die reine Privatwirtschaft erhalten, wie aber andererseits ihre individualistische Einstellung, bedingt durch die Herrschaft des Geldes über die Seele, überwunden werden kann. Nicht oft genug kann wiederholt werden, daß Privatwirtschaft noch lange keine individualistische Wirtschaft zu sein braucht, ebenso wenig wie eine kapitalistische Wirtschaft zur Herrschaft des Kapitals führen muß.

In ähnlicher Richtung bewegen sich die Gedankengänge Bentes, wenn er gegenüber Sombart betont, die Zukunft der Wirtschaft sei wohl kapitalistisch, aber nicht mehr individualistisch, sondern gesamtwirtschaftlich. Entscheidend für die Zukunft bleibe der Umstand, daß an Stelle der individualistischen Wirtschaftsgesinnung die Dienstgesinnung trete. Allerdings darf die Entpersönlichung des Kapitals nicht dazu führen, es zum unbedingten Herrscher über die Wirtschaft zu machen. Wenn deshalb Bente meint, für die Zukunftsentwicklung sei bezeichnend, daß das entpersönlichte Kapital nicht in einzelnen Unternehmungen ein für allemal hocken bleibe, sondern durch die ganze Wirtschaft fließe, so daß sich auch das Interesse des Kapitalisten von bestimmten Betrieben ab- und der ganzen Wirtschaft zuwende, daß ferner die Tendenz der Börse als Ausdruck gesamtwirtschaftlichen Wohlergehens ihm wichtiger werde als der Stand eines einzelnen Unternehmens, so liegt hier eine Verwechslung vor: nämlich zwischen den Gesetzen, nach denen das Kapital wandert, und den volkswirtschaftlichen Gesetzen. Das Börsenkapital weiß nichts von einer organischen Wirtschaft, es hat keinerlei Beziehung zur Volksgemeinschaft und zur Volkswirtschaft. Es arbeitet mit angenommenen Werten, die täglich um Milliarden fallen oder steigen können. Auf Antriebe hin, die mit der Wirtschaft oft nichts mehr zu tun haben. Welche Art von Dienstschaft soll dem vom Unternehmen losgelösten Kapital innewohnen? Wem soll es dienen? Der Menschheit? Das wäre ein leerer Begriff und die Unwahrheit. Dient es doch immer wieder dem Gewinnstreben des Einzelnen. Kapitalistische Dienstgesinnung aber ist nur möglich beim Unternehmer. Wenn er das Kapital dem Betriebe, der Erzeugung und damit der Volkswirtschaft nutzbar macht. „Vielleicht wird sich von hier aus auch die Richtung des Klassenkampfes verschieben. Der Kampf gegen die Kapitalisten als Besitzer von Kapital wird ohne Frage in dem Maße sinnlos, als das Kapital Teil eines entpersönlichten Gesamtapparates und sein Ertrag zum weitaus größten Teile wieder investiert wird" (Bente).

Wenn also überall Zusammenschlüsse erfolgen und als Zeichen einer neuen Zeit gewertet werden, so gilt es zu unterscheiden, ob sie in Wahrheit letzte Verlängerung der individualistisch-kollektivistischen Epoche sind oder ob sie tatsächlich einer neuen Dienstgesinnung Ausdruck verleihen. Manche mögen beides gleichzeitig in sich vereinigen. Der Erneuerer deutschen Lebens aber muß auseinanderhalten können, was mechanistisch und was organisch ist. So dürfte feststehen, daß alle kollektiven Formen, alle zentralistischen Bürokratien, alle wertvernichtenden Zusammenschlüsse auch in der Wirtschaft zu bekämpfen sind. Daß dort, wo die Not der Zeit trotzdem solche Bindungen hat entstehen lassen, das Bestreben obwalten muß, sie durch organische zu ersetzen. Dies ist nur möglich durch die neue Betriebspolitik, welche die Voraussetzungen einer künftigen Werksgemeinschaft schafft. Durch allmähliche Umbildung der reinen Lohngewerkschaften in Berufsstände. Durch Beschränkung der Kartelle auf jenes Maß, das zur Erhaltung einer kräftigen Wirtschaft unbedingt notwendig ist. Durch Bildung jener oben gekennzeichneten Arbeitsgemeinschaften, welche Unternehmer, Angestellte und Arbeiter, endlich alle Wirtschaftszweige eines bestimmten Gebietes vereinen, die nicht mehr kollektiven Machtinteressen dienen, sondern dem organischen Vorgange der Erzeugung angepaßt sind. Durch Wiederherstellung des Grundsatzes größter Wirtschaftlichkeit. Endlich aber durch Befreiung der schaffenden Wirtschaft vom reinen Geldkapital.

Diese Unabhängigkeit kann der Wirtschaft aber nur werden, wenn sie in die Lage versetzt wird, Eigenkapital zu bilden. Heute ist es so, daß Finanzkapital und Arbeiter sich verbündet haben, die wirtschaftliche Eigenkapitalbildung zu verhindern. Dieses Bündnis gilt es zu brechen und zwar vom Betriebe her, indem der schöpferische Unternehmer seine Arbeiter für das Gedeihen des Betriebes um jeden Preis gewinnt. Der Arbeiter gehört zur Wirtschaft und nicht auf die Seite des Geldes. Kapital kann der Unternehmer nur mit Eigenkapital bekämpfen, und dieses entsteht allein durch ökonomisches Arbeiten im Betriebe. Darüber hinaus aber muß der Reformer ernsthaft die Frage prüfen, ob der heutige Zustand, daß Wirtschaftserträgnisse mit Selbstverständlichkeit dem internationalen Bankkapital zur weiteren Verwendung überlassen werden, aufrecht erhalten bleiben soll. In der Genossenschaftsbewegung hat man begriffen, daß nur ein eigenes Bankwesen die Früchte der Arbeit sichert. Wenn die in einem Wirtschaftszweig erarbeiteten Kapitalien nicht in diesen zurückfließen, sondern nach den Eigengesetzen der Geldwirtschaft angesetzt werden, so verliert der Gedanke der Selbsthilfe seine durchschlagende Kraft. Es wird nachgerade eine Hauptsorge der deutschen Wirtschaft, daß die in ihr erarbeiteten Kapitalien auch in ihr verbleiben. Gewiß bringt es die Kapitalschwäche mit sich, daß der größere Teil des Arbeitsertrages in Form von Bankzinsen abgeführt wird, sei es an in- oder ausländische Banken. Hieran wird vorderhand wenig zu ändern sein. Aber keineswegs ist es notwendig, daß die aus der Wirtschaft mit Hilfe der Steuerschraube und der Sozialgesetzgebung herausgepreßten gewaltigen Summen, soweit sie wieder Anlage suchen, der Wirtschaft verloren gehen. Die Entstaatlichung der sozialen Fürsorge wird hier eine Wandlung ermöglichen. Grundsätzlich sollen alle Gelder der Wirtschaft in ihr verbleiben und nur ein nationaler bzw. ein internationaler Ausgleich soweit er notwendig ist, erfolgen. Danach ergäbe sich folgender Aufbau des Bankwesens: der größere Teil des Kapitals bleibt im einzelnen Wirtschaftszweige und wird neu darin angelegt. Überschüssige Gelder werden durch eine nationalwirtschaftliche Bank notleidenden Gruppen der Volkswirtschaft zugeführt. Endlich bleibt ein Bankwesen zum internationalen Zahlungsausgleich. Zur Verwirklichung dieser Pläne sind die verschiedenartigsten Ansätze vorhanden. Die genossenschaftliche Bewegung hat das grundsätzlich Richtige erkannt, aber auch die Industrie. Allerdings zu spät und heute durch die Not gehemmt. Daß aber die Erkenntnis in dieser Richtung Fortschritte macht, beweist die scharfe Kampfstellung, welche ein Industrieller vom Gedankenreichtume und der schöpferischen Kraft eines Ford gegenüber dem Bankkapital eingenommen hat. Er hat den gewaltigen Gegensatz zwischen Wirtschaft und Finanzkapital als den Angelpunkt der modernen Wirtschaftsentwicklung erkannt.

Das Kapital kann befruchten wie ein wohltätiger Regen; es kann zerstören wie die brausende Sintflut. Es liegt am Menschen, den Stoff sich dienstbar zu machen, entfesselte Triebe zu bändigen. Im letzten Grunde ist deshalb die Frage zukünftiger Wirtschaftsgestaltung die, ob ein neuer zur Dienstschaft bereiter Typ des Wirtschaftsmenschen im Entstehen ist. Diese Frage kann bejaht werden. Es gibt noch schöpferische Unternehmer, es gibt noch verantwortungsbereite Wirtschaftler, vielleicht mehr als zu Beginn dieses Jahrhunderts. Ihre Kräfte aber liegen heute in Fesseln. Der in vielen Formen sich breit machende Kollektivismus hindert ihre Entfaltung. Auf rein kapitalistischer Seite aber triumphiert nicht die volksverbundene Persönlichkeit, sondern das Individuum, niemandem verpflichtet und zu keiner Dienstschaft bereit. So läßt sich der Kampf um eine organische Wirtschaftsgestaltung auf die Formel bringen: hie geldraffendes Individuum — dort werteschaffende Persönlichkeit. Siegt der Gedanke der Ganzheit, der Dienstschaft und des Volkes, so wird es auch wieder eine Volkswirtschaft geben. Das Gespenst des individualistischen Kapitalismus wird verscheucht werden, und die Lebensgüter treten an Stelle des allbeherrschenden Mammons.

Ein falscher Freiheitsbegriff, innere Bindungslosigkeit haben auch auf wirtschaftlichem Gebiete eine Anarchie verschuldet, der heute mit lebentötendem Kollektivismus begegnet wird. Hier also derselbe Vorgang wie im Bereiche des gesellschaftlichen, kulturellen und staatlichen Lebens. Auch hier hilft nur, fast noch mehr als anderswo: die Befreiung der Persönlichkeit. Nirgends erschallt der Ruf nach wahrer Freiheit so dringend und so mahnend wie in der Wirtschaft.

Uberindividualistische Wirtschaftspolitik

Staat und Wirtschaft dienen gleichermaßen dem Volke. Die oberste Regelung völkischen Lebens obliegt dem Staate. Der Staat als höchster Stand wacht darüber, daß die Wirtschaft ihre Dienststellung gegenüber dem Volke ausfüllt. Wenn ein Wirtschaftssystem Selbstzweck wird, das nichtwirtschaftliche Leben eines Volkes zu überwuchern beginnt oder gar die Dienstschaft gegenüber dem Volkstum verleugnet und sich anderen Herren unterwirft, so muß der Staat eingreifen. Die innere Gestaltung der Wirtschaft kann auch so fehlerhaft werden, daß sie ihrer Aufgabe der Volksversorgung nicht mehr gerecht wird, sie kann eine solche Schwächung erfahren, daß die Gesundheit des Volkes zu leiden beginnt: auch dann hat die Stunde staatlichen Handelns geschlagen. Dem Staate aber obliegt pflegliche Behandlung der Wirtschaft und ihre Inbeziehungsetzung zum nichtwirtschaftlichen Leben des Volkes. Wirtschaftspolitik kann deshalb ohne Sozial- und Bevölkerungspolitik nicht erfolgreich betrieben werden. Umgekehrt ist es falsch, ohne Rücksicht auf die Wirtschaft, die doch immer die Grundlage des Lebens verbürgt, politische Entschließungen irgendwelcher Art zu treffen. So kann Sozialpolitik, ohne Beziehung oder gar im Gegensatze zur Wirtschaftspolitik ihre eigenen Ziele verfolgend, geradezu tödlich für die Wirtschaft und damit für das Leben des Volkskörpers wirken.

Die moderne Wirtschaftsentwicklung strebt der Planmäßigkeit zu. Kein Wort wird falscher aufgefaßt als der Begriff Planwirtschaft. Schon in der Wortbildung liegt eine Fehlerquelle, die sich in mißverständlichen Auslegungen immer wieder offenbart. Der Ausdruck Plan ist zweideutig: man kann an einen willkürlichen Plan denken, kraft dessen künstliche Wirkungen erzielt werden sollen; an mechanische Eingriffe in organisches Leben, welche immer Störungen hervorrufen. Man kann aber auch davon ausgehen, daß allem menschlichen Tun eine organische Planmäßigkeit zugrunde liegt, daß Ordnung das seelisch-geistige Grundgesetz des ganzen Lebens ist. Insofern besteht auch ein Plan, nach dem die Wirtschaft arbeiten muß, von dem jedes Abweichen schädlich und lebensvernichtend ist. Ein Beispiel! Jeder Eingriff in die Wirtschaft, komme er von seiten des Finanzkapitals oder des Sozialismus, der die schöpferische Persönlichkeit ausschaltet, widerspricht der höheren Planmäßigkeit der Wirtschaft, ihrem inneren Gesetze. Also auch die Wirtschaft bedarf einer Ordnung, ohne welche sie verkümmern oder ausarten muß. Planmäßigkeit in diesem Sinne liegt beispielsweise vor, wenn wilde Auswüchse der Unterbietung beschnitten, wenn unrentable Betriebe stillgelegt werden oder wenn eine Rationalisierung der Arbeitsweise erfolgt. Hierher gehört insbesondere der moderne Zug, Großunternehmungen zu schaffen, die alles erzeugen, vom Roherzeugnis bis zur verfeinerten Fertigware, um vom Handel und vom Markte möglichst unabhängig zu werden. Es werden so Betriebseinheiten geschaffen, die nur mit ihrem Enderzeugnis auf den Markt treten und in sich das größte Maß von Selbstgenügsamkeit erreichen. Dieser sogenannte vertikale Zusammenschluß geschieht nicht nach händlerischen Gesichtspunkten, sondern zwecks planmäßiger Erzeugung.

Der inneren Planmäßigkeit der Wirtschaft muß aber eine planvolle Wirtschaftspolitik entsprechen. Beide Erscheinungen weisen einen inneren, aber keinen äußeren Zusammenhang auf. Zwar ist es falsch, von Staats wegen, durch Eingriffe in das Wirtschaftsleben zu einer „Planwirtschaft" gelangen zu wollen. Aber kein Staat kann darauf verzichten, die Erzeugung von Gütern nach einem Gesamtplane zu beeinflussen, der bezweckt, die Versorgung des Volkes sicherzustellen. Auch dieser Plan ist nichts Künstliches, sondern im Wesen der Volkswirtschaft beschlossen. Der Staat muß darüber wachen, daß die Volksgesundheit nicht leidet, der Volkskörper bevölkerungspolitisch kräftig ist, die seelischen Fähigkeiten des Volkes nicht verschüttet werden und der gesellschaftliche Friede erhalten bleibt. In die Sprache der Wirtschaftspolitik übersetzt, heißt dies: jedes Volk muß das höchste Maß von wirtschaftlicher Autarkie (Selbstversorgung) erstreben, soll nicht die Grundlage seines Daseins, besonders in stürmischen oder kriegerischen Zeiten gefährdet sein. Zu keiner Zeit der neueren Geschichte war der Zug nach Selbstversorgung der Völker lebendiger denn heute. Er ist für jeden verständlich, der die gewaltige Gefahr erfaßt hat, welche die Abhängigkeit vom internationalen Finanzkapital für ein Volk bedeutet. Das deutsche Volk hat im Weltkriege zu seinem Schrecken erfahren müssen, was Angewiesensein auf fremde Märkte heißt. Das Nachkriegsdeutschland hat daraus leider keine Lehren gezogen. Jede Wirtschaftspolitik, die das notwendige Gleichgewicht zwischen Industrie und Landwirtschaft, zwischen industrieller Ausfuhr und Binnenmarkt nicht herstellt, sondern weltwirtschaftlichen Träumen nachhängt, sündigt am deutschen Volke nicht nur politisch, sondern, wie noch zu zeigen sein wird, auch wirtschaftlich. Es ist kein Zufall, daß gerade einer der stärksten Exporteure der Welt, nämlich Ford*), den übersteigerten Außenhandel mit folgenden Worten bekämpft: „Wir müssen jeder Nation wünschen, daß sie sich soweit wie möglich selbst erhalten lernt. Statt danach zu streben, daß die anderen Nationen auf unsere Industrieprodukte angewiesen sind, müssen wir vielmehr wünschen, daß jede Nation sich ihre eigene Industrie und eine auf fester Grundlage ruhende eigene Kultur schafft." Der Weltkrieg, der mehrere Jahre lang Europa als Ausfuhrland fast völlig ausschaltete, begünstigte die Entstehung überseeischer Industrien. Dieser Umstand könnte doch unsere Wirtschaftspolitiker darüber belehrt haben, daß die früheren Verhältnisse, bei welchen einige wenige Völker sämtliche übrigen mit Industrieerzeugnissen versorgten, nicht wiederherstellbar sind. Insbesondere die Maschinenindustrie muß sich sagen, daß sie Erzeugungsmaschinen nur ausführt, um die Fertigwarenausfuhr am Ende zu opfern. Die Erwägungen, die Böhmer angestellt hat, führen zum selben Ergebnis. Er legt dar, daß die sogenannte Absatzpolitik, die England aus seiner Sonderstellung als zeitlich erste Industriemacht der Welt entwickelte, im Weltkriege ihren letzten Ausdruck gefunden habe. Einer unserer besten Wirtschaftskenner, der frühere Reichs-

*) Henry Ford, Mein Leben und mein Werk.

kanzler Hans Luther, hat diesen Gedanken in den klaren Satz gekleidet, der Weltkrieg sei eine gewaltige Antidumpingmaßnahme gewesen. Nach Böhmer ist aber die Politik der Erzwingung des Warenabsatzes eine künstliche. Die Entwicklung, bevölkerungspolitisch bedingt, gehe dahin, alle fortgeschrittenen Länder mit selbstversorgenden Industrien auszustatten. Alle Versuche, diesen Selbstversorgungsdrang zu hemmen, seien weiter nichts als Eingriffe in den Lebensspielraum der Völker. Die Absatzpolitik sei deshalb eine ausgesprochen kapitalistische Politik, eine Politik der Verewigung der Unfreiheit. Diese Art von Weltwirtschaft sei nicht eine Politik der Völkerversöhnung, sondern der Gewalt. Der Enterbung des Proletariats folge die Enterbung ganzer Industrievölker zugunsten ackerbautreibender Völker. Der Umschwung setze ein, wenn in den Industrieländern die Arbeitslosigkeit Dauerform annähme. Diesen Überlegungen Böhmers ist beizupflichten und ebenso seiner Schlußfolgerung, die wirtschaftliche Entwicklung strebe zur Selbstversorgung der Völker zurück. Für überindustrialisierte Völker ist es natürlich viel schwerer, diesen Zustand zu erreichen, sich rechtzeitig einen Binnenmarkt zu sichern, der so aufnahmefähig ist, daß die Arbeitslosigkeit gebannt wird. Folgerichtig entwickelt deshalb auch Böhmer die schon oben behandelten Siedlungspläne.

Ist so der Zusammenhang zwischen Wirtschafts-, Außen- und Bevölkerungspolitik klargelegt, so wird die Fehlerhaftigkeit unserer heutigen Wirtschaftspolitik offenbar. Sie stellt nicht die Selbstversorgung auf der Grundlage einer blühenden Wirtschaft in den Mittelpunkt, sondern träumt von der rettenden Hilfe durch eine kapitalistische Weltwirtschaft. Sie schwächt den Binnenmarkt und verhindert die Bildung von industriellem Eigenkapital: die entscheidenden Voraussetzungen einer gesunden Volkswirtschaft.

Keineswegs wird damit gegen die Industrieausfuhr oder die Lebensmitteleinfuhr schlechthin Stellung genommen. Der Notwendigkeit, durch Ausfuhr die nötigen Devisen zur Bezahlung der Einfuhr hereinzubringen, verschließt sich kein vernünftiger Mensch. Die deutschen Wirtschaftsführer handeln eben einmal unter dem Zwange, bei den bestehenden Verhältnissen die Arbeitermassen zu ernähren. Andererseits kann die Einfuhr nicht beliebig gedrosselt werden, da sie auf zwischenstaatlicher Gegenseitigkeit beruht. Aber es muß immer zwischen der Tagespolitik — die gibt es auch auf wirtschaftlichem Gebiete — und dem langfristigen politischen Ziele unterschieden werden. So gesehen kann kein Zweifel bestehen, daß die Betreuung des Binnenmarktes an Stelle des Bestrebens treten muß, die Ausfuhr um jeden Preis zu steigern; daß sodann die Selbsterzeugung zu erhöhen ist, um die Einfuhr zu vermindern; daß endlich eine erzieherische Beeinflussung der Bedürfnisse stattfinden soll, welche die überflüssige Einfuhr verhindert. Eine wesentliche Steigerung der Ausfuhr, wegen der Devisenbeschaffung für Tribute eigentlich eine außenpolitische Forderung, scheitert an dem Umstande, daß zur Ausfuhr immer zwei gehören: einer, der sie vornimmt, und einer, der sie auf seinen Märkten duldet. Diese natürliche Grenze ist unüberschreitbar, auch dann, wenn wir die Preise unserer Ausfuhrwaren bis zur wirtschaftlichen Selbstvernichtung senkten; dann kämen nämlich Antidumpinggesetze. Auch Hans Luther führt eine Reihe gewichtiger Gründe dafür an, daß auf der Ausfuhrseite die deutsche Bilanz kaum verbessert werden kann, daß im Gegenteil die Gefahren, die sich dabei im Innern der deutschen Volkswirtschaft zeigen, immer größer werden. Wenn er eine gewisse Hoffnung auf die Ausfuhr deutscher Qualitätsware setzt, so muß der vorsichtige Wirtschaftspolitiker das Bedenken einschalten, ob nicht die Industrien anderer Völker auch auf dem Gebiete der Qualitätsware einen Vorsprung zu erlangen im Begriffe sind, der uns zu schaffen machen dürfte. Die Unterdrückung der schöpferischen Persönlichkeit in der deutschen Wirtschaft, vom Unternehmer bis zum Facharbeiter, die Gleichmacherei, welche unsere Sozialpolitik verschuldet hat, die Vernichtung der arbeiterlichen Qualität durch Tariflöhne, haben der Erzeugung von Qualitätswaren solche Schranken auferlegt, daß das freiheitlicher arbeitende Ausland (Amerika) schon heute in manchen Zweigen überlegen ist.

Der Ausgleich unserer Zahlungsbilanz wird in der Hauptsache auf der Einfuhrseite möglich sein. Dazu gehört, daß das deutsche Volk mit allen Kräften seiner heutigen Nährlosigkeit steuert. Den Gedanken des organischen Ganzen sucht man folgerichtig — wie oben dargelegt wurde — innerhalb der Wirtschaft dadurch zu verwirklichen, daß die privaten Großunternehmungen sich eigene Rohstoffgrundlagen sichern. Rätselhaft ist, warum die Einsicht in diese Notwendigkeit auf volkswirtschaftlichem Gebiete anscheinend fehlt. Man weiß doch, daß ein kräftiger Innenmarkt die Voraussetzung der Ausfuhr ist. „Der innere Markt ist unsere wirtschaftliche Hausmacht" (Luther). Trotzdem ist das Nachkriegsdeutschland im Begriffe, ähnlich wie einst England, seine Landwirtschaft preiszugeben. Erstes Ziel aller deutschen Wirtschaftspolitik aber muß Erhaltung, womöglich Stärkung der deutschen Landwirtschaft sein. Die gesellschaftsphilosophischen Darlegungen dieses Werkes haben nun bewiesen, daß die heutige Gesellschafts- und Staatsform als solche bauernlegend wirkt. Der Verfasser möchte deshalb keineswegs die Ansicht verbergen, daß bei Weiterbestehen des heutigen geldkapitalistischen, großstädtischen, parlamentarischen Massenstaates der Untergang des Bauerntums besiegelt ist. Rein wirtschaftspolitisch ist eben der Bauernfrage nicht beizukommen. Landwirtschaft ist kein Gewerbe, sondern eine Urform menschlicher Erzeugung, die als solche niemals kapitalistisch gewertet werden kann. Kapitalistische Rente und landwirtschaftliche Rentabilität sind zwei Begriffe, die auf verschiedenen Ebenen liegen.

Kein anderer Wirtschaftszweig ragt so in das Gebiet der allgemeinen Staatspolitik und Bevölkerungspolitik hinein wie die Landwirtschaft. Schon deshalb ist es falsch, sie ihrem Schicksal oder der Selbsthilfe zu überlassen. Diese ist zudem dadurch erschwert, daß der Zusammenballung des Geldwesens und der Industrie nicht ein gleichgerichteter Vorgang landwirtschaftlicher Art entsprechen kann. Denn bei der Landwirtschaft handelt es sich um Millionen einzelner Betriebe mit verschiedenen Bedürfnissen und unterschiedlichen Boden- und Arbeitsbedingungen, die niemals vereinheitlicht werden können. Eine Führung der Landwirtschaft durch einige wenige leitende Köpfe ist also ausgeschlossen. Gewiß muß der verheißungsvolle Weg des Genossenschaftswesens viel bewußter begangen werden als bisher. Besonders die Absatzgenossenschaften gewinnen angesichts der steigenden Nachfrage nach landwirtschaftlicher Markenware erhöhte Zukunftsbedeutung. Wesentlich aber bleibt die Staatshilfe hinsichtlich des Ausbaues des landwirtschaftlichen Kreditwesens. Die Vorbelastung der Landwirtschaft ist heute zu groß, der Wechselkredit für landwirtschaftliche Verhältnisse ungeeignet. Landwirtschaft ist eben einmal kein Handelsgeschäft und die Tatsache, daß „volkswirtschaftliche Produktivität und privatwirtschaftliche Rentabilität in der Landwirtschaft in einem immerhin erheblichen Ausmaß sich zur Zeit nicht decken", kann nicht weggeleugnet werden. Ja man kann über diese Feststellung Luthers noch hinausgehen und fragen, ob im Zeitalter des Geldkapitalismus eine solche Übereinstimmung überhaupt möglich ist, ob wir uns nicht an den Gedanken gewöhnen müssen, bei der Landwirtschaft auf die Anwendung des üblichen kapitalistischen Gewinnbegriffes überhaupt zu verzichten. Selbstverständlich nicht auf Rentabilität, die Grundlage aller Wirtschaft. Niemals darf die Landwirtschaft Kostgänger des Staates werden. — Die Erfahrungen in Kolonialländern, besonders in Amerika beweisen, daß eigentlich nur der Großfarmbetrieb kapitalistischen Anforderungen entspricht. Er ist aber oft mit einer Extensivwirtschaft verbunden, die sich ein dicht besiedeltes Land nicht leisten kann. Bei uns heißt Rationalisierung der Landwirtschaft Intensivierung. Das Bauerngut wird hierin neben dem Großgute wohl bestehen können. Eine „Wanderung des Bodens zum besten Wirt“ darf es bei uns aus volkspolitischen Gründen nicht geben. Latifundienbetrieb ist bis jetzt noch keinem Volke auf die Dauer gut bekommen. Die Technisierung der Landwirtschaft hat noch eine große Zukunft, wenn auch vielleicht mehr auf chemischem als auf maschinellem Gebiete, wenn auch mehr durch gründliche Ausbildung des Landwirtes als durch Mechanisierung, die ihre Grenzen hat. Die wichtigste Hilfe aber, die der Landwirtschaft werden kann, besteht in einer günstigen Beeinflussung des Marktes für landwirtschaftliche Erzeugnisse. Was hilft die Erhöhung der Produktion, wenn der Absatz zu wünschen übrig läßt! Auf diesem Gebiete leben wir in Anarchie. Heute beherrscht der internationale Großhandel den deutschen Getreidemarkt. Es gibt Handelsgesellschaften, die von sich aus — nur auf Erwerb und Gewinn eingestellt — dem deutschen Volke eine Einfuhr von Nahrungsmitteln aufzwingen, welche dieses gar nicht benötigt. Es werden dieselben landwirtschaftlichen Produkte eingeführt, welche merkwürdigerweise vom deutschen Binnenmarkte zur Ausfuhr gebracht werden. Der Getreidepreis wird vom Getreidehandel schon für die künftige Ernte festgesetzt. Das sind alles Zustände, welche jede Hoffnung des Landwirtes zunichte machen und den Binnenmarkt aufs äußerste schwächen. Die Grundbedürfnisse eines Volkes werden so Gegenstand nacktester Spekulation. Dagegen mit dem Getreidemonopol anzukämpfen, ist ein zweischneidiges Schwert. Die Schweiz hat keine besonders guten Erfahrungen damit gemacht. Eher könnte die Verpoolung der kanadischen Getreideerzeuger zum Vorbilde dienen, welche dem kanadischen Ackerbau glänzend bekommen ist. Zweifelhaft ist allerdings, ob die deutsche Landwirtschaft aus eigener Kraft eine solche Getreidehandelsorganisation aufzubauen vermag.

Luther schätzt den Teil der Lebensmitteleinfuhr, der ohne gleichzeitigen Rückgang anderer landwirtschaftlicher Erzeugnisse im Deutschen Reiche produziert werden könnte, auf 1½ Milliarden Reichsmark. Die Getreideschlacht Mussolinis hat gezeigt, was der zielstrebige Wille eines kraftvollen Wirtschaftspolitikers vermag. Die Getreideerzeugung Italiens ist in den letzten vier Jahren, auch bei vorsichtiger Berechnung, um die Hälfte gesteigert worden; wahrscheinlich aber um mehr. Wie liegen die Dinge bei uns? Während unsere Roggenerzeugung zurückgeht, führen wir ungeheure Mengen von Weizen ein und verzichten auf jede erzieherische Maßnahme gegenüber dem Volke hinsichtlich seines Verbrauchs. Damit wird eine wichtige Seite der künftigen Wirtschaftspolitik gestreift. Es mögen Einfuhrverbote, da die deutsche Volkswirtschaft nicht auf einer abgeschlossenen

Insel (Luther) betrieben wird, ein wenig brauchbares Mittel zur Bedürfnisregelung darstellen. Es ist auch verkehrt, wie gebannt auf den Verbrauch ausländischer Luxuswaren zu starren, der verhältnismäßig wenig für die Passivseite der Zahlungsbilanz bedeutet, mag er ethisch noch so peinlich wirken. Entscheidend bleibt das Fehlen jeder wirtschaftlichen Erziehungspolitik hinsichtlich des Verbrauchs von Massengütern. Hier spielen Lebensmittel und Textilien die Hauptrolle; unter den Lebensmitteln aber besonders die Genußmittel. Bei zunehmender Motorisierung wird auch die Benzin- und Ölfrage immer brennender. Die Fortschritte in der Kohlenverwertung haben keineswegs diese Einfuhrposten zu verringern vermocht. Und trotzdem muß der wirtschaftlich denkende Mensch fragen, wo der Nutzen liegt, den angeblich die deutsche Wirtschaft durch die Hunderttausende von Kraftfahrzeugen erfahren soll. Nüchterne Beurteiler sehen in der Hauptsache ausländische Wagen, die auf unnötigen Fahrten — abgesehen davon, daß sie dabei zahlreiche Menschen töten — ausländische Erzeugnisse verbrennen. Man mag dieser Erscheinung hilflos gegenüberstehen; dem sachlichen Beobachter aber bleiben solche Feststellungen kaum erspart. Auf all diesen Gebieten hätte eine zielbewußte Wirtschaftspolitik mit einem großzügigen Erziehungswerke einzusetzen. Der künftige Wirtschaftspolitiker wird nie einsehen, warum eine Gemeinschaft darauf verzichten soll, auf die psychologische Regelung der Bedürfnisse Einfluß zu nehmen, statt sie einfach dem künstlichen Anreize gewinnsüchtigen Kapitals zu überlassen. Es gibt auch eine Erziehung zu volkswirtschaftlichem Denken. Der Liberalismus hat aber wie überall den Erziehungsgedanken vernachlässigt und ihn nur auf dem Gebiete der Wissensbildung, wo er gemeinschaftszerstörend wirkte, in die Praxis umgesetzt.

Gewaltsame Eingriffe in das Wirtschaftsleben, insbesondere Monopole, fruchten hier nicht. Denn diese ergreifen gerade Wirtschaftszweige, die auf Grund feststehender Bedürfnisse dazu reif sind. Alle Versuche, das Wirtschaftsleben selber durch Einflüsse auf seinen inneren Organismus zu regeln, haben zu Schädigungen und Fehlschlägen geführt. Wo der Bedarf feststeht und auch die Technik auf einem Ruhepunkte angelangt ist, wird in bescheidenem Maße ein Übergang von der Vorrats- zur Bedarfswirtschaft möglich sein. Es ist allerdings schwer zu sagen, wann ein Abschluß der technischen Entwicklung vorliegt, wann der Bedarf feste Umrisse aufweist. Immerhin aber gibt es solche Wirtschaftszweige: nicht nur auf dem Gebiete des Verkehrswesens, der Wasser-, Gas- und Elektrizitätsversorgung, die deshalb ja auch zum Teil gemeinwirtschaftlich betrieben werden; sondern auch in der freien Wirtschaft. Der Bedarf an Kohle oder an

Nahrungsmitteln ist nicht allzu schwer zu errechnen; die zunehmende Kartellierung zwecks Verteilung der Märkte beweist dies. Es mag sein, daß ein großer Teil der heutigen Kartelle keinen Bestand hat. Die Zukunft wird zeigen, ob nicht eine Reihe privater Monopole deshalb entstanden, weil in dem betreffenden Wirtschaftszweige schon der höchste Grad der Leistungsfähigkeit erreicht ist, Erzeugung und Absatz schon organisch geordnet sind.

Jedenfalls ist es an der Zeit, die Bedürfnisregelung nicht allein dem „Händlergeist" zu überlassen. Eine zielklare Wirtschaftspolitik vermag, ohne Eingriffe in die innere Wirtschaft, die gesamte volkswirtschaftliche Entwicklung wesentlich zu beeinflussen. Industrien, die notwendigen Bedürfnissen dienen, können gepflegt, Industrien, die für künstlich geweckten Bedarf arbeiten, beschnitten werden. Bei jenen ist der Bedarf annähernd vorausbestimmbar, bei diesen hängt er von händlerischer Geschicklichkeit ab. Sind solche Industrien, die nur dem Erwerbstrieb ihr Dasein verdanken, einmal entstanden, so pflegt ihre Bekämpfung mit dem Schreckgespenste drohender Arbeitslosigkeit, die durch Stillegung entstehen könnte, lahmgelegt zu werden. Nur dem Vergnügen und dem Luxus dienende Unternehmungen, die Erzeugung volkswirtschaftlich gänzlich überflüssiger Dinge, werden auf diese Weise gestärkt. Hinter solchen Vorwänden lauert die Selbstsucht. Regelmäßig erfährt ja auch der Unternehmer solcher Industrien die Unterstützung der Arbeiterschaft, da der Vorteil ein gemeinsamer ist. So wurde das Überhandnehmen des Ausstellungswesens von den Arbeiterparteien deshalb nicht bekämpft, weil dabei lohnender Verdienst für die Bauarbeiter heraussprang. Diese Haltung der Arbeiterschaft ist verständlich, ändert aber nichts an der Tatsache, daß an Stelle prunkvoller Ausstellungshallen viel richtiger Wohnhäuser erbaut worden wären, wobei Arbeiterschaft und Handwerk ebenfalls auf ihre Rechnung gekommen wären. Jede wirtschaftliche Tätigkeit ist darauf zu prüfen, ob volkswirtschaftliches Bedürfnis oder reine Kapitalpolitik ihren Antrieb darstellen. Selbstverständlich können beide auch gleichlaufen. Aber jene falsche Wirtschaftspolitik bis zum grotesken Ende gedacht, führt zur Bekämpfung der Heilung der Geisteskranken, weil sonst die Irrenhauswärter brotlos würden; führt zum Laster des Opiumrauchens und Kokainschnupfens, weil sonst die in diesem Handel Beschäftigten ihr Auskommen verlören. So wird über dem persönlichen Vorteil der Erwerbsuchenden das volkswirtschaftlich leicht errechenbare Gesamtinteresse vergessen. Als die Eisenbahn Europa eroberte, wurde gefragt, was mit Pferden und Fuhrleuten geschehen solle; die vorausgesagten furchtbaren Folgen blieben natürlich aus. Und wenn beispielsweise die Filmindustrie nicht entstanden wäre, so hätte die Volkswirtschaft sicher Wege gefunden, die heute von jener beschäftigten Menschen auf andere Weise zu ernähren. Überall dort, wo ein überflüssiges Bedürfnis künstlich geweckt wird, darf über die Berechtigung planvoller Eingriffe seitens der Wirtschaftspolizei nicht gestritten werden. Neben der Neuordnung des gewerblichen Konzessionswesens bietet eine erhöhte Aufmerksamkeit des Gesetzgebers gegenüber der Reklame die Handhabe zur Beseitigung jener Auswüchse. Wohl wird ein Übergang zur reinen Bedarfswirtschaft kaum möglich sein. Aber es heißt doch auf den Segen, den der gesunde Kapitalismus verbreiten könnte, verzichten, wenn das Kapital über die Bedürfnisse entscheidet und nicht der Verbraucher. Die Reklame zeigt den Wirtschaftsindividualismus auf seinem Höhepunkte. Alle Versuche ihrer Nutznießer, die Notwendigkeit der Propaganda immer wieder zu beweisen, können die volkswirtschaftliche Wahrheit nicht aus der Welt schaffen, die da lautet: erst Brot und dann Autos; erst Wohnungen und dann Rundfunkgerät; erst notwendige Kleidung und dann seidene Strümpfe. Der heutige Verbrauch zehrt an der Kaufkraft des Volkes und verewigt die Armut. Niemals darf vergessen werden, daß die vollkommene Lösung der sozialen Frage Bedürfnislosigkeit ist. Es gibt keine größere Geschichtslüge als die, daß Bedürfnislosigkeit mit niederer Kulturstufe zusammenfalle. Gerade die uralten Kulturvölker des fernen Ostens haben ihre Kultur gekrönt mit der Erziehung des Einzelnen zur Bedürfnisbeschränkung.

So allein wird auch die gesunde Kapitalbildung wieder möglich. Sparsamkeit ist die Grundlage aller Wirtschaft, nicht nur der privaten Einzelwirtschaft, sondern auch der Volkswirtschaft. Gewiß kann die Kapitalbildung, ohne die weder Industrie gedeihen noch Landwirtschaft intensiviert werden kann, auch durch Rationalisierung der Erzeugung gefördert werden: indem man die Spanne zwischen Gestehungskosten und Verkaufspreis vergrößert. Die so entstehenden Gewinne können wieder unmittelbar dem Erzeugungsapparate zugute kommen. Aber auch Lohnerhöhung, Vergrößerung der Einkommen, können zur Kapitalbildung führen, wenn nicht dadurch der Verbrauch, insbesondere an ausländischer Einfuhr und Luxusgütern, unverhältnismäßig angeregt wird. Wird jede Einkommensvermehrung restlos verzehrt, so müssen auf die Dauer die Preise steigen, weil ja keine erhöhte Produktivität dem Überverbrauche gegenübersteht. Wohl wird heute wieder gespart, aber zu wenig. Im Einzelhaushalte ist der Verbrauch im Vergleiche zur Vorkriegszeit in einem Maße gestiegen, das mit den üblen Erfahrungen der Geldentwertung allein nicht erklärt werden kann. Die Genußsucht, eine Folge einseitiger Diesseitsbejahung, ist gewachsen. So wirkt sich die individualistische Geisteshaltung auch nachteilig für die Wirtschaft aus. Dazu kommt aber eine andere Art der Vergeudung außerhalb der einzelmenschlichen Zuständigkeit: der ungeheure Aufwand der öffentlichen Hand. Nichts ist tödlicher für den Sparbetrieb als das Wirtschaften mit fremden Geldern. Praktisch aber stellt die Ausgabenwirtschaft der Verwaltungen aller Art nichts anderes dar als ein Verfügen über von Anderen erworbene Mittel. Den Grundgedanken allen gesunden Wirtschaftens hat Luther in den witzigen Satz gefaßt, jeder habe das Recht, auf eigene Kosten Dummheiten zu machen, aber nur auf eigene Kosten. (Die organische Weltanschauung muß übrigens volkspolitisch auch diesen Satz bestreiten.) Die Steigerung des Spartriebes ist wohl eine der vornehmsten Forderungen einer erzieherischen Wirtschaftspolitik. Dazu gehört aber, daß auch die Selbstverantwortung für Ausgaben aller Art wiederhergestellt wird.

Neben der Steuerpolitik, von der noch zu reden sein wird, bleibt als Hauptwaffe des Staates zur Beeinflussung des Wirtschaftslebens die Zollgesetzgebung. Wie selten in volkswirtschaftlichen Vorstellungen gedacht wird, wie wenig die Blickrichtung der einzelnen Lager auf das Ganze geht, erhellt der hartnäckige Widerstand, den der Parteisozialismus bei fast allen Gelegenheiten gegen den Zollschutz aufbietet. Man sollte doch glauben, die einfache Überlegung, wie schädlich für eine Volkswirtschaft die Einfuhr von Lebensmitteln ist, die sie selbst erzeugen kann, öffne dem Arbeiter die Augen über die händlerischen Interessen, die sich oft hinter der Forderung nach Freihandel verbergen. Gewiß ist die Frage Freihandel oder Zollschutz nicht für alle Zeiten und für alle Lagen allgemein gültig zugunsten des einen oder des anderen zu beantworten. Fest steht nur, daß nicht die Anpassung der Binnenpreise an die Weltmarktpreise, sondern die Festigung der Volkswirtschaft Ziel aller Zollpolitik sein muß. Gewiß ist es ein hohes Ziel, ohne Schutzzölle auszukommen; vielleicht zu verwirklichen, wenn die einzelnen Volkswirtschaften in sich befestigt sind. Bedingungsloser Schutzzoll kann die Wirtschaft, insbesondere in Zweigen, die dadurch Monopolstellung erhalten, schwächen. Er kann jedes Vorwärtsstreben lähmen. Aber umgekehrt kann der Schutzzoll auch erzieherisch wirken. Er hebt die Produktion und verbilligt dadurch die Lebenshaltung. „Es ist ein Aberglaube, daß der Schutzzoll die Lebenshaltung der breiten Massen verschlechtert" (Funk). Bisher ist noch kein Land an Schutzzöllen zugrunde gegangen, wohl aber die englische Landwirtschaft am Freihandel. Heute wachsen überall die Zollmauern, und keine freihändlerischen Aufrufe, keine Genfer Abmachungen hemmen diese Entwicklung. Jedes Volk steht unter dem Gesetze seiner Bevölkerungsbewegung und muß zur höchstmöglichen Selbstversorgung gelangen. Deshalb schützen frühere Agrarvölker, die sich jetzt eigene Industrien aufbauen, deren Wachstum durch Schutzzölle. Sie konnten die Grundlage dieser Industrie unter Verhältnissen legen, die stärker als jede Zollmauer für sie wirkten: im Weltkriege. Der gewaltige Zug zur Selbstversorgung und damit zur organischen Eigenwirtschaft, der heute — entgegengesetzt den weltwirtschaftlichen Träumereien — über die ganze Erde geht, zeigt die Richtung künftiger Entwicklung an und kann uns darüber belehren, was das Gebot der Stunde ist: die nationale Arbeit zu schützen, ehe in ihre Reihen Lücken gerissen sind, die nicht mehr geschlossen werden können. Der Gegensatz zwischen volkswirtschaftlicher Produktivität und privatwirtschaftlicher Rentabilität in der Landwirtschaft ist eben nur durch Schutzzölle zu überbrücken.

Früher bestand ein offenbarer zollpolitischer Zwiespalt zwischen Industrie und Landwirtschaft. Im Zeitalter der Absatzpolitik ist er verständlich, wenn auch der Sieg des Freihandels über die Landwirtschaft eine Kurzsichtigkeit der englischen Gesamtpolitik verrät, die sich heute bitter rächt. Zahlreiche Kriege mußte England als Folge seiner Freihandelspolitik führen. „Krieg, Handel und Piraterei, dreieinig sind sie, nicht zu trennen", meinte schon Goethe. Deutschland hat jenen Fehler vermieden, ist aber anscheinend im besten Zuge ihn nachzuholen. Und zwar deshalb, weil die finanzkapitalistischen und händlerischen Kräfte mittlerweile eine beträchtliche Verstärkung erfahren haben. Dagegen ist in industriellen Kreisen, besonders bei den Schlüsselindustrien, die Erkenntnis von der Bedeutung des Binnenmarktes gewachsen. Heute stellt niemand mehr die Gleichung auf: Absatzmarkt gleich Absatzmarkt, ganz gleich, wo er liegt. Man weiß jetzt, daß Binnenabsatz immer Stärkung, Auslandsabsatz aber nur unter ganz bestimmten Umständen Vorteil für die Volkswirtschaft bedeutet. Dieses Zeichen ist verheißungsvoll. Aber die Einsicht in die volkswirtschaftlichen Zusammenhänge sollte noch viel weiter gehen. Man müßte erkennen, daß echte Wirtschaftspolitik im Grunde Sozial- und Bevölkerungspolitik ist. Wenn sie heute zu diesen scheinbaren politischen Sonderzweigen in einen künstlichen Gegensatz gestellt wird, so beweist dies nur, daß die Wirtschaft durch rein geldliche Mächte (allzu weltwirtschaftliches Denken) aus der Ganzheit des Volksgedankens herausgedrängt war und anfing, eigenen Gesetzen zu gehorchen, die denen der Volkswirtschaft widersprechen. In dem Augenblicke, in welchem es wieder ein volkswirtschaftliches Bewußtsein gibt, fallen aber Wirtschafts-, Sozial- und Bevölkerungspolitik zusammen. Die Wirtschaftspolitik der Zukunft wird deshalb bei all ihren Maßnahmen die Vorfrage stellen, wie sie auf Bevölkerungsbewegung, Volkszusammensetzung, Siedlungsweise, Wanderung, Bodenverwurzelung und endlich auf die seelische Verfassung des Volkes wirken.

Um die Bedeutung dieses Gedankenganges klar zu machen, ist es notwendig, die Bodengebundenheit der Wirtschaft darzustellen. Fast alle Rohstoffe, die zur Nahrung, Kleidung und Wohnung benötigt werden, entstammen dem Boden. Der Krieg hat offenbart, wie es einem Volke ohne genügende Rohstoffgrundlage geht. Man sollte meinen, daß unter dem Drucke dieser Erkenntnis eine Welle eingesetzt hätte, der Landwirtschaft wieder ihre wirtschaftliche Schlüsselstellung zu geben. Das Gegenteil ist aber der Fall. Durch eine auf Volksgunst und trügerische Einzelwohlfahrt eingestellte Verbraucherpolitik wurde in der Nachkriegszeit die Landwirtschaft zur extensiven Wirtschaftsweise getrieben und nach Einführung der festen Währung die landwirtschaftliche Kreditfrage so behandelt, als ob der Bauer Spekulant oder Börsenmakler wäre. Die Mobilisierung aller bodenständigen Werte begann; die grimmige Schlacht zwischen Landwirtschaft und Industrie einerseits, Banken andererseits hält bis zur Gegenwart an.

Der Staat sollte durch seine Wirtschaftspolitik die bodenständige Wirtschaft schützen. Das geht nur dann, wenn er nicht die einzelnen Wirtschaftszweige und Berufsstände mit dem Scheinmaßstabe einer vermeintlichen Gerechtigkeit, die für alle gleichmäßig gelten soll, mißt, sondern wirtschaftspolitisch ihre jeweilige Bedeutung für die Ernährung des Volkes würdigt. Denn diese ist nicht bei allen Wirtschaftszweigen gleich, genau so wenig, wie die Leistungen der Einzelnen in der Wirtschaft gleichwertig sind. Sogar unter den Rohstoffen wurden in der Feuerprobe des Krieges die herausgefunden, welche unerläßlich notwendig und welche überflüssig oder zum mindesten entbehrlich sind. Vom Standpunkte der Erhaltung des Volkstums und der Sicherung seiner Ernährungsgrundlage aus läßt sich folgende Stufenleiter aufstellen, an deren Spitze die mit Volkstum und Staat am innigsten verwachsene Wirtschaftstätigkeit, an deren Fuß der von Natur am stärksten zu Kosmopolitismus neigende Erwerbszweig zu setzen ist:

Zu oberst steht der Landwirt, und zwar der selbstwirtschaftende vor demjenigen, der seinen Landbesitz verwalten läßt. Die Landwirtschaft ist mehr als Erwerb, ihre Ausübung die höchste aller Berufungen; sie gibt der Persönlichkeit den weitesten Raum zur Entfaltung und kann deshalb eher als jede andere Tätigkeit zur Befriedigung, ja zum Daseinszwecke werden. Sie gibt seelisch den stärksten Halt, weil Verbundenheit mit dem Boden und geringe Arbeitsteilung Saat und Ernte und damit Schöpferfreude ermöglichen. Menschliche Schaffenskraft und natürliches Wachstum begegnen sich in zeugender Vermählung. Nicht nur von der Kraft der Hände und der Klugheit des Sinns, sondern auch von der Gnade des Himmels ist das Gedeihen der Frucht abhängig. Das Werk des Landwirts wird so gleichzeitig zum Geschenk der Natur und Gottes. Landbesitz ist deshalb mehr als jedes andere Eigentum. Er ist nicht zerstörbar, er ist ein Stück der mütterlichen Erde und muß genutzt werden, soll er Frucht bringen. Er ist Besitz, der verpflichtet. Er bedeutet gewissermaßen Verfügungsgewalt über ein Teilchen der Staatssouveränität, zu der immer auch Hoheit über den Boden gehört. Wird das Staatshoheitsrecht gekränkt, so auch die Kraft, mit welcher der Bauer am Boden wurzelt. Und umgekehrt vermag kein Staat auf die Dauer zu leben ohne die bäuerliche Verklammerung mit dem Boden. Der Bauer ist, trotz seines Mangels an „Bürgerpatriotismus", der erhaltende Grundstock aller Staaten und Völker gewesen. Er nährt den Menschen und pflanzt ihn fort. Immer war das Bauerntum der scheinbar unerschöpfliche Notvorrat an tüchtigen und gesunden Menschen, welche die moderne Großstadt nicht mehr in genügender Zahl hervorbringt*). Aus diesen Erkenntnissen erwachsen die Richtlinien aller Wirtschaftspolitik: Festigung des landwirtschaftlichen Besitzes, Erschließung neuen Ackerbodens für den bäuerlichen Bevölkerungszuwachs, Abbremsen der Landflucht, Intensivierung des Ackerbaues, Sorge, ihn durch gesunde Steuer- und Kreditpolitik ertragreich zu gestalten, Sicherung seiner Märkte und Organisation des Absatzes.

Dann dürfte in der Reihenfolge der Wirtschaftszweige wohl die Industrie kommen mit der Maßgabe, daß die Rohstoffgewinnung vor die Fertigwarenerzeugung eingestuft wird. Der Übergang zum vertikalen Zusammenschlusse führt zwar zur Verwischung dieses Unterschiedes, aber immerhin gibt es noch genug Industrien, die sich dadurch unterscheiden, daß die einen ihren Rohstoff aus deutschem Boden holen, die anderen aus dem Welthandel beziehen. Gemeinsam ist beiden der Grundbesitz. Beide wirtschaften auch mit dem bodenständigsten Erzeugungsmittel, das es gibt: dem deutschen Menschen. Gegen die Bodenständigkeit der Industrie, besonders der Schlüsselindustrien, wird eingewendet, daß sie in den letzten Jahren zwischenstaatliche Verbindungen eingegangen wären. Aus diesem Umstande versucht man kosmopolitische Gedankengänge abzuleiten, wie dies zuletzt bei der Behandlung des Paneuropaplanes Briands geschah.

*) Vergleiche den bevölkerungspolitischen Teil.

Diese Betrachtungsweise ist aber allzu mechanisch. Abgesehen davon, daß die Zusammenschlüsse in der Berg- und Hüttenindustrie bis zu einem gewissen Grade eine geopolitische Grundlage haben, also ebenfalls einer bestimmten Bodengebundenheit entsprechen, deuten sie keineswegs auf den Beginn einer neuen Wirtschaftsepoche hin. Die Annäherung der westeuropäischen Kohlen- und Eisenwirtschaft ist vielmehr deshalb erfolgt, weil die nationalen Schwerindustrien hieraus für ihre volkswirtschaftliche Stellung Vorteile zu erringen suchten. Belgien und Frankreich wollten den durch modernen Wiederaufbau und Kriegsgewinn errungenen Vorsprung sichern; die deutsche Schwerindustrie zog aus der deutschen Ohnmachtslage die Schlußfolgerung, indem sie wenigstens in gleichbleibende und vor gewaltsamen Eingriffen geschützte Verhältnisse hineinsteuerte. In dem Augenblicke, in welchem die tatsächlichen Machtverhältnisse den eingegangenen Bindungen nicht mehr entsprächen, würden diese Wirtschaftsverträge gelöst. Dadurch unterscheiden sie sich eben von politischen Bindungen, daß sie auf errechenbaren Zielen aufgebaut sind, während diese auf dem Menschen beruhen, der in seinem letzten Urgrund unerrechenbar bewegt wird. Sobald volkswirtschaftliche Notwendigkeiten die Schwerindustrie zu einer Umgruppierung zwingen, wird diese erfolgen.

Innerhalb der Industrie bestehen dementsprechend zwei Lager, die besonders bei zollpolitischen Kämpfen in Erscheinung treten: die zu der landwirtschaftlichen Auffassung hinneigende Rohstofferzeugung und die händlerischen Gesichtspunkten zugängliche Fertigwarenindustrie. Allzuleicht vergißt diese, daß auch sie ein kostbares nationales Gut zu verwalten hat: das deutsche Arbeitertum. Will sie ernsthaft den Arbeiter vor Ausbeutung schützen, dann muß auch sie volkswirtschaftlich denken und die deutsche Ernährungsgrundlage sichern helfen. Sie muß also am Schutze der Rohstofferzeugung teilnehmen und darf nicht in kurzsichtiger Gewinnsucht Freihandel um jeden Preis treiben wollen. Gemeinsame Pflicht der Industrie, heute von ihr überall erkannt und befolgt, ist sorgsamste Verwaltung des Menschengutes. Bei der Wahl industrieller Standorte, bei der Anlage von Fabriken, Siedelungen und Heimstätten müssen volkspolitische Gesichtspunkte in den Vordergrund treten. Die Werkfürsorge des deutschen Unternehmertums hat bisher Vorbildliches geschaffen. Aber auch sie beschränkte sich auf den Schutz des Einzelnen; sie dachte nicht in höherem Sinne volkspolitisch, sonst wären manche Industriestädte anders angelegt, hätten eine andere Bauweise, ja wären vielleicht in ihrer heutigen steinernen Unerbittlichkeit garnicht entstanden. Die staatliche Wirtschaftspolitik hat darüber zu wachen, daß das bevölkerungspolitische Verhältnis zwischen Industriearbeiterschaft und Bauerntum nicht ungesund wird, daß die Verstädterung nicht zunimmt, daß überflüssige Industrien nicht ländliche Massen, die am Ende doch der Arbeitslosenfürsorge anheimfallen, in die Städte locken.

Im Jahre 1882 machten die Berufszugehörigen in der Land- und Forstwirtschaft 40,0 vom Hundert der Gesamtbevölkerung aus, bei der Zählung von 1907 waren es 27,1, 1925 nur noch 23,0 vom Hundert. Dem entspricht auch ein Rückgang der landwirtschaftlichen Anbaufläche seit 1913. Mit anderen Worten: der bäuerliche Kern des deutschen Volkes wird verhältnismäßig immer kleiner, dessen bodenständiger Bestandteil immer geringer; denn die Abnahme der in Land- und Forstwirtschaft Tätigen ist nicht etwa vorwiegend Industrie und Handwerk zugute gekommen, die ihren Anteil von 1907 bis 1925 kaum geändert haben. Er schwankt um 41 vom Hundert. Die Verschiebung von der Bodenständigkeit weg verstärkte vielmehr einen Erwerbszweig, der verhältnismäßig wenig bodenverwurzelt ist: den Handel.

Der Handel hat soziologisch keine einheitliche Struktur. Großenteils gehört er zum gewerblichen Mittelstande und ist häufig mit dem Handwerk verquickt. Soweit er Mittelstand ist, hat er, insbesondere in der Kleinstadt und auf dem flachen Lande, eine gewisse Bodenständigkeit. Er verfügt oft über eigenen Grundbesitz und ist mit seiner Käuferschicht eng verbunden. Durch Krieg und Geldentwertung, durch Vordringen des Großbetriebes (Warenhaus) wurde er geschwächt. Aber die Grenze dieser rückläufigen Bewegung scheint erreicht. Es ist selbstverständlich, daß wegen seiner Persönlichkeitswerte der Mittelstand mit allen Kräften gehalten werden muß. Allerdings ist er aus ganz verschiedenartigen Bestandteilen zusammengesetzt: so bedeutsam ein gesunder Handwerkerstand für die Volkswirtschaft ist, so bedenklich bleibt die Aufblähung des kleinhändlerischen Verteilungsapparates, der zum Teil durch die Konsumgenossenschaften, die allerdings nicht Sonderzwecken (Partei) dienen dürfen, ersetzt werden könnte. Schwund des Handwerkes dagegen ist allemal ein schwerer volkswirtschaftlicher und volkspolitischer Verlust. Wenn auch das Ergebnis der Zählung vom Jahre 1925 schwer auswertbar ist, weil zwischen Handwerk und Industrie anscheinend keine klare Unterscheidung erfolgte, so läßt sich doch durch Vergleich der Zahlen der Beschäftigten und der Betriebe eine deutliche Verschiebung zum Großbetriebe feststellen. Die Zahl der Betriebe hat von 1907 bis 1925 nur um 2,5 vom Hundert zugenommen, während die Zahl der in ihr beschäftigten Personen sich um 29,1 vom Hundert vermehrte. Es muß also im Handwerk ein verhältnismäßiger Rückgang erfolgt sein, wodurch der selbständige Mittelstand eine Schwächung erfahren hat. Das Handwerk muß aber keineswegs zwangsläufig zusammenschmelzen. Die Stufe der Industrialisierung, bei welcher die Industrie das Handwerk nicht mehr verdrängt, weil gewisse Erzeugungsvorgänge an die handwerkliche Herstellungsweise gebunden sind, ist in Deutschland längst erreicht. Wenn das Handwerk trotzdem zurückgegangen ist, so beweist dies, daß die deutsche Wirtschaftspolitik in der Pflege des Handwerkerstandes versagt hat.

Der König der Zivilisation ist der Händler. Nur das ruckartige Eindringen individualistischer Gedankengänge erklärt das Anwachsen des Händlertums in Deutschland. Kaufmannschaft war immer und muß sein. Aber neben der notwendigen Kaufmannschaft entstehen Glieder, die sich an irgendeiner Stelle in die Kette vom Erzeuger bis zum Verbraucher einschalten, um Gewinne zu machen. Dieses schmarotzende Händlertum kennzeichnet die jüngste deutsche Wirtschaftsentwicklung. Die Ziffern der gewerblichen Betriebszählung von 1925 haben somit geradezu kulturgeschichtliche Bedeutung. Während seit 1907 die Zahl der Betriebe in Industrie und Handwerk sich um nur 2,5 vom Hundert erhöht hat, ist sie im Handel um 64,1 vom Hundert gewachsen. Auch hinsichtlich der Zahl der beschäftigten Personen war die Zunahme im Handel größer als in Industrie und Handwerk; betrug sie hier 29,1 vom Hundert, so dort 62,4. Nicht weniger als 1,2 Millionen Menschen sind 1925 im Handel mehr beschäftigt als 1907. Wahrscheinlich nicht nur ohne Erhöhung, sondern sogar bei Verringerung des Umsatzes. (Daß von diesem Zuwachse 475 000 weiblichen Geschlechtes sind, mag dem Betrachter deutschen Familienlebens lehrreiche Aufschlüsse geben. Auch hier sei auf den bevölkerungspolitischen Teil verwiesen.) Vergleicht man nun Groß- und Einzelhandel miteinander, so muß wohl eine größere Zunahme der Einzelhandelsbetriebe festgestellt werden. Im Kleinhandel scheint sich also die Zahl der mittelständlerischen Existenzen vergrößert zu haben; ob allerdings zu Gunsten der Wirtschaftlichkeit, bleibt zweifelhaft. Dagegen verteilt sich der Zulauf der neu im Handel beschäftigten Personen im nämlichen Verhältnisse (1 zu 2) wie 1907 auf die beiden Handelsarten. Auch der Großhandel erfuhr eine bedeutende Aufblähung.

Diese Zahlen sprechen nicht nur eine wirtschaftliche, sondern auch eine soziologische und sittengeschichtliche Sprache. Die Erzeugungskraft des deutschen Volkes ist gesunken. Dem Rentenbedürfnis und dem Versorgungsdrang entspricht die Sucht, mühelose Gewinne zu machen. Zieht man noch die verkürzte Arbeitszeit in Betracht, so gelangt man zu dem Ergebnis, daß alle Fortschritte, die durch Rationalisierung gemacht werden, nicht der Kapitalbildung zugute kommen, nicht einer erhöhten Gütererzeugung, sondern größerer Bequemlichkeit und einem weitverbreiteten Zuge, mit möglichst wenig Arbeit möglichst gut zu leben. Als weiterer Umstand, der die Gesamtproduktivität des deutschen Volkes belastet, kann die Erwerbslosenfürsorge und das Anschwellen der öffentlichen Verwaltung betrachtet werden. Es steht also fest, daß die werterzeugenden Kräfte des deutschen Volkes zurückgehen. Wir sind auf dem Wege, ein Händlervolk zu werden, ohne Englands geographische Lage, ohne englische Macht und ohne die Zielbewußtheit der englischen Politik. Wir vernachlässigen die Landwirtschaft und lassen unsern Bauernstand verderben; ein Volk ohne Bauern ist aber ein Rohr im Winde, mag es sich auch noch so stolz zum Himmel recken. Wir reden von Kolonien und vergessen, daß verstädterte Völker auch ihre kolonisatorische Kraft einbüßen. England besitzt den Boden der halben Erde; aber seine Massen wandern nicht mehr in die Kolonien aus. Das Blut ist müde geworden, und die englischen Arbeitslosen ziehen es vor, sich in der Heimat armselig ernähren zu lassen. Das deutsche Volk aber zeigt dieselbe Schwäche an seiner Ostgrenze, wo es immer mehr von den Slaven zurückgedrängt wird.

Der Warengroßhandel, besonders an der Produktenbörse, der schon mit vertretbaren Waren handelt, die er zum Teil nie sieht, hat die letzte Bindung an Grund und Boden eingebüßt. Sein Reich geht über alle Grenzen. Von ihm ist nur noch ein Schritt zum Handel mit Gold und Geld. Wie das Geld zur abstrakten Ware wurde, die über allen anderen Waren steht, so steht auch das Bankwesen über der Wirtschaft, oft sogar über den Staaten und Völkern. Die Geldhändler sind die geborenen Nomaden der Wirtschaft. Sie hätten nicht zur Weltgefahr werden können, wären sich die Völker bewußt geblieben, daß Geld ein Zeichen der von ihnen geschaffenen Werte und kein Eigenwert ist; wenn überall reine Volkswirtschaft getrieben und dem Trugbilde der Weltwirtschaft widerstanden worden wäre; vor allem aber, wenn das Geldkapital nicht über Presse und Staat, durch die parlamentarische Demokratie und mit Unterstützung des Sozialismus an die Macht gekommen wäre und jede organische Gemeinschaft zerstört hätte. Der Weltkrieg war *sein* Krieg: die Volkswirtschaften brachen zusammen und wurden von ihm abhängig. Seitdem führt es ein unbedingtes Eigenleben nicht neben, sondern über der Wirtschaft; es sucht die Erzeugung in immer größere Abhängigkeit von sich zu bringen und sie zu „kontrollieren", nach dem Gesichtspunkte der Gewinnerzielung. Nicht volkswirtschaftliche Produktivität, sondern nur geldwirtschaftliche Rente ist das Ziel dieser hochkapitalistisch genannten Entwicklung. Sinn aller Volkswirtschaft ist aber die Sicherstellung der Volksernährung und nicht die individualistische Kapitalrente. So tobt heute der schwere Kampf zwischen der schaffenden Wirtschaft und der starren Macht des Finanzkapitals; seine Entscheidung wird davon abhängen, ob es gelingt, die heutige Stoßtruppe des Kapitals, das sozialistische Arbeitertum, endlich wieder in das Lager der Wirtschaft zurückzuführen. Es ist dies ein Kampf auf Leben und Tod, von tragischer Größe und für die Kultur der weißen Rasse entscheidend.

Der Vollständigkeit halber sei noch erwähnt, daß das Wesen des Wirtschaftskredits ein anderes ist wie das des Währungskredits. Die Währungsbank gehört in den Bereich des Staatlichen. Sie hat den Blutkreislauf der Volkswirtschaft zu regeln. Wehe aber, wenn sie von Ausländern überwacht und beeinflußt wird, zumal wenn diese kapitalistische Ziele verfolgen. Es muß ein wesentlicher Zweck deutscher Politik sein, die Währungsbank von internationalen Kapitaleinflüssen zu befreien.

Bei der Aufstellung der wirtschaftlichen Stufenleiter nach dem Grade der Verwurzelung im Boden wurden vorläufig die Berufe außer Acht gelassen, die nicht als ausgesprochen wirtschaftliche angesehen werden können: Beamtenschaft und freie Berufe. Der Beamte ist von Natur staatserhaltend, da sein Dasein mit dem des Staates verflochten ist. Wenn er allerdings nicht mehr dem reinen Staatsgedanken verpflichtet ist, sondern der jeweiligen Staatsleitung, so kann, wenn diese aus parteipolitischer Denkart heraus handelt, der Staat zersetzt werden. Selbst wenn dieser schlimme Fall nicht eintritt, so besteht immerhin die Gefahr, daß der Beamte sich mit der bloßen Erhaltung des Staates begnügt. Er hat dann die Einstellung des Arbeitnehmers, der seinen Arbeitgeber zwar gründlich ausnützen, aber selbstverständlich nicht zu Grunde richten möchte. Diese Auffassung, die der tieferen sittlichen Bindung entbehrt, gewinnt leider immer mehr Raum. Der gewerkschaftliche Zusammenschluß der Arbeitnehmer hat von der Wirtschaft auf das Staatsleben hinübergegriffen. Beamtliche Gewerkschaften sind aber Zerstörer des wahren Beamtenbegriffes. So verständlich der gewerkschaftliche Gedanke für die Wirtschaft war, so verhängnisvoll wird er im staatlichen Bereiche: die auch nur theoretische Anerkennung eines Beamtenstreikrechtes bedeutet den Zusammenbruch des Staatsgedankens. Den Staat als Arbeitgeber aufzufassen, so wie man den privaten Arbeitgeber als ein Wesen mit Erwerbssinn betrachtet, ist die Anwendung privatwirtschaftlichen Denkens auf wirtschaftsfremde Verhältnisse. Denn der Staat hat keinen Erwerbswillen und soll keinen haben: er verkörpert die Gemeinschaft. Ihr gegenüber zu streiken, ist Anarchie; denn jener übergeordnete Gemeinschaftswille soll doch von den Beamten, die streiken, vertreten werden.

Bei den freien Berufen besteht ebenfalls eine Verknüpfung mit dem Volkstume, die allerdings meist rein geistig auf dem Wege über das Kulturbewußtsein zustande kommt. Gerade in den freien Berufen, die über ein großes Bildungsgut verfügen, entstehen die meisten Persönlichkeiten. Es gibt zwar in ihnen Menschen, die glühende Nationalisten, und solche, die geborene Kosmopoliten sind. Trotzdem aber wird gerade die Persönlichkeitsentfaltung, welche in diesen Schichten noch möglich ist, eine geistige Einstellung zeitigen, die eher zur Unterordnung unter die Gemeinschaft neigt als die Sinnesart abhängiger Menschen. Deshalb haben die freien Berufe von jeher eine außerordentliche Bedeutung für die Kultur gehabt, haben zur geistigen Vertiefung des Volkstums wesentlich beigetragen. Gerade in der gegenwärtigen Zeit obliegt den wenigen unabhängigen Menschen, die es noch gibt, die geradezu geschichtliche Aufgabe, der Kollektivierung entgegenzuarbeiten.

Um so bedauerlicher ist der Rückgang der freien Berufe, sowohl zahlenmäßig als auch hinsichtlich ihrer wirtschaftlichen Lage und inneren Kraft. Manche Ärzte sind der wissenschaftlichen Arbeit durch das Kassenwesen entfremdet worden und gewöhnen sich an Schleuderarbeit. Die Überfüllung hat zu unlauterem Wettbewerb geführt, der ebenfalls die Gesamtgüte des Ärztestandes beeinträchtigt. Hier ist eine Schicht von geistigen Arbeitern, wertvoll für das Ganze, im Begriffe, der praktischen Sozialisierung zum Opfer zu fallen. Ähnlich liegen die Dinge im Anwaltsstande. Abgesehen von der verhängnisvollen geistigen Umstellung, die darin besteht, daß sich der Anwalt immer weniger als Anwalt des Rechtes, vielmehr als Vertreter der Partei fühlt, die nur zu oft von ihm verlangt, daß er Lücken des Rechts in ihrem Interesse ausfindig machen soll, ist die Standesethik auch durch äußere Ursachen bedroht. Man hat sich immer noch nicht entschließen können, durch Einführung des numerus clausus den unwürdigen Zustand zu beseitigen, daß der schlecht benotete Teil der Juristenschaft sich dem Anwaltsberufe zuwendet. Infolge des scharfen Wettbewerbs ist die Gründung ernsthafter Anwaltskanzleien immer schwieriger geworden. Es entsteht so ein anwaltschaftliches Angestelltenproletariat aus Anwälten zweiter und dritter Klasse mit zweifelhaften Nebenverdiensten. Diese hungernden Existenzen übernehmen wahllos bedenkliche Aufträge und versuchen aus Unrecht Recht zu machen. Die Öffentlichkeit sieht deshalb im Anwalt immer mehr ein bloßes Werkzeug, das zu jeder beliebigen, auch unsittlichen Aufgabe angesetzt werden kann. Diese verzweifelte Lage des Anwaltsstandes wird zwar allgemein erkannt, aber wie überall die falsche Schlußfolgerung daraus gezogen. Durch eine Art von genossenschaftlicher Sozialisierung soll auch dieser Stand, ähnlich wie die Ärzte, aus der schlimmsten Not befreit werden; ein Plan, der ihm endgültig seine große wissenschaftliche und kulturelle Bedeutung nehmen müßte. Denn es träte an den Platz der auf eigene Verantwortung gestellten Persönlichkeit ein beflissener Syndikustyp; die rechtsschöpferische Kraft des Anwaltsstandes würde versanden; eine der wenigen Möglichkeiten, mit geistiger Arbeit es zu wirtschaftlichem Wohlstande zu bringen, wäre endgültig verloren. Auch hier würde übelste Mittelmäßigkeit die Leistung verdrängen.

Es gibt für ein Volk kein besseres Zeichen innerer Gesundheit als das Vorhandensein einer in sich gefestigten Schicht der freien Berufe. Je mehr selbständige Existenzen, um so stärker die Grundlage des Staates. Durch sinnwidrige Förderung des Hochschulstudiums ist nun zweifellos eine gefährliche Übersetzung der akademischen Laufbahn eingetreten. Trotzdem ist der verhältnismäßige Anteil der freien Berufe zurückgegangen. Es waren in freien Berufen, Verwaltung, Kirche und Heerwesen tätig:

Im Jahre	1882	4,9	vom Hundert der Erwerbstätigen
„ „	1895	5,7	„ „ „ „
„ „	1907	5,3	„ „ „ „
„ „	1925	4,7	„ „ „ „

So hat die Nachkriegszeit schon nach diesen Ziffern einen bemerkenswerten Rückgang gebracht. Wenn man aber bedenkt, daß die gesamte Verwaltung in ihnen einbegriffen und daß diese ungeheuer angeschwollen ist, so ergibt sich ohne weiteres ein Ausblick auf die Einbuße, welche die freien Berufe erfahren haben. In der Zahl von 1925 ist auch noch das Berufsheer enthalten. Es bleibt also für die freien Berufe sehr wenig übrig.

Eine organische Wirtschaftspolitik wird ständig die Gliederung des Volkes nach Berufen, Erwerbsarten, Betriebsformen und so fort im Auge behalten, wird immer wieder Überlegungen anstellen, welcher Wirtschaftszweig besonders notwendig für die Volkswirtschaft ist, welche Gesellschaftsschicht um jeden Preis erhalten und welche eingedämmt werden muß. Sie wird sich dazu durchringen, diesen Zweig zu pflegen, jenen zu beschneiden. Nichts ist falscher, als hierbei von allgemein menschlichen Erwägungen auszugehen. Die Produktivität der Volkswirtschaft und die Gesundheit des Volkskörpers sind das oberste Gesetz aller Wirtschaftspolitik, die auch unerbittlich über den Einzelnen hinweggehen soll. Heute betreut sie nur den Einzelnen als Massenwesen, weil alle Individuen in horizontaler Gliederung sich machtmäßig zusammengeschlossen haben und so einen kollektiven Druck ausüben. Es liegt im Wesen der Persönlichkeit, daß sie das nicht kann. So kommt es, daß die Walze der Gleichmacherei über sie hinweggeht.

Wenn aber höchstes Gebot aller Wirtschaftspolitik Pflege der Erzeugung ist, so muß der Umstand bedenklich stimmen, daß — trotz der allgemeinen Verarmung und trotz der Notlage des deutschen Volkes — die Verhältniszahl derer, die ohne Beruf und Berufsangabe sind, sich von 1882 bis 1925 fast verdoppelt hat*). Sie dürfte bald ein Zehntel der deutschen Bevölkerung betragen, wenn die Entwicklung nicht umschlägt. An dieser Zahl wird offenbar, daß der Gedanke der Dienstschaft im deutschen Volke durch den der Nutznießerschaft zurückgedrängt worden ist.

Eine schöpferische Wirtschaftspolitik wird daher mit allen Mitteln die Schwächung der deutschen Produktivität, wie sie aus den angeführten Zahlen klar geworden ist, zu bannen versuchen. Sie hat zwei Waffen in der Hand: die Wirtschaftspolizei und die allgemeine Wirtschaftspolitik, die in der Steuergesetzgebung und im Zollwesen gipfeln. Oft werden sich die Grenzen dieser beiden Aufgabengebiete ebenso verwischen wie die zwischen Wirtschafts-, Bevölkerungs- und Sozialpolitik. Ja es ist zu erwarten, daß auch allgemeine Staatspolitik und Außenpolitik Hand in Hand mit der Wirtschaftspolitik gehen müssen. In der organischen Gemeinschaft gibt es eben keine unbedingt gültige Trennung zwischen den Einzelzweigen der Führung, weil alle zum nämlichen Ziele streben: zum organischen Ganzen des Volkes.

Der Gedanke der allgemeinen Dienstschaft führt in gerader Linie zur Frage der Arbeitsdienstpflicht. Schon die „Utopisten" traten für sie ein. Im Wesen des organischen Staates**) ist ohne weiteres die Notwendigkeit beschlossen, alle Kräfte des Volkes zu entwickeln und einzusetzen. Ist hierzu die Dienstpflicht geeignet? Als reine Arbeitsdienstpflicht ist sie bis jetzt nur in Bulgarien eingeführt, unter dem Druck der Entente etwas verwässert. Der Hilfsdienst für das Heer ist dagegen seit dem Weltkriege eine häufige Erscheinung geworden und hat in einer Reihe von Gesetzen verschiedenartige Formen gefunden: so in Frankreich, Italien, Holland, der Schweiz, Rußland, Rumänien, Polen und den Vereinigten Staaten. Für die deutsche Arbeitsdienstpflicht liegen von sozialistischer und von mili-

*) 1882: 1,8 Millionen = 4,7 v. H. der Bevölkerung gegen 5,6 Millionen = 9,1 v. H. im Jahre 1925.

**) Vgl. auch Platons „Staat".

tärischer Seite Entwürfe vor. Als Weg zum sozialistischen Zukunftsstaate ist sie abzulehnen. Die Güterversorgung eines Volkes obliegt der freien Wirtschaft. Der Gedanke der Arbeitsdienstpflicht bewegt sich ja auch zwischen Wirtschaft und Staat, zwischen unkapitalistischen Wirtschaftszwecken und sittlichen Erziehungszielen.

Gegen die Arbeitsdienstpflicht wird mancherlei eingewendet. So befürchtet man auf der einen Seite die Bildung einer gegen die Wirtschaft, insbesondere gegen die Arbeiter, wirkenden „Reservearmee". Jede Lohnforderung der Arbeiterschaft könne von den Unternehmern mit dem Rückgriffe auf den billigeren Arbeitsdienstpflichtigen beantwortet, der Streik sogar wirkungslos gemacht werden. Weiterhin wird gesagt, mit Einführung der Arbeitsdienstpflicht gestalte sich der Arbeitsmarkt noch ungünstiger als heute, da viele Arbeitsgelegenheiten wegfielen. Es gäbe sehr wenig für den Arbeitsdienst geeignete Arbeit in der Wirtschaft. Sie verlange hauptsächlich gelernte Facharbeiter. Die Ödlandkultur habe ihre natürlichen Grenzen, die Rentabilität des Kanalbaues sei bestritten. Dazu komme die schwierige Unterbringung der Dienstpflichtigen, welche doch in der Nähe der Arbeitsstätten geschehen müsse. Die Kasernierung berge soziale Gefahren in sich. Die Dienstpflichtarmee erzeuge eine neue Bürokratie, unter Umständen sogar eine weitere Verzettelung von Mitteln, die man der Wirtschaft zuführen könne. Der Erwerbslosigkeit begegne sie nicht durchschlagend, weil die Erwerbslosen sich überwiegend aus höheren Altersgruppen zusammensetzten. Die schwerwiegendsten Bedenken erhebt jedoch Gottfried Flügge*). Er bestreitet die erzieherischen Möglichkeiten der Arbeitsdienstpflicht aus einer Reihe von beachtlichen Gründen. Darunter ist entscheidend der, daß die Arbeitsdienstpflicht keineswegs mit der Wehrpflicht verglichen werden könne, deren Opferbegriff ein ganz anderer und viel höherer sei.

All diese Gegengründe haben etwas für sich und sind zum Teil kaum widerlegbar. Andererseits aber gibt es eine stattliche Anzahl von wirtschaftlichen Aufgaben, die aus Kapitalmangel nicht ausführbar sind, jedoch zum Vorteil der Gesamtheit angegriffen werden müssen. Wo nur „kapitalistisch" gewirtschaftet werden kann, ist für Dienstpflichtarbeit kein Platz. Es gibt aber eine wirtschaftliche Tätigkeit, deren Nutzen jenseits der kapitalistischen Rente liegt, nämlich auf dem Gebiete des volkswirtschaftlichen Vorteils. Die hochkapitalistische Wirtschaft hat sich dazu als unfähig erwiesen. Auch künden die großen technischen Leistungen des Orients, der

---

*) Gottfried Flügge, Arbeitsdienstpflicht? Herausgegeben von Werner Best, Berlin 1929, Kranich-Verlag.

Antike und des mittelalterlichen Abendlandes von solcher Gemeinschaftsarbeit. Aufgaben dieser Art sind auch dem heutigen Deutschland gestellt. Erinnert sei nur an die Wohnungsnot, an den Zustand der Straßen und an die weiten Flächen Ödlandes. Brachliegende Arbeitskraft (Erwerbslosigkeit) ist ein unersetzlicher Verlust und ein Krankheitszeichen für die Volkswirtschaft. Gewiß gehört auch Kapital dazu, diese Arbeitskraft anzusetzen. Aber nicht entfernt soviel wie innerhalb des kapitalistischen Rahmens. Es muß deshalb auch außerhalb von ihm gehen. Im Kriege sah dies die Regierung nicht ein und züchtete eine folgenschwere Unzufriedenheit, indem man dem Soldaten nur einen kümmerlichen Ehrensold, in der Heimat aber eine Mark Stundenlohn bewilligte. Es ist nicht angängig, eine Million Menschen von der Allgemeinheit ernähren und gleichzeitig eine beträchtliche Anzahl volkswirtschaftlicher Aufgaben ungelöst zu lassen. Die Reichsverfassung sichert jedem Deutschen ein Recht auf Arbeit zu. Warum legt man nicht die Pflicht zur Arbeit fest? Die dauernde Arbeitslosigkeit und die sinnwidrige Erwerbslosenversicherung verdanken im Grunde ihr Dasein allzu kapitalistischen Gedankengängen. Hier muß Wandel geschaffen werden.

Ob die Einführung der allgemeinen Arbeitsdienstpflicht, insbesondere in der Form einer Arbeitsarmee, der zielführige Weg ist, soll hier nicht entschieden werden. Richtig aber ist der Grundgedanke des bulgarischen Arbeitsdienstpflichtgesetzes, das in der Vorlage kurzerhand eine Steuer genannt wird. Sie führt dann weiter aus, es sei wahrhaft volksstaatlich gedacht, daß der Gedanke der Steuer nicht beim Gelde stehen bleiben dürfe, sondern jeden Staatsbürger durch seine Arbeit unmittelbar mit dem Volksganzen verbinden müsse. Hiergegen kann nichts Ernsthaftes vorgebracht werden. Es geht einfach nicht an, daß ein Volk zunehmend in zwei Hälften zerfällt: in eine, die kuliartig sich abmüht, und eine andere, die nach Renten hascht. Hinter die Idee der allgemeinen Dienstschaft muß eben der Zwang eines Gesetzes gestellt werden; wie, bleibt der besonderen Stunde und dem schöpferischen Impulse des Gesetzgebers überlassen.

Folgendes aber wurde offenbar: der Wegfall der allgemeinen Wehrpflicht ist ein schwerer Schlag für die sittliche, staatsbürgerliche und praktische Erziehung des deutschen Menschen. An der Schwelle des Mannesalters muß im organischen Staate jeder Deutsche einem Lehrgange der Kameradschaft, der Pflichtleistung und der Einordnung unterworfen werden. Kein Zweifel, daß die Ideen des Schutzes von Heimat und Vaterland, des mannhaften Einsatzes und des kriegerischen Opfers ein sittliches Hochziel bedeuten, das auf anderer Grundlage als der Wehrpflicht nicht zu erreichen ist. Deshalb muß die deutsche Außenpolitik mit aller Kraft auf den Wegfall der Rüstungsbeschränkungen hinarbeiten. Die wehrfreudige Schweiz beweist, daß Wehrtüchtigkeit und friedliche Politik sich sehr wohl vertragen. Bis dahin aber sollen Zwischenlösungen erstrebt werden; vielleicht eine Verbindung von sportlicher Ertüchtigung und öffentlichem Arbeitseinsatze. Wir brauchen eine durchgreifende, praktische, staatliche Lebensschule, die den Jüngling zum Manne macht, den Einzelnen zum bewußten Gemeinschaftsdiener.

Raubbau oder Finanzwirtschaft?

Soll die Gemeinschaft, insbesondere der Staat, ihre Aufgaben erfüllen, so muß das Volk hierzu die Mittel liefern. Die Dienstschaft des Einzelnen erstreckt sich nicht nur auf persönliche Dienste, sondern auch auf Abgabe von Gütern und Geld. Das „Zusammenbringen, Verwalten und Verausgaben"*) der öffentlichen Zwecken dienenden Gelder nennt man Finanzwirtschaft.

Eine gesunde Finanzwirtschaft sucht mit dem geringsten Aufwande die Staatsaufgaben möglichst vollständig zu erfüllen. Zwischen Wirtschaft und Staat stehend, bildet sie ein Mittleres, beiden gleichermaßen verpflichtet. Sie muß die notwendigen Mittel beitreiben, welche die öffentliche Verwaltung braucht. Sie ist aber auch gezwungen, die Leistungsfähigkeit der Wirtschaft zu berücksichtigen, von dieser ihren Maßstab zu nehmen. In der Privatwirtschaft wird keine Leistung ohne Gegenleistung gewährt. Der Staat ist in der Lage, durch Zwang dieses privatwirtschaftliche Gesetz zu durchbrechen. Auf den Einzelnen bezogen, hat er dazu auch das Recht. Denn er betreut nicht das zeitlich begrenzte Einzelwesen, sondern die unbegrenzt dauernde Gemeinschaft. Er muß an künftige Geschlechter denken und darf deshalb unter Umständen das lebende nicht schonen. Aber vom Standpunkte der organischen Gemeinschaft gesehen, gilt auch in der Finanzwirtschaft die Regel von Leistung und Gegenleistung. Der Staat darf nicht zum Ausbeuter des Volkes, das Volk nicht Kostgänger des Staates werden. Die heutige Finanzpolitik ist ein Werkzeug zur Befriedigung des kollektiven Massenstaates. Die steuerlichen Leistungen werden von der Ausgabenseite des Mammutstaates bestimmt. Welche Triebkräfte hierbei entscheidend mitwirken, hat der

*) J. Conrad, Grundriß der politischen Ökonomie, III. Teil: Finanzwissenschaft, Jena, Verlag Gustav Fischer.

staatspolitische Teil dieses Werkes dargelegt. Das Gleichgewicht der Kräfte zwischen Volk und Staat, Grundgesetz allen organischen Lebens, ist verlorengegangen. Nirgends ist deshalb die Krise bedrohlicher als auf finanzwirtschaftlichem Gebiete; die Katastrophe steht hier vor der Tür.

Der Finanzbedarf der öffentlichen Verwaltung im Deutschen Reiche (Reich, Länder und Gemeinden) stieg von 7252,6 im Rechnungsjahre 1913/14 auf 14 477,9 Millionen für das Jahr 1925/26. Das ist fast genau das Doppelte. Dabei ist die Aufwärtsbewegung keineswegs abgeschlossen. Die vierteljährlichen Einnahmen aus Reichs-, Landes- und Gemeindesteuern stiegen von 2774,3 im ersten Quartal 1927 auf 3111,7 Millionen für die nämliche Zeit des Jahres 1928. Man kann deshalb vorsichtig den Finanzbedarf der öffentlichen Verwaltung zur Zeit auf 17 Milliarden beziffern. Rechnet man dazu noch die Beiträge zur Reichsversicherung, so kommt eine gesamte öffentliche Last von rund 22 Milliarden heraus. Daß dieser jährlichen Ausgabe nicht einmal das Vorkriegsvolkseinkommen gewachsen wäre, geschweige denn das heutige (50—60 Milliarden Mark), leuchtet ohne weiteres ein. Denn das deutsche Volksvermögen nimmt langsamer zu als die Bevölkerung und ihre Bedürfnisse. Die deutsche Zahlungsbilanz ergibt in den Jahren 1924 bis 1927 einen Passivsaldo von über 11 Milliarden Mark. Bis Ende des Jahres 1929 dürfte die deutsche Auslandsverschuldung*) die Höhe von 16 Milliarden erreicht haben. Allerdings stehen dieser Summe 5—6 Milliarden deutscher Auslandsbesitz gegenüber. In Betracht muß auch das Anwachsen der Spargelder auf etwa 7 Milliarden gezogen werden**), sowie das neugebildete Kapital, das wieder in der Wirtschaft angelegt wurde, aber schwer schätzbar ist. Jedenfalls ist die eigene Kapitalbildung unzureichend, weil ja sonst keine Auslandshilfe notwendig wäre. Luther schätzt den gegenwärtigen jährlichen Passivsaldo auf 3½ bis 4 Milliarden Mark einschließlich der Kriegstribute. Daraus erhellt, daß wir uns auf der schiefen Ebene befinden. Der geringere Teil der Auslandsgelder ist wirklich werbend angelegt. Der größere wurde zusammen mit den oben erwähnten 7 Milliarden, die als Vermögensverlust der Landwirtschaft zu verbuchen sind, verbraucht. Das Deutsche Reich und das deutsche Volk treiben somit die Pumpwirtschaft eines Bankrotteurs. Die erste Folge ist ein Ausverkauf der deutschen Wirtschaft, viel bedrohlicher als der während der Geldentwertung. Dem „erborgten

*) Anleihen und Übergang deutscher Vermögenssubstanz in ausländische Hände.
**) Darin stecken allerdings die Aufwertungen.

Lebensstandard" des deutschen Volkes entspricht aber auch die großmannssüchtige Finanzwirtschaft; ja sie steigern sich gegenseitig hinauf. Ein führungsloses Volk, dessen Regierung den Verlockungen der Demagogie erliegt, ist imstande, dieses Finanzgebaren noch geraume Zeit fortzusetzen. Werte sind ja dank früheren Fleißes vorhanden. Neben der Zündholzerzeugung gibt es viele Wirtschaftszweige, die nach balkanischem und südamerikanischem Vorbilde verpfändet oder meistbietend versteigert werden können. Leider fehlt aber dem Deutschen Reiche die Möglichkeit erleichternder Revolutionen, welche den nationalen Besitzstand wiederherstellen könnten. Daß unter solchen Umständen eine Kapitalflucht von ungeahnten Ausmaßen eingesetzt hat, ist kein Wunder. Hier nützt kein Geschrei über das volksfeindliche und unsittliche Verhalten des Kapitals. Man sollte sich im Gegenteil fragen, ob die Unsittlichkeit nicht schon bei der heutigen Ausgabenwirtschaft und bei der Steuerpolitik beginnt.

„Jede Steuer, mag sie Namen haben, welchen sie will, muß restlos von der volkswirtschaftlichen Produktion getragen werden und wird von dieser auf die Konsumenten abgewälzt. Zugleich aber kann eine Steuer auch die besteuerten Produktionszweige wenigstens zeitweilig in ihrer Entwicklung hemmen. In letzter Linie gibt es in der Volkswirtschaft nur Ertragssteuern, welche auf die Verbraucher abgewälzt werden"*). Diese Ansicht über das Wesen der Steuer entspricht dem von diesem Buche vertretenen Gemeinschaftsgedanken. Nur wer den Wirtschaftskörper, der eine auf Gemeinschaft beruhende Einheit darstellt, als solchen zur Steuerleistung heranzuziehen bemüht ist, gewinnt den Standpunkt, von dem aus erst eine gerechte Besteuerung möglich ist. Gerecht nicht in dem Sinne, daß sie niemandem wehe tut, sondern in dem, daß das Interesse der Wirtschaft, die Volkswohlfahrt und die Staatsnotwendigkeiten gleichermaßen gewahrt bleiben. Es besteht ein innerer Zusammenhang zwischen der individualistischen Weltanschauung und der Tatsache, daß die Steuerpflicht heute allein an der Person, sei es der natürlichen oder der juristischen, haftet. Auf das Individuum, seine Denkweise und seinen Vorteil zielt die gesamte Steuergesetzgebung der neueren Zeit. Schon weiter oben wurde der Widersinn der direkten Besteuerung der Beamten, Angestellten und Lohnarbeiter gegeißelt. Die Einkommensteuer aus Gehalt und Lohn nennt Aereboe mit Recht einen kindlichen Unfug. Es ist rätselhaft, warum heute noch jene überlebte Vorstellung von der erzieherischen Wirkung der Einkommensteuer in der lächerlichen Einrichtung weiter bestehen kann, daß der Staat Gehälter bewilligt, von denen er durch ein verwickeltes Ver-

*) Friedrich Aereboe, Agrarpolitik, Berlin 1928, Verlag Paul Parey.

rechnungsverfahren einen gewissen Hundertsatz als sogenannte Steuer an sich selbst abführt. Wer rechnet denn mit Einnahmen, die er tatsächlich nie hat? — Die Steuererfassung beim Einzelnen schädigt sodann aufs schwerste die Wirtschaft. Abgesehen davon, daß sie den Finanzkapitalisten begünstigt, weil er auf dem Wege der Selbsteinschätzung Hinterziehungen vornehmen kann, die dem unbeweglichen Besitze niemals möglich sind, fragt eine solche individualistische Steuerauffassung grundsätzlich zunächst nach der Wirkung der Steuer auf den Einzelnen, selten nach der auf die Gesamtwirtschaft. So gehen denn auch sämtliche Steuertheorien der letzten fünfzig Jahre von der Frage aus, wie eine Steuer den Einzelnen trifft und wie die Besteuerung des einen auf den anderen psychologisch wirkt. Außerdem wird die Besteuerung nicht an dem Punkte vollzogen, an dem sie der Erzeugungskraft am wenigsten schadet und die wirtschaftliche Entwicklung am wenigsten stört, sondern am Einzelnen, dessen gesamtwirtschaftliche Stellung doch verschiedenartig ist. Infolgedessen bewahrheitet sich der in diesem Buche oft bewiesene Satz: daß der Einzelne immer dann am schlechtesten wegkommt, wenn seine Interessen und seine Empfindlichkeit geschont werden sollen; daß er auf der anderen Seite wirklich gerecht nur dann behandelt wird, wenn die ihn erfassenden Maßnahmen vom Gemeinschaftsgedanken ausgehen. Die Zahl der heute vorhandenen Steuergesetze und Besteuerungsarten steht in einer inneren Beziehung zu jener der zahllosen Einzelinteressen und Sonderwünsche, welche bei den jeweiligen Beratungen der Steuergesetze geltend gemacht werden. Der einheitliche Grundgedanke, welcher nur wirtschaftlicher und nicht persönlicher Natur sein könnte, fehlt. Dagegen erheben zahllose Neidsteuern ihr giftgeschwollenes Haupt, die besonders gern von den Gemeinden erhoben werden, deren Stadtparlament eine besitzfeindliche Zusammensetzung hat. Es kommen dann auch Mißsteuern zustande, wie sie die heutige Besteuerung des Hausbesitzes darstellt. Ursprünglich wollte man den Hausbesitzer wieder den Gesetzen unterwerfen, denen er sein Dasein verdankt: nämlich rein wirtschaftlichen. Diese lobenswerte Neigung wurde von dem einnahmehungrigen Staate unter Mithilfe der besitzfeindlichen Kräfte in ihr Gegenteil verkehrt. Eine Steuer von geradezu unerhörter wirtschaftlicher Sinnlosigkeit entstand. Die Notlage, in welcher der Staat unmittelbar nach Einführung der Festmark war, wird durchaus anerkannt. Daß aber eine solche Steuer sich jahrelang in ihrem ganzen Umfange halten konnte, ist der beste Beweis für die Planlosigkeit deutscher Steuerpolitik. Ähnlich wirtschaftsfeindlich wirkt die Gewerbesteuer, jene Geißel des Mittelstandes, die geradezu volksfeindlich ist. Industrie und Landwirtschaft wurden durch die Dawesverpflichtungen bzw. die Verschuldung an die Rentenbank in einer Weise vorbelastet, welche jede Kapitalbildung unmöglich und die wünschenswerte Rentabilität unerreichbar machte.

In Wahrheit gibt es nur zwei Quellen, die steuerlich ausgeschöpft werden können: für laufende Ausgaben das volkswirtschaftliche Einkommen, für besondere das Volksvermögen. Ein Rückgriff auf dieses kann ohne Steuererhebung erfolgen durch Auflegung von Anleihen; auf steuerlichem Wege durch Ausschreibung von Vermögensabgaben. Jeder Eingriff in das Vermögen sollte nur aus ganz besonderen Gründen, für ganz besondere Zwecke und endlich unter ganz besonderen Umständen möglich sein. Ein wesentlicher Grund besteht darin, daß aus dem laufenden Einkommen die Summen, welche benötigt werden, nicht aufzubringen sind. Besondere Zwecke sind im allgemeinen nur gegeben, wenn außenpolitische Aufgaben von grundlegender Bedeutung für die Nation ihrer Lösung harren. Die besonderen Umstände sind davon abhängig, wie hoch die Spargelder einer Volkswirtschaft sind. Diese drei Gesichtspunkte müssen gegeneinander abgewogen werden. Allgemein gilt, daß ein Verzehren des volkswirtschaftlichen Grundstockes für laufende Staatszwecke an das Vorgehen dessen erinnert, der den Ast absägt, auf dem er sitzt. Besitzvernichtung, aus Besitzfeindlichkeit heraus, darf aber schlechterdings niemals Zweck der Vermögensbesteuerung sein, weil dadurch die Volkswirtschaft rettungslos zugrunde geht. Wenn eine Volkswirtschaft das von einer Reihe von Geschlechtern Ersparte aufgezehrt hat, wie dies bei Festigung der deutschen Währung der Fall war, so muß die Kapitalbildung unter allen Umständen gefördert und nach Möglichkeit jeder Eingriff in das Vermögen deshalb vermieden werden. Was aber mit diesen Grundsätzen völlig unverträglich bleibt, ist eine laufende Vermögenssteuer, wie sie zur Zeit in Deutschland besteht.

Aber selbst wenn Deutschland keine einmalige Vermögensabgabe noch eine laufende Vermögenssteuer kennen würde, so blieben doch noch die verschleierten Vermögenssteuern zu beanstanden. Diese Verschleierung geschieht auf dem Wege über die Einkommensteuer. Sowohl die große volkswirtschaftliche Tagung in Wien als auch Valentinus*) haben die Ansicht zutage gefördert, daß die direkte Besteuerung überhaupt keine Berechtigung habe und daß die Lehre von der sozialen Ungerechtigkeit der indirekten Steuern ein Märchen sei. Die sogenannte indirekte Steuer ist eine solche auf den Verbrauch und schon deshalb gerechter als die direkte, die bis zu einem gewissen Grade fleißige und haushälterische Arbeit be-

*) Steuererleichterung, Verlag der Berliner Börsenzeitung.

straft. Es wird nun gegen die indirekte Steuer eingewendet, sie treffe die ärmeren Schichten verhältnismäßig schwerer als die wohlhabenden. Denn die durch Verbrauchssteuern bewirkte Verteuerung der Waren schmälere den Lohnempfänger in gleicher Höhe an der Lebenshaltung. Das ist nicht richtig. Bei gesunden Wirtschaftsverhältnissen folgt der Lohn dem Preise. Wäre dies nicht der Fall, so wären die hohen Löhne in Nordamerika schlechterdings unerklärlich. Die Lohnhöhe berücksichtigt im Gegenteil den Umstand, ob der Arbeiter indirekte Steuern zahlt oder nicht. Dazu kommt die psychologische Seite. Warum wehren sich die Arbeiterparteien gegen die indirekte Steuer? Zunächst muß hier auf den oft erwähnten Umstand verwiesen werden, daß der Arbeiter eigentlich vom Finanzkapital geführt wird, das mit seiner Hilfe den unbeweglichen Besitz auf dem Wege über den Steuerfiskus brandschatzen und zerschlagen will. Sodann aber wird der Gehorsam, den der Lohnempfänger in Steuerfragen gegenüber dem Händlertume zeigt, nur aus dem Umstande erklärlich, daß er sich der Bedeutungslosigkeit der von ihm aufgebrachten Einkommensteuer bewußt ist. Das heißt, er fühlt sich nicht als Steuerzahler, weil er den Steuerabzug bei Lohnverhandlungen auf den Unternehmer abwälzt. Die Verbrauchsbesteuerung dagegen empfindet er als tatsächliche Steuerleistung, wenn sie auch nicht so sehr im einzelnen als vielmehr im gesamten zum Bewußtsein kommt. So stellt sich überraschend heraus, wie verkehrt die bisherige Auffassung von der erzieherischen Wirkung der Einkommensteuer ist. Ganz im Gegenteile hat sich heute der Zustand herausgebildet, daß eine verhältnismäßig kleine Anzahl Steuerkräftiger im Bewußtsein der Massen den Staatsaufwand bestreitet, während diese gewissermaßen sich steuerlich selbst entmündigt haben.

Eine genauere Betrachtung der Art und Weise, wie heutzutage die Steuern aufgebracht werden, führt zum nämlichen Ergebnis. Jede Steuer wird überwälzt bzw. rückgewälzt, weshalb die direkte Steuer bei der Preisbildung sich mindestens ebenso auswirkt wie die indirekte. So kann ernsthaft nicht geleugnet werden, daß jeder Kaufmann seine gesamten Steuern und Abgaben auf das Konto „Handelsunkosten" bucht, die er in den Preis der Ware einrechnet. Dieses Verfahren wurde besonders gefördert durch das System der Steuervorauszahlung. Ist dem so, dann kann die Aufrechterhaltung direkter Steuern nicht länger befürwortet werden. Nun sagt man, den Kampf um die endgültige Belastung mit einer überwälzten oder rückgewälzten Steuer entscheide die Wirtschaftslage. In Zeiten günstiger Konjunktur werde der Verbraucher die Steuer endgültig tragen müssen, im Falle ungünstiger Konjunktur der Erzeuger.

Hier würden dann die Verlustgeschäfte des Unternehmers einsetzen, d. h. sein Vermögensstock müßte leiden. So läuft diese Art der Besteuerung auf eine Vermögensabgabe hinaus. Das ist eine verschleierte Art der Vermögensabgabe, die aber immerhin noch den Vorzug hat, wenigstens an einen Wirtschaftsvorgang gebunden zu sein. Sie hat in der Regel das Erliegen schwächerer Betriebe zur Folge, während die kräftigen erhalten bleiben. Eine gewisse wirtschaftliche Gerechtigkeit kann diesem Vorgange nicht abgesprochen werden. Heute aber ist es so, daß durch die progressive Einkommensteuer der große und leistungsfähige Betrieb eine viel höhere Belastung erfährt als der schwache und kleine. Die Preishöhe richtet sich nach der zahlreicheren und, infolge der progressiven Steuer, teuereren Ware der gut arbeitenden Industrie. Die schwachen und unwirtschaftlichen Betriebe werden also steuerlich geschont und die Preisebene wird dadurch nicht im geringsten gesenkt. Würde man nun die Sonderbelastung der Großbetriebe, die durch die progressive Einkommen- und Körperschaftssteuer bedingt ist, zusammen mit allen direkten Steuern beseitigen, so würden wahrscheinlich die Preise niedriger. Denn die kleineren Betriebe müßten entweder wirtschaftlicher arbeiten und gewissenhafter rechnen oder zugrunde gehen.

Es würde zu weit führen darzulegen, daß auch bei den freien Berufen, insbesondere bei den „geistigen Arbeitern", die direkte Besteuerung insoweit wertvernichtend wirkt, als der gut Verdienende (weil Begehrtere) die Steuer ebenfalls abzuwälzen in der Lage ist, während der schlecht Verdienende sie tragen muß. Dadurch gerät eine kulturtragende Schicht in Not. Wie auf rein wirtschaftlichem Gebiete die wirtschaftlich Minderwertigen nach dem bisherigen Steuersystem künstlich erhalten werden, die wirtschaftlich Hochwertigen aber gewaltsam unterdrückt, so wirkt die heutige Besteuerung der freien Berufe überhaupt kulturverneinend und führt zur Beeinträchtigung eines hochwertigen Standes. Die direkte Besteuerung schöpferischer Geistesarbeit ist ein Vergehen wider den Geist und wird geradezu zur Sünde, wenn die progressive Einkommensteuer den rastlos Schaffenden für seinen Fleiß bestraft. Mag er sie auch abwälzen, die Unmoral dieser Steuer erfährt dadurch keine Rechtfertigung.

Aus all diesen Erwägungen, die einzeln zu belegen der Raum verbietet, gelangt die neuere Finanzwissenschaft zu einer Zweifelstellung gegenüber der direkten Steuer überhaupt.*) Es sind deshalb viele Vorschläge gemacht worden, die alle darauf hinauslaufen, das volkswirtschaftliche

---

*) So auch der frühere Reichsfinanzminister Peter Reinhold und Gustav Stolper im „Deutschen Volkswirt", Berlin.

Einkommen an dem geeignetsten und unschädlichsten Punkte auf mittelbarem Wege zu besteuern und dadurch eine ganze Reihe von Steuern und Steuererhebungsarten überflüssig zu machen. Erinnert sei an die von Rabbethge*) vorgeschlagene „Produktionssteuer" und an die herstellsteuerähnliche große Umsatzsteuer, die nach Valentinus die gesamten direkten Steuern sowie eine beträchtliche Anzahl nebeneinander herlaufender Umsatzsteuern überflüssig machen würde. Der Verzicht auf die Einkommensteuer würde allerdings ein Umdenken auf der ganzen Linie erfordern. Ihre Beibehaltung ist nur dann unschädlich, wenn sie so niedrig ist, daß sie die Kapitalbildung nicht unterbindet und — ohne abgewälzt zu werden — als „selbstverständliche Minderung des Einkommens" (Valentinus) empfunden wird. Wird das steuerfreie Einkommen wesentlich heraufgesetzt, so verliert sie überhaupt ihren allgemeinen Charakter. Nach Stolpers Vorschlag wären 11 Zwölftel aller Lohnempfänger von der Einkommensteuer befreit. Warum dann nicht gleich zu den Verbrauchssteuern übergehen? — Wie man auch zu diesen Vorschlägen im einzelnen steht, der allgemeinen Linie ist beizupflichten. An dieser Stelle kann unmöglich der Plan eines neuen Steuersystems entworfen werden. Dem Verfasser kommt es nur darauf an, im Rahmen seiner Wirtschaftsbetrachtungen auch die Bedeutung der von der Gemeinschaft ausgehenden Denkweise für das Steuerwesen zu betonen.

Wenn so der Gemeinschaftsgedanke in der Steuergesetzgebung zum Durchbruch gelangen, also jeder aus individualistischen Gründen erfolgende Eingriff in die Volkswirtschaft abgelehnt würde, so wäre die Folge auch eine grundsätzliche Neueinstellung zur Landwirtschaft. Es ist selbstverständlich, daß ebensowenig wie die bisherige Kreditpolitik, so auch die derzeitige Steuerpolitik der neuen Auffassung von der Sonderstellung der Landwirtschaft in Volkstum und Staat gerecht wird. Ihre Förderung ist eine Hauptfrage. Die Steigerung des landwirtschaftlichen Ertrágnisses bedingt daher auf lange Sicht hinaus eine steuerliche Schonung von allergrößtem Ausmaße. Die Beseitigung der Einkommensteuer, die Aereboe den schlimmsten Feind des Bauernstandes nennt, würde hier Wunder wirken, besonders wenn sie ihren verbrauchssteuerlichen Anstrich verlöre. Eine Produktionssteuer auf der Grundlage des Umsatzes wäre für die Landwirtschaft ohne Schaden tragbar, und der Druck der Grundbesteuerung würde wegfallen. Denn die heutige Ertragsbesteuerung ist zu unbeweglich, das Bewertungsverfahren zu roh. — Der innere Markt, die unerläßliche Voraussetzung jeder gesunden Ausfuhr, würde gestärkt und dadurch auch

*) Verfall oder Rettung, Magdeburg 1923.

die Zahlung eines höheren Reallohnes an die Arbeiterschaft der Industrie ermöglicht. — Wenn auch im zweiten Teile dieses Buches als volkspolitische Maßnahme eine ganz besondere Art der Erbschaftssteuer (Vermögenssteuer) vorgeschlagen wurde, so sei hier ausdrücklich betont, daß als Regelfall (bei Vorhandensein einer bestimmten Kinderzahl) keine Erbschaftssteuer erhoben werden soll. Wohl mag sie als Kontrolle des Vermögensstandes, solange es noch Einkommen- und Vermögenssteuer gibt, wohltätig gegenüber dem mobilen Besitz wirken. Grundsätzlich aber ist sie als familienzerstörend und als Beeinträchtigung der Kapitalbildung zu bewerten. Es ist aber der Vorschlag nicht ungerecht, bei minderer Kinderzahl und von einer gewissen Höhe der Hinterlassenschaft ab eine Vermögensabgabe zu erheben, aus welcher der Grundstock gebildet werden könnte, die Söhne kinderreicher Landwirte neu anzusiedeln. Eine Verwendung dieser durch die Erbschaftssteuer gewonnenen Mittel für die laufenden Ausgaben des Staates ist abzulehnen. In der Ansiedelung und Besserstellung kinderreicher Familien sieht der Verfasser eine Aufgabe, für welche die Vermögen derjenigen, die dem Volkstume den Nachwuchs verweigern, ausnahmsweise angegriffen werden könnten. Eine erbrechtliche Sonderstellung muß aber die Landwirtschaft auf alle Fälle einnehmen. Statt Fideikommisse zu zerschlagen, sollte das deutsche Volk viel richtiger sich darum sorgen, wie die Zertrümmerung von Bauerngütern auf Grund eines individualistischen Erbrechtes, wie es das des Bürgerlichen Gesetzbuches ist, vermieden wird.

Eine ganze Reihe von Reformvorschlägen, vernünftig und brauchbar, liegt vor: so insbesondere der Gedanke, die rohe Hauszinssteuer zu verbessern oder durch eine Mietsteuer (Reinhold) bzw. eine Wohnungssteuer (Aereboe) zu ersetzen. Aereboe meint, die Steuerprogression, bei der Einkommensteuer unsittlich, könne damit auf den Verbrauch übertragen werden. Ob eine Wohnungssteuer bevölkerungspolitisch klug ist, ob sie nicht gegen die Volksgesundheit ausschlägt, müßte ernsthaft geprüft werden. Die Fenstersteuer in Frankreich schreckt ab. Eine besonders große Rolle in den Reformplänen spielen aber die Monopole. Alkohol und Tabak stehen dabei im Mittelpunkt der Erwägungen. Es mag, insbesondere für den Tabakhandel, richtig sein, daß hier chaotische Zustände bestehen, daß ein Kleinhändlertum sich breitmacht, das an der Volkswirtschaft schmarotzt. Andererseits aber erfüllt die Vorstellung mit Grausen, die Wirtschaft der öffentlichen Hand könnte um einen neuen Zweig bereichert werden; ein neues Heer von „Tabakbeamten" würde — wahrscheinlich eine neue Gewerkschaft gründend — auf den Plan treten. Die Gegenbewegung gegen den Kollektivismus unserer Zeit würde durch neue Monopole empfindlich durchkreuzt. Für leichtfertige Finanzminister besteht überdies die Versuchung, die Monopole ans Ausland zu verschachern oder zu verschulden. Heutzutage ist es schwer zu entscheiden, wo die Grenzen zwischen Monopolisierung, Sozialisierung und internationaler Finanzherrschaft liegen. Deshalb muß vor neuen Monopolen gewarnt werden. Sind doch Maßnahmen denkbar, die sowohl die Tabakwirtschaft rationalisieren als auch ihre steuerlichen Erträgnisse erhöhen. Durch indirekte Besteuerung kann aus Alkohol und Tabak, genau wie in England, bedeutend mehr herausgeholt werden als heute.

Die Vereinheitlichung des Steuerwesens und die Herausfindung des Punktes in der Wirtschaft, wo eine Abgabe aus dem volkswirtschaftlichen Einkommen am besten geleistet werden kann, erfolgte am raschesten, wenn diese Sorge der Wirtschaft selbst überlassen bliebe. Der Finanzbedarf wird sich für absehbare Zeit in errechenbarer und gleichmäßiger Höhe halten. Auch dann, wenn zahlreiche Staatsaufgaben auf Selbstverwaltungskörper übergeführt werden, wird das Gesamtaufkommen für öffentliche Aufgaben vorläufig nicht geringer werden; späterhin kann das anders werden, wenn die Vorteile einer gesunden Selbstverwaltung, die immer sparsamer ist als die bürokratische, zur Auswirkung gelangen. Stolper schlägt, um die Neigung zur Ausgabensteigerung zu bekämpfen, die Festlegung der öffentlichen Ausgaben für zehn Jahre vor. Allerdings ist auch denkbar, daß eintretende Umstände zu einer Senkung des Finanzbedarfes zwingen. Erstrebt muß dies werden, schon um den heutigen Kollektivismus einzudämmen. Restlose Wandlung schafft erst die Abkehr vom Mammutstaate.

Die Beitreibung der Steuer durch einheitliche Ämter kann beibehalten werden, aber Ausschreibung und Umlegung würde ein geschlossener Wirtschaftskörper weit sachlicher vollziehen können als die heute bestimmenden staatlichen Stellen. Schon weiter oben wurde der Grundsatz verfochten, daß im allgemeinen die Steuerbewilliger auch für die Aufbringung der Steuer zu sorgen hätten, daß also der Ausgebende auch für die Deckung eintreten müsse. Wenn man sich nun vorstellt, daß die Wirtschaftskörper eine örtliche Gliederung aufwiesen, die mit den heutigen Gemeinden, Provinzen und Ländern zusammenfallen kann, so ließen sich Wege finden, um jenen gesunden Grundsatz durchzuführen. Dabei muß auch einem Gedanken von Valentinus größte Beachtung geschenkt werden: daß nicht städtische Körperschaften die Industrie ihres Selbstverwaltungsbereiches mit Steuern belasten, die infolge der Verteuerung der Ware vom flachen Lande bezahlt werden müssen. Es ist klar, daß solche Maßnahmen zur Ungleichheit der allgemeinen Preishöhe, zur Abwanderung ganzer Industrien und zur Ausbeutung des flachen Landes führen müssen. Die heute bestehende progressive Gewerbesteuer gehört zu jenen Abgaben, die diese verhängnisvolle Wirkung ausüben.

Die Einrichtung von Steuerprovinzen stand ja schon öfter zur Aussprache. Und je mehr sich die Wirtschaft zu großen Gebilden zusammenballt, desto mehr sind die Finanzbehörden auf gütliche Vereinbarung mit deren Oberleitung angewiesen. Verfolgt man diese Richtung weiter, so ist es nur noch ein knapper Schritt bis zu jenem Zustande, wo die Spitzen der Steuerbehörden mit den Spitzen der Wirtschaft verhandeln über den Geldbedarf der öffentlichen Hand und im übrigen die Beibringung dieser Mittel den wirtschaftlichen Selbstverwaltungskörpern überlassen.

Darüber sind sich alle Finanzreformer einig: daß der Finanzausgleich zwischen Reich, Ländern und Gemeinden grundsätzlich neu geordnet werden soll. Die heutige Überweisungswirtschaft ist viel unerträglicher als der Vorkriegszustand. War damals das Reich zum Teil Kostgänger der Länder, so ist dies heute umgekehrt. Nur mit dem Unterschiede, daß die verausgabenden Stellen jetzt nicht mehr die Geldmittel selbst aufbringen, sondern in einem widerlichen Kampfe der Reichszentrale abringen müssen. Übelste Handelsgeschäfte vermengen sich so mit einer begreiflichen Verantwortungslosigkeit. Dies darf keineswegs zum Dauerzustande werden. Schon vor dem Kriege wurde der Vorschlag gemacht, dem Reiche die indirekten Steuern, den Bundesstaaten die Personalsteuern, den Kreisen und Gemeinden die Ertragssteuern zuzuweisen. Vielleicht war das zu mechanisch gedacht; aber immer noch richtiger als das wüste Durcheinander von heute, wo überhaupt keine Trennung der Steuerquellen besteht und jede öffentliche Körperschaft wild darauf loswirtschaftet. Die einen wollen nun wieder den Ländern die direkten Steuern mit dem gemeindlichen Zuschlagsrechte überweisen, dem Reiche die indirekten überlassen. Andere (Stolper) schlagen das Umgekehrte vor. Dagegen wird eingewendet, Verbrauchssteuern müßten allgemein und gleichmäßig sein, damit die Preisebene nicht leide. Die Überweisung der Verbrauchssteuern an Länder und Gemeinden bedeute einen Rückfall in das 19. Jahrhundert. Dasselbe behaupten aber auch jene, welche die Einkommensteuer dem Reiche erhalten wissen wollen. Sie erwägen deshalb ein Zuschlagsrecht der Länder und Gemeinden zur Reichseinkommensteuer.

Überhaupt ist das Mißtrauen gegen ein weitgehendes Steuerbewilligungsrecht der Länder und Gemeinden groß. Der in ihnen herrschende

Kleinparlamentarismus löst das berechtigte Bedenken aus, ob man ihm wichtige Steuern restlos überantworten soll.

Damit aber wird offenbar, daß eine Finanzreform nicht steuertechnisch zu lösen ist, sondern mit der Neuverteilung der Zuständigkeiten Hand in Hand gehen muß. Aber auch diese ist wiederum ein Teil der Reichsreform: der Neuordnung des Verhältnisses zwischen Reich, Ländern und Gemeinden, der Herausarbeitung jener echten Selbstverwaltung, wie sie der zweite Teil dieses Werkes behandelt.

Die Durchführung der Finanzreform aber, bestehend aus der gründlichen Beschneidung des Finanzbedarfes und der eigentlichen Steuerreform, wird unter dem heutigen Interessen- und Demagogensystem nie gelingen. Das sieht auch Stolper ein, wenn er meint, die Finanzreform, die heute nottue, könne nur „die Frucht einer großen Volksbewegung" sein. Aber seine Hoffnung, die Finanzpolitik würde dereinst von der Leidenschaft eines ganzen Volkes getragen sein, ist trügerisch. Aus dieser Bemerkung spricht ein verhängnisvolles Verkennen der Gesamtlage des deutschen Volkes und der Grundkräfte der Geschichte. Gewiß ist die deutsche Not auf finanzpolitischem Gebiete besonders offenkundig. Aber der „einfache Mann auf der Straße" fühlt sich von ihr nicht wesentlich berührt. Mit Finanzprogrammen bewegt man keine Massen, macht man keine Geschichte. Ein Volk ist keine Handelsgesellschaft, sondern beseeltes Leben. Trotzdem glaubt auch der Verfasser, daß die Gesundung der deutschen Finanzwirtschaft nur die Frucht einer Volksbewegung sein kann; allerdings nicht einer finanzpolitischen, sondern einer solchen, die das gesamte kulturelle, gesellschaftliche, wirtschaftliche und staatliche Leben erneuernd umfaßt, weil sie Führer hat, welche wieder die Ganzheit erleben und erstreben. Eine der vielen Früchte, welche eine so beschaffene Erneuerungsbewegung tragen wird, ist auch die deutsche Finanzreform. Denn das Leben ist ein Ganzes, und wer das nicht fühlt, wird auch in Wirtschafts- und Finanzpolitik nur Stückwerk leisten.

Fünfter Teil

Bevölkerungspolitik

Volkstum,
dröhnender Sturm,
Stimme gewaltig,
gewebet aus tausend Stimmen;
eins
bin ich mit deiner Abgestorbenen Seelen,
deren Klingen noch in mir ist,
und eins mit denen,
die noch nicht geboren ruhen im Schoß
meines Volks

Ernst Leibl

Vom Begriffe der Bevölkerungspolitik

Wie der Einzelmensch in seinem Dasein erst höheren Sinn und tiefere Weihe erfährt als Glied der Gemeinschaft, wie er erst Wert erhält aus seinem Dienste an der Gemeinschaft, so wurde folgerichtig aus der Weltschau dieses Buches dem deutschen Volke erst deshalb unter den übrigen Völkern Europas jene überlegene Bedeutung für das kommende Zeitalter zugesprochen, weil es kraft seiner Wesenheit als zu einer Sendung von europäischem Range berufen erkannt wurde. Eine Aufgabe des Abendlandes aber war noch immer eine solche der Menschheit. Nicht jenes Ziffern- und Verstandesbegriffes „Menschheit"; diese war niemals geschichtliche Wirklichkeit, sie wurde erst erfunden von westeuropäischen Gehirnen. Sondern jener in Weh und Qual ringenden Menschheit, die als Ebenbild des Schöpfers nach des großen Kirchenlehrers Wort „unruhigen Herzens ist, bis sie ruht in Ihm". Diese Idee der Menschheit ist ein ewig Seinsollendes, eine Aufgabe unvergänglicher Art, und darum in einem unvergleichlich tieferen Sinne Wirklichkeit, d. h. geschichtsgestaltend, als jene blutleere Abstraktion.

Innerste Rechtfertigung wird so jeder deutschen Forderung, wenn sie wirklich aus den Tiefen deutscher Wesenheit stammt. Denn deutsches Wesen will nicht seine Glückseligkeit im Irdischen. Es verlangt nach seiner

Erfüllung im Zeitlosen. Es ist besessen von „heroischem Fatalismus", es will **sein** Schicksal, auch wenn es ihm zur Tragödie wird.

Des deutschen Volkes schicksalhafte Sendung aber ist die Neugestaltung des Abendlandes. Schon einmal hat das deutsche Volk diese Tat vollbracht. Zum zweiten Male eine Zeit wie die des Mittelalters, in Einheit und Ordnung, „das neue Mittelalter" heraufzuführen, ist heute seine Aufgabe. Ihr sich versagen, hieße nicht nur für den deutschen Menschen sich selbst im letzten Sein verneinen; es hieße auch das abendländische Wirrsal der Gegenwart verewigen und damit das Ende der abendländischen Geschichtsgeltung auf unabsehbare Zeit, wenn nicht für immer, besiegeln. Ungeheuerlich erscheint diese deutsche Aufgabe. Sie ist es auch. Doch alle Schöpfung war noch Leid und Wagnis, aber auch einziger Weg zur Selbsterlösung des Menschengeschlechts, da „nur durch Zeugung der Sterbliche teil hat an Unsterblichkeit, d. h. . . . am Gott-Sein"*). Immer klarer, aber auch immer unentfliehbarer zeigt sich so das Schicksal deutscher Zukunft: als Aufgabe abendländischer, menschheitlicher Geschichte.

Aber diese deutsche Entwicklung ist im Keime bedroht; **denn nur ein wachsendes Volk hat Hoffnung auf Zukunft.** Die gewaltigen Aufgaben der kommenden Zeit fordern vom deutschen Volke gewaltige Kräfte, nicht nur stofflicher Art, sondern vor allem auch übersinnliche Kräfte des Glaubens. Wo dieser Glaube fehlt, versagen unweigerlich auch die Kräfte des Blutes, und damit schwindet die Möglichkeit, die Geschichte entscheidend zu beeinflussen. Noch ist das deutsche Volk, selbst soweit es nur im Reiche lebt, an Zahl allen übrigen Völkern des Abendlandes weit überlegen. Daran vermochte der Verlust von 2 Millionen seiner besten Männer im Weltkriege nichts zu ändern. Auch nicht der Ausfall von 3½ Millionen Geburten in dieser Zeit, noch der Tod von ¾ Millionen Opfern der Hungerblockade. Im Staatlichen gesehen, auch nicht der Verlust von 6½ Millionen Menschen durch die Gebietsverluste des Reiches nach dem Kriege (ohne Saargebiet). Furchtbarer als all dieses ist die seit Ende des Weltkrieges einsetzende freiwillige Unfruchtbarkeit des deutschen Volkes, seine seit dieser Zeit in zunehmendem Maße offenbar werdende Geburtenschwäche. Nicht Kriege vernichten die Völker; die gewollte Unfruchtbarkeit, dieser erbärmliche Raub an der Gesellschaft (Ihering), diese Todsünde im wahrsten Sinne des Wortes gegen die heiligsten Gesetze allen Lebens, lassen die Völker vom Schauplatze der Geschichte abtreten.

---

*) Kurt Singer: Platon. Verlag Beck, München, 1928.

So sank einst dahin das babylonische Weltreich. Die Zweimillionenstadt Babylon, in der fruchtbarsten Landschaft der Erde gelegen, wurde in wenigen Jahrhunderten zum Trümmerhaufen, das Umland zur Wüste. Denn es fehlte an Nachwuchs, den Acker zu bestellen und Stadt und Fluren gegen fremde Eindringlinge zu schützen. Es half nichts, daß die Hauptstadt umgürtet wurde mit einer 90 km langen gewaltigen Mauer von 60 m Höhe und bis zu 12 m Stärke, betreut von 250 Festungstürmen. Es half auch nichts, daß im Norden das Reich abgeriegelt wurde durch die medische Mauer, deren Länge 150 km betragen haben soll. Herrschaft ist nicht durch Technik, ist nur durch Blut und Einsatz zu erhalten.

Dieses ewige Gesetz der Geschichte waltete auch über dem Reiche der Ägypter. Etwa 1750 v. Chr. wurden die ersten Zeichen der Erschlaffung bemerkbar. „Die Geburten nehmen ab, die Menschen werden wenig", klagt ein zeitgenössisches Dokument, der sogenannte Leydener Papyros. Schon vier Jahrhunderte später war das Land so entvölkert, daß nur mit Hilfe fremder Söldner die Kriege geführt werden konnten. Theben, das hunderttorige, teilte das Schicksal Babylons.

Polybius (gestorben im Jahre 122 v. Chr.) berichtete: „Zu meiner Zeit litt ganz Griechenland an Kinder- und Menschenmangel überhaupt. So wurden die Städte entvölkert, das Ackerland lag brach, wenngleich weder fortdauernde Kriege noch Krankheiten wüteten". Der Geburtenrückgang allein macht es verständlich, daß die Schar der waffenfähigen Spartaner von 8000, zur Zeit der Perserkriege, auf wenige Hundert sank, als Rom im Jahre 200 v. Chr. Weltmacht zu werden sich anschickte. Hatte der Peloponnes noch für die Perserkriege etwa 80 000 Mann gestellt, so brachte er zum Achäischen Bund, als Philopömen (gestorben 183 v. Chr.) ihn führte, nicht mehr die Hälfte davon auf. Ein Jahrhundert nach Christi Geburt wird die Zahl seiner waffenfähigen Männer auf etwa 4000 geschätzt. Nicht besser waren die Verhältnisse in Athen. Die einstige Weltstadt war schon zur römischen Kaiserzeit ein armseliges Provinznest geworden, eine Antiquität für römische Reisende. Der Geburtenschwund hatte damals schon ganz Euböa entvölkert.

Auch Rom erlag dem Freitode. Seine bevölkerungspolitische Blüte, aber auch — und nicht von ungefähr — der Grundstein seiner Weltmacht ist die Zeit, da es unerschütterlich entschlossen war, entweder selbst unterzugehen oder die Nebenbuhlerin Karthago dem Erdboden gleichzumachen. In dem halben Jahrhundert seit Beginn des zweiten Punischen Krieges (218 v. Chr.) stieg seine Bürgerzahl von 214 000 auf 337 000. Doch schon kurz nach Hannibals Tod (183 v. Chr.) — als habe dieses gewaltigen Feindes Ausscheiden letzte Anspannung zur Selbstbehauptung überflüssig gemacht — setzte der Geburtenrückgang ein. Vom Jahre 164 bis zum Jahre 142 v. Chr. sank die Zensusziffer um über 20 000. Das wahre Bild der Bevölkerungskraft wird dann schließlich verwischt durch die unübersehbaren Zuströme von außen und die immer wahlloser einsetzende Gewährung des Bürgerrechts. Das Land verödete, die Urbs schwoll an. Schon zur Zeit des Augustus waren Sklaven und Freigelassene weit in der Überzahl. Eine entsetzliche Sittenverwilderung griff Platz. Die lex Julia blieb wirkungslos. Die Geburtenziffern sanken in einem vernichtenden Maße. Allein die ständige Zuwanderung verdeckte die Tatsache der Blutsschwäche. Etwa 150 n. Chr. war Rom zu einer 2½ Millionenstadt angewachsen. Allmählich mußte naturgemäß diese Zuwanderung nachlassen. Die Großstadt verzehrte mehr, als Zuwachs von außen vorhanden war. Unter Marc Aurel vernichtete die große Seuche Abertausende. Von da an wird der Bevölkerungsschwund geradezu unheimlich. Um die Wende des 2. zum 3. Jahrhundert n. Chr. zählt Rom noch 600 000 Seelen, hundert Jahre später kaum noch ein Drittel davon. Weitere 200 Jahre später ist die Kopfzahl der Einwohner der „ewigen" Roma — von „Römern" kann längst keine Rede mehr sein — etwa gleich derjenigen eines mittleren Marktfleckens im heutigen Deutschland. Ziegen und Schafe weiden auf demselben Forum, auf welchem einst die Geschicke des orbis omnium terrarum entschieden wurden.

So offenbart schon ein kurzer Überblick über einen Ausschnitt der geläufigsten Menschheitsgeschichte die entscheidende Bedeutung der Blutskräfte eines Volkes für dessen geschichtliche Rolle. Nicht, als ob die Kopfzahl an sich hierbei ausschlaggebend wäre. Dies annehmen, hieße plattester Stoffverhaftung das Wort reden. Worauf es bei einem Volke ankommt, ist: der Wille zum Leben, der Wille zur geschichtlichen Zeugung. Dieser aber hat zur Vorbedingung den Willen zur leiblichen Zeugung. Denn des Menschen Wirken ist stoffgebunden. Der Geist, der nach Gestaltung verlangt, braucht seine Träger, die kraftvoll sicher weiterschreiten, wenn das Geschlecht der Gegenwart dahinsinkt. Ein Volk im geschichtlichen Sinne, als geschichtsgestaltende Kraft, ist mehr als die Summe der gerade lebenden Volksgenossen; es ist der Inbegriff aller ihm Zugehörigen, die in der Vergangenheit waren, in der Gegenwart sind und in der Zukunft sein werden.

Die Pflege des Volkstums wird sonach zur ersten und bedeutungsvollsten Aufgabe. In den vorhergehenden Teilen dieses Buches wurde deshalb die Bedeutung der Volkspersönlichkeit, ihre Gestaltung und ihre Rolle im gesellschaftlichen, staatlichen, kulturellen und wirtschaftlichen Leben immer wieder hervorgehoben. Die Außenpolitik eines auf dem Deutschtume aufgebauten Staates oder Reiches erhält aber nicht nur ihre geistige Richtung und Kraft aus dem deutschen Volkstume, sondern das deutsche Volk ist gewissermaßen in seiner Gesamtheit der Stoff, mit dem jede staatliche Außenpolitik zu rechnen und zu arbeiten hat. Sie ist der einzige Zweig politischer Tätigkeit, für welche das deutsche Volkstum eine höhere Einheit darstellt: sie vertritt gegenüber fremden Völkern und Staaten nicht den deutschen Wirtschaftler, Arbeiter, Bauern, den deutschen Gelehrten, Künstler, nicht den reichen oder armen Deutschen, nicht Mann oder Frau oder Kind, sondern den Deutschen schlechthin. Ehe also diese Darstellung in außenpolitischen Betrachtungen gewissermaßen ihre Krönung findet, ist der deutsche Volkskörper in seiner organischen Ganzheit auf seine Kraft und seine Gesundheit zu untersuchen, damit all jene, die mit dem deutschen Volke als Gesamtbegriff rechnen, über dessen Beschaffenheit Klarheit gewinnen. Es werden deshalb — auf die Gefahr kleinerer Wiederholungen — über den Volkskörper als solchen in einem eigenen Teile Betrachtungen angestellt. Damit zeigt schon das Buch in seiner Einteilung, daß eine die Gemeinschaft als höheren Wert auffassende Weltanschauung einen neuen Hauptzweig der Politik einführen muß, den der Bevölkerungspolitik.

Sie zielt auf Erhaltung und Stärkung des Volkskörpers.

Zwar hatten schon gegen Ende des 19. Jahrhunderts sozialpolitische Bestrebungen eingesetzt, welche, im Verhältnis zu früheren Zeiten, unvergleichlich wacheres Verständnis für Bedeutung und Notwendigkeit bevölkerungspolitischer Maßnahmen erkennen ließen. „Der Staat" übernahm auf dem Gebiete der Alters-, Kranken-, Unfall- und Arbeitslosenversicherung große Aufgaben; er führte sie je nach Kräften und dem stärker werdenden Drucke der sozialen Not durch. Der Bau von Krankenhäusern, auch durch Selbstverwaltungskörper und durch Selbsthilfevereine, nahm bedeutenden Umfang an. Mutter-, Schwangeren- und Kinderschutz waren Sorge einer ausgedehnten sozialen Gesetzgebung. Soziale Zulagen wurden den Beamten gewährt; für Wohnungsbauten wendete man beträchtliche Mittel auf. Um die großen Industriewerke herum entstanden ausgedehnte Arbeiterkolonien. Diese Bewegung ist kennzeichnend für die abendländischen Hochkulturvölker, welche gleichzeitig ihre Bevölkerungsziffern in bis dahin unbekannter Weise erhöhten; an ihrer Spitze marschierten die Deutschen des Reiches. Im Reiche wurden am frühesten und durchgreifendsten Maßregeln auf dem Gebiete der öffentlichen Hygiene, des sozialen Schutzes und der öffentlichen Versicherung ergriffen.

Daß restlose Zufriedenheit der also Geschützten und Betreuten sich nicht einstellte, kann für die Bewertung all dieser Maßnahmen nicht entscheidend sein. Nur wirklichkeitsfremder Sinn erhofft von Gesetzen die Schaffung paradiesischer Zustände. „Sozialpolitik" im Sinne des 19. Jahrhunderts war aber ein Begriff, dem Klassengegensätze zugrunde lagen; ihre Sorge galt überhaupt nicht dem Ganzen des Volkskörpers. Im letzten Sinne war sie „kapitalistisch". Sie erkannte wohl schadhafte Stellen am sozialen Gebäude und suchte zu flicken. Der Gedanke aber, daß der Bau fehlerhaft angelegt sei, kam ihr nicht. So wurden nur bei bestimmten Teilen desselben Unzuträglichkeiten gemildert, gewisse Schroffheiten der Gegensätze ausgeglichen. In diesem Umfange wurde tatsächlich vieles gebessert. Aber nur in den Augen derjenigen, welche das Volk als eine Summe von Einzelmenschen auffassen. In den folgenden Ausführungen wird aber nachgewiesen werden, daß dabei der Volkskörper als Ganzes vernachlässigt wurde und sogar erkrankte. Die Maßnahmen jener deutschen Sozialpolitik erinnern an nicht allzu lange von der medizinischen Wissenschaft überwundene Heilverfahren, welche der einzelnen Krankheitserscheinung ihre ausschließliche Aufmerksamkeit zuwandten, auch wenn sie nur „Symptom" von Erkrankungen des Gesamtkörpers war. Unbedingt neu an der Bevölkerungspolitik im hier gebrauchten Sinne ist deshalb die folgende Betrachtungsweise, welche das Volk als einen lebendigen Volkskörper begriffen haben will, dessen Gesundheitszustand und Lebenskraft sorgsamster Pflege bedarf.

Gegenstand der deutschen Sozialpolitik war und ist heute noch vor allem der Kampf gegen die starke Sterblichkeit und gegen die übermäßige Abnützung einzelner Teile des Volkes, sowie die charitative Betreuung besonders hilfsbedürftiger Personen. Diese Sorge bewegt sich aber nur um eine der zwei Hauptarten von Krankheitserscheinungen, welche sich an einem Volkskörper unterscheiden lassen. Viel wichtiger ist jedoch die zweite, bisher in Deutschland völlig übersehene Gattung von Entartungszeichen: ungenügende Nachzeugung (Reproduktion) des Volkes und dadurch verursachte Minderung des Volkskörpers nach Zahl und Tauglichkeit. Beide Arten dieser Minderung führen zur Entwöhnung des Volkes von gewissen Berufen, die dann durch Fremde ausgeübt werden müssen. Nehmen beide Erscheinungen großen Umfang an, so werden sie zur öffentlichen Gefahr. Diese ist gegeben, wenn die Volkszahl sinkt oder wenn bereits weite Teile des Landes in Händen fremdvölkischer Ackerbauern sind, so daß das Volk nur noch als soziale Deckschicht (Oberschicht: gewerbe-, bergbau- und handeltreibende Städter ohne Bauern) verbleibt. Dann ist es die allerletzte Stunde, noch zu helfen; denn die schon vorher eingetretenen Änderungen im Aufbau des Volkes haben dessen Körper bereits schwer geschädigt.

Während also die Sozialpolitik sich fast ausschließlich mit Abwehrmaßnahmen gegen bereits weit fortgeschrittene Erkrankungen und Verkümmerungen einzelner Teile und Gruppen des Volkes befaßte, ist es Aufgabe der Bevölkerungspolitik, nicht nur den Volkskörper in seinem Bestande zu erhalten, sondern ihm vor allem von den Wurzeln aus einen starken Lebensstrom zuzuleiten, welcher die Volkskraft zur höchstmöglichen Entfaltung bringt.

Die Notwendigkeit einer solchen Stärkung des Volkskörpers wurde bis jetzt, wenigstens in deutschen Landen, noch keineswegs hinreichend klar begriffen. Dementsprechend fehlt es auch an wirksamen Maßregeln. Die westlichen Hochkulturvölker, welche ähnliche Zustände aufweisen, haben sich bereits zu durchgreifenden Maßnahmen entschlossen, vor allem Frankreich. Über deren Erfolg und Zweckmäßigkeit kann noch kein abschließendes Urteil abgegeben werden. Auch die Engländer stellen schon seit Jahrzehnten sorgfältige Beobachtungen an und verfolgen die Entwicklung gerade der deutschen Bevölkerungsbewegung weit aufmerksamer als die Deutschen selbst. Die Franzosen sind sogar den Deutschen in dieser Hinsicht um fünfzig Jahre voraus. Kommende Geschlechter werden sich darüber wundern, daß die Deutschen eigentlich erst im zweiten Viertel des 20. Jahrhunderts die Frage aufgeworfen und in der Öffentlichkeit besprochen haben, ob und welche Bedeutung die Beobachtung der Bevölkerungsbewegung und die Arbeit gegen Bevölkerungsschwund für Volkstum, Landesverteidigung und Wirtschaft haben.

So kommt es, daß die wichtigsten Tatsachen noch nicht den führenden Politikern und Beamten im Deutschen Reiche bekannt, geschweige denn Gemeingut der deutschen Öffentlichkeit sind.

Vergebens rangen angesichts der wachsenden Gefahr Wissenschaftler von Geltung seit Jahren um Verständnis bei Regierungen und bei der Öffentlichkeit.*) Ihre Darstellungen und Mahnrufe fanden kaum über Fachkreise hinaus Beachtung. Erst seit kurzer Zeit gelang es den unermüdlichen Bestrebungen des deutschen Schutzbundes, unter Führung von Karl C. von Loesch, die Aufmerksamkeit weiter Kreise auf das drohende Ver-

*) Es sei u. a. hervorragenden Leistungen hier nur hingewiesen auf die Werke von Schallmeyer „Vererbung und Auslese"; Ploetz „Sozialanthropologie"; von Gruber „Ursachen und Bekämpfung des Geburtenrückgangs"; H. W. Siemens „Rassenhygiene"; Harmsen „Bevölkerungsprobleme Frankreichs" und viele Einzelaufsätze.

hängnis hinzulenken.*) Nicht hoch genug gewertet werden kann in diesem Zusammenhange eine Arbeit aus allerjüngster Zeit, das Werk des Oberregierungsrats im Statistischen Reichsamt Berlin, Dr. Friedrich Burgdörfer, „Der Geburtenrückgang und seine Bekämpfung"**).

Bevölkerungsbewegung in Deutschland

Die Kurve der Geburtenzahlen zeigt von der Zeit der Reichsgründung an bis zur Jahrhundertwende bei geringen Schwankungen ein ständiges Steigen mit dem Höhepunkt im Jahre 1901. Von da an fällt sie wieder langsam bis zum Jahre 1914, dem letzten Normaljahre vor dem Weltkriege. Die außergewöhnlichen Verhältnisse der Kriegs- und unmittelbaren Nachkriegszeit dürfen übergangen werden. Als das erste Normaljahr nach dem Kriege kann das Jahr 1923 angesehen werden. Seitdem weist die Kurve, abgesehen von einer kleinen Schwankung des Jahres 1925, wieder jäh nach abwärts.

Die Zahl der Geburten im Deutschen Reiche betrug von 1872 bis 1874 1 700 000 bis 1 750 000; von 1875 bis 1890 schwankte sie zwischen 1 750 000 und 1 840 000. Von 1891 bis 1897 stieg sie bis 1 991 000; das Jahrzehnt von 1898 bis 1909 ist das der stärksten Geburtenzahlen: sie halten sich über zwei Millionen. Dann sinken die Zahlen langsam wieder auf 1 874 000 im Jahre 1914. 1923, 1924 und 1925 ergeben mit 1 340 000, 1 314 000 und 1 336 000 Geburten wieder ein einigermaßen gleichmäßiges Bild. Das Jahr 1926 zeigt 1 269 000, 1927: 1 200 000, 1928: 1 220 000 Geburten. Vergleicht man diese Zahlen mit denen der Vorkriegszeit, so muß festgestellt werden, daß die Geburtenziffer jäh gesunken ist, viel stärker, als dies der Menschenverlust durch den Weltkrieg, die Abtretung der Grenzgebiete in Ost, West und Nord rechtfertigen.

Das erweisen noch klarer die Verhältniszahlen. Sie zeigen ein langsames Absinken der Geburten von über 40 (auf 1000 Einwohner) bis zum Jahre 1879, auf 38 bis 1888 (die Zahl 38 wird 1891 und 1893 noch einmal erreicht). 1899 ist die Verhältniszahl bereits auf 37 gefallen, 1902 auf 36,2. 1906 wird die Zahl 34 zum letzten Male verzeichnet, 1908: 33. Dann fällt

*) Ferner erschien auch in der Folge Heft 3, 1927, der Süddeutschen Monatshefte „Geburtenrückgang" von Richard Korherr, eingeleitet von Oswald Spengler, übersetzt von Mussolini.

**) Berlin 1929, Verlags-Buchhandlung von Richard Schötz. Dieses Buch, ausgestattet mit reichstem wissenschaftlichen Material bis in die Gegenwart, ist von solcher Eindringlichkeit und Klarheit der Darstellung, daß kein verantwortungsbewußter Politiker sich ihm verschließen kann. Es durfte mit Genehmigung seines Verfassers in erster Linie bei den gegenwärtigen Ausführungen zu Rate gezogen werden. Dafür sei an dieser Stelle gebührender Dank zum Ausdruck gebracht.

die Ziffer ruckweise bis auf 27,6 im letzten Normaljahre 1914. Von 1923 bis 1925 schwanken die Zahlen mit 21,7 bis 21,1, bis 21,4 wenig. Die Jahre 1926 bis 1928 ergeben die Verhältniszahlen: 20,2; 19,0; 19,2.

Sinkende Sterblichkeit

Diese Zahlen des deutschen Geburtenrückgangs sprechen eine beredte Sprache. Aber ihre Wirkung erfährt wenigstens scheinbar eine wesentliche Abschwächung dadurch, daß das aus ihnen zu Tage tretende Schwinden der Volkskraft verschleiert wird. Die ziffernmäßige Stärke des Volkskörpers wird naturgemäß nicht allein bestimmt durch die Zahl der Geburten, sondern auch durch die der Todesfälle. Beide Größen verglichen, ergeben erst, ob ein Geburtenüberschuß vorhanden ist, d. h. ob eine Bevölkerung sich im Wachsen oder im Schwinden befindet. In Deutschland können wir, wie im ganzen Abendlande, in den letzten 50 Jahren eine ständige Abnahme der Sterbeziffer beobachten. Die Totenzahl fiel von 1261000 (30,6 v. T.) im Jahre 1872 unter gelegentlichen Schwankungen der Gesamtzahl auf 1206000 (22,5 v. T.) im Jahre 1897, auf 1154000 (18,1 v. T.) im Jahre 1909. Im letzten Normaljahre vor dem Weltkriege 1913 war die Zahl der Todesfälle schon auf 1061000 (15,8 v. T.) gesunken. Auch in neuester Zeit ist diese Senkung noch nicht abgeschlossen. Für 1926, 1927 und 1928 sind folgende Zahlen verzeichnet: 776 000 (12,3 v. T.); 795 000 (12,6 v. T.) und 777 000 (12,3 v. T.).

Zur Übersicht wird verwiesen auf Tabelle Seite 523 und 524, welche das Rückgrat aller nachfolgenden Betrachtungen bildet. Sie reicht zeitlich bis zum Jahre 1928.

Diese Verminderung der Sterblichkeit hatte zur Folge, daß der Geburtenüberschuß in den fraglichen Jahren bei weitem nicht in dem Maße sank, wie die zunehmende Geburtenschwäche hätte erwarten lassen. Im Gegenteil zeigen die Geburtenüberschüsse von 1872 bis 1897 eine fast unausgesetzte Zunahme von 10,5 auf 15,6 v. T. Trotzdem seit 1897 die Sterblichkeit weiterhin sank, wurde aber der Geburtenüberschuß des Jahres 1898 in der Folgezeit nicht mehr erreicht. Denn die Geburtenziffer sank in noch stärkerem Maße als die Totenziffer. Bereits im Jahre 1913 beträgt die Verhältniszahl des Geburtenüberschusses nur noch 12,4. Die Nachkriegszeit zeigt für die Jahre 1924 bis 1926 eine Durchschnittsziffer von 8,3; für die Jahre 1927 und 1928 6,4 und 7,0. Der harte Winter 1929 hat unter den überalterten hohen Jahrgängen dermaßen aufgeräumt, daß die Überschußziffer neuerdings schwer gesunken ist.

Die Verminderung der Sterblichkeit ist zweifellos eine große Leistung der sozial-hygienischen Bestrebungen, die gegen das Ende des vergangenen Jahrhunderts einsetzten. Sie ist um so beachtenswerter, als der Erfolg zum großen Teile auf Rechnung einer verminderten Säuglingssterblichkeit zu setzen ist. Starben beispielsweise noch im Durchschnitt der Jahre 1906 bis 1908 von den Säuglingen 18%, so waren es im Jahre 1913 nur noch 15,1%, im Jahre 1927 nur noch 9,7%, 1928 nur noch 8,9%. Allein die Verminderung der Sterblichkeit vermag auf die Dauer nicht den Geburtenschwund auszugleichen, wie er in der Nachkriegszeit im Reiche eingesetzt hat. Denn der Eindämmung der Sterblichkeit sind natürliche Grenzen gesetzt. Außerdem hat sie im Verein mit der Geburteneinschränkung eine ungesunde Veränderung im Altersaufbau des Volkskörpers zur Folge.

Die Bevölkerungsbilanz des Deutschen Reiches.*)

Eheschließungen, Geborene und Gestorbene im Gebiete des Deutschen Reiches in den Jahren 1871 bis 1928 (nach Stat. d. Deutschen Reichs, Bd. 336 u. Stat. Jahrbuch 1929).

Jahr	Eheschließungen	Geborene überhaupt einschl. Totgeborene	Gestorbene einschl. Totgeborene	auf 1000 Einwohner kamen: Eheschließungen	Geborene einschl. Totgeborene	Gestorbene einschl. Totgeborene	mehr Geborene als Gestorbene
1871	336 745	1 473 492	1 272 113	8,2	35,9	31,0	4,9
1872	423 900	1 692 227	1 260 922	10,3	41,1	30,6	10,5
1873	416 049	1 715 283	1 241 459	10,0	41,3	29,9	11,4
1874	400 282	1 752 976	1 191 932	9,5	41,8	28,4	13,4
1875	386 746	1 798 591	1 246 572	9,1	42,3	29,3	13,0
1876	366 930	1 834 605	1 208 011	8,5	42,6	28,1	14,6
1877	347 792	1 815 792	1 223 156	8,0	41,6	28,0	13,6
1878	340 016	1 785 080	1 228 607	7,7	40,5	27,8	12,6
1879	335 113	1 806 741	1 214 643	7,5	40,5	27,2	13,3
1880	337 342	1 764 096	1 241 126	7,5	39,1	27,5	11,6
1881	338 909	1 748 686	1 222 928	7,5	38,5	26,9	11,6
1882	350 457	1 769 501	1 244 006	7,7	38,7	27,2	11,5
1883	352 999	1 749 874	1 256 177	7,7	38,0	27,3	10,7
1884	362 596	1 793 942	1 271 859	7,8	38,7	27,4	11,3
1885	368 619	1 798 637	1 268 452	7,9	38,5	27,2	11,4
1886	372 326	1 814 499	1 302 103	7,9	38,5	27,6	10,9
1887	370 659	1 825 561	1 220 406	7,8	38,3	25,6	12,7
1888	376 654	1 828 379	1 209 798	7,8	38,0	25,1	12,8
1889	389 339	1 838 439	1 218 956	8,0	37,7	25,0	12,7
1890	395 356	1 820 264	1 260 017	8,0	37,0	25,6	11,4
1891	399 398	1 903 160	1 227 409	8,0	38,2	24,7	13,6
1892	398 775	1 856 999	1 272 430	7,9	36,9	25,3	11,6
1893	401 234	1 928 270	1 310 756	7,9	38,0	25,8	12,2
1894	408 066	1 904 297	1 207 423	7,9	37,1	23,5	13,6

*) Die Nichtdeutschen im Deutschen Reiche sind teilweise geburtenkräftiger als die Deutschen (Slaven im Osten des Reiches).

Jahr	Eheschließungen	Geborene überhaupt	Gestorbene	auf 1000 Einwohner kamen Eheschließungen	Geborene	Gestorbene	mehr Geborene als Gestorbene
		einschl. Totgeborene			Totgeborene einschl.		
1895	414 218	1 941 644	1 215 854	8,0	37,3	23,4	13,9
1896	432 107	1 979 747	1 163 964	8,2	37,5	22,1	15,5
1897	447 770	1 991 126	1 206 492	8,4	37,2	22,5	14,6
1898	458 877	2 029 891	1 183 020	8,4	37,3	21,7	15,6
1899	471 519	2 045 286	1 250 179	8,5	37,0	22,6	14,4
1900	476 491	2 060 657	1 300 900	8,5	36,8	23,2	13,6
1901	468 329	2 097 838	1 240 014	8,2	36,9	21,8	15,1
1902	457 208	2 089 414	1 187 171	7,9	36,2	20,6	15,6
1903	463 150	2 046 206	1 234 033	7,9	34,9	21,1	13,9
1904	477 822	2 089 347	1 226 683	8,0	35,1	20,6	14,5
1905	485 906	2 048 453	1 255 614	8,1	34,0	20,8	13,2
1906	498 990	2 084 739	1 174 464	8,2	34,1	19,2	14,9
1907	503 964	2 060 973	1 178 349	8,1	33,2	19,0	14,2
1908	500 620	2 076 660	1 197 098	8,0	33,0	19,0	14,0
1909	494 127	2 038 357	1 154 296	7,8	32,0	18,1	13,9
1910	496 396	1 982 836	1 103 723	7,7	30,7	17,1	13,6
1911	512 819	1 927 039	1 187 094	7,8	29,5	18,2	11,3
1912	523 491	1 925 883	1 085 996	7,9	29,1	16,4	12,7
1913	513 283	1 894 598	1 060 798	7,7	28,3	15,8	12,4
1914	460 608	1 874 389	1 347 103	6,8	27,6	19,9	7,8
1915	278 208	1 425 596	1 493 470	4,1	21,0	22,0	—1,0
1916	279 076	1 062 287	1 330 857	4,1	15,7	19,7	—4,0
1917[1])	308 446	939 938	1 373 253	4,7	14,4	21,0	—6,6
1918[1])	352 543	956 251	1 635 913	5,4	14,7	25,2	—10,5
1919[2])	844 339	1 299 404	1 017 284	13,4	20,7	16,2	4,5
1920[3])	894 978	1 651 593	985 235	14,5	26,7	15,9	10,8
1921[4])	731 157	1 611 420	911 172	11,8	26,1	14,8	11,3
1922[5])	681 891	1 450 893	927 304	11,1	23,7	15,1	8,5
1923[5])	581 277	1 340 154	900 603	9,4	21,7	14,6	7,1
1924[5])	440 039	1 313 625	801 880	7,1	21,1	12,9	8,2
1925[5])	482 792	1 336 327	788 519	7,7	21,4	12,6	8,8
1926[5])	483 198	1 269 419	775 878	7,7	20,2	12,3	7,9
1927[5])	538 463	1 200 029	795 330	8,5	19,0	12,6	6,4
1928[6])	586 971	1 220 233	777 344	9,2	19,2	12,2	7,0

[1]) Ohne Elsaß-Lothringen.

[2]) Ohne Elsaß-Lothringen und den an Polen abgetretenen Teil der Provinz Posen.

[3]) Siehe Anm. 2, ferner ohne Memelgebiet, Freie Stadt Danzig, abgetretene Gebiete an Polen (ohne Abstimmung), die Tschechoslowakei, Dänemark und Belgien.

[4]) Siehe Anm. 2 und 3, ferner ohne das Saargebiet.

[5]) Siehe Anm. 2 bis 4, ferner ohne den auf Grund der Note vom 20. Oktober 1921 an Polen abgetretenen Teil der Provinz Oberschlesien.

[6]) Vorläufige Zahlen.

Am deutlichsten tritt dies in Erscheinung bei Betrachtung der mittleren Lebensdauer. Diese zeigt, besonders seit Kriegsende, ein Anwachsen, wie es früheren Zeiten unbekannt war. Man hat es hier, wie bei der sinkenden Geburtenziffer, mit einer allgemeinen abendländischen Erscheinung zu tun. Die mittlere Lebensdauer eines Neugeborenen betrug*)

Land	Zeit	Männliches Geschlecht	Weibliches Geschlecht
Deutsches Reich	1871—1880	35,58	38,45
	1910—1911	47,41	50,68
	1924—1926	55,97	58,82
England und Wales	1871—1880	41,35	44,62
	1910—1912	51,50	55,35
	1920—1922	55,62	59,58
Frankreich	1877—1881	40,83	43,42
	1908—1913	48,50	52,42
	1920—1923	52,19	55,87
Italien	1876—1887	35,10	35,40
	1910—1912	46,97	47,79
	1920—1921	49,25	50,75
Niederlande	1870—1879	38,40	40,70
	1900—1909	51,00	53,40
	1910—1920	55,10	57,10
Norwegen	1871—1880	48,33	51,30
	1901—1910	54,82	57,70
	1911—1920	55,62	58,71
Schweden	1871—1880	45,30	48,60
	1901—1910	54,53	56,98
	1911—1920	55,60	58,38
Schweiz	1876—1881	40,60	43,20
	1901—1910	49,25	52,15
	1920—1921	54,48	57,50
Dänemark	1880—1889	45,60	47,40
	1906—1910	54,90	57,90
	1921—1925	60,30	61,90

*) Nach Monatshefte z. Statistik d. Deutschen Reichs 1887 XI, Stat. d. Deutschen Reichs Bd. 240 u. 401, I (herausgegeben vom Statistischen Reichsamt), Aperçu de la démographie ... herausg. v. Ständigen Amt d. Internationalen Stat. Institutes (Haag 1929).

In Deutschland erreichte die mittlere Lebensdauer für die Jahre 1924 bis 1926 im Durchschnitt 57,4 Jahre. Sie übertrifft damit in der Nachkriegszeit diejenige des ersten Jahrzehnts der Reichsgründung um über 50 %, diejenige des letzten Jahrzehnts vor dem Weltkriege um etwa 15 %.

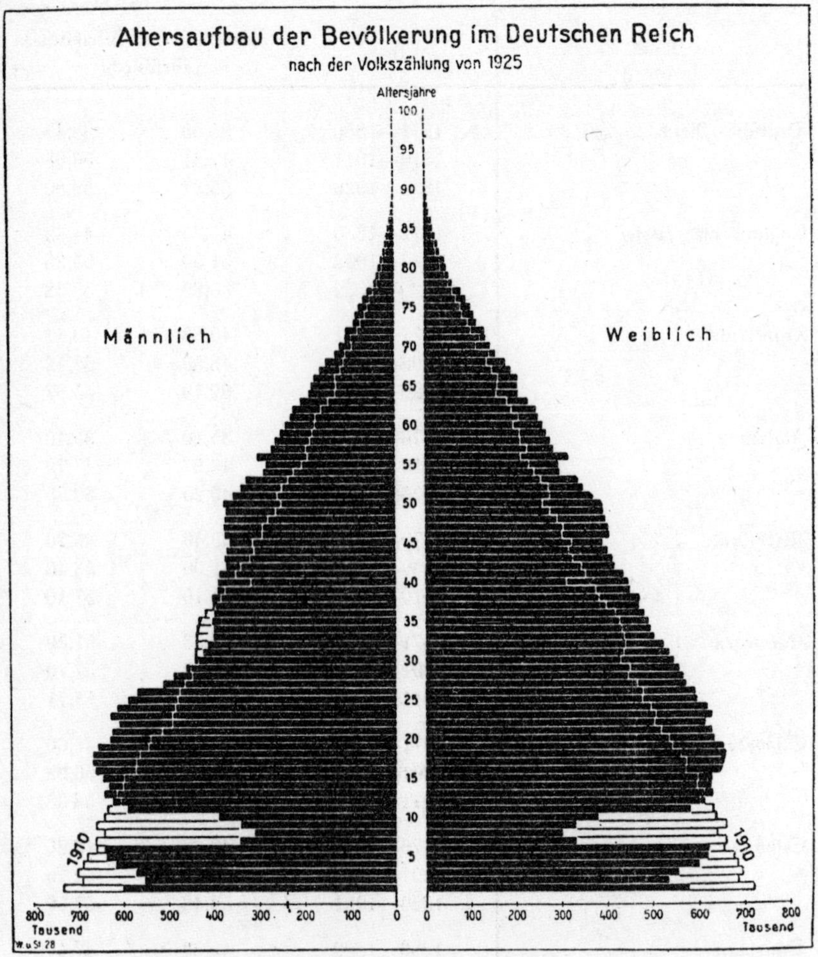

(Aus „Wirtschaft und Statistik", 1928, Nr. 4, S. 119.)

Dieses an und für sich erfreuliche Ergebnis ist jedoch allein kein Beweis für den wahren Stand der Volkskraft, insbesondere kann es keine Beruhigung für die Zukunft des deutschen Volkes bieten. Denn Verlängerung der Lebensdauer führt zur Vergreisung des Volkes, wenn nicht ein ent=

sprechender Nachwuchs vorhanden ist. Dieser aber schrumpft infolge des Geburtenrückganges immer mehr ein. Gleichzeitig wird der verhältnismäßige Anteil der höheren Altersklassen am Volkskörper, die noch aus der geburtenreichen Vergangenheit stammen, immer größer. Der gesunde Altersaufbau eines Volkes, dem die Zukunft gehört, gleicht einer Pyramide, welche, vom breiten Unterbau der jungen Altersklassen getragen, fast ebenmäßig zu einer Spitze der höchsten Altersklassen verläuft, so daß man geradezu von einer Alterspyramide spricht. Beim deutschen Volk schwindet dieser tragende Unterbau immer mehr, während der mittlere und obere Teil der Pyramide an Ausdehnung gewinnt. Jenes als Folge der Geburtenschwäche, dieses bedingt durch die Erhöhung der Lebensdauer. So nehmen, verhältnismäßig gesehen — und das ist die hier allein erlaubte Betrachtung — die Jungen ab, die Alten zu. Dies ist aus der auf Seite 526 abgebildeten Zeichnung deutlich zu ersehen. Sie veranschaulicht insofern auch das Verhängnis des mangelnden Unterbaues aus der Nachkriegszeit, als derselbe schon durch den Geburtenausfall während der Kriegsjahre naturgemäß schwere Einbußen erlitten hat. Das zeigen die scharfen weißen Einschnitte auf beiden Seiten für die auf die Kriegsjahre treffenden Altersklassen.

Ziffernmäßig ergibt der Vergleich zwischen Anfang und Ende des Jahrzehnts 1910 bis 1925 schon folgende gewaltige Verschiebung im Altersaufbau des deutschen Volkes. (Siehe Tabelle Seite 528 und 529.)

Hierzu bemerkt Burgdörfer: „Während die Gesamtbevölkerung innerhalb des heutigen Reichsgebietes von 1910 bis 1925 um 8 v. H. zugenommen hat, hat gleichzeitig die Zahl der Jugendlichen von unter 15 Jahren um 18 v. H. abgenommen, die der Bevölkerung im erwerbsfähigen Alter (von 15 bis 65 Jahren) dagegen um 21 v. H. und die der alten Leute von über 65 Jahren sogar um 26 v. H. zugenommen."

Nach der Fortschreibung der Reichsbevölkerung nach einzelnen Altersjahren betrug die Zahl der unter Fünfzehnjährigen:

Ende 1910 (jetziges Reichsgebiet)	19584000
Ende 1927 (jetziges Reichsgebiet)	15476000
Abnahme	4108000

Die Zahl der unter Achtzehnjährigen betrug:

Ende 1910	22998000
Ende 1927	19292000
Abnahme	3706000

Der Altersaufbau der Reichsbevölkerung*) 1925 und 1910**)

(Volkszählung vom 16. Juni 1925 bzw. 1. Dezember 1910, Gebietsstand 1925)

Altersklassen in Jahren	1925			1910			Zu- (+) bzw. Abnahme (—) gegenüber 1910		
	insgesamt	männlich	weiblich	insgesamt	männlich	weiblich	insgesamt	männlich	weiblich
				Grundzahlen					
unter 5	5 871 517	2 984 291	2 887 226	6 968 883	3 506 410	3 462 473	— 1 097 366	— 522 119	— 575 247
5 bis „ 10	3 986 512	2 023 170	1 963 342	6 519 152	3 268 956	3 250 196	— 2 532 640	— 1 245 786	— 1 286 854
10 „ „ 15	6 213 629	3 134 498	3 079 331	6 095 694	3 054 666	3 041 028	+ 118 135	+ 79 832	+ 38 303
15 „ „ 20	6 543 101	3 285 202	3 257 899	5 576 630	2 789 284	2 787 346	+ 966 471	+ 495 918	+ 470 553
20 „ „ 25	6 150 535	3 064 728	3 085 807	4 966 691	2 461 054	2 505 637	+ 1 183 844	+ 603 674	+ 580 170
25 „ „ 30	5 307 280	2 467 938	2 839 342	4 530 980	2 263 376	2 267 604	+ 776 300	+ 204 562	+ 571 738
30 „ „ 35	4 579 622	2 026 909	2 552 713	4 349 884	2 174 127	2 175 757	+ 229 738	— 147 218	+ 376 956
35 „ „ 40	4 283 469	1 964 756	2 318 713	3 770 825	1 882 520	1 888 305	+ 512 644	+ 82 236	+ 430 408
40 „ „ 45	3 907 510	1 853 420	2 054 090	3 287 205	1 626 088	1 661 117	+ 620 305	+ 227 332	+ 392 973
45 „ „ 50	3 846 561	1 860 070	1 986 491	2 807 109	1 373 010	1 434 099	+ 1 039 452	+ 487 060	+ 552 392
50 „ „ 55	3 233 339	1 587 937	1 645 402	2 442 470	1 166 803	1 275 667	+ 790 869	+ 421 134	+ 369 735
55 „ „ 60	2 727 775	1 327 018	1 400 757	1 979 815	928 334	1 051 481	+ 747 960	+ 398 684	+ 349 276
60 „ „ 65	2 165 956	1 028 991	1 136 965	1 641 322	743 474	897 848	+ 524 634	+ 285 517	+ 239 117
65 „ „ 70	1 616 046	739 611	876 435	1 266 012	564 305	701 707	+ 350 034	+ 175 306	+ 174 728
70 „ „ 75	1 057 717	466 731	590 986	857 876	375 289	482 587	+ 199 841	+ 91 442	+ 108 399
75 „ „ 80	584 217	246 224	337 993	467 227	201 114	266 113	+ 116 990	+ 45 110	+ 71 880
80 und darüber	335 633	135 329	200 304	270 652	111 036	159 616	+ 64 981	+ 24 293	+ 40 688
Zusammen	62 410 619	30 196 823	32 213 796	57 798 427	28 489 846	29 308 581	+ 4 612 192	+ 1 706 977	+ 2 905 215
unter 15	16 071 858	8 141 959	7 929 899	19 583 729	9 830 032	9 753 697	— 3 511 871	— 1 688 073	— 1 823 798
15 bis „ 65	42 745 148	20 466 969	22 278 179	35 352 931	17 408 070	17 944 861	+ 7 392 217	+ 3 058 899	+ 4 333 318
65 und darüber	3 593 613	1 587 895	2 005 718	2 861 767	1 251 744	1 610 023	+ 731 846	+ 336 151	+ 395 695

Altersklassen in Jahren	1925			1910			Zu- (+) bzw. Abnahme (—) gegenüber 1910		
	insgesamt	männlich	weiblich	insgesamt	männlich	weiblich	insgesamt	männlich	weiblich
	Verhältniszahlen in v.H.								
unter 5	9,4	9,9	9,0	12,1	12,3	11,8	— 15,7	— 14,9	— 16,6
5 bis „ 10	6,4	6,7	6,1	11,3	11,5	11,1	— 38,8	— 38,1	— 39,6
10 „ „ 15	9,9	10,4	9,6	10,6	10,7	10,4	+ 1,9	+ 2,6	+ 1,3
15 „ „ 20	10,5	10,9	10,1	9,6	9,8	9,5	+ 17,3	+ 17,8	+ 16,9
20 „ „ 25	9,8	10,1	9,6	8,6	8,6	8,6	+ 23,8	+ 24,5	+ 23,2
25 „ „ 30	8,5	8,2	8,8	7,8	8,0	7,7	+ 17,1	+ 9,0	+ 25,2
30 „ „ 35	7,3	6,7	7,9	7,5	7,6	7,4	+ 5,3	— 6,8	+ 17,3
35 „ „ 40	6,9	6,5	7,2	6,5	6,6	6,4	+ 13,6	+ 4,4	+ 22,8
40 „ „ 45	6,3	6,1	6,4	5,7	5,7	5,7	+ 18,9	+ 14,0	+ 23,7
45 „ „ 50	6,2	6,2	6,2	4,9	4,8	4,9	+ 37,0	+ 35,5	+ 38,5
50 „ „ 55	5,2	5,3	5,1	4,2	4,1	4,4	+ 32,4	+ 36,1	+ 29,0
55 „ „ 60	4,4	4,4	4,4	3,4	3,3	3,6	+ 37,8	+ 42,9	+ 33,2
60 „ „ 65	3,5	3,4	3,5	2,8	2,6	3,1	+ 32,0	+ 38,4	+ 26,6
65 „ „ 70	2,6	2,5	2,7	2,2	2,0	2,4	+ 27,6	+ 31,1	+ 24,9
70 „ „ 75	1,7	1,5	1,8	1,5	1,3	1,6	+ 23,3	+ 24,4	+ 22,5
75 „ „ 80	0,9	0,8	1,0	0,8	0,7	0,9	+ 25,0	+ 22,4	+ 27,0
80 und darüber	0,5	0,4	0,6	0,5	0,4	0,5	+ 24,0	+ 21,9	+ 25,5
Zusammen	100	100	100	100	100	100	+ 8,0	+ 6,0	+ 9,9
unter 15	25,7	27,0	24,6	33,9	34,5	33,3	— 17,9	— 17,2	— 18,7
15 bis „ 65	68,5	67,8	69,2	61,2	61,1	61,2	+ 20,9	+ 17,6	+ 24,1
65 und darüber	5,8	5,2	6,2	4,9	4,4	5,5	+ 25,6	+ 26,9	+ 24,6

*) Ohne die Bevölkerung des Saargebiets.
**) Statistisches Jahrbuch für das Deutsche Reich 1928.

Diese ungeheure Verminderung der deutschen Jugend bedeutet heute einen Verlust von fast 3½ Millionen deutscher Schulkinder gegenüber 1914. Diese Verluste an Ungeborenen sind also viel größer als die Totenzahlen des Weltkrieges. Hier liegt die wahre Schwächung der Deutschen. Das Statistische Reichsamt errechnet:

Das 1. Lebensjahr erreichten aus dem Jahre:

1907	1646566	1925	1158925
1908	1662825	1926	1106655
1909	1652051	1927	1051711
	4961442		3317291

Für die Jahre 1925 bis 1927 ergibt sich also ein Verlust von 1644151, jährlich durchschnittlich von mehr als einer halben Million Kindern. Ganz hart werden sich die Folgen der Geburtenverminderung etwa im Jahre 1933 zeigen, sobald die deutsche Jugend nur noch aus nach 1913 Geborenen bestehen wird. Ihre Zahl wird voraussichtlich um 5 Millionen geringer sein als im Jahre 1910 im jetzigen Reichsgebiet.

Wer mit Verständnis den vorgeschilderten und veranschaulichten Altersaufbau des heutigen deutschen Volkskörpers betrachtet, wird zu dem Ergebnisse gelangen, daß die auffallend verringerten Sterbeziffern der Nachkriegsjahre nicht allein als Errungenschaft von Sozialhygiene und medizinischer Wissenschaft zu werten sind. Sie sind vielmehr in der Hauptsache eine Folge des gegenwärtigen Altersaufbaues, der schwachen Besetzung der untersten Altersklassen, die erfahrungsgemäß die höchsten Sterbeziffern aufweisen, und der im Verhältnis hierzu übermäßigen Besetzung der mittleren Jahrgänge mit ihren geringen Sterbeziffern. Es darf schließlich auch nicht unterschätzt werden, daß der Hungerkrieg und die Seuchen der Kriegsjahre durch schärfste Auslese den Tod vieler Schwachen und Alten, der eigentlich jetzt erst fällig geworden wäre, vorweg genommen und dadurch die Nachkriegsjahre in den Sterbeziffern entlastet hat. Die stark vertretenen mittleren Jahrgänge von heute werden aber nach der Wahrscheinlichkeit der mittleren Lebensdauer, die keine wesentliche Änderung mehr erwarten läßt, in den Jahren 1940 bis 1970 sterben. Ein bedeutendes Anschwellen der Todesziffer wird die Folge sein. Gleichzeitig jedoch werden die schwach besetzten unteren Altersklassen der Gegenwart alsdann vorgerückt sein in das fortpflanzungsfähige Alter. Behält die Geburtenkurve ihre in der Nachkriegszeit eingeschlagene Richtung nach unten auch nur annähernd bei, so muß der Zeitpunkt eintreten, an dem die Sterbeziffer die Geburtenziffer übertrifft. Eine Berechnung des Statistischen

Reichsamtes*) stellt für das Jahr 1955 den Beginn dieser Entwicklung in Aussicht.

Rein rechnerisch ist die Reichsbevölkerung also vorläufig noch im Zunehmen begriffen. Freilich kann das bloß den beruhigen, der zuzählt und abzieht. Burgdörfer weist nachdrücklich darauf hin, daß, um ein richtiges Bild der Sachlage zu erhalten, man unterscheiden müsse zwischen Bevölkerungs-„Zunahme" und Bevölkerungs-„Wachstum" oder, wie er es auch nennt, zwischen „mechanischer Bevölkerungszunahme" und „dynamischem Wachstum". Zu dem einen führt eine rein mechanische Berechnung der Geburtenüberschüsse, zu dem anderen die Bewertung nach der inneren Kraft des Volkskörpers, welche allein für die Zukunftsaussichten Bedeutung besitzt. Burgdörfer stellt hier die Frage, wieviele Menschen in Deutschland geboren werden müßten, um den gegenwärtigen Stand der Bevölkerung zu gewährleisten. Mittels der neuen Sterbetafel, errechnet auf Grund der letzten Volkszählung (1925), kommt er bei einer mittleren deutschen Lebensdauer von 57,4 Jahren zu einer „bereinigten" Sterbeziffer von 17,4 v. T. Das will sagen: bei Annahme eines normalen Altersaufbaues des deutschen Volkskörpers, unter Zugrundelegung der bestehenden mittleren Lebensdauer, würden jährlich auf 1000 Deutsche des Reiches 17,4 Todesfälle treffen. Bei der ungesunden „Alterspyramide" der Gegenwart ergibt somit die tatsächliche („allgemeine Sterbeziffer") ein Trugbild. Denn ihr müßte eine mittlere Lebensdauer von 84 Jahren entsprechen, um eine „stationäre" Bevölkerung zu gewährleisten.

Ebenso bereinigt Burgdörfer unter Berücksichtigung des Bevölkerungsaufbaues die Geburtenziffer und gelangt zu der Zahl 15,9 v. T. Während also die „mechanische Berechnung" (Rohe Bilanz) für das Jahr 1927 folgendes Bild ergibt:

Geburtenziffer	18,3 je 1000 Einwohner
Sterbeziffer	12,0 je 1000 Einwohner
mithin Geburtenüberschuß (+)	6,3 je 1000 Einwohner,

gelangt die „bereinigte" Bilanz Burgdörfers zu ganz anderen Zahlen, nämlich:

Geburten-Soll (Sterbeziffer)	17,4
Geburten-Ist (Geburtenziffer 1927) . .	15,9
mithin Fehlbetrag (—)	1,5

*) Bd. 316 der „Statistik des Deutschen Reiches".

Die Spanne zwischen dem Ergebnis der nur zählenden einerseits und der bewertenden Betrachtungsart andererseits ergibt somit die beträchtliche Ziffer von 7,9 v. T. Während die rohe Bilanz einen Überschuß von 6,3 v. T. vortäuscht, zeigt die verfeinerte Berechnung mit den bereinigten Größen, daß an der Geburtenzahl für das Jahr 1927 10 v. H. fehlen, um den vorhandenen Bevölkerungsstand des Deutschen Reiches nur zu erhalten.

Ursachen des Bevölkerungsschwundes

Es ist nur allzu naheliegend, daß ein Zeitalter des naturwissenschaftlich-kausalen Denkens auch das Aussterben der Völker als unentrinnbare Naturgesetzlichkeit „erkannt" hat. Denn dieser Betrachtungsweise gibt sich der Mensch nur als eine besondere Erscheinungsform der Stoffwelt, in welcher sich alles Sein erschöpft. Ihr ist es daher höchst einleuchtend, daß Völker von der Bildfläche verschwinden müssen, wie etwa Mammut und Ichthyosaurus ausgestorben sind. Für die Weltschau dieses Buches steht die Gewißheit fest, daß der Mensch als geistiges Wesen geistigen Gesetzen unterliegt, die gewaltiger sind als die des Stoffes. Bestimmt durch die „göttliche Vernunft", nimmt er diese Gesetze aus freien Stücken in seinen Willen auf, sie so zu seinen eigenen machend. Jeder, der noch in die Tiefe seiner Seele zu steigen vermag, wird dieser Fähigkeit zur Selbstbestimmung mit größerer Gewißheit teilhaftig, als alle verstandesmäßige Begründung sie je zu geben imstande ist. Diese Freiheit der Tat unterscheidet die Geschichte der Menschheit vom Geschehen der Natur. Aus ihr schon widerlegt sich daher auch jene Auffassung des naturgesetzlichen Denkens.

Die Chinesen haben durch eine jahrtausendalte Geschichte bewiesen, daß, wenn wirklich ein Naturgesetz die Völker zum Aussterben treibt, ein geistiges Prinzip dieses Gesetz durchbrechen und ein Volk am Leben erhalten kann. Einem solchen allein verdankt dieses Volk, das seine Überlieferung bis ins 4. Jahrtausend v. Chr. zurückführt und von welchem sichere geschichtliche Spuren schon aus dem Jahre 2950 v. Chr. feststehen, seine heutige bevölkerungspolitische Blüte. Seine Religion, nach welcher der Einzelne „seine Selbsterhaltung als Glied des Ganzen hat", heiligt alles, was dem Volke dient: den Ackerbau, die Ordnung der Sitten, vor allem aber die Erzeugung von Kindern. Diese steht im Schutze der Religion, ja, macht eigentlich deren wesentlichsten Bestandteil aus. Neben der Volksreligion, die ihren Namen von dem im 4. Jahrhundert v. Chr. lebenden großen Erneuerer Kung-fu-tse trägt, spielt der in der Tradition der Familie weiterlebende Ahnenkult die volkserhaltende Rolle. Er gebietet jedem, möglichst viele Nachkommen zu haben, um nach dem Tode von ihnen verehrt zu werden. Keine Nachkommen zu hinterlassen gilt als größtes Unglück. Junggesellentum ist verwerflich und lächerlich. Die Familien mit größter Kinderzahl genießen das höchste Ansehen. Um möglichst früh heiraten zu können, bleibt der junge Mann nach Schließung der Ehe im Vaterhause, so lange, bis er seine Familie selber ernähren kann. So kommt es, daß Familien ihre Ahnenreihen auf zwei- bis dreitausend Jahre zurückverfolgen können.

Ebenso bieten die Juden einen geschichtlichen Beweis dafür, daß mit Kräften des Geistes ein Volk am Leben erhalten werden kann. Sie müßten, wären Naturgesetze ausschließlich bestimmend, als Volk längst durch Rassenvermischung verschwunden sein. Zu wiederholten Malen war das jüdische Volk durch schwere Schicksalsschläge fast vernichtet, seine Teile wurden in fremde Länder versprengt. Immer wieder war es der in ihm bewußt wirksame religiöse Glaube, das „Auserwählte Volk" zu sein, der seine Volkssplitter zu festem Zusammenschluß und zur Rückkehr in die Heimat brachte. Aus diesen Völkerkeimen, wie sie Andreas Thomsen*) nennt, entwickelte sich dann jeweils durch riesiges Anschwellen der Geburtenzahl ein beachtenswerter Volkskörper. Auch heute noch schlingt das wache und starke Stammesbewußtsein um die in alle Welt „Zerstreuten" ein geistig-religiöses Band, das sie bisher vor dem Tode als Volk bewahrte. In letzter Zeit machen sich allerdings Anzeichen bemerkbar, daß auch die westeuropäischen Juden infolge Geburtenschwundes dem Untergange entgegengehen. Vorläufig wird ihre Geburtenschwäche durch östliche Zuwanderung verschleiert.

Den gleichen Beweis für die Vorherrschaft des Geistes in der Geschichte erbringt die Tatsache, daß überall im Reiche, wo Bevölkerung katholischen Bekenntnisses lebt, die Geburtenzahl erheblich höher ist als bei Protestanten. Der Katholizismus vermag eben dem Selbstmord durch Geburtenrückgang ganz andere Gewalten entgegenzusetzen als der in seinen Wurzeln von liberalem Geiste beherrschte Protestantismus. Das zeigt eindringlich folgende Übersicht über die Geburtenhäufigkeit nach der religiösen Zugehörigkeit der Eltern der ehelich Geborenen in Preußen in den Jahren 1920 bis 1926.

*) Die deutschen Familienverbände als Völkerkeime, als Retter des schwindenden deutschen Volkes. Berlin, Schlieffen-Verlag.

Provinzen	Zahl der Eheschließungen in den Jahren 1920—1926					Zahl der ehelich geborenen Kinder in den Jahren 1920—1926 in					Auf 100 Eheschl. entfielen ehelich geborene Kinder in				
	evangelische Ehen	römisch-katholische Ehen	evangelisch-katholische Mischehen	jüdische Ehen	jüdisch-christliche Mischehen	evangelischen Ehen	römisch-katholischen Ehen	evangelisch-katholischen Mischehen	jüdischen Ehen	jüdisch-christlichen Mischehen	evangelischen Ehen	römisch-katholischen Ehen	evangelisch-katholischen Mischehen	jüdischen Ehen	jüdisch-christlichen Mischehen
Preußen*)	1 582 059	584 377	293 721	21 836	8 265	3 077 394	1 595 088	355 070	36 813	4 803	195	273	121	169	58
Darunter:															
Prov. Ostpreußen . . .	118 088	16 589	7 267	587	172	314 014	62 213	8 583	1 397	118	266	375	118	238	69
„ Brandenburg einschließlich Berlin . .	361 878	14 495	50 037	9 567	4 723	498 601	32 812	43 330	14 514	2 273	138	226	87	152	48
Prov. Pommern . . .	117 973	2 143	3 522	365	153	262 673	10 880	4 090	659	120	223	508	116	181	78
Grenzm. Posen-Westpr.	12 714	6 554	1 880	208	24	30 692	20 745	2 467	311	19	241	317	131	150	79
Prov. Niederschlesien .	124 852	40 052	41 448	1 667	490	277 340	110 800	65 079	2 583	327	222	277	157	155	67
„ Sachsen	210 976	10 078	13 351	409	179	402 352	33 807	18 166	895	160	191	335	136	219	89
„ Schleswig-Holstein	98 601	920	4 492	195	99	183 988	2 673	5 178	445	92	187	291	115	228	93
„ Hannover . . .	176 920	21 106	15 188	745	280	356 938	68 646	18 707	1 487	194	202	325	123	200	69
„ Westfalen . . .	141 597	133 617	49 287	1 389	339	313 229	430 324	62 623	2 487	279	221	322	127	179	82
„ Hessen-Nassau .	101 198	33 805	25 254	3 297	663	206 820	81 422	30 729	5 565	449	204	241	122	169	68
Rheinprovinz	117 158	301 334	81 754	3 393	1 141	230 503	731 074	95 744	6 454	771	197	243	117	190	68

*) Ohne die Provinz Oberschlesien und das Saargebiet.

(Aus Sonderheft 5 zu Wirtschaft und Statistik 1929.)

Gern beruhigt man sich auch über den Bevölkerungsschwund in Deutschland mit dem Hinweis, die Gefahren der Kinderarmut und Veralterung der Reichsdeutschen wären übertrieben, weil sich ähnliche Erscheinungen bei allen Völkern zeigten, wenigstens bei allen Völkern im Abendlande. Bei den abendländischen Völkern aber tritt die Veränderung der Geburtenzahl nicht zur gleichen Zeit auf; auch spielt sich dieser Vorgang verschieden rasch ab. Das lehrt ein Blick auf die Zahlentafel, welche die Veränderung der Geburtenzahlen in Europa zeigt.

Veränderung der Geburtenzahl

(jährliche Zahl der Lebendgeborenen auf 1000 Einwohner)
nach Statistik des Deutschen Reichs Bd. 240, 336 und 360.

Jahre	Europ. Rußland	Rumänien	Bulgarien	Spanien	Italien	Ungarn	Norwegen
1841—1850	—	—	—	—	—	—	30,7
1851—1860	—	—	—	—	—	—	33,0
1861—1870	[1]48,9	28,5	—	37,6	[2]37,6	—	30,9
1871—1880	49,3	35,0	—	—	[3]36,8	43,4	30,9
1881—1890	48,6	41,4	36,3	36,2	37,7	43,9	31,0
1891—1900	48,7	40,6	39,3	34,8	35,0	40,5	30,3
1901—1910	46,5	39,8	41,5	34,4	32,7	37,0	27,5
1911—1915	—	42,1	36,6	30,8	31,4	32,1	25,0
1916	—	—	21,3	29,0	24,0	17,0	24,2
1917	—	—	17,2	28,8	19,5	16,5	25,1
1918	—	—	21,2	29,1	18,1	16,3	24,6
1919	—	23,0	32,8	28,3	21,4	27,6	22,7
1920	—	33,7	39,9	30,0	31,8	31,4	26,1
1921	—	38,7	40,2	30,4	30,3	31,8	24,0
1922	—	37,2	40,5	30,5	30,2	30,8	23,1
1923	—	36,4	37,5	30,6	29,3	29,2	22,5
1924	43,1	37,2	39,8	30,0	28,4	26,8	21,0
1925	44,7	36,2	37,0	29,4	27,8	28,3	19,4
1926	43,6	35,8	37,3	30,0	27,2	27,3	19,3
1927	42,7	35,5	33,2	28,6	27,0	25,7	18,2
1928	—	—	—	29,9	26,1	25,6	18,0

[1]) 1867/70. — [2]) 1863/71. — [3]) 1872/80.

Jahre	Deutsches Reich	Schottland	Irland		England und Wales	Schweden	Frankreich	Japan
1841—1850	36,1	—	—		32,6	31,1	27,2	—
1851—1860	35,3	[4]) 33,9	—		34,2	32,8	26,2	—
1861—1870	37,2	35,0	[5]) 36,3		35,4	31,4	26,1	—
1871—1880	39,3	34,9	26,5		35,5	30,5	25,4	25,1
1881—1890	36,8	32,3	23,4		32,5	29,1	23,9	27,1
1891—1900	36,1	30,2	23,1		29,9	27,1	22,1	29,8
1901—1910	33,0	28,4	23,2		27,2	25,8	20,6	32,4
1911—1915	26,3	25,4	22,9		23,6	23,1	17,2	33,4
1916	15,2	22,9	20,9		21,0	21,2	9,4	32,7
1917	13,9	20,3	19,7		17,8	20,9	10,4	32,3
1918	14,3	20,5	19,8		17,7	20,3	12,2	32,2
1919	20,0	22,0	20,0		18,5	19,8	13,0	31,6
1920	25,9	28,1	22,2		25,5	23,6	21,3	36,2
1921	25,3	25,2	20,2		22,4	21,5	20,7	35,1
			Nordirland	Irisch. Freist.				
1922	23,0	23,5	23,3	19,5	20,4	19,6	19,3	34,2
1923	21,1	22,8	23,9	20,5	19,7	18,8	19,1	34,9
1924	20,5	21,9	22,7	21,1	18,8	18,1	18,7	33,8
1925	20,7	21,3	22,0	20,8	18,3	17,5	19,0	34,9
1926	19,5	20,9	22,5	20,6	17,8	16,9	18,8	34,8
1927	18,4	19,8	21,3	20,3	16,6	16,1	18,2	33,6
1928	18,6	19,8	20,8	20,1	16,7	16,1	18,2	—

[4]) 1855/60. — [5]) 1864/70.

Dem entspricht auch die verschieden rasche Bevölkerungsvermehrung in den europäischen Staaten.

Vermehrung der Bevölkerung in den europäischen Staaten seit 1800*)

(jeweiliger Gebietsstand).

Staat	1800	1830	1860	1890	1920
Rußland (ohne Finnland, bis 1890, einschließl. Polen) ...	—	—	68 400 000	[1])102 850 000	[2])114 409 406
Deutsches Reich	—	29 770 000	38 140 000	49 430 000	[3]) 63 178 619
Österreich-Ungarn ..	—	—	31 990 000	41 170 000	—

[1]) 1897. — [2]) 1926. — [3]) 1925 (einschl. Saargebiet).

*) Nach Stat. d. Deutschen Reichs Bd. 240, Aperçu de la démographie. Herausgeg. v. Ständigen Amt d. Internationalen Stat. Instituts (Haag, 1925 u. 1927).

Staat	1800	1830	1860	1890	1920
Großbritannien und Irland	15 890 000	24 030 000	28 930 000	37 730 000	47 273 710
Frankreich	27 350 000	32 570 000	37 390 000	38 340 000	39 209 518
Italien	16 120 000	21 210 000	25 000 000	30 500 000	38 755 576
Polen	—	—	4 760 000	8 700 000	27 192 674
Spanien	10 350 000	11 210 000	15 670 000	17 570 000	21 338 381
Rumänien	—	—	3 860 000	5 040 000	16 262 177
Tschechoslowakei	—	—	—	—	13 613 172
Ungarn	—	—	13 770 000	17 460 000	7 980 143
Belgien	—	3 790 000	4 700 000	6 070 000	7 465 782
Niederlande	2 100 000	2 610 000	3 310 000	4 510 000	6 865 314
Österreich	—	15 590 000	18 220 000	23 710 000	6 535 759
Portugal	2 930 000	3 060 000	3 690 000	4 660 000	6 032 991
Schweden	2 350 000	2 890 000	3 860 000	4 780 000	5 904 489
Griechenland	—	710 000	1 100 000	2 190 000	5 536 375
Bulgarien	—	—	—	3 200 000	4 846 371
Schweiz	—	2 100 000	2 510 000	2 930 000	3 880 320
Dänemark	930 000	1 230 000	1 610 000	2 170 000	3 267 831
Norwegen	880 000	1 100 000	1 600 000	2 000 000	2 649 775
Serbien (Jugoslawien)	—	680 000	1 080 000	2 160 000	12 017 323
Litauen	—	—	—	—	2 168 971
Lettland	—	—	—	—	1 596 131
Estland	—	—	—	—	1 107 059

In die Augen fallend ist, wie v. Loesch*) sagt, die hier aufgezeigte rasche — fast jähe — Änderung der Zahlen- und Stärkeverhältnisse. Rußland stand zwar stets an erster Stelle, aber sein Zahlenwachstum war — und das ist wichtiger — viel schneller als das aller anderen Staaten.

Daß die Geburtenschwäche des deutschen Volkes nicht auf körperliche Erschöpfung zurückzuführen ist, sondern auf freien Willen, zeigt ohne weiteres die oben angestellte Betrachtung über die Bekenntniseinflüsse. Körperliche Erschlaffung kommt offensichtlich überhaupt nicht in Frage. So gibt es beispielsweise auch in dem sonst so geburtenkräftigen Ungarn kinderarme Striche mit bäuerlicher Bevölkerung. Man spricht dort von dem Kinde als von dem „Einchen".

Eine ausgebreitete ärztliche Literatur bespricht die Tatsache offen, daß es geburtenverhütende Mittel aller Art, ferner breit und heute ziemlich offen betriebene Abtreibung sind, welche die Kinderzahl einschränken. Auch gibt es in Frankreich selbst noch Gegenden mit hoher Kinder-

*) „Die politische Bedeutung der Bevölkerungsverschiebung" (Zeitschrift „Volk und Reich", Dezemberheft 1926).

zahl, nicht nur dort, wo in Frankreich fremde Völker wohnen. Die einzige große Siedelung von Auslandsfranzosen in Kanada ist ein ausgezeichnetes Gegenbeispiel. Diese wanderten im 17. und 18. Jahrhundert aus, als Frankreich noch fruchtbar war. Sie wurden durch den Ozean und die politische Absonderung, als Kanada englisch geworden war, davor geschützt, der Verstandesherrschaft und dem Individualismus zu erliegen; sie blieben gläubige Katholiken. Dazu kam eine Gesetzgebung, welche den Erwerb von Neuland mit dem Kinderreichtum verknüpfte. Ihre Kinderzahl ist denkbar hoch. Das gleiche gilt für Teile des Deutschen Reiches und einige besonders abgelegene „kulturarme" auslandsdeutsche Gruppen.

Da die Zahl der Eheschließungen gegenüber den geburtenreichen Zeiten der Vergangenheit im Reiche nicht nachgelassen hat, im Gegenteil sogar angestiegen ist, kann auch hier der Schlüssel für die Geburtenschwäche nicht gefunden werden. Heute zeigt sich vielmehr eine verhängnisvolle Trennung zwischen den Begriffen „verheiratet sein" und „Familie haben". Für das Jahr 1875 bewegt sich die Eheschließungsziffer, auf das Tausend der Bevölkerung gerechnet, zum letzten Male über die Zahl 9 (9,1) hinaus. Im letzten Normaljahre vor Ausbruch des Weltkrieges, im Jahre 1913, betrug sie 7,7. In der gleichen Zeitspanne bewegt sich die Geburtenverhältniszahl zwischen 42,3 und 28,3. (Hier sind die Kriegs- und Nachkriegsziffern von 1914—1923 nicht berücksichtigt.) Erst im Jahre 1924, nach Überwindung des Währungsverfalles, treten wieder einigermaßen vergleichbare Zahlen in Erscheinung. Es beträgt:

im Jahre	die Eheschließungsziffer	bei einer Geburtenziffer
1924	7,1	21,1
1925	7,7	21,4
1926	7,7	20,2
1927	8,5	19,0
1928	9,2	19,2

An dieser Gegenüberstellung tritt eindringlich zutage, daß trotz steigender Eheschließungsziffern die Geburtenhäufigkeit stark nachgelassen hat. Entsprach noch im Jahre 1875 eine Eheschließungszahl von 9,1 einer Geburtenziffer von 42,3, so tritt im Jahre 1928 einer Eheschließungsziffer von 9,2 eine Geburtenziffer von 19,2 gegenüber.

Dieses Mißverhältnis zwischen Eheschließungs- und Geburtenzahl liegt in nächster Nähe einer hierher gehörigen Kernfrage der Bevölkerungspolitik: der Frage der Fruchtbarkeitsziffer und insbesondere der ehelichen Fruchtbarkeitsziffer. Beide sind wesentliche Größen bei Berechnung der bereinigten Geburtenziffer. Unter ersterer versteht man diejenige Anzahl von Geburten, welche auf je 1000 Frauen im gebärfähigen Alter (15—45) entfallen; unter letzterer diejenige Anzahl von Geburten, welche auf je 1000 verheiratete Frauen im gleichen Alter treffen. Es betrug nun, berechnet an den Lebendgeburten:*)

im Jahresdurchschnitt	die eheliche Fruchtbarkeitsziffer	die allgemeine Fruchtbarkeitsziffer
1880/81	307,1	166,8
1890/91	302,6	162,5
1900/01	286,1	157,8
1910/11	227,0	128,0
1912/13	202,3	116,5
1920	198,2	100,3
1921	187,2	97,8
1922	166,2	89,0
1923	150,2	81,4
1924	146,0	79,0
1925	146,3	80,2
1926	136,7	74,7
1927	129,1	70,4
1928	.	71,2

Burgdörfer errechnet unter Berücksichtigung verschiedener Umstände für das Jahr 1927 für jede fruchtbare deutsche Ehe eine tatsächliche Gebärleistung von 2,94 Geburten. Auf der anderen Seite ergibt sich auf Grund genauer Feststellungen, daß zur bloßen Erhaltung der Bevölkerung die Ziffer von 3,2 erforderlich wäre. Burgdörfer kommt daher zu dem Schlusse: „Die ehelichen Geburten reichen nicht mehr aus, um den Bevölkerungsbestand aufrechtzuerhalten. Es bedarf dazu der Ergänzung durch die unehelichen Geburten, und selbst damit ist der Bevölkerungsbestand nicht mehr gesichert."

Aus vorstehender Übersicht ergibt sich, daß die eheliche Fruchtbarkeit in Deutschland für das Jahr 1927 um etwa 60 v. H. nachgelassen hat

*) Nach Burgdörfer. Für 1928 nach „Wirtschaft und Statistik" 1929, Nr. 9.

gegenüber dem Jahresdurchschnitt 1880/81, um etwa 40 v. H. gegenüber dem Jahresdurchschnitt 1912/13. Diesen Rückgang der ehelichen Fruchtbarkeit veranschaulicht klar auch die nachfolgende Darstellung:

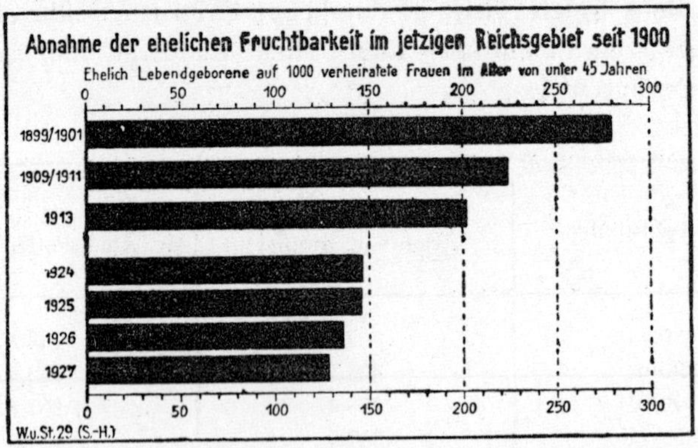

(Aus Sonderheft 5 zu Wirtschaft und Statistik 1929.)

Noch klarer wird diese rückläufige Bewegung bei Heranziehung der Bremer Statistik, welche für diese Art der Betrachtung Ziffern bis zum Jahre 1901 zur Verfügung hat. Danach war von je 100 ehelich geborenen Kindern:

in den Jahren	1901	1913	1925
1. Geburt	27,1	32,4	43,3
2. Geburt	21,9	24,4	28,4
3. Geburt	15,0	14,7	13,4
4. Geburt	11,3	9,9	6,2
5. Geburt und darüber	24,7	18,6	8,7

Damit wird letzten Endes und zwangsläufig als wahre Ursache des Geburtenschwundes erkannt: der „freie" Wille des deutschen Volkes. Es hat nicht mehr den Willen zu seiner Zukunft, weil es nicht mehr den Willen zum Kinde hat. Nirgends offenbart sich stärker der als Kennzeichen des herrschenden Zeitgeistes erkannte Individualismus. Wo der Einzelmensch als höchster Wert besteht, fehlt der Wille zur Gemeinschaft, auch zur kleinsten Form derselben, der Familie. Gemeinschaft verlangt stets die Selbstentäußerung des Einzelnen, verlangt Hingabe an die höhere Ordnung und damit Aufgabe des eigenen Selbst zugunsten dieser. Die Aufzucht von Kindern, als wesenhafter Sinn der Familie, fordert von den Eltern Aufopferung und damit Verzicht auf höchst persönliche Wünsche und Bedürfnisse. Sie bietet dafür etwas weit Höheres: die Gewähr, weiterzuleben in den Kindern als den Trägern des leiblich-geistigen Erbgutes, das volkhaft und damit überpersönlich ist. Aber diesen Drang nach Ewigkeit besitzt nur der im Übersinnlichen verwurzelte Mensch. Wer sich selbst als höchsten Wert begreift, versteht als werthaft nur, was ihm selbst noch unmittelbar und handgreiflich zum Genusse wird; denn darauf kann man sich verlassen. Zur Hingabe an Überpersönliches gehört aber der Glaube an eine höhere Bestimmung des Menschen, deren Erstrebung ihm schicksalhaft aufgegeben ist. Dieser Glaube erfordert zu seiner Lebendighaltung jenes „immer strebende Bemühen", wie Goethe es nennt. Er muß täglich wieder errungen werden, um nicht verlorenzugehen. Die Kräfte zu solchem Ringen strömen aber nur aus übersinnlichen Quellen. Diese sind heute abgeleitet in eine verzweifelte Diesseitsbejahung. Darum besitzt das Leben des Deutschen der Gegenwart gewissermaßen nur noch Eintagssinn. Er sündigt gegen die Natur, die immer nur die Art, nie das Individuum zu erhalten sucht. Er ist „human" gegen die Lebenden, um die Ungeborenen zu morden; genau wie der Pazifist, der Einzelne bemitleidet, aber Völker zugrunde gehen läßt. Sein ganzes Streben gilt nur noch dem eigenen Alltagsleben; seine Sorge erschöpft sich in Wohlwollen gegen die eigene Person. Wo sie aus diesem engen Dunstkreise heraustritt, reicht sie gerade noch notdürftig aus, um ein Kind, höchstens noch ein zweites ebenso zu verhätscheln wie das heilige Ich. Diese Verhätschelung setzt schon ein beim Säugling. Er hat infolgedessen nie die notwendige Ruhe. Die Folgen der verkehrten Erziehung sind ständige Unzufriedenheit und Schreien, Erscheinungen, die von der Umgebung als peinlich empfunden werden und von weiterer Kinderaufzucht abschrecken. So entsteht das Schreckgespenst des ewig störenden Kindes. Dabei ist es ein Märchen, daß kleine Kinder von Natur aus immer schreien. Die Wahrheit ist, daß sie naturwidrig erzogen werden.

So wird die Kinderzahl, „die man sich leisten kann", sorgfältig und ängstlich *errechnet*. Zwei Voraussetzungen stehen bei den dabei obwaltenden Überlegungen unverrückbar fest: einmal dürfen durch die Kinderaufzucht und die damit verbundenen Geldausgaben die Lebenshaltung und Bequemlichkeit der Eltern nicht gefährdet werden. Sodann sollen, um Gotteswillen, die Kinder es nicht schlechter, möglichst sogar besser haben als die Eltern. Ganz beruhigt ist man eigentlich nur, wenn dem Säugling schon eine lebenslängliche Rente sichergestellt ist. Auf diese Einstellung ist es zurückzuführen, daß heute Ehepaare keine Seltenheit mehr sind, die ohne Erröten behaupten, „sich keine Kinder leisten zu können", die aber zum persönlichen Luxus sich ein Auto halten, dessen Kosten jährlich höhere Anforderungen stellen, als die Aufzucht von drei Kindern es täte. Andere hinwiederum bestreiten ernsthaft, für ein zweites oder weiteres Kind die Verantwortung übernehmen zu können, weil das erst- und letztgeborene „etwas Tüchtiges werden" soll und dazu die vorhandenen Geldmittel ganz zur Verfügung stehen müßten. Dieser letzte Fall ist besonders häufig in den Schichten der mittleren Handwerker und Gewerbetreibenden. Unter „etwas Tüchtiges werden" versteht man hier mit Selbstverständlichkeit die Ausbildung zu einem sogenannten geistigen Berufe. Darunter fällt im landläufigen Sinne jede Art von Tätigkeit, die ohne Anwendung von Muskelkraft erfolgt, bei der man weder schwitzt noch schmutzig wird und daher täglich seinen Sonntagsanzug tragen kann. Sie erstreckt sich also vom Gemeindeschreiber und Bankangestellten bis zum höheren Akademiker. Es ist rührend, mit welcher Überzeugung an den unbedingten Wert dieses „sozialen Aufstieges" geglaubt wird. Die Aussicht, daß der Sohn es nicht mehr nötig haben werde, Säge und Hobel in die Hand zu nehmen oder am Schraubstock seine Hände zu beschmutzen, wird zum Lebenssinn für die Eltern. Schon von frühester Jugend an steht „das" Kind als Einzelwesen im Mittelpunkt des ganzen Familienlebens. Der Mangel an Geschwistern, jener unersetzlichen Schule zur Gemeinschaft, läßt so Menschen heranwachsen, die von nichts mehr überzeugt sind als von der eigenen Bedeutung. Der Individualist wird planmäßig gezüchtet. Die Leichtigkeit, mit welcher er seinen Lebensweg gesichert findet, läßt viele beste, in ihm schlummernde Kräfte verkümmern. Der Gemeinschaft wird er kein lebendiges Glied, sondern bestenfalls ein mechanischer Handlanger. Selten wird er den Mut aufbringen, eine Familie im wahren Sinne des Wortes zu gründen. Er kennt diese Vorstellung gar nicht. Sein Leben verhockt er dann in einer Schreibstube oder einem Amtsraum und hinterläßt ein oder zwei bedauernswerte Wesen, die es genau so weit bringen wie er, wenn sie auch vielleicht einen höheren Titel führen. Das ist der Preis, um welchen an sich gesunde und lebensstarke Familien ihr Blut für den „sozialen Aufstieg" verkaufen. Dabei steht fest, daß ungewöhnliche Aufstiege meist aus kinderreichen Familien stattfinden, daß es dritte, vierte usw. Kinder sind, die sich aus bescheidenen Verhältnissen zu ehrenvollen Stellungen emporarbeiten. Die Geschichte ist an Beispielen dieser Art überreich. Die Gefahr des Aussterbens bei Vorhandensein nur eines einzigen Kindes ist zu offensichtlich, als daß darüber ein Wort verloren zu werden braucht. Aber auch beim Zweikindersystem ist sie noch lange nicht gebannt. Fahlbeck hat errechnet, daß ein Volk bei Durchführung des Zweikindersystems in einem Zeitraum von 77 Jahren auf die Hälfte seines Bestandes sinkt. Er mag zur Berechnung eine größere Sterblichkeit, vor allem der Säuglinge, zugrunde gelegt haben, als wir sie heute haben. Immerhin kann es auch bei den gegenwärtigen Sterblichkeitsverhältnissen nur ein geringer Bruchteil sein, um welchen sich die Zeit verringert, bis das gleiche Ergebnis eintritt. Grotjahn*) behauptet, daß jede Ehe mindestens drei Kinder über das Alter von 5 Jahren bringen müsse, damit die Bevölkerungszahl eines Volkes erhalten bleibe.

Aus der Tatsache, daß die unteren und mittleren Volksschichten ihren Drang nach sozialem Aufstieg um den Preis der Einschränkung der Kinderzahl ermöglichen, könnte nun allzu leicht der Schluß gezogen werden, daß die sozial gehobenen, also die oberen und begüterten Schichten nicht an Kinderarmut leiden. Das Gegenteil ist der Fall. Nichts beweist besser als diese unleugbare Tatsache, daß wirtschaftliche Verhältnisse auf keinen Fall den Ausschlag geben. Es sind mit Abstand die ärmsten Schichten, welche den zahlreichsten Nachwuchs haben, und zwar einen bei weitem größeren als diejenigen Kreise, welche sich Kinder „leisten" könnten. Ohne die deutsche Arbeiterschaft würde die Bevölkerungsziffer im Deutschen Reiche einen noch weit tieferen Stand zeigen, als sie ihn ohnehin schon aufweist. Es ist bemerkenswert, daß unter den Großstädten, welche doch im allgemeinen geringere Geburtenziffern haben als die übrigen Reichsteile, diejenigen mit ausgesprochener Arbeiterbevölkerung zum großen Teil eine Fruchtbarkeitsziffer sogar über dem Reichsdurchschnitt besitzen. Dazu gehören fast ausnahmslos die Städte des rheinisch-westfälischen Industriegebietes. Es weisen im Durchschnitt der Jahre 1924 bis 1926 auf:

Hamborn	171 v. T.
Oberhausen	158,9 v. T.
Gelsenkirchen	153,4 v. T.
Münster	151,5 v. T.
München-Gladbach	151,2 v. T.

Gleichzeitig beträgt der Reichsdurchschnitt 143,5 v. T. Dabei ist es lehrreich, zum Vergleiche mit den vorgenannten Arbeiterstädten einige nicht mit Arbeiterbevölkerung übersetzte Großstädte des Reiches heran-

*) Geburtenrückgang und Geburtenregelung. Berlin 1920.

zuziehen. Es hatten gleichfalls im Durchschnitt der Jahre 1924 bis 1926 eine eheliche Fruchtbarkeitsziffer:

Hamburg	81,5 v. T.
Leipzig	76,2 v. T.
Dresden	74,0 v. T.
München	72,8 v. T.
Berlin	62,4 v. T.

Um wieviel größer die Geburtenstärke der unteren Schichten des deutschen Volkes im Vergleiche zu den sozial gehobenen Schichten ist, veranschaulicht auch die nachfolgende Darstellung der Bayerischen Statistik (aus Sonderheft 5 zu Wirtschaft und Statistik):

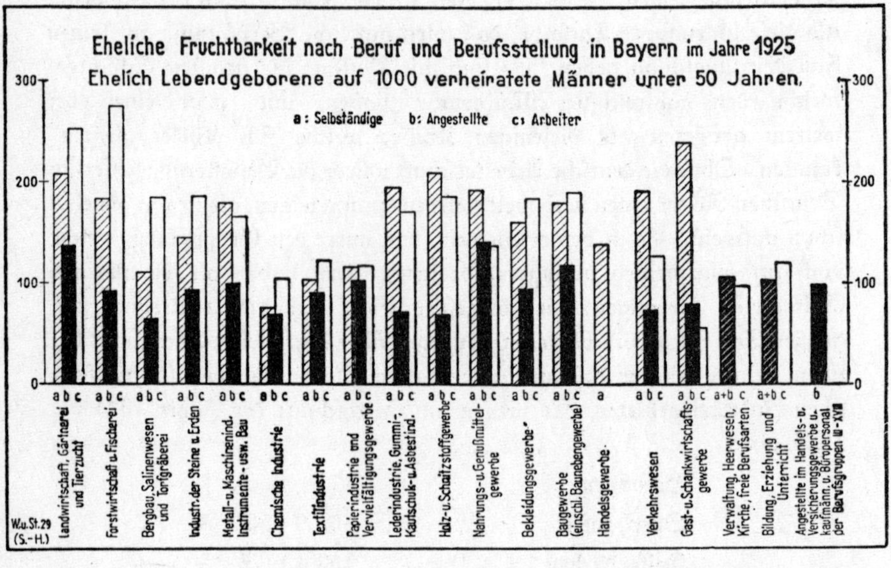

Im übrigen bleibt die Kinderarmut der oberen Schichten keineswegs auf Deutschland beschränkt und zeigt darum um so deutlicher, daß wir es hier mit einer ganz allgemeinen Erscheinung bei den Hochkulturvölkern zu tun haben. Sie wird auch außerhalb des Reiches bestätigt. Die Züricher Statistik*) teilt die Väter der Geborenen in drei

*) Züricher Statistische Nachrichten, Heft 1, 1928.

Klassen ein, wovon die I. selbständige Berufe und leitende Beamte, die II. Angestellte, die III. Arbeiter umfaßt. Sie gelangt dabei zu folgendem Ergebnis:

Jahresmittel	Von 100 Geborenen überhaupt waren Kinder der		
	Klasse I	Klasse II	Klasse III
1910/13	21,1	17,5	61,4
1914	20,8	17,7	61,5
1915	23,1	21,1	55,8
1916/19	22,9	22,9	54,2
1920/21	22,9	25,3	51,8
1922/27	22,8	27,5	49,7

Die Volkszählung in England und Wales für das Jahr 1921 unterscheidet in sozialer Hinsicht fünf Gruppen. Danach trafen auf

1000 Männer der:	ehelich Geborene
I. Ober- und Mittelklasse	98
II. Zwischenklasse	104
III. Erwerbstätige mit besonderer Berufsausbildung .	141
IV. Zwischenklasse	162
V. Ungelernte Arbeiter	178

Erich Ernst Schwabach*) pries, wie im Kapitel „Familiendämmerung" ausgeführt wurde, den Gebärwillen der Frau, der vorhanden sei, wenn für jedes Kind Nahrung gesichert wäre. Diese schöne Verkündung verliert leider jeden Trost angesichts der vorgeschilderten ziffernmäßigen Tatsachen. Denn diese beweisen, daß gerade dort, wo „Raum, Luft, Nahrung und Lebensmöglichkeit" im Überflusse vorhanden sind, die Kinder fehlen, um dieser Güter teilhaftig zu werden.

Mit Schwabachs Prophetie kann sich nur beruhigen, wer die Wirklichkeit nicht kennt.

Einen wesentlichen Bestandteil der sozial gehobenen Schichten bilden im Deutschen Reiche die Beamten. Die Feststellung ihrer Kinderzahl verdient in diesem Zusammenhange besondere Beachtung, weil bei den Beamten genau nachprüfbare Einkommensverhältnisse vorliegen. Wenn wirklich eine gute Vermögenslage die Kinderzahl günstig beeinflussen

*) a. a. O.

würde, so müßte die Sicherheit des Beamteneinkommens in dieser Hinsicht ganz besondere Auswirkungen zeitigen. Die Wahrheit ist: die Kinderzahl der Beamtenschicht im ganzen bleibt hinter dem Reichsdurchschnitt um rund ein Viertel, die der höheren Beamten sogar um rund zwei Fünftel hinter der volksdurchschnittlichen Kinderzahl zurück.*) Im Jahre 1912 hatten noch von den Beamten des reichsdeutschen Post- und Telegraphendienstes im Alter von 55 bis 60 Jahren die höheren durchschnittlich 2,2, die mittleren 2,6, die unteren 3,9 Kinder.**) Sechs und mehr Kinder hatten von diesen höheren Beamten 1,3 v. H., von den mittleren 2,5 v. H., von den unteren 8,1 v. H. (Schallmayer). Neuerlich finden sich Angaben in der in Bayern nach dem Stande vom 1. Juli 1916 durchgeführten Familienstatistik der bayerischen etatsmäßigen Staatsbeamten.†) Gliedert man die Besoldungsgruppen in folgende Ordnung:

I—IV untere Beamte = 1. Abteilung,
V—IX mittlere Beamte = 2. Abteilung,
von X aufwärts höhere Beamte = 3. Abteilung,

so ergibt sich nach Burgdörfer folgende Zahlentafel:

51810 untere planmäßige Beamte der gesamten bayer. Verwaltung
14805 mittlere " "
9440 höhere " "

76055 Beamte überhaupt. Von je 100 bayerischen Beamten jeder Abteilung waren 1916

	ledig	kinderlos	hatten Kinder überhaupt	1	2	3	4 und mehr	zus.
untere	8,8	10,3	80,9	16,5	18,6	14,8	31,0	100
mittlere	13,4	15,1	71,5	22,8	22,3	13,2	13,2	100
höhere	19,9	15,9	64,2	19,5	22,1	12,3	10,3	100
insgesamt	11,1	11,9	77,0	18,1	19,7	14,2	25,0	100

Während von den unteren Beamten nur knapp $^1/_{10}$ ledig und ein weiteres Zehntel kinderlos waren, $^8/_{10}$ dagegen Kinder hatten, waren bei den höheren Beamten mehr als doppelt soviel (20 v. H.) ledig und 16 v. H.

*) Nach Burgdörfer.

**) Thomsen, Der Völker Vergehen und Werden. R. Voigtländers Verlag, Leipzig.

†) Heft 88 der „Beiträge zur Statistik des Königreichs Bayern". München 1918.

kinderlos. Insgesamt waren also noch nicht $^2/_3$ der höheren Beamten im Besitze von Kindern. (Als Kinder sind in der bayerischen Statistik die am 1. Juli 1916 lebenden ehelichen Kinder einschließlich der legitimierten gezählt.) Im Durchschnitte der gesamten bayerischen Verwaltung (einschließlich Verkehrsverwaltung) kamen nach dem Stande vom 1. Juli 1916 Kinder

	auf einen Beamten	auf einen verheirateten (einschl. der verwitweten und geschiedenen)	auf einen Vater
untere Beamte	2,7	3,0	3,3
untere Beamte der Verkehrsverwaltung .	3,3	3,4	3,7
mittlere Beamte . . .	1,7	2,0	2,4
höhere Beamte	1,5	1,9	2,3
insgesamt	2,4	2,7	3,1

Beachtenswert ist, daß die unteren Beamten der Verkehrsverwaltung, die zumeist aus dem Arbeiterstande hervorgingen, nicht unbeträchtlich höhere Kinderzahlen als diejenigen der übrigen Verwaltung hatten. (Bei den mittleren und höheren Beamten sind die Unterschiede zwischen der Verkehrsverwaltung und den übrigen Verwaltungen verhältnismäßig geringfügig.)

Für das übrige Reich fehlen Angaben gerade über die Kriegsjahre. Erst für 1926 — also nach einer Spanne von 10 Jahren — liegen wieder Zahlen vor, die aber nicht unmittelbar mit den vorigen in Beziehung zu setzen sind. Sie entstammen einer in der allgemeinen Reichsverwaltung (unter Ausschluß der Betriebsverwaltungen von Post und Reichsbahn) nach dem Stande vom 1. Januar 1926 durchgeführten Erhebung über Zahl, Familienstand und Besoldungsverhältnisse der planmäßigen Beamten*). Die Zahl der Reichsbeamten betrug 90 248; darunter waren 81 114 (89 v. H.) verheiratet. Die Zahl der auf diese Beamten entfallenden Kinderzuschläge betrug 103 242. Es trafen demnach durchschnittlich auf einen Beamten überhaupt 1,14 Kinderzuschläge, auf einen verheirateten Beamten 1,27 Kinderzuschläge. Die Kinderzuschläge werden nur für unterhaltsberechtigte Kinder, also nicht für alle Kinder gewährt; es fallen erwachsene, bereits berufstätige Kinder somit aus. Daher sind diese Zahlen nicht unmittelbar mit den bayerischen von 1916 vergleichbar. Das Zahlenbild ist folgendes:

*) Vgl. Burgdörfer a. a. O. S. 84.

	Zahl der Beamten	davon verheiratet	Hundertsatz	Zahl der Kinderzuschläge	Kinderzuschläge auf einen verheirateten Beamten
Untere Beamte . .	8 953	7 891	88	11 148	1,41
Mittlere Beamte .	72 805	66 049	91	83 416	1,26
Höhere Beamte . .	8 490	7 174	84	8 678	1,21
insgesamt	90 248	81 114	89	103 242	1,27

Von den unteren und mittleren Beamten sind also rund 10 v. H., von den höheren Beamten dagegen 16 v. H. unverheiratet. Der höhere Beamte kommt infolge der längeren Ausbildungsdauer und der späteren Anstellung — nach dem 32. Lebensjahre — meist erst später und in recht zahlreichen Fällen überhaupt nicht zur Ehe.

Noch stärker fällt die geringe Verheiratetenquote der höheren Beamten bei der Reichsbahn auf. Die Reichsbahn hatte nach einer Erhebung vom Juli 1925 insgesamt 324 824 Beamte, von denen 301 144 oder 96 v. H. verheiratet waren, und zwar:

untere Beamte	97 v. H.
mittlere Beamte	95 v. H.
höhere Beamte	81 v. H.

Auch die Kinderzahl der höheren Beamten bleibt sehr erheblich hinter der Kinderzahl der mittleren und noch mehr hinter der Kinderzahl der unteren Beamten zurück. Nach der Erhebung in der allgemeinen Reichsverwaltung vom Jahre 1926 trafen durchschnittlich auf einen Reichsbeamten 1,14 Kinder, berechnet auf die Zahl der verheirateten Beamten 1,17 Kinder. Sind diese Durchschnittssätze schon bedenklich niedrig, so scheinen die Sätze für die mittleren und noch mehr für die höheren Beamten als im höchsten Maße unzureichend. Während im Durchschnitte bei den unteren Beamten auf einen Beamten noch 1,2 Kinder treffen, entfallen bei den mittleren Beamten auf einen Beamten durchschnittlich nur noch 1,15 und bei den höheren Beamten gar nur 1,02 Kinder. Die mittleren Beamten bleiben also um etwa 10 v. H., die höheren Beamten um etwa 20 v. H. hinter der durchschnittlichen Kinderzahl der unteren Beamten zurück, die ihrerseits zweifellos schon geringer ist als die des gesamten Volksdurchschnitts.

Bei der Reichsbahn, deren Statistik die dreifache Zahl der Beamten umfaßt, sind die Unterschiede noch stärker.

Kinderzuschläge auf einen Beamten

untere Beamte	1,9
mittlere Beamte	1,4
höhere Beamte	1,0

Die höheren Reichsbahnbeamten haben also nur halb so viel Kinder wie die unteren.

Die Zahlen für die höheren Besoldungsgruppen müssen um so mehr zu Bedenken Anlaß geben, als mit Rücksicht auf die längere Ausbildungsdauer, welcher in der Regel die Kinder dieser Gesellschaftsschicht bedürfen, die Kinderzahl, bemessen nach der Zahl der Kinderzuschläge, bei den höheren Beamten gegenüber den mittleren und unteren Beamten nicht unwesentlich vergrößert erscheint. Dies hat seinen Grund darin, daß nicht nur die Kinder bis zum 16. Lebensjahre, sondern auch die in der Ausbildung begriffenen Kinder bis zum 21. bzw. bis zum 24. Lebensjahre bei der Schicht der höheren Beamten stärker ins Gewicht fallen als bei den unteren Beamten. Würde man alle Kinder von über 16 Jahren ausscheiden, so würde wahrscheinlich der Abstand der durchschnittlichen Kinderzahl bei den höheren Beamten von der Kinderzahl mittlerer und unterer Beamten noch erheblich größer sein. Die in einer Rede des Reichsfinanzministers gelegentlich einmal erwähnte Zahl von durchschnittlich 1,4 Kindern auf die Beamtenehe wurde bisher in fast allen Kreisen, die sich mit diesen Fragen beschäftigen, als zu gering betrachtet. Die vorstehenden Zahlen zeigen dagegen, selbst wenn man sich vergegenwärtigt, daß es sich nur um die Zahl der Kinderzuschläge und nicht der Kinder selbst handelt, daß die angenommene Ziffer von 1,4 noch viel zu günstig ist.

Daß die Verstädterung im Zusammenhange steht mit dem Geburtenrückgang, springt in die Augen, wenn man die in der Großstadt vorhandene Geburtenhäufigkeit gegenüberstellt derjenigen im Reiche überhaupt. Es trafen auf 1000 Einwohner an lebend Geborenen:

im Jahre	in den Großstädten	im Reiche
1921	18,9	25,3
1922	16,5	23,0
1923	14,5	21,1
1924	14,1	20,5
1925	14,9	20,7
1926	14,1	19,5
1927	13,4	18,4
1928	13,6	18,6

Um die Bedeutung dieser Zahlen voll zu würdigen, muß man bedenken, daß bereits heute nicht weniger als 30 v. H. der Reichsdeutschen in Großstädten leben und der Zustrom vom Lande unvermindert anhält. Zieht man zum Vergleich die Geburtenziffer ausländischer Großstädte heran, so ergibt sich, daß der Durchschnitt für die deutschen Großstädte bereits im Jahre 1926 beträchtlich hinter London mit 17,1 v. T. und hinter Paris mit 16,1 v. T. an Lebendgeburten lag. Ganz zu schweigen von der deutschen Reichshauptstadt, deren Verhältniszahl zur gleichen Zeit nur noch 10,6, im Jahre 1928 gar nur noch 9,8 betrug. Während im Durchschnitt der deutschen Großstädte die Sterbeziffern den Geburtenziffern gerade noch annähernd die Wage halten, zeigt für das Jahr 1927 die Berliner Sterbeziffer mit 11,4 v. T. sich um 1,5 größer als die gleichzeitige Geburtenzahl. Dies nach der rohen Bilanz. Nach der bereinigten Bilanz errechnet Burgdörfer einen Fehlbetrag von 9,8 auf 1000 Einwohner. Er stellt hierzu folgende Betrachtung an: „Würde heute jeder Zuzug nach Berlin und jeder Wegzug aus Berlin gesperrt, wäre also die Berliner Bevölkerung sich selbst überlassen, so würde — selbst wenn kein weiterer Geburtenrückgang mehr stattfände — die Viermillionenstadt in einer einzigen Generationsdauer auf weniger als zwei Millionen zusammengeschrumpft sein und in der zweiten Generation würden nicht einmal eine Million Enkel, in der dritten Generation kaum noch eine halbe Million Urenkel von der heutigen Berliner Bevölkerung übrig sein. Berlin würde von innen heraus absterben." Gewiß marschiert die Reichshauptstadt mit Abstand an der Spitze der geburtenschwachen deutschen Großstädte (auch aller Weltstädte). Aber schließlich ist sie doch nur deren Schrittmacher.

Wo die seelischen Ursachen für dieses Erscheinungsbild der Großstädte liegen, wurde eingehend bereits dargelegt. Der dem Erdboden entrissene Mensch verkümmert, wie wir jetzt sehen, nicht nur seelisch, er gibt auch die Kräfte seines Blutes preis. Die Großstädte sind die Friedhöfe der Völker. Darüber wird im eugenischen Abschnitte noch zu reden sein.

Die Entwurzelten

Das 19. Jahrhundert ist nicht bloß das Jahrhundert der Auswirkung eines aufklärerischen Individualismus auf die Massen. Es ist auch das technische Zeitalter des Großbergbaus und der Großindustrie, das erst „Massen" im heutigen Sinne schuf. Es ist die Zeit der Umschichtung der Bevölkerungen, ihrer Heraushebung aus einer engen landwirtschaftlichen Umwelt, ihrer Übersiedelung in die Großstädte. Die Dichte der in Groß- und Mittelstädten zusammengeballten Bevölkerung nahm jäh zu. Das flache Land dagegen verlor vielfach sogar an Bevölkerung.

Die neue Technik schuf neue Arbeitsmöglichkeiten. Der Weltverkehr schaffte Brotkorn und andere Nahrungsmittel, die in überseeischen Ländern billiger erzeugt werden konnten, nach den Hochkulturgebieten Europas und ermöglichte dort bis dahin ungekannte Menschenanhäufungen. (Erwerbsgrundlage und Nahrungsgrundlage liegen erst seit dem 19. Jahrhundert Tausende Kilometer voneinander entfernt.) Während in älteren Zeiten durch größere Sterblichkeit und durch starke Auswanderung der Geburtenüberschuß verbraucht wurde, änderte sich nunmehr das Bild. Die gebotenen Erwerbsmöglichkeiten im neuen deutschen Reiche schränkten die Auswanderung allmählich ein, während andere Völker zu gleicher Zeit noch starke Auswanderungszahlen behielten:

Zahl der Auswanderer nach Herkunftsländern in Tausenden („Annuaire statistique", Paris 1923, S. 195 ergänzt nach Stat. d. Deutschen Reichs, Bd. 336)

Jahre	Großbritannien und Irland	Deutsches Reich	Schweiz	Schweden Norwegen	Österreich, Ungarn	Dänemark	Frankreich	Italien
1851—1855	232	—	—	4	6	—	—	—
1856—1860	124	—	—	2	4	—	13	—
1861—1865	717	—	—	14	36	—	31	—
1866—1870	853	450	—	25	155	—	25	—
1871—1875	969	395	20	52	88	23	35	130
1876—1880	709	229	18	62	126	16	18	122
1881—1885	1292	857	50	175	254	38	25	294
1886—1890	1066	485	34	268	281	43	94	657
1891—1895	979	402	30	304	203	37	27	828
1896—1900	764	127	14	361	149	14	24	810
1901—1910	2818	280	49	243	1103	73	—	3615
1911—1913	1171	67	18	80	723	23	—	1226
1920—1926	1457	372	44	134	48	37	—	1086

Vergleicht man die Entwicklung der Bevölkerung in Europa mit der Bevölkerungsentwicklung früherer Jahrhunderte, so ist festzustellen, daß die Entwicklung des 19. Jahrhunderts einzig dasteht:

Europas Bevölkerung in Tausenden (nach Woytinsky)

Staaten	1480	1580	1680	1780	1880	1920
England	3 700	4 600	5 532	9 561	35 004	46 873
Frankreich . . .	12 600	14 300	18 800	25 100	37 400	39 210
Preußen . . .	800	1 000	1 400	5 460	27 279	37 485
Rußland . . .	2 100	4 300	12 600	26 800	84 440	101 410
Italien	9 200	10 400	11 500	12 800	28 910	38 836
Spanien . . .	8 800	8 150	9 200	9 960	16 290	21 338

Man vergleiche hiermit auch die Zahlentafel auf Seite 537, welche die Vermehrung der Bevölkerung der europäischen Staaten seit 1800 aufzeigt.

Die neuzeitliche Entwicklung des Deutschen Reiches von der Jahrhundertwende bis zum Kriegsbeginn ist sogar dadurch gekennzeichnet, daß mehr Menschen zuwanderten als auswanderten. Diese Zuwanderer waren meist Nichtdeutsche, vorwiegend Slawen, aber auch Italiener, die im Gegensatze zu den Slawen nicht die Neigung zeigten, im Deutschen Reiche ansässig zu werden. In der Schweiz war dies, wie Ammanns Untersuchungen beweisen, und zum Teil auch in Österreich und Frankreich, anders. Dort fand eine Unterwanderung durch Italiener, im Reiche durch Polen und Slowenen statt. Dreierlei ist zu unterscheiden: 1. die als billigste Arbeitskräfte von Bergbau und Industrie in Aufschwungszeiten herangezogenen und ansässig gemachten Slawen, 2. die von der Mittel- und Großlandwirtschaft geworbenen ausländischen Saisonarbeiter (Sachsengänger), 3. das langsame, im einzelnen gar nicht zu überprüfende Vordringen von reichsdeutschen Polen in Stadt und Land, vorwiegend in den preußischen Ostprovinzen.

Zunächst sollen diese Gruppen betrachtet werden. Die erste änderte im Vereine mit reichsdeutschen Slawen aus den Ostgebieten Preußens das Volksbild auch in weit westlich gelegenen Gebieten, vor allem in den sogenannten neuen (nördlichen) Kohlenbezirken des Ruhrreviers und gab manchen neuen Mittel- und Kleinstädten fast einen halb slawischen Anstrich. Oft ist den führenden Großunternehmern diese wahllose Menscheneinfuhr zum Vorwurf gemacht worden; man sprach von mangelndem nationalen Verantwortungsbewußtsein. Hier ist nicht Anlaß, sie zu entschuldigen; es besteht auch kein Zweifel, daß es z. B. in Österreich-Ungarn und in Altrußland deutsche Gebiete gab, die damals einen starken Menschenüberschuß alljährlich an Amerika abgaben, der vielleicht in reichsdeutsche Industriegebiete hätte abgelenkt werden können. Andererseits erfordert es die Gerechtigkeit festzustellen, daß die öffentliche Meinung im Deutschen Reiche damals dieser wahllosen Menscheneinfuhr fast gleichgültig gegenüberstand, daß das Verkehrte einer solchen Volkspolitik, welches heute des Beweises gar nicht mehr bedarf, nicht erfaßt wurde. (Übrigens haben Zusammenbruch, Aufrichtung des polnischen Staates und Währungsverfall das Gute gehabt, daß sehr wesentliche Teile der „Polen" teils nach Osten, teils nach Frankreich wieder abgewandert sind. Auch ist die Angleichung an die örtliche deutsche Bevölkerung, besonders unter den, wie schon erwähnt, gleichfalls vorhandenen Masuren, den oberschlesischen, posener und westpreußischen Polen lebhaft. Jedenfalls ist die Zahl der Fremdsprachigen im rheinisch-westfälischen Industriegebiet so stark zusammengeschmolzen, daß heute wesentliche Gefahren nicht mehr bestehen.)

In der Gruppe der ausländischen Sachsengänger dagegen liegen die Dinge viel ungünstiger. Auch ihre Zahl ging gegen die Vorkriegszeit zunächst stark zurück. Wieviele Sachsengänger es aber heute gibt, ist fraglich. Die amtlichen Zahlen über die Zulassung fremder Arbeitskräfte zur Arbeitsaufnahme in der Landwirtschaft (auf Grund ausgestellter Legitimationskarten, Befreiungsscheine oder Grenzläuferkarten) lauten für die Jahre:

1913[1])	rd. 412 000
1920[1])	151 000
1922	148 000
1924	110 000
1925	143 000
1926	135 000
1927	138 000
1928	146 000

Von nicht amtlicher Seite wird dagegen eingewendet, daß diese Zahlen viel zu klein wären — man nennt die doppelte Zahl —, da viele Sachsengänger heimlich die Grenze überschritten. Die strenge Überwachung derselben — sie mußten früher zwei Monate des Jahres außer Landes — hat heute aufgehört. Bei Ausweisungen droht der polnische Staat heute mit Deutschenausweisungen als Gegenmaßnahme. Die Größe der gegenwärtigen Gefahr ist mangels zuverlässiger Unterlagen nicht leicht zu ermessen; sie gewinnt erst ihre Bedeutung, wenn drei Tat-

[1]) Geschäftsjahr.

sachen mit ihr in Verbindung gebracht werden: die Westabwanderung der Deutschen, die stärkeren Geburtenzahlen der Slawen (sowohl in Polen und in den an Polen abgetretenen Gebieten, als auch in den östlichen beim Reiche verbliebenen gemischtvölkischen Grenzgebieten) und endlich der Drang des Polentums nach Westen, sein offen bekannter Wunsch, weitere Gebiete vom Reiche abzureißen. Näheres ist in dem Abschnitte Siedlung ausgeführt.

Dazu kommt noch die wirtschaftliche Widersinnigkeit. Betrugen doch die Erwerbslosenzahlen, d. h. die Hauptunterstützungsempfänger Mitte 1927 = 674 000, Mitte 1928 = 670 000, Mitte 1929 = 913 000. Wenn man die schon erwähnten hohen Zahlen der von der Landwirtschaft benötigten ausländischen Wanderarbeiter daneben hält, erkennt man, daß die Verteilung der Arbeitskräfte, daß die Organisation des reichsdeutschen Wirtschaftslebens völlig falsch ist und daß keinerlei Volkspolitik getrieben wird. Die Öffentlichkeit empört sich nicht gegen einen solchen Mißbrauch, obwohl er teuer bezahlt wird. Es wurden im Jahre 1928 820 Millionen Goldmark für Arbeitslosenunterstützung ausgegeben, während gleichzeitig der Verdienst der slawischen Wanderarbeiter monatlich etwa 70 bis 80 Millionen Goldmark betrug. Entsprechend vermehrt sich mittelbar das Heer der städtischen Arbeitslosen, welche Unterstützung gebrauchen. Die Untersuchung der Fehlerquelle ergibt folgendes Bild:

Mit der Blütezeit der deutschen Industrie und des Bergbaues mehrte sich die Arbeitsgelegenheit überrasch. Städte von oft mehr als hunderttausend Einwohnern wuchsen aus dem Nichts in wenigen Jahrzehnten heran: die Menschen ballten sich in einer auf dem europäischen Festlande bis dahin ungekannten Weise zusammen; an der Ruhr, in Sachsen, in Berlin, in Oberschlesien, aber auch in anderen Teilen des Reiches. Sie strömten aus allen Gebieten des Reiches (und aus dem Auslande) dorthin zusammen, zumeist aber aus den Ostgebieten Preußens: vom flachen Lande und aus den Kleinstädten. Dieser Zug nach dem Westen, eine Binnenwanderung von früher (zahlenmäßig) unbekannten Ausmaßen, hat mehr als nur eine Ursache:

Einmal ist der Drang nach dem Westen für das 19. Jahrhundert im Deutschen Reiche eine allgemeine Erscheinung, die mit geistigen und anderen Strömungen aufs innigste verbunden ist. Auf die geistigen Ursachen der Verstädterung, soweit sie im zweiten Teile dieses Buches behandelt wurden, sei auch hier hingewiesen. Nicht nur die oberen Schichten wurden vom Zuge nach dem Westen erfaßt. Die Rheinromantik, das leichtere, freiere und reichere Leben im Westen saugten vom klimatisch ungünstigeren Osten ab. Die allgemeine Verwestlichung der Deutschen im Zeitalter des Liberalismus kam hinzu. Am wichtigsten ist wohl die — seit die Freizügigkeit Gesetz geworden war — einsetzende Abwanderung in die Großstadt: die Landflucht. Berlin, Breslau und einige andere östliche Groß- und Mittelstädte hielten wohl Millionen östlich der Elbe zurück, andere Millionen zogen weiter westwärts: sie alle verließen das flache Land und die Kleinstädte, welche nicht nur verhältnismäßig zum Anstiege der Gesamtbevölkerung, sondern teilweise auch absolut (dort, wo es keine Kleinindustrie gab) an Einwohnerschaft verloren. Im Jahre 1871 gab es im Deutschen Reiche noch 26,2 Millionen Landbewohner und nur 14,8 Millionen Städter. Im Jahre 1910 war die Zahl der Landbewohner um 400 000 gesunken, auf 25,8 Millionen. Die Zahl der Stadtbewohner war aber um 24,3 Millionen gestiegen und betrug nunmehr 39,1 Millionen. Gab es im Jahre 1871 11,4 Millionen Landbewohner mehr, so überwogen 1910 die Stadtbewohner um 13,3 Millionen. Heute ist das Verhältnis noch stärker verschoben. Am stärksten von allen Staaten in England, wo mehr als 80 v. H. der Bevölkerung in Städten leben. Im Jahre 1925 wohnten im Deutschen Reich 22219031 oder 35,6 v. H. der Bevölkerung in ländlichen Gemeinden (unter 2000 Einw.) und 40191588 oder 64,4 v. H. in städtischen Gemeinden.

Erst konnte das flache Land also seine rasch wachsende Bevölkerung nicht mehr ernähren; daher die große überseeische Auswanderung bis 1900. Später, als der Zug in die Stadt allgemein wurde, als die höheren Löhne von Industrie und Bergbau lockten, kehrten sich die Verhältnisse um; sogar auf dem Lande setzte starker Arbeitermangel ein. Nach Bismarcks Abgang begann die schon geschilderte Sachsengängerei. Die Landwirtschaft im Groß- und Mittelbetrieb benötigte ausländische Arbeitskräfte in immer höherem Maße; der Verfeinerung der industriellen Technik folgte der gleiche Vorgang in der Landwirtschaft. Die Felder wurden sorgfältiger bestellt, der Boden stärker ausgenutzt, die Viehhaltung vermehrt. All das erforderte mehr Menschen: ein Vorgang, der noch keineswegs abgeschlossen ist. Die Einführung arbeitsparender Maschinen wurde ausgeglichen durch den höheren Bedarf an Arbeitskräften für den Hackbau (Zuckerrübe usw.).

Dafür fehlte der deutsche Arbeiter. Warum? Der Gründe sind viele, sie können höchstens angedeutet werden. Neben dem allgemeinen Drange in die Stadt und nach dem höheren Lohne, die schon erwähnt wurden, seien genannt: Härte und lange Dauer der Landarbeit, mangelhafte Wohnungen, ungünstige Schulverhältnisse, Fehlen der Zerstreuungen, welche die Soldaten während ihrer Dienstzeit kennengelernt hatten, bisweilen schlechte Behandlung, große Abhängigkeit und schließlich keine Aussicht auf sozialen Aufstieg, auf Selbständigmachung. Gerade die Frauen drängten in die Stadt, nach Bequemlichkeit und Unterhaltung.

So wanderten der Landarbeiter, sein Sohn und seine Tochter vom Lande in die Stadt: aus dem Landproletariat wurde ein Stadtproletariat, welches herabgesunkene Bauernsöhne, verarmte Kleinstädter und Großstadthandwerker vermehrten. Aus dem politisch gleichgültigen und machtlosen Landproletariat erwuchs die Masse klassenbewußter Sozialdemokraten. Auf die Entstehung dieses Landproletariats, welches das 18. Jahrhundert trotz seiner berüchtigten Bauernlegungen noch nicht gekannt hatte, einzugehen, würde zu weit führen. Nur so viel sei angedeutet, daß die Aufhebung der Leibeigenschaft zur Zeit der sogenannten Stein-Hardenberg'schen Reformen — hierüber gibt es leicht zugängliche Schriften in Fülle — den Groß- und Mittelbauer begünstigte, den Kleinbauern (Gärtner, Häusler) dagegen zum landlosen Tagelöhner herabdrückte; die Zahl derer, die nicht einmal ein eigenes Häuschen besaßen, war nicht gering. So entstand ein bodengelöstes, eigentumsloses Volk, das bei der Besitztrennung zwischen Bauerntum und Großgrundbesitz leer ausging, erst bei jedem Kündigungstermin von einem Gut zum anderen und später in die Stadt zog. Diese Feststellung soll kein abschätziges Werturteil einschließen. Auf ihre soziale Bedeutung wurde im Wirtschaftsteile näher eingegangen.

In der Zeit des schrankenlosen Individualismus sah man diesen Umschichtungsvorgang, den man erst spät in seiner vollen Tragweite erfaßte, zunächst als etwas fast Selbstverständliches an; man stand ihm hilflos gegenüber, als die bösen Folgen sich zeigten. Sie offenbarten sich zunächst im Sinken der Geburtenzahl bei den Deutschen überhaupt, die niedriger wurde als die der östlichen Nachbarvölker. Die Großstadt und die höheren Schichten, vor allem die Beamten, fingen damit an. Aber auch die Massen wurden „aufgeklärt", schon vor Jahren wurden erschreckend niedrige Geburtenzahlen der hochbezahlten Berliner Metallarbeiter veröffentlicht; allmählich wurden immer weitere Schichten davon ergriffen. Heute ist fast die ganze deutsche Bevölkerung des Reiches von der Geburtenverweigerung erfaßt. Karl C. v. Loesch führte dazu in der Zeitschrift der christlich-nationalen Arbeiterschaft „Deutsche Arbeit" im

Jahre 1926 folgendes aus. (Die Zahlen sind auf den neuesten Stand gebracht):

„Im Jahre 1927 betrug der Geburtenüberschuß in Preußen in den Städten nur noch 3,86, auf dem Lande dagegen 9,90 aufs Tausend. In ganz Preußen betrug der Geburtenüberschuß 6,5 aufs Tausend, im agrarischen Ostpreußen 9,0, in Großstädten dagegen wie Hamburg 1,3; in Berlin war er sogar mit —1,5 rückläufig. Für Berlin, das starke Wanderungsschwankungen aufweist, ergibt sich aus den Statistischen Jahrbüchern des Deutschen Reiches 1927, 1928 und 1929 heute folgendes Bild:

	Bevölkerung	Geburten von Ortsansässigen	Todesfälle von Ortsansässigen	Überschuß
1926	4 102 000	43 396	44 075	— 679
1927	4 179 000	41 167	47 395	— 6 228
1928	4 250 000	41 584	48 088	— 6 504

Der Rückgang ist also sehr deutlich. Etwas günstiger liegen die Dinge in Westfalen, wo ein großer Teil der Arbeiterschaft noch nicht in Großstädte zurückgedrängt ist, sondern auf dem Lande lebt und nur industrielle und bergmännische Arbeitsstätten hat.

Der Unterschied zwischen Stadt und Land ist also sehr groß und noch ungünstiger als diese Zahlen es anzeigen, da ja ein erheblicher Teil der Stadtbevölkerung aus ländlichen Zuwanderern besteht, welche die Geburtenzahlen der Stadt noch in die Höhe treiben. Daß alle deutschen Großstädte im Jahre 1928 trotz dieser ländlichen Zuwanderer nur 55013 Geburtenüberschüsse (247854 Geburten, 192 841 Todesfälle, gleich 4,46 aufs Tausend) von 18,2 Millionen Großstädtern aufweisen, ist sehr bemerkenswert. Ohne den ständigen Zufluß auf dem Lande aufgewachsener Bevölkerungsteile würden heute vermutlich die Sterbefälle in allen Großstädten (wie in Berlin) die Geburten sogar übertreffen. Die Großstadtbevölkerung schneidet also dem flachen Lande gegenüber sehr ungünstig ab. Dazu kommt die Verschlechterung der körperlichen Beschaffenheit: schon vor dem Kriege stellten von 100 Rekruten im Durchschnitt die ländlichen Gemeinden Ostpreußens 142, Berlin aber trotz der ständigen Zufuhr ländlicher Einwanderer nur 37.

Wir müssen damit rechnen, daß sich die Verhältnisse zwischen Stadt und Land immer mehr zuungunsten des Landes verschieben, da die im Kriege und in der Währungsverfallzeit stark eingeschränkte, ja rückläufige Stadtwanderung seit der Währungsfestigung und der Unrentabilität gerade höchst intensivierter landwirtschaftlicher Großbetriebe wiederum in erschreckendem Maße Platz gegriffen hat. Dazu kommt, daß auch das flache Land von Geburtenrückgängen nicht befreit ist. Zusammenfassung: 1913 hatte ganz Deutschland noch einen Geburtenüberschuß von 12 vom Tausend, das vorwiegend agrarische Ostpreußen sogar 12,5, Berlin nur 6,3. Im Jahre 1928 sank der Geburtenüberschuß in ganz Deutschland auf 7,0. Auch in dem agrarischen Ostpreußen, das nur noch einen Geburtenüberschuß von 10,3 aufwies, ist ein wenn auch schwacher Rückgang von 2,2 zu verzeichnen, während Berlin sogar eine rückläufige Geburtenziffer von —1,5, also im ganzen einen Rückgang von 7,8 aufwies."

In England, wo, wie schon bemerkt, nur noch 20 v. H. der Bevölkerung auf dem Lande leben, ist die Geburtenziffer gleichfalls jäh gesunken. Dieser Binnenwanderung legt man dort das Schwinden der alten Überlieferungen und die Abnahme der kinderreichen Ehen zur Last. In einem Zeitungsaufsatze heißt es:

„Immer später wird heute in England geheiratet, immer geringer ist die Zahl der Kinder, die den Ehen entsprießen. Mehr als 43 v. H. der Ehen konnten sich mit keinem Kinde unter 16 Jahren brüsten und 23 v. H. der Ehen wiesen je nur ein einziges Kind auf."

Wirkungen des Bevölkerungsschwundes

Es wurde bereits nachgewiesen, daß der Bevölkerungsrückgang nicht in gleicher Stärke bei allen Völkern des Abendlandes eingesetzt hat. Daraus entstehen ernste Gefahren für die in ihrem Bevölkerungswachstum hinter ihren Nachbarn zurückbleibenden Staaten. Ein stark wachsendes Volk hat immer den Drang zur räumlichen Ausdehnung. Wenn die eigenen Fluren hierzu keine Möglichkeit mehr bieten — und Neuland fehlt dem „Abendlande" — so wird die Ausdehnung, stets dem Gesetze des geringsten Widerstandes gehorchend, in dünner besiedelte Nachbargebiete erfolgen. Welche Auswirkungen für das gesamte Abendland hieraus zu erwarten sind, zeigt die nachfolgende Bevölkerungskarte Europas:

Europas Geburtenzahlen

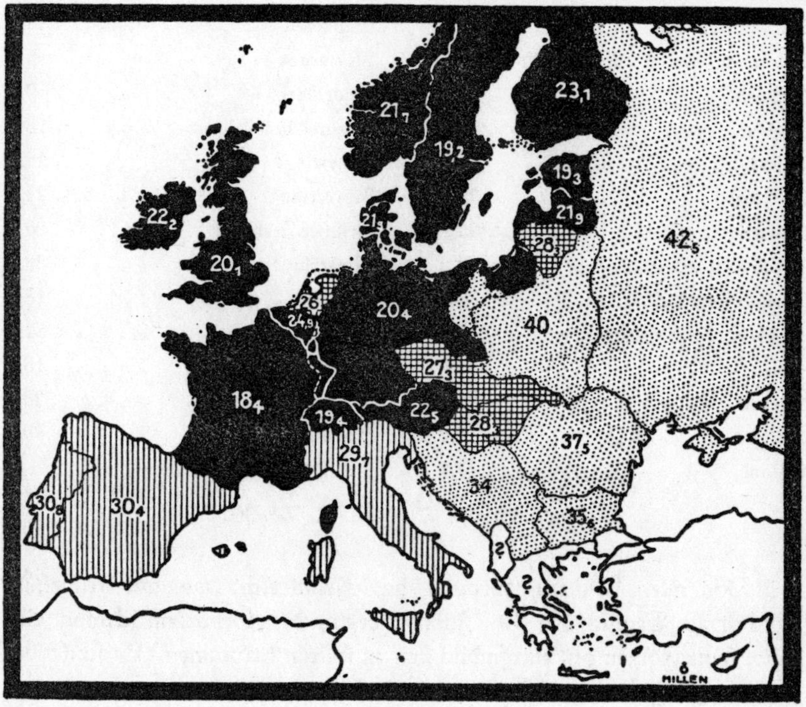

Kartenerläuterung: Karte der Lebendgeburten auf das Tausend der Bevölkerung der europäischen Staaten (1924) aus v. Loesch, „Paneuropa — Völker und Staaten" in „Staat und Volkstum", Bücher des Deutschtums, 2. Bd. 1926, Deutscher Schutzbund Verlag, Berlin.

In Vielvölkerstaaten sind die einzelnen Völker nicht unterschieden. Die Völker europäischer Hochkultur im geistigen, wirtschaftlichen und sozialen Sinne sind heute kinderarm mit rund 20 Lebendgeburten aufs Tausend. Die kulturärmeren des Ostens und Südostens (Ostgruppe mit durchschnittlich 40 Lebendgeburten) sind kinderreich. Zwischen beiden steht einmal eine stabile Mittelgruppe südwesteuropäischer Romanen in Portugal, Spanien und Italien mit 30 Lebendgeburten; es handelt sich um Völker geringerer Zivilisation, die ausdrücklich von Kultur unterschieden sei, welche die Geburtenziffer des Hochkulturkreises um die Hälfte überragen. Andererseits stoßen wir noch im östlichen Mitteleuropa auf Staaten, die gleichfalls (mit 27 bis 29 Lebendgeburten) eine Mittelstellung einnehmen und als in vermutlich rascherem Übergange begriffen bezeichnet werden können. Ein Staat aus der Hochkulturzone, Holland, hat noch günstigere Geburtenziffern; er scheint „noch nicht angepaßt" zu sein. Ungleichartige Bevölkerungsvermehrung ist ein wichtiger, in seiner Bedeutung noch längst nicht hinreichend gewürdigter Faktor der Politik.

Auf 1000 Einwohner kamen Lebendgeborene im Jahre 1927:

Deutsches Reich	18,4	Finnland	21,2
Tschechoslowakei	23,3	Schweden	16,1
Österreich (einschl. Burgenland)	17,8	Norwegen	18,2
Schweiz	17,4	Dänemark	19,6
Italien	27,0	England und Wales	16,6
Rumänien	35,5	Schottland	19,8
Bulgarien	33,2	Nordirland	21,3
Ungarn	25,7	Irischer Freistaat	20,3
Ukraine (U. S. S. R.)	40,2	Niederlande	23,1
Weißrußland (W. S. S. R.)	38,6	Belgien	18,2
R. S. F. S. R. (europ. Teil)	44,4	Luxemburg	21,0
Polen	31,6	Frankreich	18,2
Litauen	29,1	Spanien	28,6
Lettland	17,2	Portugal	30,0
Estland	17,7		

Nach: Statist. D. Dtsch. R. Bd. 360.

Von allen Ländern Europas hat Frankreich, wo am frühesten, nämlich zu Beginn des 19. Jahrhunderts, der Geburtenrückgang einsetzte, seine Folgen am empfindlichsten zu spüren bekommen. Es sank vom zweiten Platz, den es 1800 noch einnahm und 1830 noch eben halten konnte, 1860 gegenüber Deutschland auf den dritten Platz, 1890 war es auch von Österreich-Ungarn überflügelt. England hatte damals die Zahl Frankreichs fast erreicht. Das Jahr 1920 sah Frankreich an vierter Stelle, von England und Italien überflügelt. Wäre 1918 Österreich-Ungarn nicht auseinandergefallen, so wäre Frankreich 1920 sogar auf den fünften Platz unter den europäischen Staaten verwiesen gewesen. In Frankreich war schon in der Mitte des 19. Jahrhunderts die Geburtenzahl sehr niedrig. Sie sank langsam in den folgenden Jahrzehnten, und zwar so stark, daß die Gesamtbevölkerung wegen der nicht geringen Sterblichkeit nur noch wenig wuchs. In manchen Jahren vor 1914 war die Sterblichkeit sogar größer als die Ziffer der Geburten. Seit dem Kriege wird ein schwacher Bevölkerungszuwachs verzeichnet.

Frankreichs Bevölkerungszahlen.

Jahr	Bevölkerungszahl	Lebendgeburten	Todesfälle	Überschuß
1913	41 678 000	790 355	731 441	58 914
1920	39 200 000	833 518	671 057	162 461
1921	39 240 000	811 776	693 125	118 651
1922	39 420 000	759 702	687 651	72 051
1923	39 880 000	761 258	665 696	95 562
1924	40 310 000	753 519	678 942	74 577
1925	40 610 000	770 060	707 816	62 244
1926	40 850 000	767 475	712 751	54 724
1927	40 920 000	741 708	676 666	65 042
1928	41 020 000	745 315	675 110	70 205

Die Zahl der Lebendgeburten in Frankreich ist also um 34000 geringer, seine Gesamtbevölkerungszahl um 700000 schwächer als vor dem Kriege, trotz des Erwerbs von Elsaß-Lohringen mit etwa 1500000 Einwohnern. Zieht man diese ab, so zeigt sich eine Verlustzahl von 2200000 Menschen. Dabei ist die starke Einwanderung noch gar nicht berücksichtigt. Nach einer Vorausberechnung von Alfred Sauvy geht die Bevölkerungszahl Frankreichs bis 1955 auf 38 Millionen zurück (Journal de la société de statistique de Paris 1928, Nr. 12).

Jedenfalls hat die Zahl der eigentlichen Franzosen (im Sinne von französisch Sprechenden, zum französischen Volkstume Gehörigen) seit 1890 stark abgenommen. Frankreichs Gesamtbevölkerung dagegen wurde 1919 durch 1500000 Elsaß-Lothringer zu mehr als 90 v. H. deutschen Volkstums, ferner ständig durch einwandernde Schweizer, Luxemburger, Flamen, Italiener, Spanier und farbige Koloniale verschiedenster Herkunft, neuerdings auch durch Polen aufgefüllt. Nach Woytinsky gliedern sie sich folgendermaßen:

1 700 000	Deutsche	(4,4 %)
1 000 000	Kelten	(2,6 %)
600 000	Italiener	(1,5 %)
250 000	Spanier	(0,6 %)
600 000	(?) andere fremdvölkische Gruppen	(1,5 %)
4 150 000	Nichtfranzosen	(10,6 %)

Andere schätzen die Zahl der Nichtfranzosen auf etwa 5 Millionen, von denen je 2½ Millionen fremdvölkische französische Staatsbürger und fremdsprachige Ausländer sein sollen. Neuerdings wird die Zahl der Italiener in Frankreich auf 1 Million beziffert. Dem entspricht auch, daß unter den Departements mit hohen Geburtenzahlen gerade diejenigen sind, die hohe Nichtfranzosenzahlen haben. Die höchsten Geburtenüberschüsse wurden im Jahre 1926 in folgenden Departements verzeichnet: Pas-de-Calais, Nord, Moselle, Bas-Rhin (Unter-Elsaß), Finistère, Morbihan, Meurth-et Moselle, Seine Inférieure und Aisne. Die Departements mit den stärksten Überschüssen an Todesfällen sind Gironde, Haute-Garonne, Yonne, Lot-et-Garonne, Allier, Lot, Gers, Cher, Puy-de-Dôme, Nièvre, also solche mit französischer Bevölkerung.

Die Geburtenschwäche der Franzosen, die heute viel klarer als die der reichsdeutschen Bevölkerung zutage liegt, kann zur Gefahr für Europas Frieden werden, so wie die des Deutschen Reiches alle geburtenkräftigeren Nachbarn mit starken Machttrieben, wie die Slaven, geradezu ermutigen muß, nach den deutschen Grenzländern zu greifen. Die Geburtenschwäche Frankreichs stachelt nämlich den Länderhunger Italiens auf, das diese Vorgänge sorgfältig beobachtet. Und in der Tat muß ein Unvoreingenommener zugeben, daß Italiens Geburtenüberschuß einen Überdruck erzeugt, dessen Folgen nicht ausbleiben können. Vor dem Weltkriege half sich Italien durch Auswanderung, deren Durchschnittsziffer von 1891 bis 1913 fast 300 000 betrug, 1913 aber schon 560 000 erreicht hatte, im Jahre 1922 aber auf 121 000 gewaltsam von außen her herabgedrückt war, um 1927 wieder auf das Doppelte anzuschwellen. Heute ist diese angesichts der Arbeitslosigkeit in den europäischen Hochkulturstaaten, die vordem zu niederen Arbeiten Italiener zuließen, sie aber heute genau wie die Vereinigten Staaten nicht mehr einlassen, unnatürlich klein. Aber Italien hat durch eine zielbewußte Auswanderungsgesetzgebung (Erschwerung der Auswanderung) erreicht, große Teile des Bevölkerungsüberschusses dem Lande zu erhalten, um die Auswanderer für Ziele der nationalen Politik einzusetzen. Trotzdem versucht Italien noch immer seine Geburtenziffern zu heben; dies zeigt, daß der Fascismus die Bedeutung der wachsenden Kopfzahl für die Politik erkannt hat und trotz augenblicklicher Verlegenheiten im rechten Augenblick alle Folgerungen daraus rücksichtslos ziehen möchte. Mussolini drückte die Lage dem Vertreter einer Berliner Zeitung gegenüber Ende Dezember 1926 folgendermaßen aus: „Die Länder, die aus Trägheit, Egoismus und Liebe zum dolce far niente den gesunden Ausbau des Volkstums vernachlässigen, sind auf Gnade und Ungnade ihren robusten Nachbarn ausgeliefert, die für das Wachstum ihrer Nation wirken". Es klingt wie ein Witz, wenn Mussolini den Franzosen und damit auch mittelbar den Deutschen jene Eigenschaften vorwirft, die der West- und Mitteleuropäer in seinem Hochmute bisher dem Südeuropäer beilegte. In dieser Hinsicht hat er aber vollkommen recht.

Alle abendländischen Völker vermochten, solange sie noch gesund waren, kräftige Auswandererströme abzugeben. Frankreich war als erstes Land auf amtliche Einwanderungsförderung angewiesen, eine Erscheinung, die, wenn auch in geringerem Ausmaße, im Deutschen Reiche ebenfalls vorliegt. Diese Masseneinwanderung muß die völkische Zusammensetzung von Grund aus ändern. Um dieser unmittelbaren politischen Gefahr zu entgehen, versucht es, weiße und farbige Einwanderer durch politische Mittel und kulturelle Beeinflussung einzuschmelzen, sie zu Vollfranzosen zu machen. Erleichtert wird dies dadurch, daß der Franzose die Abneigung der Germanen und Angelsachsen gegen Vermischung mit Farbigen nicht kennt, daß er Halbblütige ohne Bedenken als Vollfranzosen (Vollblutfranzosen darf man wohl nicht sagen) in seine Reihen aufnimmt.

Diese erfolgreiche Französierung hat freilich auch vielfache Nachteile. Sie nimmt, wie mehrfach berichtet wurde, den Söhnen kinderreicher Völker, z. B. Italienern, die für die Franzosen wünschenswerte Eigenschaft, den Familientrieb. Näheres kann darüber nicht mitgeteilt werden, da diese volkspsychologischen Vorgänge bei der Umvolkung noch allzu wenig beachtet und aufgeklärt sind. Als ein weiterer Nachteil kommt die Änderung des Volkscharakters hinzu, die freilich — theoretisch gesprochen — auch von Vorteil sein könnte. Endlich birgt diese Entvolkungspolitik auch außenpolitische Gefahren der Verwicklung: wenn die zu Entvolkenden einem volksstolzen Volke und Staate entstammen. So ist Italien nicht mehr gewillt, seine Söhne in Frankreich und Tunis entvolken zu lassen. Anders die Schweiz, Luxemburg und Belgien (Flamen!). Verzichtet das französische Volk auf Einschmelzung, so wird sich die Zahl der Fremdvölkischen unheimlich vermehren, verzichtet es jedoch auf Einwanderung, so werden seine Felder brach liegen. Frankreich ist also in einer Zwickmühle.

Wirtschaftliche Folgen

Um die Mitte des 18. Jahrhunderts betrug die Bevölkerungsziffer Europas etwa 150 Millionen. Um 1800 erreichte sie etwa die Zahl von 180 Millionen. Heute dürfte sie 450 Millionen überschritten haben. Schon zu Beginn dieser Entwicklung traten Befürchtungen auf wegen einer Übervölkerung der Erde überhaupt. Man sah mit Schaudern den Zeitpunkt herannahen, da die Erde nicht mehr imstande sein würde, die auf ihr lebenden Menschen zu ernähren. Wirtschaftliches Leben und Politik wurden damals beunruhigt durch das im Jahre 1798 erschienene Werk des Nationalökonomen Robert Malthus, „Versuch über das Bevölkerungsgesetz". In diesem wies der Verfasser nach: „Die Menschen haben die Tendenz, sich in geometrischer Progression zu vermehren". Darin erblickte er eine drohende Gefahr wegen des „beschränkten Nahrungsspielraumes der Erde". Trotz Malthus nahm die Bevölkerungsvermehrung des ängstlich aufhorchenden Abendlandes ununterbrochen ihren Fortgang. Schmoller*), obwohl ein bedingter Anhänger der Malthus'schen Lehre, weist mit Recht darauf hin, daß gerade die relative Übervölkerung, d. h. diejenige Volksdichtigkeit, welche bei den vorhandenen Lebensbedingungen als Druck empfunden wird, die Menschen erst zu Erfindungen der Technik und des Verkehrswesens treibe. Heute steht außer Zweifel, daß infolge Schaffung des zusätzlichen Lebensraumes, trotz der sogenannten Übervölkerung der Erde, weniger Menschen hungern, als etwa zur Zeit Christi, da etwa 150 Millionen Menschen die Erde bevölkert haben dürften. Wenn gegenwärtig angesichts der zehnfachen Zahl vorsorgliche Gemüter Gefahren herannahen sehen, so ist das nur die Wiederholung längst bekannter Angstrufe. Während sonst der moderne Mensch ein unbegrenztes Vertrauen auf die unbegrenzten Fortschrittmöglichkeiten der Naturbeherrschung besitzt, wird er in diesem Punkte zaghaft und kleinmütig, wo sein höchstes eigenes Wohlbefinden in Frage gestellt scheint. Er will lieber aussterben und sich lautlos davonschleichen als gegebenenfalls der Notwendigkeit ins Auge sehen, den Kampf um den Lebensspielraum aufzunehmen. Es soll hier nicht untersucht werden, ob die Erde wirklich, wie von ernsthafter Seite behauptet wird, schon nach dem gegenwärtigen Stande der Technik die dreifache oder sechsfache Anzahl von Menschen ernähren kann, welche sie jetzt besitzt. Namhafte Geographen (Penck) schätzen die Fassungsfähigkeit der Erde auf das Drei- bis Vierfache von heute. Australien allein könnte an Stelle seiner heutigen sechs Millionen Einwohner nach ernsthaften Berechnungen 50mal soviel ernähren. Soviel steht fest: wenn jemals die Frage des Lebensspielraumes um Sein oder Nichtsein geht, werden schwache Völker sie niemals zu ihren Gunsten entscheiden.

Ganz allgemein läßt sich der Satz aufstellen: ein Volk wird niemals untergehen an Geburtenüberfluß. Dagegen wird es an den Wurzeln seines Daseins bedroht durch Geburtenarmut. Das gilt mit besonderer Augen-

*) Grundriß der allgemeinen Volkswirtschaftslehre, Verlag von Dunker u. Humblot.

fälligkeit auch für die Deutschen in ihrer gegenwärtigen Lage. Aber, wird immer wieder eingewandt, beweisen denn die Ziffern der Arbeitslosen nicht, daß der deutsche Wirtschaftskörper dringend nach Abbau der Bevölkerung verlangt? Ist es nicht ein unverantwortlicher Leichtsinn, neue Millionen mit der Sorge um Arbeit und das tägliche Brot zu belasten? Ist es nicht eine Grausamkeit, den wirklich Arbeitenden stets die Lebenserhaltung eines immer mehr anwachsenden Heeres von Arbeitslosen aufzubürden? — Das sind Gedankengänge, die vielleicht in beschränktem Maße eine gewisse Berechtigung haben für den Einzelnen von heute, schon nicht mehr für morgen, auf keinen Fall für die fernere Zukunft des Volkes.

Es wurde bereits festgestellt, daß der deutsche Volkskörper im Jahre 1933 nach dem Gange der gegenwärtigen Entwicklung einen Ausfall von rund 10 Millionen Geburten erlitten haben wird. Daß dadurch seine Verbrauchsfähigkeit an Gütern, d. h. die Aufnahmefähigkeit des deutschen Binnenmarktes, schwere Einbußen erfährt, ist unbestreitbar. Es kann daher die bestehende Arbeitslosigkeit sicherlich doch als ursächlich mitbestimmt durch den Geburtenausfall angesprochen werden. Diese Tatsache gilt schon für die unmittelbare Gegenwart. Ebenso gehört hierher die bereits gemachte Feststellung, daß gleichzeitig, während viele hunderttausend deutsche Arbeiter Erwerbslosen- und Krisenunterstützung erhalten, hohe Millionenbeträge aus deutschem Volksvermögen an ausländische Wanderarbeiter fließen.

Viel einschneidender aber sind die verhängnisvollen Wirkungen des deutschen Geburtenschwundes für die nächste und fernere Wirtschaftszukunft. Schon im Jahre 1929 hat sich auf dem Arbeitsmarkte ein ganz empfindlicher Mangel an Lehrlingen bemerkbar gemacht: die durch das erste Kriegsjahr 1914/15 verminderte Altersklasse wurde aus der Schule entlassen. Noch stärker wird dieser Ausfall sein für die nächsten Jahre, insbesondere für 1932 und 1933, wo kaum die Hälfte des Nachwuchses für den Arbeitsmarkt zur Verfügung steht wie vor 1929. Da aber die Geburtenziffern in der Nachkriegszeit keineswegs wieder einen nur annähernd entsprechenden Ausgleich finden, wird der Ausfall des Arbeiternachwuchses zur Dauererscheinung. Die deutsche Wirtschaft als Einheit braucht aber bei ihrem heutigen Aufbau einen Mindeststamm von Nachwuchs, um den geordneten Wirtschaftsgang aufrechterhalten zu können. Fehlt dieser, so wird der Wirtschaftskörper in seiner gegenwärtigen Ausdehnung nicht mehr weiter bestehen können, zum Schaden der heute im Berufsleben stehenden mittleren Altersklassen; es sei denn, man läßt fremdstämmige Arbeiter herein. Fortschritte der Technik können vielleicht diesen Prozeß verlangsamen und abmildern, aber nicht aufhalten.

Nirgends tritt jedoch die ganze Widersinnigkeit der Gründe, welche aus wirtschaftlichen Erwägungen gerade von der Arbeitnehmerseite für die Geburteneinschränkung ins Feld geführt werden, so klar zutage wie beim Zuendedenken ihrer Wirkungen auf die Alterszukunft der jetzt im Erwerbsleben stehenden deutschen Arbeiterschaft. In der Vorkriegszeit besaß die Invalidenversicherung ein Rohvermögen von über zwei Milliarden Mark. 1913 noch waren die Einnahmen um etwa 40% höher als die Ausgaben. In der Hauptsache war dieses Ergebnis bestimmt durch zwei Gründe: einmal durch die hohe Zahl der Beitragsleistenden aus den geburtenreichen drei Jahrzehnten nach der Reichsgründung und die normale Besetzung der hohen Altersklassen, der Rentenbezieher. Sodann, weil infolge dieses gesunden Verhältnisses zwischen Zahl der Leistenden und Zahl der Empfänger eine Vermögensaufstockung möglich war, die ihrerseits wieder Zinsen trug und damit zur Einnahmequelle wurde. Aus der Geldentwertungszeit wurde nur ein geringer Bruchteil des Vermögens der Invalidenversicherung gerettet. Die Zinsen ihres heutigen Vermögensbestandes reichen aus, um 3 bis 4 v. H. der Rentenleistungen zu decken. Im Jahre 1913 konnte rund die Hälfte der Leistungen aus Zinsen bezahlt werden. Trotz der erhöhten Beiträge lebt also heute die Invalidenversicherung sozusagen von der Hand in den Mund, d. h. ihre Leistungen werden fast ausschließlich bestritten aus den laufenden Einnahmen, den Beiträgen. Eine Vermögensbildung geht daher langsam und ungenügend vonstatten, und wenn überhaupt, so nur deswegen, weil die Zahl der Beitragsleistenden heute noch sehr hoch ist. Denn diese stammen aus der geburtenreichen Zeit. Es werden aber in wenigen Jahrzehnten diese zahlreich vertretenen Jahresklassen aufgerückt sein in das unterstützungsbedürftige Alter. Aus Beitragleistenden werden Rentenempfänger. Ihre Zahl wird im Gegensatz zu früheren Zeiten um so größer sein, als die mittlere Lebensdauer des Deutschen beträchtlich gehoben wurde. Beträgt heute die Zahl der Sechzigjährigen zwischen 3 und 4 Millionen oder rund 6 v. H. der Gesamtbevölkerung, so wird sie im Jahre 1975 über 8 Millionen oder rund 13 v. H. ausmachen. Dieses gewaltige Anwachsen der „Alten" veranschaulicht die nebenstehende Abbildung:

Den stark besetzten, zu Rentenempfängern werdenden Altersklassen aus der Vorkriegszeit rücken die beitragsleistenden, gelichteten Reihen der Kriegs- und Nachkriegsjahre nach. Die Lasten werden steigen, die Einnahmen sinken. Der geringe Bestand des Vermögens, soweit überhaupt verfügbar, kann nur kurze Zeit ausreichen, die aus dem Mißverhältnis zwischen Einnahmen und Ausgaben entstehenden Fehlbeträge zu decken. Ist es verbraucht, so ruht die ganze Last der Rentenzahlungen auf den vorhandenen Beitragsleistenden. Ob diese eine solche Mehrbelastung zu

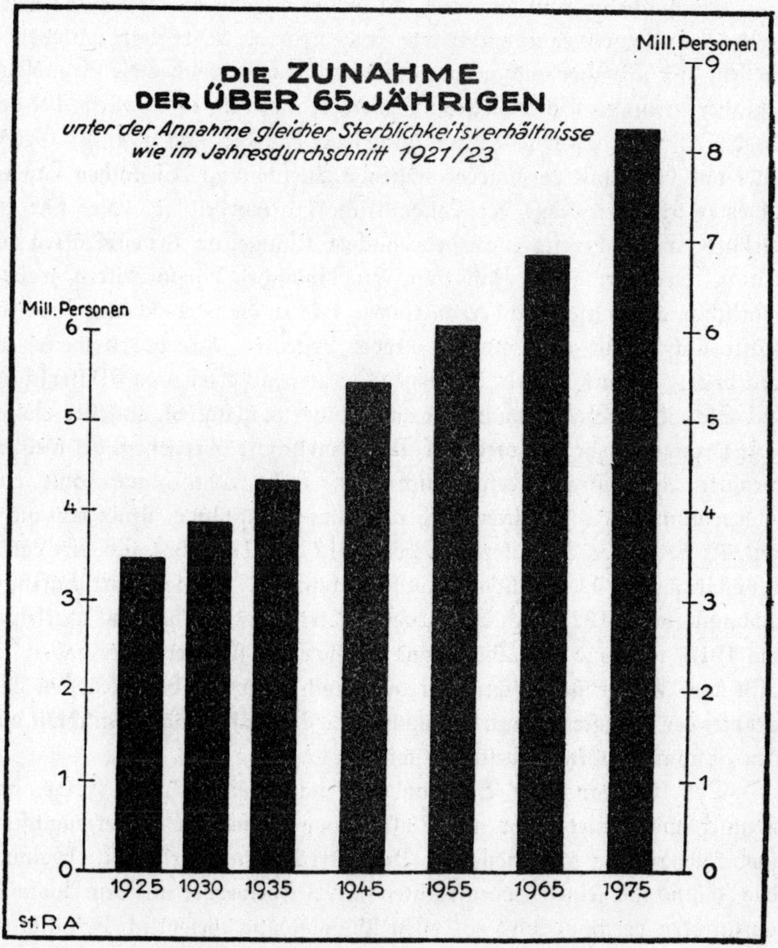

(Aus Bd. 316 der Statistik des Deutschen Reichs)

tragen imstande sind, ist mehr als zweifelhaft. Ein Ausweg wird also stets nur in der Hauptsache auf Kosten der „Alten" gefunden werden können: Erhöhung des Arbeitsalters und Herabsetzung der Rentenbezüge. Und eigentlich nicht unverdient: denn immer müssen die Jungen die

Alterschwachen ernähren. Wer aber sorgt für die, welche zu bequem waren, Kinder aufzuziehen? Hier ruhen Probleme, deren Lösung unvergleichlich mehr Bitternis und Schwierigkeiten ankünden als alle Fragen der Übervölkerung und der Schaffung zusätzlichen Lebensraumes es je vermochten.

Die anscheinend so nüchterne Rechnung derjenigen, welche aus einer zahlreichen Bevölkerung nachteilige Folgen für die Wirtschaft nachweisen wollen, läßt sich aber auch gerade auf dem Gebiete, welches die Grundlage jeglicher gesunden Volkswirtschaft darstellt, als irrig nachweisen: bei der Landwirtschaft. Es wurde schon dargelegt, daß der Zug nach der Großstadt und die damit verbundene volkliche Aussaugung des flachen Landes zu einer schweren Krise der Landwirtschaft geworden ist. Hier hat die Geburtenarmut bereits einen bedrohlichen Mangel an Arbeitskräften gezeitigt. Trotz der hohen Zahl von fremdländischen Landarbeitern, welche jährlich nach Deutschland hereinströmen, reichen die vorhandenen Arbeitskräfte nicht mehr aus, um den bisher bestellten Ackerboden weiter zu bearbeiten. Statt mittels der neuen Errungenschaften von Wissenschaft und Technik den Bodenbau immer ausgiebiger zu gestalten, muß der Bauer notgedrungen mehr und mehr zur Weidewirtschaft übergehen, bei welcher weniger Arbeitskräfte erforderlich sind. „In Deutschland zählt das Bauerntum, vor 40 Jahren noch der Hauptberufsstand, heute nur mehr gut 22 v. H. der Bevölkerung; von 1917 bis 1925 hat sich die Landbevölkerung um 3,7 Millionen Köpfe vermindert. Die landwirtschaftliche Anbaufläche ist 1925 nach dem neuen Gebietsstand um 859000 ha kleiner als 1913, während die Wiesen und Viehweiden sich vermehrt haben."*) Mit dem Bauernstand schwindet aber auch einer der bedeutendsten Abnehmer der Industrie, deren Erzeugung und Beschäftigungsmöglichkeit von den Absatzmöglichkeiten bestimmt wird.

Der Rückgang des Bodenanbaues hat aber auch zur Folge, daß Deutschland immer mehr auf Einfuhr von fremden Bodenerzeugnissen, insbesondere von ausländischem Brotgetreide, angewiesen ist. Solange das Inland mit seinen Bodenfrüchten als Wettbewerber mit dem Auslande aufzutreten vermag, wird es dessen Preisbildung wesentlich beeinflussen. Ist es erst einmal mangels genügender Eigenproduktion hierzu nicht mehr imstande, so wird den Ackerbau treibenden Einfuhrländern geradezu eine Monopolstellung zugewiesen. Dieser Entwicklung ebnen diejenigen den Weg, welche bedingungslos die Öffnung der Grenzen fordern, um der Arbeiterbevölkerung billiges Brotgetreide zu geben. Sie untergraben

*) Geburtenrückgang, von Richard Korherr, Südd. Monatshefte, Dezember 1927.

dem deutschen Bauern die Grundlage seiner Lebensfähigkeit, weil sie nicht sehen oder nicht sehen wollen, daß die Billigkeit der Einfuhr in dem Augenblicke fragwürdig wird, wo das Inland als Lebensmittellieferant ausscheidet.

Einen wesentlichen Bestandteil eines jeden Volksvermögens bildet der Boden. Frankreich, eines der fruchtbarsten Länder Europas, hat zu seinem Leidwesen erfahren müssen, welch gewaltige Einbußen an Volksvermögen eintreten, wenn infolge fehlender Arbeitskräfte die Bebauung des Ackerbodens nachläßt. Man schätzt seine Verluste durch die so bedingte Bodenentwertung in der Zeit von 1879 bis 1914 auf 35 Milliarden Goldfranken. Harmsen*) weist die ursächlichen Zusammenhänge zwischen Bevölkerungsschwund und Bodenentwertung Frankreichs an Hand genauer Feststellungen nach, die außerordentlich aufschlußreiche Einblicke gewähren. „Nach einer amtlichen Erhebung hat zwischen 1879 und 1908 in den Departements der Bretagne beispielsweise eine Werterhöhung stattgefunden, die in dem Departement Morbihan 16%, in Finistère sogar 22% betrug, während die Werte im Norden, z. B. Côte du Nord gleich blieben. Solche Erhebungen sind natürlich in ihrer Genauigkeit begrenzt. Die Wertsteigerung des Bodens dürfte im Mittel in den letzten 30 Jahren kaum weniger als 40% in der Bretagne betragen, bedingt durch die hier noch ständige Erhöhung der Bevölkerung. Finistère und Morhiban sind die einzigen landwirtschaftlichen Departements, deren Bevölkerungszahl zwischen 1906 und 1911 angewachsen ist, und zwar betrugen die Einwohnerzahlen:

	1906	1911
in Finistère	773 050	795 103
in Morbihan	573 151	578 500.

Hier haben wir auch, ausgenommen Pas de Calais, die höchsten Geburtenziffern, und zwar kamen 1912 auf 100 Geburten 61 bzw. 68 Todesfälle, während im Südwesten in Gers in demselben Jahre auf 100 Geburten 123 Todesfälle kamen, in Lot 130. Hier haben gewisse Gebiete seit 1851 mehr als 50% ihrer Einwohner verloren und die acht Departements des Südwestens über $^1/_5$ ihres Bestandes. Es kann uns also nicht wundernehmen, wenn hier die offiziellen Erhebungen des Bodenwertes zwischen 1879 und 1908 eine Bodenentwertung feststellen mußten, die in

*) Bevölkerungsprobleme Frankreichs, Kurt Vowinckel Verlag.

Lot	40%
Lot-et-Garonne	62%
Dordogne	44%
Tarn-et-Garonne	57%
Gers	50%

beträgt. Dabei erreichen aber auch diese Ziffern zweifellos nicht einmal die Wirklichkeit, und man kann wohl mit einer allgemeinen Entwertung zwischen 70—75% rechnen.

Viele der heutigen Familien in der Gascogne wollen nur ein reiches Kind hinterlassen, welches doch ärmer sein wird, als wenn diese Familie drei Kinder hervorgebracht hätte. Ihr Landbesitz, der beispielsweise vor 40 Jahren mit 100 000 Franken bewertet wurde, dürfte heute dem einzigen Erben nicht mehr als 25 000 Franken bringen, während dasselbe Gut für drei Kinder den ursprünglichen Wert durch seine intensivere Bewirtschaftungsmöglichkeit erhalten hätte. — Amtlich schätzte man schon 1914 den Wertverlust in diesem Gebiet auf zwei Milliarden dreihundertfünfzig Millionen Goldfranken. Er übertrifft aber sicher drei Milliarden, und heute verliert die Gascogne jährlich etwa 100 Millionen Goldfranken an Wert und vermindert ihren Reichtum um 10 Millionen Goldfranken mit jeder Verminderung um 1000 Einwohner. Die reichen Besitze verfallen, weil keine Arbeitskräfte vorhanden sind. Während in der Bretagne der arme Boden heute dank des Geburtenreichtums wertvoller ist, haben wir im Süden das Bild schwersten wirtschaftlichen Zusammenbruchs. Die fruchtbare Limanche, diese herrliche Ebene, die Sidonius Apollinaris schon im 6. Jahrhundert preist und mit einem Meer von Fruchtbarkeit und Grüne vergleicht, wo die Ernten schwellen wie Flüsse, ohne jede Gefahr eines Schiffbruches, dies ist heute ein Gebiet Frankreichs, wo der Boden fast keinen Käufer mehr findet." Diese Ausführungen Harmsens widerlegen schlagend den Irrglauben, Entvölkerung steigere den Wohlstand der Übriggebliebenen. Im Gegenteil! Sie werden ärmer, weil sie die schlummernden Reichtümer aus Schwäche nicht mehr heben können.

Gelingt es nicht, die in Deutschland bereits eingetretene Entwicklung zum Stillstand zu bringen, so wird in wenigen Jahrzehnten das Schicksal des französischen Ackerbodens auch das des deutschen werden. Nie war im Reiche das Angebot an Landgütern so stürmisch wie in den letzten Jahren. Es erfolgt durchweg zu Preisen, die ganz bedeutend unter denjenigen der Vorkriegszeit liegen.

Die Sorglosigkeit derer, welche den Schwund im deutschen Volkskörper als gefahrlos, ja sogar als begrüßenswert ansehen, vergißt allzuleicht dessen Wirkung für den Kriegsfall. Die Geschichte hat, wie eingangs dieses Teiles nachgewiesen, warnende Beispiele aufzuzeigen dafür, daß hochentwickelte Technik nicht Volkskraft zu ersetzen vermag. Aber auch ein gewonnener Krieg kann das Ende eines Volkes bedeuten, wenn die Blutverluste groß sind und nicht ersetzt werden. Darum kann nur ein geburtenstarkes Volk den „Aderlaß" des Krieges ertragen. Es wird aber

Eheschließungen, Geburten und Sterbefälle in deutschen Großstädten vom Januar 1927 bis März 1929

Auf 1000 Einwohner und ein volles Jahr berechnet

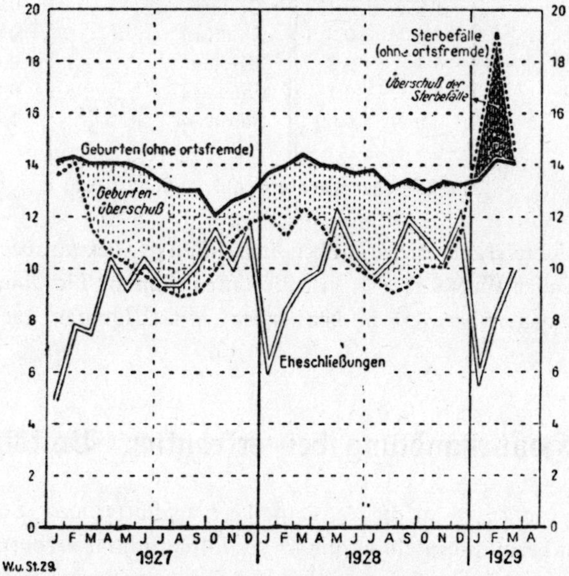

Aus Wirtschaft und Statistik, Heft 9, 1929.

auch von vornherein schon viel weniger Gefahr laufen, ihn ertragen zu müssen als ein geburtenschwaches Volk. Denn es bietet dem Ausdehnungsdrang der Nachbarn weniger Anreiz. Wie Kriege, so fordern plötzlich auftretende, seuchenartig verbreitete Krankheiten außergewöhnliche Menschenverluste, welche die normalen Sterbeziffern steigern. Je geringer in den solchen Krankheiten vorausgehenden Zeiten die Geburtenüberschüsse waren, desto größer wird die Gefahr solcher Krisen. Schon die im Frühjahr 1929 auftretenden Grippeerkrankungen haben die Sterbekurven der deutschen Großstädte in steilem Anstieg weit über die Geburtenkurve hinausgeführt.

Für einzelne Großstädte ergaben sich für März 1929 im Vergleich zu demselben Monate des Jahres 1928 Sterbefälle (auf 1000 Einwohner und aufs Jahr berechnet):

Großstädte	Sterbefälle an Grippe (auf 1000 Einwohner und aufs Jahr berechnet) März 1929	1928	Großstädte	Sterbefälle an Grippe (auf 1000 Einwohner und aufs Jahr berechnet) März 1929	1928
Berlin	0,3	0,2	Hannover	1,2	0,2
Köln	1,5	0,3	Leipzig	0,3	0,2
Dortmund	1,3	0,1	Dresden	0,4	0,2
Düsseldorf	2,8	0,3	Frankfurt a. M.	0,8	0,2
Hamburg	0,4	0,3	Breslau	0,4	0,2
Bremen	0,3	0,1	München	0,8	0,1
Magdeburg	0,9	0,08	Nürnberg	1,4	0,2
Halle a. S.	0,8	0,1			

Aus Wirtschaft und Statistik, Heft 9, 1929.

In Auswirkung dieser hohen Sterblichkeit betrug der Geburtenüberschuß aller Großstädte in den Monaten Januar bis August nur 1,3 auf 1000 gegenüber 3,0 in den ersten acht Monaten des Vorjahrs.

Die Heilbehandlung des erkrankten Volkskörpers

Wie konnte es geschehen, daß diese erschütternden Tatsachen, an denen nicht herumzudeuteln ist, bisher der Öffentlichkeit verborgen blieben? Die Zahlen sind ja amtlich ermittelt und stehen in einem Buche, das jeder für einige Reichsmark kaufen kann? Warum haben Behörden und Presse kaum darauf hingewiesen? Warum schweigt der sonst so geschwätzige Reichstag?

Statistiker und Biologen wissen das alles sehr wohl und beobachten diese Entwicklung seit Jahren mit Sorge. In wissenschaftlichen Fachblättern und in Zeitschriften von Vereinen, welche sich Volkserhaltung zum Ziele setzen, ist darüber längst geschrieben und gesprochen worden. Aber die Stimme der Wissenden dringt bis zur Stunde nicht durch. Es mag sein, daß die Darstellung nicht packend genug war, daß die politischen und wirtschaftlichen Folgerungen nicht rücksichtslos genug gezogen und der Öffentlichkeit dargelegt wurden. „Neu" ist freilich so gut wie nichts an der Darstellung des Verfassers, nur die Zusammenfassung in weltanschaulicher Einheit.

Immerhin hätte die Öffentlichkeit, die Presse, hätten Regierungen, Reichstag und Landtage von alledem längst Kenntnis nehmen können. Denn es sind genug wissenschaftliche Werke, Broschüren und Flugschriften veröffentlicht, letztere beide Arten auch allen Abgeordneten der bedeutenderen Volksvertretungen unentgeltlich zugesandt worden.

Der Grund liegt also wohl nicht in ungenügender Aufklärung, sondern in einem Nicht-hören-wollen. Diese Dinge sind ja sehr unangenehm und unbequem. Sie erfordern ein Umdenken auf der ganzen Linie, das Verlassen liebgewordener Vorstellungen und „Errungenschaften". Dem stehen vielfach wirtschaftliche und klassenpolitische Interessen entgegen. Endlich hindert — das ist freilich eine fadenscheinige Entschuldigung — der Augenschein am Erkennen: die Städte wimmeln ja von Menschen; Wohnungsnot und Erwerbslosigkeit beherrschen die öffentliche Sorge.

Überhaupt hat „der Staat" mit seiner individualistischen Gesetzgebung stärksten Anteil am Zustandekommen der derzeitigen Zustände. Sein verfassungsmäßiger Familienschutz steht nur auf dem Papier. Aber auch da sieht er mehr als spärlich aus. Die Hauptmängel zeigen sich auf den Gebieten des öffentlichen Rechts, des Strafrechts, des Familien- und Erbrechts, des Wohnungswesens, der Besoldungsordnung, des Steuerrechts. Hier kennt man nur Einzelne, nicht die Familie.

Auch die hochgerühmte soziale Gesetzgebung war keineswegs familienfördernd. Der Abfall der Geburten setzt etwa zur Zeit des Erlasses der großen sozialen Reichsgesetze ein und fällt ungefähr mit der Jahrhundertwende zusammen. Damit soll jedoch nicht gesagt sein, daß die soziale Gesetzgebung des Reiches den Geburtenverfall geradezu hervorgerufen habe; denn er hat fraglos andere Ursachen. Lediglich sei festgestellt, daß die hochgepriesene deutsche Sozialgesetzgebung nicht imstande war, den Volksverfall aufzuhalten. In diesem Zusammenhange ist es sogar gleichgültig, ob sie ihn nicht hinderte oder ob sie ihn sogar förderte. Es genügt vielmehr zu verzeichnen, daß ihr solche Absichten gar nicht innewohnten.

Die aufs Ganze gerichtete Denk- und Fühlweise unserer Generation steht daher, im einzelnen oft bewundernd, im ganzen aber ablehnend dem sozialpolitischen Werke der vorigen gegenüber. Nicht die Erhöhung des Wohles des Einzelnen — so berechtigt das Gefühl des Mitleids auch sein mag —, sondern die Erhaltung des Gesamtvolkes soll künftig das Ziel der sozialen Politik des deutschen Volkes und des Deutschen Reiches sein: Bevölkerungs-, richtiger Volkspolitik müssen wir treiben, wenn wir nicht untergehen wollen. Volkspolitisch arbeiten heißt nicht nur die Zahl des Volkes steigern wollen, sondern vor allem auch die Güte; heißt für eine gesunde Zusammensetzung sorgen: nicht gleichmachen, sondern ausgleichen.

Frankreich sieht die innen- und außenpolitischen Gefahren seines Zustandes seit langer Zeit und sucht ihnen zu begegnen. Durch eine aktive Sozial- und Familiengesetzgebung, welche Harmsen*) geschildert hat, sucht es den Ursachen des Bevölkerungsschwundes, der gewollten Kindereinschränkung entgegenzutreten. Ob es die wahren Ursachen bereits erkannt hat und die richtigen Mittel anwendet, ist eine andere Frage. Wie weiter oben ausgeführt ist, führt der Individualismus zwangsläufig zum Volkstod. Uns Jungen sind heute die seelischen Abgründe, welche die Kinderarmut verursachen, völlig klar. Wir sind entschlossen, die entsprechenden Folgerungen zu ziehen. Auch das junge Frankreich scheint Ähnliches zu wollen. In den Leitsätzen der Partei „Droite nouvelle", die freilich noch wenig Anhänger zählt, sind die Folgerungen mit Deutlichkeit gezogen:

„Von einem Grundsatz aus soll von jetzt an Innen- und Außenpolitik Frankreichs bestimmt werden. Er lautet: Frankreich war unter Ludwig XIV. ein Drittel der Bevölkerung Europas. Heute dagegen umfaßt es noch den elfeinhalbten Teil der Bevölkerung Europas und ist auf dem besten Wege, ein Zwölftel zu werden. Innenpolitisch erfordert das, moralisch Front zu machen gegen den Geist der revolutionären Zersetzung, der den Bevölkerungsschwund Frankreichs verschuldet. Es ist nicht so, wie die französische Linke klagt, daß das Leben in Frankreich zu schwer sei, — Frankreich hat vielmehr bedeutend größere Möglichkeiten an Bodenschätzen und klimatischen Voraussetzungen als seine Nachbarländer. Es kommt darauf an, die Parole des Selbstgenusses des Individuums auszumerzen und an ihrer Stelle das Gemeinschaftsgefühl in den Seelen zu erwecken. Auch außenpolitisch bestimmt jener Grundsatz die Bahnen, die Frankreich zu beschreiten hat. Für jeden vernünftig denkenden Menschen ist ohne weiteres klar, daß ein Frankreich, welches ein Elftel Europas darstellt, nicht dieselbe Außenpolitik treiben kann, wie damals, als es ein Drittel Europas war."

Keiner von uns jungen Deutschen hätte dies klarer sagen können: es ist Wort für Wort richtig und kann auch für das Deutsche Reich gelten, obwohl die Verhältnisse dort anders liegen. Frankreich steht — das muß

---

*) Bevölkerungsproblem Frankreichs, „Volk unter Völkern", Hirt, Breslau, 1925.

gesagt werden, um ungerechte Urteile zu vermeiden — erst am Anfange einer modernen Sozialgesetzgebung. Es ist heute noch in viel höherem Maße Agrarland als das seit 40 Jahren stark industrialisierte Deutsche Reich. Frankreich ist aber auch das Mutterland der reinen Verstandesherrschaft: das gibt den entscheidenden Fingerzeig. Es wurde zuerst vom Individualismus erfaßt, welcher langsam alle anderen Völker des Abendlandes ergriff. Deshalb zeigte es auch am frühesten die bekannten Verfallserscheinungen, welche darum besonders stark ins Auge fielen, weil Frankreichs Sterblichkeit verhältnismäßig bedeutend ist.

Was sind die Gesichtspunkte für eine wirksame bevölkerungspolitische Gesetzgebung? Das Zeitalter der Vergottung des Einzelnen unterstellte unbewußt, daß die Fruchtbarkeit der Völker unermeßlich sei. Für seine Frühzeit im 18. Jahrhundert (Zeitalter der Aufklärung — Malthus) ist die Furcht vor Übervölkerung sogar kennzeichnend. Diese Furcht verlor sich später, ohne aber einer gegenteiligen Besorgnis Platz zu machen. Bis jetzt ist nichts geschehen. Dagegen wurde eine Reihe schädlicher Gesetze erlassen. Eine vom Gefühle der Gesamtverantwortung für die Erhaltung des Volkes getragene Bevölkerungspolitik ist also bis heute in deutschen Landen noch nicht verwirklicht worden.

Dazu ist es aber höchste Zeit. Die gesamte Gesetzgebung des Reiches und der Länder bedarf der Überprüfung und Änderung nach dem Grundsatz:

Nicht das Einzelwohl zu fördern ist erste Staatsaufgabe, sondern die Gesunderhaltung des Gesamtvolkskörpers. Dazu gehört die Wiedererweckung des natürlichsten unentbehrlichen, Triebes nach starker Vermehrung. Ehrung der Kinderreichen, weil sie am meisten für „den Staat" leisten, Vorzugsrechte (Wahl, Steuer, Besoldung, Erbschaft, Grunderwerb, Schule, Erziehung usw.), Prüfung der Versuche fremder Staaten in dieser Hinsicht. Bewußte Hinarbeit auf Änderung der Volkssitten. Verschiedene Vorschläge zum rechtlichen Neubau wurden im staatspolitischen Teile dieses Buches schon gemacht. In Einzelheiten einzugehen, verbietet sein Rahmen. Denn der Einzug eines neuen, richtunggebenden Geistes in das deutsche öffentliche Leben wird natürlich auch die rechtsschöpferischen Kräfte hervorlocken. Darüber können allzu Ängstliche beruhigt sein. Im übrigen hat der Bund der Kinderreichen sehr viel Vorarbeit auf diesem Gebiete geleistet. Daß sie nicht entsprechend ausgewertet wurde, liegt daran, daß der Zeitgeist eben jener Arbeit den Widerhall versagte, der einem Verein von diesem sittlichen Schwergewichte beschieden sein sollte.

Es genügt aber nicht, die kinderreiche Familie zu fördern. Auch die kinderreiche Landgemeinde muß von Schullasten befreit werden. Sie erzieht ja mit größter Überspannung ihrer Kräfte den Nachwuchs für die Großstadt, die es leicht hat, aus deren Arbeitserträgnis heraus zu wirtschaften (Schulpaläste). Ausgleich ist hier die Forderung.

Ehrfurcht vor dem Alter ist Pflicht — ein Teil der Kindespflicht auf die Allgemeinheit ausgedehnt: daraus folgt schon die Pflicht, die Alten, wenn sie gebrechlich geworden sind, zu ernähren. Aber Grenzen setzt das Vermögen. Einst zeugte man Kinder und zog sie auf, um im Alter von ihnen ernährt und gepflegt zu werden. Gerade die Armen taten es. Die Kinder waren der Spartopf der Besitzlosen. Mit dem Aufhören der patriarchalischen Verhältnisse in der Zeit nach der Aufhebung der Leibeigenschaft war niemand mehr da, der sich — falls die Kinder versagten oder versagt geblieben waren — der armen Alten oder Siechen annehmen konnte. In der Zeit der Hochblüte des Liberalismus konnte der „befreite Einzelmensch" verkommen, wenn sich die öffentliche Barmherzigkeit seiner nicht annahm. Erst die sozialen Gesetze der Neuzeit schufen Wandel und gaben ein Recht auf Versorgung. Falscherweise machten sie aber das Reich zum Träger. Diese Entpersönlichung rächt sich heute. „Man" sieht nur „den Staat" in seiner Beziehung zum Einzelnen; Familie und andere Gemeinschaftskreise, die in erster Linie erhaltungspflichtig wären, sind ausgeschaltet. Die Stunde der Rache naht: das heute im besten Alter stehende Geschlecht, das keine Kinder mehr haben will, wird auch keine hinreichende Zahl von Trägern der künftigen Altersversorgung mehr finden. So muß dies Werk zusammenbrechen, wenn es nicht bald umgebaut wird. Die Gewerkschaften sehen dies leider nicht: so blendet der Individualismus jene, die sonst so vernünftig und eifrig auf ihre Interessen bedacht sind.

Völkerschicksale werden letzten Endes von der Frau entschieden, in der Familie — nicht aber im Ehebett. Die kinderlose Ehe ist im Ringen der Völker wertlos, sie dient der Erhaltung des Volkes nicht. So hoch Ehe und Mädchenehre einzuschätzen sind, muß doch erneut bekannt werden, daß die ärmste uneheliche Mutter, die ihr Kind hingebungsvoll aufzieht, daß dieses „gefallene Mädchen" mehr leistet als tausend Ehefrauen, die in allen Ehren das Kind oder die Kinder ablehnen.

Die Frauenfrage von heute ist die Volksfrage. Sie heißt: viele Kinder oder wenige. Die Frauenbefreiung der letzten 50 Jahre galt der Abstreifung von Fesseln der Familie, der Sitte, der sogenannten doppelten Moral, galt der rechtlichen und tatsächlichen Gleichstellung mit dem Manne. Das ist alles erreicht. Die Frau ist in deutschen Landen „frei und gleich". Hat sie dabei aber nicht Gesetze, die ihre Natur ihr auferlegt, verletzt? Erfüllt sie auch ihre Pflicht? In naiver, vielleicht begreiflicher Freude ob der gelungenen Befreiung, mit dem Blicke des Entronnenen auf seine zerbrochenen Handschellen versäumt sie diese. Weil sie in vielleicht noch höherem Maße als der Mann in Individualismus befangen ist, der sie in anderer Art — und viel gefahrvoller — verstrickte. Heute gilt es daher, die Befreiung der Frau aus den Schlingen des Individualismus durchzusetzen. Das ist die Voraussetzung zum Wiederaufbau der deutschen Familie, der Keimzelle des Volkes. Auch hier ist auf frühere Ausführungen im Kapitel „Familiendämmerung" zu verweisen.

Der Mensch steht aber nicht nur unter dem Gesetze seines Innern. Nicht nur persönliche verstandesmäßige Erwägungen drücken die natürlichen Instinkte zu Boden zugunsten selbstischer. Auch von außen regen sich Einflüsse. Sitte und Brauch (Zeitmoden auf gesellschaftlichem Gebiete, welche die jeweils herrschende Weltanschauung widerspiegeln) sind neben staatlichen Zwangsvorschriften für ihn mehr oder weniger bindende Gesetze. Gesellschaftssitten sind in einem großen Lande verschieden, nach Ort und Gesellschaftsschicht: Altes und Neues lagert neben- und übereinander. Sie gehen von den Brennpunkten des gesellschaftlichen Lebens aus, wo sie am frühesten und am raschesten wechseln; im Winkel, hinter den Bergen halten die Leute am längsten am Erbgute fest. Der moderne Verkehr, welcher der starken Binnenwanderung und damit der Umschichtung den Weg freimachte, und der früheren Jahrhunderten fremde allgemeine Schulunterricht, welcher erst den Aufschwung der Presse und die Massenverbreitung von Büchern ermöglichte, verursachten einen früheren Zeiten unbekannten raschen Wechsel der Gesellschaftssitten. Sitte ist, was immer von allen getan wurde. Ihre Geltung verdankt sie nicht allein einem gewissen Beharrungsvermögen. Es ist vielmehr das Vorhandensein eines allgemeingültigen Wertmaßstabes, das die gleiche Einstellung der Menschen eines bestimmten Kreises gegenüber den Dingen erzeugt. Wie der Leser weiß, führt der Verfasser diese Gleichheit im Werten auf die Verwurzelung im Übersinnlichen zurück. Sitte und Religion entspringen also gleichen Quellen. Versiegen sie, so droht mit dem Verfall von Religion auch der von Sitte und Brauch.

Auch das Recht wurzelt in der Gewohnheit, dem Herkommen. Aber der „freie Wille" des Gesetzgebers ist seine zweite und jüngere Quelle. Allzuweit darf auch er nicht die Tatsächlichkeit des Gemeinschaftslebens vernachlässigen, sonst verliert das Gesetz seine Gültigkeit. Der Gesetzgeber rechtspositivistischer Zeiten schöpft den Rechtswillen nicht aus der Tiefe des Volksgeistes, sondern aus der Zufallsmehrheit mechanisch arbeitender Parlamente. Er vermag also nie in innere Übereinstimmung mit dem eigentlichen Willen des Volkes zu gelangen. Je verstandesergebener ein Volk, um so veränderlicher das Gesetz, um so schwächer die Macht der Sitte.

Konservative Völker, wie das englische, lassen Gesetze über viele hundert Jahre in Geltung und warten zu; Nichtgebrauch setzt sie meist praktisch außer Kraft. Nur wenn allzu grobe Mißverhältnisse ins Auge fallen, werden Sondergesetze aus dem Bedürfnis der Zeit geschaffen. Neuerungen mehr zugängliche Völker, wie das französische, in dessen Schlepptau geistig-rechtlich auch das deutsche seit dem Aufklärungszeitalter folgt, beseitigen lieber das Alte und schaffen ganz Neues: auf Grund „vernünftiger" Zweckmäßigkeit, scheinbar aus einem Guß. Aber nur scheinbar: nur die Form ist neu, die Inhalte bloß zum Teil. Denn in Wirklichkeit schleppen auch modernste Völker in ihrer Gesetzgebung, die ein buntes Flickkleid weltanschaulicher Trümmer ist, Bestandteile aller Zeiten herum: Altheidnisches und Frühchristliches, Rechtsgut aus Reformation und Gegenreformation, aus der Aufklärung und dem Pietismus. Von vielen Völkern: Germanisches, Römisches, Hellenistisches und Spätabendländisches, Reste aus den Zeiten der Karolinger und Ottonen, des alten Ständestaates, der unbeschränkten Monarchie und der französischen Revolution, aus dem liberalen Manchestertum und der Freihandelsgläubigkeit, aus dem Schatze der Schutzzöllner und der sozialen Reformer.

Prüft man nun beide, Sittenschatz und Rechtsgut, auf den Bestand an Werten für die Volkserhaltung, so ist die Ausbeute mager.

Praktisch hat sich die Volkssitte in deutschen Landen vom Kinde abgewendet. Trotz aller gegenteiligen Sprichwörter wird das Kind tatsächlich als Last, als Störung empfunden, die kinderreiche Familie aber als etwas Lächerliches, Hinterwäldlerisches. Hier erst spielen wirtschaftliche Erwägungen eine große, ja eine entscheidende Rolle. Soziale Tugenden werden zu völkischen Lastern. Daß der Sohn mehr sein soll als der Vater, höher stehen, gebildeter oder reicher sein soll, ist tief in der deutschen Familie eingewurzelt. Der liberale Staat fördert diesen Wahn noch nach Kräften. Der Wille zum gesellschaftlichen Aufstieg, der für den Abendländer so bezeichnend ist und dem die individualistische Befreiung von sozialer Gebundenheit den Weg zur Tat freimachte, führte zur Kinderbeschränkung. Es gibt nichts Widersinnigeres und Volkszerschlagenderes als diesen Glauben. Denn wenn es gelänge, die sogenannten unteren Schichten eines Volkes durchweg zu heben und sie — das ist praktisch das Ziel für die Massen — der Handarbeit zu entheben, was wäre die Folge? Kein Volksgenosse wäre mehr für schwere Arbeit da, weil dann Werkmeister, Aufseher, Kontorangestellte, Maschinenschreiberinnen und höhere Fabrikarbeiterinnen die unterste Schicht bilden würden. Da die „schwere Arbeit" aber die Hauptmenge der Leistung bei der Urerzeugung (Land-, Garten- und Forstwirtschaft, Bergbau, Fischerei usw.) ausmacht, so müßte sie in die Hände von Fremdvölkischen gelegt werden.

Die Zerstörung des Staatsgefüges ist die unmittelbare Folge. Denn kein Volk kann ein Heer von Akademikern und mittelständischen Berufsausgebildeten gebrauchen. Sie müßten in Massen auswandern und die Fremdstaaten überschwemmen. Gerade die Wagemutigsten würden die Heimat verlassen. Schlimmste Gegenauslese wäre die Folge.

Fremdvölkische Unterwanderung würde ebenso zur Notwendigkeit. Wie das schon vielfach beobachtet wurde: in der Schweiz an den Reichsitalienern (durch Ammann), in Ostdeutschland an den Sachsengängern, in den Vereinigten Staaten an Farbigen. Volk wird dann zur Schicht. Auch das Auslanddeutschtum bietet gute Beispiele. Die deutschen Bauern, die, sei es aus Gründen der Landesverteidigung, sei es zur Urbarmachung öder, aber fruchtbarer Länder in fremdvölkische Umgebung gerufen wurden, waren ursprünglich kinderreich. Die Vermehrung der deutschen Bauernkolonien in Altungarn und den Schwarzmeerländern war bis vor kurzem noch erstaunlich hoch. Bis seit den 80er Jahren des verflossenen Jahrhunderts erst ganz langsam, dann immer schneller Geburtenbeschränkung Sitte wurde. Am frühesten in reichen Gemeinden. Ob die moderne Aufklärung, ob die Annahme einer üppigen Lebensweise, herrischer (ungarischer oder russischer) Lebensformen oder ob die Tatsache, daß neues Land für jüngere Söhne nicht mehr in der Nähe zu kaufen war — dieser Grund wird stets angegeben — die ursächliche erste Triebfeder zur Kinderbeschränkung war, ist in den meisten Fällen nicht mehr zu entscheiden. Heute ist die Verquickung vollkommen. Kinder sind nicht mehr Sitte. Ein Beispiel für Tausende: „Welche Schande", klagte eine junge sächsisch-siebenbürgische Bauersfrau, „ich kann mich im Dorfe nicht sehen lassen, ich bin mit einem dritten Kinde schwanger."

Die Folgen schildert die schon genannte Schutzbunddenkschrift eindrucksvoll:

„Die eigentlich sächsischen Siedlungen waren ehemals ein wohl fast vollständig geschlossenes Gebiet deutschen Volkstums, — ähnlich stand es im Banat; dort hört man auch heute noch auf die Frage, zu welcher Nationalität dieses oder jenes Dorf gehöre, die Antwort, daß es „rein deutsch" sei. Diese Antwort aber bedeutet heute meist nur noch, daß das Eigentum am Boden den deutschen Bauern ausschließlich zusteht. Die seit den letzten Jahrzehnten (in Siebenbürgen wohl noch früher) erfolgte „Unterwanderung" hat das Bild in Bezug auf die tatsächlichen Bevölkerungsverhältnisse wesentlich verschoben. Jetzt finden wir inmitten von „rein" deutschen Dörfern Fremdstämmige, die sozial niedriger stehen, oft mehreren Völkern angehörig, z. B. den Zigeuner als Hirten, den Rumänen als Landarbeiter oder Dienstboten, den Ungarn als Handwerker oder Knecht, den Juden als Händler. Sichtbar erleben wir hier die Entwicklung, daß sich das einst allumfassende deutsche Volkstum zu einer sozialen Oberschicht umwandelt. Die sächsischen Dörfer Siebenbürgens sind nur ein besonders deutliches Beispiel für einen Vorgang, der sich vielerorts an der deutschen Ostgrenze in mehr oder weniger sichtbaren Formen wiederholt. Die Umwandlung landwirtschaftlicher Technik oder Anbauweise kann ihn fördern oder aufhalten. (Hackfruchtbau, Maschinenbenutzung.) Großgrundbesitz innerhalb fremden Volksbodens, wie wir ihn in Nordosteuropa beobachten, kann sich auf die Dauer aber nur unter gesicherten Staats- und Rechtsverhältnissen halten; wo diese erschüttert werden — wie dies ja an den Volksgrenzen immer wieder eintritt —, ist er das erste Opfer, weil er am meisten die Begehrlichkeit der Machthaber weckt. Forschen wir aber tiefer nach dem Wesensgrund dieser Entwicklung, des soziologischen Umschichtungsprozesses, so sehen wir, daß oft die Aushöhlung des Volkstums durch die Einschränkung der Kinderzahl, durch einen ausgesprochenen Geburtenrückgang vorangeht."

Nicht Armut, nicht die Niedrigkeit des Einkommens an sich oder dessen Unsicherheit führt zur Kinderarmut, sondern das Mißverhältnis des Einkommens zu gesellschaftlichen Ansprüchen, zum Ehrgeiz für sich selbst oder für die Kinder, die „mehr werden" sollen. Das Durchschnittseinkommen der kinderreichen Deutschen von 1870 war geringer als das der kinderarmen von heute, die angeblich aus wirtschaftlichen Gründen sich keine Kinder mehr leisten können. Die gesellschaftlichen Ansprüche aber, den „Lebensstandard", bestimmt die Sitte, für den Arbeiter, für den Bauern, für den Beamten. Sie waren seit 1870 in beständiger Aufwertung begriffen, dank planvoller Arbeit berufsmäßiger Volksführer gegen „die verfluchte Bedürfnislosigkeit". Das ist eine Schraube ohne Ende, die ihren Ausgang im Individualismus und seiner Maßstablosigkeit hat. Der tödlichen Ostwestwanderung im Reiche entspricht eine ebenso tödliche Aufwärtswanderung in der sozialen Stufenleiter. Wie die Sitten von oben nach unten drangen, so auch die Kinderbeschränkung. Das üble Vorbild der höheren Schichten, vor allem auch der Beamten, bringt sie mit sich im Gefolge immer höherer Lebensansprüche.

Immer haben auch wirtschaftliche und Wohnungsschwierigkeiten (in Stadt und Land) das Aufkommen familienfeindlicher Sitten und Bräuche gefördert, dann aber auch Nöte bei der Aufzucht der Kinder. Durch die Schule hat der Staat das Seinige dazu beigetragen, diese Entwicklung zu begünstigen, zum Teil sogar hervorzurufen. Schulzwang, Versetzungs- und Prüfungsängste, besonders im mittleren und höheren Schulwesen, wirkten auf die Familie zurück. Sie marterten Eltern und Kinder in gleicher Weise, verbitterten jenen die schönsten Eltern-, diesen die Jugendjahre. Je ehrgeiziger und „pflichtbewußter" Eltern und Kinder waren, um so stärker war der Druck. Das unnatürlich, ja verlogen klingende Wort: „Ich kann die Verantwortung nicht auf mich nehmen, Kinder in die Welt zu setzen", stammt gewiß aus rein individualistischen Gedankengängen; es gründet sich auf Erinnerungen an die eigene verbitterte Kindheit, an Schule und Elternhaus, an Quälereien und Streitigkeiten, die ihren Ausgangspunkt in der allgemeinen Schulpflicht und in Vorschriften der öffentlichen Schule haben.

Den Geburtenrückgang in den Beamtenfamilien muß man sogar unmittelbar „dem Staat" wegen offensichtlicher Fehler der Besoldungsordnung zur Last legen. Bis zum Weltkriege kannte sie regelmäßige soziale Zulagen nicht; was dann geschaffen wurde, ist Stückwerk und steht in Gefahr, ganz abgebaut zu werden. Die Frauen- und Kinderzulage war falsch gedacht, gleichbleibend gestaffelt und daher unwirksam, während das materialistische Frankreich wenigstens so logisch ist, die Frauenzuschläge abzubauen, wenn Kinder sich nicht einstellen. Die Kinderzuschläge sind zu niedrig, vor allem bei höheren Beamten. Diese Feststellung geschieht unter Außerachtlassung der Frage, welche innere Natur Lohn und Besoldung besitzen. Wer mit Jhering das Beamtengehalt nicht als Entgelt für geleistete Arbeit, sondern als Unterhaltssicherung ansieht, kann soziale Zulagen bejahen. Aber nur dann, wenn es sich um „reine" Beamte und nicht um Betriebsbeamte handelt. Wo aber Besoldung, genau wie Löhne der Privatwirtschaft, die Gegenleistung für Arbeit darstellt, verlangt das Gesetz der Wirtschaftlichkeit, daß keinerlei soziale Einflüsse die Lohnfestsetzung bestimmen. Hier hätte der notwendige Ausgleich hinsichtlich der Familienlasten außerhalb des Wirtschaftsprozesses (Familienversicherung usw.) zu erfolgen. (Wenn „der Staat" den Schulzwang aufhöbe und ihn durch Übernahme der Schulkosten ersetzte, wäre schon vieles gebessert.)

Die Gefahren des Geburtenrückganges wurden zuerst an den Rändern des Siedlungsbodens offensichtlich, während sie natürlich in den übervölkerten Großstädten sehr viel schwerer erkannt wurden. Eine Familienstatistik fehlt ja bis heute. In Posen und Westpreußen, also in den gemischt-völkischen Grenzgebieten Preußens, wo die Abwanderung der Deutschen nach dem Westen besonders stark geworden war, wurde man zuerst aufmerksam. Dort verschoben sich — unter deutscher Herrschaft — die Bevölkerungszahlen in steigendem Maße zugunsten des Polentums. In Kleinstadt und Land war der weniger vom Individualismus erfaßte Pole gesünder geblieben. Der Drang des polnischen Bauern nach Westen war hauptsächlich auf das nahe deutsch-polnische Mischgebiet gerichtet. Durch den preußischen Staat aus der Leibeigenschaft erlöst und wirtschaftlich stets begünstigt, kaufte er langsam den deutschen Boden auf. Polnische Banken zerschlugen wohl auch Großgüter in bewußter Volkspolitik, aber sie schufen den die Deutschen auskaufenden polnischen Bauern nicht erst, sondern sie lenkten ihn nur, der in seiner großen Genügsamkeit und mit seiner zahlreichen Nachkommenschaft trotz vieler anderer Mängel dem Deutschen überlegen war. Unter der gleichen preußischen Herrschaft entwickelte der Pole etwas, was vorher in der polnischen Adels-, Priester- und Leibeigenenrepublik unbekannt gewesen war: den Handwerker und schließlich einen durchaus leistungsfähigen Mittelstand, der wiederum durch Landwirtschaftsvereine, Ein- und Verkaufsgenossenschaften und Banken die polnische Bauernschaft kräftigte. Dieser bürgerliche Klein- und Mittelstand gewann nach und nach in den Städten Posens und Westpreußens Boden, in manchen Kleinstädten sogar die Mehrheit. (Zur Zeit der polnischen Teilung waren die Städte vorwiegend noch von Deutschen und Juden bewohnt; letztere nahmen rasch deutsche Kultur an und wanderten am frühsten nach Westen ab. Heute sind die an Polen abgetretenen Gebiete, die einst ein starkes Judentum beherbergten, praktisch judenleer. Diese jüdische Abwanderung setzte schon Jahrzehnte vor dem Kriege ein, mit veranlaßt durch das in scharfem nationalen Kampfe ausgebildete deutsche und polnische Genossenschaftswesen.)

Die ostmärkische Ansiedlung entsprang nur dem Wunsche, die zunehmende Verschlechterung des Zahlenverhältnisses zwischen Deutschen und Polen aufzuhalten. Es war eine reine Abwehrmaßnahme, um die politisch bedenklichen Folgen des völkischen Überdruckes der Polen abzuwehren, dem das deutsche Volk schon um die Jahrhundertwende durchaus unterlegen war. Verhältnismäßig war die Zahl der Deutschen gegen die Polen nach fast 100jähriger preußischer Herrschaft geringer geworden, als sie es in vorpreußischer Zeit gewesen war. Die Segnungen deutscher Kultur, die sich für alle Zeit in die Züge dieser Landschaften eingeprägt haben, wandten sich volkspolitisch gegen die „überlegenen" Deutschen.

Hier setzte nun der Staat mit einer in vielem mustergültigen Bauernsiedlung ein, die zu schildern nicht die Aufgabe dieses Buches ist. Die Bürokratie schuf, freilich mit erheblichen Mitteln und nach unleugbaren Anfangsfehlern, Großes. So hielt sie in der Tat weitere Zahlenverschlechterung auf. Alles Land (bis auf zwei Güter, die enteignet, deren Besitzer aber voll entschädigt wurden) wurde freihändig aufgekauft. Wenn trotzdem ein Unsegen auf diesem Siedlungswerke ruhte, so liegt das nicht nur an seiner bürokratischen Aufziehung: diese leistete im ganzen genommen Tüchtiges. (Später wurde ihre Übervorsicht zum Verhängnis. Sie beließ „dem Staate" allzulange viele Sicherheiten dem Siedler gegenüber, welche dann — als der Staat polnisch geworden war — diesem zahllose Handhaben geben sollten, den deutschen Siedler wieder zu verjagen.) Rosikat urteilt etwas zu hart, wenn er*) sagt: „Ein ausgezeichneter bürokratischer Apparat wurde aufgezogen, der ohne innere Verknüpfung mit lebendigem Volksempfinden seine technisch einwandfreie, wenn auch kostspielige Siedlungstätigkeit begann und durchführte, soweit ihm das die planlos wechselnden politischen Richtungen der Regierung gestatteten. Der Schritt dieser von Regierungserwägungen, nicht aber von dem lebendigen Druck einer Volksbewegung getragenen Entwicklung bestand in einem Wechsel zwischen Dröhnen und Leisetreten."

Die Ursachen des geringen Erfolges liegen mehr in den Zeitumständen als in Mängeln derer, welche die Siedler ansetzten. Gerade in den letzten 25 Jahren war das reichsdeutsche Volk als Ganzes wenig siedlungsfreudig und siedlungstüchtig; so wenig wie noch nie in seiner zweitausendjährigen Geschichte. Die Ursachen sind im Vorstehenden schon geschildert, so daß Wiederaufzählung nur Wiederholung hieße. So mußten z. B. Siedler aus dem Westen des Reiches gelockt werden, wo die Verhältnisse, besonders in verkehrsabgelegenen Gebieten, vielfach ursprünglicher geblieben waren. Die Siedlerbeschaffung machte Not: man mußte ihnen viele nicht unbedenkliche Vorteile gewähren: schlüsselfertige Gehöfte, oft mit fast villenartigen Häusern. So wurde die Selbsttätigkeit aber verringert und damit Bodenanwurzelung erschwert. Und doch reichte (in diesen Jahren stärkster Volksvermehrung) das reichsdeutsche Siedlermaterial nicht aus. Man

*) Dezemberheft 1926 von „Volk und Reich".

griff — an sich ein guter Gedanke — auf rußlanddeutsche, freilich oft sehr kulturarme Bauern, leider aber anfangs auch auf Menschen städtischer Gewerbe zurück. Ein volles Viertel aller Ansiedler stammte aus dem Auslanddeutschtum.

Doch das ist alles vorbei. Diese Länder sind derzeit in polnischer Hand, annähernd eine Million Deutsche sind, dem polnischen Drucke ausweichend, ins Reich zurückgewandert. Ein Teil von ihnen wurde ausgewiesen, bei anderen war der Druck tatsächlich unwiderstehlich. Wieder andere aber gingen, ohne daß das unbedingt nötig gewesen wäre: sie trennten sich allzu leicht von deutscher Scholle. Hier soll kein Stein auf sie geworfen werden, so sehr die Tatsache ihres Abzuges verurteilt wird: sie folgten dem Westzuge, der schon die Jahre von 1870 bis 1914 gekennzeichnet hatte.

Zu den rechtlichen Neuerungen muß verstärkte Bodenverhaftung treten. Die Wiederbesiedelung der durch falsche Bodenpolitik von Deutschen leer gewordenen und heute mit slawischen Wanderarbeitern bestellten Großgüter durch deutsche Bauern ist das erste Ziel. Wirtschaftliche und völkische Gründe verlangen Beseitigung der widersinnigen heutigen Zustände, wie sie schon geschildert wurden. Auf freiem Markte kann und muß der Boden angekauft werden.

Nicht der bereits einmal abgewanderte verstädterte Landlose, der arbeitslos gewordene Industrie- oder Bergarbeiter kommt hierfür in Betracht, sondern zweite und weitere Bauernsöhne. Früher gingen diese zum Heere; diese Möglichkeit ist heute verschlossen, und die städtische Arbeitslosigkeit wirkt abriegelnd. Wer imstande ist, Einblick in die Geschäfte von Siedlungsgesellschaften zu nehmen, der weiß, daß heute ein starker Andrang von bestem Siedlermaterial herrscht, daß er noch niemals seit hundert Jahren so groß war, selbst nicht in Hungerzeiten und Währungsverfalltagen. Ein hoffnungsvolles Zeichen. Angesichts der bevölkerungspolitischen Sorgen darf nicht gezögert werden, die Gunst der Stunde zu nutzen. Es ist vielleicht die letzte.

Darum wird die Beseitigung aller gesetzlichen und bürokratischen Hemmungen gefordert, Bereitstellung von großen Mitteln durch das Reich — aber nicht amtliche Siedelung. Die freien Kräfte genügen vollauf. Zehntausend deutsche Bauernstellen zu guten Rechten und von hinreichendem Boden sollen jährlich geschaffen werden. Nicht nur wirtschaftliche Tüchtigkeit des Einzelnen soll bei der Siedlerauswahl maßgebend sein, sondern auch sein Wert für die Zukunft des Gesamtvolkes; auch nach körperlicher Tüchtigkeit ist Auslese zu halten. Nachkommen Kinderreicher sind in erster Linie zu wählen. Die Anlage der Siedlung ist aber so vorzusehen und die Rente, die der Siedelnde zu zahlen hat, so zu staffeln, daß die Aufziehung einer großen Kinderzahl nicht Schaden bringt, sondern Nutzen.

Auf viele Jahre hinaus ist noch genug Land in den verkleinerten Grenzen des Reiches da, welches in Bauernhand überführt werden muß. Die zu erwartende Verkleinerung und Intensivierung heutiger Großgüter wird das Landangebot verstärken. Zunächst ist das deutsche Volk nicht auf neuen auswärtigen oder gar überseeischen Siedlungsraum angewiesen; es kommen zudem die Jahre, in denen die deutsche Jugend knapp an Zahl sein wird. Endlich steht noch die große Aufgabe der Wiederbesiedlung der von Polen dem deutschen Reiche entrissenen deutschen Grenzgebiete im Osten bevor, aus denen eine Million Deutscher vertrieben wurde. Sie zu lösen wird weises Haushalten mit deutschen Volkskräften erfordern.

Die Verschiebung der Bevölkerung sowohl aus den als auch in die deutschen Reichsgrenzen muß in höherem Maße wie bisher beobachtet und, wenn es nötig sein sollte, auch geregelt werden. Dazu gehört nicht nur die auf das Einzelwohl zielende Betreuung und Beratung Auswanderungslustiger, sondern unter Umständen stärkste Beeinflussung der Auswanderung selbst. Gegebenenfalls ihre Einschränkung oder, falls dies unmöglich, ihre zielbewußte Hinleitung auf bestimmte Orte und bestimmte Gebiete.*) Grundsätzlich ist die überseeische Auswanderung für das deutsche Volkstum schädlich, da in der Regel diese Bestandteile dem deutschen Volke verlorengehen. Der Überwachung der Auswanderung entspricht die der Einwanderung. Auf die Dauer ist es nicht angängig, minderwertige Elemente aus dem Osten einströmen zu lassen. Insbesondere gilt das von denen, die in Deutschland ihr Glück machen wollen und hierzu neben Emsigkeit nur eine skrupellose Moral mitbringen. Amerika ist schon längst dazu übergegangen, bei der Einwanderung zielbewußte Auslese zu treiben und hat zu diesem Zwecke umfangreiche rassenkundliche Forschungen in den Dienst der Einwanderungspolitik gestellt.

Aber auch innerhalb der Grenzen muß die Bevölkerungsverschiebung zwischen Stadt und Land, zwischen Osten und Westen, zwischen Norden und Süden, besonders hinsichtlich der Grenzen, sorgfältig beobachtet und unter Umständen auch zielbewußt gelenkt werden. Droht der Städtetod, dann hat jede Rücksicht auf das geheiligte Recht der Freizügigkeit zu verschwinden.

*) Wie zielbewußt volkspolitisch andere Völker auf dem Gebiete der Auswanderung vorgehen, hat Friedrich Schalkhaußer dargestellt in: Die deutsche Auswanderungsgesetzgebung im Vergleich zur italienischen und japanischen.

Nachdem die Wirtschaft in eine gewisse Ruhelage gekommen ist, die weitere Ausdehnung und stärkere Industrialisierung wohl vorläufig verhindern dürfte, da fernerhin der Arbeitsmarkt mit Arbeitskräften übersättigt ist (siehe Erwerbslosenziffer), so muß die Frage erhoben werden, ob der Zuzug zu den Großstädten nicht von dem Nachweise einer in der Stadt fest angebotenen, gesicherten Lebensstellung abhängig gemacht werden soll. Eingriffe in die Willkür des Einzelnen lassen sich kaum vermeiden, wo ein höherer Wille auf das Gesamtwohl zielt, ganz abgesehen davon, daß der Einzelne oft nicht sorgfältiger Überlegung, sondern Gerüchten oder Sehnsüchten folgt, wenn er dem glänzenden Elende der Großstadt gleich dem lichtsuchenden Nachtfalter zuflattert. Im übrigen wird auf die Ausführungen über Entstädterung weiter oben verwiesen.

Wichtig ist nur die Frage: was wird in der Zukunft werden? Ist der Deutsche des Reiches endgültig als Siedler verloren? Sind Westwärtswanderung, Verstädterung und Städtetod sein Schicksal? Wird der Deutsche aus einem Volke zu einer sozialen Schicht, zu einer langsam verlöschenden sozialen Oberschicht, die ebenso langsam von Osten her unterwandert wird und schließlich nach einem ewigen Gesetze auch staatlich von der Schicht beherrscht wird, welche den Boden bearbeitet?

Die Wissenschaft als Wegweiser zur Heilung des erkrankten Volkskörpers (Erbgesundheitslehre)

Nach den bisherigen Ausführungen könnte vielleicht die Meinung aufkommen, als ob der Verfasser in einer Hebung der Geburtenziffer ausschließlich das Ziel der Bevölkerungspolitik erblickte, als ob die Forderung, „Erhaltung und Stärkung des Volkskörpers" für ihn einzig eine Frage der Bevölkerungsvermehrung darstelle. Wenn diesem Ziele ein verhältnismäßig breiter Raum zugestanden wurde, so geschah es keineswegs in Verkennung der überragenden Bedeutung, welcher neben der Zahl auch der Güte des Volkskörpers zukommt. Es wird deshalb nachdrücklich verwiesen auf den oben aufgestellten Grundsatz: volkspolitisch arbeiten heißt nicht nur die Zahl des Volkes steigern wollen, sondern vor allem auch die Güte. Allein daneben bleibt stets der Satz in Geltung: die Voraussetzung der Qualität ist die Quantität. Geburtenstarke Völker haben immer auch zahlreiche Persönlichkeiten mit überragenden Eigenschaften hervorgebracht. Kinderreiche Familien waren es in der Hauptsache, welche der Volksgemeinschaft die Führerpersönlichkeiten auf allen Gebieten des Lebens stellten. Schon die Tatsache, daß selten das erste oder zweite Kind die beste Form der „Reproduktion" des Elternpaares darstellt, macht das klar. Begreift man schließlich das Volk, im Sinne dieses Buches, als eine lebendige Einheit, bei welcher die Gegenwart gleichzeitig Vergangenheit und Zukunft birgt, so wird die besondere Qualität von Teilen des Volkskörpers nur dort zu entscheidender Bedeutung gelangen, wo sie in möglichst großem Umfange „erhalten bleibt".

Die hier angeschnittene Frage der Volksqualität ist Gegenstand einer verhältnismäßig sehr jungen Wissenschaft: der Rassenhygiene. Als ihr Begründer kann Francis Galton, ein Vetter Darwins, angesehen werden. In Deutschland waren es zwei Forscher, Ploetz und Schallmayer, welche durch hervorragende Leistungen die Grundlage der deutschen Wissenschaft von der Rassenhygiene legten. Ausgehend von den Gesetzen der Mendelschen Vererbungslehre, haben sie auf die Mängel der sozial-hygienischen Einrichtungen im Reiche nachdrücklich hingewiesen und als erste eine Pflege des Volkskörpers gefordert, die mehr ist als Gegenwartsnothilfe.

Die Rassenhygiene hat zum Gegenstand Erforschung, Wertung und Förderung der körperlichen und geistigen Grundelemente der Völker. Es hat sich gezeigt, daß die Einzelwesen einer Kulturgemeinschaft nach Sprache, Sitte und Gefühlsanlage eine Einheit bilden, daß sie nach bestimmten Merkmalen zusammengehören und sich in diesen wesentlich von den Einzelwesen anderer Kulturgemeinschaften unterscheiden. Dabei geht es um jene Merkmale, die seit frühestem Anfang einer Kultur feststellbar sind, trotz veränderter Lebensbedingungen, also um erbliche Merkmale. In diesem Erbgute erkannte die Rassenhygiene die wesentlichste Grundlage einer jeden Kultur. Es hieße dem Götzen Stoff huldigen, wollte man sagen, der Mensch sei restlos bedingt von seinen Erbanlagen. Aber soweit der Geist überhaupt in Beziehung zum Stoff steht, sind es vererbte körperliche Eigenschaften, welche seine Wirkungs-*Formen* wesentlich beeinflussen. Die Erbmasse ist gleichsam der stoffliche Nährboden, auf welchem eine Kultur erwächst, von welchem sie in ihren Grundlagen bestimmt wird und über dessen Möglichkeiten sie nie hinauswachsen kann. Würden beispielsweise keine deutschen Kinder mehr geboren werden, und alle deutschen Familien nähmen Chinesenkinder an, so könnte sich kraft Sitte und Überlieferung die deutsche Kultur bestenfalls noch einige Geschlechter lang halten. Doch würde sie alsdann unrettbar versiegt sein. Längst vor den wissenschaftlichen Erforschungen haben geniale Geister den Naturanlagen des Menschen entscheidende Bedeutung beigemessen. So schreibt Schopenhauer in Panerga II: „Jeder leistet im Grunde nur das, was schon in seiner Natur, d. h. eben in seinem „Angeborenen" unwiderruflich feststeht. Die intellektuellen Fähigkeiten bedürfen zwar der Ausbildung, wie manche Naturerzeugnisse der Zurichtung, um genießbar oder sonst nutzbar zu sein. Wie aber keine Zurichtung das ursprüngliche Material ersetzen kann, so auch dort nicht." Nichts anderes drückt Goethe im Faust aus: „Ein jeder lernt nur, was er lernen kann".

Die Gesamtheit von körperlichen und geistigen Merkmalen, welche sich innerhalb eines Volkes forterbt, nennt man seine Rasse. Diese Merkmale sind zwar über die einzelnen Volkszugehörigen ungleich verteilt, ihr Gesamtbestand erleidet aber keine wesentliche Veränderung, außer durch Aussterben der Merkmalsträger oder auch durch Vermischung derselben mit fremdem Blute. Von Rasse spricht man auch in einem anderen Sinne, dem der „System-Rasse". In dieser Bedeutung ist der Begriff in der Tierzucht gebräuchlich. Die einer Systemrasse angehörigen Einzelwesen besitzen alle die gleichen Erbanlagen und erleiden lediglich in ihrer äußeren Erscheinung unwesentliche Veränderungen durch Umwelteinflüsse. Rassen in diesem Sinne haben praktisch für die Rassenhygiene so gut wie keine Bedeutung. Denn bei den geschichtlichen Völkern handelt es sich durchwegs um Rassenmischungen. Es wäre auch verfehlt, menschliche Systemrassen züchten zu wollen. Diesen biologisch reinen Rassen fehlt, wie die Erfahrung lehrt, die zur Kulturtat nötige innere Unruhe. Sie verharren leicht in sippenmäßiger Abkapselung. Die Sorge deutscher Rassenhygiene gilt also nicht den Systemrassen, welche in grauer Vorzeit einmal die Bausteine zum deutschen Volke in seinem heutigen Aufbau geliefert haben, sondern seiner „Vitalrasse", dem lebendigen Blutstrome, der Träger deutscher Kultur ist. Er ist zu schützen vor zwei Gefahren: der inneren des Rassenverfalles und der äußeren der Rassenvermischung mit wesensfremdem Blute. Um die Maßnahmen, welche der Förderung der Rasse dienen und Schädigungen ausschalten sollen, würdigen zu können, ist Kenntnis der hauptsächlichsten Vererbungsgesetze erforderlich.

Es besteht heute kein Zweifel mehr, daß die von dem Augustinerpater Mendel im Jahre 1865 bei Züchtungsversuchen mit Erbsen entdeckten Vererbungsgesetze die Grundlagen der Vererbungswissenschaft bilden. Mendels Entdeckungen blieben zu seinen Lebzeiten fast unbeachtet. Als seine Aufzeichnungen im Jahre 1900 wieder gefunden wurden, bildeten sie eine hochwillkommene Bestätigung der Lehre Weismanns, der festgestellt hatte, daß sich das Keimplasma unabhängig vom Körper des Einzelwesens forterbe. Gleichzeitig waren sie aber auch damit eine glänzende Rechtfertigung der Bestrebungen von Ploetz und Schallmayer, die ihrerseits auf die Forschungsergebnisse Weismanns aufgebaut waren.

Die Vererbungsvorgänge selbst stellen sich heute der Wissenschaft folgendermaßen dar: jedes Lebewesen trägt in seinem sterblichen Körper einen Anteil an der unsterblichen Erbsubstanz. Diese wird von den Veränderungen, welche der Körper erleidet, nicht betroffen und dient der Bildung neuer Wesen, also der Fortpflanzung der Art. Jede der die Erbmasse bildenden Geschlechtszellen enthält nun für jedes Merkmal (z. B. Farbe der Haare, Größe des Wuchses, Farbe der Augen, Form der Lidspalte) ein Erbanlagenpaar. Bei Reinrassigkeit sind beide Paarlinge gleich, bei Mischrassigkeit verschieden. Reift die Geschlechtszelle, so verschwindet je ein Paarling. Welcher dies ist, läßt sich gesetzmäßig nicht feststellen. Die Wissenschaft ist hier auf den Begriff des Zufalls angewiesen. Bei der Befruchtung, d. h. der Vereinigung zweier verschieden geschlechtiger Geschlechtszellen, entsteht also für jede Erbanlage wieder ein Erbanlagenpaar. Sind beide Eltern gleicher und reiner Rasse, so sind die Paarlinge des neuen Wesens wieder gleich; sind die Eltern von verschiedenen, doch reinen Rassen, so ist immer ein Paarling von der einen, der andere von der anderen Rasse. Sind die Eltern mischrassig, so kommen die verschiedensten „Kombinations-Variationen" zustande. Immer aber wird von jedem Erbanlagenpaar, welches ein Wesen von seinen Eltern mitbekommen hat, bei jeder Befruchtung nur ein Paarling vererbt, da ja der andere bei Reifung der Geschlechtszelle zugrunde geht. Wohl kommt es vor, daß zufällig von beiden Seiten Paarlinge der gleichen Rasse zusammentreffen. Dann nämlich, wenn beide Eltern eine Mischung aus einer gleichen und einer beliebigen anderen Rasse sind. Es kann eine Entmischung eintreten und es besteht die Möglichkeit, durch Auslese aus Rassenmischungen, („Mischrassen" gibt es eigentlich nicht) wieder ganz reine Rassen zu züchten. Kreuzen sich zwei Lebewesen der Rasse A und B, so sind alle Nachkommen A B. Zeugen diese Nachkommen untereinander oder mit der gleichen Mischung wiederum Nachkommen, so ist ein Viertel A B, eines B A, eines A A und eines B B. Dieses Gesetz hat Mendel entdeckt und durch Aufzeichnung vieler Versuchsergebnisse erläutert. Es wird nach ihm die Mendel'sche Spalterblichkeit genannt.

Ohne weiteres leuchtet ein, daß die Kenntnis dieses Gesetzes den Rassenaufbau auch eines bereits stark zersetzten Volkskörpers zu fördern in der Lage ist. Nicht als ob sich Menschen paaren ließen wie etwa Pferde*), sicherlich aber vermag die Volksgemeinschaft den Trägern wertvollen Erbgutes die Möglichkeit der Kinderaufzucht und Erziehung zu erleichtern. An-

*) Platon allerdings, in der „Politeia", dem ewigen Urbild des vollkommenen Staates, zieht diese Folgerung ohne Einschränkung.

dererseits kann sie durch Eheverbote und Unfruchtbarmachen (Sterilisation) offensichtlich Erbminderwertiger den Volkskörper gefährdende Erbanlagen völlig zum Erlöschen bringen.

Nach erfolgter Befruchtung entsteht eine Keimzelle, die für jedes Merkmal von Vater und Mutter je einen Paarling enthält. Wächst diese Zelle durch Zellteilung weiter, so sondern sich die neuen Zellen in zwei Gruppen: die eine schließt sich ab als Erbmasse, das Erbbild unveränderlich bewahrend und der Zeugung neuer Wesen bestimmt; die andere entwickelt sich weiter zum neuen Lebewesen, zum Erscheinungsbild, und zwar unter den Einflüssen der Umwelt. Dazu zählt auch der mütterliche Organismus, welcher den Embryo ernährt. Das Erscheinungsbild kann vom Erbbild sehr verschieden sein, denn die Einflüsse der Umwelt wirken in verschiedener Weise, hemmend oder fördernd, auf die verschiedenen Erbanlagen ein.

Noch wesentlich komplizierter wird die Entstehung des Erscheinungsbildes dadurch, daß sich die Erbanlagenpaarlinge bei Gestaltung des Körpers verschieden zueinander verhalten. Wenige nur verhalten sich vermischend (intermediär), so daß z. B. aus einer Kreuzung von reinrassig roten und weißen Blumen eine rosa blühende F^1-Generation entsteht. Häufiger ist das überdeckende (dominante) oder das überdeckbare (rezessive) Verhalten. Bei Dominanz der roten Farbe ist die F^1-Generation im Erbbild rot-weiß, im Erscheinungsbilde rot. Von der F^2-Generation ist dann ein Viertel reinrassig rot, ein Viertel reinrassig weiß und zwei Viertel im Erbbild rot-weiß, im Erscheinungsbild rot. Hat beispielsweise ein Mann die Anlage zu dunklem und diejenige zu blondem Haare geerbt, so sind seine Haare meist dunkel, da dunkles Haar im allgemeinen dominiert. Heiratet er eine Frau, die ebenfalls Anlage zu blondem Haar, wenn auch überdeckt, besitzt, so sind unter den Nachkommen diejenigen blond, welche von jeder Seite einen Paarling für blond erhalten haben. Sie vererben dann auch nur blond weiter.

Aus diesen Erkenntnissen folgt, daß die Beurteilung des Erscheinungsbildes eines Menschen keineswegs genügt, um über sein Erbbild hinreichend Aufschluß zu erhalten. Dazu ist vielmehr erforderlich die Kenntnis des Erscheinungsbildes auch seiner Vorfahren. Es wird deshalb für die praktische Bevölkerungspolitik von einer ganzen Reihe von Wissenschaftlern die Führung von „Gesundheitsbogen" durch Kinderfürsorgeanstalten, Schulen und Standesämter gefordert.*)

*) Aus den gleichen Erwägungen tritt die Berliner Gesellschaft für Rassenhygiene für Einführung „erbbiologischer Personalbogen" ein.

Zu den körperlichen Rassemerkmalen kommen aber auch seelische. Da hier jedoch Tradition und Umwelteinflüsse eine überragende Bedeutung besitzen, ist es fast unmöglich, zu sicheren Ergebnissen zu gelangen. Im praktischen Rassedienst wird deshalb nur mit körperlichen Merkmalen gerechnet. In jahrzehntelanger wissenschaftlicher Arbeit wurde durch unzählige Versuche immer mehr die Richtigkeit der Ansicht bestätigt, daß die Erbmasse unabhängig vom Erscheinungsbild sich fortpflanze und dem Zugriff der Menschenhand entzogen sei. Natürlich gibt es aber eine Erbänderung (Idiochinese); denn die Arten müssen schließlich einmal entstanden sein. Dieser Vorgang gehört jedoch zu den großen Geheimnissen der Natur, welche sich wohl niemals restlos ergründen lassen. Die rein mechanistische Erklärung Darwins, die Natur erzeuge sinnlos eine unendliche Menge von Arten, von welchen durch Lebensauslese nur die vorteilhaftesten erhalten bleiben, kann heute nicht mehr genügen. Die neueste W ssenschaft rechnet mit einem bestimmten Sinn der Schöpfung, einem in ihr waltenden Formwillen. Daqué hat einen einheitlichen Stil für sämtliche Geschöpfe einer Erdepoche festgestellt. Trotzdem bleibt der Vorgang der Auslese für die Ausgestaltung der Arten sehr wesentlich.

Bei niederen Tieren ist es allerdings gelungen, durch Erbänderung Erbabweichungen (Idiovariationen oder Mutationen) hervorzurufen. Diese waren aber durchwegs ungünstiger Natur. Es ist nicht ausgeschlossen, daß gewisse Gifte auch für den Menschen Keimgifte, also erbschädigend sind. Zu diesen rechnet man Alkohol, Blei und Quecksilber. Das aber steht fest, daß es eine Einwirkung auf das Erscheinungsbild, die in gleicher Weise auf das Erbbild wirkt, nicht gibt. Die Erbmasse einer sportlich hochgezüchteten Generation bleibt also unberührt von allen erworbenen körperlichen Vorzügen derselben.

Es kann also durch Dienst am Erscheinungsbild des Menschen immer nur dieses Erscheinungsbild beeinflußt werden, niemals sein Erbbild, d. h. seine leibliche Zukunft und damit seine geistige, soweit sie von der leiblichen abhängig ist. Aber ein Prinzip, welches auch in der Natur bei Ausgestaltung der Arten eine große Rolle spielt, läßt sich nutzbar machen: das der Auslese. Dadurch, daß die unerwünschten Lebewesen an der Fortpflanzung verhindert und die erwünschten gefördert werden, können Rassen wesentlich verbessert werden. Dem dient auch die Förderung von als günstig erkannten Mischungen. Bei allen Kulturvölkern tritt durch den Mangel an natürlicher Lebensauslese eine Verschlechterung der körperlichen Erbanlagen ein. In Vorzeiten war das anders. Männer ohne körperliche Kräfte zum Abwehren von Feinden und wilden Tieren, ohne Augenschärfe, ohne

Behendigkeit der Glieder zum Erlegen des Jagdwildes, konnten keine Familie erhalten. Frauen, die beim Gebären Schwierigkeiten hatten oder nicht in der Lage waren, ihre Kinder zu stillen, fielen für die Fortpflanzung aus. Überhaupt alle Menschen, die nicht die nötige Widerstandskraft gegen Unbilden der Witterung und gegen Krankheiten hatten, mußten zugrunde gehen. So wurde die körperliche Tüchtigkeit der Rasse durch Ausmerzung der untüchtigen Einzelwesen erhalten.

Mit fortschreitender Kultur wurden die Lebensbedingungen des Menschen immer leichter, dadurch aber auch die Auslese der körperlich Untüchtigen geringer. Statt dessen entstand für die hauptsächlich geistig Begabten die Möglichkeit, in immer zunehmendem Maße sich gegen rohe Gewalt zu behaupten. Von ihnen fiel leider ein großer Teil für die Fortpflanzung aus: durch Eintritt in den geistlichen Stand. Auch durften bis lange über das Mittelalter hinaus die Lehrer an den Universitäten nicht heiraten. Überschätzt wird im allgemeinen die Gegenauslese durch Kriege, wenigstens für frühere Zeiten. Die Geschichte zeigt, daß Völker nach großen Blutsverlusten durch den Krieg meist in verhältnismäßig kurzer Zeit durch vermehrten Geburtenreichtum die Verluste ausglichen. Gewonnene Kriege führten außerdem meist zu günstigeren Lebensbedingungen und damit zu einem rascheren Anwachsen der Geburtenziffern des überlegenen Volkes. Bedrohlich wurde die Gegenauslese durch den Krieg erst in der neuesten Zeit infolge der späten Heiraten. Die Kämpfer der modernen Schlachtfelder waren zum großen Teil Männer, die infolge der durch die kapitalistische Entwicklung entstandenen wirtschaftlichen Verhältnisse noch unverheiratet oder doch ohne genügenden Nachwuchs waren. Nur dadurch konnte ihr Tod in vielen Fällen zu einem unersetzlichen Verluste für das völkische Erbgut werden.

Für die heutigen Zeiten kann man nicht mehr von einem Mangel an natürlicher Lebensauslese reden, sondern schon von einer Gegenauslese in solchem Ausmaße, daß das völkische Erbgut sich in größter Gefahr befindet. Einerseits erleichtert man den unerwünschten Rassebestandteilen die Fortpflanzung, andererseits hat eine verheerende Fruchtbarkeitsgegenauslese überhand genommen durch ungenügende Vermehrung der Hochwertigen. Das wurde in den vorhergehenden Teilen bereits dargelegt. Besonders wurde darauf verwiesen, daß die Großstädte, wie sie der Herd geistig-seelischer Zersetzung sind, auch das Hauptgebiet des Geburtenrückganges bilden. Dabei ist zu beachten, daß es zum großen Teil die geistig Beweglichen sind, welche nach den Städten wandern. Vom Standpunkte der Rassenhygiene und einer gesunden Volkspolitik ist es somit gar nicht erwünscht, daß allen Tüchtigen der Weg zum sozialen Aufstieg und damit zum Aussterben geebnet wird. Es muß in den breiten unteren Schichten ein gesunder Nährboden erhalten werden, aus welchem neue Kräfte fließen können. Wie tiefgreifend die Änderungen der Zusammensetzung eines Volkskörpers sein können durch unterschiedliche Fruchtbarkeit seiner Teile, kann man aus folgendem Diagramme erkennen:

Aus Vererbungslehre, Rassenhygiene und Bevölkerungspolitik von H. W. Siemens*).

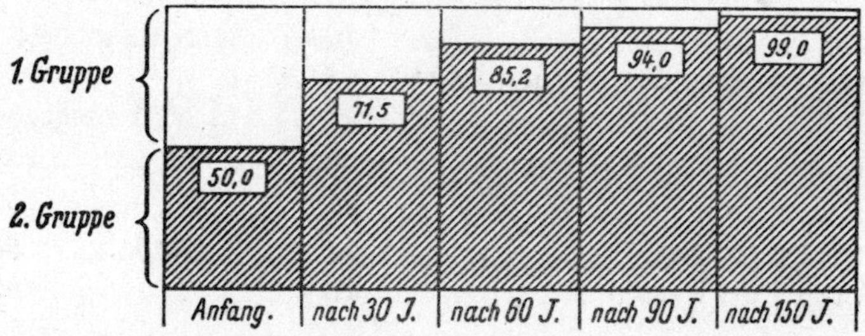

Abb. 17. Verschiebung der Zusammensetzung einer Bevölkerung bei ungleicher Fortpflanzung zweier Gruppen.
(Die 1. Gruppe hat durchschnittlich 2, die 2. Gruppe durchschnittlich 5 Kinder pro Ehe.)

Der Anteil an wertvollem leiblichen und geistigen Erbgute, welchen die einzelnen Volksschichten besitzen, ist schwer zu ermitteln. Statistiken hierüber, die auf Messungen von Größe, Gewicht, Hirngewicht, auf Beurteilung von Schulnoten und den Ergebnissen von Begabungsprüfungen beruhen, ergeben einen fortlaufenden Qualitätsunterschied von einer sozialen Klasse zur andern. Da diese Feststellungen aber im Erscheinungsbild gemacht wurden, welches dem Erbbild durchaus nicht gleichzusetzen ist, so sind sie mit Vorsicht aufzunehmen. Trotzdem neigt die Wissenschaft dazu, die durchschnittliche Begabung jeder Schicht ungefähr ihrer sozialen Stellung entsprechend anzunehmen. Wie groß aber die Umwelteinflüsse auf das Erscheinungsbild eines Menschen sind, beweist Schallmayer**) an den Nachkommen der Arbeiterschaft des englischen Großindustriellen W. H. Lever. Er beschäftigte in seiner Seifenfabrik in Liverpool Tausende von Arbeitern, die mit ihren Familien unter den sehr ungünstigen Wohnungsverhältnissen und den sonstigen Unzuträglichkeiten der Großstadt in hygienischer Hinsicht außerordentlich litten. Das zeigte sich unter anderem in der großen Häufigkeit von Erkrankungen, besonders der Lungen, in der

*) J. F. Lehmanns Verlag, München, 1926.
**) Vererbung und Auslese, Verlag von Gustav Fischer, 1920.

Höhe der Sterbeziffer und besonders in der enormen Höhe der Kindersterblichkeit. Um diesen Übelständen abzuhelfen, kaufte Lever ein großes Stück Land an der Küste, verlegte seine Fabrik dorthin und errichtete da für seine Arbeiter eine musterhafte Gartenstadt, Port Sunlight, in der auch für eine hygienische Lebensweise der Arbeiterkinder in fast idealer Art Sorge getragen wurde, besonders auch in der Hinsicht, daß sie sich viel im Freien beschäftigten, mit Gartenarbeit, Spielen u. dgl. Den Erfolg zeigt eine Vergleichung der Körperlänge (in Zoll) dieser Arbeiterkinder (mittlere Zahlen von je 1000) mit der von gleichalterigen Stadtkindern*).

	7 Jahre	11 Jahre	14 Jahre
Schüler der reichen Bevölkerung Liverpools	47	55,5	61,7
Stadtschulen für Wohlhabende . . .	45,3	53,1	58,2
Stadtschulen für bessergestellte Arbeiter	44,3	51,8	56,2
Stadtschulen für Arme	44	49,7	55,2
Schulen in Port Sunlight	47	57	62,2

Ähnliche Ergebnisse hatte eine Vergleichung der Körperlänge (in Zoll) von Schulknaben der Gartenstadt Bournville, die allerdings nicht ausschließlich Arbeiterkolonie ist, mit Schulknaben aus einem Arbeiterviertel in Birmingham.

	6 Jahre	8 Jahre	10 Jahre	12 Jahre
Birmingham	41,9	46,2	49,6	52,3
Bournville	44,3	48,3	51,9	54,8

Wesentlich verschärft wird die Gegenauslese heute weiterhin durch zunehmende Ehelosigkeit männlicher und weiblicher Angehöriger gerade der gebildeten Stände und durch das späte Heiratsalter derselben. Letzteres wirkt in zweierlei Weise verringernd auf die Zahl der Nachkommenschaft. Einmal durch die Verzögerung der Generationsfolge und sodann durch die geringe Kinderzahl der späten Ehen. Eine zahlenmäßige Beleuchtung hierzu gibt die Statistik der Ehen auf Grund der sozialen Gliederung der Bevölkerung Jenas 1880 von Rubin und Westergart**).

Heiratsalter des Mannes . .	unter 25 J.,	25—29,	30—34,	35—44,	45 u. mehr
Durchschnittliche Kinderzahl .	3,50	3,25	3,02	2,28	1,10

*) Aus Alden and Hayward, „Housing" (Social Services, Series Nr. 1), London, 1907, zitiert von Berlepsch-Valendas, Die Gartenstadtbewegung in England, München, 1911.

**) Entnommen aus Schallmayer a. a. O.

Neben der Fruchtbarkeitsauslese gibt es aber auch, wie schon ausgeführt, die Lebensauslese, d. h. die Vernichtung ungünstiger Mischmöglichkeiten (Varianten) durch die Umstände des Lebens. Hier kann man für die heutigen Zeiten schon von einer geradezu verheerenden Gegenauslese der Tüchtigen sprechen. Denn nach der Wahrscheinlichkeitsrechnung ist die Möglichkeit, günstige Anlagen zu erwerben, um so größer, je häufiger der Versuch günstiger Vermischung unternommen wird: je größer die Kinderzahl. Das Einkindersystem entspricht einem Würfelspiel mit einem einzigen Wurf.

Der „soziale Staat" widmet seine ganze Sorge dem Einzelmenschen und läßt den Volkskörper dabei verkümmern. Was nützt alle Gesundheitsförderung, was alle Lebensverlängerung der gegenwärtigen Geschlechter ohne genügenden Unterbau im Nachwuchs! Die Warnungen vor der Vergreisung sollen natürlich nicht besagen, daß die Verhinderung vorzeitiger Todesfälle, der Schutz der Kinder oder der wirtschaftlich Tätigen, ja die Sorge für Alte und Gebrechliche von dem Verfasser abgelehnt würde. Hier kann es leicht zu Mißverständnissen kommen. Nur bei Rückgang der Jugendschichten ist die hohe Zahl der Alten bedenklich: das falsche Verhältnis zwischen den Altersklassen. Für ein gesundes Volk mit reichlichen Jugendschichten ist eine Lebensverlängerung unbedenklich.

Im Gegenteil: wir Jungen bejahen lebenverlängernde Maßnahmen ziemlich weit. Wir halten den Schutz der Wöchnerinnen und Säuglinge, die Fürsorge für die heranwachsende Jugend und die Erhaltung der Gesundheit der Erwachsenen sogar für unerläßlich. Das Gegenteil tun oder die Fürsorge unterlassen, hieße wertvollste Volkskräfte vergeuden, moralische, wehrkraftzerstörende und wirtschaftliche Fehler begehen. Hier liegen Volksaufgaben ersten Ranges.

Die Fürsorge für unheilbar Kranke, für Krüppel und Greise dagegen, die Aufzucht nur bedingt lebensfähiger Kinder sind dem nicht gleichzusetzen: es ist ein Werk der Barmherzigkeit, welches das Volk als Ganzes belastet und Opfer von ihm fordert. Opfer, die freiwillig dargebracht werden sollten, besser aber — von schwachen Kindern abgesehen — durch Alters- und Invalidenversicherung, durch Zwangssparkassen vermieden werden. Aber nie sollen aus einem schwächlichen Mitleidsgefühl heraus diese sozialen Aufgaben überschätzt werden. Es mag ein Fortschritt der Heilkunde sein, wenn schwere Krüppel, unheilbar Kranke am Leben erhalten bleiben. Wenn aber eine aufgeblähte ärztliche Fürsorge zur künstlichen Erhaltung schwachen, kranken und minderwertigen Lebens führt, während das hochwertige vernachlässigt wird, so ist die Frage berechtigt, ob die Gesamtleistung des Volkes darunter nicht leidet. Ob nicht körperlich, geistig und wirtschaftlich die Kräfte des Volkskörpers sinken. Das bedeutet aber den sicheren Niedergang eines Volkes. In diesem Zusammenhang muß auch hingewiesen werden auf Mißstände, hervorgerufen durch die herrschende Übung im Krankenkassenwesen. Dadurch, daß die Zugehörigkeit zu einer Krankenkasse gestattet, bei der kleinsten Unpäßlichkeit Arzt und Apotheke kostenlos in Anspruch zu nehmen, wird ein solcher Anreiz zur Ausnützung dieser Möglichkeit geschaffen, daß breite, sonst gesunde Schichten des Volkes zu einer geradezu hysterischen Verzärtelung verleitet werden.

Noch schlimmer als die Fürsorge des heutigen Staates gegenüber den ganz Bedauernswerten wirkt sich die übertriebene Sorgfalt aus, mit welcher die Gesellschaft von heute die sogen. Grenzfälle behandelt. Mit geradezu ausgesuchten Erziehungs- und Heilverfahren werden Leichtschwachsinnige und mit sonstigen erblichen Gebrechen Belastete so weit gebracht, daß sie zur Not ihren Lebensunterhalt verdienen und eine Familie gründen können. Bei ihnen gilt nicht die Frage, wieviele Kinder sie sich leisten können. Es fehlt naturgemäß von vornherein an jedem Verantwortungsgefühl gegenüber der Volksgemeinschaft, zumal es von Kindesbeinen an zur Selbstverständlichkeit geworden ist, daß die öffentliche Hand sorgend eingreift. Der zahlreiche Nachwuchs dieser Minderwertigen am Volkskörper wird zu einer immer größeren Gefahr für die Zukunft.

Das Wissen um die Erkenntnisse der Wissenschaft vermag als solches noch nicht die Wirklichkeit zu gestalten. Aber es kann die Augen öffnen, die Kräfte des gesunden Trieblebens wachrufen und sie richtunggebend beeinflussen. Es ist imstande, aus verstandesmäßiger Erkenntnis zur inneren Schau zu werden. Gewiß könnte man sich auf den Standpunkt stellen, Lebensschwache einfach aussterben zu lassen und die Zukunft des Volkes auf die Lebensstarken aufzubauen, aus denen sich „neue Völkerkeime" entwickeln werden. Solche Bestrebungen finden ihre Krönung im sogenannten Aufartungsgedanken. Derselbe ist berechtigt, soweit er den soziologischen Hebel ausfindig zu machen versucht, mit dessen Hilfe hochwertiges Erbgut gestärkt und vermehrt werden kann. Insbesondere aber auch dort, wo es möglich ist, die Menschen unter unbewußten seelischen Zwang zu setzen, dem Auslesestreben der Natur zu gehorchen. Den entgegengesetzten Weg geht eine Reihe von Rassehygienikern, wenn sie die rassebiologische Vernunft hochwertiger Erbgutträger beschwören wollen, ihr wertvolles Erbgut bewußt weiterzuzeugen und zu vermehren. Die so entstehende Aufartungsfamilie*) soll den Kern eines neuen Adels abgeben. So richtig nun ist, daß

*) Die Menschheit der Zukunft, von Günther Gründel, München 1929, Verlag Oldenbourg.

der wahre Adel nicht nur in Ahnen, sondern auch in einer Erbenreihe besteht, so blutsmaterialistisch ist dieser ganze Gedankengang gedacht. Denn Adel ist immer zunächst eine soziale Schicht und züchtet sich dann aus Standesbewußtsein selbst. Die soziale Stellung, das Selbstbewußtsein eines eigenen geistigen und gesellschaftlichen Stiles, erzeugt erst den Gedanken biologischer Auslese; nicht umgekehrt. Wer so denkt, verkennt die Macht der seelischen Einflüsse. Gerade weil das völkische Sterben nicht durch körperliche Ursachen bestimmt ist, sondern durch seelisch-geistige, besteht die Gefahr, daß die Fäulnis des Minderwertigen auch das Gesunde und Hochwertige immer mehr anfrißt. Darum gilt es, durch Klärung der wahren Lage diejenigen wachzurufen, welche bereit sind, Träger deutscher Zukunft zu sein. Sie werden ihr Blut fürderhin nicht mehr verkaufen um das Trugbild des sozialen Aufstiegs, in der Gewißheit des Weiterlebens in ihren Kindern und damit in ihrem Volke. Sie werden über alle selbstischen Wünsche und Begehrungen des kleinen Einzellebens hinwegschreiten, wenn sie erst wieder einmal gelernt haben, in Generationen zu denken. Sie werden den Eintag verachten im Angesicht der Ewigkeit.

Sie werden aber auch fordern. Nicht für sich als Einzelmenschen, sondern für ihr Volk, dessen Zukunftsträger sie sind. Sie werden fordern, daß die Last der Kinderaufzucht und Erziehung von der völkischen Gesamtheit getragen wird (Familienversicherung), daß im Steuer- und Erbrecht ein wirksamer Ausgleich geschaffen wird, um kinderreichen Familien die Mehrbelastung zu erleichtern. Denn sie als die beginnenden „Völkerkeime" haben ein Recht auf gleiche Lebenshaltung wie kinderarme und kinderlose Ehen ihrer sozialen Stellung. Sie, die dem deutschen Volke durch ihr lebendiges Blut verbunden, werden ihre Stimme erheben und die Hilfe der Volksgemeinschaft fordern: zur Errichtung von Heimstätten auf dem Boden, den ihre Nachkommen einst mit ihrem Schweiße benetzen und mit ihren Leibern schützen werden. Sie werden ein entschiedenes „Nein" entgegensetzen dem verantwortungslosen Mitleide einer individualistischen Zeit, welche Minderwertigen die Zeugung von Kindern gestattet und erleichtert, welche Eheschließungen erlaubt, auch wenn sie Verbrechen an der Würde des Menschen und an der Zukunft des Volkes bedeuten. Denn ihnen wird die Ehe kein Vertrag mehr sein, den zwei verschieden geschlechtliche Einzelmenschen miteinander schließen, sondern ein lebendiger und fruchtbarer Keim im Volkskörper, eine Lebensgemeinschaft, die als Hort volkhaften Erbgutes in Verantwortung steht gegenüber der Volksgemeinschaft. Was einem entwurzelten Geschlechte Erkenntnisse der Wissenschaft nur bruchstückweise anzudeuten vermochten, wird dem neuen deutschen Menschen in letzter Tiefe und unmittelbarer Gewißheit die Stimme des Blutes offenbaren.

Vorbedingung jeder gesunden Bevölkerungspolitik oder, wie der Verfasser es weiter oben schon nannte, Volkspolitik ist die gründliche Erforschung all der Wissensgebiete, die in dem bevölkerungspolitischen Teile des vorliegenden Buches nur sehr kurz behandelt werden konnten. Die Statistik leistet zwar ganz Ausgezeichnetes. Aber was nützt die beste statistische Arbeit, wenn sie nicht zielbewußt bevölkerungspolitisch ausgewertet wird? Nicht nur die breite Öffentlichkeit befindet sich in verhängnisvollen Irrtümern über die hier vorgetragenen Gegenstände, sondern auch die politisch führende Schicht. Die Wissenschaftler haben bisher viel zu wenig Sorgfalt bevölkerungspolitischen Fragen zugewendet. An den Hochschulen müßten Lehrstühle für Bevölkerungspolitik errichtet werden. Vor allem aber bedarf sie gesicherter Forschungsstätten (Kaiser-Wilhelm-Gesellschaft). Darüber hinaus aber bedarf es einer neuen Einstellung der öffentlichen Fürsorge. Ein Sozialministerium ist erst dann wahrhaft sozial, wenn es im wörtlichen Sinne ein Ministerium zur Volkserhaltung wird. Heute erschöpft sich der Aufgabenkreis der Sozialministerien, die bezeichnenderweise auch oft Wohlfahrtsministerien genannt werden, in dem Schutze der Schwachen. Gewiß bedürfen diese besonderer Stützung durch die Öffentlichkeit; aber diese Hilfe ist doch nur ein Teil einer viel umfangreicheren Aufgabe, der Volkserhaltung. Da die Aufgabe der Volkserhaltung jenseits aller eigentlichen Staatspolitik und der jeweiligen politischen Richtungen steht, so wäre sogar zu erwägen, eine unabhängige, mit großen Vollmachten ausgestattete Stelle zu errichten, welche bei allen Arbeiten und Maßnahmen führt, die für die Erhaltung und Stärkung des Volkstums wirken sollen.

Im Leben der Völker entscheidet die sittliche Stärke und die innere Kraft. Ein sittlich hochstehendes Volk hält auch seinen Körper gesund und kräftig. Vernachlässigt es diese Pflicht gegen sich selbst, so wird es in seiner geschichtlichen Rolle von dem wertvolleren Volke abgelöst. Wenn die Deutschen aber Hochwertigkeit wollen, so muß alle Arbeit beim eigenen Volkskörper beginnen. Geschieht dies nicht, dann ist das politische Bemühen all derer, die sich Politiker nennen und vorgeben ihr Volk zu lieben, unnützes Werk.

Sechster Teil

Außenpolitik

> Keine Nation, die in diesen Zustand der Abhängigkeit herabgesunken, kann durch die gewöhnlichen und bisher gebrauchten Mittel sich aus demselben erheben. War ihr Widerstand fruchtlos, als sie noch im Besitze aller ihrer Kräfte war, was kann derselbe sodann fruchten, nachdem sie des größten Teiles derselben beraubt ist? Was vorher hätte helfen können, nämlich wenn die Regierung die Zügel kräftig und straff angehalten hätte, ist nun nicht mehr anwendbar, nachdem diese Zügel nur noch zum Scheine in ihrer Hand ruhen, und diese ihre Hand selbst durch eine fremde Hand gelenkt und geleitet wird. Fichte.
>
> Victus victori legem dat. Tertullian.

Der Begriff der Außenpolitik

Politik ist Außenpolitik. Sie entscheidet der Deutschen Schicksal. In ihr gipfelt dieses Buch. Sie ist die Tätigkeit, die ein Volk entfaltet, um am Werke „der Selbstdarstellung der Menschheit in ihrer Geschichte" (Krieck) mitzuhelfen. Der Begriff Innenpolitik dagegen darf grundsätzlich, wie bereits ausgeführt, nicht anerkannt werden. Der wahre Politiker ist Außenpolitiker; er führt die Stimme, mit der sich ein Volk an der Harmonie der Weltgeschichte beteiligt. Er will am Weltbilde jenen Pinselstrich anbringen, welcher der Vorstellung, die ein Volk von Wesen und Bestimmung des Menschen überhaupt empfindet, entspricht. Er ist Innenpolitiker, soweit Innenpolitik das Volk zu einer Sendung tauglich machen kann. Weiter nicht. Der heutige Politiker aber ist nicht Staatsmann in obigem Sinne. Er will die Macht entweder um ihrer selbst willen, oder für sich, oder endlich für seine Klasse, seine Anhänger, seine Partei, seine Wähler. Das Ganze sieht er nicht, kaum die Ganzheit des Volkes. Die falsche Staatsauffassung der letzten Jahrhunderte verwischte das und machte den Staat allmählich zu einem Werkzeug der Einzelinteressen.

Damit entfremdete er ihn aber seiner wahren, nämlich der außenpolitischen und damit geschichtlichen Aufgabe.

Um den Staat nun wieder für seine Hauptaufgabe, die Befreiung und Sendung des deutschen Volkes, tauglich zu machen, muß er aus diesen Fesseln gelöst werden. Dazu dienten die Ausführungen der vorhergehenden Teile. Dort wurde auch gezeigt, daß das Kriegserlebnis das Frontkämpfergeschlecht aus der Enge innenpolitischer Vorstellungen heraushob. Nicht zufällig! Ist der Krieg doch die nachdrücklichste, die letzte Form der Außenpolitik, die „Urpolitik" alles Lebendigen (Spengler). Ihre Bedeutung wird niemals einem Geschlechte so lebendig, als wenn es sein Dasein zu verteidigen gezwungen ist. Das Kriegserlebnis lockerte nicht nur den allgemein menschlich-seelischen Urgrund auf, sondern es ließ die Jugend auch die deutsche Sonderstellung, sein Europäertum erleben, allerdings in einem tieferen Sinne, als die Paneuropäer meinen.

Diese Erkenntnis vermittelt eine weitere: es kann kein loses Nebeneinander innerer und äußerer Politik geben. Die oft aufgestellte Behauptung: erst innere Reinigung, dann außenpolitische Befreiung entspringt in ihrer gewaltsamen Aufspaltung von Untrennbarem materialistisch-mechanistischer Denkweise. Mag sie beim naturwissenschaftlichen Werkstättenversuch berechtigt sein, auf politischem Gebiete ist sie unstatthaft. Noch schlimmer ist die Verleugnung jeden Zusammenhanges zwischen geistiger Haltung, innerer Verfassung und äußerer Politik eines Volkes. Alles Werden kommt aus einer Wurzel. Die Stellung des Deutschen zu Gott bestimmt seine Stellung in der Welt. Die innere Gestaltung des deutschen Menschen steht in unmittelbarer Beziehung zur deutschen Außenpolitik. In den letzten hundert Jahren war aber der deutsche Mensch richtungslos geworden. Seine Haltung, die von ihm geschaffene soziale Form, entsprangen nur noch Nützlichkeiten oder flachen Gefühlen. Daher konnte auch die Außenpolitik der Deutschen, die gerade in dieser Zeitspanne das Recht erhalten hatten, sie zu bestimmen, weder zielklar noch erfolgreich sein. Zuletzt machte der Reichstag Groß-Stammtischpolitik.

Wie ist die Lage? Bis zum heutigen Tage gibt es keine Politik des gesamtdeutschen Volkes, sondern eine Politik von einigen deutschen Staaten, einem halbfreien Großstaat, dem Deutschen Reiche, einer noch weniger freien Republik Deutsch-Österreich, einem im Schlepptau der Weststaaten fahrenden ohnmächtigen Kleinstaat Luxemburg, einem Zwergstaat Liechtenstein und dem von Polen und dem Völkerbunde bevormundeten „Freistaat" Danzig. Der Begriff einer gemeinsamen deutschen Politik fehlt noch den fast 100 Millionen Deutschen, die auf der Erde leben. Nicht einmal die beiden größten deutschen Staaten, das Reich und Österreich, machen bewußt und ohne Abirrungen gesamtdeutsche Politik. Gewiß fehlt es nicht an Ansätzen in dieser Richtung, sie werden später noch gewürdigt werden. Der drückenden Mehrzahl derer aber, die als Beamte, Parteipolitiker und Schriftsteller mit Außenpolitik befaßt sind, liegt volksdeutsches Denken noch fern. Vorzüglich die Beamten des auswärtigen Dienstes leben noch in der Vorstellungswelt der vergangenen Jahrhunderte und glauben, außenpolitische Arbeit sei eine Art von Brettspiel, bei dem man die Staaten wie Steine, wenn man nur geschickt genug ist, so ziemlich nach allen Richtungen hin umordnen könne. Das war einst so. Heute ist es aber veraltet, Außenpolitik nur noch als Sache der Staaten zu betrachten, seit die Völker sich ihrer selbst bewußt geworden sind. Das deutsche Volk beginnt zu erwachen und sich selbst zu erkennen. Außenpolitik ist heute vielmehr das Ringen der Völker mit Hilfe ihrer Staaten als Formen: Krieg nur eine besonders scharfe Abart ihres Kampfes.

Geschichte, letztlich aber die in der Tiefe der Völker ruhenden Kräfte schufen die Formen, in denen ein Volk sich außenpolitisch behauptet: den Staat, der sich immer wieder — bruchlos oder unter gewaltsamen Erschütterungen — erneuern muß. Versagt die Form, weil eine Entleerung des Inhaltes stattfand, weil die schöpferischen Kräfte erlahmten, so bleibt das betroffene Volk nicht mehr Träger seiner Geschichte: es wird von Fremden geleitet und verändert, es kann sogar die eigenstaatliche Form verlieren. Ein staatloses Volk und ein Viel-Staaten-Volk büßt mit seinem eigenen Staate vieles von seinem Wesen ein. Es wandelt sich unter der Herrschaft fremder, strafferer staatführender Völker, es geht sogar in ihnen auf. So beginnt die deutsche Volkwerdung — trotz Fichtes nicht zu widerlegender Theorie von den Urvölkern — so recht eigentlich mit Otto des Großen Staatsgründung. Seitdem ringt das deutsche Volk um seinen Staat, im höheren Sinne um sein Reich. Und erst dann wird sein Werdegang vollendet sein, wenn es seinen Staat endgültig begründet hat. Und umgekehrt wird dieses neue Reich dem Volke seine Höchstform geben. Das Gesetz der Ganzheit wirkt sich so aus in einer unaufhörlichen Wechselwirkung zwischen Volk und Staat.

Aus ein und derselben Quelle strömen die Kräfte, die ein Volk im Innern zusammenfassen und seine außenpolitische Selbstbehauptung ermöglichen. Kein innerer Aufbau wird aber helfen, wenn er nicht außenpolitischen Willen und Gestaltungskraft stärkt. Kein Aufflammen außenpolitischen Willens kann umgekehrt die Mängel an straffer innerer Zusammenfassung ersetzen. Deutsche und polnische Geschichte sind eine Kette von Beweisen für diese Behauptung. Wohl aber ist denkbar, daß das seelische Leben eines Volkes stärker wird und daß deshalb wiedererwachte Schöpferkraft zuerst im Innern neue Formen schafft; Kriege und Revolutionen wohnen deshalb in traulicher Nachbarschaft. Oft drängt Revolution zum Kriege, oft gebiert umgekehrt Krieg Revolutionen. Daß allerdings eine Revolution (1918) die Selbstbehauptung des Volkes verneinte und seinen Widerstandswillen lähmte, bleibt eine geschichtliche Besonderheit der Deutschen. Besteht also eine Beziehung zwischen außenpolitischer Bedrängung und innerem Erneuerungswillen, so darf gesagt werden: die heutige außenpolitische Not der Deutschen kann die Herzen und den Willen der Deutschen bereit machen, die innenpolitische Einigkeit in den Lebensfragen des Volkes zu schaffen. Versagen sich aber die heute Lebenden dieser Aufgabe, lassen sie diese Zeit äußerlicher Ruhe verstreichen, so wird der nächste Krieg auch den Bürgerkrieg entfesseln. Innere Erneuerung und Erfüllung unserer geschichtlichen Aufgabe durch die Außenpolitik bedingen sich also gegenseitig.

Westlicher Aufstieg — Europas Niedergang

Der Siegeszug des Individualismus entwickelte die Völker des Westens zu Nationen. Die spätrömisch-französische Gedankenwelt verkörperte sich vorbildlich gerade in der Entwicklung der Welschen Westfrankens zur französischen Nation und in der Herausbildung des westlichen Staatsideals. Die beiden großen Formen des weltlichen, neuzeitlich-abendländischen Staates schuf Frankreich: das unbeschränkte Königtum der letzten Bourbonen und die moderne Republik der unbeschränkten Demokratie. So innerlich gleichgerichtet die Regierungsweise des Sonnenkönigs und die einer Formaldemokratie unserer Tage — in Wahrheit die Herrschaft Weniger auf Grund ihres Geldbesitzes oder ihrer schrankenlosen Volksverführung — sind, so gleichbleibend sind auch die Ziele der französischen Außenpolitik seit Jahrhunderten.

Der Geschichte des Individualismus entspricht der Aufstieg Frankreichs zur europäischen Vormacht, die nicht allein das Franzosentum Europas staatlich zusammenfaßt, sondern es auch über Europa herrschen läßt. Sie ist verbunden mit dem Niedergange des deutschen Volkes, da Frankreich ja groß wurde im Kampfe gegen das Heilige Römische Reich Deutscher Nation, die Verkörperung des christlichen Abendlandes. Die Franzosen, die Träger der „Gesta Dei per Francos“ konnten nie vergessen, daß der Papst die Kaiserwürde, das Werkzeug des gottgewollten Imperiums, den deutschen Königen übertrug. Das französische Sonderstaatsgebilde, äußerlich und innerlich Vorbild aller kommenden Nationalstaaten, wurde das erste, echte Kind der auflösenden Kräfte der Renaissance und schuf den Typus des alle Sonderregungen nach innen hin unterdrückenden, kulturell und verwaltungsmäßig vereinheitlichenden Nationalstaates.

Den gab es aber in der deutschen Geschichte niemals; er widerspricht auch deutschem Staatsdenken. Jenes das Abendland umspannende römisch deutsche Kaiser-König-Reich war etwas ganz anderes. Kein „Staat" im Sinne moderner Enge und Zwangsausübung auf allen Lebensgebieten, sondern ein lockerer Rahmen, der nicht nur das deutsche Volk umgriff, sondern auch Reichsromanen und Slaven. Deutsch an ihm war die führende Rolle des Volkes der Mitte, deutsch die Biegsamkeit der Form, welche Freistaaten und Fürstentümer zwanglos vereinigen konnte. Mochte aber auch das Reich dahinsinken, mochten die aufstrebenden Landesfürsten zur Festigung ihres Staatswesens französisch-zentralistische Gedanken übernehmen und damit neue stoßkräftige Einheiten innerhalb des deutschen Volkes schaffen, welche die alte stammliche Gliederung zurückdrängten: der germanisch-rechtliche Gedanke der Selbstverwaltung, der in angelsächsischen Ländern seine höchste Blüte erlebte, ging nie völlig zugrunde und lebte auch wieder in den Herrschaftsbereichen der vielgescholtenen Landesfürsten auf; am kräftigsten in Preußen, welches durch seine neue Machtballung den Grund für das künftige Reich der Deutschen legte. Die Vielheit des deutschen Volkes in seiner stammlichen Gliederung, welcher die aus dem Völkerbrei der Antike wieder entstandenen, formlosen Romanen nichts Ähnliches entgegenzusetzen haben, die Fülle der Fürstentümer und Herrschaften, die konfessionelle Zerrissenheit, kurz das bunte, oft beklagte Bild deutschen Wesens von 1500—1870 erlaubte dem deutschen Volke doch ein viel lebendigeres Leben in Freiheit als die gewaltsame Vereinheitlichung im romanischen Frankreich und Spanien.

Allerdings ging die freiheitliche Vielheit auf Kosten der Einheit und damit deutscher Macht. Immer wieder fand das Papsttum, in seinem dem Kaisertum gleichlaufenden Streben nach dem universalen Reiche der Christenheit, die Bundesgenossenschaft nicht nur Frankreichs, sondern auch deutscher Fürsten. Die Stellung des Kaisers wurde immer schwächer, sein Drang nach Hausmacht deshalb immer stärker. So mußte der Reichsgedanke leiden. Mit dem Westfälischen Frieden wurde die Idee des Reiches zu Grabe getragen, wie schon vorher die des christlichen Universalismus.

Der neue humanistische „Universalismus", der mit seinem antik-philosophischen Vernunftsystem ein neues Gesamtbild von Natur, Menschheit und Geschichte entwarf, kam den schon zusammengeballten westlichen Völkern zugut, die er mit einem neuen Bildungsideal ausstattete und so ihre Nationwerdung beschleunigte. Es entstanden weltliche Staaten, die westlichen Staatsnationen, notdürftig überwölbt von jenem Himmel auf Erden, von der Zivilisation. Die Deutschen aber begannen zu spät damit, den Vorsprung der andern aufzuholen. Ihr Nationalbewußtsein, jene westliche Diesseitsreligion, erwachte zu spät. Wenn sie sich jetzt dazu bekennen wollen, ist die geschichtliche Gelegenheit verpaßt; auch der „Universalismus" des nationalen Bildungssystems ist entleert, ist ohne Inhalt. Was dem Westen abgesehen werden konnte, ahmten die deutschen Territorialstaaten bis Bismarck nach, so den Grundstein neuer deutscher Macht legend, bis eine neue Reichsklammer geschmiedet war. Der antik-weltliche Abschnitt der Geschichte bedeutet also deutschen Niedergang; er entsprach anscheinend wenig deutscher Geistesart, trotz der deutschen Klassik und der deutschen Musik, die höchstens beweisen, daß das deutsche Volk einen künstlerischen, nicht aber einen politischen Stil aus der Wiederbelebung der Antike schöpfen konnte. Die universale Wirkung der Aufklärung blieb den Deutschen versagt: der gesamtdeutsche Staat. Sie scheinen zu andern politischen Formen bestimmt, ihr Reich wurzelt in einem echten Universalismus, der dem mittelalterlich-religiösen verwandter, dem aufklärerisch-weltlichen fremder ist.

Frankreichs Aufstieg und die individualistische Auflösung der staatlichen und geistigen Formen in Europa (Renaissance- und Reformationszeit) bedeuteten Verlust über Verlust für das Deutsche Reich und deutsche Volk. Die Reichsromanen, einst stolze und freiwillige Mitglieder des Reiches in den westlichen Vorlanden, gingen verloren: Burgund, später die geistlichen Fürstentümer und Abteien und schließlich Lothringen nach hundertjährigem, heute vergessenen Kampfe. Die Schweizer Eidgenossen aber schufen sich erst ein politisches Sondergebilde nach eignem Bedürfnis und machten sich dann völlig vom Reiche unabhängig. In den Niederlanden geschah dasselbe. Dort kam es überdies zur Bildung eines eignen niederdeutschen Volkstums, eine Tatsache, die wir heute rückhaltlos anerkennen. Sie hatte nicht nur politische und konfessionelle Ursachen, sondern auch kulturelle. Daß die Niederdeutschen dem Siegeszuge der mitteldeutschen Schriftsprache im 16. Jahrhundert Halt geboten und eine eigne niederländische Schriftsprache und Kultur entwickelten, ist entscheidend. Holland und Belgien, soweit es germanisch ist, gingen dem deutschen Volkstum verloren und schieden aus dem Reiche aus. Luxemburg, das bis 1866 zum deutschen Bunde gehört hatte, verselbständigte sich politisch und wurde kulturell immer abhängiger vom Welschtum. Elsaß-Lothringen wurde wohl 1871, nachdem das deutsche Volk Frankreichs Vormacht für Jahrzehnte gebrochen hatte, dem zweiten deutschen Reiche wieder hinzugefügt. 1918/1919 ging es aber wieder verloren, politisch und zunächst scheinbar auch volksmäßig. Die Deutschen, von Friedrich dem Großen und Bismarck über merkwürdigste Umwege zu neuer Macht und Größe geführt, vermochten das Wiedergewonnene nicht zu halten. Bald nach Frankreichs Sieg entstand aber im ehemaligen Reichslande eine in ihren Zielen freilich rein örtliche Heimatbewegung, die der Verwelschung einen Riegel vorzuschieben vermochte. Frankreich siegte also nur staatlich, aber nicht volklich. Belgien, der flämisch-wallonische Mischstaat mit französischer Seele und französierender Hauptstadt erhielt Eupen, Malmedy und Teile vom Monschau. Und doch steht trotz aller dieser tragischen Geschehnisse die westliche Volksgrenze zwischen Romanen und Germanen im wesentlichen seit 1000 Jahren fest. So schwach war die Lebenskraft der nur staatlich starken Gallo-Romanen.

Im Osten aber war geschichtliche Aufgabe der Deutschen gewesen, die Wohngebiete ihrer germanischen Vorfahren in dieser Zeitspanne wieder einzunehmen. Der 700-jährigen Reconquista der iberischen Halbinsel durch Portugiesen, Spanier und Katalanen gegen die heidnischen Mauren entsprach die Wiedereindeutschung des Ostens. Von der Elbe- und Saale-Linie bis zu den Tauern trugen die mittelalterlichen Deutschen Christentum, geistige und materielle Kultur in prachtvoller Einheit nach Ländern, die von geschichtslosen Slavenstämmen nur dünn besiedelt waren. Die Wiederauffüllung des Alpenraums mit germanisch-deutschen Menschen, die Urbarmachung der Randgebirge Böhmens und Mährens, die Eindeutschung Schlesiens, Neusachsens, Brandenburgs, Mecklenburgs, Pommerns und Preußens sind gewaltige Taten des abendländischen Menschen, bei denen die kriegerische Eroberung das Geringste war: Länder wie Pommern, Mecklenburg, Schlesien und die sudetendeutschen Teile der böhmisch-mährischen Länder wurden ohne einen Schwertstreich deutsch. Ja, in Zeiten, als im Westen schon die Hauptverluste eingetreten waren, vermochten Preußen und Oesterreich noch einmal deutsches Volkstum und deutsche Kultur weit über die Grenzen des geschlossenen Siedlungsgebietes nach Osten vorzutragen.

Erst in der Mitte des 19. Jahrhunderts, als der Sieg des nurstaatlichen Denkens die Deutschen von ihrer geschichtsbestimmten Ostrichtung

Slawen im heutigen Sinn des Wortes gab es früher nicht (siehe Seite 1).

abgewendet hatte, als der Westen seine magische Anziehungskraft auszuüben begann, kam es zu raschem Verfall. Die Bruderschlacht von Königgrätz, mochte sie auch die Grundlage zum neudeutschen Reiche Bismarcks legen, war der deutlich sichtbare Wendepunkt. Die Sonderentwicklung diesseits und jenseits der schwarz-gelben Grenzpfähle begann. Die gefühlsmäßige Einheit, 1848 noch vorhanden, schwand dahin. Die Neugründung des kleindeutschen Reiches unter Führung des größten Territorialstaates Preußen bewirkte im reichsdeutsch-politischen Denken nunmehr eine entscheidende Abwandlung; man gelangte immer mehr in den Bann national-staatlich-westlicher Ideologien, ohne die Kraft zu finden, auch das Gute aus ihnen zu ziehen. Man verspießte in binnendeutscher Beschränktheit. Herz und Horizont, die in den Jahren deutscher Zerrissenheit offen gewesen waren, wurden immer enger, das Reich wurde als großer Territorialstaat, als Regnum und nicht mehr als Imperium aufgefaßt. Der Volkstumsgedanke trat hinter das Einheitsgefühl der Reichsbevölkerung zurück. Der Reichsdeutsche galt fürderhin dem Reichsdeutschen als der Deutsche schlechthin. Das Land der Deutschen wurde in der Vorstellung dem Staatsgebäude des neudeutschen Reiches gleichgestellt und im Gegensatze zu dem richtigen älteren Sprachgebrauch, der alle von Deutschen geschlossen besiedelten Gebiete Mitteleuropas so genannt hatte, nach französischem Vorbild schlechthin als Deutschland bezeichnet. Der Gedanke, daß das Deutsche Reich größer sein müsse, war verblaßt. Vergessen war der gewaltige Ostzug des Deutschtums, den es im Mittelalter von seiner Wiege zwischen Rhein und Elbe unternahm, und der die Ostsee zu einem deutschen Meere, die Donau zu einem deutschen Strome machte, im 18. Jahrhundert unter Friedrich dem Großen und Maria Theresia wieder auflebte, um dann endgültig in einigen Geschichtsbüchern zu versinken.

Der alternde Bismarck wollte um Großdeutschland nicht mehr kämpfen; die Fähigkeit aber, kampflos zu gestalten, die in der Zollvereinszeit des Deutschen Bundes noch Großes geschaffen hatte, war abhanden gekommen, das deutsche Staatsdenken immer mehr nach französisch-zentralistischem Vorbild verkrüppelt. Immerhin folgerte Bismarck aus der Gemeinsamkeit der mitteleuropäischen Staaten die Notwendigkeit eines reichsdeutsch-österreichischen Bündnisses. Er schloß es als Ersatz für ein mitteleuropäisches Reich ab und gliederte folgerichtig dann Italien mit ein. Er war sich aber bewußt, daß es sich nur um einen Ersatz handele. Spätere Geschlechter vergaßen das. Dadurch wurde wohl für Jahrzehnte der strategische Raum gesichert, aber die politische Einigungsbewegung der Deutschen und Mitteleuropas unterbunden. Das Unglück begann. Im raumbeherrschenden Österreich, das anfänglich noch von Deutschen geführt war, regte sich der individualistische Nationalgedanke, der den Deutschen des Westens schon zum Unheil geworden war, um nun im Osten vollends zum Verhängnis zu werden. 1867 teilte der Ausgleich mit Ungarn die österreichisch-ungarische Monarchie in zwei Reichshälften. Deutsches Volkstum wurde in der Folgezeit überall zurückgedrängt. Das Deutsche als Staats-, Verkehrs- und Kultursprache erlitt in der jenseitigen Reichshälfte und darüber hinaus schwerste Verluste. Mit der Abtrennung vom Reiche seit 1866 waren eben dem österreichischen Deutschtum die Quellen seiner Kraft abgegraben worden. In der namenlosen österreichischen Reichshälfte wurde der Einfluß der Deutschen immer geringer. Slavisch wurde im Wiener Reichsrat Trumpf.

Österreich-Ungarn zersetzte sich mehr und mehr. Es wurde immer bündnisunwerter, der Dreibund als Ersatz einer mitteleuropäischen Machtballung immer fragwürdiger, der Frieden, den er sichern sollte, immer stärker gefährdet. Die Randmächte Europas sahen ihre Stunde heranrücken und bereiteten den Krieg zur Zerschlagung Mitteleuropas vor. 1914 wurde er begonnen. 1918 brach die Doppelmonarchie, das letzte Rumpfstück des abendländischen Reiches, auseinander. Mit Österreich versank ein deutscher Teilstaat, der einst Stolzestes geleistet hatte: Waffentaten und friedliche Leistungen deutscher Art, als er noch die deutsche Vormacht war. Ein Vorgang, dessen Tragik man im Reiche zu begreifen nicht mehr imstande war. Von den in der Doppelmonarchie wohnenden zwölf Millionen Deutschen wurde die Hälfte auf mehrere Staaten aufgeteilt und der Anschluß Rumpfösterreichs im Friedensdiktate von Versailles „verboten". Seitdem arbeitet gegnerische Politik an der „Verschweizerung" Österreichs und der Entdeutschung der zu Minderheiten gewordenen Deutschen der Nachfolgestaaten.

Im Osten traten also nicht nur staatliche, sondern auch volkliche und Volksbodenverluste gegenüber den lebenskräftigen Slaven, Ungarn und Rumänen ein, die noch im Volksgedanken wurzelten und darum „jünger" waren als die Deutschen. Deutsches Bürger- und Bauerntum erlag — und nicht erst seit 1918 — dem ungarischen und kroatischen Nationalismus ohne Schutz von Wien oder gar von Berlin. Außerdem rangen zahlreiche Deutsche in den Ostseeprovinzen und den Kolonistengebieten Altrußlands seit Jahrzehnten um ihr völkisches Dasein: von Reval bis zu den Karpathen, ja bis zu dem Schwarzen Meere, in „Zwischen- oder Inner-Europa" auf deutschem Kulturboden. In das geschlossene deutsche Sprachgebiet aber, von der Memel bis fast zur Adria, drängten sich litauische, polnische und tschechische Ausdehnungssüchte hinein.

Der Zusammenbruch von 1918 verschlang aber nicht nur das Deutschtum der Donaumonarchie, sondern es ging auch viel deutsches Land im Norden (in Schleswig) und Osten an die polnische, die tschechoslowakische und die litauische Republik verloren, teils dank ungerechter oder nicht eingehaltener Abstimmungsbedingungen, teils durch einfaches Diktat. Es wurde entweder fremden Staaten zugewiesen oder zwangsverselbständigt. Es ist nicht Zweck dieses Buches, die jüngste Geschichte deutscher Verluste zu schreiben, jeder kann sie im „Taschenbuch des Grenz- und Auslanddeutschtums"*) selbst nachlesen. Die Zerrissenheit des geschlossenen deutschen Sprachgebietes sei daher nur im Großen aufgezeigt.

Das Deutschtum des geschlossenen mitteleuropäischen Siedlungsgebietes

in 5 deutschen Staaten:

1. Reich
2. Österreich
3. Danzig
4. Luxemburg
5. Liechtenstein

in einem teildeutschen Staate:

6. Schweiz

in 10 fremden Staaten:

7. Dänemark: Nordschleswig
8. Holland: um Maastricht
9. Belgien: Eupen-Malmedy — um Heinrichkapelle — altbelgisches Deutschluxemburg
10. Frankreich: Elsaß-Lothringen
11. Italien: Monterosadeutsche — Deutsch-Südtirol — Bladen-Kanaltal
12. Südslawien: Mahrnberg bei Marburg — Windische Büheln — Marburg — Abstal
13. Ungarn: Ungarischer Anteil des Burgenlandes
14. Tschechoslowakei: Preßburg — sudetendeutsche Gebiete — Hultschin

---

*) Verlag Deutscher Schutzbund, Berlin.

15. Polen: Ostoberschlesien — Deutsches Posen — Westpreußen — Soldau.

16. Litauen: Memelgebiet.

Nur ungefähr zwei Drittel des deutschen Volkes wohnen im Deutschen Reich. Die restlichen dreißig bis fünfunddreißig Millionen verteilen sich auf fast alle anderen Staaten der Welt. Allein das geschlossene mitteleuropäische Siedlungsgebiet der Deutschen (ohne die vorgelagerten Inseln) ist — wenn man von Luxemburg und der Schweiz absieht — auf 14 mehr oder weniger selbständige Staaten aufgeteilt. Ein Teil der verstreuten Deutschen hat sein Deutschtum eingebüßt und verleugnet das Erbe der Väter. Ein Teil fühlt eben noch kulturdeutsch. Ein weiterer Teil endlich, deutschbewußt, will sein deutsches Eigenleben auch in fremden Staaten bewahren. Er strebt, soweit er innerhalb des geschlossenen deutschen Siedlungsgebietes in Mitteleuropa ansässig ist, mit dem Herzen zum Mutterlande zurück. Seine Zukunft ist im Zeitalter des Nationalstaates bedrohter denn je. Kein anderes großes Kulturvolk lebt in so furchtbarer Zerrissenheit wie das deutsche. Als vom 17. Jahrhundert an die überschüssige Bevölkerung Europas ihren Zug in die überseeische Ferne antrat, gab es keine Macht in Deutschland, welche das von deutschen Auswanderern urbar gemachte Land als deutschen Kolonialboden beanspruchen konnte. Millionen Deutscher, die in volksfremder Umwelt ihren persönlichen Aufstieg erlebten, gingen so in Amerika dem Deutschtum verloren. Es fehlte das einigende Band eines starken, staatlich geeinten Mutterlandes, eines klar geformten Volks- und Kulturgedankens. Die innere Zerrissenheit ließ die Einzelauswanderer sich auch draußen nicht wieder zusammenfinden, so groß ihre Zahl auch war, so dicht sie auch über See siedeln mochten. Ein Deutscher namens Müller, gab in einem nordamerikanischen Parlamente den Ausschlag für den Beschluß, der die Einführung der deutschen an Stelle der englischen Staatssprache ablehnte. Ein schmerzliches Beispiel für viele! Unaufhaltsam schien dieses deutsche Schicksal sich zu vollziehen: in den überseeischen Ländern verlorenes Deutschtum, in Europa zerstückeltes und aufgeteiltes.

Die Reichsgründung von 1871 gebot der Auflösung nur teilweise Halt. Der Rhein wurde wieder Deutschlands Strom. Dazu kam die Erwerbung von Kolonien, die allerdings nicht aufnahmefähig genug waren, um den Strom der Auswanderungslustigen (damals erreichte das Reich gerade seine höchste Geburtenziffer) zur Befruchtung einer neu zu schaffenden deutschen Kulturwelt zu benutzen. Immerhin konnte der Deutsche daran gehen, die Kolonialbedürfnisse seines Volkes selbst zu pflanzen und zu ernten. Das überseeische Auslanddeutschtum erhielt durch die Reichsgründung Auftrieb und Rückhalt; die Farben des neuen Reiches brachten ihm endlich das ersehnte einigende Symbol. In Europa dagegen war die Wirkung geteilt. Das Ansehen des neuen Reiches wirkte zunächst belebend. Man erinnere sich an die „Wandlung" Conrad Ferdinand Meyers zum deutschen Wesen hin. Andrerseits vermochte sie den schon früher eingeleiteten Abbröckelungsvorgang im Raume der Donaumonarchie und des Zarenreiches nicht aufzuhalten. Verluste an Volksboden und Sprachgeltung nahmen ein immer schnelleres Tempo an, nicht zuletzt dank der scheinnational-staatlichen Entwicklung im Reiche.

Der unglückliche Ausgang des Weltkrieges zerstörte aber die deutsche Machtstellung, die Kolonien gingen verloren. Viele der auslanddeutschen Siedlungen sind vernichtet. Der deutsche Lebensraum in Europa aber wurde in Versailles erneut verengt. Mehr als eine Million Deutscher wurde aus den Grenzgebieten verdrängt und auf dem verkleinerten Reichsboden zusammengepfercht. Unaufhaltsames Verhängnis schien seinen Lauf zu nehmen. „Weil der deutsche Mensch, der in das Prokrustesbett des deutschen Nationalstaates hineingelegt werden sollte, zu groß dafür war, hat man ihm ein Stück abgeschnitten." So kennzeichnet der bedeutendste Staatsmann Österreichs, Seipel, die moderne deutsche Geschichte, die Abkehr der Deutschen vom Reichsgedanken.

Schönfärber versuchen die Schwere dieses Schicksals zu verkleinern. So schlimm sei doch das alles nicht; die Einheit des Reiches sei ja gerettet und der Wiederaufstieg unverkennbar. Solch leichtsinnige Hoffnungsfreudigkeit sollte unter Strafe gestellt werden; denn sie verbaut die Erkenntnis des Notwendigen und darum den Weg zur Rettung. Gewiß, das Reich besteht noch. Mit dieser geretteten deutschen Einheit kann sich aber nur der zufrieden geben, der die Deutschen des geschlossenen Siedlungsgebiets, die nicht zum Deutschen Reiche gehören dürfen, bewußt oder fahrlässig vergißt. Die Wirtschaft des Reiches hat sich wohl erholt, wenn sie auch noch vor den schwersten Gefahren steht. Von einem deutschen Wiederaufstieg darf aber weder im staatlich-politischen, noch im volksdeutschen Sinne gesprochen werden: angesichts der bis heute nicht abgestellten Leiden der Grenzdeutschen, denen das Selbstbestimmungsrecht verweigert wurde; angesichts der Auslanddeutschen in den Nachfolgestaaten der ehemaligen Drei-Kaiser-Reiche, die planmäßiger national-staatlicher Entdeutschung schutzlos ausgesetzt sind; angesichts der nicht wieder eingebrachten Verluste an Volksboden, an Menschen und Volksvermögen, und angesichts des Schwundes an Lebenskraft, der Vergreisung der Deutschen;

vor allem aber angesichts der Machtlosigkeit der Deutschen. Ist es doch eine Besonderheit der Pariser Vorortverträge, die sie zu einem in der Geschichte nie dagewesenen politischen Machtmittel stempelt, daß die dauernde Beschränkung der Hoheit der deutschen Staaten, des Reiches, Österreichs und Danzigs, dort festgelegt ist. Und daran ist bis heute nichts geändert. Die Selbstbestimmung fehlt also nicht nur den Grenz- und Auslanddeutschen, sondern auch dem Gesamtvolke, weil ihm die Selbstentscheidung über seine Rüstung genommen und damit das Recht zur Verteidigung entrissen ist.

Die öffentliche Meinung sieht neben den dem Reiche auferlegten Tributleistungen die schwerste Beschränkung deutscher Souveränität in der Rheinlandbesetzung. Doch ist dieses nicht die schwerste, nur die am deutlichsten sichtbare. Für das linke Ufer bedeutet sie Last und Not, jeden Ehrliebenden drückt ihre moralische Schmach. Aber weit schlimmer sind die allgemeinen militärischen Beschränkungen: die neutrale Zone am Rhein, die der Reichswehr verschlossen ist, die Entfestigungen im gesamten Osten und Süden des Reiches, dazu die allgemeine Wehrbeschränkung. Das alles bleibt bestehen, wenn auch die Besatzungstruppen zurückgezogen sein sollten; besonders dann, wenn dieses Gebiet einer gegnerischen „Kontrolle" unterstellt werden sollte. Der strategische Raum Frankreichs und Belgiens bildet heute einen großen Bogen vom Bodensee über Ulm, Würzburg und Essen bis zur holländischen Grenze nördlich des Rheins. Karl und Albrecht*) Haushofer, sowie Hermann Stegemann, haben die deutsche Machtbeschränkung mehrfach in voller Klarheit dargestellt.

Die französische Machtstellung ist, solange der Frieden andauert, nicht unmittelbar zu fühlen. Aber dieser ist in keiner Weise gesichert. Es hängt nicht vom Deutschen Reiche ab zu bestimmen, wie lange Frieden sein soll. Ja, die deutsche Schwäche im Westen reizt die Nachbarn geradezu zum Einfalle. Nur ein unbelehrbarer Pazifist kann dies übersehen. Jeder andere muß aus jener Erkenntnis politische Folgerungen ziehen und darf nicht so tun, als ob es nie mehr Krieg geben würde. Trotzdem geschieht dies durch eine große Zahl von verantwortlichen Deutschen. Ihre wirklichkeitsfremde Art, Politik zu machen, entspringt pazifistischem Unterbewußtsein. Für den Sehenden aber schrumpft der Nutzen der Aufhebung der Rheinlandbesatzung mit all ihren Quälereien, Bindungen und Hemmungen, die dem Verkehr, der Luftfahrt, der Schiffahrt, der Wirtschaft auferlegt sind und, weil fühlbar, überwertet wurden, angesichts der Gefahren der strategischen Lage auf das richtige Maß zusammen. Die Macht-

*) Heft 4 Jahrgang 1929 „Volk und Reich" Berlin.

minderung liegt wie ein Albdruck über der gesamten deutschen Außenpolitik: gerade heute stärker denn je zuvor.

So übt das französische Volk, obwohl noch nicht halb so groß wie das deutsche, die Vorherrschaft in Europa aus. Dabei geht seine innere Kraft, auch auf kulturellem Gebiete, unaufhaltsam zurück. Stärkste Willensanstrengung allein hält Frankreichs Vormacht, die in Europa auf die Dauer keinen natürlichen Boden mehr hat, aufrecht. Deshalb wurde sie durch einen neuen künstlichen Untergrund unterbaut: durch die Soldaten des afrikanischen Reiches. Frankreichs farbiges Heer gefährdet aber die Vormacht der weißen Völker; dies wird einmal von der Geschichte als erstes Zeichen europäischen Niedergangs gewertet werden. Das Gefühl, volksmäßig heute den Deutschen, morgen wohl auch noch den Italienern unterlegen zu sein, diese Spannung zwischen wirklichen und angemaßten Kräften, beherrscht das politische Denken und Handeln der Franzosen. Angstpsychose treibt sie zu Verzweiflungsschritten und ruft die kennzeichnende Unruhe der europäischen Lage hervor. Diese wird von Jahr zu Jahr größer, da, wie bereits geschildert, die europäischen Völker verschieden rasch wachsen und ihre Altersschichtung (und damit ihre militärischen und wirtschaftlichen Kräfte) verschieden schnellen Veränderungen unterworfen sind.

Die Raumnot der Italiener mit ihrer starken und vom Staate geförderten Volksvermehrung beschwört Gefahren für den europäischen Frieden herauf. Frankreich kann ihnen heute noch begegnen; das geburtenschwache und waffenlose Reich dagegen gleicht einem tiefliegenden, von schwachen Dämmen umgebenem Becken, in welches die Ströme des Krieges hineinstürzen können, wenn Deichschutz bei Hochwassergefahr fehlt. Diesen Schutz kann nur militärische Rüstung bieten. Sie fehlt aber dem Reiche und Österreich, deren Hauptstädte, überdies nur 150 und 40 km von den Grenzen feindlicher Staaten entfernt, im Bereich moderner Geschütze liegen.

So scheint fast der Deutsche verurteilt zu sein, auf eine schützend-zusammenfassende, eigenstaatliche Entwicklung verzichten zu müssen. Der Schwund an Macht läßt den Zeitpunkt erahnen, an dem das deutsche Volk zur Erhaltung seiner selbst nicht mehr imstande ist. Lähmend breitet sich die Erkenntnis deutscher Ohnmacht über die deutschen Lande aus. Immer bescheidener werden die politischen Ansprüche der im Reiche führenden politischen Kreise. Eine Bescheidenheit, deren Ausmaß den Nachdenklichen erschüttern muß. Die Öffentlichkeit gewöhnt sich langsam an die täglich eintreffenden Schreckensmeldungen über die Unterdrückungen Deutscher in der gesamten Welt." Berufsmäßige Schönfärber beruhigen sich mit der sogenannten Gleichberechtigung, die dem Deutschen Reiche, das ja in den Völkerbund sogar als ständige Ratsmacht aufgenommen sei, allmählich wieder zuteil werde. Das Wesentlichste dieser Gleichberechtigung ist, daß mit den Deutschen wieder in einem leidlich höflichen Umgangstone verkehrt wird. Wenn deutsche Lebensrechte geltend gemacht werden, so versteift sich überall der Widerstand; denn fast alle anderen Völker sind Nutznießer deutscher Ohnmacht. Die Geschichte Englands seit der Staatsgründung der Normannen weist nicht so viele Fälle moralischer, körperlicher und vermögensrechtlicher Mißhandlung von Engländern auf als die deutsche Geschichte des letzten Jahrzehnts. Was für alle Völker selbstverständlich ist, wird für die Deutschen zum Verbrechen. Rüstungen sind bei anderen stolzes Mannesrecht, bei uns barbarischer Militarismus. In Wahrheit sind dies alles Folgen der deutschen Machtlosigkeit. Auch die Kriegsschuldfrage ist eine solche der Macht. Der Schwächste wird zum Sündigsten gestempelt, damit die rohe Gewalt des Stärkeren „sittlich" gerechtfertigt ist. So wird auch die Beseitigung des Makels der Kriegsschuld zu einer Frage der Wiedererlangung deutscher Macht. Daher auch die Widerstände der reichsdeutschen und österreichischen Linken gegen jede kräftige Arbeit zur Aufklärung der Kriegsschuldfrage.

Die Linie deutschen Niedergangs, seit Jahrhunderten abwärtsführend, im 19. nur auf einige Jahrzehnte unterbrochen, scheint sich noch weiter abwärts zu neigen. Wie soll das verstümmelte und machtlose Staatswesen, das heute Deutsches Reich heißt, zum Sammelpunkte des Deutschtums werden? Wie bei einem europäischen Brande das ungeschützte deutsche Haus verschont bleiben? Unter dem Drucke dieser Erkenntnis besteht die Gefahr einer verhängnisvollen Veränderung deutschen Denkens: die des Verzichts auf politische Geltung überhaupt. Damit aber vollzöge sich auf politischem Gebiete ein unheilvolles Versinken in Kleinstaatsideologien; auf wirtschaftlichem unmerkliche, aber sichere Versklavung; auf geistigem der Verlust wesenhafter Kräfte. Ein neuer Typus des Deutschen würde unter denen, die nicht Auswanderung der unerträglichen Enge vorziehen, entstehen: ein müder, verbitterter, selbstsüchtiger, kleinlicher Philister, wie er schon heute immer häufiger beobachtet werden kann. Der Deutsche wäre kein ganzer Mensch mehr, auch wenn die Intellektuellen sich mit dem Spruche vom Kulturdeutschen trösten würden.

Der Individualismus in der Außenpolitik

Wie konnte es so weit kommen? Wo liegen die Fehler deutscher Vor- und Nachkriegspolitik? Es sind die gleichen, die schon an mehr als einer Stelle dieses Buches aufgezeigt wurden. Ist doch die Geschichte des Individualismus gleichzeitig die französischer Vorherrschaft und deutschen Zerfalles. Jene, den Einzelnen als höchsten Wert betrachtende Weltanschauung konnte in England und Frankreich staaten- und machtbildend wirken: Europa zerfiel darüber und mit ihm das Reich der Deutschen.

Wie sorgenvoll Bismarck die innere und äußere Entwicklung des von ihm geschaffenen Reiches ansah, belegen viele Äußerungen des Achtzigjährigen, dem die Mehrheit des Reichstages den Geburtstagswunsch verweigerte. Unglückverheißendes Zeichen! Bismarcks Außen- und Innenpolitik beschränkte sich berechtigtermaßen auf Ausbau und Festigung des mühsam gezimmerten kleindeutschen Reiches. Für den damaligen Zeitpunkt konnte er die Saturiertheit (Sättigung) des Deutschen Reiches mit Recht feststellen: als er das Bündnis mit Wien als Ersatz für ein derzeit unerreichbares mitteleuropäisches Reich abschloß, aus dem Gefühle heraus, daß sogar die kleindeutsche Einheit noch nicht unwidersprochen feststehe und erst bewährt werden müsse, ehe neue politische Ziele in Angriff genommen werden könnten.

Was aber für den verantwortlichen Staatsmann Notwendigkeit sein kann, wird nicht immer mit dem außenpolitischen Streben jener Kräfte übereinstimmen, die aus dem Volkstum entspringen. Wenn auch Bismarck immer wieder die Sättigung des Deutschen Reiches feststellte, so brauchte das deutsche Volk sich nicht bei dem kleindeutschen Reiche zu beruhigen. Das deutsche Volk der Bismarckschen Zeit aber vergaß, wie oben schon geschildert, über dem 1870 Errungenen die Deutschen in Österreich und Luxemburg: vergaß die Ziele der Väter und fühlte sich gesattigt, anders als der Staatsmann, dessen Befriedigtheit zeitbegrenzt ist, weil sie Ergebnis praktisch-politischer Erwägungen ist. Dem reichsdeutschen Volke war das Ziel eines größeren Reiches geschwunden. Wirtschaftliche Entwicklung genügte seiner Phantasie; sein Wunschbild war in Geld auszudrücken.

Die nachbismarcksche Reichsleitung entsprach dieser Zeitentwicklung. Sie schwamm im gleichen Fahrwasser, als sie das österreichische Bündnis nicht nur aufrechterhielt, sondern sogar als Eckpfeiler des deutschen außenpolitischen Systems noch in einer Zeit bestehen ließ, als der österreichische Vielvölkerstaat durch innere Zersetzung bereits ein lebender Leichnam war

Die Reichsregierung Wilhelms II. war dabei mit der öffentlichen Meinung des Reiches, welche der Reichstag widerspiegelte, durchaus in Übereinstimmung. Wer widersprach im Reiche, als „der junge Kaiser" in der Ofener Burg unter dem Jubel der Magyaren erklärte, ungarische Freundschaft sei ihm lieber als Erhaltung des Donauschwabentums? Daher fehlte mit dem Verständnis für den deutschen Volksgedanken auch das Gefühl für die Kräfte anderer Volksbewegungen in Europa, somit auch das Erkennen der fortschreitenden Auflösung Österreichs: und schlechthin für die Tatsache, daß die völkischen Triebkräfte allmählich stärker geworden waren als die „nur staatlichen", die geschichtlich überkommen waren. Die große Geschichtswende in Europa hatte man nicht begriffen, weil man seit 1871 unversehens in eine rückläufige Bewegung geraten war.

Was zu Bismarcks Zeit für eine begrenzte Spanne von Jahren richtig gewesen war, wurde durch die Zeitentwicklung falsch: inzwischen war aber nur taktisch Gedachtes zur starren Richtlinie, zum Grundsatze geworden. Statt Österreich ins Reich durch eine kühne staatsrechtliche Neuschöpfung einzugliedern oder aufzulösen und sein deutsches Erbe anzutreten, hielt man es und glaubte dabei (ein grausamer Irrtum!) an ihm noch eine Stütze zu haben. Romantische Nibelungentreue versperrte der Reichspolitik die schicksalgegebene Ostrichtung deutscher Politik, die Festlandspolitik sein muß. Es machte sie ziel- und richtungslos. So mußte sie — eine Folge des ersten Fehlers — schwankend sein und bleiben. Während überall in der Welt die Völker in Gärung waren und neue Staatenbilder auf der Grundlage gemeinsamen Volkstums in Umrissen schon erkennbar wurden, blieb der Deutsche ohne seelischen Antrieb und ohne politischen Instinkt.

Diese Selbstbescheidung war für andere Völker unbegreiflich, so daß sie dahinter Heuchelei witterten. Das Ausland konnte den Deutschen, die von 1864 bis 1871 unter preußischer Führung in gewaltigem Schwunge ein Reich errichtet hatten, nicht glauben, sie hätten so starke Kräfte ohne echte außenpolitische Ziele zusammengeballt. Es nahm manche ungeschickte Rede Wilhelms II. und seiner säbelrasselnden Generale — das konnte nicht anders sein — für Wirklichkeit, während das wahre Deutschland bis zur Selbstvernichtung friedfertig war. Die Volkskraft, mit der man sonst aus Unkenntnis ihrer Erschöpflichkeit verschwenderisch umging, wurde nicht einmal für das Heer ausgenützt, weder der volle Hundertsatz der heranwachsenden Jugend in das stehende Heer eingereiht, noch eine Ersatzreserve nach dem Milizsystem ausgebildet. Man bereitete den Krieg artilleristisch nicht hinreichend und wirtschaftlich gar nicht vor. Mit gut bürgerlicher Entrüstung lehnte man einen vorbeugenden Krieg ab, unter Berufung auf Bismarck. Dabei ist jeder Krieg insoweit ein vorbeugender, als der politisch klügere Staat eine unvermeidliche Auseinandersetzung in dem Augenblick herbeiführt, in welchem er sich auf der Höhe der Rüstung und in günstiger Lage wähnt. Das geschah nicht. Denn das Deutsche Reich nahm mit einer nicht zu übertreffenden Torheit 1914 den Handschuh auf, als seine Lage am ungünstigsten war, während es frühere Gelegenheiten ungenützt verstreichen ließ. Dies ist der stichhaltigste Beweis für die Unschuld der Deutschen an der Herbeiführung des Krieges. Wenn Wilhelm II. ein Vorwurf zu machen ist, so der, daß er wahrhaftig kein Machtpolitiker war, sondern ein Romantiker, der mit der Macht spielte.

Aus dem Erwerb der Kolonien auf eine neue Zielsetzung deutscher Außenpolitik zu schließen, ist falsch. Kolonialpolitik war von Anfang an und blieb etwas Beiläufiges. Bismarck folgte nur zögernd dem Drängen unternehmungslustiger hanseatischer Wirtschaftskreise. Ein schwer zu verteidigendes überseeisches Kolonialreich konnte ja auch nicht zur Verlagerung überschüssiger Volkskräfte dienen, da die noch freien Gebiete gerade hierfür nicht in Betracht kamen: zumeist Tropenländer, die Europäer nur in beschränkter Zahl aufnehmen konnten. Man überließ sie den zu spät gekommenen Deutschen in dem Bewußtsein, daß ihnen daraus neue Machtquellen in absehbarer Zeit nicht entstehen konnten. Ihre Bedeutung war überwiegend wirtschaftlich, als Rohstofflieferer, die aber erst zu entwickeln waren.

Wie die Kolonien, sollte auch die preußisch-deutsche Flotte der Handelsförderung dienen, daneben dem Küstenschutze und schließlich der Verbindung mit den Kolonien. Keine Weltmachtpläne verknüpfen sich mit den Anfängen des preußisch-deutschen Flottenbaues. Bismarck fühlte sich bis in sein höchstes Alter als Festlandpolitiker. Küstenverteidigungsschiffe und Hochseekreuzer bildeten daher auch zu seiner Zeit die Reichsflotte. Wenn in nachbismarckischer Zeit angriffskräftige Schlachtschiffgeschwader hinzukamen, so beweist das noch lange nicht, daß diese Waffe für klar abgesteckte Fernziele einer deutschen Weltmachtpolitik geschmiedet wurde. Vielmehr entsprang sie in hohem Maße Wilhelms II. persönlicher Liebhaberei. Die Mittel zu ihrem Ausbau bewilligte der Reichstag ohne allzuviel Murren dank Tirpitz' denkwürdigem Flottenförderungsfeldzug. So wurde die im Blut liegende, aber nicht zwingende Freude der Deutschen an Seegeltung geformt und den wirtschaftsimperialistischen Zeitneigungen gleichgeschaltet. Man schuf — es klingt heute unwahrscheinlich, aber es ist doch wahr — eine gewaltige Waffe gewissermaßen ins Blaue hinein: als Ausdruck einer Zeit, deren Kraftüberschuß nur noch durch ihre politische Richtungslosigkeit übertroffen wurde. Diese Flotte, hinter der das Ausland gewaltige Fernziele vermutete (eröffnete sich einmal ein solches wie im Burenkrieg oder anläßlich der Agadir-Angelegenheit, so wurde es nur matt verfolgt, sobald Widerstand auftrat), mußte von England als Drohung aufgefaßt werden: um so mehr, als seine Bündnisangebote abgelehnt wurden.

Aber nicht einmal dies dunkle Streben nach Seegeltung wurde unbeirrt verfolgt. Ohne Folgerichtigkeit erschien nämlich nur wenig später ein neues Fernziel. Die Berlin-Bagdad-Politik spannte den Bogen nach Südosten, quer durch Europa, ohne jedoch Ausfluß einer bewußten Festlandpolitik zu sein. Damit durchkreuzte die nachbismarckische Politik ihr Flottenstreben selbst. Sie versperrte Rußland den Weg nach Konstantinopel und schien auf Indien zu zielen: eine Drohung, die Rußland mit England zusammenführen mußte. Daß das deutsche Volk die ihm zugetrauten politischen Ziele nicht hatte, sondern nur drohende Bewegungen wie ein hirnschwacher Riese ausführte, mußte ihm zum Verhängnis werden.

Woher diese Zerfahrenheit und Ziellosigkeit der deutschen Außenpolitik? Was erklärt ihre zahlreichen Mißerfolge? Was ist der letzte Grund für den Rückgang deutscher Geltung? Im Laufe dieser Darstellung wurde bereits auseinandergesetzt, daß der Individualismus nicht in der Volkspersönlichkeit, sondern im Einzelmenschen die politische Zielsetzung sieht. Wie aus der individualistischen Geisteswelt Kosmopolitismus und Imperialismus — so entfernt sie voneinander zu sein scheinen — gewissermaßen als Brüder abstammen, wurde oben entwickelt. Wer die so gewonnene Erkenntnis auf den außenpolitischen Tatbestand anwendet, findet die Fehlerquelle der deutschen Außenpolitik. Die Gründung des Reiches vollzog ein genialer Führer, in dem sich der völkische Eigenlebenswille glänzend offenbarte. Die Deutschen des neugegründeten Reiches aber fühlten diesen Willen nicht. Sie zerfielen in zwei Lager von Individualisten: im einen gebärdete sich der gemeinsame Wille (nicht der Gemeinschaftswille) imperialistisch, im anderen kosmopolitisch.

Die lautesten Sprecher des Imperialismus waren, wie überall, Professoren und Schriftsteller. Hier Liberale und Alldeutsche. Ihr Einfluß wäre aber gering gewesen, wenn sich nicht die Männer der Wirtschaft mit ihnen in eine Linie gestellt hätten. Sie taten es, um den zu eng gewordenen Lebensraum für die gerade damals rasch wachsende Bevölkerung zu erweitern. So schufen sie eine gewaltige Ausfuhrindustrie als Ersatz für die so notwendige Erweiterung des Raumes.

Wie fragwürdig dieser Ersatz ist, angesichts der Notwendigkeit, ausländische Rohstoffe und billige Nahrungsmittel einzuführen, lehrten die Hungerjahre des Weltkrieges später. Heute kann diesen Ersatz nur preisen, wer nicht mehr an künftige Kriege glauben will. Leben doch die Menschen, die ihren Lebensunterhalt aus der Ausfuhrindustrie beziehen, nur dadurch, daß ihre Erzeugnisse anderen Ländern verkauft werden, die dafür mit landwirtschaftlichen Erzeugnissen bezahlen. Ihre Ernährungsgrundlage liegt also oft Tausende von Kilometern von ihrem Wohnort, in fremden Ländern, deren Erzeugnisse erst seit der Verbesserung der Verkehrsmittel billig nach Europa geschafft werden können. Ungestörter Weltverkehr, Rechtssicherheit im Verkehr von Wirtschaftsgebiet zu Wirtschaftsgebiet (von Staat zu Staat), wirtschaftliche Blüte diesseits und jenseits der Weltmeere, steigende Technik in Europa und fortschreitendes Unter-den-Pflug-nehmen immer neuer Ackerländer (Südrußland, Rumänien, mittlerer Westen von Nordamerika, Ägypten, Argentinien) waren die Grundlagen der raschen Volksvermehrung des ackerbodenarmen Europa von 1860 bis 1914. Dieses künstliche System erlitt durch den Weltkrieg einen Schlag, der bis heute noch nicht überwunden ist, der vielleicht niemals überwunden sein wird. Jene materialistisch denkende Wirtschaftsschicht fühlte allerdings ihre Einstellung, die zu immer hastigerer Entwicklung von Bergbau, Großgewerbe und Handel drängte, gerechtfertigt, wenn sie die riesigen Arbeitermassen sah, die Beschäftigung suchten oder auswandern mußten.

So wurde das deutsche Arbeiterangebot, ohne daß es den deutschen Arbeitern und oft auch den Unternehmern bewußt geworden wäre, neben anderem doch letzte Ursache der schlagartigen deutschen Wirtschaftsentwicklung und damit auch mittelbar des Weltkrieges. Statt dies zu erkennen, hegte der deutsche Arbeiter die Wahnvorstellung, das Schicksal der Arbeiterklasse werde international und nicht national entschieden. Das wurde ihm und damit dem deutschen Volke zum Verhängnis, erhielt doch so 1914 der Kampf um den deutschen Lebensraum ein falsches Gesicht. Man sagte nicht, wie heute Mussolini dem italienischen Arbeiter, ein stark wachsendes Volk brauche größeren Lebensraum. Denn das hätte die ganze Welt, welche den Bevölkerungszuwachs des Reiches mit Spannung verfolgte, wenn auch nicht öffentlich gebilligt, so doch verstanden; immerhin gab es genug ausländische Stimmen, die den Mut hatten dies einzugestehen.

So mußte denn jedes Ausdehnungsstreben (zu Unrecht) als „kapitalistischer Machthunger" erscheinen, zumal es ja auch von der deutschen

Arbeiterschaft als kapitalistische Kriegstreiberei verschrieen und bekämpft wurde. Die Stimmen einsichtiger sozialdemokratischer Theoretiker aber verhallten, als sie auf das Ungereimte solcher Anschauungen hinwiesen. In Wahrheit besteht ja auch ein grundlegender Unterschied zwischen dem Machthunger rentesuchenden Kapitals, das fremdes Volkstum ausbeuten und sich unterwerfen will, und dem Lebensrechte eines Volkes auf Raum.

War also der vielgescholtene deutsche „Wirtschaftsimperialismus" vorwiegend auch kein echter Imperialismus (weil verursacht durch die Enge, welche die Deutschen quälte), so waren doch seine Gebärden und sein politisches Gewand unbedingt imperialistisch. Gerade dies mußte den Widerstand der übrigen Welt herausfordern. Dies gilt in hohem Maße für die wirtschaftlichen Hintergründe der Berlin-Bagdad-Politik. Weit entfernt, der Raumnot des deutschen Volkes nachhaltig zu begegnen, suchte dort deutsches Kapital, fern vom Siedlungsgebiete der Deutschen, Verdienst und Macht. Daß damit zugleich auch Arbeitsgelegenheit für deutsche Arbeiter geschaffen wurde, ist richtig, aber verhältnismäßig mehr für eingeborene Arbeiter. Die kapitalistische Seite überwog.

Die deutsche wirtschaftliche Überseeausdehnung konnte als Beeinträchtigung älterer „Rechte" empfunden werden. Sie geschah zum Teil auf Kosten der britischen. England, dessen Weltgeltung und Wohlstand auf Flotte und Handel aufgebaut sind, durfte sie als feindlich auffassen. Ja, es erblickte darin eine Art von geheimem Kriegszustand, den man nur durch die Herbeiführung des offenen beenden zu können glaubte, weil angesichts der wachsenden Überlegenheit der reichsdeutschen Wirtschaft andere Bekämpfungsmittel versagten. Noch ein Jahrzehnt solchen „Friedens", und England hätte vielleicht wirklich die Rolle als erste Wirtschaftsmacht der Welt an Deutschland abgegeben. Es hieß den Sinn der Politik Englands verkennen, wenn das politische und wirtschaftliche Deutschland diesem zutraute, es würde sich ohne Widerstand von vor hundert Jahren erworbenen Märkten verdrängen lassen. Mit jener Tatkraft, die der Inselstaat immer entwickelt, wenn es um die Grundlagen seines Daseins geht, führte er diesen Kampf; durch den Weltkrieg wurde der deutsche Außenhandel, die deutsche Handels- und Kriegsflotte vernichtet. Ob die Rechnung richtig war, bleibe dahingestellt; befindet sich England doch heute schon wieder in ähnlicher Lage, nur mit dem Unterschiede, daß ihm nicht nur der deutsche Wettbewerb wieder erwachsen ist, sondern auch die Überlegenheit der Vereinigten Staaten.

Daraus leiten nun deutsche Wirtschaftskreise, aber auch maßgebende Politiker, die Hoffnung ab, auf dem Wirtschaftswege das im Weltkrieg Verlorene wieder zurückzuerobern. Torheit! Als könnten nicht fremde Mächte dem entwaffneten Reiche, wenn es wirtschaftlich eine bedrohliche Blüte zeigt, gefahrloser und nachhaltiger entgegentreten denn je. Ein Volk in ernster Gefahr wird, wenn nicht alle gesunden Instinkte es verlassen haben, im entscheidenden Augenblick immer wieder Macht und Leben in die Wagschale werfen, um zu beseitigen, was ihm den Lebensraum zu nehmen droht. Morgen kann dies England billiger haben als 1914.

Die individualistischen Kräfte des Kosmopolitismus aber, die rücksichtslos ihren Vorteil suchen, streben über die zu eng gewordenen Grenzen nicht auf dem Wege ihrer Erweiterung hinaus, sondern auf dem ihrer Verwischung. Der Pazifismus drang seit dem 19. Jahrhundert in bürgerliche Schichten immer tiefer ein. Er bekämpfte mit steigender Heftigkeit die Befestigung der national-politischen Macht. Er lehnte Rüstungen ab. Als politische Schutztruppe gewann er große Teile der irregeleiteten deutschen Arbeiterschaft. Hatten doch die verantwortlichen Wirtschaftler versäumt, dieser begreiflich zu machen, daß ihr scheinbarer Imperialismus in Wahrheit zum guten Teile um Arbeiterbrot kämpfte.

Dieser Kosmopolitismus führte zu dem schwärzesten Tage der deutschen Geschichte. Als es 1918 zur sogenannten Revolution kam, war die Armee im wesentlichen unbesiegt, der deutsche Boden unversehrt; wohl war das deutsche Volk durch Hunger der Verzweiflung nahe. Aber sicherlich hätten die Waffenstillstandsverhandlungen zu einem gerechteren Frieden geführt, hätte eine Million entschlossener Männer mit der Waffe in der Faust im Namen der sozialen Revolution mit dem Verzweiflungskampfe auch nur gedroht. Das Gegenteil geschah aber; daher blieb das Unglück nicht aus. Friedensvereinbarungen kann es ja nur zwischen Vertragschließenden geben, die beide irgend etwas in die Wagschale zu werfen haben. Politik ohne Waffen gleicht einem Streichkonzert ohne Instrumente; so ähnlich hat sich der große Friedrich einmal ausgedrückt. Es ist müßig, den sogenannten „Dolchstoß" durch Einzelheiten belegen oder widerlegen zu wollen. Entscheidend bleibt, daß die kosmopolitische Saat im Herbste 1918 aufging und das deutsche Volk machtlos machte. Der Vertrag von Versailles verewigte dann die selbstgewollte Machtlosigkeit zu einem international verbürgten Dauerzustande. Jeder Frontsoldat erinnert sich noch der begeisterten Reden jener „Revolutionäre", die den Kameraden damals mit dem Märchen von der Weltrevolution die Waffe aus der Hand schlugen. „Die englische Flotte hat sich mit der deutschen verbrüdert, Clemenceau ist ermordet", so lauteten die verhängnisschweren Trugvorstellungen des deutschen Kosmopolitismus, die noch nach Jahrhunderten verflucht sein werden.

Die geistigen Grundlagen deutscher Nachkriegspolitik

Sind jene beiden Grundsätze deutscher Außenpolitik seither durch neues außenpolitisches Denken abgelöst? Noch nicht, wenn auch Anzeichen vorliegen.

Noch ist die Stellung der Deutschen zur Kolonialfrage ungeklärt. Gewiß ist ein Ehrenpunkt mit ihr verbunden: die Beseitigung der Kolonialschuldlüge, das deutsche Volk habe in seinen Kolonien schwere Verfehlungen begangen. So gewiß diese Behauptung erlogen ist, so fest steht, daß die deutsche Kolonialverwaltung zum mindesten nicht schlechter war als diejenige der Staaten, die, im Besitze der Macht, den Raub der Kolonien damit entschuldigten. So groß das allgemeindeutsche Interesse an der Entkräftung einer solchen Anschuldigung ist, so dürfen doch falsche Folgerungen nicht gezogen werden. Eine solche wäre die Erwerbung eines Mandates zur Verwaltung einer der früheren deutschen Kolonien, die heute der Form nach dem Völkerbunde unterstehen. Ein solches Teilmandat würde ja dem Vorwurf der kolonialen Mißverwaltung vor und im Weltkriege kaum begegnen. Überdies wäre das Wiedererbitten eines Teilstückes der deutschen Ehre unangemessen. Ein tropisches Pflanzungsland (ohne die Möglichkeit einer umfassenden Europäersiedlung) wäre angesichts der Kapitalarmut der Deutschen wenig nützlich und angesichts des Mangels an Seewehr und Flottenstützpunkten eine erhöhte Gefahrenquelle. Endlich ist die Zeit des kolonialen Imperialismus, wenn auch vielleicht nicht vorüber, so doch nicht mehr in Hochblüte. Auch die farbigen Völker erwachen: ihre Sympathie würde sich vom deutschen Volke wieder abwenden, wenn es von neuem Kolonialpolitik triebe. Der Wunsch, gerade darum das Deutsche Reich wieder in die Kolonialmächte einzureihen, ist mehr als einmal von englischer Seite geäußert worden. Endlich besteht die Gefahr der Verzettelung der an sich geschwächten deutschen Stoßkraft, die geistig, politisch und wirtschaftlich dem europäischen Aufbau zugewendet sein soll.

Noch lebt in deutschen politischen Kreisen der Wahn: Wirtschaftskraft sei an sich eine Machtquelle, welche wie vor dem Kriege durch

Ausbreitung des deutschen Handels die Ernährung des deutschen Volkes sichern könne. Dabei bedeutet Wirtschaft nur so lange Macht, als die militärische Macht der wettbewerbenden Staaten diese wirtschaftspolitische Machtausübung erlaubt. Mehr Anteil am Welthandel wieder zu entwickeln, als die Welt anderen machtlosen Völkern zugesteht (Norwegern, Holländern usw.) ist in der heutigen Lage sträflicher Leichtsinn. War es doch schon das Verhängnis deutscher Vorkriegspolitik, daß gleichzeitig festländische Grenzen und überseeische Besitzungen verteidigt werden mußten.

Hat der heutige deutsche Wirtschaftsimperialismus von Natur ein pazifistisches Gewand, so kleidet sich der Kosmopolitismus mit Bewußtsein pazifistisch. Die Revolution von 1918 war, nur äußerlich verbrämt durch klingende Sprüche, in Wirklichkeit eine Fahnenflucht der Massen, die den Staat von Weimar ohnmachtspolitisch vorbelastete. Daher ist der Widerstand gegen die heutige Republik in Kreisen der Frontkämpfer auch vorbestimmt. Er ist ja auch nicht so sehr gegen die Staatsform gerichtet als gegen den Geist, mit dem sie ins Leben gehoben wurde. Würde sich die republikanische Linke zur Machtgrundlage des Staates klar bekennen, würde sie deutsche Befreiungspolitik ernsthaft und mit allen Folgerungen zu ihrer Sache machen, so wäre die Kluft von 1918 schon halbwegs überbrückt. Gerade in der unterschiedlichen außenpolitischen Einstellung offenbart sich der Zwiespalt im deutschen Volke, der bereits geistig als solcher zwischen Individualismus und Überindividualismus erklärt wurde. Die Scheu, offen den Bankerott des Jahres 1918 zuzugeben, treibt die „verfassungstreuen deutschen Republikaner" zu verbissener Ablehnung jeder staatlich-volklichen Kraftentfaltung.

Der Kurs der deutschen Außenpolitik wurde nach dem Kriege allmählich festgelegt, vorwiegend von kosmopolitischen Kräften. Daran ändert auch die Tatsache nichts, daß die deutsche Außenpolitik seit 1923 von einem Manne geleitet wurde, der im nationalen Lager aufstieg. Auch sein Wirken, wie das jedes deutschen Außenministers, war durch die Kräfte des heutigen innenpolitischen Systems bedingt. Meist wird verkannt, welch zufälligen Umständen die Übereinstimmung über außenpolitische Zweckmäßigkeiten zwischen Pazifismus und machtpolitisch denkenden Kreisen ihr Dasein verdankt. Stimmten Kreise der Rechten, nur der Entwaffnung wegen, welche offene Machtpolitik verbietet, einer solchen Außenpolitik zu, so die Linke, weil sie ihr pazifistischen Inhalt zuschreibt. Ermöglichte morgen ein Wunder dem deutschen Volke Aufrüstung, so würde die eigentümliche innenpolitische Front, welche die deutsche Außenpolitik von 1923 an trug, wie ein Kartenhaus zusammenklappen. Es liegt dem Verfasser fern, hier auf Tagespolitik einzugehen.

Es kommt auf die grundsätzliche Feststellung an, daß kosmopolitische Richtungen im deutschen Volke bestehen und seit der Gründung des Reiches bis zum heutigen Tage ihren Einfluß verstärkt haben. Die heutige außenpolitische Einstellung des deutschen Volkes ist am besten so zu kennzeichnen: Überwiegend kosmopolitisch gerichtet, ist der Rest zwar machtpolitisch eingestellt, huldigt aber auch seinerseits einem Pazifismus der Tat. Man tut, als ob es keine Kriege mehr gäbe. Und doch ist Außenpolitik zu gutem Teil Vorbereitung und Sicherung für den Ernstfall. Die für Friedenszeiten gültige Form, in der ein Volk lebt, empfängt es im Kriege. In diesem wird erwiesen, ob ein Staat gesund oder krank ist, ob seine Außenpolitik richtig oder falsch war. Der Wert von Bündnissen und Verträgen offenbart sich dann. Vom Kriege zu sprechen macht heute unbeliebt, das Wort „Kriegshetzer" wird an die Fersen dessen geheftet, der das tut. Ist aber der ein Vorschauender, der einen Blitzableiter auf seinem Hause anbringt, oder jener, welcher behauptet, es gäbe keine Gewitter mehr?

Fast gefährlicher noch als der ideologische ist der praktische Pazifismus, der als Normalinhalt neudeutsch-außenpolitischer Einstellung bezeichnet werden kann. Pazifismus, Materialismus und Opportunismus stammen eben aus der nämlichen individualistischen Quelle. Menschen, welche einst Machtpolitiker, ja Gewaltpolitiker waren, wurden zu Pazifisten der Tat. Denn der offenkundige Mangel an Waffen beraubte sie der Vorstellung, daß Machtpolitik nicht so sehr auf den Stand der Bewaffnung gegründet ist, als vielmehr auf die seelischen Kräfte und den Selbstbehauptungswillen eines Volkes. Diese Beobachtung kann sogar an einst führenden Offizieren der alten Armee gemacht werden. Beruhte die Stärke der Moltkeschen Generalstabschule noch bis zur Jahrhundertwende auf ihrer hohen Geistigkeit, so griff später ein Materialismus der Gewalt um sich, der seinen Boden verlor, als schwere Geschütze den Machtwillen nicht mehr stützten. Nationalpolitischer Wille schwand mit den militärischen Machtmitteln dahin, weil der geistig-seelische Untergrund fehlte. Es ist kein Zufall, daß vielfach gerade ehemalige Offiziere dem Wahne verfielen, der Waffenkrieg werde durch das Ringen der Geld- und Wirtschaftsmächte ersetzt werden. „Wirtschaft ist Schicksal", sagte Rathenau. Dem kann nur zustimmen, wer glaubt, die gesamte Menschheit beuge sich der Herrschgier des Geldes, weil sie der Verstofflichung restlos hingegeben sei; wer übersieht, daß der Mensch eines Tages des eigenen Vorteils vergißt und sich der großen gemeinsamen Sache opfert: die Seele zu retten. Keine „Vernunft" kann dann von gewaltsamen Entladungen zurückhalten, dann wird die Materie machtlos. Ihre Söldlinge werden durch die Kraft sittlicher Begeisterung niedergeschlagen.

Solches gilt nicht nur für das Verhältnis des Einzelnen zur Gesellschaft, sondern auch für das eines Volkes zu den übrigen Völkern. Ein Volk, das seelische Kräfte in Tat umsetzt, wird der stoffversklavten Völker Herr werden. „Wirtschaftsvernunft" entscheidet nicht endgültig die Schicksale der Völker. Jene Kräfteströme, welche sich im Gleichklange vereinigen oder in wildem Kampfe gegeneinanderprallen, kommen aus geheimnisvollen, unfaßbaren Quellen. Solange freiwillige Opferung des Lebens für übergeordnete Ideen die höchste Sittlichkeit ist, so lange wird es Macht geben: das heißt ewig.

Ein neues Schlagwort geht um: Vertragspolitik statt Machtpolitik. Welche Begriffsverwirrung! Gewiß, angesichts der Massenverwüstungen und des Massentodes im Weltkriege wird jeder Bedenken tragen, solches Unheil leichtfertig heraufzubeschwören, und wird durch „diplomatischen Krieg" ohne Blutvergießen das zu erreichen suchen, was früher einem kleinen Söldnerheere aufgetragen wurde. Zeiten (wie die heutige) mit höchst verschlungenen Bündnisknäulen gab es nach allen großen Kriegen; sie füllten die Erschlaffungspausen. Aber hinter den Diplomaten stand und steht die Macht der von ihnen vertretenen Staaten; mit dieser wird gedroht, wenn auch nicht immer offen. Das Gespenst des Waffenkrieges entscheidet am Ende auch scheinbar waffenlose „Diplomatenkriege". Durch Diplomatenkunst werden kleine Streitpunkte bereinigt. Der trübe Rest aber, der stets überbleibt, wird für spätere Gelegenheiten aufgehoben. So wächst eine Ansammlung von Sprengstoffen. Einmal erfolgt aber wieder die Entladung, welche über die Lebensfragen der Völker entscheidet. Diese sind bisher noch niemals auf diplomatischem Wege gelöst worden.

Ist der Genfer Völkerbund geeignet, diese Ansicht zu widerlegen? Genf, der Schauplatz des unblutigen Kleinkrieges mit wechselnden Bündnissen? Wohl nicht! Ein neues Zeitalter der Weltgeschichte hat mit dieser fragwürdigen Schöpfung nicht begonnen. Anders als ersonnen, wurde sie im Spiel der großen Vier dank französischer Diplomatie zu einer zweiten heiligen Allianz: nur mit dem Unterschiede, daß die Revolution, die durch den neuen Völkerbund niedergehalten werden sollte, diesmal nicht von Frankreich her, sondern aus deutschen und russischen Landen erwartet wurde. Daß diesesmal nicht der Legitimismus, sondern die Plutokratie ihre Machtstellung bedroht sieht. Der ins Leben getretene Völkerbund war das Bündnis der Sieger, die zur Sicherung der Beute die Neutralen noch hinzunahmen.

Inzwischen hat sich manches gewandelt. Vielleicht gelingt es, den Völkerbund aus seiner unheilvollen Verknüpfung mit dem Friedensdiktate von Versailles zu lösen. Fraglich ist aber, ob dann mehr übrig bleiben wird als eine politische Börse, die jährlich viermal von Europas Staatslenkern besucht wird. In persönlicher Fühlungnahme geschieht das, was früher durch Botschafter erledigt wurde. Es wird heute schneller gearbeitet. Auch ist manch nützliches Arbeitsgebiet neu aufgenommen worden. Trotzdem sind im wesentlichen nur die Formen des Verkehrs, nicht die Inhalte geändert. Neu sind nur die öffentlichen Reden, welche der Zeitgeist verlangt. Da nämlich der moderne Krieg mit den Kräften des ganzen Volkes geführt wird und die öffentliche Meinung deshalb eine größere Rolle spielt als früher, so gibt man neuerdings, nach englischem Vorbilde, Kriegen ein moralisches Gewand — ganz gleich, ob sie „heilige" oder Wirtschaftskriege sind. Das verlangt eine vorsorgende Kriegspropaganda. Was heute auf den öffentlichen Rednertribünen in Genf gespielt wird, ist nichts anderes als eine Fütterung der öffentlichen Meinung mit moralischen Grundsätzen, an die einige glauben. Das ist der Schirm, hinter dem (wie früher) Geschäfte politischer Nützlichkeit oft zweckmäßig abgewickelt werden: in Wirklichkeit auf machtpolitischer Grundlage, in denkbar nüchterner Weise. In den wesentlichen Fragen ist der Völkerbund aber bis heute ausgewichen. Gerade diejenigen, die an ihn inbrünstig glauben, tadeln ihn am heftigsten.

Wie stark der Kosmopolitismus die deutsche Außenpolitik beeinflußt (vom Wirtschaftsimperialismus unterstützt), wie wenig echte Machtpolitik als lebendiges Gesetz in deutschen Landen wirkt, beweist ein Blick auf die innenpolitischen Verhältnisse, die schon geschildert sind. Hinzuzufügen ist noch folgendes: Jede taktische Maßnahme der deutschen Außenpolitik, die dem Mangel an militärischer Rüstung entspringt, ist zulässig und nur für Kurzsichtige angreifbar. Es ist überflüssig, ja geradezu sinnlos, jede Handlung eines deutschen Außenministers für sich allein, nach Äußerlichkeiten, zu beurteilen. Denn nur Wenige können trotz aller Parlamentskontrolle wissen, was als Ziel der deutschen äußeren Politik verfolgt wird, welche Gründe diesen oder jenen Umweg aufnötigen. Außenpolitik kann nicht demokratisch betrieben werden, sondern nur aristokratisch: von Männern des deutschen Vertrauens. Außenpolitischer Führung kann man eigentlich nur blindes Vertrauen oder bedingungsloses Mißtrauen entgegenbringen.

Wenn aber die deutsche Außenpolitik im Grunde machtpolitischer Gesinnung entspringen soll, nur taktisch (wegen der deutschen Waffenlosigkeit) pazifistische Formen benützt, so muß Steigerung und Wiedergewinnung der deutschen Macht ihr oberstes Ziel sein. Die Frage, warum die Voraussetzung dafür bisher nicht angestrebt wurde: eine innere Reform, welche allein die Folgen des Zusammenbruchs überwinden und Widerstandsfähigkeit für spätere Konflikte erzeugen könnte, enthält den schwersten Vorwurf gegen den Staat von Weimar. Der Grund liegt in der inneren Fehlerhaftigkeit deutscher gesellschaftlicher und staatlicher Verhältnisse. Sie wirkt heute praktisch als Vergrößerung schon früher vorhandener Schwächen. Nur wurden sie einst ausgeglichen durch eine gewaltige Rüstung. Diese ist nun weggefallen. Man sollte annehmen, daß dadurch das deutsche Volk angespornt würde, innere Kräfte und Tugenden zu entfesseln und mit durchgreifenden Maßnahmen der Gesundung und Neuordnung den Mangel an äußerer Macht auszugleichen. Diesen Weg gingen einst Stein und Scharnhorst, von den Großen jener Zeit, von Kleist, Arndt, Fichte, Humboldt und Jahn geistig getragen. Er ist bis heute nicht wieder beschritten.

Die deutsche Jugend fragt daher die heutigen Führer der Deutschen: wo ist Euer Wille zu geistiger, völkischer, gesellschaftlicher und staatlicher Neugeburt? Vom Aufbau sprecht Ihr wohl Tag und Nacht. Aber versteht Ihr darunter anderes als Bankkonten, rentable Wirtschaft, sichere Währung und Gehälter und besten Falles eine kraftvolle Polizei?

Die Antwort werden sie schuldig bleiben.

Volkliche Außenpolitik

Stetes Einhalten der gleichen Richtung ist erst gewährleistet, wenn der Sinn für die höhere Zweckhaftigkeit des Volksdaseins wieder lebendig geworden ist. Dann erwacht politischer Instinkt zu neuem Leben. Führer stehen auf, die dem völkischen Wollen das eigne gleichschalten. Die Bedeutung der volklichen Gemeinschaft im Rahmen der im Übersinnlichen ruhenden Weltanschauung wurde schon klargelegt. Volk ist ihr irdische Individuation göttlichen Wesens, in welcher der Einzelne selbst irdisch weiterzuleben vermag. Offenbart sich Gott dem Einzelmenschen, so nur in der geistigen Form, die durch die besondere Seelenhaftigkeit des eigenen Volkes bedingt ist. Daher die Bedeutung, welche der dem Gemeinschaftswert Verpflichtete dem Volkstume beimißt: er wünscht das Gefäß zu erhalten, in welchem das ihm offenbar gewordene göttliche Wesen weiterzuleben vermag.

Darüber hinaus aber erkennt er auch die Notwendigkeit einer über das eigene Volk hinausragenden Ordnung. Das Allerlebnis verpflichtet ihn zwar nicht zur Arbeit für einen blassen Menschheitsbegriff individualistischer Art, sondern zur Schaffung einer höheren Ordnung im Leben der Völker, in welcher die Ganzheit erblickt ist, zunächst der Völker gleichen Raumes und verflochtener Geschichte. In dem Kapitel „Volk, Rasse, Reich" ist die philosophische Begründung für diese Forderung gegeben.

Da der geistige Begriff des Volkstums an den körperlichen des Volkes gebunden ist, so folgt daraus Bejahung der Selbstbehauptung und Sicherung völkischen Daseins als erstes Lebensgesetz. Aber auch Achtung fremden Volkstums. Darüber hinaus aber erkennt der Deutsche die Sonderstellung seines Volkes in jenem gesteigerten Seelentum, welches das deutsche Volk dazu beruft, den nächsten Schritt zur menschlichen Vervollkommnung zu tun: zur Herstellung einer gerechten Rechtsordnung unter den Völkern, zunächst des europäischen Raumes, in seiner nächsten Nachbarschaft. Barmherzigkeit beginnt zu Hause (charity begins at home). Menschliche Vervollkommnung heißt aber Näherbringen des Menschen an das Göttliche und Entfernen vom Barbarischen. Dabei bleibt Vollendungsstreben Selbstzweck, das Ziel ewig und unerreichbar. Aus der Erkenntnis deutscher Aufgabe für die Menschheit erwächst Sendungsgefühl. Die Einsicht, daß das Volkstum als solches frei und ungehemmt entwickelt werden müsse, um wirklich als Gefäß dienen zu können, führt im Zusammenhange mit dem Bewußtsein einer besonderen Aufgabe zu dem Drange, diesem Volkstume eine geistige Führerrolle unter den anderen Völkern zu verschaffen. Das ist nicht Übermut, der zur Überhebung führt, sondern notwendige Triebkraft zum Weiterführen der geistigen Entwicklung. Wirken diesem Streben niedere eigensüchtige Nützlichkeitstriebe entgegen, so ist der Deutsche verpflichtet, ihnen entgegenzutreten. Er muß für die Geltung seines Volkstums kämpfen, wenn nötig auch unter Aufopferung des eigenen Lebens. Daraus ergeben sich ganz zwanglos zwei außenpolitische Richtungspunkte für unsere Zeit:

Das deutsche Gesamtvolk ist zur Grundlage auch seines staatlichen Denkens und Daseins zu machen; es muß die Stellung anstreben, die seinen seelischen Kräften angemessen und zur Ausübung seines Sendungsberufes notwendig ist. Erst so entstehen aus geistigen Gegebenheiten, aus seelischer Grundeinstellung eindeutige außenpolitische Ziele, für den Führer bewußt, für die gesamte Masse des Volkes gefühlsmäßig.

Der Weg zu diesen Zielen ist bedingt durch Umstände, die eine ganz bestimmte Richtung vorschreiben. Denn ein Volk steht nicht als geistiges

Gefäß gewissermaßen im Leeren. Sondern es ist mit dem Boden verbunden und sein Schicksal mit dem Raume verknüpft, den es mit anderen Völkern teilt; deren Schicksal mit dem seinen viel stärker zusammenhängt, als individualistische Betrachtungsweise erkennt.

Das deutsche Volk hat die Mitte Europas inne. Im Norden, Westen und Südwesten des Siedlungsgebietes der Deutschen wohnen — zur Mitte Europas randlich — „alte" Völker, fast durchweg mit Nationalstaaten westlicher Prägung: meist mit klaren Volks- und Sprachgrenzen. (Die politischen Grenzen sind freilich seit 1919 über das deutsche Volksgebiet vorgeschoben.) Im Nordosten, Osten und Südosten des deutschen Siedlungsgebietes dagegen — noch immer im innereuropäischen Raume — sind die Völker siedlungsmäßig miteinander verzahnt. Hier gibt es keine Völkergrenzlinien, sondern breite, vielfach zerrissene Berührungssäume. Die politischen Gedanken dieses Raumes müssen daher anders sein, beweglicher, entsprechend der Lage. War die Vorkriegslösung des Völker- und Staatenproblems in diesem festländischen Raume schon unbefriedigend, so noch viel mehr die heutige. Hier im Herzen Europas harrt eine gewaltige Aufgabe der Lösung: neue Formen für das Zusammenleben der festländischen Völker, denen klare Raumgrenzen fehlen, zu finden.

Das ist die vornehmste Aufgabe reichsdeutscher Außenpolitik, welche im Westen vorerst nur abzuwickeln und die Fehler des Versailler Vertrages möglichst zu beseitigen hat. Dem Westen hat das deutsche Volk vorerst noch nichts zu bieten, es sei denn über den Umweg des Ostens. Dort liegt der Schlüssel.

Diese — keineswegs neuen — volklichen und raumpolitischen Grundlagen deutscher Außenpolitik wurden von einer instinktlosen, Trugvorstellungen geneigten Zeit, die nur das Einzelvolk sah, verkannt und darum vergessen. Daher der Einsturz der deutschen Außenpolitik und das Sinken ihres Ansehens, daher ihre Aufgaben- und Richtungslosigkeit. Vollzog sich doch das außenpolitische Denken der Vorkriegsreichsdeutschen nur in Staaten und nicht in Völkern. Es gründete sich nicht auf die geschlossen siedelnden Deutschen in Mitteleuropa, sondern nur auf „die Bewohner des Reiches", die doch nur ein Teil des deutschen Volkes waren — an den Rändern noch dazu gemischt mit Fremdvölkern —, auch nicht auf den Raum, den das ganze Volk bewohnt und auf die Ausstrahlungen dieses Raumes und des Gesamtvolkes.

Hier liegt ein Ziel von höchster Bedeutung, das wohl auch der materialistisch Denkende halbwegs begreift, wenn er auch auf anderen Wegen zum Verständnis gelangt: das großdeutsch-mitteleuropäische. Außenpolitik muß in Volk und Boden verklammert, der Gedanke staatlicher Zusammenfassung alles deutschen Volkstums und der Beherrschung des deutschen Volksbodens also grundlegend sein! Zweierlei soll daher deutsche Außenpolitik erstreben, Volksmäßiges und Europäisches:

für die Deutschen, die in Mitteleuropa auf dem geschlossenen Volksboden siedeln: ein Staatswesen „Deutschland", das es heute noch nicht gibt; für die Deutschen außerhalb Großdeutschlands: Lebensraum, das ist gesicherte Selbstverwaltung ihrer Volksangelegenheiten innerhalb ihres Wirtsstaates,

für Europa: Neuordnung, beginnend mit dem mittleren, nahöstlichen und nahsüdöstlichen Raum und von dort zu den Rändern fortschreitend, in der Form eines europäischen Staatenbundes.

Beide Ziele sind enger miteinander verknüpft, als eine flüchtige Prüfung annehmen läßt. Sie verkörpern den geschichtlichen Reichsgedanken in seiner heutigen Form, den Zeitumständen angepaßt. Denn das gleiche Recht auf einen Volkstaat und auf Sicherung der von diesem nicht umfaßten Außenposten muß auch den übrigen Völkern des gleichen Raumes durch eine Völkerrechtsordnung zugesagt werden.

Der Einwand, die Aufstellung so weitreichender Ziele sei in dieser Zeit deutscher Machtlosigkeit ohne Verwirklichungsaussicht, ist falsch. Werden gewaltige Leistungen vom deutschen Volke gefordert, muß auch Großes in Aussicht gestellt werden. Victor Hugo, befangen in den Formen französischen Staatsdenkens, beschwor anläßlich der Verhandlungen der Nationalversammlung zu Bordeaux über den Frankfurter Frieden 1871 die Wiedereroberung von Elsaß-Lothringen, Mainz und Köln! Nur wer Ganzes will, macht große Anstrengungen. Verzicht von vornherein, Ziellosigkeit führen in den Abgrund. Zudem ist anderes unmöglich. Denn Kolonial- und Überseepolitik ist unerreichbar, während diese Ziele ideologisch, geschichtlich und wirtschaftlich zu rechtfertigen sind. Die innere Friedlosigkeit und die Wirtschaftslage Europas schreien geradezu nach Neuordnung.

Offenes Bekennen auch weitgreifender Ziele der Außenpolitik erschreckt nicht nur. Es birgt auch Vorteile. Auf klare politische Linien kann sich sogar gegnerische Politik einstellen. Das beweist der Erfolg Japans, als es in den neunziger Jahren viel weittragendere und dabei wahrhaft eigennützige Ziele verkündete. Ungewißheit über Ziele verstimmt auf die Dauer viel stärker: sie verbreitet Mißtrauen, weil kein fremder Staatsmann errechnen kann, was geschehen wird, wenn unerwartet neue Ereignisse eintreten. Das war gerade der ärgste Fehler deutscher Vorkriegspolitik.

Die volksmäßigen Ziele

Zwei Staaten, das heutige Reich und ein kommender Staat aller Deutschen im mitteleuropäischen geschlossenen Siedlungsgebiet, deren einer fünfundsechzig umfaßt, deren anderer aber fast achtzig Millionen Deutsche zusammenschließen würde, unterscheiden sich ihrer Stärke nach nicht nur zahlenmäßig. Die inneren Kräfte einer Gemeinschaft wachsen ja nicht nur entsprechend der Kopfzahl, sondern gemäß der zunehmenden Vielgestaltigkeit der geistigen Veranlagung der einzelnen Teile. Großdeutschland würde im Vergleich zum heutigen Reiche seine Volkstumskräfte vielleicht um die Hälfte, gewiß aber nicht nur, wie der Rechner meint, um ein Viertel erhöhen.

Dazu kommt noch die Bedeutung des Raumes. Deutschösterreich bringt beim Wiederanschlusse dem Reiche nicht nur sechs Millionen Deutsche, sondern auch die Alpenländer, welche ihre Falten nach Osten weit öffnen, und die mittlere Donau. In der Erkenntnis der hohen Bedeutung solchen Machtzuwachses verboten die siegreichen Machthaber 1919 die Wiedervereinigung. Langsame Verschweizerung sollte das Schicksal der Österreicher sein: man mutete ihnen zu, ein eigenes neues, vom Deutschtum absplitterndes Volkstum zu bilden und Freude zu haben an einer Eigenstaatlichkeit, die das Volk 1918 ausdrücklich durch einstimmigen Beschluß der Nationalversammlung abgelehnt hatte. Wirtschaftlich soll Österreich jetzt wieder an die Staaten des Donaubeckens gebunden werden. Die einst leidenschaftlich abgelehnte Donauföderation wird heute als ein „Mitteleuropa ohne das Deutsche Reich" von den Tschechen angeboten: Österreich wäre dann endgültig vom Reiche getrennt, das damit von der unteren Donau abgeschnitten würde. Alle Versuche, die staatliche Verbindung zwischen Wien und Berlin zu verzögern oder zu hintertreiben — ganz gleich, woher sie kommen, welche Mittel sie anwenden und unter welcher Maske sie auftreten — sind als deutschfeindlich zu bekämpfen. Auf sich allein gestellt, ist die politisch machtlose und wirtschaftlich lebensunfähige Republik Österreich — als Beuteziel fremdvölkischer Nachbarn — ein Gefahrenherd für das deutsche Volk, aber auch für das Deutsche Reich und für Europa.

Die Wiedervereinigung würde dem Reiche keine neuen politischen Gefahren bringen: hat doch das Reich — wie der Redewechsel Stresemann—Mussolini im Frühjahr 1926 offenbarte — auch ohne den Vollzug des Anschlusses bereits alle aus dem Gefühl kommenden Belastungen (Imponderabilien) des ehemaligen Habsburger Staates geerbt. Es gilt, nun auch den Nutzen zu ziehen. Dann wird Oberschlesien, das im Süden von Tschechen, im Norden von Polen abgeschnürt zu werden droht, entlastet; denn der Tschechenstaat wäre dann vom großdeutschen Reiche umlagert. Daher die Anschlußfeindschaft Beneschs und der Franzosen. Der Nordosten Deutschlands aber würde entsprechend an Stoßkraft gewinnen. Der Weg nach Südosten könnte nicht mehr verlegt werden.

Wien, Deutschlands schönste Stadt, einst Brennpunkt einer eigenartigen, höchst reizvollen deutschen Kultur, erfüllt mit Menschen von Einsicht, Tatkraft und Geschmack — vielleicht heute noch ohne harten politischen Willen — kann, mit dem Reiche vereint, wieder zu dem werden, was ihm einst seine europäische Bedeutung verschaffte: zur großen Ausfallpforte deutscher Kultur- und Wirtschaftsgeltung nach Südosten. Dann wird der fremde Bevölkerungszusatz vor der neuen deutschen Durchblutung vergehen. Wien lohnt mehr als eine Messe. Ihm ist die Größe des deutschen Kultureinflusses donauabwärts ewig verhaftet. Aber auch schon die Ehrfurcht vor der eignen politischen, geistigen und wirtschaftlichen Geschichte allein fordert gebieterisch vom Deutschen, daß Österreich nicht aufgegeben, daß es dem Reiche beigefügt wird. Das kommende Deutschland soll kein durch irgendein noch so ruhmreich gewesenes Fürstenhaus vorbestimmter Groß-Territorialstaat sein. Österreich kann im kommenden Deutschland so wenig entbehrt werden wie Altpreußen. Stolzeste Traditionen, die heute wieder fruchtbar gemacht werden müssen, sind ja an die österreichische Sonderentwicklung deutscher Art gebunden.

Überdies ist die Vereinigung eine Forderung der Volksehre: sie unterliegt nicht der Nützlichkeitsrechnung. Der Kurzsichtige sieht bestenfalls den morgigen Tag — meist nur den gestrigen. Herz- und Stirnenge des Parteigläubigen verkennt die Unbedingtheit der völkischen Forderung. Vom abgespaltenen Verstande um das gesunde politische Gefühl betrogen, wähnt er klug zu sein, wenn er — unwillig über die Ablenkung vom gewohnt innenpolitischen Blickfelde — mit Grabesstimme die Zahl der Katholiken oder der Juden, der Sozialdemokraten oder der „reaktionären" Christlich-Sozialen ausrechnet, welche das Wichtigste, was es für die verbissenen Parteigänger gibt, stört: die Mehrheitsrechnung. Ohne Erfolg. Ihr Lager, das vor zehn Jahren noch die Mehrheit der Reichsdeutschen umfaßte, wird in allen Parteien täglich kleiner, es zerfällt. Die Minderwertigkeit solcher Denkweise ist durchschaut. Bezeichnend für den Wandel auch in Österreich ist die Regierungserklärung des österreichischen Bundeskanzlers Seipel am 19. Mai 1927 im Wiener Nationalrat: „Ganz besonders liegt uns die Ausgestaltung unseres Verhältnisses zu unseren Brüdern im Deutschen Reiche am Herzen. In geistiger Beziehung kann natürlich das Verhältnis nicht mehr enger werden. Wir sind mit ihnen durch die gleiche Abstammung, gleiche Kulturentwicklung und gleiche Geschichte verbunden. Aber wir wünschen darüber hinaus alles zu fördern, was auf wirtschaftlichem oder anderem Gebiete die Annäherung der beiden Staaten zu einer engeren machen kann. Wir werden streben, auf diesem Wege in dem Maße Fortschritte zu machen, als es je nach der Zeitlage möglich und zulässig ist". Auf dem Wege zur vollen Wiedervereinigung mit dem Reiche natürlich! Er wird laut von Volksbünden gefordert und durch stille, nichtamtliche Anschluß- und Angleichungsarbeit von beiden Seiten her vorbereitet. Es erübrigt sich hier, von politischen, wirtschaftlichen und kulturellen Einzelheiten zu sprechen.

Die Befreiung der deutschen Grenzgebiete aber und ihre Wiedervereinigung mit dem deutschen Staate ist eine so selbstverständliche Forderung, daß sie der Begründung nicht bedarf. Es geht nicht an, sie der Entdeutschung länger ausgesetzt zu lassen als irgend nötig. Großdeutsche und grenzdeutsche Forderungen ergänzen und bedingen sich.

Vom nationalstaatlichen zum volksrechtlichen Denken

Nicht westliches Nationalstaatsdenken rechtfertigt die Forderung Großdeutschlands: bereits im staatsrechtlichen Teil wurde es abgelehnt. Sondern zweierlei: der Volksgedanke und der europäische. Die Reibungsfläche zwischen den einzelnen Völkern und ihren Staaten soll so klein als möglich sein. So kann auch die Politik des deutschen Volkes nicht haltmachen an den Grenzpfählen des kommenden Großdeutschlands: seine Pflicht, deutsches Volkstum zu erhalten, endet nicht an ihnen. Sie erstreckt sich auch auf das Auslanddeutschtum.

Bismarck und Wilhelm II. konnten noch im Namen des Reiches eine Schutzpflicht für „die deutschen Bürger fremder Staaten" ablehnen. Heute ist das nicht mehr möglich. Der Volksgedanke ist seither in Europa tragend geworden: Staaten beseelt er neu oder er zerreißt sie. Darum kann das Schicksal der Deutschen jenseits der Reichsgrenzen weder das deutsche Volk, noch den deutschen Staat unberührt lassen. Hierbei verschlägt es nichts, ob diese Volksgenossen nahe wohnen oder fern, im geschlossenen Siedlungsgebiet oder als Volksinseln von Fremdvölkern eingeschlossen. Seipel, der Bundeskanzler der schwachen Republik Österreich, fand dafür sehr ernste Worte: „Was den Grad der Herzlichkeit unserer außenpolitischen Beziehungen anlangt, so spielt nichts eine größere Rolle als das Schicksal jener Bürger anderer Staaten, die mit uns gleichen Blutes und gleicher Sprache sind. Wir sind uns jederzeit bewußt, daß wir für Klagen, die in dieser Beziehung laut werden, nicht die diplomatische Vertretung dieser unserer Volksgenossen übernehmen können, weil es sich um Bürger fremder Staaten handelt. Aber es sind lebendige Nervenstränge, die zwischen ihnen drüben und zwischen uns hüben hin und her laufen. In letzter Zeit ist oft ein Zittern durch diese Nervenstränge gegangen. Dies konnte nicht unsere Außenpolitik beeinträchtigen, wohl aber den Ton der öffentlichen Auseinandersetzung beeinflussen". Hier erhebt sich in der Tat eine ernsthafte Schwierigkeit. Denn jedes Eintreten für Volksgenossen jenseits der Grenzen, die Bürger fremder Staaten, wird von diesen heute noch als ein Eingriff in ihre inneren Verhältnisse aufgefaßt und peinlich — wenn nicht als feindselig — empfunden. (Daran haben die sogenannten Minderheitenschutzverträge so wenig geändert, wie sie wirkliche Besserung gebracht haben. Vielleicht wäre aber ohne sie manches noch schlimmer.) Jedes Eintreten des Reiches, das nicht so zaghaft wie Deutsch-Österreich zu sein braucht, für Auslanddeutsche, belastet tatsächlich seine außenpolitischen Beziehungen. Es ist eine Störung sonstiger Arbeiten, zum wenigsten eine starke Unbequemlichkeit. Das sei offen zugegeben.

Doch handelt es sich um Übergangszustände, so lange eben noch der demokratische Nationalstaat französischer Prägung in Europa vorherrscht, mit seinen Vereinheitlichungs- und Gleichmachungsbestrebungen, mit seiner Bejahung gewaltsamer Umformungen andersvölkischer Staatsbürger, mit seiner Neigung zu kultureller und wirtschaftlicher Beraubung der Andersartigen, besonders wenn sie Teile höherstehender Völker sind. Die Zeitentwicklung geht in anderer Richtung, die Erkenntnis bricht immer stärker durch, wie unsittlich die heutigen Zustände sind.

Es ist bezeichnend für die individualistische Nationalstaatslehre romanischer Wurzel, daß sie die Eigenart ihrer „Minderheiten" zu vernichten erlaubt, ja geradezu vorschreibt. Es ist ebenso bezeichnend für den überindividualistischen Staatsgedanken germanischer Herkunft, daß er Eigenleben und Eigenart, also die wahre Freiheit, schützt und damit der Volkspersönlichkeit Lebensraum gewährt. Gerade die Formaldemokratie mit ihren Wahlen und ihrer Stimmenzählerei ist eine stete Quelle des Unheils: die Mehrheit beschließt irgendein Unrecht, und Unrecht wird dann zur Rechtssatzung, geheiligt durch formales Gesetz. Die Wahlen aber bringen es mit sich, daß der Nationalismus immer hitziger wird, daß eine Partei die andere an nationaler Gesinnung, d. h. in diesem Falle in Erfindung von Maßnahmen zur Unterdrückung von fremdvölkischen, anders gearteten Staatsbürgern überbietet.

Zu alledem ist aber der Staat westlicher Prägung „berechtigt". Denn er ist allmächtig und allzuständig auf allen Gebieten des Lebens, der Kultur und der Wirtschaft: vollkommen souverän, ist er nicht gezwungen, auf ein Höheres Rücksicht zu nehmen, weil er den Anspruch erhebt, das Höchste zu sein. Nach innen kann er heute noch — trotz Völkerbund und Verträgen, hinter denen keine zwingende Gewalt steht, ja stehen kann, solange die westliche Staatsauffassung herrschend ist — alles tun, was er will: das Törichtste und das Gemeinste. Denn eine höhere Machtquelle wird nicht anerkannt, und überdies ist er ja formal gedeckt, wenn eine aus Wahlen hervorgegangene Mehrheit Gewalttaten gestattet oder gar fordert; mögen die Wahlen nach gerechten oder ungerechten Gesetzen vollzogen worden sein, mögen auch Mißbräuche, Zerrbilder westeuropäischer Wahlen die Zusammensetzung der Parlamente gestaltet haben. Auf das kommt es aber weniger an. Die Allmacht des Staates ist das Entscheidende sowie der Grundirrtum, „der Staat" müsse die Bürger gleichmachen. In ihm ist die liberalste romanische oder die diese nachahmende slavische Republik genau so befangen wie der Fascismus, der dank seiner romanischen Wurzel noch tief in individualistischen Gedankengängen steckt, gerade in seiner außenpolitischen Auffassung. Südtirol kann davon erzählen.

Zweifellos würde vieles besser sein, wenn die Staatsgrenzen vernünftiger gezogen wären, wenn nur die völkischen Inseln, nicht aber Teile des geschlossenen Siedlungsgebietes fremden Nationalstaaten zugehörten. Eine verständige, den Völkergrenzen entsprechende Führung der Staatsgrenzen hätte viel Unheil vermieden. Grundsätzlich wäre damit aber nicht das Entscheidende für Europa gewonnen.

Denn Völkerverzahnung und Durchdringung sind östlich vom Siedlungsgebiete der Deutschen die Regel. Auch abgesehen von wirtschaftlichen Erschwerungen und Verkehrshemmnissen, lassen sich Grenzen nicht finden, die Europa in lauter geschlossene Nationalstaaten aufteilen. Solche echt liberalen Wünsche, die meist mit Vorschlägen verquickt werden, den „Rest" durch Umsiedlungen zu bereinigen, sind ungeschichtlich und darum kurzsichtig, weil sie den vergeblichen Versuch empfehlen, Dinge ein für allemal zu regeln, die in Fluß sind und in Fluß bleiben. Manche Völker schwinden, sie können ihren Bestand und ihre Wirtschaft nur durch fremdvölkische Zuwanderung erhalten. Andere wachsen langsam, wieder andere schnell. Solche Naturerscheinungen regeln zu wollen, ist vergebliches Mühen von Menschen, die Wahnbildern nachjagen.

Die Umsiedlung in den Ländern um das Ägäische Meer, die als humanitäres Werk unter Leitung und auf Anregung des Völkerbundes vollzogen wurde, mag mehr als einer Million Menschen das Leben gekostet haben. Hochentwickelte Völker aber mit feingegliederter Wirtschaftsschichtung wie die Deutschen können überhaupt nicht „verpflanzt" oder „vertauscht" werden. Überdies gibt es zahllose Volks- und Völkersplitter ungewisser Volkszugehörigkeit, deren Bekenntnis noch schwankt. Nicht nur am Balkan, sondern auch an den Rändern aller großen europäischen Staatsvölker, nicht nur in kultur- und verkehrsarmen Grenzstrichen. Wohin mit ihnen? Daß Schweden 1929 die etwa ein Jahrhundert alten auslandschwedischen Bauernsiedler aus der Ukraine tauschlos nach Schweden zurückholte, ist in keiner Weise vorbildlich, sondern nur ein Zeichen für Schwedens volklichen Erschöpfungszustand.

Ein weiterer Vorschlag lautet: die fremdvölkischen Bürger eines Staates sollen die bisherige Staatsbürgerschaft aufgeben und die des gleichvölkischen Staates annehmen; auch er ist untragbar. Denn angesichts der heute herrschenden Staatsauffassung würde dies der Anlaß sein, früher oder später jene Fremdvölkischen als Ausländer zu vertreiben, zumal sie ja dort, wo Grenzen falsch gezogen wurden, in „besonders sicherungsbedürftigen Grenzgebieten" leben. Der also mit dem Reichsbürgerrecht beglückte Auslanddeutsche würde dann ganz rechtlos; er verlöre den Boden, auf dem seine Väter Jahrhunderte gesessen haben, und das Reich würde in noch viel schwerere Verwicklungen verstrickt.

Die Zwangsjacke nationalstaatlichen Denkens, die im Abschnitt „Volk, Rasse, Reich" bereits aus staatsphilosophischen Gründen verworfen wurde, wird daher beseitigt und durch neue Formen ersetzt. Im innenpolitischen Teil dieses Buches wurden diese bereits vorgezeichnet. Die Aufgaben des neuen Staates sind grundverschieden vom bisherigen. Der Weg einer ständigen Häufung der Staatsaufgaben und immer tieferer Eingriffe in das Leben des Einzelnen und der einzelnen Volksgruppen wird grundsätzlich verlassen. Im Gegensatz zu dem selbstsüchtigen Staatsdenken westlicher Prägung wird kulturelle Vergewaltigung im neuen Deutschland und im neuen Europa nicht mehr möglich sein, weil das Kulturleben eines Volkes nicht mehr staatlicher Regelung unterliegt, sondern eigengesetzlicher Selbstverwaltung.

Dahin gehört auch die Einschränkung der Staatseinwirkung auf dem Gebiete der Wirtschaft. Eine Abart der Verirrungen individualistischen

Denkens ist die Aufgabenstellung des Staates gewissermaßen als eines Großvereins, der in erster Linie für das wirtschaftliche Gedeihen der Staatsbürger zu sorgen habe. So wichtig richtige Staatsführung für die Wirtschaft insofern ist, als der Staat durch Rechtsetzung und Rechtsprechung dafür zu sorgen hat, daß die Formen des wirtschaftlichen Lebens gesund bleiben, so wenig liegt der Eingriff des Staates in das Wirtschaftsleben in seiner wahren Natur. Darum ist auch das Wirtschaftsgebiet jener Teil der gegenwärtigen Staatsaufgaben, der am leichtesten aus dem heutigen, noch immer westlich-nationalstaatlich vorbestimmten Staatsleben ausgeschieden werden kann. Diese Ausscheidung erfolgt nach zwei Richtungen hin: nach innen zugunsten gesellschaftlicher Selbstverwaltung — das ist schon in einem früheren Kapitel geschildert — und nach außen zugunsten einer höheren Staatengemeinschaft der Völker des gleichen Raumes ohne klare natürliche Grenzen.

Männer des praktischen Lebens haben stets, wenn sie vor die Aufgabe gestellt waren, Maßnahmen zur Annäherung der europäischen Völker zu empfehlen, mit dem Wirtschaftsgebiet begonnen. Hier sind ja die gemeinsamen Interessen gegeben, hier kann die Anlehnung am leichtesten vollzogen werden, weil seit der Erleichterung des Verkehrs durch moderne technische Erfindungen der gegenseitige Güterverkehr von Land zu Land nicht mehr auf Luxusgüter, also auf Entbehrliches, beschränkt ist, sondern den unentbehrlichen Bedarf der Gesamtwirtschaft mit umfaßt. Andrerseits können auch gerade die wirtschaftlichen Dinge am leichtesten übervölkisch und überstaatlich geregelt werden. Liegen sie doch auf Lebensgebieten, die nicht so eng das Seelische der Volkstümer berühren und darum aus dem Bereiche eigenvölkischer Staatsverwaltung auf die Ebene vielvölkischer gemeinsamer Verwaltung hinübergeleitet werden können.

Nicht nur staatsphilosophische Überlegungen, sondern auch harte Tatsachen — die Leiden des verstümmelten deutschen Volkskörpers — wiesen den Deutschen den Weg, welcher Unterdrückung völkischer Minderheiten am wirksamsten ausschaltete. Er ging von außen nach innen. Die Führer der deutschen Volksgruppen in den Nachfolgestaaten zogen als erste deutsch-rechtliches Gedankengut unter dem Schutt des Nationalstaatsdenkens wieder hervor. Im Ringen um Minderheitenrechte, besser um Volksgruppenrechte, wurden sie als erste wieder rechtsschöpferisch und gestalteten, noch dazu in von anderen Völkern geführten Staaten, die moderne Kultur-Selbstverwaltung nationaler Volksgruppen, zuerst in den baltischen Staaten. Mit innerer Notwendigkeit wurden diese deutschen Gedanken unter diejenigen fremden Völker des östlichen Abendlandes getragen, die in gleicher Lage waren. Sie ergriffen Slaven und Ungarn, baltische Völker und Juden, ja sogar Rumänen und Katalanen, während die diesen entsprechenden Staatsvölker bisher noch an westlichem Staatsdenken festhalten. Hier offenbarte sich zum ersten Male die Anziehungskraft deutscher Rechtsschöpfung und neu gestalteten Gedankenguts der Väter. Der Deutsche, im Weltkrieg besiegt, vermochte für frühere Zeiten unvorstellbare moralische Eroberungen zu machen.

Kulturelle Autonomie nationaler Minderheiten genügt nun freilich keineswegs, selbst wenn sie durch Gesetze verkündet ist, auslanddeutschen Volksgruppen den nötigen Lebensraum zu sichern; behandelt sie doch nur einen Ausschnitt des Volkslebens. Zur vollen Sicherung braucht sie verfassungsmäßige Festigung, die dem Willen schwankender Mehrheiten entzogen ist, und außerdem den allgemeinen Willen des jeweils staatsführenden Volkes zur Rechtlichkeit. Überdies umfaßt das Leben einer Volksgruppe mehr als das Kulturelle, in Schule und Kirche. Wirtschaftliche und rechtliche Sicherheit sind die Voraussetzungen einer gesunden Entwicklung, die nur dann gewährleistet ist, wenn das staatsführende Volk grundsätzlich das körperschaftliche Recht jeder anders gearteten Volkspersönlichkeit im Rahmen des Staates anerkennt.

Das ist es, was den Staaten und Völkern im Osten fast durchwegs fehlt. Ihre Vorstellung von Recht ist anders als die der Deutschen, vielfach orientalisch-russisch. Der Gleichklang der Worte in den Gesetzen täuscht die Unkundigen darüber hinweg, daß hinter gleichem Wortlaute andere Begriffe stehen oder daß der Wille zur Durchführung der Gesetze mangelt. Sogar ein Staat wie Estland, dessen Streben nach Gesittung durch das Gesetz über völkische Kulturautonomie und seine Durchführung belegt ist, trägt nicht nur den Makel der entschädigungslosen Enteignung des deutschen Grundbesitzes vom Beginn seiner Eigenstaatlichkeit an, sondern er befleckte sich auch durch Kirchenraub.

Die Ersetzung des leeren westlichen Staatsbegriffs durch einen neuen fordert noch anderes: von den heutigen deutschen Staaten und vom kommenden Großdeutschland. Deutsches Volksrecht verlangt aus sich heraus eine weitgehende Sicherung des volklichen Lebens anderer Völker und Volkssplitter, die in deutschen Staaten auf Grund geschichtlicher Entwicklung siedeln. Hier sind schon Gutes verheißende Ansätze zu verzeichnen: die Gewährung weitgehender Rechte auf dem Gebiete der Schulen an Dänen und Polen im preußischen Staate, an Tschechen in Wien, an Kroaten und Ungarn im Burgenlande, an Slowenen in Kärnten. Die Gesetzgebung ist noch im Fluß; seit die erste Auflage dieses Buches erschienen ist, machte sie starke Fortschritte trotz aller Hemmungen durch den staatlichen Schulbetrieb, an dessen Notwendigkeit in deutschen Staaten heute noch leider geglaubt wird; auch trotz der Schwierigkeiten, die gerade von jenen Volksgruppen gemacht wurden, die sich, nicht so sehr als Eigenrecht fordernde, selbstbewußte nationale Gruppen fühlen, als vielmehr als Teile von jungen Völkern, die dank der Pariser Vorortverträge Eigenstaaten gewonnen haben, deren Interessen die Volksgruppen unter Opferung ihrer eigenen moralischen Stellung vertreten zu müssen glauben.

Aber auch nach anderer Richtung muß deutsches Volksrechtsdenken die Unbiegsamkeit westlich-nationalstaatlicher Denkweise überwinden. Die Volksdeutschen, welche Bürger fremder Staaten sind, haben in deutschen Landen berechtigte Ansprüche, welche über die Rechte anderer Ausländer hinausgehen. Tatsächlich genießen sie bereits durch Verordnung und gesetzliche Einzelbestimmungen den anderen Ausländern gegenüber Vorzugsrechte, auf sozialrechtlichem Gebiet, auch als Hochschüler. Hier muß planmäßig weitergebaut werden, um so eifriger, je mehr der westliche Staatsbegriff an Boden verliert. Künftig darf ein Auslanddeutscher nicht mehr Gefahr laufen, als Ausländer ausgewiesen zu werden, es sei denn wegen schwerer Verstöße. Auslieferung an fremde Staaten wegen strafrechtlicher Verfolgung ist auf bestimmte Verbrechen zu beschränken. Der Begriff „Deutscher" ist aus seiner staatsbürgerlichen Beschränktheit zu befreien und auf die Zugehörigkeit zum deutschen Gesamtvolke auszudehnen. „Reichsangehöriger" soll in Verfassung und Gesetz die zutreffende Bezeichnung für den Bürger des Reiches sein.

Die europäischen Ziele

Die künftige Bündnispolitik unterscheidet sich grundsätzlich von jener der Vorkriegszeit. Diese kannte nur zwei Formengruppen: das losere Bündnis oder den festen Staatenbund. Vom Bündnis waren wieder zwei Arten in Gebrauch: das echte Bündnis zwischen zwei annähernd gleichstarken Staaten, welches Gleichberechtigte auf Zeit band, zur gemeinsamen Erreichung dieses oder jenes Zieles unter Wahrung ihrer vollen Souveränität (im Sinne westlicher Staatsauffassung); sodann der Vertrag zwischen einer Macht und machtlosen Staaten, die damit ihre Selbständigkeit mehr oder weniger einbüßten. Beispiele: die Verträge der französischen Revolutionsregierung und des ersten Kaiserreichs, Englands „Bündnisse" in überseeischen Gebieten mit indischen Fürsten oder die der amerikanischen Union mit mittelamerikanischen Staaten. Wollte man enger zusammenrücken, so war man genötigt, unauflösliche Verbindungen einzugehen. Monarchische Personalunion braucht in diesem Zusammenhange nicht berücksichtigt zu werden. Gemeinsamkeit gewisser Staatseinrichtungen kennzeichnet die Staatenbünde, dauernde Vereinigungen zweier oder mehrerer Staaten zwecks einheitlicher oder gleichheitlicher Ausübung von Hoheitsrechten, ohne daß „der Bund" und seine Organe berechtigt zu sein brauchen, Regierungshandlungen innerhalb der einzelnen Staaten vorzunehmen. Eine noch engere Verbrüderung war der Bundesstaat, über dessen Natur die Wissenschaft viele voneinander abweichende Lehren aufstellte darüber, wo die Souveränität läge, ob sie teilbar sei usw. Unbekümmert um diesen Streit gediehen solche außenpolitisch einheitlich gelenkten und verteidigten Bundesstaaten, freilich nicht immer ohne innere Reibungen. Tatsächlich kommt es darauf an, ob diese Gebilde aus der Lockerung älterer geschichtlicher Verbände hervorgegangen sind (Österreich-Ungarn) und ob die Neigung zum Auseinandergehen noch dauernd vorwog, oder ob verwandte oder sonst eng, meist durch Sprachgemeinschaft oder Blutmischung verbundene Staaten im Zuge waren, sich noch fester aneinander zu binden. (Vereinigte Staaten von Nord-Amerika und Brasilien).

Alle diese Muster passen nicht für Europa, denn es bedarf einer völligen Neubildung. Eine solche wurde aber bisher nur bei Völkern gleicher Abstammung und Sprache beobachtet. Die vielvölkische Schweiz sah, bevor die Eidgenossenschaft ihre heutige Form annahm, schon auf eine Jahrhunderte alte gemeinsame Geschichte zurück. Noch weniger paßt das Muster des Genfer Völkerbundes, eines, trotz einiger die Auflösung erschwerenden Bestimmungen, lockeren Staatenvereins, und erst recht nicht das neue britische von 1926. Der britische Staatenbund ist einzigartig geschichtlich geworden: äußerlich nur durch die Krone, innerlich aber durch Sprachgemeinschaft, durch gesamtbritische Interessenverfilzung und durch die meerbeherrschende Flotte verbunden. Wo die Sprachgemeinschaft nicht vollkommen ist, sitzen die Schwächepunkte (Südafrika). Der Völkerbund aber trägt so viele Geburtsfehler offen zur Schau, daß nur ein oberflächlicher Betrachter Europa nach dem Vorbilde des Völkerbundes oder gar als dessen Unterabteilung zu „ordnen" vorschlagen kann. Eher könnte Sowjetrußlands innerer Neubau Anregungen geben. Denn in mancher Hinsicht waren dort ähnliche Aufgaben zu lösen, die aus der Vielheit der Völker entsprangen. Der Unterschied liegt aber darin, daß der bolschewistische Gesamtstaat, über den ganzen Raum machtgebietend, zuerst vorhanden war und sich selber nachträglich zur Erleichterung der Verwaltung in Teilrepubliken — nach Sprachen und Völkerschaften — auflöste, um Gefahren vorzubeugen, die aus der Unzufriedenheit mit der vereinheitlichenden Neigung der Verwaltung hätten entstehen müssen. Niemand zwang die Moskauer Machthaber dazu. Sie taten es aus freien Stücken, teils aus Nützlichkeitserwägungen, teils um alte sozialistisch-syndikalistische Lehren der Frühzeit zu verwirklichen.

Noch anders liegen die Dinge im nichtkommunistischen Europa. Es zerfällt nicht nur in Sprachen und Völkerstämme — äußerstenfalls erwachende Völker wie das ukrainische —, sondern in viele große und alte Staatsvölker: voll ausgeprägte Volkspersönlichkeiten mit ruhmreicher Geschichte und harten Umrissen, mit eigenartiger geistiger und wirtschaftlicher Kultur, mit mehr oder weniger gefestigten Staatswesen. Neben diesen finden wir Klein- und Mittelvölker, jünger und traditionsärmer, jedoch von um so unbekümmerterem Nationalismus, zumeist noch tief in dessen Flegeljahren steckend. Beim Abschlusse der Pariser Vorortverträge bevorzugt, erhielten sie zu Unrecht eigene Staaten mit allzuweit gezogenen Grenzen, in denen sie von vornherein dank des Sieges der atomistischen französischen Nationalstaatslehre frei schalten konnten, ohne Rücksicht auf die ihnen zu Unrecht zugeteilten fremden Volksteile, auf ihre Nachbarvölker und die europäische Gemeinschaft. Die Staatenselbstsucht steht daher heute in Blüte. Sie erzeugt üble Früchte.

Die Unhaltbarkeit der 1918 bis 1920 entstandenen europäischen Landkarte wird von der öffentlichen Meinung aller Völker zugegeben. Ursachen und Gründe dieses Zustandes zu wiederholen, wäre Raumverschwendung. Sie sind nicht nur wirtschaftlicher, sondern auch in hohem Maße politischer Art. Die mangelhafte Lösung der Nationalitätenfrage birgt offensichtliche Gefahren. Das ohnmächtige und gefesselte deutsche Volk stellt der europäischen Politik mehr Rätsel als früher das mächtige: ein Gedanke, den Stegemann in seinem „Trugbild von Versailles" glänzend entwickelt hat. Die gegen das Deutschtum und das Ungartum gerichtete Lehre vom Selbstbestimmungsrecht der Völker wendet sich, einst in der später von Wilson aufgegriffenen „Deklaration von Lausanne" während des Weltkrieges verkündet, heute gegen die künstlich aufgeblähten Auchsiegerstaaten. Sie beginnt zugunsten der Deutschen und Ungarn zu wirken und zerstört das europäische Staatenbild der Pariser Vorortverträge.

So ertönt überall der Schrei nach Neuordnung Europas, freilich verschieden abgestimmt, je nach dem Standpunkte des Rufers und gemäß seiner Denkart: im Westen Europas, in den besser gefestigten Nationalstaaten zaghafter, wenn auch die dortige Wirtschaft, erdrückt von Rüstungslasten und aus Furcht vor Amerikas Wettbewerb, wirkliche Friedensfestigung wünscht. In den Nachfolgestaaten am lautesten. Dort wurde die zunächst angestrebte wirtschaftliche Selbstbefriedigung (Autarkie) rasch als Wahnbild erkannt, wenn auch bis jetzt die Staatsführung daran festhält. Der Rahmen dieser Staatswirtschaften ist eben zu klein. Größere wirtschaftliche Gebilde scheinen notwendig. Alle Versuche aber, das frühere Habsburgerreich wenigstens als wirtschaftliche Donaukonföderation wieder herzustellen, scheiterten an den politischen Gegensätzen. Österreich will ebensowenig wie Ungarn.

Die Not förderte dann wohl Pläne, Europa zu organisieren, aber nicht die erlösende Formel: Was als solche in den letzten Jahren als angeblich neu geboten, ja zum Teil wie Handelsware angepriesen wurde, ist alter Wein in neuen Schläuchen. Es ist die verlegene Ware des Individualismus. Ängstlich bemüht, die jetzige Machtverteilung aufrechtzuerhalten, ohne am heutigen westlichen Staate wirklich zu rütteln — sozialistische Übertünchung ändert sein Wesen nicht zum Besseren — wollen alle nachstehend aufgezählten Reformen doch letztlich nur einen scheindemokratischen Staatenbund. Die Schlagworte der Gleichheit und Freiheit werden vom innerstaatlichen auf das überstaatliche Gebiet übertragen. Man will ganz Europa in eine Riesenmassendemokratie verwandeln, die Lüge von der gleichen und freiheitlichen Volksherrschaft ins Maß des Ungeheuren steigern.

Wirkungslose oder falsche Vorschläge

Von Sozialisten, aber auch von „kapitalistischer" Seite wurden zunächst wirtschaftliche Vorschläge der Öffentlichkeit unterbreitet. Sie empfahlen fast durchweg eine europäische Zollunion, zum Teil nach vorhergehender privatwirtschaftlicher Vertrustung*). Angesehene Wirtschaftsverbände betonten in Kundgebungen und auf den verschiedensten Tagungen die Notwendigkeit wirtschaftlicher „Zusammenarbeit" der europäischen Staaten. Verkehrstagungen wollten Europas Schlagbäume aufheben. Ein freihändlerisch gefärbtes Manifest internationaler Geldmänner wollte Europas wirtschafthemmende Zollmauern einreißen. In Genf bemühte

*) Göhre, „Deutschlands weltpolitische Zukunft", Berlin, Kurt Vowinkel; August Schmidt, „Das neue Europa", Berlin, Reimar Hobbing; Woytinsky, „Die Vereinigten Staaten von Europa", Berlin, J. H. W. Dietz Nachf. Verlag.

sich die Wirtschaftskonferenz, in Paris die internationale Handelskammer im gleichen Sinne.

Andere erkannten von vornherein, daß die europäische Frage doch nicht in erster Linie von Nützlichkeitserwägungen bestimmt ist. „Sie unter diesem Gesichtspunkte zu fassen, ist eine Betrachtungsweise, die an die Politik der Vorkriegszeit erinnert, in der wir von wirtschaftlicher und machtpolitischer Organisation alles erwarteten, ein Standpunkt, der letzten Endes zu unserem heutigen Chaos geführt hat. Auch verrät diese Einstellung einen nicht allzu tiefen Einblick in die die Entwicklung bestimmenden Kräfte" (Kleefisch). Die historisch-katholische „Abendland"-Bewegung sucht daher den universalistischen Gedanken des Heiligen Römischen Reiches Deutscher Nation von neuem zu beleben. Danach unternahm es der österreichische Prinz Karl Anton von Rohan, die konservative Oberschicht der europäischen Völker mit seiner „Europäischen Revue" und durch Tagungen zu verbinden. „Zur Ergänzung des Verständigungswerkes der Regierungen" entstand weiterhin ein Bund für europäische Verständigung, dem namhafte Politiker beitraten: Luther, Stresemann, Wirth, Vandervelde, Briand, Painlevé, Albert Thomas, Ramsay Mac Donald, Fritjof Nansen usw. Diesem Bunde muß jedoch Erfolg versagt sein, weil gute Worte und Gesinnungen nichts nützen, zum Handeln aber dieser Kreis viel zu bunt zusammengesetzt ist; seine Kräfte heben sich gegenseitig auf.

Die Greifweite all dieser Bestrebungen war und ist gering, ihre Kräfte sind bescheiden; sie bestehen jeweils in einem Buche und einer Zeitschrift oder aus ein bis zwei Tagungen im Jahr, die zu Aussprachen Gelegenheit geben. Ihre Zielsetzungen sind entweder wirtschaftlich oder kulturell-geistig. Sie entbehren des Umfassenden, greifen nur Ausschnitte heraus, ohne dem Geforderten feste Umrisse zu geben. So blieb auch ihre Auswirkung klein. Auch für die Zukunft ist nichts von ihnen zu erwarten als Auflockerung durch Kritik.

Anders die sogenannte paneuropäische Bewegung. Mit leicht faßbaren und sofort in Schlagworte ausgemünzten Rezepten setzte sie ein, gefördert durch einen marktschreierischen Werbefeldzug. Ihr Erfinder und ihre treibende Kraft ist Graf Nikolaus von Coudenhove-Kalergi in Wien. Über seine Denkart erfährt man aus seinem Buche über den Adel folgendes: „Der Mensch der ferneren Zukunft wird Mischling sein", so prophezeit der Sohn eines schon gemischten „österreichischen" Aristokraten und einer Japanerin. „Die eurasisch-negroide Zukunftsrasse, äußerlich der altägyptischen vielleicht ähnlich, wird die Vielfalt der Völker durch eine Vielfalt der Persönlichkeit ersetzen." Über die Führer dieser Zukunftsentwicklung sagt er: „Statt das Judentum zu vernichten, hat es Europa wider Willen durch jenen künstlichen Ausleseprozeß (Stählung durch heldenhaft ertragenes Martyrium und Läuterung von willensschwachen, geistesarmen Elementen, wovon er im Satz vorher gesprochen hat) veredelt und zu einer Führernation der Zukunft erzogen. Kein Wunder also, daß dieses Volk, dem Ghettokerker entsprungen, sich zu einem geistigen Adel Europas entwickelt. So hat eine gütige Vorsehung Europa in dem Augenblick, als der Feudaladel verfiel, durch die Judenemanzipation eine neue Adelsrasse von Geistes Gnaden geschenkt." Diesem halbfarbigen Mischling sagt der Begriff Volk und Volkstum aus begreiflichen Gründen nichts.

1923 veröffentlichte er eine Programmschrift „Paneuropa" und gewann damit europäischen Ruhm, besonders in Kreisen, die ihm seines Adelsbuches wegen von vornherein günstig gestimmt waren. Sein Eingangswort: „Dieses Buch ist bestimmt, eine große politische Bewegung zu wecken", hat er wahr gemacht. Äußerlich war Paneuropa ein Erfolg: nicht allein dank propagandistischer Leistungen, durch seine leichtfaßlichen Symbole — Sonnenkreuz als Zeichen der Humanität und der Vernunft — und durch das rechtzeitige Erfassen eines Zeitbedürfnisses, sondern vor allem durch seine eindringliche Kritik an den Zuständen des heutigen Europas.

Ihre Begründung ist freilich falsch; denn er sagt: „Die ganze europäische Frage gipfelt in dem russischen Problem. Hauptziel der europäischen Politik muß die Verhinderung einer russischen Invasion sein . . ." „Gelingt es Rußland, durch einige gute Ernten sich wirtschaftlich zu erholen, bevor Europa sich zusammenschließt — so ist Europas Schicksal besiegelt. Die künftige Staatsform Rußlands ist dabei irrelevant. Sobald sich für Rußland die Möglichkeit bietet, Europa in seine Abhängigkeit zu bringen, wird es von dieser Möglichkeit Gebrauch machen — ob es nun rot ist oder weiß." Das stellt die Tatsachen auf den Kopf. Sowjetrußland ist schwach in Wirtschaft und Heer, wahrscheinlich für lange Zeit. Gewiß ist die Tatsache des Wegfalls der vorwiegend nordischen Oberschicht in Rußland für die Zukunft hochbedeutsam. Nur die Erkenntnis dieses Umstandes bewahrt vor der für Europa gefährlichen Politik, Rußland zu demokratisieren und zu kapitalisieren. Ein Panslawismus der nihilistischen Art eines Dostojewski würde so in gefährlicher Steigerung großgezogen. Die abendländische Geschichtsauffassung sah deshalb mit Recht im russischen Gebiete europäischen Kolonialboden, in den russischen

Bauernmassen Menschen, die europäisch regiert werden müssen. Es gibt deshalb Rußland gegenüber eigentlich nur zwei politische Wege, deren einer schwer begehbar ist: Rußland wieder unter die Herrschaft einer europäischen Oberschicht zu bringen; der andere ist durch die Geschichte des Mittelalters und die Schlacht bei Tannenberg im Jahre 1914, der einzigen, die wahre weltgeschichtliche Bedeutung hat, vorgezeichnet: das Europäertum nach Osten vorzutreiben. Spätere Geschlechter werden als die große Leistung des deutschen Volkes die Zertrümmerung Rußlands im Weltkriege preisen; so sehr es vielleicht damals taktisch richtiger gewesen wäre, es zunächst zu schonen. Es heißt aber die europäische Gegenwartslage verkennen, wenn man nicht in der Zurückdrängung des zentralrussischen Reiches eine der großen Möglichkeiten für die deutsche Außenpolitik erblickt. Auf weite Sicht hinaus könnte also den Gedankengängen des Paneuropagrafen teilweise Zustimmung gezollt werden, wenn er eine wahrhaft europäische Politik gegen Rußland befürwortete. Niemals aber kann eine solche geführt werden, wenn das Schwergewicht Europas im Westen liegt. Eine französische Anti-Rußland-Politik muß immer Deutschland und Mitteleuropa als Vorgelände behandeln. In Wahrheit aber liegt der Schwerpunkt europäischer Selbstbehauptung in der europäischen Mitte, beim Preußentum. Ohne dieses ist auch der Rhein und damit Frankreich verloren.

Coudenhove bekennt sich zu den Pariser Friedensschlüssen, die ihm trotz seiner Kritik „politisch einen Fortschritt gegenüber den Vorkriegsverhältnissen bedeuten". Ihre Folgen beschönigt er: „So ungerecht und verdammenswert diese Teilunterdrückungen (der Deutschen, Magyaren und Ukrainer) auch sind: diesen unterdrückten Völkern von heute bleibt wenigstens ihr eigener Staat als nationaler Rückhalt und als freies Kulturzentrum — während vor dem Kriege europäische Kulturnationen in ihrer Gänze der nationalen Freiheit beraubt waren. Trotz dieser Reste nationaler Unterdrückung, an deren Beseitigung jeder gute Europäer arbeiten muß, ist somit in der politischen Struktur Europas der Vorkriegszeit gegenüber ein Fortschritt zu erkennen." Daher lehrt der Vielvölkermischgraf auch die Unverrückbarkeit der in Paris geschaffenen Grenzen; daher auch seine Anschlußfeindschaft: wer auf eine Änderung der deutschen Grenzen hinarbeite, müsse Kriegspolitik treiben. Dabei kam Wilna ohne Krieg zu Polen, Oedenburg zu Ungarn! Das belgische Kabinett beschloß 1926, Eupen-Malmedy an das Reich zu verkaufen. Wurde dieser Beschluß auch auf Poincarés Drängen wieder aufgehoben, so zeigt er doch die Fehlerhaftigkeit der Coudenhoveschen These, daß man sich mit der Versailler Grenzführung abfinden müsse: „Wer an diese Grenzen rührt — rührt an dem Frieden Europas."

Coudenhoves Pläne haben begreiflicherweise in ernsten politischen Kreisen weitgehend Ablehnung erfahren. Selbst aus reichsdeutschen Parteien, deren Denken der gleichen individualistischen Wurzel entspringt, war der Zulauf geringer als die Kritik. Sogar linksstehende Kreise im Reich wiesen Coudenhove ab, weil seine Lehre das Pariser Vertragswerk zum Ausgangspunkte nimmt und die Hegemonie Frankreichs zum Eckpfeiler des Systems macht. Immerhin fand Coudenhove jahrelang bei Berliner Bankkreisen seine Hauptstütze, während man in Frankreich übersah, welche nützlichen Hilfsvölker die Paneuropäer zur Sicherung des im Pariser Vertragswerk Gewonnenen werden könnten. Schließlich aber erklärte der französische Außenminister Briand im Sommer 1929 in einer Kommission der französischen Kammer, er werde im Herbst Vorschläge für die „Vereinigten Staaten von Europa" den Mächten vorlegen; Coudenhove billigte Briands Pläne in einer öffentlichen Kundgebung. Jetzt ist der Zusammenhang klargestellt.

Die Grundlage Coudenhoves ist der individualistische Nationalstaat mit seiner Formaldemokratie. Er lehrte 1923: „Europa als politischer Begriff umfaßt sämtliche demokratische und halbdemokratische Staaten Kontinentaleuropas mit Einschluß Islands . . . Das Restgebiet der europäischen Türkei gehört politisch zu Asien." Das von Coudenhove zu gründende Europa „reicht so weit nach Osten wie das demokratische System"; die Frage, ob Rußland zu Europa gehört, sieht der Graf als „wesentlich erleichtert" an, seit es sich durch seinen Bruch mit dem demokratischen System außerhalb Europas gestellt habe. „Der Anschluß Englands und Irlands an Paneuropa wäre nach dem Zerfall des britischen Weltreichs möglich."

Paneuropa soll also aus 26 größeren und 7 kleinen Territorien bestehen mit 300 000 000 Einwohnern. Dazu soll noch das überseeische Kolonialreich der Paneuropa-Mächte mit 53 000 000 Einwohnern in Afrika kommen und 78 300 000 Einwohnern in anderen Erdteilen. — Was ist ein solcher Staatenbund mit 431 Millionen Einwohnern? Überimperialistische Formaldemokratie mit allen Fehlern der Vergangenheit, ein Erzeugnis größenwahnsinnigen Zahlenrausches!

Coudenhoves strenge Vorabgrenzung der künftigen Vereinigung europäischer Staaten, die er später etwas zu mildern versuchte, vernachlässigt den Raum. Schon darum ist sie äußerlich und falsch. Sie bildet aber das Kernstück seines individualistischen Denkens „in Staaten". Zudem ist sie, weil vorbelastend, ungeschickt. Westliche Denkweise in pazifistischer Spielart auf die Spitze getrieben, schon fast zum Zerrbild, raubt dem europäischen Aufbauvorschlage von vornherein jede Bewegungsfreiheit, was Coudenhove übrigens nicht gänzlich übersieht. Platt und unschöpferisch, aber darum Gleichgesinnten leicht verständlich, kennt Coudenhove nur Staaten und Staatsnationen, aber keine Völker, keine treibenden Volkstumsbewegungen. Feste Grenzen vorschreiben wollen, heißt verkennen, daß Europa geschichtlich, geistes- und bekenntnismäßig, verkehrspolitisch und wirtschaftlich nur sehr bedingt eine Einheit ist. Denn gegen die Ränder hin verflüchtigt sie sich immer mehr.

Volksgefühl und nationalistischer Chauvinismus sind aber für Coudenhove dasselbe. Darum müssen dem Paneuropäer die Geheimnisse dieses Erdteiles, so offen sie daliegen, verborgen bleiben. Er will sie nicht sehen. Den der Ganzheitsvorstellung Beraubten narrt seine Verstandesgläubigkeit. Er versagt einfachen Tatsachen gegenüber, wie ja der Westler überhaupt.

Mit Bauplänen aus individualistisch-pazifistischem Denken ist Europa nicht aus dem Schutte der Zerstörung wieder aufzubauen. Nicht die Angst vor Sowjetrußland, sondern die Sorge um ungelöste Volksschmerzen, die der bolschewistischen Saat den Boden vorlockern, muß Triebfeder aller Arbeit an einer neuen Rechtsordnung sein. Endlich: kein wahrer Baumeister baut von außen nach innen. Das tun nur Nichtkönner. Solche Gebäude genügen nur für Filmaufnahmen.

Arbeitet das Paneuropäertum mit kosmopolitisch-pazifistischen Mitteln, um Europa ein neues Gesicht zu geben, so der Faschismus mit den entgegengesetzten. Schon oben — im innenpolitischen Teile — wurden ernste Zweifel geltend gemacht, ob der Faschismus nicht eine Überspitzung nationalistisch-imperialistischen Gedankengutes darstellt, also in eben jenem Liberalismus stecken geblieben ist, den er angeblich zu überwinden trachtet. Seine innenpolitische Leistung (zielbewußte Wirtschaftspolitik, nationale Erziehung, Verfassungsreform) schätzt dieses Buch ebenso hoch wie sein Streben, der westlichen Demokratie eine durchschlagende geistige Lehre entgegenzustellen. Aber um die Klippe der Schaffung einer gegliederten Gesellschaft ist der faschistische Staatszentralismus bis jetzt ebensowenig herumgekommen, wie es ihm andererseits nicht gelang, ein Bild der kommenden gerechten europäischen Ordnung zu entwerfen. Die italienische Politik in Südtirol stärkt den Verdacht, daß der Faschismus bisher in einer Radikalisierung des national-staatlichen Denkens steckengeblieben ist.

Dieser Vorgang ist nicht neu. Auch der deutsche Liberalismus verfiel schon vor Jahrzehnten in politischnationalen Radikalismus. Jede echte Revolution bringt aber nicht allein eine Wandlung der Methoden, sondern die Ablösung des herrschenden Prinzips. So wurde der Einzelne in Italien wohl entthront, aber auch die Persönlichkeit vernichtet. Genau so wurde in der Außenpolitik der verlogene Pazifismus beseitigt, aber die Volkspersönlichkeit zerstört. Die Zuwendung zum organischen Leben hat der Faschismus bis jetzt noch nicht folgerichtig vollzogen. Es fehlt die Hinordnung an einen letzten unbedingten Wert, den die Ganzheit des Lebens immer wieder dem Menschen darbietet. Die Neigung des Abendlandes zur Anarchie wurde damit vom Faschismus nur äußerlich gefesselt, aber nicht von innen heraus bekämpft.

Die Grundlagen deutscher Bündnispolitik

Der richtige Weg ist der umgekehrte. Im Innern ist zu beginnen. Keine Neubildung kann des Kernes entbehren, den sie allmählich zu umwachsen hat. So entstehen ja auch Kristalle. Die Zelle muß im Gebiet der größten Schwierigkeiten liegen, der politischen und der wirtschaftlichen: dort, wo die Verträge der Pariser Vororte feinste Wirtschaftsverflechtungen zerrissen, wo die europäischen Völker und Staaten ohne natürliche Grenzen aneinanderstoßen, wo die geschlossenen Siedlungsgebiete der Völker neuerdings staatlich zerschnitten wurden und wo Völker in solcher Gemenglage verfilzt sind, daß Staatsgrenzen auf Grund nationaler Sonderung überhaupt nicht gezogen werden können. Das Kerngebiet, auf dessen Bedürfnisse die Rechtssätze einer europäischen Staatenverbindung zugeschnitten werden müssen, liegt nicht am Rande Europas, weder im Norden noch im Westen, noch auch im äußersten Osten, sondern in der Mitte, die keine geographisch abgegrenzten Räume hat: im Raume des Siedlungsgebietes der deutschen und der ost- und südosteuropäischen Mittel- und Kleinvölker, von der Ostsee bis zur Adria, von Finnland bis zum Aegäischen und Schwarzen Meere.

Dieser Raum ist Mitteleuropa, vermehrt durch das nahe Südosteuropa und das nahe Osteuropa, das, was Albrecht Haushofer*) Innereuropa nannte. Eine Darstellung dieses Raumes und der Grundlagen kernhafter Bündnisbildung gibt Karl C. von Loesch**). Vorzeitige Ein-

*) Septemberheft 1926 „Volk und Reich", Berlin.

**) „Paneuropa — Völker und Staaten" in „Staat und Volkstum", Berlin, Deutscher Schutzbund-Verlag.

beziehung der Randgebiete Europas erschwert das Problem und verwischt die Zielstellung.

Eine Zelle zum Aufbau, an die sich Staaten und Völker wirtschaftlich und politisch anschließen können, muß vorhanden sein. Die größte Einheit dieses Raumes ist das deutsche Volk, der größte seiner Staaten ist das rumpfdeutsche Reich. Daher Pflicht und Recht der Deutschen zur Führung bei einer europäischen Neubildung. Diese Auffassung ist auch wirtschaftsgeschichtlich, nicht nur in Erinnerung an den Preußischen Zollverein, zu begründen. Denn der größte Teil des vorbezeichneten Raumes erhielt in den letzten 1000 Jahren nicht nur seine geistige, sondern auch seine wirtschaftliche Kultur von Deutschen oder durch deutsche Vermittlung. Deutsch ist dort die Sprache von Handel und Großverkehr, deutsch sind die Arbeitsweisen der Wirtschaft. Deutsche wohnen dort seit Jahrhunderten in größeren und kleineren Inseln ebenso bodenständig wie die anderen Völker: wirtschaftlich ein Vorbild, als Mittler unübertrefflich.

Das geschlossene mitteleuropäische Siedlungsgebiet der Deutschen aber reicht von der Nordsee und der Ostsee fast (bis auf 70 km Luftlinie) zur Adria. Der Zwischenstreifen ist wenig wegsam, Karst und Ausläufer der Alpen erfüllen ihn. Gerade dort wohnt eines der kleinsten Völker Europas. Buchten des Weltmeeres reichen noch eben in deutsches Land. Fast alle Verkehrswege von Ost nach West und von Süd nach Nord, zu Lande und in der Luft führen über das Gebiet der Deutschen: so sind diese tatsächlich Europas Volk der Mitte. Also fast ohne natürliche Grenzen oder Schranken, ist Deutschland politisch und militärisch gefährdet oder begünstigt: Angriffen ausgesetzt und zu Angriffen befähigt.

Romanische, romano-germanische, germanische und slawische Völker, ferner je ein einer Sondergruppe angehörendes Volk grenzen an das deutsche: Das Bild der Nachbarn ist also scheckiger als sonst irgendwo.

Nach seiner Blutmischung ist der Deutsche auch in einer Mittellage. Das nordische Blut, in Rußland ausgerottet, im Westen und Süden völlig verdünnt, im Norden und in den Niederlanden vorwiegend, aber geistig-willensmäßig dem Individualismus völlig untertan, ist in Deutschland noch hinreichend vorhanden.

Das deutsche Volk muß wieder rechtsschöpferisch werden, um neue Staatsgedanken für sich und Europa zu finden: um ein Zusammenleben von Völkern auf dem gleichen Raume, in qualvoller Enge zu erleichtern. Ansätze dazu liegen bereits auf mehreren Gebieten vor. Es gilt, ihnen Gestalt zu geben, um so der Außenpolitik des Reiches geistige Waffen zu liefern, die wirkungsvoller sind als die bisherigen. Nur so kann die wiederholt gekennzeichnete Abneigung gegen die europäische Mitte, welche vom Deutschtum wegführte, umgekehrt werden in eine entgegengesetzte Bewegung, die zur Sammlung um das Volk der Mitte Europas führt. Die Begründung einer allgemein gültigen europäischen Ordnung ist sonach davon abhängig, daß die Deutschen wieder zu ihren Grundideen der Wahrheit und Gerechtigkeit zurückkehren und sie in zeitgemäße Rechtssätze kleiden. Das Volk, welches die humanitäre Lüge Europas zertritt, und dafür die Fahne wahrer Ordnung hißt, wird selbsttätig Kopf des neuen europäischen Organismus. Der Verlust der Fähigkeit, „das europäische Gesicht des deutschen Volkes herauszustellen", (Karl Anton Prinz Rohan) verschuldete die Abwendung Europas vom Volk der Mitte. Die geschichtliche Stunde heischt den vollen Einsatz des deutschen Volkes für die europäische Neugestaltung unter restloser Bejahung und Stärkung seiner aus dem Volksgeiste bezogenen Kräfte.

Im staatspolitischen Teile wurde bereits das Bild des kommenden deutschen Staates entworfen, dessen Formen eine Politik des festen Bündnisses erleichtern. Da die Wirtschaft, vom Staatlichen im gewissen Sinne losgelöst, ihren eigenen Gesetzen folgen kann, die hier vorgeschlagene Bündnispolitik aber den Ernährungsraum erweitert, entfällt der Anreiz zu imperialistischer Wirtschaftspolitik. Für das kulturelle Leben gilt das gleiche. Damit hat die angestrebte Bündnispolitik des neuen überindividualistischen (organischen) Staates und der darin liegende Ausdehnungsdrang das Bedrohliche oder gar Feindselige für die Nachbarvölker und Staaten verloren, das individualistisch-nationalstaatlicher Außenpolitik untrennbar anhaftet. Mußte doch ein Staat westlicher Art, der wirtschaftlich und kulturell imperialistisch auftrat, die anliegenden Grenzvölker abstoßen. Das neue Deutschland aber, aus dessen Wirkungsbereich Kultur und Wirtschaft herausgenommen sind, braucht Angrenzern, die mit Recht die Früchte eigener Arbeit und ihre völkische Eigenart unangetastet wissen wollen, keine Furcht mehr einzuflößen. Ein solcher Staat übt eine anziehende Wirkung auf seine Nachbarn aus. Denn er bietet durch neuartige Bündnisformen kleineren Völkern den gewaltigen Anreiz, der Vorzüge einer überlegenen Kultur, einer ausgebauten Wirtschaft teilhaftig werden zu können, ohne sich selbst aufgeben zu müssen. So entsteht eine gesunde Bündnisgrundlage, während der alles verschlingende, alles regelnde Staat abstieß. Ein so beschaffenes Staatswesen kann aber auch fremdem Volkstum, das rassemäßig, geopolitisch, kulturell oder geschichtlich den Deutschen nahesteht, eine gesicherte Heimstätte bieten.

Was unterscheidet nun im letzten den romanischen Nationalstaatsbegriff von dem neuen Staatsgedanken, der ihn ersetzen soll? Was macht ihn wirklich fähig, eine neue europäische Ordnung einzuleiten? Einerseits der Rechtsgedanke, der auch Rechte anderer Völker ehrlich anerkennt, andererseits die größere Biegsamkeit. Vertiefte Liebe zum eigenen Volkstum führt über die Erkenntnis, daß in jedem Volke eine höhere Persönlichkeit verkörpert ist, auch mit Notwendigkeit zur Achtung fremden Volkstums und zum Streben nach einer höheren Rechtsordnung unter den Völkern. Eigenständische Rechte der Volkspersönlichkeit zu entwickeln und abzugrenzen gegenüber dem Ganzen, das gesucht wird, ist ein Teil der neudeutschen außenpolitischen Zielsetzung. Hierbei aber geht es natürlich nicht ohne Grenzänderungen ab; diese haben aber wieder zur Voraussetzung eine tiefgreifende Änderung der seelischen Grundeinstellung der Europäer, den Wandel der Staatsauffassungen überhaupt. Da eine neue Rechtsordnung die Abgrenzung der Rechte zur Voraussetzung hat, müssen Ordnungsgrundsätze aufgestellt werden. Karl C. von Loesch*) hat sie wie folgt umrissen:

„1. Jedes Volk soll künftig das Recht haben, seinen Volksbestand zu erhalten und sich frei zu entwickeln. Die einzige Einschränkung, die notwendig ist — so wie das Recht des Einzelmenschen im Staate eingeschränkt werden muß zugunsten der Erhaltung des Ganzen — geschieht zugunsten eines geordneten Zusammenlebens der Völker: Aus den „Rechten der Völker" folgen also auch „Pflichten der Völker".

2. Als politische Grundrechte der Völker sind anzusehen:

für das geschlossene Siedlungsgebiet jeden Volkes**) das Recht auf den eigenen Staat,

für die nicht von diesem umfaßten Volksteile, welche außerhalb bleiben und in fremden Staaten als deren Bürger leben, das Recht auf Erhaltung des geistigen und leiblichen Volksbestandes (Volksgruppenrechte).

Anerkennung des Rechtes auf eigenen Staat bedeutet natürlich nicht für die in Frage kommenden Völker den Zwang zum Zerschneiden der bestehenden geschichtlichen, räumlichen und wirtschaftlichen Bande (zwischen

*) Oktoberheft 1928 der „Deutschen Rundschau".

**) Die Ermittlung des geschlossenen Volksbodens wird oft nicht einfach sein. Weite Gebiete Europas sind strittig. Die Anwendung mechanischer Grundsätze für die Festlegung des Volksumfanges verbietet sich von selbst, Volksabstimmungen kommen nicht in allen Fällen in Betracht, vielfach wurde ja die Vorkriegsbevölkerung mit Gewalt vertrieben.

Völkern, die am Rande des geschlossenen Siedlungsgebietes in Völkerverzahnung oder die in Sprachinseln oder sprachlichen Mischgebieten in Völkermischung leben); noch weniger das Verbot eines weitergehenden freiwilligen Zusammenschlusses. Zwang in keiner Form kommt hier in Frage; handelt es sich doch darum, Zwang zu vermeiden. Der Wille der Völker ist das Entscheidende. Was ein Volk ist, steht heute freilich noch keineswegs fest; wie viele Volksteile werden gerade an den gefährlichsten Brandherden Europas von zwei, ja drei Völkern für sich in Anspruch genommen. Doch lassen sich in der Praxis brauchbare Richtpunkte leicht finden, wenn man nur unfruchtbaren Historizismus (geschichtliche Beweise) und die beliebte Gleichsetzung von Sprachgemeinschaft und Volkszugehörigkeit (philologische Beweise) vermeidet.

Bleiben größere Teile von Volkskörpern staatlich mit fremden Völkern verbunden, so hängt es vom Zahlenverhältnis, von der Siedlungsart, von ihrer geschichtlichen und kulturellen Bedeutung für das Staatsganze ab, welches Ausmaß an Rechten ihnen zusteht; ob sie befugt sind, die Anerkennung als gleichberechtigtes Staatsvolk zu fordern oder ob gesicherte Volksgruppenrechte (Selbstverwaltung) genügen, die auch wieder verschiedenen Umfang haben werden. Bestimmend sind die absolute und relative Zahl einer Volksgruppe, deren Wohndichte und die Art ihrer Siedlung, ihre soziale Bedeutung, ihre wirtschaftlichen und verkehrstechnischen Zusammenhänge, ihre Kulturhöhe, ihre geschichtlichen Überlieferungen und ihre traditionelle Stellung zum staatsverwaltenden Volk. Die unerläßliche Voraussetzung bildet für jedes Volk das Recht des freien und gleichwertigen Gebrauchs der eigenen Sprache und aller Möglichkeiten, die das öffentliche Leben gibt, sowie das Recht auf Erhaltung, Pflege und Fortbildung der eigenen völkischen Kultur nach den Grundsätzen der öffentlich-rechtlichen körperschaftlichen Selbstverwaltung. In jedem Fall muß die Ordnung dieser Fragen in der Form von Verfassungsbestimmungen erfolgen, die durch Mehrheitsbeschlüsse nicht geändert werden können."

Das ist aber nur die eine Seite des Problems, die der Ergänzung bedarf. „Neben das Recht der Völker auf eine eigene, gleichwie geartete Staatlichkeit (Volksgruppenrechte sind auch solche Teilrechte, denen sich die heute herrschende falsche Auffassung vom Wesen des Staates, die andere Rechtssphären nicht anerkennen will, widersetzt) ist Verbindendes zu setzen als die Verschmelzung von Einheitsdrang und Vereinzelungstrieb. Die Rücksicht auf den Nachbarn und die aus der Nachbarschaft sich ergebenden engeren Beziehungen verlangen nach einer Festlegung nachbarlicher Rechte und Pflichten der Staaten*). Kriege entzünden sich erfahrungsgemäß meist an nachbarlichen Reibungen. Sie zu vermeiden ist erste Voraussetzung für die Beseitigung des Gefühls der Unsicherheit, unter dem die Staaten heute leiden. Diese engere Verbindung der Nachbarn bildet gleichzeitig die unentbehrliche Vorstufe für das Fortschreiten zum organischen Aufbau, zur Bildung größerer Wirtschaftsgebiete, die ja notwendig sind, wenn Europa sich im Wettstreit der Erdteile behaupten will. Das heißt aber noch lange nicht, mechanische Gleichsetzung der Staaten und überstürzte Staatsverbindungen empfehlen, für welche die Zeit noch nicht reif geworden ist. Im Gegenteil! Über nachbarliche Bindungen der Staaten des gleichen Raumes muß die Entwicklung vielmehr allmählich in organischem Wachstum von innen heraus zur Bildung höherer föderativer Einheiten emporsteigen."

Der Bündnisgedanke, wie er hier ausgesprochen ist, geht eben davon aus, daß die Gesellschaft aus Teilbereichen besteht, daß sie selbst bereits geistige Lebenskreise besonderer Art und Leistung ausgliedert. Walter Heinrich sagt dazu,**) daß der Staat einer solchen Auffassung als jener Stand (status) erscheint, der jeder Gesellschaft geschichtliche Gestalt und Form verleiht. Da jeder Volksteil, jeder Volkssplitter und jedes Volk danach strebt, sein Leben in Gestalt zu bringen, so muß innerhalb jedes Volkes sein Leben planmäßig gestaltet werden: seine künstlerischen, wirtschaftlichen, ursprünglichen und familienhaften Lebensäußerungen. „Alle diese Lebensäußerungen müssen in einer festen schützenden Hülle befaßt werden, in einem Stande, der jene außen- und innenpolitischen Leistungen vollbringt, die wir oben als Staatsleistungen bezeichneten. Es gibt natürlich verschiedene Grade der Entfaltung dieser Staatlichkeit. Staatlichkeit ist ein Gradbegriff (nicht nur, wie ein Druckfehler will, ein Grundbegriff). Nicht jedes Volk oder gar jeder Volksteil vermag ein eigenes staatliches Leben zu entfalten, das als Volksvollstaat bezeichnet werden könnte. Das erscheint auch durchaus begreiflich. Denn für eine organische geschichtliche Sicht, die auch die wahrhafte ist, läßt sich nirgends

*) Die Rechte und Pflichten der Völker im Staat und der Staaten als Nachbarn bedingen sich gegenseitig. Sie müssen, aufeinander und untereinander abgestimmt, aufgebaut werden. Grenzänderungen, wie sie für eine wahre Befriedung unvermeidlich sind, können für sich allein nur schwer ohne gefährliche Auseinandersetzungen durchgeführt werden. Nachbarlicher Annäherung ohne Grenzänderungen stehen zur Zeit wegen des berechtigten Grolles derer, die heute Unrecht leiden, noch seelische Hindernisse entgegen. Es fehlt noch an der Grundstimmung, aus der überhaupt erst ein europäisches Gefühl erwachsen kann, das die Voraussetzung für dauernde und feste Zusammenschlüsse ist. Beide Ziele lassen sich nicht mit einem Schlage erreichen. Mehr oder weniger zahlreiche sachliche und räumliche Zwischenlösungen werden vorausgehen müssen.

**) Juliheft der „Europäischen Revue", 1929.

eine Gleichheit der Völker feststellen, sondern man bemerkt immer und allenthalben die größte Ungleichheit, sowohl in der Wesensfülle der Völker als auch in ihren geschichtlichen Aufgaben und ihrer geschichtlichen Bedeutung. Die soziologische und geschichtliche Forschung findet überall und immer die Tendenz jeden Volkstums und jedes Volkssplitters, die ihm wesensgemäße Staatlichkeit zu entfalten. Diese Staatlichkeit kann sehr verschiedene Grade der Entfaltung aufweisen und weist sie auch auf; von den primitivsten Ansätzen einer keimhaften Staatlichkeit (z. B. in Gestalt einer kaum durchgeführten Selbstverwaltung, kaum vorhandener Geschlossenheit gegenüber anderen Völkern des Staates und kaum spürbaren Verbindungen zu anderen Völkern, vielleicht zum Gesamtvolk, dessen Teilvolk die betreffende Volksgruppe oder „Minderheit" ist) bis zur vollentfalteten Staatlichkeit, der in ihrem Staate vielleicht die außen- und innenpolitisch führende Rolle zukommt, geht diese Stufenleiter. Alles Leben in Gesellschaft und Geschichte strebt nach staatlichen Formen und entfaltet auch tatsächlich Staatlichkeit."

Der organische Staat ist nicht gezwungen, alle jene ständischen Gebilde, die das Leben mit sich bringt, zu zerstören. Vielmehr darf er die ständischen Zwischenglieder erhalten, stärken und zu entfalten trachten. So kann auch eine organische europäische Staatenföderation die einzelnen Völker leben lassen. „Je lebendiger und echter ihr eigenes Leben entfaltet ist, desto stärker und machtvoller erscheint die Gesamtheit," so sagt Walter Heinrich vom Staate: dasselbe gilt auch von einer gesunden Staatenverbindung. Wie der Staat in Wirklichkeit nicht auf der Zusammenzählung des Willens der Einzelnen, nicht auf ungegliedert hin- und herflutenden Massen der Staatsbürger fußt, sondern auf arteigenen Lebensbereichen, denen gegenüber er ebenfalls ein geschlossenes Lebens- und Leistungsbereich freilich höherer Art verkörpert, nämlich als der Stand der Staatlichkeit, als äußere und innere Zusammenfassung, so überwölbt ein europäisches Staatenbündnis die Einzelstaaten und -völker, natürlich unter Wahrung ihrer Rechte gegenüber der Gesamtheit. Gibt es im organischen Staate schon eine große Zahl von Teilstaatlichkeiten, die mit eigenem Leben und gewissen Hoheitsrechten ausgerüstet sind (echte Selbstverwaltung), so entsteht eben durch das europäische Bündnis noch ein neuer Lebensbereich mehr. Wie die Autonomie der ständischen Bereiche l e t z t l i c h nicht vom Staate hergeleitet (delegiert) ist, sondern aus sich selbst kommt, aus den Lebens- und Sacherfordernissen der Gesamtheit eines Volkes und seiner Gesellschaft als eines Ganzen, so leitet auch der europäische Bund als einer Gemeinschaft der abendländischen Völker und Kulturen dieses

Erdteils seine Berechtigung aus dem lebendigen Ganzen her. Sein Aufgabenbereich entwickelt sich im Zuge einer Neuordnung Europas auch ganz natürlich über Zoll- und Wirtschaftsabmachungen zu oberster Rechtsfindung und -sprechung auf diesem Gebiete. Er wird allmählich fortschreiten.

Es war kennzeichnend für den individualistischen Staat, daß er infolge der Starrheit seiner Auffassungen nicht in der Lage war, ein so einfaches Problem wie z. B. das katalanische in befriedigender Weise zu lösen, weil er eben Lebensbereiche eigener Wurzelhaftigkeit nicht anerkennen darf. Er kann sich keine Minderheitenkräfte nutzbar machen, indem er sie ausbaut, weil jeder solcher Versuch (das ist das Schreckgespenst der individualistischen Staatslenker) sofort zur Bildung eines „Staates im Staate" und damit zur Zerstörung des Einheitsidols führen würde. Das organische Staatsdenken dagegen erlaubt größere Freiheit nach innen und Gestaltungsmöglichkeiten nach außen. Aber der Zentralismus ist schließlich nichts anderes als eine Theorie. Das Deutsche Reich, England, die Schweiz und viele andere Staaten haben längst bewiesen, daß Staaten zu großen Leistungen befähigt sein können, die bundesstaatlichen oder sogar staatenbundlichen Charakter tragen und dabei unter Wahrung größter Beweglichkeit doch eine recht straffe Zusammenfassung durch die oberste Instanz zulassen. E b e n w e i l d i e s e s S y s t e m s o b e w e g l i c h, w e i l e s a u f n i c h t s e i n g e s c h w o r e n i s t, e n t s p r i c h t e s d e n b u n t e n T a t b e s t ä n d e n E u r o p a s a m b e s t e n. Welches Volk in einem organisch aufgebauten Mehrvölkerstaatenbunde führen wird, ist letztlich eine geschichtliche Entscheidung; sie kann zeitlich verschieden sein, so wie in Mehrvölkerstaaten örtlich verschiedene Lösungen denkbar sind, die nicht immer das zahlenmäßig größte Volk zur Führung berufen. Nicht jedes Volk und nicht jede Volksgruppe kann staatliche Vollreife erlangen. „Darüber entscheiden ihre geistigen, wirtschaftlichen und staatlichen Kräfte, schließlich ihr geschichtliches Schicksal, ja auch das Gesamtvolk, dem diese Volksgruppe angehört." (Walter Heinrich.)

Also kann das deutsche Volk, wenn es die Kraft zur europäischen Leistung aufbringt, gleichzeitig innen- und außenstaatlich die Herrschaft des Hochwertigen bekunden. Als Vorkämpfer einer höheren Sittlichkeit werden die Deutschen dann zu Propheten eines besseren Europas, das der Welt wieder etwas zu schenken vermag und sein geistiges Übergewicht wieder erneuert. Das Volk der höchsten Leistung soll auf Grund dieser Leistung, unter voller Berücksichtigung seiner geopolitischen Mittellage, führend sein in einem Bündnis freier Völker. Diese Führung wird neue Macht- und Kulturkreise bilden.

Es war ein Widersinn, daß erst an der Schwelle abendländischer Zivilisation stehende, meist einer Volleigenkultur schon aus Gründen der zu geringen Kopfzahl mit Notwendigkeit entbehrende Klein- und Mittelvölker unter dem Zeichen des individualistischen Nationalstaatsgedankens ihren Geltungsbereich im letzten Jahrzehnt vervielfachen durften, während gleichzeitig geschichtliche Völker, wie das deutsche, beschnitten und geknechtet wurden. Das offenbart den wahren Zusammenbruch des abendländischen Europas. Es ist ein Zerfallszeichen. Nur die Unterdrückung echter Kultur und die Anbetung des Götzen Zivilisation konnten zu solchem Aberwitz führen. Denn wo die Zivilisation in ihrer Flüchtigkeit und Inhaltsleere das Kulturgefühl zu verdrängen beginnt, wird jeder Unterschied verwischt: der kleinste Barbarenstamm mit zivilisatorischen Gesten hebt anspruchsvoll sein Haupt und fordert Gleichberechtigung. Wie aber ein organisches Gesellschaftsleben nur möglich ist, wenn die Rechte der Teile abgestuft werden nach den Leistungen, die das Glied dem Ganzen erweist, so auch eine europäische Ordnung nur, wenn Recht und Dienst in ein angemessenes Verhältnis gebracht werden. Es gibt kein naturgegebenes Lebensrecht eines Volkes, sondern nur eine Daseinsberechtigung auf Grund selbstgefühlter und selbstgewollter Daseinsverpflichtungen. Der Grundsatz der Gleichheit, im Selbstbestimmungsrechte eines Wilson führend und deshalb zur Neuordnung ohnmächtig, verschuldete Europas Anarchie. Auch auf dem Gebiete der Völkerbeziehungen beginnt erst wieder mit der Erkenntnis von der Ungleichheit der Völker die Bahn für echte Werthaftigkeit frei zu werden. Denn keine Ordnung ist möglich ohne Wertreihe, und keine Gerechtigkeit, wo formale Gleichheit herrschen soll.

Zur Durchführung der Neuordnung

Die praktische Durchführung dieser deutschen Politik ist nicht nur eine Frage geopolitischer Zwangsläufigkeit und geistiger Kraft, sondern auch eine Machtfrage. Nur das Grundsätzliche konnte vorgetragen werden: nicht aber die zur Durchführung einzuschlagende Taktik, die ja von der jeweiligen Lage, von den wechselnden Kräfteverhältnissen abhängig ist. Der künftigen Möglichkeiten Zahl ist groß, daher zu erschöpfender Darstellung nicht geeignet. Immerhin kann einiges zu den großen Umrißlinien gesagt werden. Seine Gültigkeit ist aber unbedingt.

Staatlich heute auf 14 Staaten aufgeteilt, scheidet Deutschland die hochgerüsteten Zivilisationsvölker des Westens vom Klein- und Mittelvölkermischgürtel des Ostens, die unwehrhaft und geburtenschwach gewordenen nordischen Völker von den gesünderen des Mittelmeeres. Den randlichen Völkern Europas im Norden, im Westen und im Süden hat das deutsche unmittelbar wenig zu geben.

Von den germanischen Völkern will es (Nordschleswig ist ein kleiner Sonderfall) nicht mehr als Austausch geistiger und irdischer Güter. Ausdehnungsdrang wohnt Skandinaviern und Niederländern nicht mehr inne. Reicher überseeischer Besitz, den man selbst zu verteidigen nicht in der Lage zu sein glaubt, machte die Niederländer friedliebend. Hier fehlen alle Reibungspunkte, die Anlaß zur Neuordnung des gegenseitigen Verhältnisses bieten könnten.

Anders die wehrhaften Westvölker in Frankreich, im französisch gelenkten Belgien und in dem von Mussolini mit schärfsten Mitteln zum Heldischen erzogenen neuen Italien. (Die iberischen Romanen und die Kleinvölker des Westens kommen nicht in Betracht.) Frankreich, Belgien und Italien haben deutsches Land in Besitz genommen und verwalten es übel. England hat den größten Teil der Kolonien des Reiches. Alle vier fürchten Deutschlands Auferstehung, aus schlechtem Gewissen, in Erinnerung an deutsche Schläge, in der Hoffnung auf endlose „Wiedergutmachungszahlungen". Die europäische Wirtschaftsnot spüren sie auch, aber nicht so stark wie die Ost- und Südostvölker. Briands Vorschläge der Vereinigten Staaten Europas sind nicht ganz ernst gemeint, sondern kluge Schachzüge eines geschickten Spielers. Die Weststaaten sind also nicht auf Deutschland angewiesen. Hier gefestigte Staaten mit alter Geschichte, dort zumeist junge oder doch in ihren Grundfesten erschütterte.

Dazu die schon erwähnte Eigengesetzlichkeit der geographischen Räume. Die westlichen Staaten und Italien sind Meeresstaaten; im Weltkriege waren sie gegen die Mitte verbündet. Die Oststaaten aber standen noch während des Weltkrieges im Raum der Mittelmächte. Teilweise gingen sie erst kurz vor Kriegsende ins Lager der randlichen Mächte über, weil das Ende des Deutschtums, dank dem Zusammenbruch der bulgarischen Front und der Auflösungserscheinungen in der Doppelmonarchie, nahe schien. Doch beginnt die Schwerkraft der geographischen Lage wieder zu wirken und drängt sie — gegen den Willen ihrer heutigen politischen Machthaber — zur Annäherung an die Deutschen. „Mitteleuropa" läßt sich auf die Dauer künstlich weder auf das kleindeutsche Reich beschränken, noch, wie es neuerdings tschechische Kreise versuchen, auf die Länder östlich und südöstlich des Deutschen Reiches. Der Raum, welcher früher in der Hauptsache vom Deutschen Reiche und Oesterreich-Ungarn eingenommen wurde, verlangt von selbst nach gemeinsamer überstaatlicher Neuordnung.

Alle geographischen Zeichen weisen die Ost- und Südostvölker zur Mitte hin, umgekehrt aber auch die Deutschen nach Osten und Südosten, in den Raum des geringsten Widerstandes. Dort begegnet die hohe Industrieentwicklung der Deutschen aufblühenden Ackerbauflächen.

Nicht neuen Siedlungsraum außerhalb des Reiches braucht der Deutsche im zweiten Viertel des zwanzigsten Jahrhunderts, sondern Wirtschaftsraum, Absatzgebiete und sichergestellte Ernährungsgrundlagen. Wenigstens heute und in nächster Zeit. Märkte, die nicht in fernen überseeischen Ländern, sondern nah erreichbar und schützbar durch deutsche Machtentfaltung liegen. Das Malthus'sche Gesetz scheint heute verkehrt worden zu sein, seit die individualistische „Verstandesherrschaft" Europas Völker von Grund aus umgestaltete. „Einst wuchs," so sagte ein kluger Vertreter dieser Denkform in der Weltwirtschaftlichen Gesellschaft, „der Mensch schneller als das Brot, jetzt wächst das Brot schneller als der Menschen Zahl. So verliert das „eherne Lohngesetz" von Tag zu Tag an Gültigkeit durch die Abnahme der Geburten und die Steigerung der landwirtschaftlichen Erzeugung. Der Gebrauch der täglich verbesserten künstlichen Düngemittel verringert den Bedarf an Nährland und eröffnet sicher ungekannte Möglichkeiten. Der Landhunger nach Jahrtausenden wird vielleicht auch in Europa noch einmal rückläufig, wie das in den Vereinigten Staaten von Amerika der Fall ist. Das Zuviel an Boden führt dort schon heute wieder zur Landflucht."

Die deutsche Öffentlichkeit verkennt dies alles noch: die so oft geforderte Ostpolitik wird fälschlich — auch von solchen, die es eigentlich besser wissen sollten — mit der Notwendigkeit begründet, Siedlungsland in den Oststaaten zu erobern und mit deutschen Bauern zu besetzen. Wie veraltet solche Anschauungen sind, wolle der Leser im bevölkerungspolitischen Kapitel nachlesen. In Wirklichkeit ist der Landhunger der kinderreichen östlichen und südöstlichen Nachbarvölker größer. Kongreßpolen westlich der Weichsel ist viel dichter bevölkert als Preußens Ostprovinzen, als die abgetretenen Teile Posens und Westpreußens. Den Anspruch auf die verlorenen deutschen Ostlande nur mit deutschem Landbedürfnis zu belegen, wäre nach jeder Richtung hin falsch: wie alles, was in nichtwirtschaftlichen Angelegenheiten „rein wirtschaftlich gedacht" ist. Mit beabsichtigter Aneignung fremdvölkisch besiedelten Landes deutsche Ostpolitik begründen, heißt also nicht nur Fehler begehen, sondern auch grobe Unklugheiten sagen. Denn damit würde das deutsche Volk den Ring seiner Gegner mutwillig zusammenschmieden. Mit Recht will kein Volk sich seinen Boden — von den deutschen Grenzgebieten wird hier nicht gesprochen

— fortnehmen lassen. Davor muß und darf Ost- und Südosteuropa sich sicher fühlen.

Die Deutschen bringen den Mittel- und Kleinvölkern auch Wertvollstes: sie lehren sie die neue Ackerbautechnik, entstanden aus jener eigenartigen Zusammenarbeit deutscher Industrie mit landwirtschaftlicher Forschung und Praxis, die eine Höchstleistung des deutschen Volkes ist: die Überwindung wirtschaftlichen Naturgeschehens, dem der Mensch bis dahin unterworfen war, durch bewußt gelenkte Wirtschaftstechnik.

Soweit also Wirtschaft und Boden in Betracht kommen, geht die Rechnung für den Völkermischgürtel auf. Aber nur, wenn es gelingt, die Öffentlichkeit jener Staaten von der Zweckmäßigkeit der Arbeitsteilung zu überzeugen und von dem Wahne zu heilen, jeder landwirtschaftliche Staat tue gut daran, zugleich auch eine möglichst alle Zweige umfassende Industrie — nötigenfalls mit den künstlichsten Mitteln — ins Leben zu rufen. Und zwar geht diese Rechnung deshalb auf, weil die deutsche Raumfrage vorläufig eine solche der Märkte ist. Sie kann später wieder einmal eine Bodenfrage werden, wenn die Schäden des deutschen Volkskörpers geheilt sind, wenn die hier vorgetragene Neueinstellung zur Auswirkung gelangt ist.

Der Notschrei „Volk ohne Raum" rührt auf lange Sicht wohl auch an die enge bäuerliche Siedlung. Neben der wirtschaftlichen Raumfrage aber wirkt sich die Einschränkung deutschen Lebensbodens hauptsächlich auf die deutschen Intelligenzschichten und damit auf den seelischen Zustand des ganzen Volkes aus. Die Welt der Deutschen hört — soweit nicht auf den Weltmärkten mühsam einige Handelsniederlassungen erkämpft werden — an den allzu eng gezogenen Grenzen auf. Selbst wenn man von dem Übel der deutschen „Überschulung" absieht, bleibt ein Überfluß an Begabung, erworbenen Fähigkeiten und Unternehmungslust, die in deutscher Spießigkeit versauern muß. Mit unseren gelernten Arbeitern, Technikern, Ingenieuren, Ärzten, Wissenschaftlern und Organisatoren könnte der ganze europäische Osten, ja, ein großer Teil Asiens erschlossen werden. Denn die weite Erde bietet noch ungeheure Möglichkeiten; es ist nur ein Fehler der politischen Organisation, daß sie nicht ausgenützt werden. Wer einmal den europäischen Osten in seiner ganzen wirtschaftlichen Rückständigkeit gesehen hat, begreift die Sinnlosigkeit einer europäischen „Ordnung", welche der deutschen Intelligenz die Entfaltung ihrer Kräfte unmöglich macht. Umgekehrt wirkt diese Enge gerade auf die deutschen Oberschichten tödlich. Wenn berufsmäßig arbeitsloser Pöbel sich in den Großstädten zusammendrängt, so ist das noch kein Unglück für ein Volk. Wenn aber der gesunde

Unternehmungsdrang der hochwertigen, gebildeten Oberschicht in bürgerlicher Enge verkommt, so beginnt der Charakter eines Volkes sich gefährlich zu wandeln: es wird neidisch, zänkisch, verbittert, kleinlich — es verspießt. Die Vorstellung, daß deutsche Politiker das größte Kulturvolk Europas regieren wollen, die in einer Schulstube, einer Kanzlei, einem Versammlungslokale oder einem Gewerkschaftsbüro statt in der weiten Welt aufgewachsen sind, erschüttert den Betrachter. Sie macht manchen deutschen Elendszug verständlich.

Weit größere Schwierigkeiten bietet die politische Seite: die Vereinigung groß- und grenzdeutscher Forderungen mit dem Bündnisgedanken und die Formung des Bündnisvertrages. Eine Patentlösung kann nicht gegeben werden. Berührt die Wiedervereinigung Österreichs mit dem Reiche fremde Staaten, die dank dem „gewonnenen" Kriege heute die Macht haben, nur mittelbar, so droht jede Forderung auf grenzdeutsche Gebiete jenseits der Reichsgrenze ein Stück aus Anrainerstaaten herauszuschneiden, mit denen andererseits doch auch ein politisches und wirtschaftliches Bündnis geschlossen werden soll. Eine psychologische Schwierigkeit. Mit ihr hat sich jeder auseinanderzusetzen, der die Wiedergutmachung des durch falsche Grenzziehung und ungerechte Unterdrückung der verschobenen Volksteile geschehenen Unrechts für notwendig hält. „Die Paneuropäer" machen es sich einfach; sie leugnen wohl nicht das Unrecht völlig, aber die Notwendigkeit einer Wiedergutmachung. Denn ihr Führer meint: wenn Paneuropa erst errichtet ist, so werden sich die gerechten Grundsätze des Minderheitenschutzes gleichzeitig durchsetzen, die Wirtschaft aber wird gemeinsam durch die paneuropäische Zollunion geregelt. So würde kein Grund zur Klage mehr sein. Denn die bisherigen Staatsgrenzen würden zwar nicht verändert, aber praktisch herabgedrückt zu Verwaltungsgrenzen innerhalb des Paneuropäischen Bundes. Damit würden sie „unfühlbar".

Das klingt gut, ist aber nicht stichhaltig. Bittere Einwendungen bleiben: es wurde schon nachgewiesen, daß der westlich-formaldemokratische Staat Minderheitenschutz gar nicht gewähren kann, weil das seinem Innersten zuwider ist. Dazu als zweites: Paneuropa wird als entstanden gewissermaßen schon vorweg genommen, seine Grundsätze, zu denen dann eine recht erhebliche, die Einzelstaatshoheit beschränkende Paneuropa-Bundesgewalt gehören müßte, werden als angenommen und durchgeführt vorausgesetzt. Beides sind angesichts der Eigenart des Nationalstaatsgedankens unlösbare Widersprüche. Endlich aber schimmert hinter diesem Vorschlage das schon abgelehnte individualistische Rezept der kosmopolitischen Grenzverwischung durch.

Erst der Umbau der Staatsauffassung im vorgeschlagenen Sinne macht den Weg frei. Er entlastet den Staat von entvolkenden Verlockungen. Das aber wird zugleich die Magna Charta (die große Rechtsverbriefung) für die Andersvölkischen sein, zu zweiten und dritten Staatsvölkern zu werden; kein Vertrag zwischen dem Staatsvolke und ihnen braucht geschlossen zu werden, weil das bisher staatsführende Volk aus eigenem Interesse „den Staat" aus der Gefechtslinie zurückzieht. Das Gleiche gilt für die vorgeschlagenen wirtschaftspolitischen Neuerungen. Damit wird die Frage der Grenzgebiete ihrer heutigen Schärfe entkleidet: Duldung ist der erste Schritt, freundschaftlich friedlicher Ausgleich vielleicht ein zweiter.

Es könnte nun eingewendet werden, die östlichen Klein- und Mittelvölker bedürften einer solchen Rechtsverbriefung nicht, da sie ja den Vorteil der stärkeren Rüstung gegenüber einem entwaffneten deutschen Volke genießen. Aber ganz abgesehen davon, daß besonders bei kleinen Völkern nichts wandelbarer ist als Machtverhältnisse, bleibt die Erwägung, ob die überspannten Rüstungen der Kleinstaaten noch einen Sinn haben. Albrecht Haushofer*) hat diese Frage untersucht und ist zu der überraschenden Feststellung gelangt, daß fast alle europäischen Großstädte in der Reichweite von Ferngeschützen liegen, die gar nicht auf feindlichen Boden gebracht zu werden brauchen, um ihr Vernichtungswerk zu beginnen. Er hat ferner auf die Entwicklung der Flugwaffe verwiesen, für welche die verhältnismäßig kleinen Staatsgebiete der europäischen Länder überhaupt keine Entfernung bieten. Bei dem heutigen Stande der Waffentechnik bedeutet ein europäischer Krieg, wie der hinter uns liegende, schlechthin die Zerstörung aller zivilisatorischen Werte. Haushofer zieht daraus nicht etwa die törichte Schlußfolgerung der Pazifisten, der Krieg habe sich überlebt. In Wahrheit sind nur gewisse Räume für ihn zu eng geworden. Der Krieg hat seine eigenen Gesetze, er „ist geknüpft an eine Relation zwischen Verkehrsgeschwindigkeit, Reichweite der Waffen und Größe der kriegführenden Räume". Die moderne Kriegstechnik verlangt eben größere räumliche Einheiten, ein Gesetz, das die Rüstungen der kleinen Völker praktisch zunichte machen muß, sollen sie nicht Mittel zur europäischen Anarchie werden. Der echte Krieg aber ist im Gegenteil Waffe der Ordnung.

Karl C. von Loesch hat die Frage vorgelegt, ob die heute stark aufgerüsteten Staatsvölker je daran denken werden, von ihren „Rechten" etwas zugunsten eines höheren Ganzen nachzulassen, von Andersvölkischen

*) „Volk und Reich", Heft 4, 1929.

bewohnte Grenzlande freizugeben, noch dazu unter Aufgabe des Vorteils, den sie mit ihrer Bewaffnung gegenüber den Entwaffneten (Deutschen, Ungarn, Ukrainern, Bulgaren usw.) haben. „Auf*) diese Frage kann eine bestimmte Antwort natürlich nur die Zukunft geben." „Aber es ist in Betracht zu ziehen, welche ungeheuren Vorteile besonders für die Klein- und Mittelstaaten darin liegen, ihre Volksgrenze, ihre Staatlichkeit, ihre Kultur und die Wirtschaftlichkeit ihrer Arbeit garantiert zu erhalten und in ein geordnetes, richtig eingestuftes Verhältnis zu den heute entwaffneten, morgen vielleicht wieder im Aufstieg befindlichen Nachbarvölkern zu kommen. Bismarck hatte, als das Reich, mit Österreich und Italien verbündet, in Machtfülle dastand, den cauchemar des coalitions, der die Ruhe seiner Nächte störte. Was soll dann geschehen, wenn die Schützer der Klein- und Mittelstaaten, die Westmächte, untereinander in Zwist geraten? Wenn vielleicht ganz Europa wieder ein Kriegslager ist? Kriegsglück und Machtstellung sind vergänglich. Wie ganz anders muß auf den Klein- und Mittelvölkern der Albdruck eines Wiederaufstiegs der heute besiegten Völker liegen, solange noch Gefahr besteht, daß er mit einem Gefühl der Rache gegenüber der erlittenen Unbill verbunden sein müßte; wenn zu erwarten stünde, daß die heute niedergedrückten Völker von einer ihnen wieder zuwachsenden Macht denselben Gebrauch machen würden wie die Sieger und Auchsieger des Weltkrieges? Das sind doch sehr ernste Erwägungen, die ja auch im stillen Kämmerlein von allen Nachfolgestaaten, von der Ostsee bis zur Adria und zum Schwarzen Meer, mehr als einmal angestellt worden sind. Es geht ein heimliches Zittern durch Europa. Noch führt es nicht zu praktischer Verständigung zwischen diesen Völkern und den Besiegten, weil die Denkformen für die Regelung der gegenseitigen Beziehungen bis heute fehlen, weil sie und auch ein gut Teil des deutschen Volkes noch fest umschlossen in den Vorstellungen des heutigen Staates leben. Ihnen allen mußte daher die Gefahr des deutschen „Nationalismus", welcher die Klein- und Mittelstaaten politisch, wirtschaftlich und völkisch, ja auch kulturell — das schien ihnen so — zu verschlingen droht, noch unerwünschter erscheinen als der derzeitige Zustand. In dem Augenblick aber, da die Deutschen glaubhaft machen können, daß sie solche Absichten mit ihren politischen Vorschlägen nicht verbinden, daß sie den gesunden eigenen politischen, wirtschaftlichen und kulturellen Egoismus, ohne den kein Volk leben kann, in ehrlicher Partnerschaft mit dem aller in Betracht kommenden Völker zu einender europäischer Gemeinschaft verbinden wollen, sieht die Lage weit weniger hoffnungslos aus."

*) Oktoberheft 1928 „Deutsche Rundschau", Berlin.

Das Zeitalter der Deutschen

Die uralten Pflichten eines Staates, den Frieden nach außen und innen zu sichern, sind unveränderlich. Nur die zeitlichen Ziele unterliegen der Veränderung. Andere Zeiten stellen andere Hauptaufgaben. „Es genügt nicht, daß man die Weltgeschichte dort wieder anknüpfen möchte, wo man wegen eines verlorenen Krieges mit ihr grollt" (Albrecht Haushofer). Als der Dreißigjährige Krieg die deutschen Lande menschen- und kulturleer gemacht hatte, war es Hauptaufgabe der Regierungen, sie wieder mit Menschen zu füllen. Einem normal entwickelten Kinde blutbildende Mittel zu verschreiben, nur um die Blutmenge zu erreichen, die einem Erwachsenen zukommt, in der Überzeugung, daß dann alles andere sich nachentwickeln werde, ist töricht. Jene Bevölkerungsmaßnahmen hatten Erfolg, nicht nur durch Vermehrung der Zahl, sondern auch als Kulturleistung. „Ohne den Dreißigjährigen Krieg wären ein Goethe und ein Lessing unmöglich gewesen." Im Glauben an den letzten Sinn der Geschichte wird deshalb trotzig der verlorene Krieg bejaht, indem wir sagen: Ohne den Weltkrieg gäbe es vielleicht kein Zeitalter der Deutschen, dem dieses Buch gewidmet ist.

Jener Erfolg war so durchschlagend, daß 100 Jahre später die Bevölkerungsfrage in umgekehrter Richtung wieder zur Sorge wurde; die Furcht vor Übervölkerung ließ die Lehre des Malthus auch in Deutschland Anhänger finden. Zunächst aber folgte noch eine Welle ungeahnter Volksvermehrung, verbesserte Hygiene minderte die Sterblichkeit, der wirtschaftlich-technische Aufschwung bot vermehrtes Brot. So steigerte der Individualismus mittelbar für Generationen des 19. Jahrhunderts die Bevölkerungszahlen.

Mit dem 20. Jahrhundert trat die Wende ein; heute zehrt der übersteigerte Individualismus die Völker wieder allmählich auf, er läßt sie überaltern. Wir aber wissen, daß Erneuerung möglich ist.

Bis heute wird Europa politisch wohl noch von der individualistischen Vorstellungswelt der französischen Revolution beherrscht. Aber selbst in Frankreich regen sich Kräfte, sie zu überwinden: vergebens. Denn die Geistigkeit eines Volkstums wird durch sein Blut mitbeeinflußt: Individualismus ist eben die geistige Form der eigenartigen Blutmischung der Franzosen, der wahren Erben Spätroms. Die keltisch-germanische Beimischung wurde durch gewaltsame Ereignisse und langsame Gegenauslese immer geringer, Farbige dringen täglich stärker ein und werden bedenkenlos aufgenommen. Wo einst Franken, Burgunder und Goten herrschten, bildet sich die von Coudenhove erwartete eurasisch-negroide Zukunftsrasse schon heute. Die Italiener machen — wahrscheinlich verfrüht — ebenfalls den verkrampften Versuch, zum organischen Weltbilde vorzustoßen. Die Berufung auf ihre Latinität läßt aber die gleichen Befürchtungen wach werden, wie sie hinsichtlich französischer Bemühungen geäußert wurden.

Die Deutschen, wie alle Kulturvölker nicht einer Rasse, sind besser gemischt: mit dem Erbgut anderer europäischer Rassen verbindet sich das nordische in viel höherem Einschlage: ein glückliches Zukunftszeichen, weil die notwendige seelische Tiefe verheißend.

Wenn künftig das deutsche Volk, wahrhaft wissend gemacht und gläubig, mit seinen Volkskräften besser haushält, in bewußter Abwehr der falschen Gegenauslese, so wird es zahlenmäßig wieder wachsen. Es kann damit aber auch wieder an Güte gewinnen und schöpfungskräftiger werden. Dann war der Weltkrieg nicht umsonst. Dann wurde er zur Schicksalswende. Aber der Weg dahin ist weit und rauh. „Bis man vom Entwurf solcher Ziele fortgeschritten sein wird zur Anerkennung und schließlich zur Durchführung, wird nicht nur viel Zeit vergehen, sondern es werden auch viele Opfer verlangt: an liebgewordenen Vorstellungen, an schmeichelhaften Selbstsüchten, denen man sich hingab. Aber sie werden sich lohnen, denn ein hoher Preis winkt. Würde es den Deutschen gelingen, ihren Erdteil für sich und die anderen Völker in kluger Weise zu ordnen, so hätten sie auch ein Ordnungsprinzip gefunden, das wahrscheinlich, mit diesen oder jenen Abwandlungen, Vorbild würde für andere Erdteile. Dazu gehört der Glaube an die Idee. So wie früher die großen Umwälzungen der Erde von Ideen hervorgerufen und getragen wurden, so wird es bleiben in alle Zeit.“

Ob der Weg zur deutschen Freiheit über Europas Neugestaltung geht oder erst ein freies Deutschland Europa wieder aufbauen kann, weiß niemand. Unzweifelhaft ist aber, daß zuerst das deutsche Volk innerlich gewappnet sein muß: entschlossen, deutsche Freiheit und europäische Neuordnung nötigenfalls auch mit seinem Blute zu errichten. Hierin liegt ein sittliches Gebot beschlossen. Diese Möglichkeit in Betracht zu ziehen, ist Pflicht; gilt es doch, den Fehler der Achtundvierziger zu vermeiden, welche die deutsche Einheit wollten, ohne auch die letzten Mittel zu wollen. Bismarck aber erkannte, daß sie erkämpft werden müsse; er ging nach Königgrätz.

Die Kräfte des Geistes sind stark. Die Waffe einer geschlossenen Gedankenwelt ist noch stärker, wenn Wille den Arm führt. Das Höchste aber leistet das Selbstopfer. Das war immer so, das ist so, und das wird immer so sein. Soll das hier Gedachte und Gesagte nicht ein Traum bleiben, sondern Wirklichkeit werden, so muß es auch machtpolitisch gewollt werden. Der Wille zur Macht ist zugleich der Weg deutscher Freiheit, die trotz allem Gerede von der nun bald errungenen deutschen „Souveränität" ein fernes Ziel bleibt. Ist der deutsche Geist befreit und geläutert, so muß höchste Wehrhaftigkeit des deutschen Volkes die große Sorge werden. Die Reinheit der Seele und die Schärfe des Schwertes gehören zusammen. Geistige Zerspaltenheit unserer Zeit gebar die wuchernde Lüge des Gegensatzes von Geist und Macht. Sie sind Gegensätze, aber nur dort, wo die Ganzheit als Gesetz des Lebens verleugnet wird: wo Geist und Macht, jedes für sich, ein unlebendiges Dasein in der Vereinzelung führen. Dementsprechend zerfällt heute das deutsche Volk in zwei politische Lager: ein machtbejahendes, das den Geist vernachlässigt, ihn nur als Anhängsel der Macht ansieht; sodann in ein machtverneinendes, welches einen unlebendigen Geist anhimmelt, der ohne seelische Wurzeln im Leeren schwebt. Der Sieg der neuen Lebendigkeit stellt wieder die Ganzheit her: er vollzieht jene Synthese von Macht und Geist, ohne die es niemals wahre Kultur gegeben hat.

Den Willen zur Macht gilt es zu entwickeln, ohne Lärm, mit eiserner Folgerichtigkeit. Auf vielen Lebensgebieten hat das deutsche Volk noch freie Hand, Vorbereitungen für die Schicksalsstunde zu treffen. Irgendwann wird der entscheidende Entschluß zum großen Wagnis gefaßt werden müssen. Die erste und nächste Voraussetzung zu außenpolitischem Handeln ist die Lebens-, Gesellschafts- und Staatserneuerung. Der deutsche Mensch muß dafür gewonnen werden, daß er jene grundlegenden Anschauungen über Bord wirft, welche die westlerisch-geldkapitalistische Staatsform unverändert erhalten wollen. Die zerfallende Herrschaft der Minderwertigen ruft nach Aufrichtung einer neugestalteten Ordnung des Wertes.

Schon mehr als einmal schien das deutsche Volk tödlich getroffen, war seine Freiheit vernichtet. Jedesmal erhob sich der deutsche Geist aus den Fesseln und entwickelte prophetische Kraft. Mit einem fast an Verzweiflung grenzenden Gefühl empfanden wir es, daß bei dem jetzigen tiefen Sturze selbstsüchtiger Taumel die Rückbesinnung unmöglich zu machen schien. Darum schauten wir in die Tiefen der deutschen Seele und schöpften aus ihr die Kräfte, die den Bogen in unermeßliche Weiten spannen: die das deutsche Leben wieder lebenswert machen. Denn auch heute gilt unverändert, was Fichte in Zeiten der Schmach dem deutschen Volke zurief: „Unter allen neueren Völkern sind es die Deutschen, in denen der Keim der menschlichen Vervollkommnung am entschiedensten liegt und denen der Fortschritt in der Entwicklung derselben aufgetragen ist."

Gedanke und Tat

„. . . . . Ihm wuchs
Gestählt im Banne der verruchten Jahre
Ein jung Geschlecht, das wieder Mensch und Ding
Mit echten Maßen mißt, das schön und ernst
Froh seiner Einzigkeit, vor Fremden stolz,
Sich gleich entfernt von Klippen dreisten Dünkels
Wie seichtem Sumpf erlogener Brüderei,
Das von sich spie, was mürb und feig und lau,
Das aus geweihten Träumen, Tun und Dulden
Den Einzigen, der hilft, den Mann gebiert . . . .“

Stefan George.

Das Neue Reich schafft der schöpferische deutsche Mensch. Zu jeder Schöpfung bedarf es eines Grundgedankens, der ihr Sinn gibt, eines Stoffes, der Gestalt gewinnen soll, und der Kraft, welche die Tat zeugt.

Den Gedanken des Neuen Reiches in seiner vielgestaltigen und allwirksamen Einheit zu entwickeln, war Hauptaufgabe dieses Werkes. Innere Schau, unerbittliche Beobachtung und wissenschaftliche Erkenntnis sind die Mittel, mit welchen es arbeitete. Die Anwendung rein wissenschaftlicher Methoden war schon deshalb nicht möglich, weil der Hauptzweck des Werkes nicht wissenschaftlich, sondern politisch ist: es dient nicht nur der Herauskristallisierung der Idee, sondern auch der Bearbeitung des Stoffes, an welchem sie Gestalt gewinnen soll: des lebendigen Menschen. Ihm, den die Sehnsucht nach höherer Menschlichkeit, nach lebendiger Wirklichkeit, nach formgebender Sittlichkeit mit Unruhe erfüllt, soll die Stoßrichtung vermittelt werden, die bis zur Stunde seinem tatbereiten Willen fehlt.

Dieses Ziel der Selbstbesinnung und der Aufrüttelung derer, die innerlich bereit sind, war für den Verfasser bei alleiniger Anwendung wissenschaftlicher Methoden unerreichbar. Beobachtende Schilderung der Gegenwart mußte wechseln mit der Erklärung ihrer geschichtlichen Wurzeln. Forderungen an die Zukunft waren nur zu begründen aus ahnender Einsicht in die Bedingtheiten der deutschen Seele. Letzte Gewißheit war nur zu gewinnen aus dem Glauben. So wurde die Zwiespältigkeit der Methodik notwendig. Die Wissenschaft wird ihn einen Dilletanten nennen, der Tagespolitiker einen Phantasten. Und trotzdem ist er bereit, diese Vorwürfe mit Geduld zu tragen, weil sie gerade das bestätigen, was hier bewiesen werden sollte: den Auseinanderfall der Schauseite und Wirkseite deutschen Lebens.

Die Freunde des geschliffenen Wortes, die Bewahrer spitzer Federn und die Behüter widerspruchsfreudiger Dialektik mögen Stein für Stein aus dem hier errichteten Gebäude herausnehmen und einzeln auf seine Beschaffenheit untersuchen. Mancher wird noch nicht behauen sein, beim nächsten die notwendige Tönung fehlen, und wieder andere entbehren vielleicht der inneren Härte. Diesen Zergliederern aus Wollust wurde ein Damm gesetzt, der auch ihrem leidenschaftlich betriebenen Handwerk ein Hindernis sein dürfte: die zwar mäßig verwendeten, aber immerhin zahlreichen Zitate beweisen die Zeitlosigkeit der in diesem Werke entwickelten Weltschau, sind Zeugnis dafür, daß auch in der Gegenwart der Verfasser mit seinen Bestrebungen keineswegs alleinsteht. Wer aber trotzdem das Gebäude selbst nicht sehen will, sondern nur gebannt auf einzelne Bausteine starrt, gehört nicht zu den Lesern, die der Verfasser sich wünscht.

Viele wird es geben, welche die Kulturlosigkeit des zivilisatorischen Zeitalters in seiner gegenwärtigen Gipfelentwicklung nicht wahr haben wollen; die, ewig Gestrige, das 19. Jahrhundert als der Weisheit letzten Schluß betrachten; welche die Verlogenheit des überall tönenden Verbalidealismus nicht erkennen und sich am Fortschritt berauschen. Sie fühlen sich in der Welt des „Berufsphilisters und des gediegenen Spießers“ (Alfred Weber) wohl. Ihnen sei ihre Ruhe gegönnt. Denen, die nicht sehen wollen, weil sie es nicht „erjagen“, hat der Verfasser kaum etwas zu sagen.

Es sind da aber auch jene, welche die Zeichen des Niedergangs, wie sie dieses Buch deutet, schon längst schmerzlich empfunden haben und deshalb trauern. Wehe aber, wenn sie sich in dieser Trauer gefallen! Allzu gefährlich ist das Gefühl, besser zu sein als die Umwelt. Es kann in ein unlebendiges Traumland, aber auch zur Trübung des Blickes führen. In Weltschmerz versunken, sehen sie nicht, daß der Vorhang eines neuen Geschichtsaufzuges emporrauscht, während sie noch verbittert in welk gewordenen Erinnerungen schwelgen.

Wenn nun aber der Blick des Verfassers hinüber zu jenen schweift, die den eigentlichen Stoff für die neue Schöpfung abgeben sollen, so erhebt sich angesichts ihrer schlummernden oder irregeleiteten oder mühsam gebändigten Kräfte die entscheidende Frage: wer im deutschen Volke ist bereit, den Weg ins Neue Reich zu gehen, die Tat zu wagen? Diese Frage muß zum Abschlusse gestellt werden, da politische Bücher gewissermaßen Notbehelfe, unvollendete Schöpfungen, qualvoller Ersatz sind, wenn sie nicht Anfang einer Tat werden. Die politischen Kräfte beschwören, die auf eine bessere Zukunft hinweisen, heißt aber den Blick der Gegenwartslage deutschen öffentlichen Lebens zuwenden.

Seit 1918 ist es üblich geworden, vom Anbruche einer neuen Zeit zu faseln. In Wahrheit bestätigte die Umwälzung von 1918 nur staatsrechtlich, was sich politisch seit dem Abgange Bismarcks allmählich vollzogen hatte: den Übergang der Herrschaft an die Parteien. Politiker, die gewohnt sind, nur in Parteien zu denken, oder in deren Vorstellung das Glück des deutschen Reiches mit dem persönlichen Glück, auch einmal Minister zu sein, zusammenfällt, mögen die Errungenschaften der Revolution als der politischen Weisheit letzten Schluß empfinden. Sie glauben sich am Ziele, wo in Wahrheit erst ein neuer Anfang anhebt. Sie sind „angekommen" — die meisten nicht nur im politischen, sondern auch in einem sehr bürgerlichen Sinne — und verstehen nicht die grundsätzliche Unzufriedenheit weiter Kreise. Es geht ihnen gut: also halten sie die heutige Ordnung ebenfalls für gut. Die Formeln der politischen Wirklichkeit sind meist viel einfacher als geglaubt wird.

Manche Unvollkommenheit fühlt man zwar selber: aber man beruft sich auf die Hast, mit welcher der Weimarer Notbau errichtet wurde, spricht von Schönheitsfehlern, die leicht auszumerzen seien. Im übrigen aber redet man sich nach berühmtem Beispiele ein, es ginge immer besser, die Zeit heile alle Wunden.

Das Reich von Weimar ist aber ohnmachtspolitisch vorbelastet, seine Regierenden durch Feinddiktate in ihrer Handlungsfreiheit beschränkt. Will das deutsche Volk sich selbst behaupten, so braucht es Widerstandskräfte, die unablässig mit den Fesseln klirren, den völkischen Lebenswillen anfachen und mahnend die Fahne der Freiheit schwenken. Ein Staat in der Lage des deutschen Reiches braucht eine Opposition wie der Kranke den Arzt.

Der dunkle Drang des Widerstandes und der Unzufriedenheit hat seine Ursachen nicht nur in der außenpolitischen Bedrängnis des deutschen Volkes. Es sind noch andere Qualen, die Lösungen verlangen. Das Wirrsal in der Seele des Einzelnen, die Anarchie der Gesellschaft, der Widerstreit zwischen Wert und Unwert haben ihren Höhepunkt erreicht. Eine umfassende Erneuerungsbewegung des Lebens geht in Front. Die oppositionelle Haltung wächst sonach über das rein Politische hinaus, erklimmt eine höhere Ebene, von der aus erst das innere Leben des deutschen Volkes neu geschaut und richtig begriffen werden kann.

Die oppositionellen Kräfte und Gruppen in Deutschland sind entsprechend vielgestaltig. Parteimäßig sind es einige Parteien der Rechten und eine der Linken, die der heutigen Staatsordnung und Regierungsweise widersprechen. Während aber der Kommunismus ein klares Programm — gleichviel von welchem Wert — verfolgt, fehlt der Rechten die weltanschauliche Geschlossenheit. Zu ihr gehören Legitimisten, deren geistiger Zustand sich immer mehr der royalistischen Bewegung Frankreichs im 19. Jahrhundert anähnelt. Sie fühlen wohl, daß der Traum eines größeren Deutschland mit dem der Wiederherstellung früherer Zustände schwer zusammengehen will, und dunkel ahnt man auch, daß der Purpur nicht ersetzen kann, was dem Volke fehlt. Auch Sozialreaktionäre, die nicht begreifen können, daß patriarchalische Zustände der Geschichte angehören, finden sich noch vereinzelt in jenen Reihen. Andere wiederum fühlen die Bedrohung überkommener Kulturwerte, ohne die Vorstellung von einer neuen Ganzheitskultur zu haben; sie stellen sich deshalb schützend mehr vor die Kulturfassade als vor die Kultur selbst. Dann kommen die reinen Gewaltanbeter, dem Irrtum huldigend, daß Ordnung schon der Gewalt an sich entspringe. Ihr Ziel ist der nationale Polizeistaat, als Ersatz des in seinen Vorzeichen weniger bestimmten heutigen Gewaltsystems. Noch andere glauben an die Legende von der jüdischen Verschwörerherrschaft und erhoffen alles Heil von Rassenreinheit. Dieses Bild weltanschaulicher Buntheit ist im Grunde liberal, mögen auch wenige wahrhaft konservative Säulen aus der radikalen Flut herausragen. Trotzdem aber enthält dieses menschliche Sammelbecken wertvollstes Aufbaumaterial. Denn das Gefühl der hier zusammenströmenden Menschen ist wertverpflichtet, strebt nach Dienst am Volke. Deshalb ist auch der nationale Gedanke die Klammer, welche die widerstrebenden Elemente bindet.

Dieses Lager tritt bald als nationale Bewegung, bald als Partei auf. Eine gewisse praktische Bedeutung hat es bisher leider nur als Partei gehabt. Die Form der Partei ist aber für eine grundsätzliche Opposition schwer zu handhaben, ja gefährlich. Denn immer wird es wesentlich für das parlamentarische System bleiben, daß es auch die Opposition bis zu einem gewissen Grade an die bestehende Ordnung bindet. Der Parlamentarismus verlangt eine zwecknützliche Opposition und keine weltanschauliche. Es ist schwer, die Parteien als gesellschaftliche Gebilde zu bekämpfen und gleichzeitig sein eigenes Parteidasein zu bejahen. Dazu kommt, daß der Weg zum Zweiparteiensystem verbaut ist, schon deshalb, weil es bei uns eine Zentrumspartei gibt. Und trotzdem bleibt für eine Oppositionspartei nichts anderes übrig, als dem System Rechnung zu tragen und sich an die Macht zu setzen. Vielleicht opfert sie sich, vielleicht ebnet sie aber auch der grundsätzlichen oppositionellen Volksbewegung dadurch den Weg.

Fast noch wichtiger als die zwangsläufig gefesselte parlamentarische Opposition sind die Widerstandsströmungen im ganzen Volke. Jede einzelne von ihnen ist aus einer besonderen Lage entstanden, weshalb sie heute getrennt marschieren und noch nicht daran denken konnten, vereint zu schlagen. Am bedeutsamsten ist die Tatsache, daß das Landvolk die heutige Gesellschafts- und Staatsordnung ablehnt. Den Politikern des heutigen Systems ist die Tragweite dieses Umstandes noch nicht aufgegangen, sonst wäre kaum faßlich, daß ein Mann wie Hellpach den Bauernstand als eigentliche Grundlage jeder Demokratie in Anspruch nimmt und auf die sozialdemokratische und die demokratische Partei gewisse Hoffnungen in dieser Hinsicht setzt. Der Gedanke, daß die geistige und gesellschaftliche Grundlage der heutigen Demokratie falsch sein könne und deshalb das Landvolk abstoße, kommt ihm nicht. Er übersieht die großstädtische, bürgerlich-liberale, ja atheistische Entwicklungsgeschichte der Demokratie in Deutschland. In Wahrheit stehen Land gegen Stadt, Heimat gegen Asphalt, Blut gegen abstrakten Verstand im Kampfe auf Leben und Tod.

Der deutsche Mittelstand, beruhend auf der freien Kraft und der Selbstverantwortung des Einzelnen, gehört ebenfalls zu den Stiefkindern dieses Staates, der alles uniformieren, bürokratisieren und entselbständigen möchte. Auch hier bildet sich zwangsläufig ein Gegensatz heraus, der nur mit der Umbildung des Staates begraben werden kann. Dazu kommt die bodenständige Wirtschaft industrieller Art, heute zwischen den Mahlsteinen Gewerkschaft und Staatsbürokratie zerrieben. Um sich zu retten, flüchtet sie sich in großwirtschaftliche Formen, unter den Schutz des Großkapitals, das seinerseits wieder mit der Bürokratie und den Gewerkschaften Bündnisse eingeht. Auch hier ist die lebendige Persönlichkeit bedroht, und nur grundsätzliche Opposition kann sie retten.

Zu den Widerstandsbewegungen der Wirtschaft stoßen kulturelle. Die protestantische Kirche war bisher durch den Umstand gelähmt, daß ihre Oppositionshaltung nicht rein kulturell, sondern auch gegen die Staatsform gerichtet war. Nachdem aber die geschichtlich überkommene Bindung an das Landesfürstentum gefallen ist, mag der Protestantismus sich auf seine Kultursendung besinnen und ihr seine ganze Kraft widmen. Die Gefahr besteht allerdings, daß sein liberales Erbe sich rächt und eine echt konservative Haltung nicht aufkommen läßt. Dem Katholizismus würde dies leichter fallen, wäre er nicht an eine politische Partei gebunden, deren Stellung nur geschichtlich zu verstehen ist. Im überwiegend katholischen Oesterreich konnte ein konservativer Politiker von der Kraft eines Seipel sich entfalten. Im Reich begnügt sich das Zentrum, auf dem Wege parlamentarischer Handelsgeschäfte, kirchliche Interessen zu wahren und katholische Personalpolitik zu machen. Es wird höchste Zeit — und alle Anzeichen deuten darauf hin — daß die wahrhaft konservativen, überzeitlichen Kräfte des Katholizismus in die Front gegen individualistische Zersetzung einschwenken.

Daneben stehen rein geistige Kräfte volkspolitischer und kultureller Art. Die Volkspolitik, deren Aufgabe Erhaltung des Volkskörpers, Stärkung und Vertiefung des völkischen Gefühls ist, gipfelt im großdeutschen Gedanken und in der Idee eines europäischen Großreiches. Auch sie kann ihre Gedankenwelt nur im Widerstande gegen die innen- und außenpolitische Gegenwart durchsetzen. Endlich regen sich in Wissenschaft, Philosophie, Dichtung und Kunst schöpferische Strebungen, die einer neuen Wertverwirklichung zuneigen und deshalb die Verpöbelung bekämpfen. Dies ist die Widerstandsstellung, die in den letzten Jahren den stärksten Zuwachs und die gehaltvollste Befestigung erfahren hat.

Die soziale Bewegung, soweit sie durch den Marxismus verkörpert wurde, ist mittlerweile versandet. Ihr Schwung ist gelähmt, ihre Führer buhlen um Aufnahme in den geheiligten Kreis republikanischer Nutznießer, mühevoll von Zeit zu Zeit die hohle Kanonade revolutionärer Sprüche erneuernd, die den Kämpfer im Schützengraben des sozialen Krieges ermutigen soll. Das Arbeitertum, ohne Führer hilfloser denn die Kindlein, droht in kleinbürgerliche Stumpfheit zu verfallen. Der deutsche Kommunismus ist der Protest gegen diese Einebnung sozialer Kräfte. Seit er aber zum Außenposten des russischen Imperialismus geworden ist, einer volksverräterischen Korruption erliegend, steht er dem wohlgeordneten demokratischen Sozialismus mit seiner ungeheuren bürokratischen Macht, seinen gewaltigen Hilfsquellen fast bedeutungslos gegenüber. Früher unmerklich, jetzt mit höhnischer Offenheit, schließt der deutsche Sozialismus seinen Frieden mit dem Großkapital auf Kosten der nationalen Wirtschaft. Einen kläglicheren Zusammenbruch einer revolutionären Ideologie, eines sittlichen Grundgedankens sah die Menschheitsgeschichte nie. Wer befriedigt die Verbürgerlichung des Arbeiters feststellt, sieht nicht, daß es sich nur um eine vorübergehende Lähmung wertvollster sozialer Kräfte handelt, die eigentlich der Geldverknechtung widerstreben sollten. So wandert das Schwergewicht der sozialen Widerstandshaltung vom Sozialismus ab, hinüber zu den blutsgebundenen Kräften der Landwirtschaft, den persönlichkeitsverpflichteten des Mittelstandes und der Kultur, den völkischen der Volkspolitiker. Aber die Stunde ist abzusehen, wo der deutsche Handarbeiter zur Abrechnung aufgerufen wird. Heute regen sich sogar innerhalb des völlig liberalisierten Sozialismus konservative Kräfte, welche die neue Front spüren und ahnen, daß nur der organische Staat das Arbeitertum in das lebendige Volk einzugliedern vermag.

Eine Nachkriegserscheinung, besonders bezeichnend für unsere Zeit, ist die Wehrbewegung. Sie ist Antwort auf die von außen aufgezwungene Abrüstung, aber auch Widerstand gegen den innerdeutschen Pazifismus. Ihre besondere Aufgabe innerhalb der deutschen Opposition ist Erhaltung der inneren Wehrhaftigkeit und des Sinnes für kriegerische Schicksalhaftigkeit. Die meisten nach dem Kriege entstandenen Bünde wollen als Inseln der Mannestugenden inmitten der Niedergangsflut verstanden sein. Der Wille zur Wehrhaftigkeit ist aber kein politisches Programm. Weil die Vergangenheit wehrhaft war, neigen Teile der Wehrbewegung dazu, sie auch politisch wieder beleben zu wollen. Diese allzu starke Versenkung in die Vergangenheit hat die Wehrbewegung unfähig gemacht, das Volk auf breiter Front neu zu sammeln. Sie hat nicht nur geholfen, vergangene Werte zu erhalten, sondern auch überlebte Gegensätze. So kommt es, daß die meisten Bünde „Nebenhäuser" der großen Parteigebäude geworden sind, welche die heutigen Frontstellungen festungsartig noch immer markieren. Weder Partei noch Volksbewegung, befangen in der Problematik ihrer Entstehungsjahre (1918—1920), stehen sie heute auf einem Nebengeleise.

Dabei ist dieses Lager kraftmäßig besonders wertvoll. Es enthält in seinen Reihen jene, die das Kriegserlebnis prägte. Gewiß ist Kriegserlebnis kein einheitliches Erleben; es wirkte sich verschieden aus und formte vielleicht auch entgegengesetzte Typen. Seinen sittlichen Wert wird es aber immer haben als Verleiher der sehnsüchtigen Kraft, zu neuer Gesinnung und echter Gesittung vorzustoßen. Der Krieg gebar den für das heutige europäische Bild so bezeichnenden neuen aktiven Menschen. Gewiß war auch dessen Werden schon vorgezeichnet; aber wie überall, so wurde auch hier der Krieg zum Auslöser einer ganzen Bewegung. Man denke an die entschlossene Kraft, mit welcher die gebildete kriegsfreiwillige

Jugend, kaum dem Trommelfeuer entronnen, der Achselstücke durch Meuterer beraubt, sich 1918 schützend vor den zusammenbrechenden Staat stellte. Der Staat, als die zu völkischer Selbstbehauptung dienende Form, stand jenen jungen Menschen höher als die Ansichten, die sie über sein Aussehen hatten. Sie befestigten so die Herrschaft jener, die ihrem eigenen Wesen entgegengesetzt waren: Monarchisten leimten mit ihrem Blute die Republik. Gleichzeitig aber drängten sie nach den Grenzen, die überall von habgierigen Nutznießern des deutschen Zusammenbruchs bedroht waren. Der Wille zum Grenzschutz mußte den Regierenden abgetrotzt werden; nicht gern wurde die Erlaubnis erteilt, für deutsches Land sterben zu dürfen. Noch selten sah die Geschichte ein so starkes Bekenntnis zum Staatsgedanken schlechthin. Den Staat als abstrakten Gedanken mit ihrem Blute verteidigen, das konnte jene Jugend; ihn tatsächlich neu zu formen und mit neuen Inhalten zu erfüllen, war ihr nicht gegeben.

Der Staat von Weimar verstand es nicht, jene jungen Kräfte, denen der Gedanke der Dienstschaft Lebensinhalt geworden war, an sich zu fesseln oder gar dem Ziele deutscher Befreiung einzuordnen. Man wird die peinliche Empfindung nicht los, daß die Herrscher von heute eine unterbewußte Angst vor einem freien und machtvollen Volke haben. Nach dem berühmten Staatsgrundsatze Machiavellis wirkt sich so die Ohnmachtsgrundlage des Novembers 1918 im heutigen Reiche verhängnisvoll aus. Irgendwie sind es die Kräfte des Defaitismus, welche diesen Staat — so widerspruchsvoll dies klingen mag — mit tragen und gleichzeitig zersetzen. Deshalb sind für ihn die Bejaher mannhafter Tragik überflüssig geworden. Einmal noch, im Jahre 1923, wurden sie eingesetzt und erhofften den Zusammenbruch der Welt von Versailles. Aus tiefster Not drang so etwas wie völkischer Selbstbehauptungswille an die Oberfläche. In all seinen Schichten war das deutsche Volk bereit, persönliches Schicksal dem gemeinsamen unterzuordnen. Die Staatsführer aber wagten nichts. Sie rissen nicht die Seele der Massen hoch; der Stoff triumphierte, als aus dem Blutkampfe an der Ruhr ein Geldkrieg wurde. Einsam ragen die Gestalten einiger Märtyrer aus dem Trümmerfelde jener Zeit. Mit Abschluß des Ruhrkampfes verlor die Wehrbewegung ihre außenpolitische Aufgabe; der Staat schüttelte sie ab, verleugnete oder verfolgte sie. Die Fememordprozesse bilden das traurige Schlußzeichen dieser Entwicklung. Die Wehrbewegung versandete, kein Ziel winkte mehr, und Hilflosigkeit wurde ihr Kennzeichen. Wohl dürstete das junge Geschlecht nach rettender Tat für sein stumpf gewordenes Volk. Aber ohne geistige Hilfe stand es einer Zeit gegenüber, welche die Sehnsüchte seines Blutes und seine

Träume von einer neuen Adligkeit verlachte. Deren Gesetz hieß: Ruhe und Geldverdienen. Da bemächtigte sich Verzweiflung vieler. Einfache Soldatennaturen, die an der Spitze stürmender Truppen Helden geworden wären, trieben stümperhafte Innenpolitik. Andere zogen sich enttäuscht zurück, um aus beruhigter Zeit wenigstens etwas für die eigene Zukunft zu retten. Wieder andere glaubten, um „am Staate mitarbeiten" zu können, sich der neuen Tempelordnung anpassen zu sollen. Manche hofften, unter inneren Vorbehalten, sich in dieses System einschleichen zu können. Allzu spät erkannten sie, daß es eine Maschine ist, die jeden zermalmt, der sich ihr nähert. Die Phrase von der Mitarbeit am Staate entpuppte sich als plumper Köder; denn gemeint war Schleppenträgerdienst an der Partei.

So konnte nicht ausbleiben, was Schicksal jener aktivistischen Jugend wurde: die Alten im Geiste, 1918 still geworden, erhoben wieder ihr Haupt und banden die vom Weimarer Staat Enttäuschten unter Anruf ihrer nationalen Gefühle erneut an sich. Wertvollste Kräfte wurden so festgelegt, alte Militärs und junge Gefolgsfreudige versanken in fruchtlose Verneinung. Ein gut Teil aber warf sich dem Radikalismus in die Arme. Nicht wegen seiner Ideen und wegen seiner Ziele, die meist fehlten; sondern nur aus Protest gegen die Tatenlosigkeit und die Stumpfheit bürgerlicher Politiker. Der Rechtsradikalismus weist eine Kette von Mißerfolgen auf, die er nicht übermächtigen Gegnern, sondern eigener Unfähigkeit verdankt. Trotzdem aber zieht seine Aktivität magnetisch die Jugend an sich, alle Gesetze politischer Vernunft verleugnend. Man sollte sich in Deutschland darüber klar werden, daß hier der Wesenszug des 20. Jahrhunderts zum Ausdrucke kommt: der aktive, einsatzbereite, opferfreudige Mensch tritt an Stelle des gleichgültigen, gesinnungsschwachen Stimmzettelträgers, der als letzter Rest des formaldemokratischen Zeitalters geblieben ist. Aktivismus gegen Quietismus, Lebendigkeit gegen Stumpfheit, ist der Schlachtruf einer neuen Zeit, die mehr von Gefühlen bewegt als von Überlegungen beherrscht ist. Verharren die Verfechter einer klaren, vernünftigen, nationalen Politik in quietistischer Haltung, so wird der gefühlsbewegte Aktivismus, mögen seine Ziele noch so vernunftwidrig erscheinen, über sie hinwegschreiten. Es ist die Tragik des Jahres 1930, daß es in Deutschland nur einen Aktivismus ohne klaren Leitgedanken, aber keine zielstrebige Vernunftpolitik aktivistischer Prägung gibt. Das Schicksal des deutschen Volkes wird davon abhängen, daß Vernunft und Gefühl zwar kein abschwächendes Kompromiß, aber eine die Wirkung steigernde Ehe miteinander eingehen.

Ansätze zu einer solchen Entwicklung sind vorhanden. Ein großer Teil der aktivistischen Jugend hat aus den Erfahrungen des letzten Jahrzehntes seine Lehren gezogen. Er ist zwar bereit, jederzeit den Staat mit seinem Leibe zu decken, aber nun unter anderen Bedingungen: in eigener Verantwortung und mit eigenem politischem Willen. Aus den Nuraktivisten sind mittlerweile politische Menschen geworden, ihre Gefühlsbewegtheit wurde Antrieb zu geistigem Streben nach Erneuerung. Diese Jugend ahnt den Pulsschlag einer kommenden Zeit und möchte mit sehnsüchtigen Händen den Schleier von ihrem Zukunftsgesichte wegziehen. Sie liebt den Staat von Weimar nicht, wehrt sich aber gegen die verfälschende Auslegung dieser Haltung. Kann man doch den Staat lieben, soweit dies überhaupt denkbar ist, ohne seine derzeitige Form zu bejahen. Aus Liebe zum Staate kann man sogar eine bestimmte Form, wenn sie nicht die reine Verkörperung des Volksgeistes darstellt, mit aller Kraft bekämpfen. Dieser Tatbestand muß gegenüber der heutigen Propaganda festgestellt werden. Es ist unehrlich, jeden, der kein Härchen in dem Interessenfilz, der sich gegenwärtig deutscher Staat nennt, sein will, als staatsfeindlich zu brandmarken.

So entstand ein keineswegs organisiertes Lager von Denkenden, welche die letzten Ursachen des Zerfalls zu erkennen suchten und mit heißem Herzen und kühlem Kopfe über neue Formen sannen. Die Arbeit der Denkenden aus dem Kampfgeschlechte stieß auf Verständnis Gleichgesinnter aus der älteren Generation. Beide wirkten zusammen, auf ihre Art handelnd, während die Draufgänger sich totliefen. Die stillen Kämpfer erkannten, daß wir in keinem Zeitalter der Unbedingten leben; daß deren Kräfte erst nutzbar gemacht werden können, wenn das, was blutsmäßig in ihnen gärt, durch die Denkarbeit derjenigen, welche die Probleme herauszuschälen vermögen, Zielklarheit und Gestalt gewonnen hat. Damit begann sich jene Lücke zu schließen, welche die Lähmung der deutschen Opposition verschuldete: der Mangel an geistiger Führung.

Das gewaltige Werk, das heutige Deutschland aus seinen morschen weltanschaulichen Angeln zu heben, kann nur gelingen, wenn ein neuer Gedanke sinngebend herausgearbeitet, die neue Weltschau geformt ist. Bis jetzt waren hierzu nur Ansätze vorhanden, wurde wertvolle Teilarbeit auf allen Gebieten geleistet. Es war Aufgabe dieses Werkes, ein einheitliches Gerüst zu schaffen, das in sich alle Einzelarbeit und Teilleistung aufzunehmen vermag. Mit seiner Hilfe sollen unbestimmte Vorstellungen zu klaren Umrissen verdichtet werden. Die Stunde der stillen Kämpfer ist gekommen, Widerstand wird aus Ablehnung zu Zielstrebigkeit. In dem

Augenblicke, da alle zerstreuten Oppositionskräfte sich unter einer höheren Führung zusammenfinden, ist das Schicksal der heutigen Gesellschafts- und Staatsordnung entschieden. Mit stürmischem Schritte — was bedeuten hier einige Jahre? — nähern wir uns dem Wendepunkte. Eine neue Führung, deren Fehlen seit Bismarcks Abgang das tragische Verhängnis des deutschen Volkes war, ist im Werden. Sie wird sich zunächst innerhalb der Widerstandsbewegung selbst durchsetzen müssen. Ein hartnäckiger Kampf zwischen den Alten im Geiste, die ihr oppositionelles Teilgebiet mit greisenhafter Zähigkeit verteidigen, und den jungen Trägern eines neuen Ganzheitsgefühls, das den Überblick über die Kräftelagerung im deutschen Volke ermöglicht, wird entbrennen. Er wird desto rascher entschieden sein, je eifriger die heutigen Führer abwirtschaften. Einmal wird die Stunde schlagen, wo auch der geduldige Deutsche merkt, daß es kein schwereres Vergehen gibt als Unfähigkeit der Führer. Unter den Führern zweiten Ranges sind viele Willige, die nur auf den warten, der in großer Zusammenfassung ihr Teilstreben einem Ganzen einordnet. Stärker als bisher müssen deshalb die geistigen Kräfte in den Vordergrund treten und gewissermaßen ihre Befähigung zur Führung öffentlich dartun.

Opposition heißt nicht Verneinung, sondern Bejahung und Herausstellung dessen, was an Stelle des Bekämpften treten soll. Opposition ist die leuchtende Fahne einer neuen Idee, die aus der Wüste in fruchtbares Land führen soll. Opposition in dieser Stunde ist nicht ein bloßes „Selberregierenwollen", sondern Streben zur Macht um eines klaren Zieles willen. Wäre die Lage des deutschen Volkes grundsätzlich gebessert, wenn Menschen seine Führung übernähmen, die sich von den bisherigen Staatslenkern vielleicht nur dadurch unterscheiden, daß sie an Stelle der Morgenlitanei eine Strophe eines nationalen Liedes singen? Dieser Irrglaube, der heute das nationale Lager beherrscht, kann nicht rücksichtslos genug ausgerottet werden. Die Herstellung der wahren Volksgemeinschaft ist weder möglich auf dem Wege eines Kompromisses zwischen den Parteien; Volk ist nicht die Summe der Reichstagsfraktionen. Aber auch nicht auf dem der Machtergreifung und der Erziehungsdiktatur durch „nationale" Männer. Beide Vorstellungen verraten Befangensein in mechanistischem Denken. Die erste endete in jener Politik der Mitte (im Schlepptau des Sozialismus), die überhaupt keinen Führungswillen mehr aufzeigt, sondern eine Mischung von schlechtem Verwalten, gedankenlosem Weiterwerkeln und wohlberechneter Verteilung der Pfründen ist. Gegen diese Auffassung von Volksgemeinschaft wendete sich die Rechte. Aber nicht, um ihr die richtige entgegenzusetzen: man wollte von rechts genau so zur Volksgemeinschaft vorstoßen wie die anderen aus der Mitte. Wohl wurde rechts erkannt, daß falsche innere Grenzziehungen aufgehoben werden müßten, daß die von Natur zur Staatserhaltung neigenden Kräfte auch wieder dem staatlichen Leben dienstbar zu machen wären. Aber in der Praxis fielen die Politiker immer wieder in die parteipolitische Stellung zurück. Man konnte seinen Ausgangspunkt nicht verleugnen, sprach vom Volke und meinte die Partei. So wurden die Kräfte des Widerstandes nutzlos vergeudet, ja in der Wirkung den Gegnern zugeführt. Der vielbefehdete Außenminister Stresemann lebte in Wahrheit von der Ungeschicklichkeit seiner politischen Widersacher. Die einzige Plattform, die zur Wiederherstellung der inneren Einheit des deutschen Volkes bleibt, ist anderer Art: sie besteht in der Geburt eines neuen Mythos von Volkheit, Führung und Dienstschaft; im Bewußtsein, ein Kulturerbe mehren zu sollen; im geschichtlichen Gefühle, Europa eine neue Gerechtigkeit schenken zu können. Nur auf einer höheren Ebene, welche die bisherigen Pferche weltanschaulicher Überbleibsel, Doktrinen und Trugbilder unter sich läßt, können die Kräfte der deutschen Volksseele eine neue Wirklichkeit gestalten. Von außen her muß der Hebel angesetzt werden. Für den Erneuerer deutschen Lebens bestehen die bisherigen Parteiunterschiede nicht. Er kennt nur deutsche Menschen, die falschen Parolen folgen und unter die eine Fahne des Volkes gebracht werden müssen, ganz gleich, welchem Heerführer sie bisher gehorchten. Gerade deshalb aber ist der Erneuerer das Gegenteil des Kompromißlers. Er leitet vielmehr die wahre Scheidung der Geister ein, um den Ungeist rücksichtslos auszurotten. Diesen sieht er aber überall, nicht allein, wie die heutigen Parteiblinden, nur außerhalb der eigenen Partei. Er wird niemals an den Sieg einer Partei glauben, nie den Durchstoß zum organischen Weltbilde aus einem begrenzten Winkel heraus für möglich halten. Wer guten Willens ist, wer nicht am Überlebten klebt, wer zu Wert und Ordnung drängt, wer neue Gesittung ersehnt, gehört in das Lager deutscher Erneuerung, ganz gleich, woher er kommt. So stellt sich die neue Volksgemeinschaft dar: nicht als eine mittlere Linie der falsch gelagerten politischen Kräfte, sondern als die Durchdringung aller Deutschen mit dem Gedanken einer neuen Werthaftigkeit.

Was aber meinen die heutigen Herren Deutschlands zu den immer höher gehenden Widerstandswellen? Anfänglich mochten sie tatsächlich davon überzeugt sein, den neuen Staat gegen Umstürzler und Reaktionäre zu verteidigen. Sie lebten immer noch in der längst überwundenen Vorstellung des Kampfes um die Staatsform. Sie merkten nicht, daß die Republik in Deutschland unbestritten ist, daß es nur noch um ihren Geist und ihren Inhalt geht. Sie mißverstanden alle Oppositionsströmungen, weil sie sie nicht anders betrachten konnten als durch die Ressentimentsbrille, ohne welche sie ihr ganzes Leben lang keinen Blick auf die deutsche Politik getan haben. Nachdem nun die Krise deutschen Staatslebens offenbar geworden ist, erheben zwar auch sie die Stimme und predigen deutsche Erneuerung. Aber der aufmerksame Zuhörer dieser klangstarken Erneuerungsmusik hört die falschen Untertöne heraus und fühlt, daß sie leere Demonstration zur Beruhigung der Öffentlichkeit ist. Um diejenigen, welche im Ernste auf Reformen ausgehen, niederzuhalten, sind unsere Herrscher zu Methoden übergegangen, die der Inquisition Ehre machen würden, die Metternich als geistlos verschmähen würde. Ihre verkrampfte Flucht in die Arme der Gewalt kennzeichnet die innere Unsicherheit. Man hat den Rollentausch noch gar nicht bemerkt: die Fahne der Freiheit wird heute von der Opposition vorangetragen, der Polizeistaat, der halbsozialistische Staat von Weimar, versinkt in Reaktion und Gewalt. In behaglichen Zeiten „regiert" auch der Schwächling gern. Aber die Zeitläufte beginnen unbehaglich zu werden. Zu schwer sind die zu lösenden Aufgaben, der Schrei nach Führung zu allgemein. Man weiß im deutschen Volke, daß es zwar viele Minister hat, aber so führerlos ist wie noch selten in seiner Geschichte. Die ahnende Erkenntnis dieser Lage lähmt den ohnedies schwachen Führerwillen der Herrschenden vollständig. So nähern wir uns dem Zeitpunkte, der stürmisch nach Lösungen verlangt.

Jede Umwälzung ist in ihrem Gelingen davon abhängig, daß nicht nur die Angreifer Macht besitzen, sondern auch die Besatzung der Festung in ihrem Machtwillen gelähmt ist. Alle Revolutionen beginnen von oben: mit dem Schießverbote der Herrschenden. Nichts lähmt den Behauptungswillen der jeweiligen Machthaber mehr als die selbstgefühlte Unfähigkeit, der Verhältnisse Herr zu werden. Die Krise selbst kann innen- und außenpolitischer Art sein. Die wirtschaftlichen und sozialen Schwierigkeiten sind den derzeitigen Regierungskreisen schon heute über den Kopf gewachsen. Sie müssen sich vom Auslande sagen lassen, daß Deutschland reformiert werden muß, und haben nicht die Kraft, dieses Werk gegen die Parteien durchzuführen. Aber auch außenpolitischen Erschütterungen ist das heutige System nicht gewachsen. Wer die bisherige Haltung der Weimarer Politiker in Wehrfragen aufmerksam beobachtet hat, muß zu dem Schlusse kommen, daß der Kriegsfall die Beseitigung der heutigen Regierungsart bedingt, soll das deutsche Volk nicht von der Erde getilgt werden. Es bleibt deshalb nur ein Ausweg, gewaltsamen Auseinandersetzungen zu begegnen: rechtzeitig und tatkräftig an die innere Erneuerung heranzugehen. Ob die entscheidende Umwälzung allmählich und friedlich geschieht oder vulkanartig, hängt weniger von den Angreifern als von den Herrschenden ab. In ihrer Hand liegt zunächst das Schicksal des deutschen Volkes. Noch selten in der Geschichte hat eine Regierungsweise so wenig Bejahung im Volke gefunden wie die heutige. Wenn die Führung trotzdem dem Schrei nach Reform widerstrebt und es sich leisten kann, in reaktionärer Erstarrung zu verharren, so nur dank der geistigen Unzulänglichkeit der Gegner. Der Umbau der gesellschaftlichen und staatlichen Formen wird in dem Augenblicke — wahrscheinlich friedlich — möglich werden, in welchem die geballte Macht einer neuen Gedankenwelt und eines zielkräftigen Willens die schwankende Haltlosigkeit von heute zur Entscheidung herausfordert. Die Pazifisten des Lebens glauben an selbsttätiges Werden. Sie vergessen, daß es ein solches wohl in geistigen Dingen gibt, daß ihm aber auf dem Gebiete des Gesellschaftlichen die Machtergreifung und Formung folgen muß, soll ein sterbendes Prinzip durch ein neues abgelöst werden. Mit Lassalle nennen wir diesen Vorgang Revolution. Ob dabei eine falsche Entwicklung unterbrochen, ob die Gegensätze in geistigem oder in blutigem Kampfe ausgefochten werden, ob das Volk sich gegen seine schwachen Führer auflehnt oder ob die Führung selbst dem Rade der Geschichte in die Speichen greift, das alles sind untergeordnete Fragen. Die Kraft des revolutionären Denkens gibt allein den Ausschlag. Menschen, die den Sinn der Zeitwende erfaßt haben, sich auf die Erlösungssehnsucht des Volkes und die eigene Berufung stützen können, werden die zerfallende Herrschaft beseitigen. Je geistloser und gewalttätiger die Machthaber sich den Erfordernissen einer neuen Zeit verschließen, um so schwerer wird das Schicksal der notwendigen Reinigung auf dem deutschen Leben lasten. Statt in Wehgeschrei über kindische Putschisten auszubrechen, sollten sich die Herrscher von heute darüber klar werden, daß ihre Unzulänglichkeit es ist, die schwere Entscheidungen heraufbeschwört.

Würde ohne Rücksicht auf Parteiwünsche eine Regierung gebildet, die sich nur dem deutschen Volke und der Stunde verantwortlich fühlt, würde sie mit den nötigen Vollmachten ausgestattet, so hätte sie das Volk auf ihrer Seite. Widerstrebte der Reichstag ihrem Reformwerke, so könnte versucht werden, Regierungswahlen zu machen. Das Volk würde dem zujubeln, der den Mut hätte, den Parteispuk mit harter Hand zu vertreiben. Diese, die Kräfte des deutschen Volkes schonende Entwicklung kann in seinem Interesse nur gewünscht werden.

Viel gepriesen wird eine andere Möglichkeit, den Umschwung herbeizuführen: die jungen Kräfte sollen in die Parteien eindringen und sie erobern. Bisherige Erfahrungen und die Einsicht in die innere Natur des Parteienstaates lassen diesen Weg als nahezu aussichtslos erscheinen. Eine Abart solcher Überlegungen ist der Gedanke, eine neue Partei zu gründen. Betrachtete sich diese als Selbstzweck, würde sie sich in das allgemeine Parteiensystem eingliedern, so hieße dies, den Teufel mit dem Beelzebub vertreiben wollen. Brauchbarer ist der Plan einer Ordnungspartei, die nur Eroberung und Erneuerung des Staates bezweckt. Es gehören politischer Schwung, große Beweglichkeit, grundsätzliche Gesinnungsgemeinschaft und geschickte Führung dazu, mit Hilfe einer solchen Partei zum Ziele zu gelangen. Sie wäre dem Volke gegenüber mit der Tatsache der neuen Parteibildung belastet, von der Feindschaft aller übrigen Parteien bedrängt.

So bleibt noch die außerparlamentarische Volksbewegung, ein Weg, den verschiedene Bünde eingeschlagen haben. Ihr Vorgehen unterscheidet sich von dem der österreichischen Heimwehren in doppelter Hinsicht. Einmal dadurch, daß es ihnen nicht gelungen ist, zur breit angelegten Volksbewegung zu werden. Irgendwie blieben sie immer, manchmal mit Stricken, manchmal mit Seidenfäden, an die parteiliche Gruppierung des deutschen Volkes gebunden. Dazu kommt die anders geartete politische Lage in Österreich: dort holt man jetzt nach, was 1919 im Reiche schon vorweggenommen wurde, die Auseinandersetzung mit dem radikalen Marxismus. In Österreich kann die Auseinandersetzung eine grundsätzliche sein, nachdem dort die Spaltung zwischen Kommunismus und Sozialismus noch nicht stattgefunden hat. Bei uns erfolgte sie nur nach der radikalen Seite hin, während der schleichende Marxismus zum herrschenden Bestandteile der Politik wurde.

Eine Volksbewegung, der geistigen Lage des deutschen Volkes um das Jahr 1930 entsprechend, gibt es nicht. Was bislang von rechts her an Vorstößen versucht wurde, mußte mißglücken, weil die nötige Breite fehlte. Darunter soll keineswegs die zahlenmäßige Mehrheit verstanden werden; das hieße, einem Materialismus der Zahl huldigen, welcher der neuen Weltanschauung vom Hochwerte innerlich entgegengesetzt wäre. Nur eine Minderheit kann in staatliche Formen umsetzen, was uns bewegt. Aber diese Minderheit muß die bisherigen weltanschaulichen und parteilichen Lager zerklüften, muß quer durch sie hindurchgehen, muß ihre Kraft aus allen Schichten und Ständen beziehen. Ihre Tugenden und ihre Tatbereitschaft sind es, welche den Sieg verbürgen, nicht die Zahl der Mitläufer. Diese Erkenntnis mangelt bis zur Stunde der deutschen Rechten. Warum schärft sie nicht das blanke Schwert des Geistes, statt Stimmen und Windjacken zu sammeln? Es ist bitter, feststellen zu müssen, daß von niemandem die geistige Leistung so gern verachtet wird, wie von den Politikern der Rechten. Hier liegt der Grund, warum sie — außenpolitisch zu Unrecht — in den Ruf öder Gewaltanbeter gekommen sind. Der Zwang des Parteiprogramms, der gesellschaftlichen Vorurteile, der geistigen Formeln ist gerade rechts erschütternd. Dabei wäre man dort in der Lage, alle Kräfte der Persönlichkeit und der geistigen Freiheit gegen die rückständige Gewaltherrschaft der Linken in Bewegung zu setzen. Leider verzichtet die Rechte auf diese glückliche Gelegenheit und behandelt die wenigen, die an einer neuen Ideenwelt für Volk und Staat arbeiten, aus Grundsatz schlecht. In der Jugend sieht sie nur beflissene Jünglinge, denen man mit überlegenem Wohlwollen auf die Schulter klopft und in Aussicht stellt, als Großväter in den Reichstag einzuziehen. Das Werden einer neuen Welt stellt sie zwar in Rechnung, aber nur für die Partei- oder Bundessache. Der gefährlichste Abfall vom eigenen Grundgedanken blieb den Wehrverbänden vorbehalten: sie, die doch nur durch Mannhaftigkeit und Auslese wirken wollten, ergriffen als Verlegenheitswaffe den Stimmzettel, jenen Dolch des Unhelden, der nicht den Mut hat, seine Weltanschauung in der Minderwertigkeitsflut hochzuhalten. Aber die Stunde scheint näher zu kommen, wo die in bitteren Niederlagen gewonnene Einsicht wächst; wo Raum für neuen Geist und neue Männer wird. Denn es ist nicht so, daß die Kriegsgeneration schläft oder ihre Führeraufgabe verleugnet. Sie ist besinnlich geworden und wartet, bis die Zeit erfüllt ist.

Das wichtigste Werkzeug der öffentlichen Meinung, die Presse, steht ihr allerdings nicht zur Verfügung. Es war ihr deshalb bislang unmöglich, jenen Mittelpunkt der oppositionellen Kräfte zu bilden, um den sich diese hätten gruppieren können. Was nutzt aber alle geistige Vorbereitungsarbeit, wenn ihre Auswirkung nach der publizistischen Seite beschränkt ist? Die Machthaber der Presse sind leider keine Gläubigen des Geistes. Sie verweigern ihr Vertrauen derselben Jugend, der sie auf dem Schlachtfelde und im Bürgerkriege ihr ganzes Dasein anvertrauten. Besonders das Lager der Wirtschaft ist von einer erschütternden Ungläubigkeit an die Macht des Geistigen. Leichtgläubig dagegen ist man dort gegenüber jedem, der organisatorische Potemkinsche Dörfer vorzaubert. Nichts ist beliebter als die Frage, was hinter einem Politiker „stehe". Die Ehrgeizigen beantworten sie damit, daß sie eine schillernde

Kulisse entwerfen. Darauf wird dann ein zweifelhaftes Unternehmen aufgebaut, das nach kurzem versandet. Der Verbandsschwindel ist eine gefährliche Krankheit unserer Zeit. Aber rührend ist die Gläubigkeit führender Männer. Sie schauen weniger auf Kopf und Herz des vor ihnen Stehenden als auf seinen Mund. Und immer wieder gelingt das Beschwindeln der politischen Naivität. So gibt es im Lager der Rechten und der Bünde Meister der Regie, die nichts anderes tun, als dieselben geduldigen nationalen Massen wieder einmal umschichten. Die Bildung von Formationen ist ein Lieblingsspiel beschäftigungsloser Organisatoren geworden. Trotz aller üblen Erfahrung hat sich die Einsicht immer noch nicht durchgesetzt, daß ein Kopf mit einer Idee mehr wert ist als hundert Fahnenweihen. Aber trotzdem wird fleißig weiter organisiert. Steht das Organisatiönchen, dann geht das Kopfzerbrechen um das politische Programm an. Damit die organisierten Massen nicht auseinanderlaufen, wird eine „Aktion" beschlossen. Als ob Pferdebewegen die Hauptaufgabe der Kavallerie wäre! Man füllt revolutionäre Glut gewissermaßen auf Thermosflaschen; wenn man sie öffnet, sind sie leer. Wo aber ging jemals das Organisieren der Idee voraus? Der Gedanke lebt immer zuerst und schafft sich dann in zielklarer Aktion die marschierende Truppe.

Die Bünde, die der politischen Lage der unmittelbaren Nachkriegsjahre ihr Dasein verdanken, sind heute nur noch als Material, nicht mehr als Träger des neuen deutschen Schicksals zu bewerten. Sie haben ihre Sendung erfüllt, sind Vorläufer einer tieferen, größeren kommenden Volksbewegung. Die neue Zeit verlangt neue Ideen und neue Methoden. Die Zukunft gehört den wenigen, die in Herz und Hirn die Gewähr für einen Umschwung zum Besseren tragen. Wer sich zur Herrschaft des Hochwertes bekennt, muß Glauben an den Sieg des Geistes hegen; muß die Einsamkeit ertragen und auf die geschichtliche Stunde warten können; muß das Fühlen des Volkes ertasten und spüren, wann es bereit ist, Gefolgschaft zu leisten. Wenn die Zeit erfüllt ist, werden die erlösenden Formeln leicht geprägt. Im ersten Ansturm gelingt dann, was geschwätzige Volksversammlungen jahrelang nicht vermochten. Es wäre vergeblich, den erbitterten Widerstand der gesamten Nutznießerschaft heutiger Zustände durch Überredung brechen zu wollen. Denn in stiller, zäher Abwehr rücken alle zusammen, die den Erneuerer fürchten. Alle Machtmittel werden gegen ihn eingesetzt. Das Gesetz der Zahl, die Mehrheit steht gegen ihn. Und trotzdem werden Fähigkeit und Reinheit des Wollens dereinst das Volk bezwingen, wenn die Zeit für Männer reif ist.

An niemanden stellt eine Zeit größere Anforderungen als an ihre Überwinder. Entsagung und Stolz sind die einzige Haltung, die Erfolg verbürgt. Aber die Geschichte ist ein untrügliches Zeugnis für die Richtigkeit des Weges, den wir wandeln. Mögen wir auch der Tragik des Vorläufertums verfallen, möge uns der Blick in das gelobte Land verwehrt sein, immer bleibt uns die innere Gewißheit, daß die Macht der Tatsachen uns dereinst recht geben wird. Zwischen Wunsch und Ziel schwebend, werden wir vielleicht niemals der Erfüllung teilhaftig. Mag sein, daß der Zwiespalt der Zeit zum Zwiespalte unseres persönlichen Lebens wird, daß wir bis zum Tode „Wanderer zwischen zwei Welten" bleiben. Aber lehren wir nicht selber die Tragik als Grundlage allen Seins? Wer gibt uns dann das Recht, sie von unserm geringen Leben abzuwenden?

Denen aber, die uns vorrechnen, solch persönliches Opfer sei nutzlos, wir vergeudeten unsere Kräfte, statt uns der Zeit geistig anzupassen, denen setzen wir Jungen die schlichte Antwort entgegen: wir können nicht anders. Denn was uns zu unserer Haltung treibt, liegt außerhalb unseres Ermessens. Die Mächte, welche uns bewegen, führen ein unfaßbares und deshalb um so wirklicheres Leben. Wie sie gebieten, müssen wir uns erfüllen.

Vielleicht wird die Wende nur erfolgen, wenn Tragik wieder vorgelebt wird. Sieht das deutsche Volk, daß unter ihm noch Kämpfer leben, so besinnt es sich auf den Kampf als höchste Daseinsform. Das deutsche Schicksal ruft nach Männern, die es meistern. Denn Weltgeschichte macht der Mann. Der aus überwirklichen Welten strömende Gestaltungstrieb wirkt durch sich selbst; um so mehr, je gestaltloser eine Zeit ist. Bleibt er unerschütterlich auf das hohe Ziel eines höheren Menschentums gerichtet, so wird auch die Stunde für das deutsche Volk schlagen, an das wir mit höchster und verzweifelter Inbrunst glauben. Und nur dieser Inbrunst eröffnen sich die Tore des Neuen Reiches.

Inhalt

Inhalt

Fünfter Teil: Bevölkerungspolitik

Seite